Neufert · Neff

GEKONNT PLANEN
RICHTIG BAUEN

Meinem Vater
ERNST NEUFERT
gewidmet

Peter Neufert · Ludwig Neff

GEKONNT PLANEN RICHTIG BAUEN

Haus Wohnung Garten

Mit 1905 Bildern, 108 Tabellen und 495 Fachbegriffen

2., erweiterte Auflage

vieweg

Die Deutsche Bibliothek – CIP-Einheitsaufnahme

Neufert, Peter:
Gekonnt planen, richtig bauen: Haus, Wohnung, Garten; mit
108 Tabellen, 495 Fachbegriffen / Peter Neufert; Ludwig Neff.
– 2., erw. Aufl. – Braunschweig; Wiesbaden: Vieweg, 1997
ISBN 3-528-18109-5

1. Auflage 1996
2., erweiterte Auflage 1997

Der Verlag Vieweg ist ein Unternehmen der Bertelsmann Fachinformation GmbH.

http://www.vieweg.de

Höchste inhaltliche und technische Qualität unserer Produkte ist unser Ziel. Bei der Produktion und Verbreitung unserer Werke wollen wir die Umwelt schonen: Dieses Werk ist auf säurefreiem und chlorfrei gebleichtem Papier gedruckt. Die Einschweißfolie besteht aus Polyäthylen und damit aus organischen Grundstoffen, die weder bei der Herstellung noch bei der Verbrennung Schadstoffe freisetzen.

Printed in Germany

Satz: Dupont & Steyer, Mainz
Druck und Verarbeitung: Mediaprint, Paderborn

ISBN 3-528-18109-5

Peter Neufert

Ludwig Neff

Architekten · Diplomingenieure
Peter Neufert, Montargil, Portugal
und
Ludwig Neff, Fachbuchautor, Roßdorf bei Darmstadt,
in der

PLANUNGS AG
NEUFERT MITTMANN GRAF
PARTNER
e-mail: bel@neufert.de

Vorwort zur 1. Auflage

Nach den epochalen Erfolgen der in 14 Weltsprachen übersetzten „Bauentwurfslehre" für Architekten und Ingenieure von Prof. Ernst Neufert legen nun die Autoren, selbst Schüler des alten Meisters, das Buch für die Bauherrin und den Bauherrn vor.

Es ist nach der gleichen Philosophie geschaffen: Keine langatmigen Texte, keine Überflüssigkeiten, sondern alles heutige Wissen in knapper Form, Ordnung und Übersicht, vielfältige Illustrationen, beispielhafte Darstellung in ca. 1800 Zeichnungen auf nur 230 Seiten.

„Gekonnt planen – Richtig bauen" will Ihnen, ob Bauherrin oder Bauherr, bei der schwierigen Aufgabe helfen, Ihr Haus, Ihre Wohnung, Ihren Garten gekonnt zu planen. Mit den etwa 500 Spezialbegriffen wird Ihnen schon zur Planungszeit Sicherheit in der Fachsprache vermittelt. So können Sie die Wünsche Ihrem Architekten verständlich machen und auch in seiner Abwesenheit Fehler vermeiden.

Ausgewählte Zeichnungen, vom Blockhaus bis zur Villa, beispielhafte Wohnungen, vom Appartement bis zur Luxuswohnung, führen Sie leicht in die Materie ein und geben Ihnen Anregungen für Ihre eigene Phantasie.

Diese wird sicher auch lebendig bei den vielen Einzelaufgaben der Gestaltung Ihrer Küche, Bäder, Eßräume, Schlaf- und Nebenräume.

Wissenswertes für die Baugruppe, Fundamente und die Mauern bis hinauf zum Dachdetail bieten Ihnen die farblich hervorgehobenen Themen-Seiten.

Grundsätze für die richtige Beleuchtung, Treppen, Türen, Fenster, Sonnenschutz, Sonnenlicht sowie Angaben über Fahrradverkehr, Fahrzeugabmessungen, Rampen, Parkplätze und Carports liefern das Wissensnotwendige.

Sie finden in diesem Buch alle neuzeitlichen Formen der Nutzung alternativer Energien, der Abfallverwertung und -beseitigung, der Aufbereitung und Verwendung von Regenwasser, naturnahe Bäche, Teiche und Biotope, Reitanlagen, samt der biologischen Klärung von Abwasser bei Bauten außerhalb von Kanalsystemen.

Eine lebendige Fülle von Blüten, rankendem Blattwerk, Beet-, Pflanzen- und Behandlungsformen der Gärten und der Humusherstellung ermöglichen Ihnen eine vielseitige Gartenplanung und aufwandsparende Pflege.

Farbige Seiten erleichtern das Sofort-Finden von Kapiteln, Farb- und Rasterunterlegungen der Zeichnungen verbessern ihre Lesbarkeit. Das Literaturverzeichnis öffnet Ihnen den Zugang zu den Quellen der Autoren.

Das Buch soll in seiner ungewöhnlichen Fassung nicht nur Kenntnisse vermitteln, sondern die Aufgabe der Gestaltung zu einem Erlebnis machen und der Phantasie Flügel verleihen.

Empfehlen möchten wir Ihnen den Zukauf eines RAL-Farb-Registers.

Noch mehr Interessantes, Wissenswertes, jedoch vor allem für den Baufachmann, finden Sie in dem weltbekannten „Neufert – Bauentwurfslehre".

Im November 1995

Vorwort zur 2. Auflage

Angesichts der neuen Anforderungen unserer Zeit haben wir das Buch in der 2. Auflage um die Kapitel **Solartechnik, Solarenergie, Ökologisches Bauen, Solararchitektur, Gewächshäuser und Wintergärten** sowie **Altbausanierung** erweitert.

INHALTSVERZEICHNIS

INHALTSVERZEICHNIS

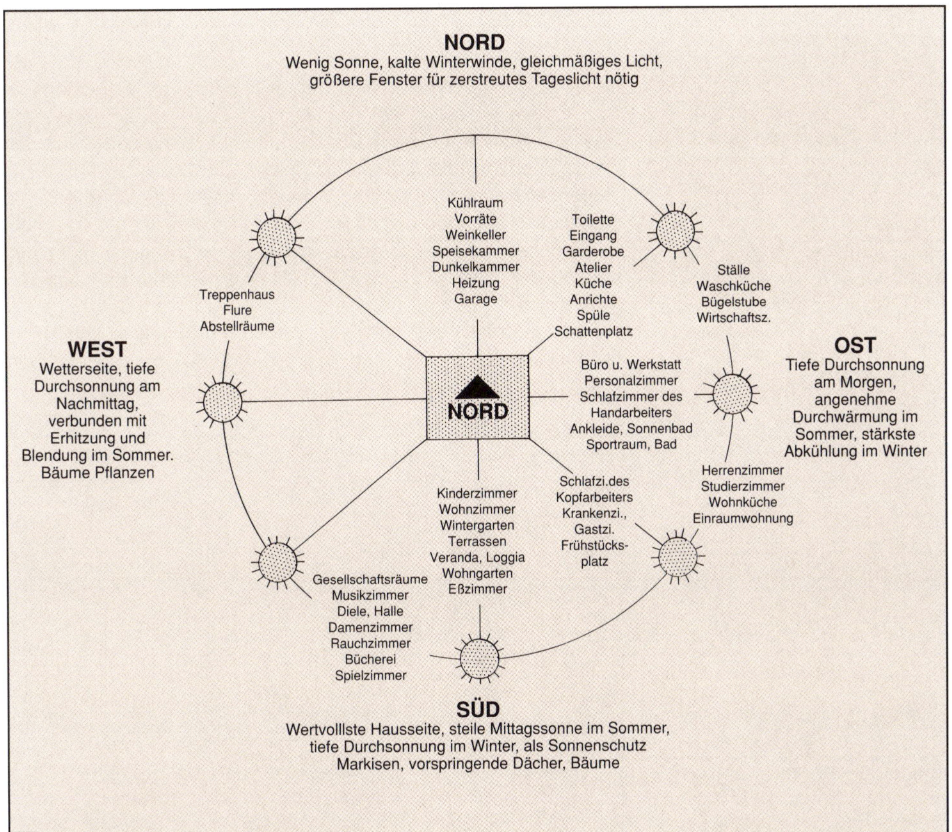

1 Günstige Himmelslage der einzelnen Räume

vorwiegende Raumnutzung	vorwiegende Aufenthaltszeit wünschenswerte Besonnung	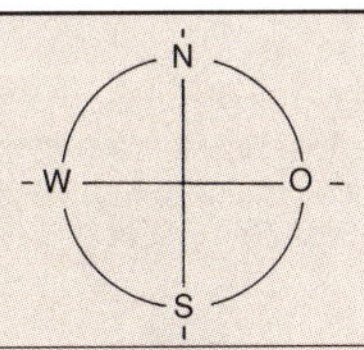
Wohnraum	mittags bis abends	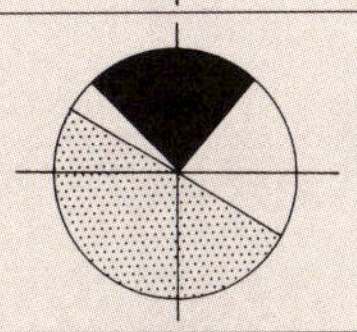
Eßplatz/Eßzimmer	morgens bis abends	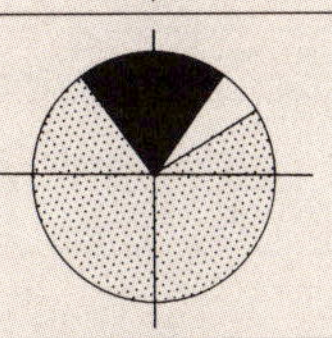
Kinderzimmer	mittags bis abends	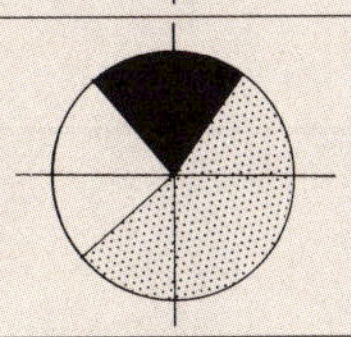
Schlafzimmer	nachts, Morgensonne wünschenswert	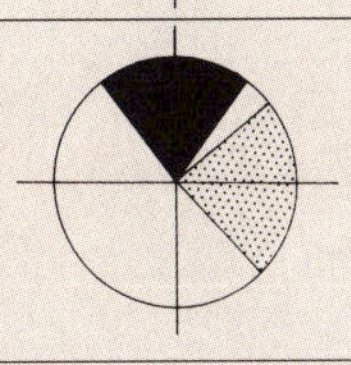

2 Diagramm: Orientierung von Wohnräumen

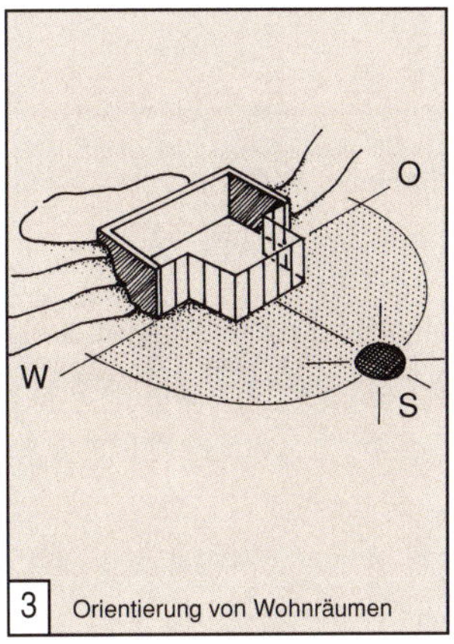

3 Orientierung von Wohnräumen

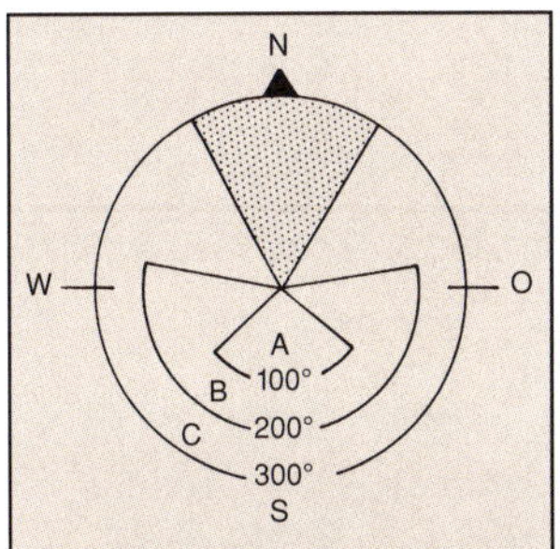

A – 100° Sonne am kürzesten Wintertag
B – 200° Sonne von Frühlingsanfang bis Herbstende
C – 300° Sonne am längsten Sonnentag

4 Diagramm zur Sonneneinstrahlung in den Jahreszeiten

WOHNUNGSBAU

HAUSLAGE/RAUMLAGE

Die Anordnung der Gebäude im Lageplan bzgl. Orientierung, Erschließungsanlage, Zuordnung untereinander, schafft die Voraussetzungen für eine im Tagesablauf ausgeglichene Besonnung. Dem architektonischen Entwurf obliegt es, mit der Organisation der Grundrisse die für die jeweiligen Raumgruppen wünschenswerte Besonnung sicherzustellen.

RAUMLAGE

Alle Wohn- und Schlafräume möglichst zum Garten nach den Sonnenseiten, Wirtschaftsräume zur Straße → 1. Die Räume sollen (mit Ausnahmen) während der Hauptbenutzungszeiten durchsonnt werden. Anhand von Sonnentafeln kann genau bestimmt werden, wo die Sonne zu einer bestimmten Stunde und Jahreszeit das Zimmer oder sogar den Zimmerplatz bescheinen soll bzw. wie das Gebäude zu den Himmelsrichtungen zu stellen oder von Nachbarbauten, Bäumen und dgl. abzurücken ist.

Hauptwindrichtung beachten. Im allgemeinen in Deutschland ungünstige Wind- und Wetterseite: Westen bis Südwesten; günstige Wohnlage Süden bis Südosten.

Kalte Winde im Winter von Norden bis Nordosten.

Zur Sicherung gegen Verbauung oder Aussicht sollte man Grundstücke bevorzugen, deren Nachbargrundstücke an der Sonnenseite bebaut sind, weil dann Lage und Grundriß des Hauses danach gerichtet werden können und nicht später die Sonne verbaut werden kann.

Grundstücke an Berghängen
Grundstücke unterhalb der Höhenstraßen sind besonders günstig.

Hier kann man unmittelbar an das Haus heranfahren, Garage kann am Haus sein, Bergwasser wird von der Straße durch Entwässerung abgehalten.

Nach der Tal- und Sonnenseite liegt der Garten ruhig und von anderen Gärten umsäumt.

HAUSLAGE

→ 🕮

Günstige Baugelände für Wohnbauten in der Regel im Westen und Süden unserer Städte, weil der Wind meist vom Süden bis Westen bzw. aus Südwesten weht, frische Luft vom Lande bringt und den Rauch und Dunst der Stadt nach Norden und Osten abweht. Diese Gegenden daher weniger zum Wohnen, sondern mehr für Industrie geeignet. In bergigen Gegenden oder an Seen können die Verhältnisse umgekehrt sein, denn sonnige Süd- und Osthänge im Norden und Westen einer Stadt im Talkessel sind gesuchte Bauplätze für Einzelhäuser.

An Flüssen und Seen baut man wegen Mückenplage und Nebel nicht allzu nahe ans Wasser, am besten unmittelbar unterhalb der Straße dem See zu, mit dem Garten vor dem See → 8.

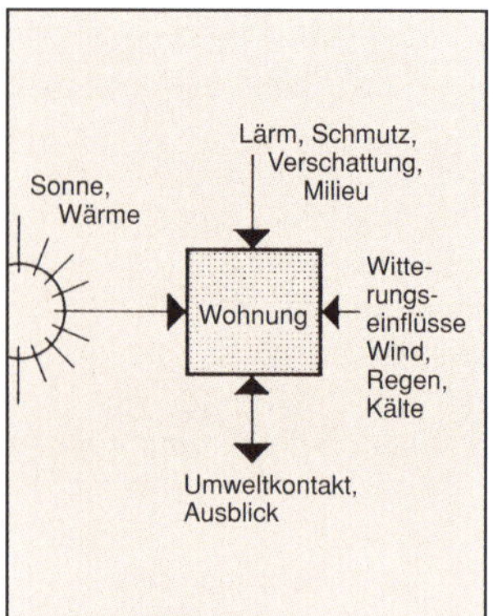

1 Beziehungen des Wohnhauses zu seiner Umgebung

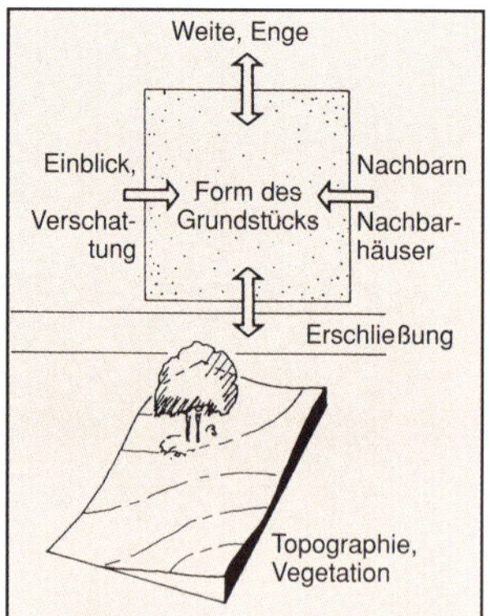

2 Beziehung des Wohnhauses zum Grundstück

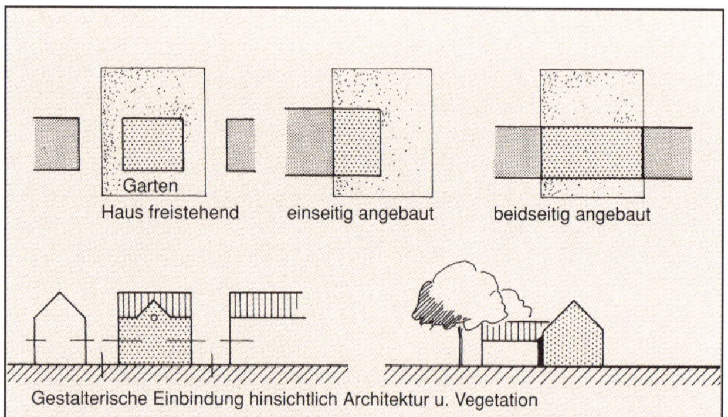

3 Stellung des Hauses auf dem Grundstück u. bauliche Einbindung in Nachbarbebauung

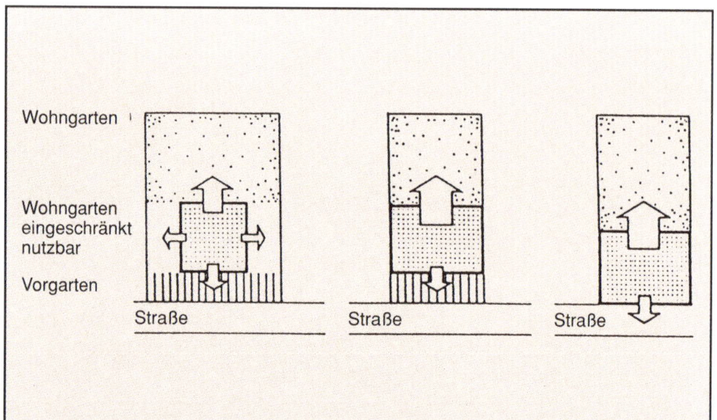

4 Zonierung des Grunstücks mit Wirkung auf die Gestaltung des Wohnungsgrundrisses, die Anordnung der Räume (Funktionsbereiche)

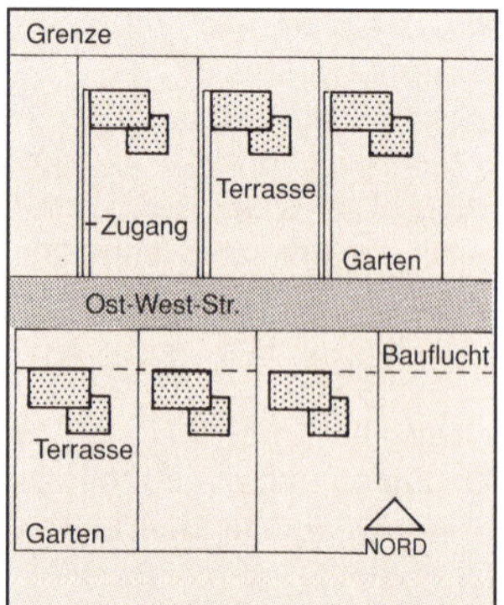

5 Günstige Hauslagen an Ost-West-Straßen

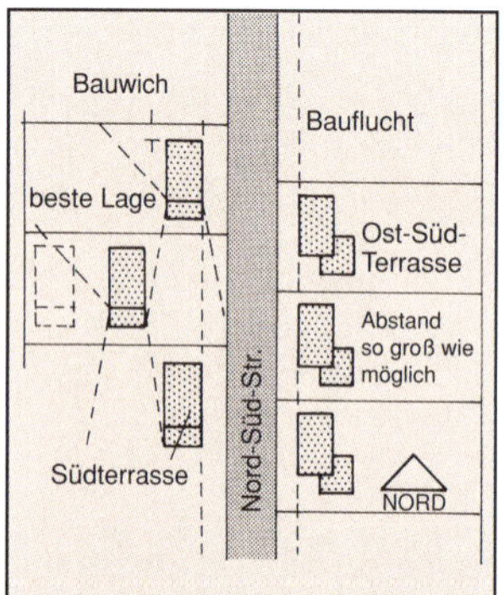

6 Günstige Hauslagen an Nord-Süd-Str. Ostseite der Straße ist am günstigsten

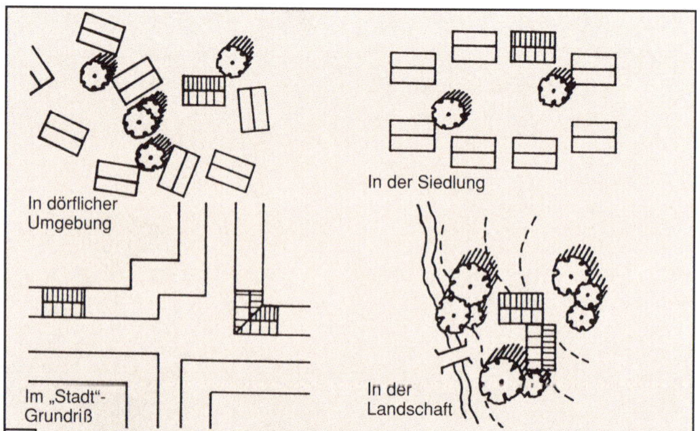

7 Einbindung des Hauses in den städtebaulichen u. landschaftlichem Zusammenhang

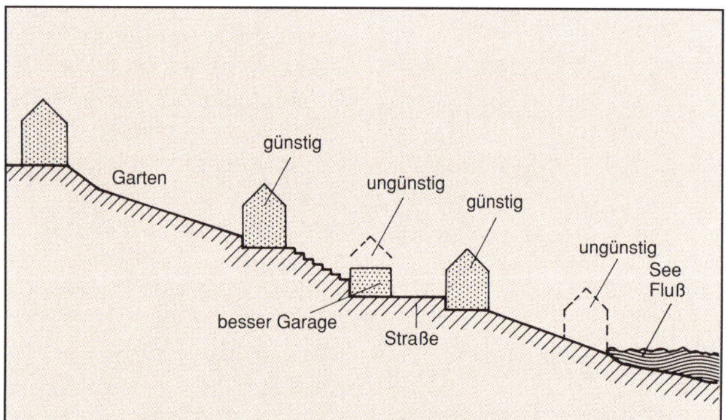

8 Günstige u. ungünstige Lagen an Berhängen u. Straßen

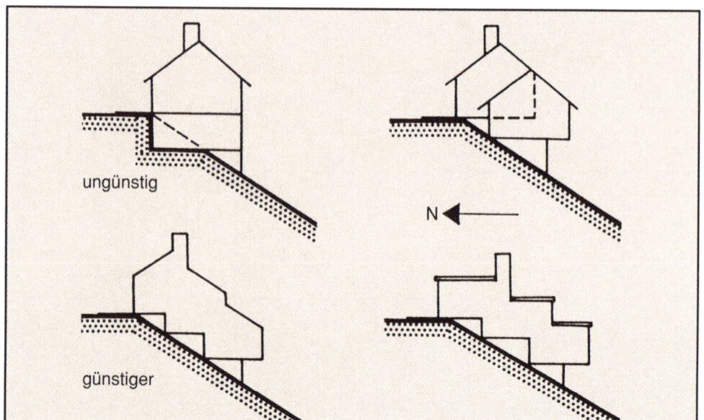

9 Stark abfallendes Hanggelände

Haustypen Gebäude mit zugehörigen Grundstücken	Freistehendes Einfamilienhaus ≥22	≥20	Doppelhaus ≥20	≥20	Ketten-Gartenhofhäuser ≥18,5	≥17,5	Reihenhäuser ≥24	≥30	≥25
1 Mindestfrontbreite m	20	20	15	13	13,5	15 (13,5)*	5,5	5,5	7,5
2 Grundstückstiefe min. m Grundstück wünschenswert	22 (25)	20 (25)	20 (25)	20 (25)	18,5 (25)	17,5 (20)	24 (26)	30	25
3 Mindestgröße des qm Grundstücks	440 (500)	400 (500)	300 (375)	260 (325)	250 (338)	262 (236) (300)	130 (143)	165	188
4 Zzgl. Flächenanteil qm für sep. Garage oder Stellplatz						(30)	30		
5 Grundstücksfläche qm = Nettowohnbauland (4 + 5)	440 (500)	400 (500)	300 (375)	260 (325)	250 (338)	262 (266) (330)	160 (173)	165	188
6 Übliche Anzahl der Vollgeschosse	1	1 1/2	1 1/2	2	(1) – 2	1	2		
7 Durchschnittl. BruttogeschoBfläche/Haus qm	150	160	150	160	150	150	130	130	150
8 Geschoßflächenzahl GFZ rechnerisch	0,34 (0,3)	0,4 (0,32)	0,5 (0,4)	0,62 (0,5)	0,6 (0,45)	0,57 (0,45)	0,8 (0,75)	0,78	0,79
9 Max. zulässig GFZ **	0,5		0,5	0,8	(0,5) – 0,8	0,6	0,8		
Max. zulässig GRZ **	0,4		0,4		0,4	0,6	0,4		
10 Durchschnittl. EW/WE Wohnungsbelegung	3,5		3,5		3,5		3,5		
11 Nettowohnungsdichte WE/ha max.	22	25	33	38	40	38	62	60	53
Schwankungsbereich	20 – 25		26 – 38		29 – 40		50 – 62		
12 Nettowohndichte EW/ha max.	77	88	116	133	140	133	217	210	186
Schwankungsbereich	70 – 90		90 – 130		100 – 140		170 – 210		
13 Durchschnittliche WE/ha Bruttowohnungsdichte ***	17	18	24	28	28	28	42		

* ohne Garage auf dem Grundstück
** Dorf- und Wohngebiete nach Bau NVO § 19, 20
*** Differenz Netto- zu Bruttowohnbauland 20–

1 Übersicht Dichtewerte bei Einfamilienhäusern

Gebietstypische Hausformen Beispiele

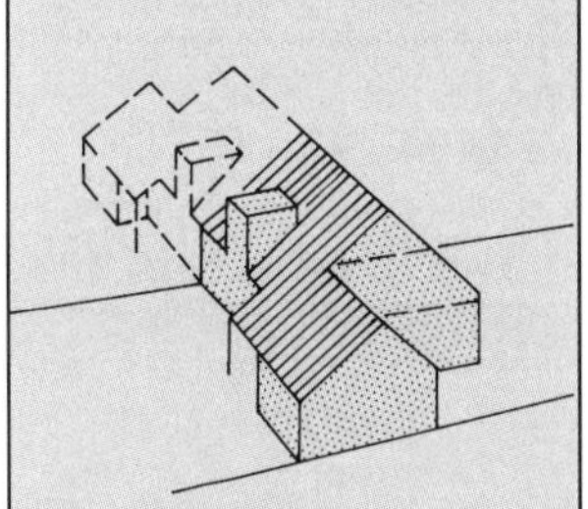

Doppelhäuser

2 1 1/2geschossig Satteldach

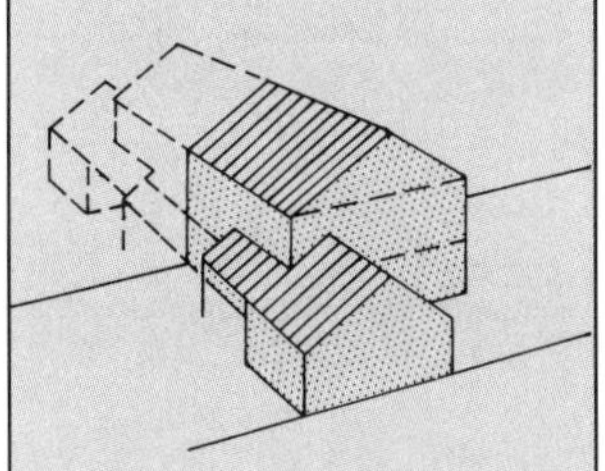

3 2geschossig Satteldach

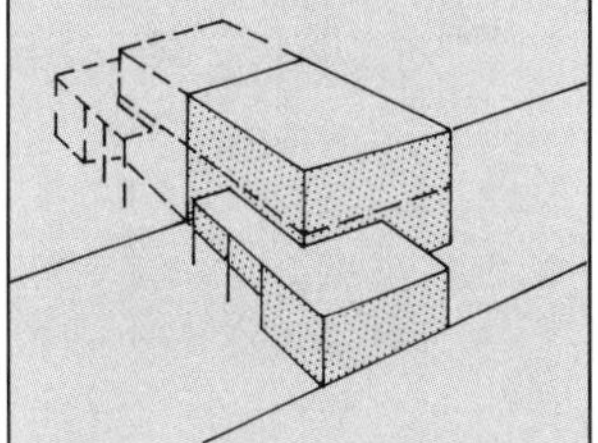

4 2geschossig Flachdach

Doppelhäuser → 2 – 4

Häufig als Trägermaßnahme mit gleichen oder geringfügig variierten Haustypen. Auch als individuelle Baumaßnahme, seltener als Addition von individuell entworfenen Haushälften. Offene Bauweise, Garagen oder überdeckte Stellplätze auf privatem Grundstück (im seitlichen Grenzabstand) üblich.
Meist im Bebauungsplan bereits festgelegt.

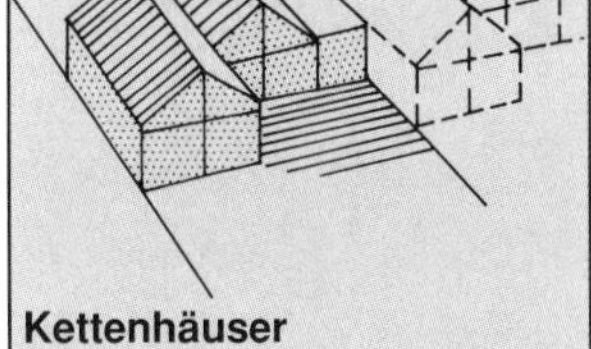

Kettenhäuser

5 1geschossig Satteldach

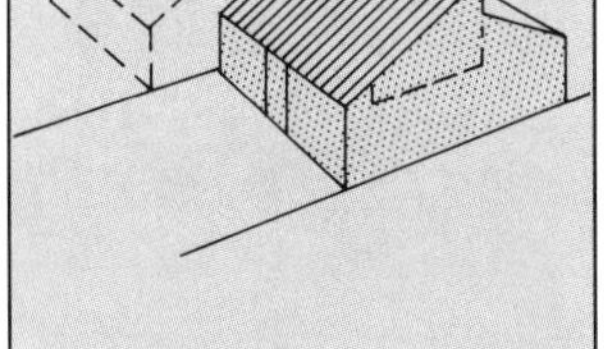

6 1 1/2geschossig Pultdach

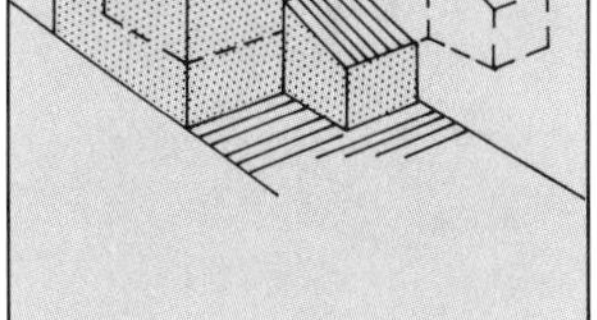

7 1 1/2geschossig Satteldach

Kettenhäuser → 5 – 7

Überwiegend als einheitliche Entwurfskonzeption (Trägermaßnahme), seltener als Addition von Individualbauten (gestalterische Abstimmung bzw. Festsetzungen erforderlich).
Offene (max. 50 m) oder geschlossene Bauweise, günstige Verdichtung bei hohem Wohnwert. Garagen/Einstellplätze auf privatem Grundstück oder in Sammelanlagen.

Gebietstypische Hausformen
Beispiele

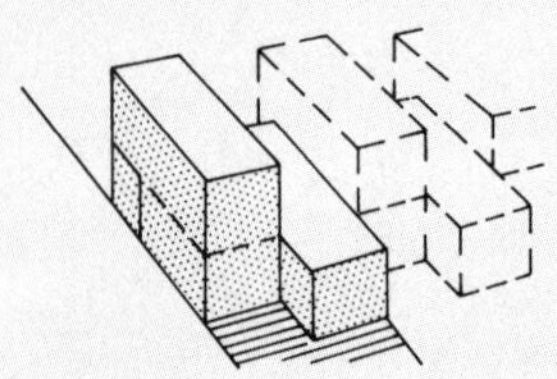

Kettenhäuser

1 Eineinhalbgeschossig
Flachdach

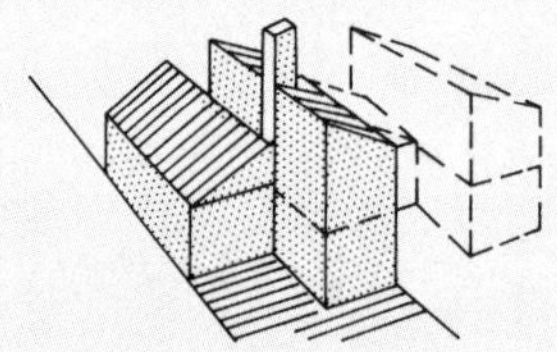

2 Eineinhalbgeschossig
Pultdach

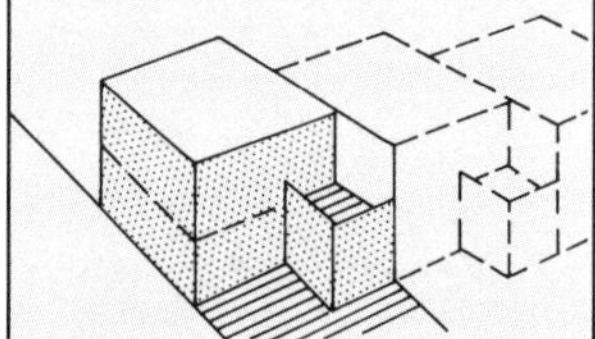

3 Zweigeschossig
Flachdach

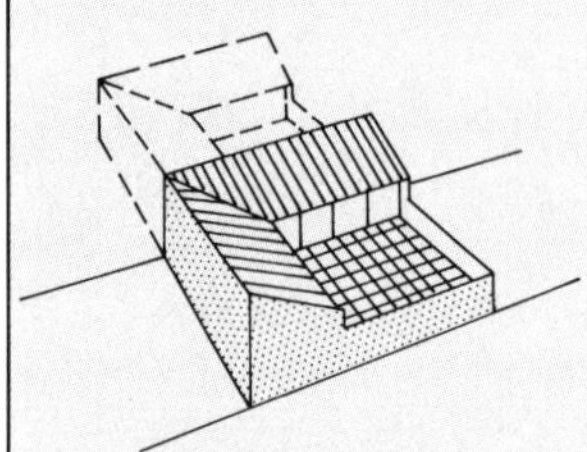

Gartenhofhäuser

4 Eingeschossig
Pultdach

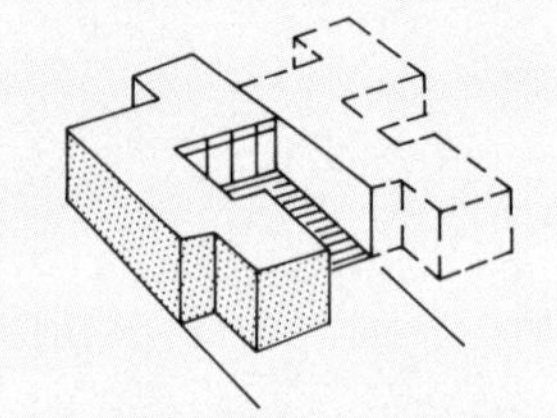

5 Eingeschossig
Flachdach

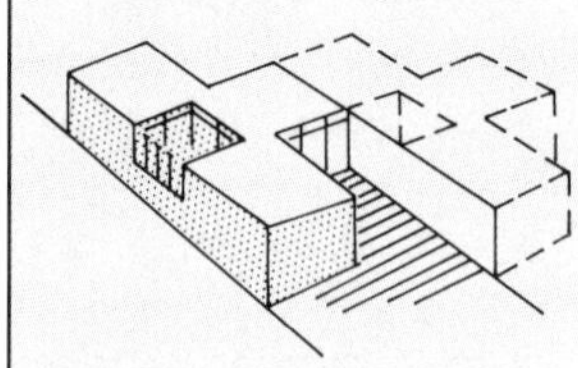

6 Eingeschossig
Flachdach

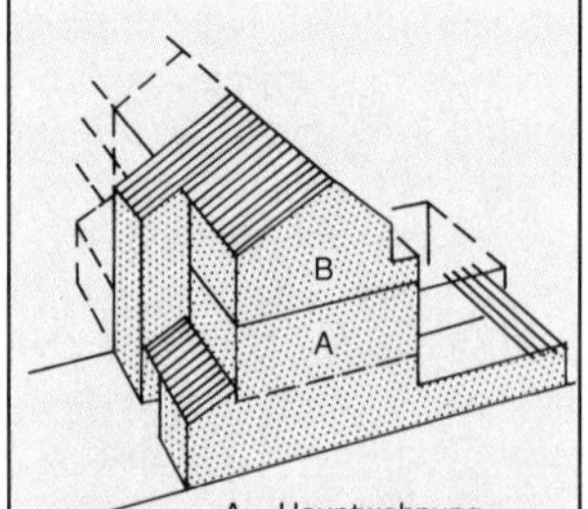

A = Hauptwohnung
B = Einliegerwohnung

Stadthäuser

7 Dreigeschossig
Satteldach

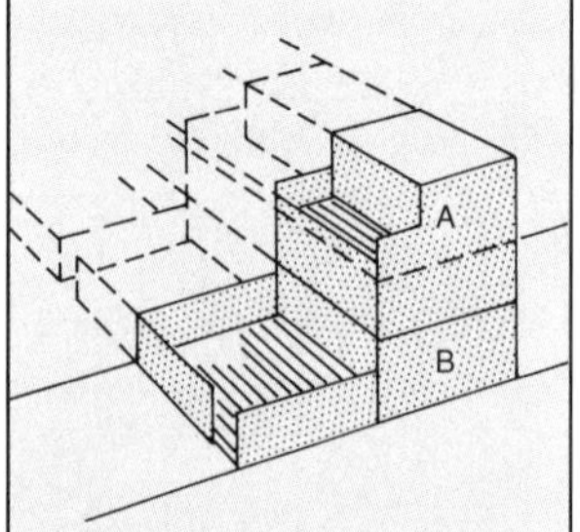

8 Dreigeschossig
Flachdach

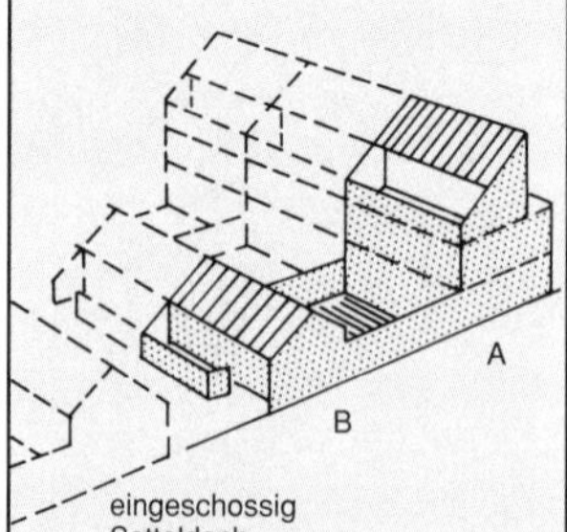

eingeschossig
Satteldach

9 Zweieinhalbgeschossig
Pultdach

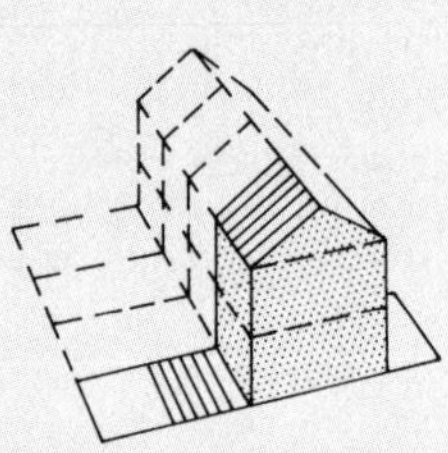

Reihenhäuser

10 Zweigeschossig
Satteldach

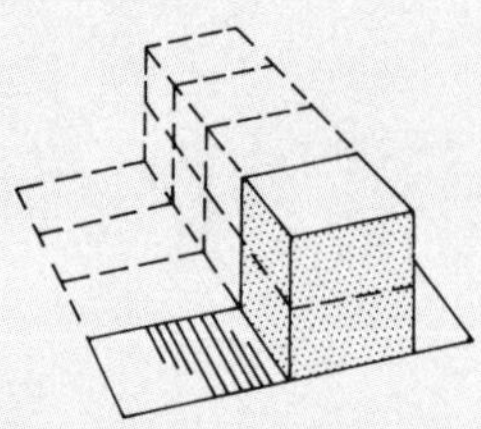

11 Zweigeschossig
Flachdach

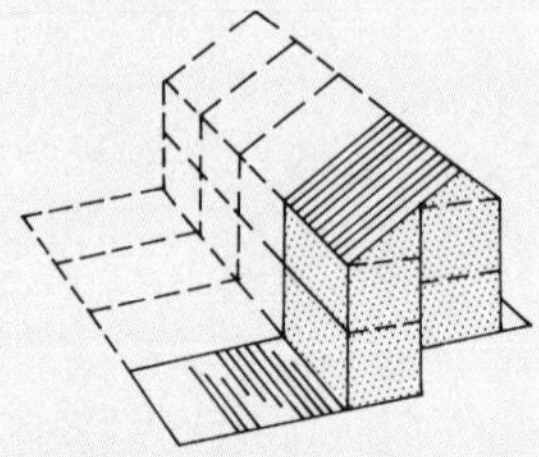

12 Zweigeschossig Satteldach
Versetzte Geschosse

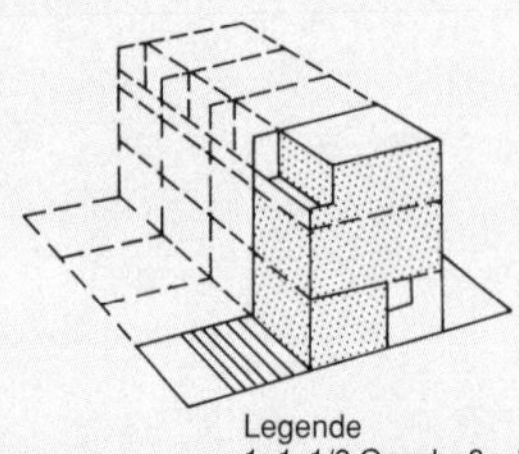

Legende
1; 1 1/2 Geschoßzahl
SD Satteldach
PD Pultdach
FD Flachdach

13 Dreigeschossig
Flachdach

WOHNUNGSBAU → 🕮

Kettenhäuser → 1 – 3
als Individualbau (gestalterische Abstimmung bzw. Festsetzungen erforderlich) oder als Trägermaßnahme mit gleichen oder geringfügig variierten Haustypen. Offene oder geschlossene Bauweise, hohe Verdichtung bei gutem Wohnwert möglich. Garagen/Einstellplätze auf privatem Grundstück oder in Sammelanlagen.

Gartenhofhäuser → 4 – 6
Gemeinschaftliche Bauform als Reihung gleicher oder abgestimmt variierter Haustypen. Oder als Reihung individuell entworfender Häuser (gestalterische Abstimmung bzw. Festsetzungen erforderlich). Geschlossene Bauweise, hohe Verdichtung bei gutem Wohnwert möglich. Garagen / Einstellplätze auf privatem Grundstück, im Straßenraum oder in Sammelanlagen.

Stadthäuser → 7 – 9
Gemeinschaftliche Bauform als Reihung gleicher oder abgestimmt variierter Haustypen, individuell entworfener Häuser (gestalterische Abstimmung bzw. Festsetzung erforderlich), geschlossene Bauweise, hohe Verdichtung bei gutem Wohnwert möglich.

Reihenhäuser → 10 – 13
Gemeinschaftliche Bauform als Reihung gleicher oder abgestimmt variierter Haustypen, offene oder geschlossene Bauweise, hohe Verdichtung bei gutem Wohnwert möglich, besonders wirtschaftliche Hausform, Garagen / Einstellplätze überwiegend in Sammelanlagen.

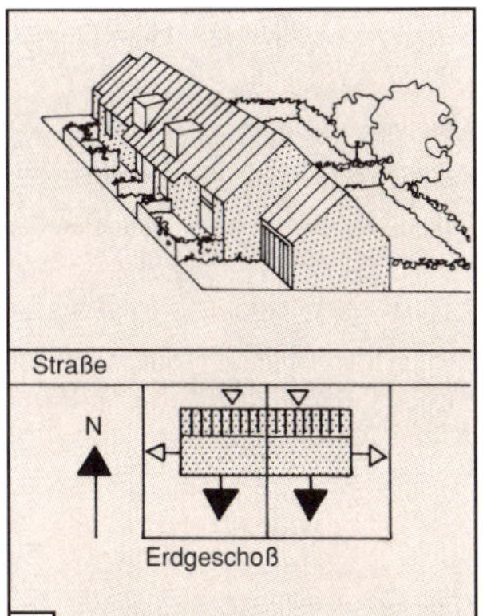

1 Doppelhäuser

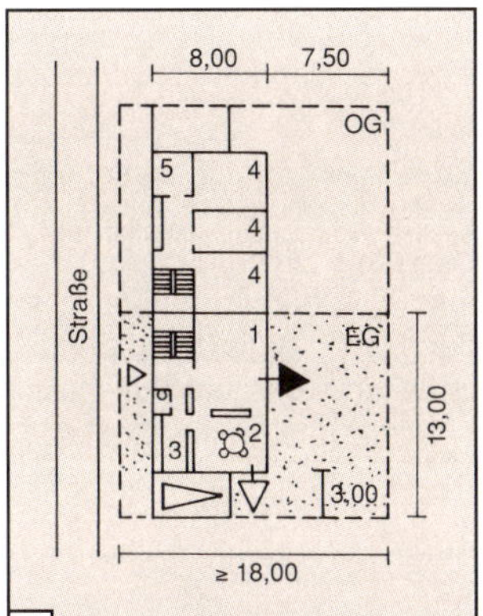

2 Erd- u. Obergeschoß → 1

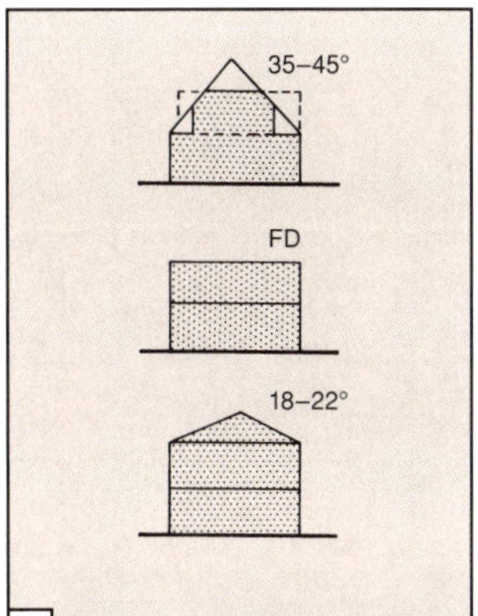

3 Schnitte → 1

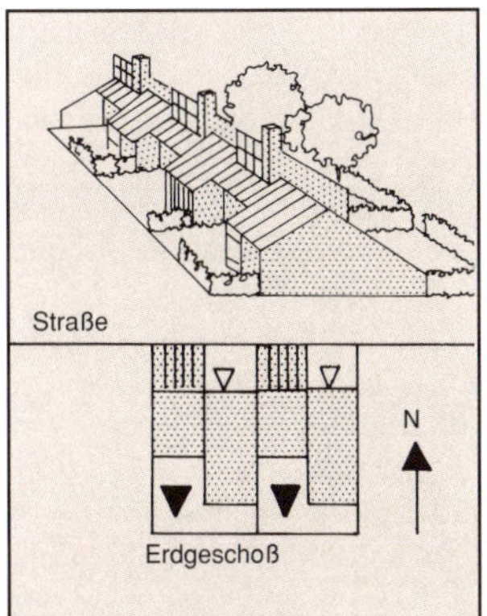

4 Kettenhäuser

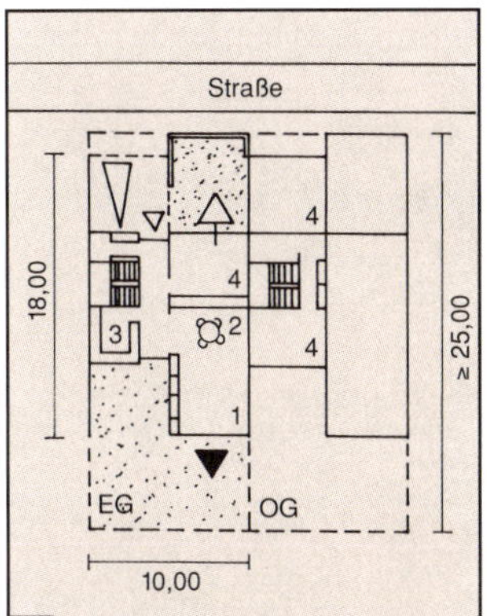

5 Erd- u. Obergeschoß → 4

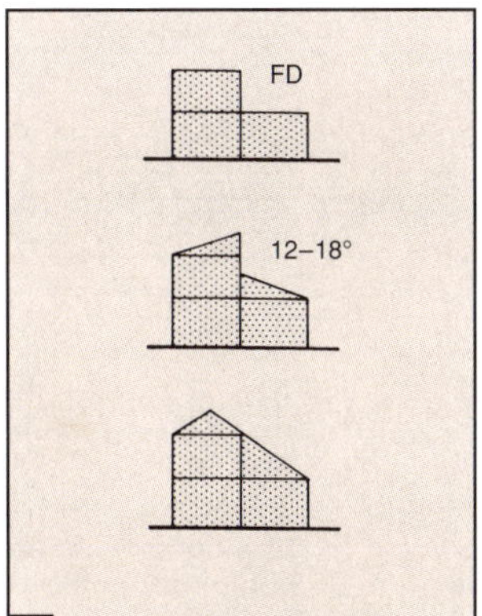

6 Schnitte → 4

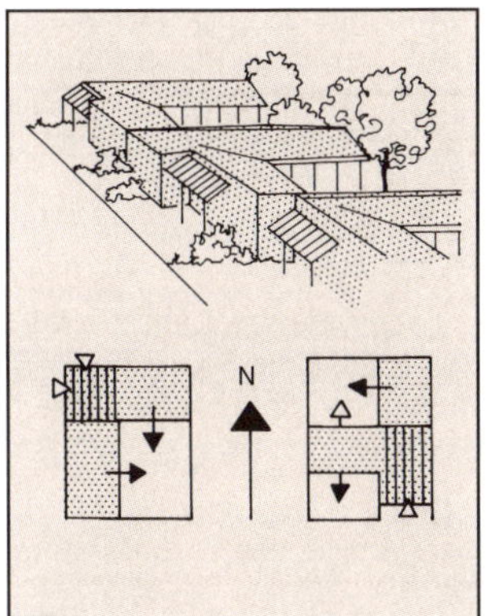

7 Gartenhofhäuser

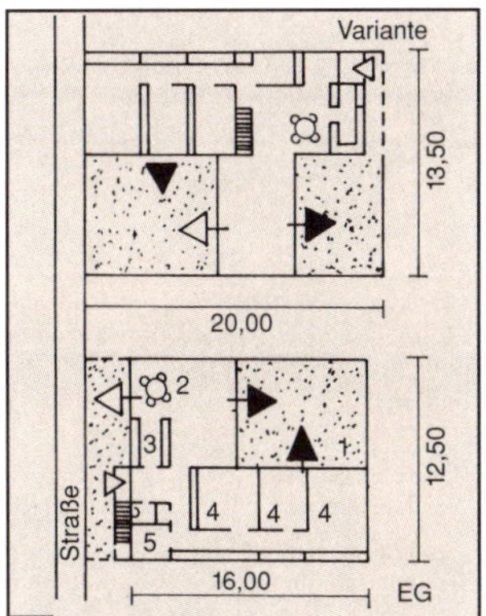

8 Erdgeschoß → 7 u. Variante

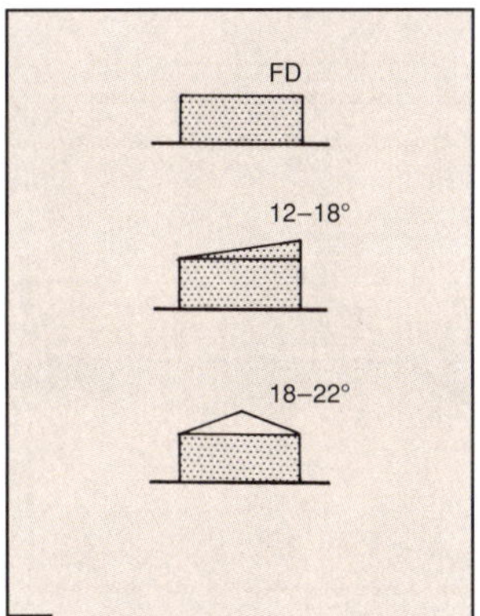

9 Schnitte → 7

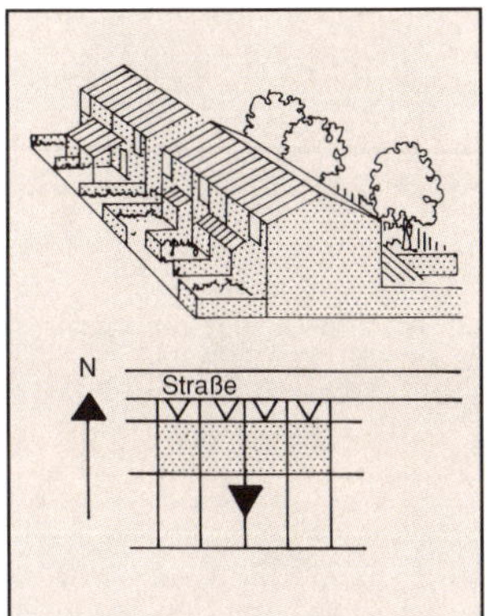

10 Reihenhäuser

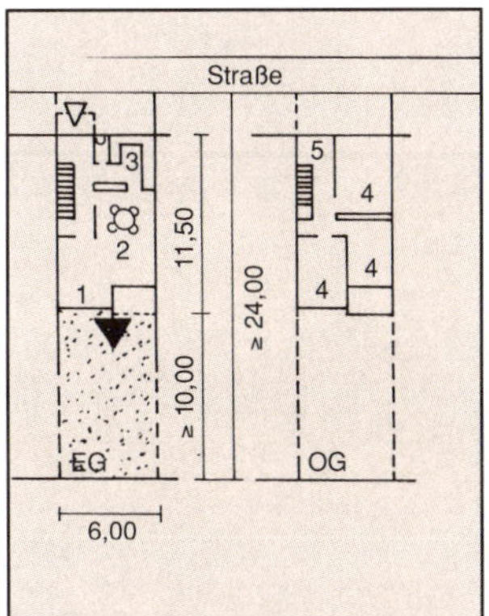

11 Erd- u. Obergeschoß → 10

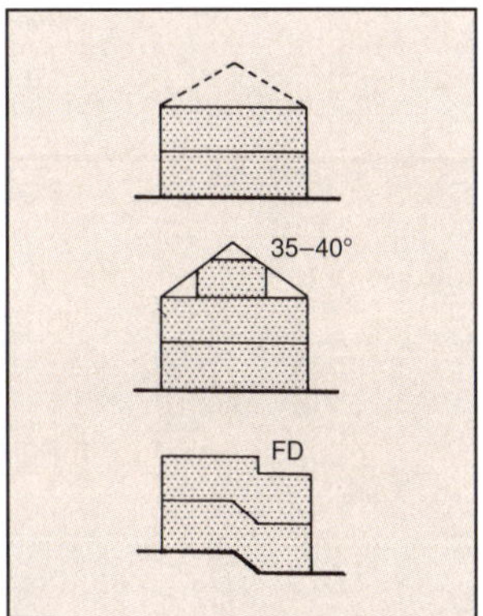

12 Schnitte → 10

WOHNUNGSBAU

→ 📖

Doppelhäuser:

Weitgehende Freiheit der Grundrißgestaltung und ausreichende Anpassungsfähigkeit hinsichtlich Besonnung.

Oft gleiche bzw. geringfügig variierte Haustypen. Auch als individuelle Baumaßnahme, selten als Addition eigens entworfener Haushälften. Garagen oder Stellplätze oft im seitlichen Grenzabstand.

Mindestgröße des Einzelgrundstücks 375 m² → 1 – 3.

Kettenhäuser:

Kollektive Bebauungsform, einheitliche Konzeption aus Grundrissen u. architektonischer Gestaltung. Ausreichende Anpassungsfähigkeit hinsichtlich Besonnung.

Empfehlenswerte Bauform, da günstige Verdichtung bei hohem Wohnwert, flächensparende u. wirtschaftliche Erschließung möglich. Mindestgröße des Einzelgrundstücks 225 m² → 4 – 6.

Gartenhofhäuser:

Als Addition individueller, oder als kollektive Bebauungsform möglich. Freiheit der Grundrißgestaltung.

Einheitliche Gestaltung bezüglich Dachform, Material, Detailausbildung und Farbgebung erforderlich. Hohe Verdichtung bei gutem Wohnwert. Grundstücksmindestgröße 270 m²/Haus. Garagen/Einstellplatz auf privatem Grundstück oder Sammelanlagen → 7 – 9.

Reihenhäuser:

Einheitliche Grundriß- und Bebauungsform. Anpassungsfähigkeit hinsichtlich Besonnung eingeschränkt. (Grundrisse müssen auf günstige Besonnung abgestimmt sein.)

Reihenhaus ist bei gutem Wohnwert die wirtschaftlichste Form einer Wohnung mit Garten → 10 – 12.

Legende:

- ◁ Hauseingang
- ← Hauptorientierung
- ⇠ Nebenorientierung
- 1,2,3 Wohnbereich
- 4,5 Schlafbereich/Bad

HAUSGLIEDERUNG

Vorgänge, die sich im Kleinsthaus in einem Raum abspielen (→ Einraumwohnung), werden je nach Wohlhabenheit und Bedürfnis immer mehr unterteilt, so daß schließlich im Schloß für jeden Lebensvorgang besondere, in Lage und Form darauf zugeschnittene, Räume zur Verfügung stehen. Diese Abspaltungen sind in der Regel zugleich Beziehungen der Räume unter sich. Das Schema ist deshalb geeignet als Übersicht und als Anhalt bei Aufstellung von verschiedensten Wohnhausbauprogrammen.

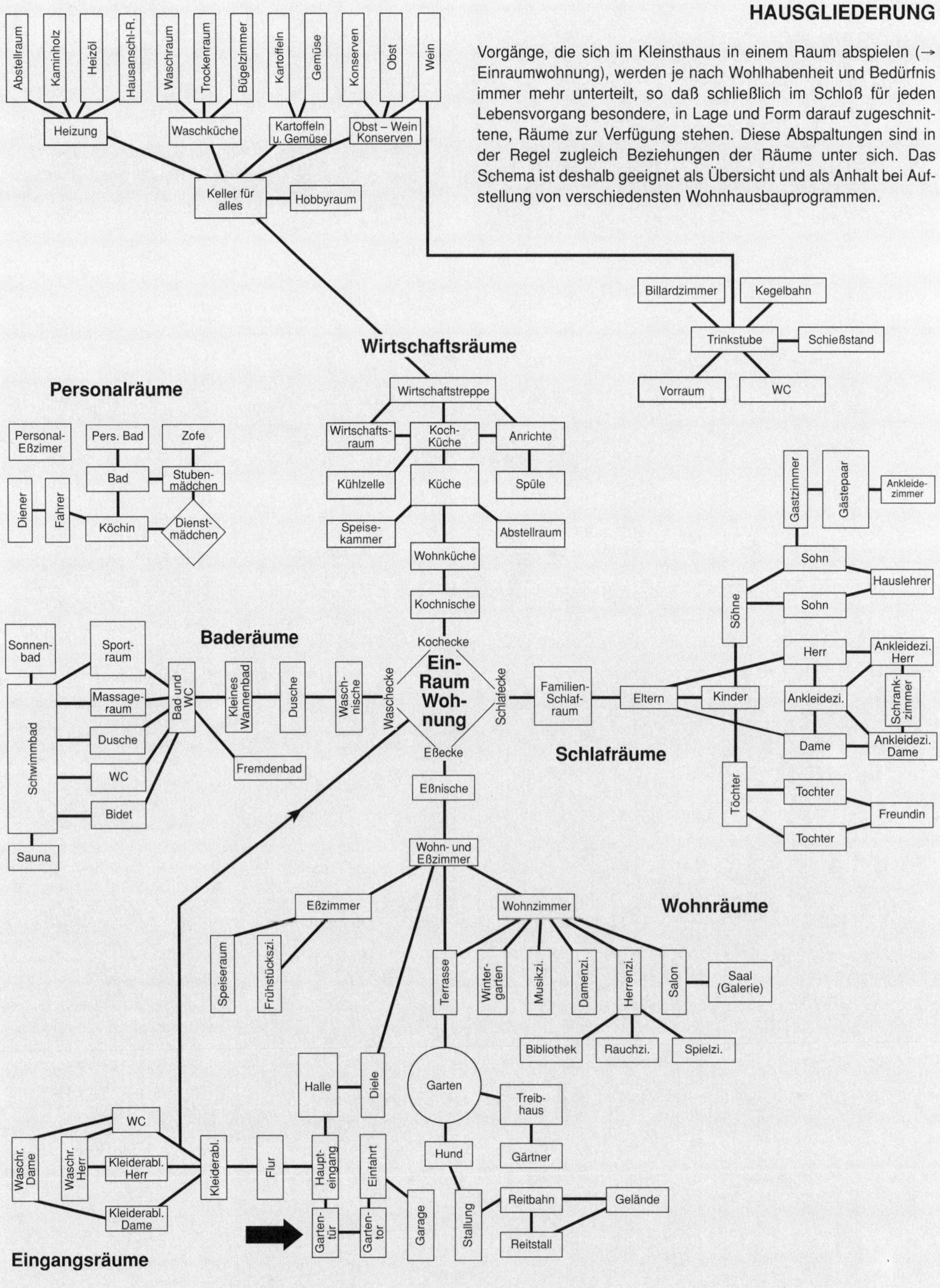

1 Raumspaltungen von der Einraumwohnung bis zum Schloß

FERIENWOHNUNGEN

Zelte

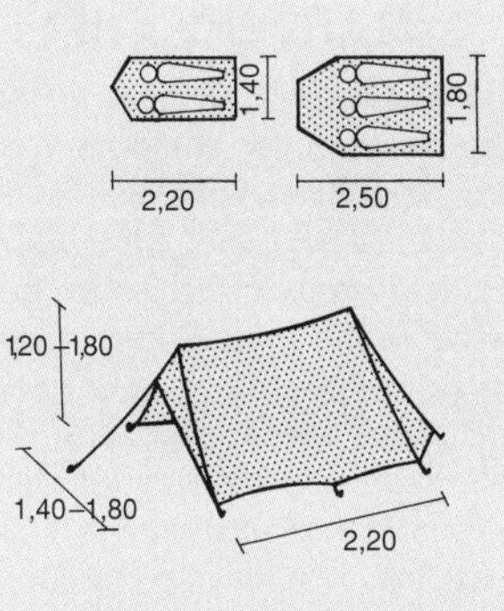

1 Kleines Zelt mit Apsis

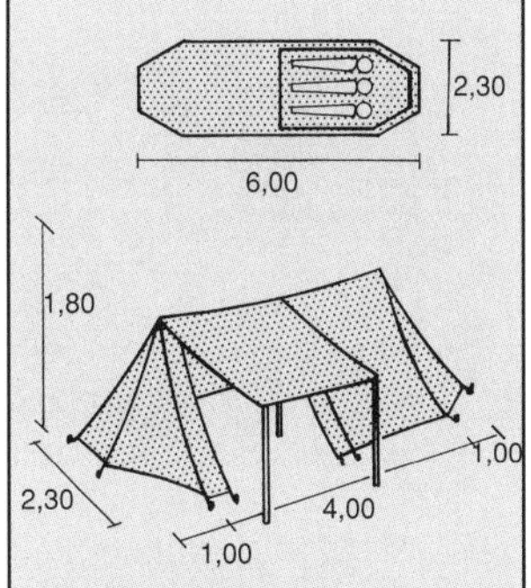

2 Größeres Zelt mit Innenzelt 2 Apsiden u. Vordach

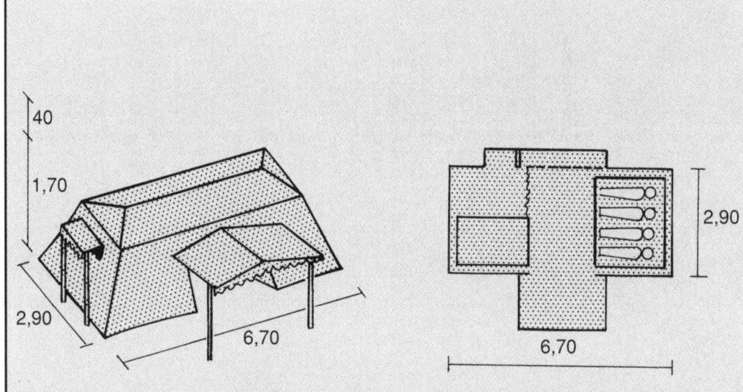

3 Großes Hauszelt mit hohen Seitenwänden, Innenzelten Vordach u. Fenster

Wohnwagen

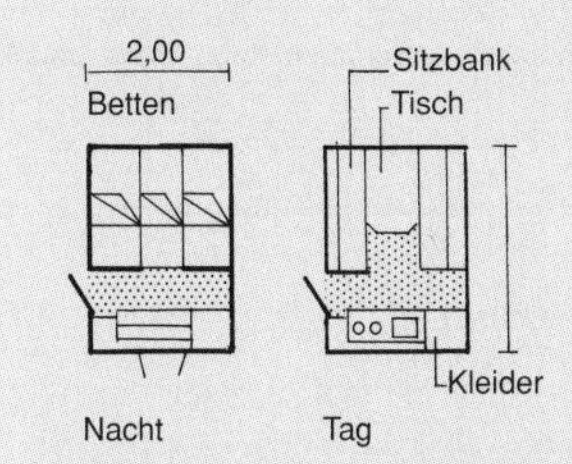

4 Wohnwagen mit 3 Betten u. Kücheneinbau

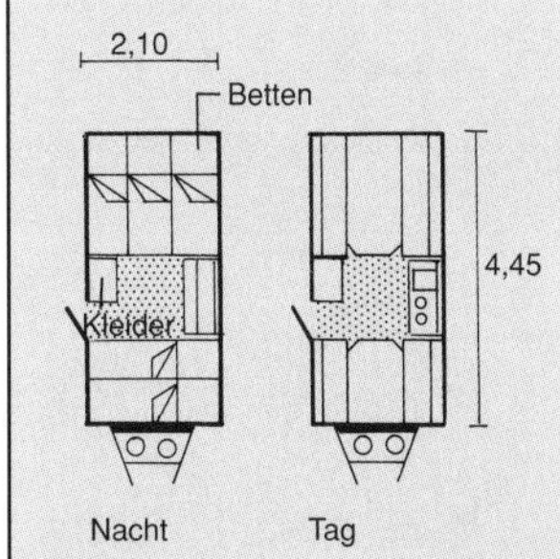

5 Mit 5 Betten

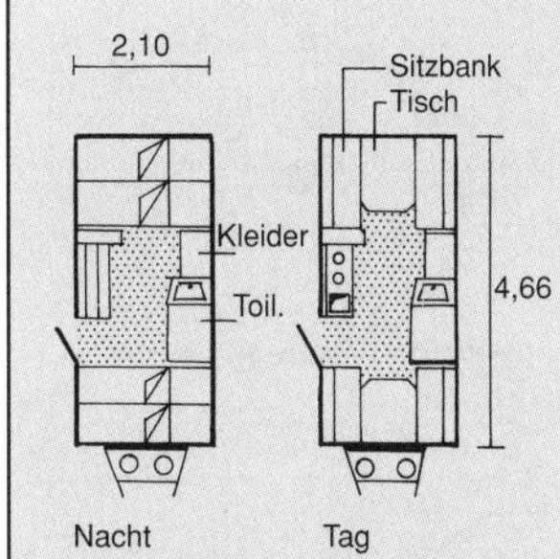

6 Mit 4 Betten, Toilette mit Schiebetür

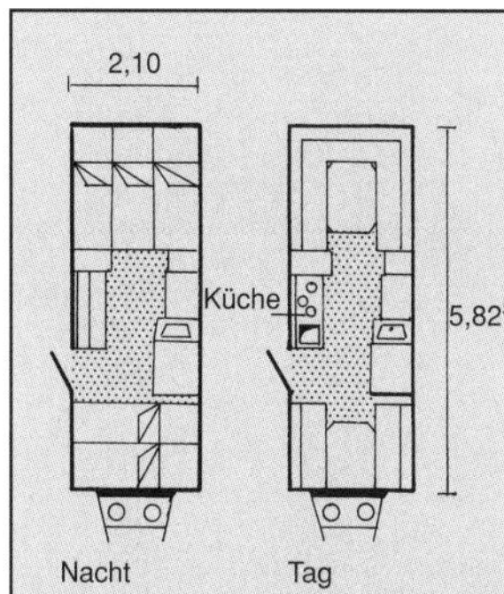

7 Mit 5 Betten, Toilette mit Schiebetür

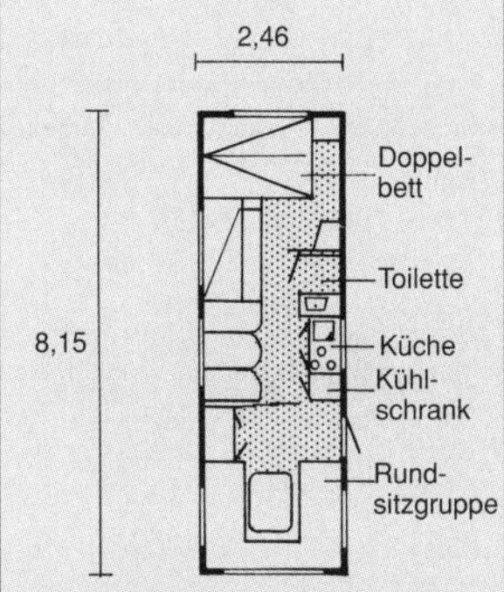

8 Großer Wohnwagen Liegefläche 8–9 Personen

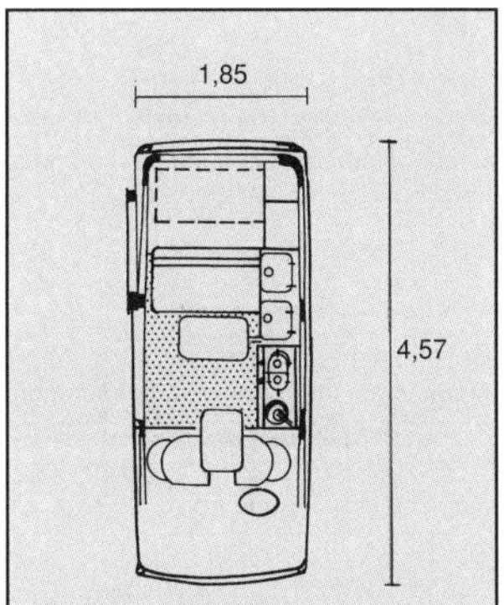

9 Camping-Bus Westfalia Joker

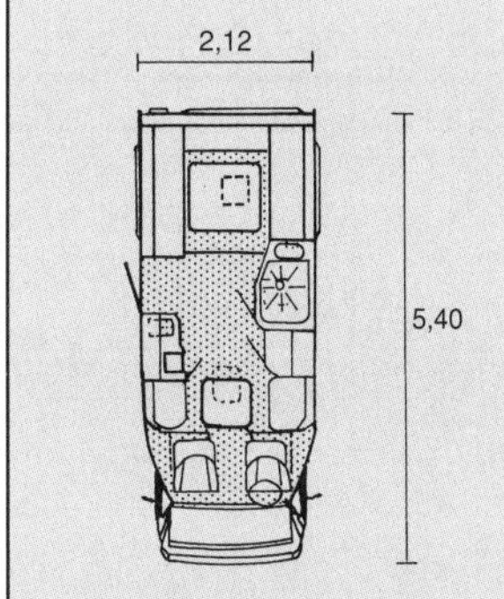

10 Camping-Bus Tischer

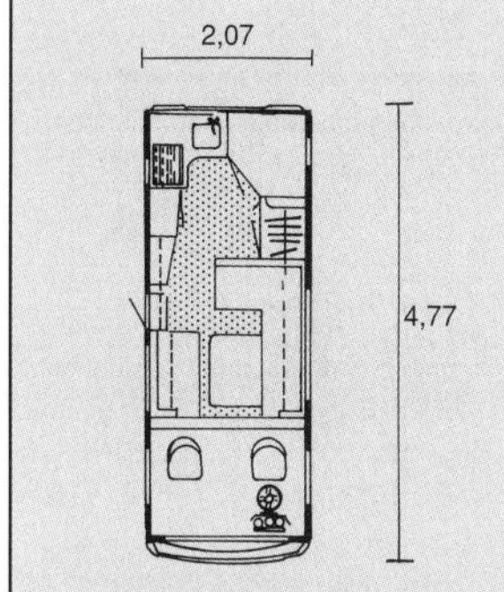

11 Camping-Bus Lyding

Schiffskabinen

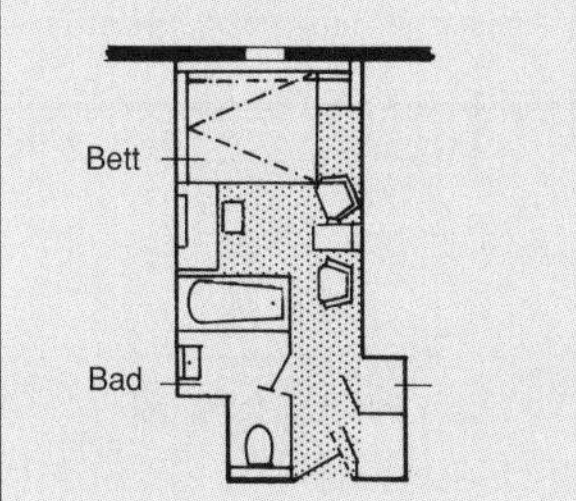

12 Kabine mit Doppelbett/Bad/WC

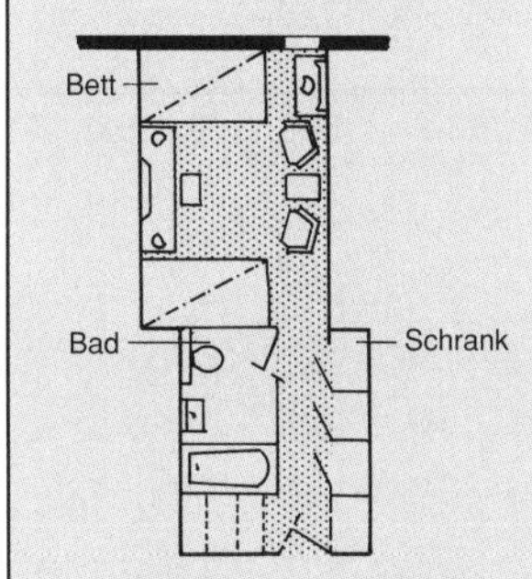

13 Doppelkabine mit 2 unteren Betten

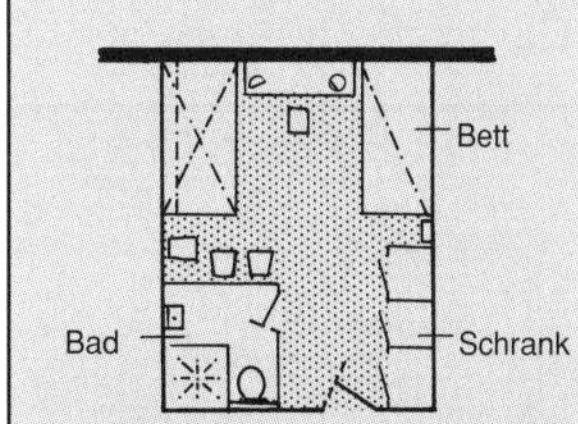

14 Kabine mit 2 unteren u.1 oberem Bett, Dusche u. WC

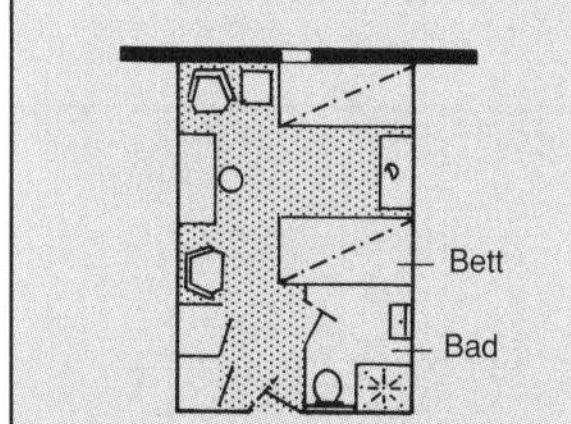

15 Doppelkabine mit 2 unteren Betten, Dusche u. WC

FERIEN- U. GARTENHÄUSER

Ferienhäuser im Gebirge liegen am besten gegen Westwinde geschützt, offen nach Osten (Morgensonne). Für den Wintersport Häuser gegen Ostwinde geschützt, offen nach Süden, ebenso am Wasser. Konstruktion möglichst aus ortstypischen, organischen Baustoffen (Natursteine, Holz). Einrichtung aus Sicherheitsgründen mit dem Haus verbinden. Öffnungen durch Läden einbrucherschwerend verschließbar.

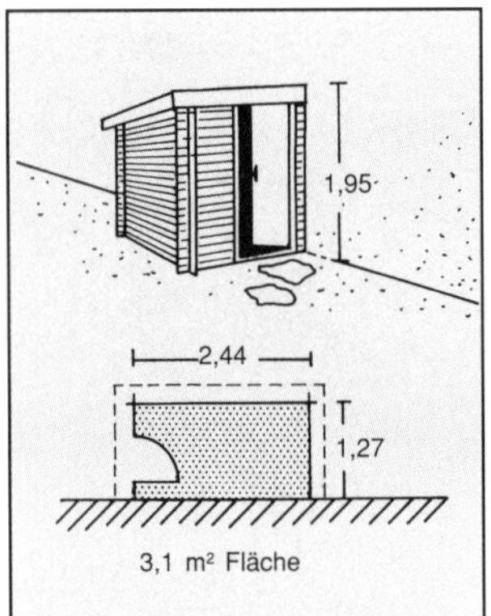

1 Anbau Gartenhaus

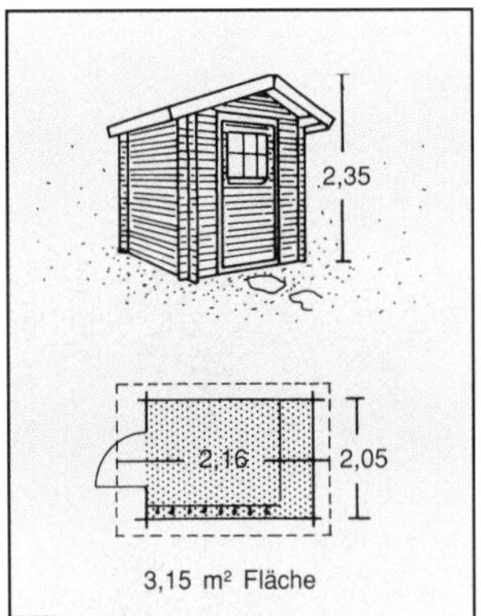

2 Kleines Gartenhaus

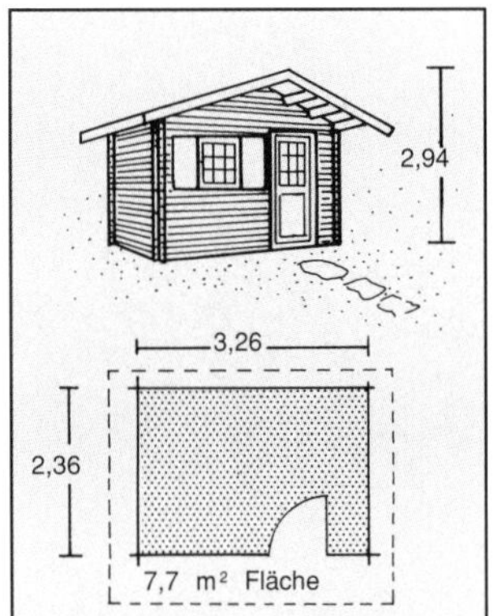

3 Gartenhaus mit Dachüberstand

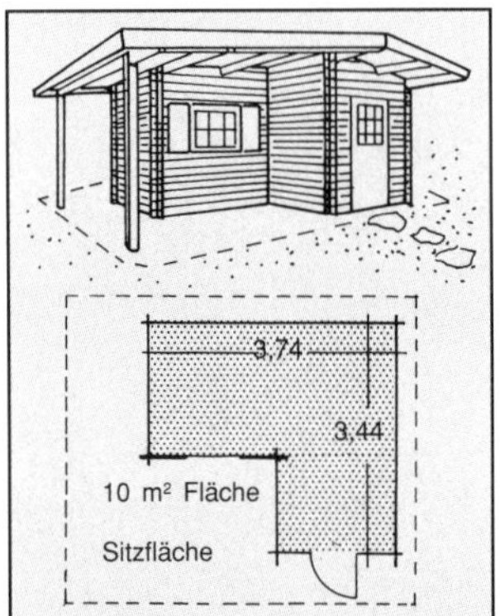

4 Blockbohlenhaus mit überdachter Fläche

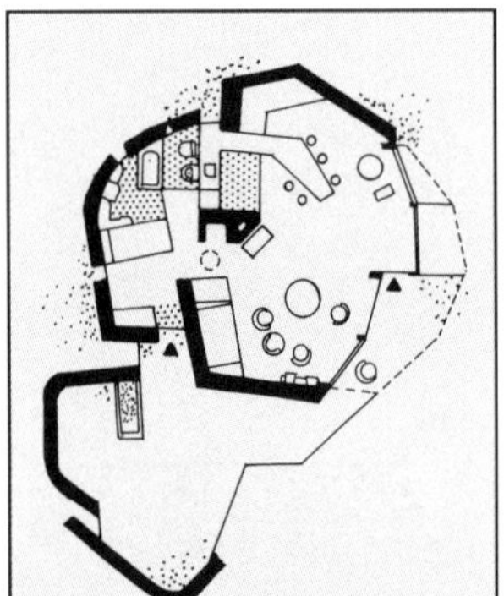
Arch. Prof. Cosse

5 Ferienhaus in Belgien

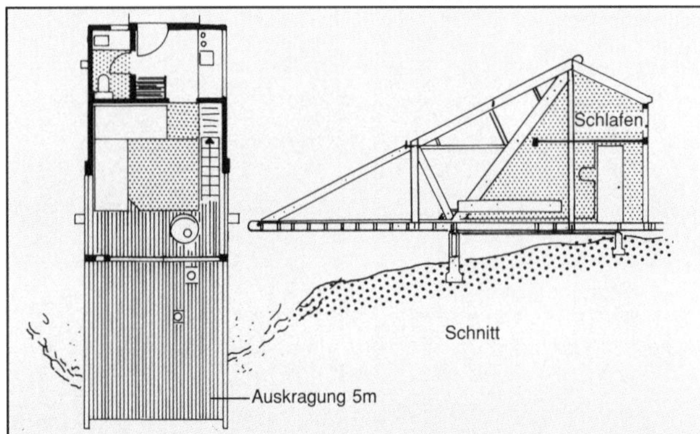

6 Weekend-Holzhaus für 4 Pers. 25m² Wohnfl. Arch. H. Lowett

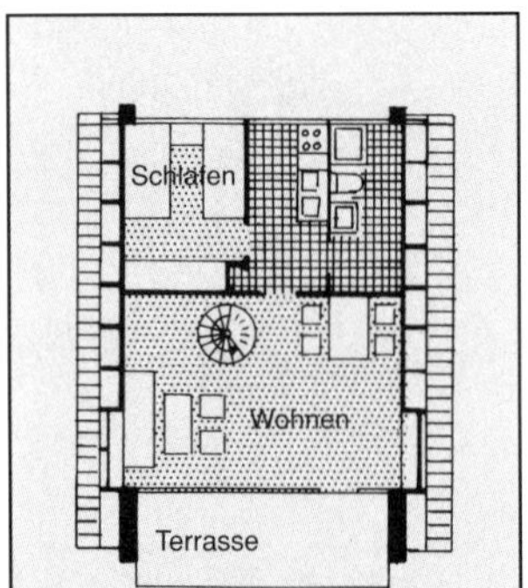

Arch. Immich/Erdenich

7 Erdgeschoß → 8 – 10

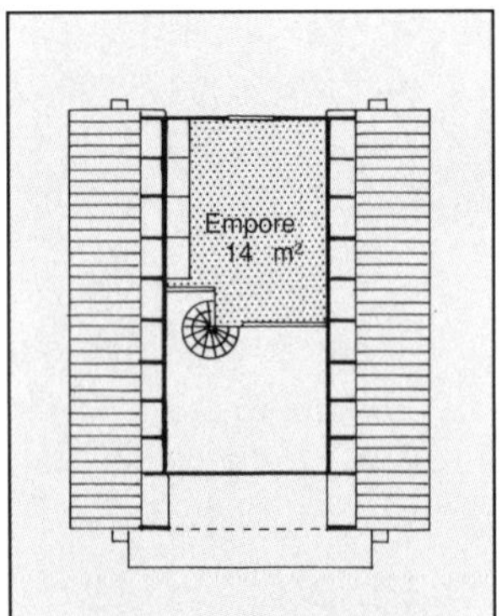

8 Dachgeschoß → 7

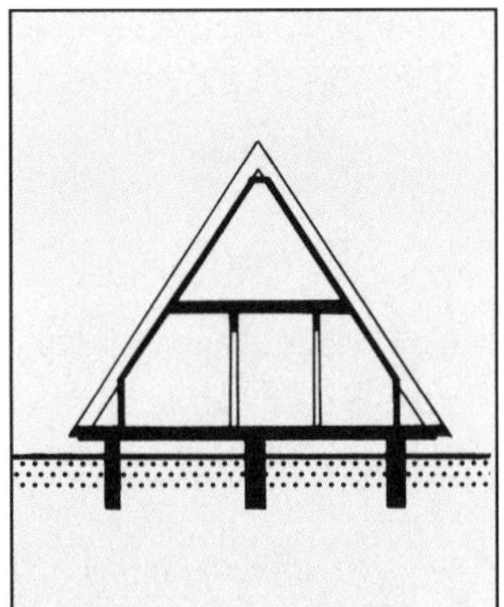
9 Schnitt → 10

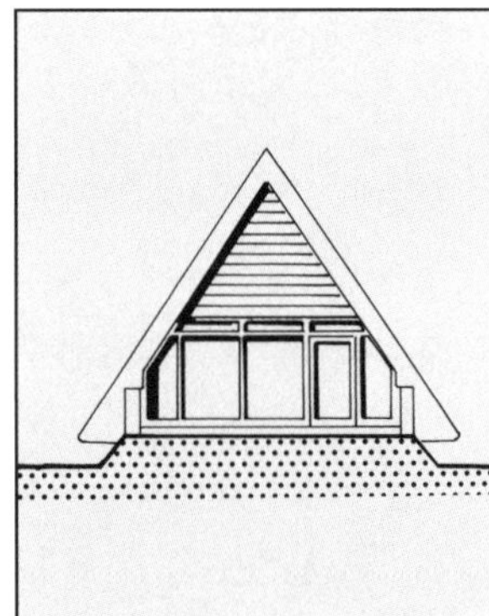
10 Ansicht → 9

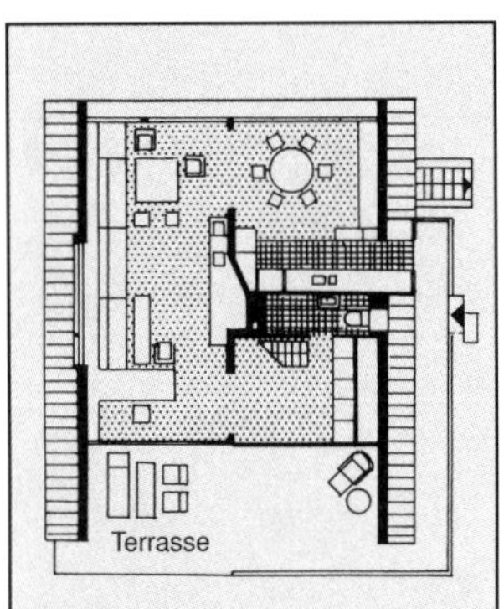

11 Erdgeschoß Ferienhaus im Nordseeland

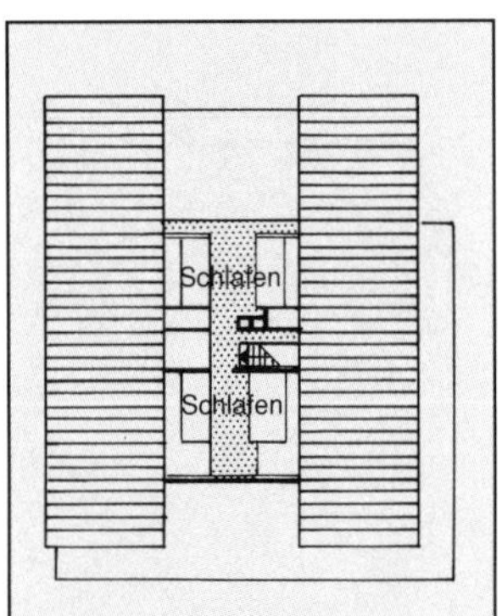

12 Obergeschoß → 11 Arch. Hagen

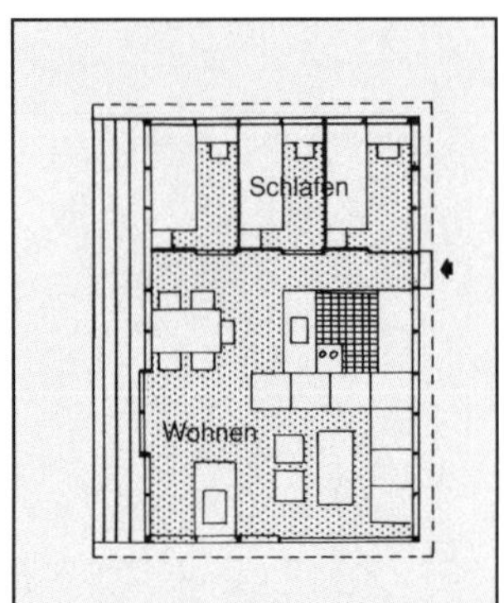

13 Wochenendhaus Arch. Solvsten

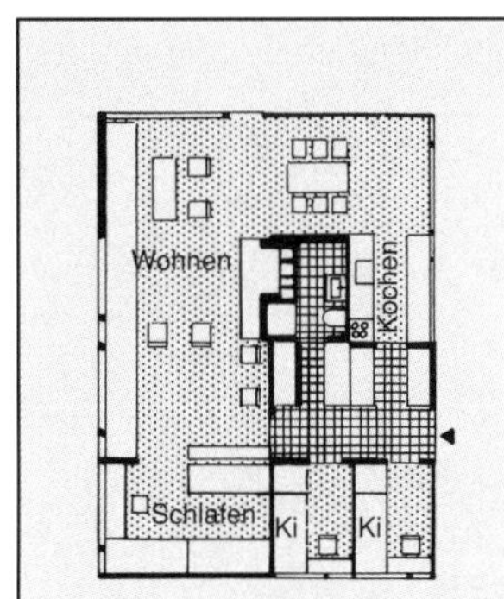

Arch. Jensen

14 Ferienhaus auf Bornholm

REIHENWOHNHÄUSER

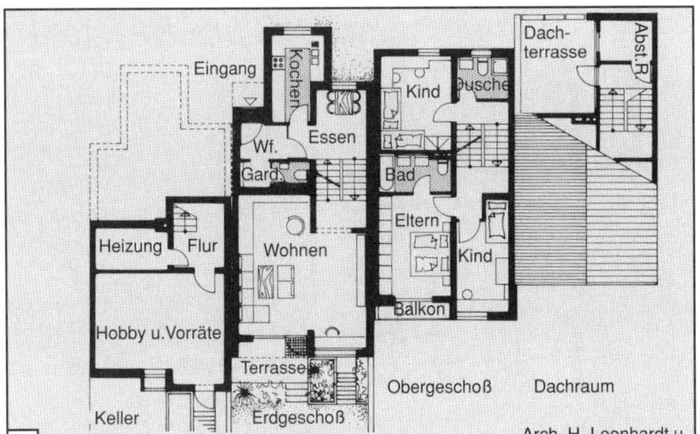

1 Reihenhausgruppe mit versetzten Ebenen Arch. H. Leonhardt u. E. Schirmer

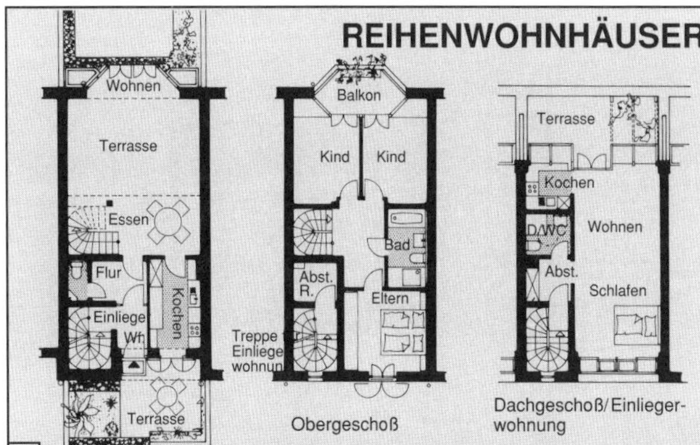

5 Reihenhaus mit Einliegerwohnung im Dachgeschoß Arch. Kulka

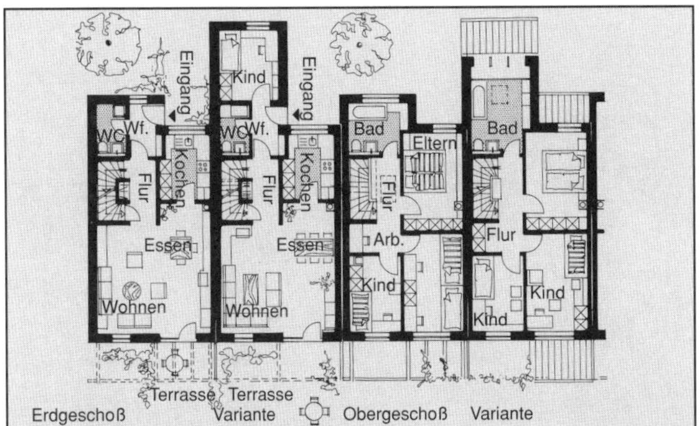

2 Reihenhäuser mit versch. Bautiefen Arch. K. u. B. Woicke

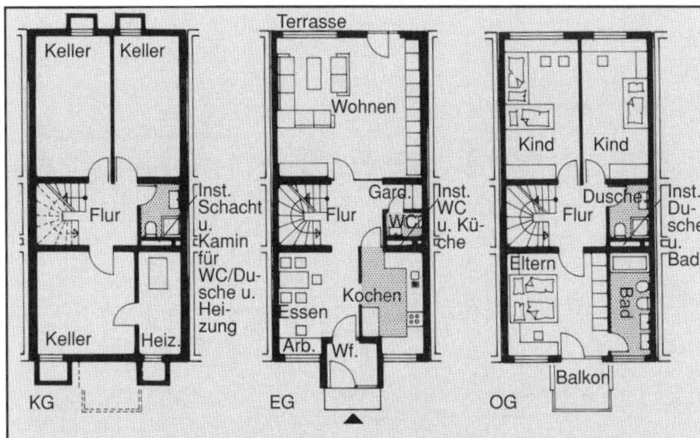

6 Reihenhäuser. Alle Installationen an einem Schacht

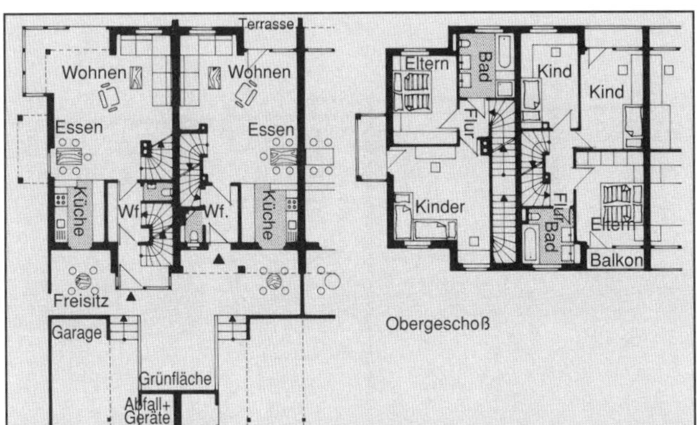

3 Erdgeschoß → 4 Arch. Hermann

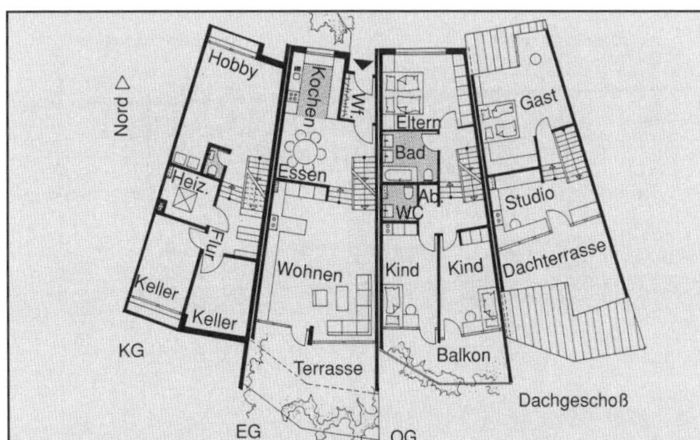

7 Reihenhaus mit günstiger Belichtung u. Besonnung Arch. Disch

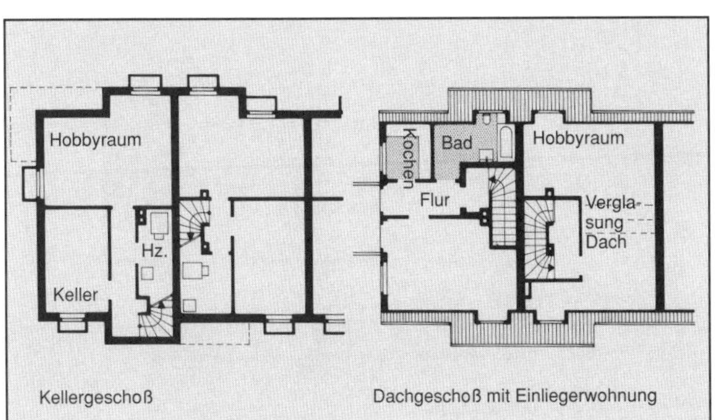

4 Keller- u. Dachgeschoß → 3

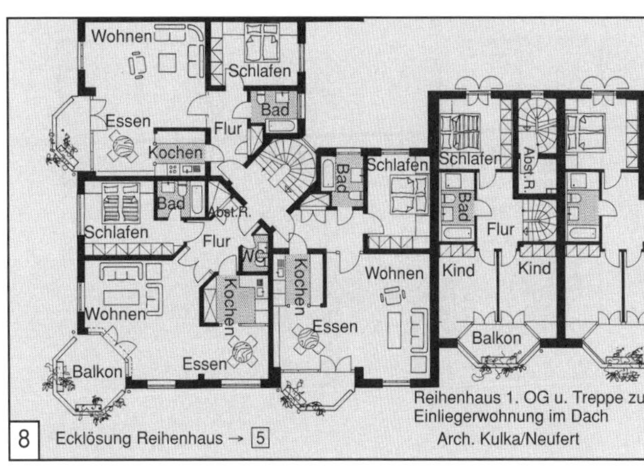

Reihenhaus 1. OG u. Treppe zur Einliegerwohnung im Dach Arch. Kulka/Neufert

8 Ecklösung Reihenhaus → 5

DOPPELWOHNHÄUSER

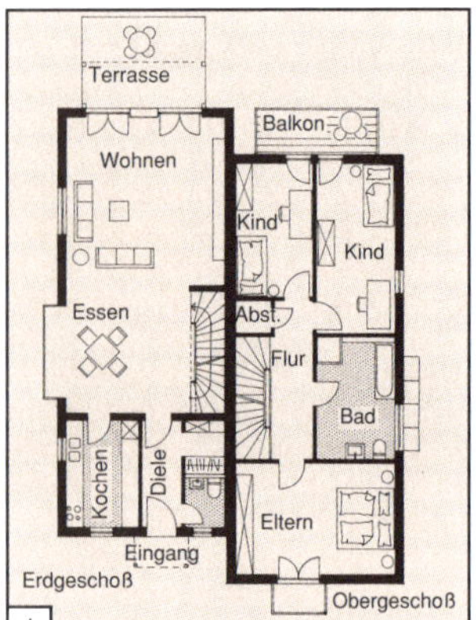

1 Doppelhaus Eingang von vorn

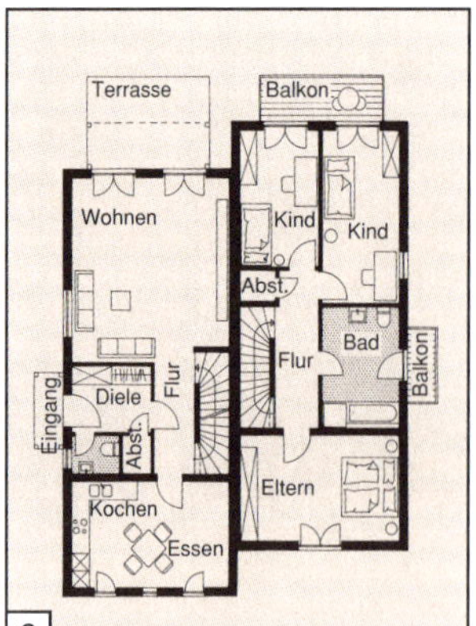

2 Doppelhaus Eingang seitlich

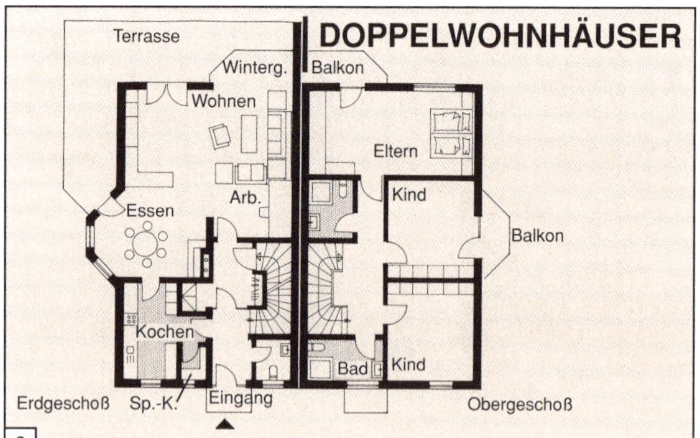

6 Doppelhaus mit Eßzimmer u. umlaufender Terrasse

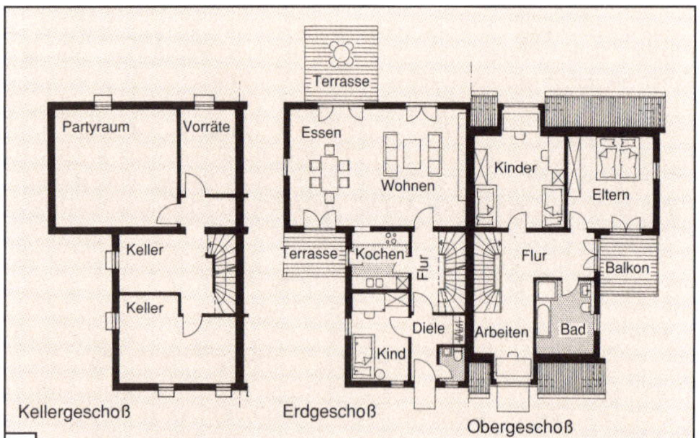

3 Doppelhaus in L-Form u. 2 Terrassen

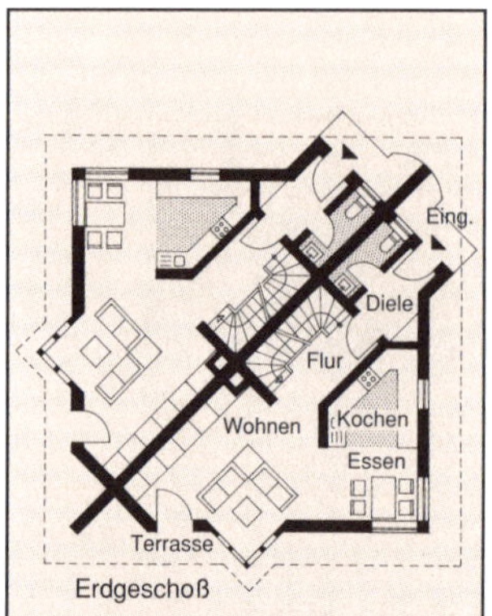

7 Doppelhaus diagonal geteilt

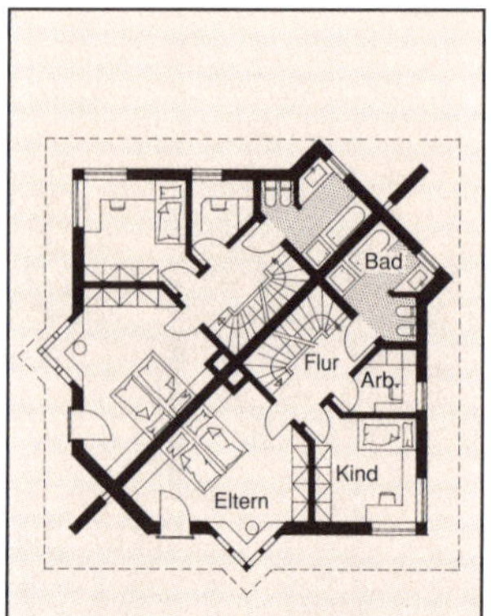

8 Obergeschoß → 7

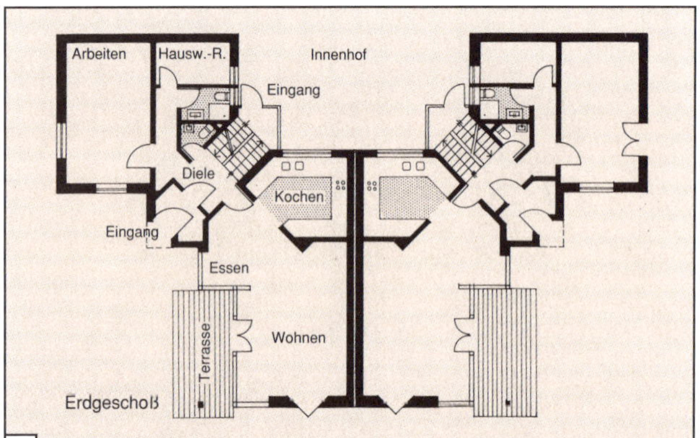

4 Doppelhaus in L-Form u. Innenhof Arch. R. Probst

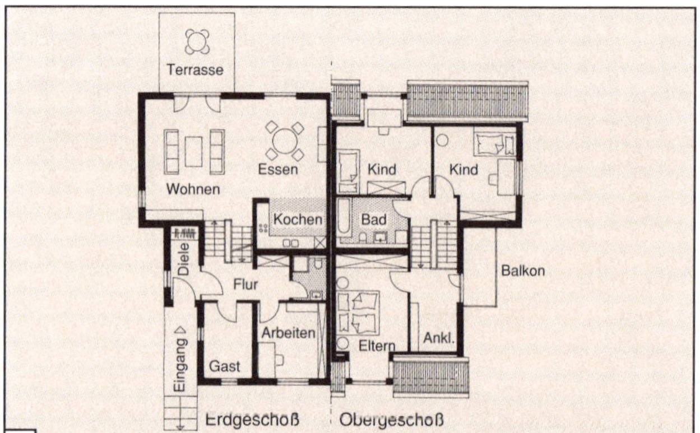

9 Doppelhaus mit versetzten Ebenen

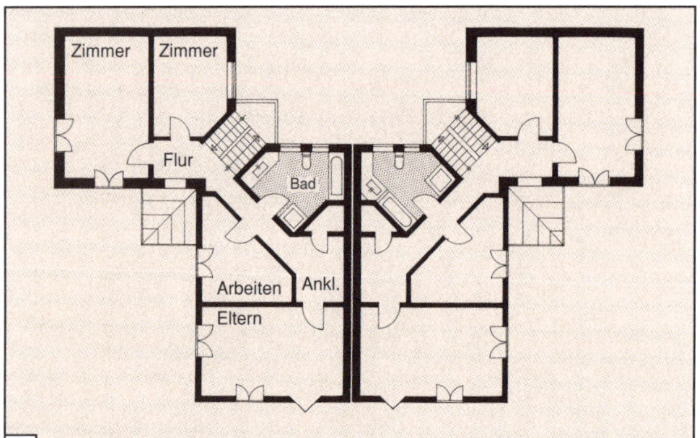

5 Obergeschoß → 4

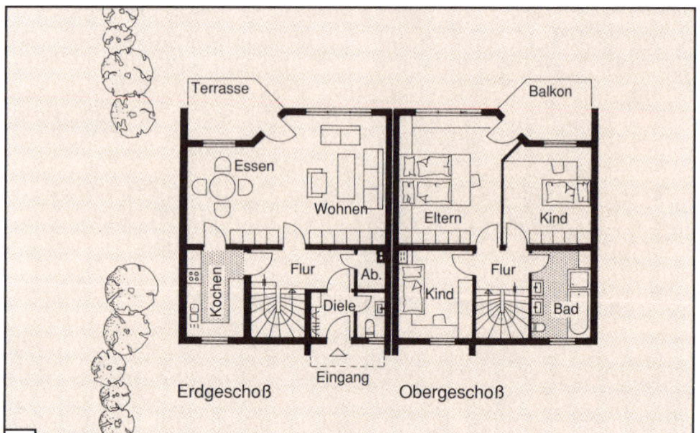

10 Doppelhaus mit quadratischem Grundriß Arch. L. Neff

WOHNHÄUSER

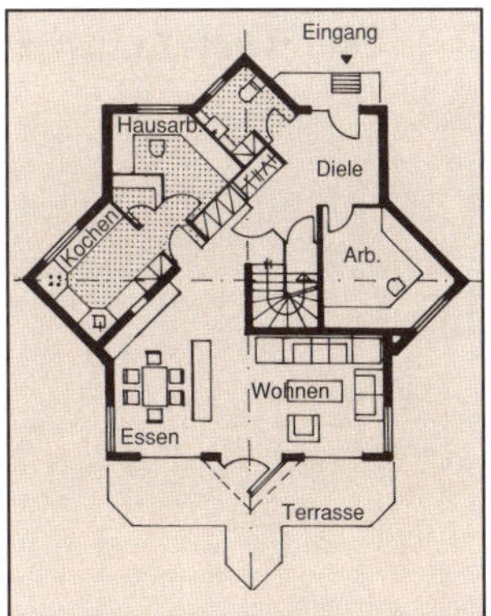

1 Erdgeschoß → 2

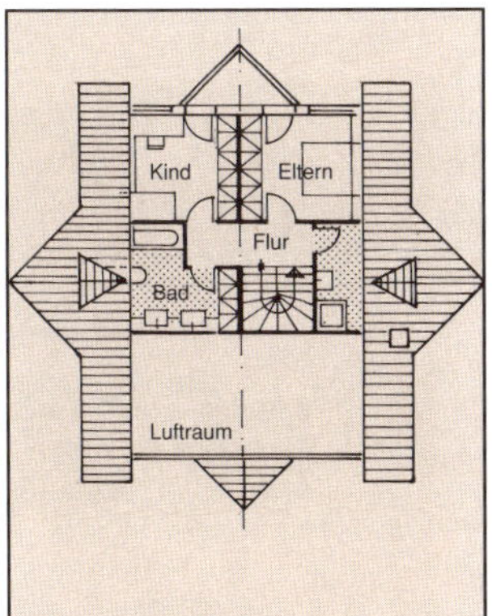

2 Obergeschoß Arch. L. Neff

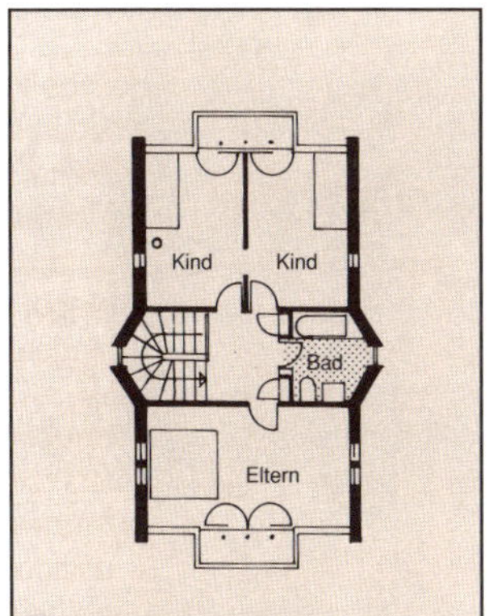

3 Obergeschoß → 4

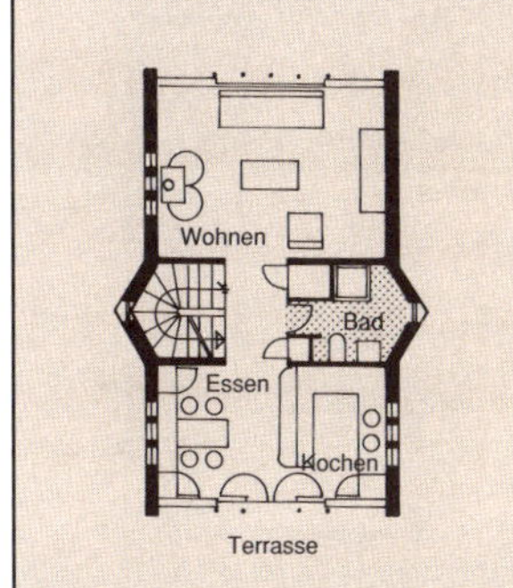

4 Erdgeschoß Arch. R. Gay

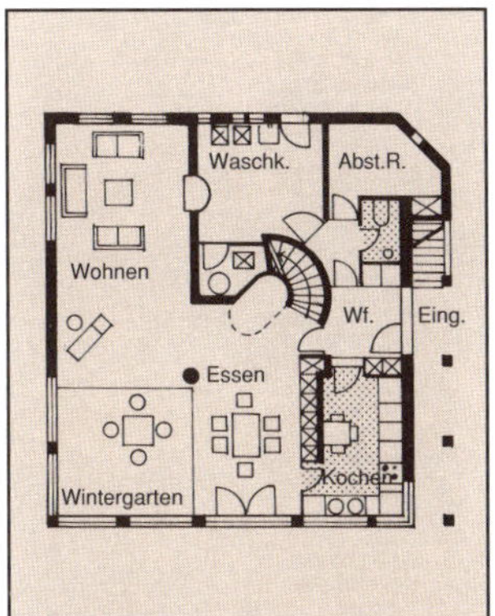

5 Erdgeschoß → 6–8

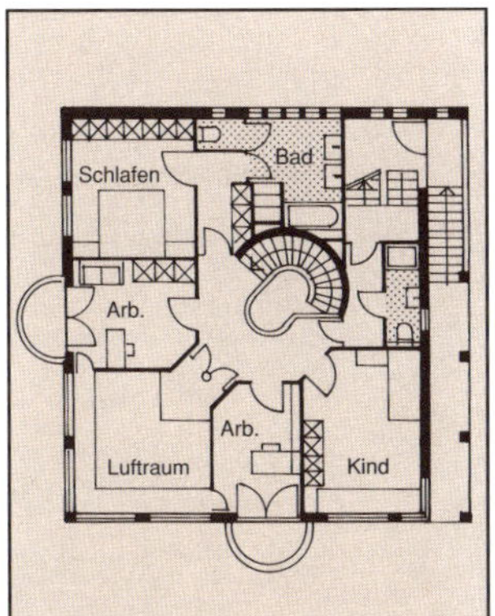

6 Obergeschoß

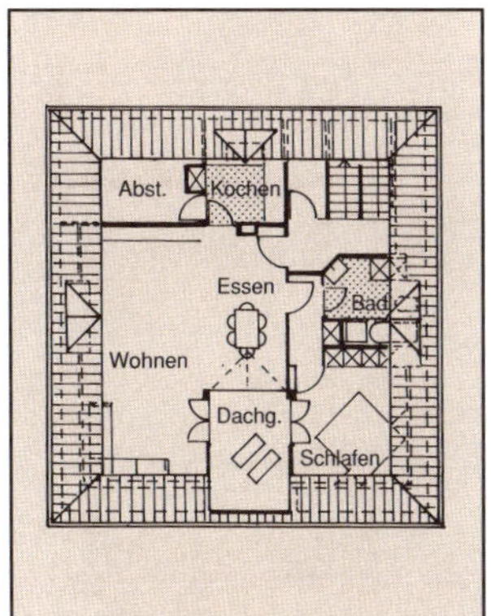

7 Dachgeschoß

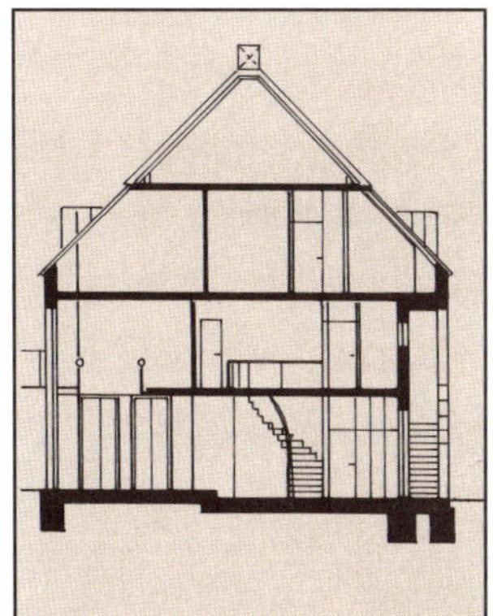
8 Querschnitt Arch. Brons

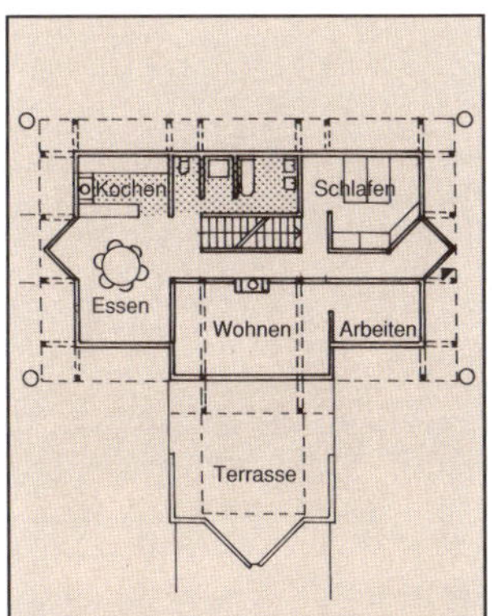

9 Erdgeschoß

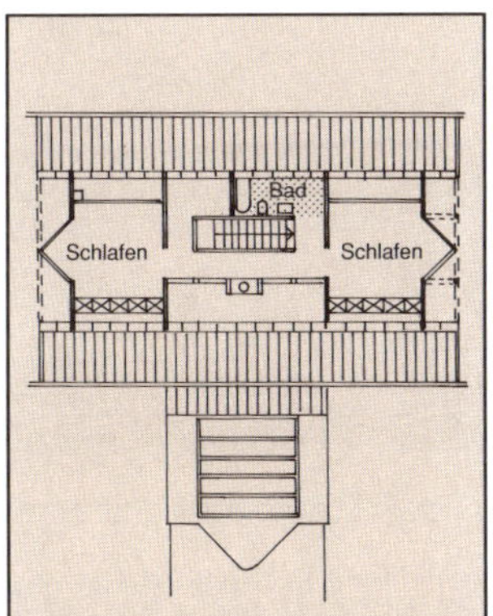

10 Obergeschoß

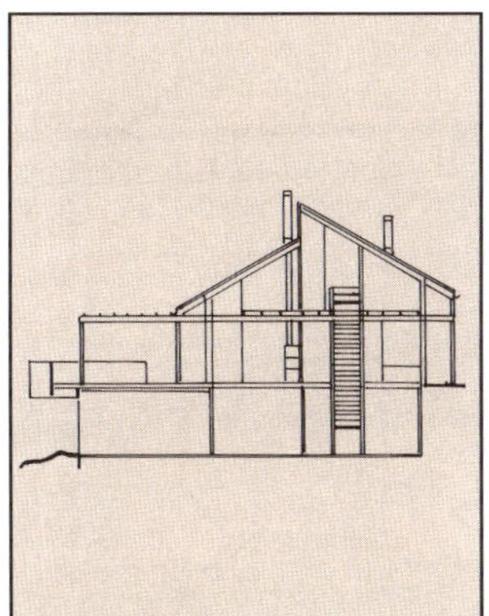
11 Querschnitt

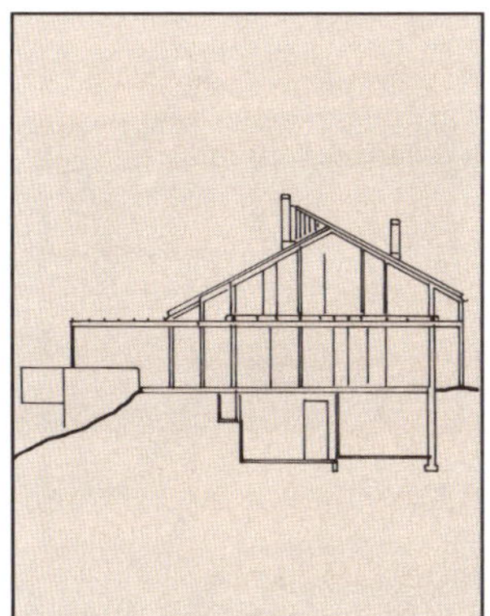
12 Querschnitt Arch. Tissi u. Pötz

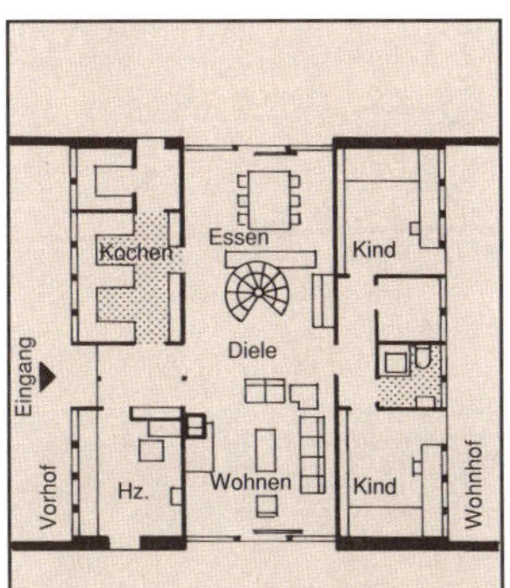

13 Erdgeschoß → 14–15

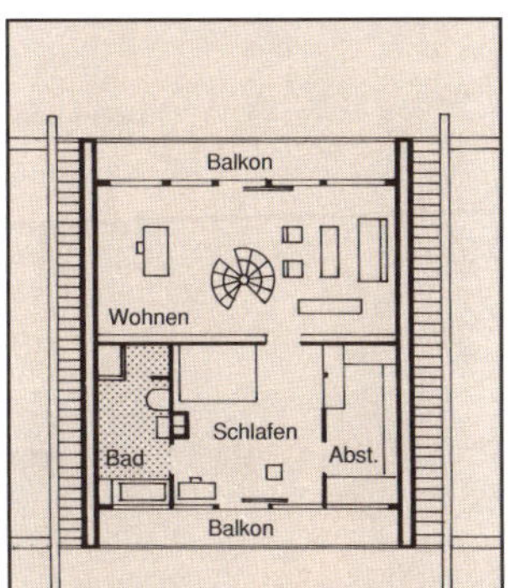

14 Obergeschoß

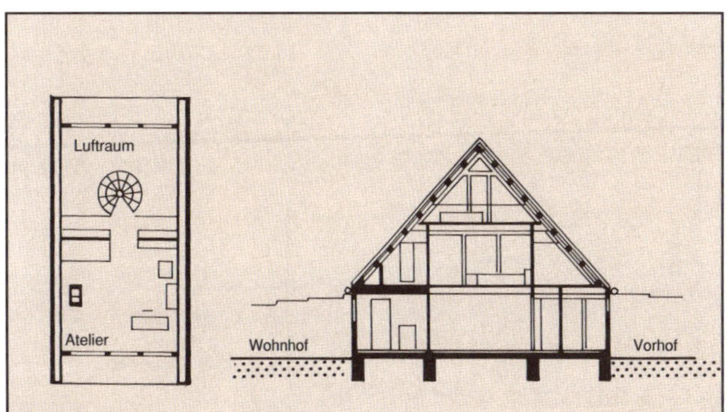

15 Dachgeschoß Querschnitt Arch. Heckrott

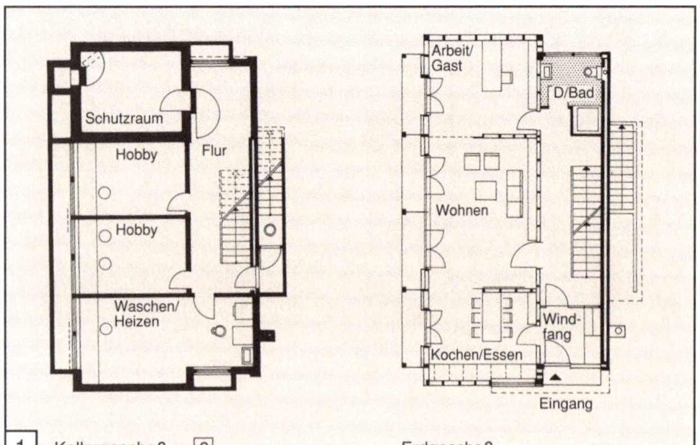

1 Kellergeschoß → 2 Erdgeschoß

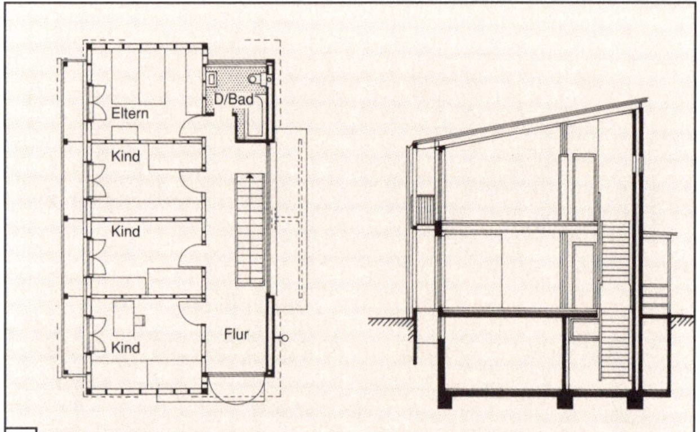

2 Obergeschoß Querschnitt → 1 – 2 Arch. H.J. Berrel

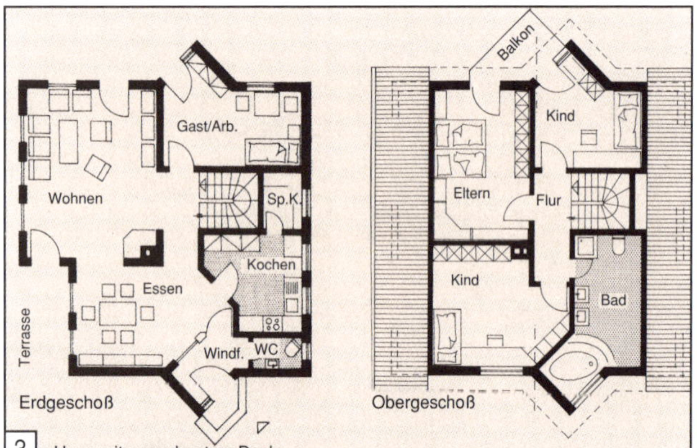

Erdgeschoß Obergeschoß

3 Haus mit ausgebautem Dach

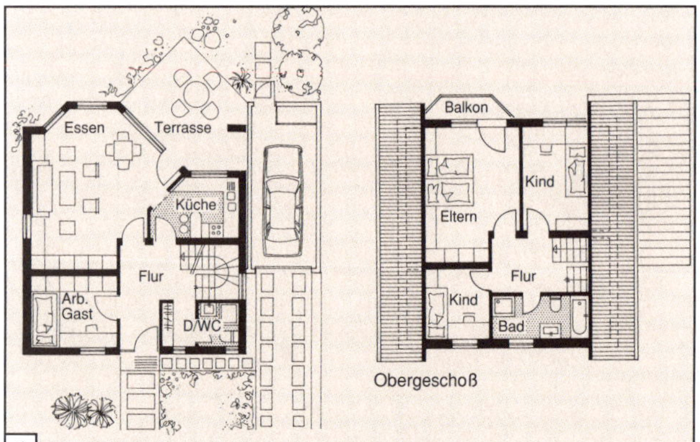

Obergeschoß

4 Haus mit ausgebautem Dach u. angebauter Garage

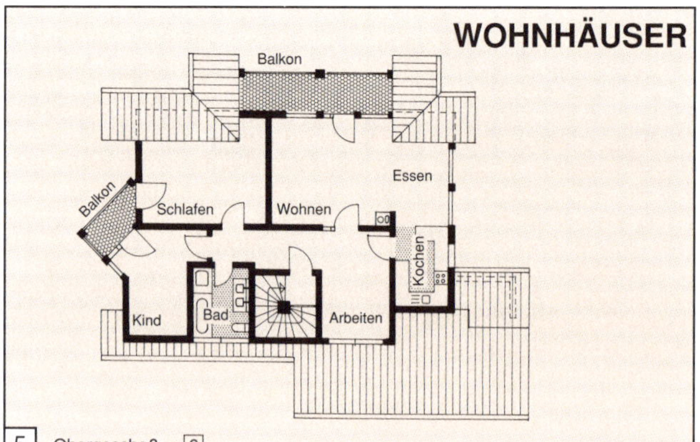

5 Obergeschoß → 6

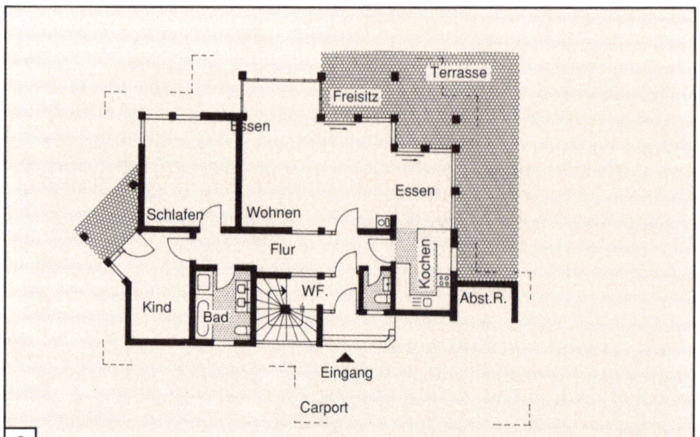

6 Erdgeschoß Wohnhaus für 2 Familien

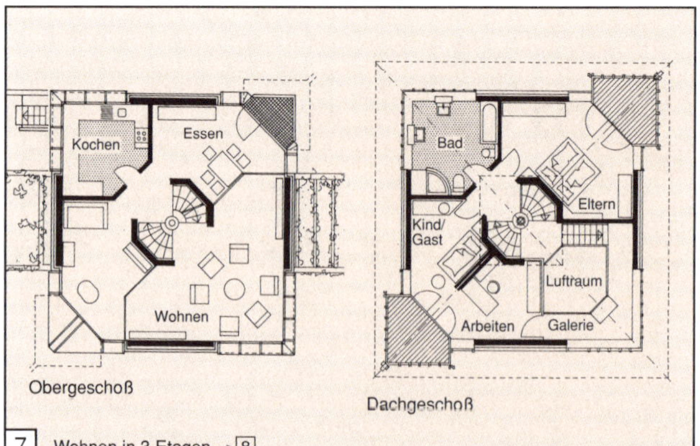

Obergeschoß Dachgeschoß

7 Wohnen in 3 Etagen → 8

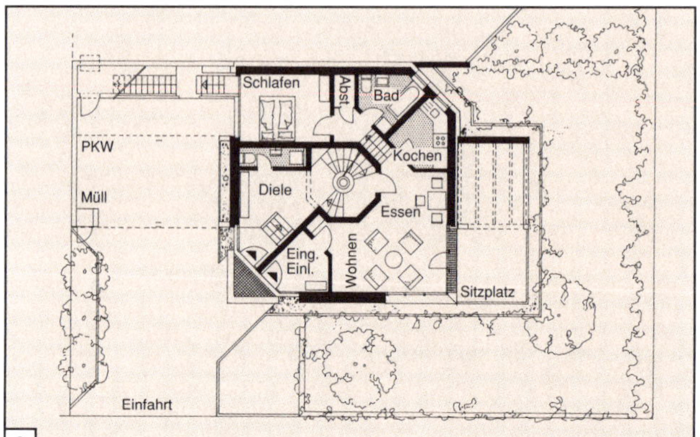

8 Erdgeschoß mit Einlieger Arch. B.Rosewich

WOHNHÄUSER

QUADRAT, KUBUS U. ZELTFORM

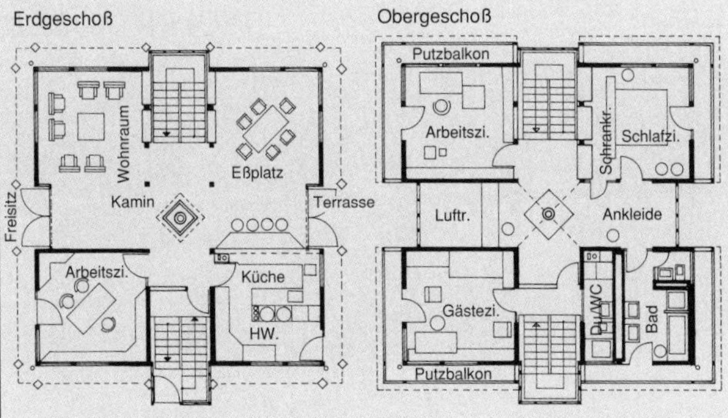

1 Wohnhaus im Quadrat — Arch. Brixel

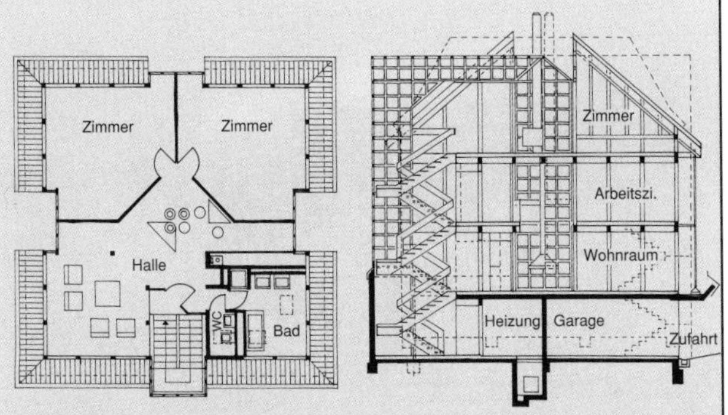

2 Dachgeschoß u. Schnitt → 1

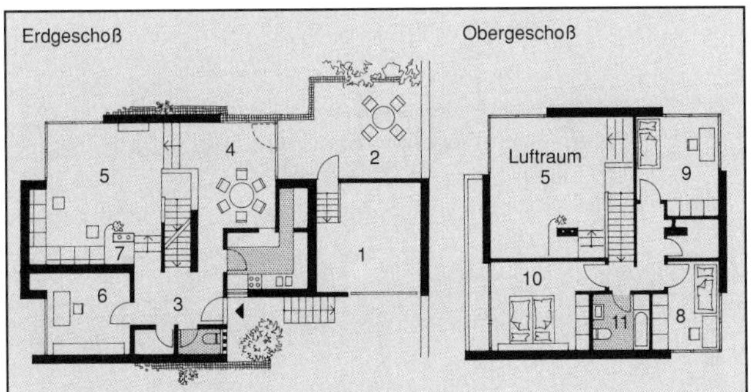

3 Wohnhaus am Hang → 4

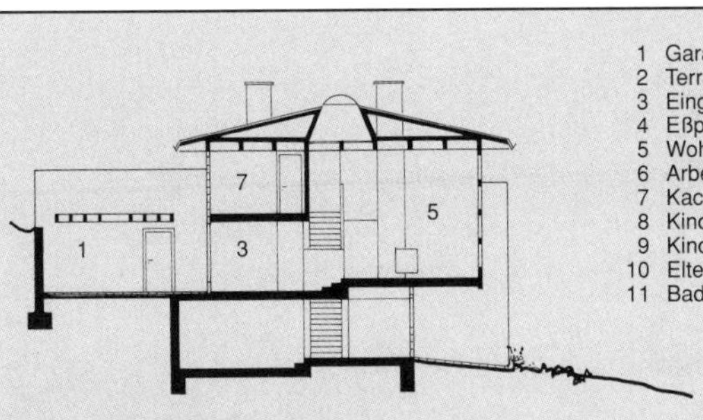

1 Garage
2 Terrasse
3 Eingang
4 Eßplatz
5 Wohnraum
6 Arbeitszimmer
7 Kachelofen
8 Kind
9 Kind
10 Eltern
11 Bad

4 Querschnitt → 3 — Arch. J. Streli

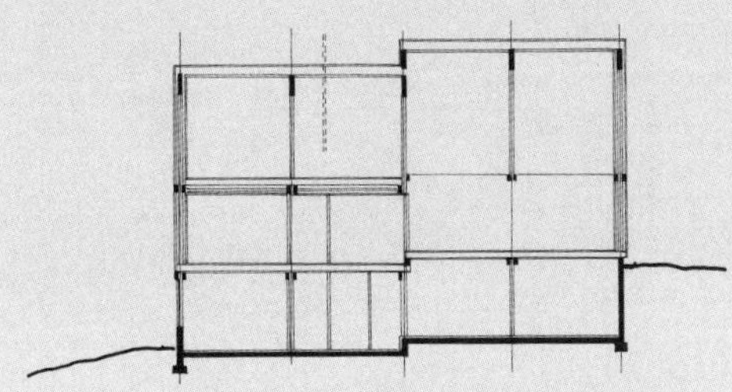

5 Längsschnitt → 6 – 8

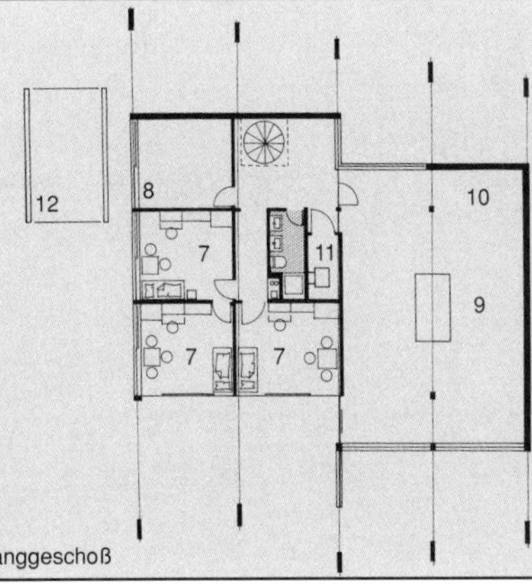

7 Kinderzimmer
8 Hauswirtsch. R.
9 Hobbyraum
10 Vorräte
11 Heizung
12 Garage
13 Terrasse
14 Terrassen/Eßpl.
15 Atelier

6 Hanggeschoß

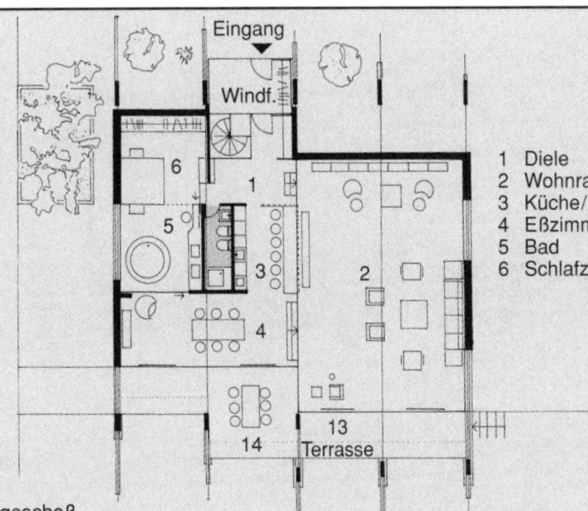

1 Diele
2 Wohnraum
3 Küche/Eßbar
4 Eßzimmer
5 Bad
6 Schlafzimmer

7 Erdgeschoß

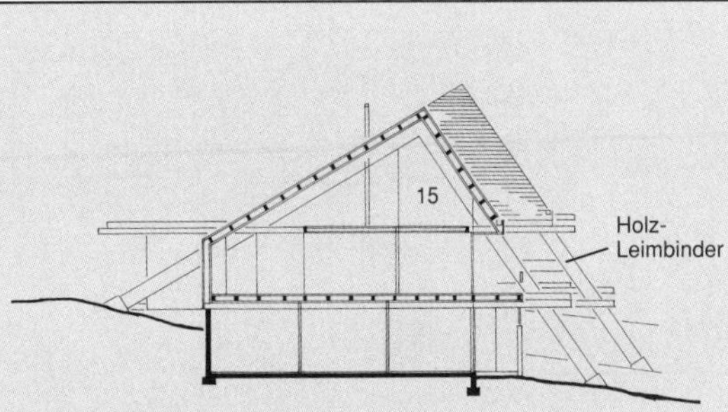

Wohnzelt in Holzbauweise

8 Querschnitt → 5 – 7 — Arch. J. Romberger

WOHNHÄUSER

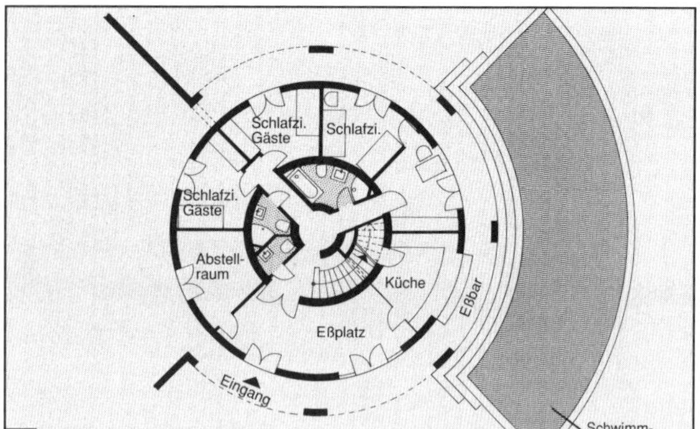

1 Erdgeschoß → 2 – 4

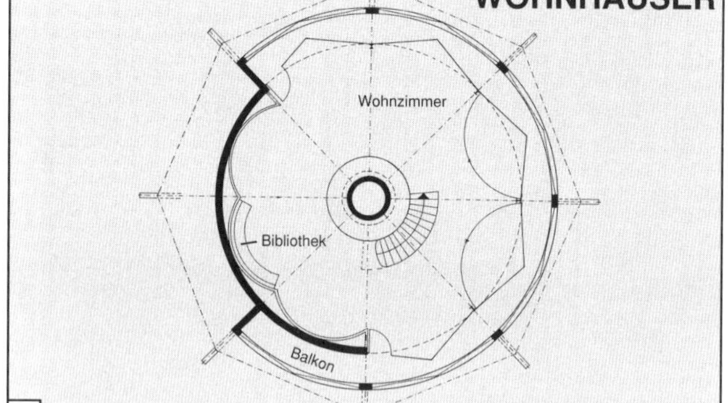

2 Obergeschoß

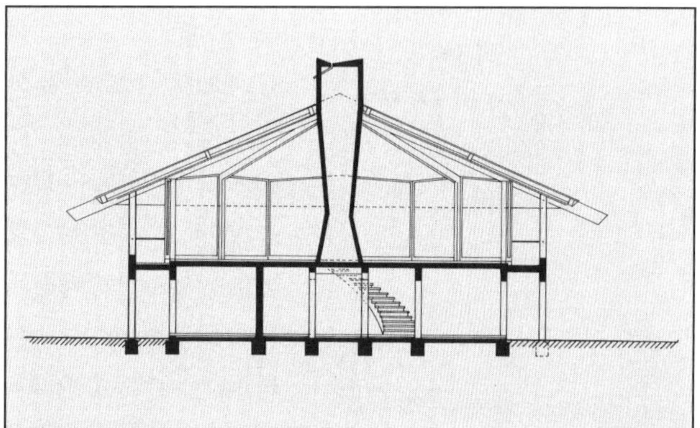

3 Querschnitt

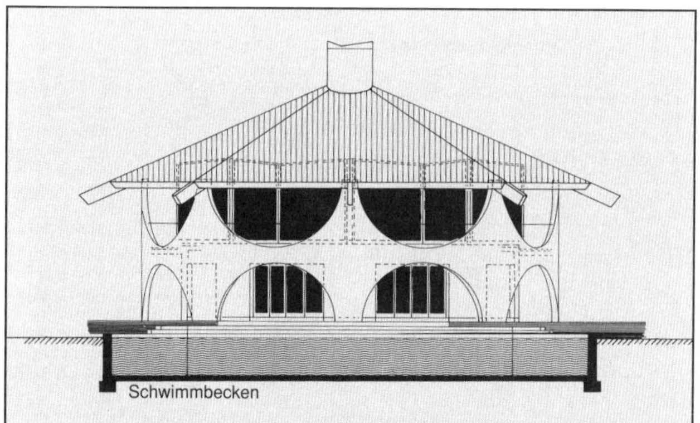

4 Ansicht von Süden und Schnitt durch das Schwimmbad Arch. P. Neufert

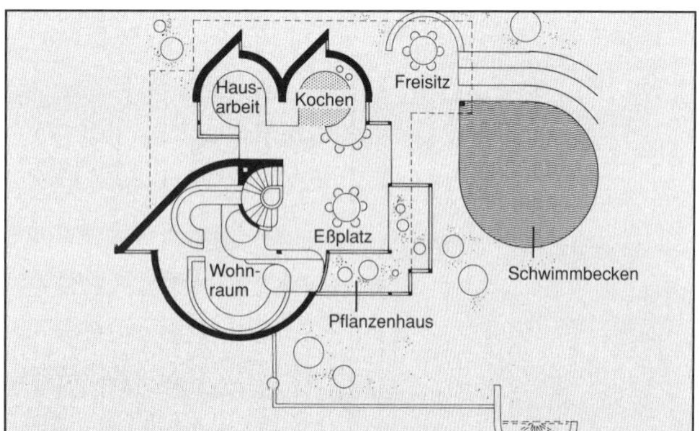

5 Erdgeschoß → 6 – 8

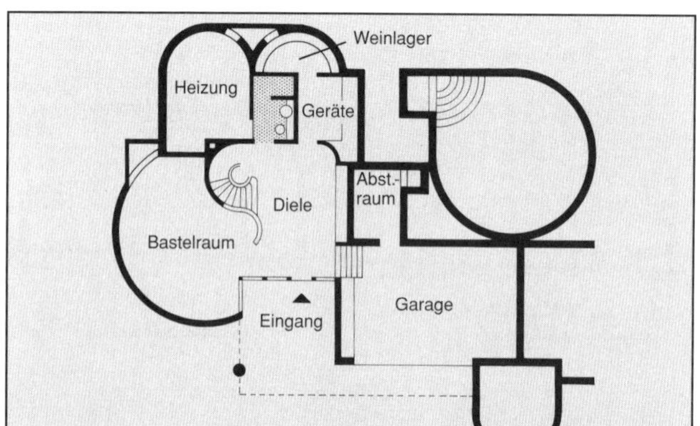

6 Kellergeschoß

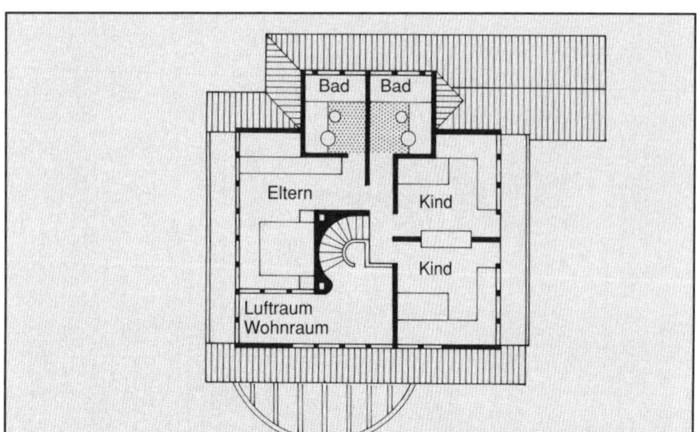

7 Obergeschoß

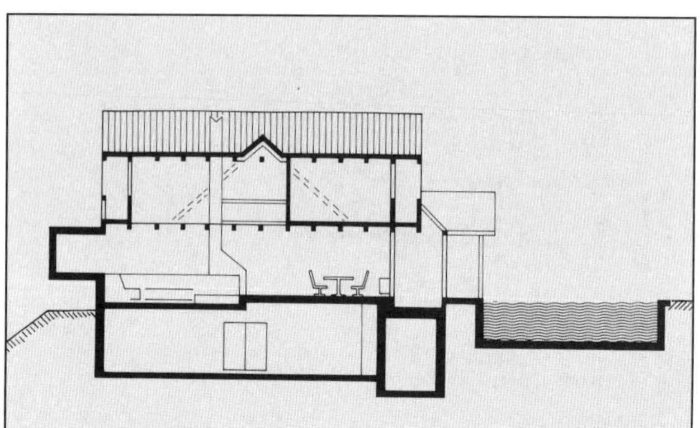

8 Längsschnitt Arch. F. Kühnis

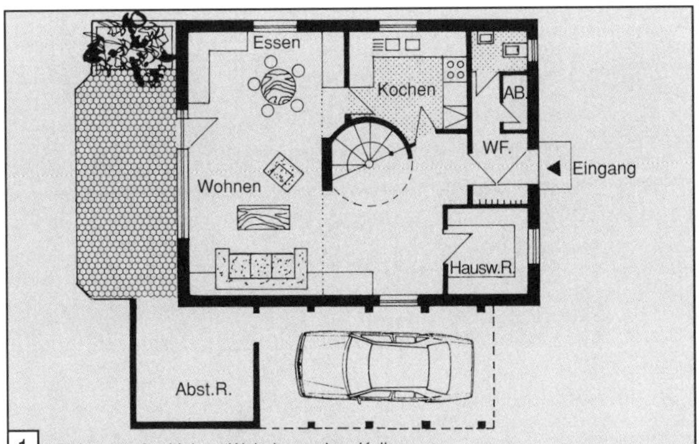

1 Erdgeschoß – kleines Wohnhaus ohne Keller

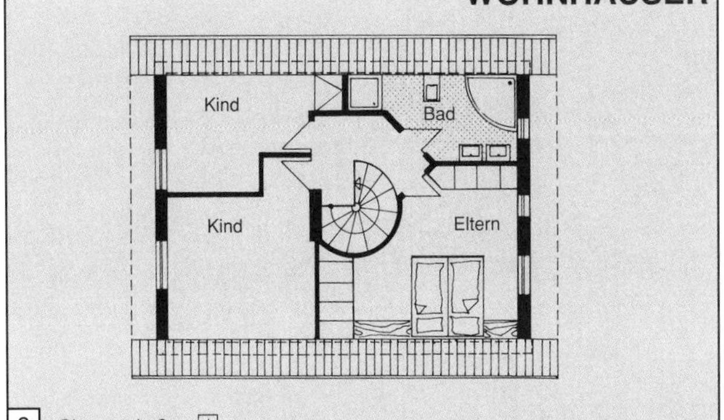

2 Obergeschoß → 1

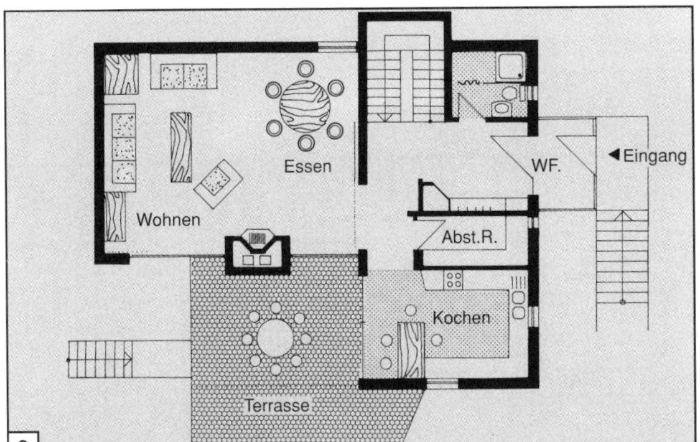

3 Erdgeschoß

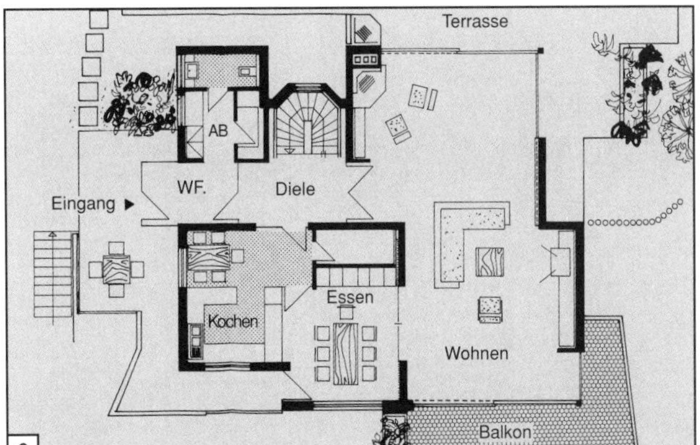

6 Erdgeschoß Haus am Nordhang

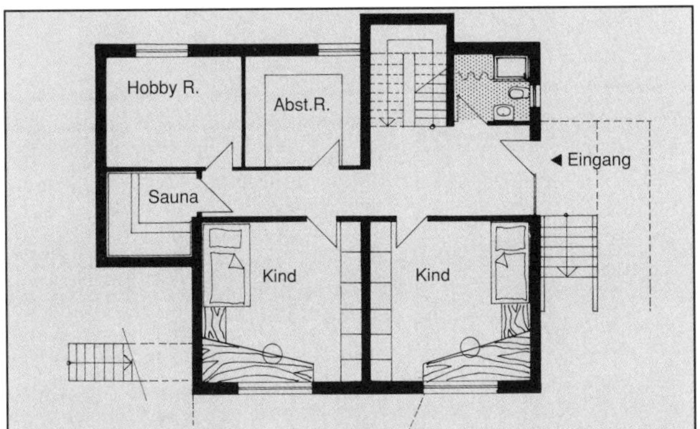

4 Untergeschoß

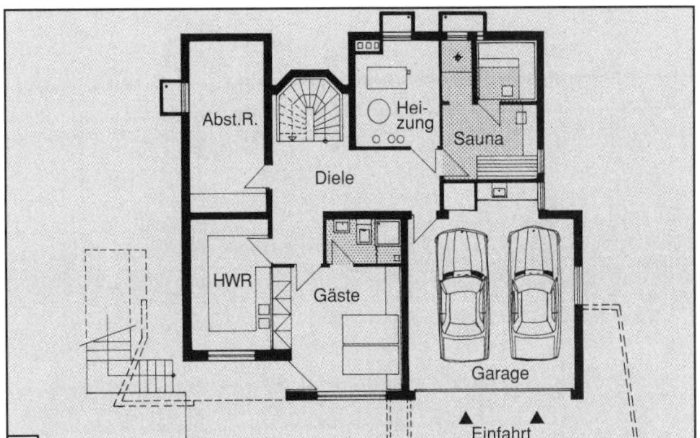

7 Untergeschoß → 6

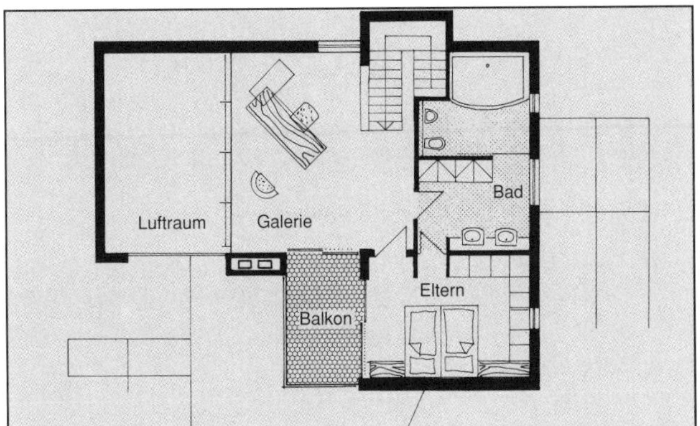

5 Obergeschoß → 3 – 4

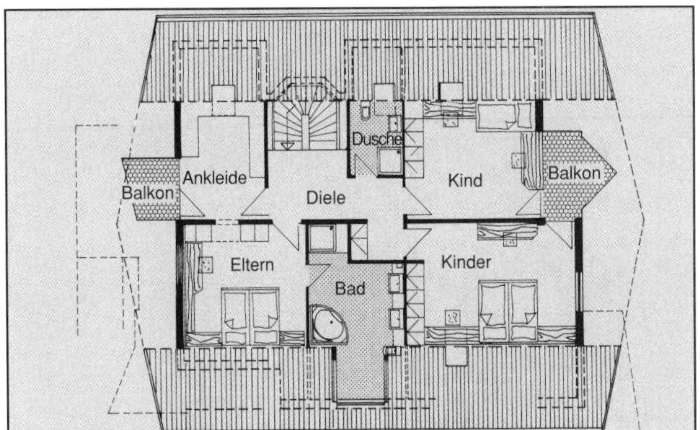

8 Dachgeschoß → 6 – 7

WOHNHÄUSER
AM HANG

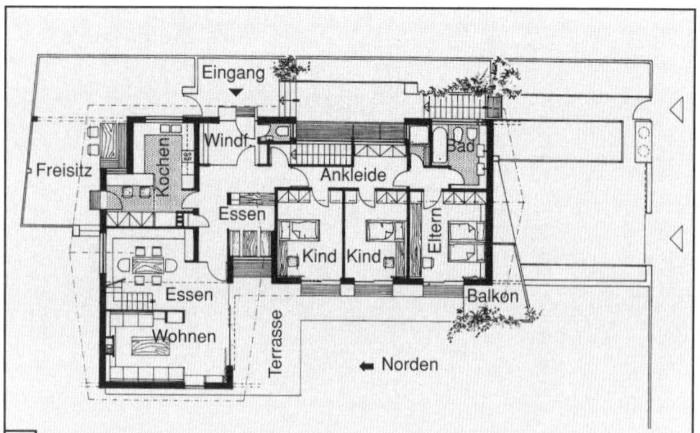

1 Erdgeschoß Haus am Hang → 2

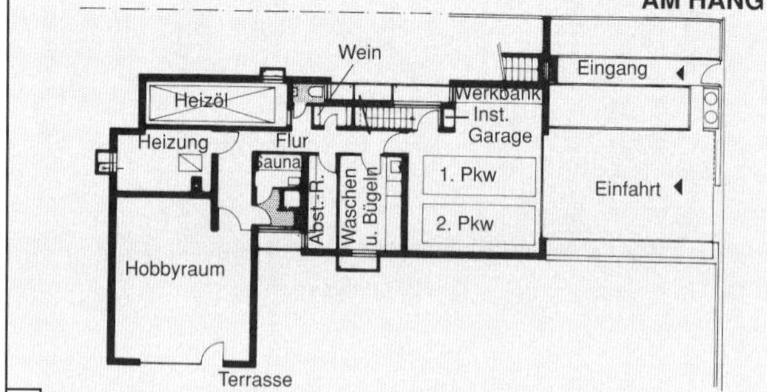

2 Untergeschoß → 1

Arch. L. Neff

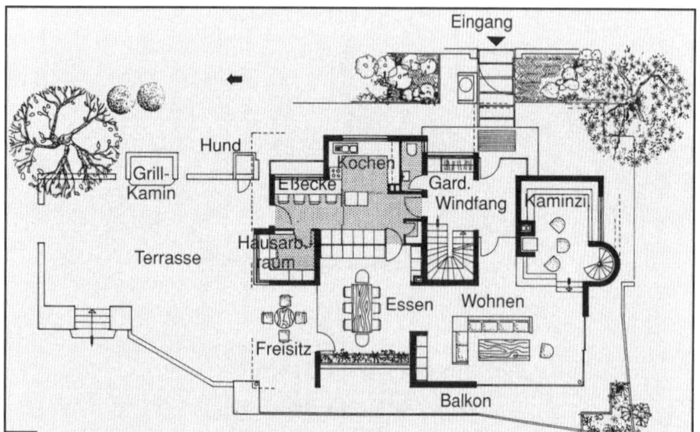

3 Haus am Steinbruch – Erdgeschoß → 4 – 6

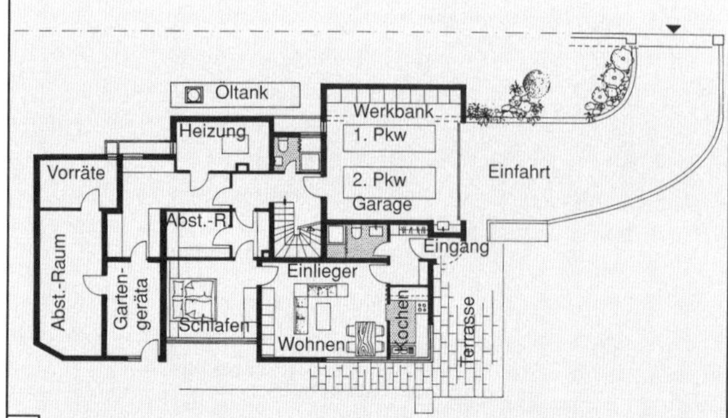

4 Untergeschoß → 3

Arch. L. Neff

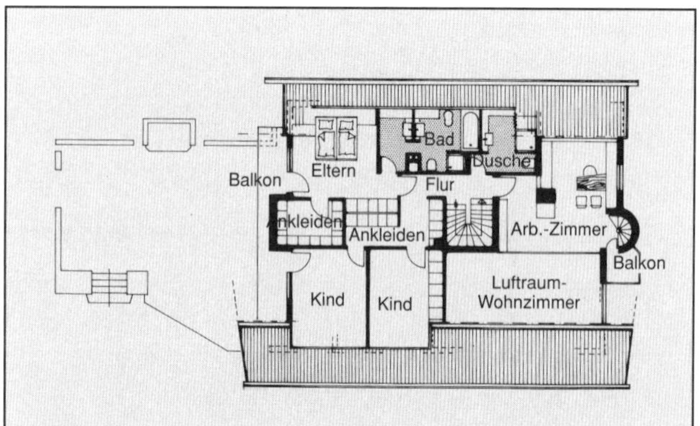

5 Dachgeschoß → 3 – 4

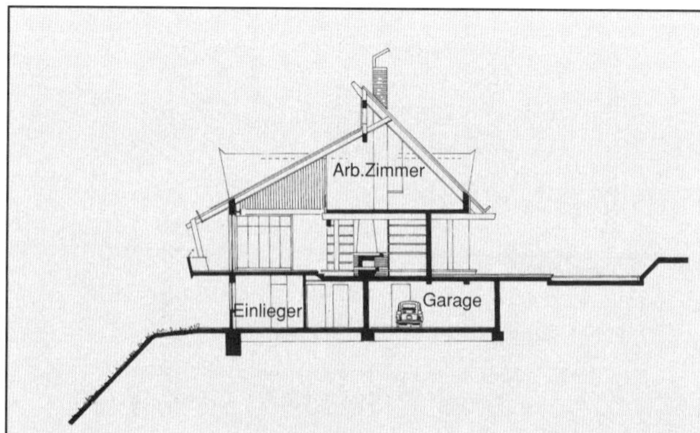

6 Querschnitt → 3 – 5

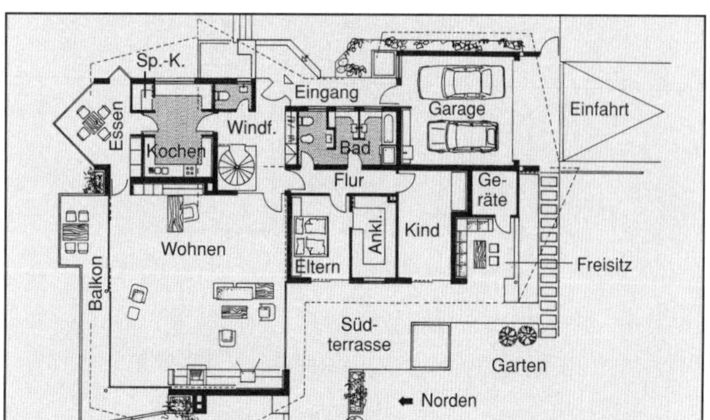

7 Erdgeschoß – Haus am Nordhang → 8

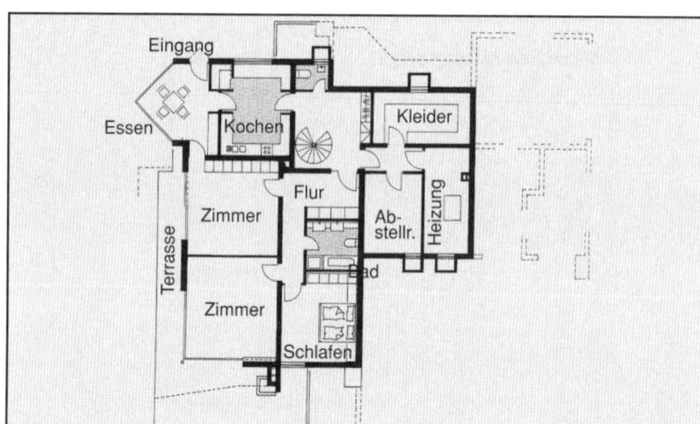

8 Untergeschoß → 7

Arch. L. Neff

WOHNHÄUSER
AM HANG

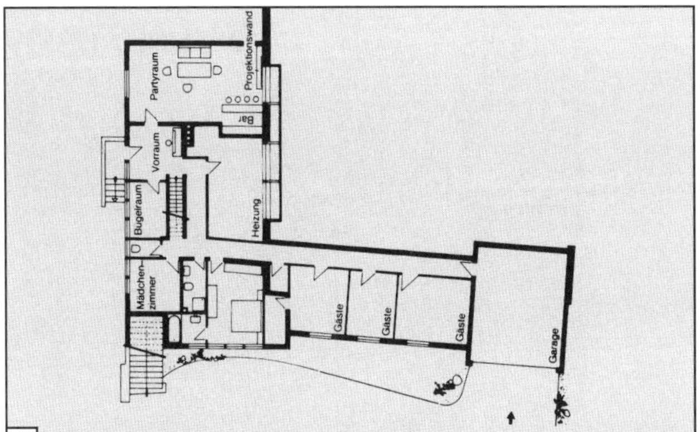

1 Untergeschoß → 2

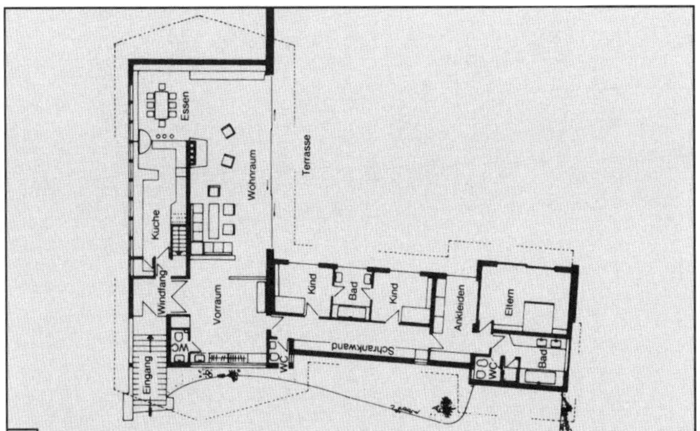

2 Erdgeschoß — Arch. E. Neufert

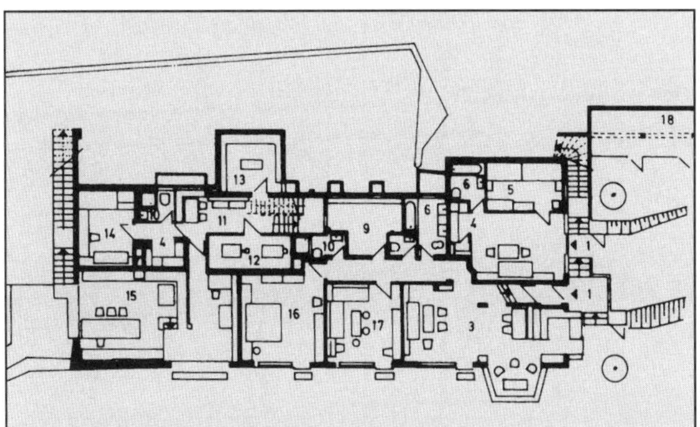

3 Untergeschoß → 4

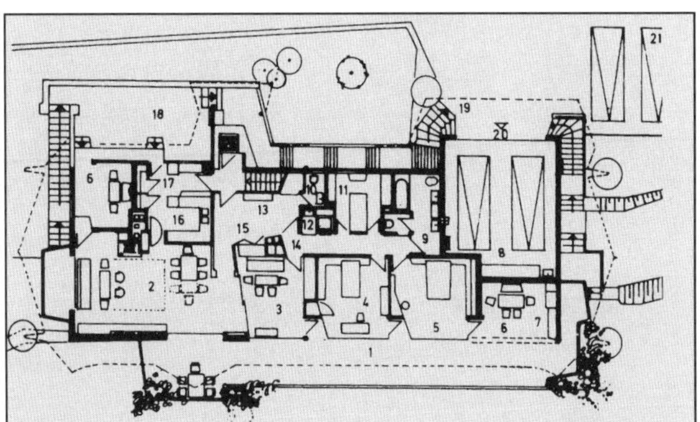

4 Erdgeschoß — Arch. E. Neufert

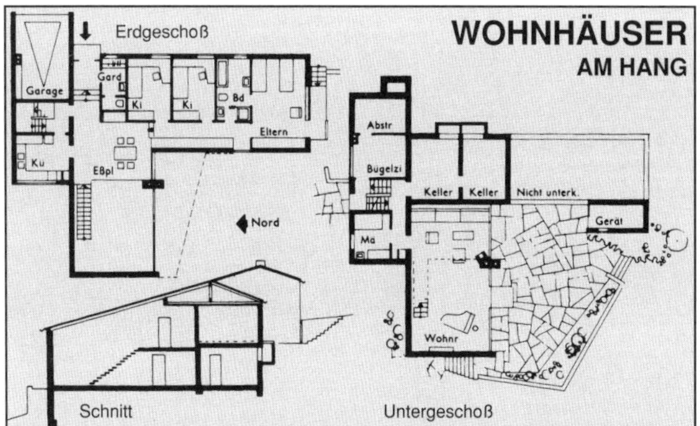

5 Haus am steilen Hang — Arch. Wilhelm

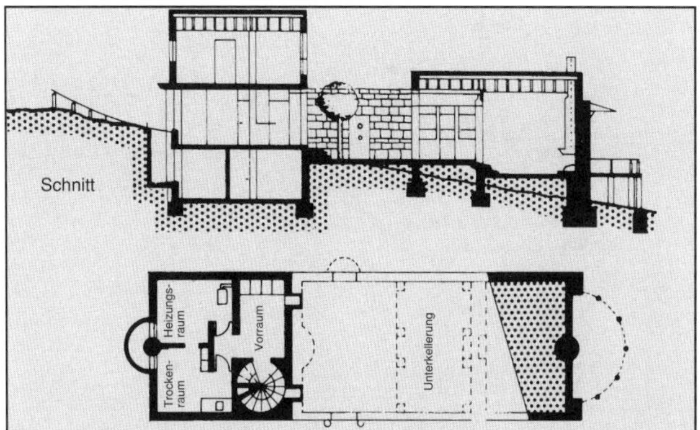

6 Keller → 7

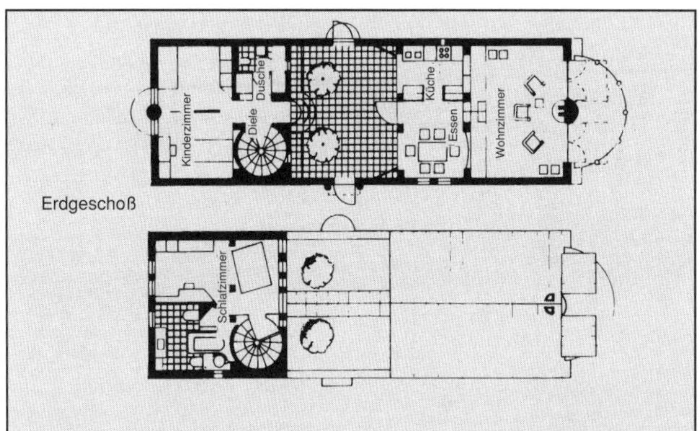

7 Obergeschoß → 6 — Arch. v.d. Valentyn

1 Sonnenterrasse
2 Halle
3 Gästezimmer
4 Herrenzimmer
5 Damenzimmer
6 Loggia
7 Außenbordküche
8 Garage
9 Bad
10 Toilettenräume
11 Kleiderkammer
12 Dusche
13 Eingangshalle
14 Abluftanlage
15 Garderobe
16 Küche
17 Wirtschaftsr.
18 Wirtschaftshof
19 Eingang
20 Klapptor
21 Parkplatz

1 Eingang
2 Küche
3 Wohnraum
4 Kochnische
5 Schlafraum
6 Bad
7 Abstellr.
8 Toilettenr.
9 Waschküche
10 Dusche
11 Eßecke
12 Heizungsr.
13 Keller
14 Mitarbeiterzi.
15 Atelier
16 Elternschlafzi.
17 Kinderschlafzi.
18 Holzschuppen

8 Schnitt → 3 + 4

WOHNHÄUSER
GROSSE

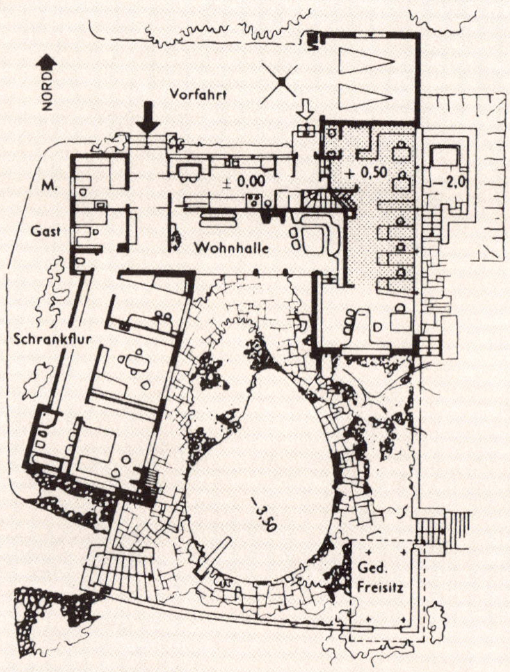

1 Wohnhaus u. Atelier — Arch. E. Neufert

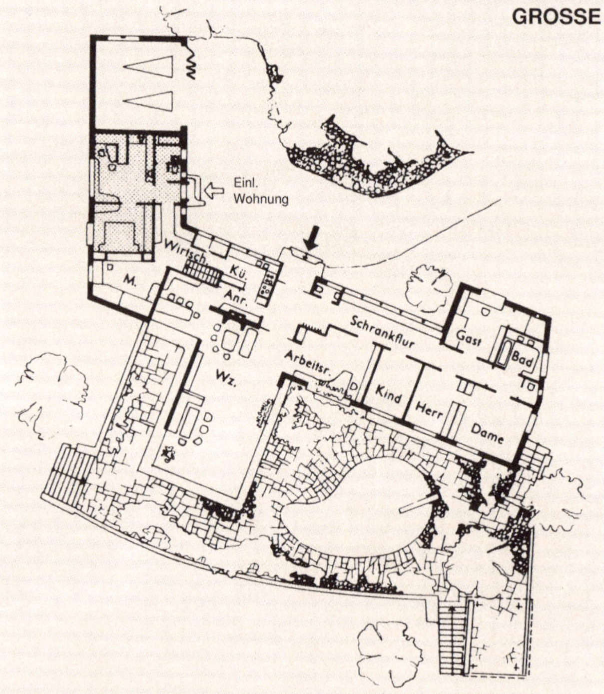

2 Wohnhaus mit Einlieger — Arch. E. Neufert

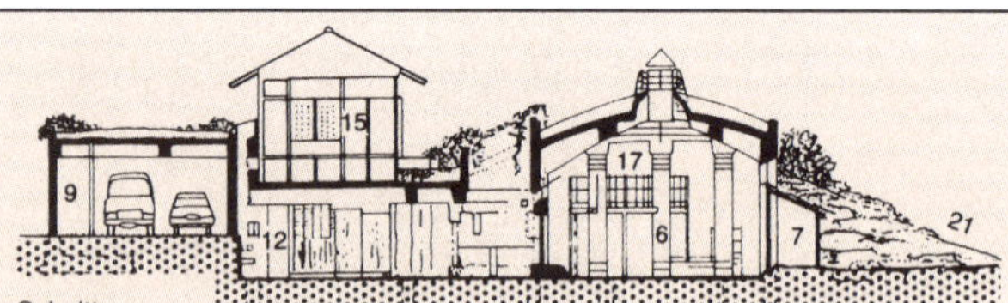

Schnitt

1 Eingang
2 Erdgarten
3 Bücherecke
4 Lichtgarten
5 WC
6 Aufenthaltsraum
7 Gewächshaus
8 Küche
9 Vorrat
10 Kinderecke
11 Garderobe
12 Schlafraum
13 Waschraum
14 Bad
15 Tatani Raum
16 Straße
17 Empore/Galerie
18 Maschinenraum
19 Garage
20 Lichtschacht
21 Himmelsgarten
22 Seitenstraße
23 Schacht

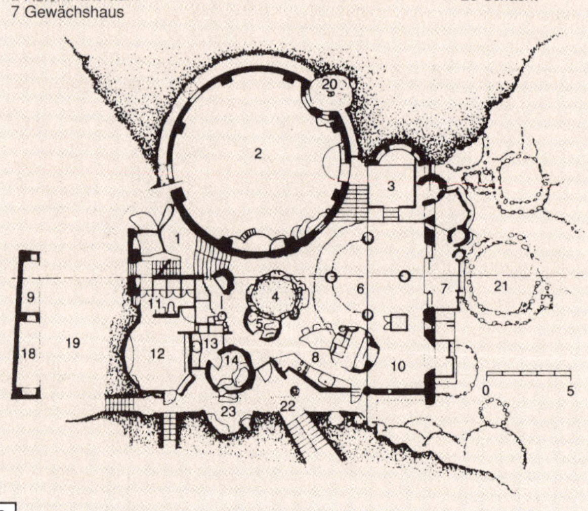

3 Haus in Japan — Arch. Atelier 20

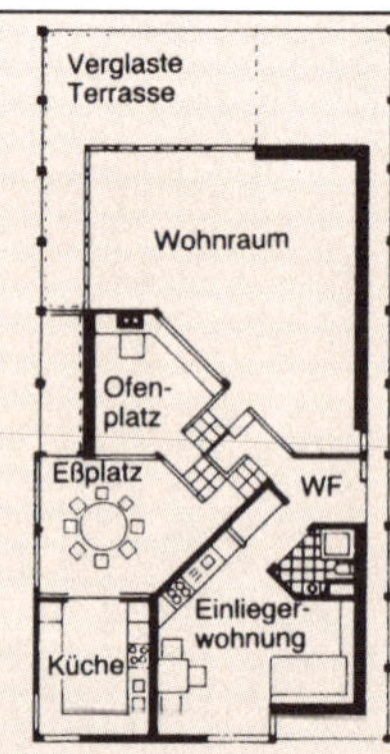

4 Wohnhaus EG.

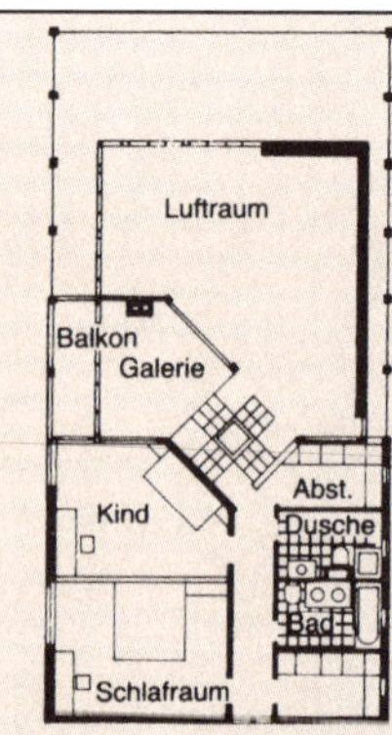

5 OG. — Arch. Steidle u. Kohl

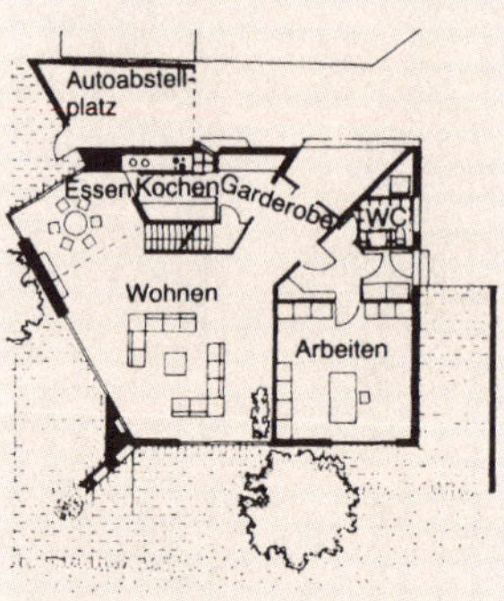

6 Wohnhaus EG.

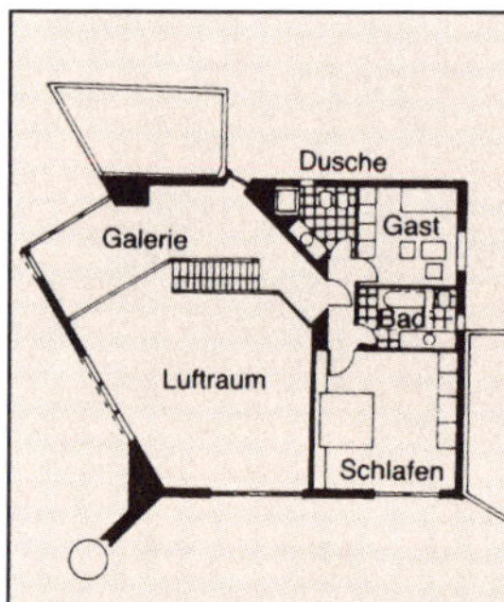

7 OG. — Arch. Kargel

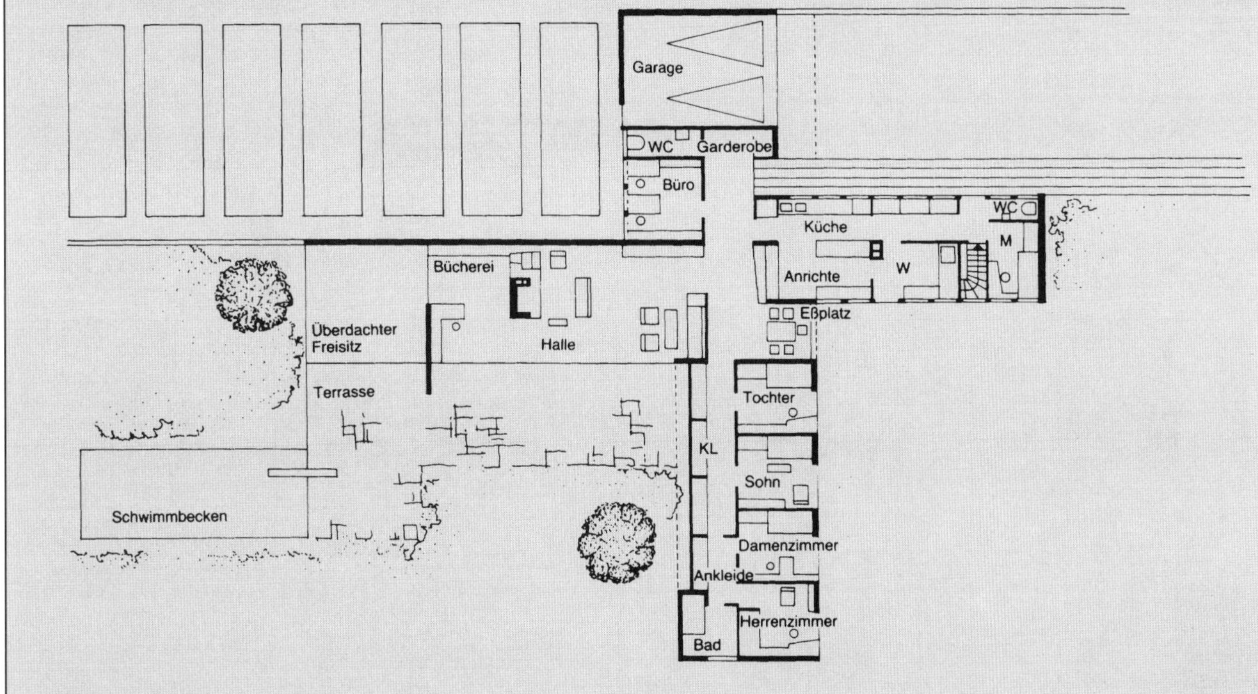

1 Wohnhausentwurf — Arch. Bieker

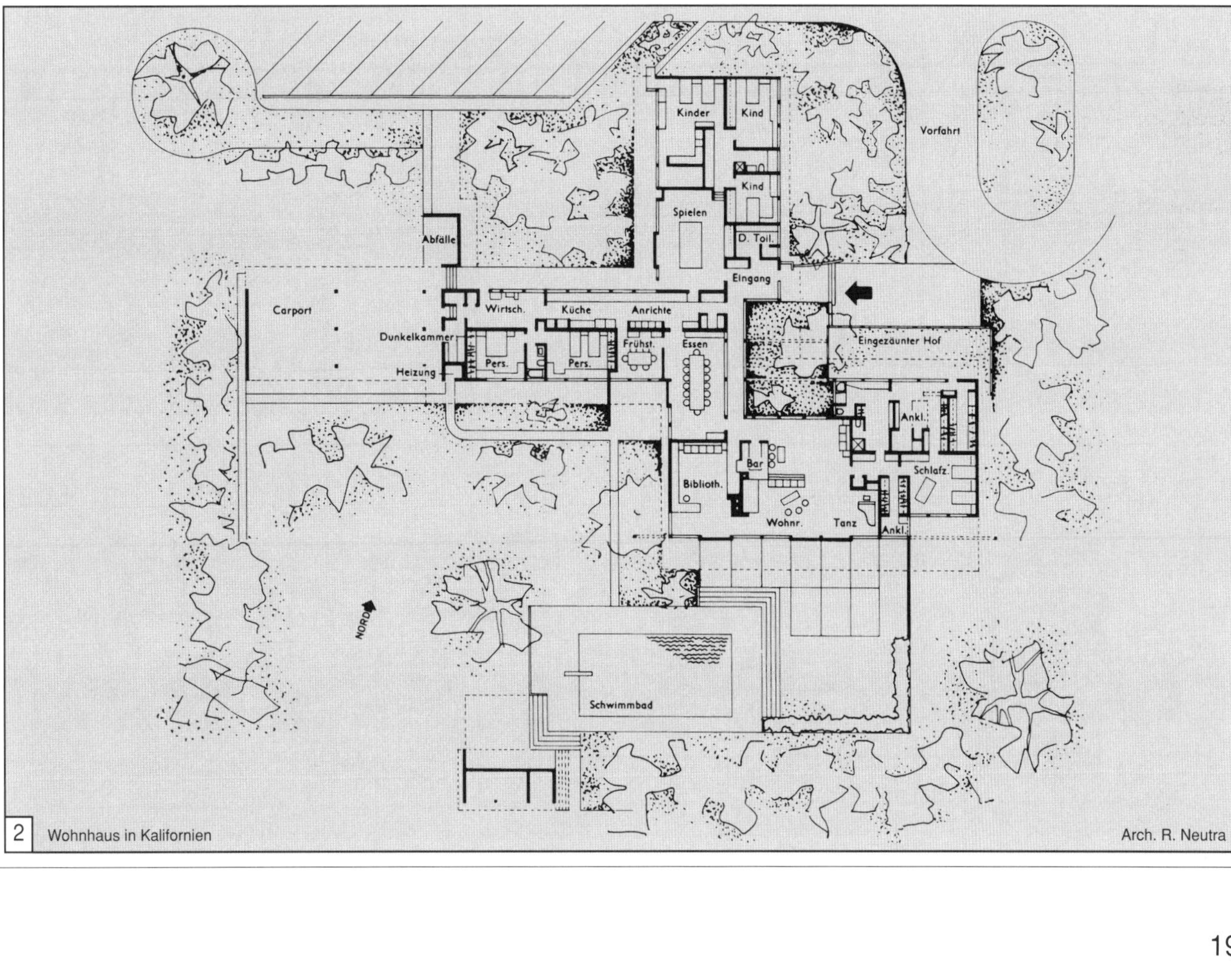

2 Wohnhaus in Kalifornien — Arch. R. Neutra

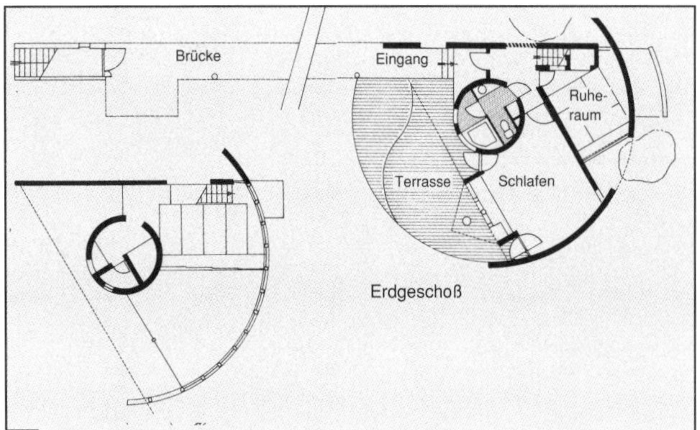

1 2. Obergeschoß → 2

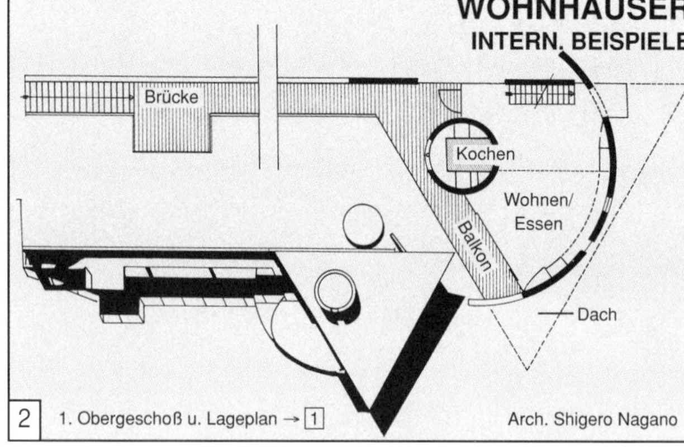

2 1. Obergeschoß u. Lageplan → 1 Arch. Shigero Nagano

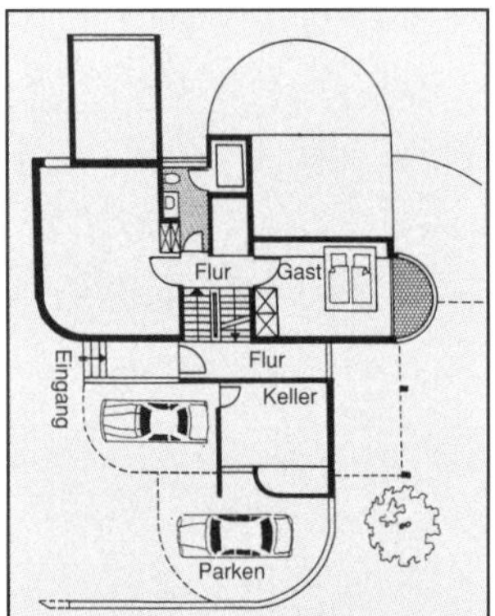

3 Erdgeschoß → 4 – 5

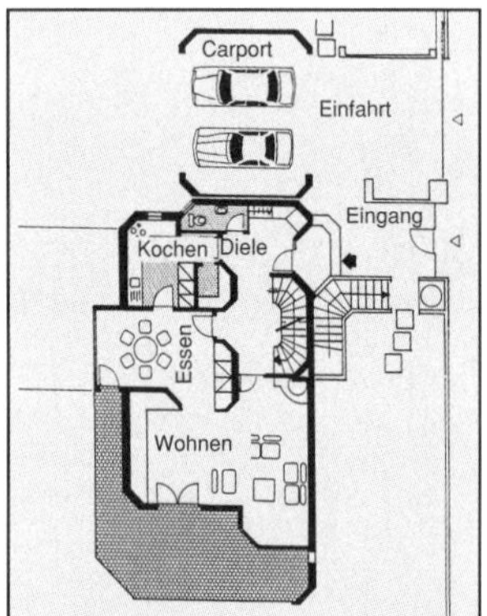

6 Erdgeschoß → 7 – 8

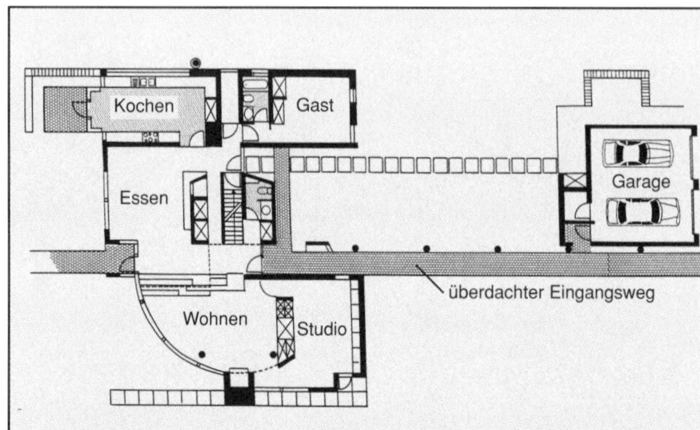

9 Erdgeschoß-Haus in den USA → 10

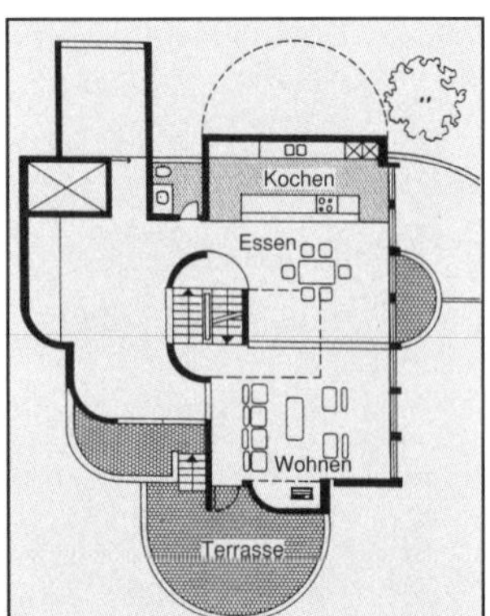

4 1. Obergeschoß → 5

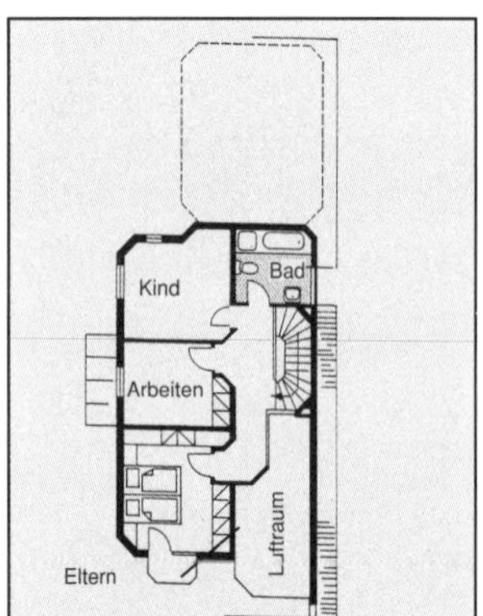

7 Obergeschoß → 6

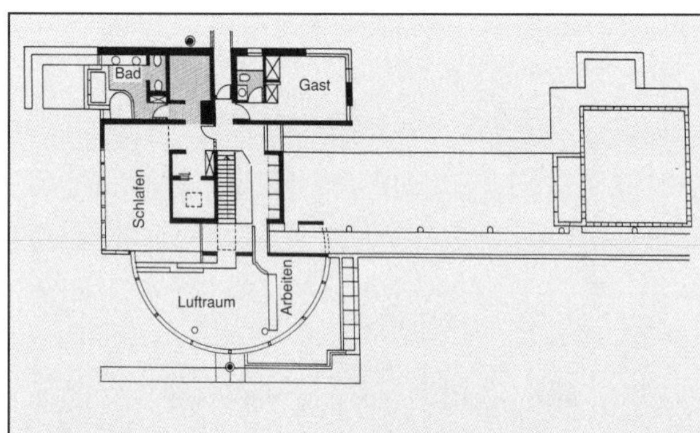

10 Obergeschoß → 9 Arch. R. Meier

Haus in Kalifornien

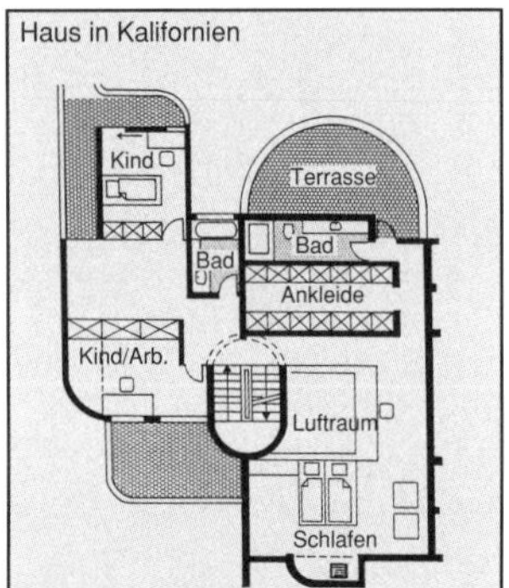

Arch. R. Kappe, Los Angeles

5 2. Obergeschoß → 3 – 4

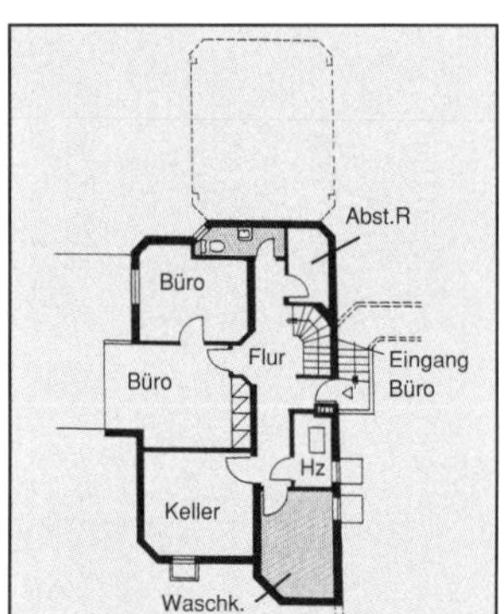

Arch. L. Neff

8 Kellergeschoß → 6 – 7

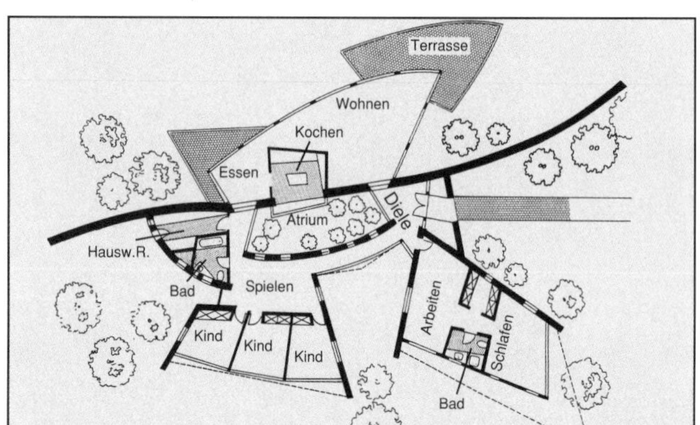

11 Erdgeschoß-Haus im Bundesstaat Victoria/Australien Arch. Bilt Modern

WOHNHÄUSER

ATRIUMHÄUSER

Mit Innenhöfen werden Freibereiche geschaffen, die gegen Störungen durch Dritte abgeschirmt sind.

Auch können extrem tiefe Grundrisse belichtet werden. → 1 – 3

Gartenhofbebauung garantiert bei verhältnismäßig geringen Grundstücksgrößen, wenn man sie mit einem freistehenden Einfamilienhaus vergleicht, hohen Wohnwert, vor allem durch abgeschlossene Freiflächen.

Anders beim Gartenhof, bei dem große Flächen erwünscht sind, müssen Innenhöfe möglichst klein gehalten werden, um die Grundrißbildung nicht zu verhindern. → 1 + 12

Speziell das Wohnen im Garten bedarf nur verhältnismäßig kleiner Freiflächen.

Die Größe eines Wohnraumes kann schon ausreichen.

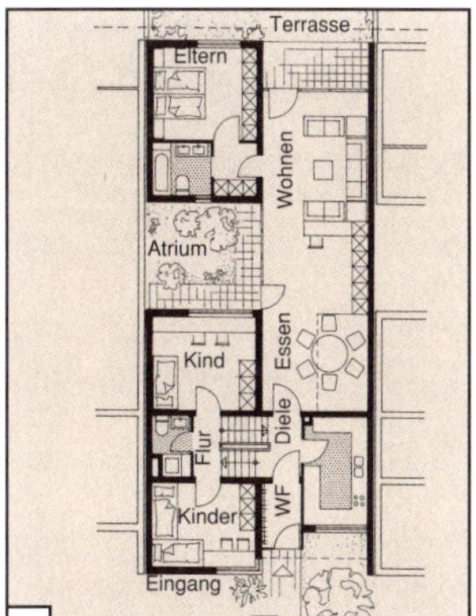

1 Erdgeschoß → 2

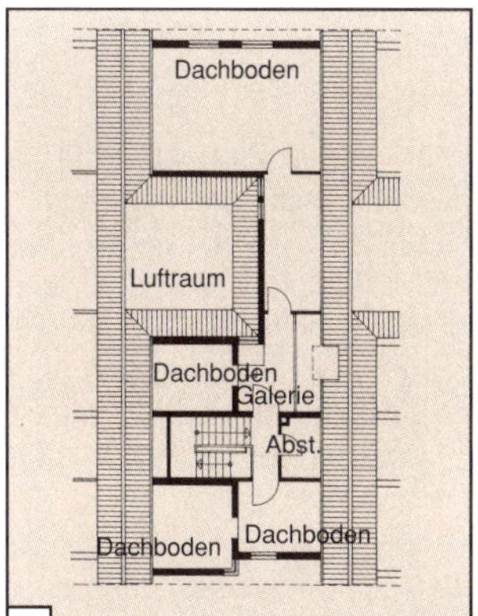

2 Obergeschoß Arch. A. Hennig

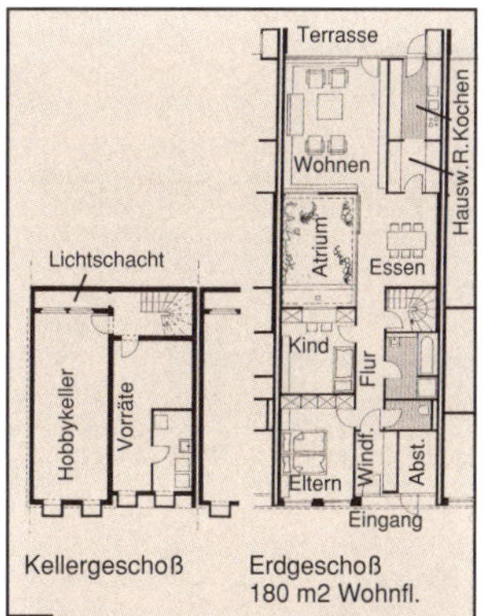

3 Arch. Schwingen u. Wermuth

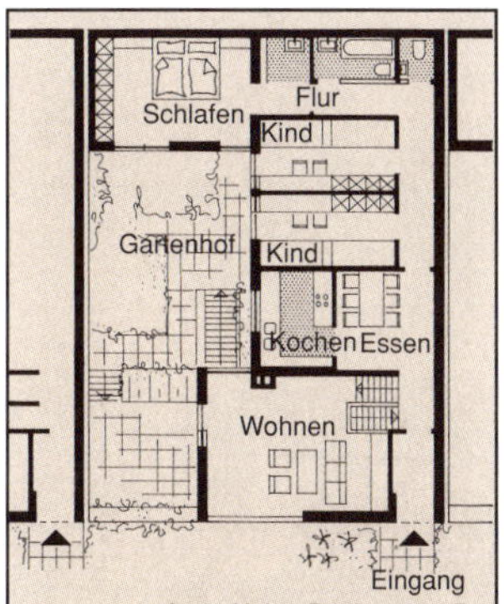

Arch. Kuhn, Boskamp u. P.

4 Gartenhofhaus mit direkt zugänglicher Freifläche

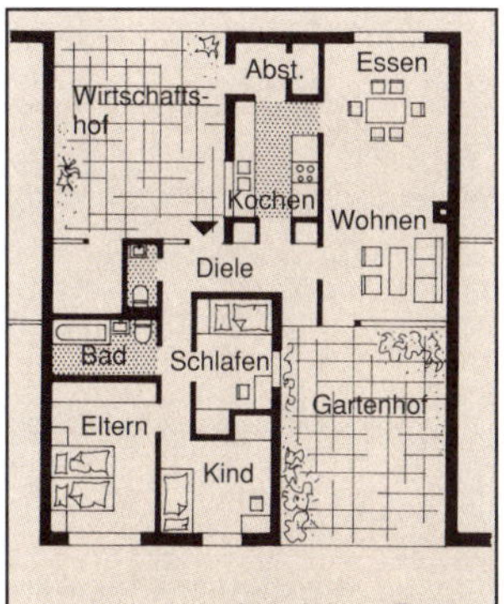

Arch. Latty u. Tucker

5 Haus mit Garten-u. Wirtschaftshof

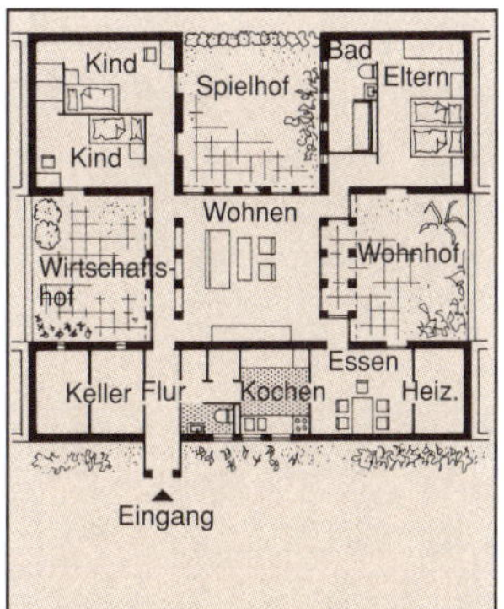

Arch. Ungers

6 Differenzierte Freifläche

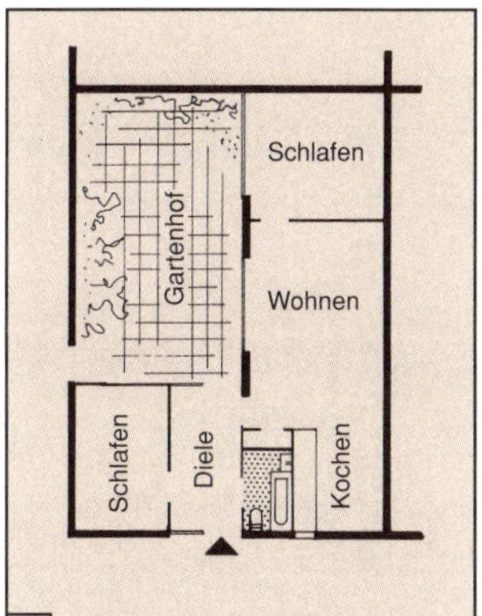

7 Erdgeschoß mit Gartenhof

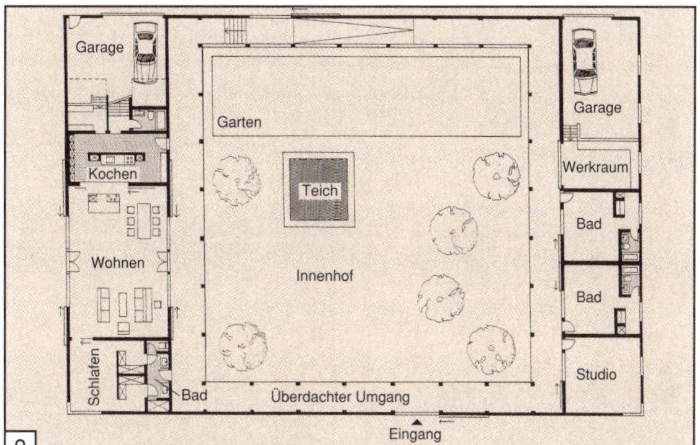

8 Wohnhaus mit Innenhof in Kalifornien

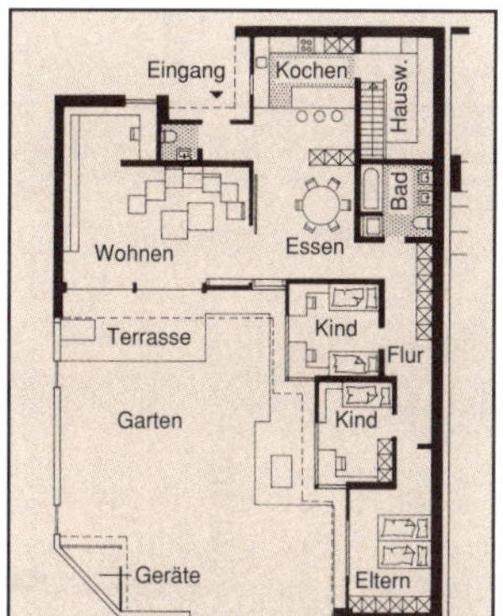

Arch. C. Papendick

9 Gartenhofhaus/Erdgeschoß

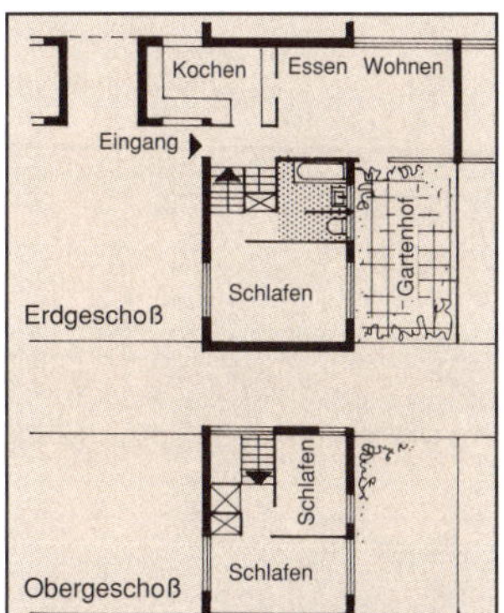

Arch. Chamberlin

10 Zweigeschossiges Gartenhofhaus

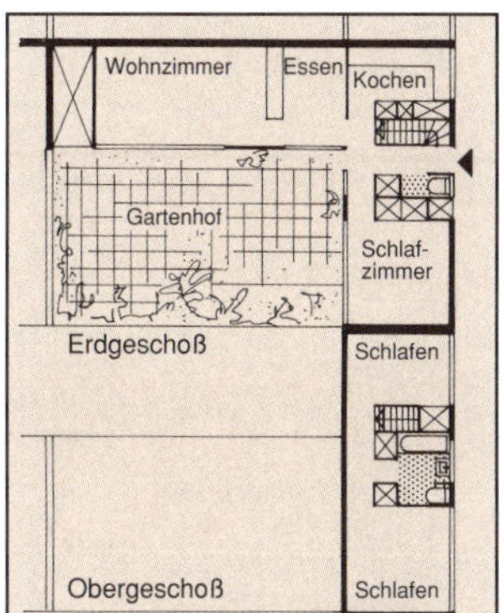

Arch. Butler

11 Zweigeschossiges Patiohaus

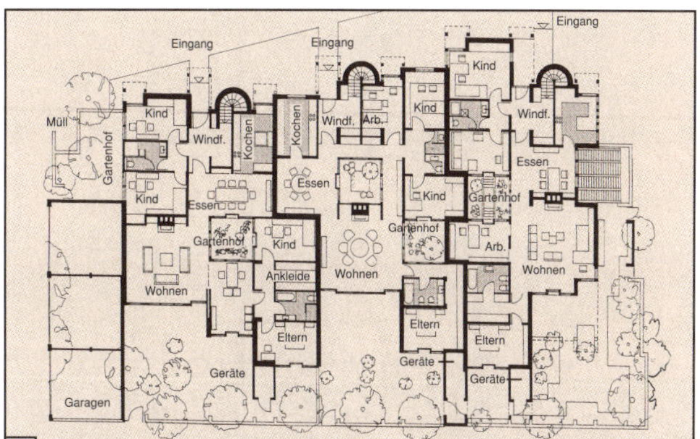

12 Einfamilienhäuser mit Gartenhöfen Arch. Bahlo, Köhnke, Stosberg u. P.

WOHNHÄUSER

MIT WINTERGÄRTEN

Wintergärten sind nicht einfach Glasanbauten, sondern ein System, das technisch beherrscht sein muß. Das hängt mit den verschiedenen Nutzungen von Wintergärten zusammen, auf die die Glassysteme, die Lüftung u. die Beschattung abgestimmt sein müssen, wenn sie befriedigend funktionieren sollen. Ein Wintergarten bildet Pufferzone zwischen Außenklima und Wohnhaus. Glashäuser wirken als Sonnenkollektoren. Im günstigsten Fall kann Energieeinsparung für das ges. Wohnhaus ca. 25% betragen. Wesentlicher Nutzen des Wintergartens liegt jedoch in der Steigerung des Wohnwertes. Für die Behaglichkeit im Haus u. aus Gründen der Energieeinsparung empfiehlt es sich, am Übergang zum Wintergarten Glastüren einzubauen, um beide Bereiche wärmetechnisch trennen zu können. → S. 23

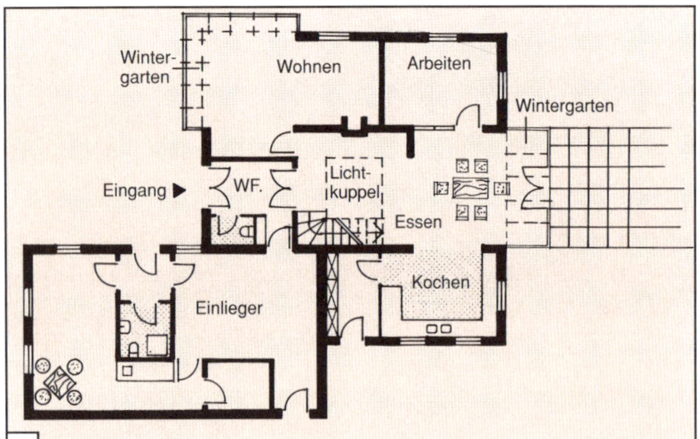

1 Haus mit Wintergarten im Eß- und Wohnraum Arch. Gündogan

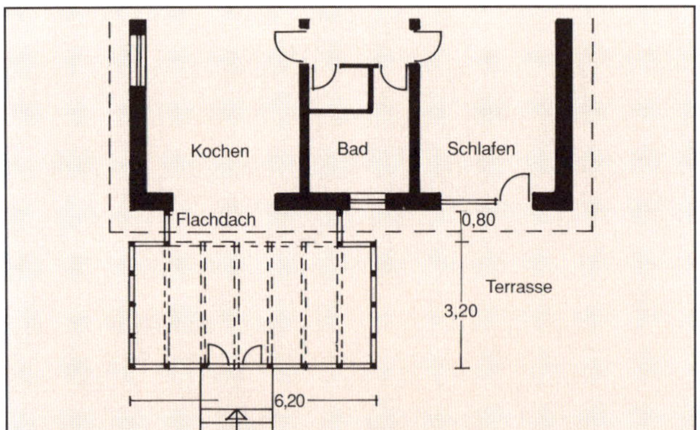

2 Wintergarten am vorh. Wohnhaus mit Flachdachanschluß → 3

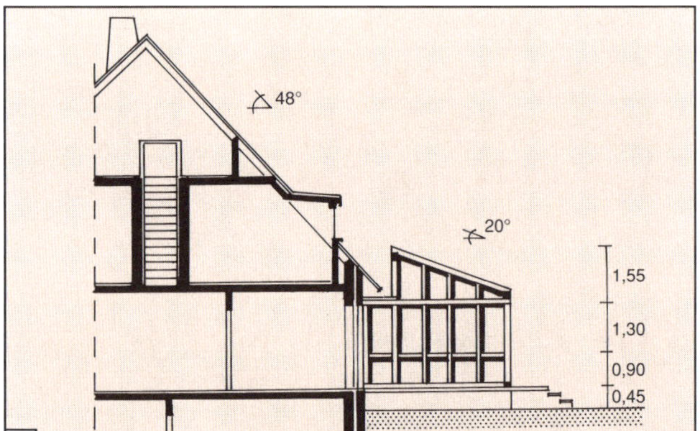

3 Schnitt → 2 Arch. Gündogan

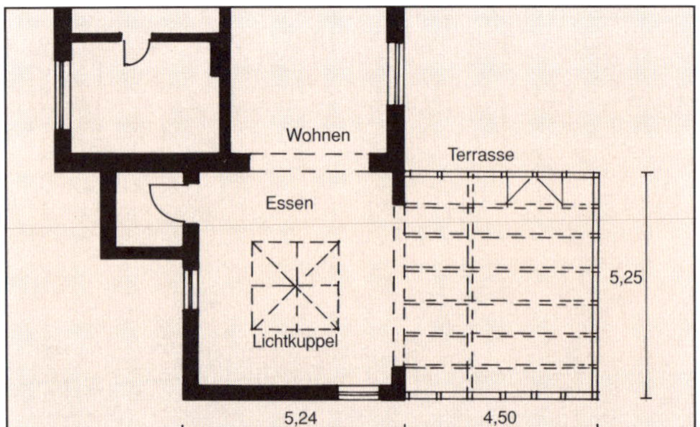

4 Wintergarten vor Küche → 5

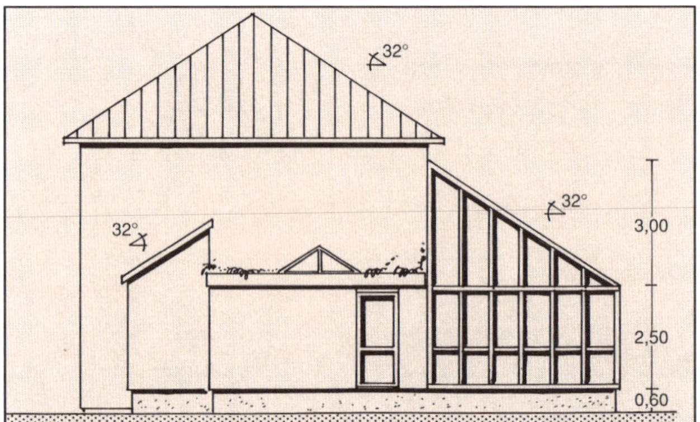

5 Ansicht → 4 Arch. Gündogan

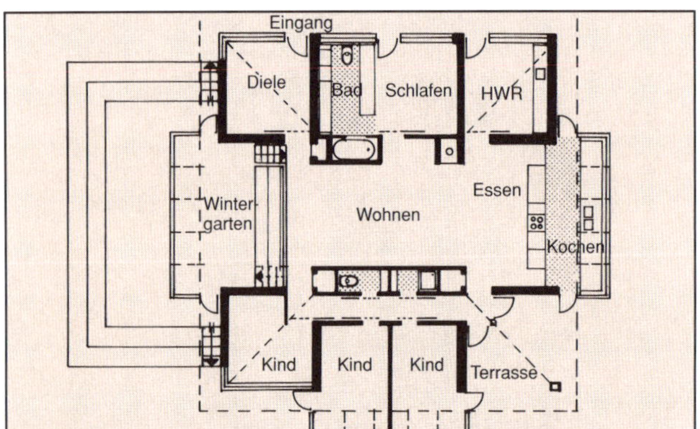

6 Erdgeschoß – Wintergarten belichtet Erd- und Untergeschoß → 7

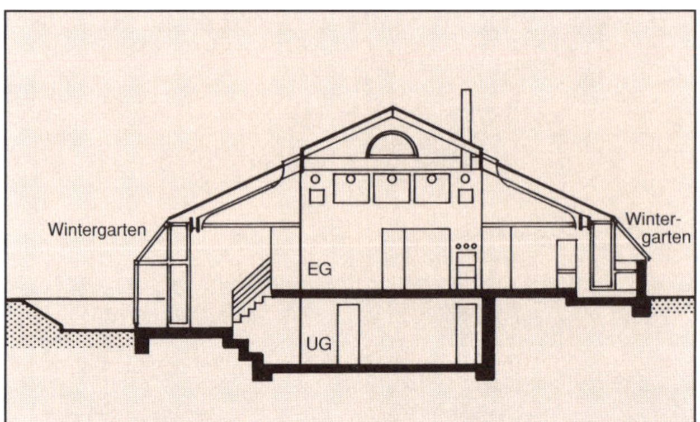

7 Querschnitt → 6 Arch. Schütze

WOHNHÄUSER MIT WINTERGARTEN

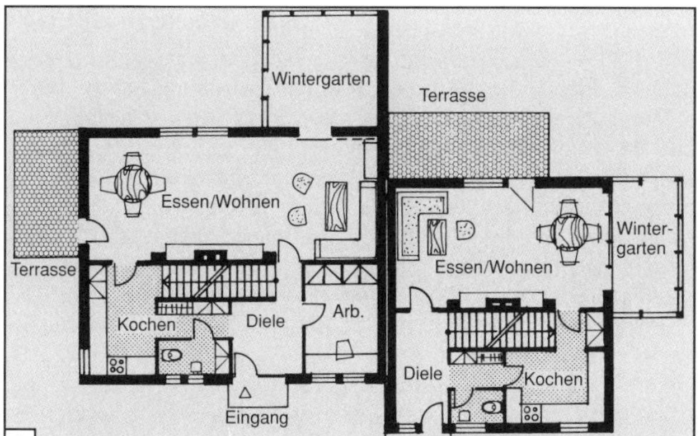

1 Erdgeschoß

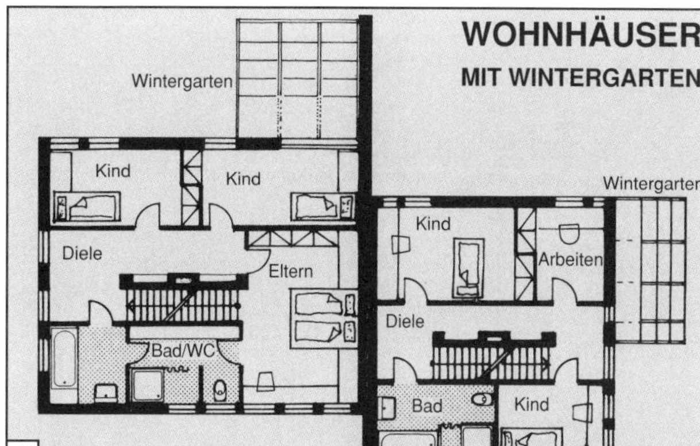

2 Obergeschoß → 1

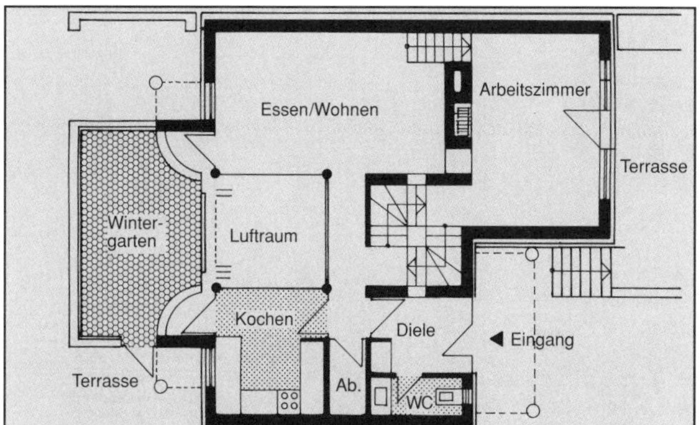

3 Erdgeschoß → 4–5

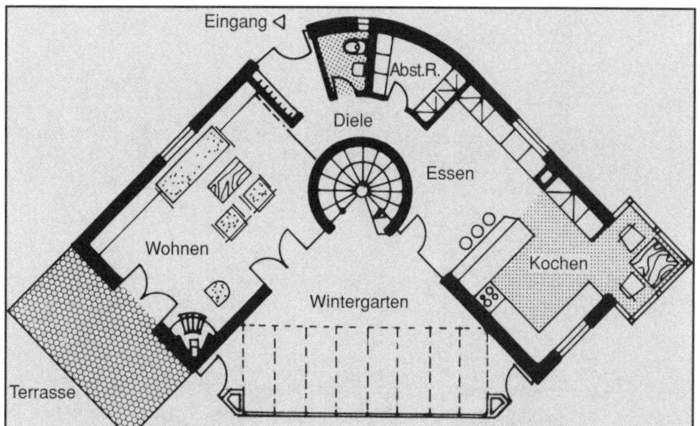

6 Erdgeschoß → 7–8

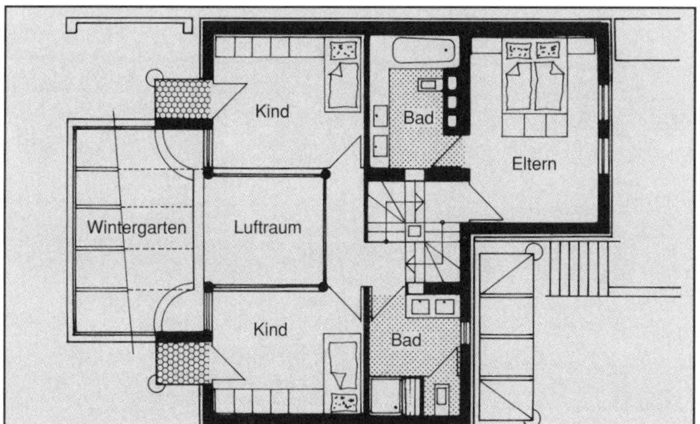

4 Obergeschoß

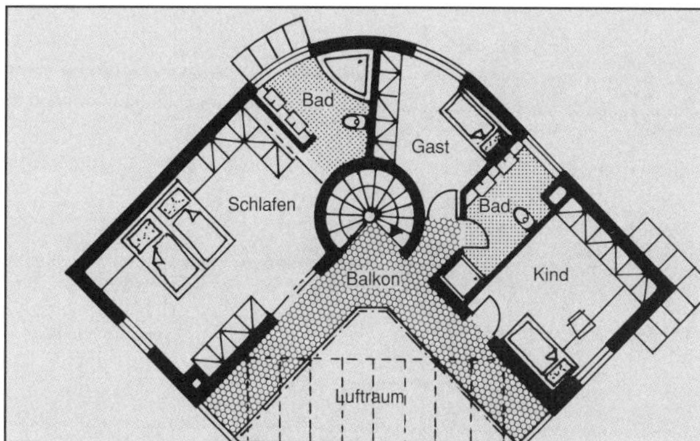

7 Obergeschoß

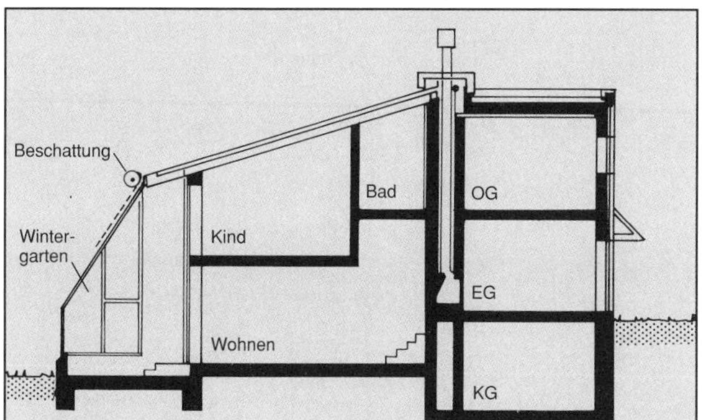

5 Querschnitt → 3–4 Arch. Hellwig

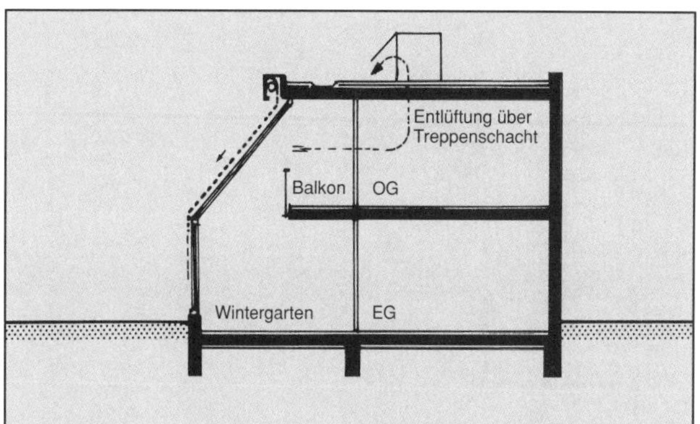

8 Querschnitt → 6–7

SOLARARCHITEKTUR

Solarhaus ist ein unkonventionelles Gebäude, dessen Konzeption darin besteht, Sonnenenergie zur Wärmegewinnung, Warmwasseraufbereitung und Stromerzeugung zu nutzen (Solarthermie). Solarhaus besteht aus einem Kernhaus, massiv wärmegedämmt u. temperaturspeicherfähig. Nach Süden vorgelagert das Glashaus. → [2]–[8] Wärmegewinn durch Sonnenenergie liegt in üblicher Konstruktion zwischen 30–40% des Heizwärmebedarfs. Unabdingbare Voraussetzung für das Solarhaus ist ein Baugrundstück nach Süden mit uneingeschränkter Sonneneinstrahlung. → [1] Hauptfunktionen des Gebäudes werden im Kernhaus untergebracht. Beheizte Räume werden zusammenhängend nach Süden u. Südwesten orientiert. Abstellräume, Treppen, Flure, Bad u. Toilette im rückwärtigen Bereich. Zur Erneuerung der Raumluft u. zur Sicherstellung eines ausreichenden Luftwechsels sind die Räume zu entlüften (Be- u. Entlüftungsanlage mit Wärmerückgewinnung).

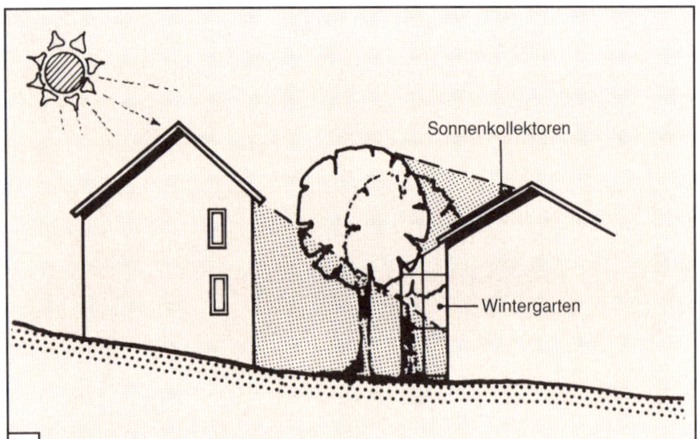

1 Verschattung von Glasanbauten und Kollektoren

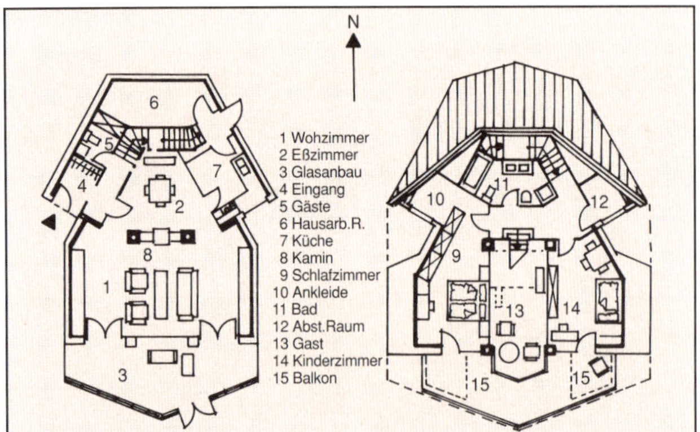

2 Erdgeschoß Solarhaus Obergeschoß Arch. Berndt

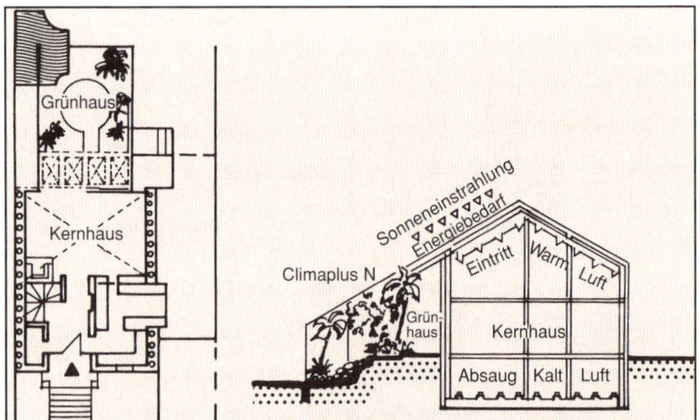

Arch. Bela Bambek

3 Wohnhaus mit Glashaus; Funktion der Hypokaust Giebelwandheizung

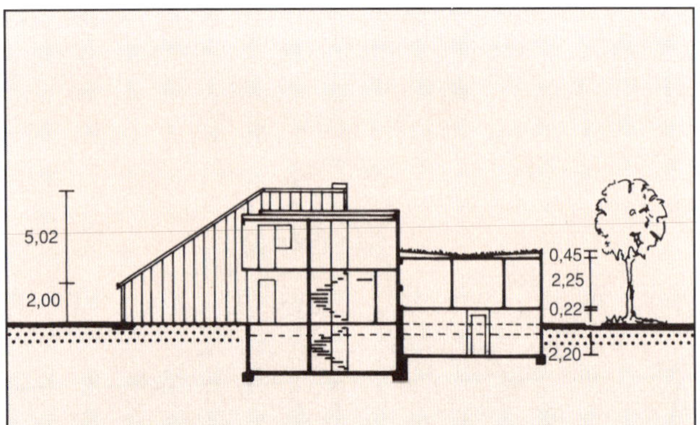

4 Querschnitt → [6]–[8]

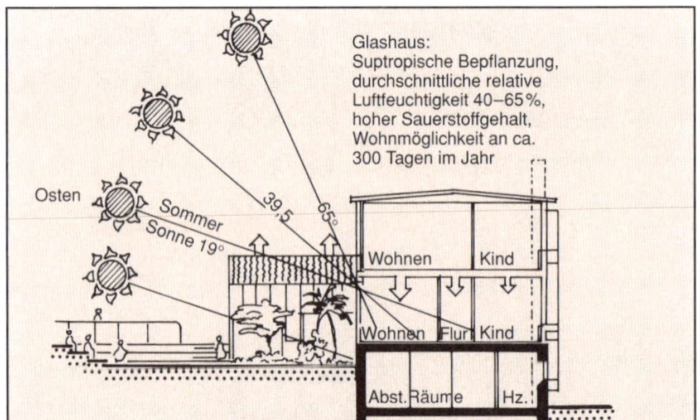

5 Sonnenstadthaus; Wintergarten für zwei Etagen Arch. LOG

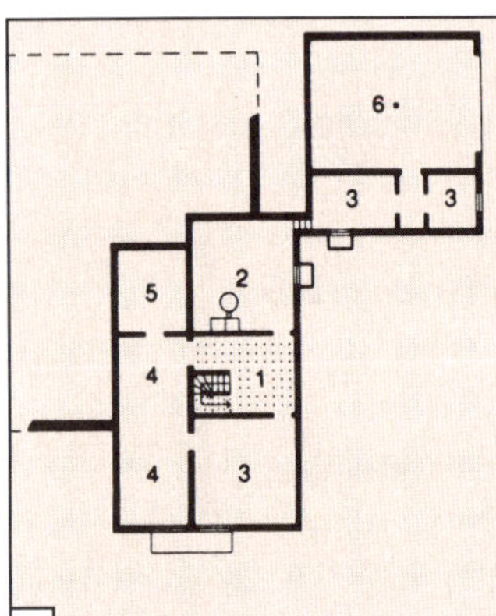

6 Untergeschoß

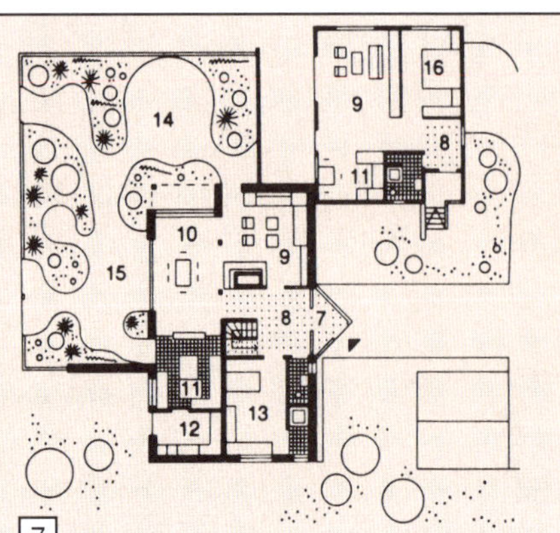

7 Erdgeschoß

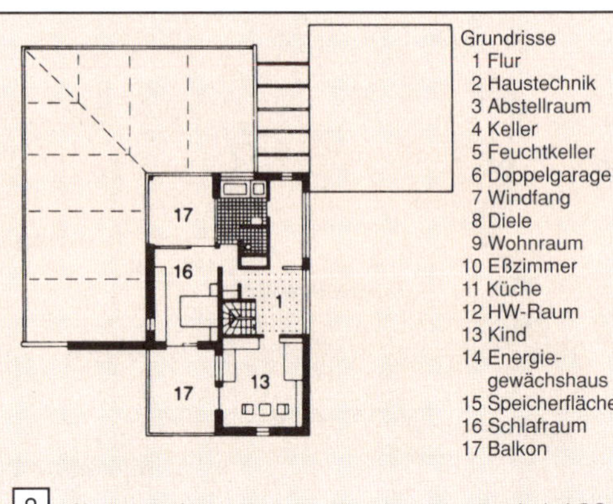

8 Obergeschoß Arch. LOG

ÖKOLOGISCHES BAUEN

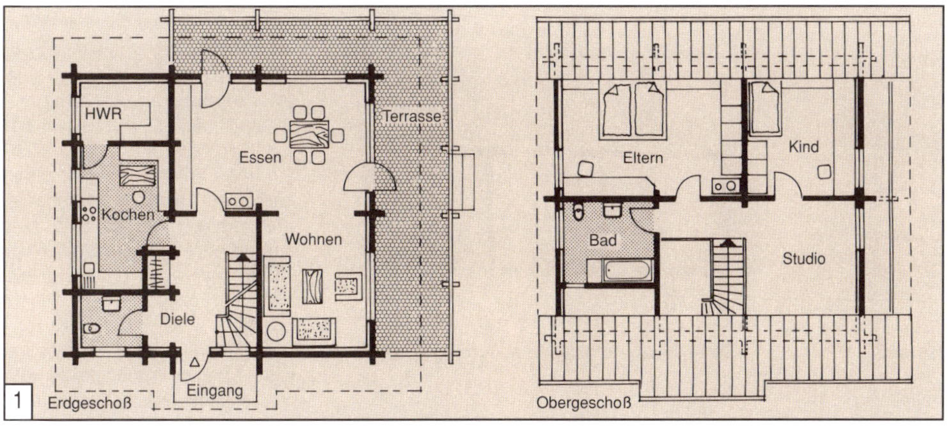

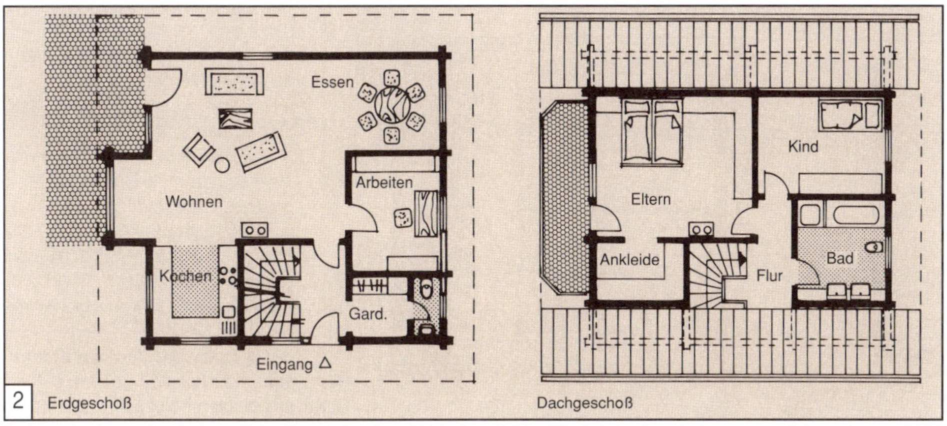

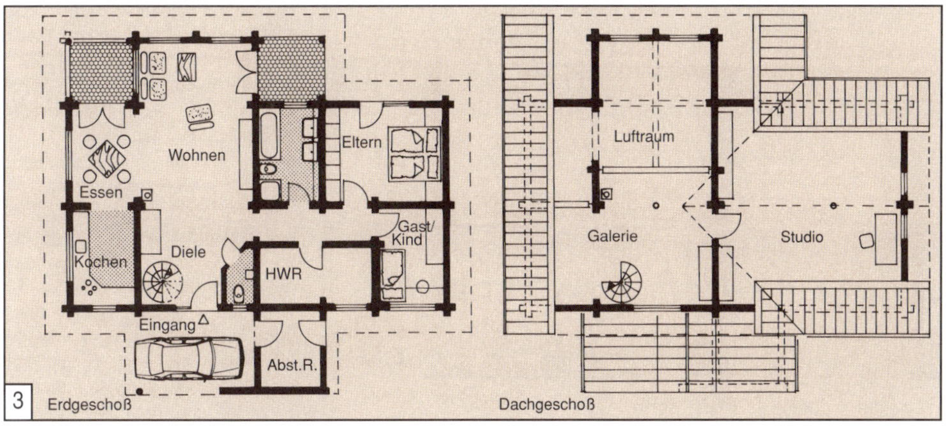

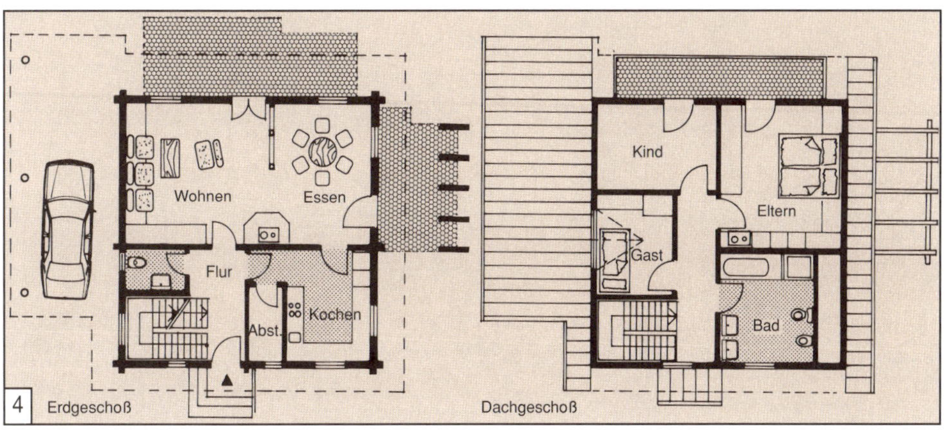

Das Blockhaus ist Inbegriff natürlichen, urwüchsigen, gesunden Wohnens. Bauweise entspricht dem ökologischen, biologischen u. nicht zuletzt den wirtschaftlichen Bedürfnissen vieler Bauherren. Einsatz ausgesuchter Massivhölzer, natürl. Dämmstoffe wie Baumwolle, Schafwolle oder Kork, Naturprodukte wie Tonziegel zur Dacheindeckung und Pflanzenfarben zum Anstrich führen zu hohem Qualitätsstandard. Garagen, Carports u. Gartenhäuser werden passend zum Haus mitgeliefert.

→ 3–4 Für den Blockhausbau werden meist nur die langsam gewachsenen Hölzer aus dem kalten Norden verwendet. Weit überstehende Dachflächen schützen die Fassaden, unbegrenzte Lebensdauer u. geringer Pflegeaufwand sind üblich. So verfügt die Rotzeder, wie sie in Deutschland genannt wird, über eine Gerbsäure als natürl. Holzschutz, was eine Imprägnierung überflüssig macht. Ein Holzhaus läßt sich brennstoffsparend aufheizen. Hersteller bieten unterschiedl. Außenwandaufbauten an. Doppelblockwand meist aus zwei gleich starken Profilbalken plus zwischenliegender Dämmung. Einschalige Balkenwand vermittelt die sprichwörtlich urige Wohnatmosphäre. (Naturholzhaus) der Hauskäufer hat die Wahl zw. rustikalen Rundbalken oder Vierkantbalken.

→ 1 Bauweise: Außenwände zweischalig von außen nach innen: 92 x 170 mm Blockbalken aus Nordischer Kiefer. Windschutzpapier, 100 mm Dämmung, 20 x 170 mm Wandpaneele k-Wert = 0,27 W/m^{2}K, Innenwände 92 x 170 mm Blockbohlen. Satteldach: 140 mm Dämmung. Betondachsteine. Wohnfläche: 107 m^2. Hersteller: Kemi Haus GmbH Winsen.

→ 2 Bauweise: Holzblockkonstruktion aus kernfreier Fichte mit Außenisolierung u. hinterlüfteter Fassade. Dach: Tonziegel. Wohnfläche: EG 74 m^2, OG 53 m^2. Hersteller: Gruber Holz Illingen/Saar.

→ 3 Bauweise: Einschalige Wände in Holzblockbauweise mit 210 mm starken Polarkiefer-Rundbalken, k-Wert = 0,59 W/m^{2}K, Innenwände teilweise mit Gipsplatten beplankt u. tapeziert. Dach: Satteldach, 200 mm Zellulosewolle, Dachziegel. Wohnfläche: EG 110 m^2, OG 77 m^2. Hersteller: Honkau Blockhaus Molbergen.

→ 4 Bauweise: Außenwände aus massiven Rotzederstämmen, 190 mm stark, plangesägt u. gehobelt mit doppelter Nut u. Feder. Tragende Innenwände massiv, 140 mm stark, Dach: Satteldach. Wohnfläche: EG 57,24 m^2, OG 51,04 m^2. Hersteller: Iller-Haus Altenstadt.

ÖKOLOGISCHES BAUEN

Viele Holzhäuser können nach den Wünschen des Bauherrn frei geplant werden. Die Gestaltung des Innenraumes ist meist frei wählbar. Auch die Auswahl der gewünschten Holzart (Fichte, Lärche, Zeder) bleibt dem Bauherrn vorbehalten. Viele Anbieter haben Selbstbausatz im Angebot unter Mithilfe von Richtmeistern des Unternehmens. Von der Rohbaumontage bis hin zum fertig montierten Haus.

→ [1] Bauweise: Außenwände: diffusionsoffener Wandaufbau, Holzrahmenkonstruktion, Boden- und Deckenschalung, waagerechte Lattung, Holzfaserplatten, Wärmedämmung, Konvektionsschutz, Gipskartonplatten. Dach: Vollholzdachstuhl. Wohnfläche: EG 72 m^2, OG 60 m^2. Hersteller: Albert Holzbau Burkardroth.

→ [2] Bauweise: Außenwände: 50 mm kerngetrennte Bohlen mit Korkrillpappe, 225 mm Wärmedämmung aus Holzspänen (k-Wert 0,23), 25 mm Holzinnenschalung oder Naturgipsplatten. Dach: Satteldach. Wohnfläche: EG 64 m^2, OG 47 m^2. Hersteller: Baufritz Erkheim.

→ [3] Bauweise: Außenwände: 70 mm massive kerngetrennte Fichtenbohlen mit Nut u. Feder, 120 mm Wärmedämmung u. 190 mm innenliegender Fichtenschalung oder Kiefer. Innenwände: 70 mm Blockbohlen mit Nut und Feder. Dach: Walmdach. Wohnfläche: EG 75 m^2, OG 52 m^2. Hersteller: Brodex Systembau Gronau/Westf.

→ [4] Haus der Zukunft mit natürlichen, verwertbaren Baustoffen. Ohne Keller. Vollständig doppelverglaste Wintergärten mit vorgesetzter Holzpergola und Weinbewuchs als natürlicher Sonnenschutz. Auf dem Dach angebrachte Solarzellen sorgen für Warmwasser. Ausgeklügeltes Be- und Entlüftungssystem → [4] sorgt für gesunde Raumluft und Energieeinsparung.

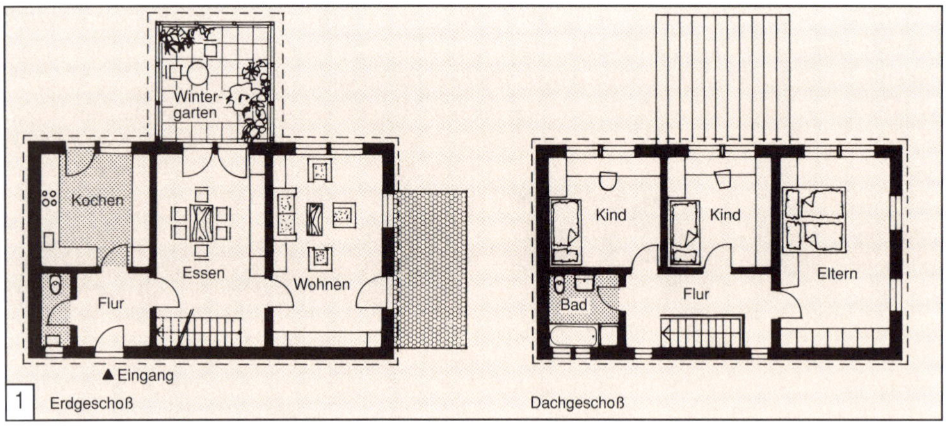

1 Erdgeschoß Dachgeschoß

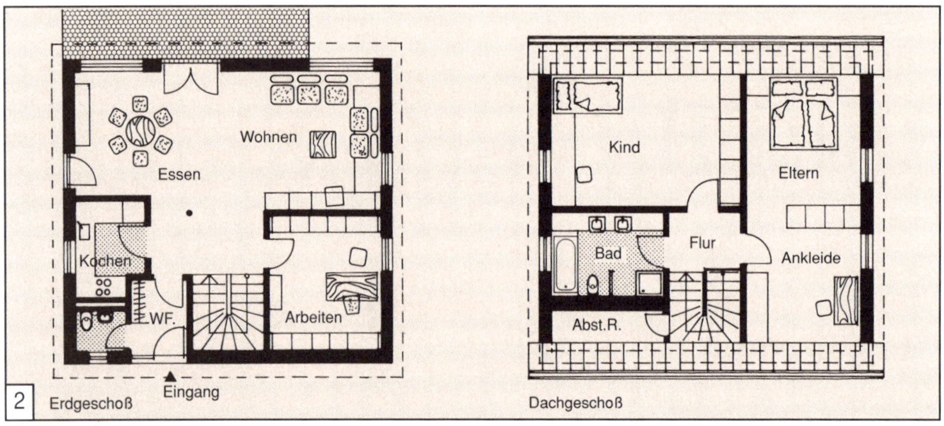

2 Erdgeschoß Dachgeschoß

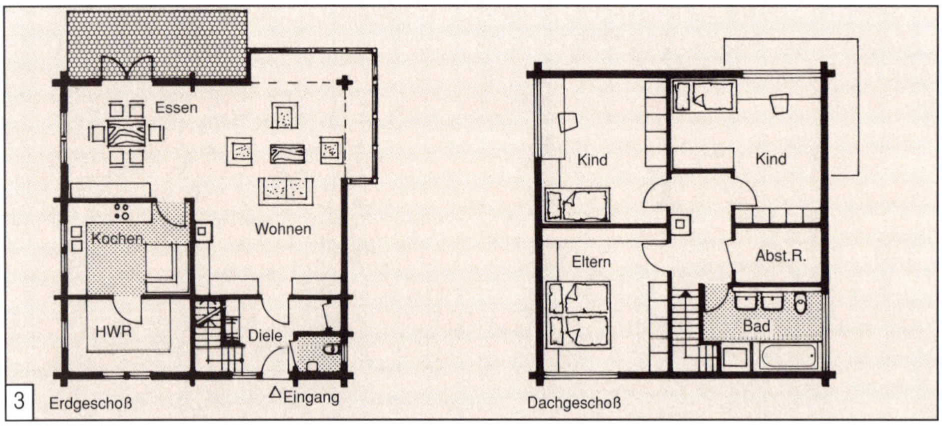

3 Erdgeschoß Dachgeschoß

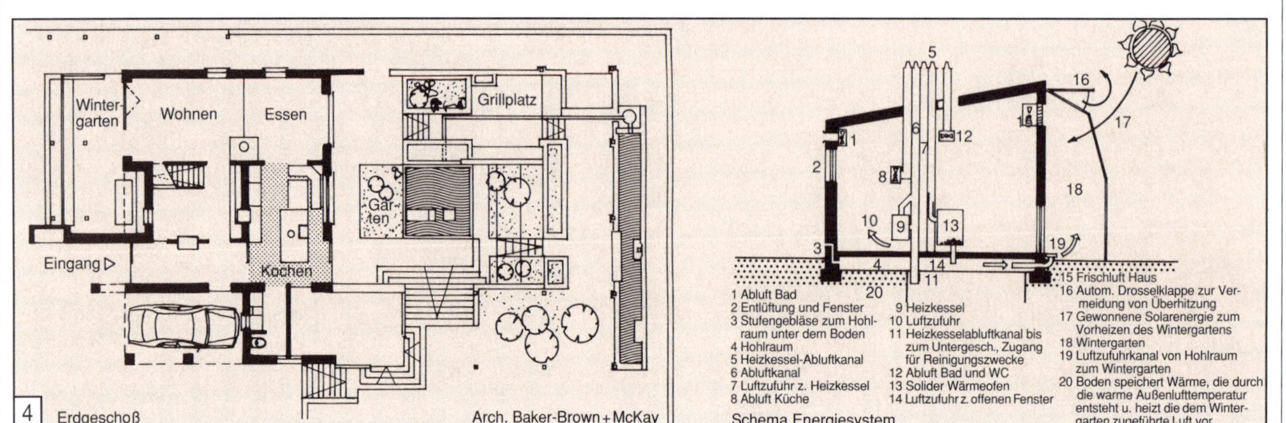

4 Erdgeschoß Arch. Baker-Brown + McKay Schema Energiesystem

ÖKOLOGISCHES BAUEN

Niedrigenergiebauweise. Wesentliches Element zum Heizenergieeinsparen stellt die Wärmedämmeigenschaft der Außenwände dar. Der Wärmeschutz von Gebäuden in Niedrigenergiebauweise wird entscheidend von den Anschlüssen der einzelnen Bauteile geprägt. In diesen Bereichen können erhebliche Wäremverluste auftreten. Regelquerschitte mit den angegebenen Baustoffen zeigen wärmetechnisch günstige Werte.

Der Handel bietet vielfältiges Angebot von Baustoffen wie Beton, Mauerwerk, Holz, Dämmstoffe, Gips, Kork, Schilf und Lehm. Lehm hat sich als Baustoff über Jahrtausende bewährt. Lehm ist der meist verbreitete und am längsten erprobte Baustoff der Welt. Er ist biologisch und ökologisch ein einwandfreier Baustoff. Er ist heute als Fertigprodukt auf dem Markt erhältlich. Er ist dem heutigen Stand der Technik angepaßt.

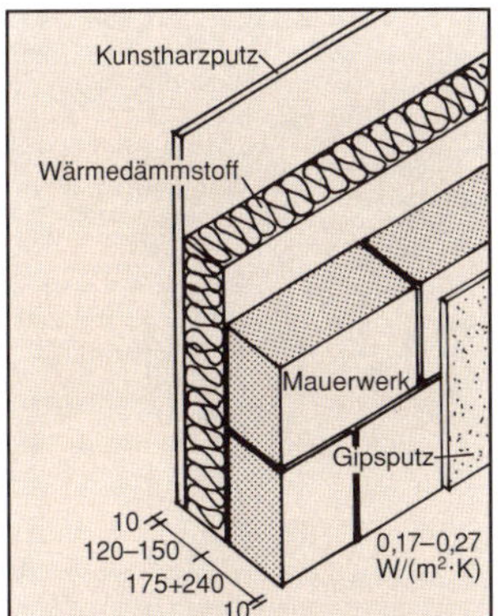

1 Mauerwerk mit Wärmedämmverbundsystem

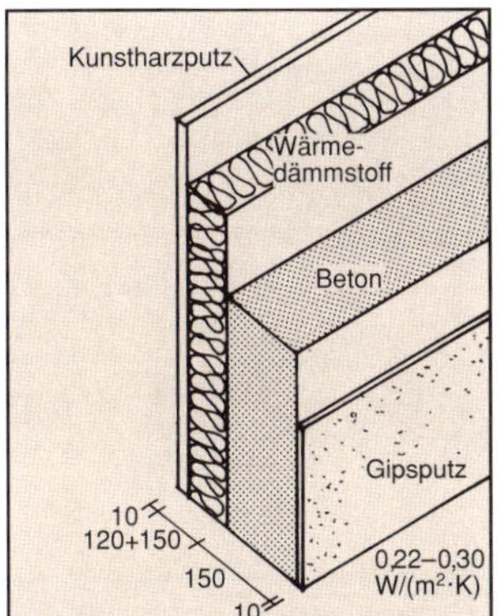

2 Beton mit Wärmedämmverbundsystem

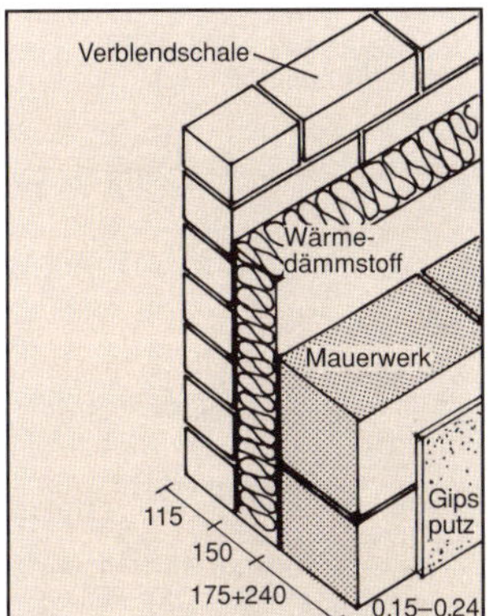

3 Zweischaliges Mauerwerk

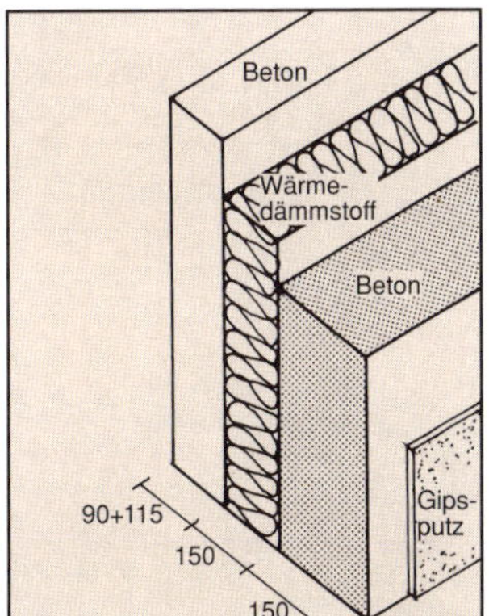

4 Beton zweischalig

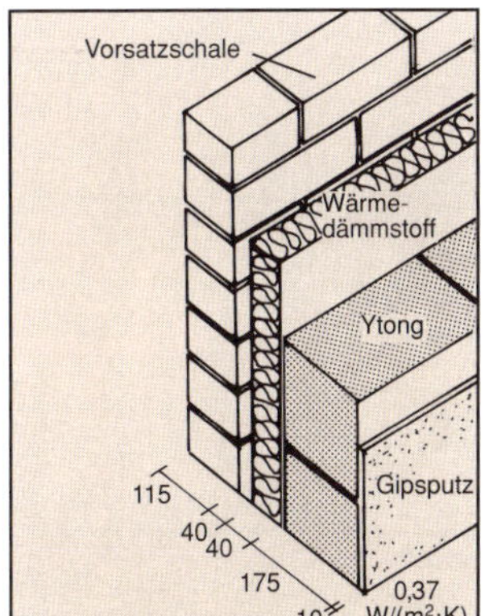

5 Gasbeton zweischalig

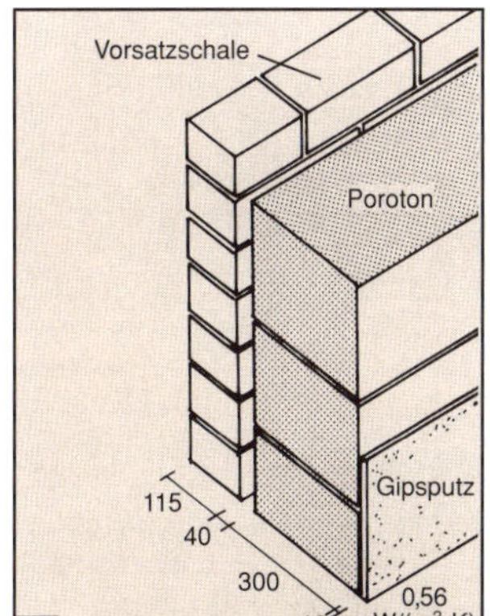

6 Poroton zweischalig

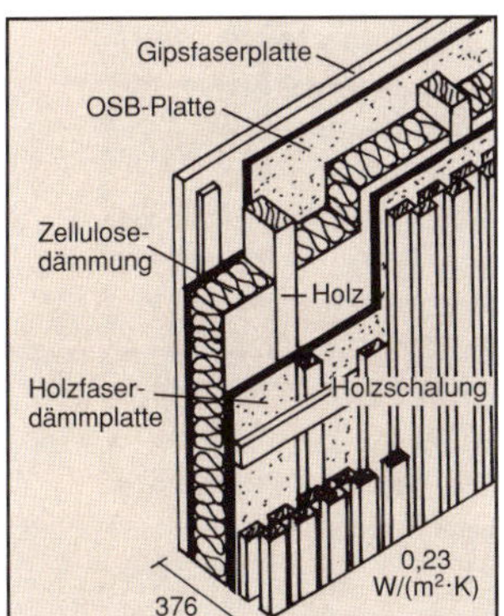

7 Niedrigenergiewand (Heckmann Ökohaus)

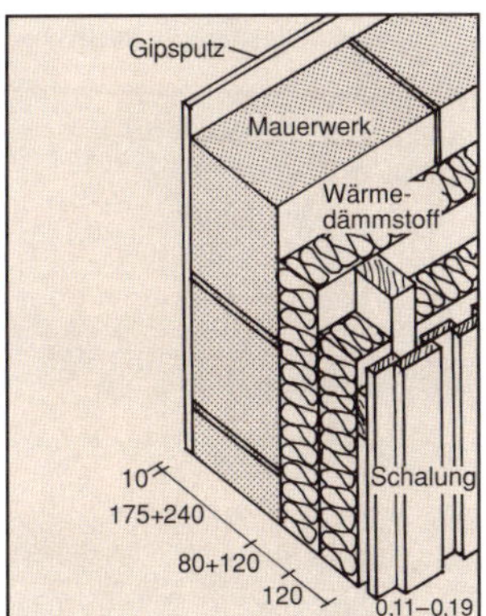

8 Mauerwerk mit Vorhangschale

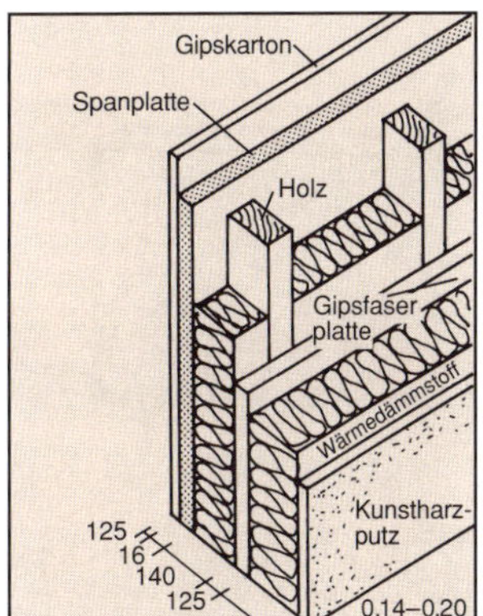

9 Holztafelbauart

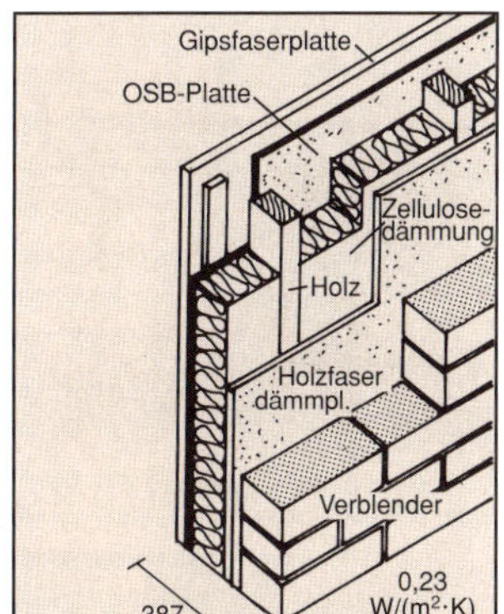

10 Niedrigenergiewand mit Verblender

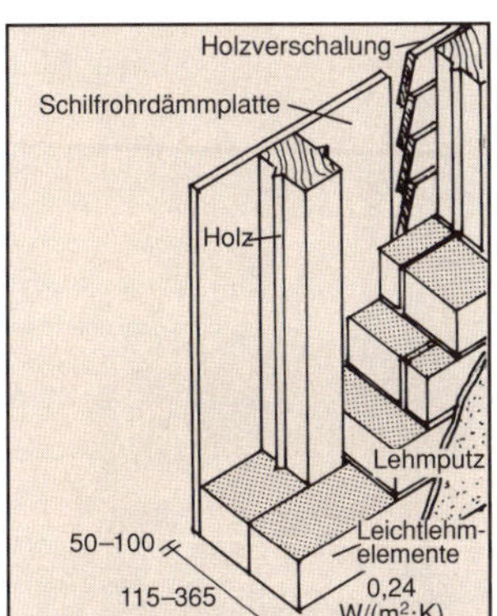

11 Ständerfachwerk mit Leichtlehmelementen

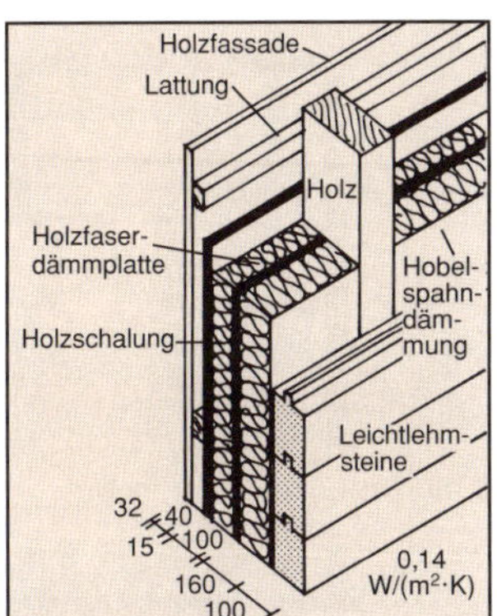

12 Holzfachwerk mit Leichtlehmsteinen

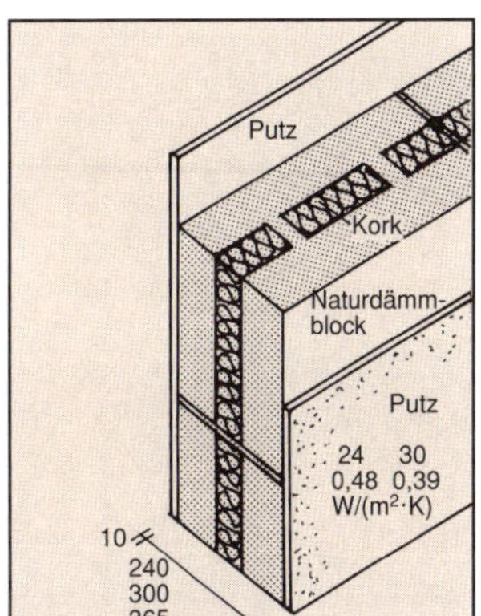

13 Naturdämmblock (Bioton)

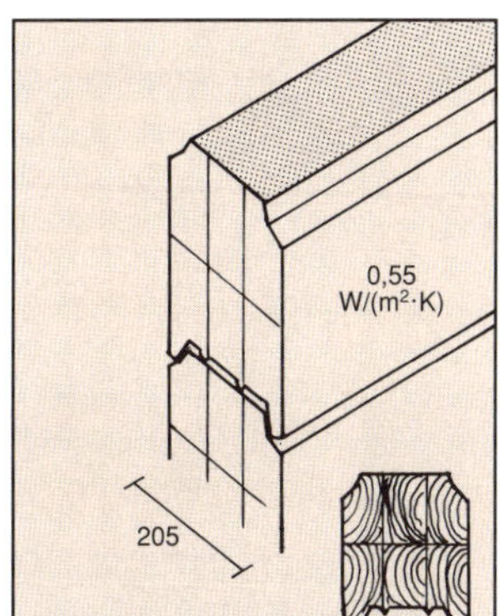

14 Kerngetrennte Lamellenblockbohlen

SCHWIMMBAD

DETAILS

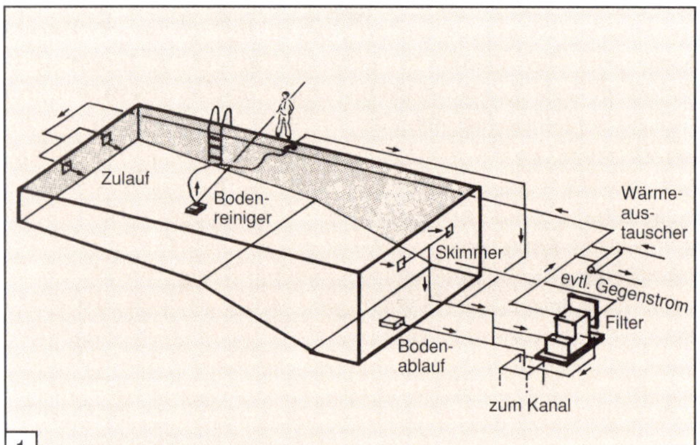

1 Klassisches Filtersystem mit Skimmer und Zulauf

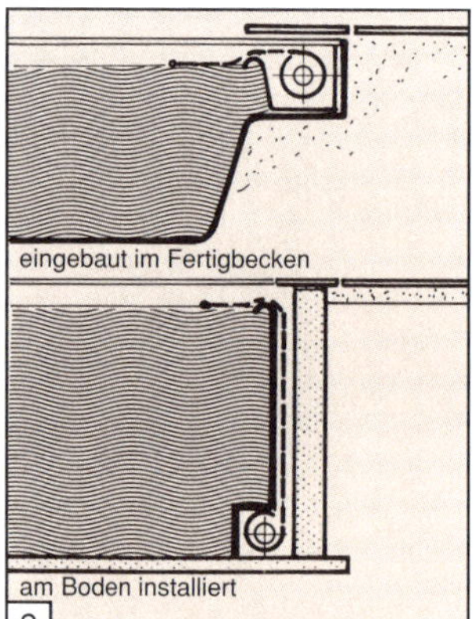

2 Schwimmbadabdeckungen

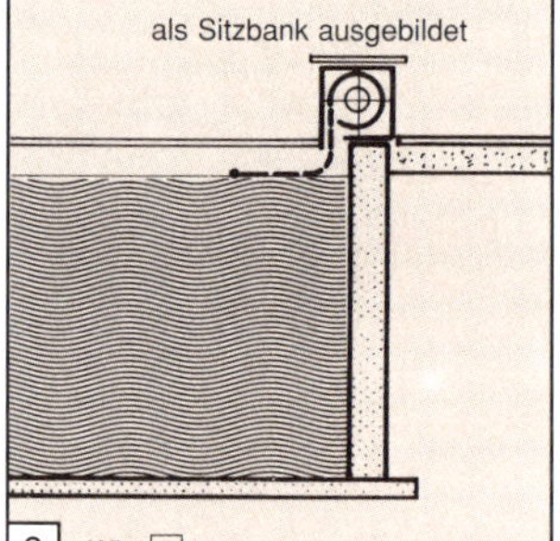

3 Wie 2

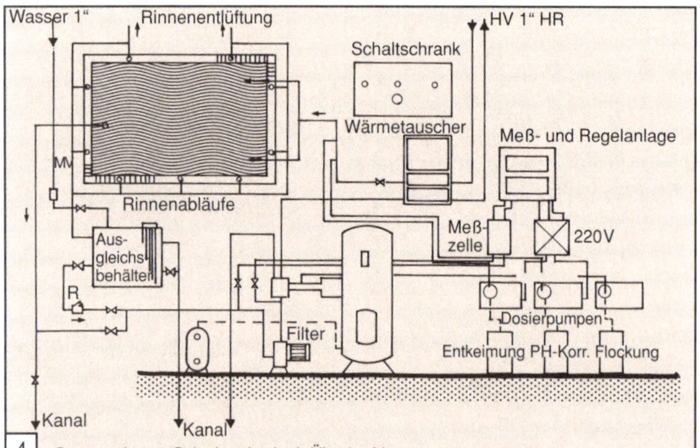

4 Strangschema Schwimmbad mit Überlaufrinne

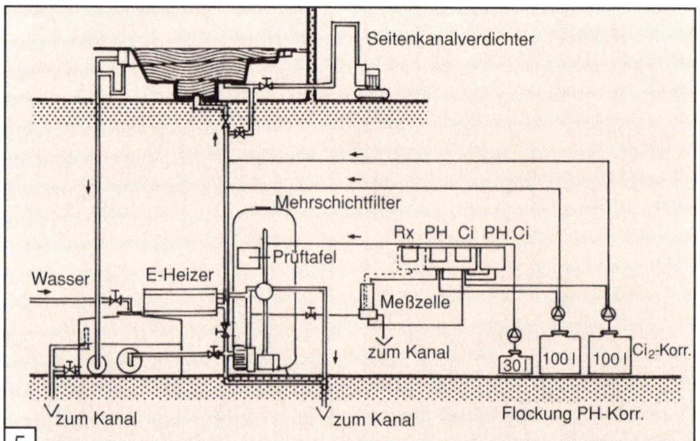

5 Strangschema Whirlpool

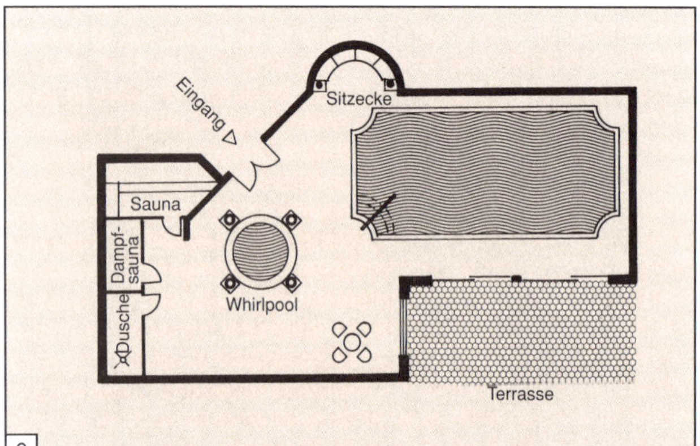

6 Schwimmbad, Whirlpool und Sauna

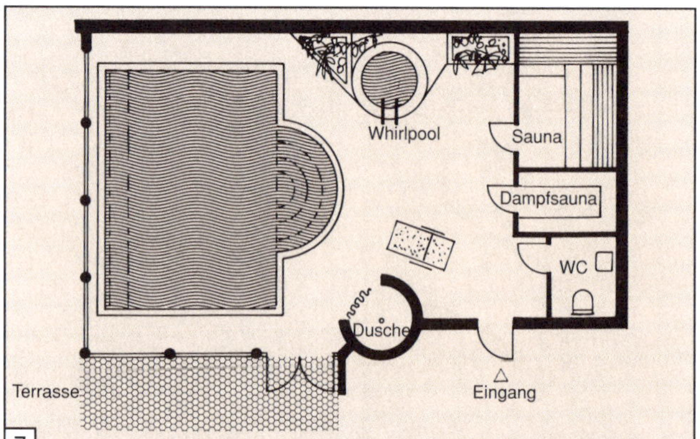

7 Schwimmbad mit Römertreppe

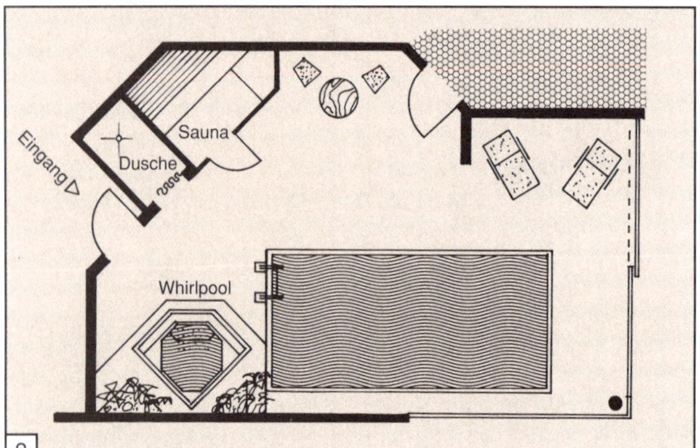

8 Schwimmbad, Sauna, Whirlpool

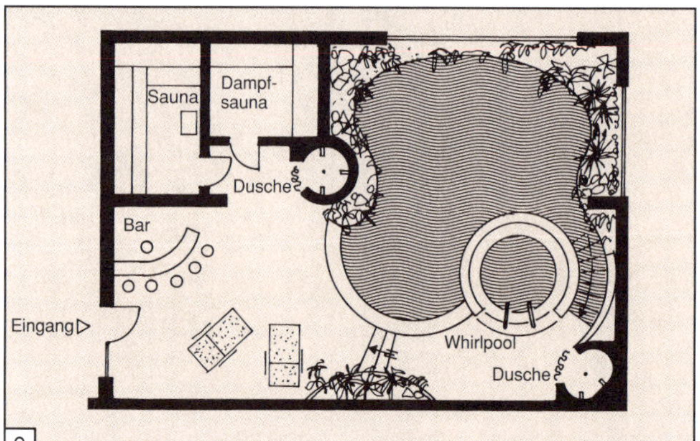

9 Rundes Schwimmbad mit Whirlpool

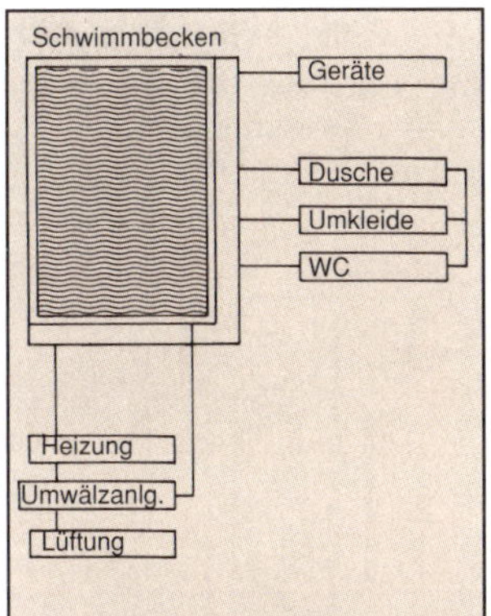

1 Zuordnung für die Schwimmhalle im Einfam.-Wohnhaus

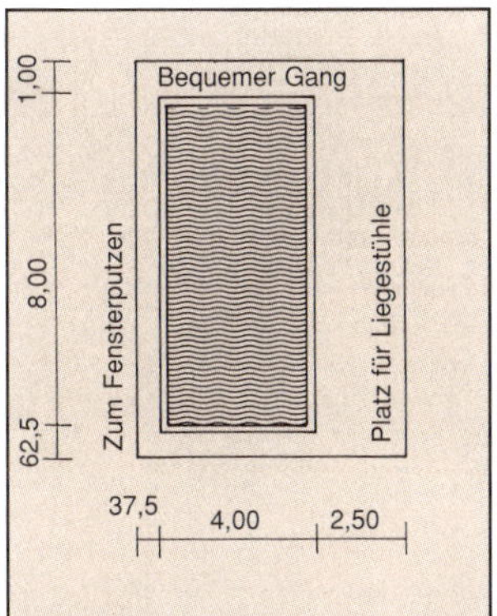

2 Übliche Größe einer Schwimmhalle

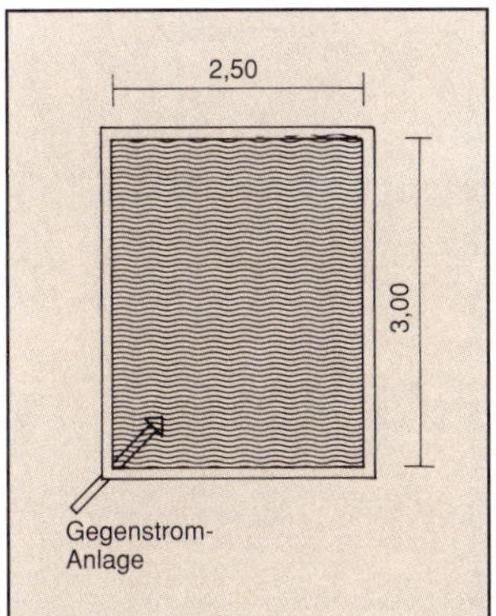

3 Kleinstes Bad

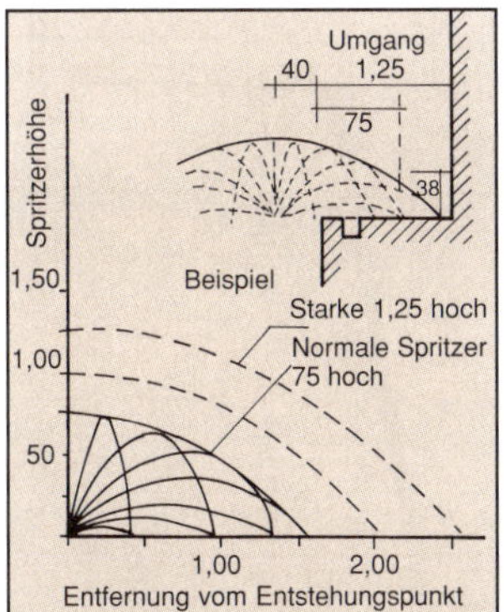

4 Entfernung der Spritzer vom Entstehungsort

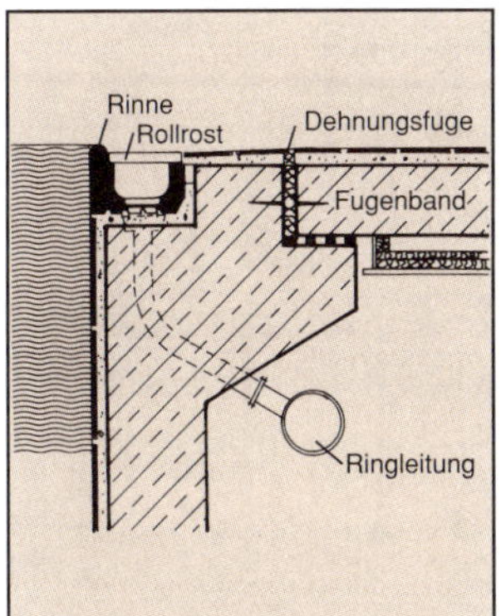

5 Beckenkopf., Überflutungsrinne System »Wiesbaden«

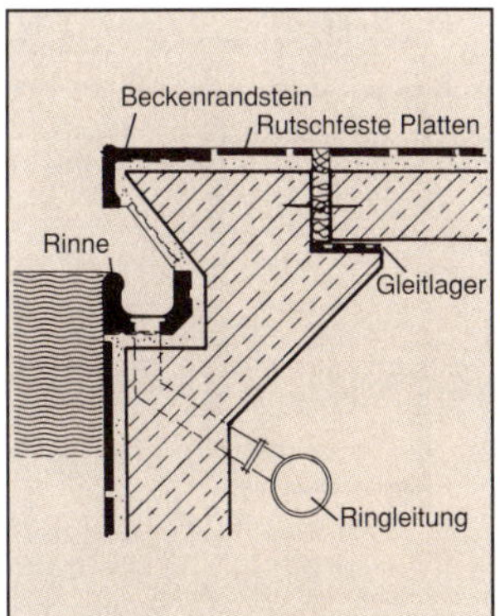

6 Überlaufrinne System »Wiesbaden«

Absolut wichtig: Freizeitcharakter, viel Licht, Fenster zum Garten, eingebauter Spaß! Kellerbad ohne Öffnung wird nach kurzer Zeit nicht mehr benutzt!

Üblich: Wasser 26–27°,
Luft 30–31°,
60%–70% relative Luftfeuchte;
maximale Luftgeschwindigkeit 0,25 m/sec.

Verdunstende Wassermenge 16 g/m³ h (Ruhezustand) bis max. 204 g/m³ h (benutzt). Hauptproblem Luftfeuchte: Aus dem Becken verdunstet Wasser solange bis die Verdunstungsgrenze erreicht ist. Im Ruhezustand bereits bei niedrigen Werten Verdunstungsstop, sofern wasserdampfgesättigte „Grenzschicht" auf dem Becken liegen bleibt, daher Becken nicht mit Lüftung „anblasen"; die Entfeuchtung der Halle durch Lüftung (unabdingbar) ist teuer, durch hohe bis 70% Luftfeuchte führt jede kleine Wärmebrücke binnen kurzer Zeit zu Bauschäden! Spezialliteratur, → 🕮. Häufigste Bauform vollgedämmte Winterhalle (km ≤ 0,73), seltener ungedämmte „Sommer"-Halle (evtl. demontabel); teilverfahrbare Dächer und Hallenteile ermöglichen bei schönem Wetter kurzfristig Öffnen der Halle und Nutzung als Freibad (Allwetterbad); problematisch wegen Wärmebrücken.

Mindestbeckengröße → 3; im Hallenbereich unabdingbar (auch bei angebauten Hallen) WC, Dusche, Sitzplatz für ≥ 2 Liegestühle. Oberirdischer Beckenumgang in Breite abhängig von Wandoberfläche (Spritzerhöhen → 4); unterirdischen Leitungsumgang ums Becken wegen eventueller Undichtigkeit von Becken und Leitungen und wegen Führung Lüftungskanäle unbedingt vorsehen!

Zuordnug: a) zum Garten (ideales „Hallenbad" ist das Freibad) mit Durchschreitebecken, b) zum Elternschlafraum (eventuell Elternbad als Dusche) und c) zum Wohnraum; Technikraum ≥ 10 m², der Heizung zuordnen.

Zusatzräume: Aufenthaltsraum, Kombüse, Bar, Massage, Trimmdich, Saunaanlage (Sauna, Wasserabkühlraum, Freiraum, Ruheraum), Hot-Whirl-Pool (Massage, 40° C).

Technische Ausstattung: Wasseraufbereitung mit Filteranlage, Desinfektionsmitteldosierung, Schwallwasserbehälter zur Rinne (ca. 3 m³), dazu Enthärter (ab Wasserhärte 7° dH) und Fußpilzspraygerät mit Lanze (insbesondere bei Teppichboden ums Becken); Lüftungsanlage als Frischluft- oder Mischluftanlage mit Kanälen in Decke und Fußboden oder primitiver Lüftungstruhe und Abluft-Ventilator (zu hohe Luftgeschwindigkeit, Erkältungsgefahr); Heizung mit Radiatoren, Konvektoren oder als Luftheizung, kombiniert mit Lüftungsanlage, Fußbodenheizung als zus. Komfort, nur bei Fußbodendämmung k > 0,7 oder Hallenluft < 29° sinnvoll.

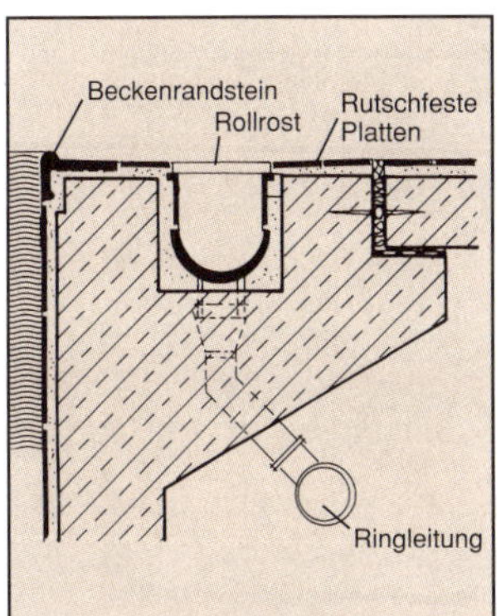

7 Überflutungsrinne mit Beckenrandstein u. Ablaufkanal

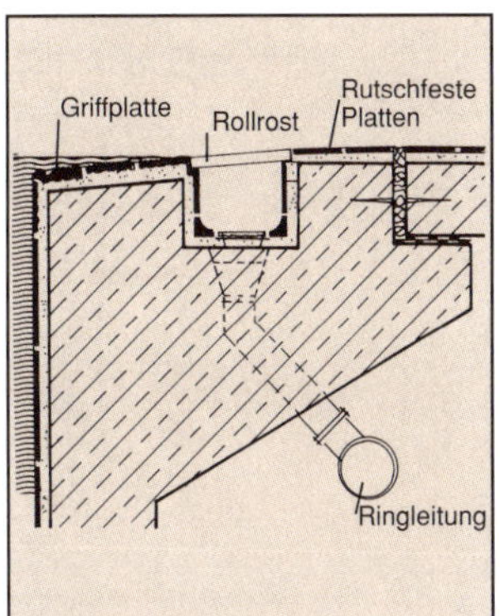

8 Finnische Rinne

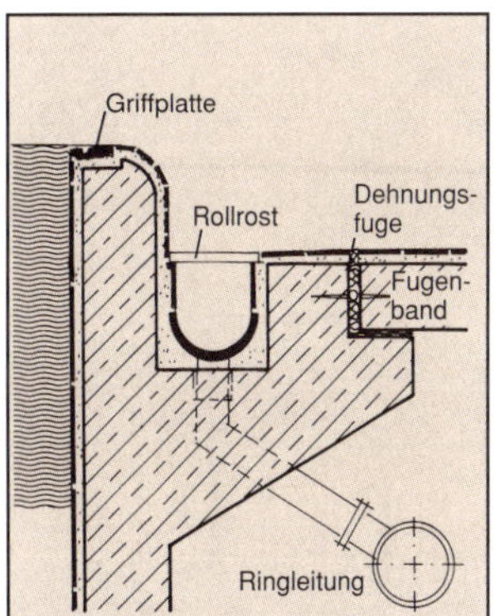

9 Überflutungsrinne System »St. Moritz«

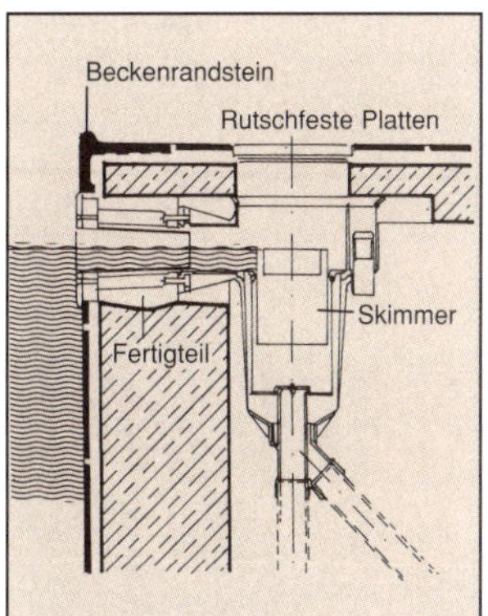

10 Oberflächenabsauger (Skimmer)

WOHNHÄUSER

MIT HALLENSCHWIMMBAD → 🕮

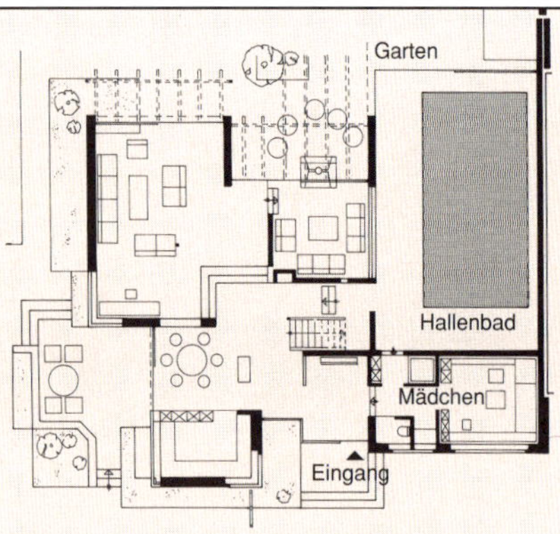

1 Hallenbad vom Flur erreichbar — Arch. Höyng, Nettels, u. Sandfort

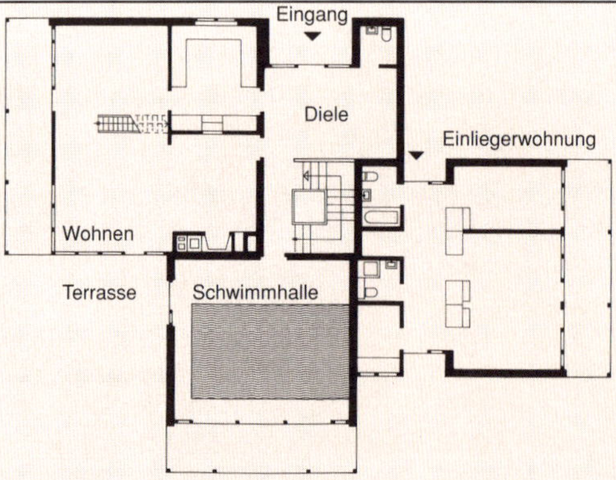

2 Von der Diele zur Schwimmhalle — Arch. v. Lom

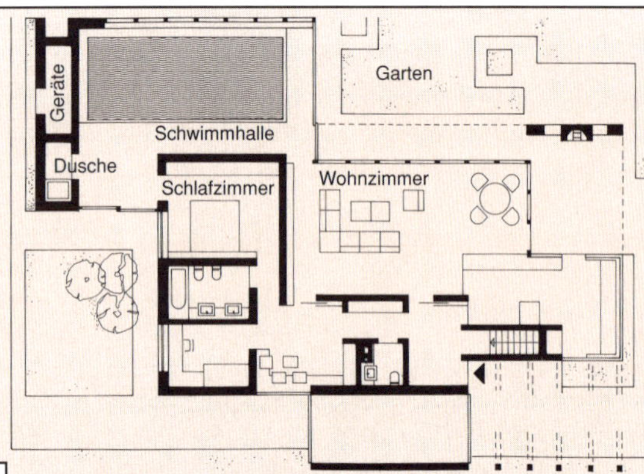

3 Zugang zur Schwimmhalle vom Schlafzimmer u. Wohnzimmer — Arch. Hanus

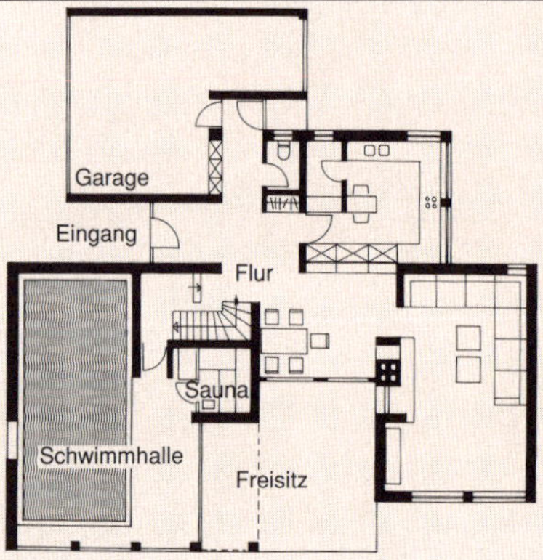

4 Schwimmbad u. Sauna — Arch. Kuhn

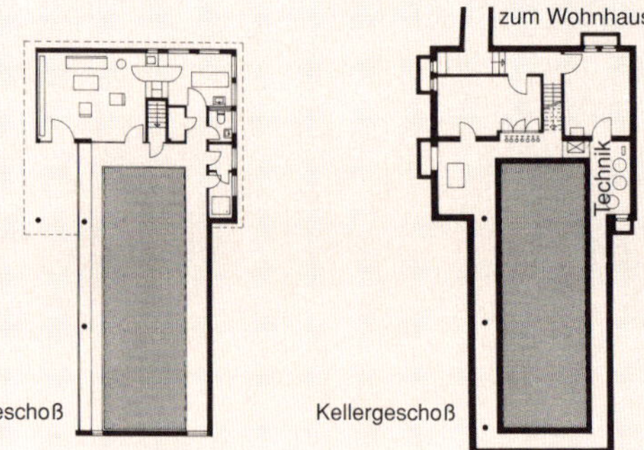

5 Badehalle mit unterirdischem Zugang zum Haus — Arch. Kappler

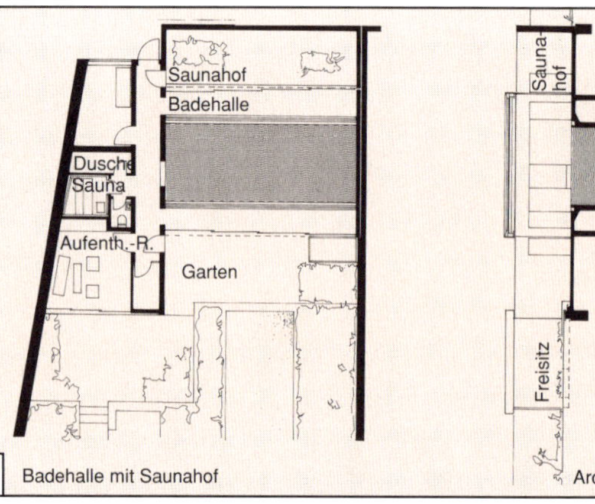

6 Badehalle mit Saunahof — Arch. Kappler

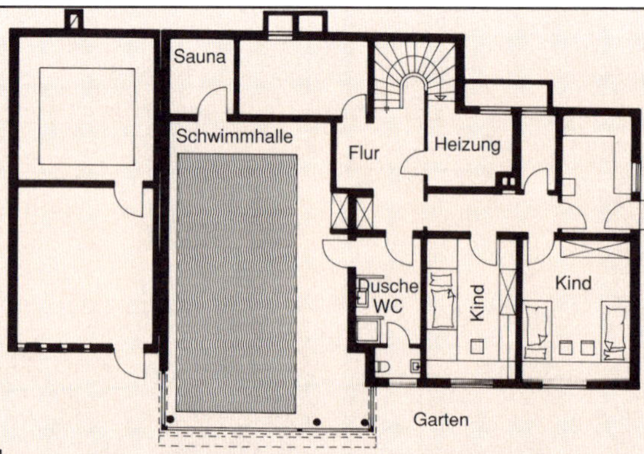

7 Haus am Hang: Schwimmbad im Untergeschoß — Arch. Kappler

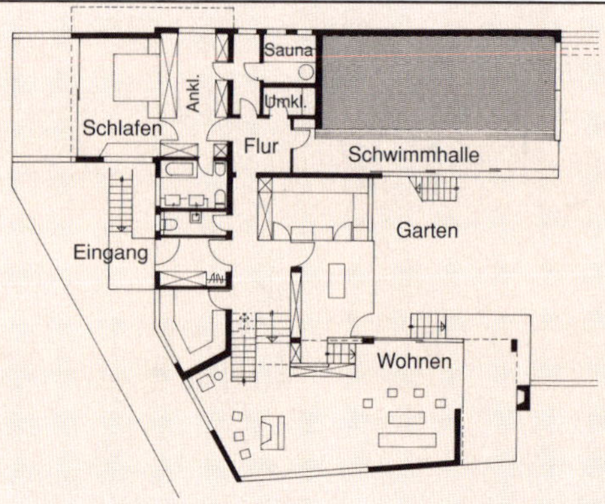

8 Wohnhaus u. Schwimmhalle — Arch. Kappler

TERRASSENHÄUSER

→ 🕮

Der Staplungswinkel (Geschoßhöhe zu Terrassentiefe) = mittlere Hangneigung ≥ 8–40°. Terrassentiefe ≥ 3,20 m.

Meist nach Süden ausgerichtet, fremden Blicken entzogen, mit freiem Ausblick → [1]–[3].

Bepflanzung der Brüstung erhöht den Wohnwert. Terrassenhäuser bieten vor Wohnungen Freiräume zum Ruhen, Sonnen u. Arbeiten, auch als Kinderspielplatz im Freien, wie in einer Erdgeschoßwohnung mit Garten.

Erforderliche Trogtiefe ist abhängig von der Geschoßhöhe u. der Tiefe der Abtreppung, wenn keine Einsicht auf untere Terrasse möglich sein soll → [1]–[3]. Noch günstigere Bedingungen hinsichtlich möglicher Einsicht ergeben sich, wenn die Terrasse teilweise in den Baukörper eingezogen wird → [7].

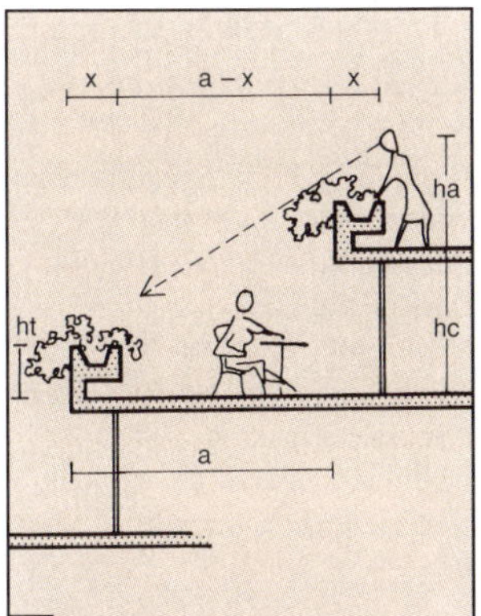

1 Sichtschutz für Terrassen ...

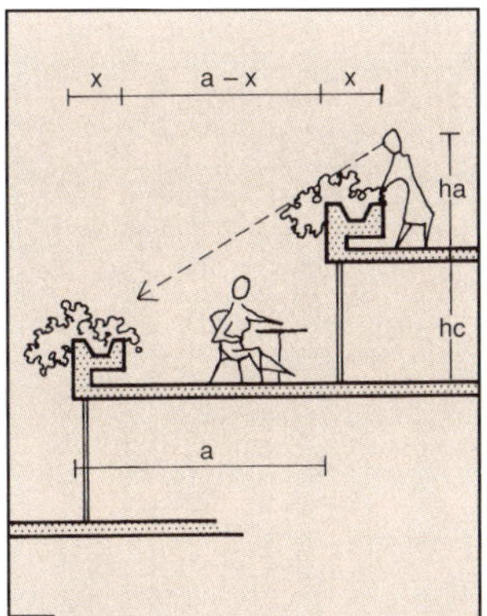

2 ... durch Blumentröge

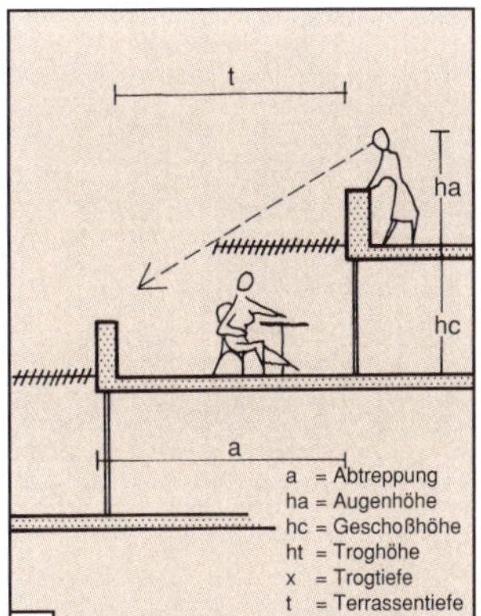

3 ... durch Sonnenschutzlamellen

4 Schutz vor Einblick

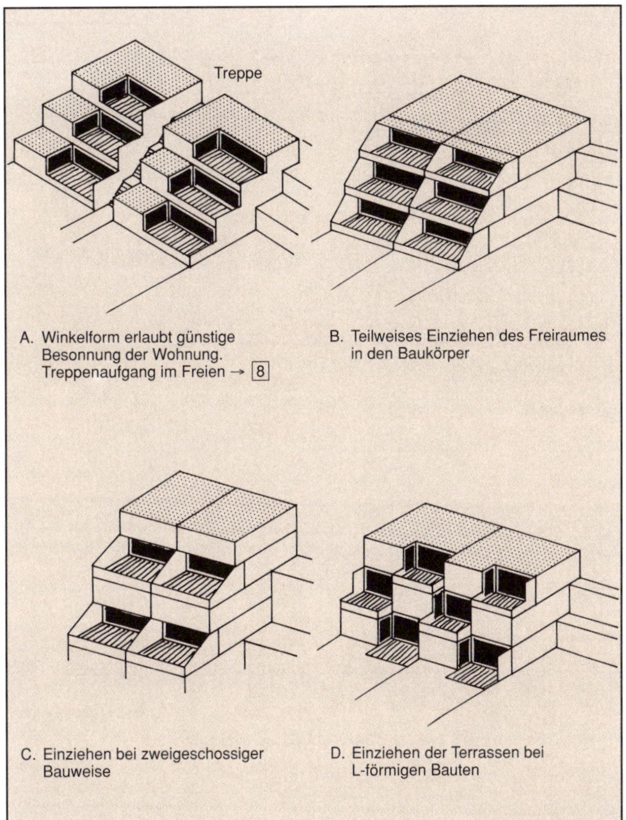

A. Winkelform erlaubt günstige Besonnung der Wohnung. Treppenaufgang im Freien → [8]

B. Teilweises Einziehen des Freiraumes in den Baukörper

C. Einziehen bei zweigeschossiger Bauweise

D. Einziehen der Terrassen bei L-förmigen Bauten

7 Terrassenhausformen

5 Treppenaufgang

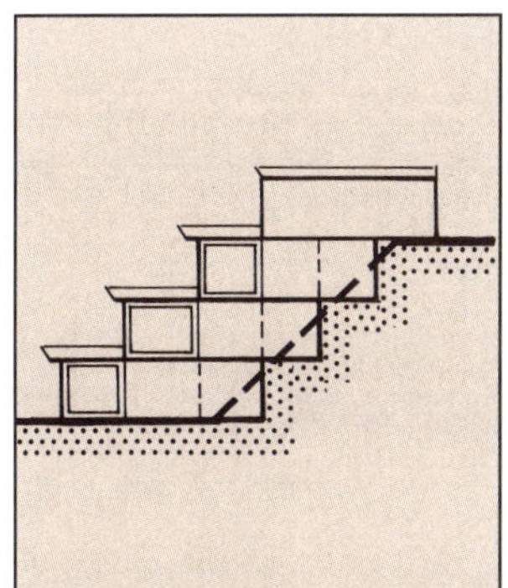

10 Erschließung der Wohnebenen durch Treppenaufgang im Freien → [8]

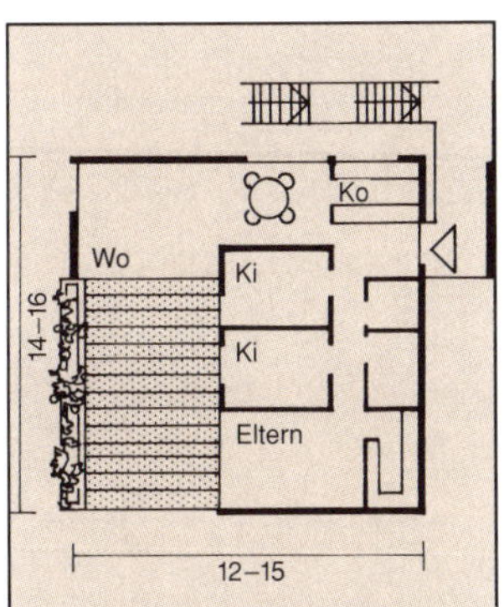

6 Grundriß – Eingang rückwärtig

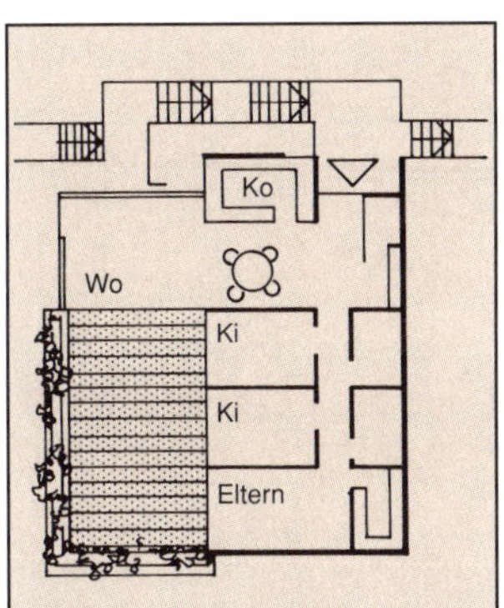

8 Eingang seitlich

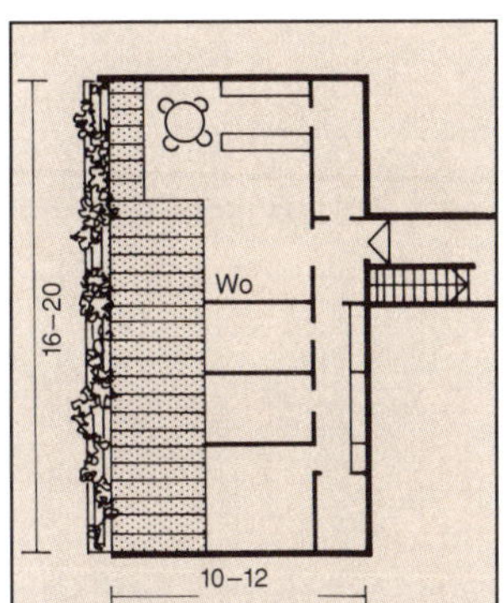

9 Eingang durch Treppenaufgang im Haus

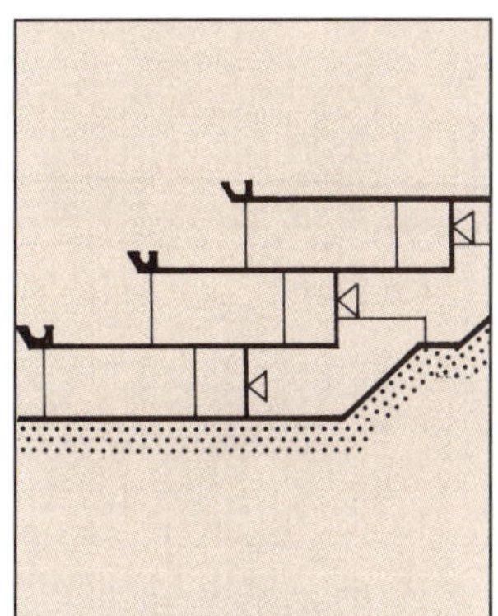

11 Treppenaufgang im Haus → [9]

TERRASSENHÄUSER

→ 🕮

Beim Begriff „terrassierte Bauweise“ stellt sich das Bild ein von sonnenüberfluteten Bergdörfern am Mittelmeer.

Man denkt an malerisch plastische Gestalt der Häuser, die an den Hängen kleben.

Neben solchen Assoziationen gibt es freilich sachliche Gründe, die für eine Terrassenbauweise sprechen. Bei strukturell u. wirtschaftlich günstiger Verdichtung der Bebauung können Wohnformen geschaffen werden, deren Wohnwert einerseits über dem konventionellen Geschoßbau liegt, die andererseits den Vorzügen erheblich kostspieligerer Einfamilienhäuser näherkommen.

Die Vorteile großer Freiterrassen verleiten zum Terrassenhaus im ebenen Gelände → [1] – [3].

Sich ergebende Räume in unteren Geschossen, ausgenutzt als Allzweckraum → [7]. Unterschieden wird einseitig, zweiseitig u. mehrseitig terrassierte Hausform → [1] + [9].

Terrassierung infolge Zurückversetzung gleich tiefer Wohnungseinheiten → [8] sowie durch Anordnung unterschiedlich nach oben abnehmender Wohnungstiefe → [7].

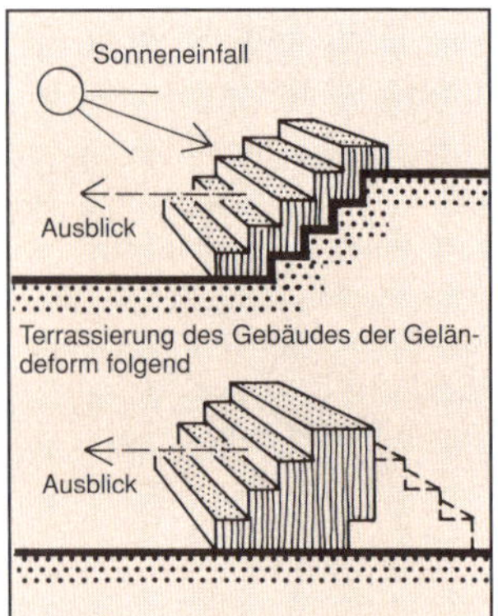

1 Terrassenhaus auf ebenem Gelände

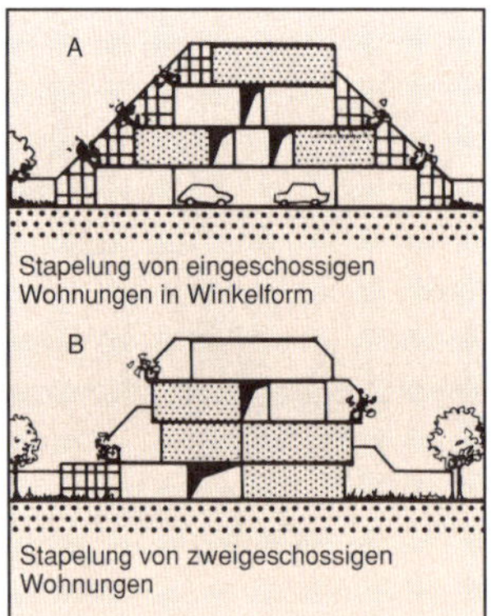

2 Hügelhäuser → [3]

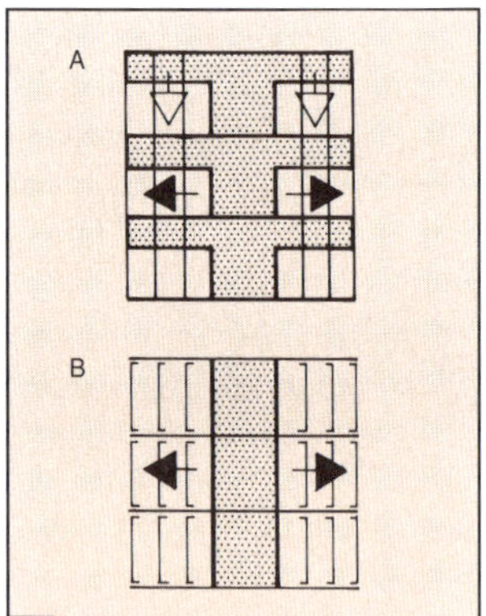

3 Grundriß Hügelhäuser → [2]

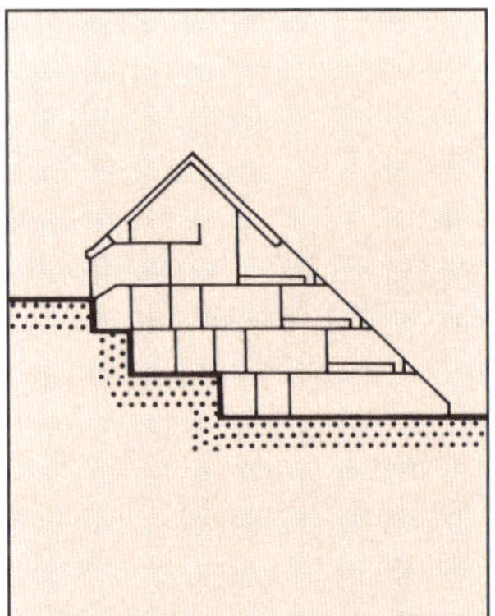
4 Schnitt → [5]

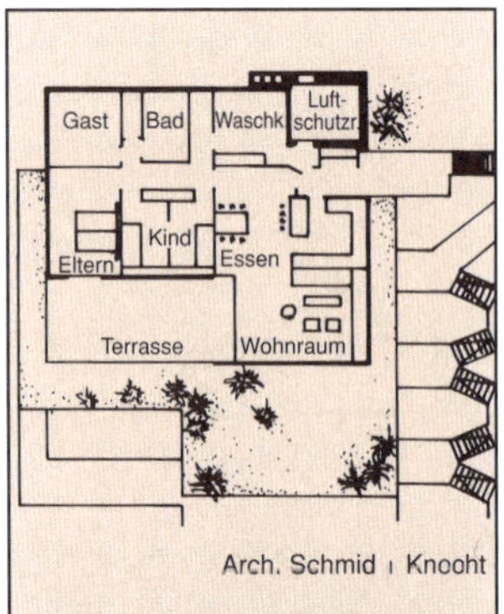

5 Grundriß Terrassenhaus → [4]

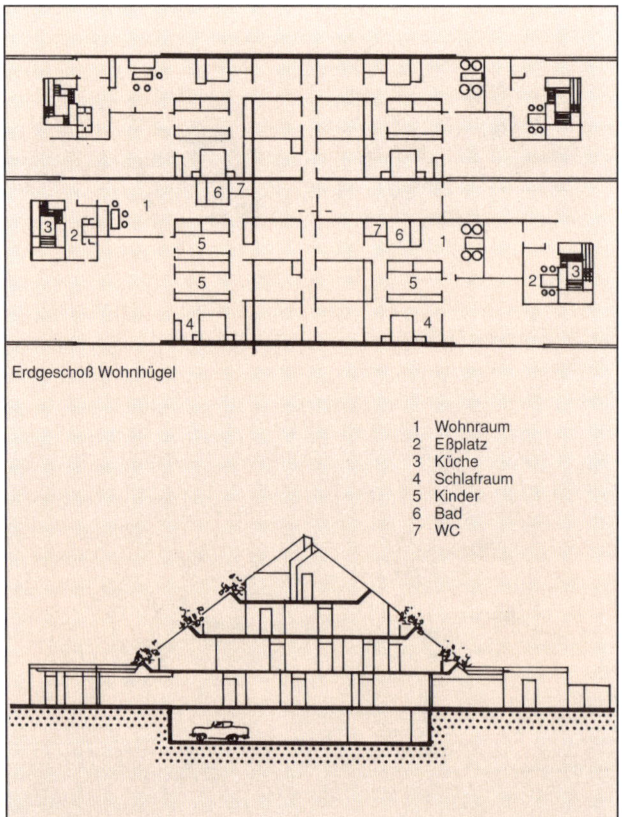

7 Querschnitt Wohnhügel → [2]–[3] Arch. Frey, Schröder, Schmidt

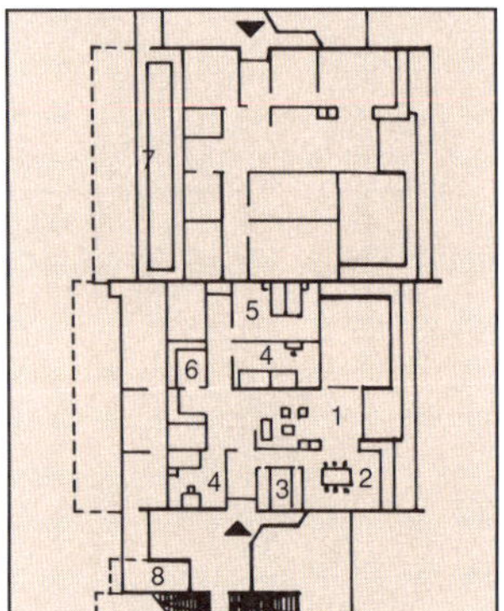
6 Grundriß Terrassenhaus → [8]

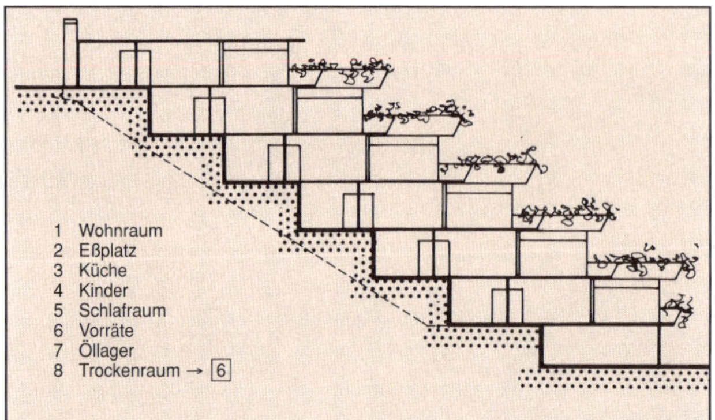

8 Querschnitt → [6] Arch. Stucky u. Menli

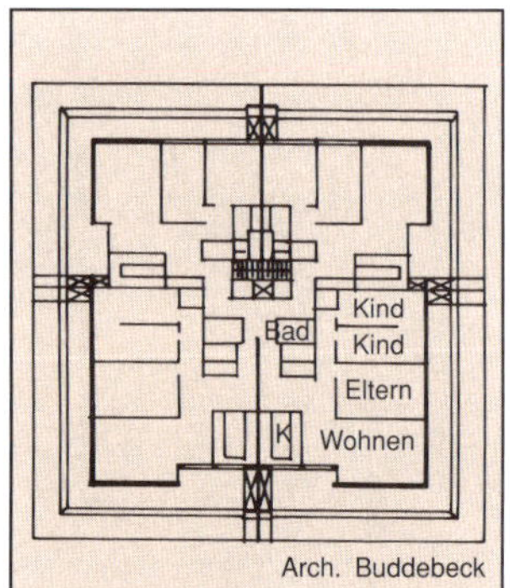

9 1. Obergeschoß Terrassenhaus auf ebenem Gelände

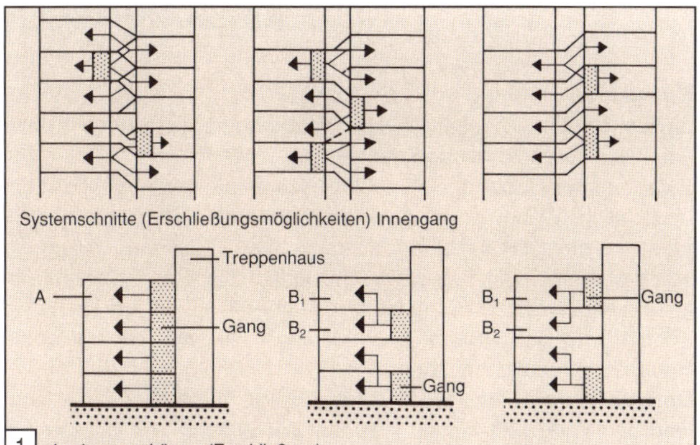

1 Laubenganghäuser (Erschließung)

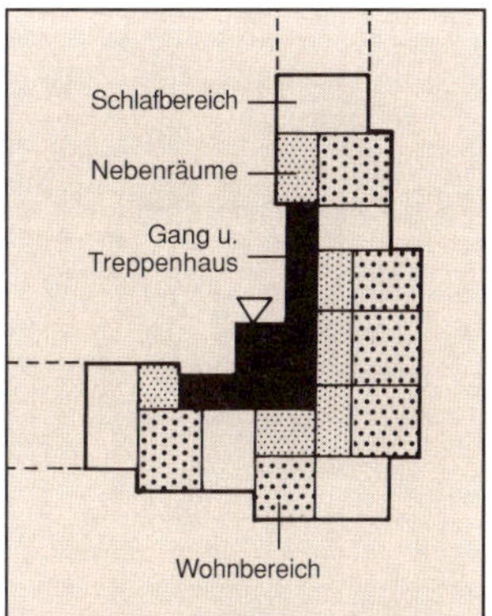

2 Kurze Laubengangerschließung eines Gebäudepunktes (Schema)

WOHNHÄUSER MIT GANGERSCHLIESSUNG

LAUBENGANG → 🕮

Bei Häusern mit Gangerschließung tritt an die Stelle einer zentralen Erschließung der Geschosse (Spännertyp) eine horizontale Gangerschließung der einzelnen Ebenen, die über einen oder mehrere Vertikalfestpunkte untereinander und mit dem Zugang verbunden werden. Liegt Erschließungsgang im Gebäudeinneren, nennt man diesen Typ Innenganghaus → 5.

Wohnen in einer Ebene führt bei dieser Lösung zu einseitiger Orientierung. Deshalb wird versucht, Wohnungstypen über 2 und mehr Geschosse zu gliedern → 1.

Bei Außenganghaus liegt die horizontale Erschließung an der äußeren Längsseite des Hauses → 5.

Der offene Gang bei mitteleuropäischen klimatischen Bedingungen nicht ohne Probleme → 6, zudem am Außengang nur untergeordnete Räume möglich. Erheblich besser, wenn die Wohneinheit sich über zwei oder mehrere Ebenen erstreckt → 6 – 7.

Wohnungen in nur einer Ebene besonders für Apartements und Einraumwohnungen sinnvoll. Bei Gliederung einer Wohnung in unterschiedliche Ebenen kann den Funktionsbeziehungen gut entsprochen werden. Liegen Ebenen nur um ein halbes Geschoß versetzt, sind günstige Voraussetzungen für Funktionsverflechtung und Staffelbarkeit gegeben → 5.

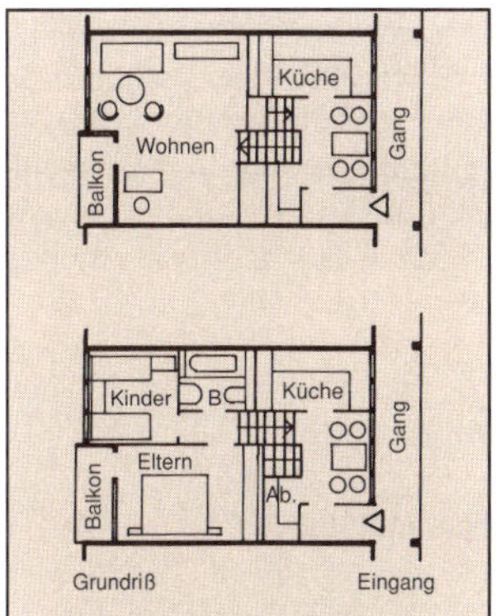

3 Laubenganghaus → 4
Wohnen in versetzten Geschossen

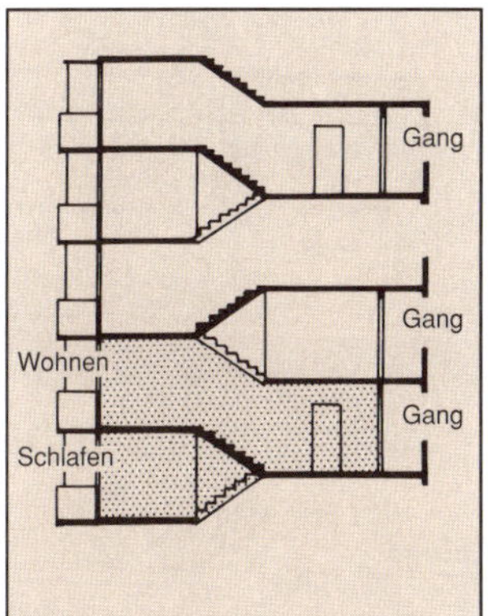

4 Schnitt → 3

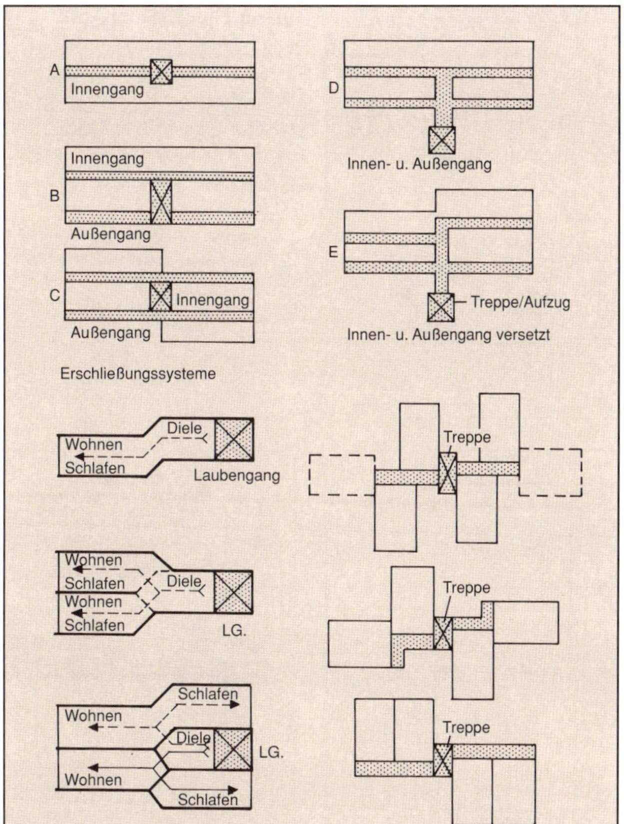

5 Möglichkeiten der Gangerschließung

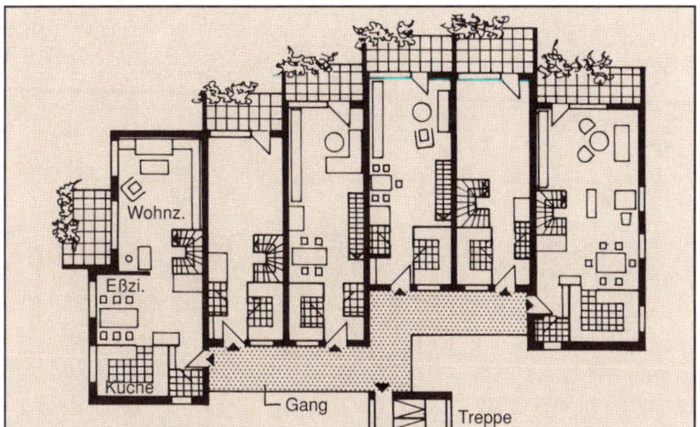

6 Obergeschoß – Laubenganghaus → 7

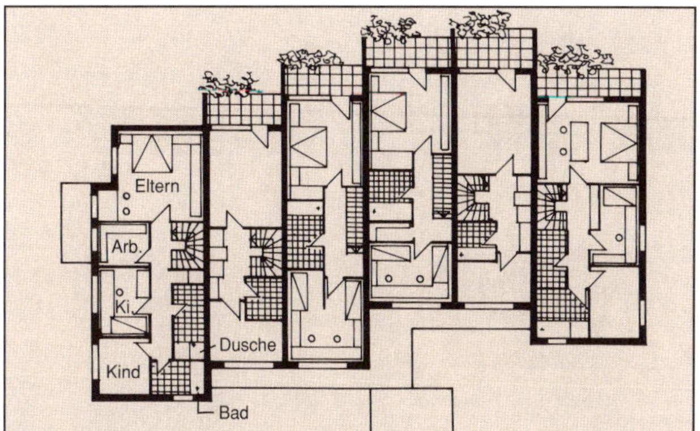

7 Dachgeschoß → 6

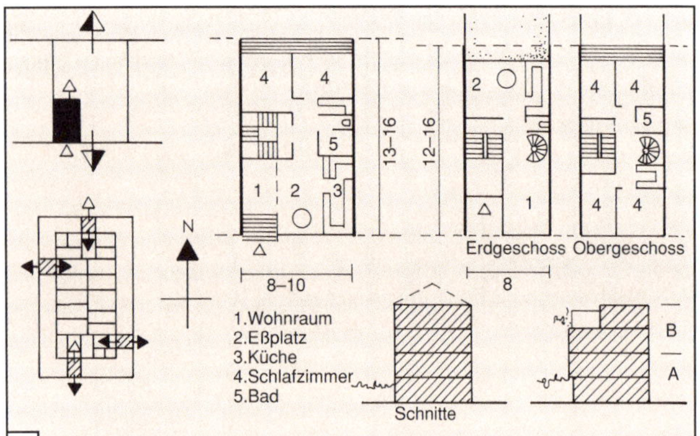

1 Einspänner Haustyp Grundform des Stadthauses

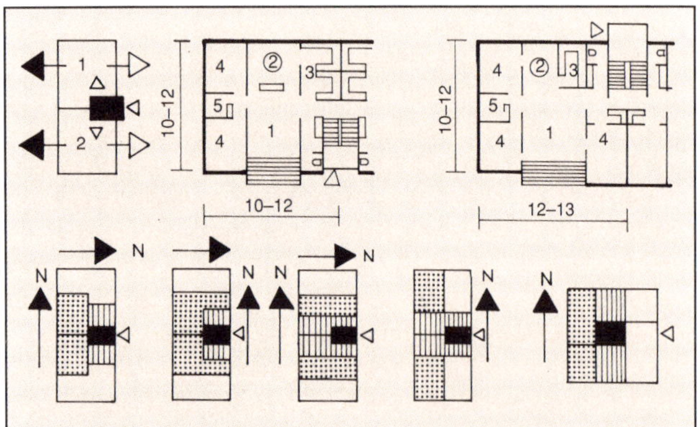

2 Zweispänner Haustyp → 3

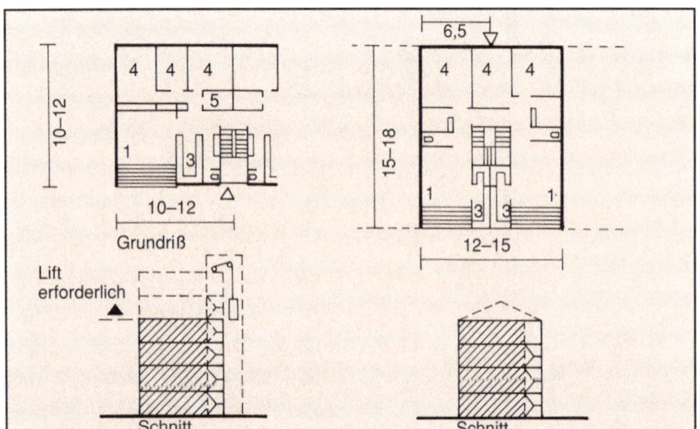

3 Zweispänner Haustyp → 2

GESCHOSSBAUFORMEN

→ 🕮

Einspänner Haustyp → 1 Erschließung von nur einer Wohnung pro Geschoß unwirtschaftlich. Beschränkung auf 4 Geschosse ohne Lift üblich. Grundform des Stadthauses.

Zweispänner Haustyp → 2 – 3 mit ausgewogenen Eigenschaften hinsichtlich Wohnwert und Wirtschaftlichkeit. Vielfältige Grundrißlösung möglich bei guter Anpassung bzgl. Besonnung. Anordung von Wohnungen gleicher oder unterschiedlicher Raumzahlen möglich. Vertikale Erschließung bis 4. OG über Treppen, ab 5. OG Lift erforderlich. Bei Wohnräumen über 22 m von OK Gelände, Hochhausbaubestimmungen.

Dreispänner Haustyp → 4 bietet günstige Verbindung von Wohnwert und Wirtschaftlichkeit. Geeignet zur Bildung von Hausecken. Wohnungsangebot pro Geschoß z.B. 2-, 3- und 4-Raum-Wohnungen.

Vierspänner Haustyp → 5 Bei entsprechender Grundrißgestaltung befriedigende Verbindung von Wohnwert und Wirtschaftlichkeit. Differenziertes Wohnungsangebot pro Geschoß möglich.

Punkthäuser → 6 Gliederung der Grundrißform bestimmt die plastische Gestalt des Gebäudes. Kräftig gegliederte Umrißlinie verstärkt vertikale Betonung, den Eindruck eines schlanken, hohen Gebäudes → 6 c.

Legende
- Wohnbereich
- Schlafbereich
- Nebenräume
- Hauseingang
- Hauptorientierung
- Nebenorientierung

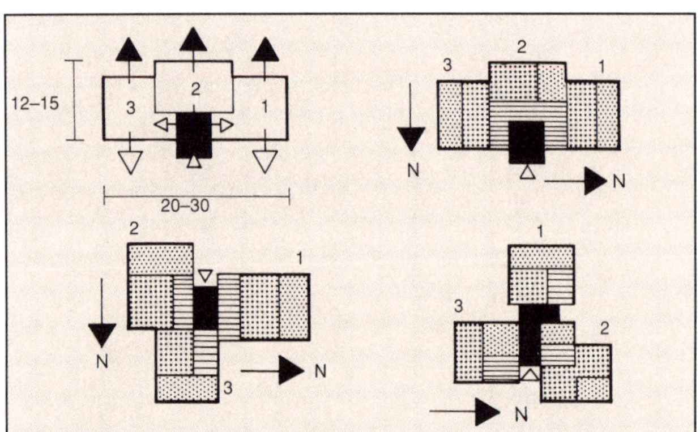

4 Dreispänner Haustyp

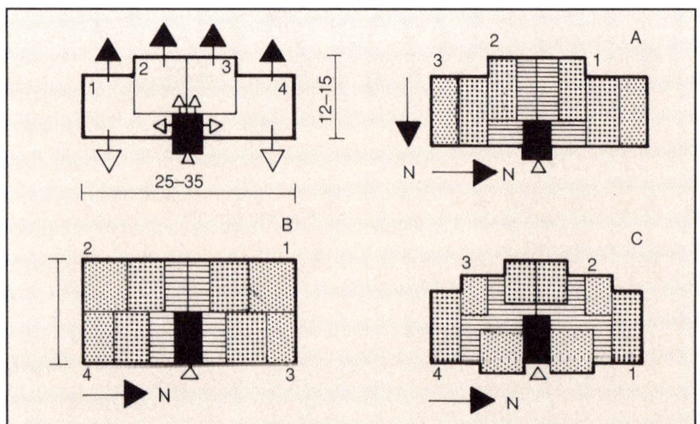

5 Vierspänner Haustyp

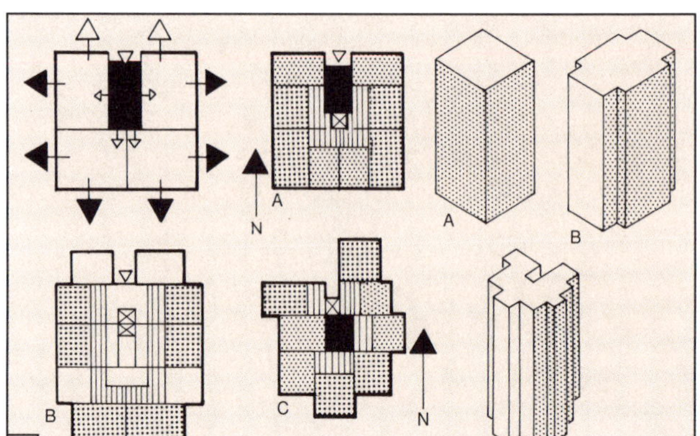

6 Punkthäuser

WOHNHÄUSER IN GESCHOSSBAUWEISE

→ 🕮

Blockbebauung → 1

Geschlossene, ächenhafte Bebauungsform, als einheitliche Baumaßnahme oder als Reihung von Einzelgebäuden.

Hohe Verdichtung möglich. Außen- und Innenräume in Funktion und Gestaltung deutlich unterscheiden.

Zeilenbebauung → 2

Offene, ächenhafte Bebauungsform, als Gruppierung gleicher oder variierter Haustypen oder von Gebäuden unterschiedlicher Konzeption.

Unterscheidung von Außen- und Innenräumen nicht oder nur schwach gegeben.

Scheibenhausbebauung → 3

Solitäre Gebäudeform mit meist großer Längen- und Höhenausdehnung, keine Differenzierung von Außen- und Innenräumen. Raumbildung nur angedeutet möglich.

Großformbebauung → 4

Erweiterung und Verbindung von Scheibenhäusern zu Großformen, solitäre Bauform oder großmaßstäbliche Flächenbebauung. Ausbildung von Großräumen möglich.

Differenzierung von Außen- und Innenräumen kaum zu erreichen.

Punkthausbebauung → 6

Ausgeprägte solitäre Bauform, frei im Raum bzw. der Fläche stehend, keine Raumbildung möglich. Als städtebauliche „Dominanten" häu g in Verbindung mit ächenhaften (achen) Bebauungsstrukturen.

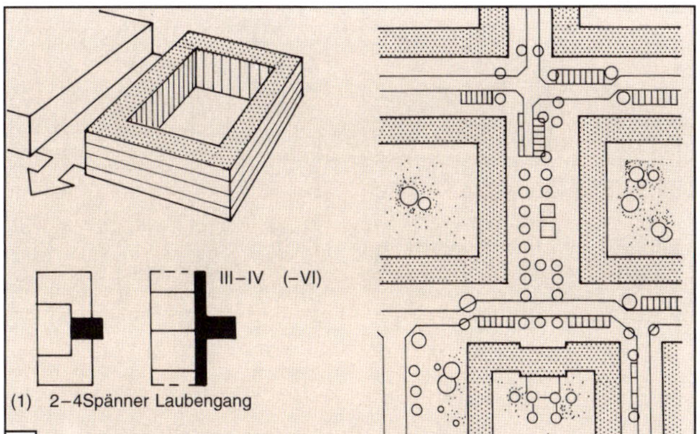

1 Blockbebauung

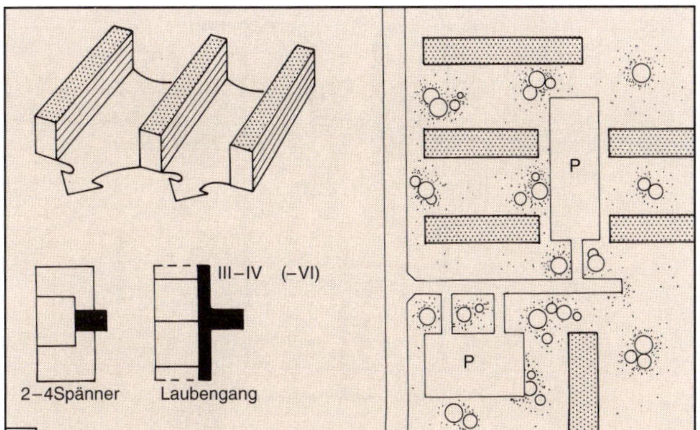

2 Zeilenbebauung

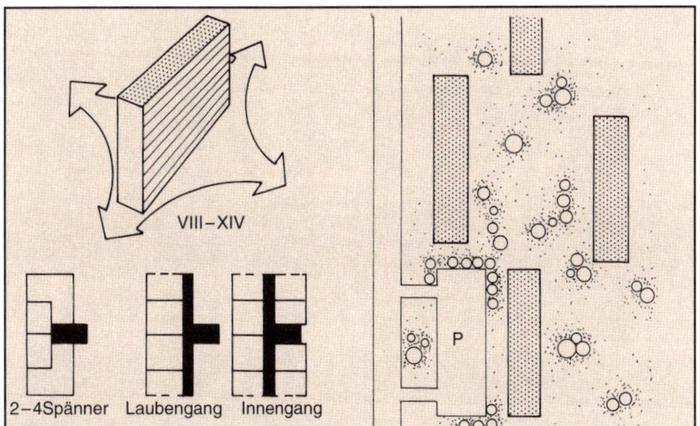

3 Scheibenhausbebauung

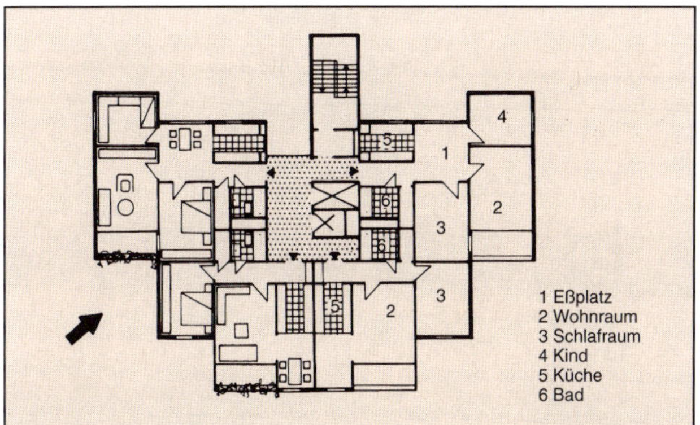

5 Grundriß eines Vierspänners → 6 Arch.:Pogadl

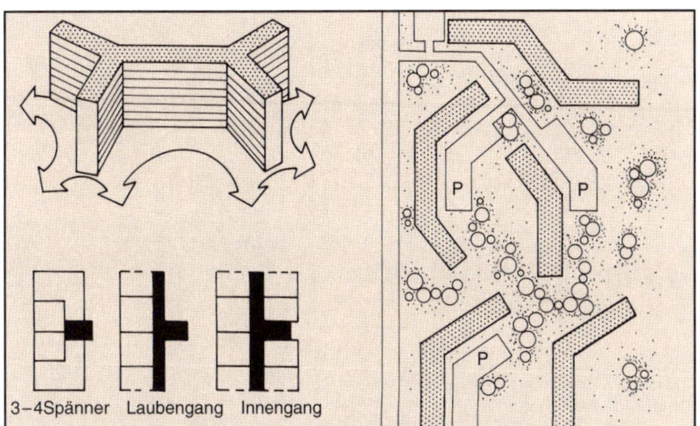

4 Großformbebauung

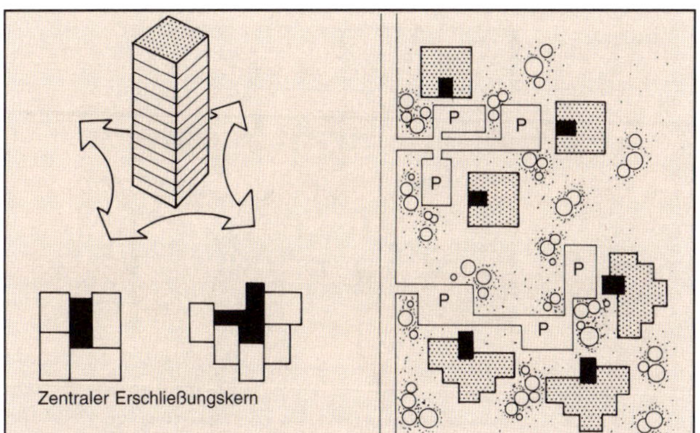

6 Punkthausbebauung

GESCHOSSBAU

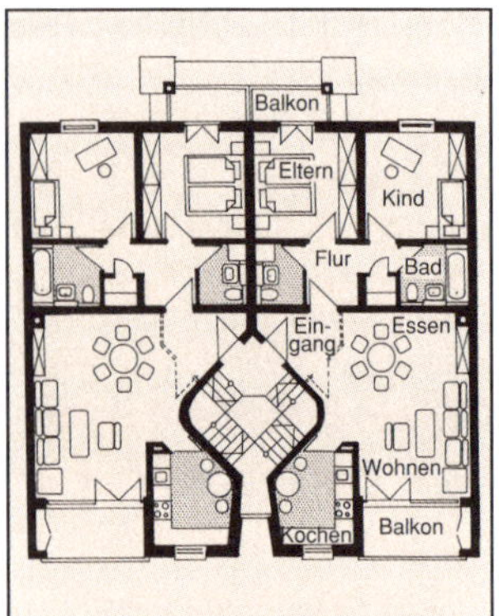

1 Zweispänner/Treppenhaus an Außenwand

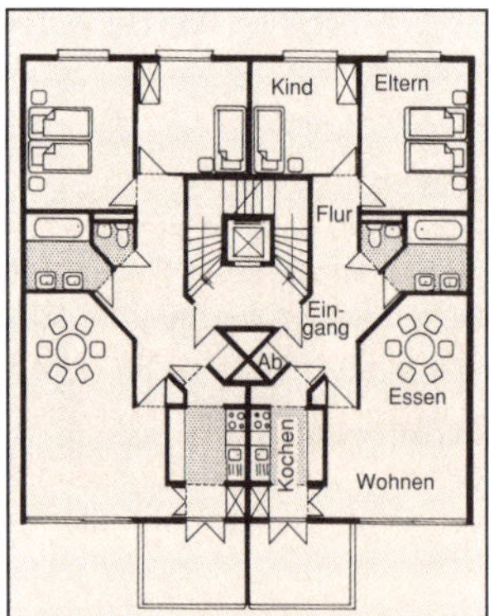

2 Zweispänner mit innenliegender Treppe Arch. Diener u. P.

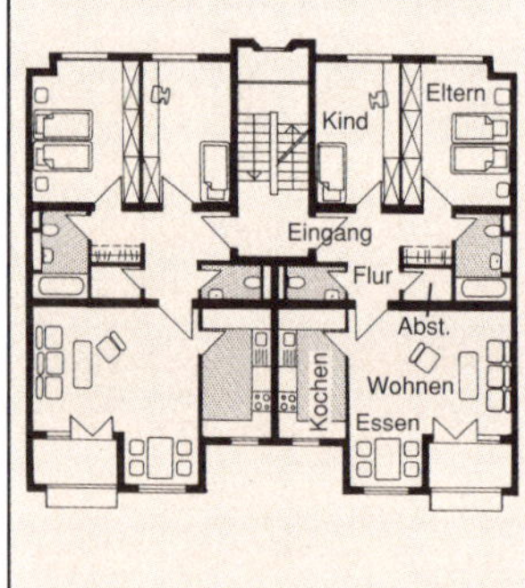

3 Zweispänner Arch. HPP u. LTK

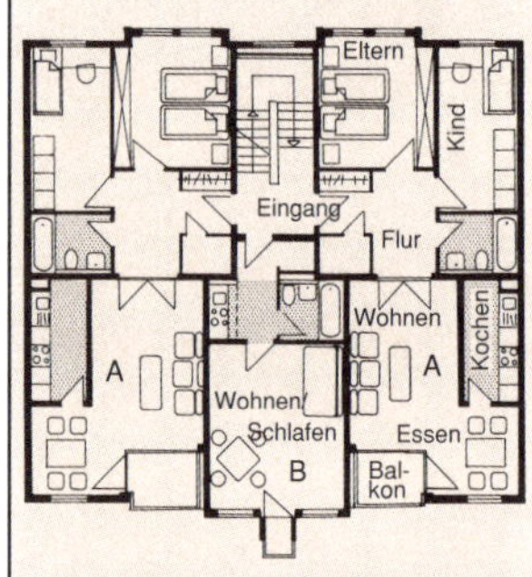

4 Dreispänner; 2 Wohnungen u. 1 Appartement Arch. HPP

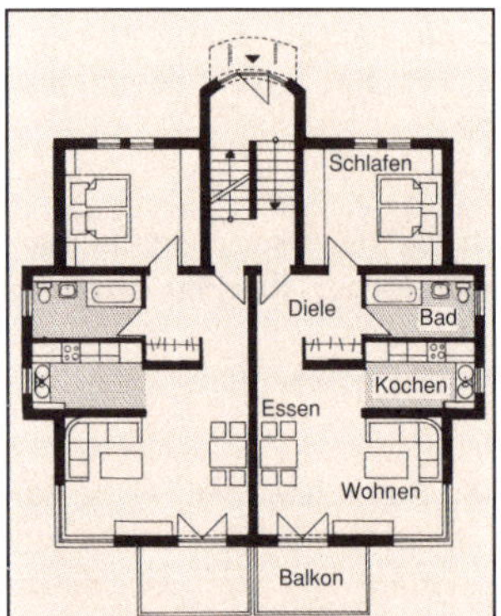

5 Zweispänner ~60 m² Wohnfl./Wohnung

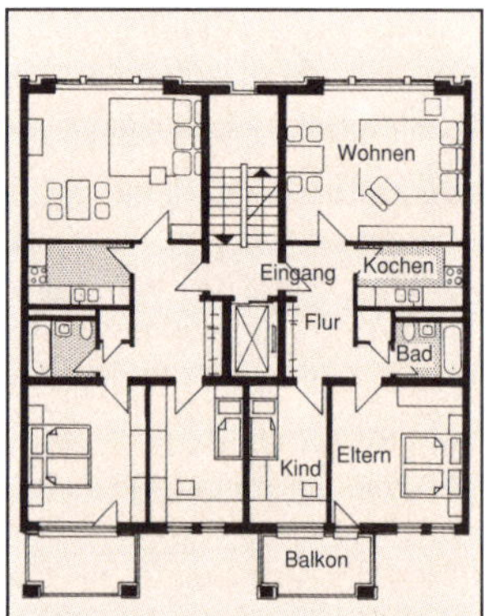

6 Zweispänner mit Aufzug

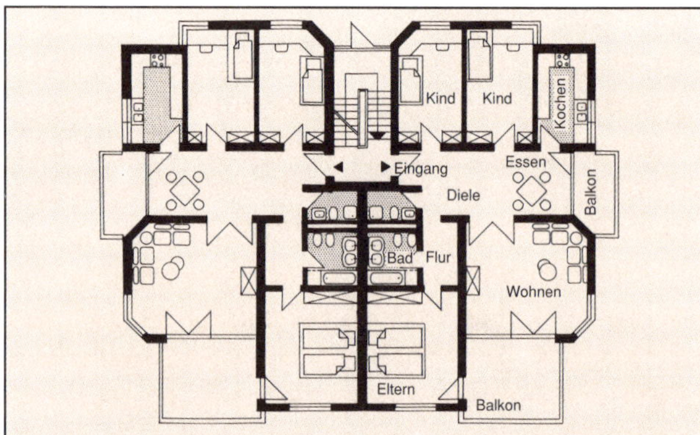

7 Zweispänner mit je 4 Zimmern, Küche, Bad, Eßplatz

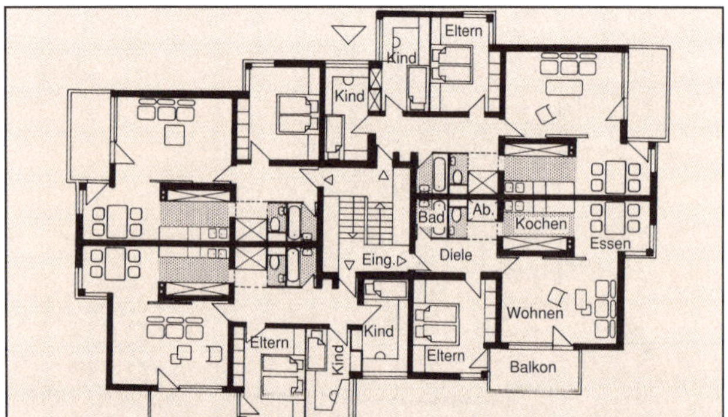

Arch. Keihues v. Moldenschardt

8 Vierspänner; 2 Zweizimmer- u. 2 Vierzimmerwohnungen

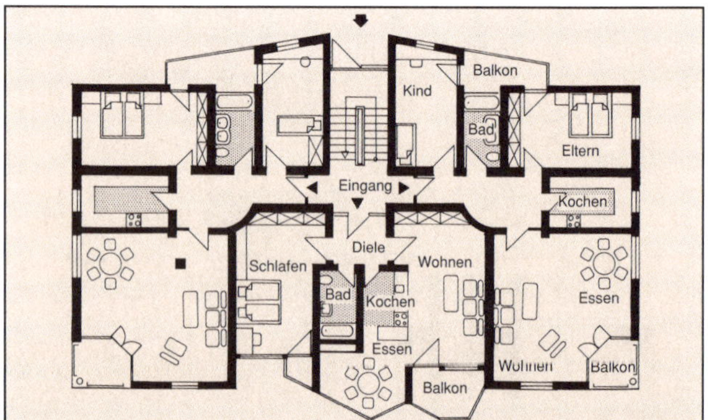

9 Dreispänner Arch. L. Neff

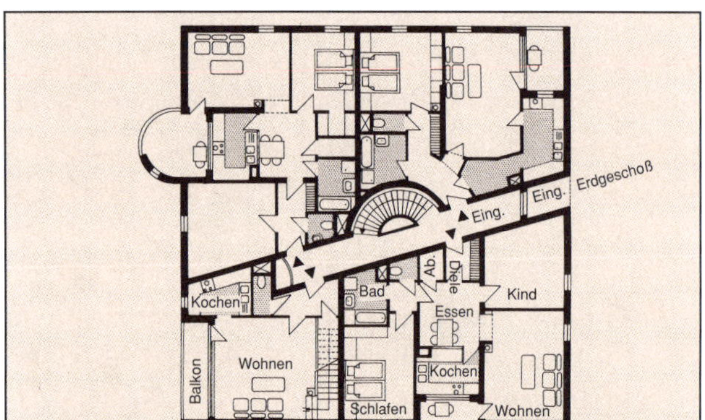

10 Vierspänner Arch. Peichl

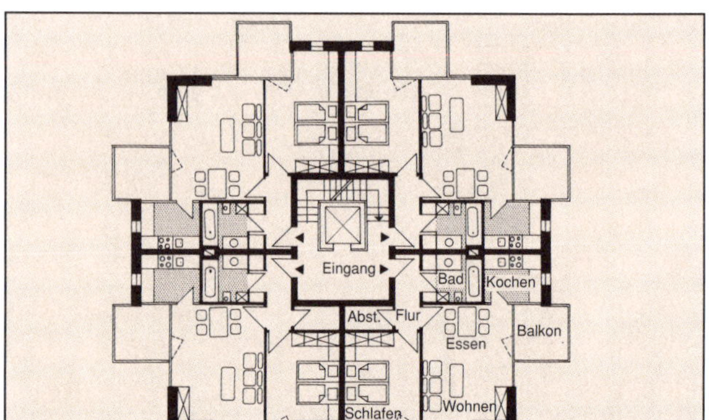

11 Vierspänner Arch. Neuf./Mittmann/Graf

BAUGENEHMIGUNG

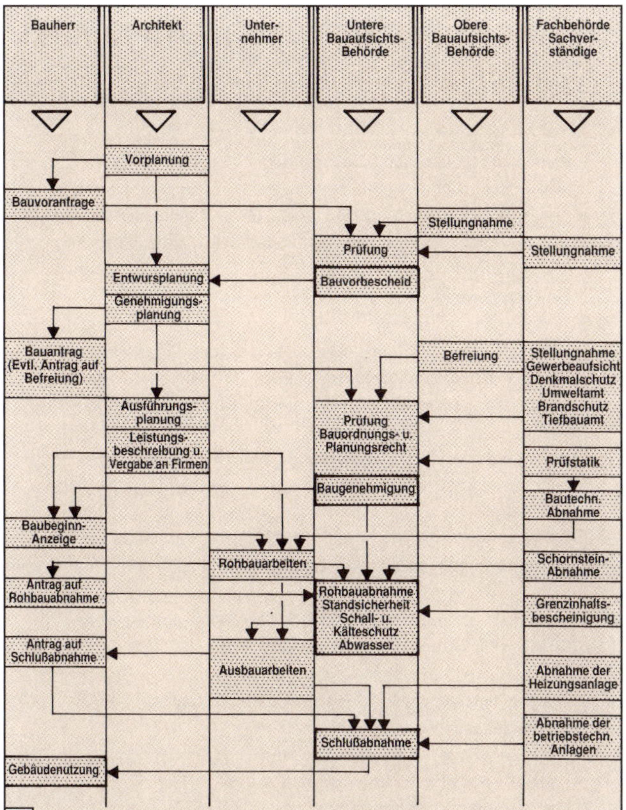

1 Baugenehmigungsverfahren

Bauantrag: Antrag auf Genehmigung genehmigungspflichtiger Bauvorhaben. Er wird gestellt an die Baubehörde (Kreisamt). Dem Bauantrag sind die Bauvorlagen beizufügen.

Bauvorlagen: Unterlagen, die zu einem Bauantrag gehören. Die Bauvorlagenverordnungen der Bundesländer enthalten Verordnungen über Art und Umfang der Bauvorlagen und der darin enthaltenen Darstellungen. In der Regel sind einem Bauantrag auf Vordruck folgende Unterlagen beizufügen: 1. Lageplan, 2. Bauzeichnungen, 3. Baubeschreibung, 4. Standsicherheitsnachweis und die anderen technischen Nachweise, 5. Darstellung der Grundstücksentwässerung, 6. Freiflächengestaltung

Bauvoranfrage, Bauvorbescheid: Für eine Baumaßnahme ist auf Antrag (Bauvoranfrage) über einzelne Fragen, über die im Baugenehmigungsverfahren zu entscheiden wäre und die selbständig beurteilt werden können, durch Bauvorbescheid zu entscheiden. Bauweise: 1.) Geschlossen: Bebauung bis an die seitlichen Grundstücksgrenzen ist zwingend vorgeschrieben (BauNVO § 22). 2.) Offen: Die Einhaltung von Grenzabständen bzw. eines Bauwichs ist zwingend vorgeschrieben (Ausnahme siehe Landesbauordnungen) (BauNVO § 22).

Baugrenzen: Legen die äußere Begrenzung der überbaubaren Grundstücksfläche fest. Außerhalb sind keine Hauptgebäude zulässig (BauNVO).

Bauherr: Ist Veranlasser einer Baumaßnahme Er ist verantwortlich dafür, daß die Baumaßnahme dem öffentlichen Baurecht entspricht. Er bestellt Entwurfsverfasser, Bauleiter und Unternehmer.

Bauleiter: Bei umfangreichen oder technisch schwierigen Baumaßnahmen kann die Bauaufsichtsbehörde verlangen, daß der Bauherr einen Bauleiter bestellt, der darüber wacht, daß die Arbeiten dem öffentlichen Baurecht entsprechend durchgeführt werden.

Baulinie: Rechtlich zwingende Vorschrift, eine bauliche Anlage mit einer Kante auf ihr zu errichten (BauNVO § 23).

Baumassenzahl (BMZ): m^3 umbauten Raumes je m^2 Grundstücksfläche (BauNVO § 21).

Baurecht, öffentliches: Planungsrecht (städtebauliches) ist nach Art. 74 des Grundgesetzes Gegenstand der konkurrierenden Gesetzgebung.

Baubauungstiefe: Sie legt auf Baugrundstücken die hintere Baugrenze oder Baulinie fest.

Befreiung: Von Vorschriften der Landesbauordnungen oder von Vorschriften, die im Zusammenhang mit einer Landesbauordnung erlassen wurden, können auf begründeten Antrag hin Befreiungen erteilt werden.

Brandabschnitt: Ist ein nach brandschutztechnischen Gesichtspunkten in sich abgeschlossener Teil eines Gebäudes.

Brandwand: Brandwände sollen die Übertragung von Feuer und Rauch auf andere Gebäude, Gebäudeteile und Bauteile verhindern.

Bruttowohnbauland: Die Summe aller Wohngrundstücksflächen (Nettowohnbauland) und die Summe aller Gemeinbedarfsflächen in einem bestimmt ausgewiesenen Wohnbaugebiet.

Entwurfsverfasser: Ist nach den Landesbauordnungen der Fachmann, der aufgrund seiner spezifischen Qualifikation bauvorlageberechtigt ist.

Geschoßfläche (Bruttogeschoßfläche): Sie wird nach den Außenmaßen der Gebäude in allen Vollgeschossen ermittelt. Balkone sowie bauliche Nebenanlagen und Garagen bleiben bei der Ermittlung unberücksichtigt (BauNVO § 20). → S. 40

Geschoßflächenzahl (GFZ): Verhältnis der Bruttogeschoßfläche zur Grundstücksgröße bzw. zum Nettowohnbauland (BauNVO § 20). → S. 40

Grundfläche, zulässige (überbaubare) (BauNVO § 19): Für ihre Ermittlung ist die im Bebauungsplan ausgewiesene Grundflächenzahl maßgebend. Es ist die Fläche, die innerhalb der überbaubaren Grundflächenzahl höchstens von baulichen Anlagen bedeckt werden darf. → S. 40

Grundflächenzahl (GRZ): m^2 Gebäudegrundfläche je m^2 Grundstücksfläche. Die GRZ gibt keine Hinweise auf die Lage der überbaubaren Fläche. Es kann aufgrund baurechtlicher Bestimmungen, die die überbaubare Grundstücksfläche festlegen (Baulinie, Baugrenze, Bebauungstiefe, Bauwich), sogar möglich sein, daß die zulässige GRZ nicht erreicht wird (BauNVO §19). → S. 40

Grenzabstände (NBauO § 7): Sind Abstände, die Gebäude zu Baugrundstücksgrenzen und Gebäuden einhalten müssen.

Grundstücksfläche, überbaubare (BauNVO § 23): Sie wird durch Festsetzung von Baulinien, Baugrenzen oder Bebauungstiefen bestimmt.

Maß der baulichen Nutzung (BauNVO § 17): Wird dargestellt durch die Ausnutzungsziffern Grundflächenzahl und Geschoßflächenzahl oder Baumassenzahl. → S. 40

Planzeichenverordnung (PlanzV): Verordnung über die Ausarbeitung der Bauleitpläne sowie über die Darstellung des Planinhalts. → S. 39

Vollgeschoß: Der Begriff des Vollgeschosses hat Bedeutung bei der Ermittlung von Geschoßzahlen und Geschoßflächenzahlen (BauNVO §§ 18 und 20) und bei der Einstufung von Gebäuden hinsichtlich der Anforderungen des Brandschutzes und der Anforderungen an Treppen, Treppenräume und Aufzugsanlagen. Die Definition für Vollgeschoß unterscheidet sich in den Bauordnungen der Bundesländer. Bestandteile der Definition sind die mittlere Mindestraumhöhe (lichte Raumhöhe) oder mittlere Mindestgeschoßhöhe, das Großenverhaltnis zu ggf. darunterliegenden Vollgeschossen und die Lage zur Geländeoberfläche. → S. 40

Bauflächen allgem. Art der baul. Nutzung	Baugebiet		Grund-flächen-zahl GRZ	Geschoß-flächen-zahl GFZ	Baumassen-zahl BMZ	**BAUNUTZUNGSVERORDNUNG** Zulässige Bebauung
W Wohnbau-Flächen	WS	Klein-siedlungs-gebiet	0,2	0,4	–	Kleinsiedlungen einschl. Wohngebäude mit entspr. Nutzgärten, landwirtschaftlichen Nebenerwerbsstellen, Gartenbaubetriebe, die der Versorgung dienenden Läden, Gaststätten u. nichtstörende Handwerksbetriebe. Anlagen für kirchliche, kulturelle, soz., gesundheitliche u. sportliche Zwecke.Tankstellen, nicht störende Gewerbebetriebe.
	WR	Reines Wohngebiet	0,4	1,2	–	Wohngebäude, ausnahmweise zulässig: Läden u. nichtstörende Handwerksbetriebe, kleine Betriebe des Beherbergungsgewerbes. Anlagen für kirchliche, kulturelle, gesundheitliche u. sportl. Zwecke.
	WA	Allgem. Wohngebiet Ferienhaus-gebiet				Wohngebäude, die der Versorgung dienenden Läden, Gaststätten, nichtstörende Handwerksbetr. Anlagen für kirchl., kulturelle, soziale, gesundheitliche u. sportl. Zwecke. Ausnahmsweise: Beherbergungsgewerbe, nichtstörende Gewerbebetriebe, Gartenbaubetr., Tankstellen, Verwaltung.
	WB	Besonderes Wohngebiet	0,6	1,6	–	Wohngebäude, Läden, Gaststätten, Beherbergungsgewerbe. Sonstige Gewerbebetriebe, Geschäfts- u. Bürogebäude, Anlagen für kirchliche, kulturelle, soziale, gesundheitliche u. sportl. Zwecke. Ausnahmsweise: zentrale Einrichtung der Verwaltung, Vergnügungsstätten, Tankstellen.
M Gemischte Bauflächen	MD	Dorfgebiet	0,6	1,2	–	Land- u. forstwirtschaftliche Betriebe, dazugehörige Wohngebäude. Kleinsiedlungen. Wohngebäude, Verarbeitungsbetriebe, Einzelhandel, Gaststätten, Beherbergung, Gewerbebetriebe, Verwaltung, Gärtnereien, Tankstellen. Ausnahmsweise: Vergnügungsstätten.
	MI	Mischgebiet				Wohngebäude, Geschäfts- u. Bürogebäude, Einzelhandel, Gaststätten, Beherbergung, Gewerbebetriebe. Verwaltung, kirchl. u. kulturelle, soz., gesundheitliche u. sportl. Zwecke. Gärtnereien, Tankstellen, Vergüngungsstätten.
	MK	Kerngebiet	1,0	3,0	–	Geschäfts-, Büro- u. Verwaltungsgebäude, Einzelhandel, Gaststätten, Beherbergung u. Vergnügungsstätten. Nichtstörende Gewerbebetriebe, Tankstellen, Parkhäuser, Großgaragen. Wohnungen für Betriebsangehörige. Ausnahmsweise: sonstige Wohnungen.
G Gewerbliche Bauflächen	GE	Gewerbe-gebiet	0,8	2,4	10,0	Gewerbebetriebe aller Art, Lagerhäuser, öffentl. Betriebe. Büro- u. Verwaltungsgebäude. Tankstellen, Anlagen für sportl. Zwecke. Ausnahmsweise: Wohnungen für Betriebsangehörige Vergnügungsstätten. Kirchliche, kulturelle, soz.u. gesundheitl. Zwecke.
	GI	Industrie-gebiet				Gewerbebetriebe aller Art, Lagerhäuser, öffentl. Betriebe. Tankstellen. Ausnahmsweise: Wohnungen für Betriebsangehörige. Anlagen für kirchl., kulturelle, soziale, gesundheitl. u. sportl. Zwecke.
S Sonder-bauflächen	SO	Sonder-gebiet	0,8	2,4	10,0	Fremdenverkehr, Kurgebiete, Fremdenbeherbergung, Ladengebiete. Einkaufszentren, großflächige Handelsbetriebe, Messen u. Ausstell., Kongresse, Hochschulgebiet, Klinik- u. Hafengebiet. Erforschung, Entwicklung oder Nutzung erneuerbarer Energien. Wind- u. Sonnenenergie.
In Wochenendhausgebieten			0,2	0,2	–	Wochenendhausgebiete, Ferienhausgeb., Campingplätze, Zeltplätze

1 Art der baulichen Nutzung (Baunutzungsverordnung)

Darstellung sw/farbig	Inhalt	Bedeutung
W W (bei farbiger Darstellung rot mittel)	W WS WR WA WB	Wohnbauflächen Kleinsiedlungsgebiete Reine Wohngebiete Allgemeine Wohngebiete Besondere Wohngebiete
M M (bei farbiger Darstellung braun mittel)	M MD MI MK	Gemischte Bauflächen Dorfgebiete Mischgebiete Kerngebiete
G G (bei farbiger Darstellung grau mittel)	G GE GI	Gewerbliche Bauflächen Gewerbegebiete Industriegebiete
S S (bei farbiger Darstellung orange mittel)	S	Sonderbauflächen
SO Woch SO Woch (bei farbiger Darstellung orange mittel)	SO	Sonstige Sondergebiete z. B. solche, die der Erholung dienen; Wochenendhausgebiet
WR 2Wo WR 2Wo (bei farbiger Darstellung rot mittel)	Beschränkung der Zahl der Wohnungen Aus besonderen städtebaulichen Gründen kann die höchstzulässige Zahl der Wohnungen in Wohngebäuden durch Ergänzungen der Planzeichen festgesetzt werden.	

Die Planzeichen sollen in Farbton, Strichstärke und Dichte den Planunterlagen so angepaßt werden, daß deren Inhalt erkennbar bleibt. Die verwendeten Planzeichen müssen im Bauleitplan erklärt werden. Zur weiteren Unterscheidung der Baugebiete sind Farbabstufungen zulässig. Im Bebauungsplan können die farbigen Flächensignaturen auch als Randsignaturen verwendet werden. Im Flächennutzungsplan kann bei den Planzeichen für die Bauflächen bei farbiger Darstellung der Buchstabe entfallen. Soweit Darstellungen des Planinhalts erforderlich sind, für die keine wie oben aufgeführte Planzeichen enthalten sind, können Planzeichen verwendet werden, die **sinngemäß** aus den angegebenen Planzeichen entwickelt worden sind.

1 Art der baulichen Nutzung

Darstellung von Planzeichen für Bauleitpläne · Planzeichenverordnung

Darstellung	Bedeutung	Beispiele der Zweckbest.
(farbig gelb hell)	Flächen für Versorgungsanlagen, Abfallentsorgung, Abwasserbeseitigung und Ablagerungen	Fernwärme
oberirdisch unterirdisch	Hauptversorgungs- und Hauptabwasserleitungen	
(farbig grün mittel)	Grünflächen	Dauerkleingarten
(farbig blau mittel)	Wasserflächen, Flächen für Wasserwirtschaft, Hochwasserschutz, Regelung des Wasserabflusses	H Hafen
	Flächen für Aufschüttungen, Abgrabungen oder für die Gewinnung von Bodenschätzen	
gelbgrün/blaugrün	Flächen für Landwirtschaft u. Wald	E Erholungswald
Rand grün dunkel	Planungen, Nutzungsregelungen, Maßnahmen u. Flächen für Maßnahmen zwecks Schutz, Pflege u. Entwicklung von Natur u. Landschaft	Anpflanzen Erhalten L
Rand rot	Regelungen für die Stadterhaltung und für den Denkmalschutz	E Erhaltungsbereich Denkmalb. D D Einzeldenkmal
farbige Darstellung Rand grau dunkel	Sonstige weitere Planzeichen Flächen, die von Bebauung freizuhalten sind Grenze des räumlichen Geltungsbereiches des Bebauungsplans	ST Stellplätze GA Garagen GGA gem. Garagen

1) Weitere Symbole sind in der vollständigen Ausgabe der Planzeichenverordnung enthalten.
2) Im Bebauungsplan sind Grünflächen als öffentl. od. priv. besonders zu bezeichnen.
3) Im Bebauungsplan sind die Maßnahmen innerhalb der Flächen näher zu bestimmen.

4 Art der baulichen Nutzung → 1

Geschoßflächenzahl	Dezimalzahl im Kreis oder **GFZ** mit Dezimalzahl	(0,8) GFZ 0,8
Geschoßfläche	**GF** mit Flächenangabe	GF 300 m²
Baumassenzahl	Dezimalzahl im Rechteck oder **BMZ** mit Dezimalzahl	[2,8] BMZ 2,8
Baumasse	**BM** mit Volumenangabe	BM 3500 m³
Grundflächenzahl	Dezimalzahl oder **GRZ** mit Dezimalzahl	0,4 GRZ 0,4
Grundfläche	**GR** mit Flächenangabe	GR 125 m²
Zahl der Vollgeschosse	römische Ziffer als Höchstmaß, zwingend im Kreis	IV (IV)
Höhe baulicher Anlagen	in ... m über einem Bezugspunkt Traufhöhe **TH** Firsthöhe **FH** Oberkante **OK** zwingend im Kreis	 **TH** 10,51 m ü. GOK **FH** 97,55 m ü. NN **OK** 78,79 m ü. NN (OK) 95,00 m ü. NN

2 Maß der baulichen Nutzung

Darstellung	Bedeutung
farbige Darstellung karminrot mittel	Flächen für den Gemeinbedarf (Im Bebauungsplan kann die farbige Flächensignatur auch als Randsignatur verwendet werden)
	Flächen für Sport- u. Spielanlagen
	Öffentliche Verwaltung Schule Kulturellen Zwecken dienende Gebäude

5 Versorgung, Sport u. Spiel

Offene Bauweise nur Einzelhäuser zulässig	o
Nur Doppelhäuser zulässig	E
Nur Hausgruppen zulässig höchstens 50 m L.	D H
Nur Einzel- u. Doppelhäuser zulässig	ED
Geschlossene Bauweise mehr als 50 m	g
Baulinie (bei farbiger Darstellung rot)	
Baugrenze (bei farbiger Darstellung blau)	

3 Bauweise, Baulinien, Baugrenzen

	Umgrenzung der Flächen für den Luftverkehr. (Farbige Darstellung violett dunkel)
	Bahnanlagen (Farbige Darstellung violett mittel)
	Straßenverkehrsflächen (Farbige Darstellung gold ocker)
	Verkehrsflächen besonderer Zweckbestimmung
	Einfahrt Einfahrtbereich Bereich Ein- u. Ausfahrt

6 Verkehrsflächen

BEBAUUNGSPLAN

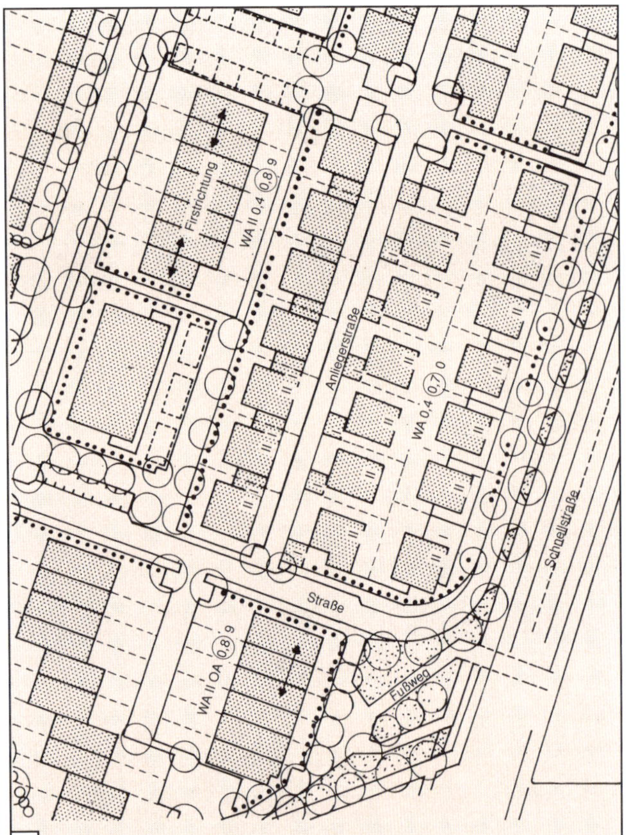

1 Ausschnitt aus einem Bebauungsplan

Der Bebauungsplan erfaßt Teilgebiete der Gemeinde. Sein Geltungsbereich hängt von jeweils zu lösenden Planungsaufgaben ab. In der Regel besteht der B-Plan aus einer – oft farbigen – zeichnerischen Darstellung, die durch textliche Festsetzungen ergänzt wird → [1]. Der B-Plan ist ein Ortsgesetz u. für jedermann rechtsverbindlich. Im Regelfall enthält ein B-Plan mindestens Festsetzungen über die Art u. das Maß der baulichen Nutzung, über die überbaubaren Grundstücksflächen u. über die örtlichen Verkehrsflächen. Ein Bauvorhaben kann errichtet werden, wenn es den Planfestsetzungen nicht widerspricht u. die Erschließung gesichert ist. Im B-Plan werden folgende Festsetzungsmöglichkeiten genannt:

Die Art u. das Maß der baulichen Nutzung.

Die Bauweise, die überbaubaren u. die nicht überbaubaren Grundstücksflächen sowie die Stellung der Gebäude.

Mindestabmessung von Grundstücken.

Flächen für Nebenanlagen (Garagen, Spielplätze).

Flächen für den Gemeindebedarf (Schulen, Kindergarten).

Flächen für bestimmte Wohngebäude (Einfam.-Häuser, Sozialer Wohnungsbau).

Die verschiedensten Verkehrsflächen (Fußwege, Straßen, Parkplätze).

Ver- und Entsorgungsleitungen u. Grünflächen.

Bei allen für das Wohnen wichtigen Baugebieten ist eine höchstzulässige GRZ von 0,4 angegeben → [3], d.h. es dürfen höchstens 40 % des Grundstücks überbaut werden. Die GFZ darf nicht über das 1,2fache der Grundstücksfläche hinausgehen. Nur in besonderen Wohngebieten ist GRZ 0,6 u. GFZ 1,2 zulässig.

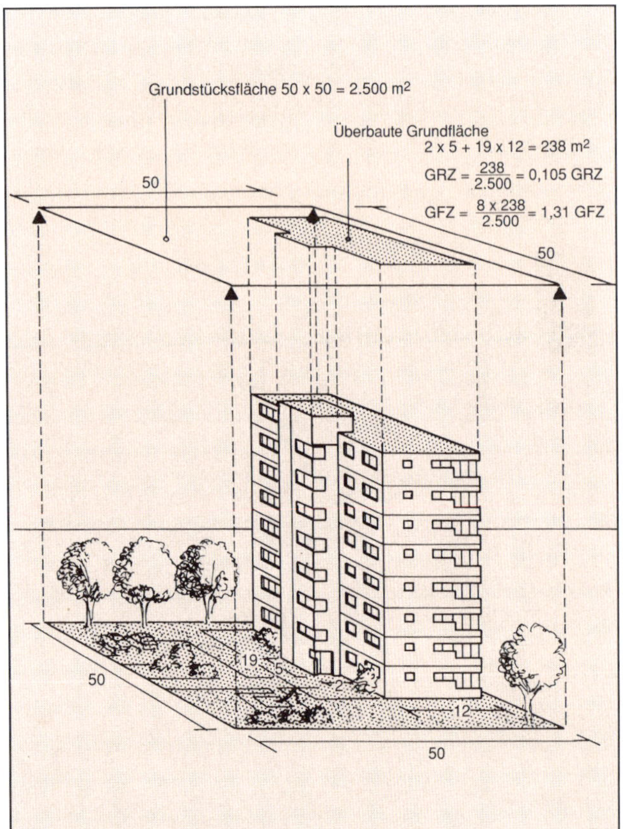

2 Beispielrechnung für 8geschossiges Haus

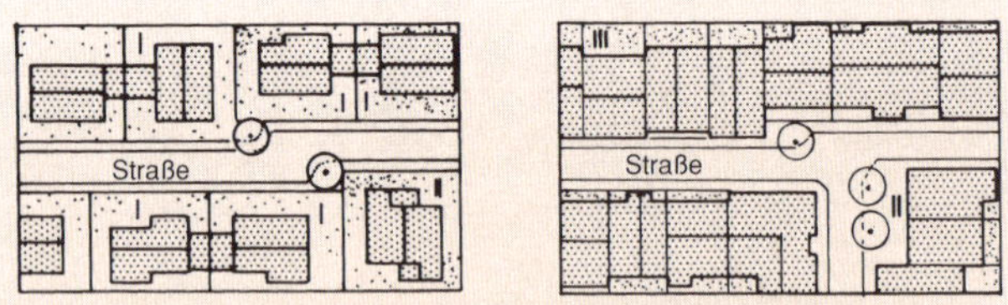

Offene Bauweise
Lageplan A.)

WB	II 1)
0,6 2)	1,6 3)
0 4)	– 5)

Geschlossene Bauweise
Lageplan B.)

WA	III 1)
0,4 2)	1,2 3)
9 4)	SD 40° 5)

1.) Anzahl der möglichen Geschosse 2.) GRZ: Anteil der bebaubaren Grundstücksfläche 3.) GFZ: Anteil der Geschoßflächensumme pro Grundstück 4.) Bauweise – geschlossen (9) oder offen (0) → [1] 5.) Dachform + Neigung A.) = frei 8.) Satteldach 40° Neigung

3 Mögliche Bebauung

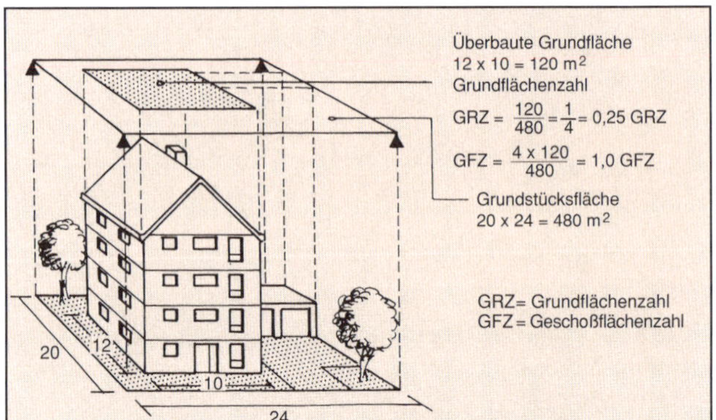

4 Beispielrechnung für 4geschossiges Haus

BARRIEREFREIER LEBENSRAUM

DIN 18025 UND 25 → 🕮

Behindertengerechte Umgebung erfordert Anpassung an Hilfsmittel der Behinderten und den dafür notwendigen Bewegungsraum. Rollstuhl ist dafür Modul → 1 – 4 und der Bewegungsraum des Menschen dazu → 1 – 12.

So ergeben sich Raummaße, Tür- und Flurbreiten. Bei gesamter Planung ist z.B. Weg zum WC nachzuvollziehen. Wieviel Türen, Lichtschalter usw. müssen bedient werden. Technische Hilfsmittel ausnutzen. Magnetschnepper an Türen. Alle Schalter, Handgriffe, Armaturen, Fensterbeschläge, Automatenbedienung, Telefon, Klingel, Papierrollenhalter, Aufzugssteuerung usw. müssen im Bereich des ausgestreckten oder leicht abgewinkelten Armes montiert werden.

Zugangswege zum Gebäude in Breiten von 1,20 m – 2,00 m vorsehen. Möglichst kurze Wege, Rampen möglichst gerade.

Höhe von Lichtschaltern und Steckdosen 1,0 – 1,05 m. Großflächige Taster vorsehen. Darüber hinaus sind Möglichkeiten zu schaffen, daß ein Rollstuhlgebundener die allgemeinen Punkte erreichen kann wie Supermarkt, Restaurant, Postamt, Briefkasten, Telefon, Apotheke, Arzt, Parkplatz, Straßenbahn, Bus usw.

Treppen dürfen nicht gewendelt sein. Beidseitig Handläufe vorsehen. Treppenbreite zwischen den Handläufen mind. 1,50 m breit. Äußere Handläufe müssen in 85 cm Höhe 30 cm waagrecht über Anfang und Ende der Treppe hinausragen.

Brüstungen von Loggien sollen nur bis zu einer Höhe von 60 cm geschlossen ausgeführt sein, um den Ausblick wenig zu behindern → 8. Gilt auch für Wohnraumfenster, die dann bis zu einer Höhe von 90 cm durch ein Gitter gesichert werden.

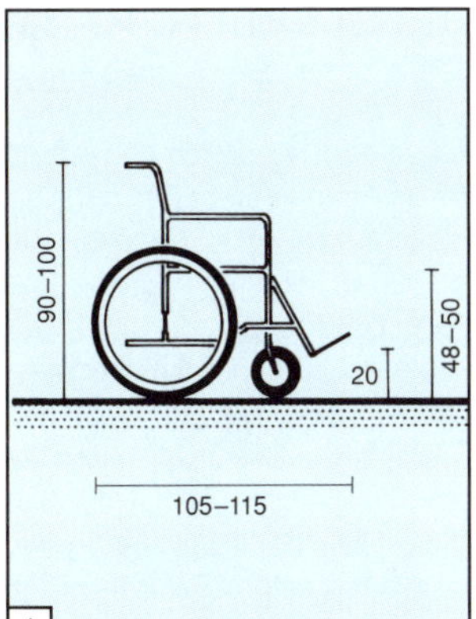

1 Standardrollstuhl Seitenansicht

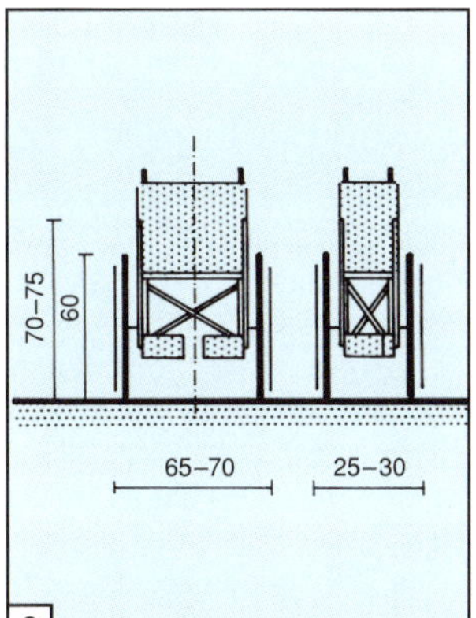

2 Frontansicht – gefaltet

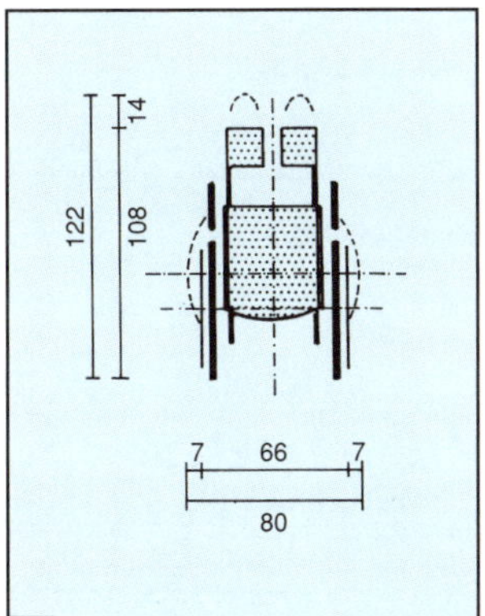

3 Draufsicht

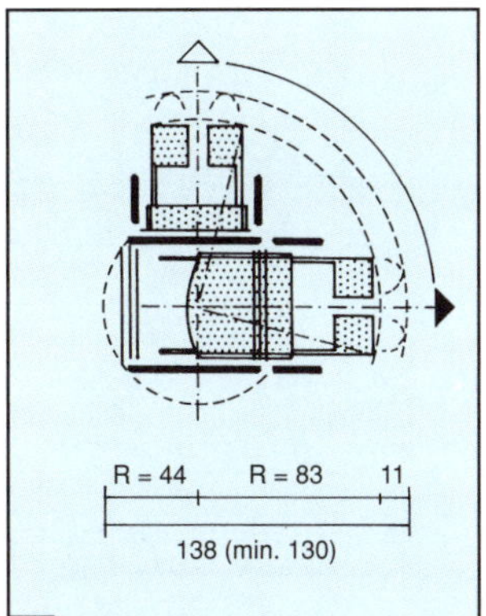

4 Bewegungsraum

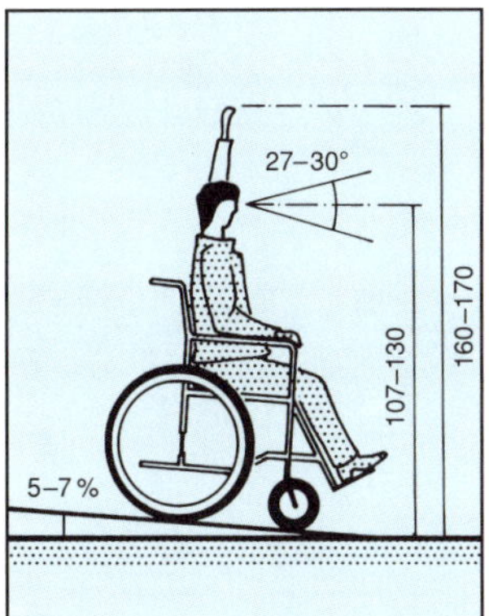

5 Rollstuhl bei Neigung

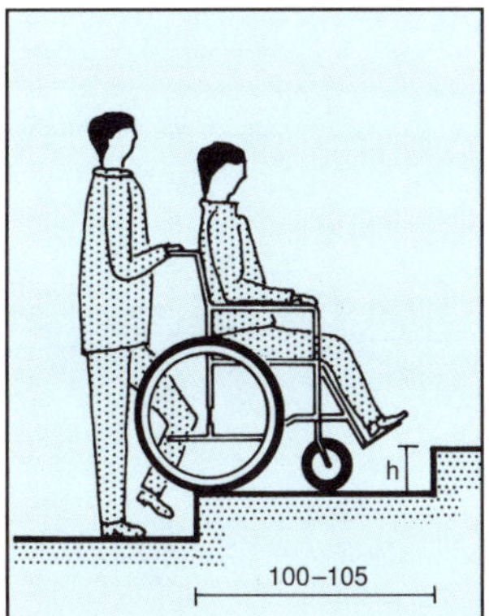

6 Bei Treppen

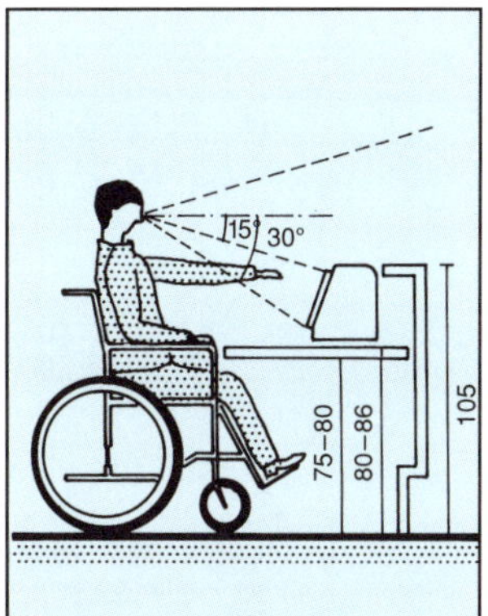

7 Bildschirmarbeitsplatz

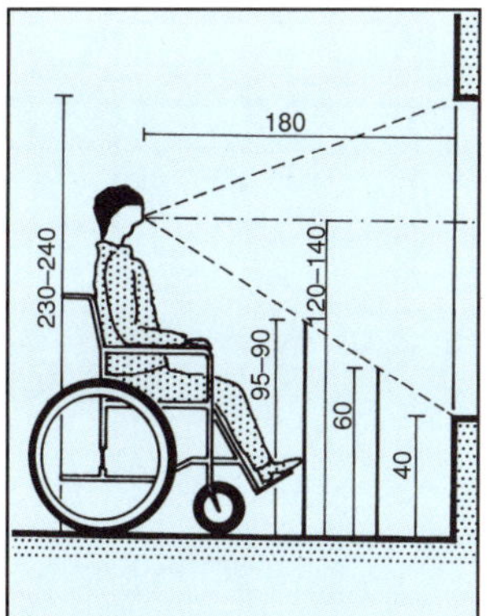

8 Am Fenster

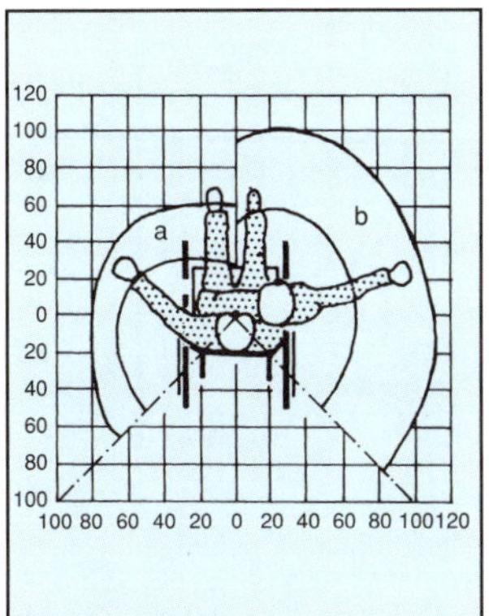

9 In der Draufsicht

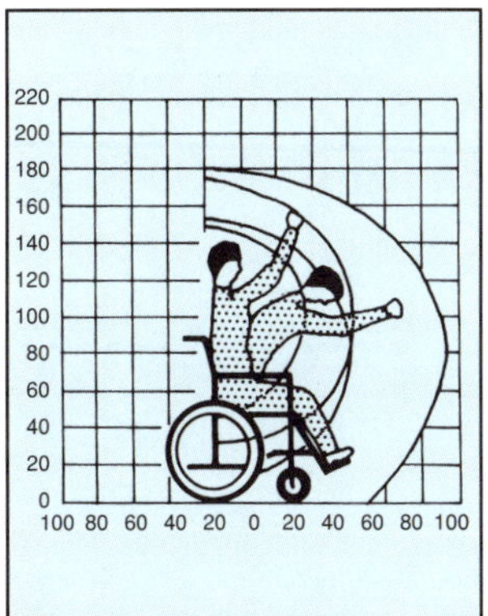

10 Von der Seite

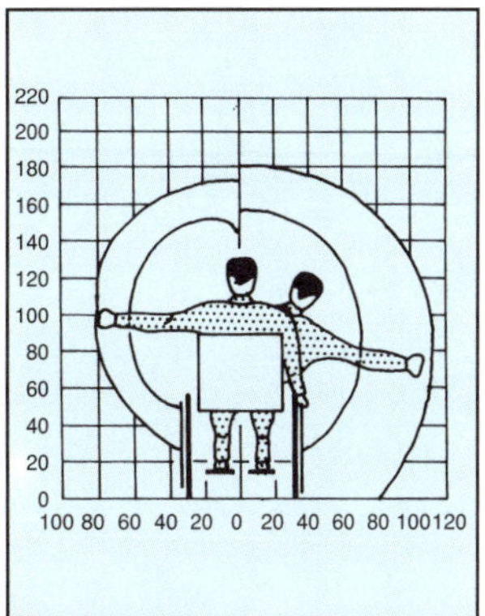

11 Von hinten

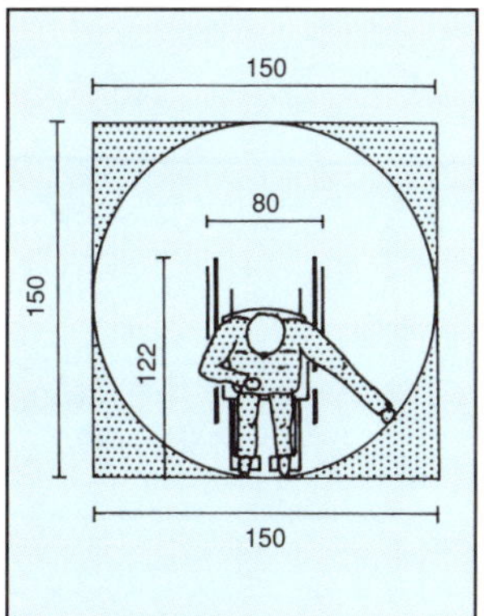

12 Mindestdrehraum

BARRIEREFREIER LEBENSRAUM

DIN 18025

Funktionsgerechte und gut gestaltete Wohnung ist für behinderte Menschen überaus wichtig, da sie im allgemeinen mehr Zeit dort verbringen als andere. Für eine Drehung von 180° benötigt der Rollstuhlfahrer 150 cm. Dieser Platzbedarf bestimmt Größe und Bewegungsfläche in Fluren, Räumen, Garage usw. → 1 – 12. Eingang: schwellen- und stufenlos; Rotationstüren sind nicht zulässig. Türdurchgänge mind. 90 cm lichte Breite. Sanitärraumtüren müssen nach außen aufschlagen. Flure Mindestbreite von 1,50, bei über 15 m langen Fluren Bewegungserweiterung (1,80 x 1,80) einplanen. Alle Ebenen und Einrichtungen innnerhalb und außerhalb eines Gebäudes müssen stufenlos, ggf. mit einem Aufzug → 11 oder einer Rampe erreichbar sein → 8.

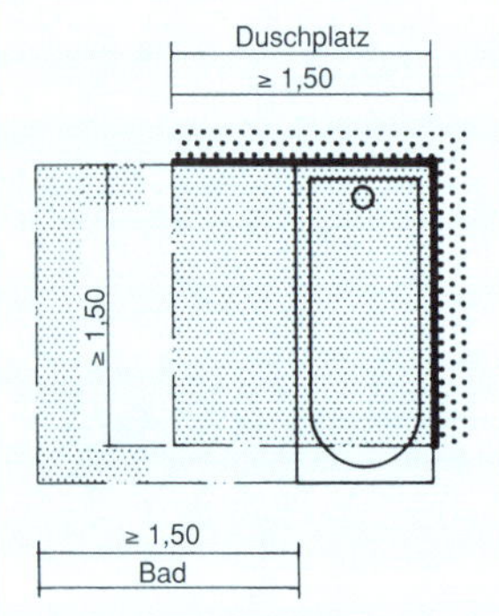

1 Bewegungsfläche Duschplatz: Alternativ: Badewanne

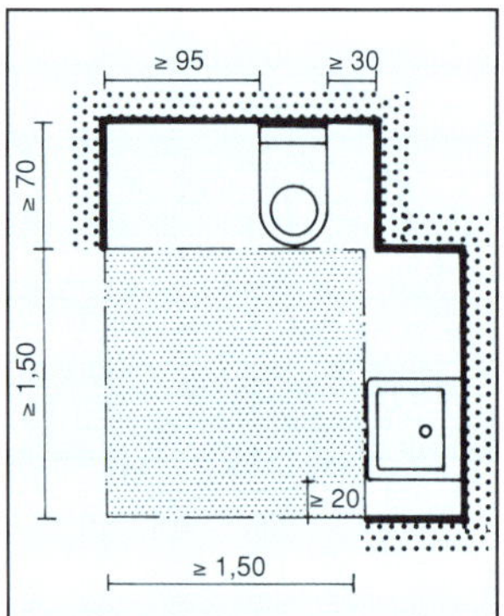

2 Bewegungsflächen vor u. neben dem Klosett- u. Waschbecken

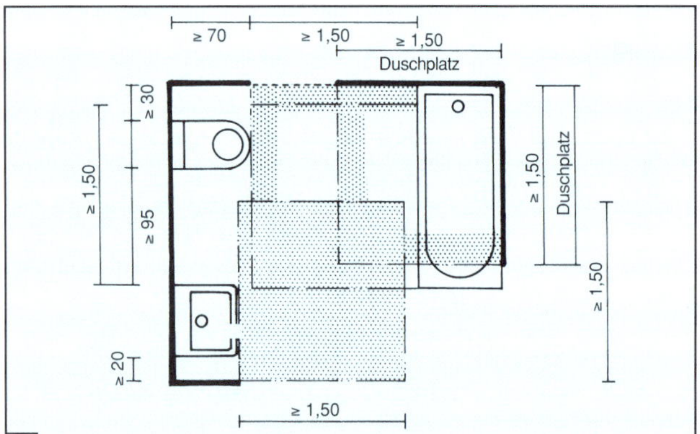

3 Beispiel der Überlagerung der Bewegungsflächen im Sanitärraum

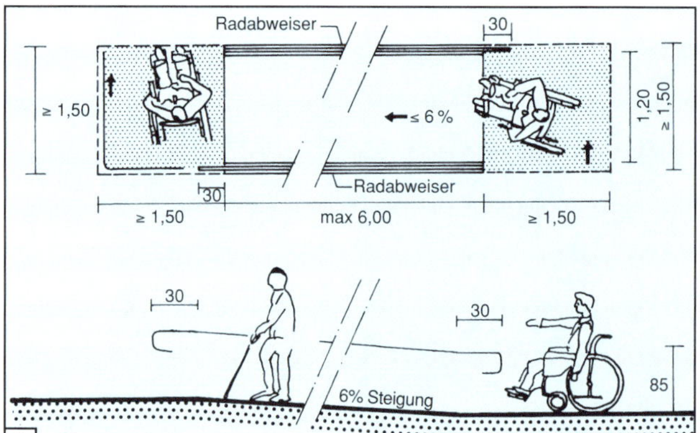

8 Rampe

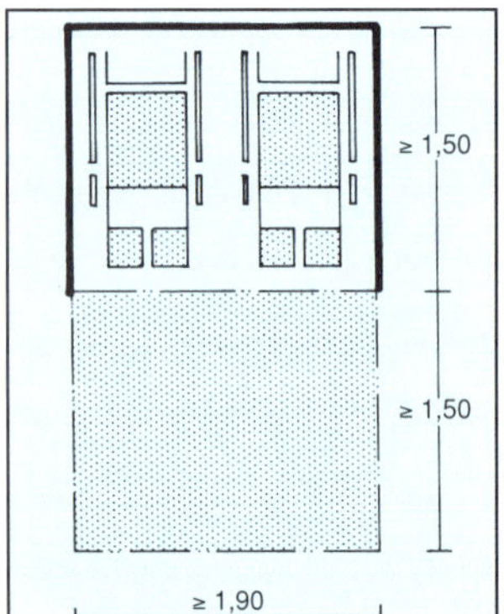

4 Platzbedarf für Rollstuhl u. Bewegungsfläche

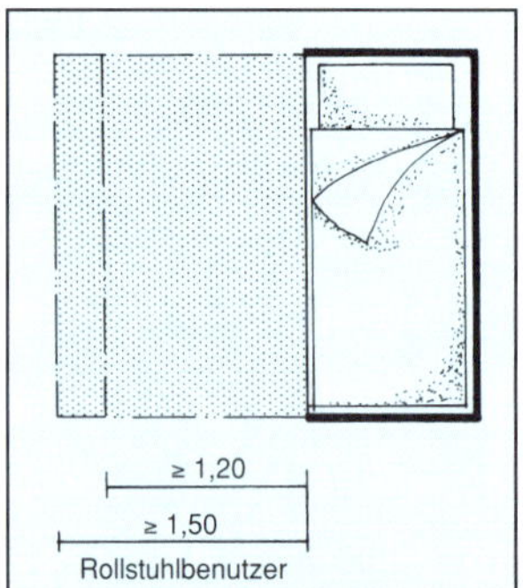

5 Platzbedarf vor Längsseite eines Bettes für Rollstuhlbenutzer u. Nichtrollstuhlbenutzer

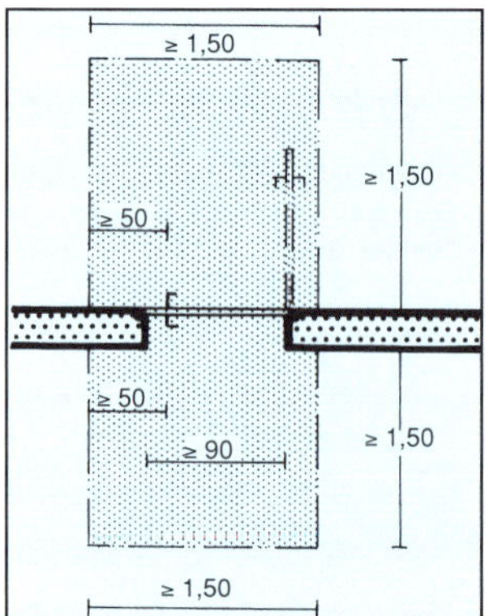

9 Vor Drehflügeltüren

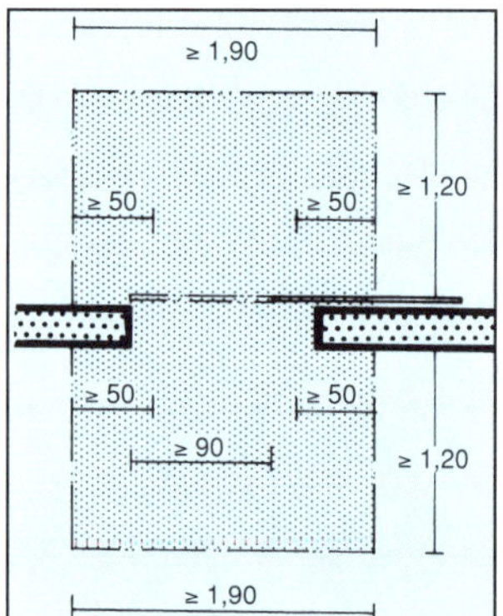

10 Bewegungsflächen vor Schiebetüren

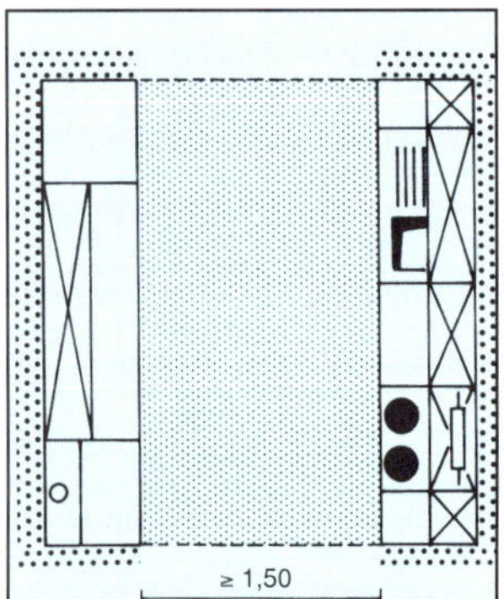

6 Bewegungsfläche in einer zweizeiligen Küche

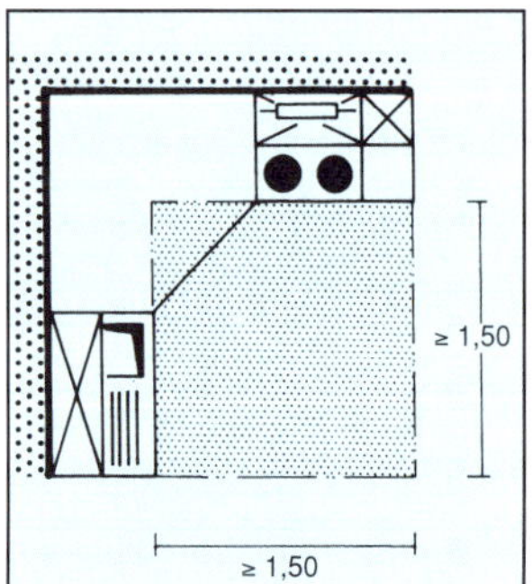

7 Bewegungsfläche in einer über Eck angeordneten Küche

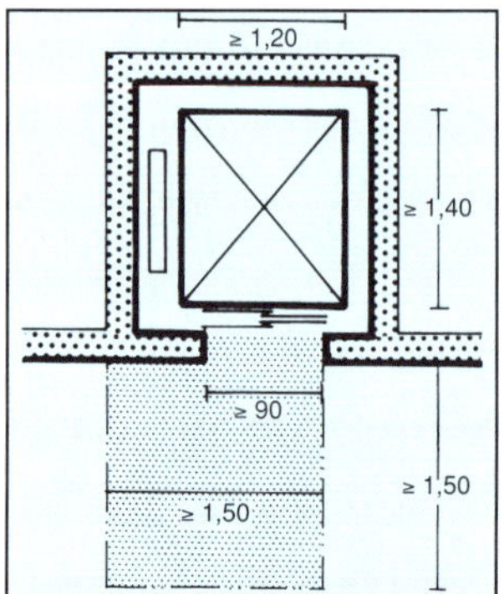

11 Lichte Maße des Aufzugsfahrkorbs u. Bewegungsfläche vor den Fahrschachttüren

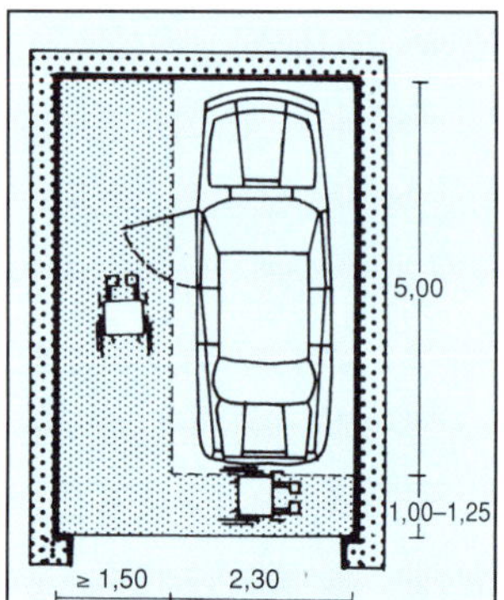

12 Platzbedarf in Garagen

BARRIEREFREIER LEBENSRAUM

Erschließung. Im Mietwohnungsbau ist Erschließung über Flure die häufigste Lösung. Günstig ist gerader Stichflur. Winkel und Ecken vermeiden. Mindestfläche für Eingangsflur sollte 1,50 x 1,50 m betragen. Wohnbereich. Bei Wohnräumen ist auf ausreichende Bewegungsfreiheit für Rollstuhlfahrer zu achten. Zwei weitere Rollstuhlfahrer sollten als Besucher genügend Platz vorfinden, da Behinderte untereinander enge Kontakte pflegen. Wohnraum mit Essplatz Mindestflächen: für 1 Pers. 22 m^2, 2–4 Pers. 24 m^2, 5 Pers. 26 m^2, für 6 Pers. 28 m^2. Mindestraumbreite 3,75 m bei 1–2 Pers.-Haushalten. Eingeschossige, freistehende Einfam. Wohnhäuser wie das eingebundene, eingeschossige Gartenhofhaus sind bevorzugte Wohnformen für Behinderte. Hier sind leicht die Forderungen behindertengerechten Bauens zu verwirklichen. Stufenloser Eingang, kein Niveauunterschied zwischen Räumen und Garten, türlose Raumfolge, funktionale Gestaltung.

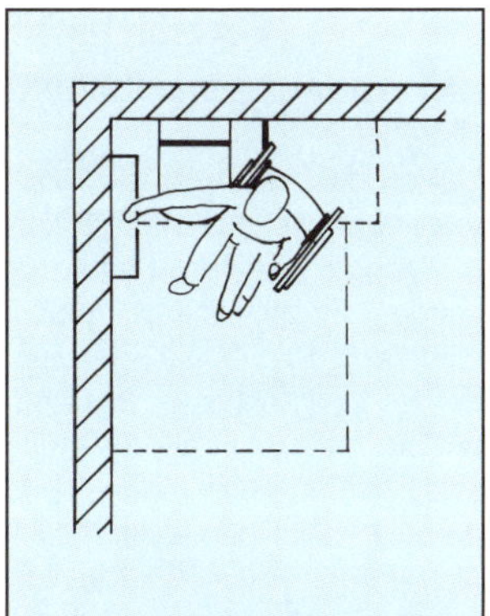

1 Bewegungsfläche vor und neben dem WC

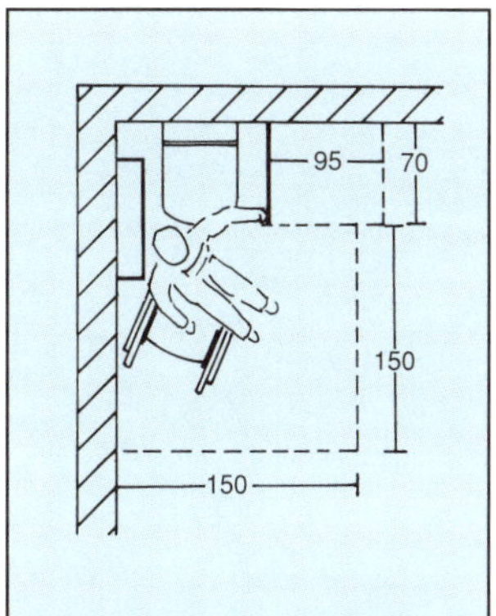

2 → 1

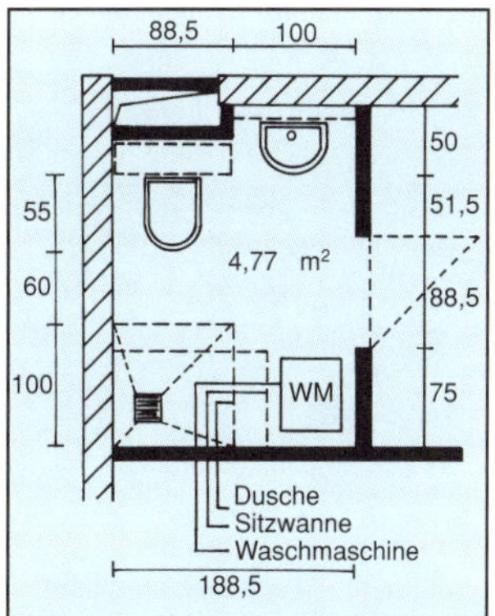

3 Dusche/Sitzbad WC

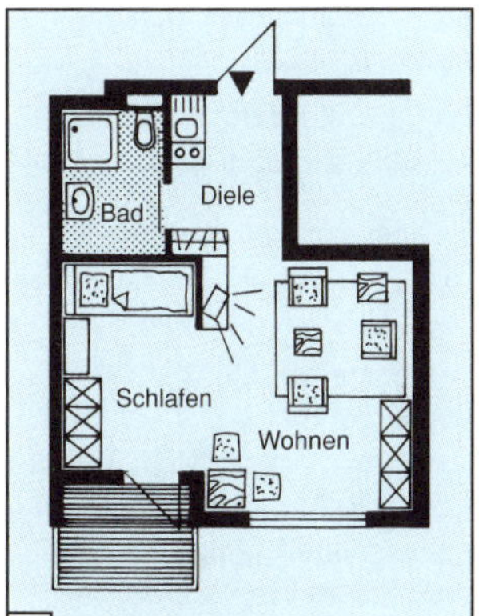

4 Einraumwohnung

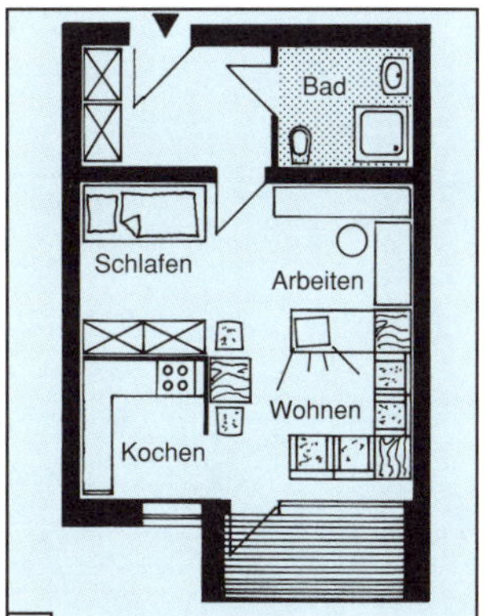

5 Einraumwohnung 41 m²

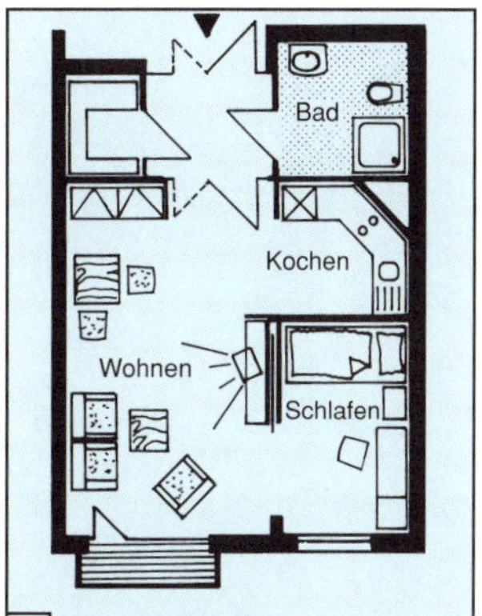

6 Einraumwohnung 41 m²

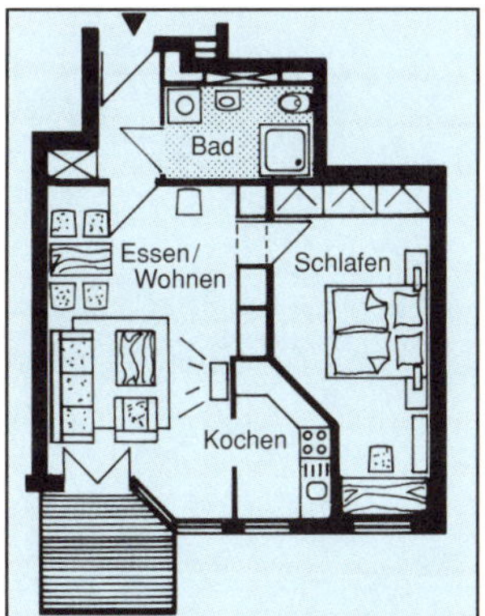

7 Zweiraumwohnung 54 m²

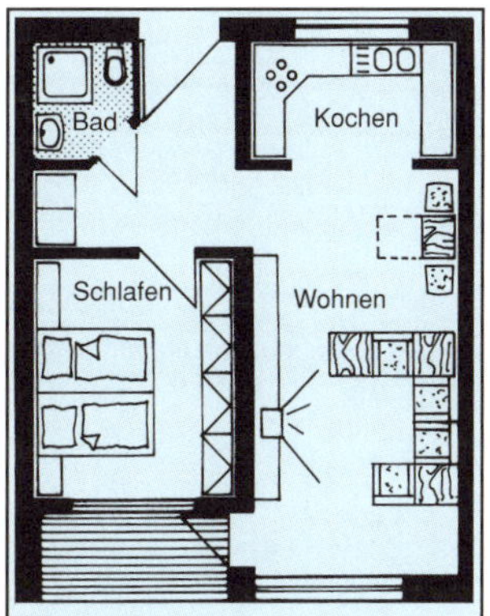

8 Zweipersonenwohnung 58 m²

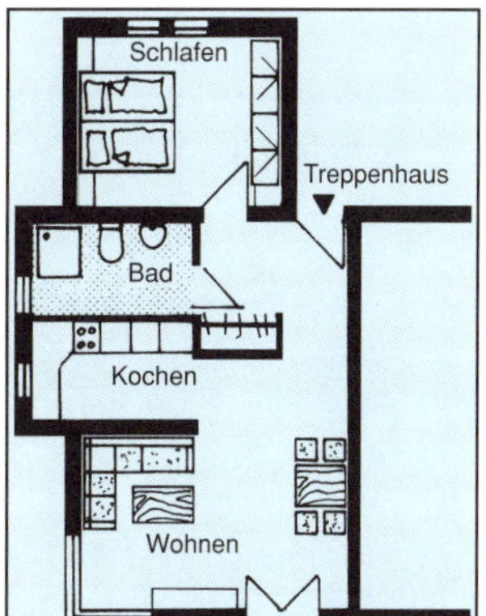

9 Wohnung 60 m²

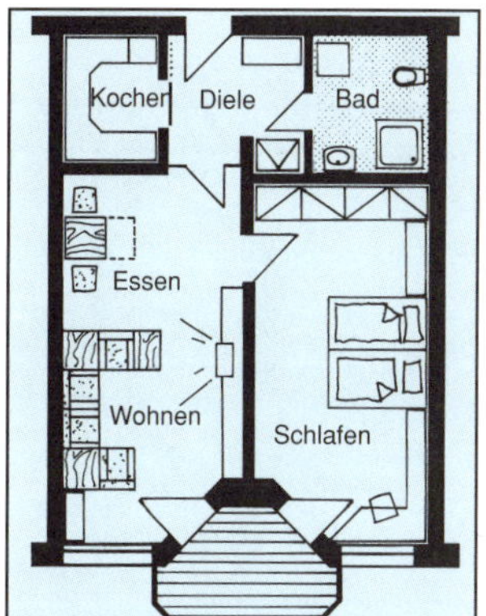

10 Zweipersonenwohnung 62 m²

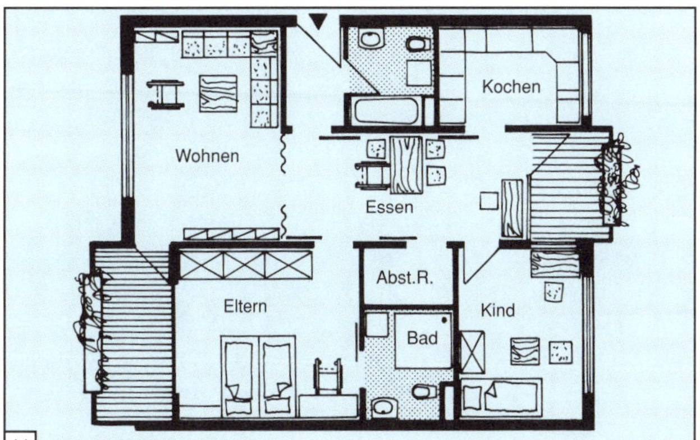

11 Dreizimmerwohnung 95 m²

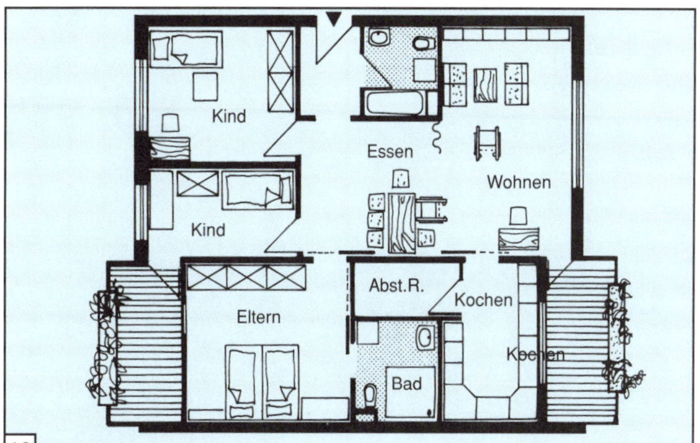

12 Vierzimmerwohnung 110 m²

BAUGRUBE

GEBÄUDEEINMESSUNG

Sollte das Grundstück noch nicht vermessen sein, muß Vermessungsingenieur beauftragt werden. Im amtlichen Lageplan wird dann das Haus eingezeichnet → [1]. Wichtigster Bestandteil des Bauantrages. Nach erteilter Baugenehmigung wird das Haus auf dem Grundstück abgesteckt → [2] – [3]. Die vorgesehene Baugrube wird mit Holzpflöcken markiert → [4] – [5]. Baugrube muß größer als das Haus sein. Arbeitsraum ≥ 50 cm → [5] – [6]. Böschungswinkel hängt von der Bodenstruktur ab. Je sandiger der Boden, desto flacher → [4]. Nach dem Erdaushub werden von den Winkelböcken ausgehend die Fluchtschnüre gespannt → [6], die die Außenmaße des Gebäudes wiedergeben. An den Kreuzpunkten werden mit Hilfe eines Lotes die Außenecken des Hauses ermittelt. Auch die Höhe muß vermessen werden → [8]. Man orientiert sich an Maßen in der Umgebung.

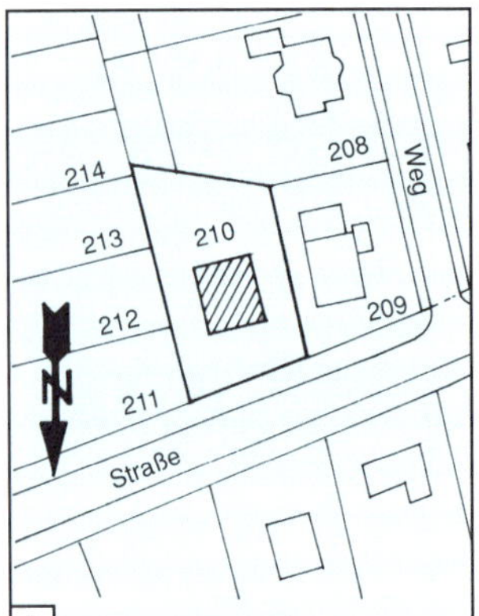

1 Der amtliche Lageplan

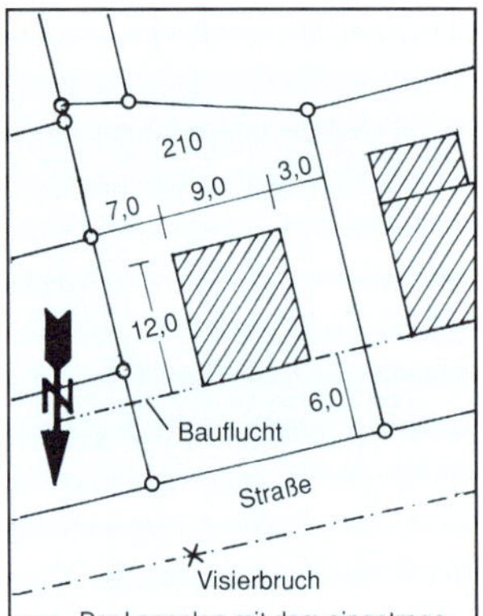

2 Der Lageplan mit dem eingetragenen Gebäude

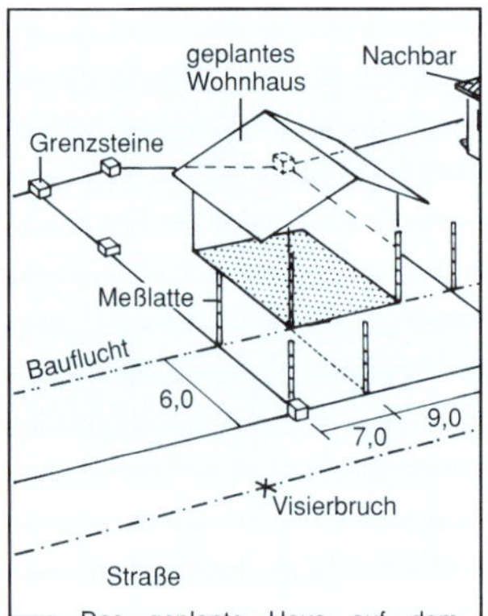

3 Das geplante Haus auf dem Grundstück eingemessen

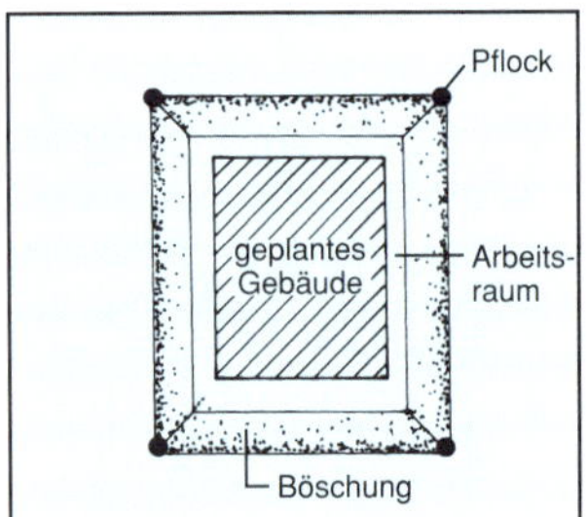

Bodenart	Böschungswinkel
Fels	90°
leichter Fels	80°
schwerer Boden	60°
leichter Boden	40°

4 Baugrube

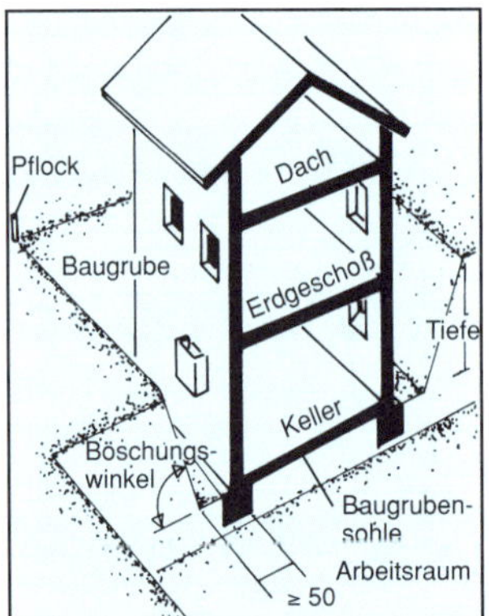

5 Das Haus in der Baugrube

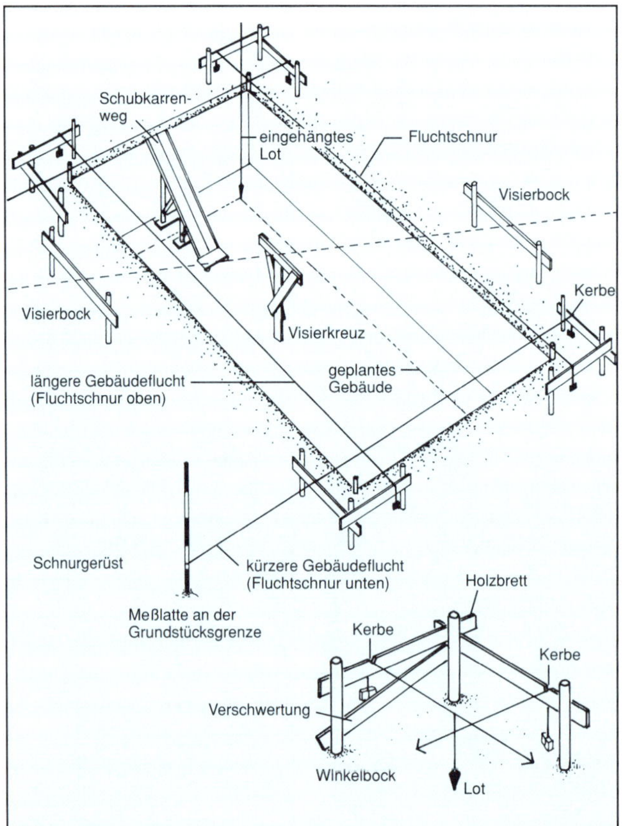

6 So wird das Gebäude eingemessen

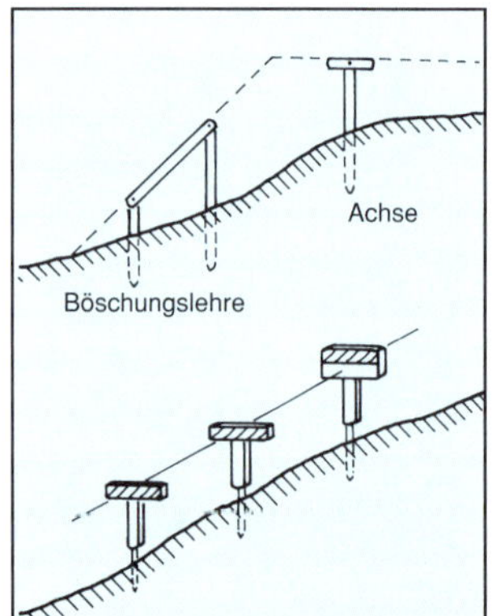

7 Visierkreuze

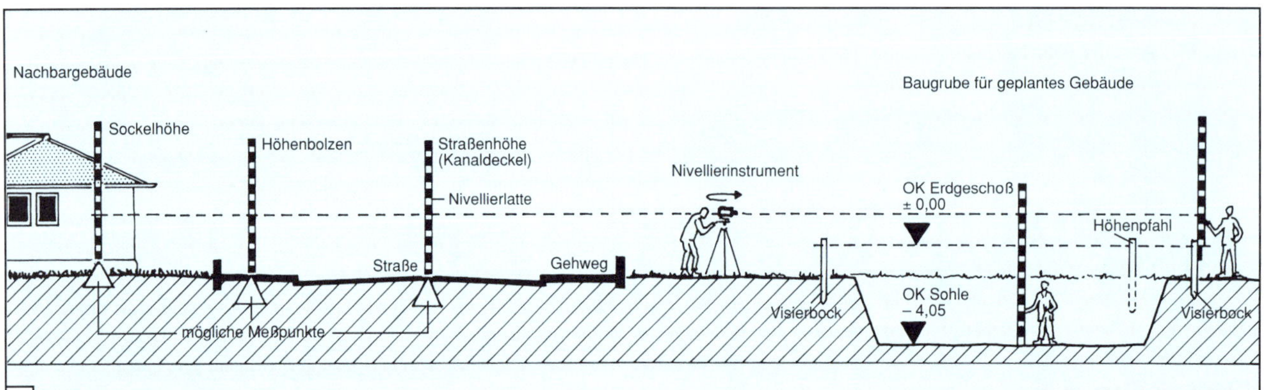

8 Die Vermessung der Höhen für das Gebäude

FUNDAMENTE

Nur wenn das Fundament tief genug in die Erde gelegt ist, kann ihm der Frost nichts anhaben.

Nur wenn es breit genug ist, kann es die Lasten, die ihm aufgebürdet werden, tragen. Nur das richtige System wird mit schwierigen Böden fertig.

Sonst sinkt das Haus oder wandert. Die Mauern stellen sich schief und es entstehen Risse.

Böden teilt man in vier Gruppen. 1. Fels, 2. Nichtbindige Böden (Kies, Sand), 3. Bindige Böden (Schluff, Ton, Lehm), 4. Moorerde, Torf, Ton, angeschüttete Erde (zum Bauen ungeeignet).

Einzel- und Streifenfundamente →6 geeignet bei Gruppe 1 + 2. Bei bindigen Böden (Gruppe 3) Plattenfundament aus Stahlbeton.

Bei tragfähiger Bodenschicht erst in großer Tiefe: Pfahlgründung.

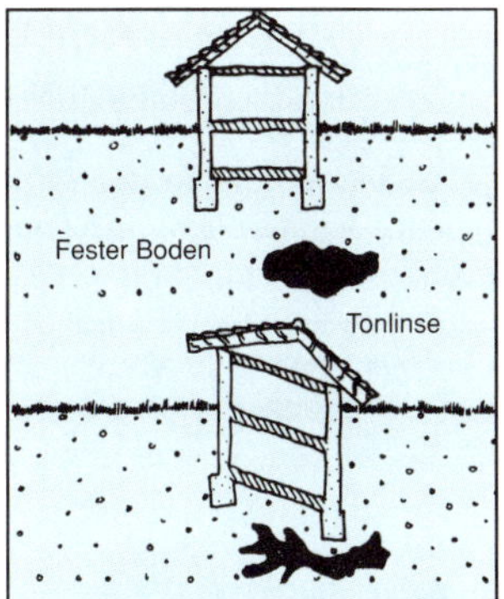

1 Weiche Tonlinse wird durch Hausgewicht zusammengedrückt. Boden gibt einseitig nach

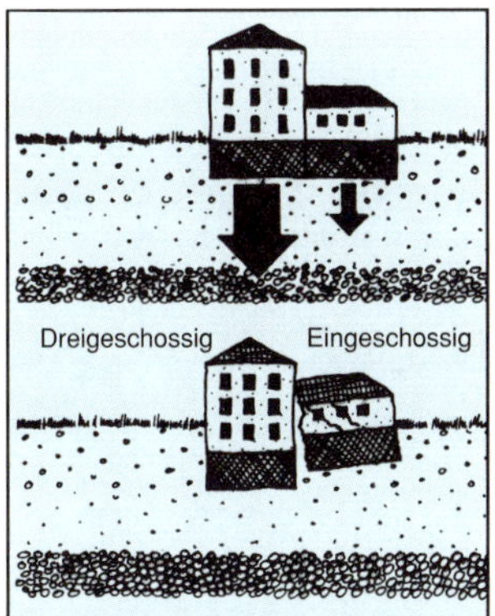

2 Schwerer Baukörper setzt sich stärker als leichterer

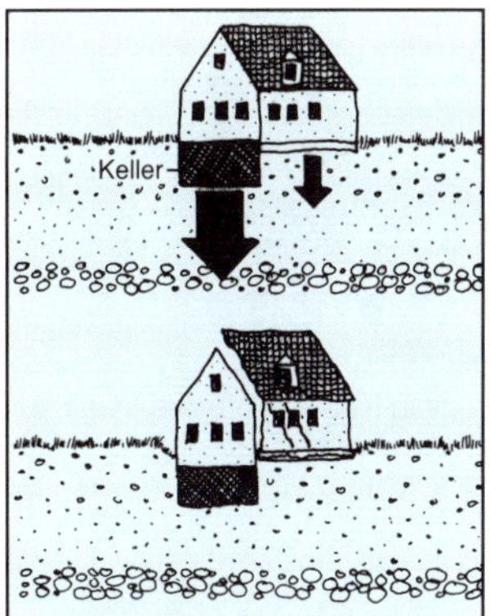

3 Unterkellerter Bauteil ist schwerer u. sinkt mehr

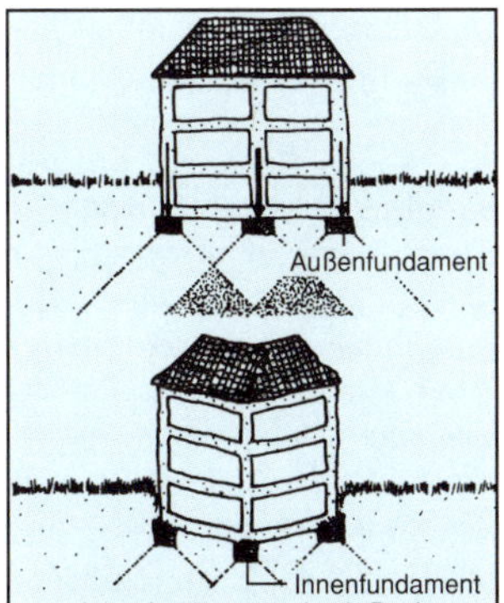

4 Innenfundamente durch Decke u. Wände stärker belastet, setzen sich tiefer

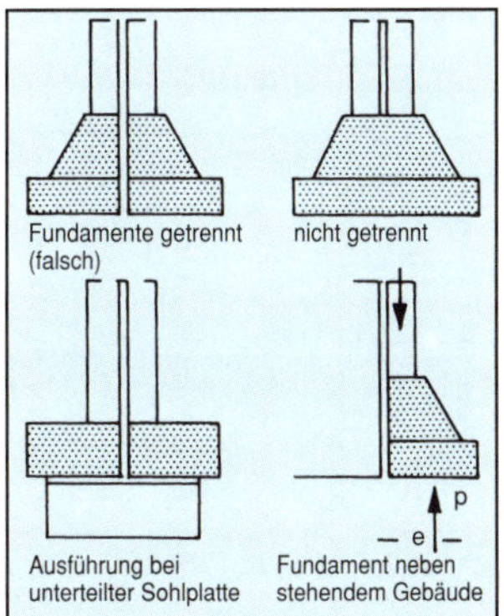

5 Fundamentausbildung an Trenn- bzw. Dehnfugen

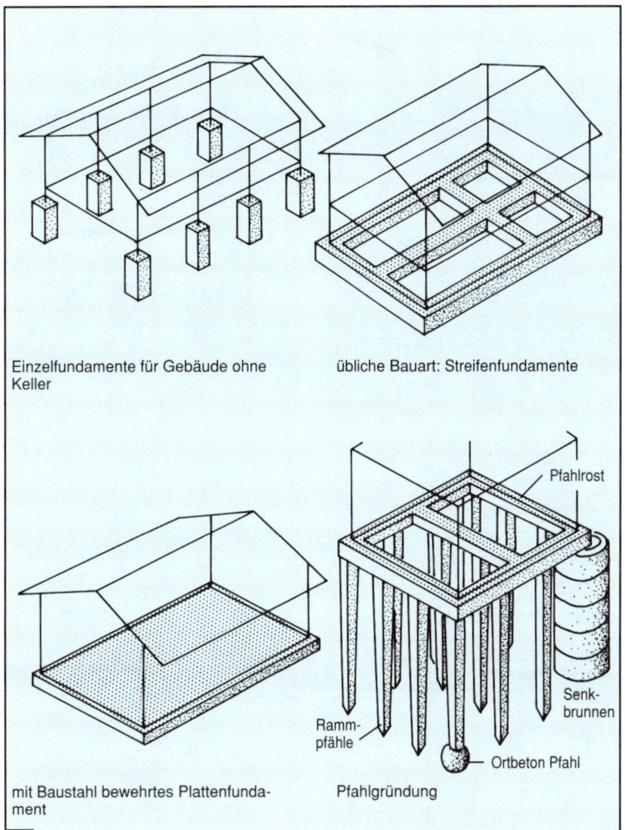

6 Gründung

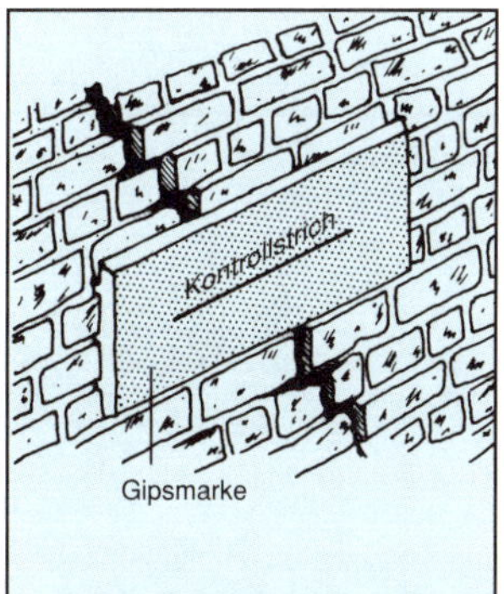

7 Risse müssen beobachtet werden. Rißverschiebung kontrolliert man mit Gipsmarken

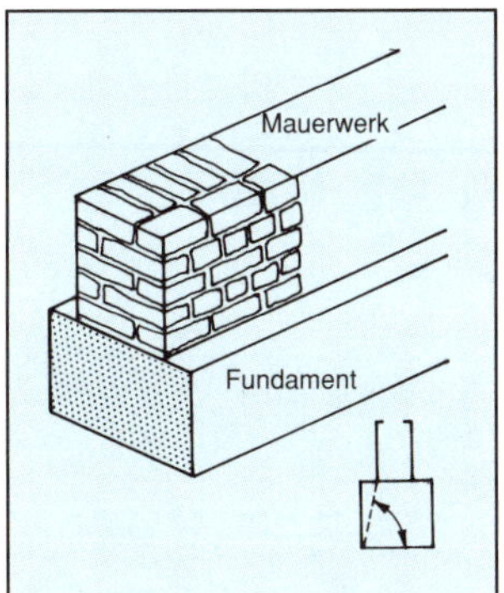

8 Einfaches Bankettfundament aus Magerbeton

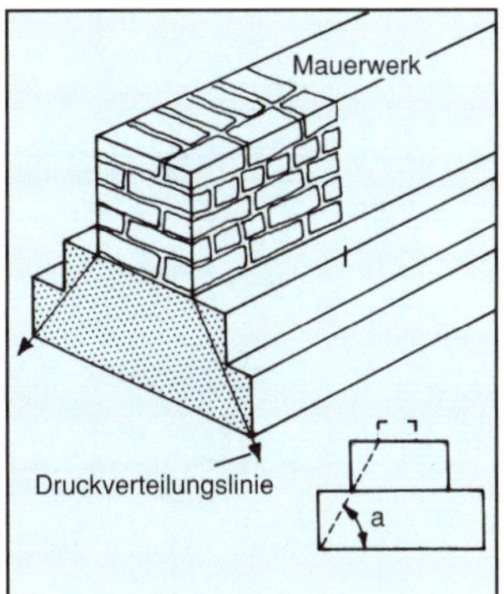

9 Verbreitertes, abgetrepptes Fundament aus unbewehrtem Beton

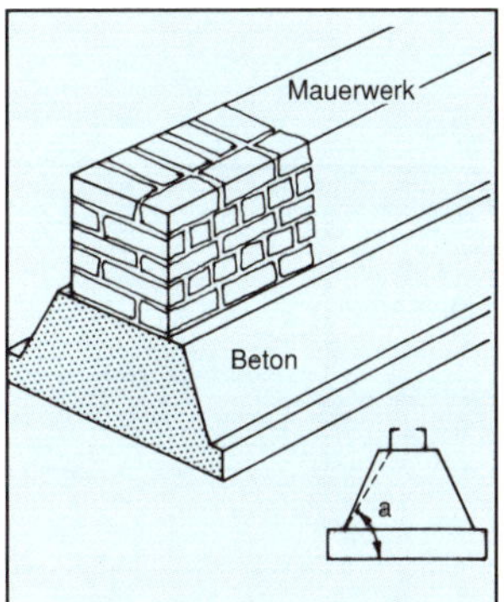

10 Abgeschrägtes Fundament aus unbewehrtem Beton

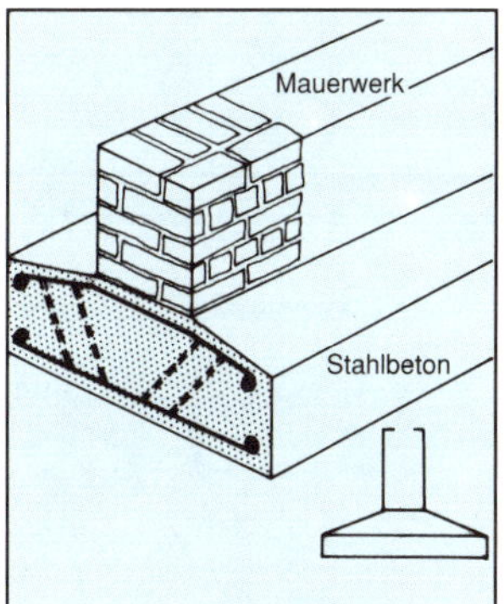

11 Noch breiteres Fundament aus einer stahlbewehrten Betonplatte

FUNDAMENTE

GRÜNDUNG

Geologischer Aufbau des Baugrundes kann durch die Eigenschaften seiner Tragfähigkeit, Grundwasserstand und der Bodenqualität wichtige Voraussetzungen darstellen für die Bebaubarkeit des Grundstücks.

Tragfähigkeit wird unterschieden:

1) guter Baugrund (Kies, Fels, trockener Lehm)
2) mittelmäßiger Baugrund (Feinsand, feuchter Lehm)
3) schlechter Baugrund (Löss, Schlamm, Aufschüttung)

Tragfähiger Baugrund gewährleistet Standfestigkeit von Gebäuden, Straßen und Leitungen → [2]. Nicht tragfähiger Baugrund macht aufwendige Gründung erforderlich (Pfahl- oder Plattengründung) → [3]–[4]. Bauen im Bereich mit hohem Grundwasserstand kostet viel Geld → [6]–[7]. Grundwasserwannen erforderlich.

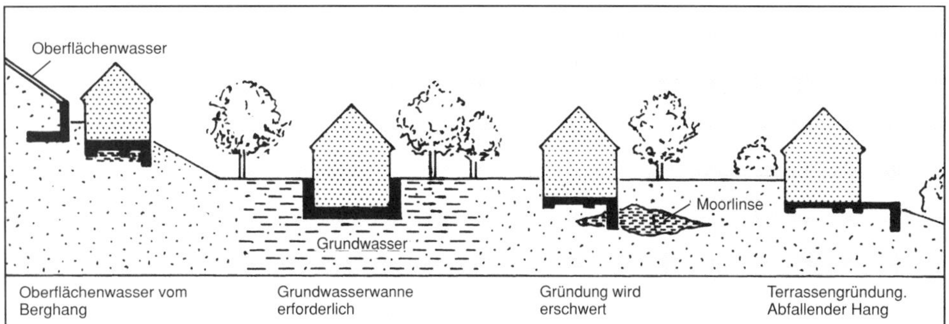

1 Lage u. Bodenbeschaffenheit bestimmen die Gründung des Hauses

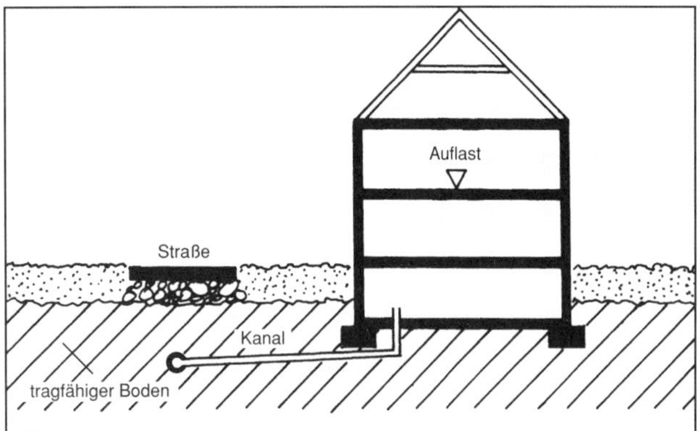

2 Gründung bei tragfähiger Bodenschicht

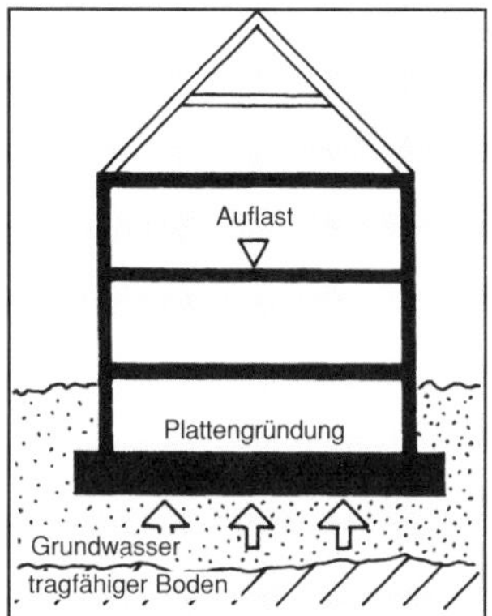

3 Bei nicht tragfähiger Bodenschicht

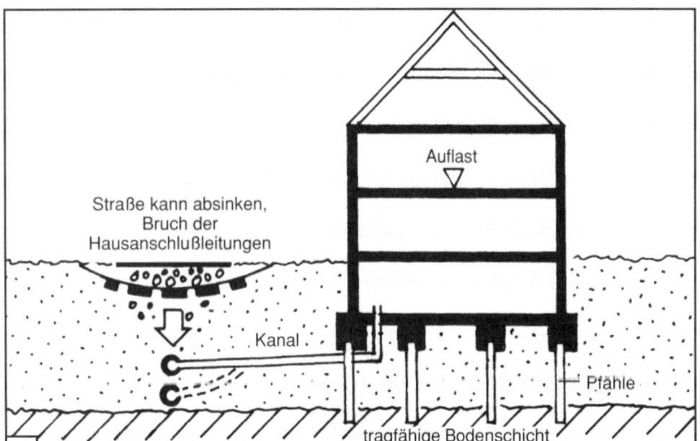

4 Pfahlgründung

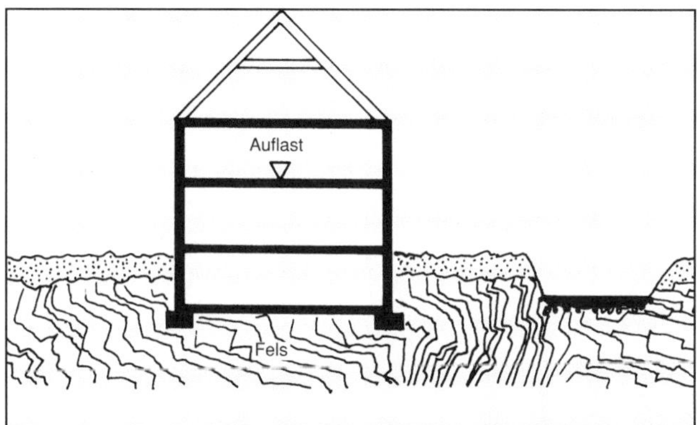

5 Tragfähiger Baugrund – Fels, Erschwernisse bei Ausschachtungen

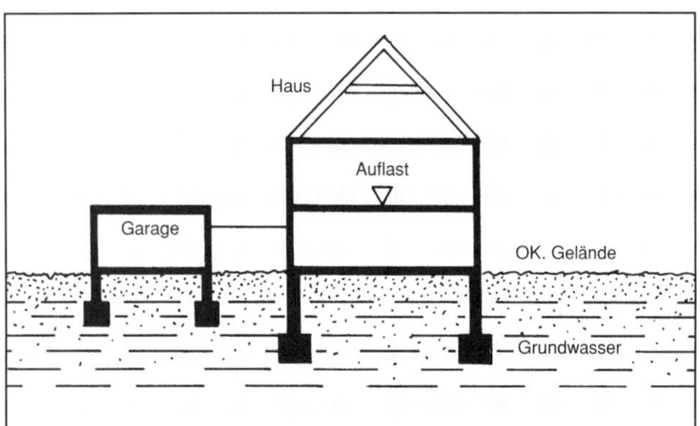

6 Bei hohem Grundwasserstand. Hohe Kosten für Gründung

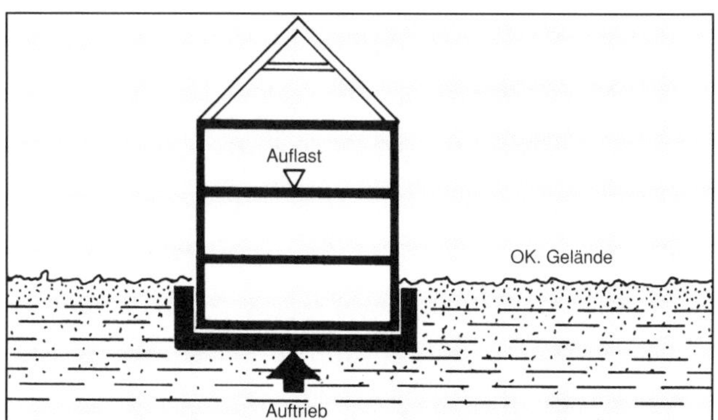

7 Bei Absenkung von Bauteilen in den Grundwasserbereich werden „Grundwasserwannen" erforderlich. (Dichtung u. Gewichtsausgleich)

BAUWERKSABDICHTUNGEN

DIN 18195, 4095 → 🕮

Keller werden heute immer weniger als reine Lagerräume benutzt, stattdessen vielmehr als Platz für Freizeitaktivitäten oder als zusätzlicher Wohn- und Arbeitsraum.

Entsprechend der Wunsch nach mehr Wohnkomfort und Raumklima im Keller.

Voraussetzung ist die Abdichtung des Kellers gegen von außen eindringende Feuchte. Bei nicht unterkellerten Gebäuden sind Außen- und Innenwände durch waagerechte Abdichtungen gegen aufsteigende Feuchtigkeit zu schützen → 3 – 6.

Bei Außenwänden Abdichtung 30 cm über Gelände → 3 – 6. Bei Gebäuden mit gemauerten Kellerwänden sind in den Außenwänden mind. 2 waagerechte Abdichtungen vorzusehen → 7 – 8. Bei Innenwänden darf obere Schicht entfallen. Für waagerechte Abdichtungen in Wänden sind Bitumendachbahnen, Dichtungsbahnen, Dachdichtungsbahnen, Kunststoff-Dichtungsbahnen zu verwenden.

Je nach Art der Hinterfüllung des Arbeitsraumes und der Abdichtung sind für die Wandfläche Schutzschichten vorzusehen → 11 – 12. Unmittelbar an die abgedichtete Wandflächen dürfen Bauschutt, Splitt oder Geröll nicht geschüttet werden.

Auftreten des Wassers als	Beanspruchung der Abdichtung gegen	Art der Abdichtung
Erdfeuchtigkeit	Kapillarwirkung an senkrechten Baukörpern	Sperrschichten gegen Erdfeuchtigkeit
Niederschläge Gebrauchswasser	Sickerwasser (drucklos) an geneigten Baukörperflächen	Sickerwasserabdichtung
Grundwasser	hydrostatischer Druck	wasserdruckhaltende Abdichtung

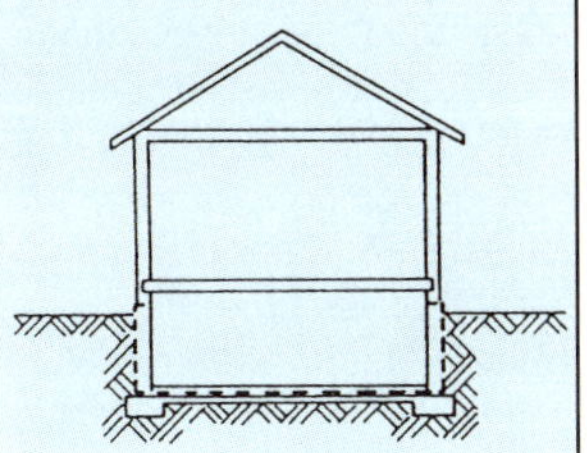

1 Kellergeschoß horizontal und vertikal gegen Erdfeuchtigkeit absperren → 7 – 12

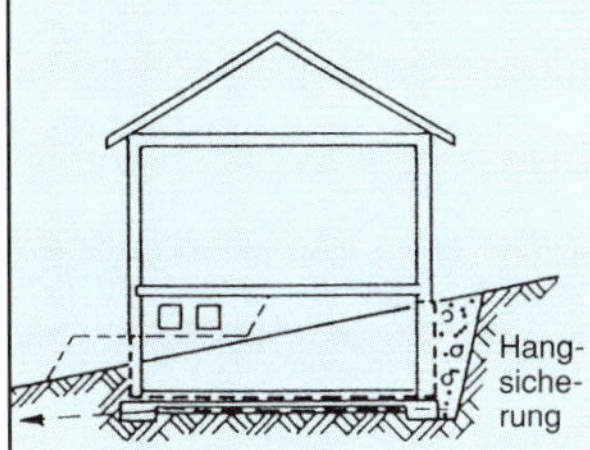

2 Bei geneigtem Gelände Bergseite besonders gut absperren, Bergwasserableitung durch Drainage. → 11, 12

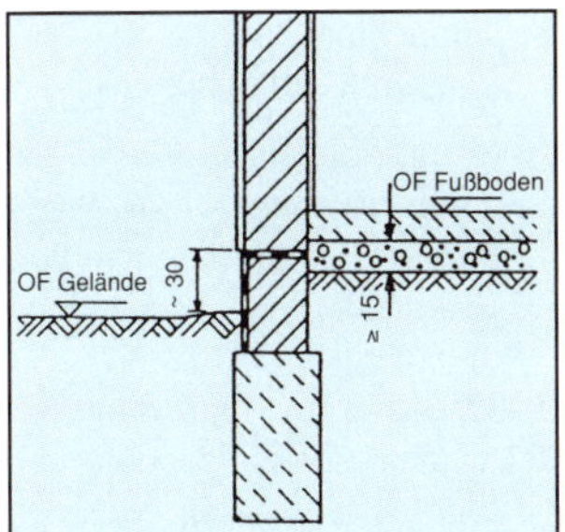

3 Abdichtung nicht unterkellerter Gebäude mit geringen Anforderungen an die Raumnutzung; Schüttung in Höhe der Wandabdichtung.

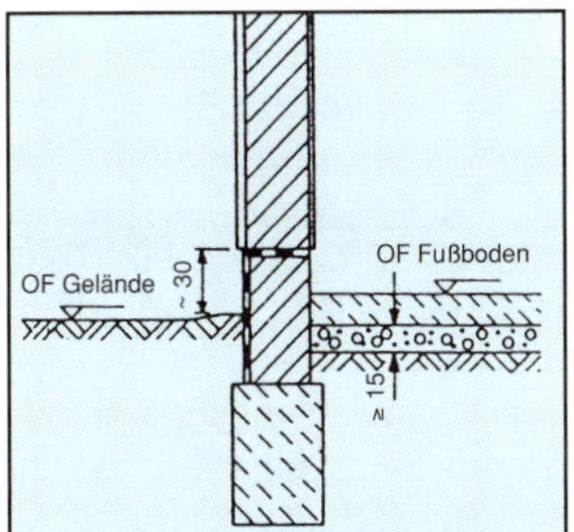

4 Abdichtung nicht unterkellerter Gebäude mit geringen Anforderungen an die Raumnutzung; Fußboden in Höhe der Geländeoberfläche.

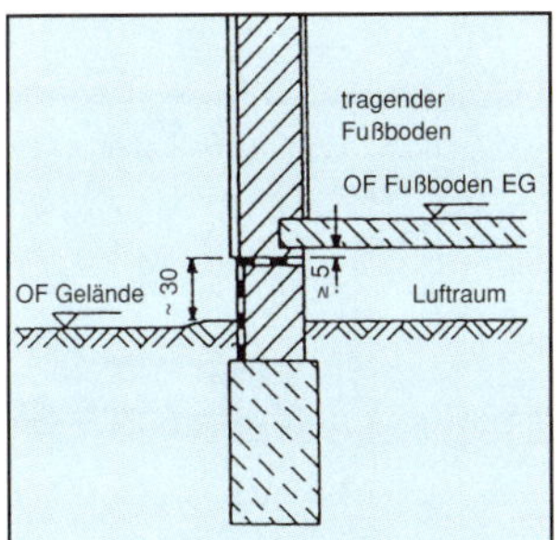

5 Abdichtung nicht unterkellerter Gebäude; Fußboden mit belüfteten Zwischenraum zum Erdboden.

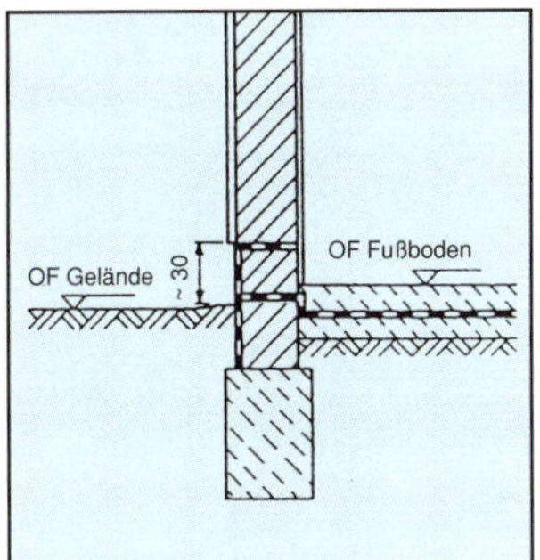

6 Abdichtung nicht unterkellerter Gebäude; tiefliegender Fußboden in Höhe der umgebenden Geländeoberfläche.

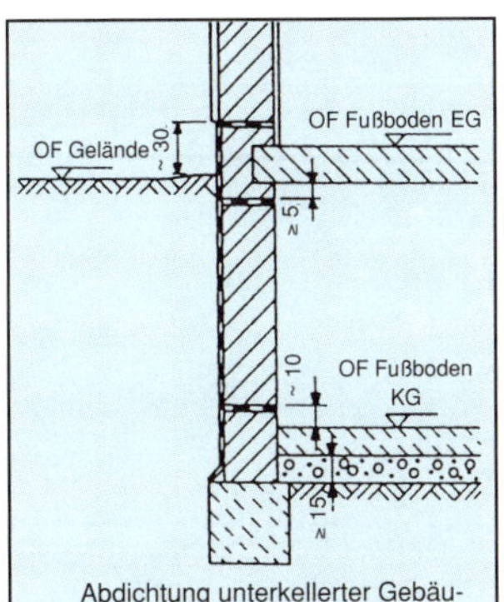

7 Abdichtung unterkellerter Gebäude mit geringen Anforderungen an die Raumnutzung (Wände aus Mauerwerk auf Streifenfund.)

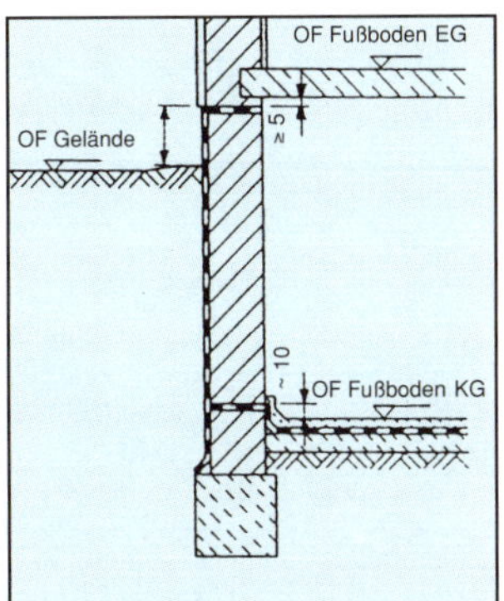

8 Abdichtung unterkellerter Gebäude; Wände aus Mauerwerk auf Streifenfundamenten.

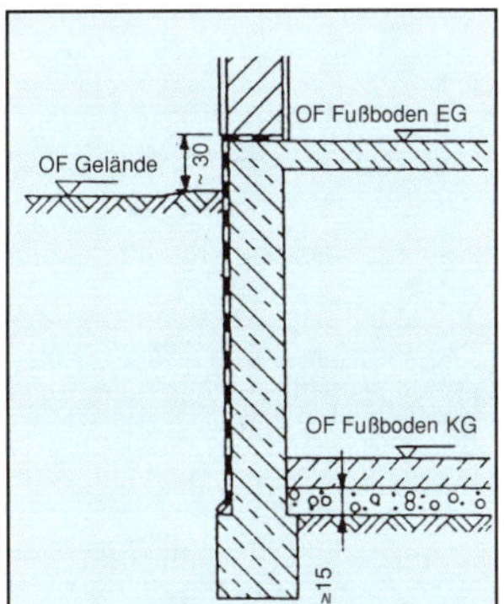

9 Abdichtung unterkellerter Gebäude; Wände aus Beton.

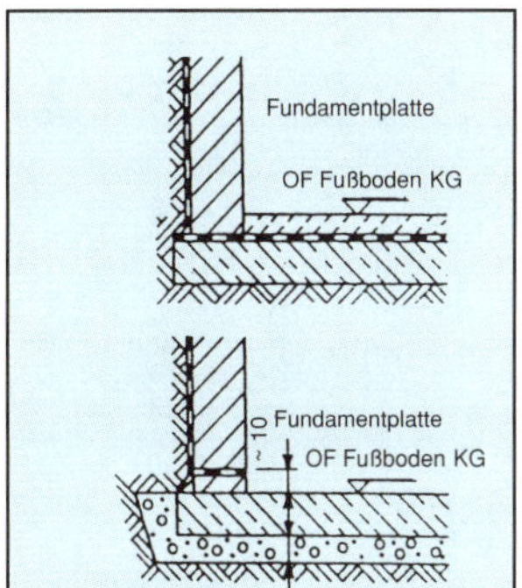

10 Abdichtung unterkellerter Gebäude; Wände aus Mauerwerk auf Fundamentplatten.

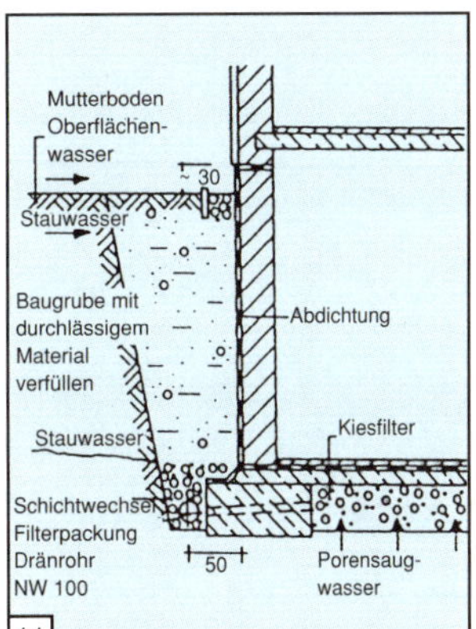

11 Drainage und Abdichtung

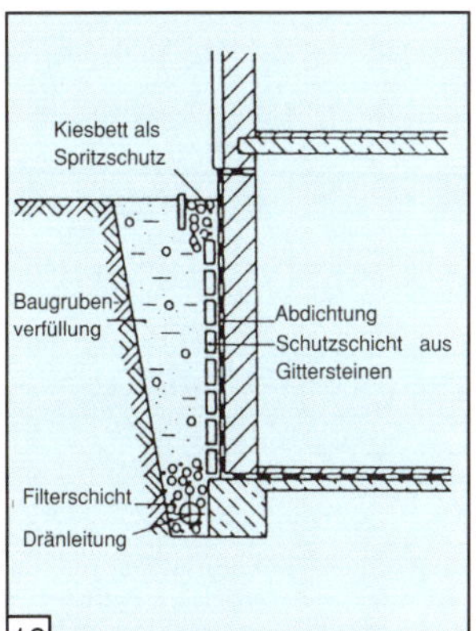

12 Schutzwand aus Gittersteinen

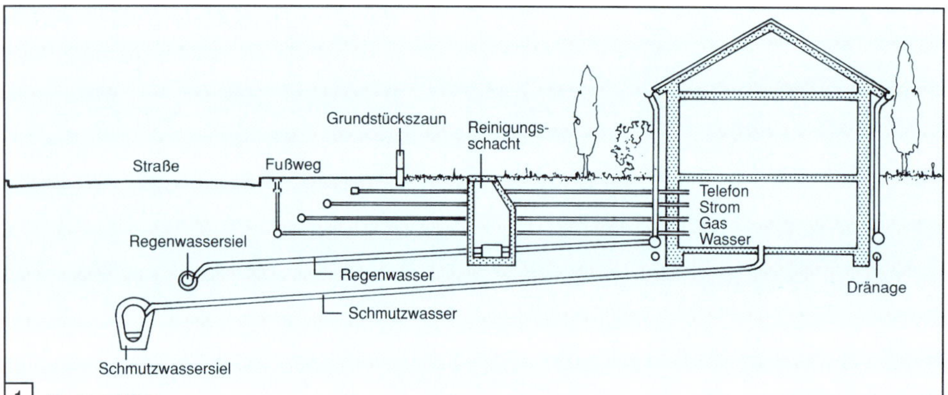

1 Hausanschlüsse

DRÄNAGE

Senkrechte und waagerechte Abdichtung des Kellermauerwerks reicht im allgemeinen nicht aus, um das Problem der Bodenfeuchtigkeit aus der Welt zu schaffen. Zusätzlich ist wirksame Wasserabführung in Form einer Dränage notwendig. Dränage-System wird als Ringleitung um das Gebäude verlegt. In Ausnahmefällen – z.B. bei hohem Grundwasserstand – wird gesamte Fläche zwischen den Fundamenten gedränt → [3]. Dränage besteht aus perforierten, flexiblen Kunststoffwellrohren. Durchmesser ≥ 10 cm. Einbau neben den Fundamenten → [3], wobei als höchster Stelle 20 cm unter dem Niveau der Kellersohle-Oberkante zu beginnen ist. Mit dem Gefälle darf das Fundament nicht unterschritten werden. Das könnte Setzungen zur Folge haben. An den Ecken der Ringleitung werden Reinigungsrohre aufgesetzt → [3]+[7], damit sich das System bei evtl. Versandung durchspülen läßt.

Dränwasser wird über einen Sammelschacht zum Regensiel oder Sickerschacht abgeführt. Aus dem Dränwassersammelschacht wird das Wasser mit einer Tauchpumpe in den Sickerschacht gepumpt. Damit Wasser nicht zurückläuft, muß Schacht ≥ 6 m vom Haus entfernt sein. Einfacher ist Ableitung in Regenwassersiel → [2]. Zu beachten ist, daß Leitung über Niveau des Straßengullys geführt wird, damit bei Rückstau das Wasser nicht in die Dränage zurückfließt. → [2]+[5].

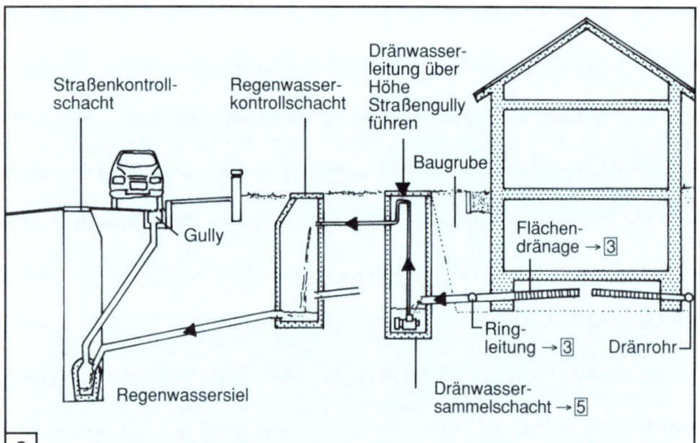

2 Drän- u. Regenwasserableitung

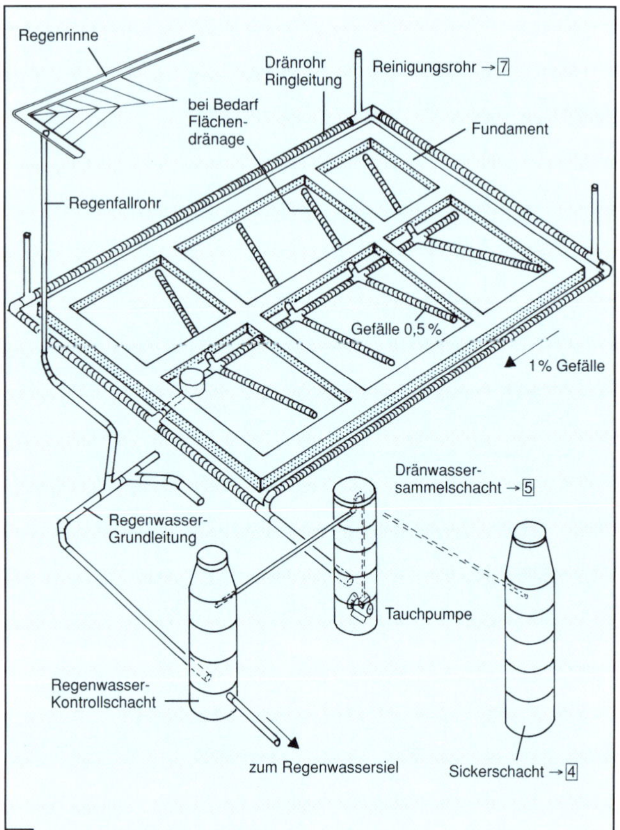

3 Dränage im Bereich der Fundamente

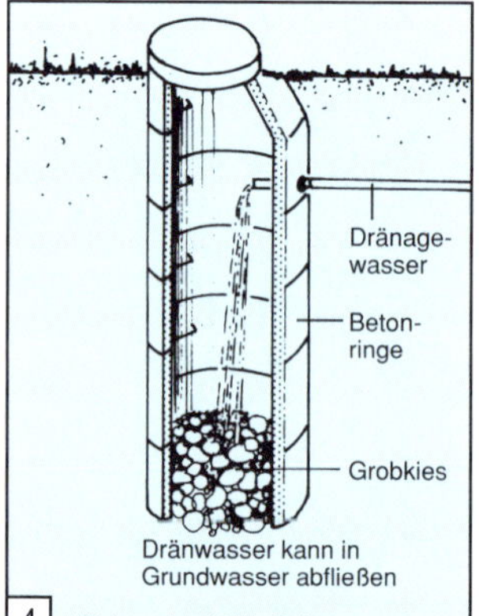

4 Sickerschacht für Dränwasser

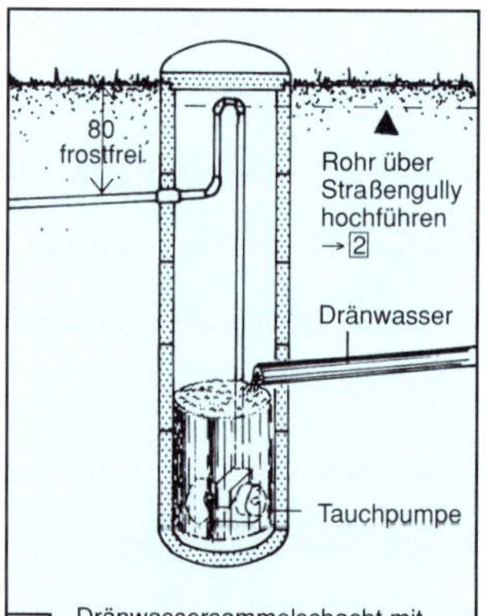

5 Dränwassersammelschacht mit Tauchpumpe

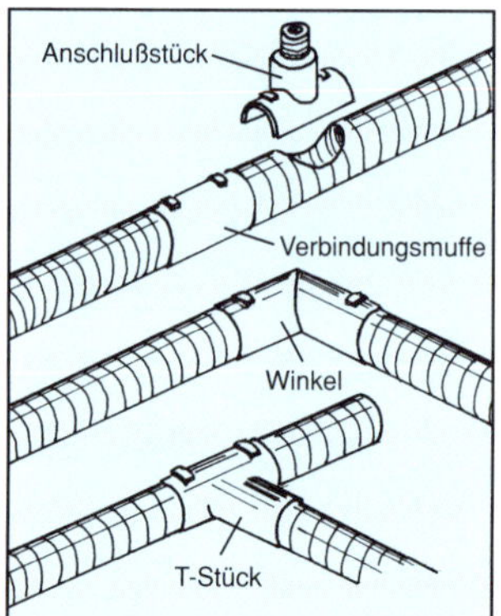

6 Dränrohre mit Paß- u. Verbindungsstücken

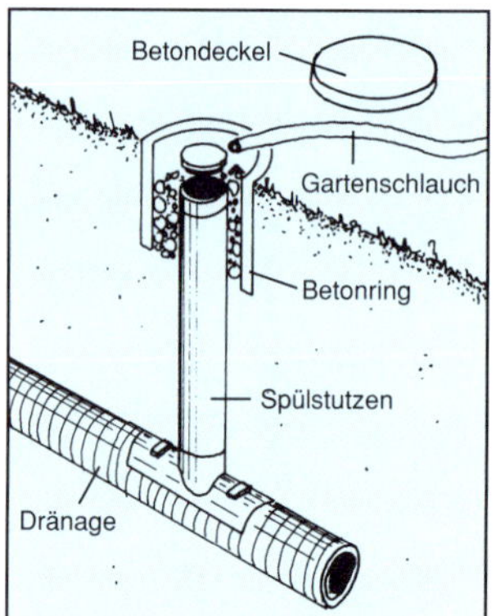

7 Dränage und Reinigungsrohr

MAUERWERK

AUS NATÜRLICHEN STEINEN DIN 1053

Mauern aus natürlichem Gestein werden nach Bearbeitungsart bezeichnet: Bruchstein-, Zyklopen-, Schicht-, Quader- und Misch-Mauerwerk → 1 – 8.

Wesentliche Natursteine: Sedimentgesteine (Kalk-, Sandstein), Erstarrungsgesteine (Granit, Porphyr, Basalt, vulkanische Tuffe).

Durch Ablagerung entstandenen Schichtgesteine sind in bruchgefundener Lagerung zu vermauern → 1, 3, 4, das sieht schöner und natürlich aus u. ist statisch richtiger, da Belastung meist senkrecht auf Lagerschicht drückt. Eruptivgestein eignet sich für Zyklopenmauerwerk → 2. Steinlängen sollen das Vier- bis Fünffache der Steinhöhen nicht über- u. die Steinhöhe nicht unterschreiten. Auf guten Steinverband nach allen Seiten achten. Der Verband bei reinem Natursteinmauerwerk muß im ganzen Querschnitt handwerksgerecht sein.

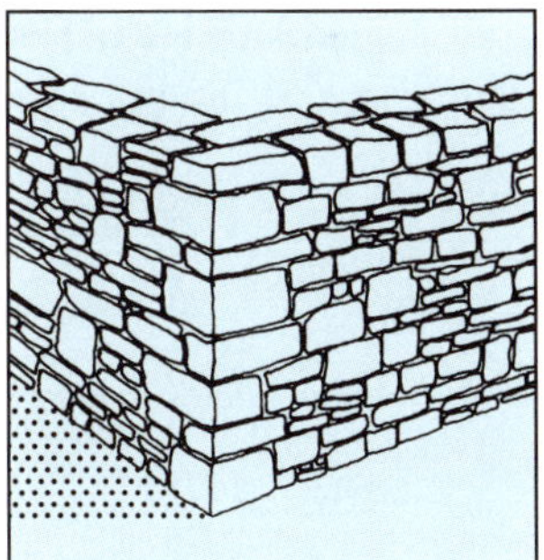

Kein Mörtel. Bei Verwendung von Bruchsteinen werden diese verkeilt

1 Trockenmauerwerk

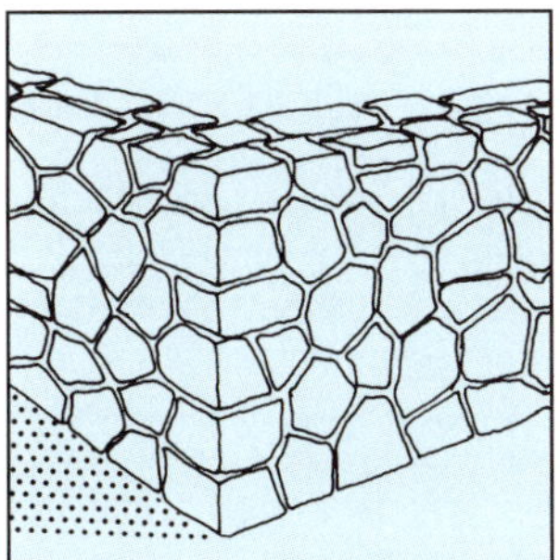

Steine weitgehend unbearbeitet u. satt in Mörtel verlegt. Höchstens alle 1,50 m abgleichen

2 Zyklopenmauerwerk

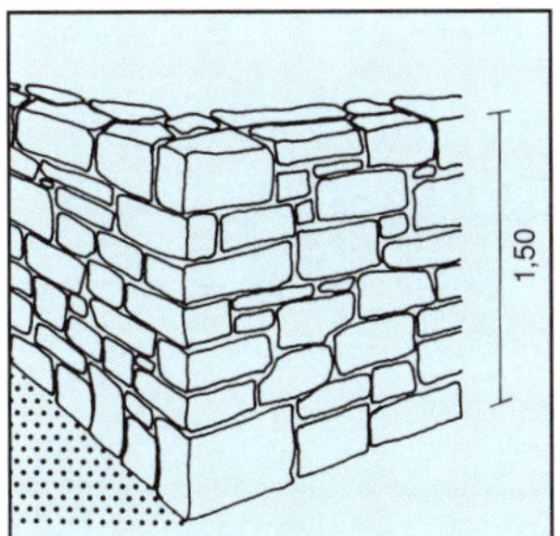

Steine weitgehend ebenflächig. Fugen verkeilt und mit Mörtel verfüllt. Mind. alle 1,50 m abgleichen

3 Bruchsteinmauerwerk

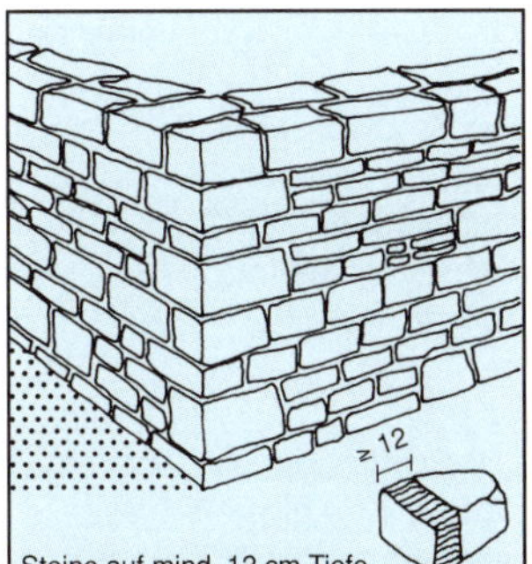

Steine auf mind. 12 cm Tiefe bearbeiten. Steine können verschieden sein. Mind. alle 1,50 m abgleichen

4 Hammerrechtes Mauerwerk

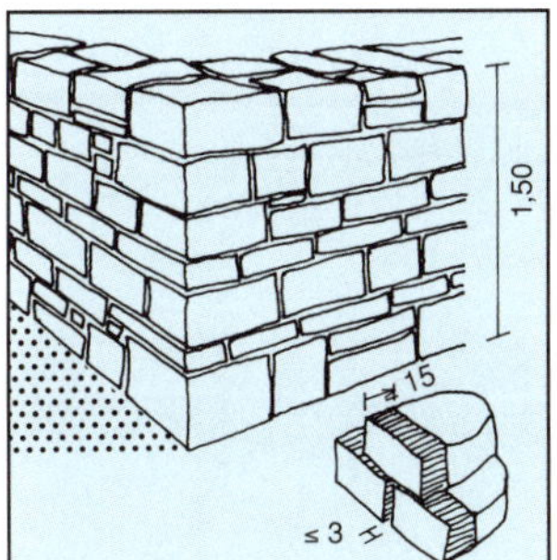

Steine auf mind. 15 cm Tiefe bearbeiten, Stoß- u. Lagerfugen senkrecht zueinander. Regelm. abgleichen

5 Unregelmäßiges Schichtmauerwerk

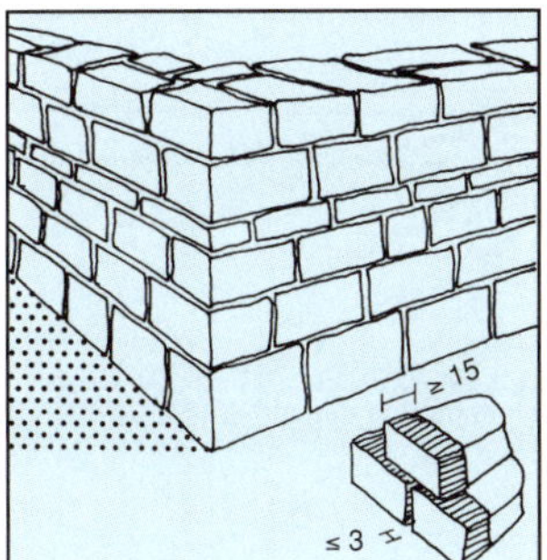

6 Regelmäßiges Schichtmauerwerk

Stoß- u. Lagerfugen in ganzer Tiefe bearbeitet für höhere Beanspruchung

7 Quadermauerwerk

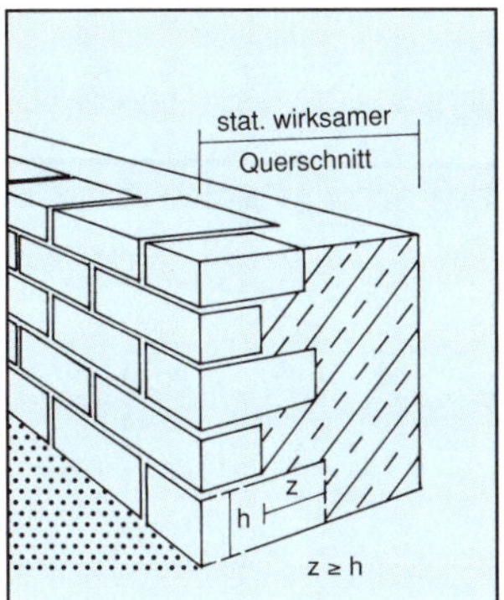

8 Mischmauerwerk

Gruppe	Gesteinsarten	Mindestdruckfestigkeit in KP/cm² (MN/m²)
A	Kalksteine, Travertin, vulkanische Tuffsteine	200 (20)
B	weiche Sandsteine (mit tonigem Bindemittel)	300 (30)
C	dichte (feste) Kalksteine u. Dolomite (einschl. Marmor), Basaltlava u. dgl.	500 (50)
D	Quarzitische Sandsteine (mit kieseligen Bindemittel), Grauwacke u. dgl.	800 (80)
E	Granit, Syneit, Diorit, Quarzporphyr, Melaphyr, Diabas u. dgl.	1200 (120)

9 Mindestdruckfestigkeiten der Gesteinsarten

	Mauerwerksart	Mörtel-Gruppe	Gruppe nach Tabelle 9 A	B	C	D	E
1	Bruchsteinmauerwerk	I	2 (0,2)	2 (0,2)	3 (0,3)	4 (0,4)	6 (0,6)
2		II/IIa	2 (0,2)	3 (0,3)	5 (0,5)	7 (0,7)	9 (0,9)
3		III	3 (0,3)	5 (0,5)	6 (0,6)	10 (1,0)	12 (1,2)
4	hammerrechtes	I	3 (0,3)	5 (0,5)	6 (0,6)	8 (0,8)	10 (1,0)
5	Schichtenmauerwerk	II/IIa	5 (0,5)	7 (0,7)	9 (0,9)	12 (1,2)	16 (1,6)
6		III	6 (0,6)	10 (1,0)	12 (1,2)	16 (1,6)	22 (2,2)
7	unregelmäßiges und	I	4 (0,4)	6 (0,6)	8 (0,8)	10 (1,0)	16 (1,6)
8	regelmäßiges	II/IIa	7 (0,7)	9 (0,9)	12 (1,2)	16 (1,6)	22 (2,2)
9	Schichtenmauerwerk	III	10 (1,0)	12 (1,2)	16 (1,6)	22 (2,2)	30 (3,0)
10	Quadermauerwerk	I	8 (0,8)	10 (1,0)	16 (1,6)	22 (2,2)	30 (3,0)
11		II/IIa	12 (1,2)	16 (1,6)	22 (2,2)	30 (3,0)	40 (4,0)
12		III	16 (1,6)	22 (2,2)	30 (3,0)	40 (4,0)	50 (5,0)

10 Grundwert der zulässigen Druckspannung von Mauerwerk aus natürlichen Steinen in KP/cm² (MN/m²)

	Schlankheit bzw. Ersatzschlankheit	8 (0,8)	10 (1,0)	12 (1,2)	16 (1,6)	22 (2,2)	30 (3,0)	40 (4,0)	50 (5,0)
1	10	8 (0,8)	10 (1,0)	12 (1,2)	16 (1,6)	22 (2,2)	30 (3,0)	40 (4,0)	50 (5,0)
2	12	6 (0,6)	7 (0,7)	8 (0,8)	11 (1,1)	15 (1,5)	22 (2,2)	30 (3,0)	40 (4,0)
3	14	4 (0,4)	5 (0,5)	6 (0,6)	8 (0,8)	10 (1,0)	14 (1,4)	22 (2,2)	30 (3,0)
4	16	3 (0,3)	3 (0,3)	4 (0,4)	6 (0,6)	7 (0,7)	10 (1,0)	14 (1,4)	22 (2,2)
5	18			3 (0,3)	4 (0,4)	5 (0,5)	7 (0,7)	10 (1,0)	14 (1,4)
6	20					3 (0,3)	5 (0,5)	7 (0,7)	10 (1,0)

11 Zulässige Druckspannungen von Mauerwerk aus natürlichen Steinen in KP/cm² (MN/m²)

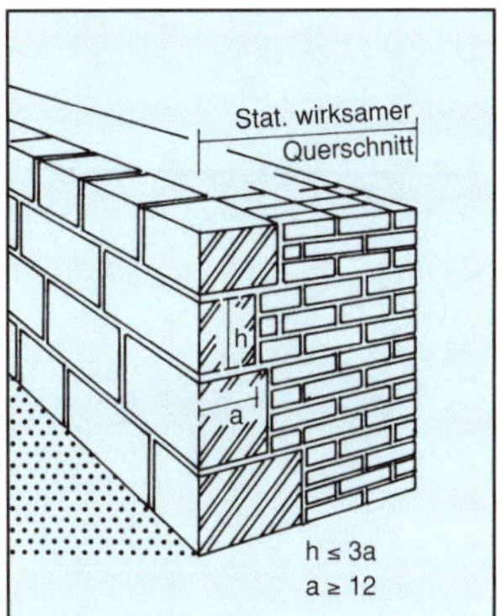

12 Mischmauerwerk mit statisch wirksamem Querschnitt

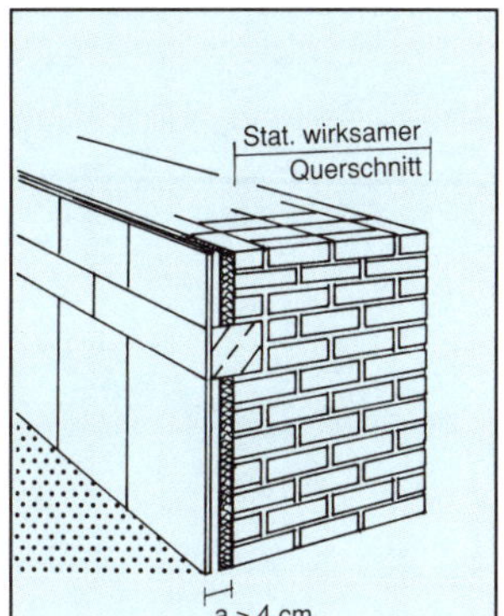

13 Plattenverkleidung statisch unwirksam

MAUERWERK

AUS KÜNSTLICHEN STEINEN DIN 105, 106, 398, 1053

Alles Mauerwerk unter Berücksichtigung der Verbandregeln, waagerecht, fluchtrecht und lotrecht ausführen.

Bei zweischaligem Mauerwerk → 9 + 10 darf die Decke nur auf die Innenschale aufgelagert werden.

Mauerwerksschalen mit mind. 5 Drahtankern 3 mm Durchm. pro m^2 verbinden.

Abstand der Drahtanker lotrecht 25 cm, waagerecht 75 cm.

Außenschale dient hierbei allein dem Wetterschutz. Durch das Fugennetz der Verblendschale eindringendes Regenwasser kann an deren Innenseite ablaufen u. bei richtiger konstruktiver Ausbildung weder in die vorhandene Dämmschicht oder das Hintermauerwerk eindringen.

Für Verblendschalen sind Vormauerziegel u. Klinker mit sehr geringer Wasseraufnahme geeignet, da Abwehr des Schlagregens vorwiegend an der Außenseite der Verblendschale erfolgt.

Verblendschalen haben mit 90–115 mm relativ geringe Schichtdicke. Wärmeschutz muß von der dahinter liegenden Wand geleistet werden.

Dabei kann der zusätzliche Wärmeschutz einer Luftschicht sich vorteilhaft auswirken. Wärmedurchlaßwiderstand der Verblendschale bewegt sich je nach Dicke von Schale und Wand zwischen 0,09 u. 0,20 W.

Der Schutz gegen Außenlärm ist abhängig vom Gewicht u. der Konstruktionsart eines Bauteils.

Je schwerer die Wand, um so höher der Lärmschutz.

Luftschichten zwischen den Mauerschalen verbessern zusätzlich den Lärmschutz → 10.

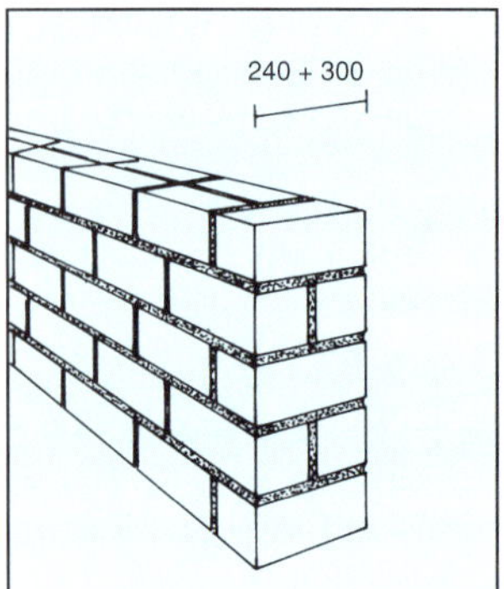

1 Einschalige Außenwand Sichtmauerwerk

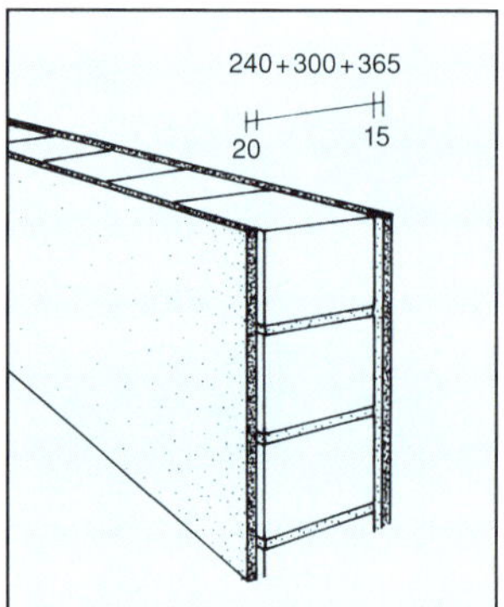

2 Einschalige Außenwand verputzt

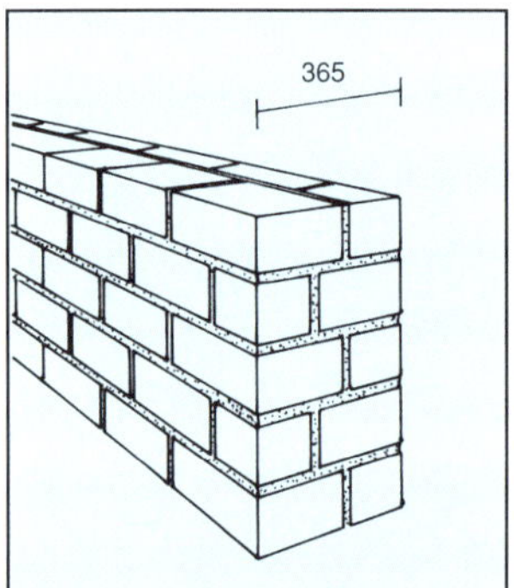

3 Einschalige Außenwand Sichtmauerwerk

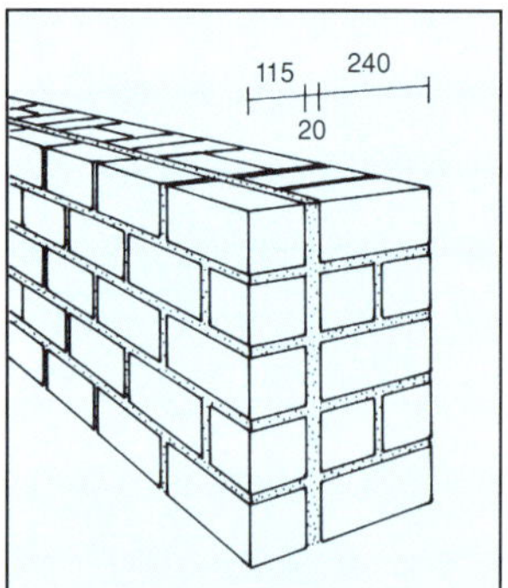

4 Zweischalige Außenwand Verblendmauerwerk

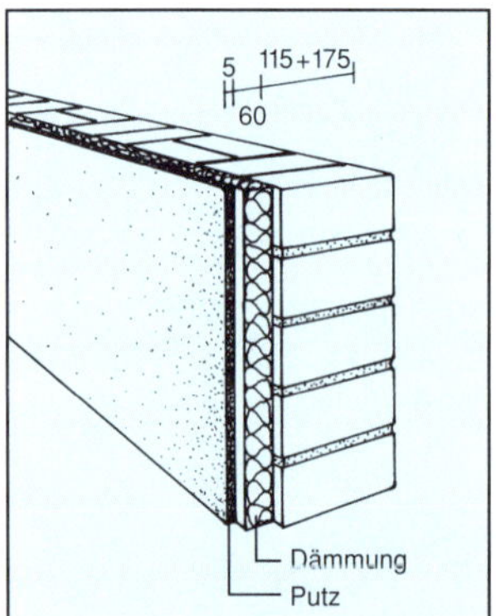

5 Einschalige Wand mit Thermohaut

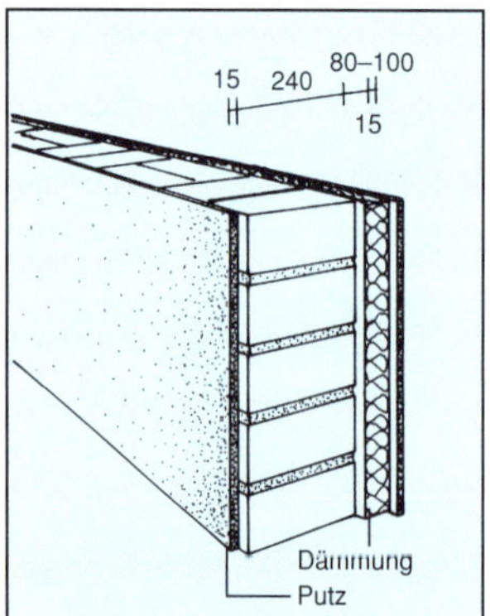

6 Einschalige Wand mit Innendämmung

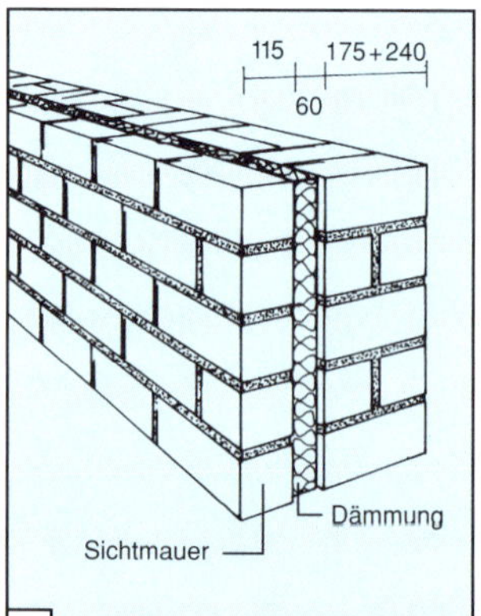

9 Zweischalig ohne Luftschicht

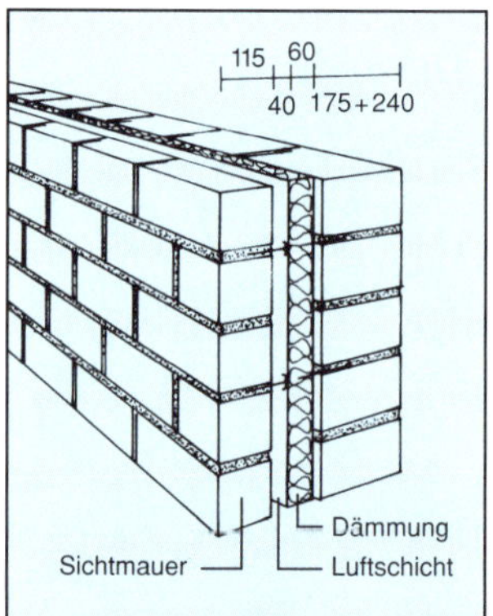

10 Mauerwerk zweischalig mit Luftschicht u. Dämmung

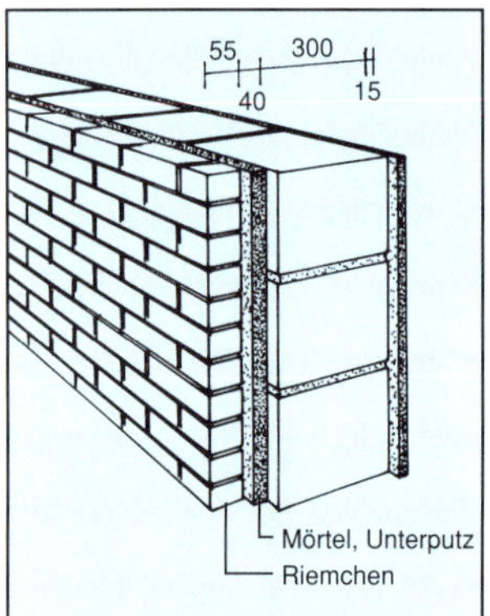

7 Mauerwerk verblendet mit Riemchen

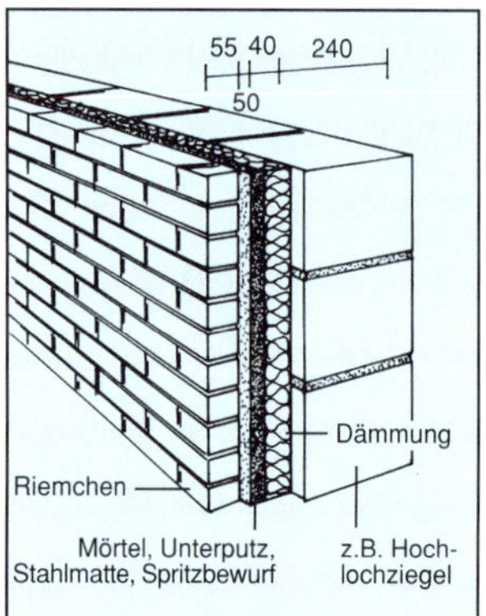

8 Mauerwerk verkleidet mit Dämmung u. Riemchen

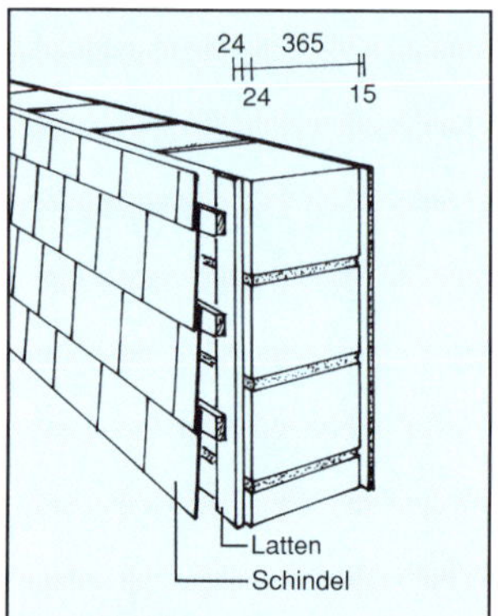

11 Holzverkleidung an hochwärmedämmendem Mauerwerk

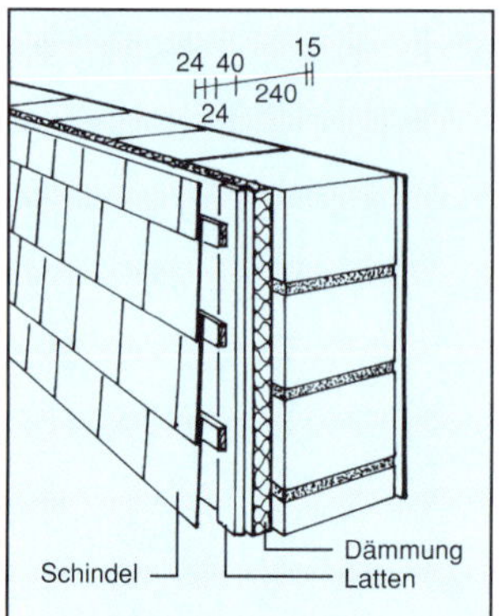

12 Holzverkleidung, Dämmung an Mauerwerk

MAUERWERK

WESENTLICHE WANDKONSTRUKTIONEN

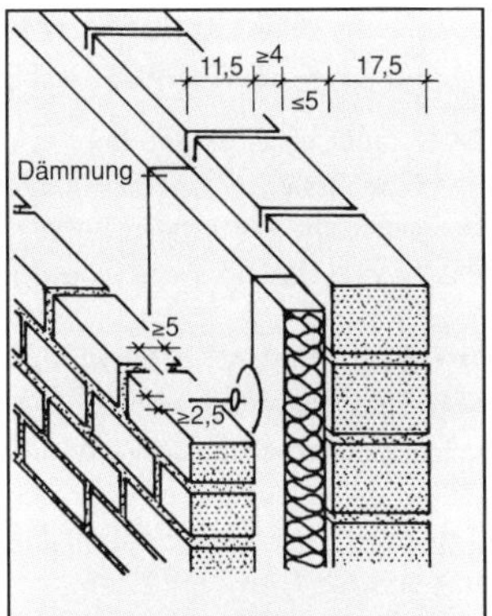

1 Zweischaliges Mauerwerk mit Kerndämmung

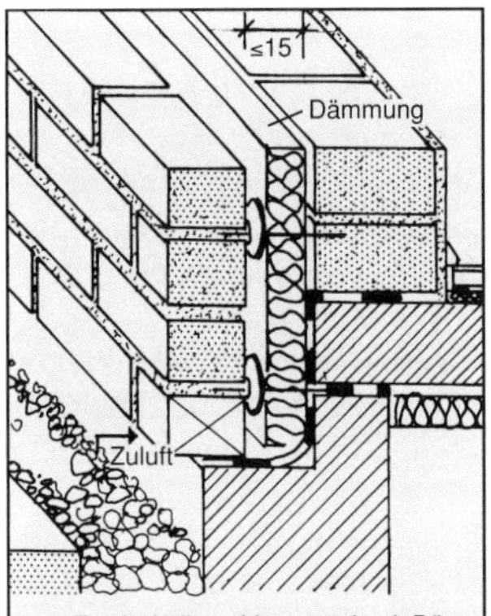

2 Zweischaliges Mauerwerk mit Dämmung u. Luftschicht (Sockeldetail)

Mauerziegel		**Kalksandsteine**	
MZ	= Vollziegel	KS	= Vollsteine
HLz	= Hochlochziegel	KSL	= Lochsteine
KMz	= Vollklinker	KSUm	= Vormauersteine
KHLz	= Hochlochklinker	KSVb	= Verblender
VHLz	= Hochlochziegel frostbeständig	KSVmL	= Vormauersteine gelocht
VMz	= Vollziegel frostbeständig	**Leichtbeton- u. Betonsteine**	
		HBL	= Leichtbeton-Hohlblocksteine
Porenbetonsteine		V	= Vollsteine
G	= Porenbetonblocksteine	VbL	= Vollblöcke aus Leichbeton
GP	= Porenbeton-Plansteine	HBn	= Hohlblocksteine aus Beton

9 Steinarten

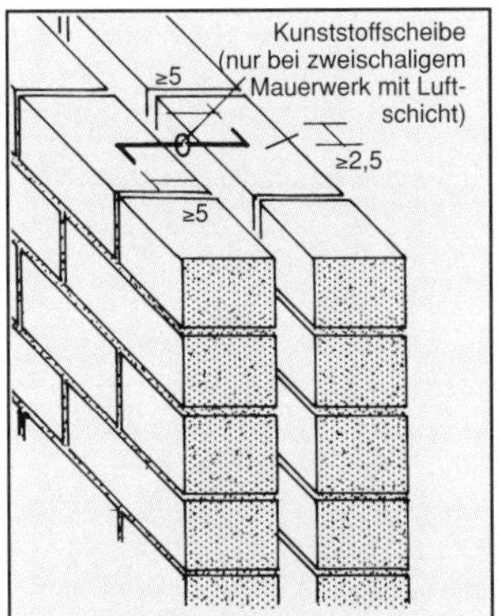

3 Zweischaliges Mauerwerk für Außenwände

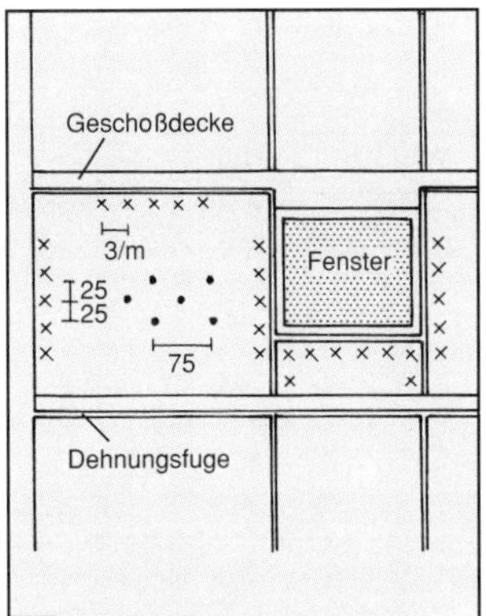

4 Verankerung der Außenschale

Bezeichnung		Länge in cm	Breite in cm	Höhe in cm
Dünnformat	DF	24	11,5	5,2
Normalformat	NF	24	11,5	7,1
1 1/2 Normalformat	1 1/2 NF	24	11,5	11,3
2 1/2 Normalformat	2 1/2 NF	24	17,5	11,3

Steinformate

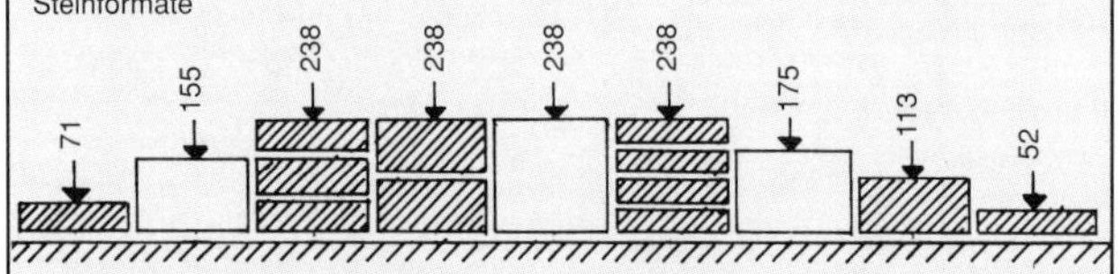

10 Gegenseitige Abhängigkeit der Ziegelhöhenmaße (Vorzugsgrößen schraffiert): Auf 1 m Höhe gehen 16 Schichten DF oder 12 Schichten NF

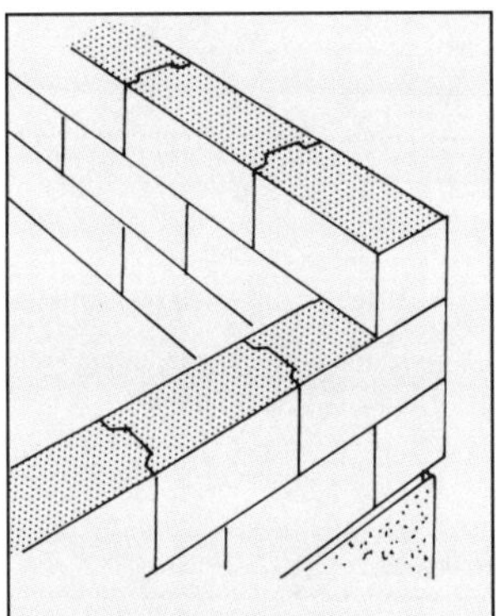

5 Gasbetonsteine geklebt Fugen 1 mm

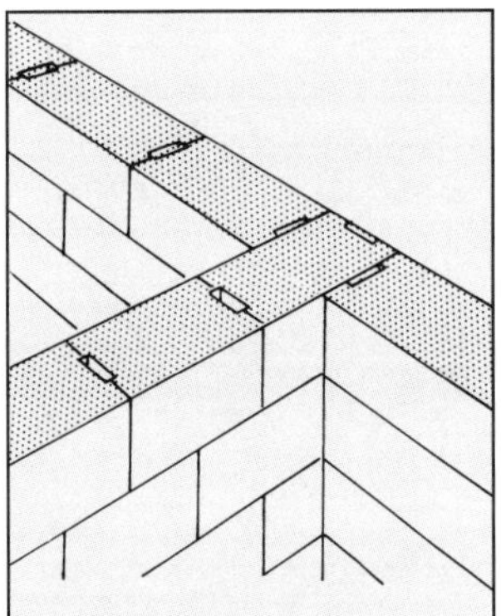

6 Poroton-Ziegel gemauert bzw. mit Mörtel vergossen

Kopfzahl	Längenmaße[1] in m A	Längenmaße[1] in m Ö	Längenmaße[1] in m V	Schichten	Höhenmaße in m bei Steindicken in mm 52	71	113	155	175	238
1	0,115	0,135	0,125	1	0,0625	0,0833	0,125	0,1666	0,1875	0,25
2	0,240	0,260	0,250	2	0,1250	0,1667	0,250	0,3334	0,3750	0,50
3	0,365	0,385	0,375	3	0,1875	0,2500	0,375	0,5000	0,5625	0,75
4	0,490	0,510	0,500	4	0,2500	0,3333	0,500	0,6666	0,7500	1,00
5	0,615	0,635	0,625	5	0,3125	0,4167	0,625	0,8334	0,9375	1,25
6	0,740	0,760	0,750	6	0,3750	0,5000	0,750	1,0000	1,1250	1,50
7	0,865	0,885	0,875	7	0,4375	0,5833	0,875	1,1666	1,3125	1,75
8	0,990	1,010	1,000	8	0,5000	0,6667	1,000	1,3334	1,5000	2,00
9	1,115	1,135	1,125	9	0,5625	0,7500	1,125	1,5000	1,6875	2,25
10	1,240	1,260	1,250	10	0,6240	0,8333	1,250	1,6666	1,8750	2,50
11	1,365	1,385	1,375	11	0,6875	0,9175	1,375	1,8334	2,0625	2,75
12	1,490	1,510	1,500	12	0,7500	1,0000	1,500	2,0000	2,2500	3,00
13	1,615	1,635	1,625	13	0,8125	1,0833	1,625	2,1666	2,4375	3,25
14	1,740	1,760	1,750	14	0,8750	1,1667	1,750	2,3334	2,6250	3,50
15	1,865	1,885	1,875	15	0,9375	1,2500	1,875	2,5000	2,8125	3,75
16	1,990	2,010	2,000	16	1,0000	1,3333	2,000	2,6666	3,0000	4,00
17	2,115	2,135	2,125	17	1,0625	1,4167	2,125	2,8334	3,1875	4,25
18	2,240	2,260	2,250	18	1,1250	1,5000	2,250	3,0000	3,3750	4,50
19	2,365	2,385	2,375	19	1,1875	1,5833	2,375	3,1666	3,5625	4,75
20	2,490	2,510	2,500	20	1,2500	1,6667	2,500	3,3334	3,7500	5,00

[1] A = Außenmaße, Ö = Öffnungsmaße, V = Vorsprungmaße

11 Planungsmaße für Mauerwerk

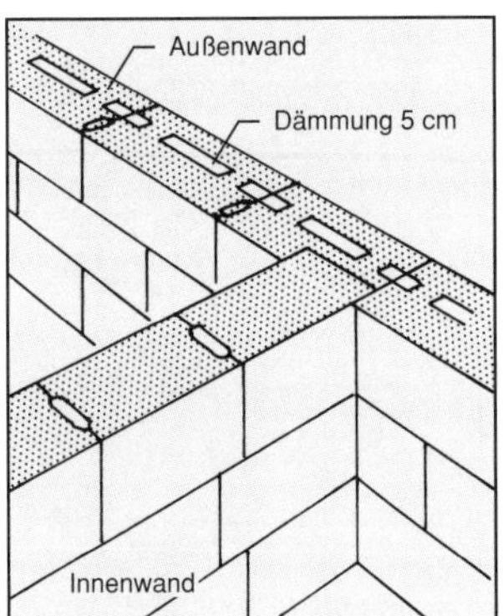

7 Mauersteine mit 5 cm Dämmschicht u. Mörtelkammern

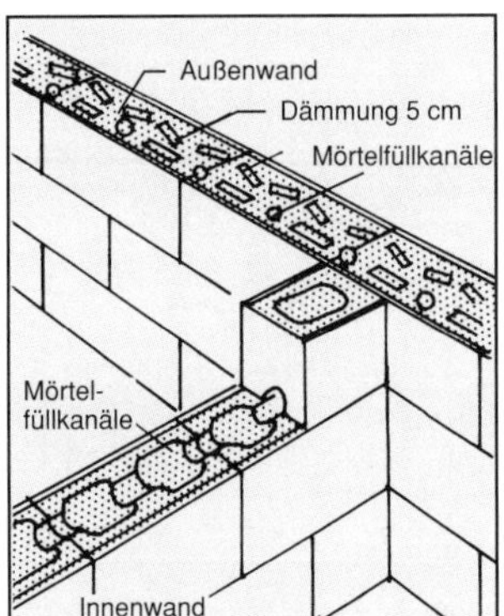

8 Montagewandsteine mit Dämmung u. Mörtelfüllkanälen

Steinformat	Steinformat	Maße in cm L x B x H	Anzahl der Schicht. je 1 m	Wanddicke in cm	je m² Wand Steine Stück	je m² Wand Mörtel Liter	je m³ Mauerwerk Steine Stück	je m³ Mauerwerk Mörtel Liter
Lochsteine (für Vollsteine bis zu 10% Mörtel weniger)	DF	24 x 11,5 x 5,2	16	11,5	66	29	573	242
					132	68	550	284
				36,5	198	109	541	300
	NF	24 x 11,5 x 7,1	12	11,5	50	26	428	225
				24	99	64	412	265
				36,5	148	101	406	276
	2 DF	24 x 11,5 x 11,3	8	11,5	33	19	286	163
				24	66	49	275	204
				36,5	99	80	271	220
	3 DF	24 x 17,5 x 11,3	8	17,5	33	28	188	160
				24	45	42	185	175
	4 DF	24 x 24 x 11,3	8	24	33	39	137	164
	8 DF	24 x 24 x 23,8	4	24	16	20	69	99
Block- und Hohlblocksteine	Block- und Hohlblocksteine	49,5 x 17,5 x 23,8	4	17,5	8	16	46	84
		49,5 x 24 x 23,8	4	24	8	22	33	86
		49,5 x 30 x 23,8	4	30	8	26	27	88
		37 x 24 x 23,8	4	24	12	26	50	110
		37 x 30 x 23,8	4	30	12	32	42	105
		24,5 x 36,5 x 23,8	4	36,5	16	36	45	100

12 Baustoffbedarf für Mauerwerk

MAUERWERK
STEINFORMATE

Steinformat	Dünnformat	Normalformat	1½ Normalformat
	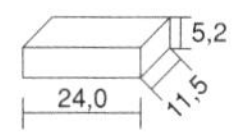	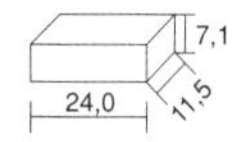	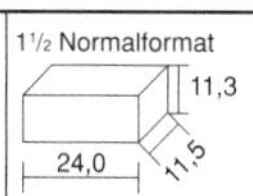
Abmessungen	DF	NF	1½ NF
Länge/Stoßfuge		24 cm/1 cm	
Rohbaurichtmaß (RR)		25 cm/2 cm	
Breite/Stoßfuge		11,5 cm/1 cm	
Rohbaurichtmaß (RR)		12 cm = 24/2 cm = 1 am	
Höhe/Lagerfuge	5,2 cm/1,05 cm	7,1 cm/1,2 cm	11,3 cm/1,2 cm
Rohbaurichtmaß (RR)	6,25 cm = 25/4 cm = 1/2 am	~8,33 cm = 25/3 cm = 2/3 am	12,25 cm = 25/2 cm = 1 am

Grundlage für die Abmessungen ist DIN 4172. Maßordnung im Hochbau. Die Nennmaße der Steine ergeben sich aus den Rohbaurichtmaßen und den für das Mauerwerk festgelegten Fugendicken. Das Rohbaurichtmaß (RR) 12,5 cm wird auch als Achtelmeter (am) bezeichnet. Die Nennmaße sind die wirklichen Maße, die ein Bauteil haben soll.

1 Steinformate

Für gemauerte Außenwände steht eine große Vielfalt von Mauersteinen zur Verfügung. Für richtige Auswahl der Baustoffe gelten folgende Kriterien: Steinart: Belastung, Wärme-, Schall-, Brand- u. Schlagregenschutz. Format: Wirtschaftlichkeit, Oberfläche, Maßstäblichkeit.

Mauerverbände: Zur Verteilung der Last und Bauwerksbewegungen, Verbindung von Baukörpern, zum Einbinden unterschiedlicher Bauteilstärken und aus optischen Gründen sind Mauerverbände von großer Bedeutung.

Wände aus großformatigen Steinen gehören zu den wirtschaftlichsten Wandbauarten. Großformat und geringes Gewicht (Zweihandsteine) verringern den Arbeitszeitaufwand, wenn schnelles, bequemes Umrüsten für die Arbeitsgerüste gewährleistet ist.

Bezeichnung	Kurzzeichen	Maße in cm bzw. Formate		
Vollsteine	KS	Höhe ≤ 11,3 DF; NF; 2DF; 3DF; 4DF; 5DF; 6DF		
Lochsteine	KSL			
Vormauersteine	KSVm KSVml			
Blocksteine	KS	Höhe > 11,3 5DF; 6DF; 7,5DF; 8DF; 9DF; 10DF; 12DF; 16DF; 20DF, 24DF		
Hohlblocksteine	KSL			
Planelemente	KS-PE	Länge 100 100	Breite 11,5 + 24 17,5 + 30	Höhe 49,8 49,8
Bauplatten	KS-P	49,8	7	24,8
Verblender	KSVb KSVbL	DF,	NF,	2DF

2 Kalksandsteine

Bezeichnung	Maße in mm			Rohdichteklasse						
	Länge	Breite	Höhe	0,4	0,5	0,6	0,7	0,8	0,9	1,0
				Festigkeitsklasse/Kennzeichnung						
Blocksteine G in Normal- oder Leichtmauermörtel versetzt	240 300 323 365 490 615 740	115 150 175 200 240 300 365	115 175 190 240	G 2		– grün				
						G 4			– blau	
							G 6		– rot	
								G 8		
Plansteine GP in Dünnbettmörtel versetzt	249 299 312 332 374 499 599 624 749	115 150 175 200 250 300 365 375	124 186 199 249	GP 2		– grün				
						GP 4			– blau	
							GP 6		– rot	
								GP 8		

3 Gasbeton Block- u. Plansteine

Zusammensetzung der Normzemente

	Massenprozente PZ-Klinker	Massenprozente Hüttensand	Traß
PZ	100	–	–
EPZ	≥ 65	≤ 35	–
HOZ	15…64	85…36	–
TrZ	60…80	–	20…40

Kennzeichnung der Zemente

Portlandzement	PZ
Eisenportlandzement	EPZ
Hochofenzement	HOZ
Traßzement	TrZ

Zusatzbezeichnungen:

L = Zement mit langsamer Anfangserhärtung
F = Zement mit hoher Anfangsfestigkeit
NW = Zement mit hoher Wärmeentwicklung
HS = Zement mit hohem Sulfatwiderstand

Beispiel: Zement HOZ 25 DIN 1164-HS Hochofenzement der Festigkeitsklasse 25 nach DIN 1164 mit hohem Sulfatwiderstand

Zemente sind Bindemittel für Mörtel u. Beton. Nach dem Anmachen mit Wasser erhärten sie sowohl an der Luft als auch unter Wasser zu Zementstein

4 Zemente

Bezeichnung		Formate	Rohdichte- und Steinfestigkeitsklasse					
			1,0	1,2	1,4	1,6	1,8	2,0
Vollsteine	HSV	DF; NF; 2DF; 3DF; 5DF				–12–20–28–		
Lochsteine	HSL	2DF; 3DF; 5DF		– 6 – 12 –				
Hohlblocksteine	HHbl	6DF; 8DF; 9DF; 10DF; 12DF	– 6 – 12 –					

5 Hüttensteine

Bezeichnung	Formate	Rohdichte klasse	Steinfestigkeits-klasse Kennzeichnung
Vollsteine V ohne Kammern mit einer Höhe bis 115 mm	DF; NF; 1,7DF; 5DF; 2DF; 3DF; 3,1DF; 4DF; 5DF; 6DF; 6,8DF; 8DF; 10DF	0,5 0,6 0,7 0,8 0,9 1,0 1,2 1,4 1,6 1,8 2,0	2 – keine Nut, grün 4 – eine Nut, blau 6 – zwei Nuten, rot 8 – durch Aufstempelung 12 – drei Nuten, schwarz
Vollblöcke Vbl ohne Kammern mit eine Höhe bis 238 mm	6DF; 8DF; 9DF; 10DF; 12DF; 15DF; 16DF; 18DF; 20DF; 24DF		
Vollblöcke S VblS mit Schlitzen ≤ 11 mm			
Vollblöcke S-W VblS-W mit Schlitzen und besonderen Wärmedämmeigenschaften			
Hohlblöcke Hbl fünfseitig geschlossen mit Kammern 1 K Hbl	9DF; 12DF	0,5 0,6 0,7 0,8 0,9 1,0 1,2 1,4	2 – keine Nut, grün 4 – eine Nut, blau 6 – zwei Nuten, rot 8 – durch Aufstempelung
2 K Hbl	8DF; 9DF; 10DF; 12DF; 15DF; 16DF; 20DF		
3 K Hbl 4 K Hbl	8DF; 10DF; 12DF; 15DF; 16DF; 18DF; 20DF; 24DF		
5 K Hbl	10DF; 12DF; 15DF; 18DF; 20DF; 24DF		
6 K Hbl	12DF; 16DF; 18DF; 24DF		

6 Vollsteine, Vollblöcke, Hohlblöcke aus Leichtbeton

Mörtelgruppe	Luft- und *Wasserkalkhydrat	Hydraulischer Kalk	Hochhydraulischer Kalk, PM	Zement	Sand	Druckfestigkeit in MN/m² nach 28 Tagen Einzelwert	Mittelwert	Anwendungsgebiete
I	1 1*	1	1		4 3 3 4,5	Keine Festigkeitsanforderungen		Wände < 24 cm, zulässig bis 2 Vollgeschosse, unbelastete Zwischenwände
II	1,5 2*		1	1 1	8 8 3	≥ 2	≥ 2,5	Belastete Wände, Schornstein-, Naturstein-, Luftschicht-, Verblendmauerwerk; II und IIa dürfen nicht gleichzeitig auf der Baustelle verwendet werden
IIa	1*		2	1 1	6 8	≥ 4	≥ 5	
III				1	4	≥ 8	≥ 10	Für alle Zwecke zugelassen

*Bindemittel für Mauermörtel

7 Mörtel für Wände aus künstlichen Steinen
Mauermörtel, Zusammensetzung, Mischungsverhältnis

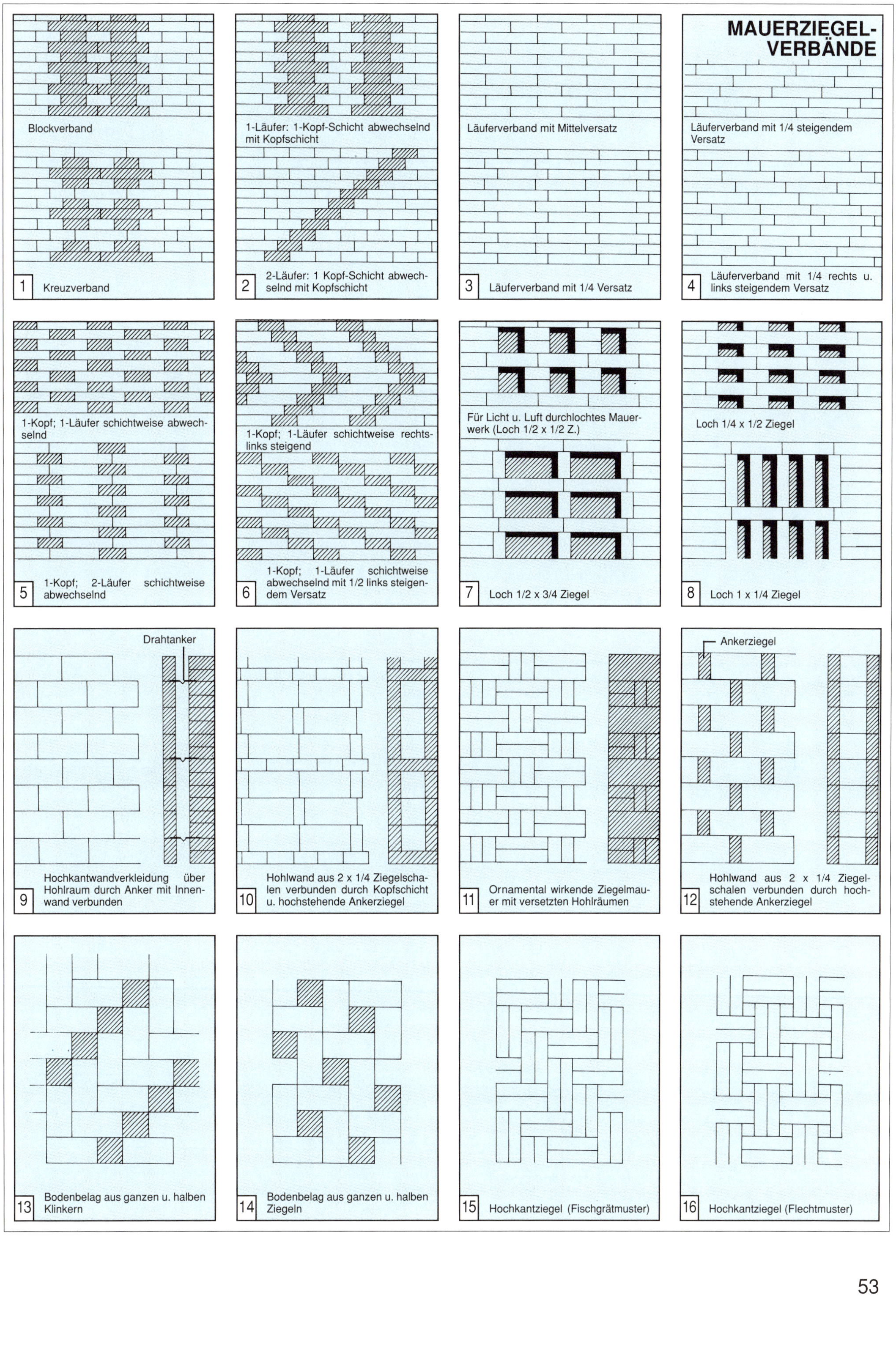
MAUERZIEGEL-VERBÄNDE
Blockverband
1 Kreuzverband
1-Läufer: 1-Kopf-Schicht abwechselnd mit Kopfschicht
2 2-Läufer: 1 Kopf-Schicht abwechselnd mit Kopfschicht
Läuferverband mit Mittelversatz
3 Läuferverband mit 1/4 Versatz
Läuferverband mit 1/4 steigendem Versatz
4 Läuferverband mit 1/4 rechts u. links steigendem Versatz
1-Kopf; 1-Läufer schichtweise abwechselnd
5 1-Kopf; 2-Läufer schichtweise abwechselnd
1-Kopf; 1-Läufer schichtweise rechts-links steigend
6 1-Kopf; 1-Läufer schichtweise abwechselnd mit 1/2 links steigendem Versatz
Für Licht u. Luft durchlochtes Mauerwerk (Loch 1/2 x 1/2 Z.)
7 Loch 1/2 x 3/4 Ziegel
Loch 1/4 x 1/2 Ziegel
8 Loch 1 x 1/4 Ziegel
Drahtanker
9 Hochkantwandverkleidung über Hohlraum durch Anker mit Innenwand verbunden
10 Hohlwand aus 2 x 1/4 Ziegelschalen verbunden durch Kopfschicht u. hochstehende Ankerziegel
11 Ornamental wirkende Ziegelmauer mit versetzten Hohlräumen
Ankerziegel
12 Hohlwand aus 2 x 1/4 Ziegelschalen verbunden durch hochstehende Ankerziegel
13 Bodenbelag aus ganzen u. halben Klinkern
14 Bodenbelag aus ganzen u. halben Ziegeln
15 Hochkantziegel (Fischgrätmuster)
16 Hochkantziegel (Flechtmuster)

DECKEN

Konstruktionen: Holzbalkendecken → 4 – 6, Stahlträgerdecken, Massivdecken aus Beton, Hohl- u. Füllkörperdecken, Decken aus Deckenplatten (Leichtbeton, Porenbeton, Hohlplatten), Spannbetondecken, Stahlsteindecken.

Örtlich hergestellte Decken: Keine sofortige Belastung, schrittweises Ausschalen, Abbindezeit einhalten, hohe Baufeuchtigkeit.

Teilmontagedecken: Grundrißform u. Abmessungen bestimmen Einsatz vorgefertigter Elemente.
Herstellung von Deckenfeldern aus tragenden oder nichttragenden Füllkörpern, je nach System geringe oder keine Schalungsarbeiten, verminderte Baufeuchtigkeit, beschleunigter Baufortschritt.

Vollmontagedecke: Schnelle Montage u. sofortige Belastbarkeit, zügige Baudurchführung.

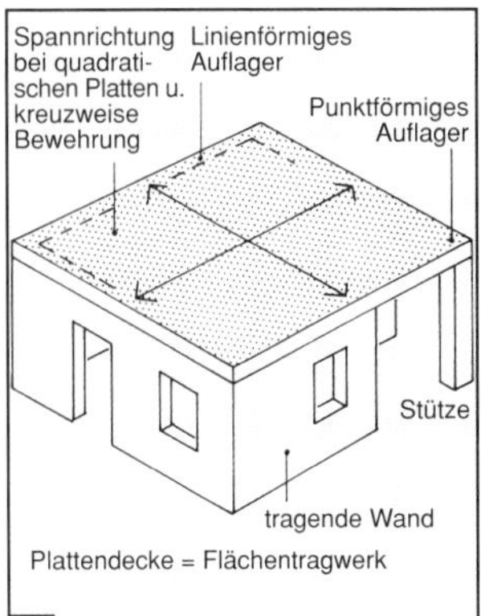

1 Plattendecke

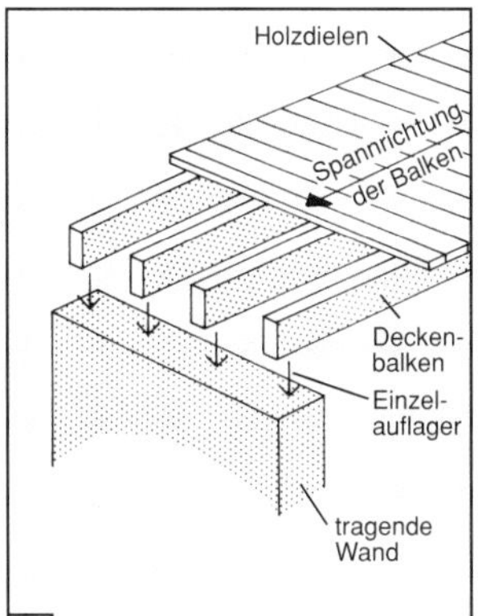

2 Balkendecke

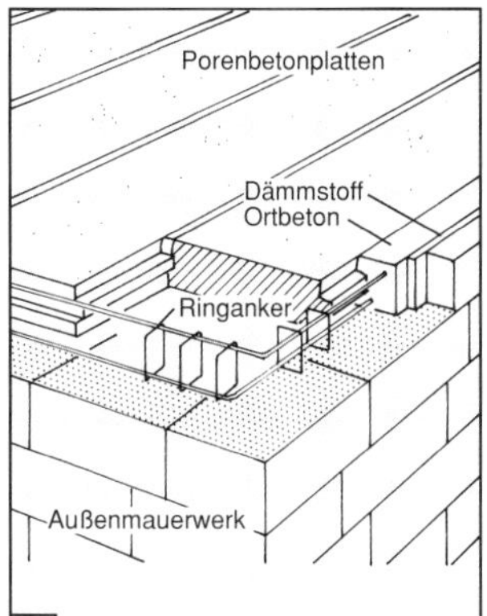

3 Porenbetondeckenplatten

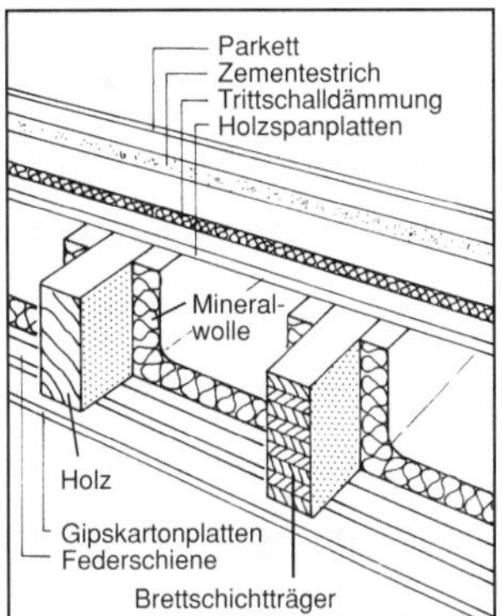

4 Holzbalkendecke unten geschlossen

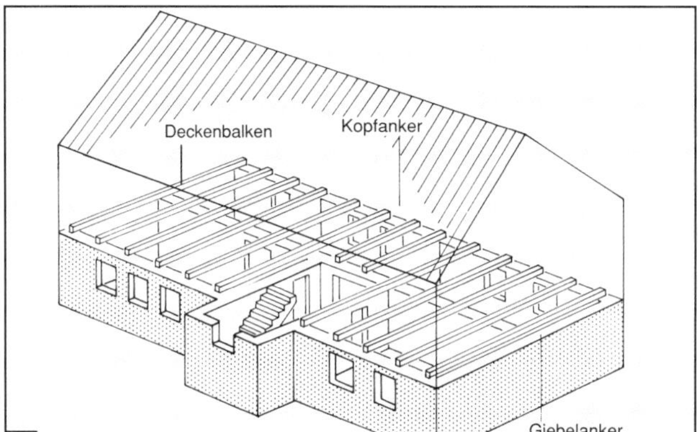

5 Balkendecke

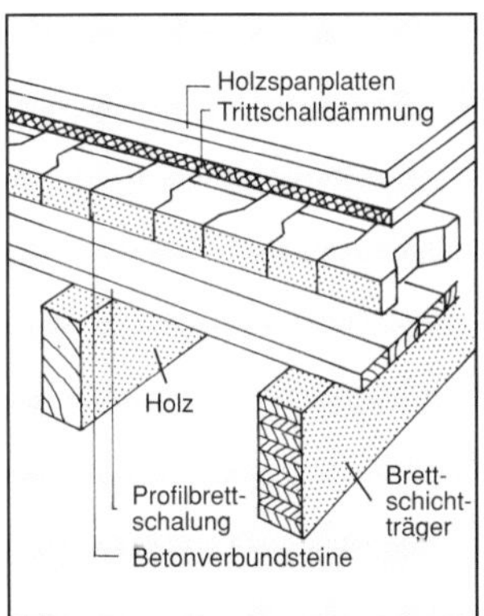

6 Holzbalkendecke unten offen

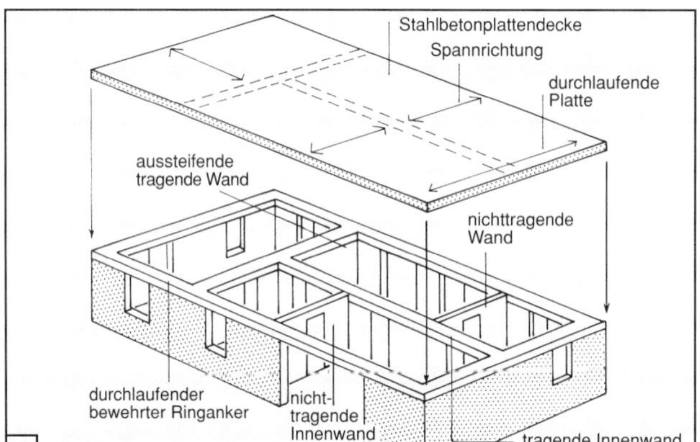

7 Stahlbetonplattendecke

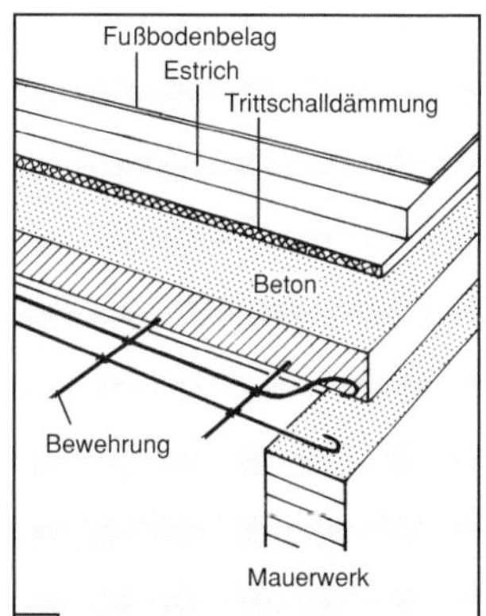

11 Stahlbetonplattendecke

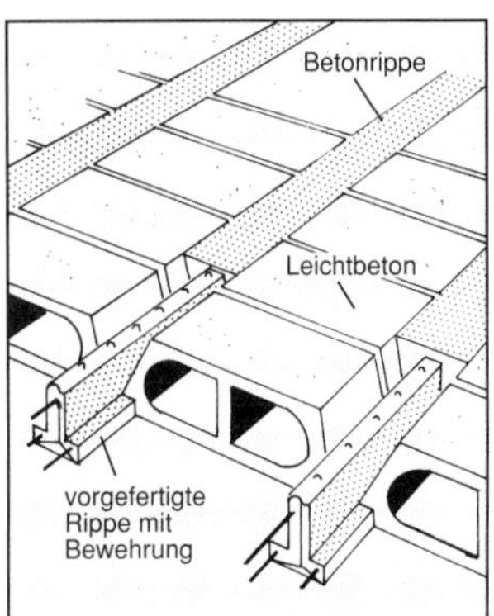

8 Stahlbeton-Rippendecke
Füllkörper statisch nicht wirksam

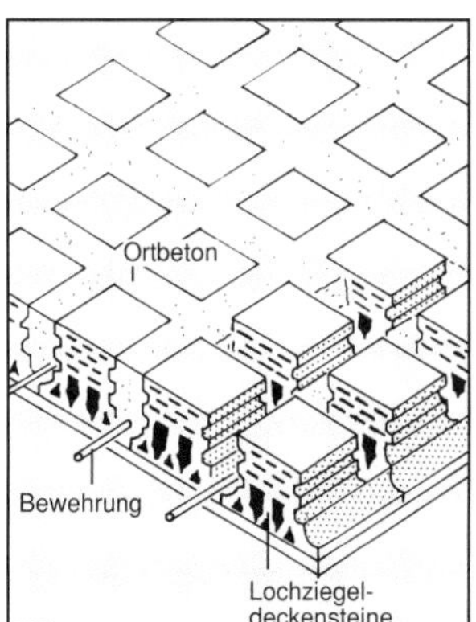

9 Stahlsteindecke

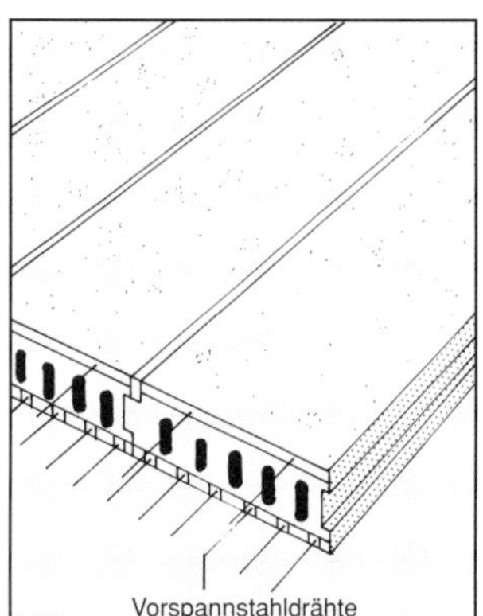

10 Spannbeton-Hohldielenplatte

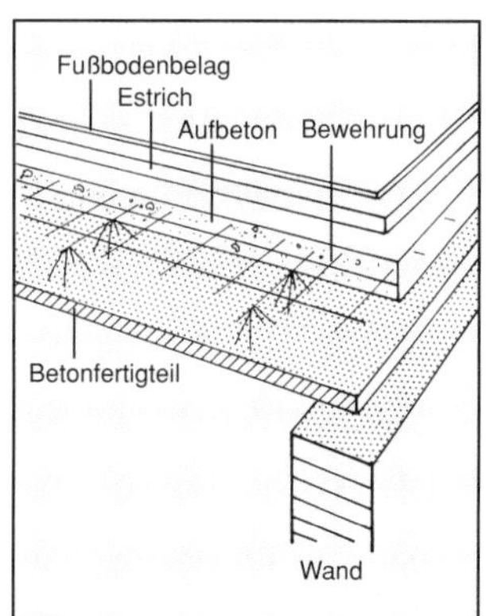

12 Filigrandecke

DECKEN UND FUSSBÖDEN

Fußböden bestimmen entscheidend den Gesamteindruck der Räume, ihre Pflegekosten, den Wohnwert.
Gebräuchlichster Aufbau: Estrich, Trittschalldämmung auf Betondecke → [1].
Wesentlich teurer Hobeldielen (Kiefer) auf Weichfaserplatten → [2].
Zur Sanierung eines vorh. Holzfußbodens Spanplatten aufgeschraubt u. mit Linoleum oder Teppich verlegt → [3], mit besserer Wärmedämmung → [4].
Wird Verfliesung auf vorh. elastischen Holzdielen gewünscht, so ist es erforderlich, eine Trittschalldämmung u. Estrich aufzubringen → [5].
Je nach Nutzung des Raumes werden unterschiedliche Fußbodenaufbauten erforderlich.
Ist gute Schalldämmung wichtig, z.B. Kinderzimmer im Dach oder Obergeschoß, müssen schwere Konstruktionen gewählt werden → [6].

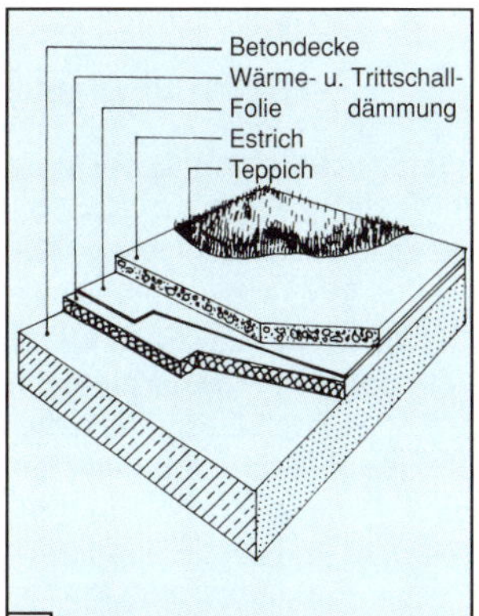

1 Teppich auf Betondecke

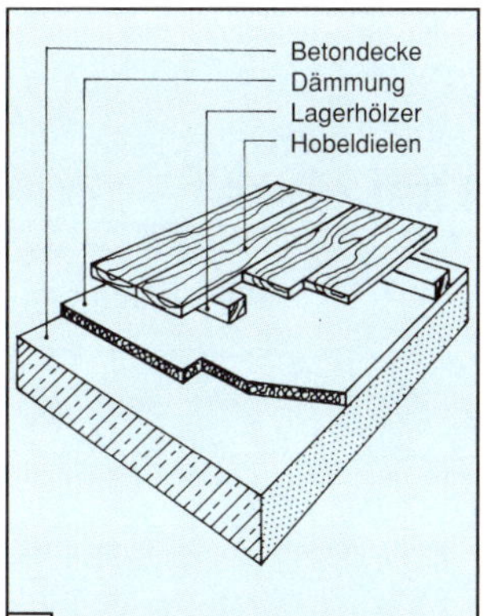

2 Holzdielen auf Betondecke

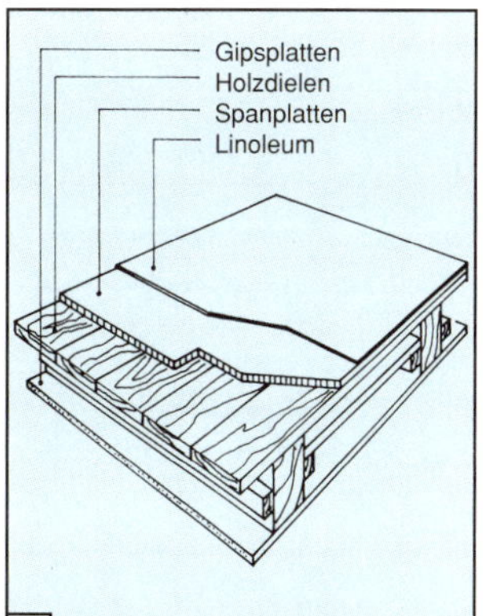

3 Linoleum auf Holzboden

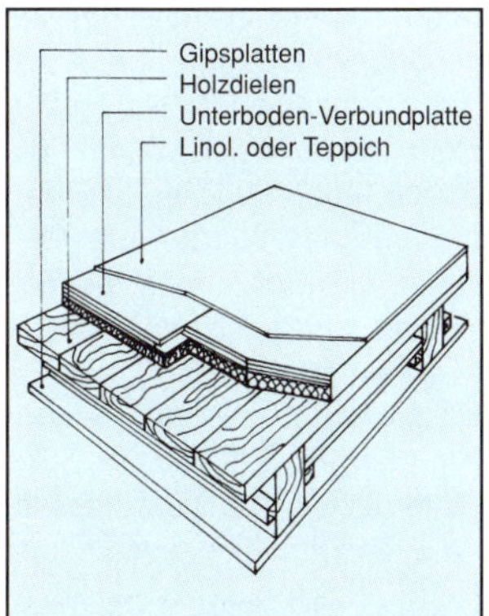

4 Bessere Dämmung auf Holzboden

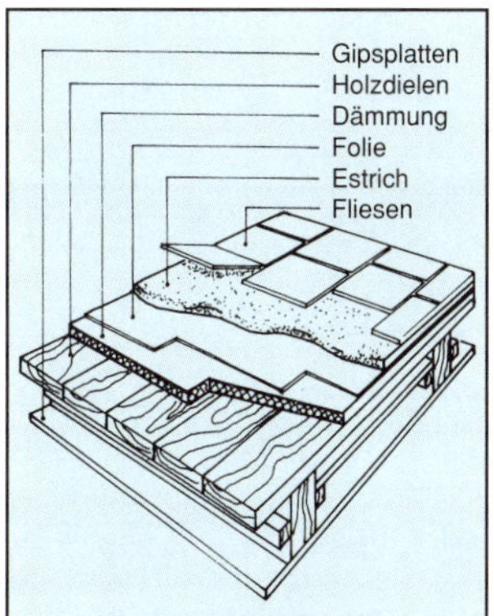

5 Fliesen auf Holzboden

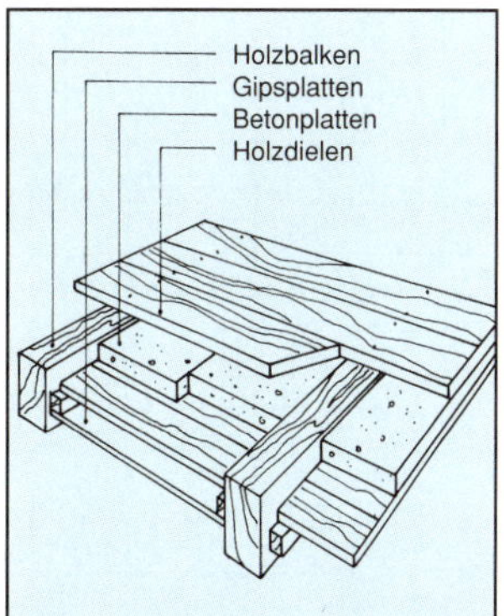

6 Hohe Schalldämmung bei Holzbalkendecke

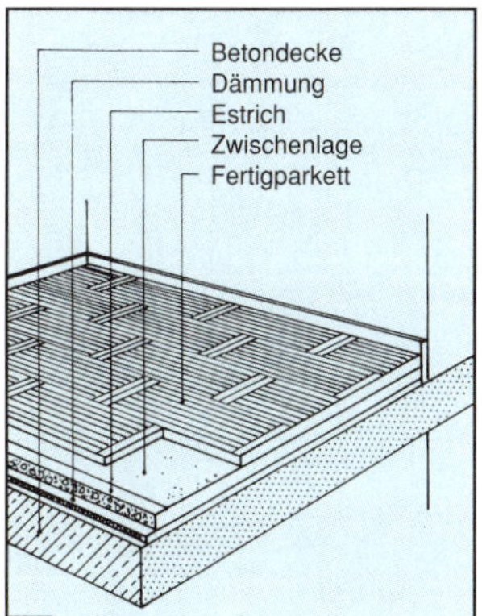

7 Fertigparkett-Elemente auf Estrich

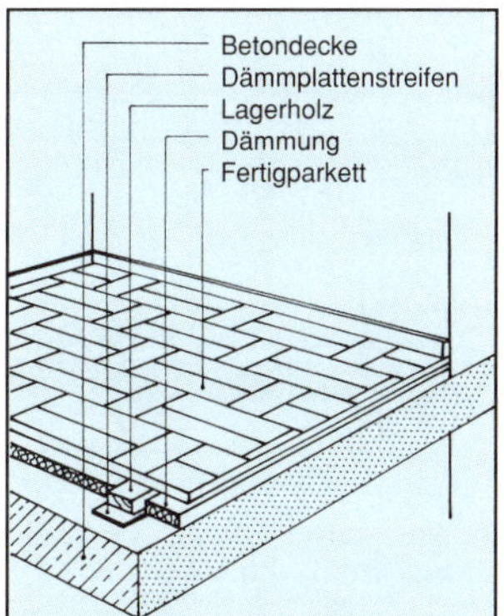

8 Fertigparkett-Elemente auf Lagerhölzern

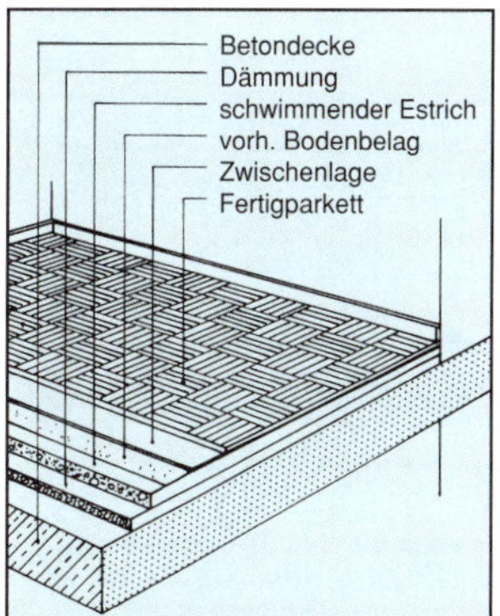

9 Fertigparkett-Elemente auf vorh. alten Bodenbelägen

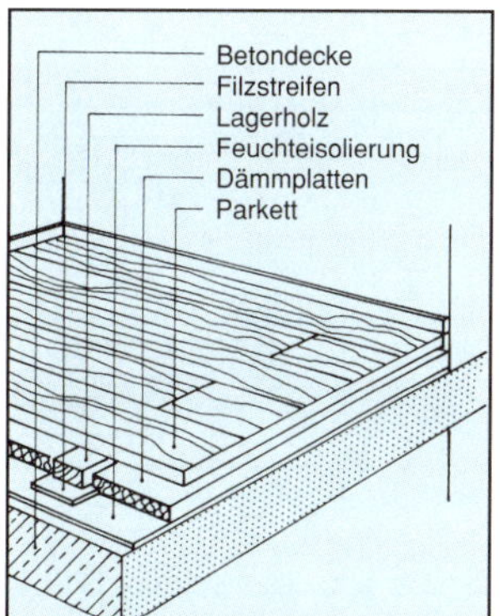

10 Streifenparkett

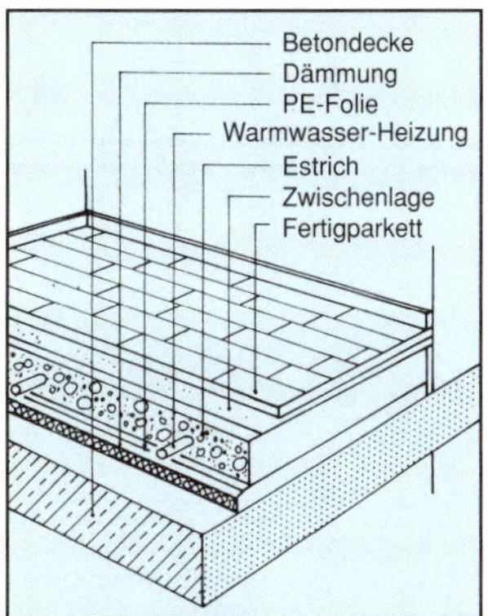

11 Fertigparkett-Elemente auf Fußbodenheizung

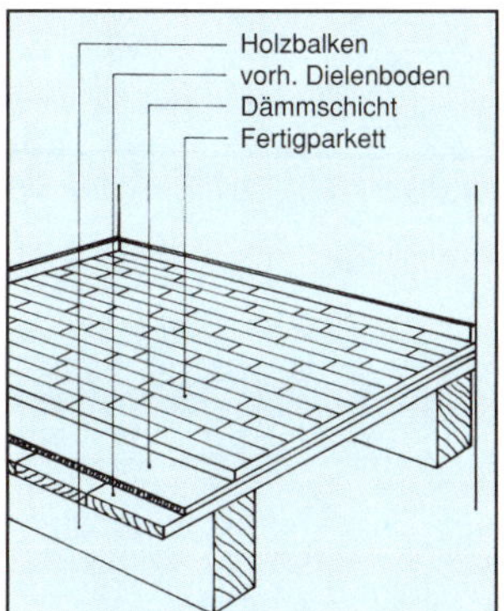

12 Fertigparkett-Elemente auf vorh. Fußboden

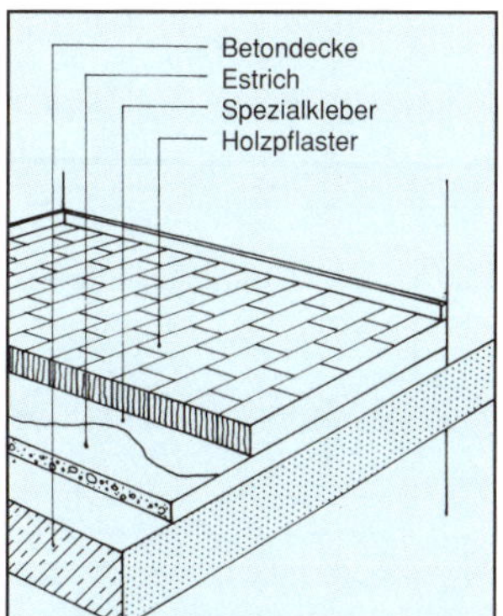

13 Holzpflaster preßverlegt mit Oberflächenbehandlung (Wohnbereich)

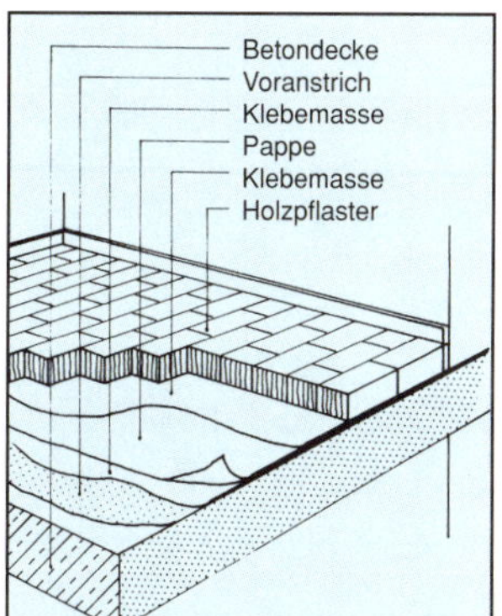

14 Holzpflaster auf glattem Unterboden (gewerblich)

BODENPLATTEN

VERLEGEBEISPIELE

Mit der Wahl des Bodenbelages trifft man eine Entscheidung, die die zukünftige Nutzung der Räume u. ihre damit verbundene Gestaltung u. Atmosphäre festlegt. Fußböden bestimmen entscheidend den Gesamteindruck der Räume, ihre Pflegekosten, den Wohnwert. Räume, mit direktem Zugang nach draußen sollten zweckmäßigerweise mit leicht zu reinigendem Hartbelag versehen werden, keramische oder Natursteinbeläge. Bei fliesenartigen Belägen wie Keramik, Steinzeug oder Naturwerkstein lassen sich durch die Abmessungen und Verlegerichtungen besondere auf den Raum u. den Charakter des Hauses zugeschnittene Muster u. Wirkungen erzielen.

Keramische Bodenplatten: Steinzeug-, Boden-, Mosaik-, Sinterplatten sind Tonscherben, im Brennprozeß gesintert, fast keine Wasseraufnahme: frostbeständig, mit geringer mechanischer Abnutzung.

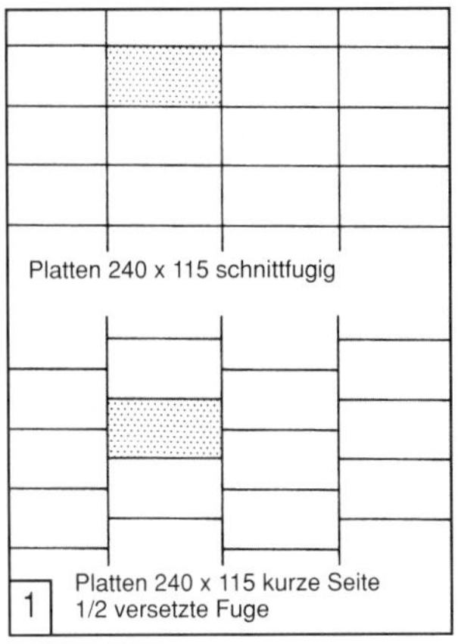

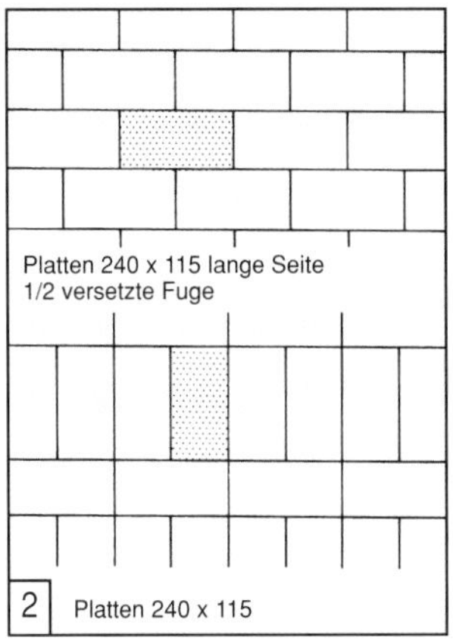

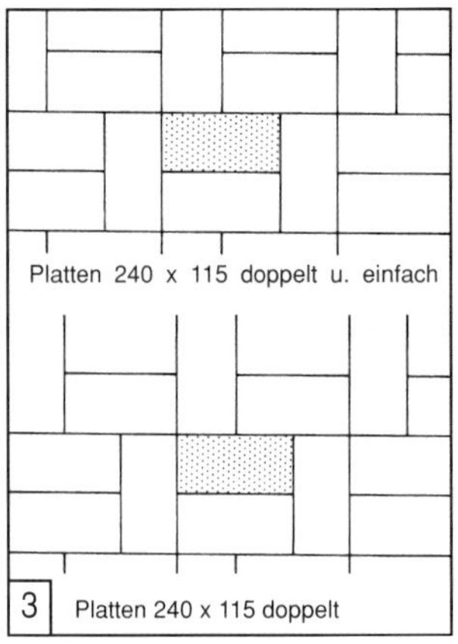

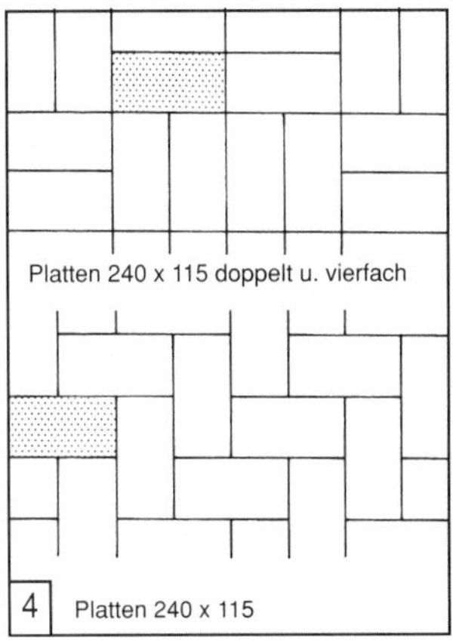

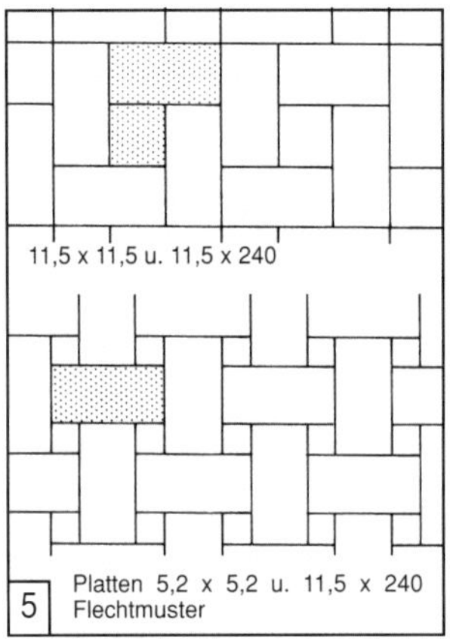

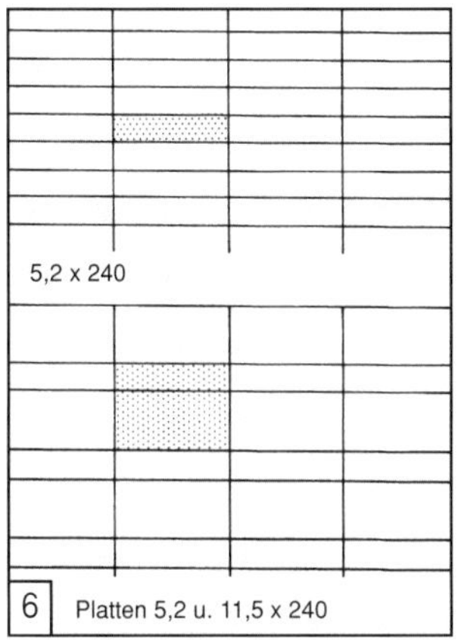

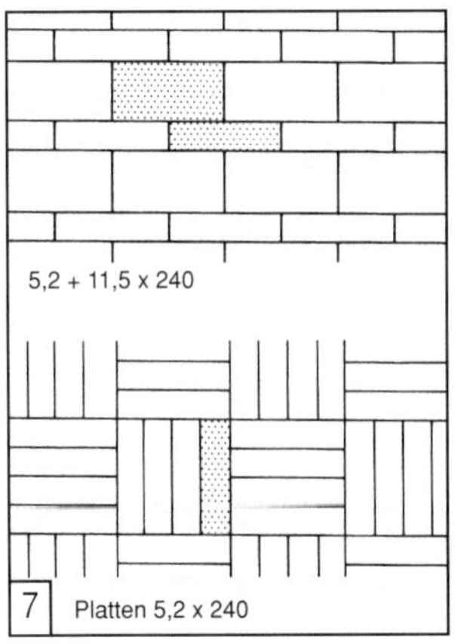

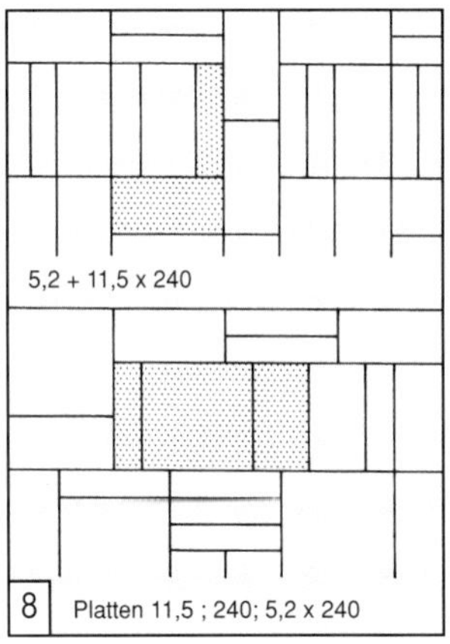

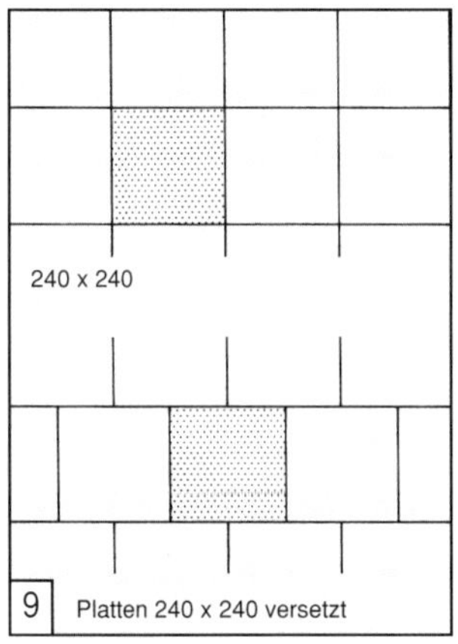

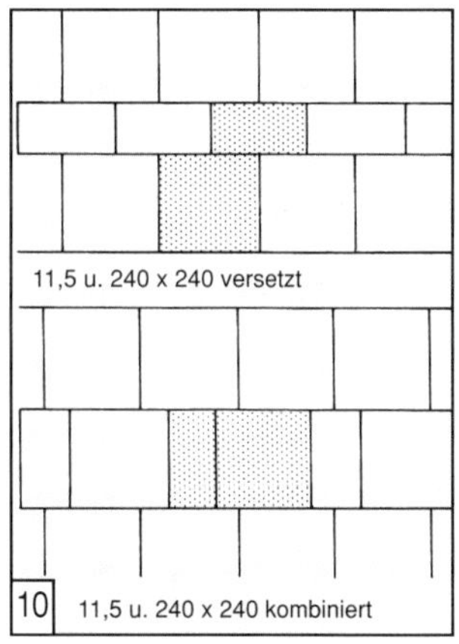

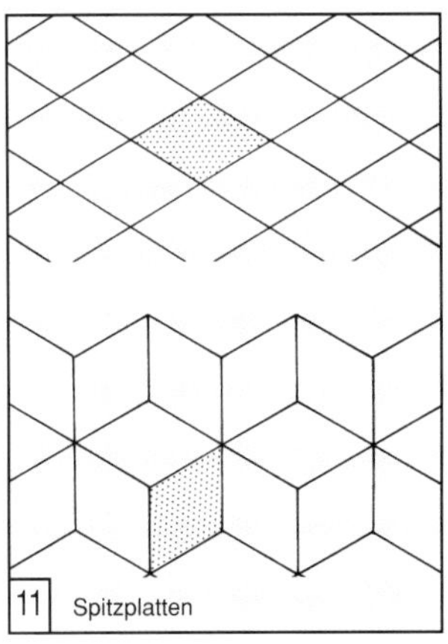

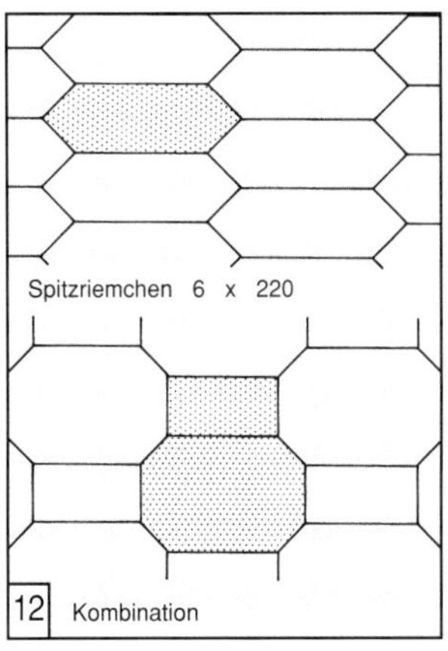

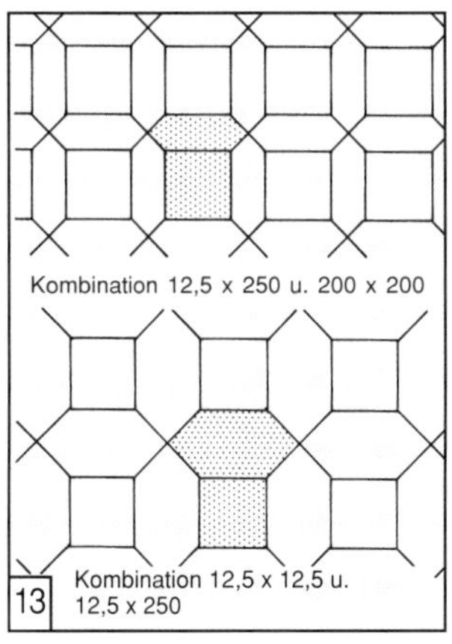

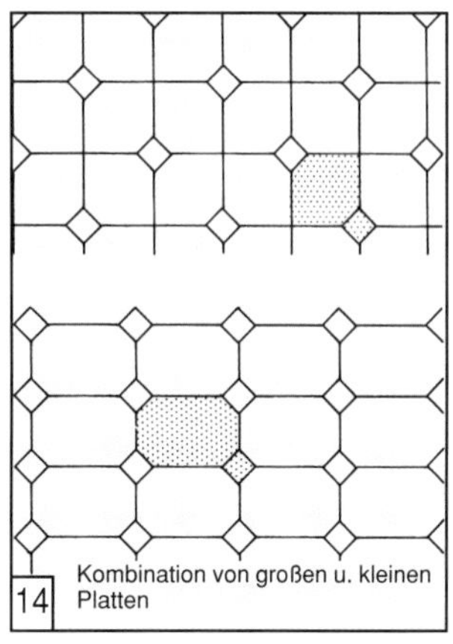

BODENPLATTEN

VERLEGEBEISPIELE FLIESEN U. PARKETT

Umfangreiches Format- u. Formsteinprogramm ermöglicht variantenreiches Gestalten. Durch Kombination verschiedener Formate u. Farben sind Flächen zu gliedern, auch für ornamentale Kreis- u. Bodengestaltung Vielzahl von Möglichkeiten. Plattenboden aus Naturstein, Ziegel, Steinzeug, Glas, Kunststoff. Parkettfußböden aus einheimischen oder exotische Hölzern in Stab- u. Tafelform → 11 – 14. Holzdielen sind 24 mm dick, rauh, ein- oder doppelseitig gehobelt, Breite 10 – 15 cm → 11. Holzarten für Dielenfußböden: Deutsche Fichte/Tanne. Dielen mit Nut und Feder Nordische Fichte/Tanne, Amerikanische Redpinedielen, Pitschpine-Saps-Dielen. Fertigparkett industriell vorgefertigt u. werkseitig versiegelt → 12 – 14. Parkett kann in einer Vielzahl von Verlegemustern verlegt werden, so daß jede gewünschte Raumaufteilung erreicht werden kann.

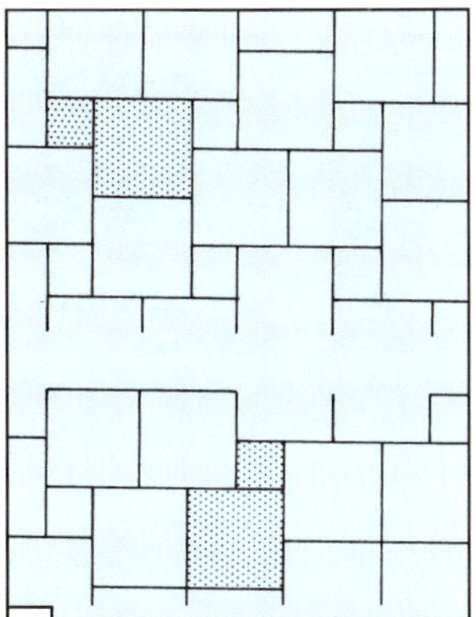

1 Quadrate mit Einlagen

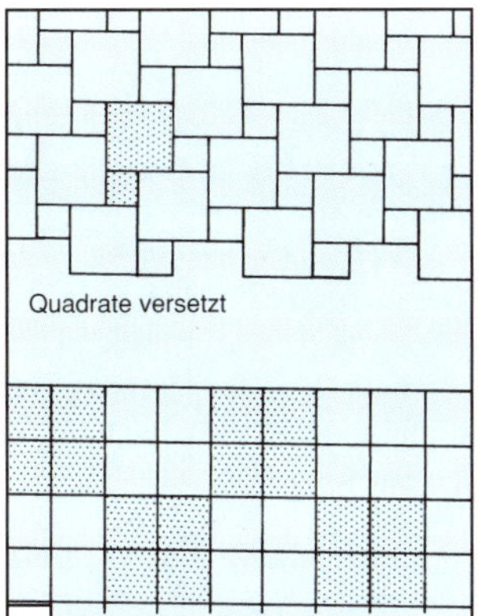

2 Doppeltes Schachbrett

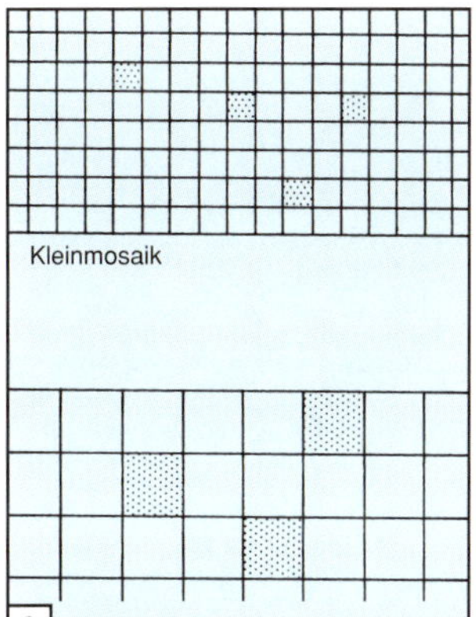

3 Mosaik

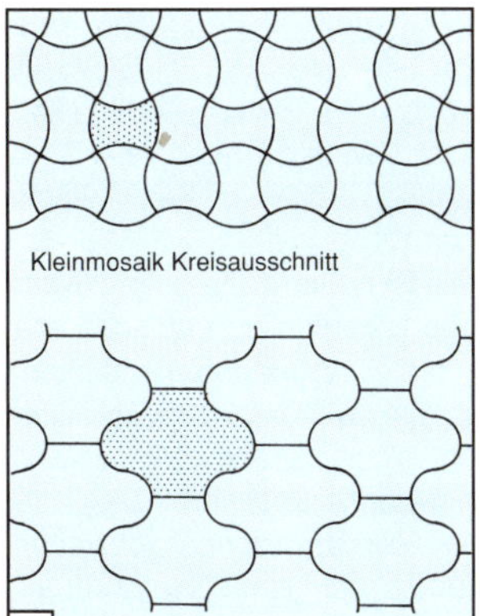

4 Freie Formen

5 Mosaik Essener Form

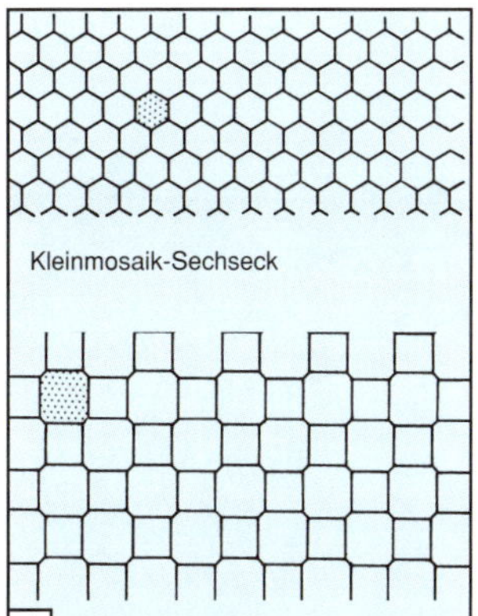

6 Kleinmosaik Quadrat

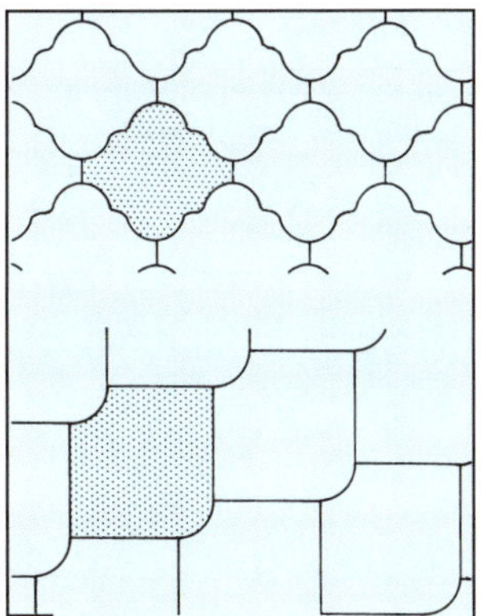

7 Freie Formen

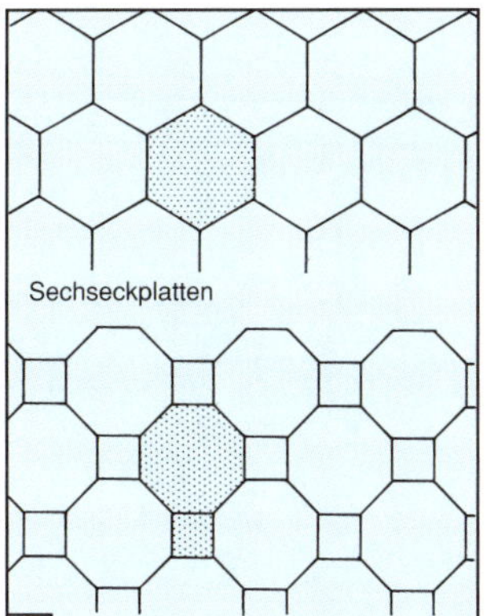

8 Achteck- u. Quadratplatten

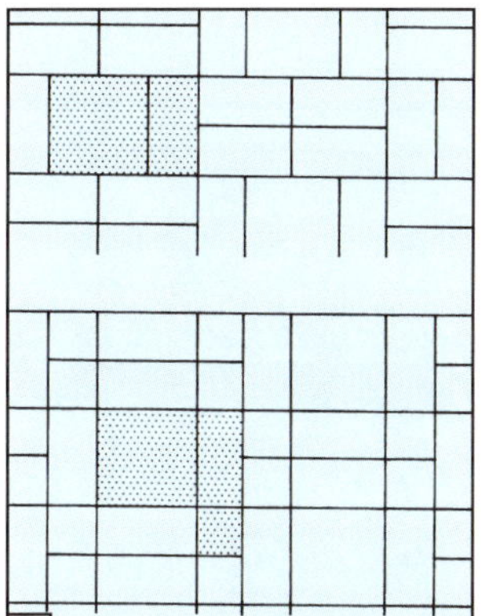

9 Rechtecke u. Quadrate kombiniert

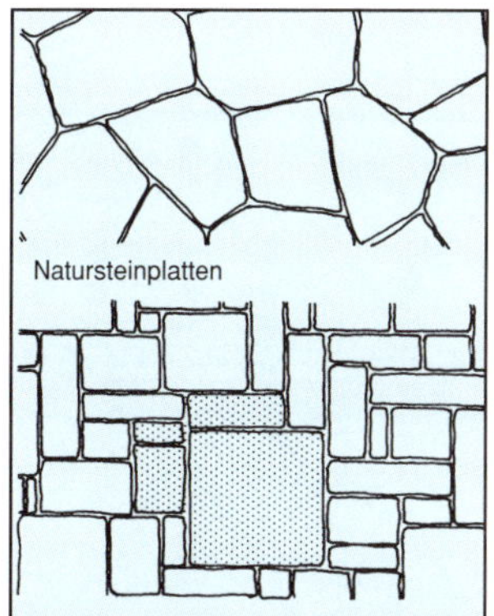

10 Natursteinplatten im Römischen Verband

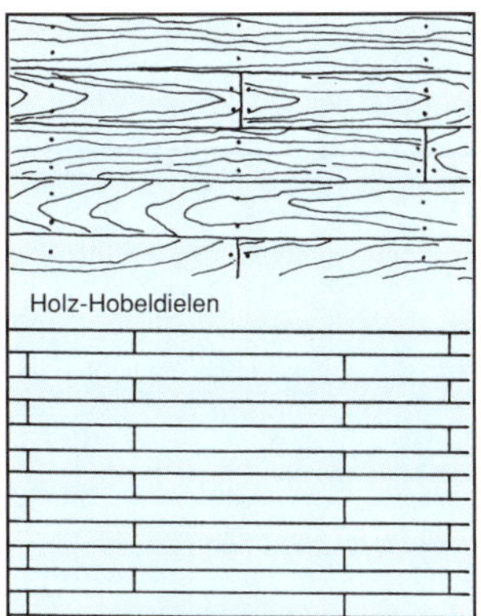

11 Stabparkett-Schiffsverband

12 Parkettstäbe

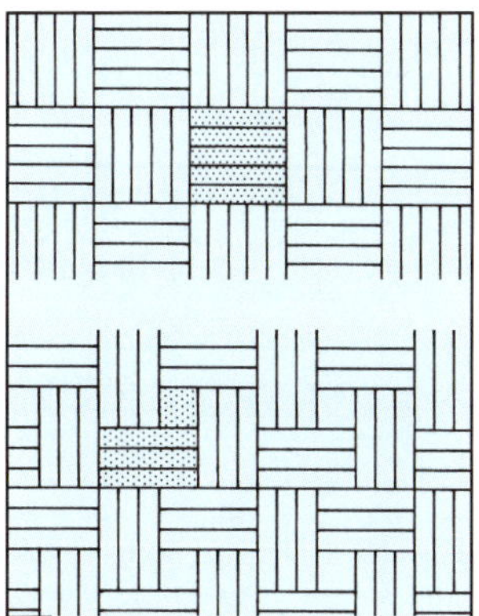

13 Parkett-Flechtmuster

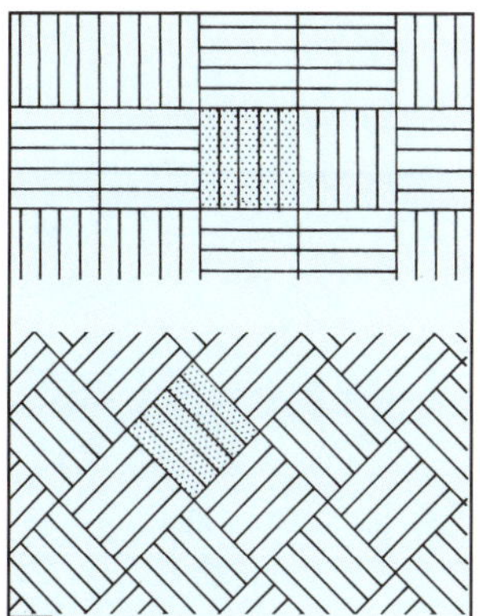

14 Mosaikparkett

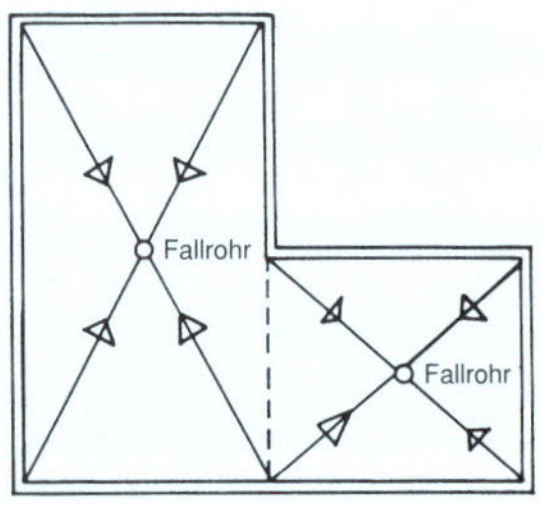

1 Dachentwässerung mind. 2 Einläufe – Gefälle 3%

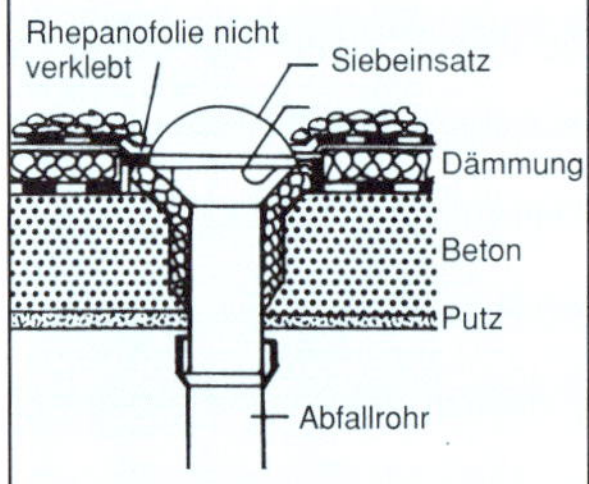

2 Flachdacheinlauf aus glasfaserverstärktem Polyester mit vorgefertigter Dämmung; besser: doppelstöckig → [3]

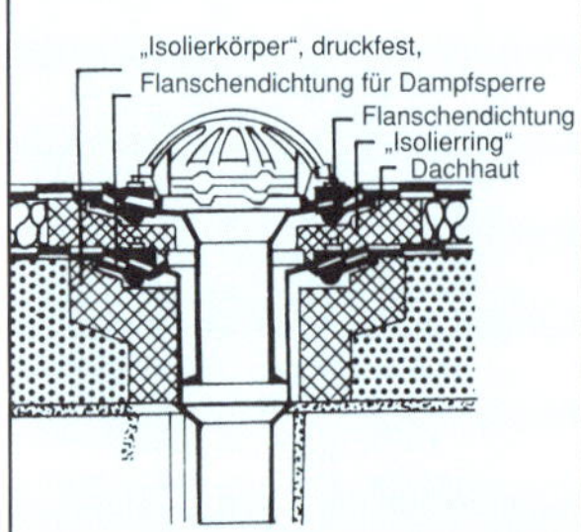

3 Zwei-Etagen-Einlauf mit Flanschendichtung und Schaumglas-Dämmkörpern, deren unterer einbetoniert ist („Passavant")

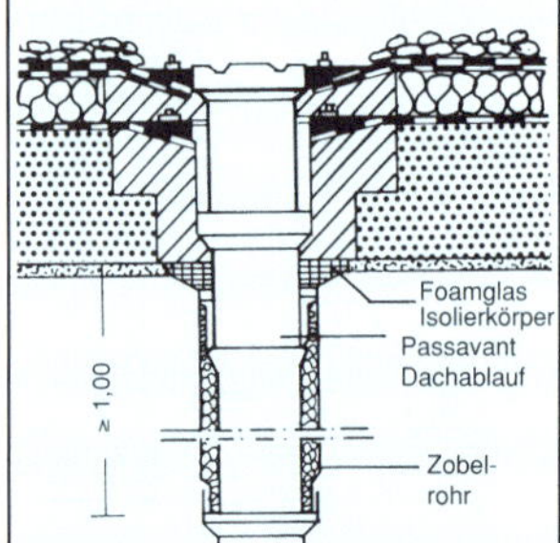

4 mit ged. Abfallrohr (Zobelrohr)

Warmdach in konventioneller Form: Bauart mit Dampfsperre; Aufbau von unten: Dachdecke – Dampfsperre – Dämmung – Dichtung – Schutzschicht. → [5] – [8]

Dampfsperre möglichst als Dachbahn mit 0,2 mm Alu-Einlage auf Gleitschicht aus Glasvlies-Lochbahn (zuvor Bitumen-Lösung-Voranstrich zur Staubbindung); Lage der Dampfsperre soweit unten, daß Kondensation ausgeschlossen, darunter Trennschicht oder Ausgleichsschicht (DIN 18 338, 3.10.2).

Dämmung möglichst verrottungsfeste Stoffe (Schaumstoffe); Zweilagige Verlegung oder Fugenausbildung mit Falz: optimal Hakenfalz (allseitig).

Dachhaut auf Dampfdruck-Ausgleichsschicht (Rippenpappe oder Dämmschicht-Rillung gegen Blasenbildung) dreilagig im Gieß- und Einwalzverfahren aus 2 Lagen Glasgittergewebe-Dachbahn – dazwischen 1 Lage Glasvliesdachbahn oder zweilagig im Schweißverfahren aus Bitumendickbahn (d ≥ 5 mm). Einlagige Foliendichtung zwar zulässig, aber riskant wegen geringer Dicke (mechanische Beschädigung möglich) und möglichen Fehlstellen in den Nähten (2. Lage bietet zusätzliche Sicherheit!).

Schutzschicht möglichst als 5 cm Kiesschüttung 15–30 mm Korngröße auf doppeltem Heißanstrich und Trennfolie; verhindert Blasenbildung, Temperaturschocks, mechanische Beanspruchung, UV-Schäden. Zusätzliche Sicherheit durch 8 mm Gummischrotplatten unter der Kiesschüttung, Fugen mit Dachbahn überschweißt (bei Terrassen und Dachgärten grundsätzlich vorsehen).

Wandanschluß ≥ 15 cm über Entwässerungsebene hochziehen, mechanisch befestigen, nicht nur kleben (zwingende Vorschrift aus DIN 18 195). → [9] – [12]

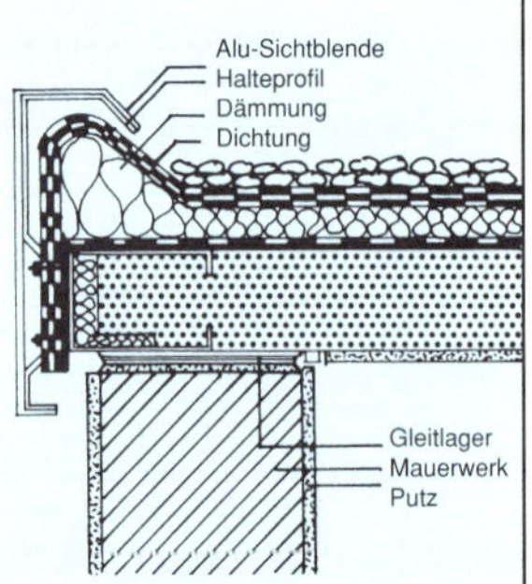

5 Flachdachrand mit offener Gleitfuge

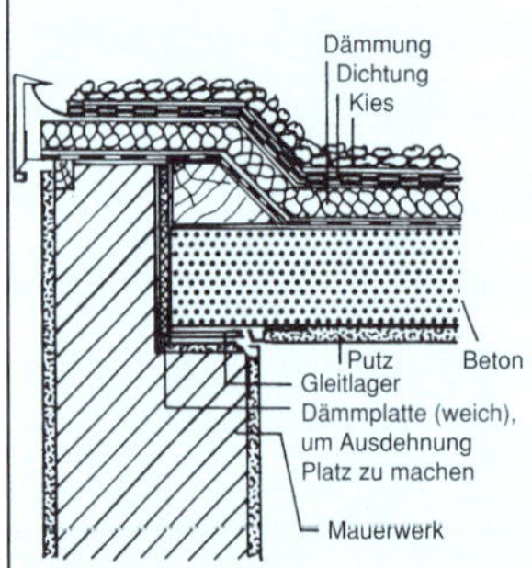

6 Flachdachrand mit verdeckter Gleitfuge (Slidebahn)

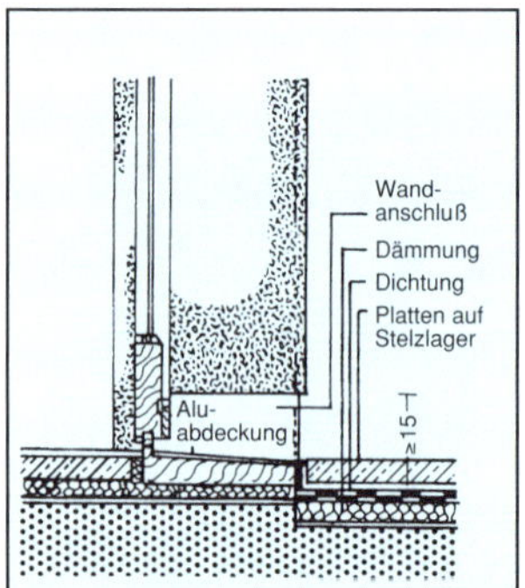

9 Wandanschluß im Bereich Terrassentür

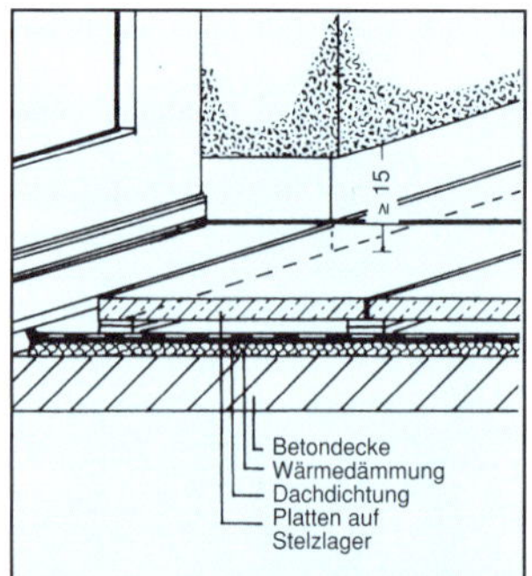

10 Wandanschluß, besser auch Türschwellen gleich hoch wie Schutzsockel

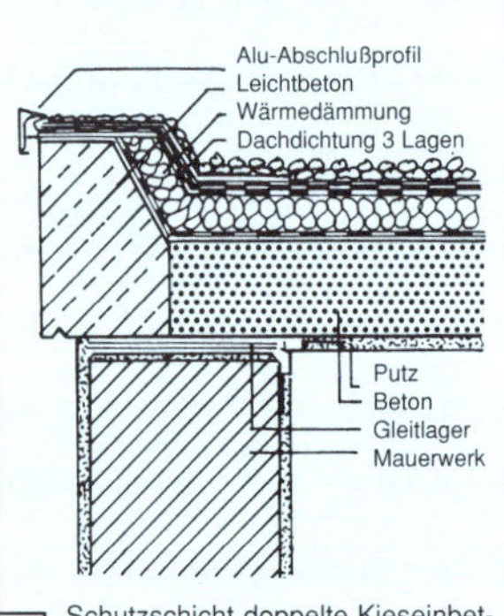

7 Schutzschicht doppelte Kieseinbettung. Besser: Kiesschüttung

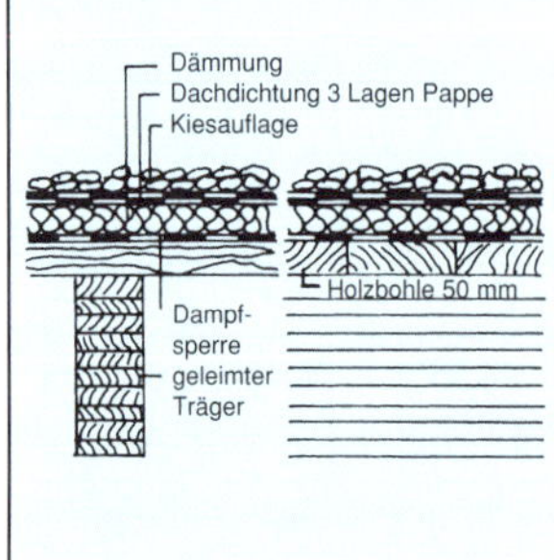

8 Warmdach mit geleimten Trägern Deckenuntersicht gehobelte Bohlen

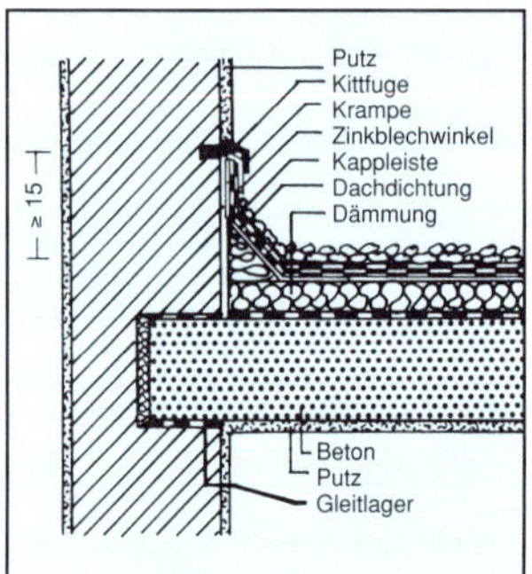

11 Wandanschluß Zinkblechwinkel u. Kappleiste

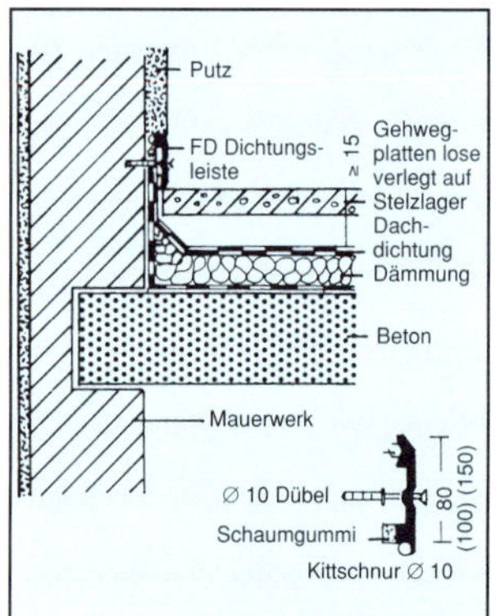

12 Wandanschluß mit FD Dichtungsleiste (trittfest)

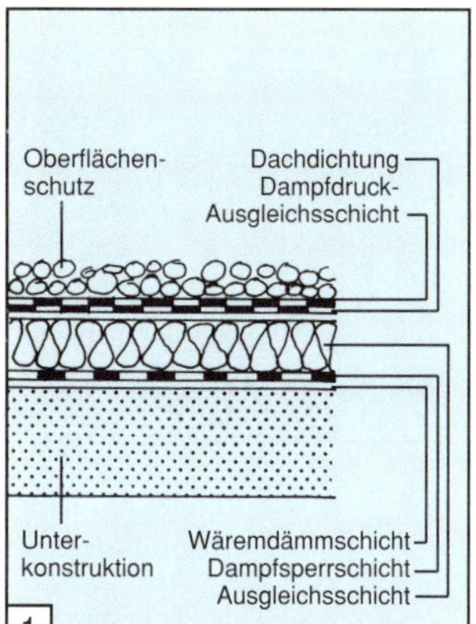

1 Nicht belüftetes Dach → S. 58

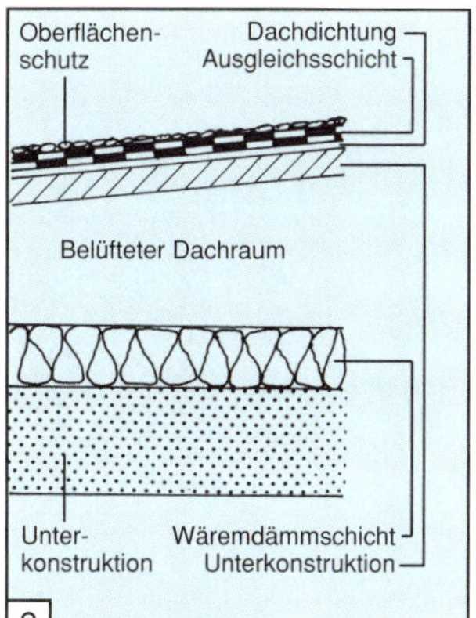

2 Belüftetes Dach

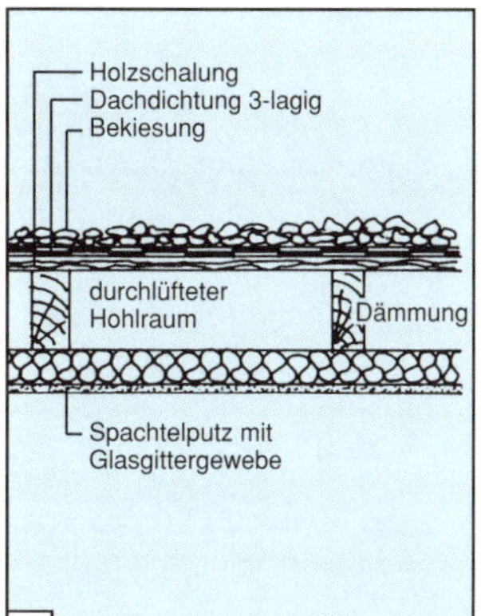

3 Kaltdach leichte Konstruktion

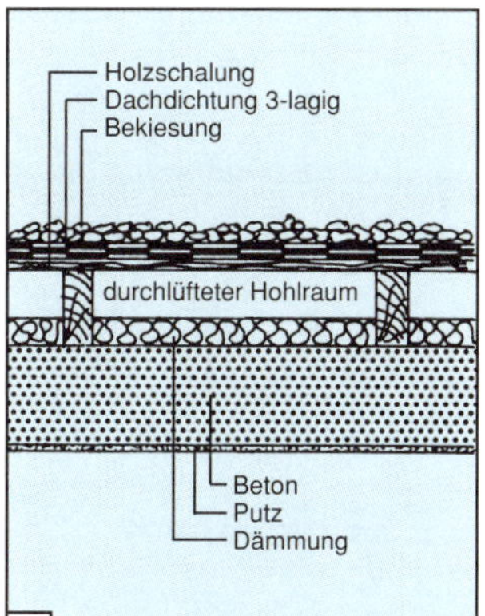

4 Kaltdach schwere Konstruktion

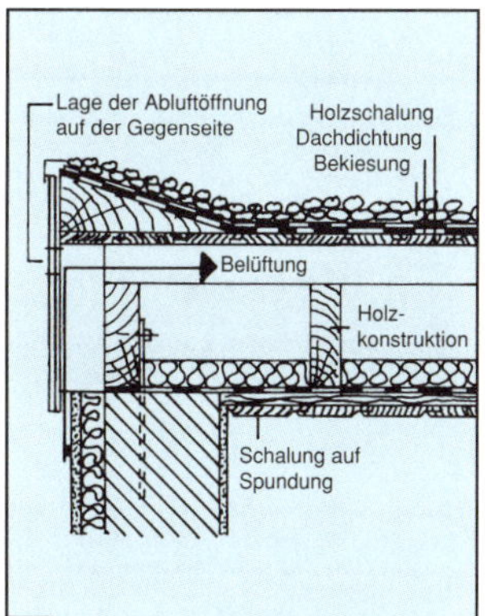

5 Kaltdach in Holzbauweise

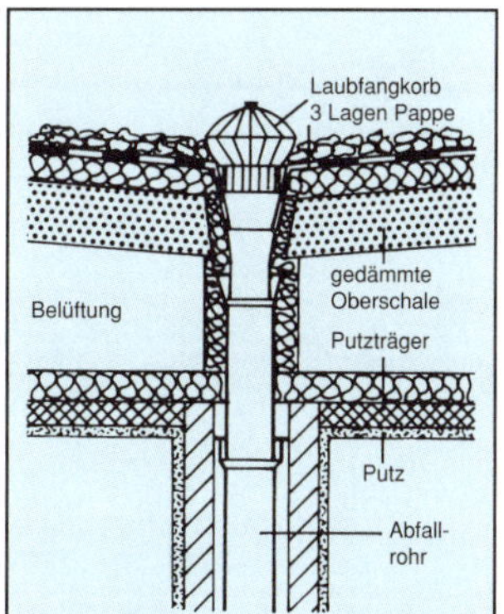

6 Kaltdach Flachdacheinlauf im Hohlraum dämmen

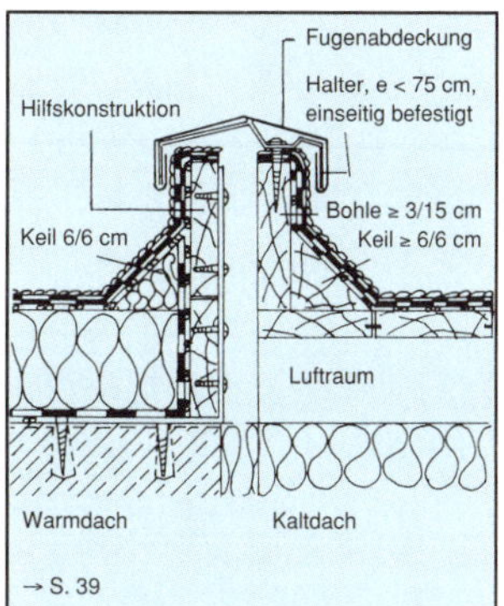

7 Dehnungsfuge mit Hilfskonstruktion und Abdeckung

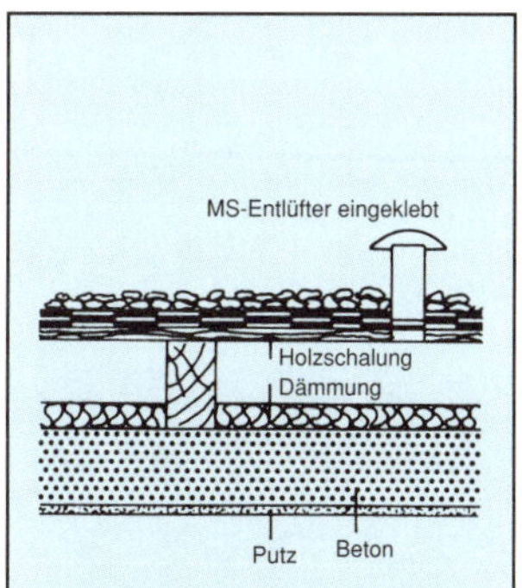

8 Zusätzliche Entlüfter beim Kaltdach für übergroße Dachflächen und zur Entlüftung am Anschluß an höhere Bauteile

FLACHDACH

BELÜFTETES DACH

Es sind zwei Ausführungsformen möglich: das nicht belüftete (einschalige) Dach → 1 und das belüftete (zweischalige) Dach → 2. Nichtbelüftete Dächer (früher „Warmdach") sind einschalige Dächer, bei denen der Dachaufbau unmittelbar auf der Unterkonstruktion aufliegt. → S. 58

Eine Sonderform dieses Daches ist die Dachabdichtung auf selbstdämmenden Unterkonstruktionen (z.B. Gasbetonplatten). Belüftete Dächer (früher „Kaltdach") sind zweischalige Dächer mit einer oberen und unteren Schale und einem dazwischenliegenden von außen belüfteten Dachraum. → 2 – 8

Dies kann auch ein ausgebautes Dachgeschoß sein. → S. 66

Die unter der Wärmedämmschicht angeordneten Bauteile (Dachdecke, eventuell Dampfsperre) müssen eine diffusionsäquivalente Luftschichtdicke ($s_d = \mu \cdot s \cdot a$) mit folgenden Werten aufweisen:

$a \leq 10$ m	$s_d \geq 2$ m
$a \leq 15$ m	$s_d \geq 5$ m
$a \leq 15$ m	$s_d \geq 10$ m

Dabei wird der Abstand der Be- und Entlüftungsöffnungen mit a bezeichnet (siehe E DIN 4108, Teil 3). Diese Werte sind festzulegen und zu überprüfen. Die auf den gegenüberliegenden Seiten anzuordnenden Be- und Entlüftungsöffnungen müssen jeweils mindestens 2 ‰ der Dachgrundfläche betragen. Der freie Strömungsraum sollte gerade verlaufen, ohne Ecken, Knicke, Kanten, Vorsprünge, wie z.B. durch in den belüfteten Dachraum hineinragende Balken. Er muß an der niedrigsten Stelle mindestens 10 cm betragen.

* Erläuterung von $\mu \cdot s$

Die diffusionsäquivalente Luftschichtdicke $\mu \cdot s$ beschreibt die Dicke einer Luftschicht in Metern, die die gleiche Dampfdichtigkeit aufweist wie eine Stoffschicht mit der Dicke d und dem Diffusionswiderstandsfaktor μ. Der dimensionslose Widerstandsfaktor μ ist der Vergleich der Dampfdichtigkeit einer 1 m dicken Materialschicht mit der Dampfdichtigkeit einer 1 m dicken Luftschicht.

Ganz flaches Dach nur mit Dampfbremse.

Luftschicht hier nur zum Dampfdruckausgleich, analog Warmdach, weil funktionsfähig als Lüftung erst ab 10 % Neigung.

Wichtig: Innenschale muß luftdicht sein! Nut- und Federdeckung ist das nicht.

Gefälle ≥ 1,5%, besser 3% für Entwässerung wichtig. Einläufe auch im Luftschichtbereich dämmen; gedämmt Einlaufrohre verwenden → 6.

Geschlossenheit der Dampfsperre notwendig.

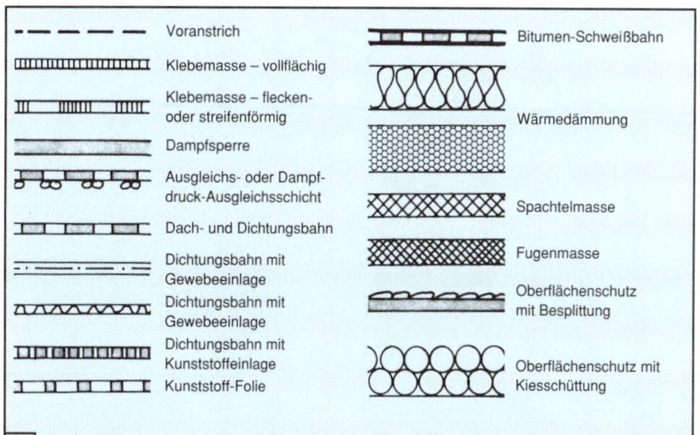

9 Sinnbilder für die Darstellung von Dichtungsaufbauten DIN 1356 E und DIN 4122

DACHBEGRÜNUNG

→ 📖

1 Dachgärten auf Mietshäusern: „Programmpunkt für eine neue Architektur“

2 Dachgärten als Ansammlung von Pflanzgefäßen auf Balkonen und Dachterrassen

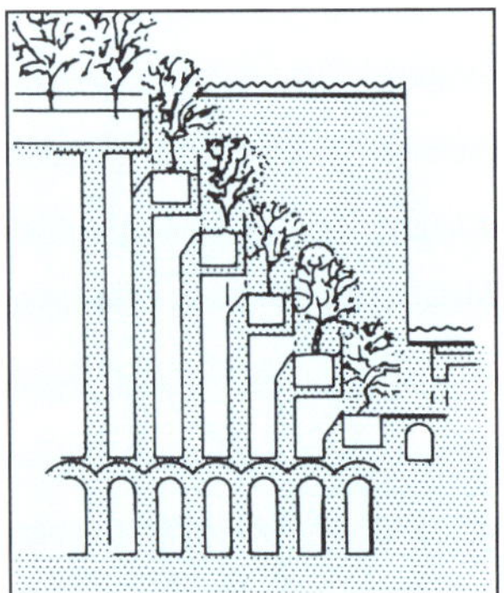

3 Die hängenden Gärten der Semiramis in Babylon (im 6. Jahrhundert vor Christus)

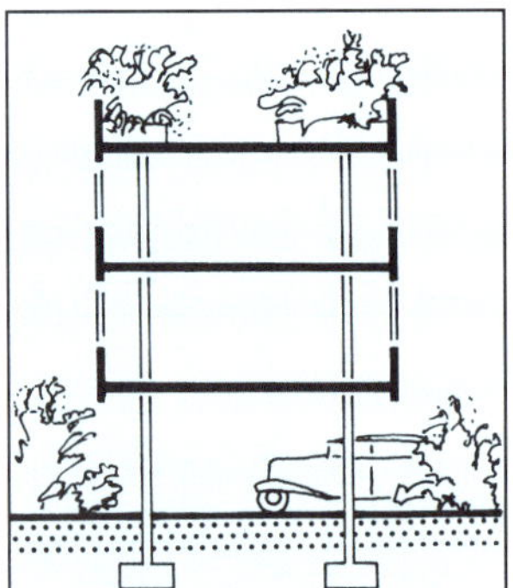

4 Verlorene Grünflächen werden durch Bepflanzen der Dächer zurückgewonnen

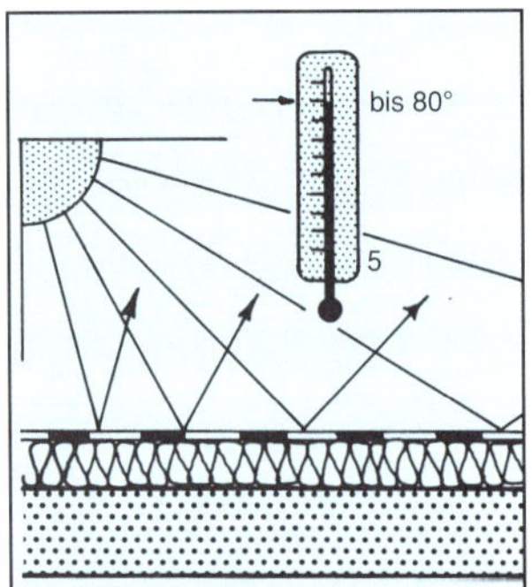

5 Bei einem „herkömmlichen“ Dach: überhitzte, trockene Stadtluft → 6

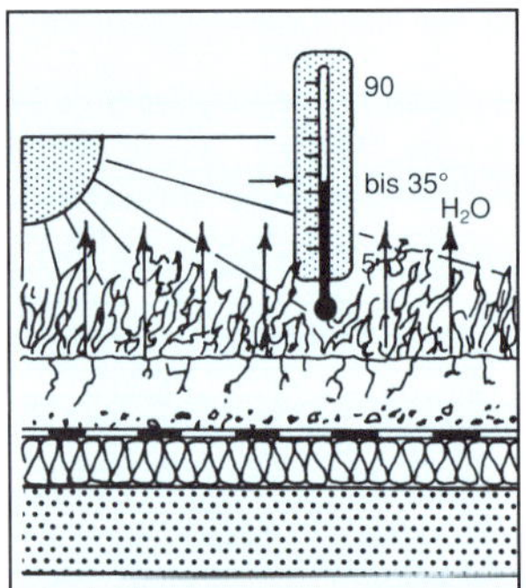

6 Bei einem Gründach: kühlere u. feuchtere Luft durch energieverbrauchende Pflanzenverdunstung

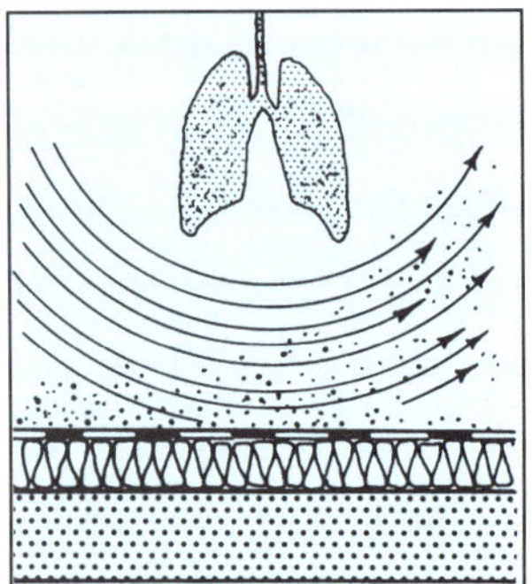

7 Bei einem „herkömmlichen“ Dach: Staubproduktion u. Staubaufwirbelung → 8

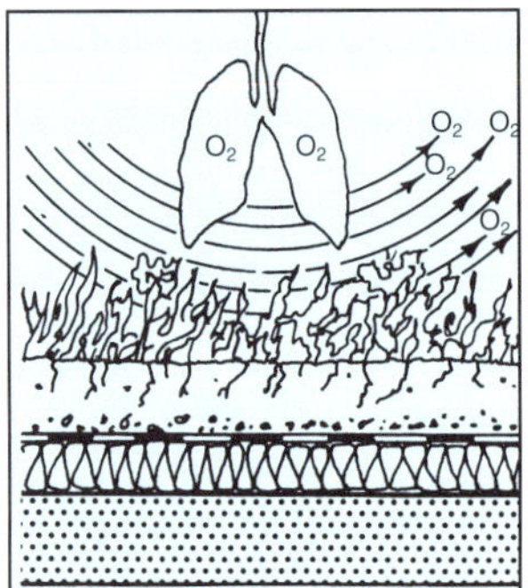

8 Bei einem Gründach: Verbesserung der Stadtluft durch Ausfiltern u. Binden des Staubes u. durch die Sauerstoffproduktion der Pflanze

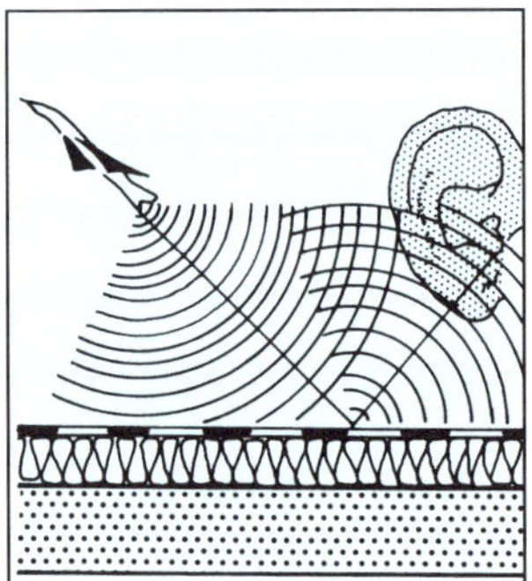

9 Bei einem „herkömmlichen“ Dach: Schallreflektion an „harten Oberflächen“ → 10

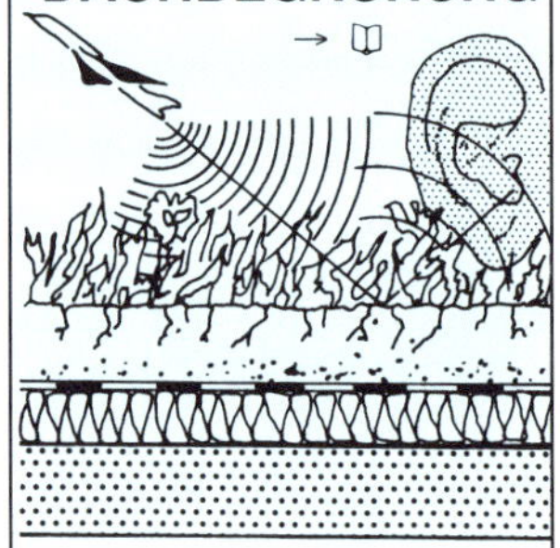

10 Bei einem Gründach: Schallabsorption durch weiche Pflanzenoberfläche

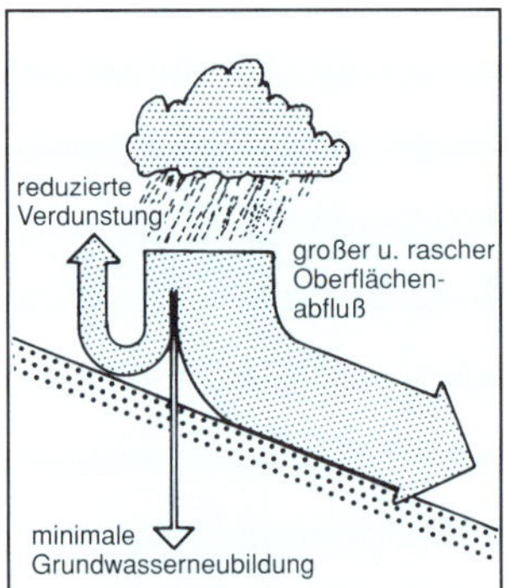

11 Niederschlagsaufteilung – befestigte Flächen → 12

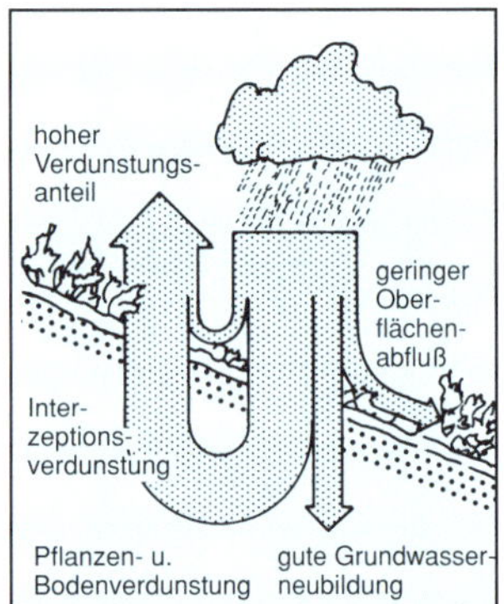

12 Niederschlagsaufteilung – unbebaute Flächen

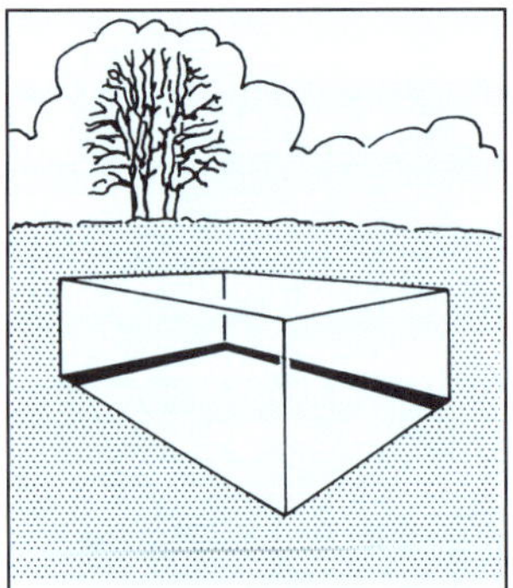

13 Mit dem Bau eines Hauses geht jedesmal ein Stück freier Landschaft verloren → 14

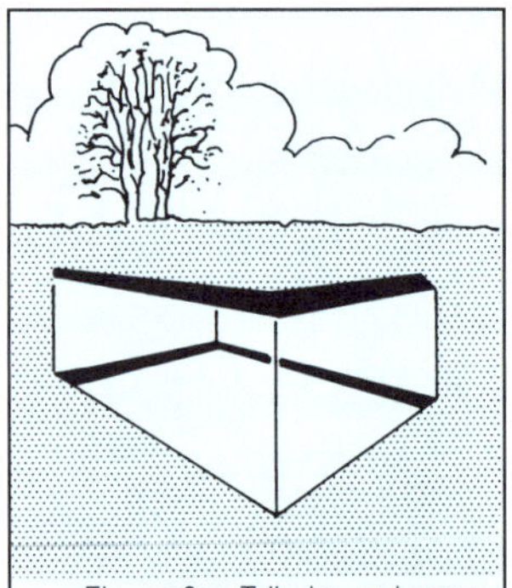

14 Ein großer Teil der verlorenen Grünflächen könnte durch Bepflanzung der Dächer zurückgewonnen werden

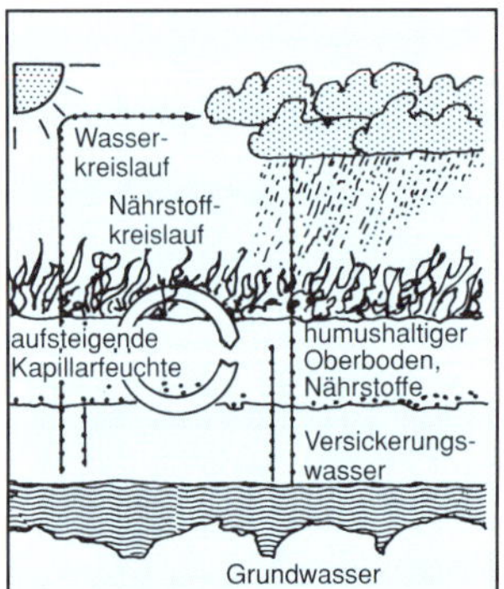

15 Natürlicher Wasser- und Nährstoffkreislauf

16 Psychisch-physischer Wert von Grünflächen (das Wohlbefinden wird durch Grünflächen positiv beeinflußt)

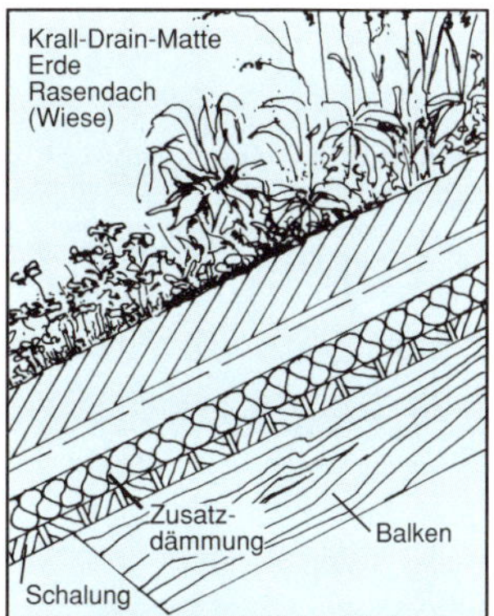

1 Dachbegrünung bei geneigtem Dach

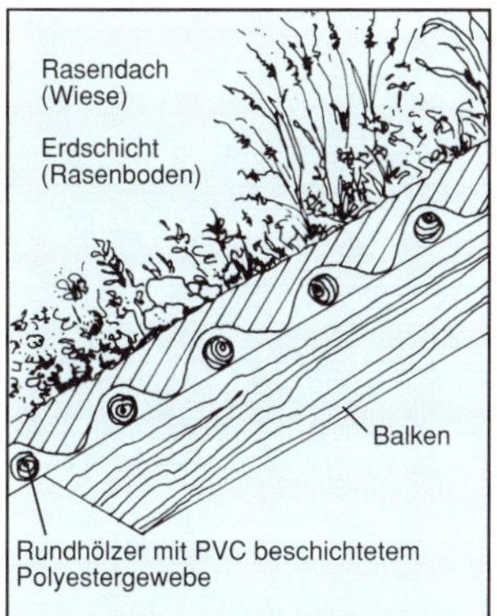

2 Dachbegrünung bei steiler Dachneigung

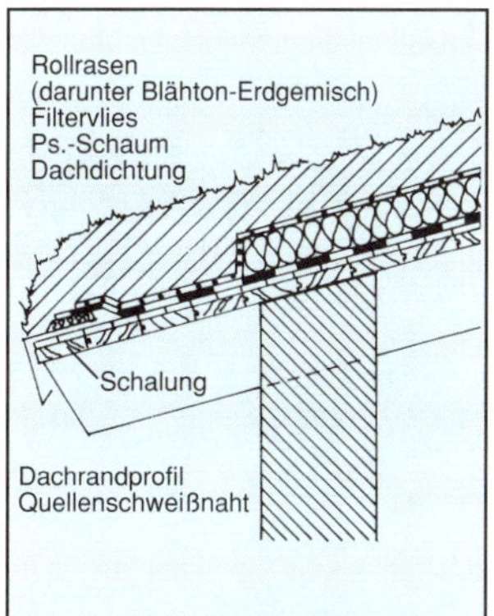

3 Traufdetail bei geneigtem „Gründach“

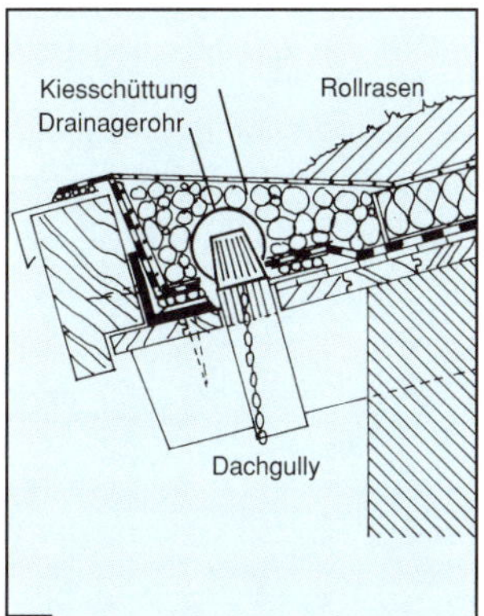

4 Traufdetail → 3

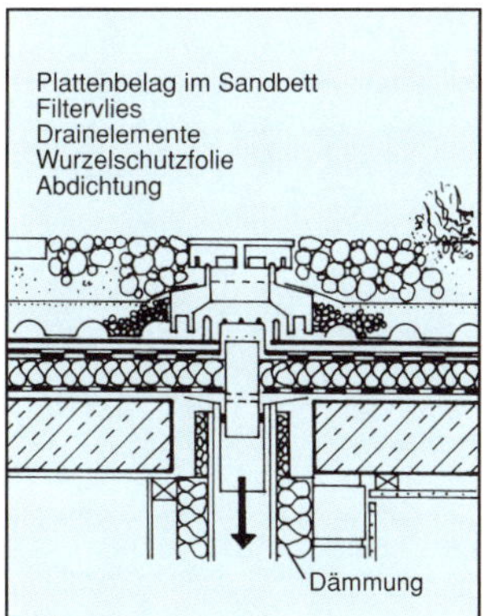

5 Entwässerungskontrollschacht

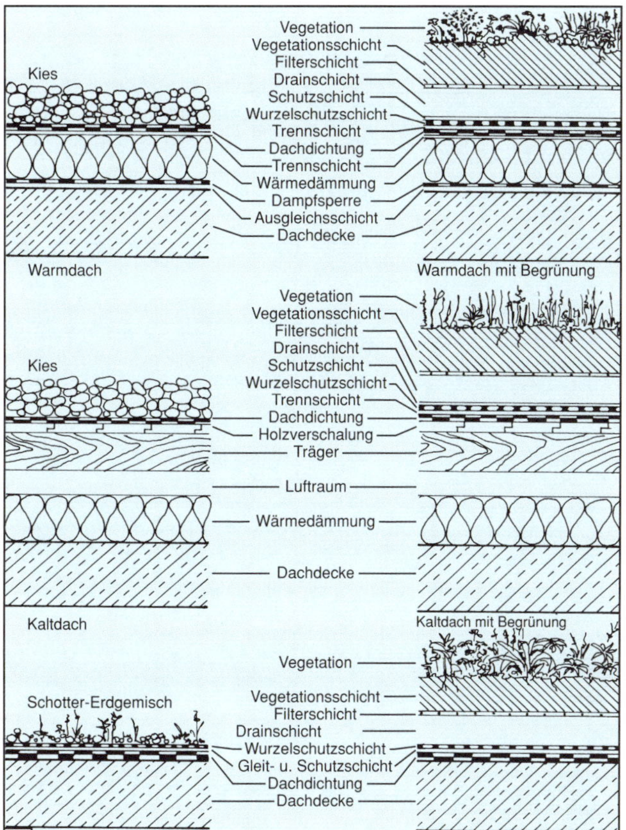

7 Umkehrdach — Umkehrdach mit Begrünung

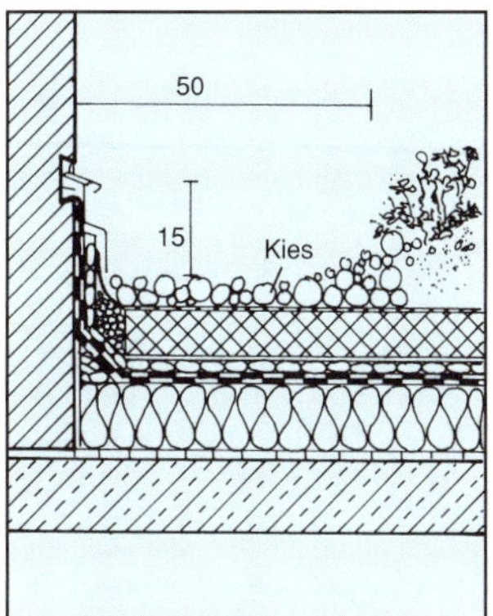

6 Wandanschluß mit Sicherheitsstreifen (Kies)

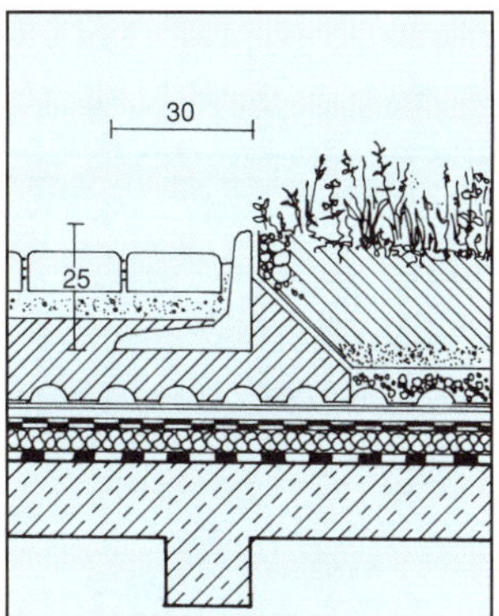

8 Übergang vom Fahrstreifen zur intensiven Dachbegrünung

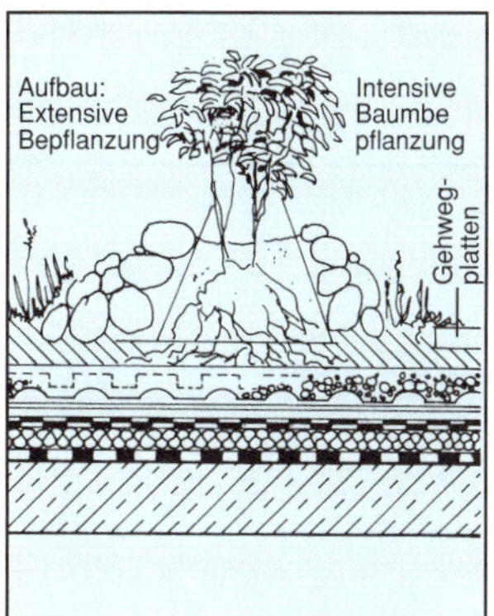

9 Übergang vom Gehweg zu intensiver u. extensiver Begrünung

DACHBEGRÜNUNG

DACHAUFBAU → 🕮

Vegetationsschicht. Es werden Blähton und Blähschiefer verwendet. Sie bieten: Strukturstabilität, Bodenbelüftung, Wasserspeicherung und Bodenmodellierung. Aufgaben: Nährstoffspeicher, Bodenreaktion (pH-Wert), Durchlüftung, Wasserspeicherung.

Filterschicht. Sie verhindert die Verschlammung der Dränschicht und besteht aus Filtermaterial.

Dränschicht. Sie verhindert die Überwässerung der Pflanzen. Material: Fadengeflechtmatten, Schaumstoffdränbahnen, Kunststoffplatten, Schutzbaustoffe.

Schutzschicht. Sie schützt bei der Bauphase und gegen Punktbeladung.

Wurzelschutzschicht. Das Wurzelwerk wird mit PVC/ECB- und EPDM-Bahnen abgehalten.

Trennschicht. Sie trennt die tragende Konstruktion von der Dachbegrünung.

Beispiele → 7 zeigen übliche Flachdachaufbauten und als Variante mit Dachbegrünung. Bevor Begrünung aufgebracht wird, müssen der einwandfreie Zustand des Daches und die Funktionsfähigkeit der einzelnen Schichten sichergestellt sein. Dachfläche sorgfältig auf technischen Zustand prüfen. Folgende Punkte beachten: Aufbau der Schichten (Zustand), Gefälleausbildung, Unebenheiten und Durchhängung der Decke. Dachabdichtung (Blasen, Risse), Dehnungsfugen, Randanschlüsse, Durchdringungen (Lichtschächte, Lichtkuppeln, Dunstrohre), Abläufe. Auch Satteldächer lassen sich begrünen. Geneigtes Dach → 1 – 4 zu begrünen setzt aufwendige konstruktive Vorleistungen voraus (Abrutschgefahr, Austrocknung). Eigenschaft der Dachbegrünung: Schallschutz u. Wärmespeicher, Luftverbesserung, Staubbindung, Rückgewinnung von Grünflächen. Die Stadtentwässerung u. der Landschafts-wasser-Haushalt werden verbessert. Bauphysikalische Vorteile. UV-Strahlungen u. starke Temperaturschwankungen werden durch schützende Gras- und Erdschicht verhindert.

1 Extensivbegrünung

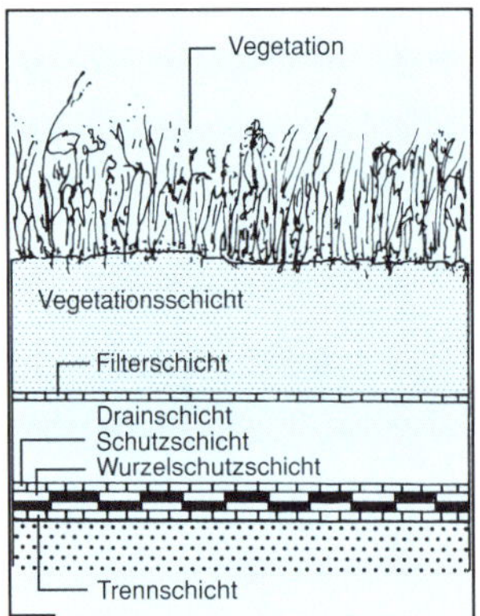

2 Schichtaufbau eines Gründaches

DACHBEGRÜNUNG

Dachneigung. Bei Satteldächern soll die Dachneigung nicht über 25 Grad betragen. Flachdächer sollten Mindestneigung von 2 bis 3% aufweisen.

Dachbegrünungsarten. Intensivbegrünung. Das Dach wird zum Wohngarten und mit Ausstattungselementen wie Pergolen und Loggien bestückt. Ständige Pflege und Wartung ist erforderlich.
Bewuchs: Rasen, Stauden, Gehölze, Bäume

Extensivbegrünung. Die Begrünung hat einen dünnschichtigen Bodenaufbau und erfordert ein Minimum an Pflege.→ 1
Bewuchs: Moos, Gras, Kräuter, Stauden, Gehölze

Mobiles Grün. Kübelpflanzen und andere Pflanzengefäße dienen zur Begrünung von Dachterrassen, Brüstungen und Balkonen.

Natürliche Bewässerung durch Regenwasser. Wasser wird in der Drainschicht und in der Vegetationsschicht gestaut.

Staubewässerung. Regenwasser wird in der Drainschicht gestaut und mechanisch nachgefüllt, falls natürliche Bewässerung nicht ausreicht.

Tröpfchenbewässerung. Tröpfchenschläuche in der Vegetations- oder Drainschicht bewässern die Pflanzen bei Trockenheit.

Beregnung. Beregnungsanlagen über Vegetationsschicht.

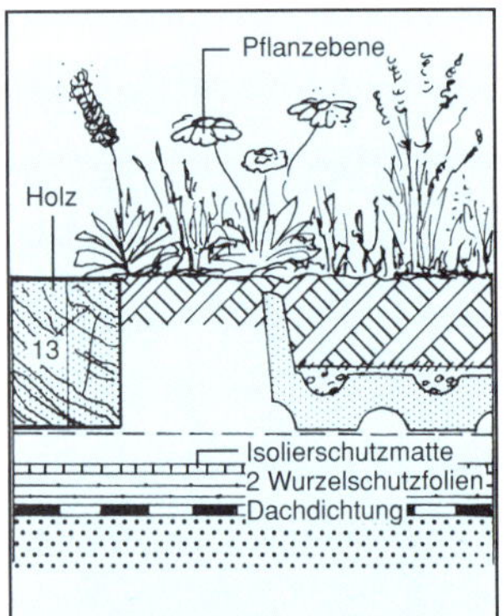

3 Dachbegrünung System Zinco Floraterra

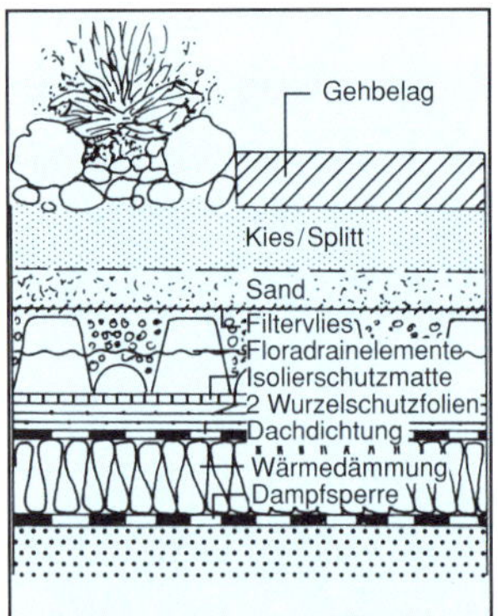

4 Dachbegrünung System Zinco-Floradrain

Botanischer Name	Deutscher Name (Farbe der Blüte)	Höhe	Blüte
Saxifraga Aizoon	Krusten-Steinbrech (weiß-rosa)	5 cm	VI
Sedum Acre	Scharfer Mauerpfeffer (gelb)	8 cm	VI-VII
Sedum Album	Weiße Fetthenne (weiß)	8 cm	VI-VII
Sedum Album „Coral Capet"	Sorte weiß	5 cm	VI
Sedum Album „Laconicum"	Sorte weiß	10 cm	VI
Sedum Album „Micranthum"	Sorte weiß	5 cm	VI-VII
Sedum Album „Murale"	Sorte weiß	8 cm	VI-VII
Sedum Album „Cloroticum"	Walzensedum (hellgrün)	5 cm	VI-VII
Sedum Hybr.	Immergrünchen (gelb)	8 cm	VI-VII
Sedum Floriferum	Weihenstephaner Gold (gold)	10 cm	VIII-IX
Sedum Reflexum „Elegant"	Felsen-Fetthenne (gelb)	12 cm	VI-VII
Sedum Sexangulare	Milder Mauerpfeffer (gelb)	5 cm	VI
Sedum „Weiße Tatra"	Sorte Hellgelb	5 cm	VI
Sedum Spur. „Superbum"	Sorte	5 cm	VI-VII
Sempervivum Arachnoideum	Spinnweb-Dachwurz (rosa)	6 cm	VI-VII
Sempervivum Hybr.	Sämlingsauslesen (rosa)	6 cm	VI-VII
Sempervivum Tectorum	Dachwurz (rosa)	8 cm	VI-VII
Pelosperma	Mittagsblümchen (gelb) nicht ganz winterhart	8 cm	VII-VIII
Festuca Glauca	Blauschwingel (blau)	25 cm	VI
Festuca Ovina	Schafschwingel (grün)	25 cm	VI
Koeleria Glauca	Schillergras (grün-silber)	25 cm	VI
Melicia Ciliatx	Perlgras (hellgrün)	30 cm	V-VI

6 Bewährte Arten u. Sorten für Dachbegrünungen (extensiv)

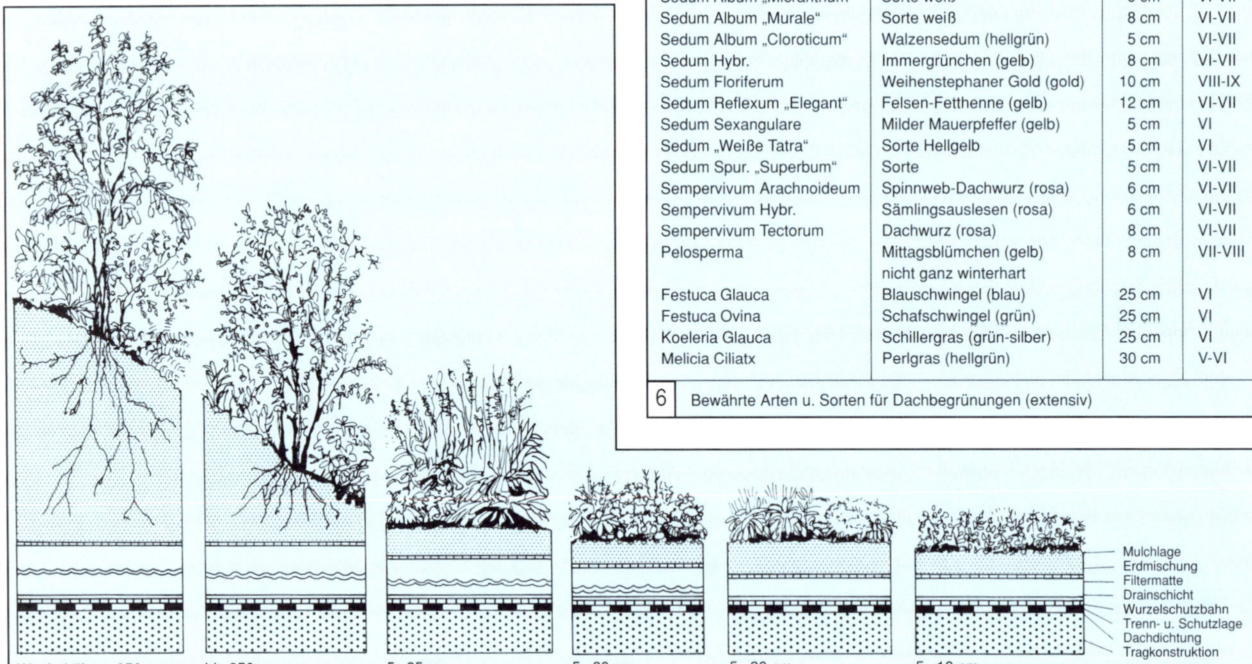

Wuchshöhe > 250 cm	bis 250 cm	5–25 cm	5–20 cm	5–20 cm	5–10 cm
Aufbauhöhe ab 35 cm	19–35 cm	14 cm	12 cm	12 cm	10 cm
Flächenlast 3,7 kN/m²	1,9–3,7 kN/m²	1,4 kN/m²	1,1 kN/m²	1,15 kN/m²	0,9 kN/m²
Wasservorrat 170 l/m²	80–170 l/m²	60 l/m²	45 l/m²	40 l/m²	30 l/m²
Mulchlage – cm	– cm	– cm	1 cm	– cm	1 cm
Erdmischung 23 cm	7–23 cm	5 cm	4 cm	7 cm	4 cm
Drainschicht 12 cm	12 cm	9 cm	7 cm	5 cm	5 cm
Bewässerung per Hand oder Automatik	per Hand oder Automatik	per Hand oder Automatik	per Hand	per Hand	per Hand

5 Verschiedene Arten der Dachbegrünung

DACHBEGRÜNUNG

AUSZUG: RICHTL. DACHGARTEN VERBAND E.V. → 📖

Begriffsbestimmungen

1. Unter extensiven Dachbegrünungen versteht man wartungsbedürftige Schutzbeläge, welche z.B. übliche Kiesbeläge ersetzen.
2. Pflanzebene soll weitgehend sich selbst überlassen und der Pflegeaufwand im Sinne der Wartung auf ein Minimum reduziert sein.

Geltungsbereich

Richtlinie gilt für Vegetationsflächen ohne natürlichen Erdanschluß, insbesondere auf Dächern, Tiefgaragen, Unterständen o.ä.

Konstruktive Planungs- und Ausführungsgrundsätze

1. Bei extensiven Dachbegrünungen übernimmt der Begrünungsaufbau zugleich Funktion eines Schutzbelages im Sinne der Flachdachrichtlinien.
2. Dachkonstruktion, Statik, bauphysikalische Belange und vegetationstechnische Forderungen sorgfältig aufeinander abzustimmen.
3. Als Auflast zur Sicherung der Dachdichtung ist das Mindest-Flächengewicht der Funktionsschichten nach der Tabelle wie nachstehend aus der Flachdachrichtlinie des deutschen Dachdeckerhandwerks.
4. Höhe der Dachtraufe über Gelände

Höhe der Dachtraufe über Gelände		Auflast Randbereich kg/qm	Innenbereich kg/qm
bis 8	mindestens	80	40
über 8 bis 20	mindestens	130	65
über 20	mindestens	160	80

5. Abhängig von der Windbelastung richtet sich Ausführungsart und Gewicht der Auflast nach Höhe des Gebäudes und dem Bereich der Dachfläche.
6. Im Rand- und Eckbereich der Dachränder ist mit höheren Soglasten zu rechnen in einer Breite (nach DIN 1055, Teil 4) $b/8 \geq 1\,m \leq 2\,m$.
7. 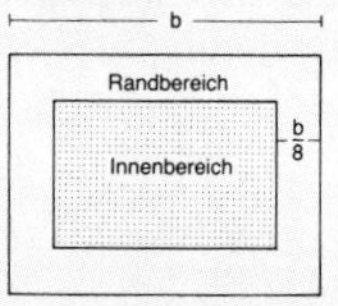

8. 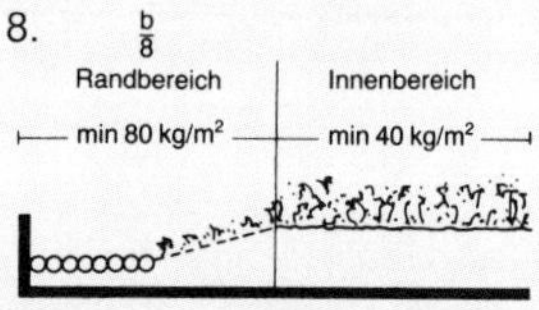

9. Grundsätzlich sollten Dachbegrünungen wartungsfreundlich ausgeführt werden, d.h. Bereiche, die regelmäßiger Kontrolle bedürfen, wie Dacheinläufe, Durchdringungen, Dehnfugen, Wandanschlüsse usw. sollen leicht zugänglich sein.
10. In diesen Bereichen sollten in einer minimalen Breite von 50 cm die Schutzbeläge aus anorganischen Stoffen, z.B. Kies, Wacken bestehen.
11. Zonen werden bachbettähnlich mit den Dacheinläufen verbunden und können so den zügigen Abfluß von Überschußwasser aus der Pflanzebene übernehmen.
12. Große Dachflächen in getrennte Entwässerungszonen unterteilen.

Anforderungen, Funktionen, konstruktive Maßnahmen

1. Dachdichtung entsprechend Flachdachrichtlinien auszuführen.
2. Begrünungsaufbau darf Funktion der Dachdichtung nicht beeinträchtigen.
3. Trennung der Dachdichtung der darauf folgenden Dachbegrünung sollte möglich sein, Kontrolle der Dachdichtheit muß gegeben bleiben.
4. Wurzelschutz muß die Dachdichtung dauerhaft schützen.
5. Dachdichtungen aus Hochpolymer-Bahnen sollen aus bauphysikalischen Gründen die Funktion des Wurzelschutzes beinhalten.
6. Bei bituminöser Dachdichtung bitumenverträgliche Wurzelschutzlagen verwenden.
7. Vor mechanischer Beschädigung sollte die Wurzelschutzschicht durch Abdeckung geschützt werden; unverrottbare Fasermatten verwenden, da diese Nährstoffe und zusätzlich Wasser speichern können.
8. Vegetationsschicht muß eine hohe Strukturstabiliät, gutes Puffungsvermögen und Fäulnisstabilität aufweisen.
9. pH-Wert soll im sauren Bereich nicht über 6,0 liegen.
10. Schichtaufbau hat eine Tagesniederschlagsmenge von mindestens 30 l/m aufzunehmen.
11. Luftvolumen im Schichtaufbau soll mindestens 20% im wassergesättigten Zustand betragen.

Pflanzebene und Wartung

1. Wildstauden und Gräser der Trockenrasen-, Steppenheiden- und Felsspaltengesellschaften sollten in Pflanzgemeinschaften verwendet werden, selbstregenerierende Pflanzen vorausgesetzt.
2. Pflanzen werden vorkultiviert aufgebracht, ausgesät oder als Sproßteile ausgestreut.
3. Wartung, mindestens eine Begehung pro Jahr, bei der die Dacheinläufe, Sicherheitsstreifen, Dachan- und -abschlüsse kontrolliert und gegebenenfalls gereinigt werden.
4. Pflanzen, auch Moose und Flechten, die sich ansiedeln, gelten nicht als Fremdaufwuchs.
5. Unerwünschten Fremdaufwuchs entfernen.
6. Fremdaufwuchs sind Gehölze, insbesondere Weiden, Birken, Pappeln, Ahorn o.ä.
7. Regelmäßige Mäh- und Düngung ist vorzusehen.
8. Durch Umwelteinflüsse kann eine Veränderung der Pflanzebene eintreten.

Brandschutz

1. Auflagen des vorbeugenden Brandschutzes beachten.
2. Anforderungen sind erfüllt, wenn Brandverhalten des Aufbaus schwer entflammbar ist (Baustoffklasse B 1).

Jede funktionsgerechte Dachbegrünung hat diese Schichtenfolge:

Pflanzebene extensiv: Anpflanzung, Ansaat, Anstreu von Sprossen, Vorkulturen (Pflanzcontainern, -Matten, -Platten).

Vegetationsschicht: Gibt der Pflanze Standfestigkeit, sie hält Wasser und Nährstoffe vor und ermöglicht den Stoff- und Gasaustausch und Wasserhaltung. Vegetationsschicht muß besitzen: großes Porenvolumen für Gasaustausch und Wasserhaltung.

Filterschicht: Verhindert das Ausschwemmen von Nährstoffen und Kleinteilen aus der Vegetationsschicht und das Zuschlämmen der Drainageschicht, sie sorgt für dosierten Wasserabfluß.

Drainageschicht: Dient der sicheren Ableitung des Überschußwassers und der Belüftung der Vegetationsschicht sowie der Speicherung und evt. Zuführung von Wasser.

Wurzelschutz: Schützt die Dachhaut vor chemischen und mechanischen Angriffen seitens der Pflanzenwurzel, die auf der Suche nach Wasser und Nährstoffen große Zerstörungskräfte entwickeln kann.

Dachaufbau: Muß in der Fläche und in allen seinen Anschlüssen dauerhaft wasserdicht sein (DIN 18 531, DIN 18 195).

Kondenswasserbildung (DIN 4108) im Dachaufbau ist dauerhaft und wirksam zu verhindern.

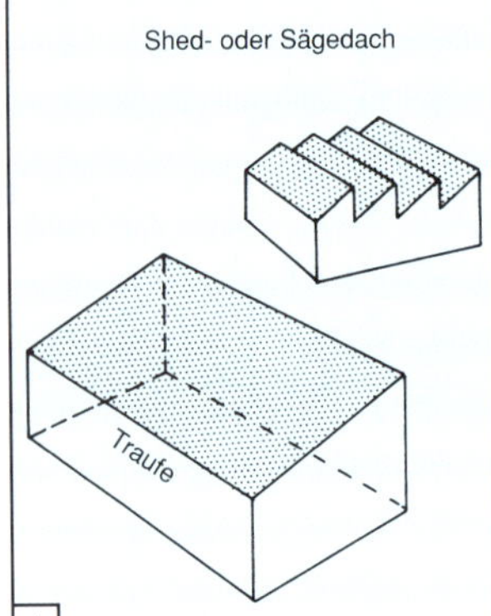

1 Pultdach

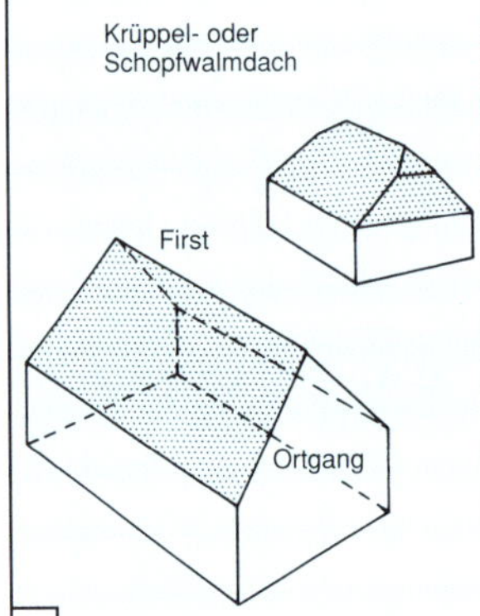

2 Satteldach

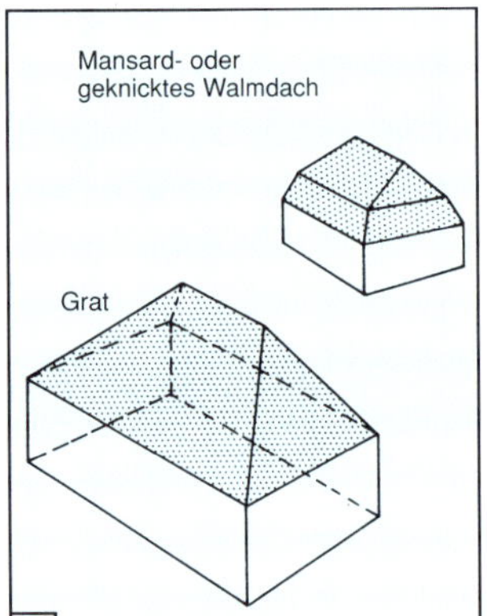

3 Walmdach

DACHFORMEN

Satteldach: Zeitlose Dachform, die architektonisch u. konstruktiv bewährt ist. Das am weitesten verbreitete geneigte Dach → [2].

Pultdach: Dachfläche liegt meist zur Wetterseite. Auf Funktion ausgerichtete Dachform. An der Sonnenseite Platz für große Fenster, Licht u. Wärme → [1].

Zeltdach: Klare Formen u. Linien, die am First enden. Bei dieser Dachform ist Symmetrie nach allen Seiten das beherrschende Element → [5].

Walmdach: Unterstreicht Schutzfunktion des Daches u. gibt dem Haus ein repräsentantes Aussehen. Als Akzent werden gern Gauben angebracht, die auch den Wohnwert erhöhen → [3].

Krüppelwalmdach: Dachform bietet eigenständige Optik. Wird aus Tradition dort verwandt, wo die Giebel zusätzlich vor rauher Witterung geschützt werden sollen → [2].

Mansardendach: Sichert die größtmögliche Ausnutzung der Wohnfläche → [3].

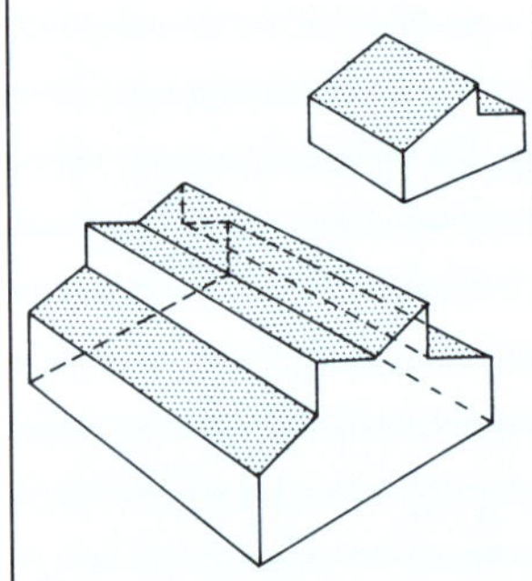

4 Kombiniertes Dach

POR – Pultdach-Ortgang Eckziegel rechts
T – Traufziegel
P – Pultdachziegel
W – Wandanschlußziegel
TSR – Trauf-Seitenanschluß Eckziegel rechts
SR – Seitenanschlußziegel rechts
SL – Seitenanschlußziegel links
PSL – Pultdach-Seitenanschlußeckziegel links
GL – Firstendstück links
G – First- und Gratziegel
OL – Ortgangziegel links
TOL – Trauf-Ortgangziegel links
FOL – Firstanschluß-Ortgang Eckziegel links
GR – First- und Gratanfänger rechts
FOR – Firstanschluß-Ortgang Eckziegel rechts
F – Firstanschlußziegel
OR – Ortgangziegel rechts
TOR – Trauf-Ortgang-Eckziegel rechts
F – Formziegel im Mittelfeld
GZ – Glasziegel

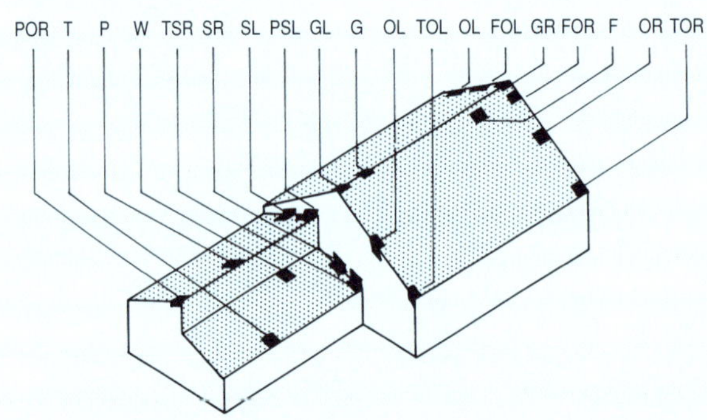

7 Formziegel auf dem Dach

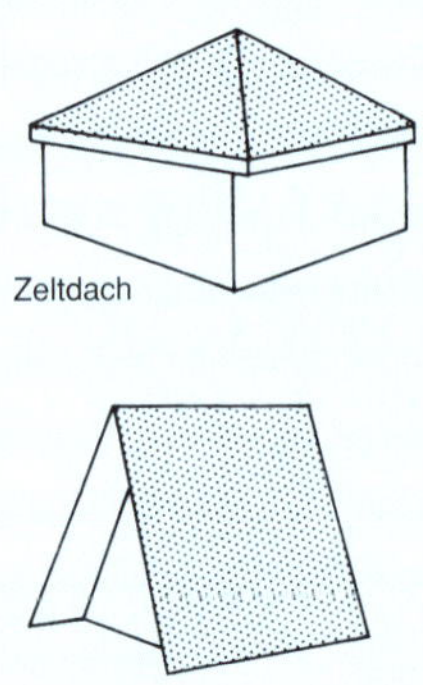

5 Nurdachhaus

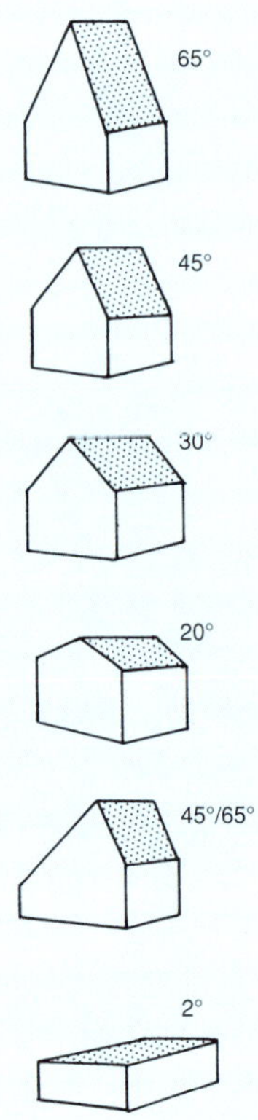

10 Dachneigungen

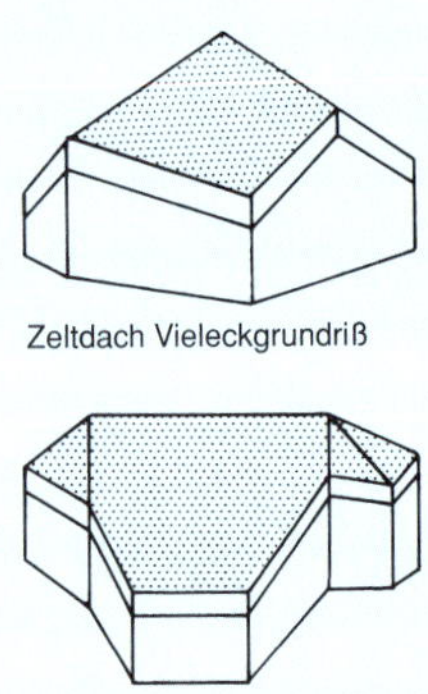

6 Mansarddach, Vieleckgrundriß

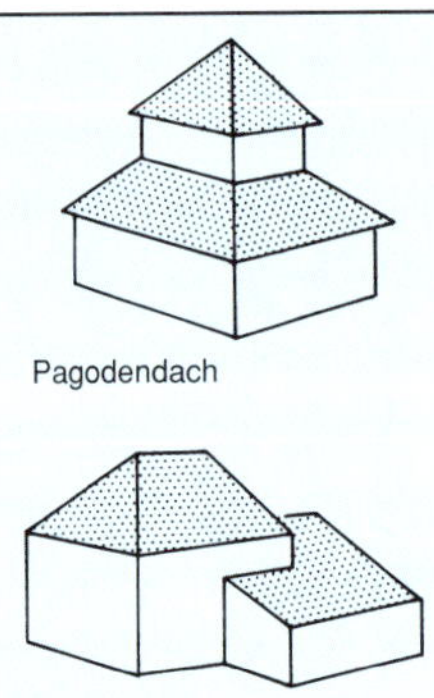

8 Walm-, Pultdach mit unterschiedlichen Trauf- u. Firsthöhen

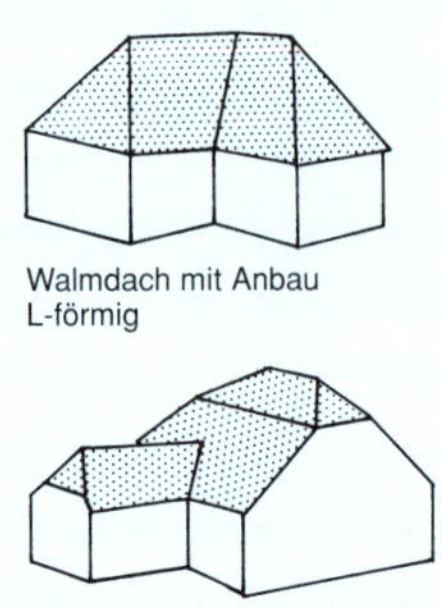

9 Mansarddach mit Krüppelwalm u. Vorbau

DACHEINDECKUNGEN

Strohdächer aus Roggenstroh oder Schilfrohr, handgedroschen, 1,2–1,4 m lang, auf Latten, Abstand 30 cm, mit Spitzen nach oben bis zu einer Dicke von 18–20 cm aufgebracht → [1]. Lebensdauer in sonnigen Gegenden 60–70 Jahre, in feuchten kaum halb so lang.

Schindeldächer → [2] aus Eichen-, Lärchen-, Kiefern-, Zedern-, seltener aus Fichtenholz. Schiefer auf 2,5 cm dicker Schalung aus 16 cm breiten Brettern, 200er Pappe, geschützt gegen Staub u. Wind. Überdeckung 8 cm besser 10 cm → [3]–[4].

Am natürlichsten wirkt: Deutsche Deckung → [3]. Schablonendeckung dagegen geeignet für Kunstschiefer → [4].

Ziegeldächer mit Trockenfirst u. Grat → [6].

Blechdächer aus Zink-, Titanzink-, Kupfer-, Alu-, verzinktem Stahlblech usw. → [9]. Für Kupfer typische Patina sehr beliebt. Kupferdächer geeignet für Kaltdächer.

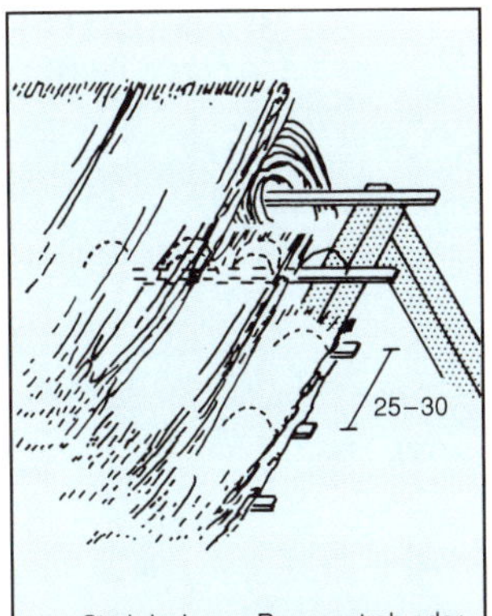

1 Strohdach aus Roggenstroh oder Schilf 0,70 KN/m²

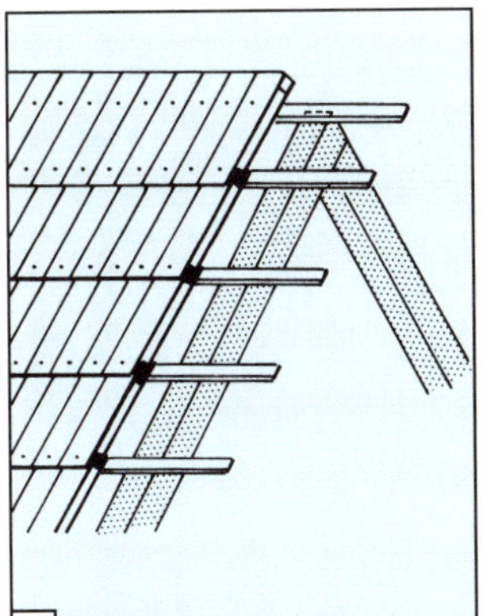

2 Schindeldach 0,25 KN/m²

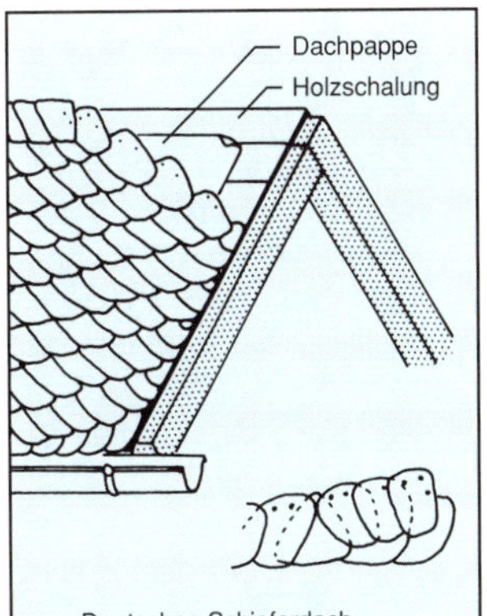

3 Deutsches Schieferdach 0,45–0,50 KN/m²

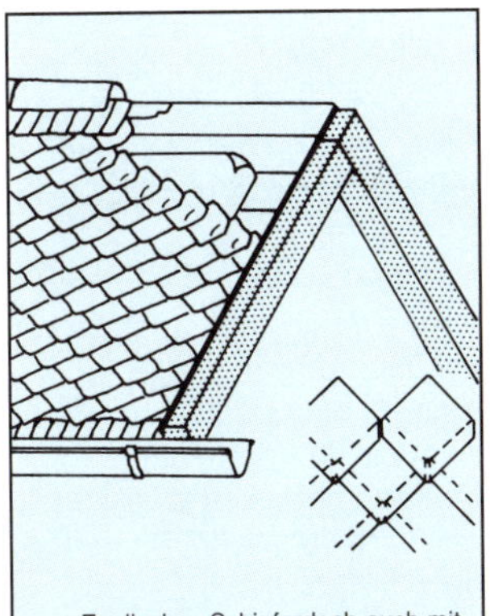

4 Englisches Schieferdach auch mit Kunstschiefer 0,45–0,55 KN/m²

Biberschwanzziegel DIN 456 und Biberschwanz-Betondachsteine DIN 1116	KN/m²
bei Spließdach incl. Spließen	0,60
bei Kronen- oder Doppeldach	0,80
Strangfalzziegel	0,60
Falzziegel, Reformpfannen, Falzpfannen, Flachdachpfannen	0,55
Mönch u. Nonne ohne Vermörtelung 0,7 mit	0,90
Metalldeckung Aluminiumdach (Aluminium 0,7 mm dick) einschl. Schalung	0,25
Kupferdach mit doppelter Falzung (Kupferblech 0,6 mm dick) einschließlich Schalung	0,30
Doppelstehfalzdach aus verzinkten Falzblechen (0,63 mm dick) einschließlich Pappunterlage und Schalung	0,30
Schieferdeckung Deutsches Schieferdach auf Schalung einschließlich Pappunterlage und Schalung	
mit großen Platten (360 mm x 280 mm)	0,50
mit kleinen Platten (etwa 200 mm x 150 mm)	0,45
Englisches Schieferdach einschließlich Lattung	
auf Lattung in Doppeldeckung	0,45
auf Schalung und Pappe einschließlich Schalung	0,55

11 Gewichte ohne Mörtel, jedoch mit Latten

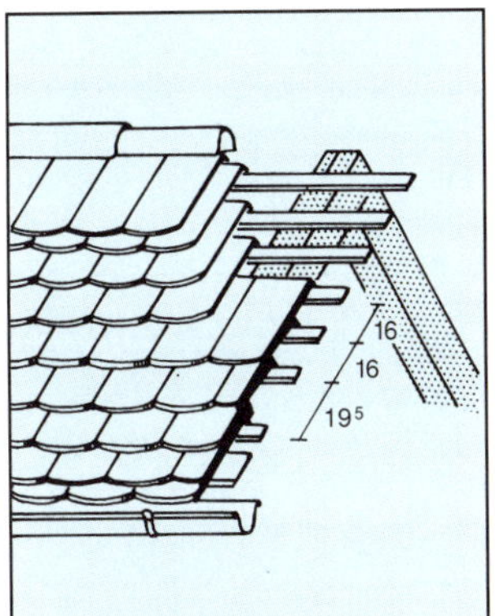

5 Doppeldach (Biberschwanz) Schwere Deckung 0,60 KN/m²

Pappdach, bekiest	3°–30° üblich	4°–10°
Pappdach, doppel	4°–50° üblich	6°–12°
Zink-Doppelstehfalzdach (Zink-Band)	3°–90° üblich	5°–30°
Pappdach, einfach	8°–15° üblich	10°–12°
Ebenes Stahlblechdach	12°–18° üblich	15°
Falzziegeldach, 4fach-Falz	18°–50° üblich	22°–45°
Schindeldach (Schindelschirm 90°)	18°–21° üblich	19°–20°
Falzziegeldach, normal	20°–33° üblich	22°
Zink- und Stahlwellblechdach	18°–35° üblich	25°
Faserzementwellendach	5°–90° üblich	30°
Kunstschieferdach	20°–90° üblich	25°–45°
Schieferdach, Doppeldeckung	25°–90° üblich	30°–50°
Schieferdach, normal	30°–90° üblich	45°
Glasdach	30°–45° üblich	33°
Ziegeldach, Doppeldach	30°–60° üblich	45°
Ziegeldach, Kronendach	35°–60° üblich	45°
Ziegeldach, Hohlpfannendach	40°–60° üblich	45°
Spließdach	45°–50° üblich	45°
Rohr- und Strohdach	45°–80° üblich	60°–70°

12 Dachneigungen

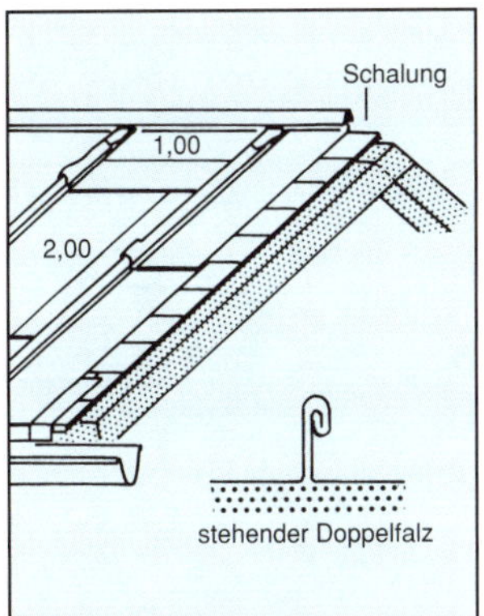

9 Falzblech 0,30 KN/m²

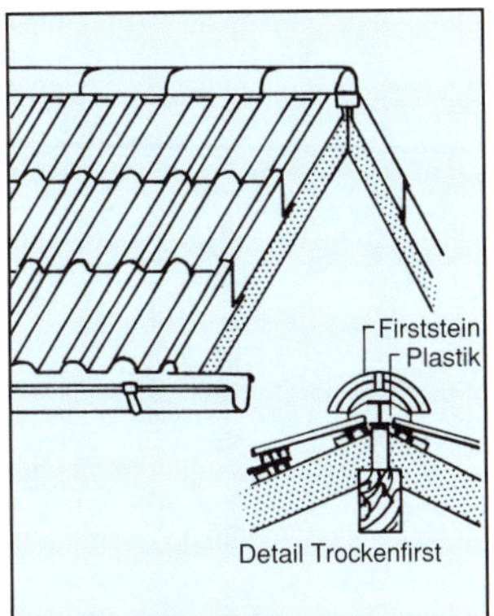

6 Betondachsteine 0,60–0,80 KN/m²

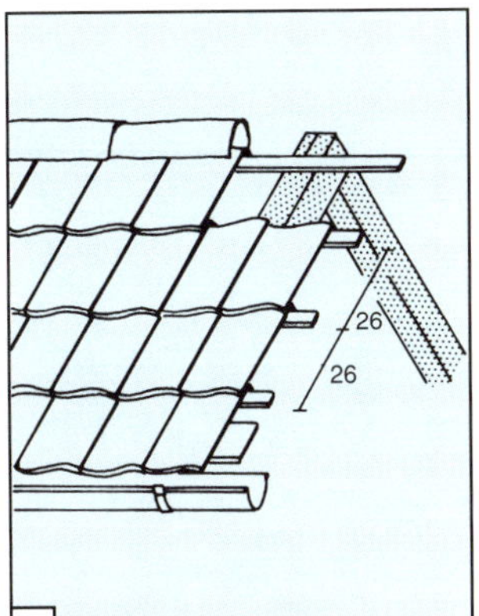

7 Pfannendach 0,50 KN/m²

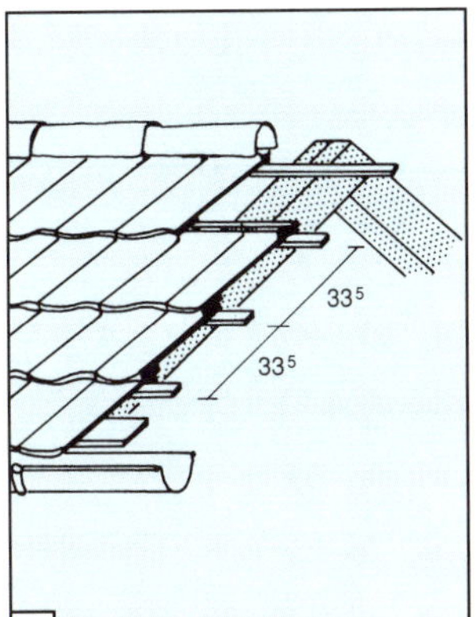

8 Falzziegeldach 0,55 KN/m²

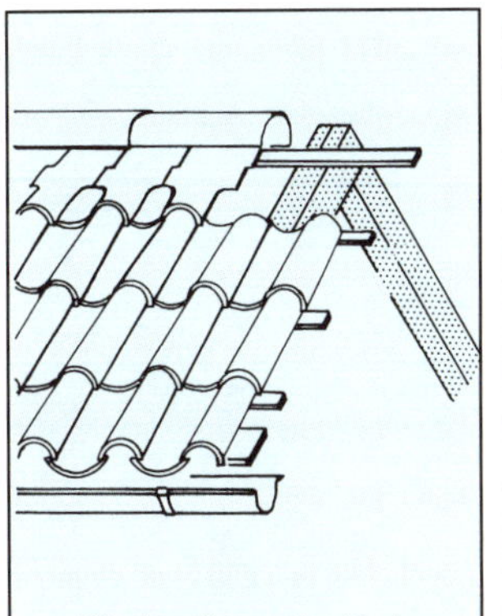

10 Mönch- u. Nonnenziegeldeckung 0,70–0,90 KN/m²

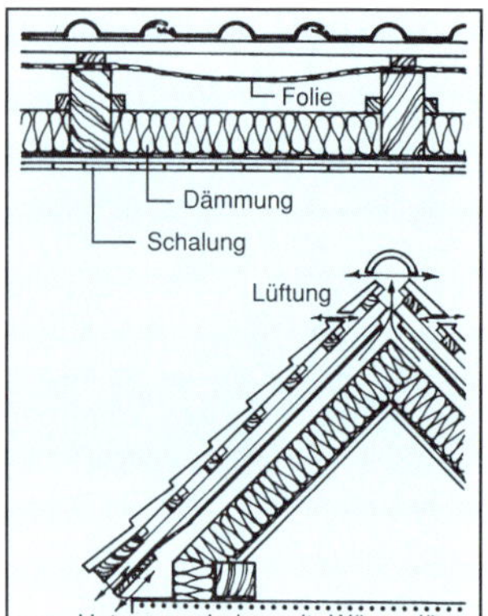

1 Unterspannbahn mit Wärmedämmung zwischen den Sparren

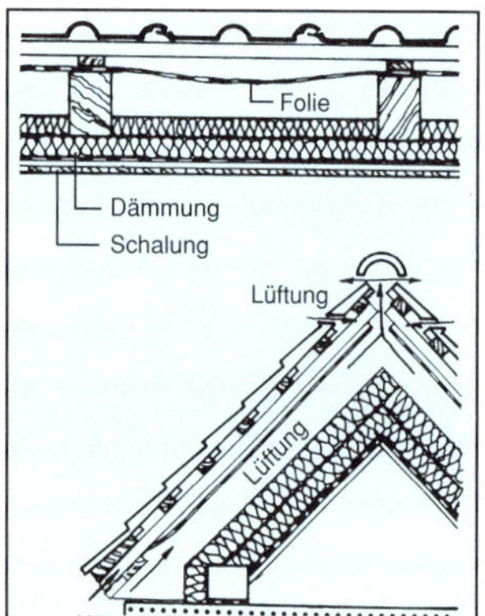

2 Wärmedämmung zwischen u. unter den Sparren

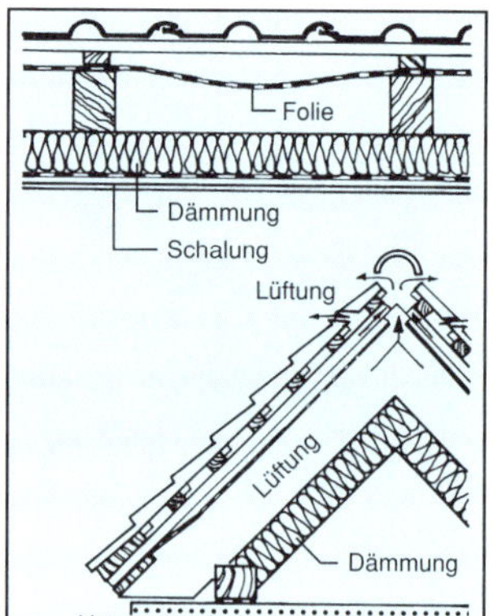

3 Unterspannbahn mit Wärmedämmung unter den Sparren

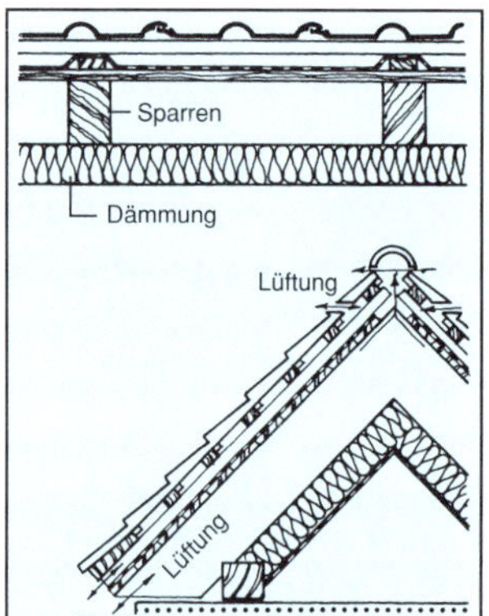

4 Vordeckung auf Schalung – Wärmedämmung unter den Sparren

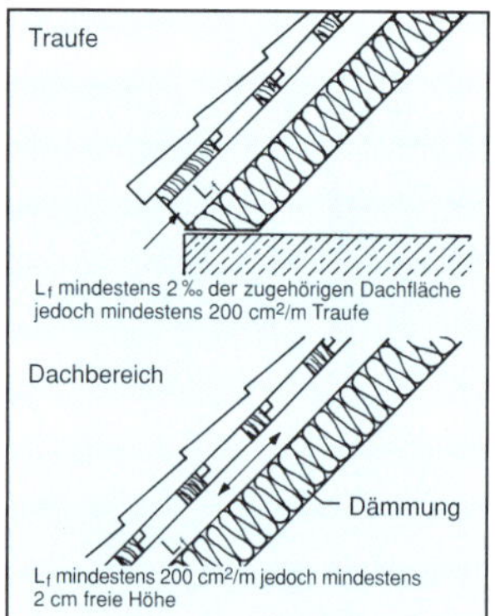

5 Lüftungsquerschnitt für wärmegedämmte Dächer

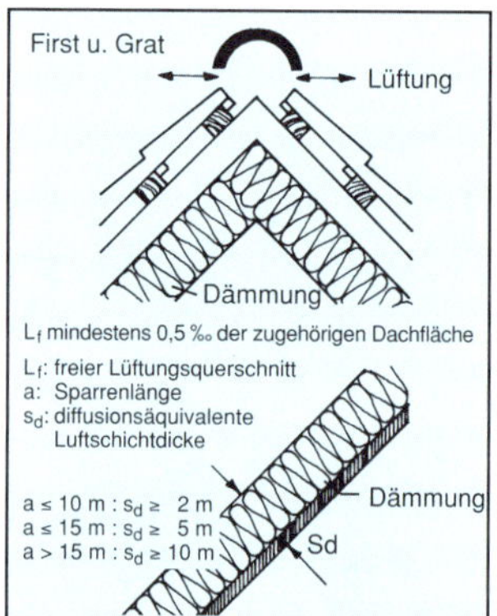

6 Bauteile unterhalb des Lüftungsquerschnitts

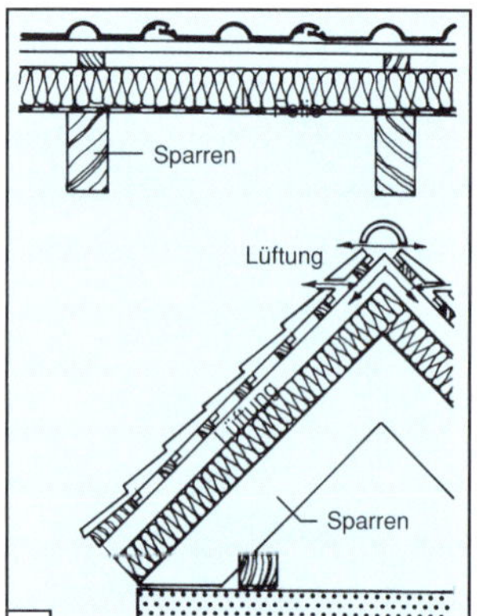

7 Unterdach mit Wärme

Sparrenlänge	Mindest-Lüftungsquerschnitt				geforderte diffusions-äquivalente Luftschichtdicke s_d
	Traufe Querschnitt	Traufe Lüftungsspalt	First und Grat	Dachbereich	
m	cm²/m	cm	cm²/m	cm²/m	m
6	200	2,4	60	200	2,0
7	200	2,4	70	200	2,0
8	200	2,4	80	200	2,0
9	200	2,4	90	200	2,0
10	200	2,4	100	200	2,0
11	220	2,6	110	200	5,0
12	240	2,9	120	200	5,0
13	260	3,1	130	200	5,0
14	280	3,3	140	200	5,0
15	300	3,6	150	200	5,0
16	320	3,8	160	200	10,0
17	340	4,0	170	200	10,0
18	360	4,3	180	200	10,0
19	380	4,5	190	200	10,0
20	400	4,8	200	200	10,0
21	420	5,0	210	200	10,0
22	440	5,2	220	200	10,0
usw.					

8 Tabelle zur Ermittlung der Lüftungsquerschnitte

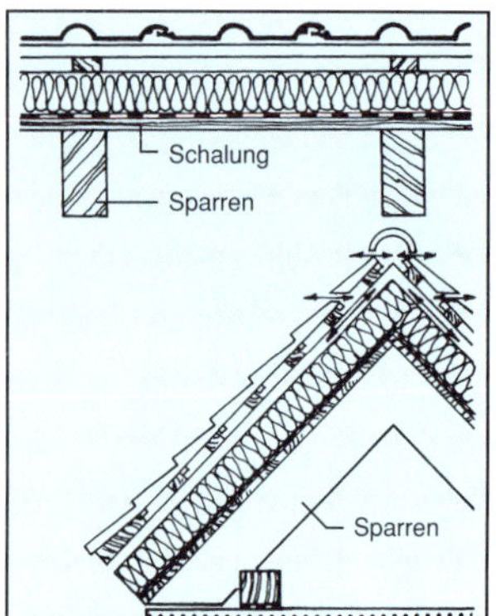

9 Unterdach-Wärmedämmung auf den Sparren

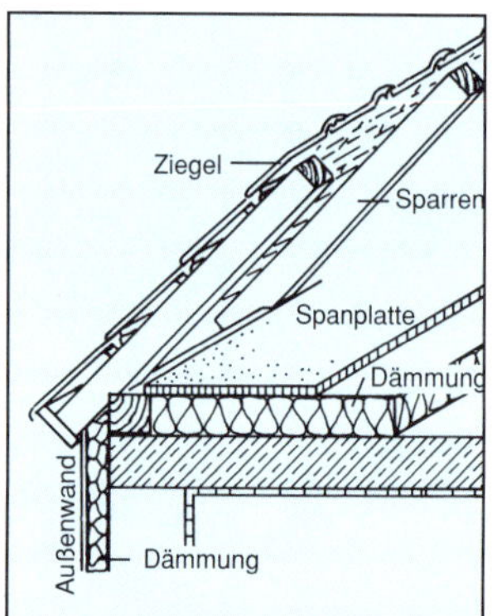

10 Stahlbetondecke unter nicht ausgebautem Dach

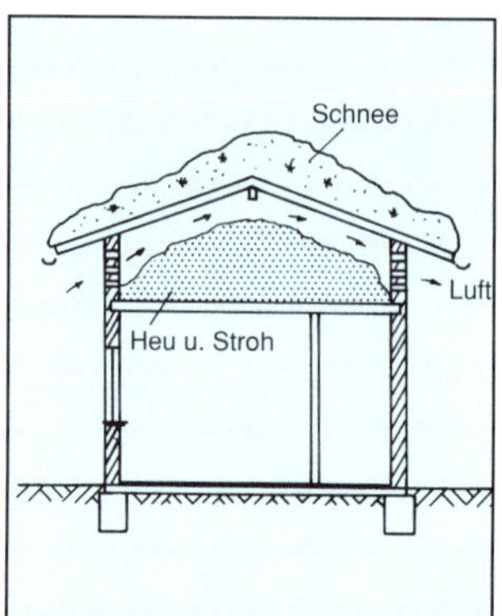

11 Querschnitt durch Gebirgsbauernhaus

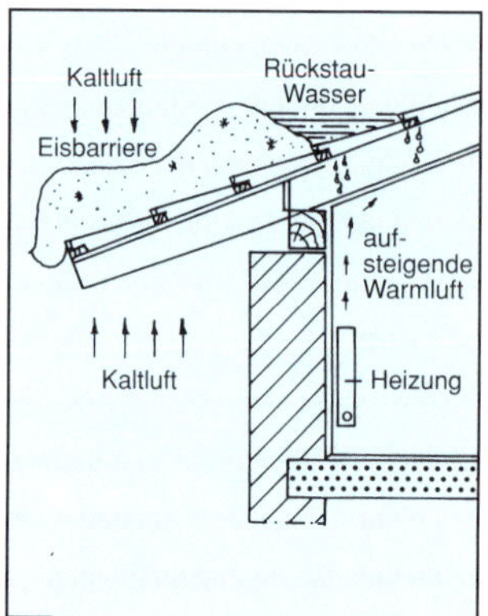

12 Schema Eisstau

AUSGEBAUTE DÄCHER

Unbewohnte Dachräume alter Bauernhäuser dienten als Speicher zur Aufbewahrung von Erntegut (Heu, Stroh u. dgl.).

Waren an Traufen offen, so daß kalte Außenluft durch Dachraum zog, demzufolge unterschied sich Temperatur unterm Dach kaum von der Außenluft → 11. Schnee blieb auf der ganzen Dachfläche liegen.

Bewohnte Räume darunter wurden vom Lagergut des Speichers vor Kälte geschützt. Werden Dachräume ohne ausreichende Wärmedämmung beheizt, schmilzt der Schnee u. es entsteht Eisschanzenbildung → 12.

Einbau von Wärmedämmaterial unter durchlüfteter Dachhaut sorgt für Abhilfe → 1 – 10.

Im belüfteten Dachraum sind an zwei gegenüberliegenden Seiten Öffnungen von je mind. 2 ‰ der zu belüftenden Dachfläche anzuordnen, damit Feuchtigkeit abgeführt werden kann.

Das entspricht im Mittel einer Schlitzhöhe von 2 cm u. einem freien Lüftungsquerschnitt von mind. 200 cm²/m. Unterspannbahnen sind mit leichtem Durchhang u. mind. 10 cm Höhenüberdeckung parallel zur Traufe über den Sparren anzubringen. Für ausreichende Lüftung des Raumes zwischen der Unterspannbahn u. der Dachdeckung sind Konterlatten, mind. 24 mm dick, auf den Sparren über der Unterspannbahn anzubringen → 1.

DACHTRAGWERKE

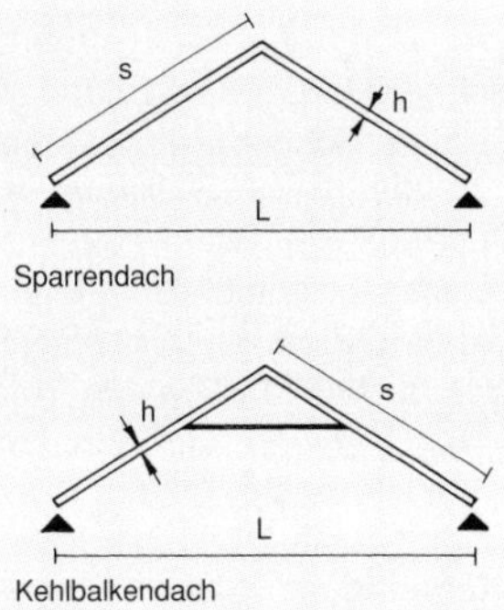

Dachneigung in Grad	Spannweite L in m	Höhe der Bauteile h
15–40	10–20	$h \sim \frac{1}{25} \cdot s$
30–60	10–20	$h \sim \frac{1}{30} \cdot s$

1 Dachtragwerke – System

Sparrendächer stellen bei geringer Gebäudebreite die wirtschaftlichste Lösung dar.

Kehlbalkendächer sind unterhalb 45° nie am billigsten, aber günstig für große freigespannte Dächer.

Einfach stehende Dächer sind stets teurer als Sparrendächer, daher nur für Ausnahmefälle geeignet.

Zweifach stehende Dächer bilden in der Mehrzahl aller Fälle die wirtschaftlichste Konstruktion.

Dreifach stehende Pfettendächer kommen nur bei sehr breiten Gebäuden in Frage.

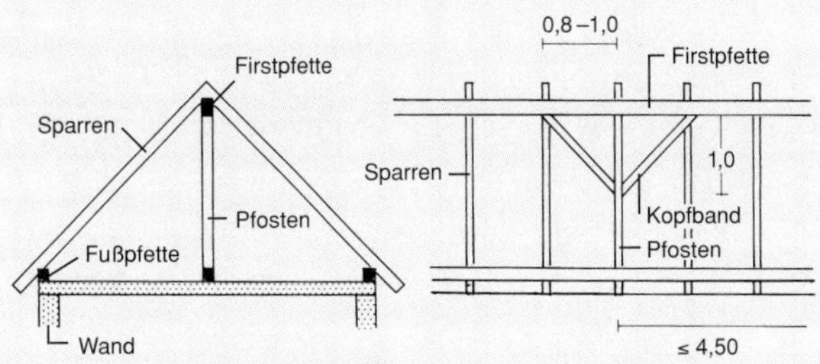

2 Pfettendachkonstruktion

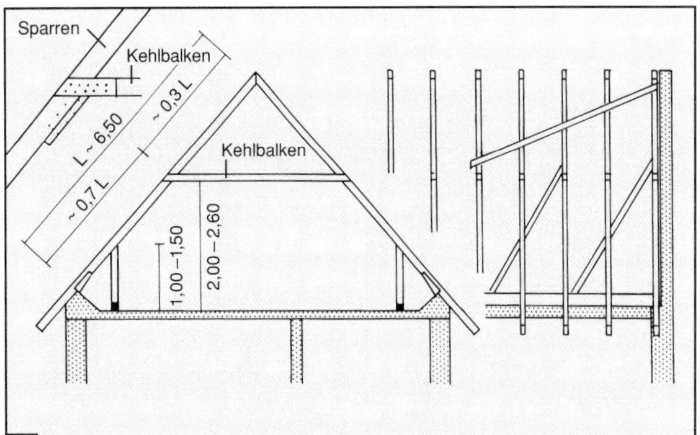

5 Kehlbalkendach – wirtschaftliche Längen

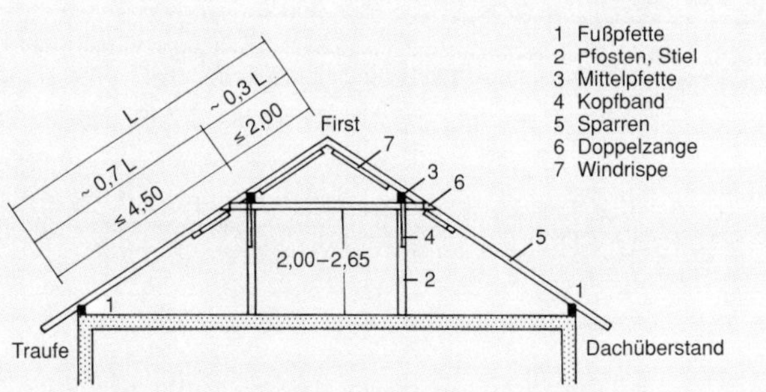

3 Pfettendach mit zweifach stehendem Stuhl

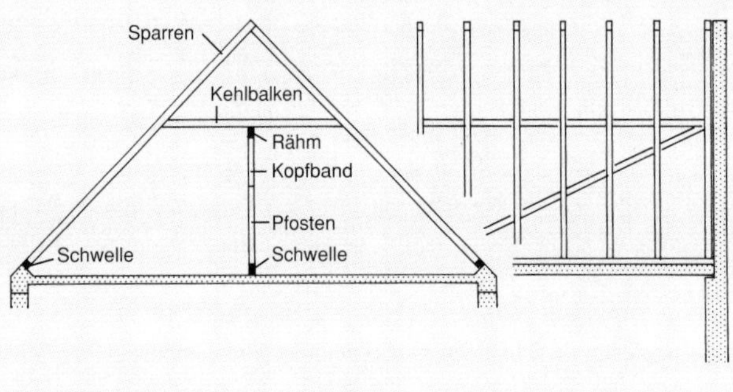

6 Kehlbalkendach mit einfachem Stuhl

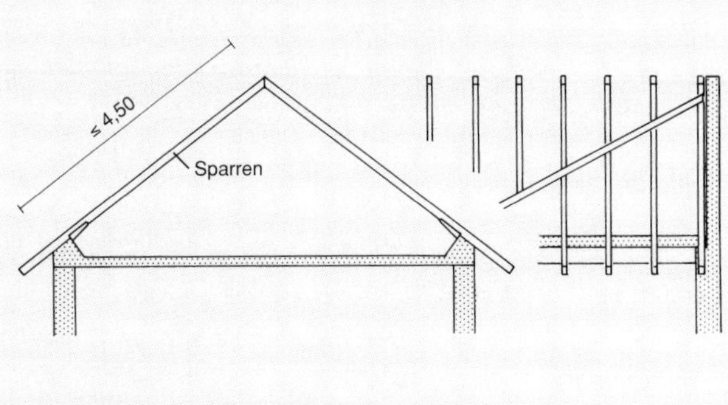

4 Sparrendach

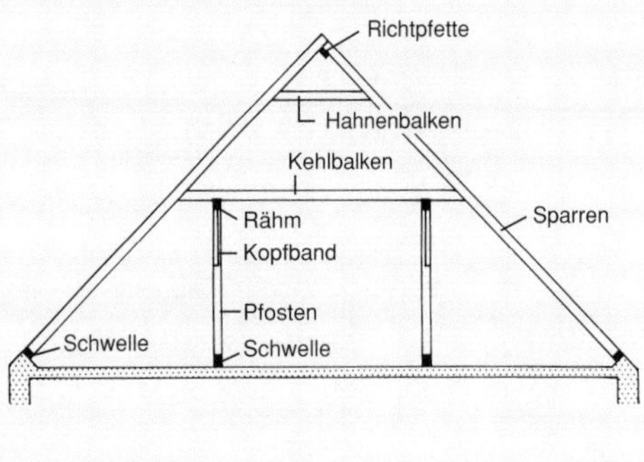

7 Kehlbalkendach mit zweifachem Stuhl

DACHTRAGWERKE
DETAILS

Bei den Tragsystemen des geneigten Daches ist zu unterscheiden zwischen Pfetten- und Sparrendach. Beide Konstruktionen auch kombiniert. Sie sind charakterisiert durch die unterschiedliche Funktion der Tragglieder, Art der Lastabtragung hat auch Folgen für die innere Grundrißaufteilung.

Pfettendach: Sparren mit untergeordneter Funktion (schwache Querschnitte, auch Rundhölzer möglich). Lastbündelnde Unterzüge, Lastableitung in den Binderachsen, Stützenreihe im Inneren; Vorgabe für Grundrißgestaltung.

Sparrendach: (Prinzip des unverschieblichen Dreiecks) in einfacher Form bei geringer Sparrenlänge möglich (bis 4,5 m) sonst Aussteifung durch Kehlbalken. Regelmäßiges, stark gebundenes Konstruktionssystem, stützenfreier Innenraum möglich. Zugfeste Verankerung zwischen Sparrenfuß und Deckenbalken (äußeres Kennzeichen des Sparrendaches).

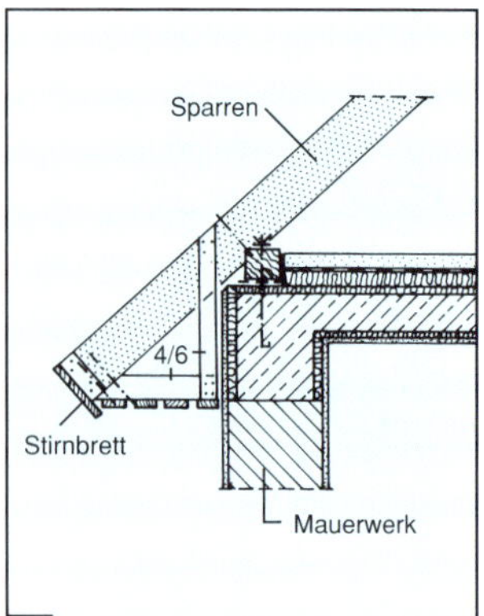

1 Traufdetail Pfettendach

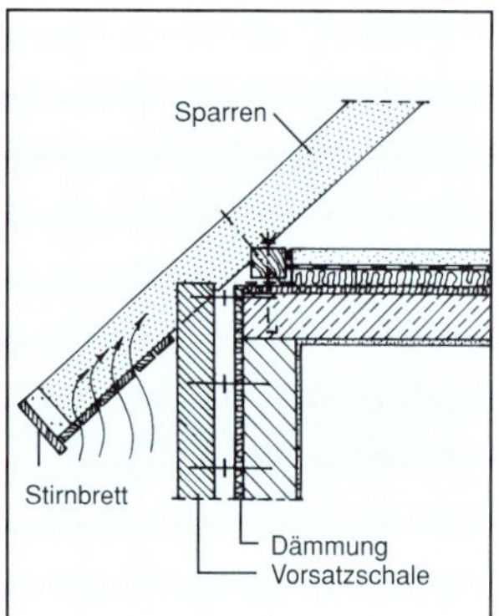

2 Traufdetail mit zweischaligem Mauerwerk

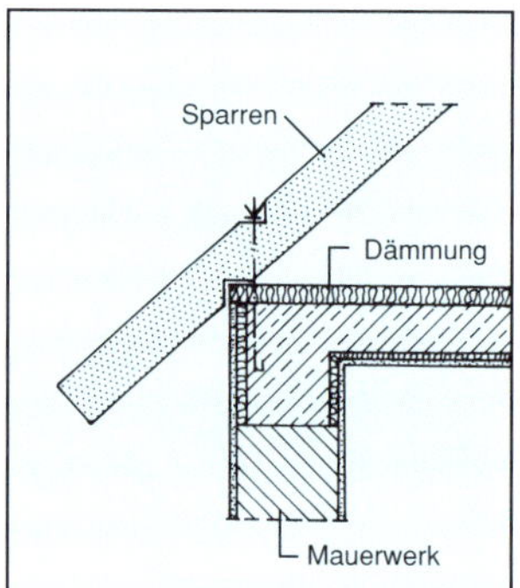

3 Sparrenanschluß mit Bolzen am Unterzug

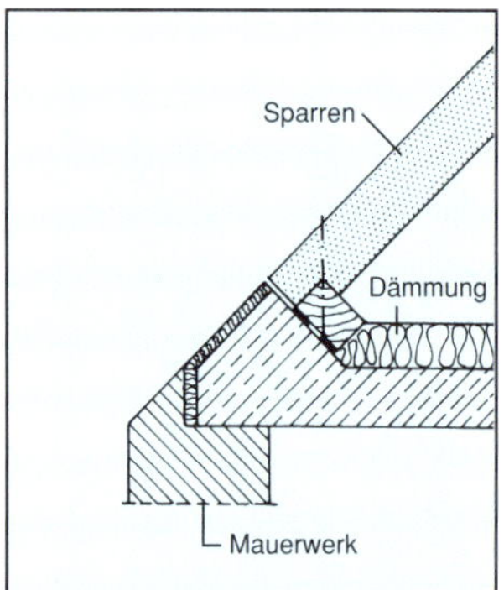

4 Schwellenstützung, Überplattung, Sparrennagel

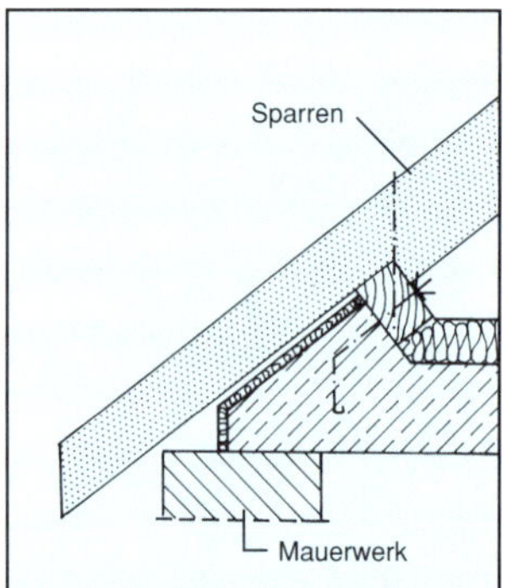

5 Bis zur Traufe geführter Sparren

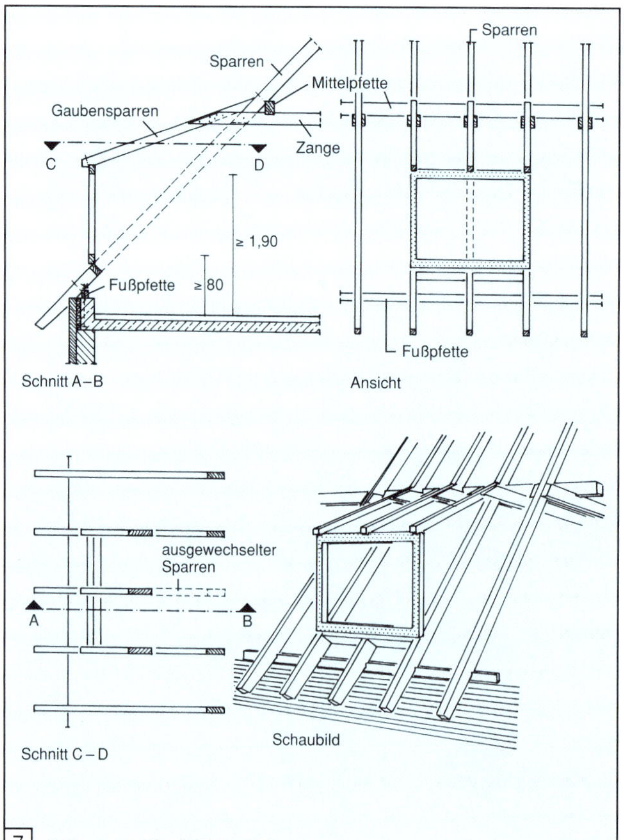

7 Schleppgaube für ein Pfettendach

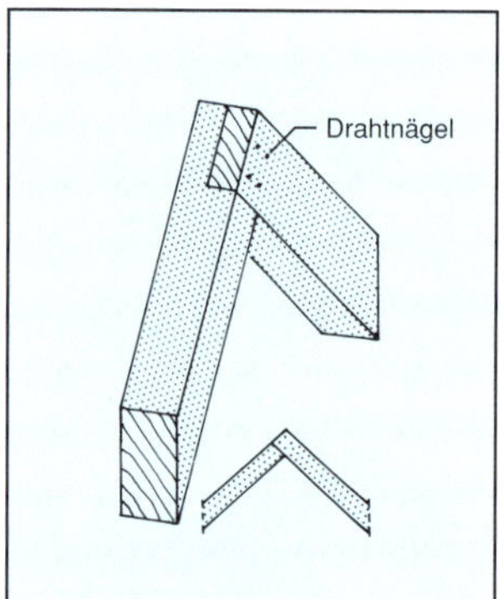

10 Einfaches Blatt Verbindung zweier Sparren

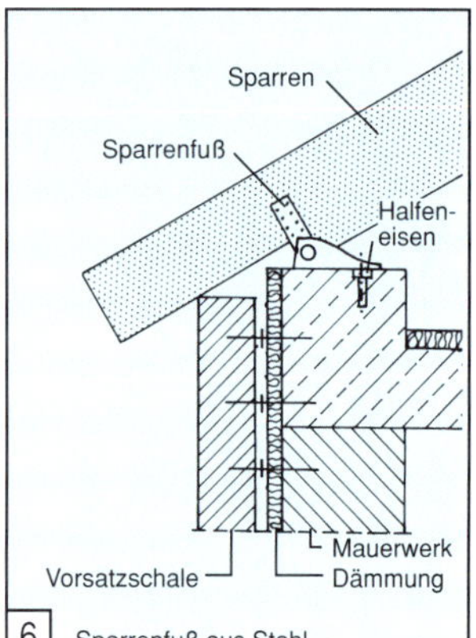

6 Sparrenfuß aus Stahl

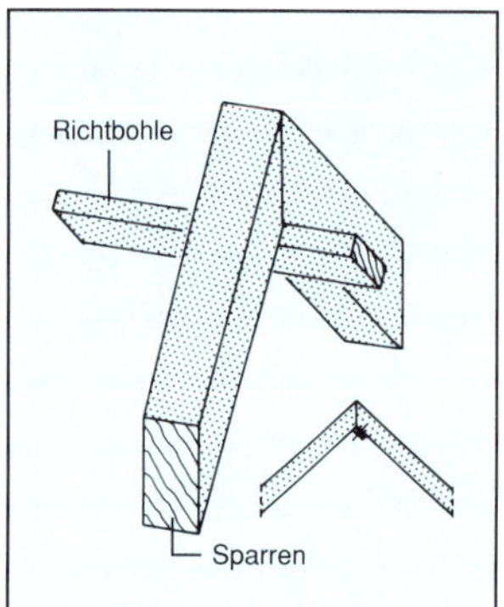

8 Firstdetails Pfettendach Richtbohle zum Ausrichten des Firstes

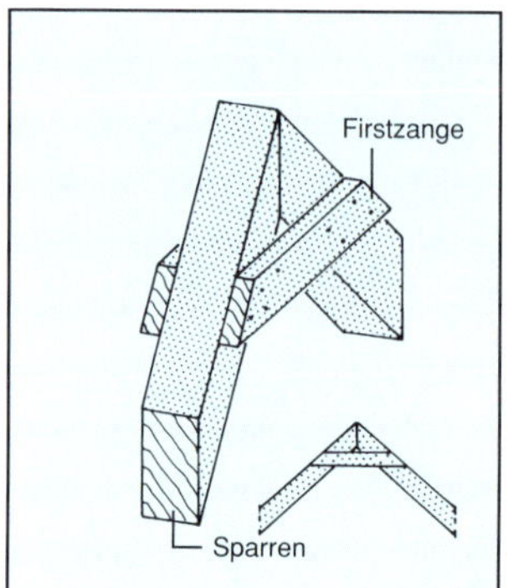

9 Firstzange Verbindung zweier Sparren

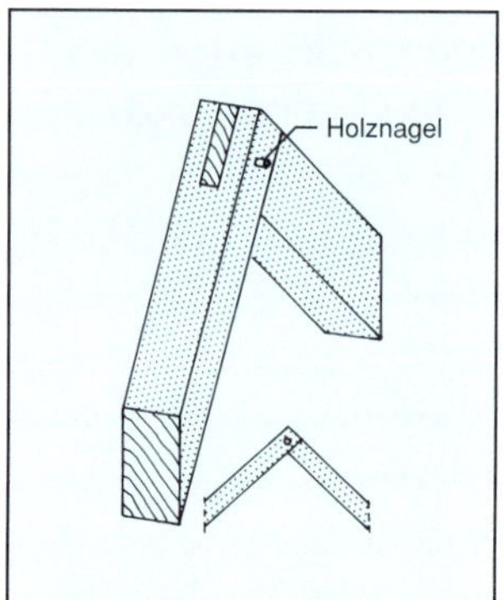

11 Scherzapfen Verbindung zweier Sparren

DACHSTUHL

GAUBE, DACHBELICHTUNG

Wenn Giebelfenster für die Dachbelichtung nicht ausreichen, werden Dachfenster, oder Dachgauben angelegt. Größe, Form u. Anordnung der Gauben richtet sich nach der Hausdachform, der Dachgröße u. dem Lichtbedarf. Gauben möglichst von gleicher Art u. Größe. Vom harmonischen Einfügen der Gaube in die Hausdachfläche, auch hinsichtlich Umrißform, Material u. Detaildurchbildung bestimmt Gesamterscheinung. Breite der Gaube soll i.d.R. Sparrenfeld entsprechen, um teure Sparrenauswechslungen zu vermeiden.

1 Trapezgaube

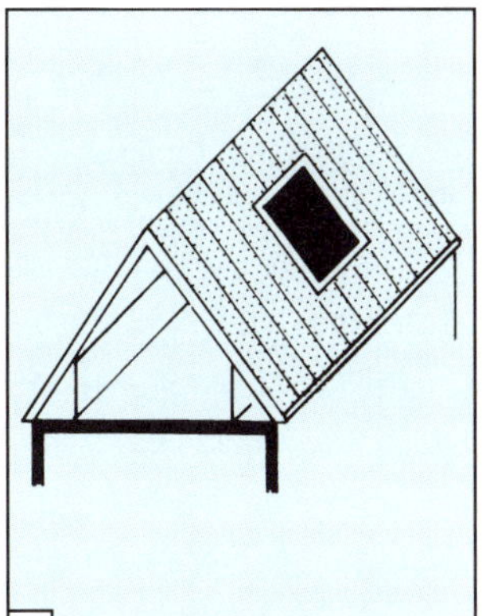

5 Dachflächenfenster

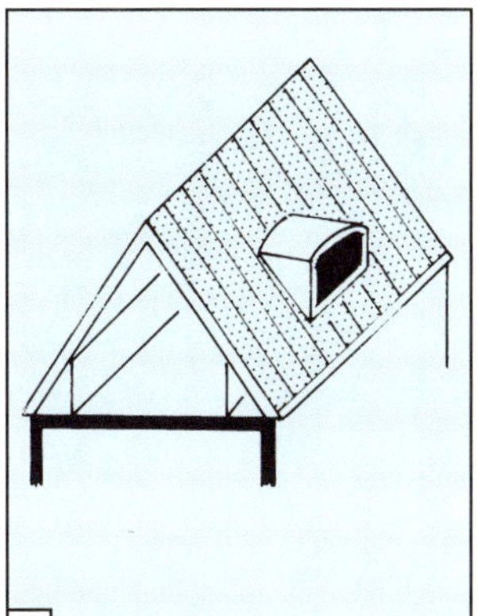

6 Dachgaube

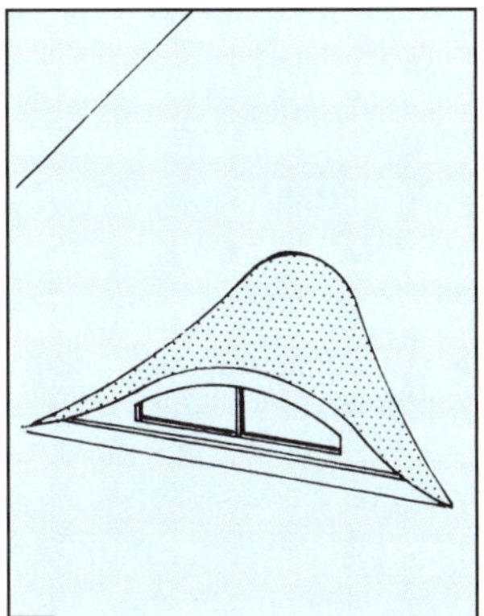

2 Fledermausgaube (Ochsenauge)

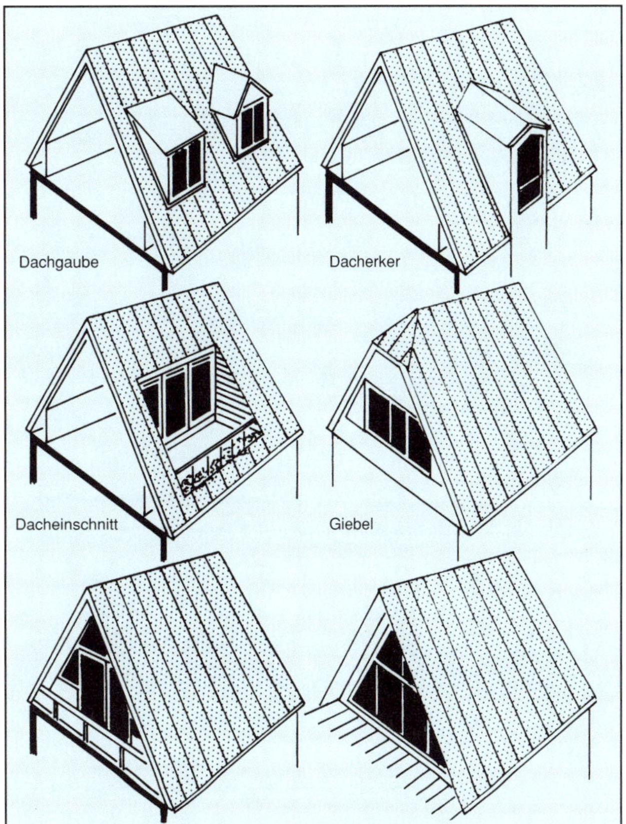

7 Giebel mit Balkon — Giebel voll verglast

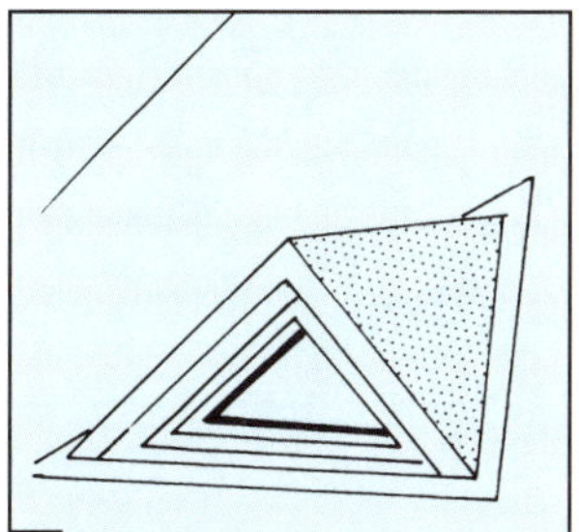

10 Spitzgaube

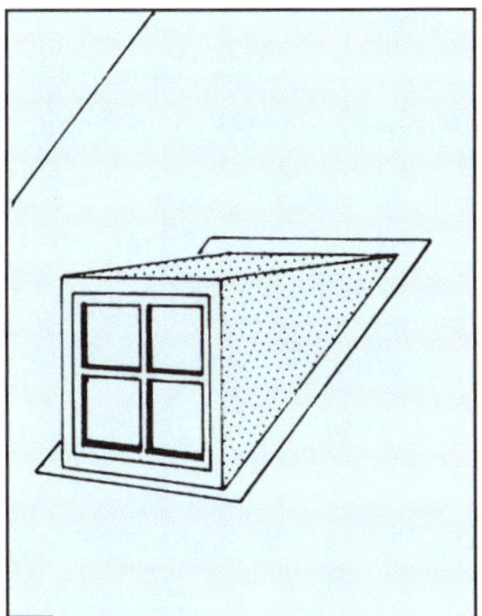

3 Flachgaube

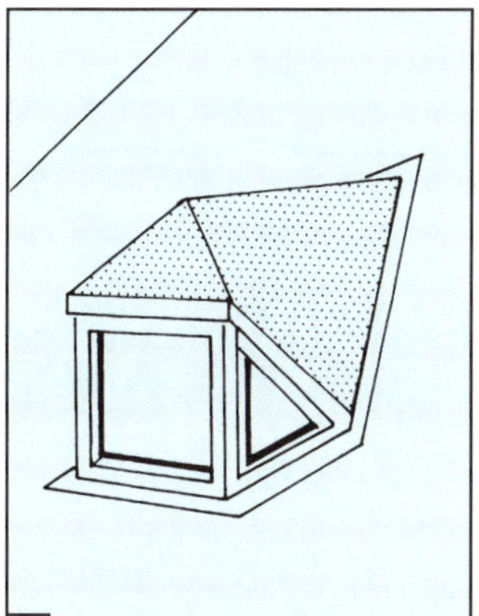

11 Walmgaube, Panoramagaube

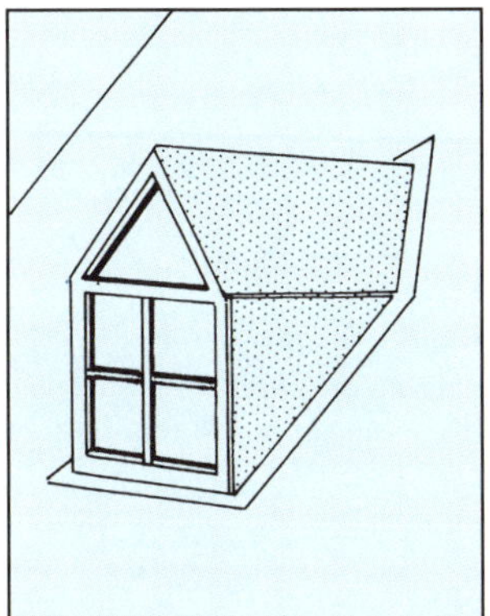

4 Giebelgaube

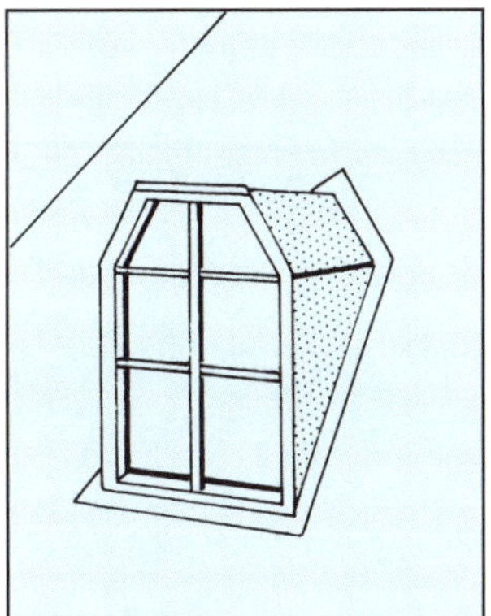

8 Trapezgaube

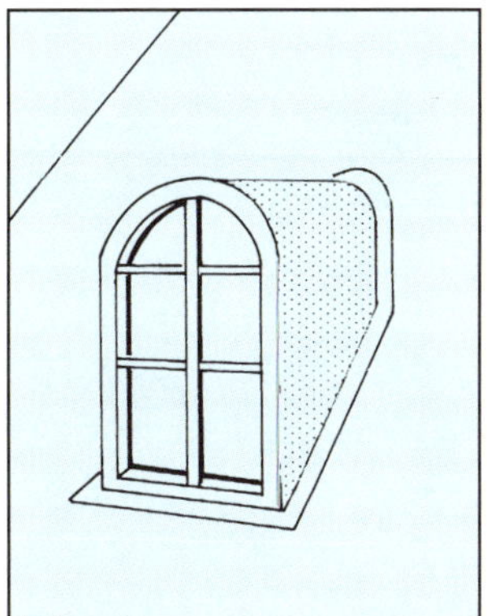

9 Runddachgaube

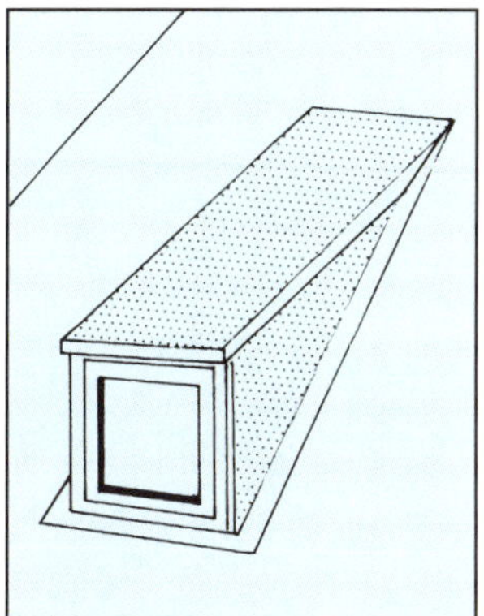

12 Schleppgaube

FENSTER

DACHWOHNRAUMFENSTER

Bei der Planung der Fenstergröße ist geforderte Wohnqualität entscheidend.

Bauordnung fordert für Wohnräume Mindestlichtfläche 1/10 der Raumgrundfläche → 5.

Große Fenster mit viel Lichtfläche machen Wohnräume wohnlicher.

Bei Nebenräumen Fensterbreite mit Sparrenabstand abstimmen. Großzügige, breite Fenster für Wohnräume erreicht man durch Einbau von Wechseln und Hilfssparren.

Steilere Dächer erfordern kürzere Fenster, flachere Dächer erfordern längere Fenster → 2.

Dachwohnraumfenster lassen sich durch Eindeckrahmen kuppeln → 7–8 u. in Reihungen oder Fensterkassetten neben- und übereinander anordnen.

Div. Zubehör für den Lichtschutz: Faltstores, Markisen, Rolladen, Rollos, Jalousetten, Gardinen.

Für den Wärme- u. Hitzeschutz: Rolladen, Rollos, Jalousetten.

Für den Schall-, Hagel- u. Einbruchschutz: Rolladen und Schutzabdeckungen.

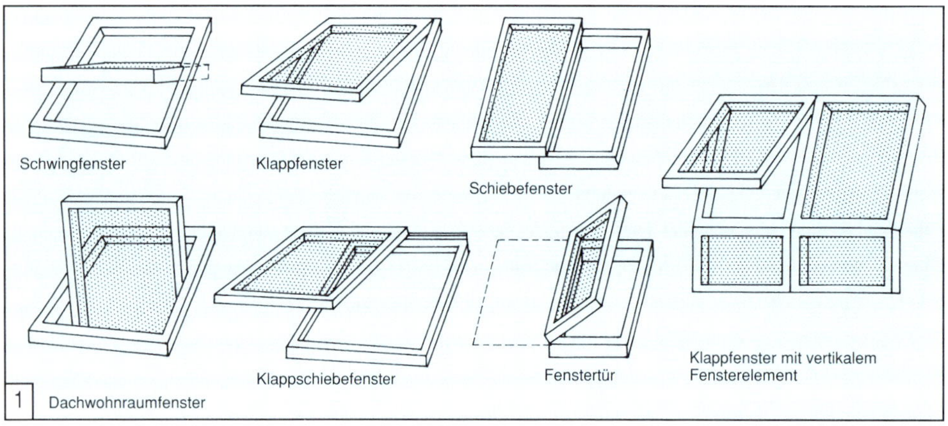

1 Dachwohnraumfenster

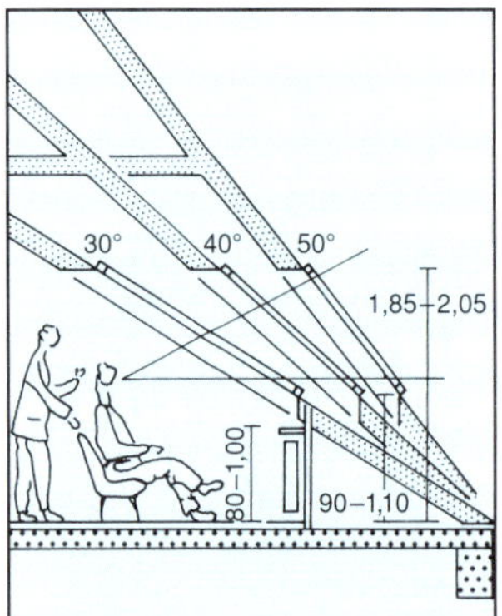

2 Anordnung von Dachflächenfenstern

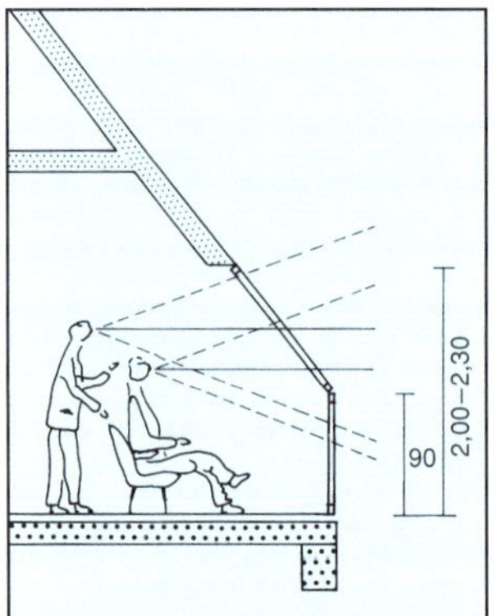

3 Bei vertikalem Zusatzfenster

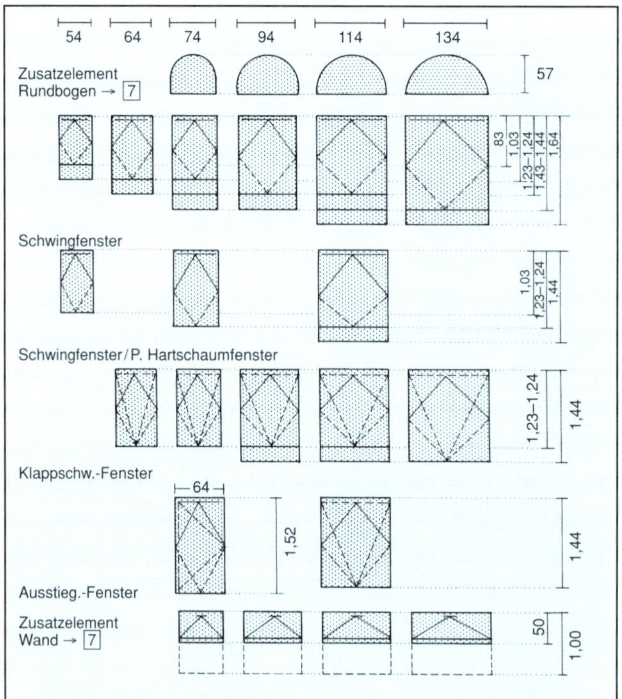

Fenstergröße	54/83	54/103	64/103	74/103	74/123	74/144	114/123	114/144	134/144
Lichteintritts-Flächen m²	0,21	0,28	0,36	0,44	0,55	0,66	0,93	1,12	1,36
Raumgröße m²	2	2–3	3–4	4–5	6–7	9	11	13 m²	

Ermittlung der Fenstergröße, Bezug auf Raumgrundfläche

5 Fenstergrößen

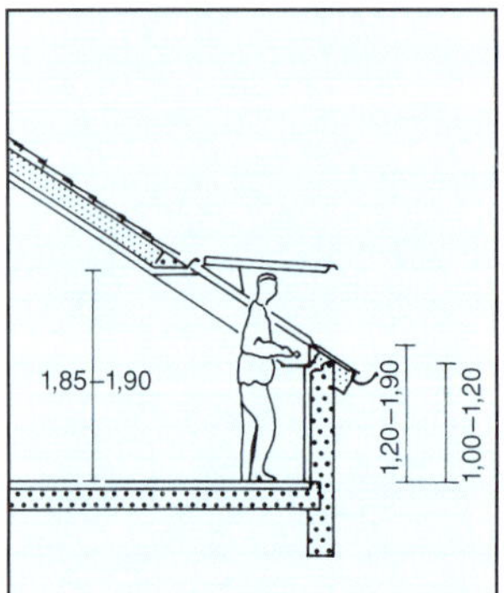

4 Im Drempel

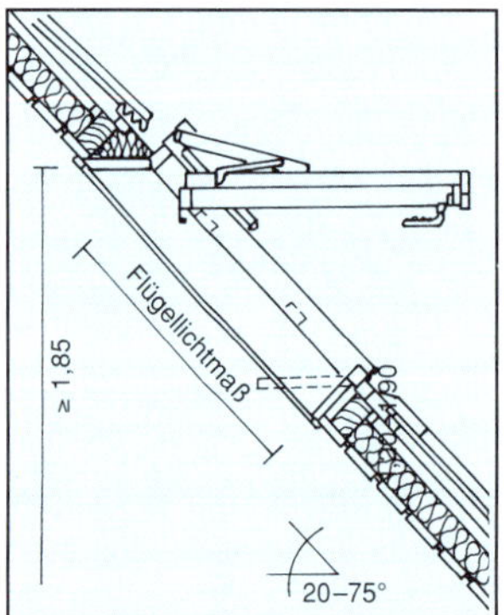

6 Detail Vertikalschnitt → 2

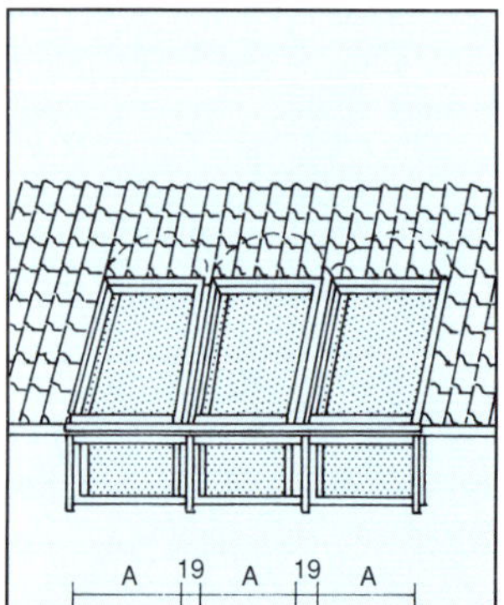

7 Reihung mit vertikalem Zusatzfenster → 5

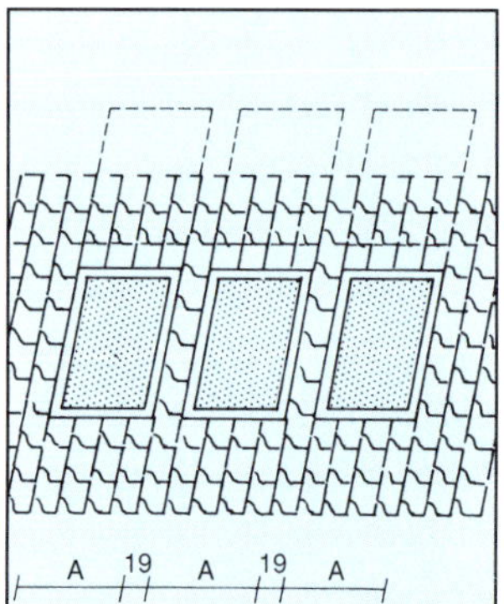

8 Nebeneinander oder übereinander

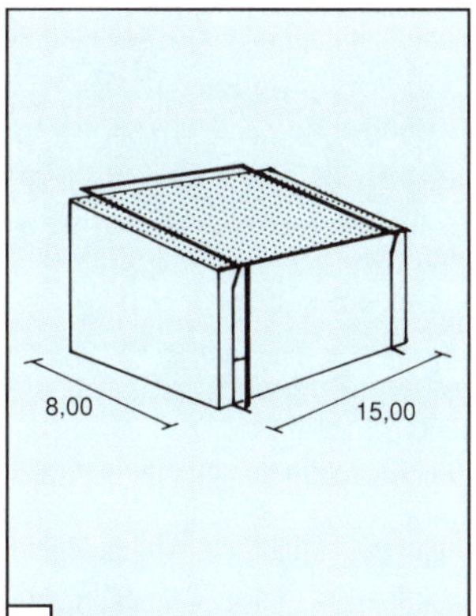

1 Pultdach

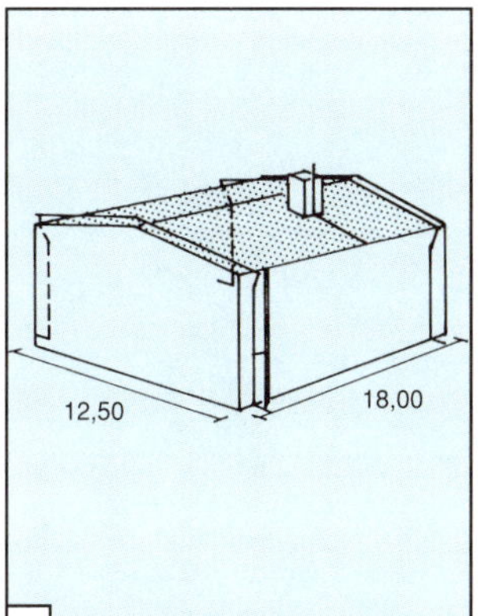

2 Flaches Dach

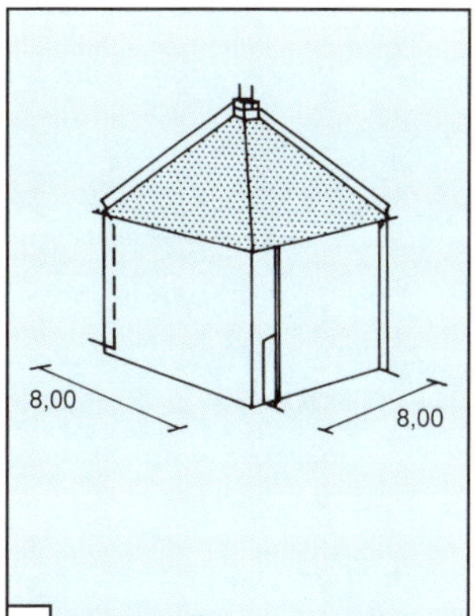

3 Zeltdach

BLITZSCHUTZ

Um den 50. Breitengrad je Gewitterstunde etwa 60 Erd- und 200–250 Wolkenblitze.

Im Umkreis von 30 m von Einschlagstelle (Bäume, Mauerwerk usw.) Menschen im Freien durch Schrittspannung gefährdet, daher Füße geschlossen halten.

Schaden an Bauten durch Wärmeentwicklung von Erdblitzen, die beim Einschlag den Wassergehalt so erhitzen und verdampfen, daß durch Überdruck explosionsartige Sprengungen von Mauern, Masten, Bäumen usw. entstehen, also dort, wo sich Feuchtigkeit sammelt.

Im wesentlichen stellt eine Blitzschutzanlage einen „Faradayschen Käfig" dar, nur daß die Maschenweite aufgrund der vorliegenden Erkenntnisse vergrößert wurde. Zusätzlich werden Fangspitzen montiert, die den Einschlag des Blitzes fixieren sollen. Eine Blitzschutzanlage besteht aus Fangeinrichtung, Ableitung und Erdungsanlage. Sie hat die Aufgabe, den Einschlag mit Hilfe von Fanganordnungen zu fixieren und sicherzustellen, daß Gebäude innerhalb einer geschützten Zone liegt. Dachaufbauten, Erker, Schornsteine, Lüfter bei Blitzschutzanlagen besonders berücksichtigen. Müssen auf jeden Fall angeschlossen werden. Fangleitung in Maschenform (Masche max. 10 m x 20 m).

ABLEITUNGEN

Je 20 m Umfang (gemessen an den Dachaußenkanten) Errichtung einer Ableitung. Verteilung – möglichst gleichmäßig auf den Umfang → 7.

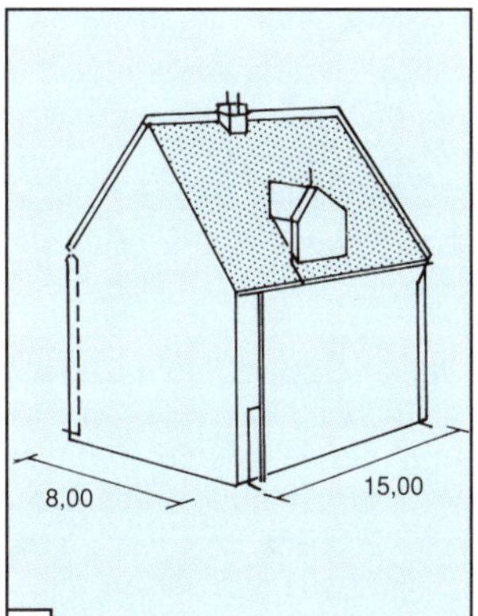

4 Satteldach

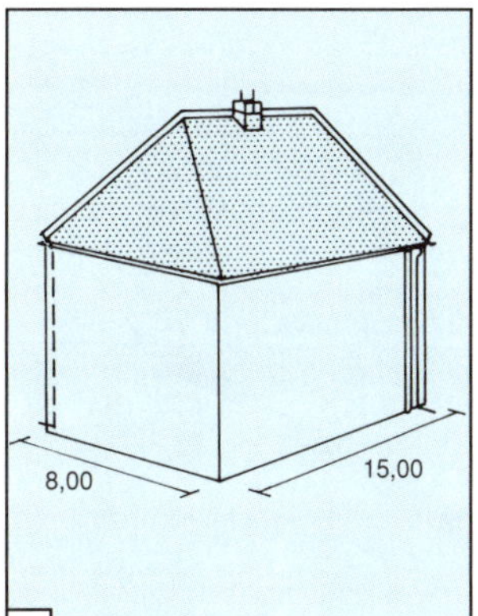

5 Walmdach

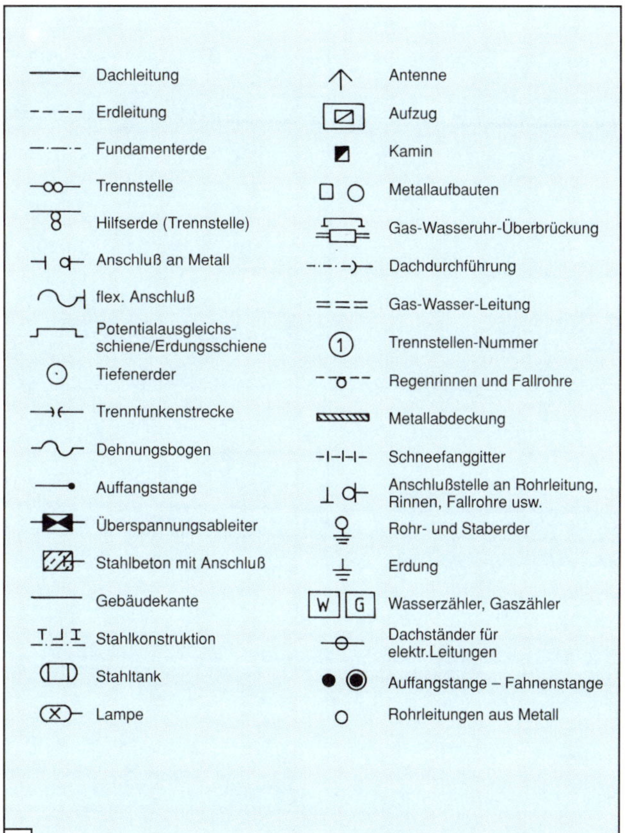

8 Sinnbilder für Blitzschutzbauteile DIN 48820

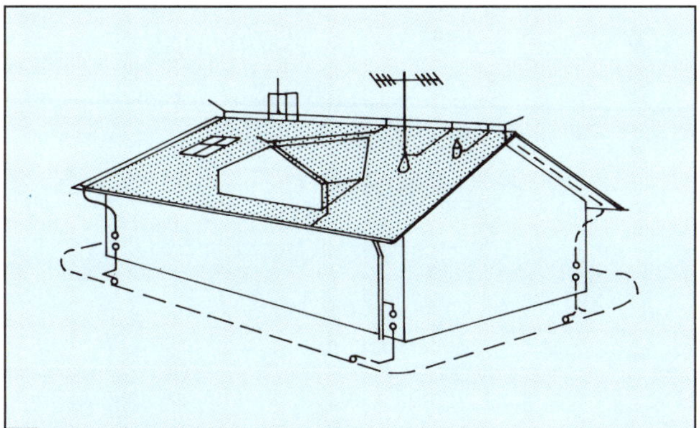

6 Übliche Blitzschutzanlage

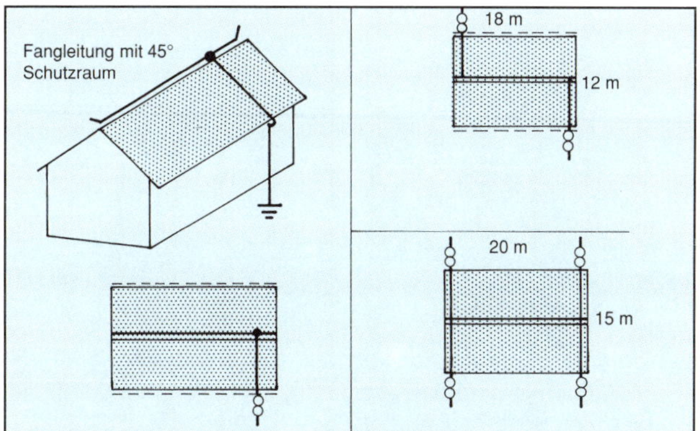

7 Umfang < 20 m: 1 Ableitung ausreichend

Anzahl der Ableitungen: 70 m: 20m = 3,5 = 4 Ableitungen

BLITZSCHUTZ
DETAILS

Erdung durch Metallbänder, -rohre, -platten, die nicht isoliert so tief im Erdreich stehen, daß niedriger Erdausbreitungswiderstand erreicht wird → 13 + 14. Höhe des Erdungswiderstandes je nach Bodenart und Feuchtigkeit verschieden.

Die Erdungsanlage hat die Aufgabe, den Blitzstrom schnell und gleichmäßig in das Erdreich abzuleiten. Man unterscheidet Tiefen- und Oberflächenerder. Oberflächenerder werden in Ringform oder Linearform ausgeführt. Vorzugsweise werden sie im Fundamentbeton eingebettet → 13 + 14.

Staberder sind in das Erdreich eingetriebene Rohre, Rundstäbe oder Stäbe mit offenem Profil.

Werden Staberder in mehr als 6 m Tiefe eingebracht, werden sie auch als Tiefenerder bezeichnet. Strahlenerder ist ein Erder aus Einzelbändern, die von einem Punkt oder einem Banderder strahlenförmig auseinanderlaufen.

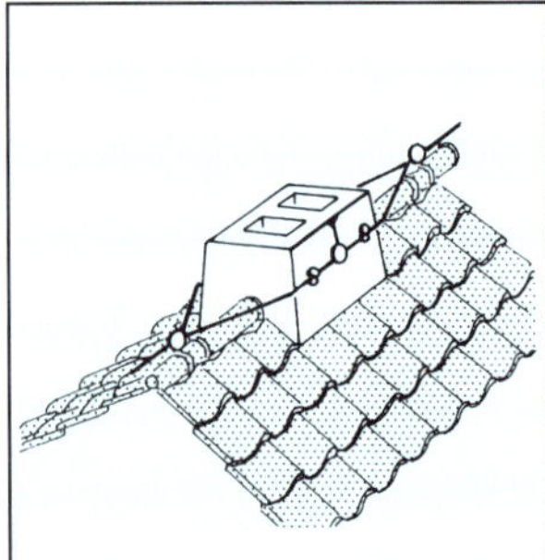

1 Schornstein im First mit Auffangvorrichtung aus Winkelstahlrahmen

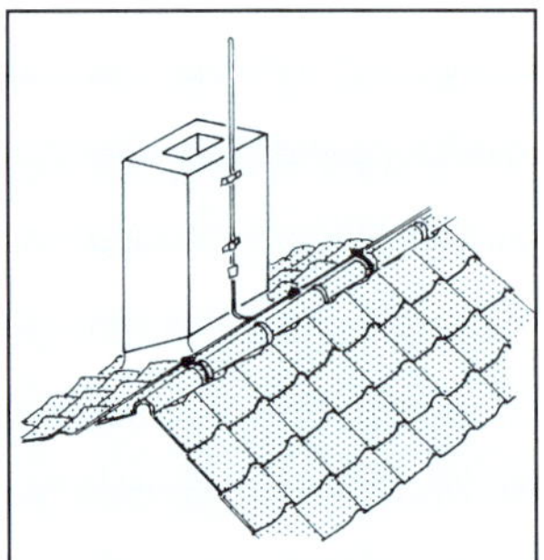

2 Schornstein mit Auffangstange an Firstleitung angeschlossen

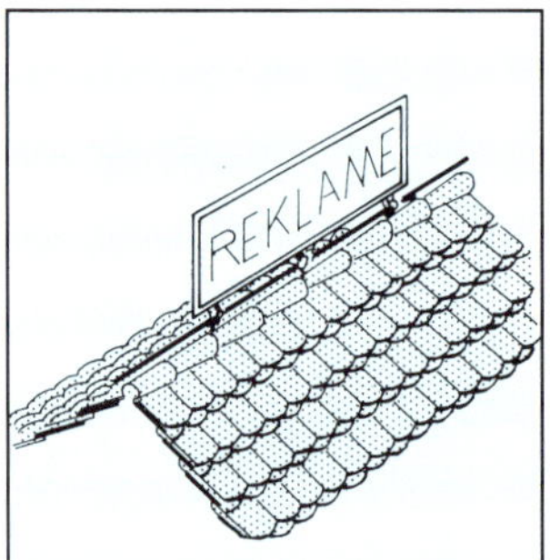

3 Bei Stahlbauteilen mit elektrot. Anlagen Überspannungsschutzgerät einbauen

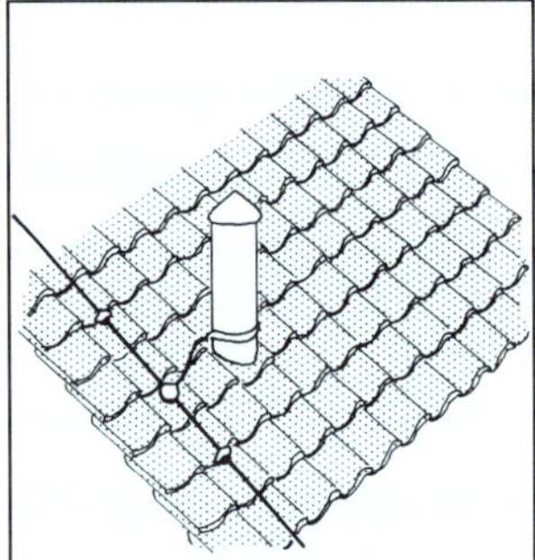

4 Alle Metall-Dachaufbauten u. Lüftungsrohre aus Metall an Blitzschutzanlage anschließen

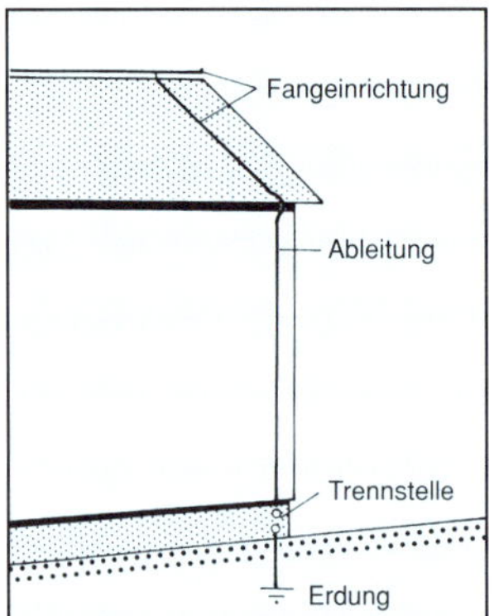

5 Die Hauptteile einer Blitzschutzanlage

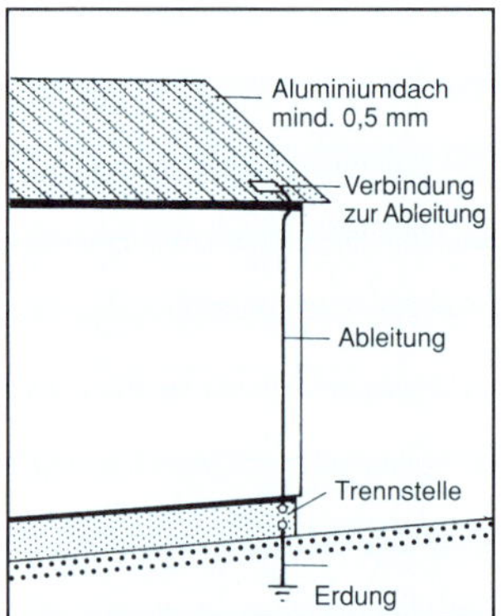

6 Aluminiumdachdeckung als Fangeinrichtung

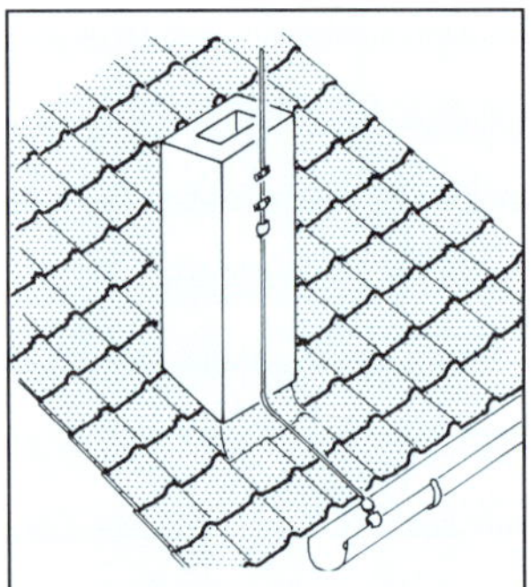

7 Auffangstange am Schornstein in Traufnähe an Dachrinne anschließen

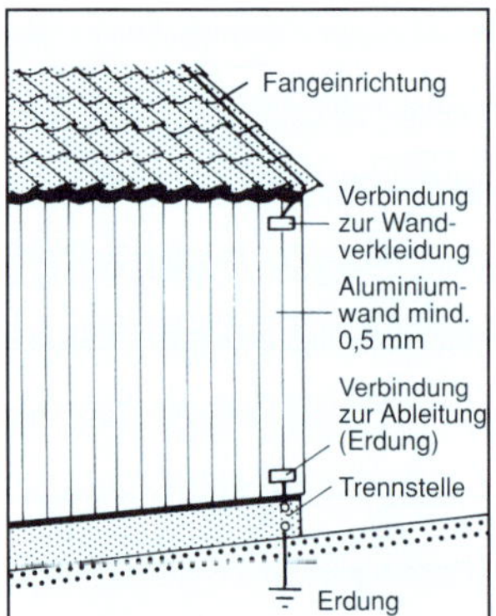

8 Aluminiumwandverkleidung als Ableitung

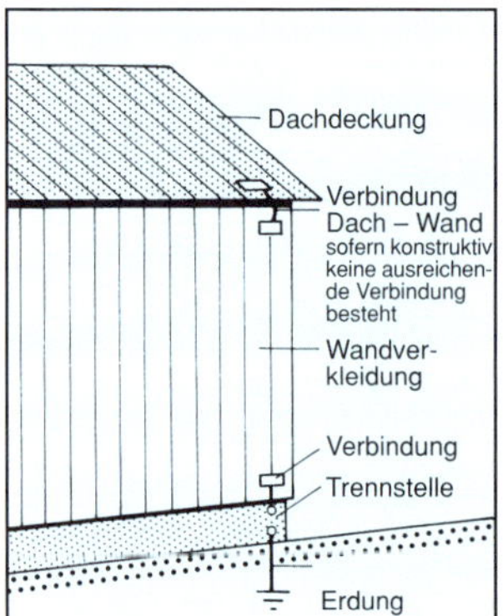

9 Aluminiumdach u. -wand

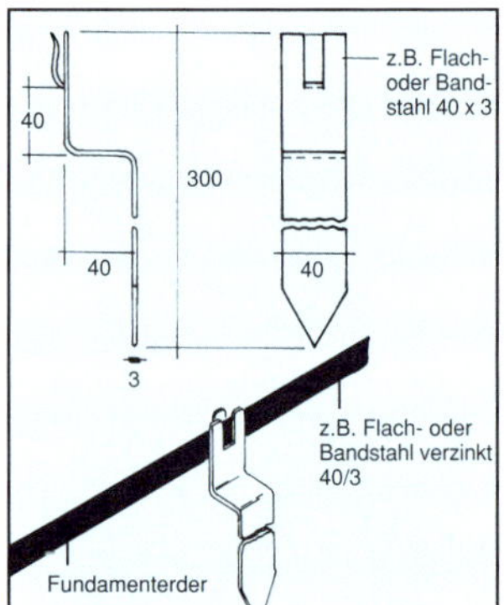

10 Beispiel eines Abstandhalters → 12

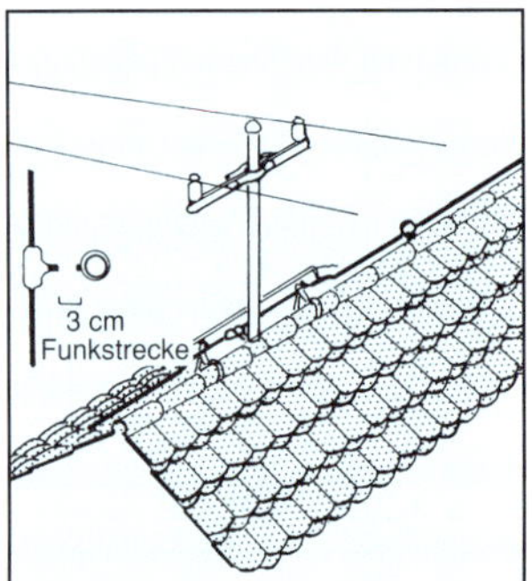

11 Dachständer von Starkstromleitung nicht unmittelbar anschließen. Schlagweite bei offener Funkstrecke = 3 cm

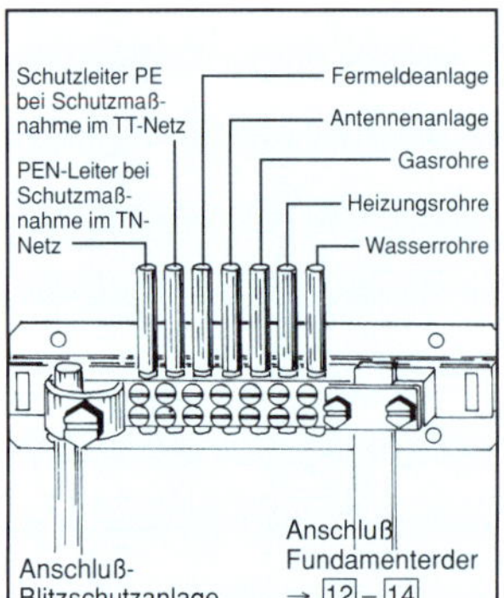

12 Potentialausgleichschiene

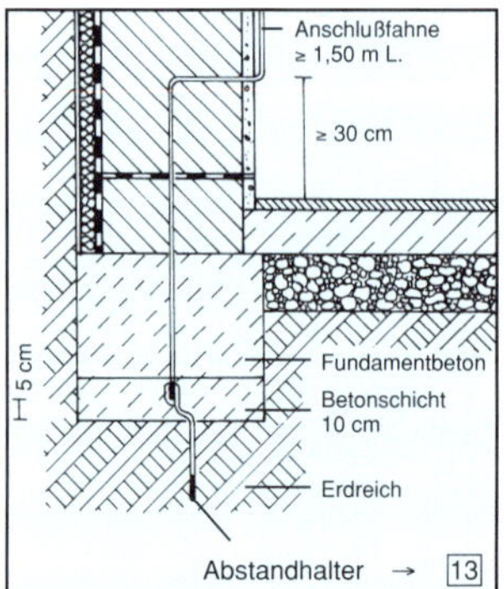

13 Beispiel für die Ausführung des Fundamenterders

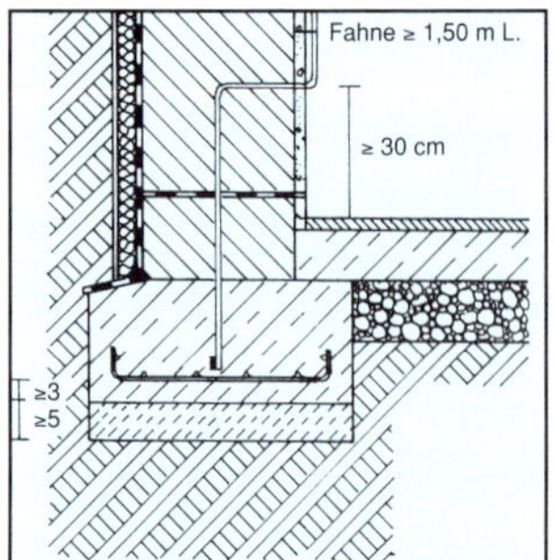

14 Fundamenterder im Fundament aus bewehrtem Beton

VORRÄUME

WINDFANG, EINGANG

Bei einem freistehenden Einfamilienhaus sollte der Eingang nach Osten oder Norden liegen.

Da bei uns die Hauptwinde aus Westen oder Südwesten wehen, liegt der Eingang somit im Windschatten des Gebäudes.

Eine Überdachung des Eingangs ist empfehlenswert und, wenn aus Gründen des Sicht- oder Windschutzes erforderlich, auch noch die Anbringung seitlicher Blenden.

Hinter dem Hauseingang sollte auch in den gemäßigten Klimazonen stets ein **Windfang** folgen.

Das ganze Jahr über wird Wind und Zugluft von der Wohnung ferngehalten, in der kalten Jahreszeit ist er darüber hinaus eine Wärmeschleuse. → 7 – 9

Günstig ist Kombination Gäste-WC oder Zweit-WC vom Windfang aus zugänglich → 1 – 12.

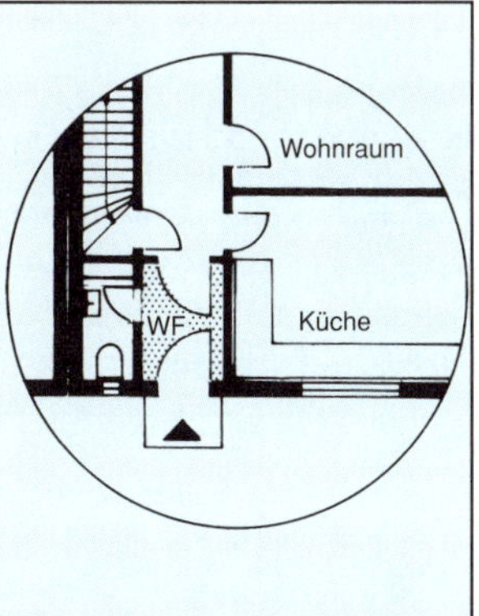

1 Windfang im Reihenhaus

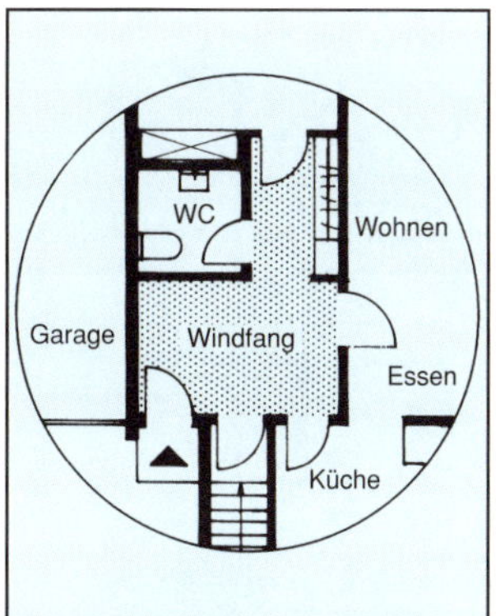

2 Keller, Küche, Eßraum, WC vom Windfang zugänglich

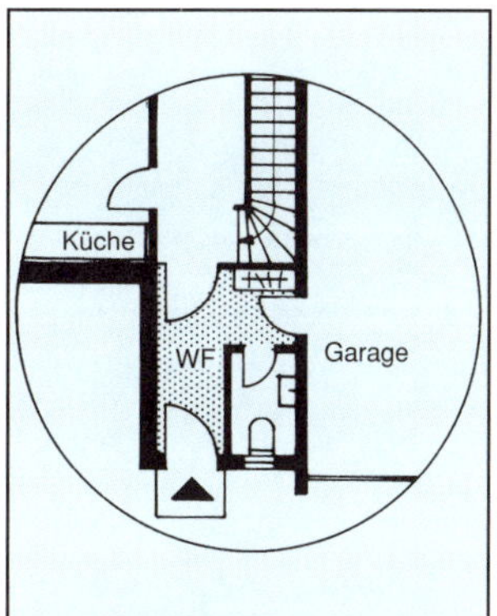

3 Vom Windfang zur Garage

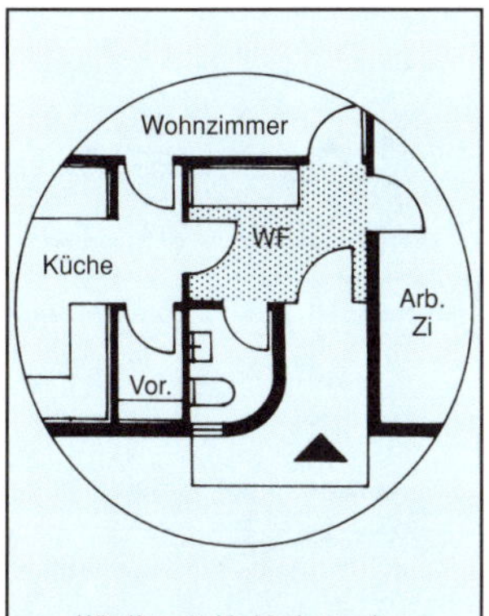

4 Windfang in Verbindung mit Bürozugang

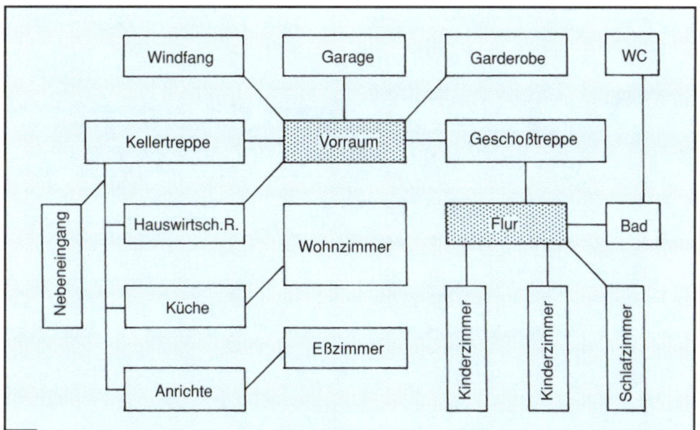

5 Raumbeziehungen

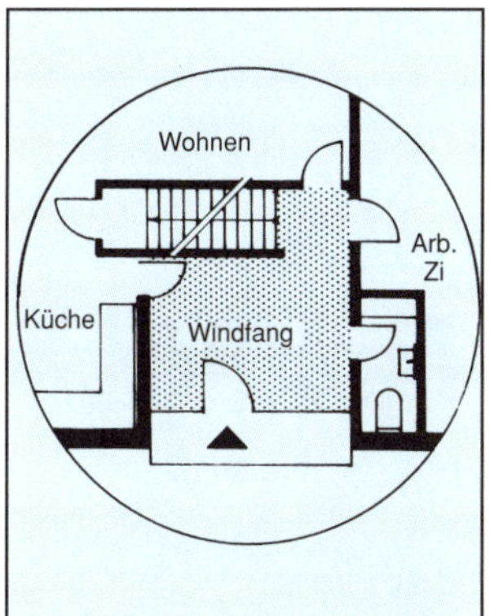

6 Großer Windfang mit Zugang zu Küche, Wohnzi., Arb.-Zi. u. Treppe

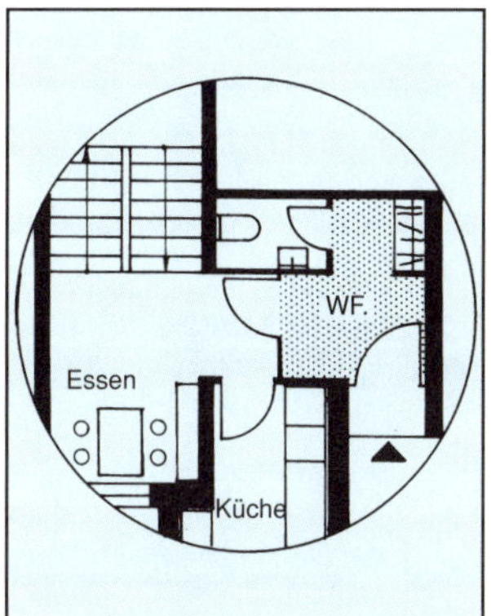

7 Eingang seitlich, Windfang u. WC

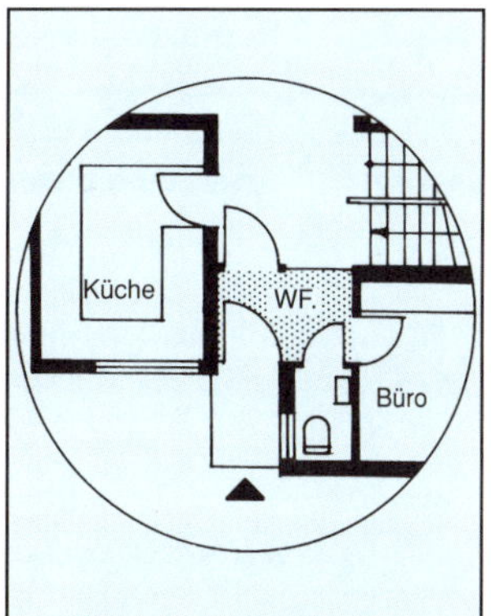

8 Büro in Verbindung Windfang u. Gäste-WC

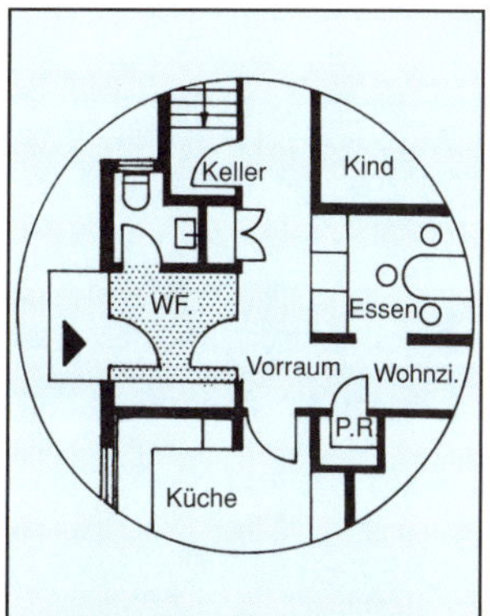

9 Windfang u. offener Vorraum u. Eßecke

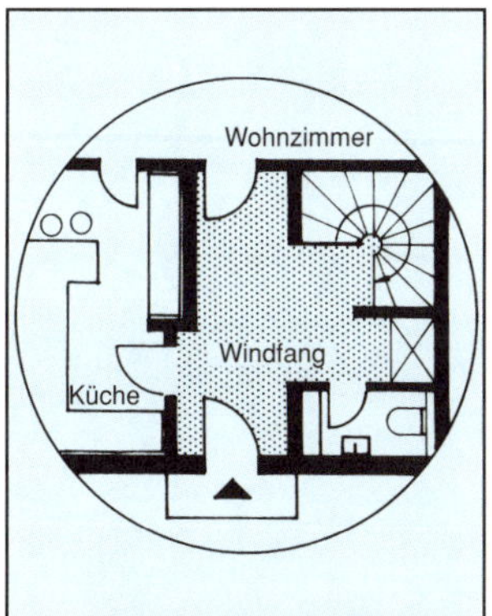

10 Windfang mit Verbindungstreppe zum Unter- u. Obergeschoß

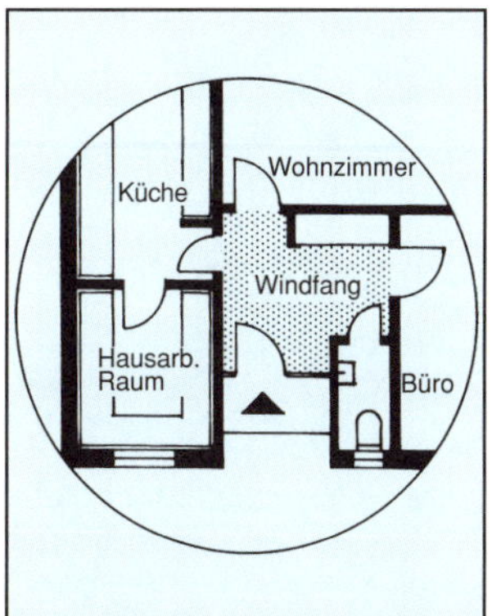

11 In Verbindung mit Büro, Wohnzimmer u. Küche

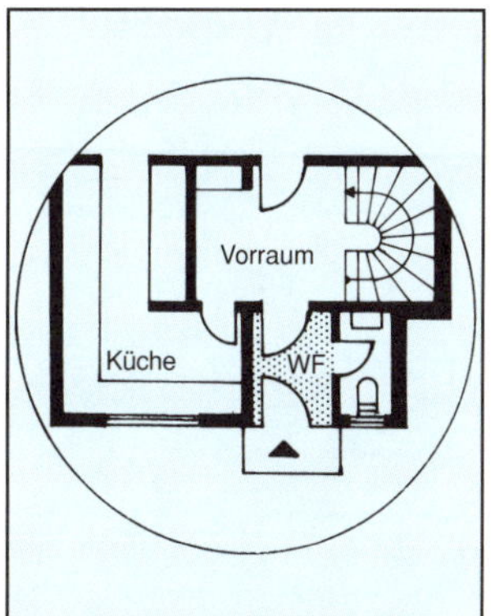

12 Windfang, Vorraum mit Treppe zum Keller- u. Obergeschoß

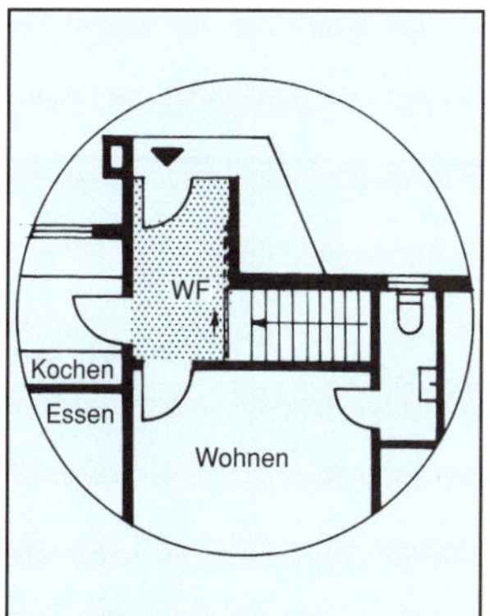

13 Windfang mit Kellertreppe u. Zugang zur Küche u. Wohnzimmer

FLURE

Beispiele zeigen Höchstzugänglichkeit der verschiedenen Flurgrößen u. Formen zu Räumen von über 2 m Breite.
Räume von 2–3 m Breite rechnen bei dieser Betrachtung als Ankleide-, Abstellraum u. zeigen die jeweils wirtschaftlichste Flurform.
Angenommene Flurbreite von 1 m genügt als Mindestbreite, da hierbei noch 2 Familienmitglieder aneinander vorbeigehen können.

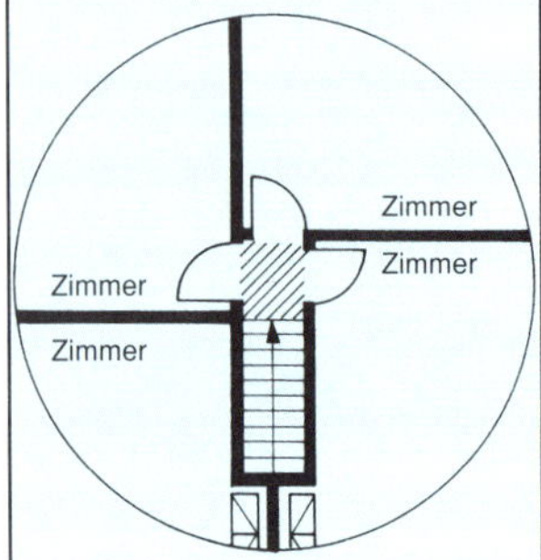

1 — 1 m² Flur = 3 Räume am Ende einer Treppe

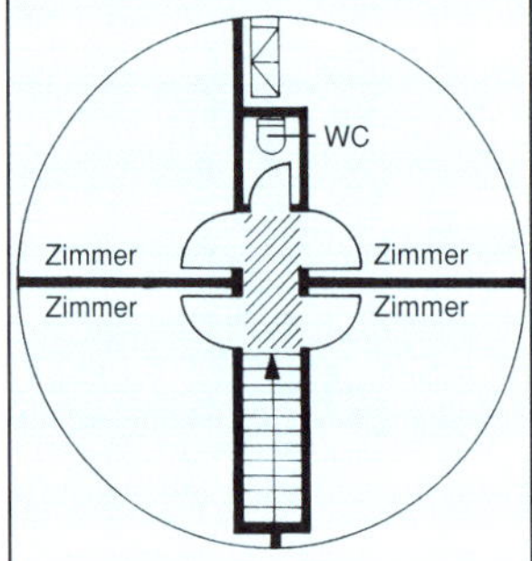

2 — 2 m² Flur = 4 Räume u. WC

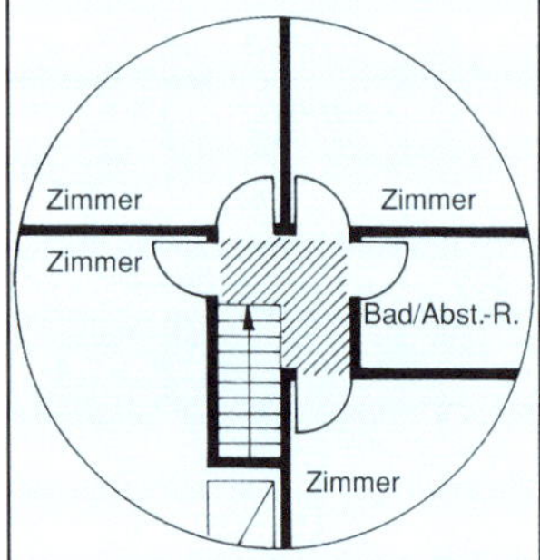

3 — 3 m² Flur = 4 Räume u. Bad Durch offene Treppe geräumig

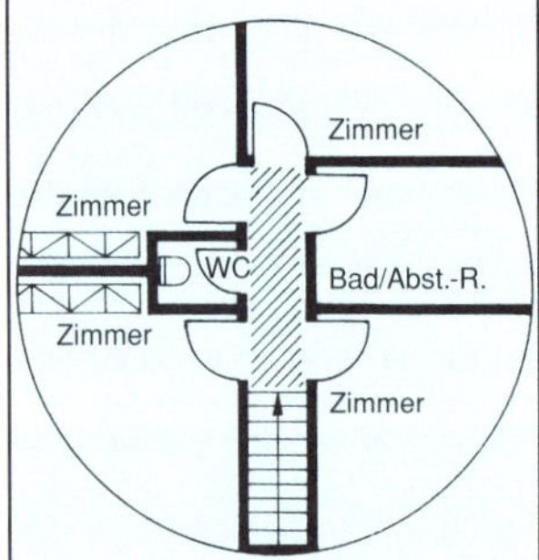

4 — 3 m² Flur = 4 Räume, Bad u. WC

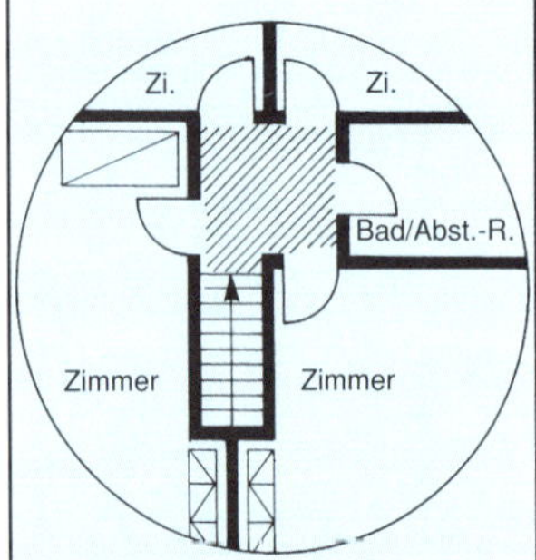

5 — 4 m² Flur = 4 Räume u. Bad

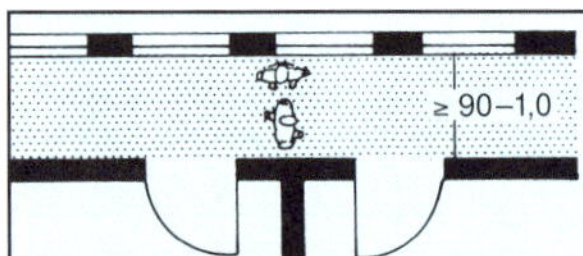

A) Die Türen öffnen sich nach den Räumen.
Einhüftige Flure mit geringem Verkehr

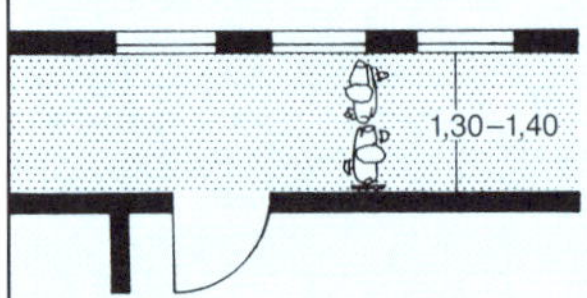

B) Einhüftige Flure für 2 Personen

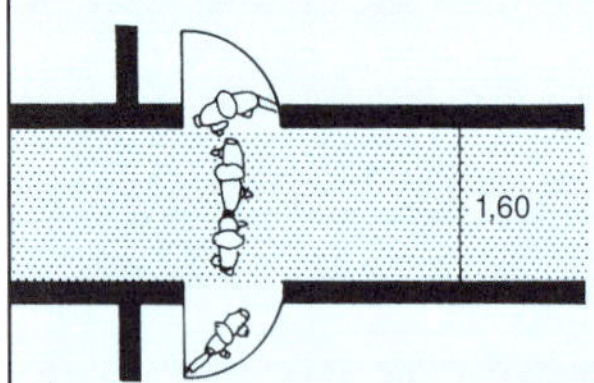

C) Zweihüftige Flure mit regem Verkehr. ≥ 2,0 m für 3 Pers.

Breite der Flure richtet sich nach Flurlage, ob einhüftig oder zweihüftig, nach der Türanordnung u. den Verkehrsmassen.
Man rechnet auf 1 m freie Flurbahn 60–70 Menschen.
Nach Möglichkeit Türen zu Räumen hin öffnen.

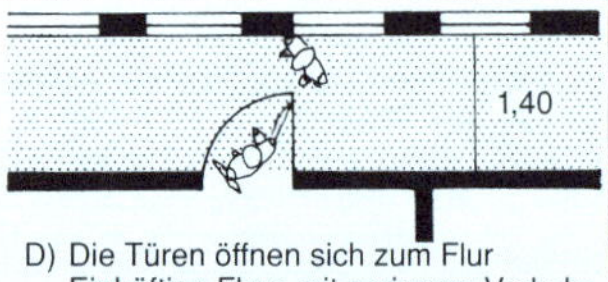

D) Die Türen öffnen sich zum Flur
Einhüftige Flure mit geringem Verkehr.
Flurbreite = Türbreite + 50 cm

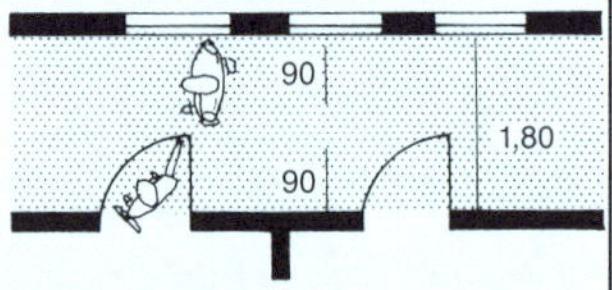

E) Einhüftige Flure mit regem Verkehr

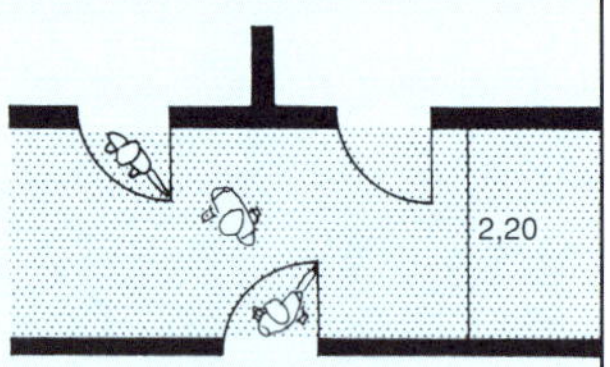

F) Zweihüftige Flure mit versetzten Türen bei regem Verkehr

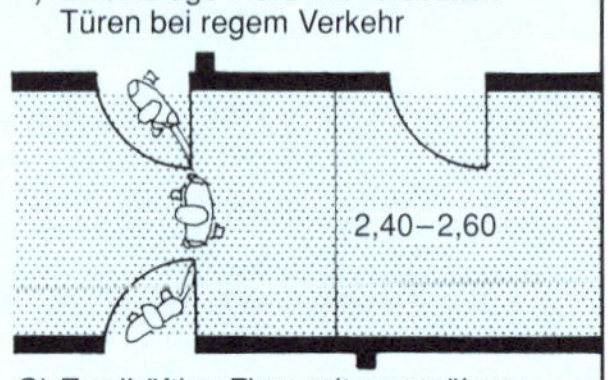

G) Zweihüftige Flure mit gegenüberliegenden Türen

6 — Flurbreiten

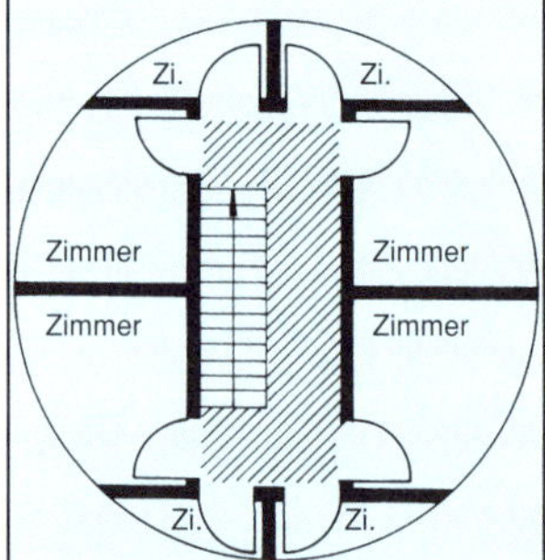

10 — 7 m² Flur = 8 Räume

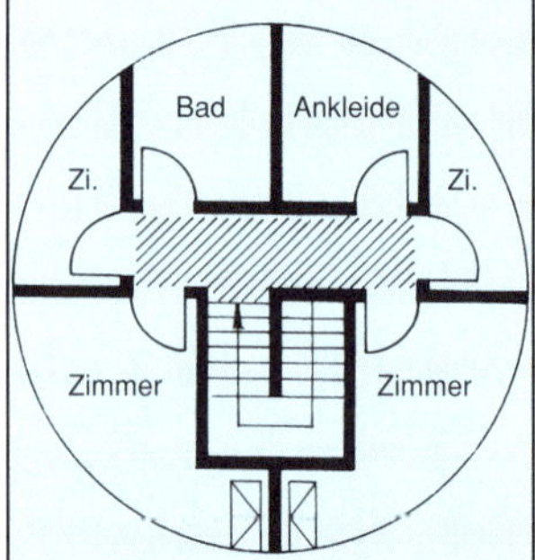

11 — 4 m² Flur = 4 Räume, Bad u. Ankleide

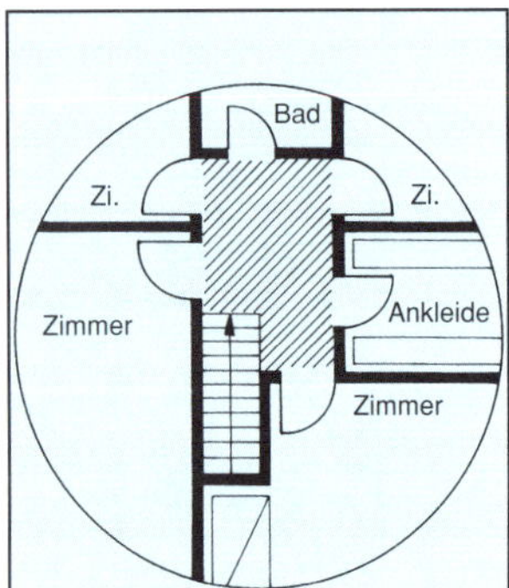

7 — 5 m² Flur = 4 Räume, Bad u. Ankleide

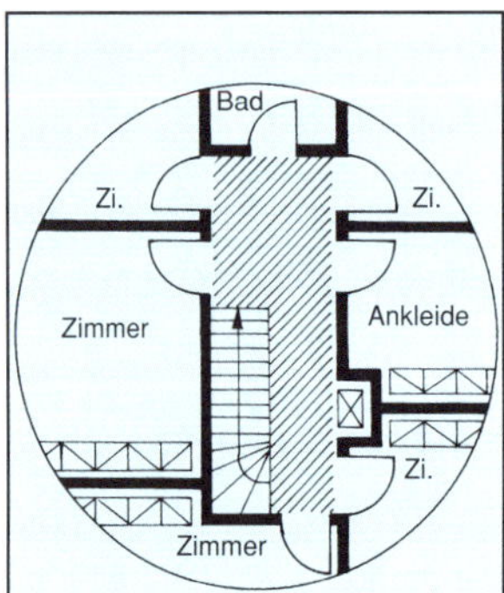

8 — 7 m² Flur = 5 Räume, Bad u. Ankleide

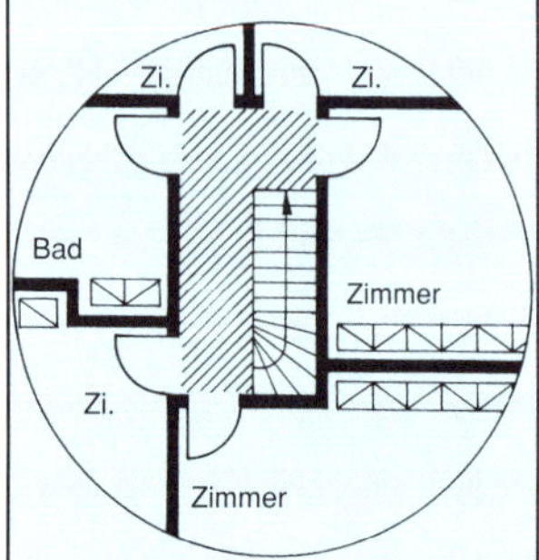

9 — 5 m² Flur = 5 Räume u. Bad

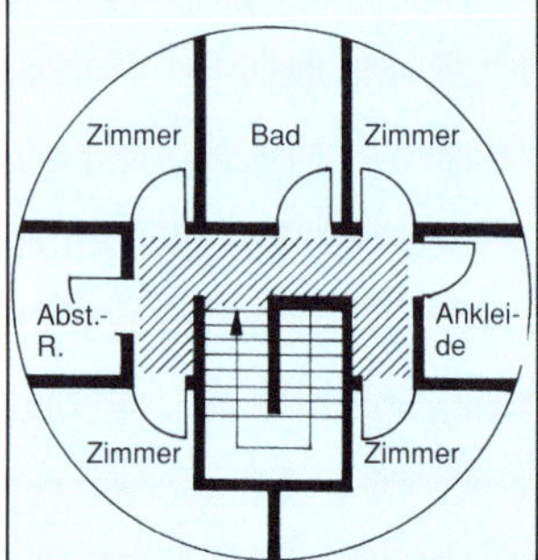

12 — 6 m² Flur = 4 Räume, Bad, Ankleide u. Abstellraum

ABSTELLRÄUME

Dach- und Treppenschrägen, Nischen und Ecken bieten Platz für Abstellräume, Schränke und Schubladen. Bei Dachschrägen muß hinter den Schränken gute Wärmedämmung eingebaut werden. Schränke sollten oben und unten Luftlöcher haben oder Lamellentüren → 10 – 12, so daß ständige Lüftung möglich ist. Truhenbank im Flur für Schuhputzmittel und Reinigungsgerät → 8.

1 Eckschränke neben der Wohnungstür

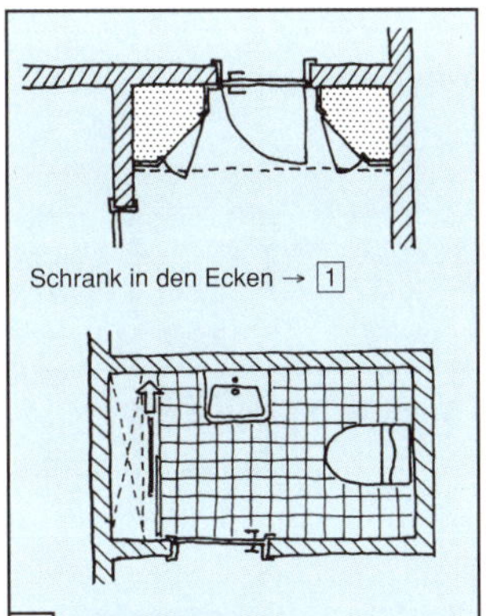

2 Schrank im WC → 3

3 Putzmittelschrank im WC → 2

4 Platz für Putzgeräte unter der Dachschräge

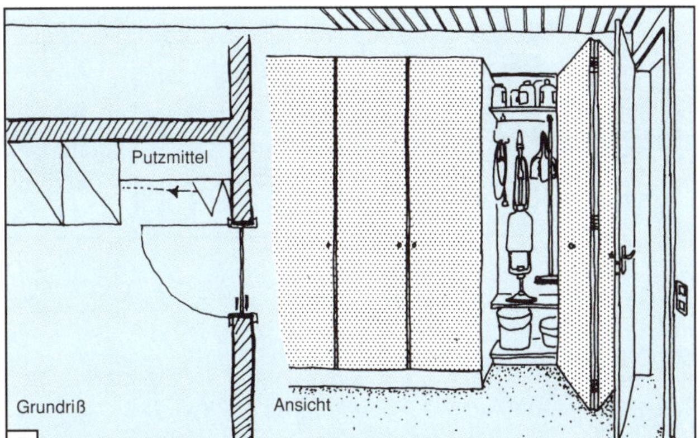

5 Neben dem Kleiderschrank die Restfläche als Putzmittelschrank genutzt

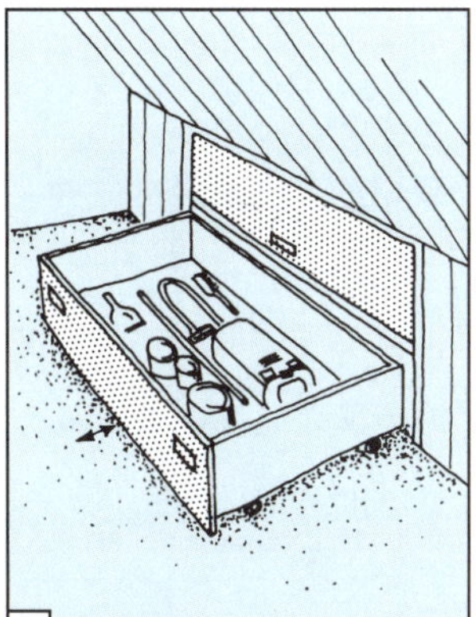

6 Schublade unter der Dachschräge

7 Schiebeschränke unter der Treppe

8 Truhenbank für Putzmittel u. Gerät

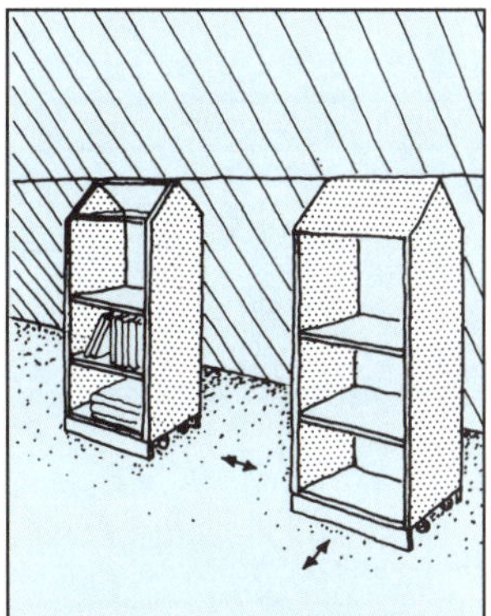

9 Schränke auf Rollen gegen Schräge vom Dach geschoben

10 Schiebeschränke bis in die Traufe

11 Schrankraum unter der Dachschräge. Rahmen mit Lamellentüren

12 Schrankraum in der Dachschräge neben der Gaube

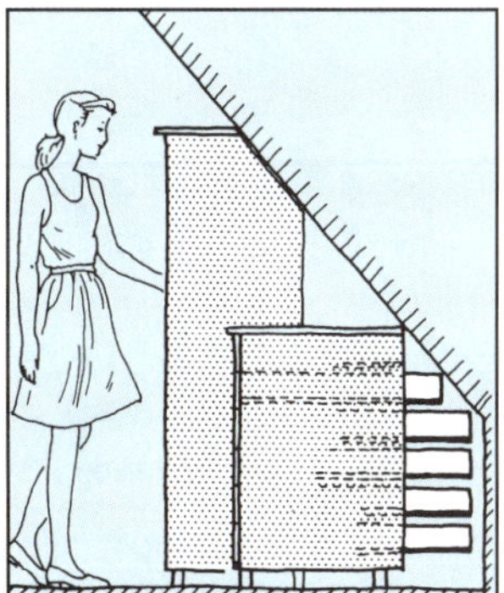

13 Vorderfronten sind bequem zugänglich, Schubladen ragen über den Korpus hinaus.

VORRATS- U. SPEISEKAMMERN

Bei Planung von Wohnungen oder Häusern auf entsprechende Räume wie Speisekammern, Vorratsräume, Kühlzellen achten. Sind für das tägliche Leben wichtig. Am praktischsten liegt Speisekammer neben oder in der Küche → [1] – [8]; sie sollte kühl u. lüftbar sein, vor Sonneneinfall geschützt. Anschluß für Gefrierschrank u. Weinkühlschrank evtl. vorsehen.

Lagerregale am besten bis an die Decke aufstellen. Für größere Haushalte werden nach dem Baukastensystem Kühlzellen angeboten → [9], auch mit getrenntem Kühl- und Gefrierabteil.

ABSTELLRÄUME

Innerhalb der Wohnung einen Abstellraum von ≥ 1 m² bei einer lichten Breite von 75 cm vorsehen. Bei größeren Wohnungen möglichst 2% der Wohnfläche als Abstellraum einplanen. Zum Abstellen und Aufbewahren von Reinigungsgeräten, Werkzeugen, Putzmitteln usw.

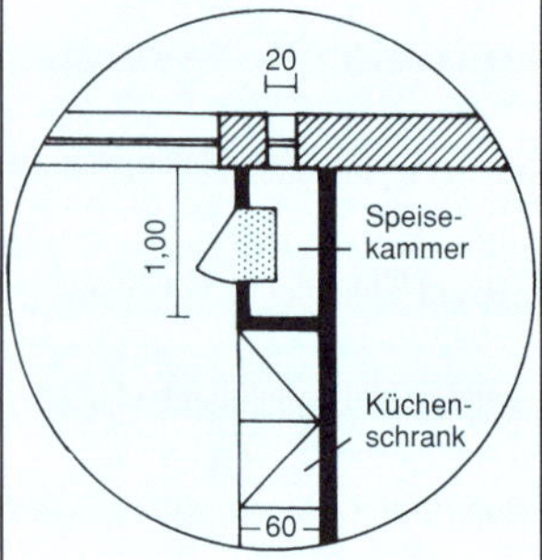

1 Speisekammer im Anschluß an Schrank

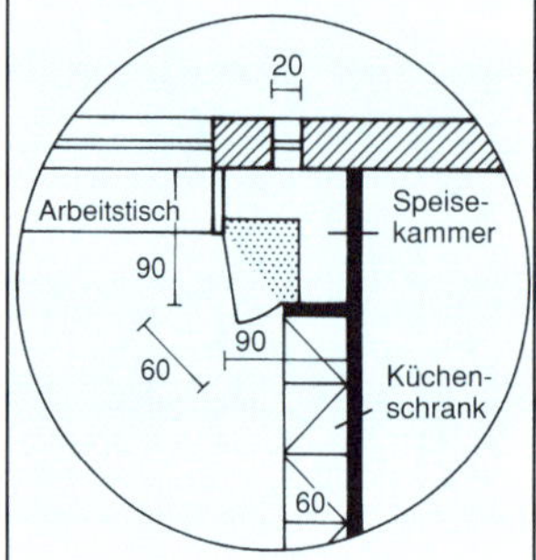

2 Übereck-Speisekammer

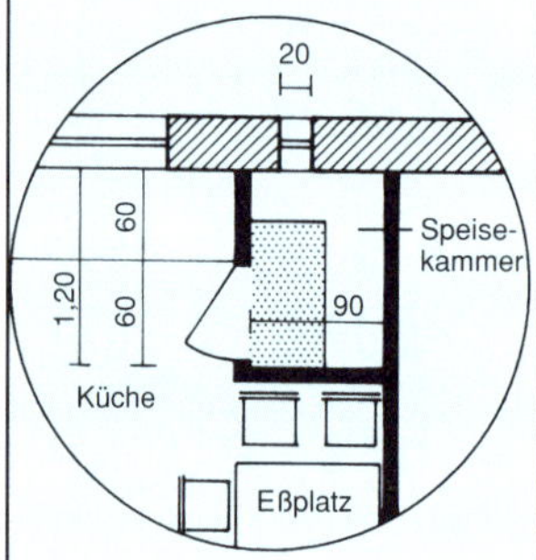

3 Speisekammer im Anschluß an Eßecke

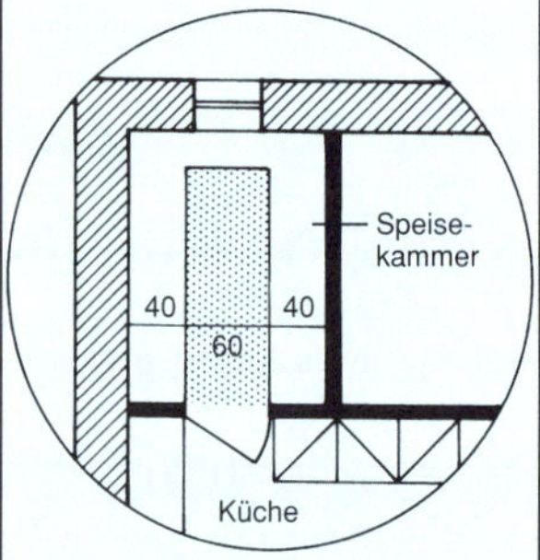

4 Geräumige Speisekammer

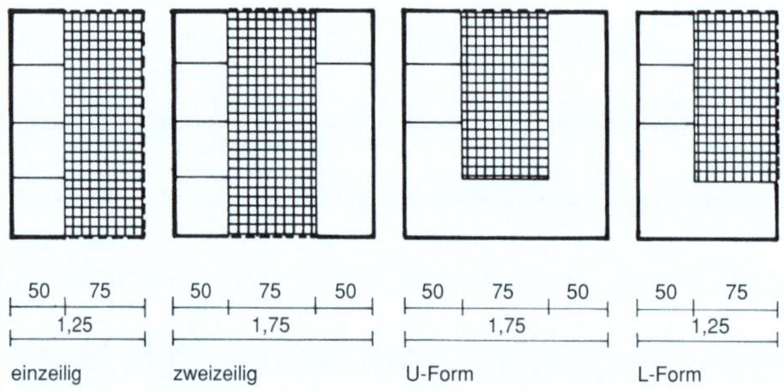

5 Speisekammern

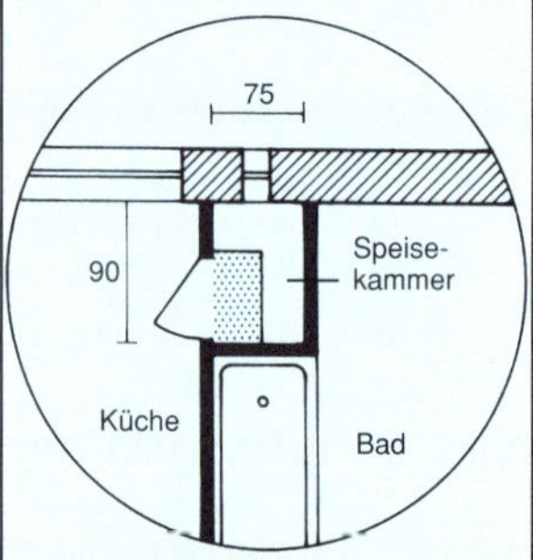

6 Speisekammer im Anschluß an Badewanne

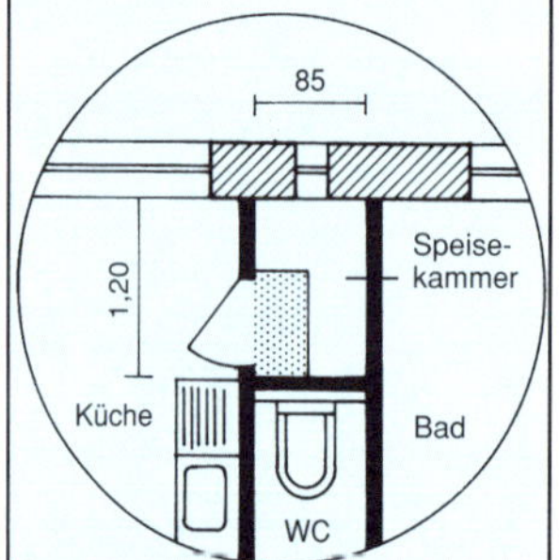

7 Speisekammer im Anschluß an WC

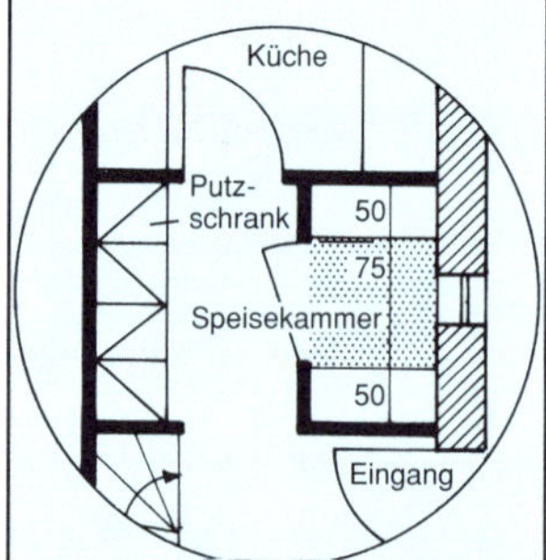

8 Abstellräume im Eingangsbereich

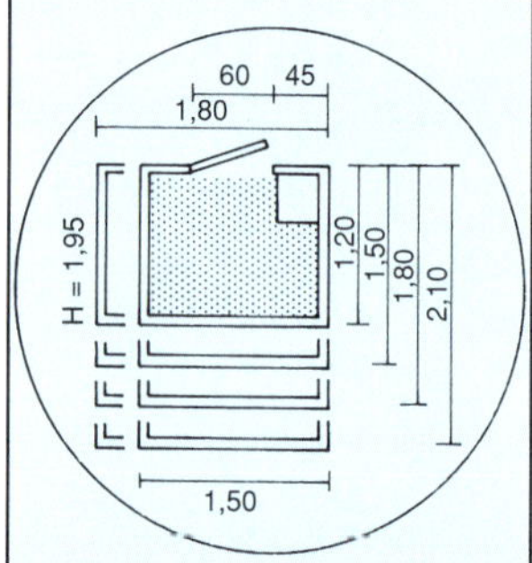

9 Kühlzellengrößen Nutzfläche 1,23–3,06 m²

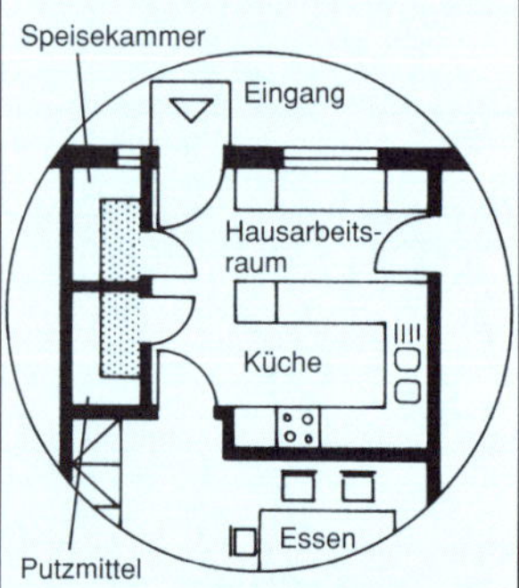

10 Speisekammer u. Abstellraum in der Küche

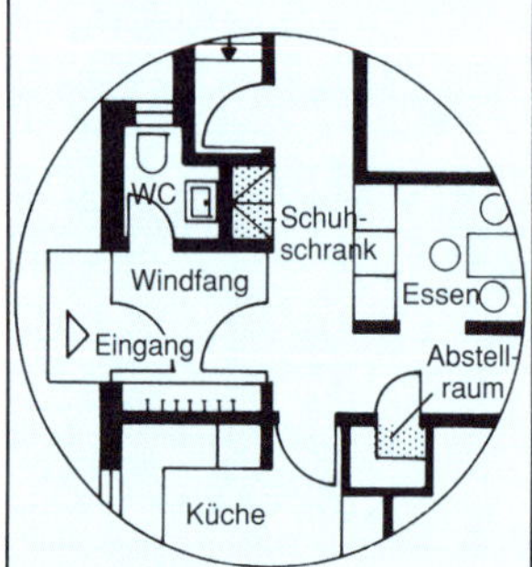

11 Abstellraum u. Schuhschrank im Eingangsbereich

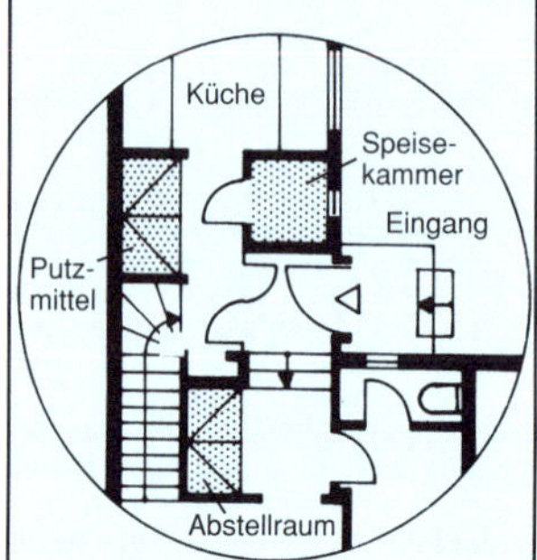

12 Abstellräume im Eingangsbereich

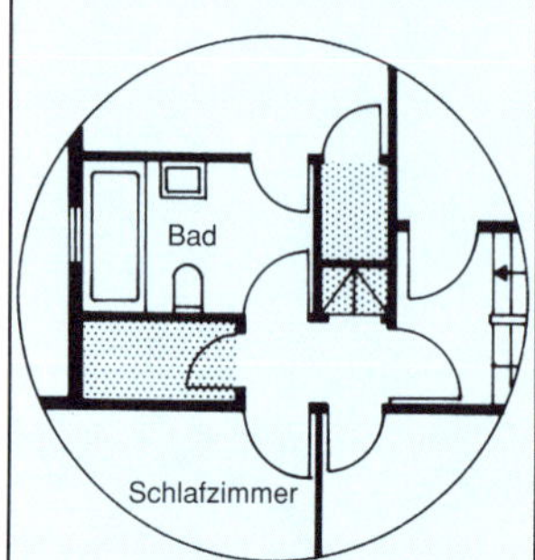

13 Abstellräume am Flur u. Schlafräume

HAUSWIRTSCHAFTS RÄUME

Lage günstig nach Norden. Nutzung als Schrankraum für Reinigungsgerät, Nähraum, Bügelraum, Waschraum gegebenenfalls auch als Hobbyecke. Größenanforderung, Mindestfläche 3,80 m Länge besser 4,60 m → 2.

Bei Gestaltung von Wirtschaftsgerät auf bequeme und gesunde Haltung achten.

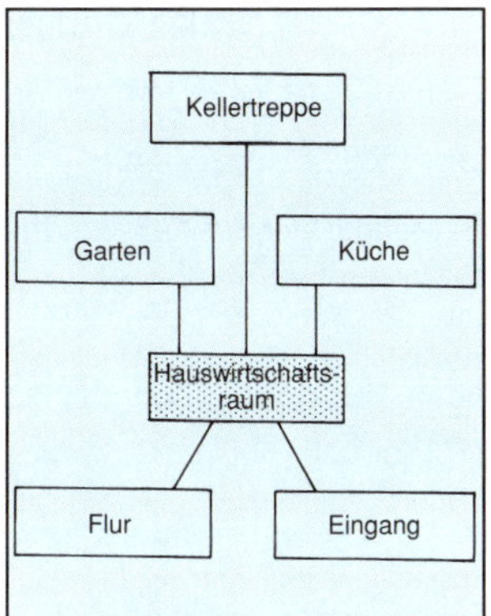

1 Schema der Raumbeziehung zum Hauswirtschaftsraum

Ausstattungs- u. Einrichtungsstelle	Breite cm	besser cm
Waschvollautomat u. Wäschetrockner als Wasch-Trockensäule	60	60
Waschbecken mit Wasserwärmer	60	60
Schmutzwäsche-behälter	50	60
Arbeitsfläche zum Legen der Wäsche	60	120
Bügelgerät	ca. 100	100
Schrankraum für Kleingeräte	50	60
Insgesamt	ca. 380	460

2 Stellflächenbedarf der Einrichtungsteile

Elektrogerät	Anschlußwert kW Wechselstrom
Kochendwassergerät 3 l u. 5 l	2,0
Warmwasserspeicher 5 l–10 l–15 l	2,0
Bügeleisen	1,0
Bügelmaschine	2,1–3,3
Wäscheschleuder	0,4
Waschkombination	3,2
Waschmaschine	3,3
Wäschetrockner	3,3
Staubsauger	1,0
Klopfsauger	0,6

3 Anschlußwerte von El.Geräten

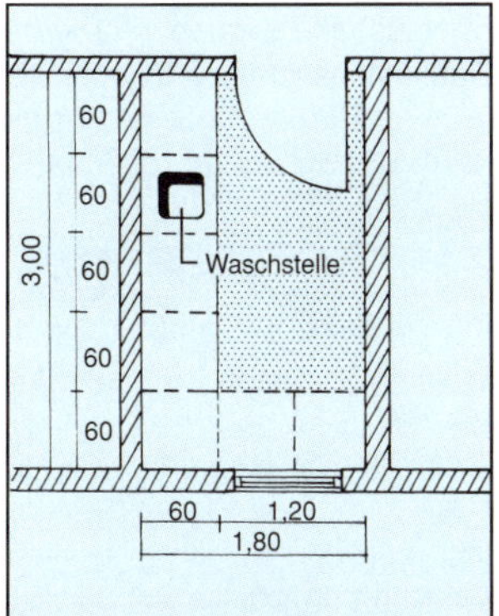

4 Hauswirtschaftsraum einzeilig, L-Form

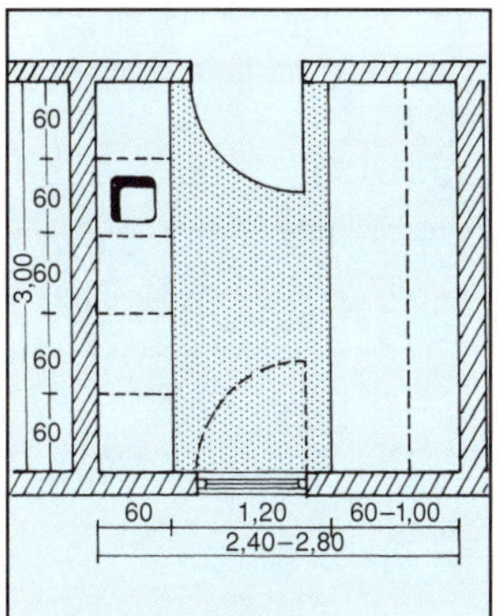

5 Zweizeilig

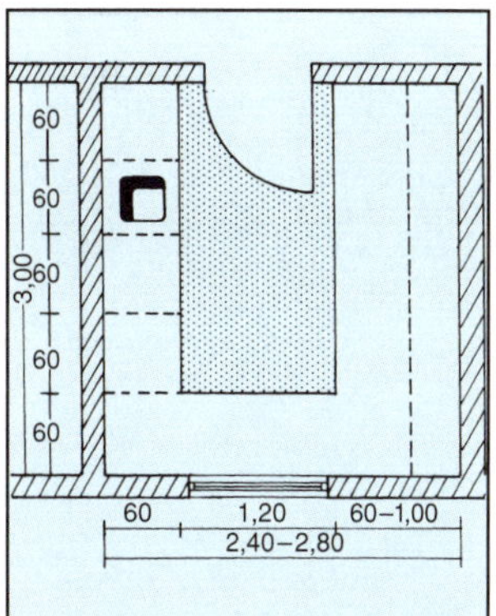

6 U-Form

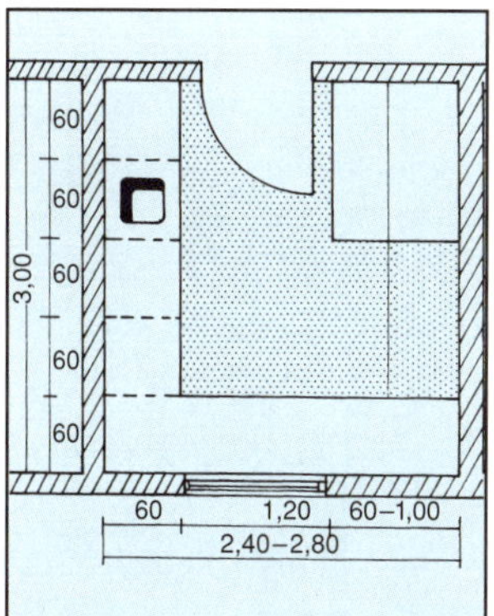

7 L-Form

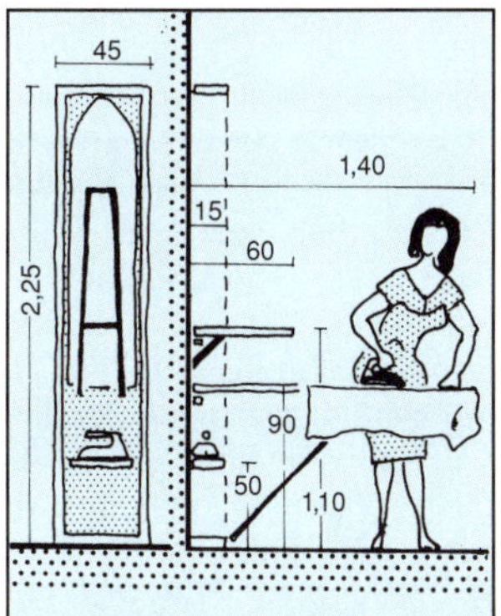

8 Bügelbrett auf Wand klappbar oder Schrank

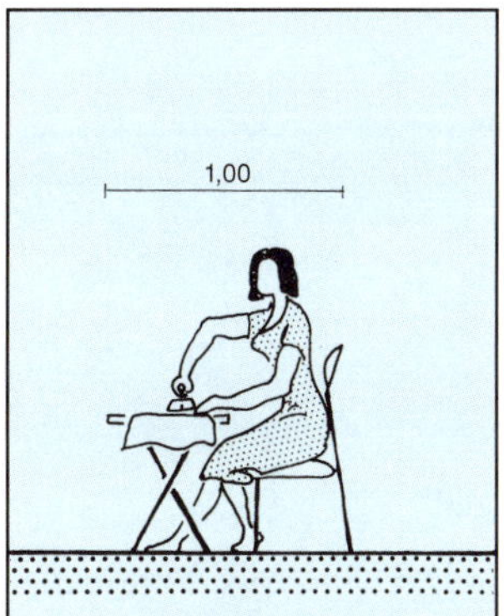

9 Platzbedarf beim Bügeln im Sitzen

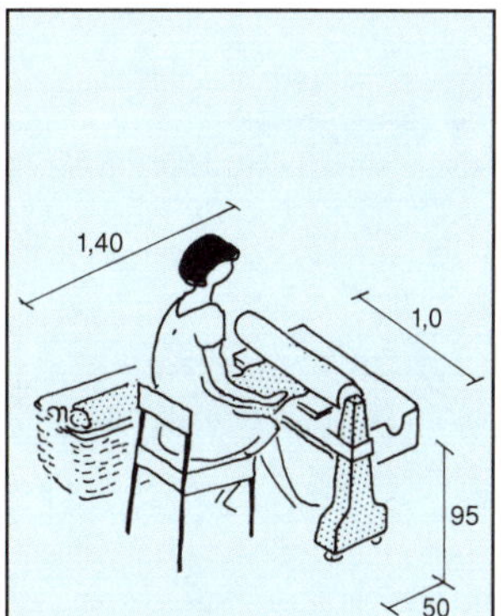

10 Am elektrischen Bügler

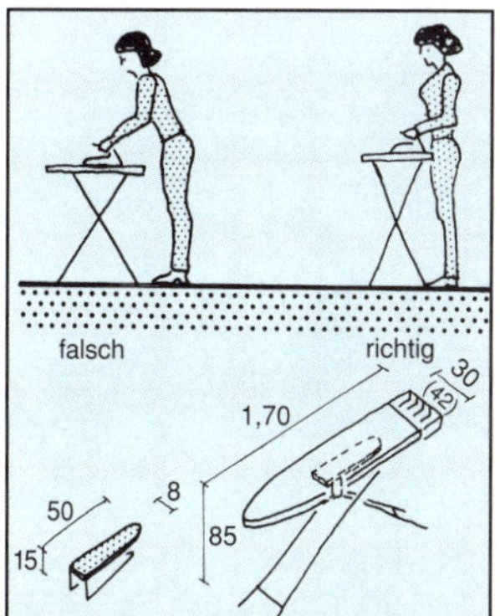

11 Bügel- u. Ärmelbrett

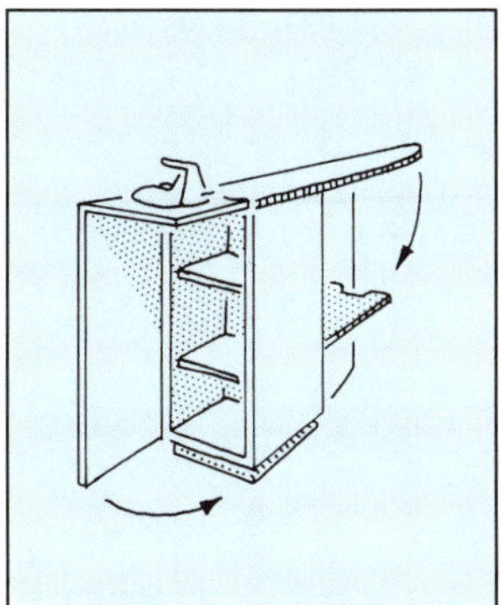

12 Bügelkombination zusammenklappbar

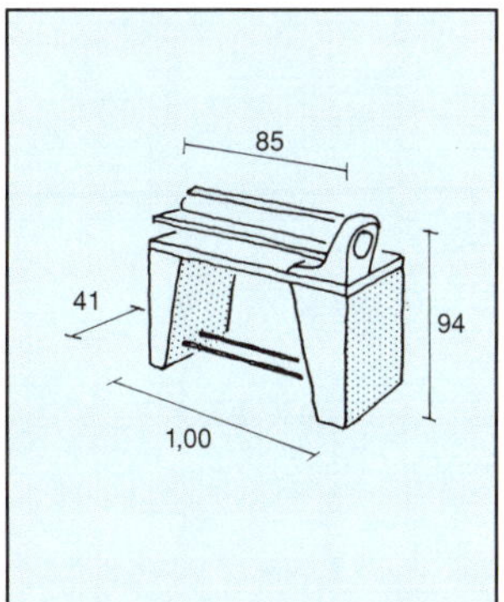

13 Elektrische Bügelmaschine

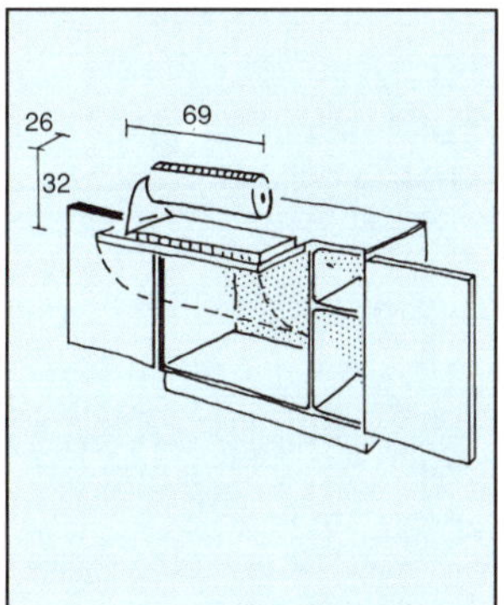

14 Bügelmaschine im Schrank eingebaut

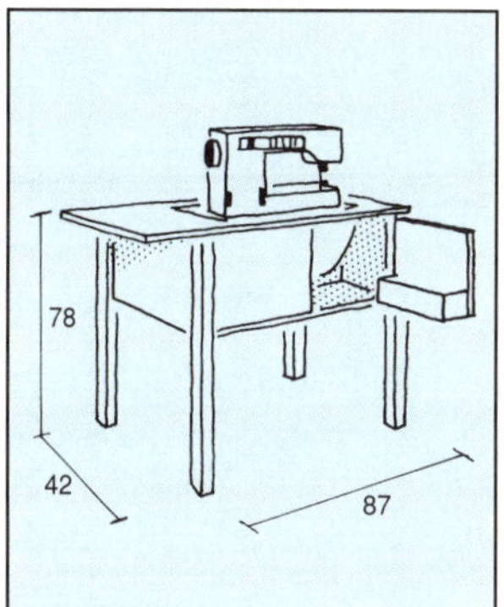

15 Nähmaschine

KÜCHEN

AMK-MERKBLÄTTER → 🕮

DIN 18011, 18022, 68901

Lage der Küche nach Nordosten oder Nordwesten, in Beziehung zum Garten und Keller. Von der Küche aus möglichst Überblick über Gartentür, Haustür, Kinderspielplatz und Terrasse. → [5]

Gute innere Beziehung zum Vorraum, Eßzimmer, Hausarbeitsraum.

Küche ist Arbeitsplatz innerhalb der Wohnung, zugleich Aufenthaltsraum für die Hausfrau, für viele Stunden. Oft ist die Küche Treffpunkt der Familie, wenn Eß- oder Imbißplatz zur Küche gehört. → [4]

Bei der Einrichtung ist zu beachten:

Wege einsparen, fließenden Arbeitsablauf ermöglichen, ausreichende Bewegungsfreiheit, Arbeiten im Stehen vermindern, günstige Körperhaltung, Anpassung der Arbeitshöhe an die Körpergröße.

Mindestgrundfläche für Kochnische 5–6 m^2, Arbeitsküche 8–10 m^2, Arbeitsküche mit Eß- oder Imbißplatz 12–14 m^2 → [1]–[4].

Zur Erleichterung der Küchenarbeit zweckmäßige Anordnung der Arbeitsfläche anstreben. Danach ergibt sich von rechts nach links gehend: Abstellfläche, Herd, Vorbereitungsplatz, Spüle, Abtropffläche → [1] + [7].

Für die Benutzung von Geräten und Möbeln ist eine Bewegungsfläche von 1,20 m zwischen den Zeilen unerläßlich. Bei einer Tiefe von 60 cm auf jeder Seite somit Küchenbreite von 2,40 cm → [3].

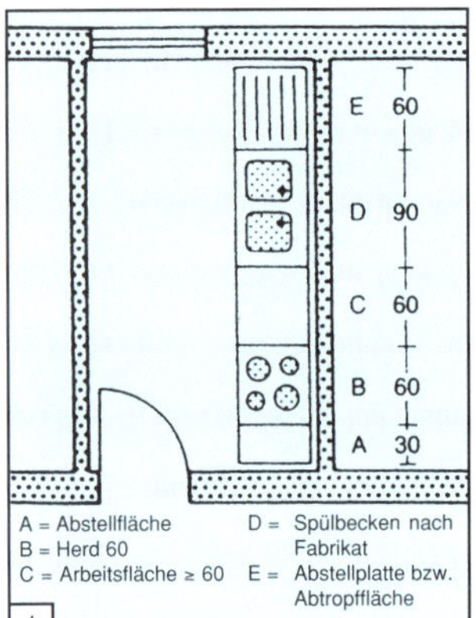

[1] Einzeilige Küche

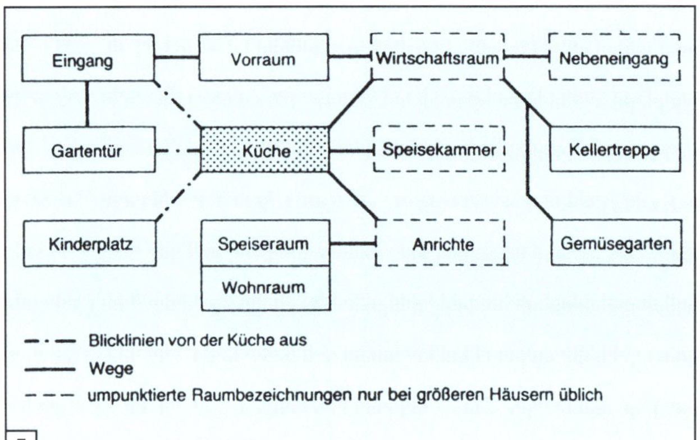

[5] Raumbeziehungen einer größeren Küche

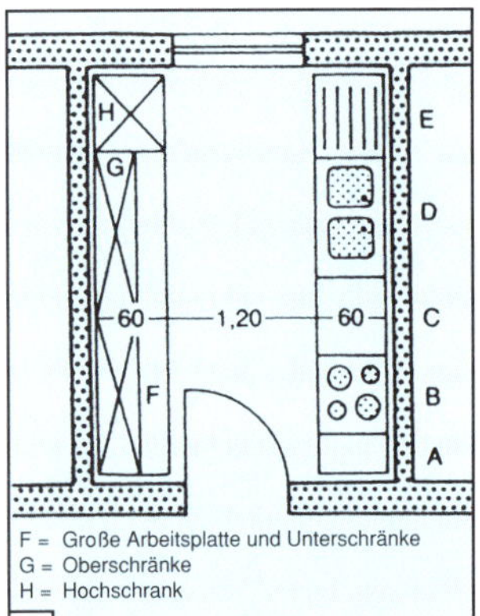

[2] Zweizeilige Küche

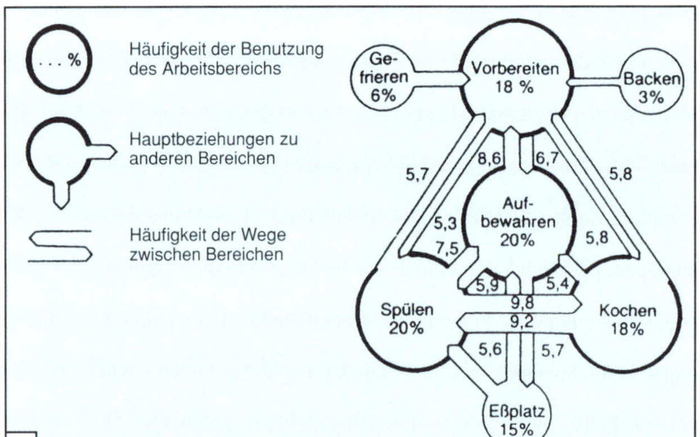

[6] Benutzungshäufigkeit der Küchenbereiche

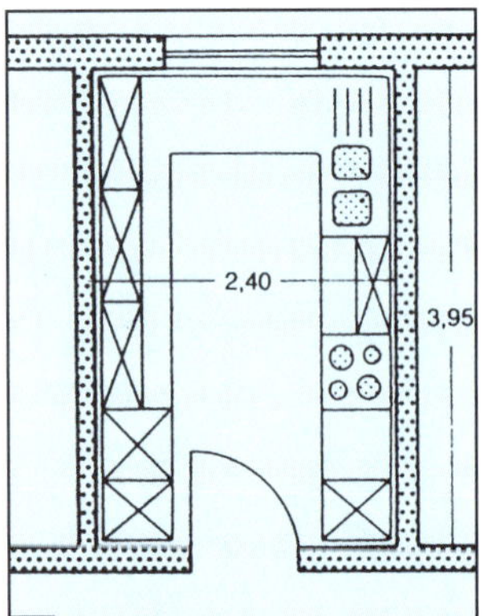

[3] Küche in U-Form

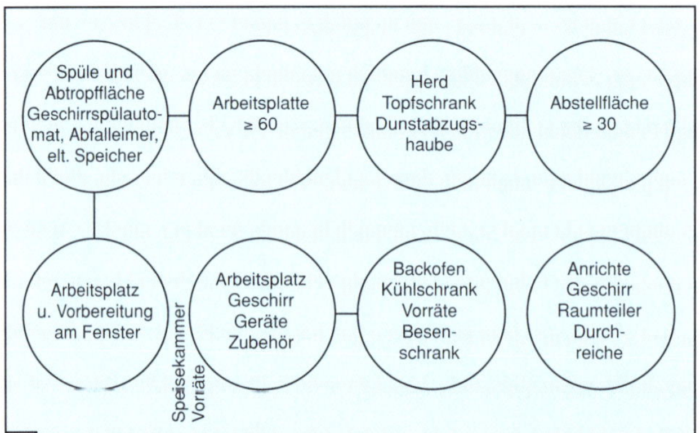

[7] Zweckmäßige Arbeitsplatzanordnung in der Küche

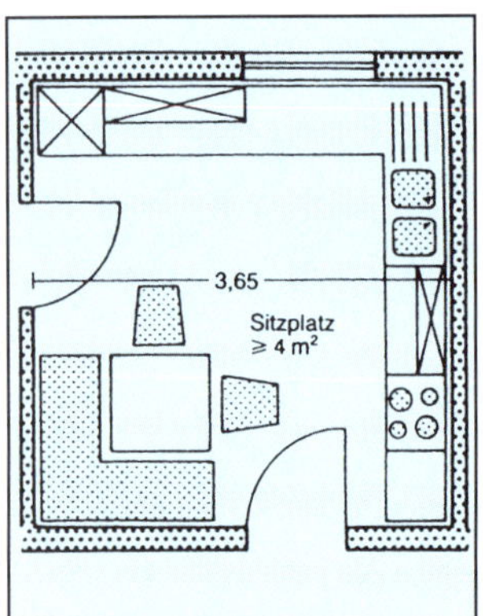

[4] L-Form mit Eßecke

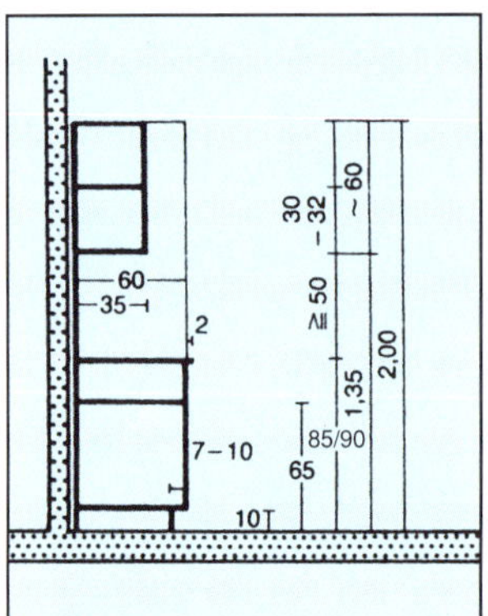

[8] Schnitt durch Einrichtungsteile der Küche nach Vorzugsmaßen

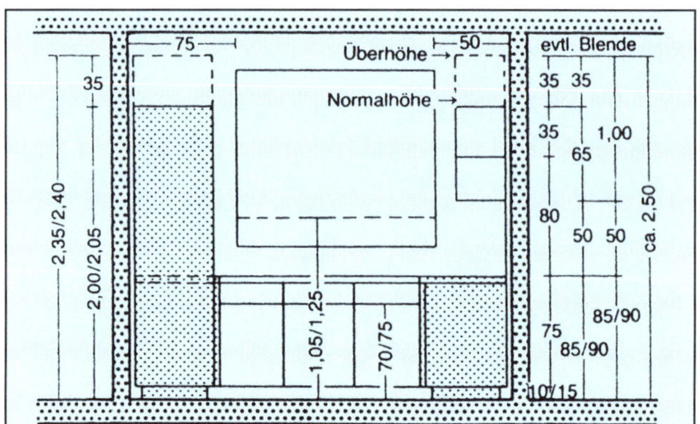

[9] Kücheneinrichtungen und ihre Stellflächen

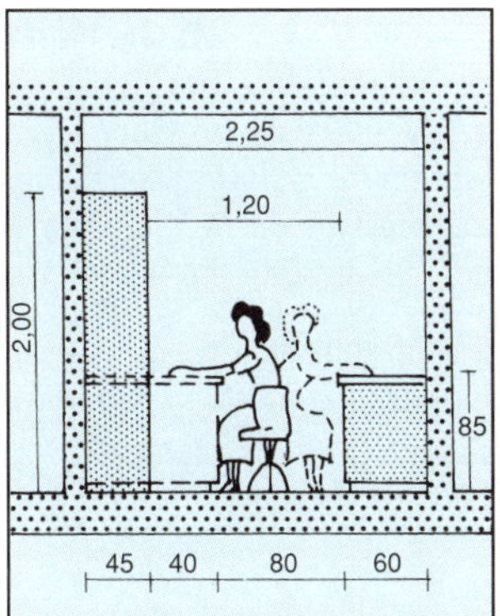

1 Küchenquerschnitt mit 2 Arbeitsplätzen

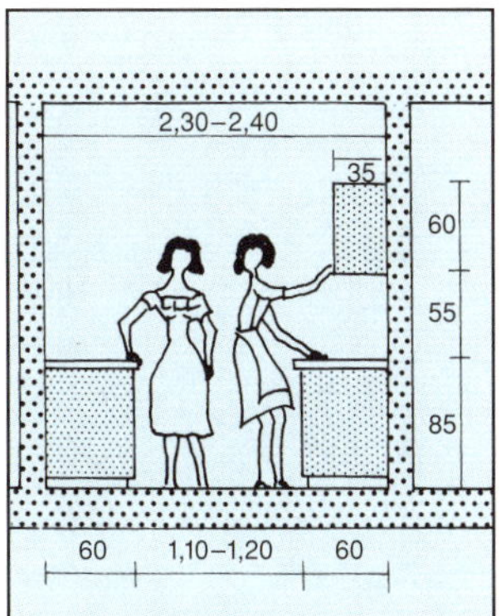

2 Küchenquerschnitt mit Platz für 2 Personen

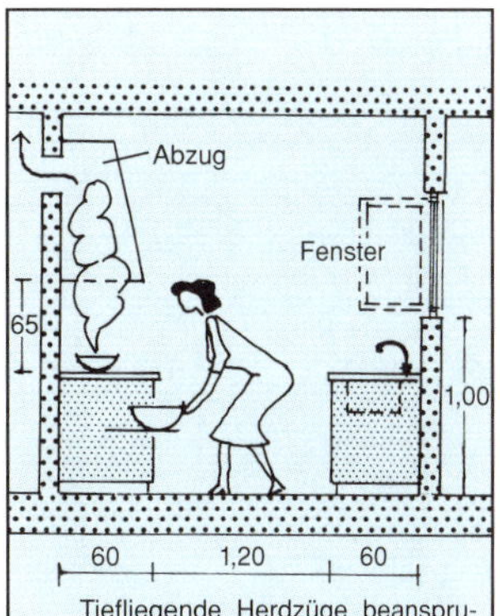

3 Tiefliegende Herdzüge beanspruchen Bewegungsraum. Über Kochstelle Abzug anordnen

4 Arbeits- u. Ablageflächen 60 cm tief

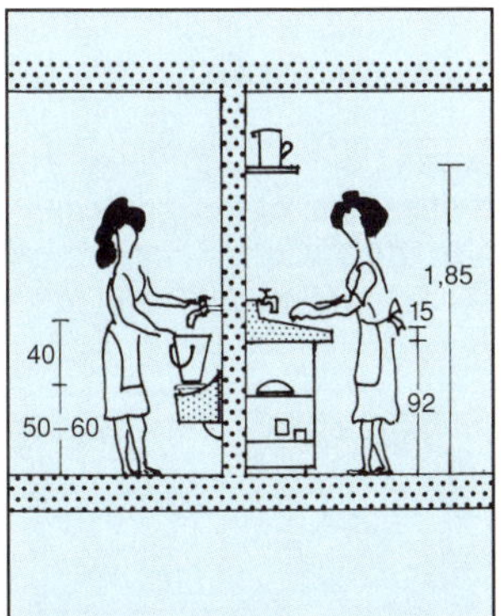

5 Übliche Höhe für Ausguß u. höchste Höhe für Spültisch

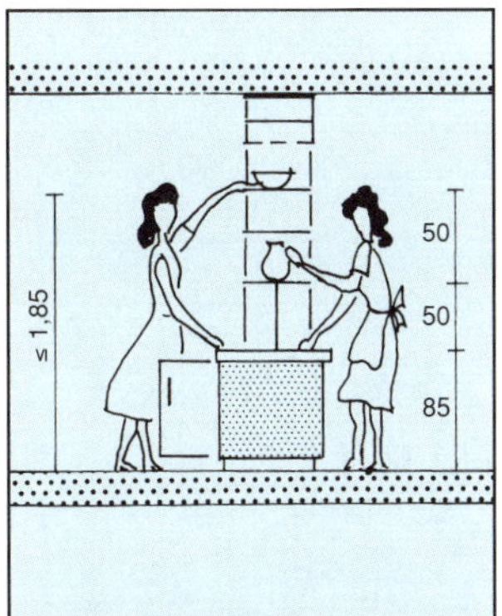

6 Durchreiche zwischen Küche u. Eßplatz. Geschirrfächer

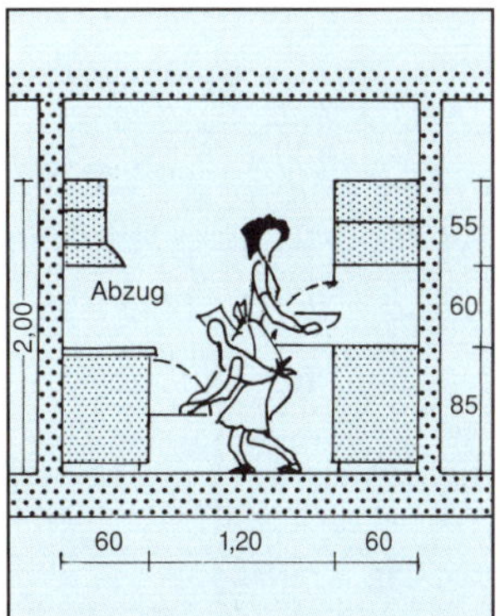

7 Arbeiten nebeneinander

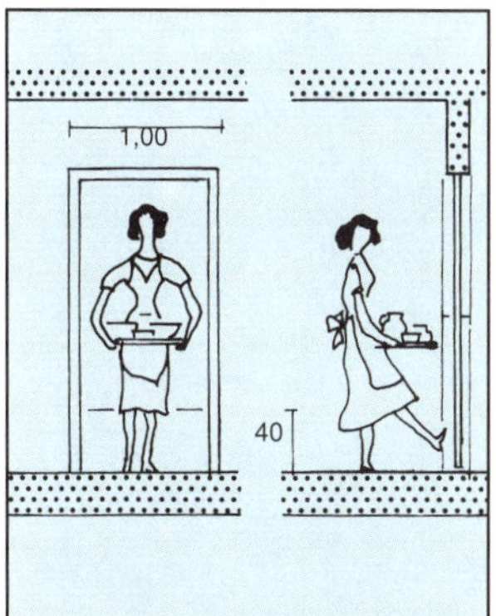

8 Zwischen Küche u. Speisezimmer Pendeltür. In Tritthöhe beschlagen

9 Richtige u. falsche Küchenbeleuchtung

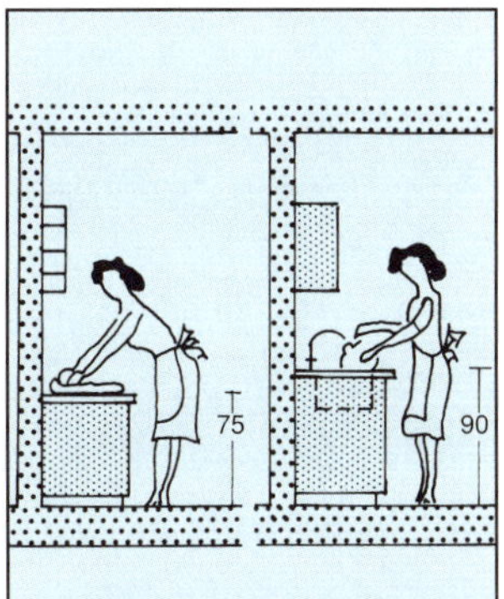

10 Übliche Tischhöhe von 85 cm liegt zwischen günstiger Arbeitshöhe für Backplatz u. Spültisch

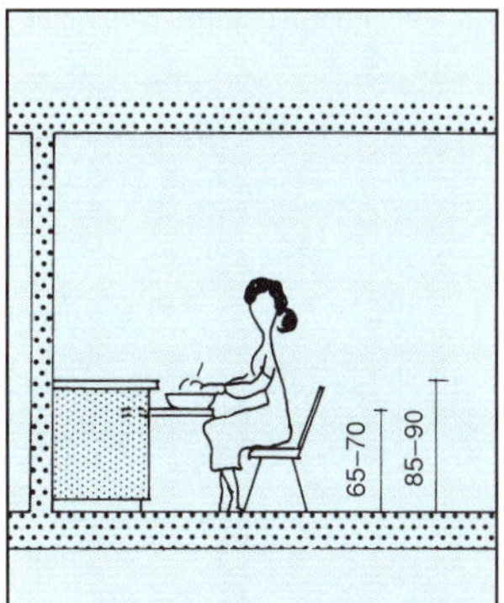

11 Ausziehbare Arbeitsplatte für Tätigkeit im Sitzen

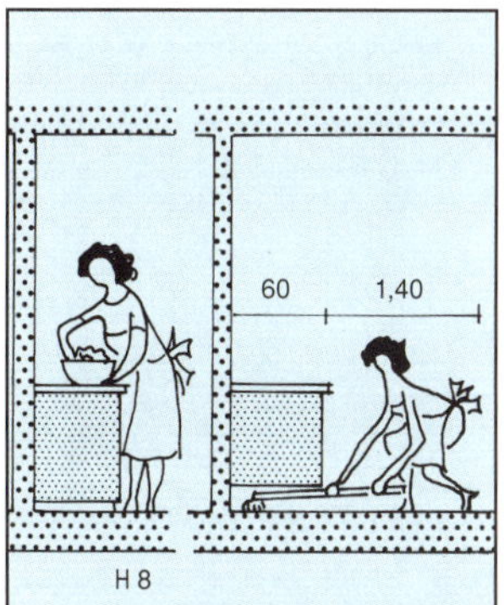

12 Richtige Anordnung der Schranksockel für bequeme Reinigung u. Arbeit ≥ 8 cm

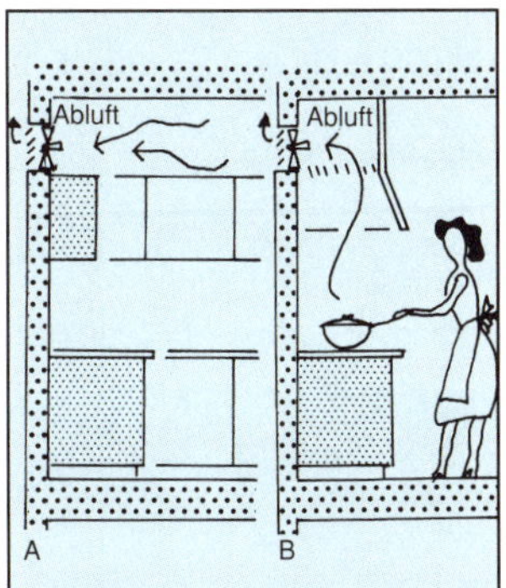

13 Künstliche Entlüftung durch Ventilator an Außenwand (A). Besser an Wrasenabzug über dem Herd

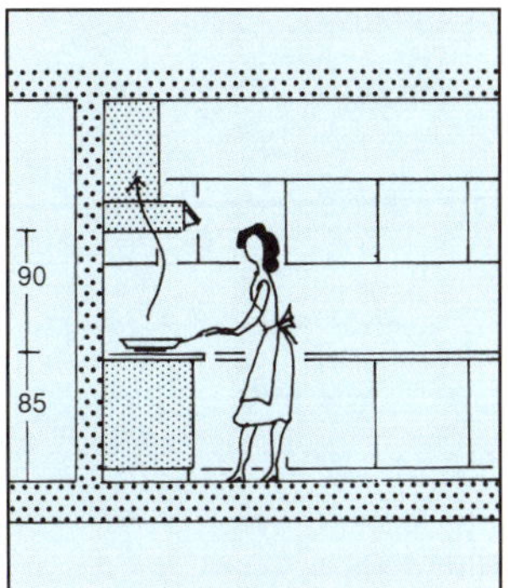

14 Besser ist Dunstabzugshaube mit Entlüftung über Dach

15 Auszug-, Ausschwenktisch

16 An der Eßbar

KÜCHEN

Für reibungslosen Ablauf in der Küche ist Voraussetzung, daß jeder Arbeitsplatz rationell geplant ist.

Bei der Einrichtung zu beachten: Kurze Wege, fließender Arbeitsablauf, ausreichender Bewegungsraum, wenig Arbeiten im Stehen. Kleine Sitzecke ist von Vorteil → 1 – 10.

Günstige Körperhaltung, Arbeitshöhen den Körpermaßen anpassen (wird durch unterschiedliche Sockelhöhe bestimmt). Küchengeräte und Möbel sind so hergestellt, daß sie nahtlos aneinander passen und kombinierbar sind, um Arbeitsablauf zu gewährleisten. Bei kleinen Küchen helle Fliesen u. hell gestrichene Wand- und Deckenflächen; sorgen für lichte Atmosphäre.

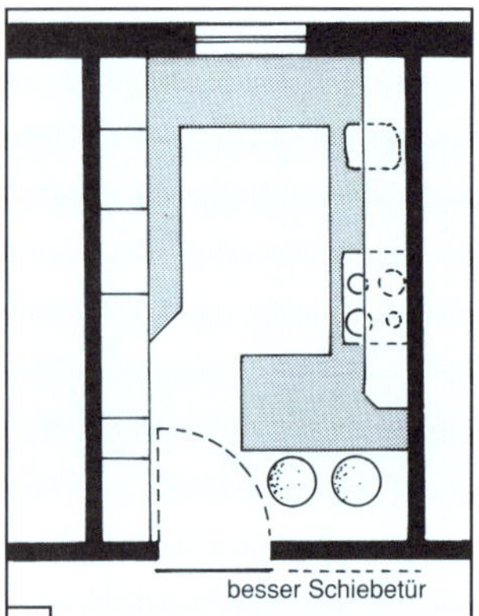

1 Kleine Küche mit Eßplatz

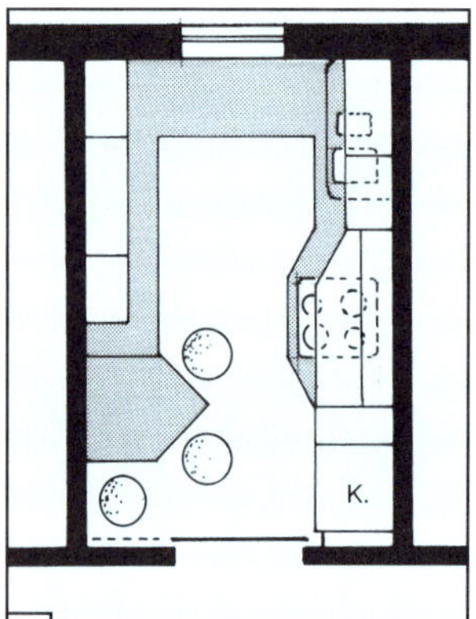

2 Wie vor Eßplatz für drei

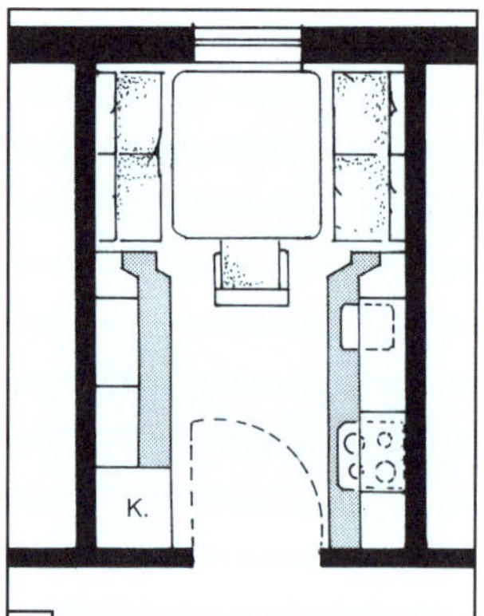

3 Kleine Küche mit Eßecke

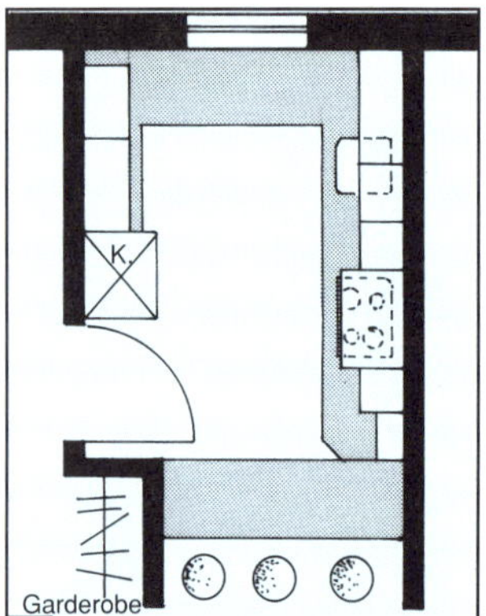

4 Küche mit Eßbar → 6

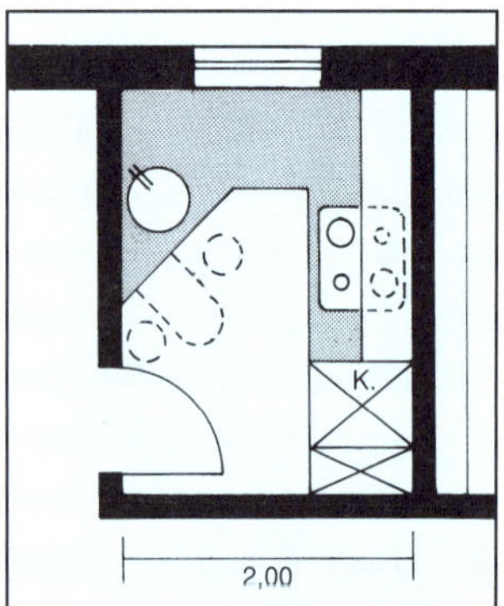

5 Kleinstküche mit ausklappbarem Eßtisch

6 Schaubild → 4 Küche mit Eßbar

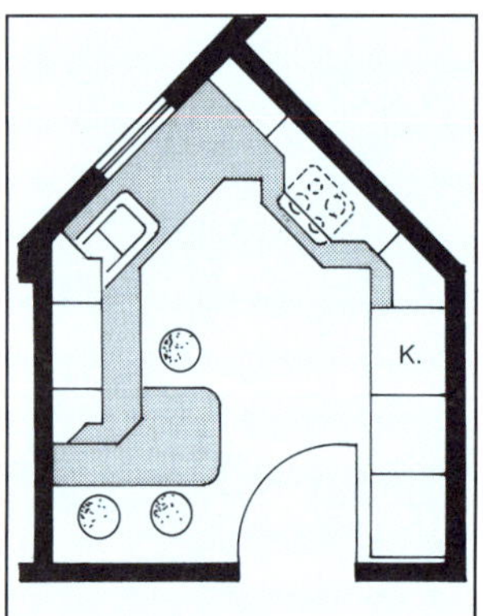

7 Küche mit Eßplatz

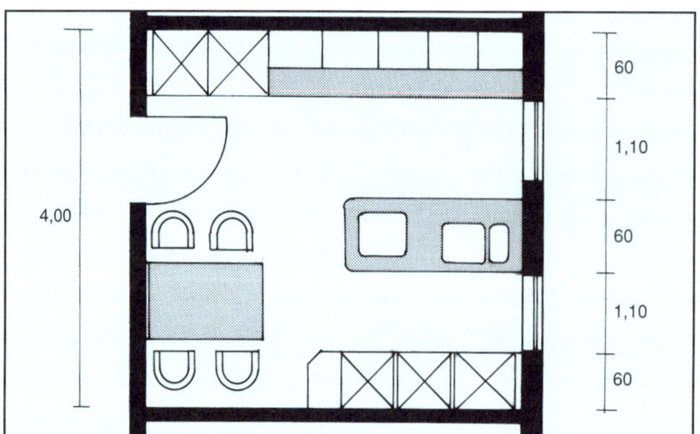

8 Küche mit Eßplatz 16 m². Kochzeile mittig angeordnet.

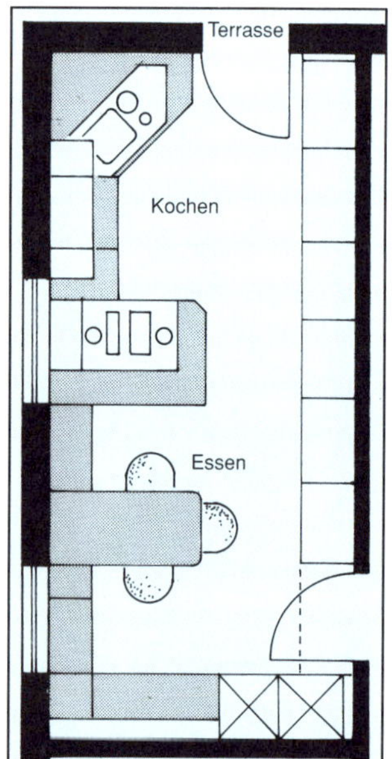

9 Große Küche mit sep. Eßecke

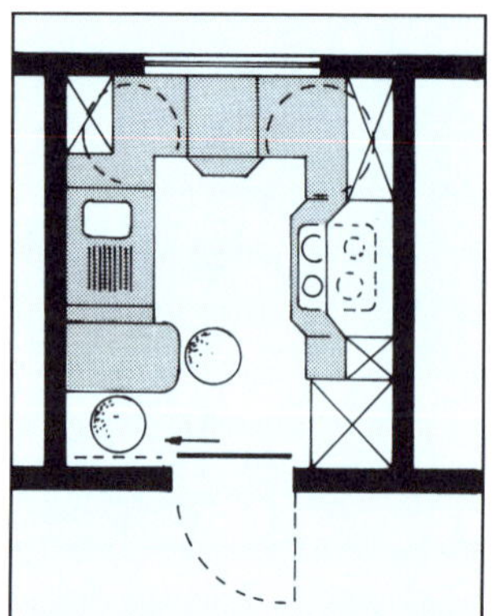

10 Kleine Küche mit Eßecke

KÜCHEN

PLANUNGSBEISPIELE

Viele Küchen werden zu klein geplant. 8 m² sind Minimum. Sorgfältige Planung für kleinere Räume erforderlich.

Entscheidend ist nicht allein die Größe der Küche, sondern vielmehr die nutzbare Stellfläche.

Genormte Möbel- u. Gerätetiefe beträgt 60 cm.

Ideal sind 7 m Stellfläche. Oberschränke bis unter die Decke schaffen zusätzlich Schrankraum.

Mindesbreite der Küche 2,40 m. Bei weniger empfiehlt sich die einzeilige oder die L-Küche.

Unterschränke u. Geräte sind 85–92 cm hoch. Fensterbrüstung sollte höher liegen, damit Unterbau durchgeführt werden kann → [8]–[11].

Installationsanschlüsse berücksichtigen u. richtig planen.

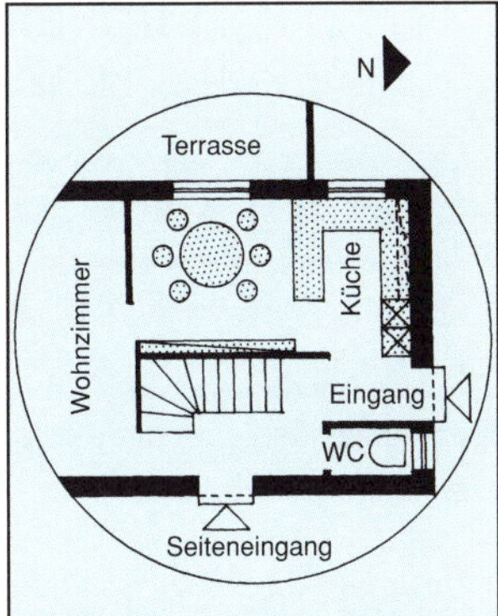

1 Abgeschlossenes Eßzimmer zwischen Küche u. Wohnzimmer

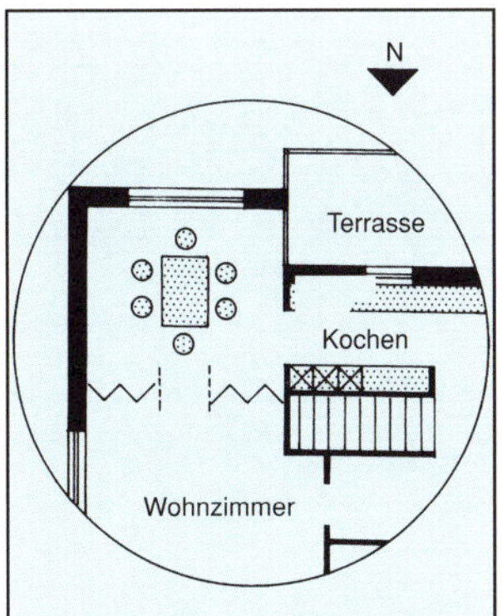

2 Eßzimmer kann auf Bedarf zum Wohnzimmer hin erweitert werden

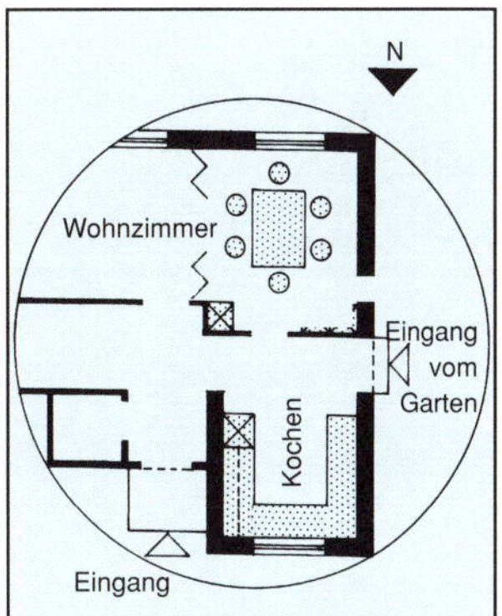

3 Gute Verbindung Kochen, Essen, Wohnen

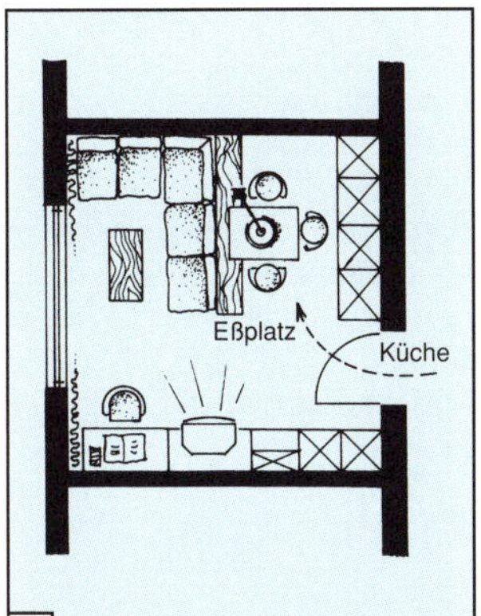

4 Wohnzimmer 18m² mit Eßplatz

6 Küche mit Durchreiche u. Eßplatz → [8]

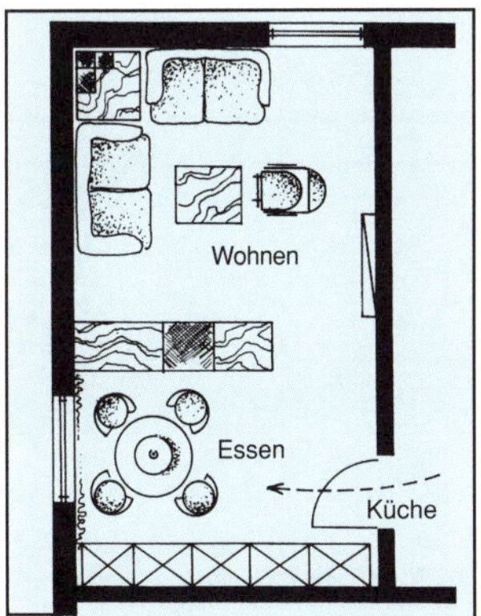

5 Wohn- u. Eßbereich kombiniert

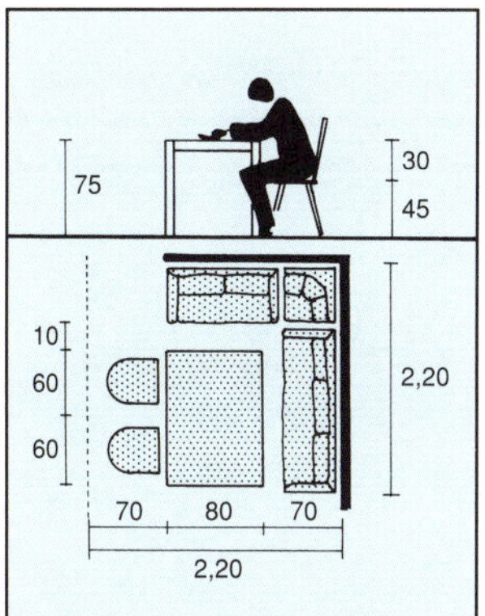

7 Eßecke

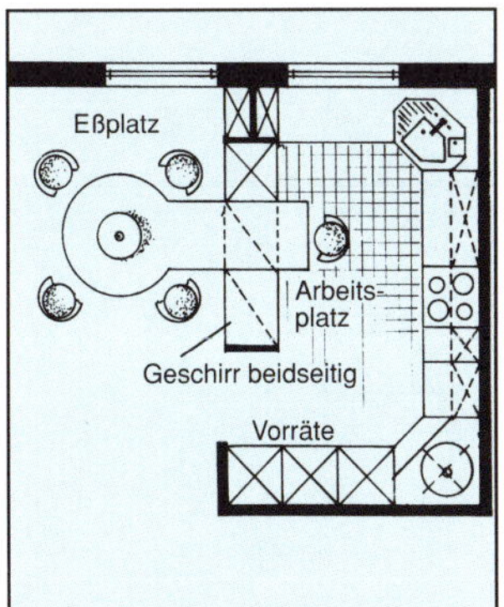

8 Küche mit Arbeitsplatz u. Durchreiche zum Eßplatz → [6]

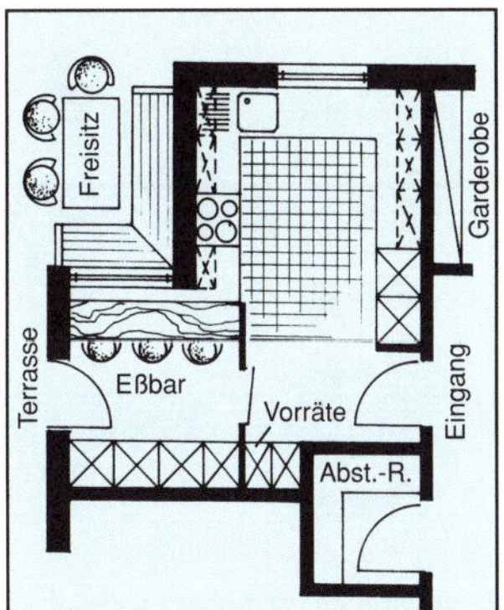

9 Küche mit Eßbar u. Terrasse mit Freisitz

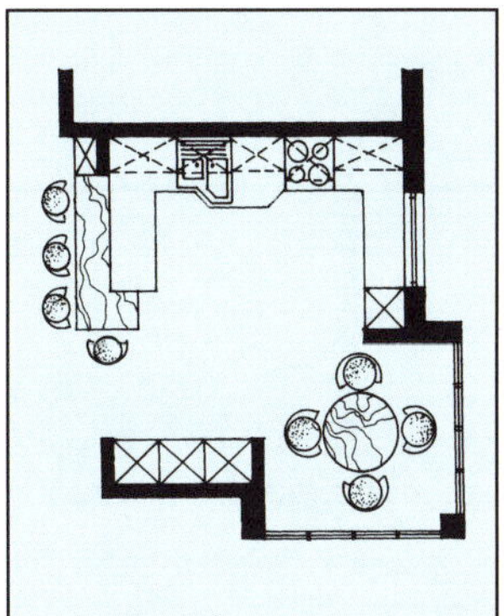

10 Küche mit Bar u. sonnigem Eßplatz

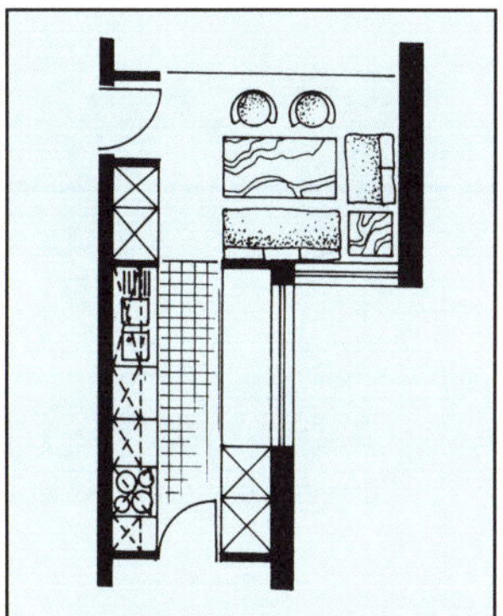

11 Schmale Küche mit angrenzendem Eßplatz

Handel bietet Vielzahl von Kücheneinbaumöbeln, wobei zwischen Unter-, Ober- und Hochschränken unterschieden wird. → 10

Für Küchenplanung beachten: Familiengröße/Zahl der Pers. im Haus, Rechts- oder Linkshänder, Größe von Hausfrau/-mann, wichtig gewünschte Arbeitshöhe, wird durch unterschiedliche Sockelhöhen ausgeglichen. Im Stehen, gerade arbeiten u. nicht gebeugt S.77 → 11

Um logische, zeitsparende Arbeit zu gewährleisten, sind Schränke, Arbeitsflächen u. Geräte in der richtigen Reihenfolge zu plazieren S. 78. Bei vorhandenen Bauten Installation u. Anschlüsse für Gas, Wasser u. Strom beachten.

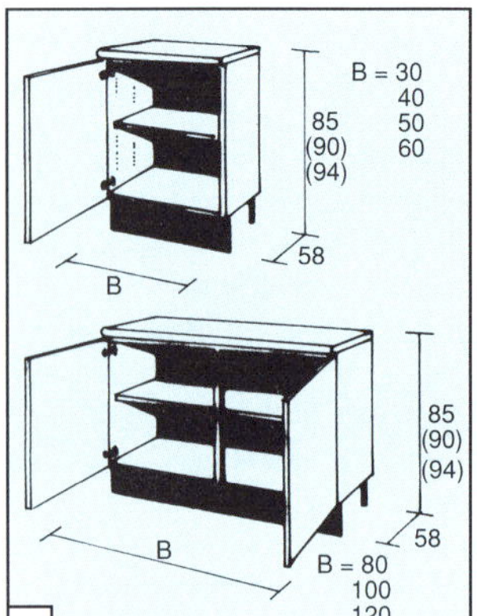

1 Unterschränke

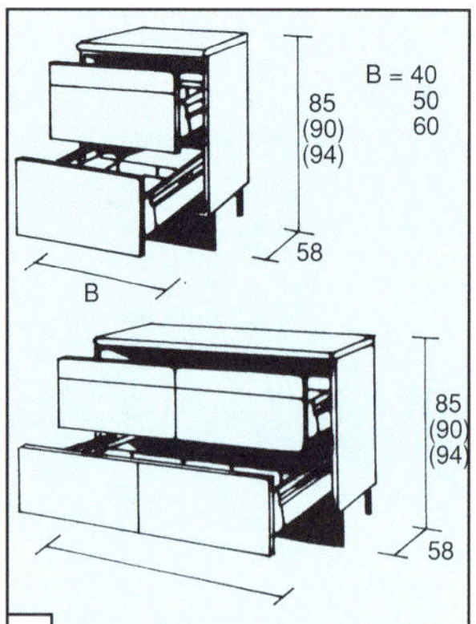

2 Topfschrank mit Vollauszügen

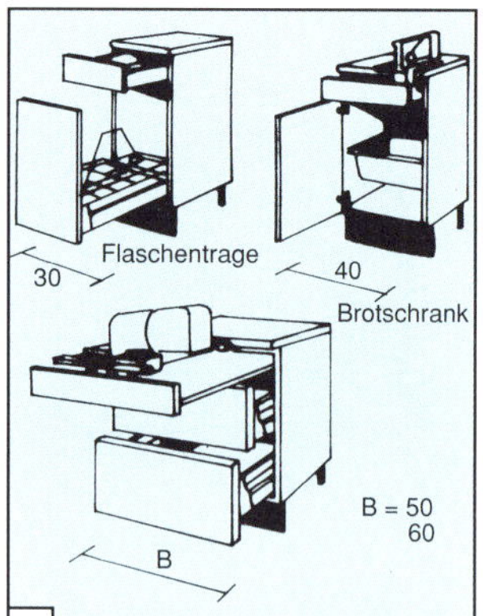

3 Brotschrank mit Allesschneider

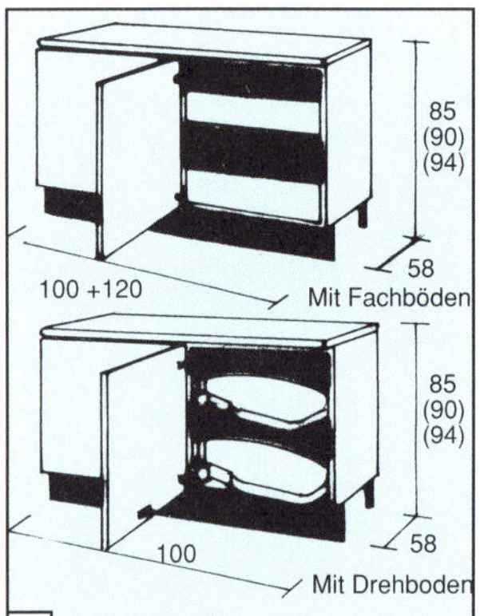

4 Eckunterschränke

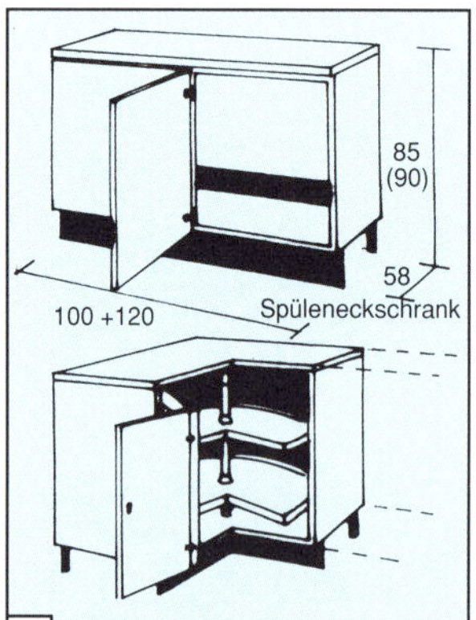

5 Karusell-Eckunterschrank

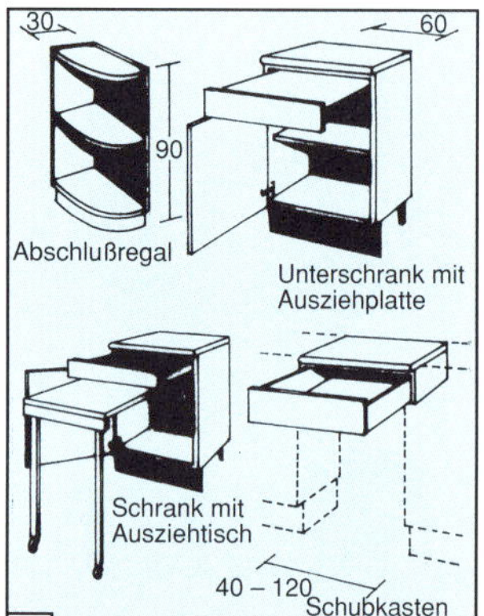

6 Verschiedene Schränke

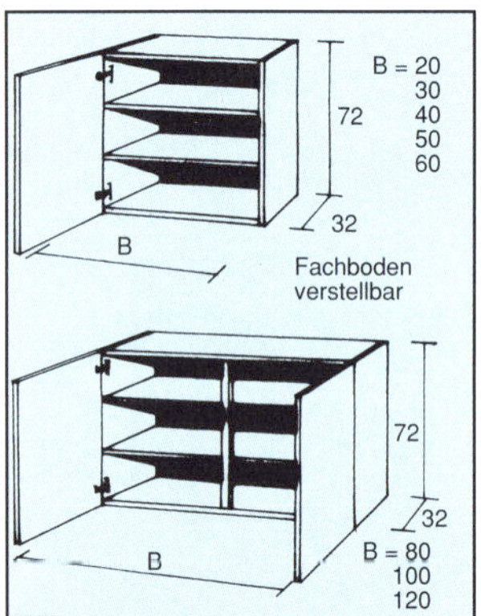

7 Oberschränke

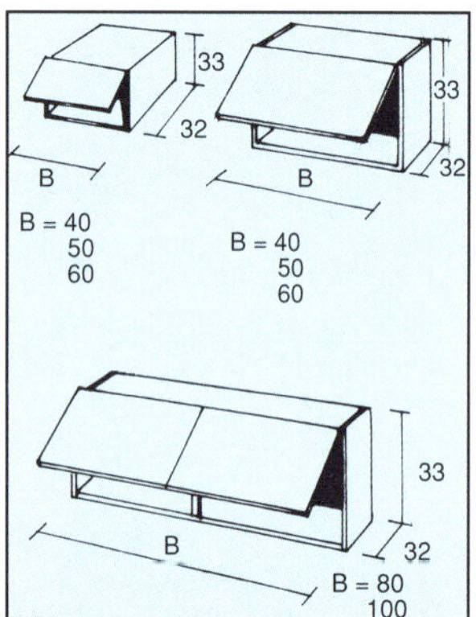

8 Niedere Oberschränke

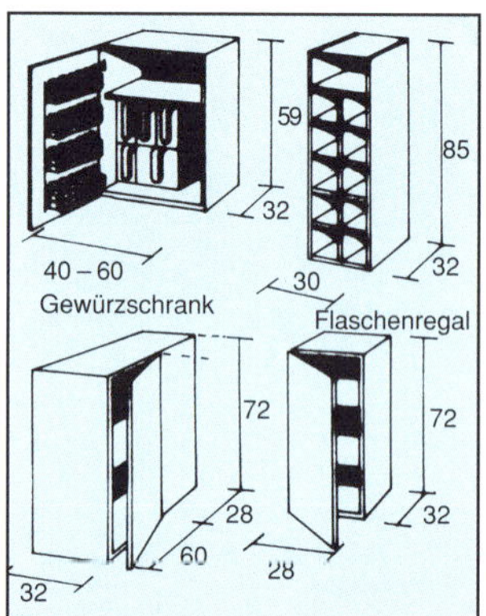

9 Eckoberschränke

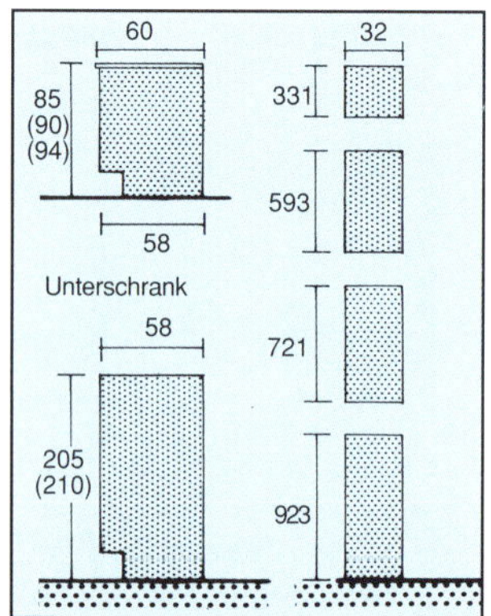

10 Hochschrank Oberschränke

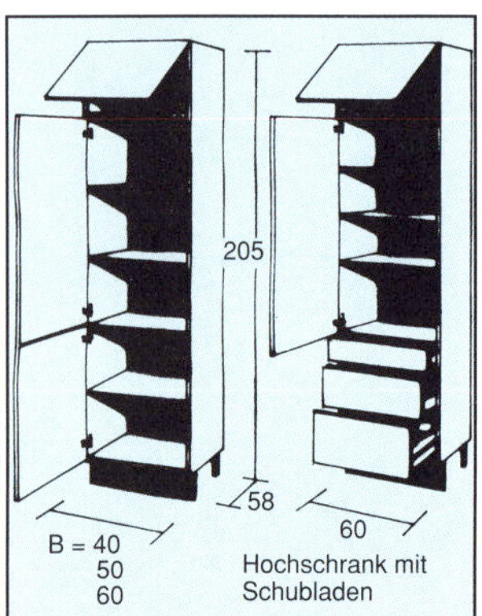

11 Hochschränke

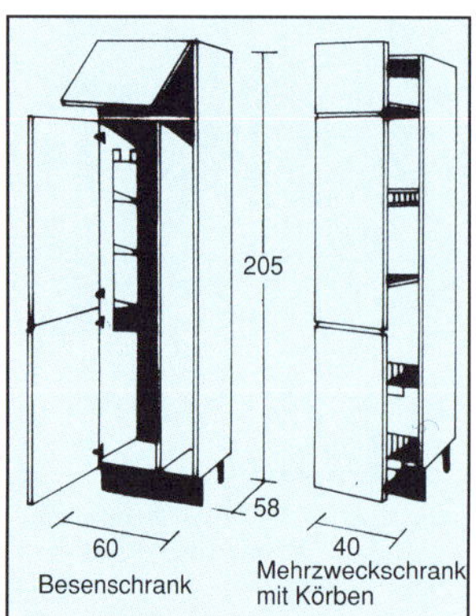

12 Hochschränke

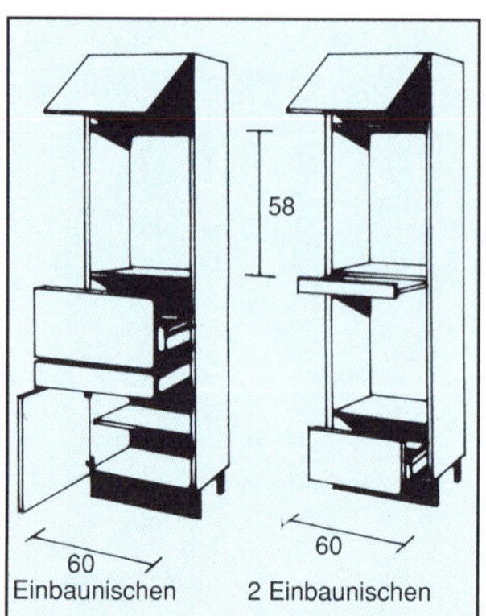

13 Schränke für Einbaugeräte

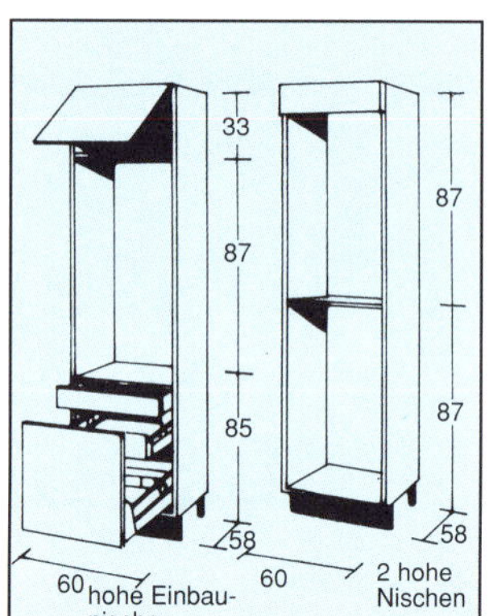

14 Für Einbaugeräte

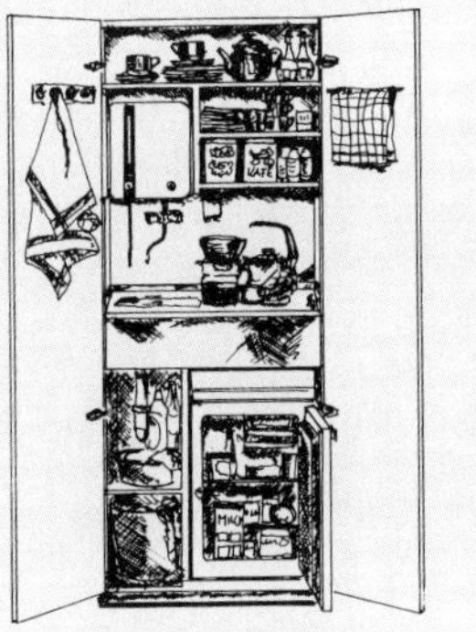

1 Mini-Appartementküche
Maße: 71 x 47 x 1,70 u.
90 x 63 x 1,80

2 Kühl- u. Gefrierschrankkombination 700 l Inhalt

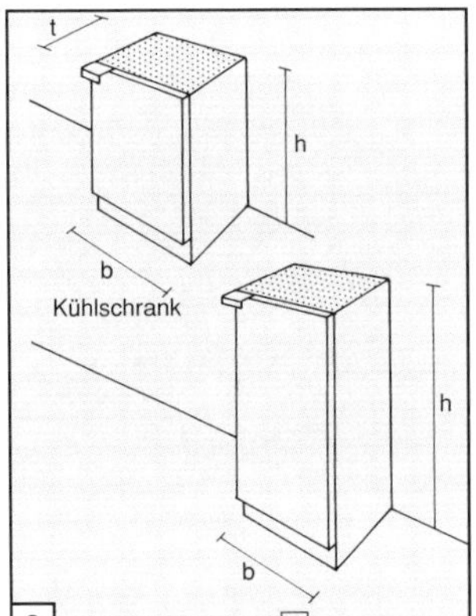

3 Gefrierschrank → 4

KÜCHEN

Kühlschränke

Inh. (l)	b (cm)	t (cm)	h (cm)
50	55	55–60	80–85
75	55	60–65	85
100	55–60	60–65	85
125	55–60	65–70	90–100
150	60–65	65–70	120–130
200	65–75	70–75	130–140
250	70–80	70–75	140–150

Einbaukühlschränke

Inh. (l)	b (cm)	t (cm)	h (cm)
50	55	50–55	80–85
75	55	55–60	85–90
100	55	60–65	90

4 → 3

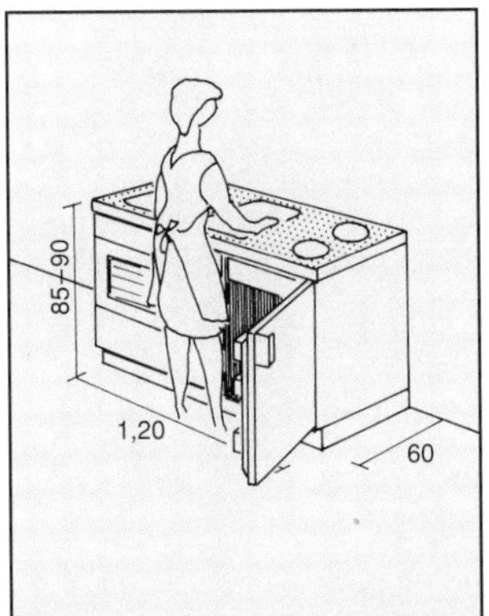

5 Kompaktküche

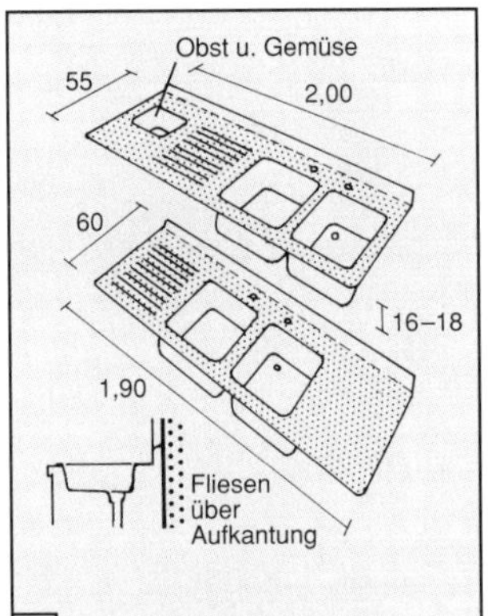

6 Maße für Einbauspülen

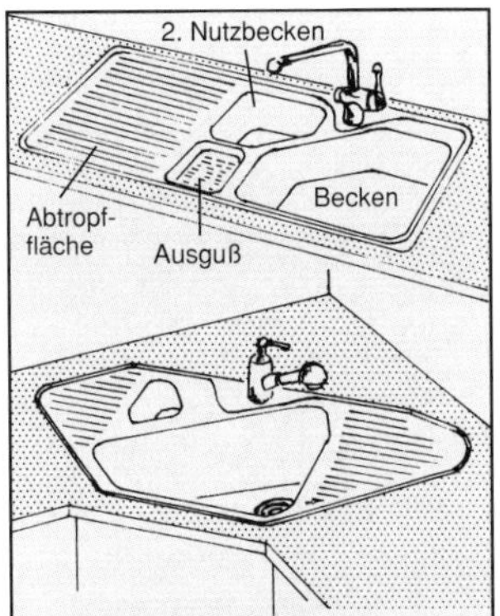

7 Asymmetrisches Spülbecken zum Einbau über Eck → 8

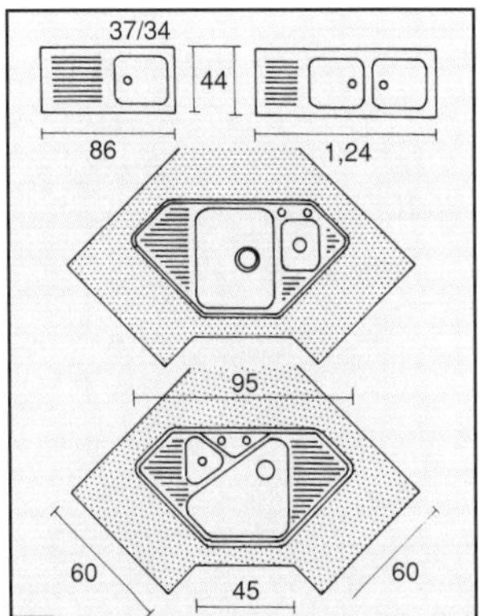

8 → 7

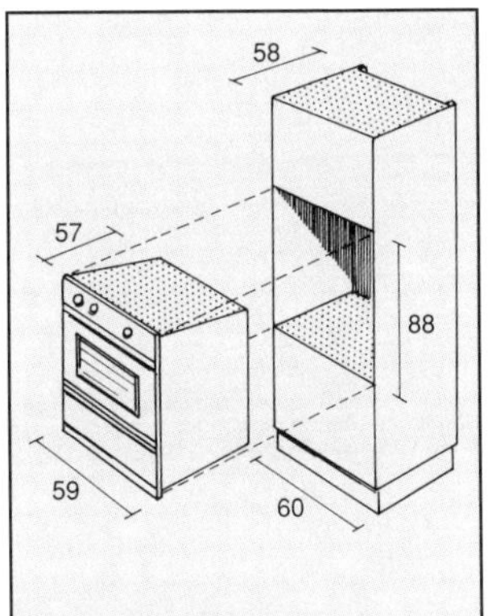

9 Einbaubackofen

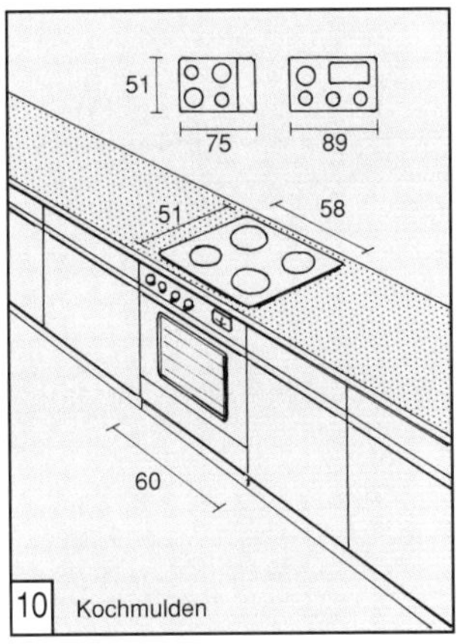

10 Kochmulden

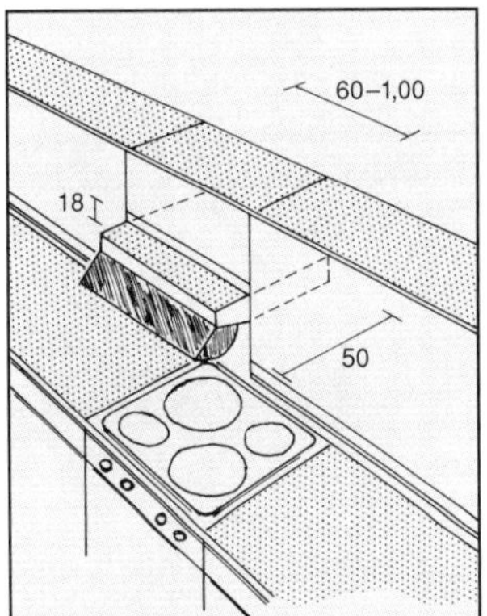

11 Dunstabzugshaube

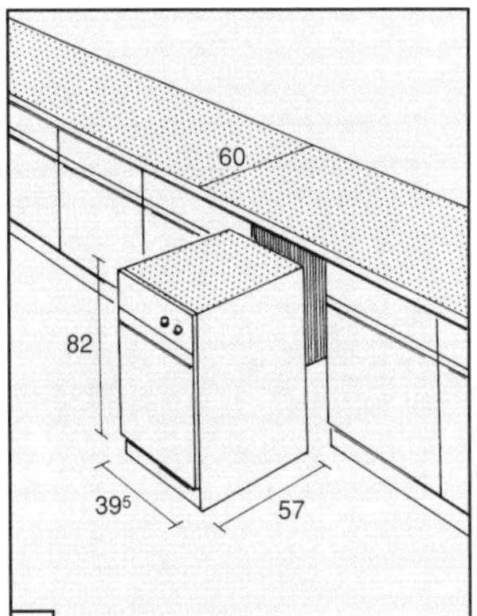

12 Elektrische Müllpresse

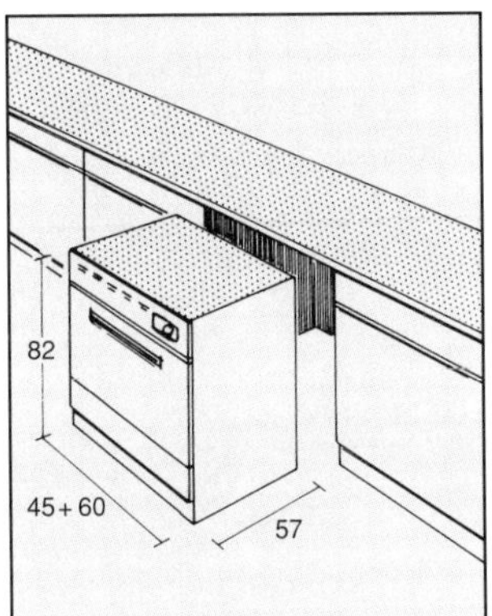

13 Geschirrspülmaschine

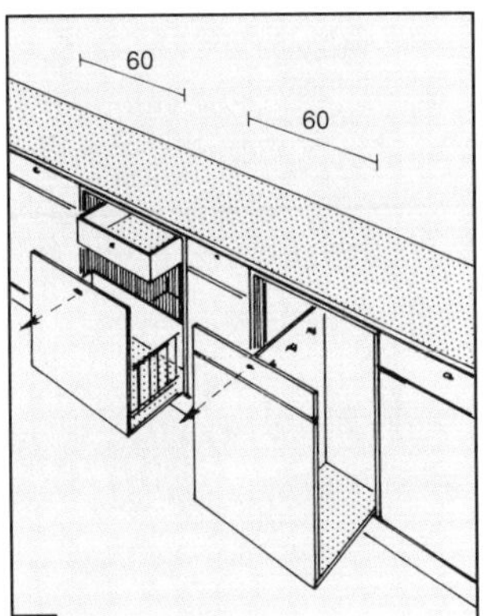

14 Topfschränke

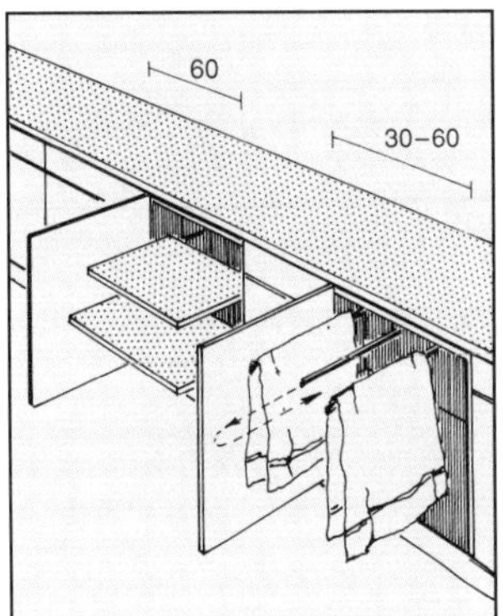

15 Maschinenschrank u. Trockenschrank

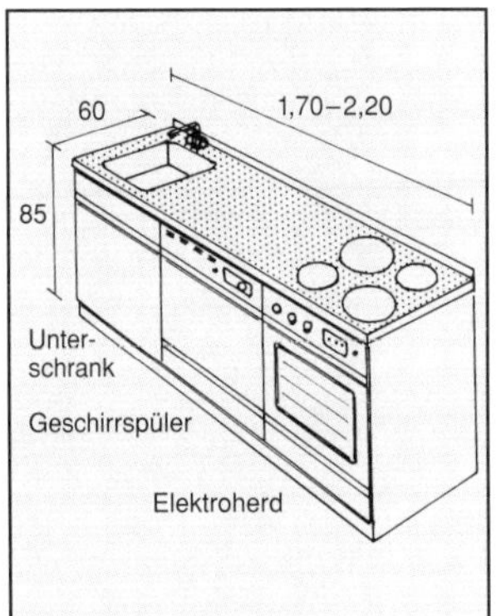

16 Küchenzentrum

KÜCHEN
GESCHIRR U. BESTECKE

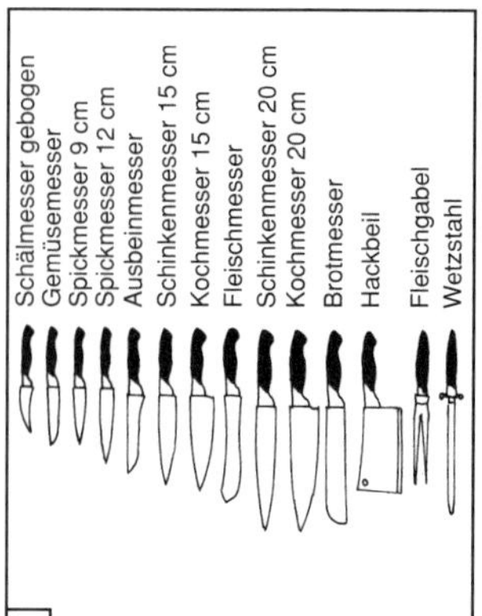

1 Küchenmesser

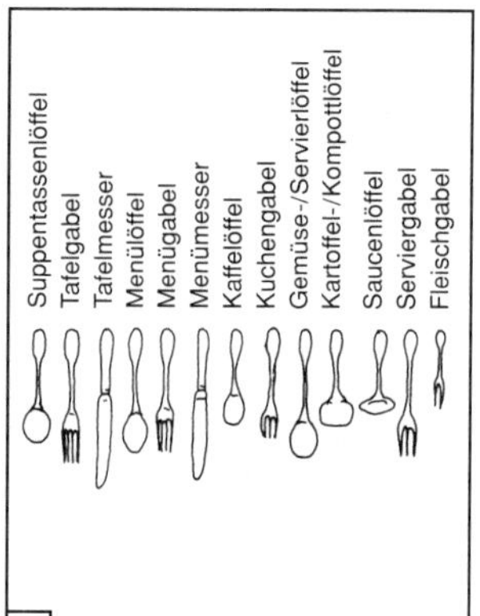

2 Eßbestecke

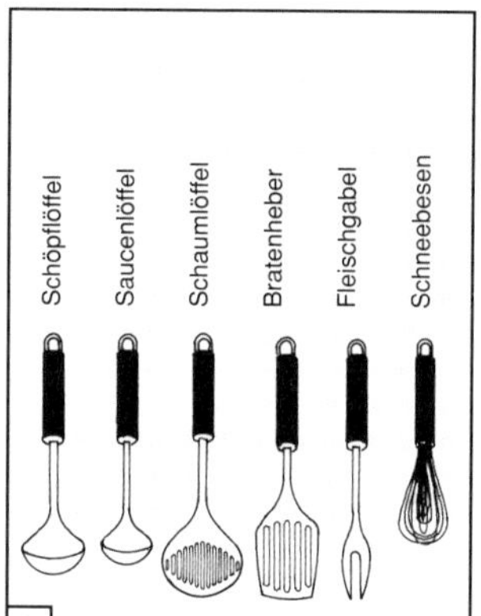

3 Küchenwerkzeug

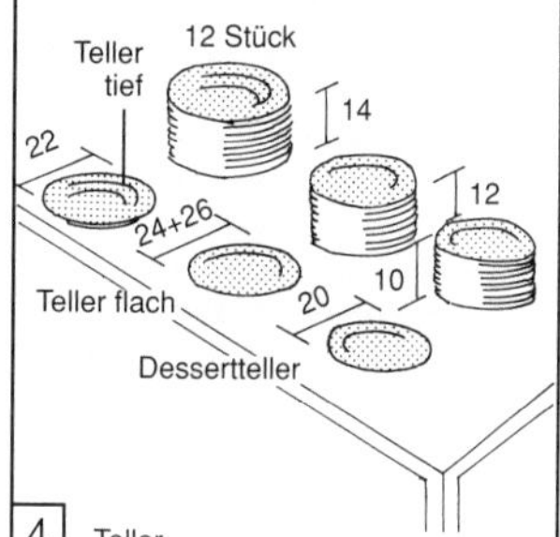

4 Teller

5 Gedeck für Menü: Suppe, Fleischgericht, Dessert, Getränk

6 Gedeck für Menü: Suppe, Fisch- u. Fleischgericht, Dessert, Weiß- u. Rotwein

7 Gedeck für Menü: Suppe, Fisch- u. Fleischgericht, Eis, Sekt, Weiß- u. Rotwein

8 Gedeck für Menü: Vorspeise, Fisch- u. Fleischgericht, Dessert, Sekt, Weiß- u. Rotwein

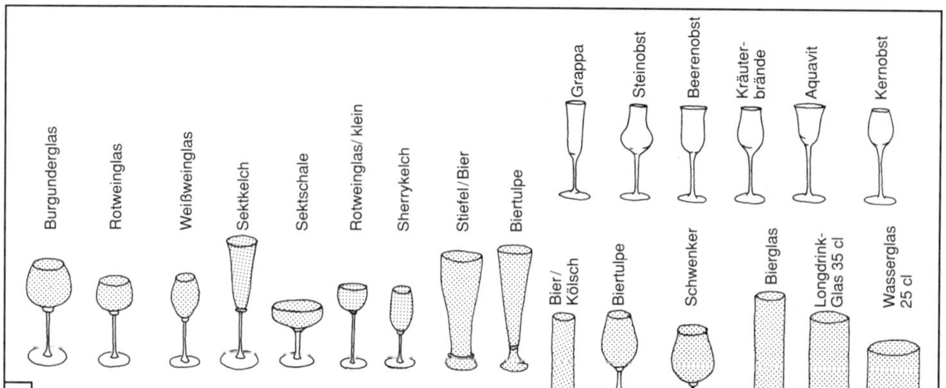

9 Gläser: Wein/Bier/Wasser/Schnaps

10 Kaffe-/Milchgeschirr

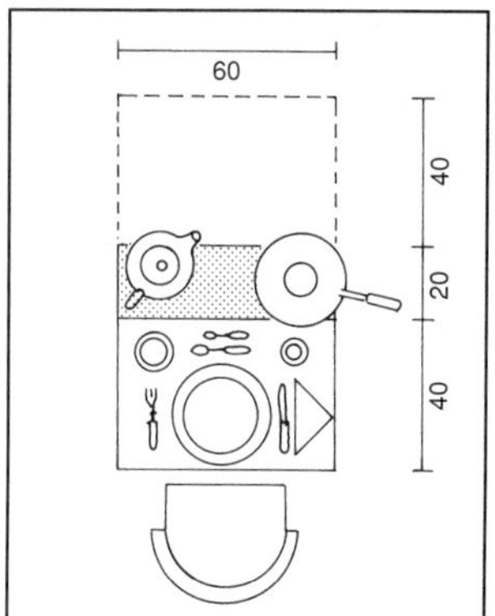

11 Ein Gedeck

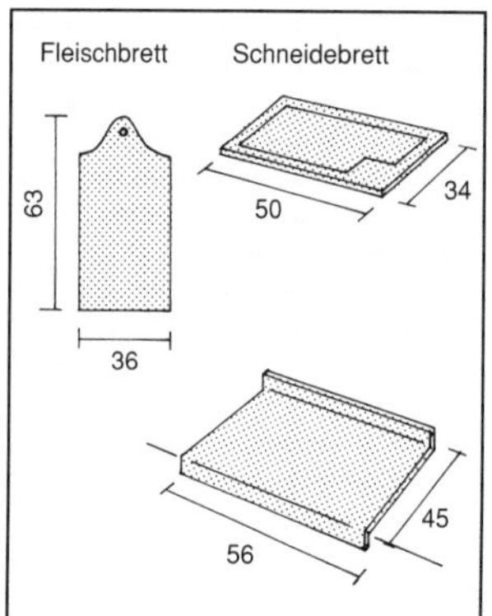

12 Nudel- u. Teigbrett

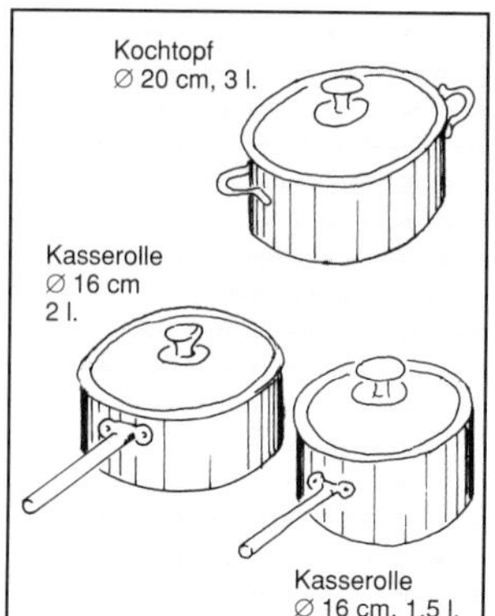

13 Töpfe

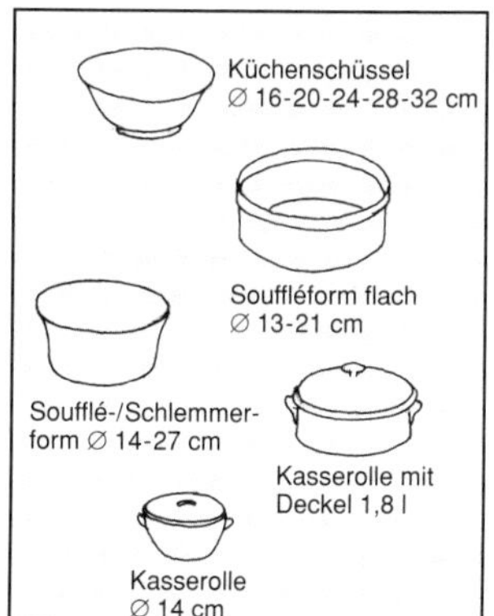

14 Schüsseln

ESSRÄUME

Um essen zu können, braucht eine Person Tischfläche von 60 cm Breite u. 40 cm Tiefe. Damit ist genügend Abstand zum Tischnachbarn. In Tischmitte wird ein 20 cm breiter Streifen für Geschirr benötigt, Gesamtbreite von 80–85 cm für Eßtisch ideal.
Runde, acht- und sechseckige Tische mit Durchmesser von 90–120 cm sind für 4 Personen ideal.

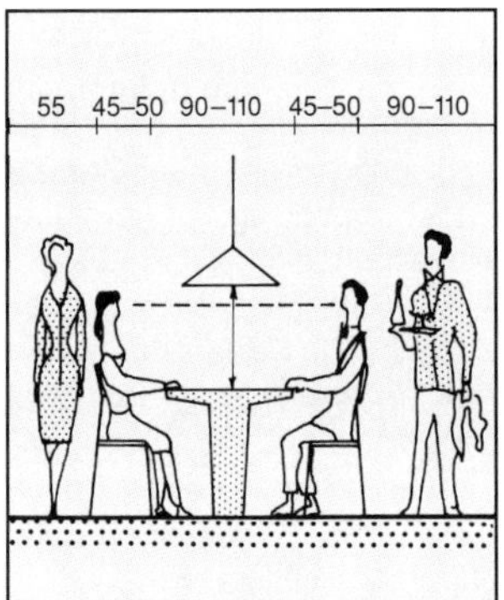

1 Mindesttischabstand von der Wand ist von der Bedienung abhängig

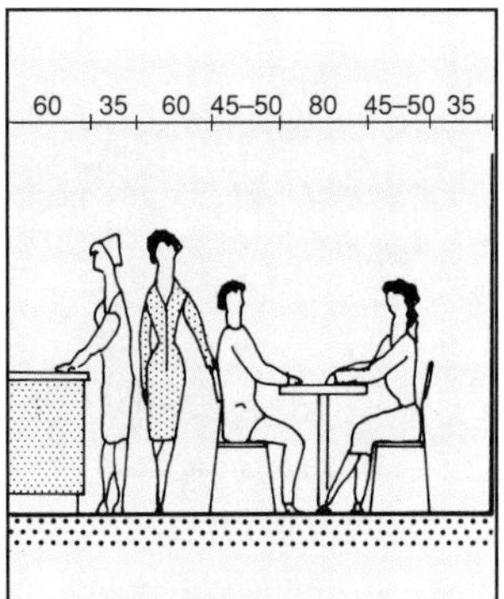

2 Abstand zwischen Unterschrank u. Tischen gegenüber Durchgangsraum vorsehen

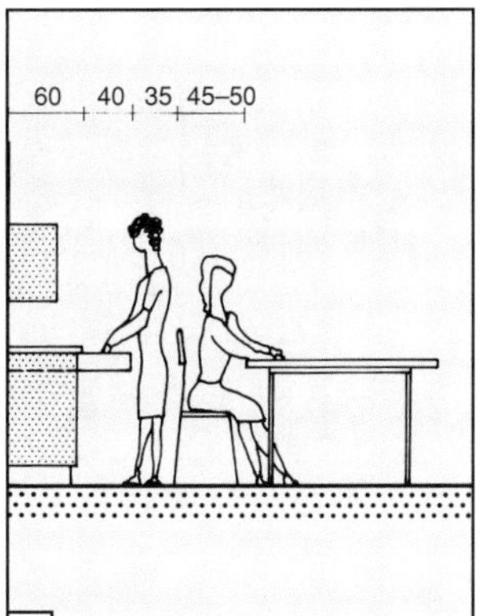

3 Platz für Schubläden oder Türen

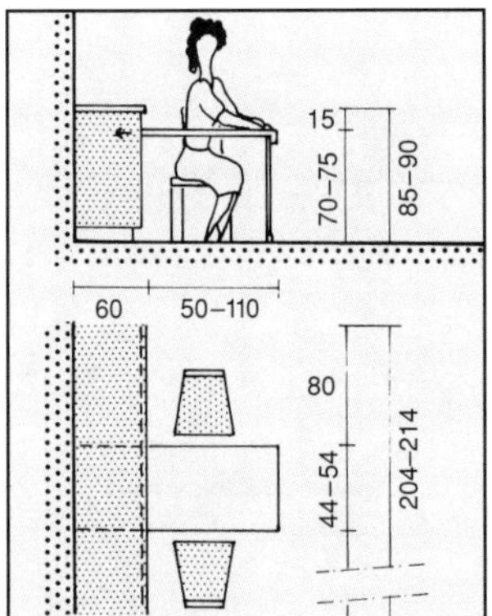

4 Auszug- oder Ausschwenktisch

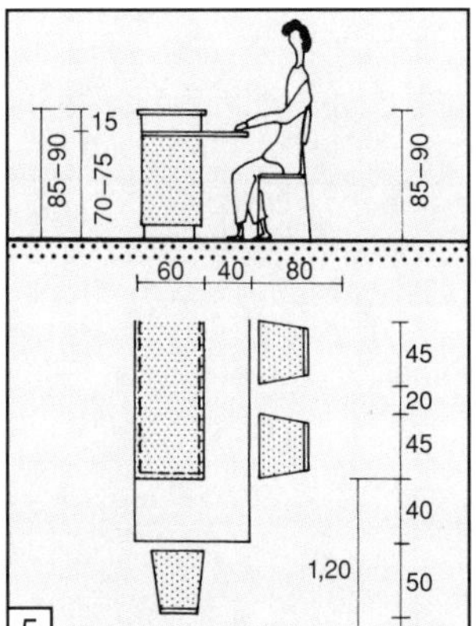

5 Bar oder Ansatztisch

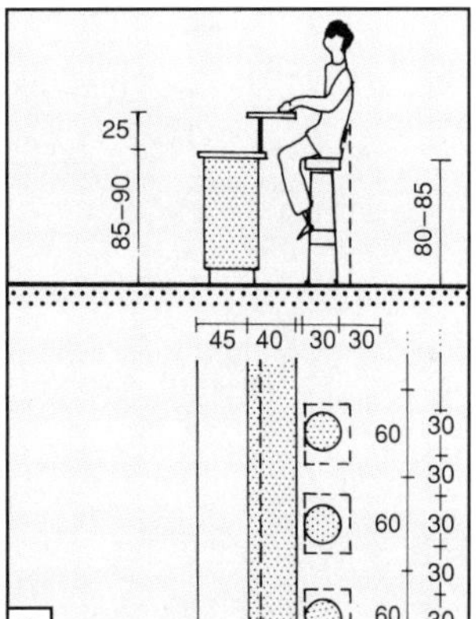

6 Barplatte

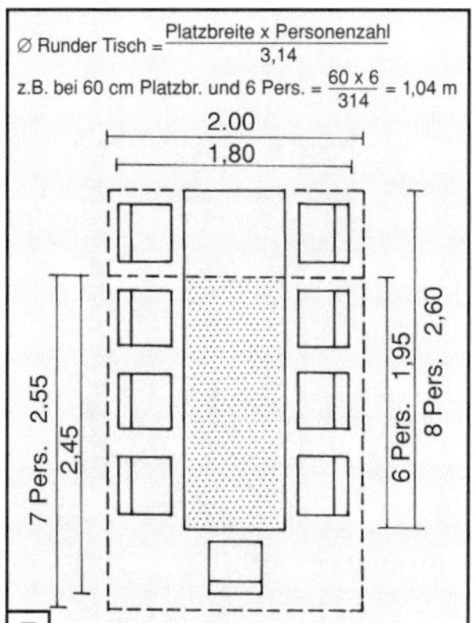

7 Mindeststellflächenbedarf

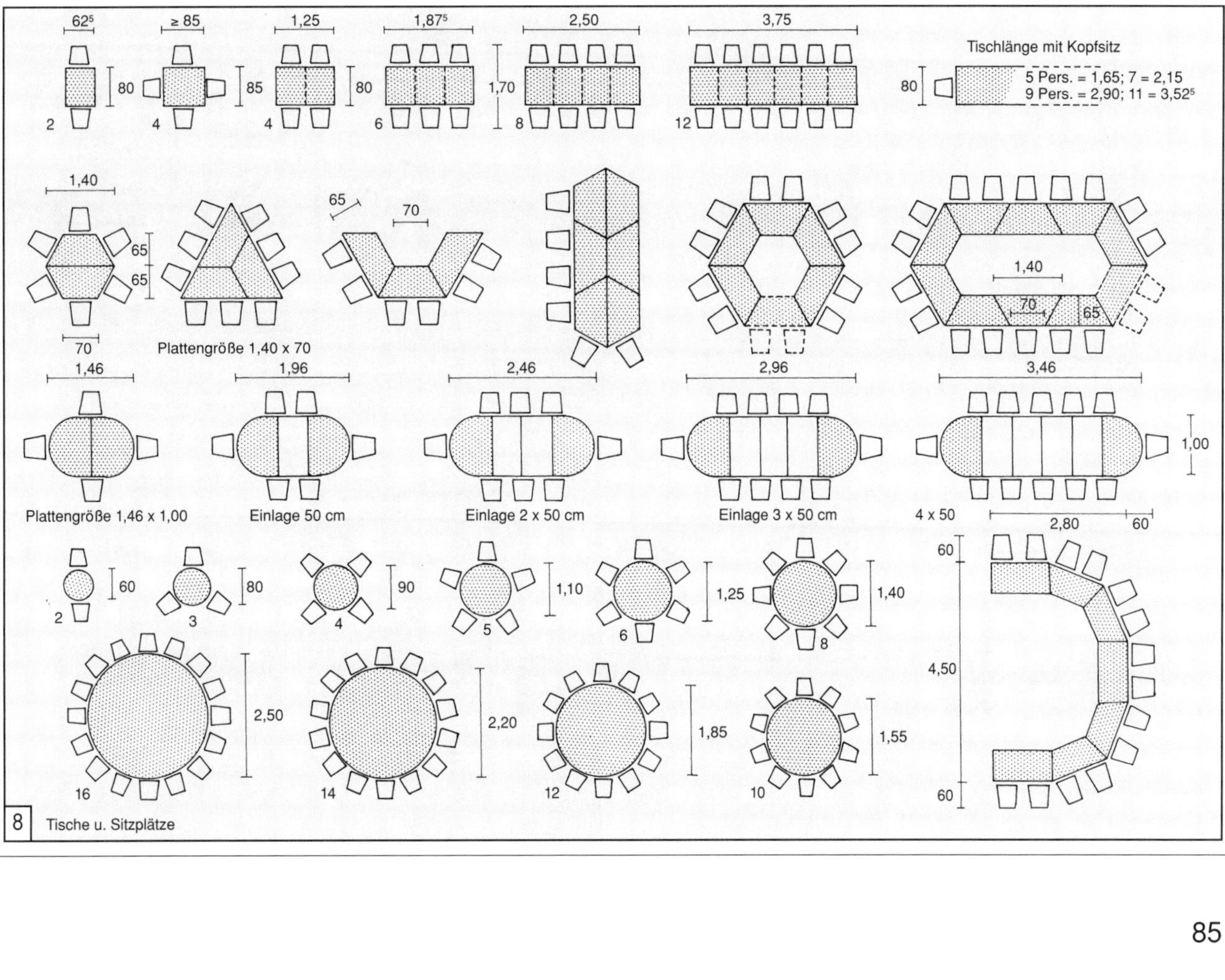

8 Tische u. Sitzplätze

BÄDER

LAGE IM HAUS

Für junge Menschen Brausebäder bevorzugt. Für ältere Menschen eignen sich besser Fuß-, Sitz- oder Badewannen. Zugang vom Schlafzimmer oder Flur in Verbindung mit sep. Duschraum → 9 oder sep. WC → 6, der bequemsten Benutzung entsprechend, in nächster Nähe der Schlafräume.

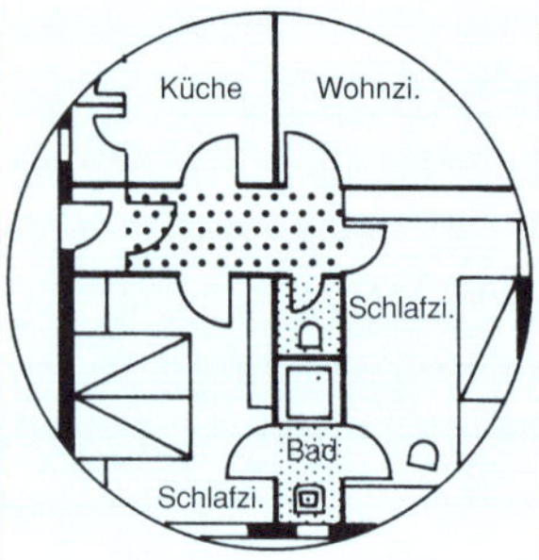

1 Bad zwischen den Schlafzimmern WC vom Flur zugänglich

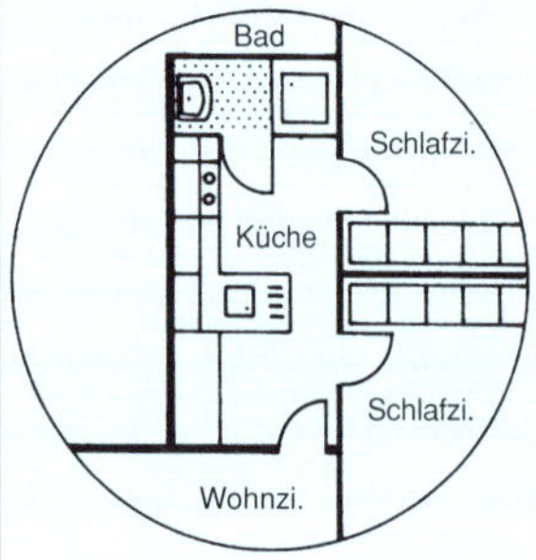

2 Bad an die Küche angebaut

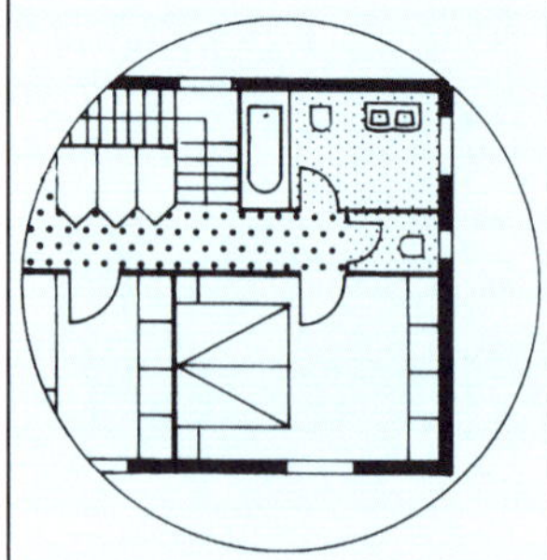

3 Zugang zum Bad u. WC vom Schlafzimmer

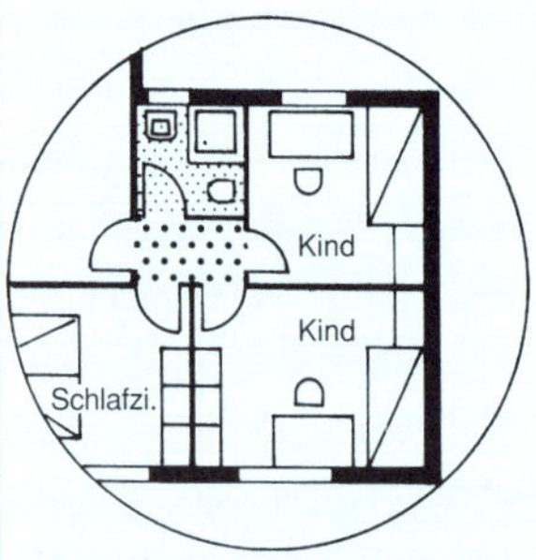

4 Bad am Flur u. 3 Schlafzimmer

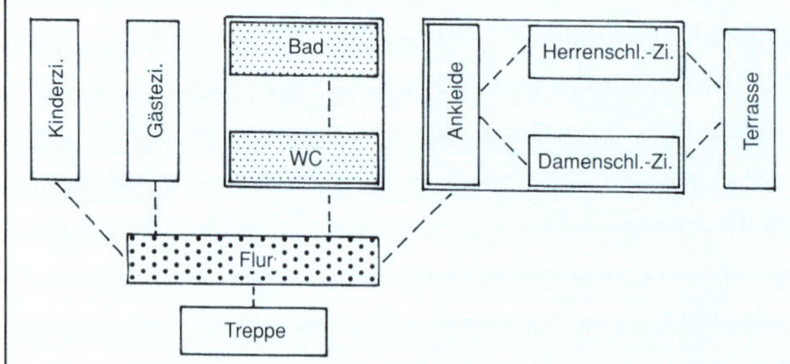

5 Räumliche Beziehung zum Bad

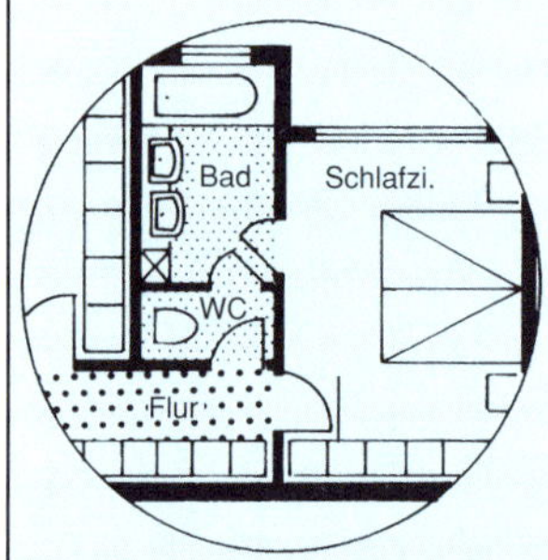

6 Bad durch zwei Türen vom Flur u. Schlafzimmer zugänglich

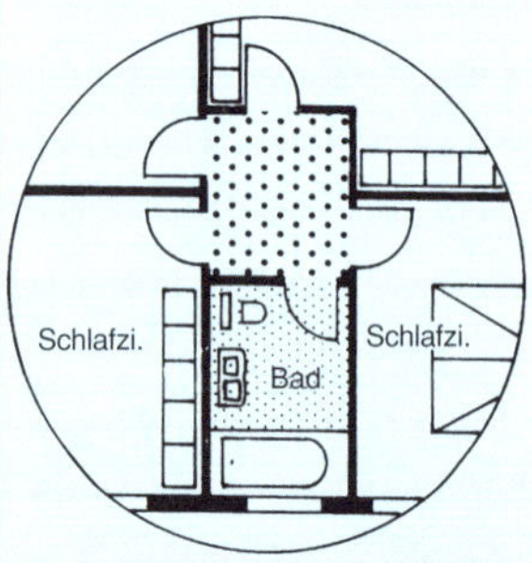

7 Bad zwischen den Schlafzimmern

Warmwasser-Bedarfsfälle für:	Warmwasser Bedarfsmenge (l)	Warmwasser Temperatur (°C)	Benutzungs-zeitraum (ca. min.)
Reinigung:			
Hände	5	37	4
Gesicht	5	37	4
Zähne	0,5	37	4
Füße	25	37	6
Oberkörper	10	37	10
Unterkörper	10	37	10
Körper, ganz	40	38	15
Kopfwäsche	20	37	10
Kinderbad	30	40	5
Baden:			
Vollbad	140–160	40	15
Sitzbad	40	40	5
Fußbad	25	40	5
Duschbad	40–75	40	6
Körperpflege:			
Naßrasur	1	37	4

8 Warmwasserbedarf, Temperatur u. Benutzungszeitraum für Brauchwassererwärmen

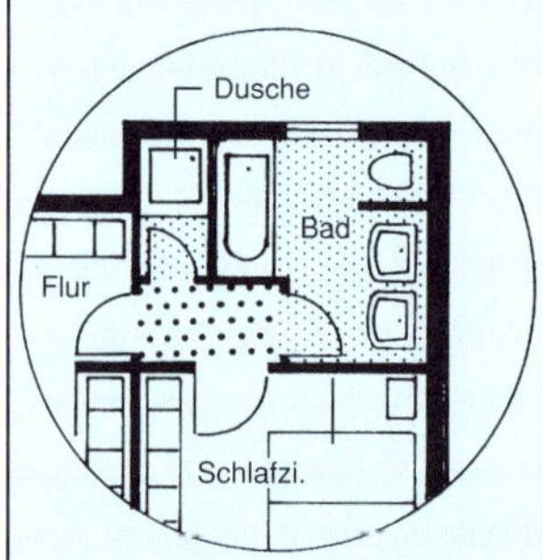

9 Bad u. Dusche vom Flur zugänglich

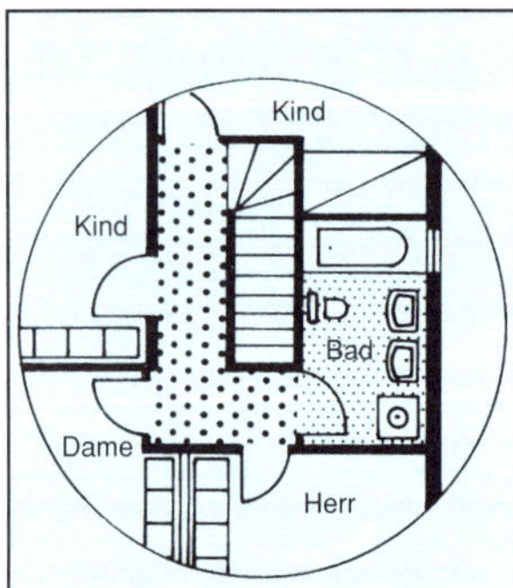

10 Durch Pendeltür können Bad u. Schlafzimmer abgeschlossen werden

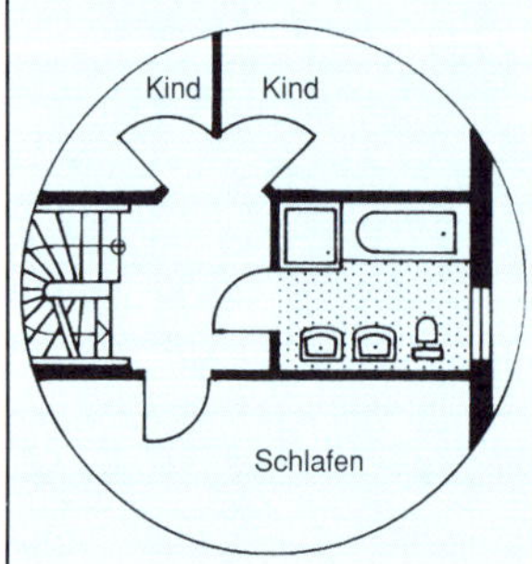

11 Typisches Bad im Reihenhaus

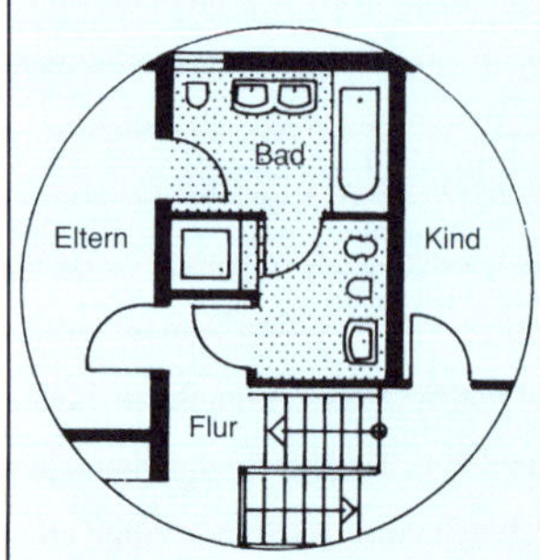

12 Bad vom Schlafzimmer u. über Dusche/WC zugänglich

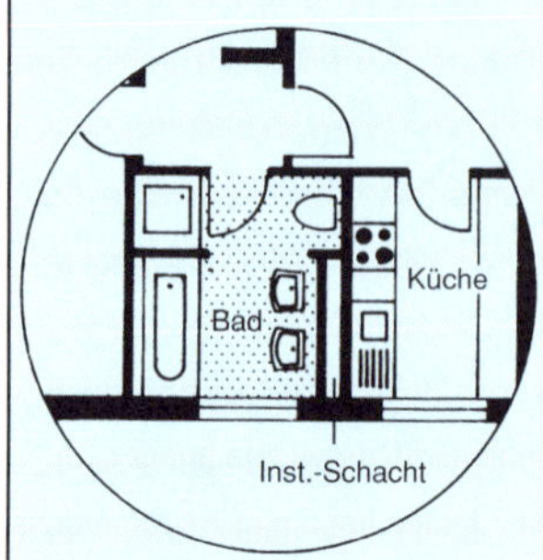

13 Küche u. Bad mit gemeinsamer Installationswand

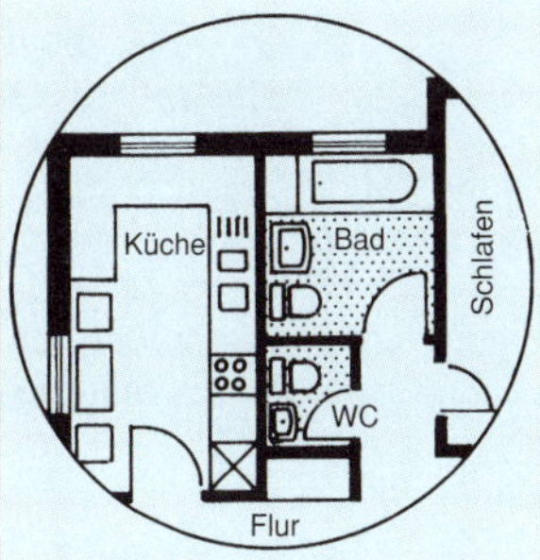

1 Küche, Bad u. WC an einer Installationswand

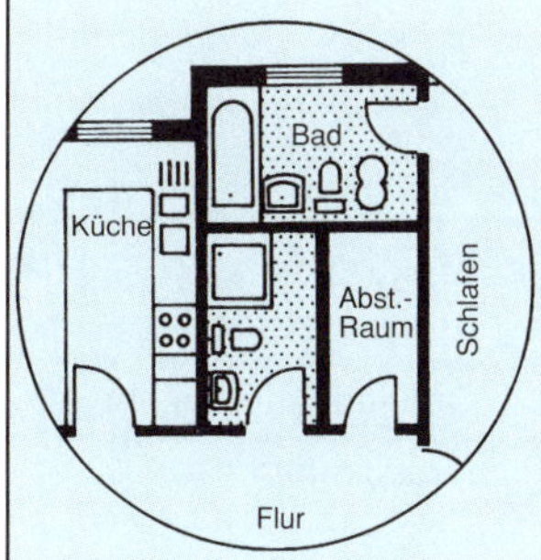

2 Bad vom Schlafzimmer aus zugänglich

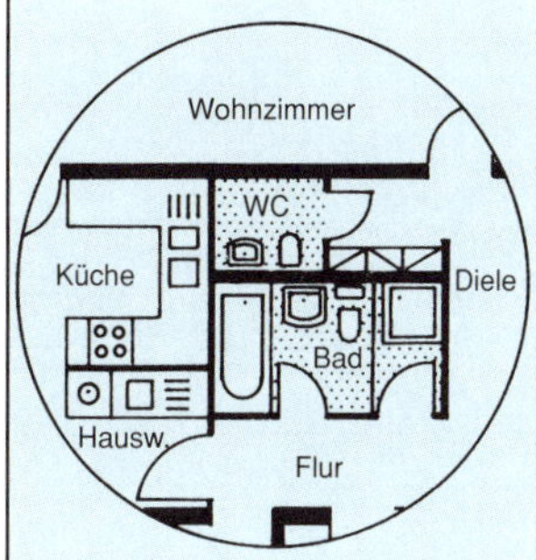

3 Küche, Hauswirtschaft, Bad u. WC im Innenbereich

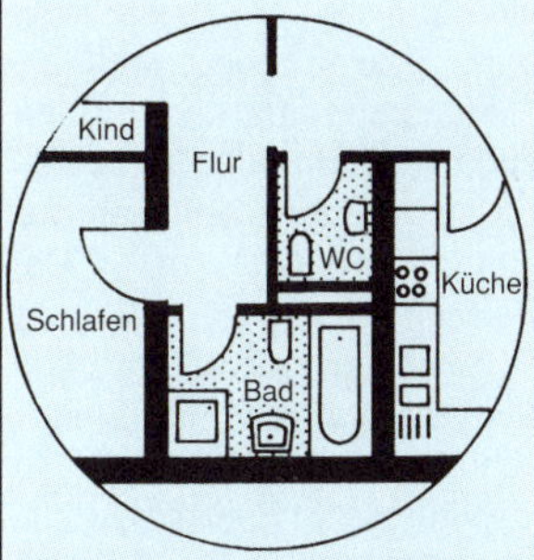

4 Bad am innenliegenden Flur

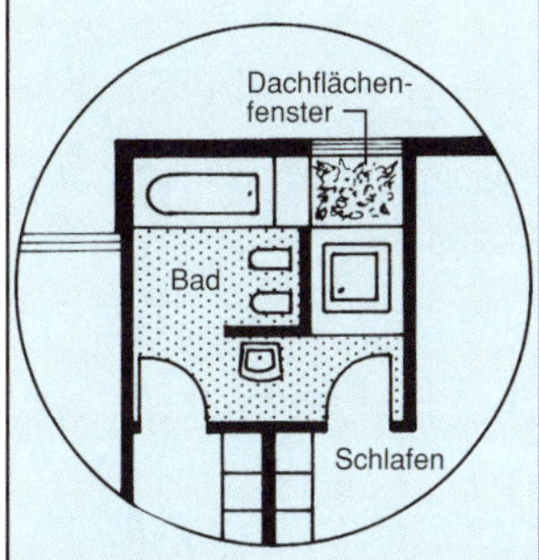

5 Bad unterm Dach mit Dachflächenfenster

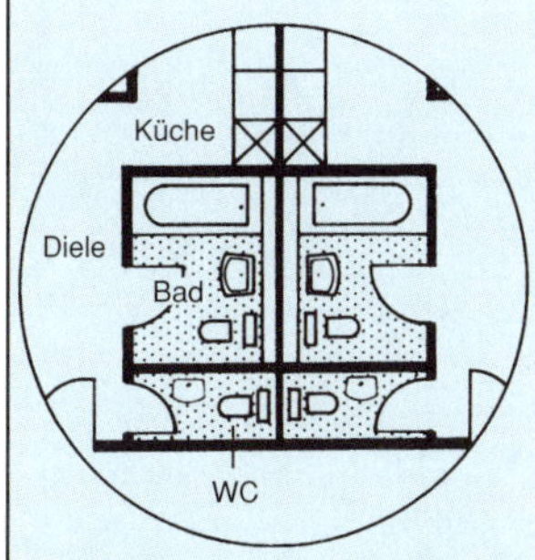

6 Küche, Bad an einer Installationswand

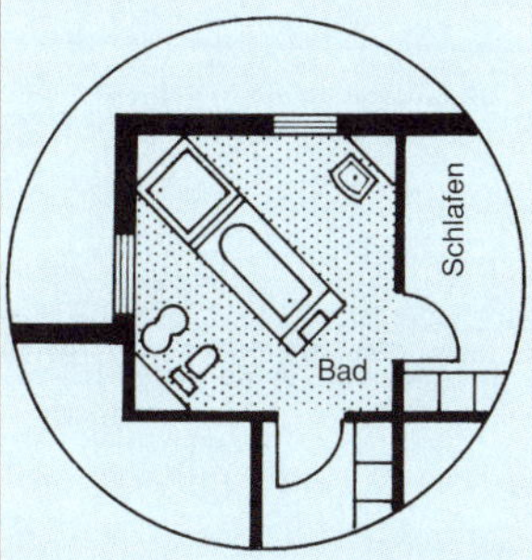

7 Großzügiges Bad

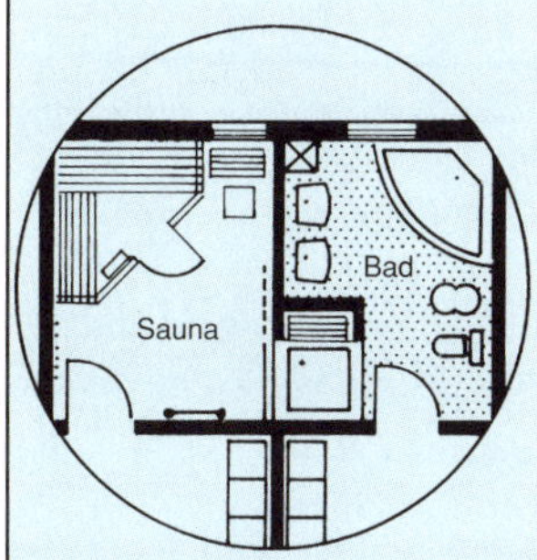

8 Bad u. Sauna Verbindung über die Dusche

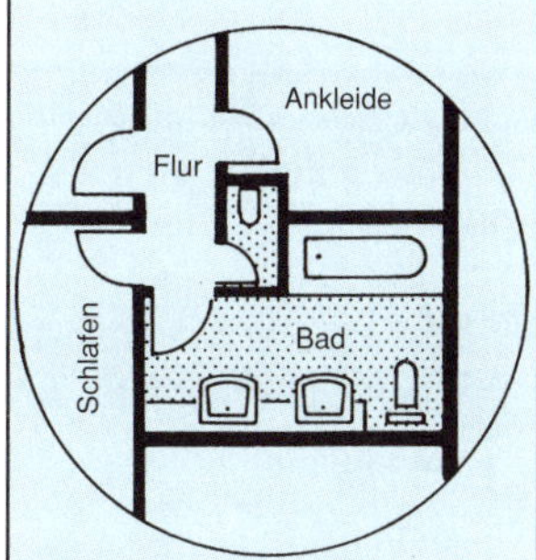

9 Bad u. WC vom Flur zugänglich

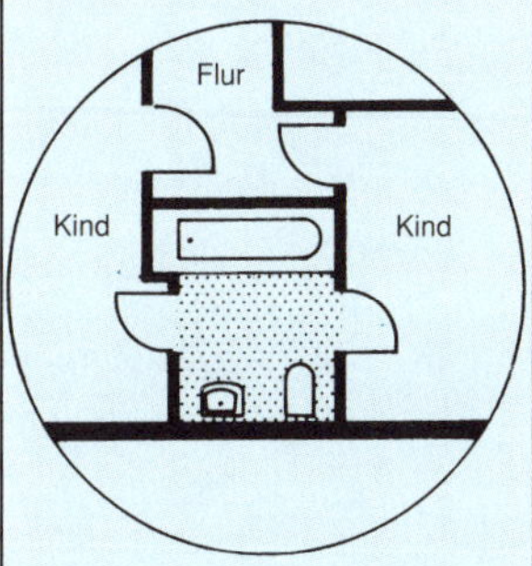

10 Kinderbad

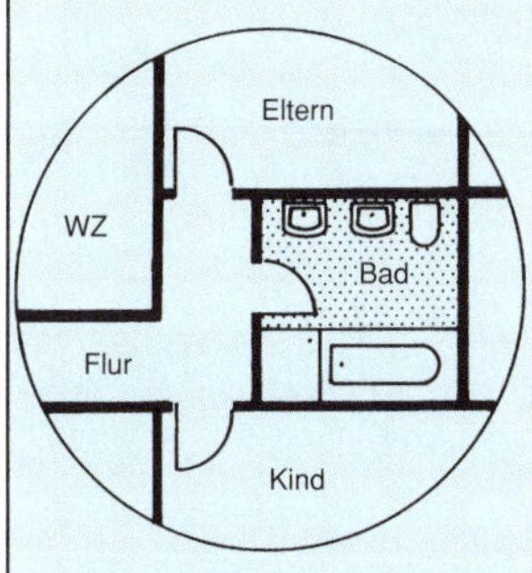

11 Bad zwischen Eltern- u. Kinderzimmer

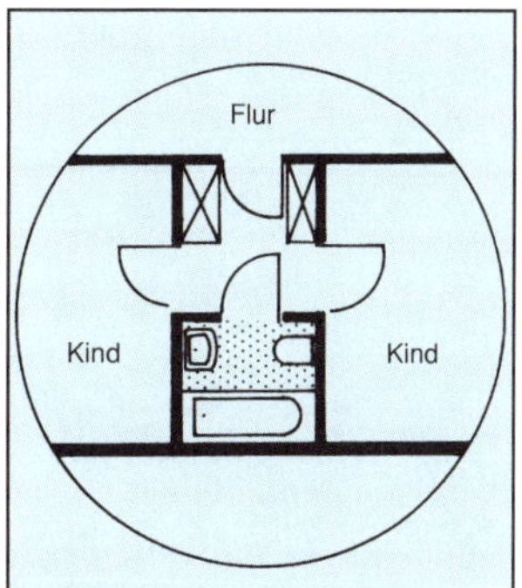

12 Bad für 2 Kinder

BÄDER

LAGE IM HAUS

Orientierung von Bad und WC sollte nach Norden erfolgen, i.d.R. natürlich belichtet und belüftet sein. Bei innenliegenden Räumen mind. 4facher Luftwechsel/h. Bad u. WC so im Gebäude anordnen, daß Installationswände übereinander liegen, um Installationsaufwand und Schallschutzmaßnahmen niedrig zu halten. Zwei nebeneinanderliegende Bäder, von zwei verschiedenen Wohnungen nicht an einen Ver- oder Entsorgungsstrang legen. Aus Gründen der Behaglichkeit im Bad Raumtemperatur +24 °C wählen. Für WCs im Wohnungsbau +18 °C.

Bad ist besonders durch Feuchtigkeit belasteter Raum. Entsprechende Dichtungsmaßnahmen vorsehen. Durch hohe Luftfeuchtigkeit und Kondensatbildung müssen Oberflächen leicht zu reinigen sein. Wand- und Deckenputz müssen genügend Luftfeuchtigkeit aufnehmen und abgeben können. Fußbodenbeläge mit ausreichendem Gleitschutz wählen. Für den Schallschutz ist DIN 4109 maßgebend. Hiernach darf Lautstärke der Geräusche, die von haustechn. Anlagen und Installationen ausgehen, in fremden Wohn-, Schlaf- oder Arbeitsräumen 35 dB (A) nicht überschreiten.

Mind. eine Schutzkontaktsteckdose für elektrische Geräte neben dem Spiegel in 1,30 m Höhe vorsehen.

Aus wirtschaftl. u. techn. Gründen sollen Bad u. WC sowie Bad u. Küche so angeordnet werden, daß ihre Installationsschächte gemeinsam genutzt werden können. Badewanne und/oder Brausewanne, Waschbecken u. Waschmaschine werden dem Bad, Spülklosett, Bidet u. Handwaschbecken dem WC zugeordnet.

Zusatzheizer, Handtuch- u. Badetuchhalter, Trockner, Handgriffe über der Badewanne, Papierhalter in Griffnähe, Zahnputzgläser, Seifenschalen, Ablageflächen gehören zur Badeinrichtung.

BÄDER

DIN 18022 ABMESSUNGEN

Zur Körper- u. Gesundheitspflege gehören Bad, Wasch-, Dusch- u. WC-Räume. Wünschenswert ist außer dem im Bad befindlichen WC noch ein separates WC, evtl. mit einem Urinal zusätzlich.
In Wohnungen mit mehr als 4–5 Pers. ist die Trennung grundsätzlich erforderlich.
Sinnvoll ist auch ein separater Duschraum. Evtl. ist im Kellergeschoß noch Platz für eine Dusche, für Kinder nach dem Spielen oder nach der Gartenarbeit oder in Kombination mit einer Sauna zu nutzen. Falls kein Hausarbeitsraum vorhanden ist, müssen im Bad Waschmaschine u. Wäschetrockner untergebracht werden. Einbauschränke, Arzneimittelschrank, Schrankraum für Handtücher u. Reinigungsmittel tragen zur vollen Raumausnutzung bei.

	Stellfläche Breite	Stellfläche Tiefe
1 Waschbecken	≥60	≥55
2 Doppel-Waschbecken	≥120	≥55
3 Einbau-Waschbecken u. Unterschrank	≥70	≥60
4 Einbau-Waschb. u. Unterschrank	≥140	≥60
5 Handwaschbecken	≥45	≥35
6 Bidet stehend oder wandhängend	40	60
7 Klosettbecken mit Spülkasten oder Druckspüler vor der Wand	40	75
8 Klosettbecken für Wandeinbau	40	60
9 Urinalbecken	40	40
10 Duschwanne	≥80	≥80 (75)
11 Eckwanne	≥80	≥80
12 Eckwanne rund	≥80	≥80
13 Badewanne	≥170	≥75
14 Stufenwanne	≥105	≥65
15 Wanne für Eckeinbau	≥121	≥121
16 Hochschrank	≥30	≥40
17 Waschmaschine	60	60
18 Wäschetrockner	60	60

1 Einrichtungen für Bäder u. WCs

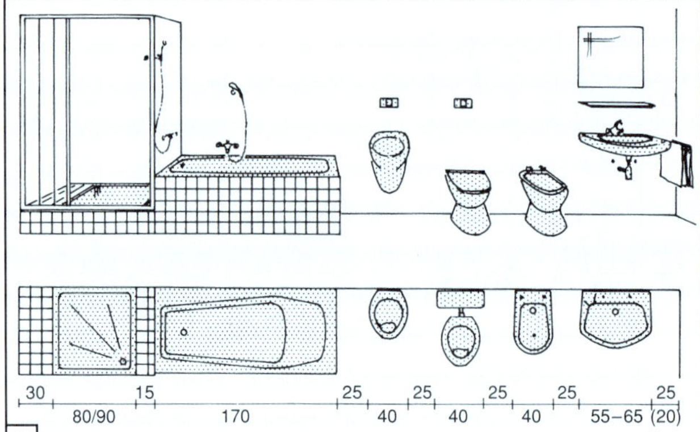

2 Stellfläche u. Abstände der Sanitärteile

	Waschbecken	Einbauwaschbecken	Handwaschbecken	Bidet	Dusch- u. Badewannen	Klosett- u. Urinalbecken	Waschmaschine u. Wäschetrockner	Badmöbel	Wände[4)]
Waschbecken → 1 1–2	20			25	20[1)]	20	20	5	20
Einbauwaschbecken → 1 3–4		0		25	15[1)]	20	15	0	0
Handwaschbecken → 1 5				25	20	20	20	20	20
Bidet → 1 6	25	25	25		25	25	25	25	25
Dusch- u. Badewannen → 1 10–15	20[1)]	15[1)]	20	25	0[2)]	20	0	0	0
Klosett- u. Urinalbecken → 1 7–9	20	20	20	25	20	20[3)]	20	20	20 25[5)]
Waschmaschine u. Trockner → 1 17–18	20	15	20	25	0	20	0	0	3
Badmöbel → 1 16	5	0	20	25	0	20	0	0	3
Wände[4)]	20	0	20	25	0	20 25[5)]	3	3	

1) Der Abstand kann bis auf 0 verringert werden → 5

2) Abstand zwischen Bade- und Duschwanne: bei Anordnung der Versorgungsarmaturen in der Trennwand zwischen den Wannen sind 15 cm erforderlich

3) Abstand zwischen Klosettbecken u. Urinalbecken

4) Auch Duschabtrennungen

5) Bei Wänden auf beiden Seiten

Sich nicht ergebende Nebeneinanderstellungen sind durch Schrägstellung getilgt

3 Seitliche Abstände von Stellflächen in Bädern u. WCs

(Bade- bzw. Duschspeicher oder Boiler, einmalige Benutzung) einschließlich 10% Wärmeverlust, der beim Einfüllen in eine Gußwanne entsteht.

Wanne	Badewasser 35 bis 37 °C etwa Liter/Bad	Speicherwasser 85 °C etwa Liter/Bad	Verbrauch etwa kWh/Bad
groß	210	77	7,7
mittel	180	65	6,5
klein	150	55	5,5
Duschbad	30 bis 45	10 bis 15	1,0 bis 1,5

Mischzahlen für Heißwasserspeicher
10 Liter Speicherwasser von 85 °C ergeben etwa 20 Liter Gebrauchswasser von 50 °C (Küchenbedarf) oder 30 Liter Gebrauchswasser von 35 °C (Körperpflege). Zu ihrer Erhitzung ist eine elektrische Arbeit von etwa 1 Kilowattstunde erforderlich

4 Badewasserbereitung

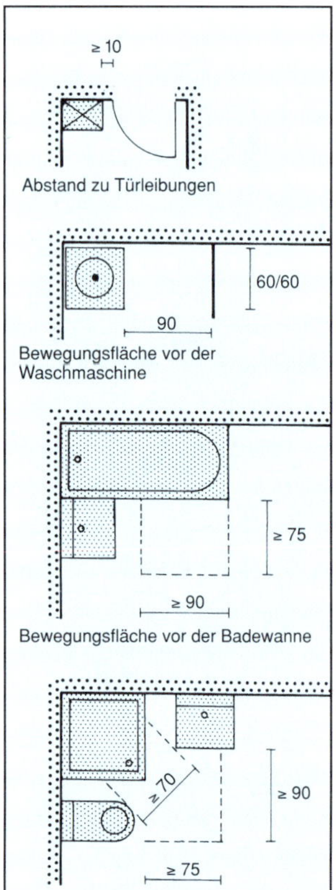

5 Bewegungsfläche vor einer Dusche mit Eckeinstieg

BÄDER

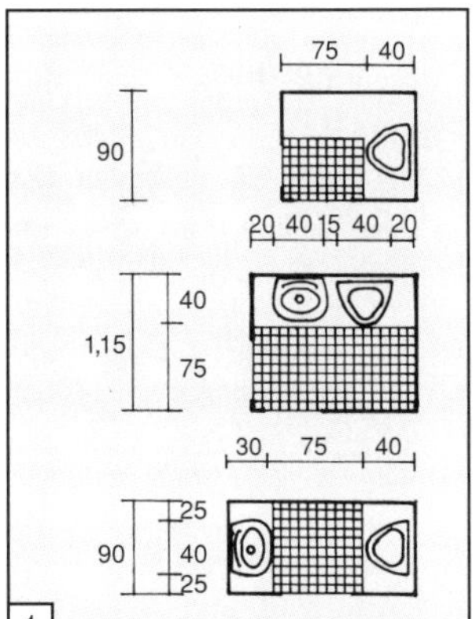

1 Urinal u. Handwaschbecken

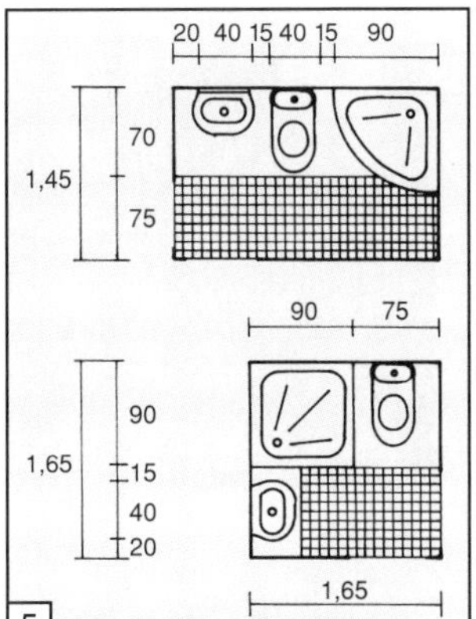

5 Dusche, WC u. Waschbecken

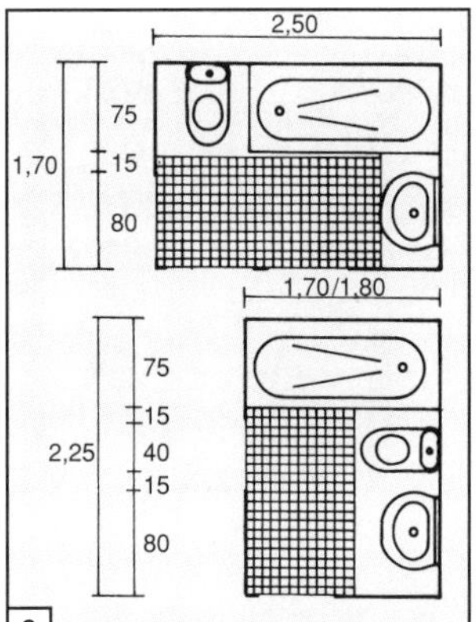

9 Badewanne, WC u. Waschbecken

Stand-Wand-Klosett: Wandhängenden Modellen ist aus Gründen der Hygiene u. der Pflege der Vorzug zu geben. Tiefspül-WCs reduzieren Geruchsbelästigung

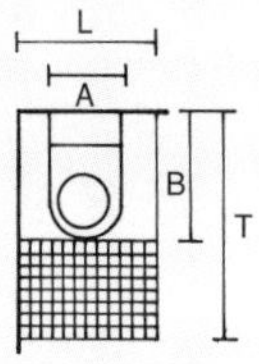

A = 38– 45
B = 60– 75
L = 55– 75
T = 120–135

13 WC/Bidet

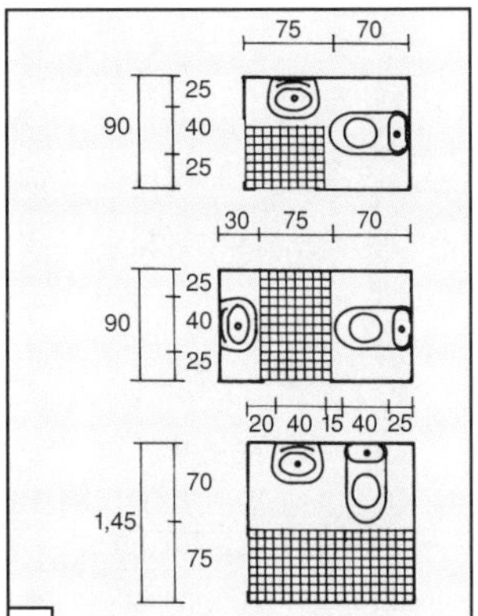

2 WC u. Handwaschbecken

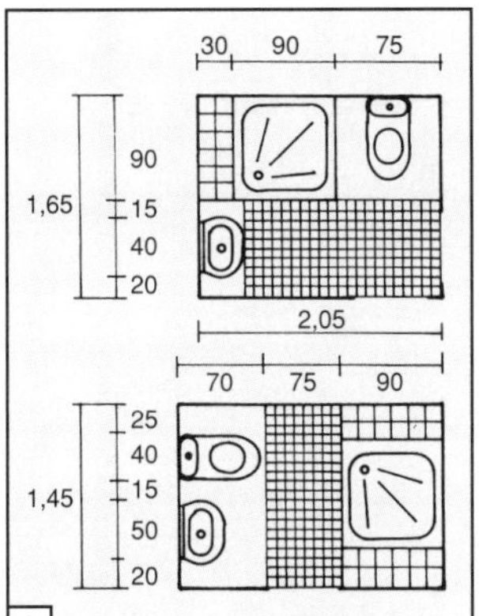

6 Dusche, WC u. Waschbecken

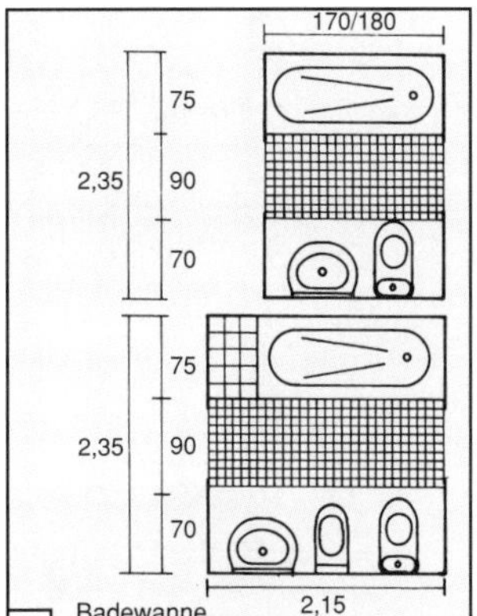

10 Badewanne, WC, Bidet, Waschbecken

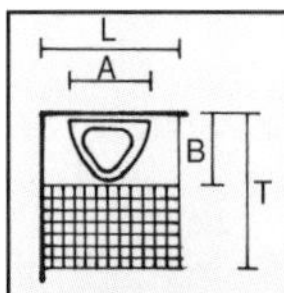

A = 35– 45
B = 35– 45
L = 60– 75
T = 100–120

Urinal heute auch im häuslichen Gebrauch üblich

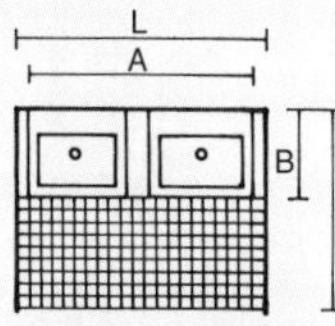

A = 115–145
B = 40– 55
L = 120–175
T = 100–145

Waschbecken ausreichend groß u. genügend Ablagefläche einplanen.

14 Urinal u. Waschbecken

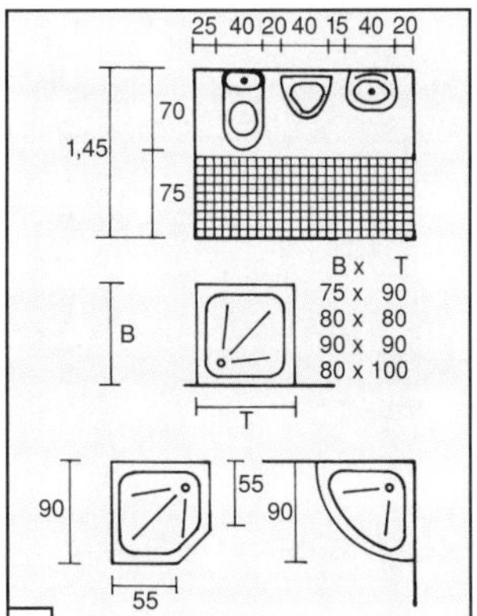

3 WC u. Duschen

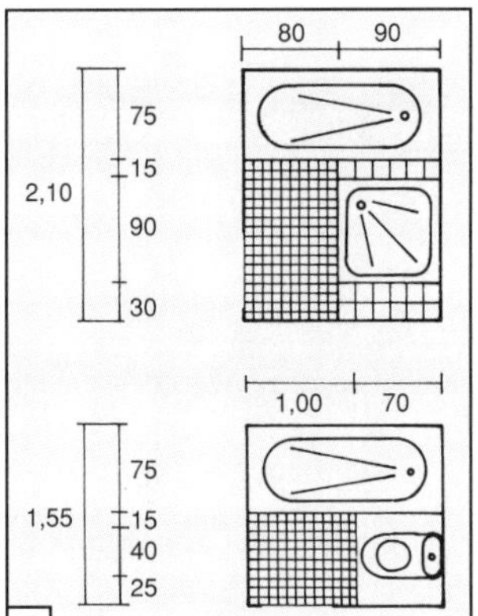

7 Badewanne, Dusche u. WC

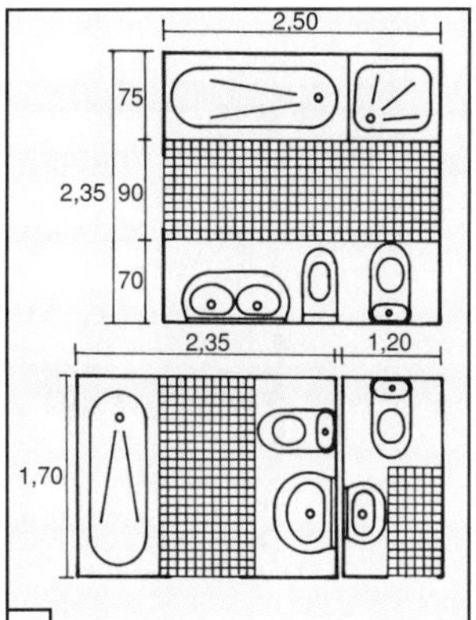

11 Bad u. WC

Duschwannen dienen vorwiegend der Körperreinigung. Badewannen auch der Körpererholung (Heilbäder). Duschen spart Wasser u. ist hygienischer.

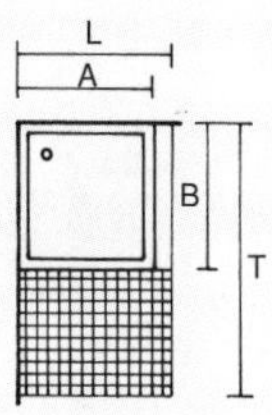

A = 80–100
B = 75–100
L = 80–100
T = 130–175

15 Duschwanne

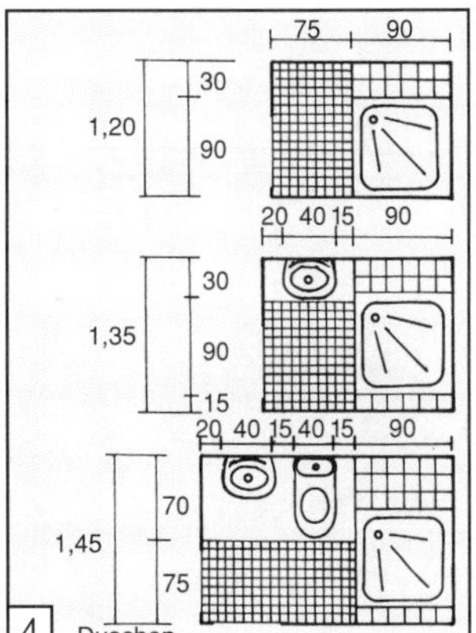

4 Duschen

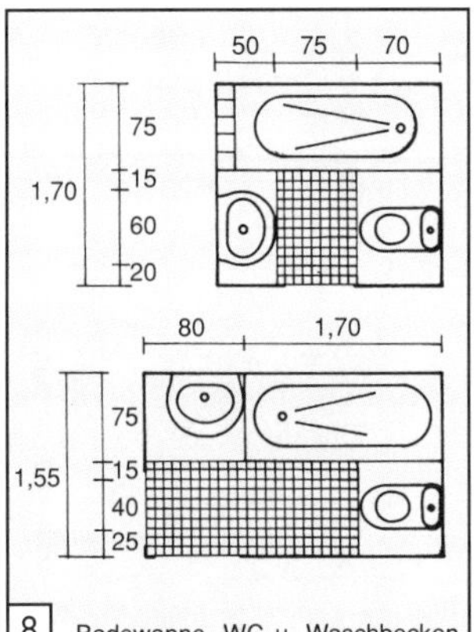

8 Badewanne, WC u. Waschbecken

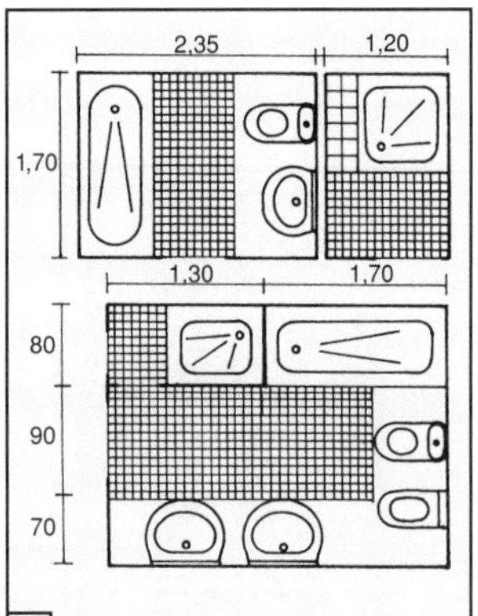

12 Bad u. Dusche

Badewanne: Meist als eingebaute Wanne. Günstig: Schürzenwanne mit innenliegender Konvektorenheizung. Schöner ist jedoch Fußbodenheizung

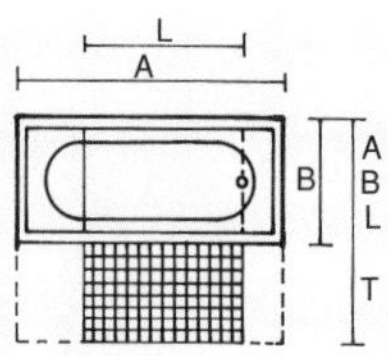

A = 160–180
B = 70– 80
L = 100–120

16 Badewanne

BÄDER

PLANUNGSBEISPIELE

Beispiele → 1 – 3 Minibäder, Dusche und Badewanne sind aus Kunstharz (Polyester) geformt und auf ihre Funktion abgestimmt. Mit breitem Schulter- und schmalem Fußteil. Haben demzufolge geringsten Platzbedarf.

Handel liefert Wannen mit abgeschrägten Ecken, so daß Tür noch aufgeht (Altbauten) → 4. Günstig sind räumliche Trennungen wie Beispiele → 5 + 11.

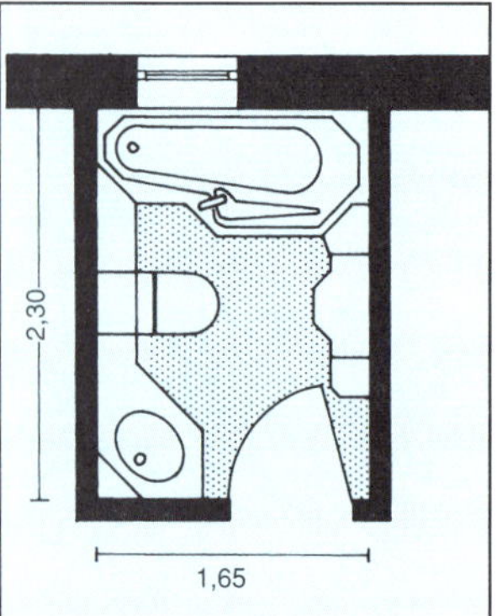

1 Einrichtungsbeispiele für kleine Bäder

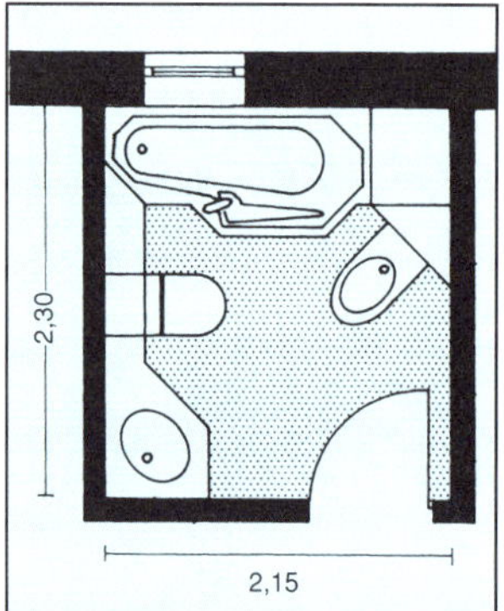

2 → wie 1, jedoch 2,15 breit

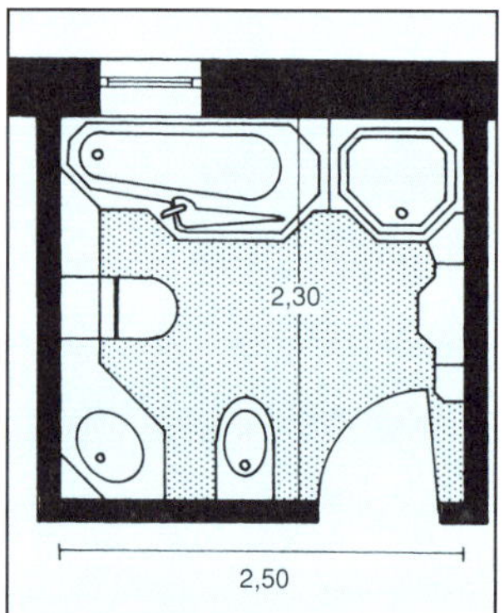

3 → wie 1, jedoch 2,50 breit

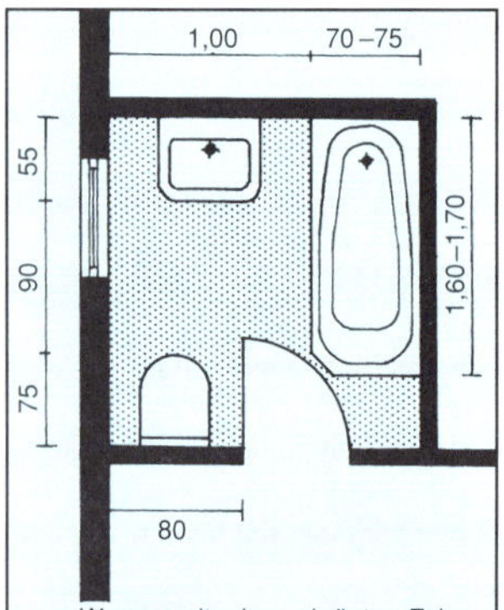

4 Wanne mit abgeschrägter Ecke. Erforderlich beim vorhandenen Raum

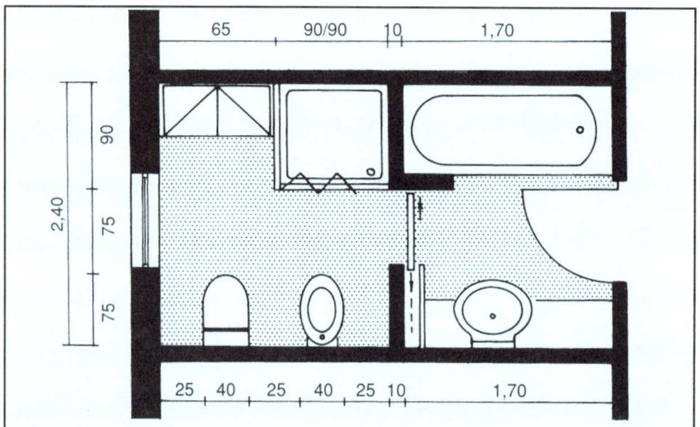

5 Bad u. Dusche getrennt

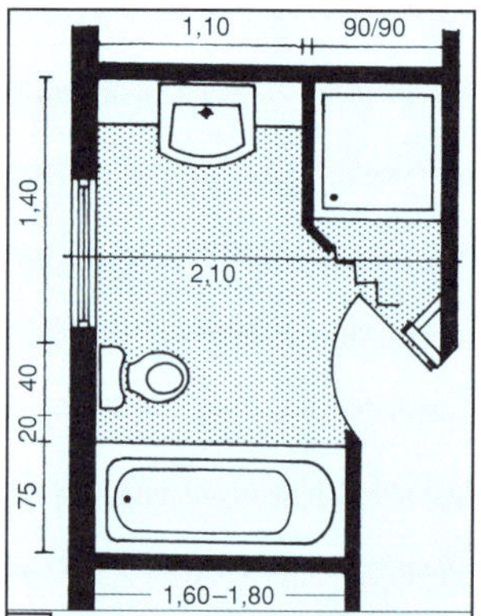

6 Bad u. sep. Dusche

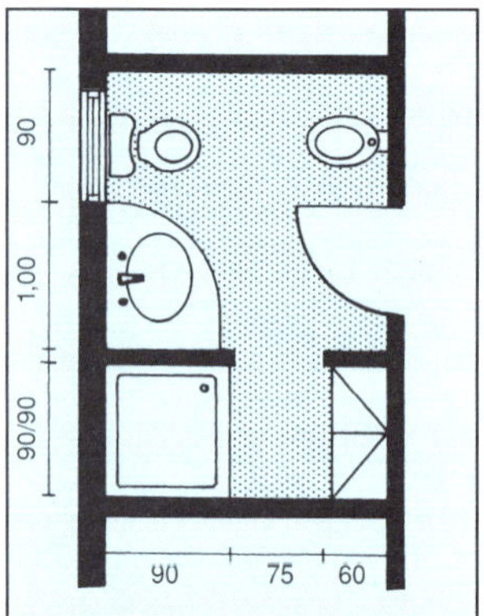

7 WC u. Dusche getrennt

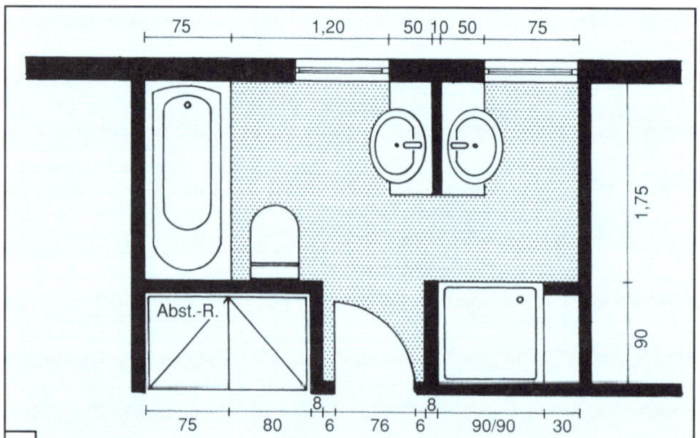

8 Bad u. Dusche mit getrenntem Waschplatz

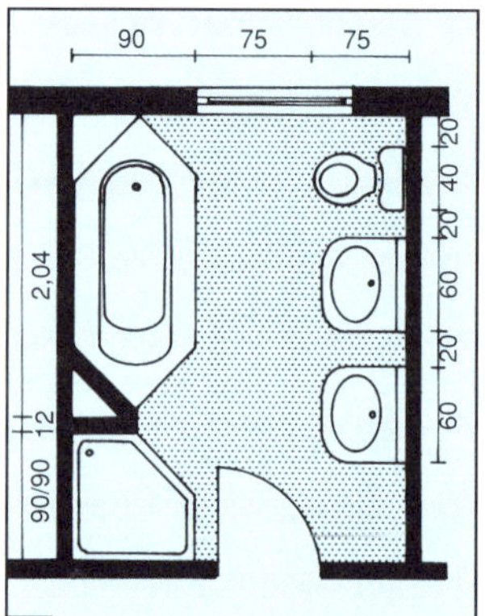

9 Sechseckwanne u. Dusche

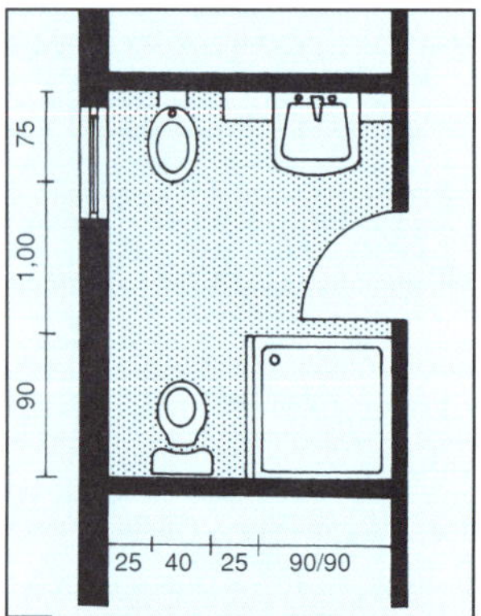

10 Dusche, WC, Bidet, Waschbecken

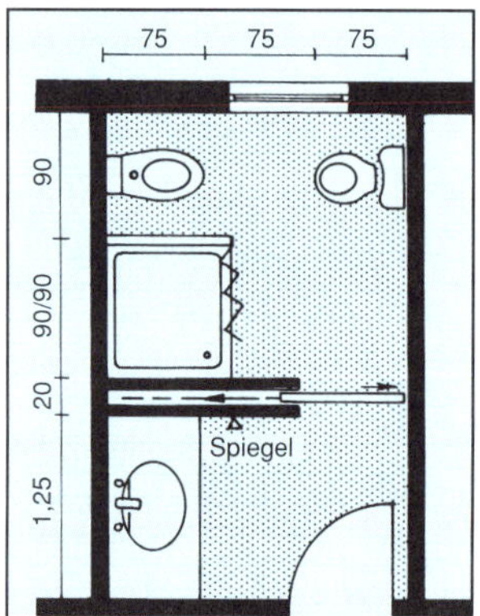

11 Getrennter Waschplatz

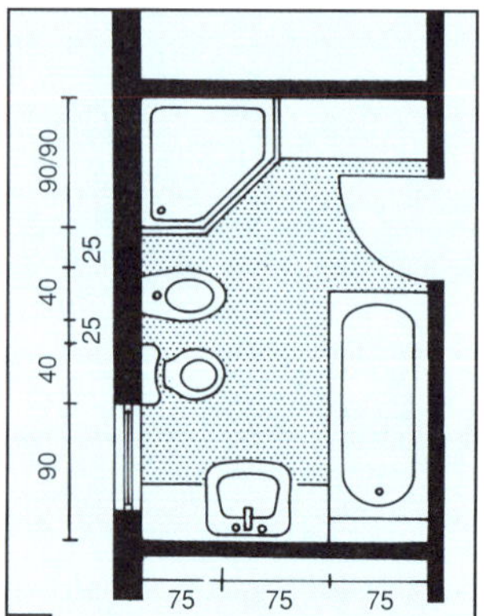

12 Dusche u. Bad auf 7m²

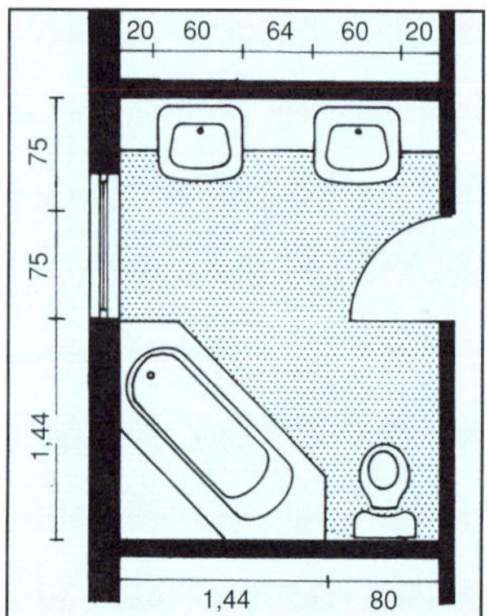

13 Bad übereck angeordnet

BÄDER

PLANUNGSBEISPIELE

Badplanung muß personen- und familienorientiert sein.

Wenn Gegebenheiten es zulassen, großzügig planen.

Trennung von Bad u. WC oder besser zusätzliches WC in Verbindung mit einer Dusche, vermeidet morgendliche Blockade u. Geruchsbelästiguung für den Nachfolger.

Anordnung des Bades in der Nähe vorhand. Installationen erspart umfangreiches Leitungsnetz.

Durch geschickte Anordnung der Objekte bleibt Platz in der Raummitte, u. das Bad erscheint großzügiger → 5.

Farbgestaltung unterstreicht den gewünschten Effekt: Große Bäder mit kräftigen, kleine Bäder möglichst mit hellen Farben versehen.

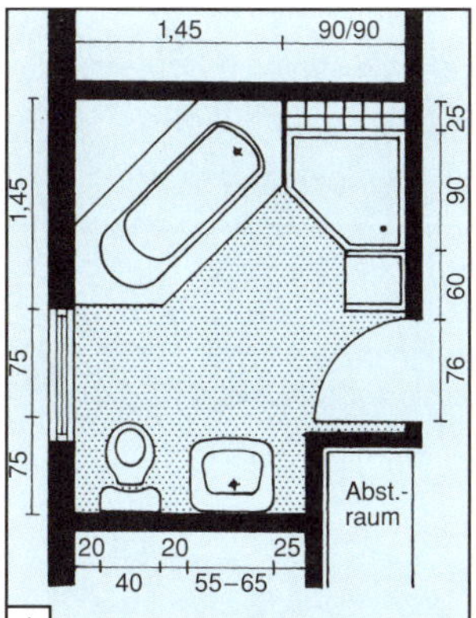

1 Wanne und Dusche über Eck

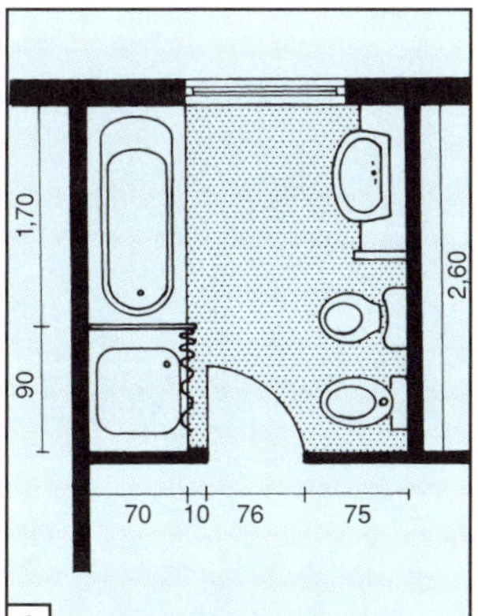

2 Zweizeilige Anordnung

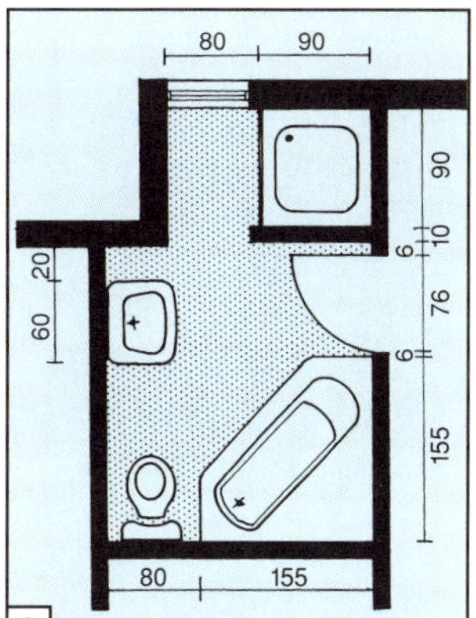

3 Getrennter Duschplatz

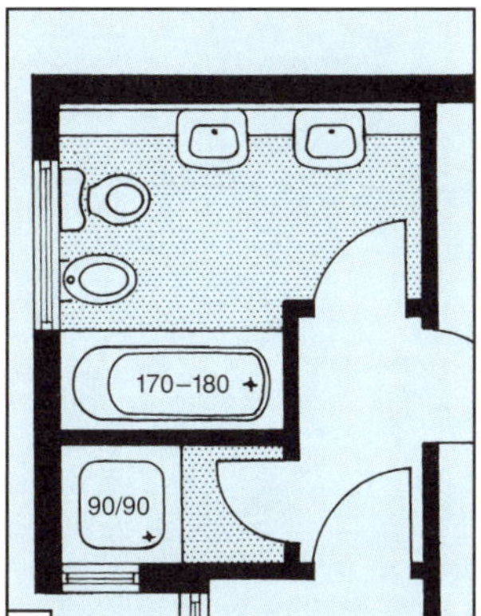

4 Dusche und Bad getrennt

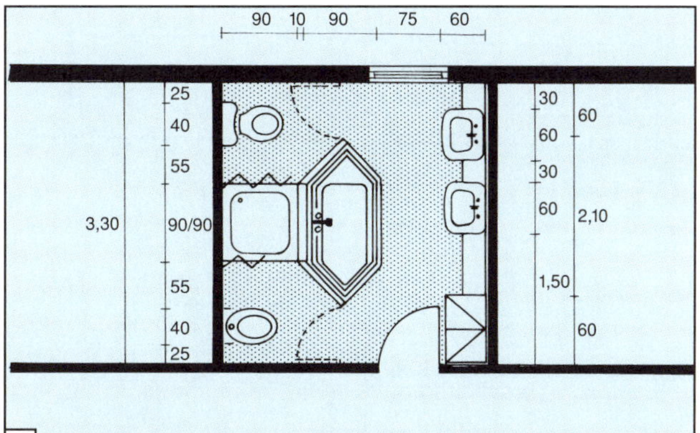

7 Geräumiges Bad → 8

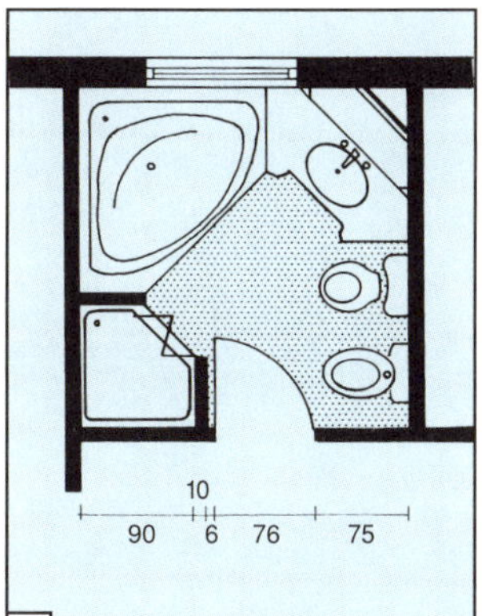

5 Kleines Bad übereck geplant

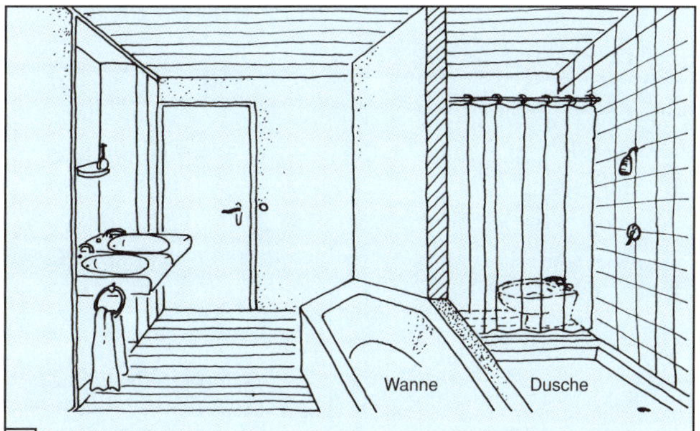

8 Schaubild → 7

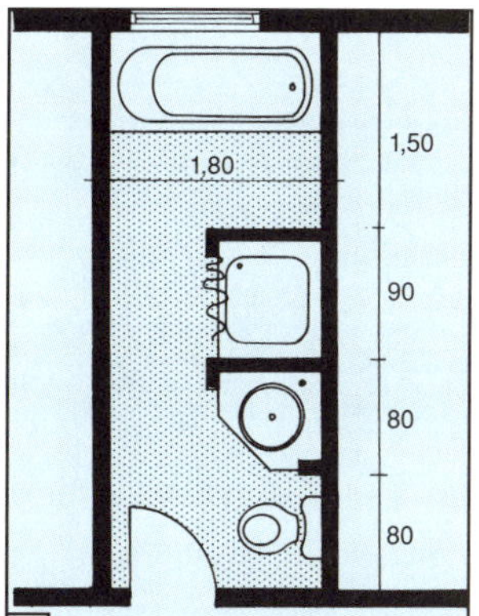

9 Im Altbau

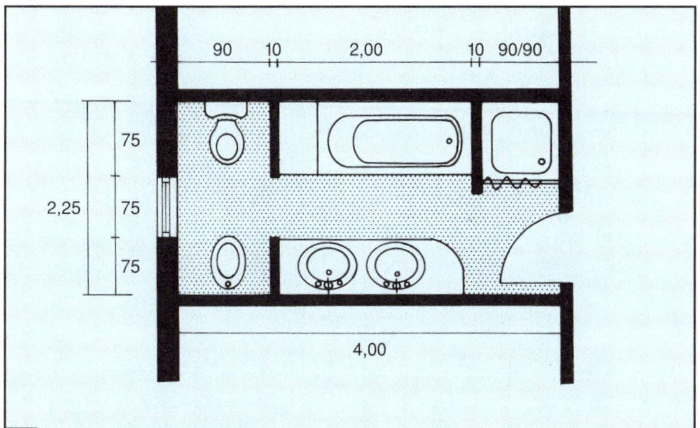

6 Langes Bad mit separatem WC u. Bidet

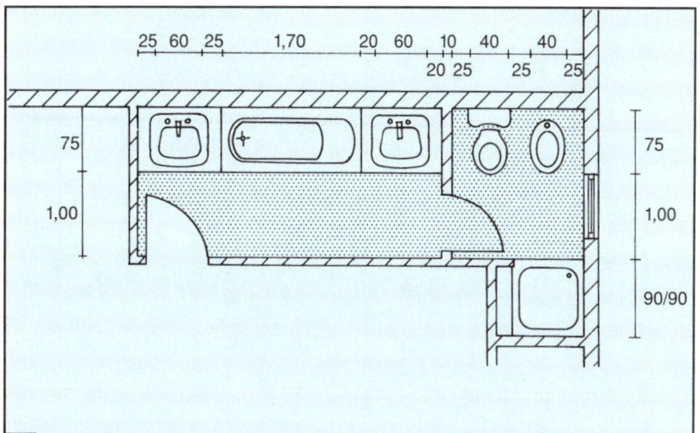

10 Bad im Altbau

BÄDER
EINRICHTUNGEN

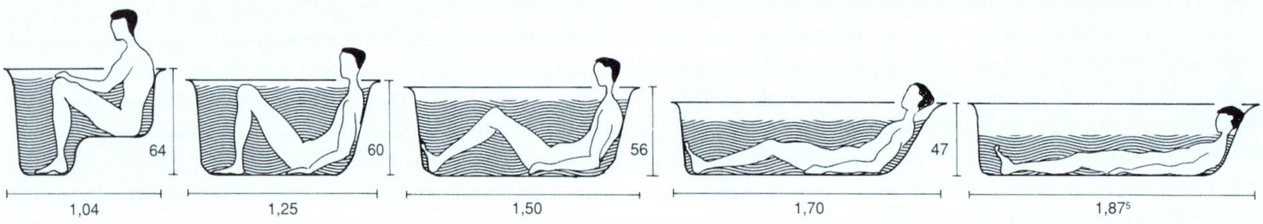

1 Bei kürzeren Wannen höherer Wasserverbrauch

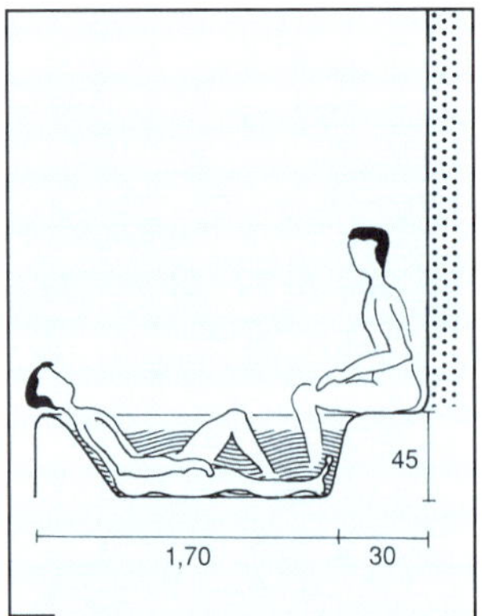

2 Baden und Sitzen

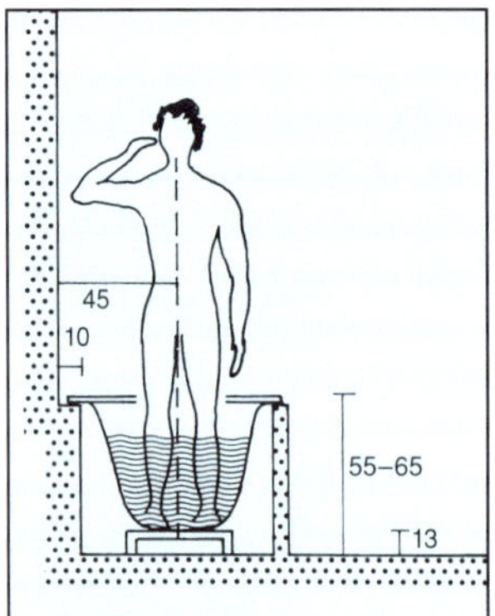

3 Nötiger Wandabstand zum Waschen

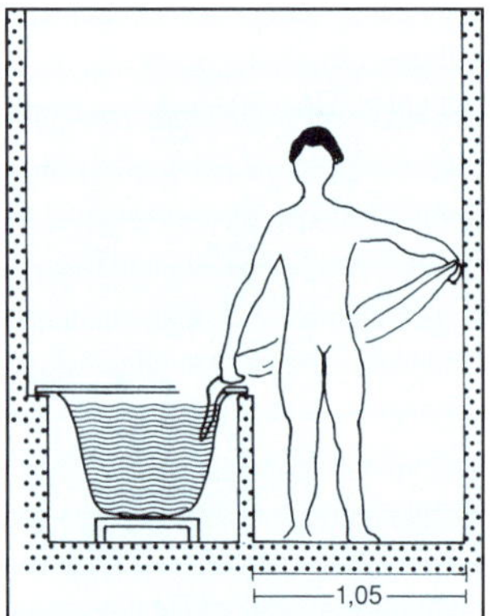

4 Der erwünschte Spielraum

5 Raum zwischen Wanne und Wand

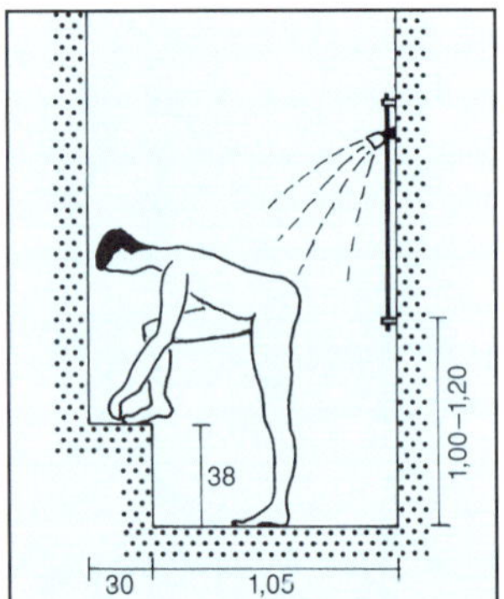

6 In der Dusche

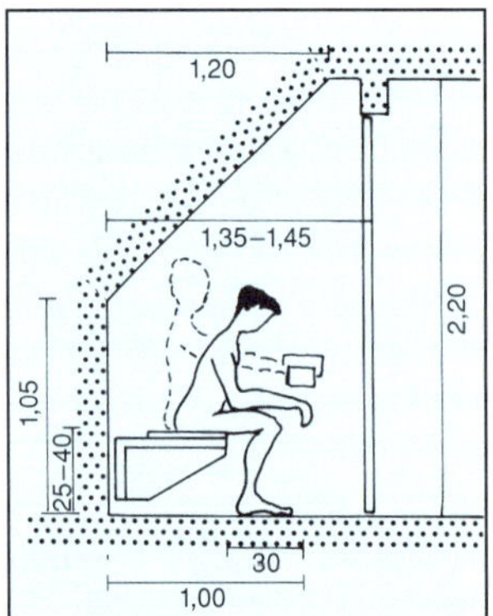

7 WC unter Dachschräge oder Treppe

8 Bidet

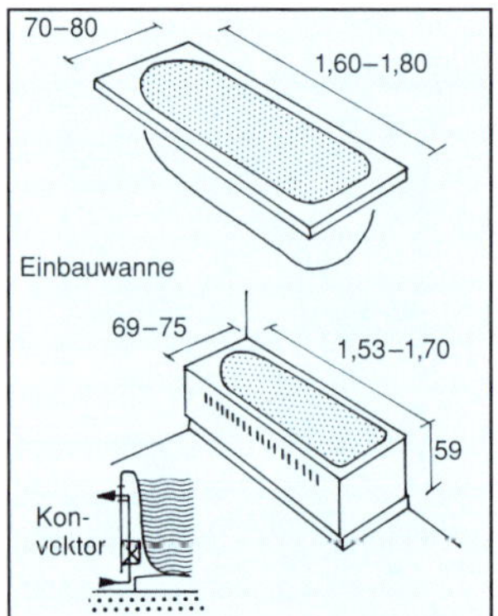

9 Badewannenverkleidung ein- und zweiseitig, auch mit Konvektor

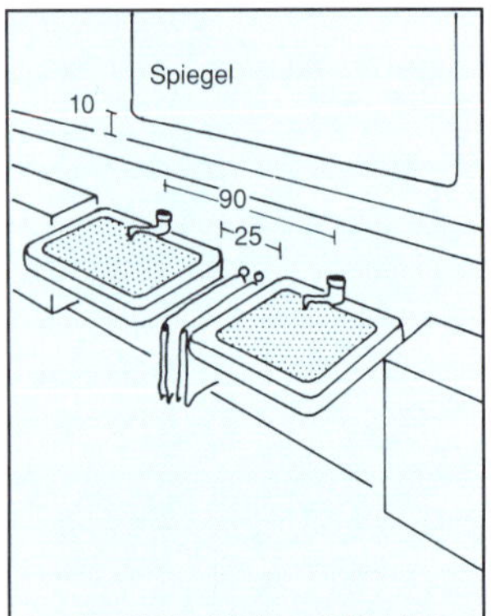

10 Zwei Waschtische mit Handtuchhalter dazwischen

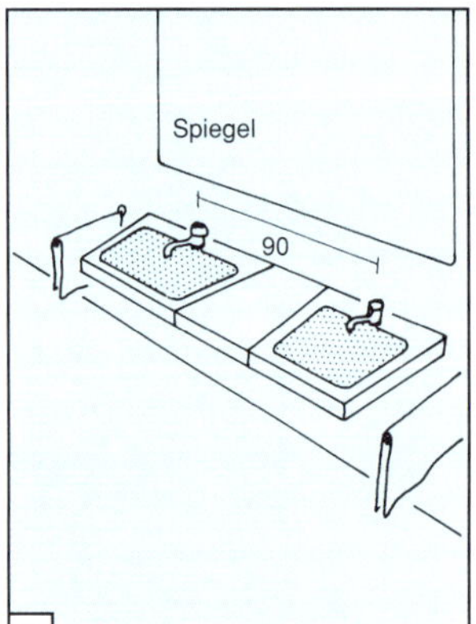

11 Doppelwaschbecken

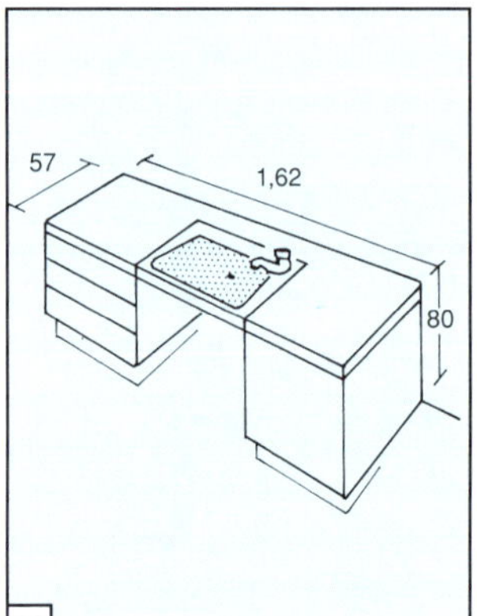

12 Waschtisch-Schrankkombination

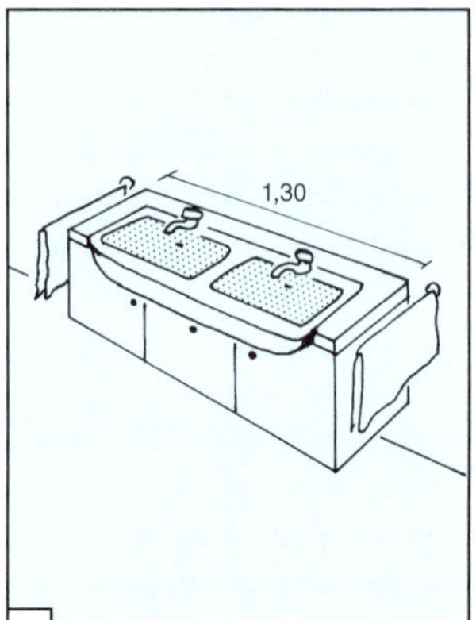

13 Doppelwaschtisch mit Unterschrank

BÄDER

Sanitärarmaturen aus Messing, verchromt, vergoldet oder farbig beschichtet, in verschiedenen Formen → [1] – [7]. Thermostatisch geregelte Mischbatterie für einzelne Objekte (Dusche, Badewanne, Bidet usw.) erspart Nachregulierung u. garantiert konstante Mischwassertemperatur. Verbrühschutz verhindert Temperatur über eine bestimmte Höhe, üblich 40 °C → [6]. WC aus Porzellan, Kunststoff oder Keramik → [11]– [15] in verschiedenen Formen und Farben.

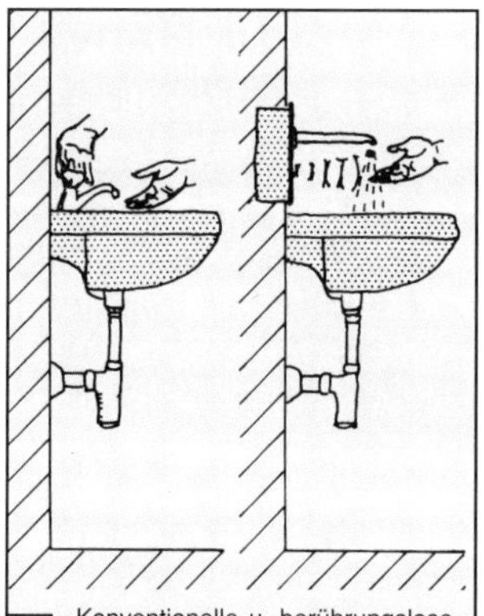

1 Konventionelle u. berührungslose Armaturen

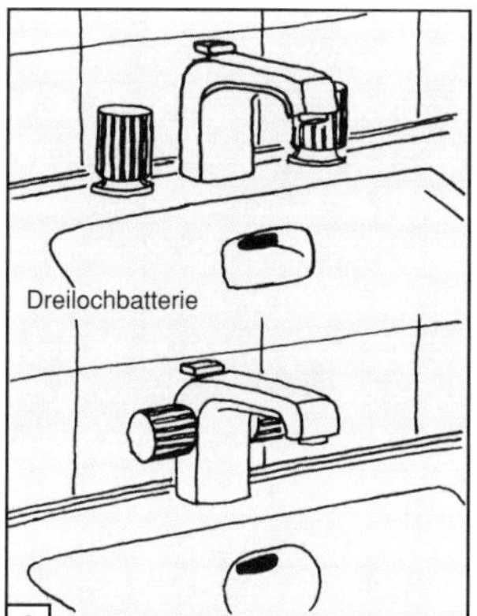

2 Einlochbatterie am Waschbecken

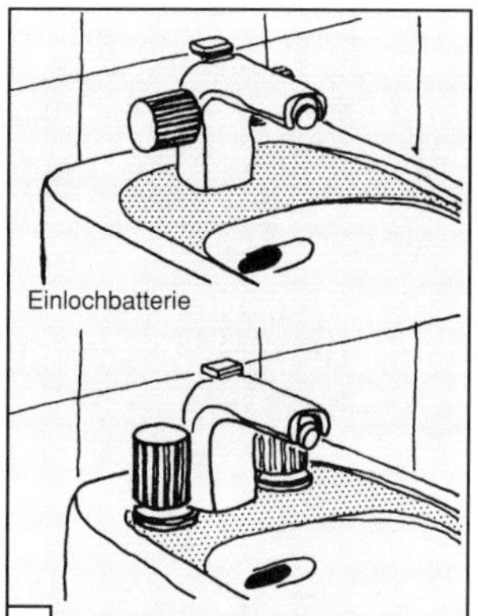

3 Dreilochbatterie am Bidet

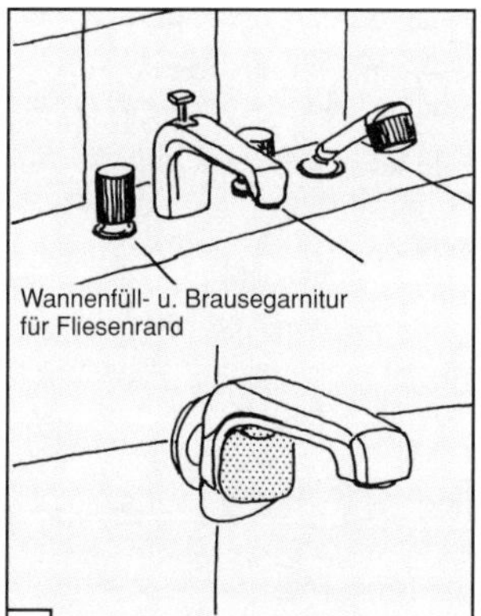

4 Wandauslauf

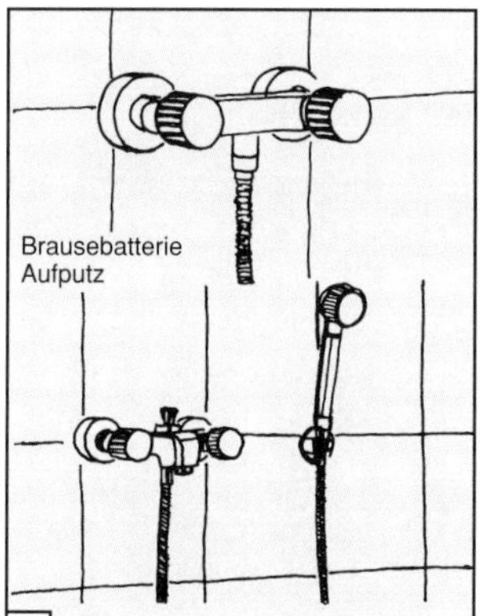

5 Wannenfüll- u. Brausegarnitur

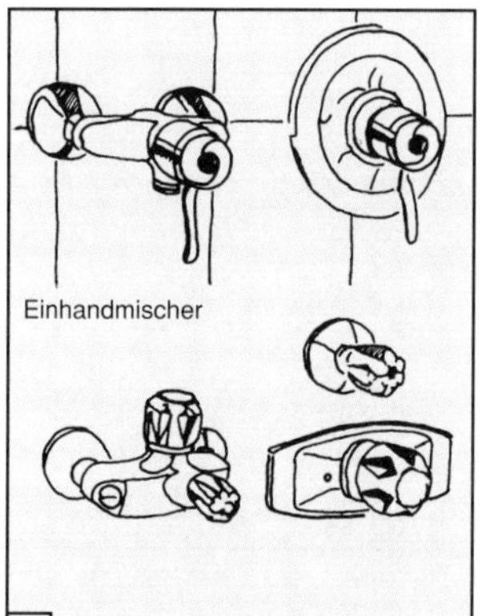

6 Thermostatbatterie

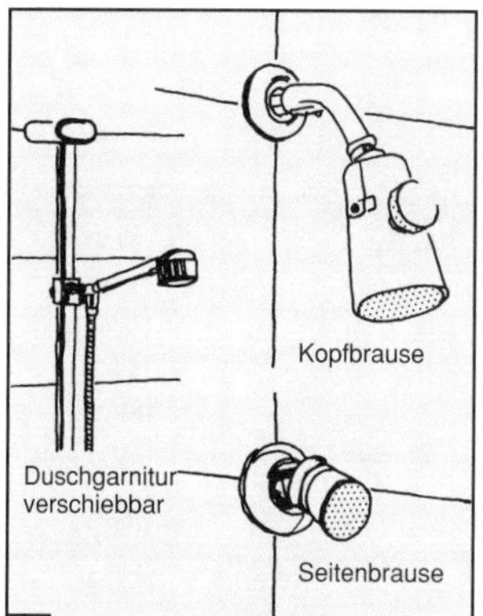

7 Brausegarnituren

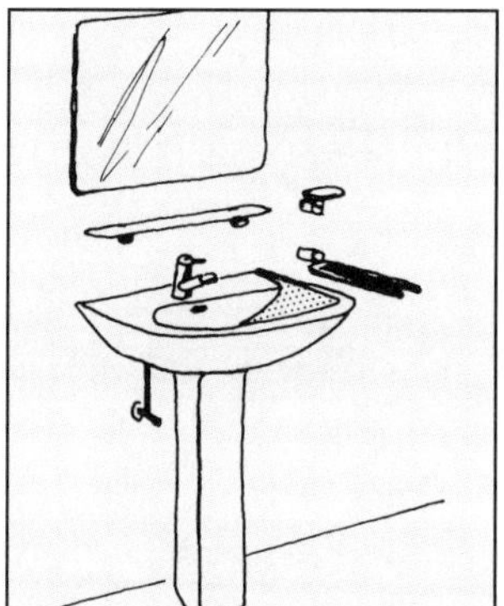

8 Waschtisch mit Säule 55 x 60 x 65 cm

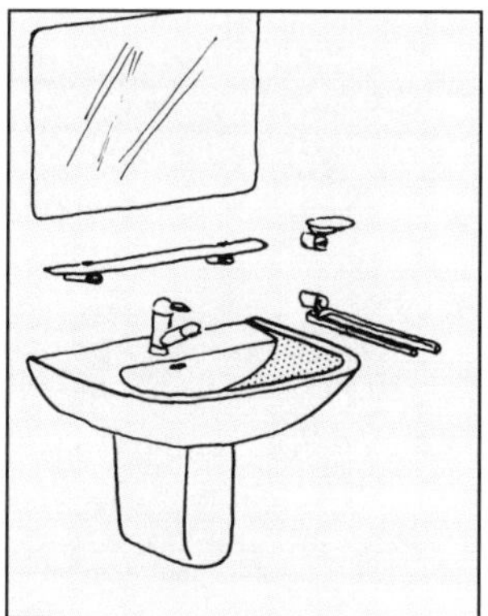

9 Waschtisch mit Halbsäule

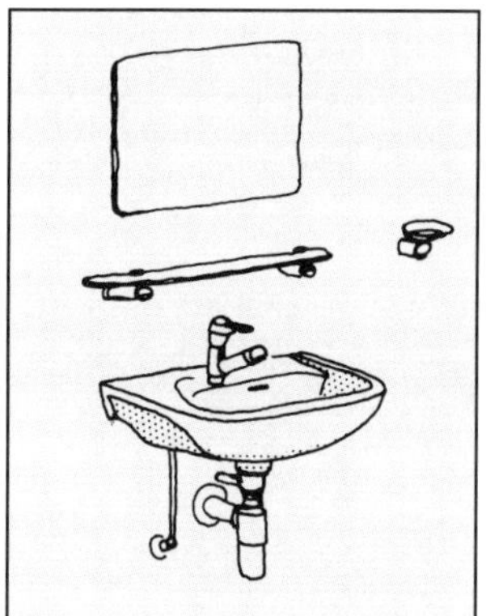

10 Handwaschbecken 45 x 50 cm

11 Tiefspül-WC wandhängend

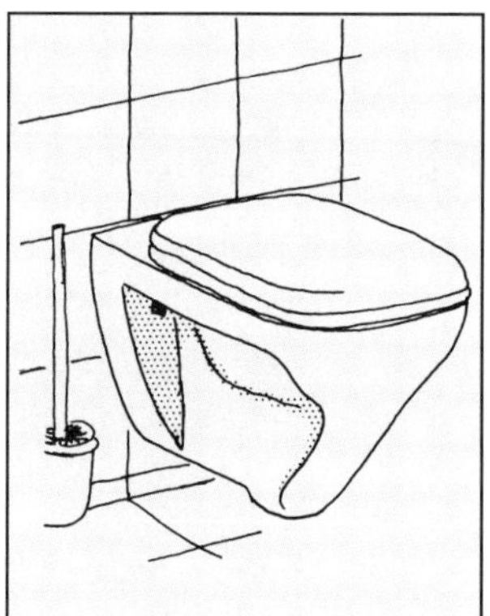

12 Flachspül-WC wandhängend

13 Bidet, wandhängend

14 Tiefspül-WC bodenstehend

15 Flachspül-WC bodenstehend

SANITÄRZELLEN

VORFERTIGUNG

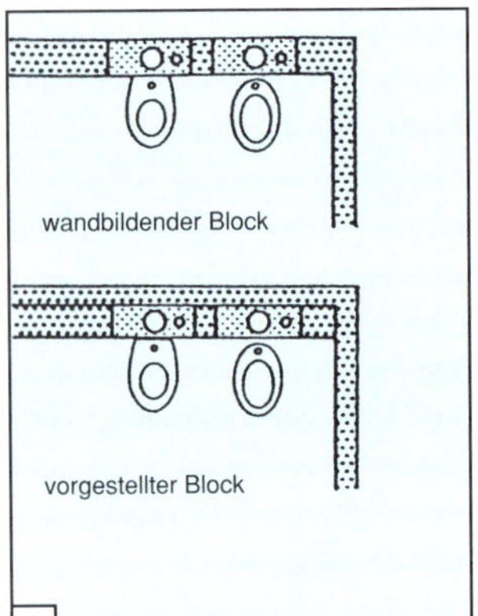

1 WC-Installationselemente

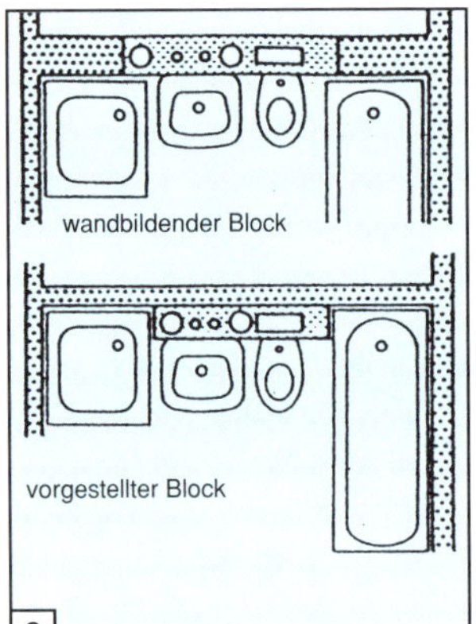

2 Bad-Installationselemente

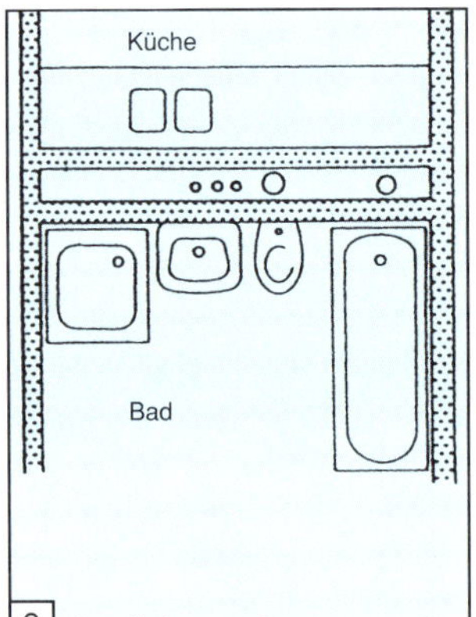

3 Installationswand

Normale Installation von Naßräumen erfordert meist hohen Kostenaufwand u. Zeit.

Da die Ansprüche meist gleich sind, liegt Vorfertigung nahe.

Insbesondere für Reihen- u. Mehrfam. Häuser, Ferienhäuser, Appartementhäuser, Hotelbauten sowie bei der Altbausanierung.

Vorgefertigt werden Installationsblöcke → 1 – 3. Installationswände, ganze Zellen, Geschoß- und Raumhoch → 6 – 13 mit montierten Leitungen sowie Objekte mit Zubehör. Kompaktzellen mit unveränderbaren Abmessungen, Konstruktionen:

Meist Sandwichbauweise, als Holzskelett mit Spanplatten, Faserzementplatten, Aluminium, Edelstahl gepreßt.

Polyester glasfaserverstärkt, aber aus versch. Kunststoffen. Auch Objekte u. Zubehör aus gleichem Material.

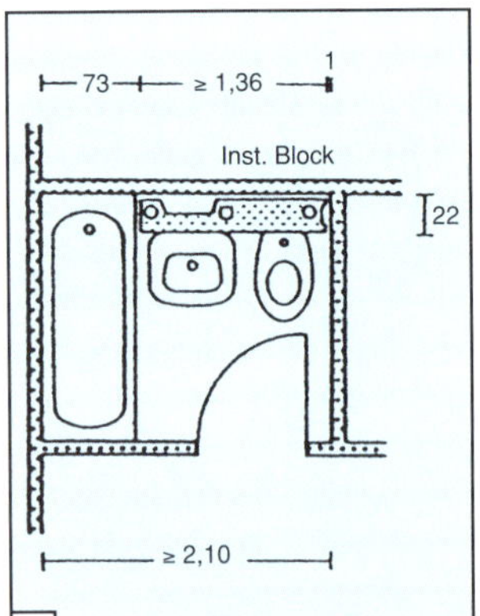

4 Installationsblock vor der Wand

Abmessungen Leitungsschächte Leitungen Haustechnik Z W K WA_S WA_R G H_V H_R	Abmessungen in cm Länge L min.	mittel	max.	Breite B min.	mittel	max.
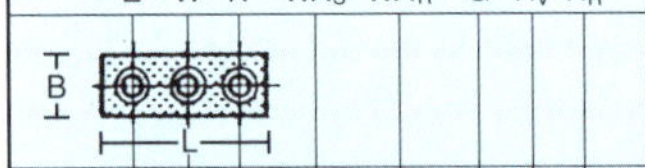	40	45	50	12	15	18
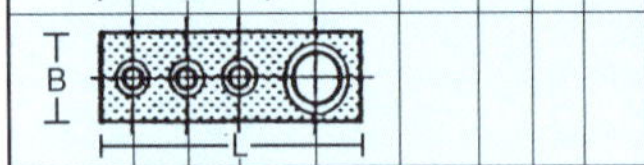	55	65	75	15	20	25
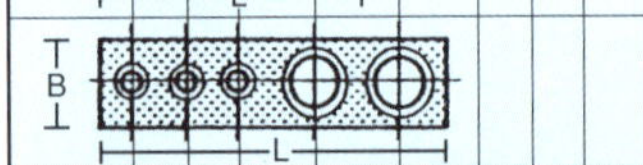	75	85	95	18	20	25
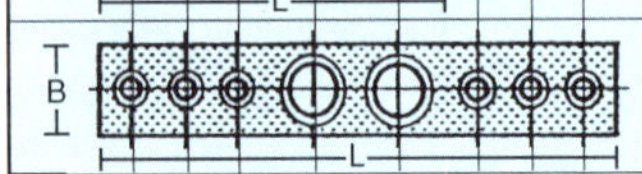	120	130	140	18	20	25

5 Installationselemente

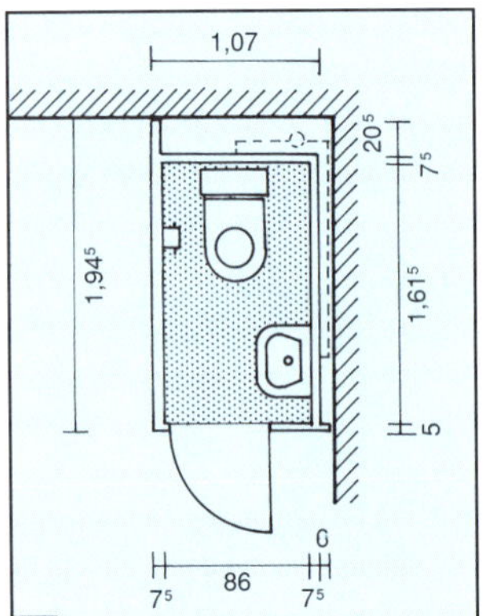

6 WC-Kompaktzelle

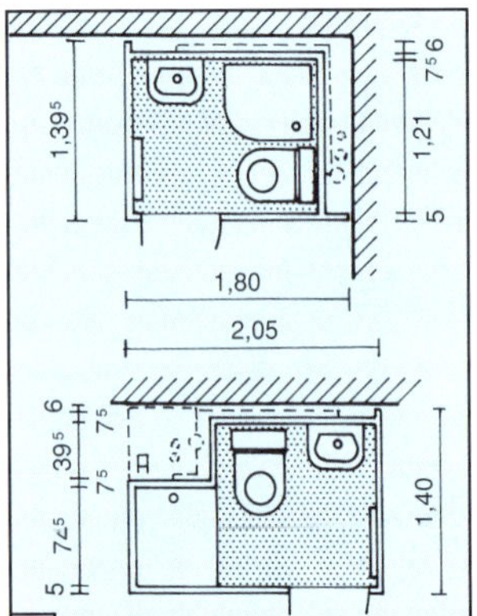

7 Duschzellen

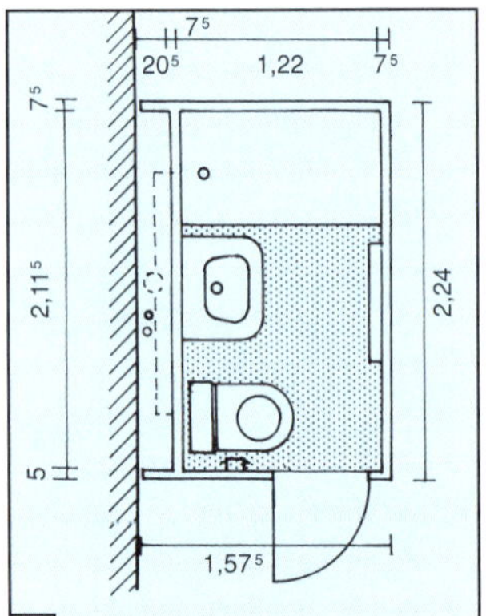

8 Kleinbadezelle

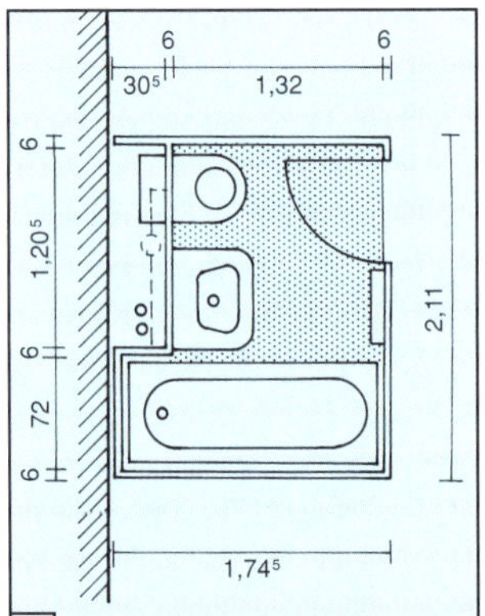

9 Badewannenzelle

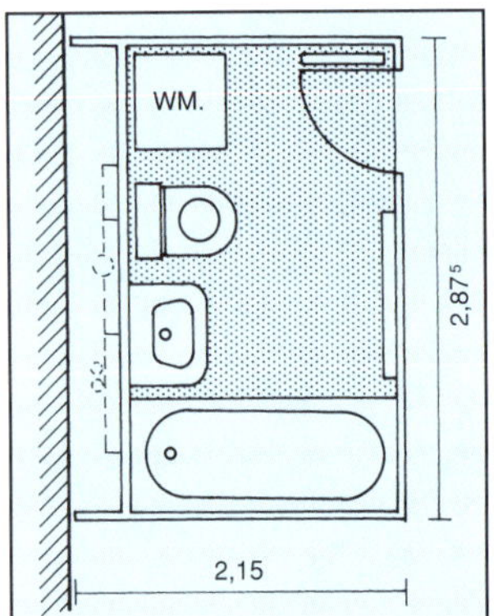

10 Badewannenzelle mit Waschm.

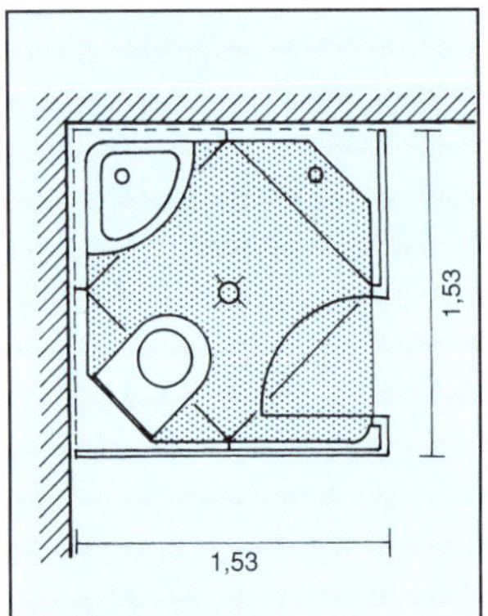

11 Kompaktzelle/Dusche

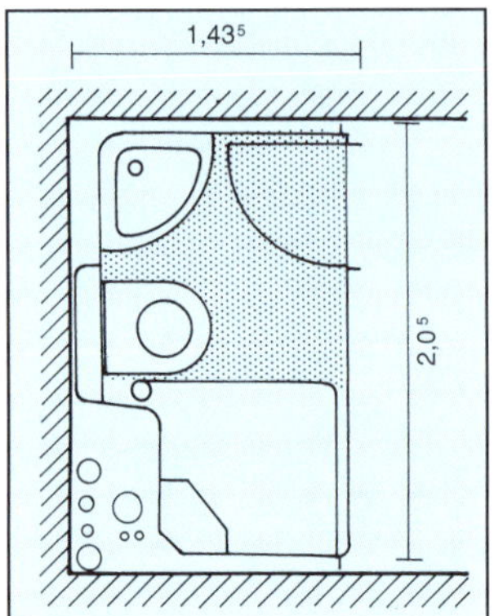

12 Wie 11 jedoch Dusche seitlich

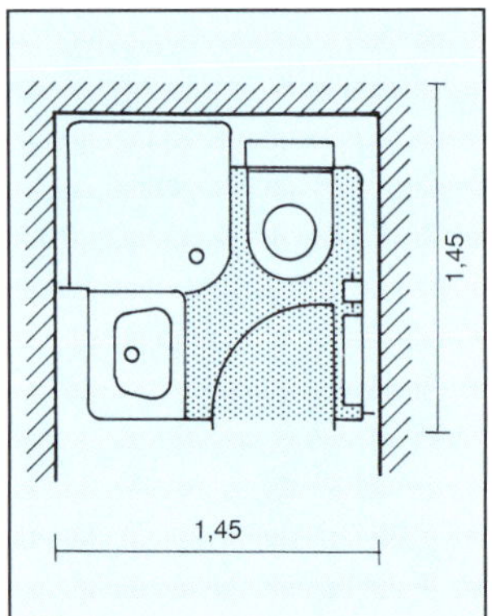

13 Kompaktzelle mit Dusche

ANKLEIDERÄUME

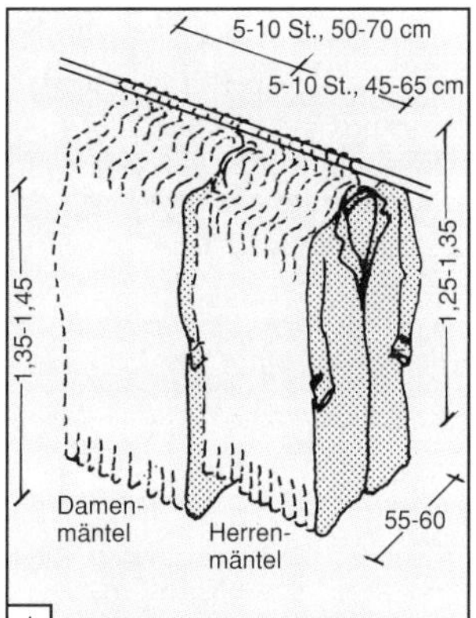

1 Mäntel

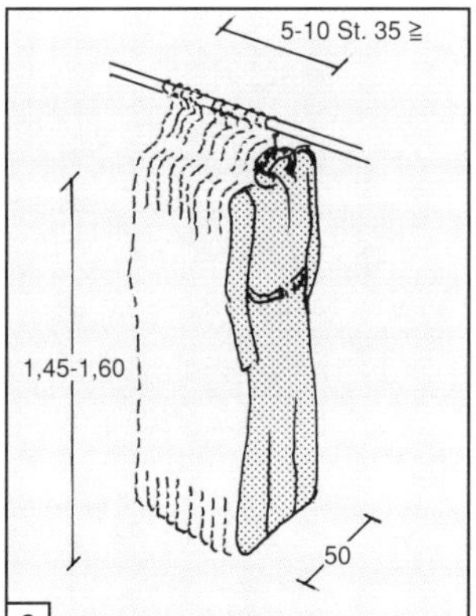

2 Damenkleider

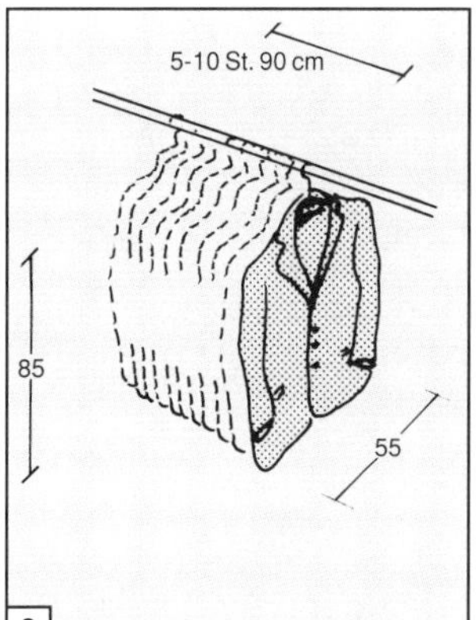

3 Jacken

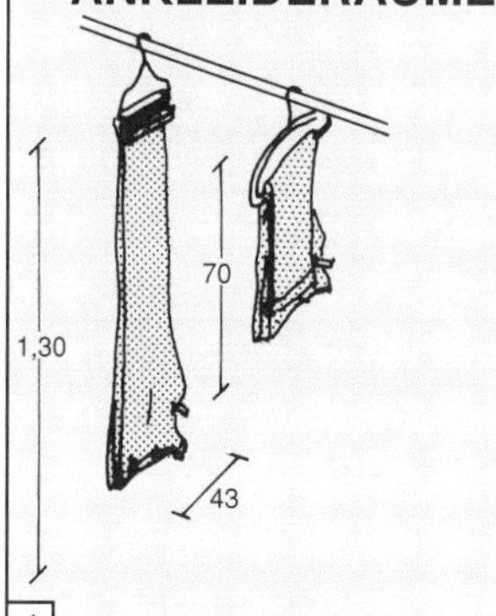

4 Hosen

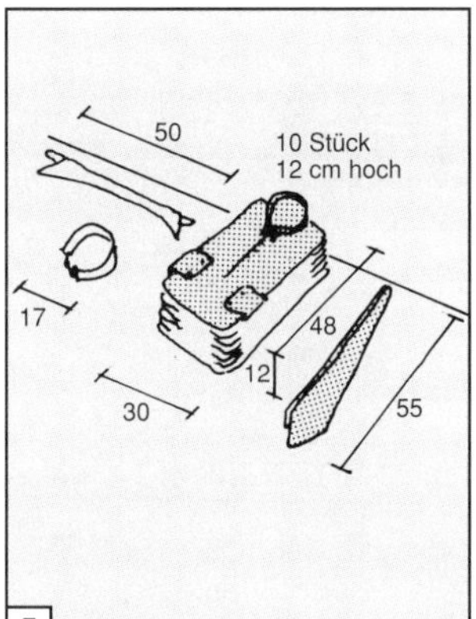

5 Herrenwäsche

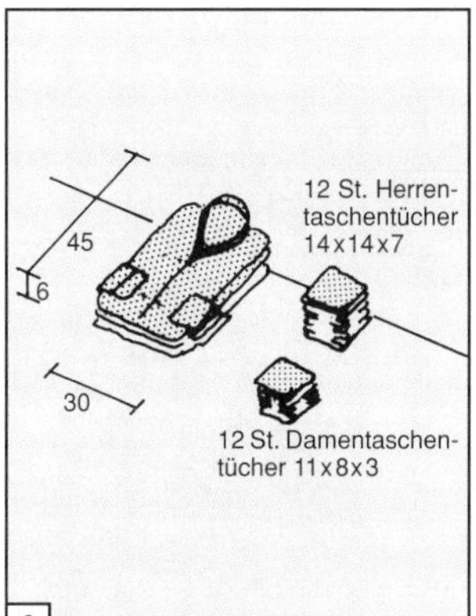

6 Schlafanzüge

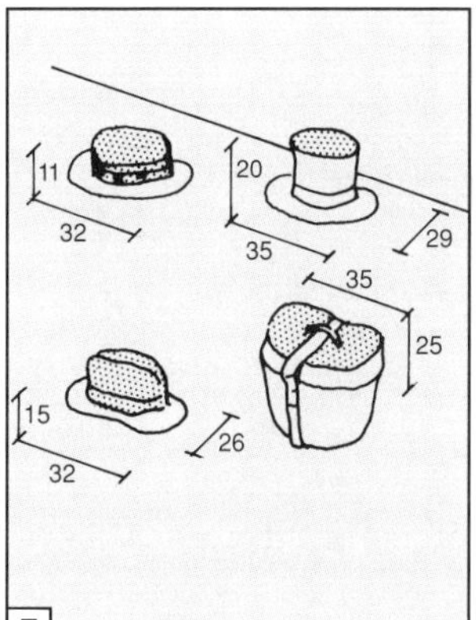

7 Herrenhüte

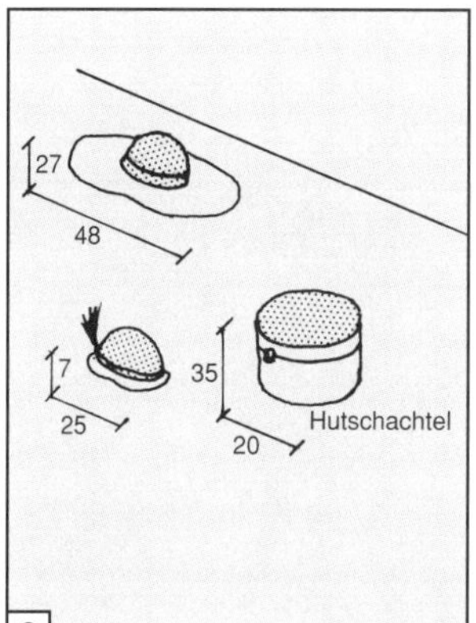

8 Damenhüte

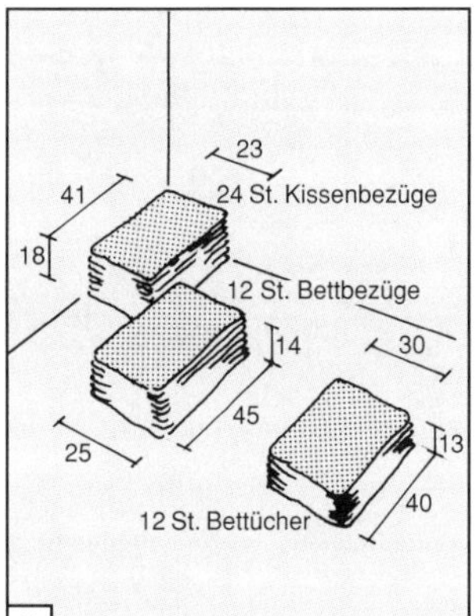

9 Bettwäsche

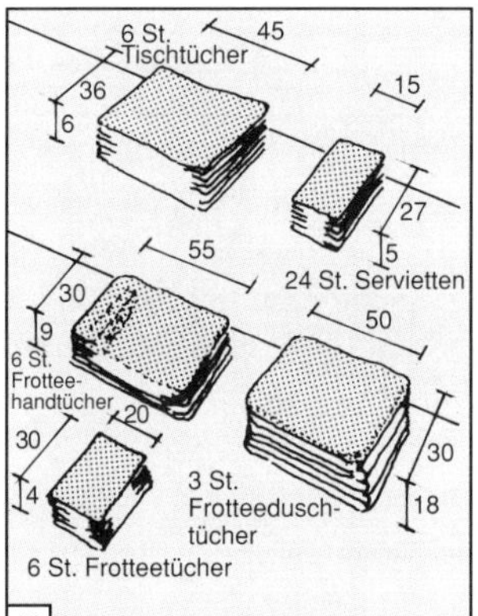

10 Tücher

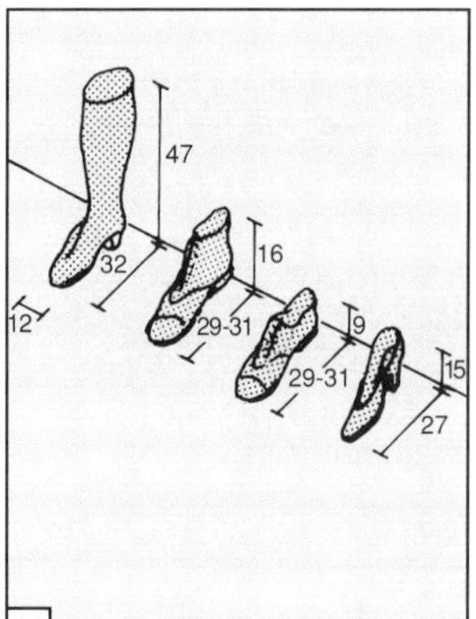

11 Stiefel und Schuhe

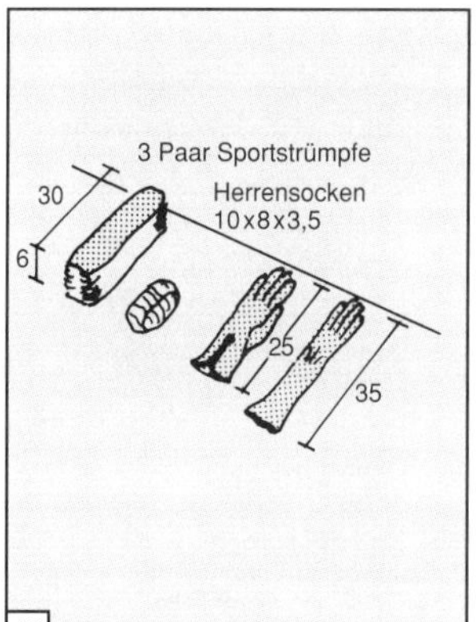

12 Strümpfe und Handschuhe

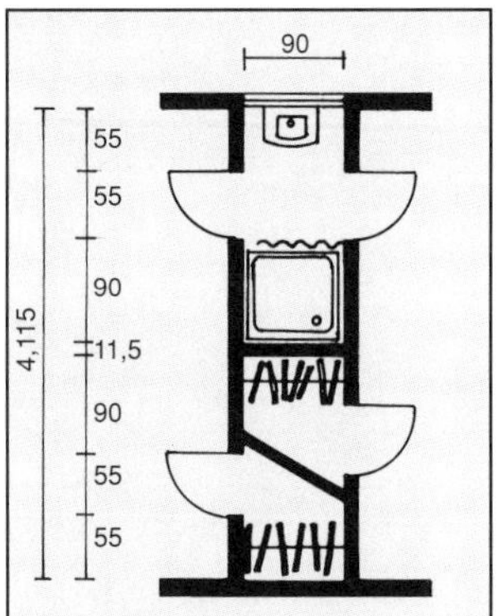

13 Schrankraum und Dusche zwischen zwei Kinderzimmern

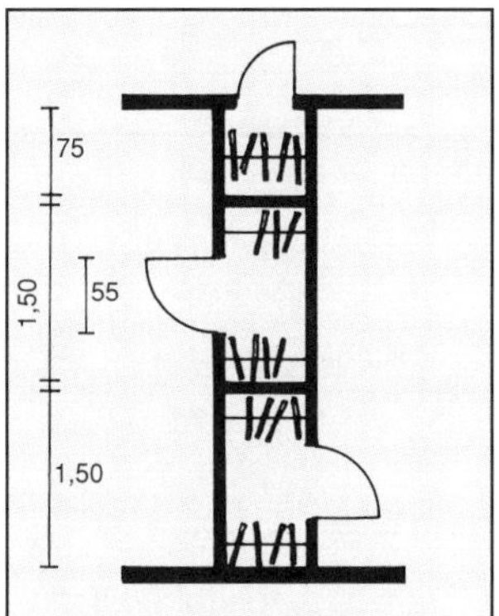

14 Schrankraum getrennt zugänglich

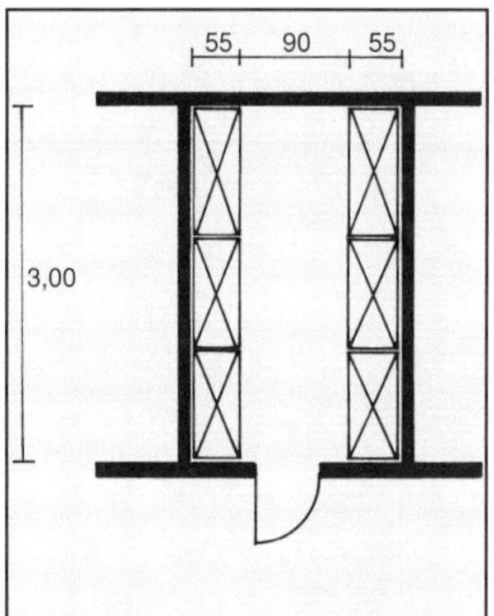

15 Schrankraum beiderseitig Schränke

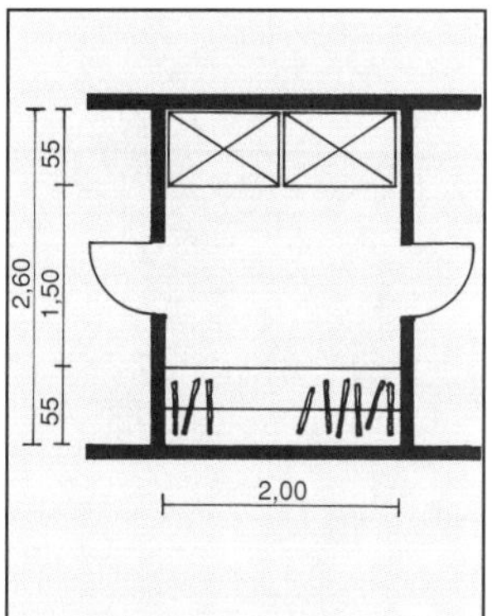

16 Schrankraum mit Platz zum Ankleiden

SCHLAFRÄUME

BETTENARTEN

A) Lager in verschiedenen Höhen

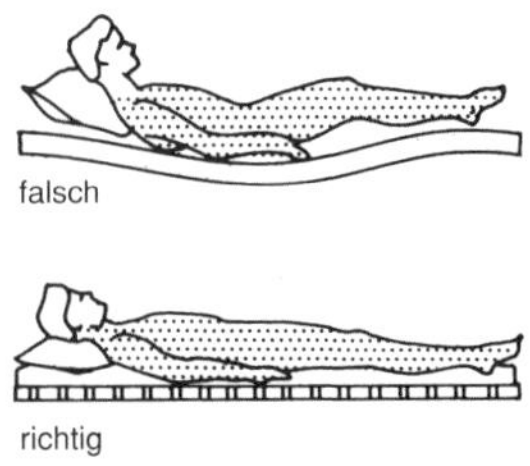

Vermeiden Sie durchgelegene Matratzen. Zu empfehlen feste Unterlage, keine dicken Kissen

1 Liegen

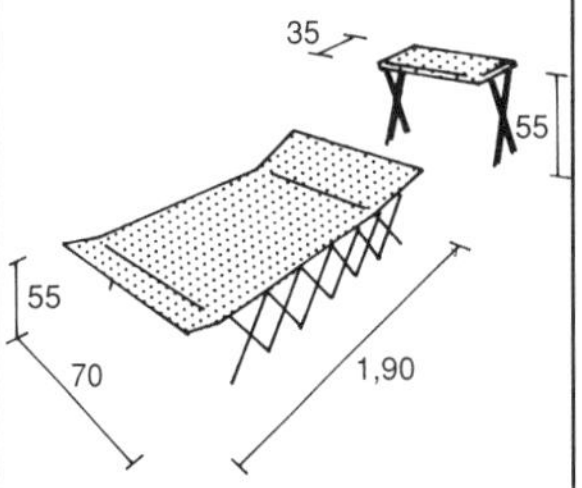

2 Feldbett mit Segeltuchbespannung, zusammengeschoben als Sitzbank nutzbar

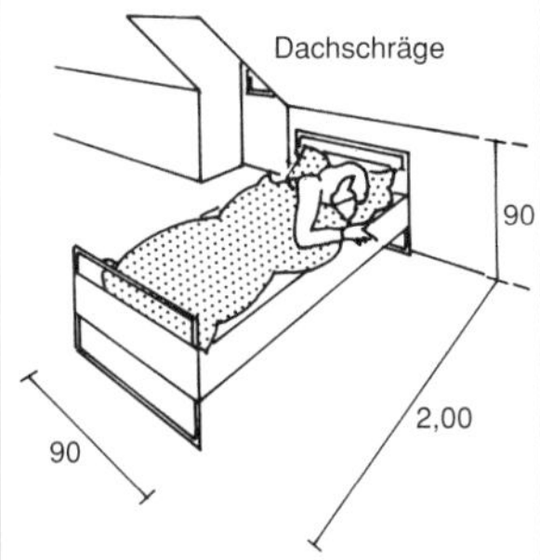

3 Niedriges Stahlrohrbett mit Stepp- oder Wolldecke

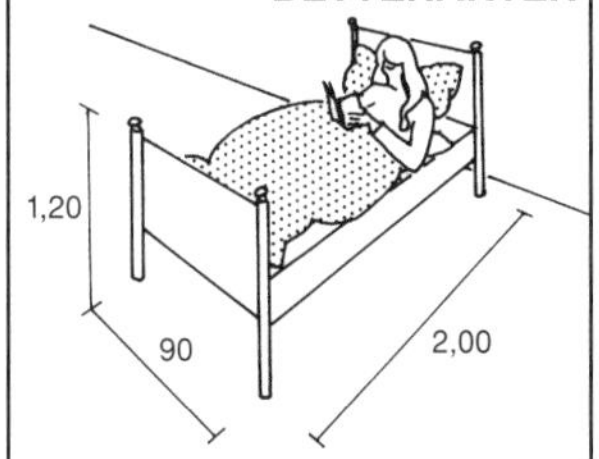

4 Großmutter-Federbett: hochbeinig u. schwer

B) Liege (Couch, Schlafsofa)

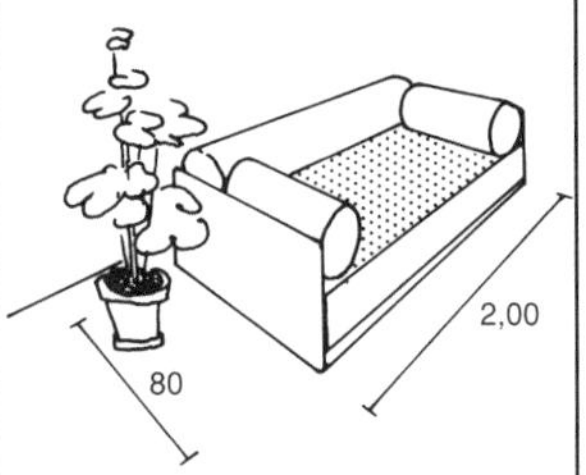

5 Schlafsofa, Bettdecke u. Kopfkissen am Tage eingerollt in Bezügen mit Reißverschluß

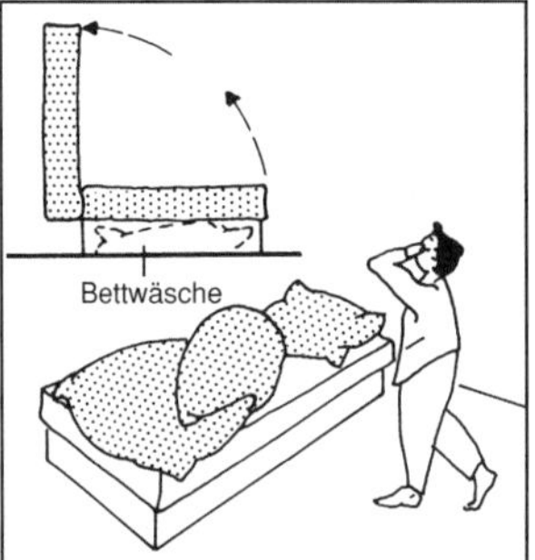

6 Wie vor, mit Bettkasten unter der Matratze für Unterbringung der Bettwäsche am Tage

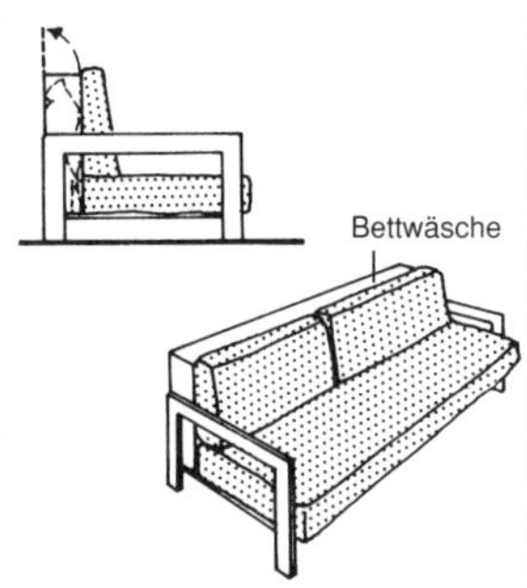

7 Sofa mit Bettkasten hinter schrägen Rückenpolstern

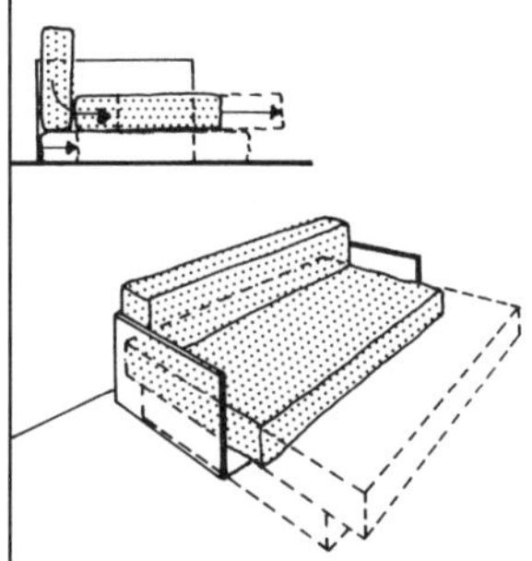

8 Schlafsofa mit ausziehbarem Matratzenteil

C) Klappbetten

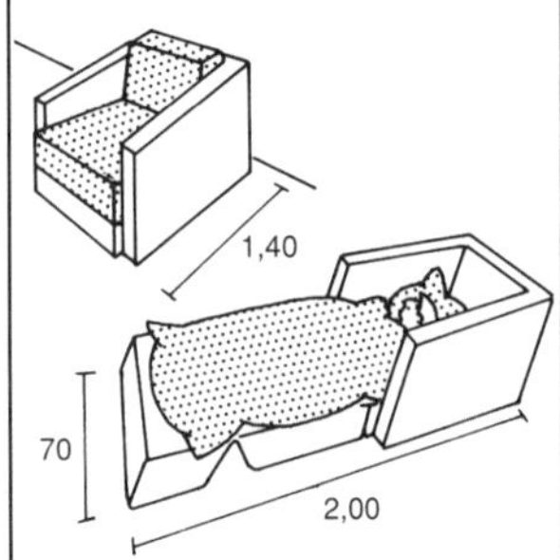

9 Schlafstuhl (aufklappbar), für Bettzeug besonderer Behälter notwendig

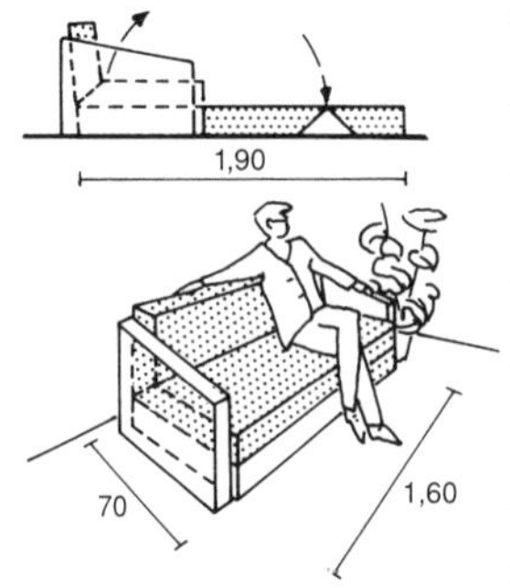

10 Schlafsofa (aufklappbar)

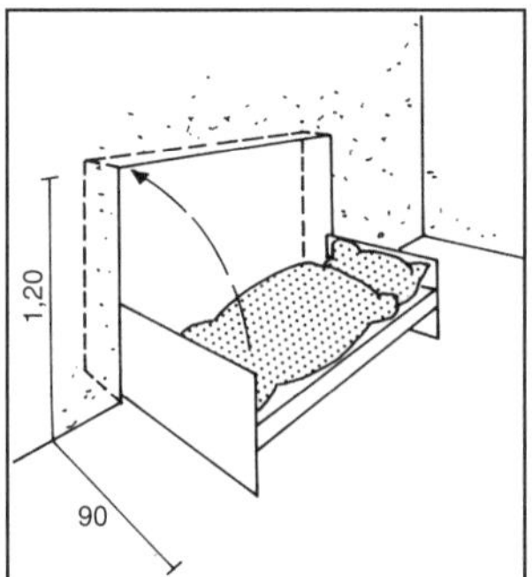

11 Frankfurter Bett (seitl. klappbar)

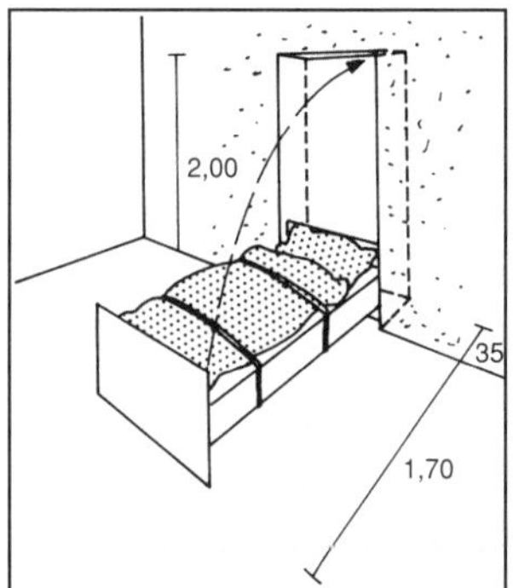

12 Frankfurter Bett (hochklappbar), auch als Doppelbett

D) Notlager

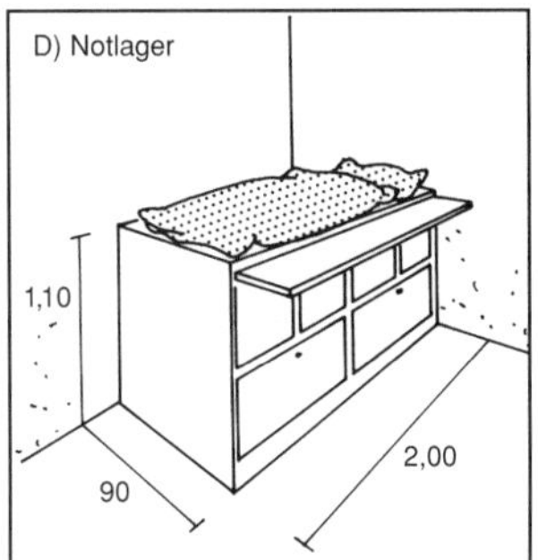

13 Hochbett auf dem Schrank mit tiefen Zügen, mit oberer Ausziehplatte, zugleich Abdeckung

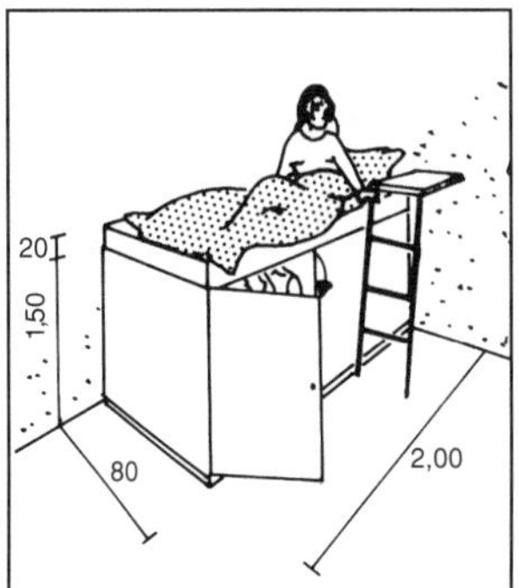

14 Schrankbett über niedrigem Kleiderschrank für kleinste Räume, Schiffskabinen, Ferienhäuser usw.

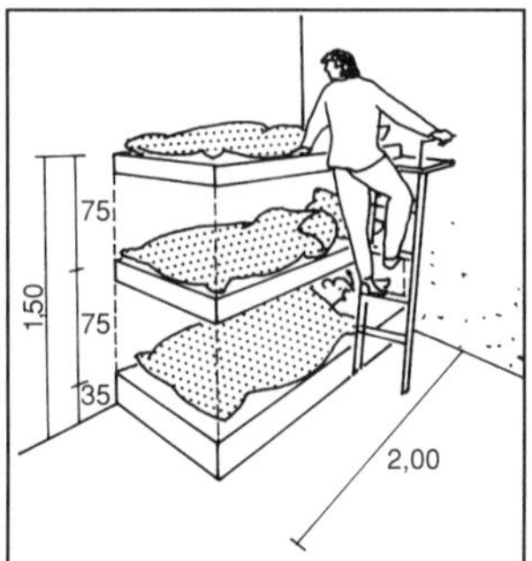

15 3stöckiges Bett für Schlafwagen, Wochenendhäuser u. Kinderzimmer.

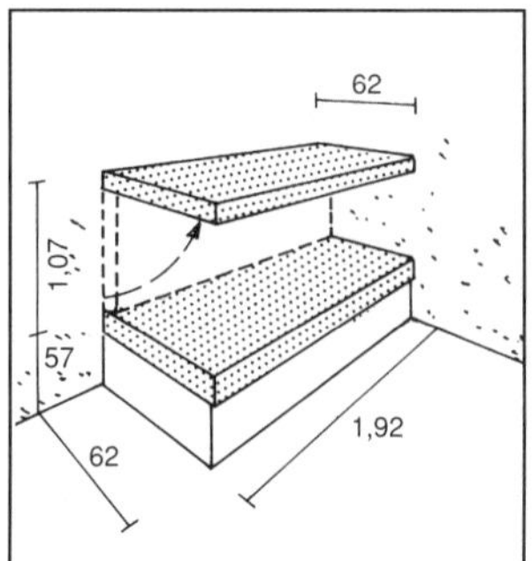

16 Pullmanbett für Wohn- u. Schlafwagen, hochgeklappte Rückenlehne ist zweites Bett.

SCHLAFRÄUME

BETTENSTELLUNGEN

Bei der Bettenstellung zur Wand und zum Raum ist für das Sicherheits- und Ruhegefühl des Liegenden von großer Bedeutung, ob das Bett

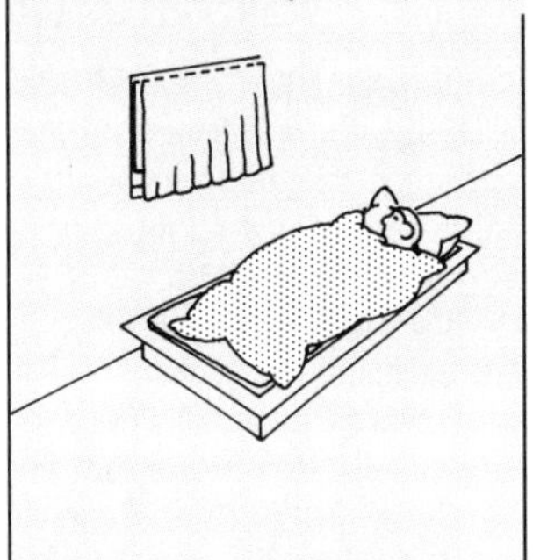

1 an der Längswand

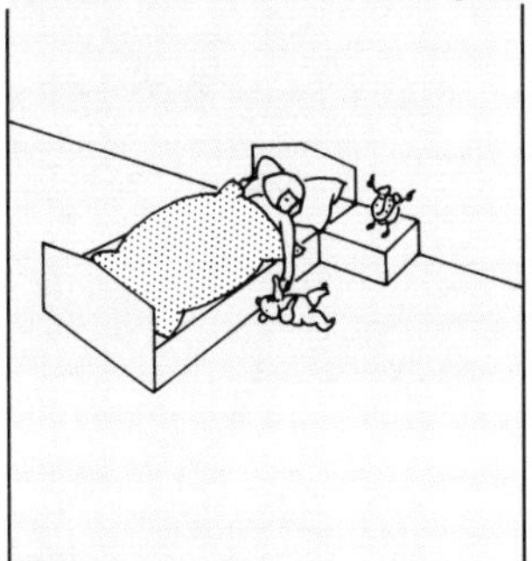

2 mit dem Kopfteil gegen die Wand

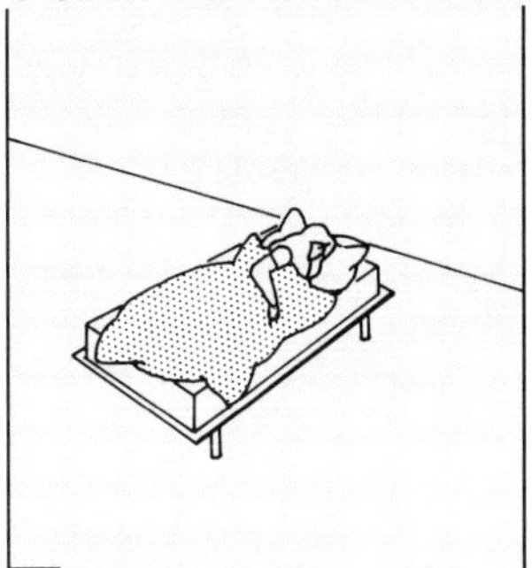

3 etwas von der Wand

4 frei im Zimmer steht

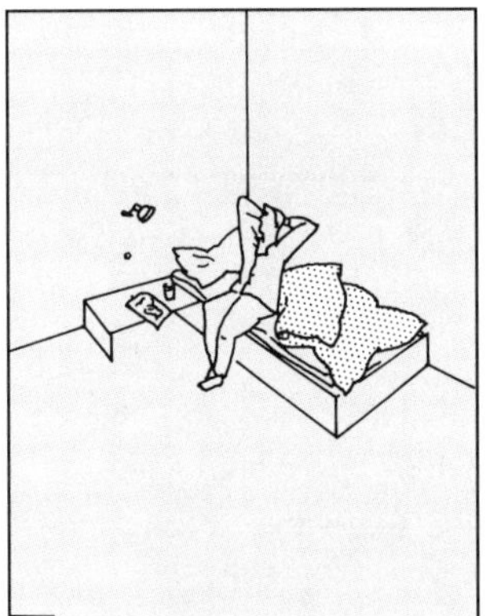

5 in der Raumecke

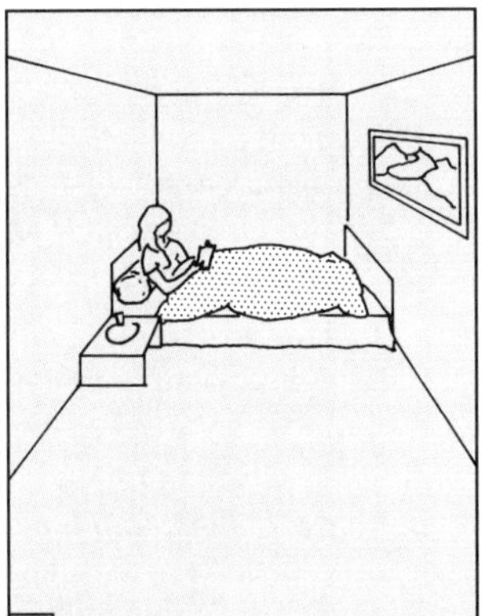

6 am Raumende

7 in der Wandnische

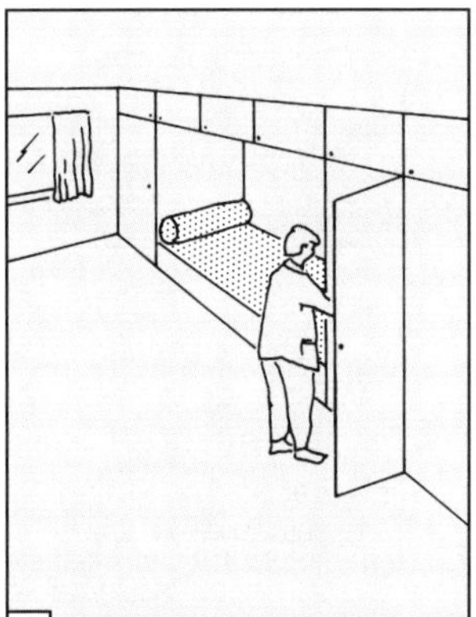

8 oder Schranknische

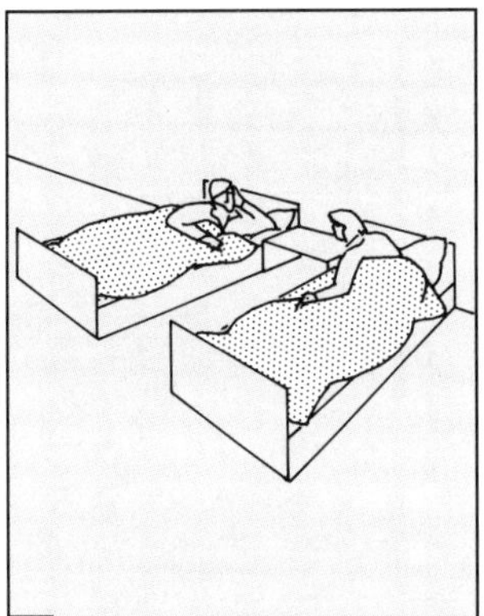

9 ab Freunde

10 Schwestern

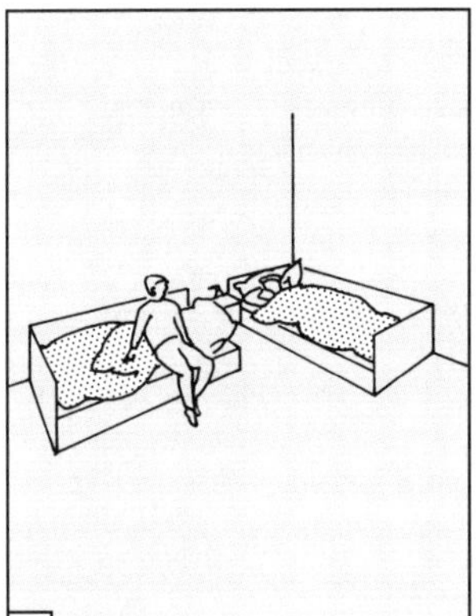

11 Brüder

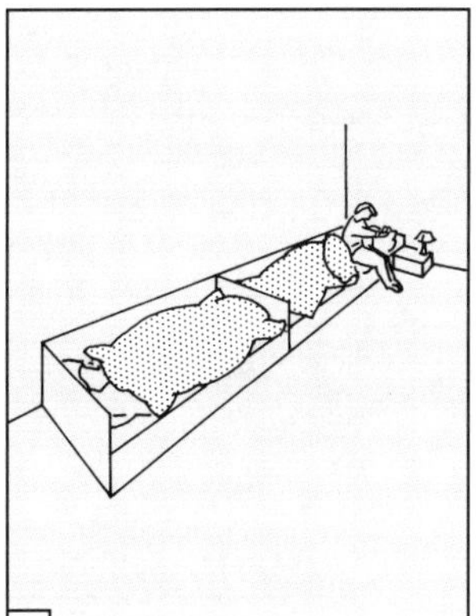

12 Gäste

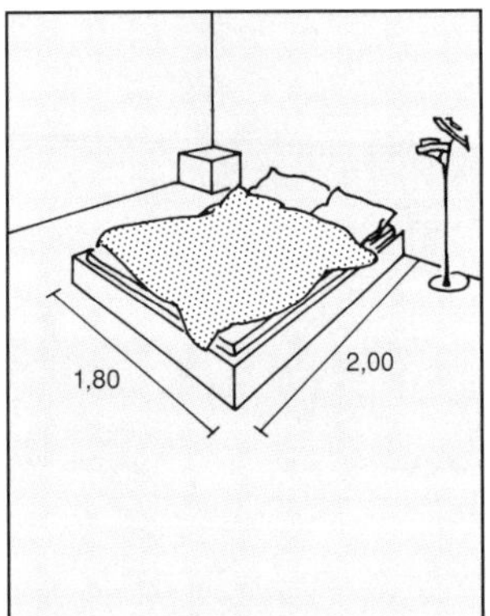

13 ob Zweischläferbett

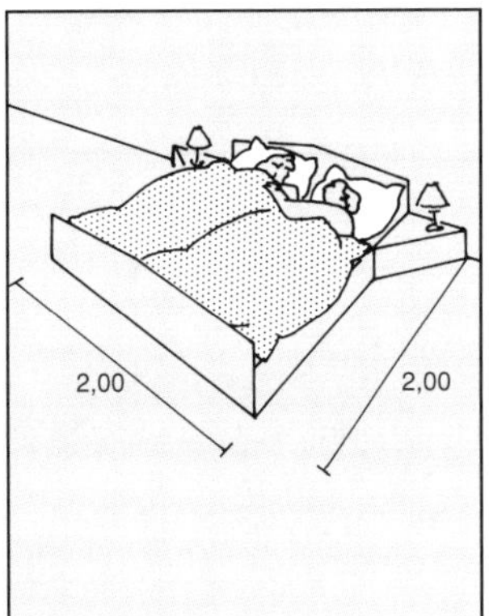

14 Doppelbett

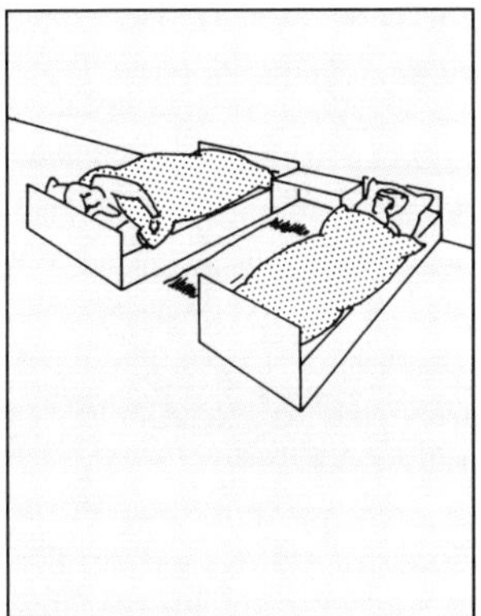

15 zwei Betten neben-

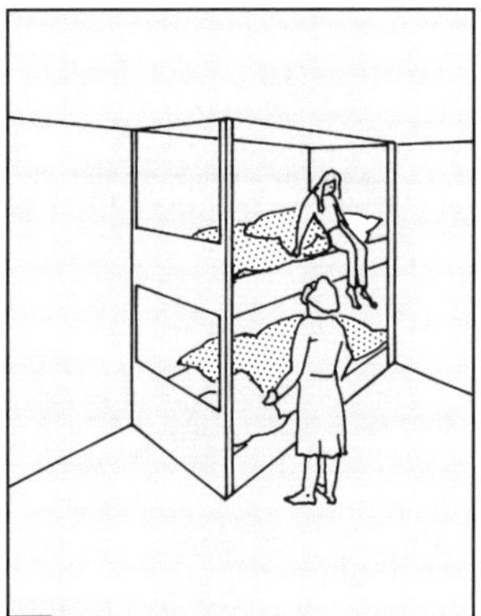

16 oder übereinander stehen.

SCHLAFRÄUME

BETTNISCHEN UND SCHRANKWÄNDE

Eingebaute Schränke bringen gute Raumnutzung. Ideal mit Schiebetüren, die als Systemeinbau erhältlich sind.
Eingebaute Schränke wirken wandbildend. Hochführung bis zur Decke zweckmäßig, da optimale Raumnutzung und Staubablagerung vermieden wird → 8. Doppelschränke sparen Wand-, Stellfläche und Kosten → 9 – 11, da eine Tür zwei Schränke schließt. Schrankinhalt ist trotzdem bequem zugänglich.
Kleiderkammern brauchen noch weniger Wandflächen, da nur eine Tür von 55 cm Breite notwendig ist und die Kammer beliebig tief sein kann → 12.
Kammern müssen durch Luftschacht entlüftet werden → 10.

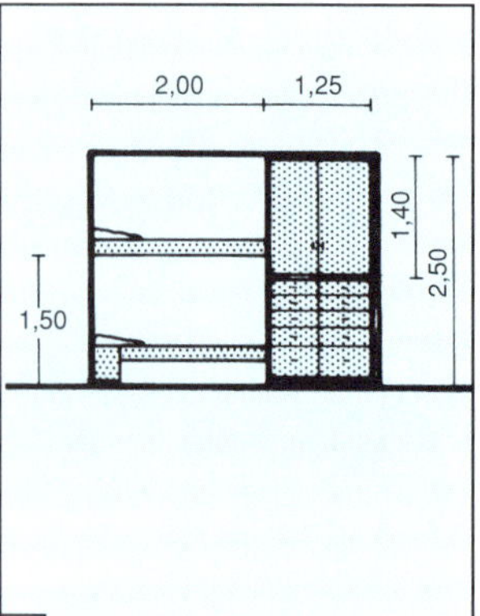

1 Ansicht Bettnische 2stöckig → 3

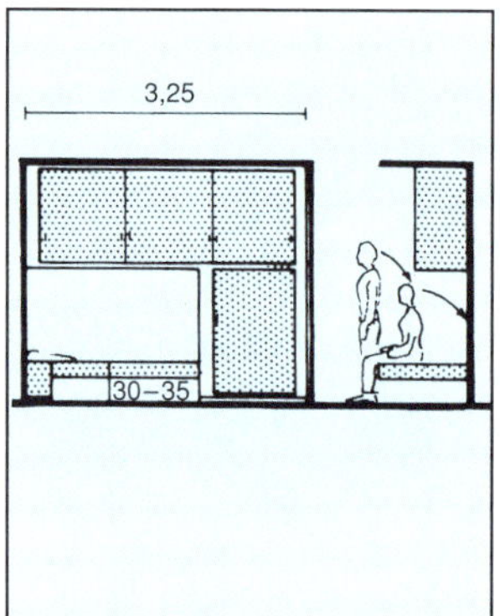

2 Ansicht u. Schnitt durch Bettnische mit Oberschrank → 4

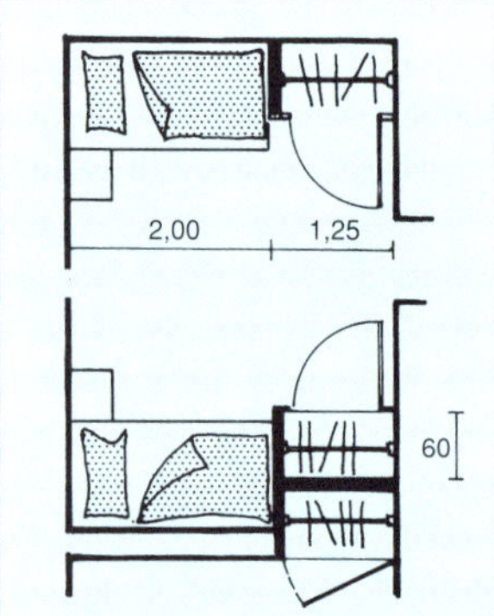

3 Bettnischen gebildet durch eingebaute Schränke

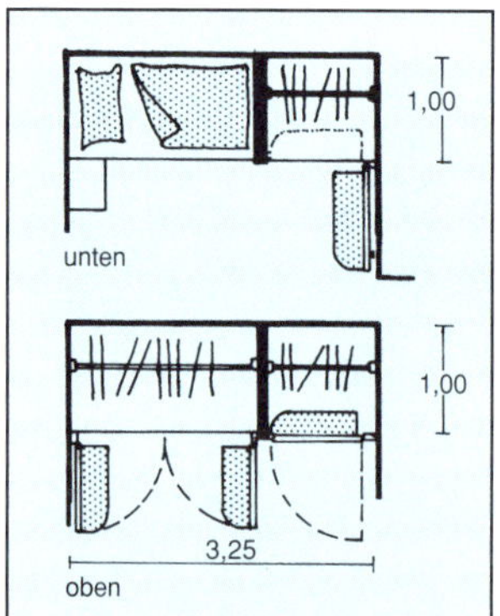

4 Doppelschränke (mit Ablageflächen an den Türen) → 11

8 Viele kurze Kleiderstücke, perfekte Schrankeinteilung, gute Raumnutzung

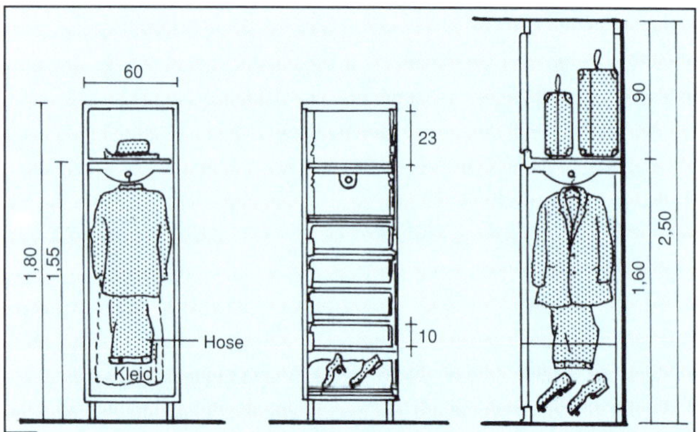

5 Schnitt → 6 Schnitt im Schubladenteil → 6 Schnitt → 7

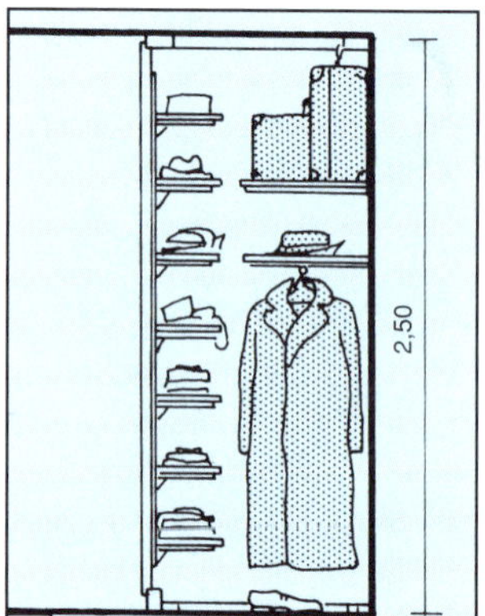

9 Querschnitt → 11

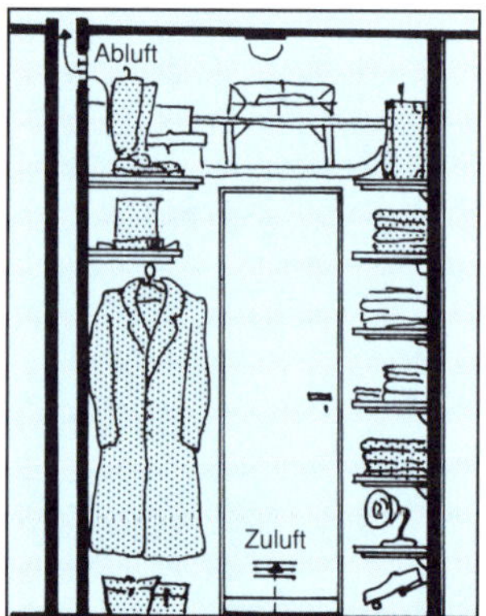

10 Querschnitt → 12

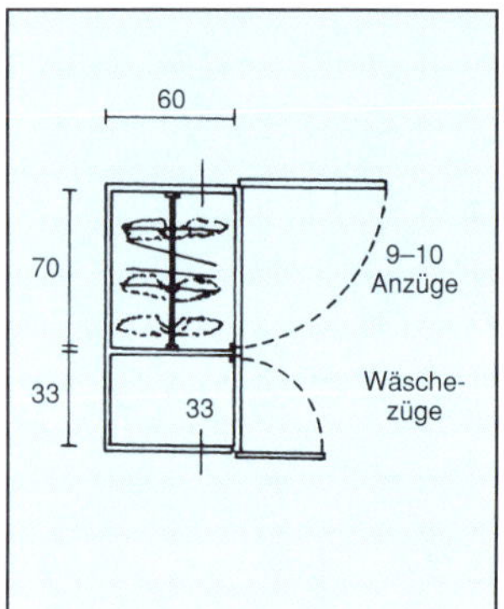

6 Üblicher Kleider- u. Wäscheschrank

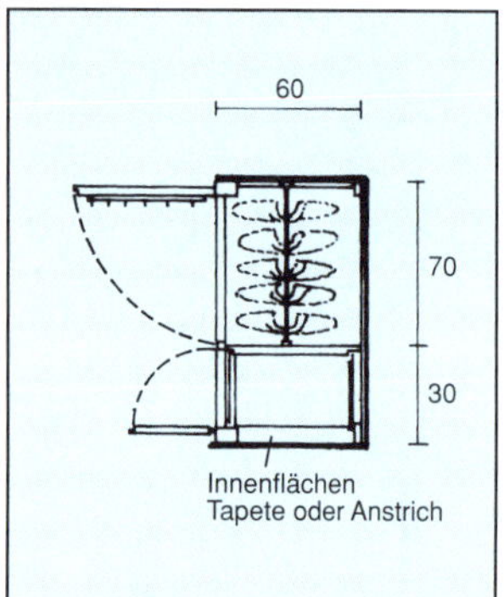

7 Einbauschrank für Wäsche u. Kleider

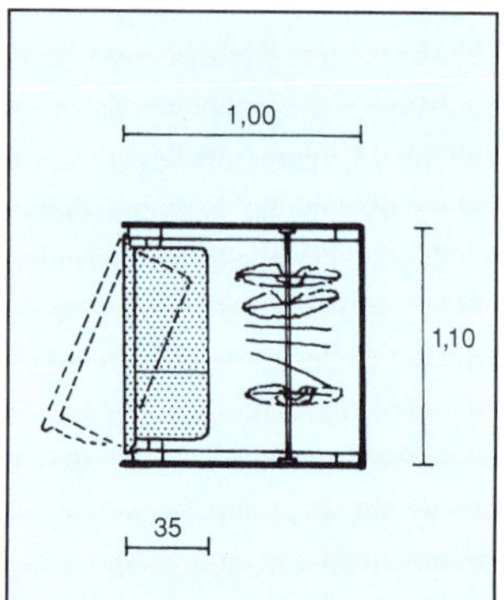

11 Eingebauter Doppelschrank, kosten- u. platzsparend → 9

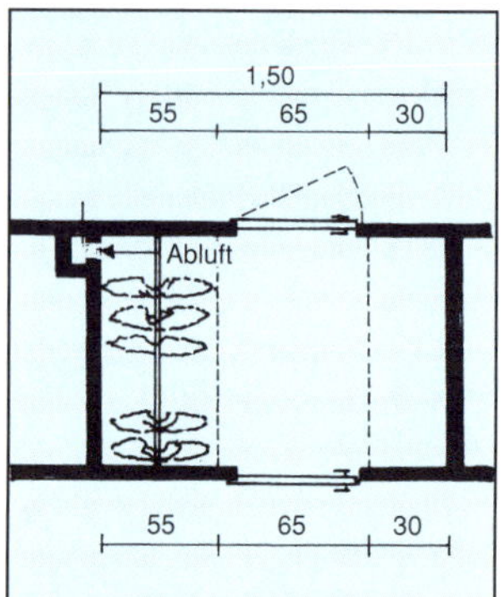

12 Begehbarer Schrank zwischen 2 Räumen

SCHLAFRÄUME

Wie komfortabel man schläft, entscheidet das Bett. Die gebräuchlichsten Größen 90 x 190, 100 x 190, 100 x 200, 160 x 200. Individuelle Bettlänge errechnet man, indem man zu seiner Körpergröße 25 cm hinzuzählt. Rings um das Bett mind. 60 cm, besser 75 cm, Raum einplanen → 1. Wichtig beim Bettenmachen, aber auch wenn parallel zum Bett ein Schrank steht. Bei geöffneten Türen muß genügend Bewegungsfreiraum bleiben → 10. Links u. rechts eines Doppelbettes sollte immer Ablagemöglichkeit vorhanden sein. Auch Borde, an die man Klemmlampen als Leselicht anbringen kann, sind von Vorteil → 2. Pro Person benötigt man ca. 1 m Schrankraum. Reicht die Stellfläche nicht aus, muß man im Flur noch Platz finden → 3 + 7. Neben allgemeiner Beleuchtung braucht man Leselicht → 2. Ins Schlafzimmer gehört zumindest ein Spiegel, in dem man sich von oben bis unten sehen kann. Besser sind Schränke mit Spiegelfronten.

1 Rund ums Bett Zwischenraum 75 cm

2 Ablage ist unentbehrlich. Nachttisch am Bett

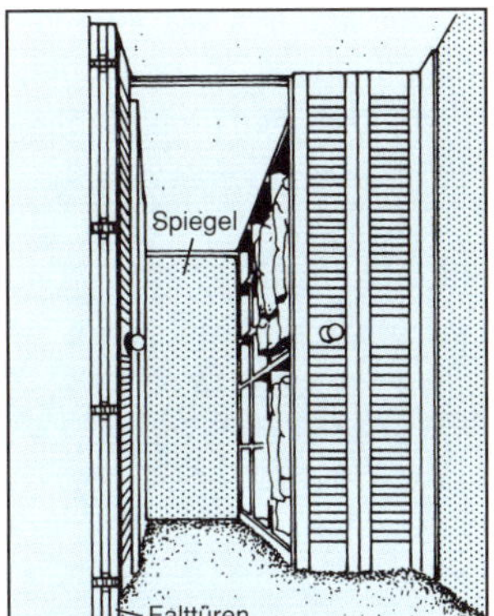

3 Schrankraum mit Falttüren

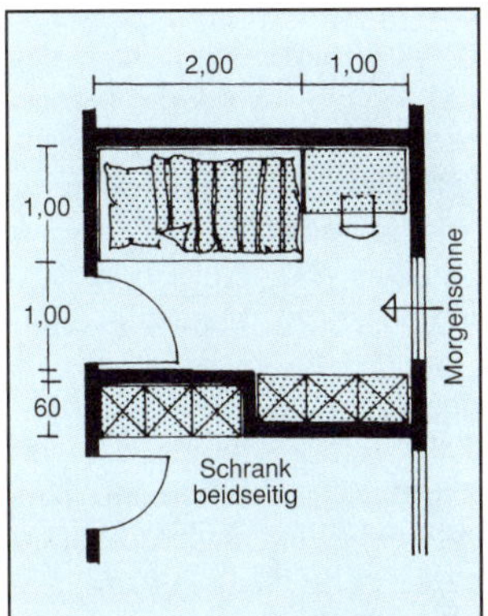

4 Kleines Schlafzimmer/Kind

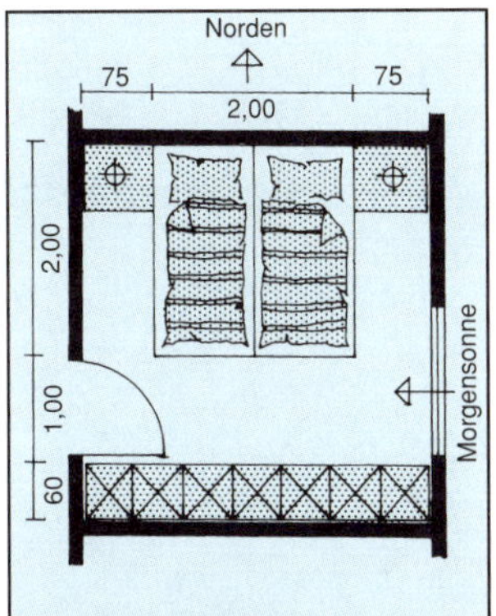

5 Übliches zweckmäßig eingerichtetes Schlafzimmer

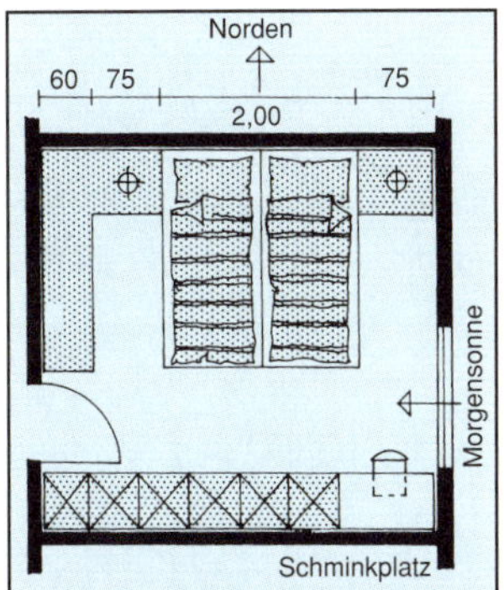

6 Schlafzimmer mit mehr Platz für Schminkplatz u. Seitenschrank

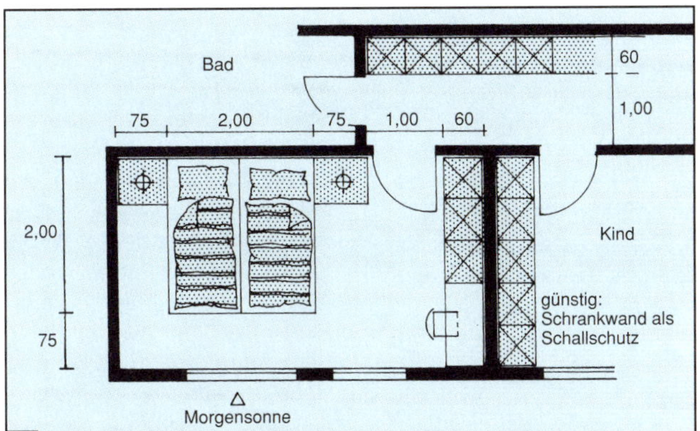

7 Schlafzimmer mit angrenzendem Schrankflur

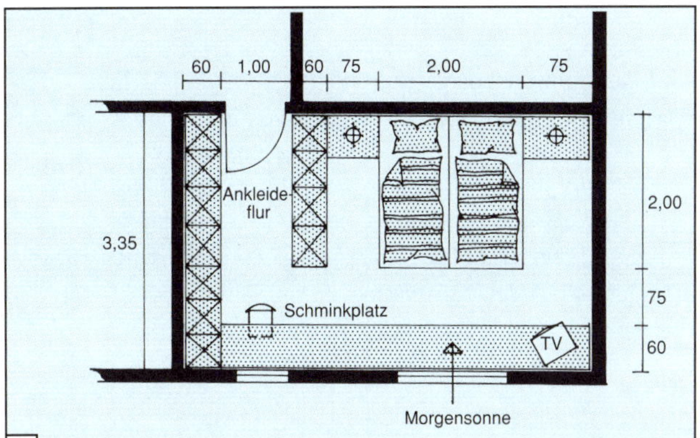

8 Großes Schlafzimmer mit Ankleideflur

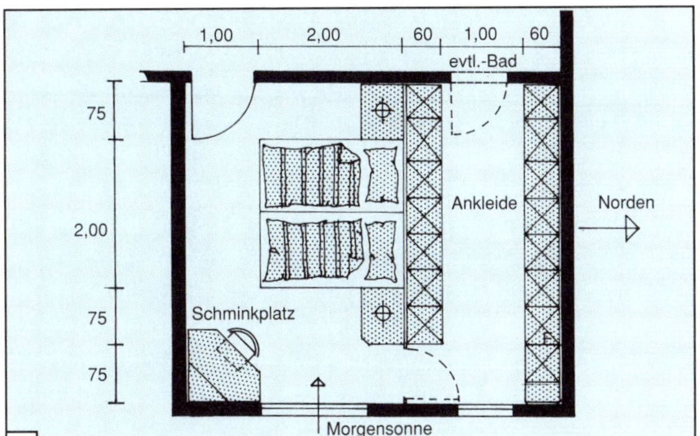

9 Schlafzimmer mit Ankleide

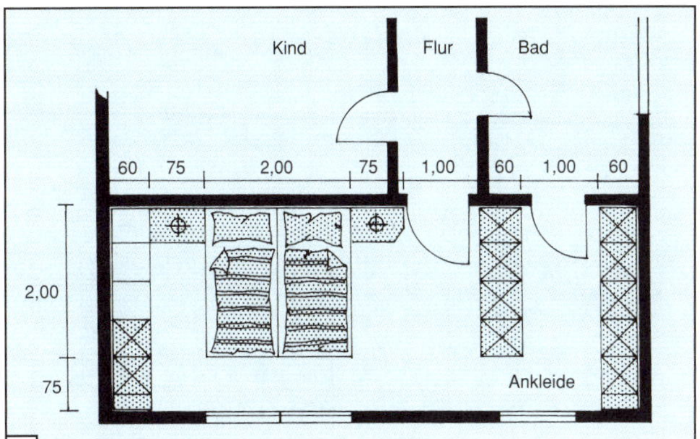

10 Schlafzimmer mit Ankleide u. Zugang zum Bad

FENSTER

Drehflügelfenster, der senkrecht drehbare Fensterflügel kann als einflügeliges Fenster rechts oder links angeschlagen werden. Die Flügelbreite sollte 1,40 m, die Flügelhöhe 2,00 m nicht überschreiten. Als Dauerlüftung nicht geeignet. In geöffneter Stellung kann Regen eindringen. **Kippflügelfenster** ist an der unteren Kante des festen Rahmens angeschlagen. Fensterreinigung durch herabgeklappten Kippflügel behindert. Ähnlich konstruiert ist das **Klappflügelfenster,** nur daß der Flügel am oberen waagerechten Fensterrahmen angeschlagen ist. **Drehkippflügel** sind Kombination von Dreh- und Kippfenstern. Gute Lüftungsmöglichkeit u. bequeme Reinigung. Heute im Wohnungsbau gebräuchliche Öffnungsart.

Schwingflügelfenster mit einem um die waagrechte Achse drehbaren Flügel. Besonders geeignet für breite Fenster.

Wendeflügelfenster mit senkrechter Drehachse, geeignet für schmalen u. hohen, bis zu 4 m^2 großen Wendeflügel. Der Flügel läßt sich um 360 Grad drehen.

Schiebefenster als Horizontal-Schiebefenster (Seitenschiebefenster), wobei wegen der notwendigen Bewegungsfreiheit die Dichtigkeit gegen Wind, Regen u. Staub etwas problematisch ist. Nach dieser Konstruktionsart werden Hebe-Schiebefenster u. noch mehr Hebe-Schiebetüren ausgeführt, die eine wesentlich bessere Dichtigkeit aufweisen → 7.

Anschlagformen

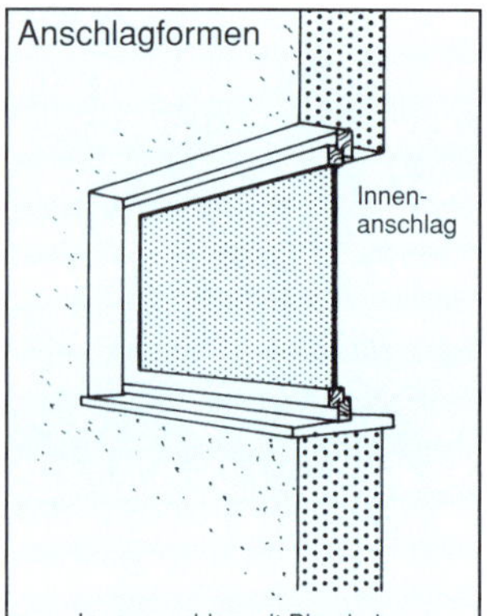

1 Innenanschlag mit Blendrahmenfenster

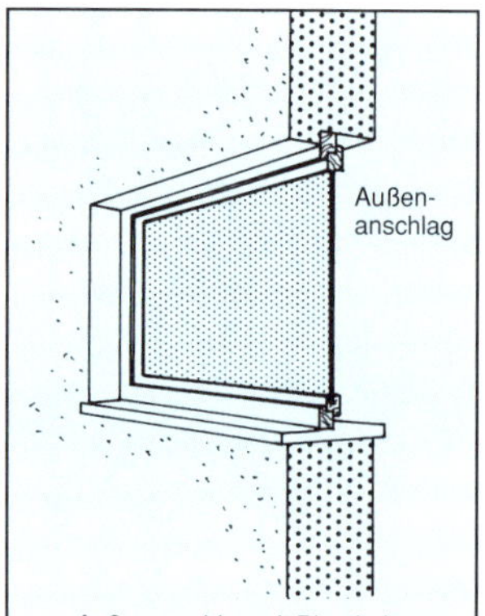

2 Außenanschlag mit Blendrahmenfenster

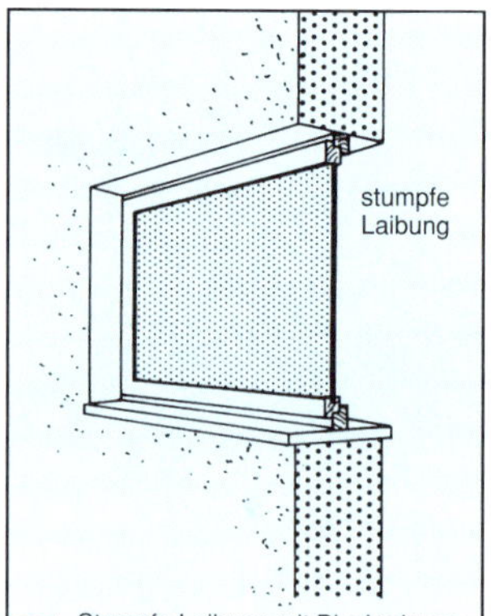

3 Stumpfe Laibung mit Blockrahmenfenster

Höhenlage

4 An aussichtsreicher Stelle u. vorgelagertem Balkon oder Terrasse

5 Räume mit Aussicht

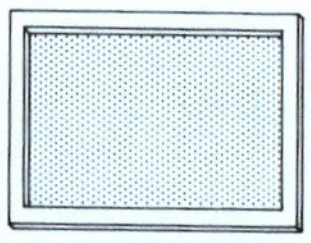

Feststehende Fenster
Reine Lichtöffnung, keine Lüftungsmöglichkeit, nur anwendbar, wenn Reinigungsmöglichkeit von außen gegeben ist.

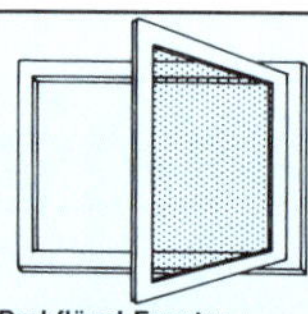

Drehflügel-Fenster
Gute Stoßlüftung, schlecht regulierbare Spaltlüftung, gute Reinigungsmöglichkeit

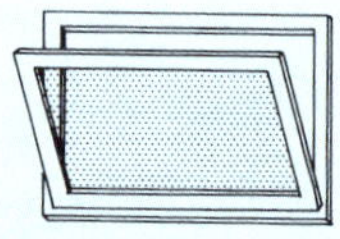

Kippflügel-Fenster
Schlechte Stoßlüftung, gute Spaltlüftung, schlechte Reinigungsmöglichkeit

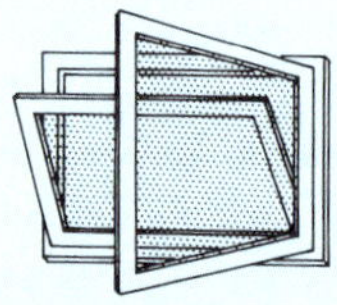

Drehkippflügel-Fenster
Gute Stoßlüftung und gute Spaltlüftung, gute Reinigungsmöglichkeit.

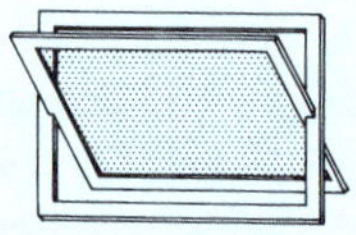

Schwingflügel-Fenster
Gute Stoßlüftung, gute Spaltlüftung, wenn um 180° umlegbar, gute Reinigungsmöglichkeit, für größere ungeteilte Flügelbreiten anwendbar. Zu beachten ist, daß der ausgestellte Flügel nicht im Verkehrswege steht (Unfallgefahr).

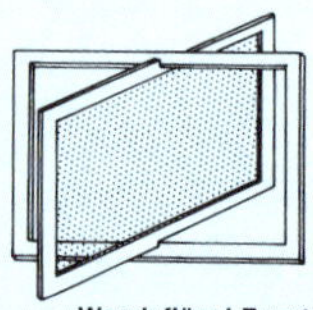

Wendeflügel-Fenster
Gute Stoßlüftung, gute Spaltlüftung, bei mittiger Ausführung gute Reinigungsmöglichkeit (im Wohnungsbau nicht üblich).

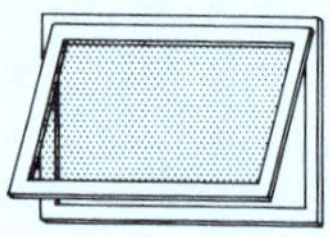

Klappflügel-Fenster
Schlechte Stoßlüftung, gute Spaltlüftung, nur anwendbar, wenn Reinigungsmöglichkeit von außen gegeben ist. Zu beachten ist, daß der ausgestellte Flügel nicht im Verkehrswege steht (Unfallgefahr).

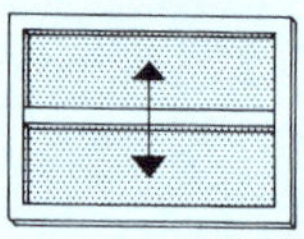

Vertikal-Schiebefenster
Bei gegenläufiger Ausführung der beiden Flügel sehr gute Spaltlüftung, Stoßlüftung unter Umständen beschränkt; es wird nur eine Hälfte der Fensterfläche freigegeben. Reinigung bei Konstruktionen mit umlegbaren Flügeln auch von innen möglich.

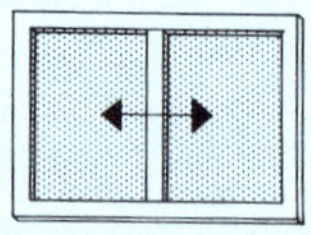

Horizontal-Schiebefenster
Stoßlüftung unter Umständen beschränkt, es wird nur die Hälfte der Fensterfläche freigegeben, gute Spaltlüftung, Reinigung erschwert, jedoch bei Beschränkung der Flügelgröße und Verschiebbarkeit aller Flügel auch von innen möglich.

7 Öffnungsarten

6 Tischhöhe

8 Zweckmäßige Höhe in der Küche

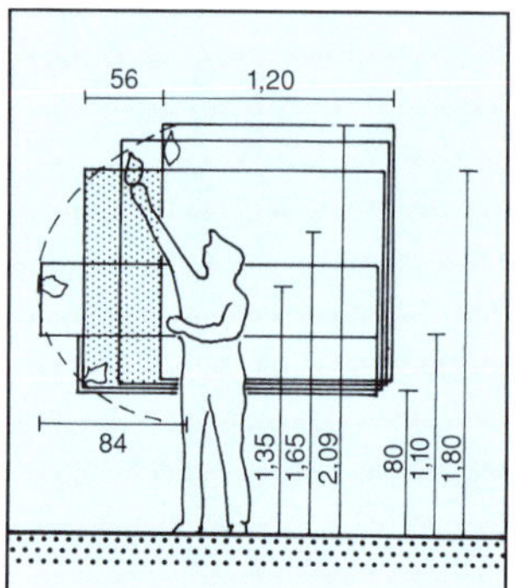

9 Schattenfläche ist annehmbare Größe für Reinigung

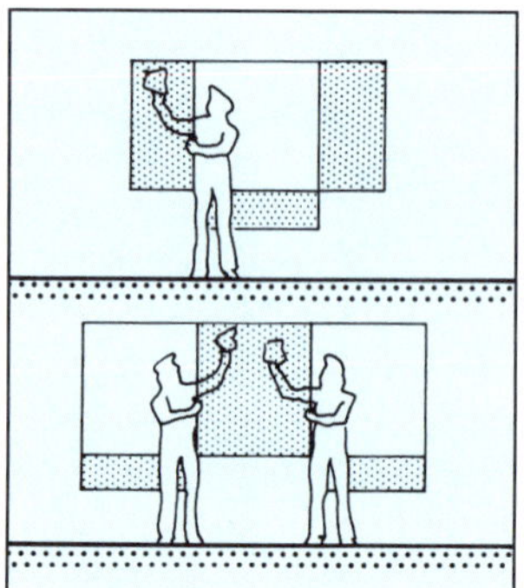

10 Reinigung benachbarter Fenster

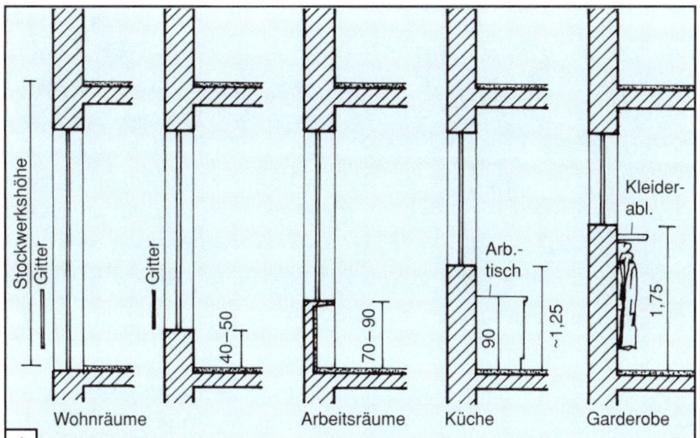

1 Brüstungshöhen

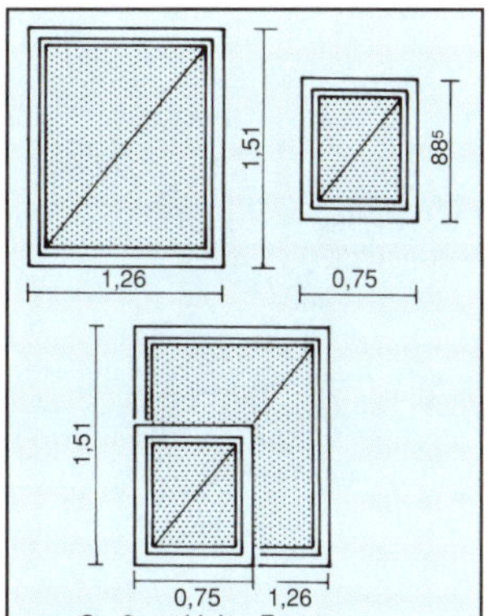

2 Große u. kleine Fenster
Harmonische Abstimmung

FENSTER

Brüstungshöhe richtet sich nach dem Zweck des Raumes und den Wohnbedürfnissen:

Wohnräume: 70–80–90 cm für den Ausblick im Stehen
40–50 cm im Sitzen und für bessere Verbindung zur Natur.

Arbeitsräume: 90–100 cm, um Tische vor das Fenster stellen zu können

Küchen: 125 cm, um Arbeitstische vor das Fenster stellen zu können

WC, Nebenräume: 130–150 cm

Kleiderablagen: 175 cm

Brüstung schützt gegen Hinausfallen. Bei niedrigen Brüstungen Außenschutzgitter vorsehen, oder Balkon → [1].

Das einflügelige Einscheibenfenster wird allgemein bevorzugt, das als Drehkippflügel angeschlagen, viele Vorteile hat.

Bei kleineren Gebäuden sollen große und kleine Fenster harmonisch aufeinander abgestimmt werden → [2].

Es soll das Glasscheiben-Verhältnis gleich sein. Geringfügige Abweichungen sind vertretbar. Das Verhältnis kann mit parallelen Diagonalen oder rechnerisch bestimmt werden → [2].

Entscheidung für eine Fensterkonstruktion, einen Werkstoff oder für die Oberflächenbehandlung wird sowohl von technischen als auch von formalen Wünschen bestimmt, aus denen sich die Anforderungen an das Bauteil ableiten → [3]–[5].

Fensterform und Fensterteilung prägen weitgehend den Charakter eines Gebäudes. Aus dem Verhältnis von Breite zu Höhe wird die Fensterform bestimmt.

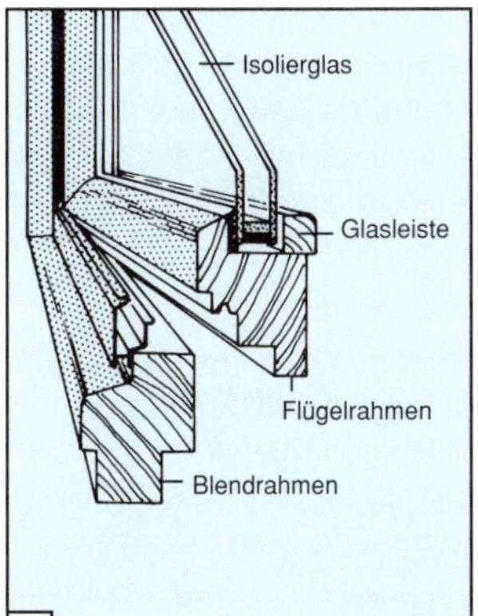

3 Holzfenster mit Isolierverglasung

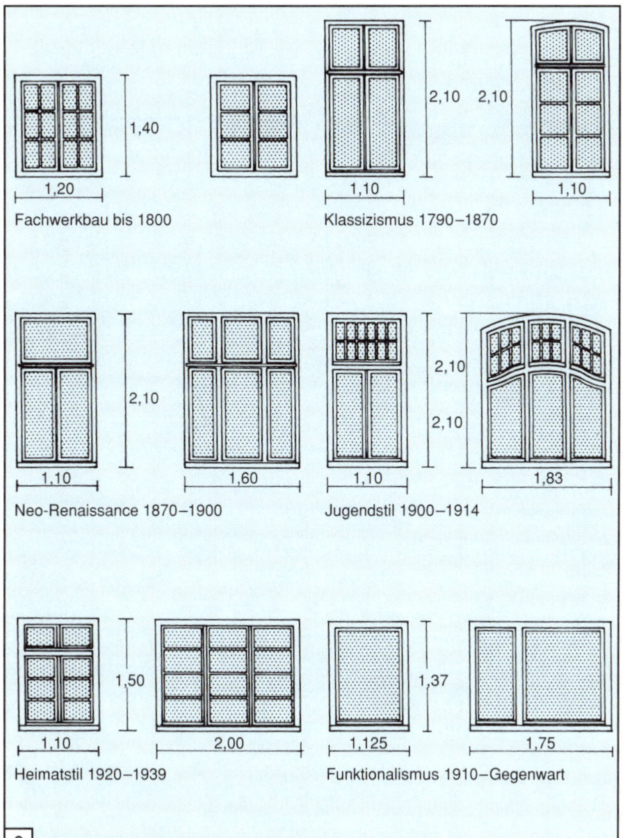

6 Fenster der Baustile zweier Jahrhunderte

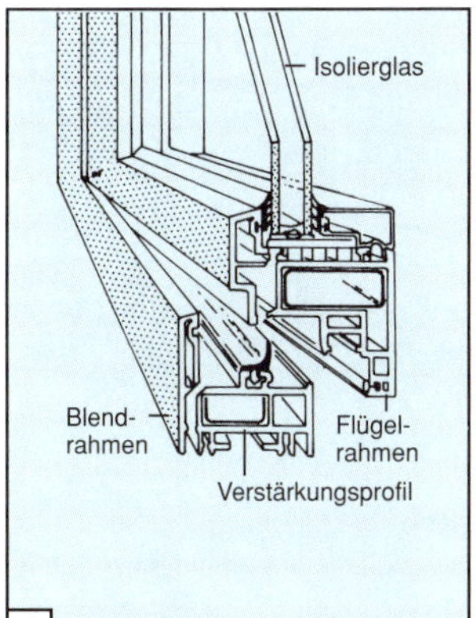

4 Kunststoffenster mit Isolierglas

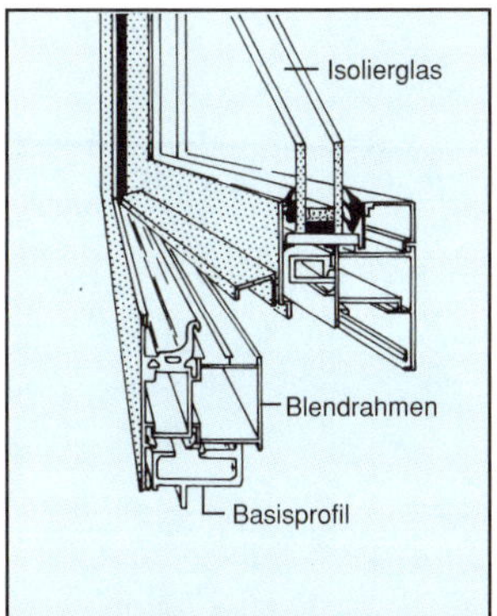

5 Wärmegedämmtes Aluminiumfenster mit Isolierverglasung

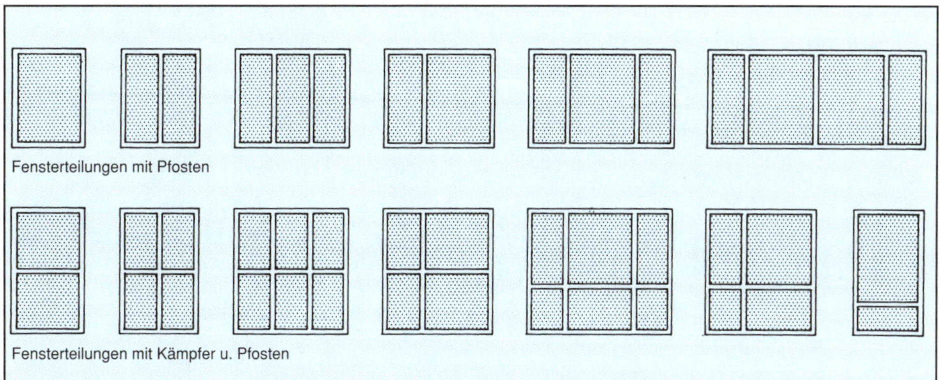

7 Fensterteilungen

FENSTER
SONNENSCHUTZ

Sonnenschutz soll Blendung vermeiden, Wärmeeinstrahlung verringern.

Während in südlichen Breiten minimale Fensteröffnung immer noch genügend Lichteinfall gestattet, ist in Ländern mittlerer Breite große Fensteröffnung mit hohem, aber zerstreutem Lichteinfall erwünscht → [1].

Südfenster haben in 50° geographischer Breite im Sommer bei 30° Überstandwinkel vollständigen Sonnenschutz → [9].

Jalousien auf flachen Lamellen (Holz, Aluminium, Kunststoff), deren Abstand etwas kleiner ist als die Lamellenbreite (verstellbar); Rolläden, Markisen und Markisoletten nach Bedarf einzustellen.

Sonnenwinkel α^1 und Schattenwinkel α für eine Südwand unter 50° nördliche Breite (Frankfurt–Schweinfurt) → [7]–[8].

21. Juni (Sommersonnenwende), mittags $\alpha^1 = 63°$, $\alpha = 27°$; 1. Mai und 31. Juli, mittags $\alpha^1 = 50°$, $\alpha = 40°$; 21. März und 21. September (Tag- und Nachtgleiche), mittags $\alpha^1 = 40°$, $\alpha = 50°$.

Im allgemeinen Ausladung A = tg Schattenwinkel α · Fensterhöhe H; mindestens aber Ausladung A = (tg Schattenwinkel α · Fensterhöhe H) – Mauerdicke D

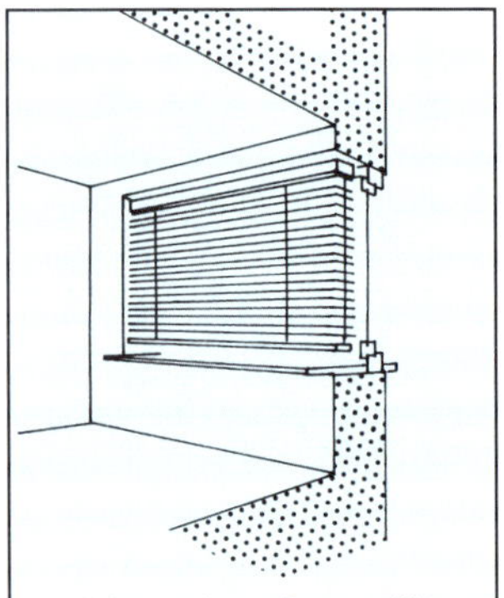

1 Jalousette innen, Sonne u. Wärme kommt hinter die Scheibe: ungünstig

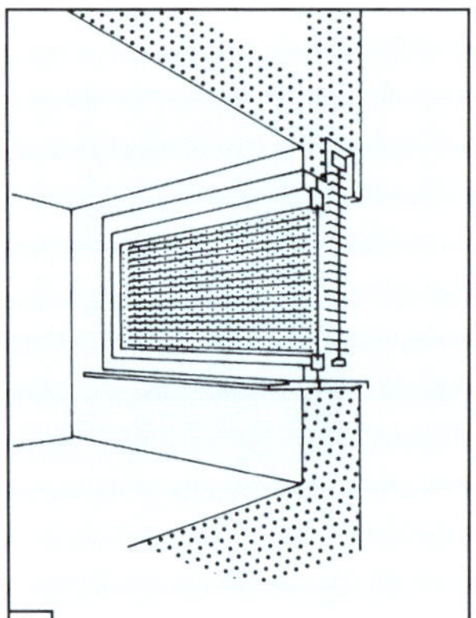

2 Außenjalousetten

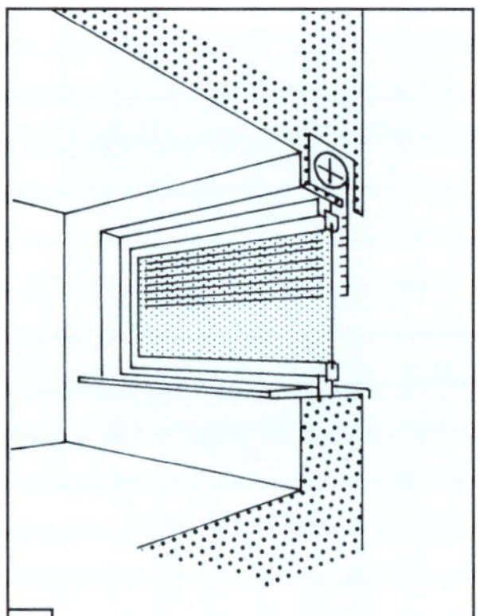

3 Rolladen

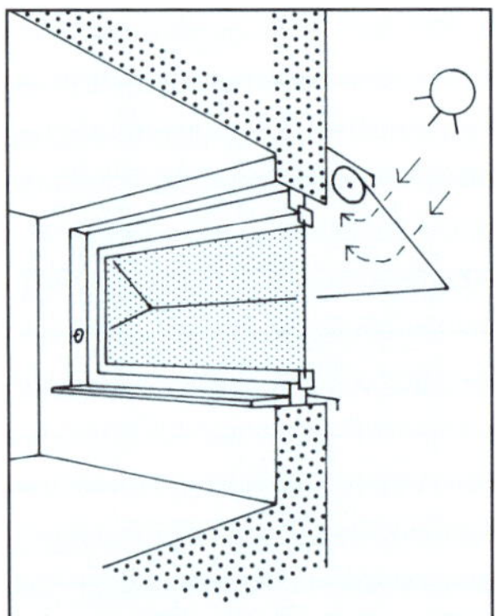

4 Markisen halten Sonnenstrahlen u. Wärme ab

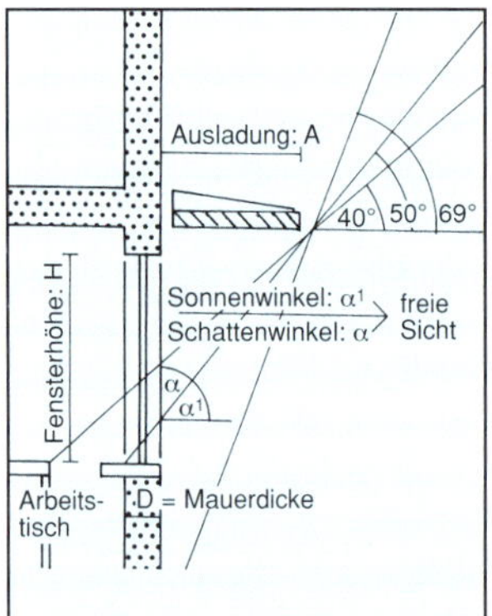

7 Anordnung von Sonnenblenden Einstufig

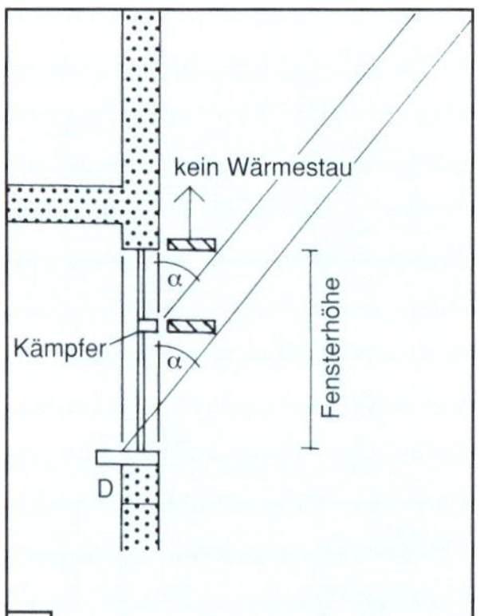

8 Zweistufige Anlage

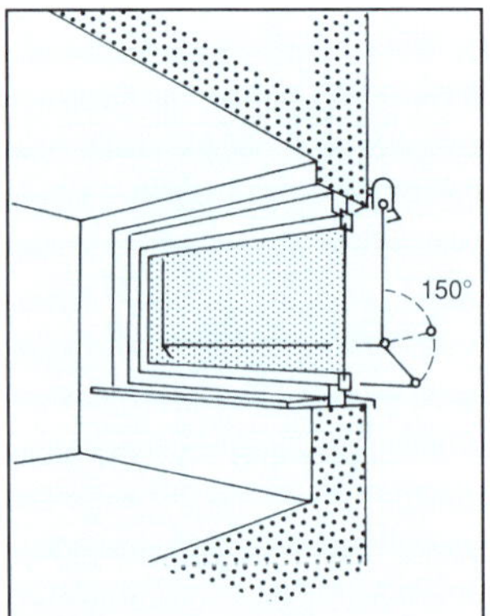

5 Markisolette

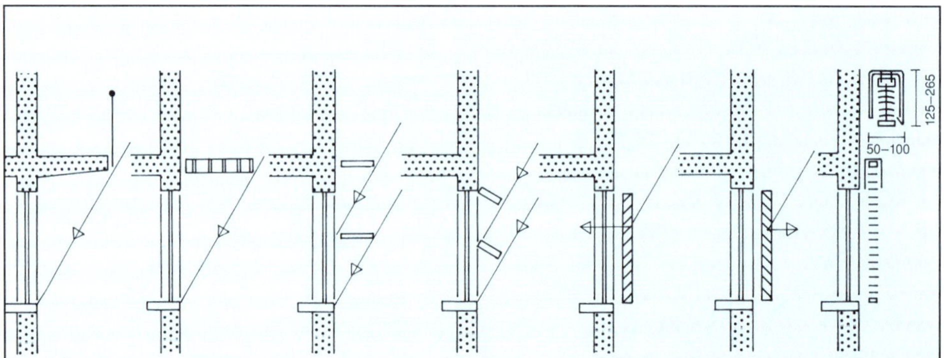

9 Balkon oder Fenster-putzsteg | Blende aus Holz, Alu oder Blech | Zweistufige Blenden | Schräge Blenden | Jalousie-Stellung bringt Licht zerstreut, Schattenwirkung | Sonnenschutz-Lamellen

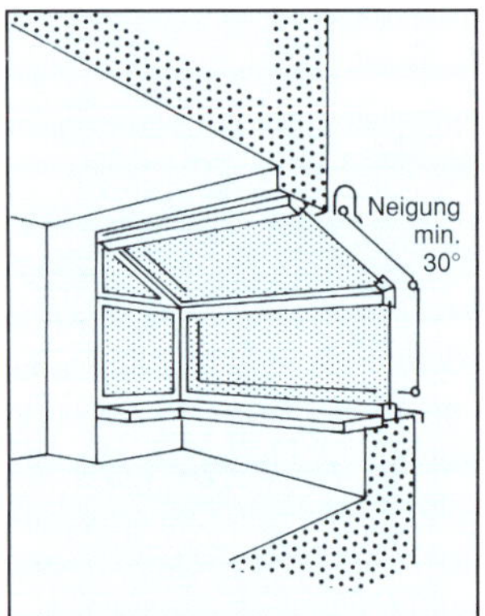

6 Schräg-Senkrecht-Markise

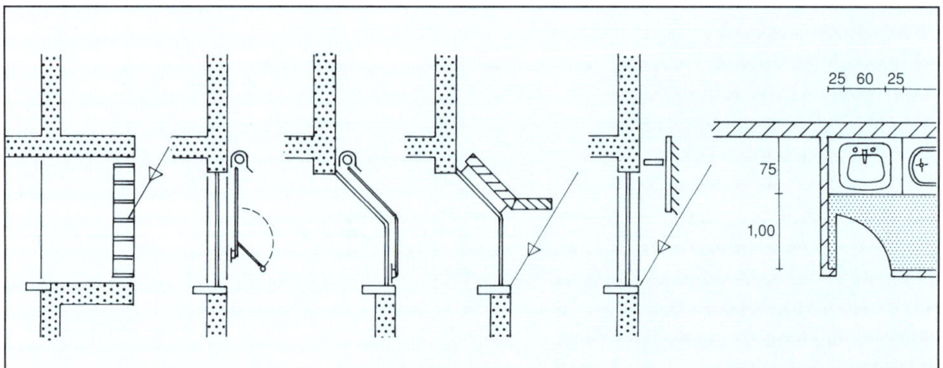

10 Sonnenblende | Markisolette | Schräg-Senkrecht Markise | Sonnenschutz-Blende auskragend | Blende auskragend | Stellmarkise

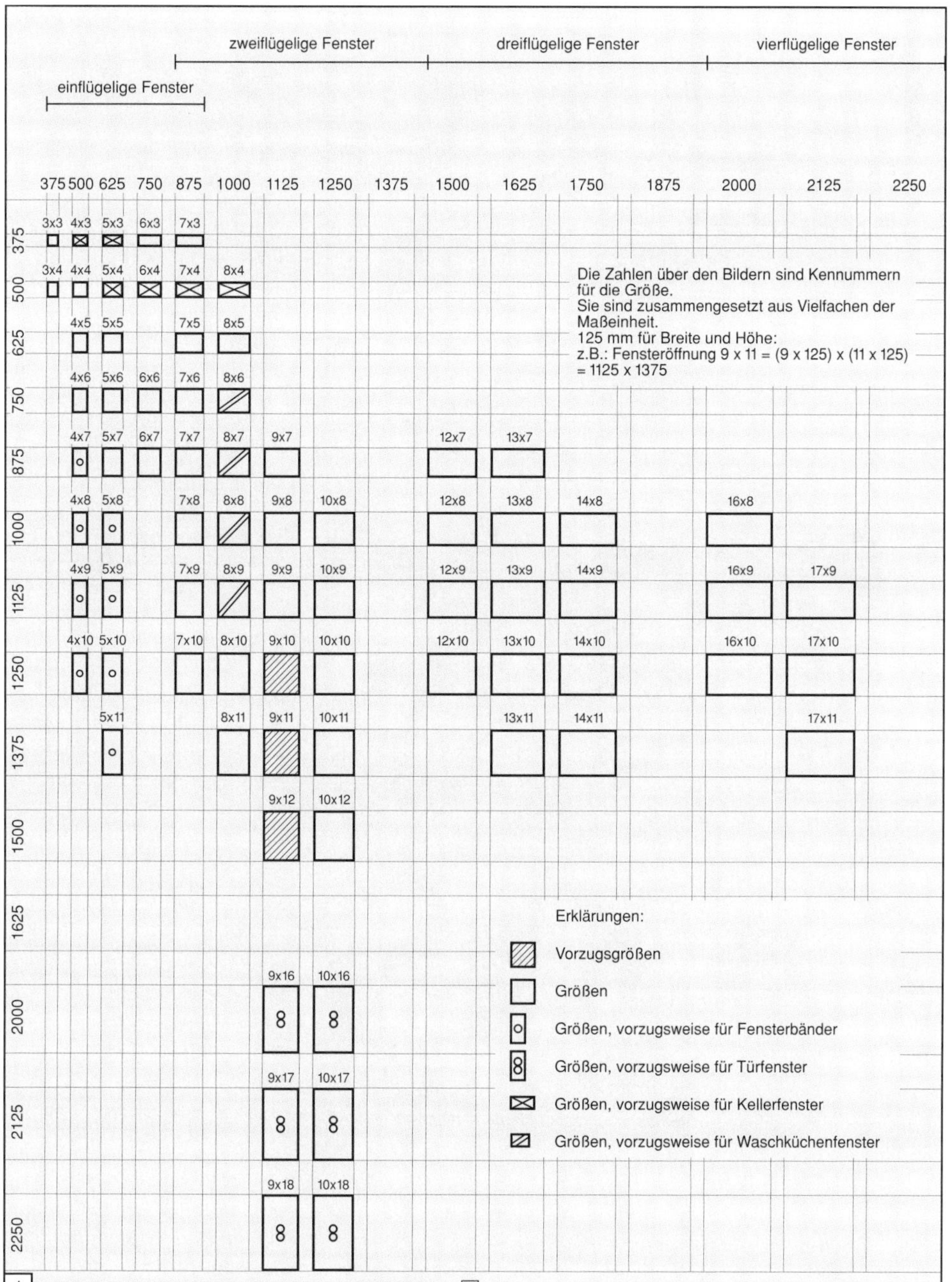

1 Rohbaurichtmaße (RR) für Fensteröffnungen DIN 18050 → 2

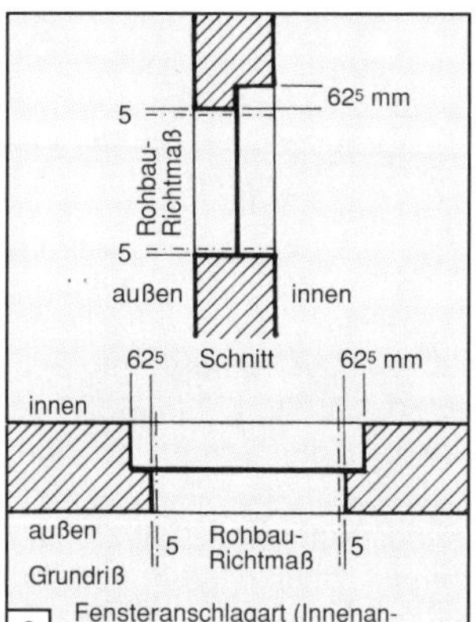

2 Fensteranschlagart (Innenanschlag)

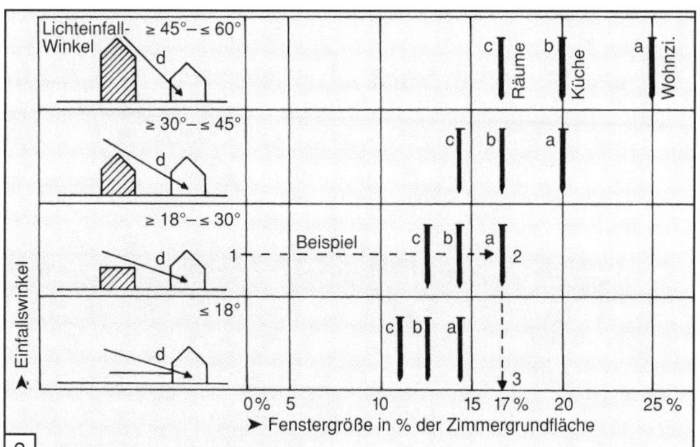

3 Fenstergrößen in Wohnhäusern

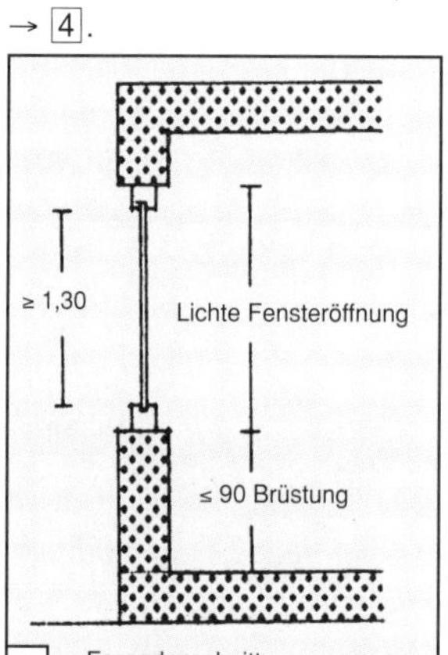

4 Fassadenschnitt

FENSTER

ABMESSUNGEN

Fenster sind eine unumgängliche Notwendigkeit, um Innenräume für die Nutzung ausreichend mit Tageslicht zu erhellen.

Fenstergrößen für Wohnhäuser → 3

Beispiel: → 3

1 Wohnung, Einfallswinkel des Lichtes 18°–30°.

2 Notwendige Fenstergröße im Wohnzimmer.

3 17% der Grundfläche des Wohnzimmers reichen als Fenstergröße aus.

a. Erforderliche Fenstergröße des Wohnzimmers in Abhängigkeit der Grundfläche. 14% bedeuten: Die Fenstergröße soll mind. – in m^2 gemessen – 14% der Grundfläche des Wohnraumes betragen. Bei einem Wohnzimmer mit der Größe von 20 m^2 soll das Fenster 20 x 0,14 = 2,8 m^2 groß sein.

b. Erforderliche Fenstergröße von Küchen.

c. Erforderliche Fenstergröße aller übrigen Räume.

d. Einfallswinkel des Lichtes. Je größer Einfallswinkel des Lichtes, um so größer müssen die Fenster sein. Grund: Je näher die Nachbarhäuser stehen und je höher sie sind, um so größer und steiler der Einfallswinkel und um so geringer die Lichtmenge, die ins Haus dringt. Die kleinere Lichtmenge wird durch größere Fenster ausgeglichen.

Für Räume mit Abmessungen, die denen von Wohnräumen entsprechen, gilt folgendes: Mindesthöhe der Glasfläche 1,3 m → 4.

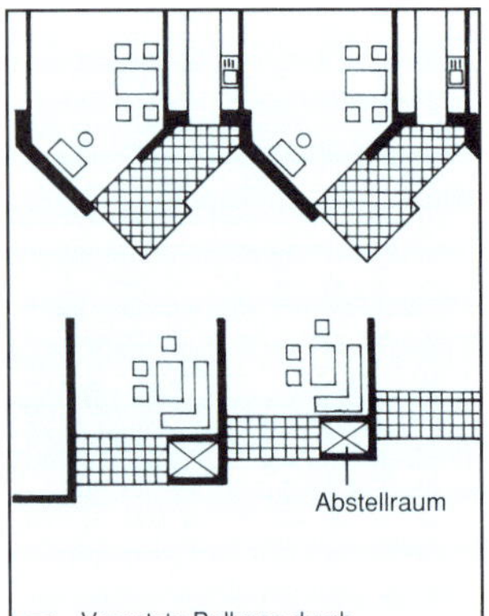

1 Versetzte Balkone durch Abwinkelung u. Staffelung

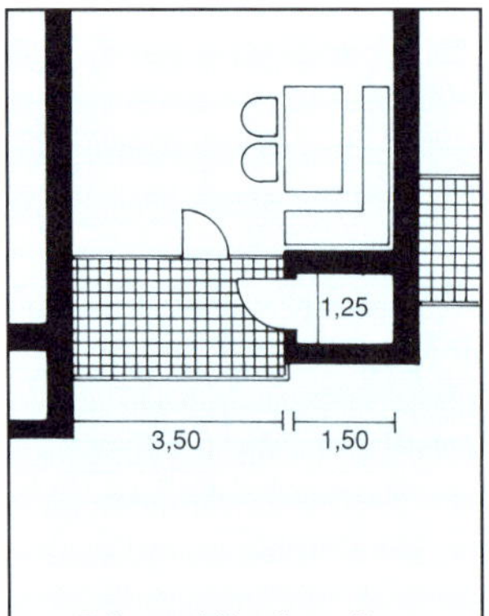

2 Balkon und Abstellraum für Balkonmöbel

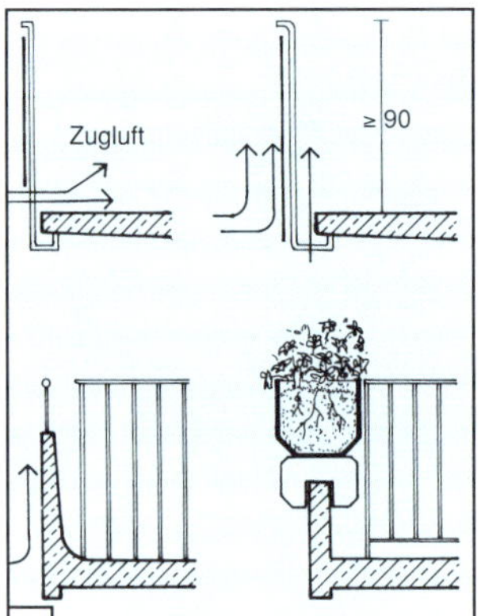

3 Brüstungsvariationen

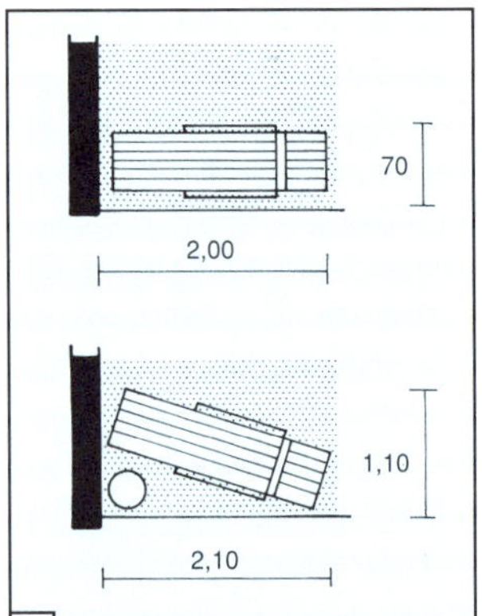

4 Liegestuhl

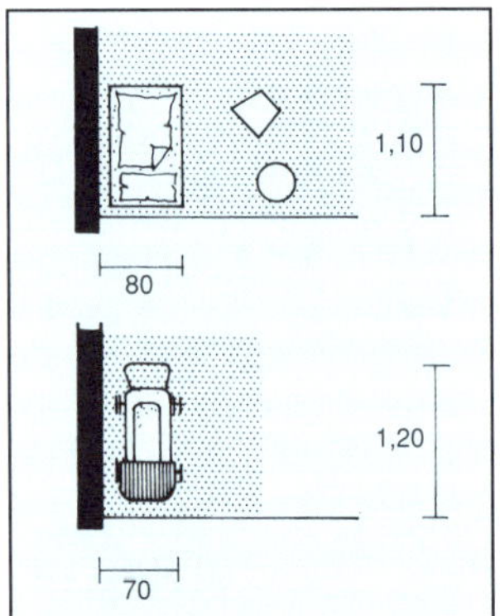

5 Kinderbett u. Kinderwagen

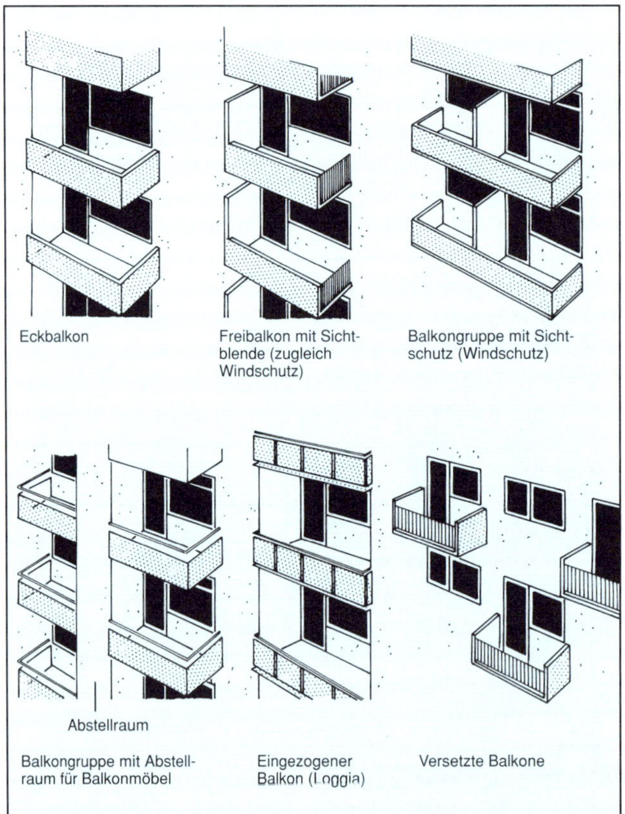

6 Balkone

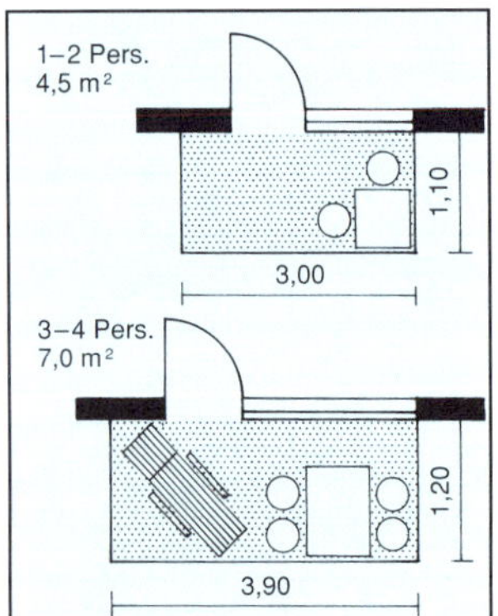

7 Balkone

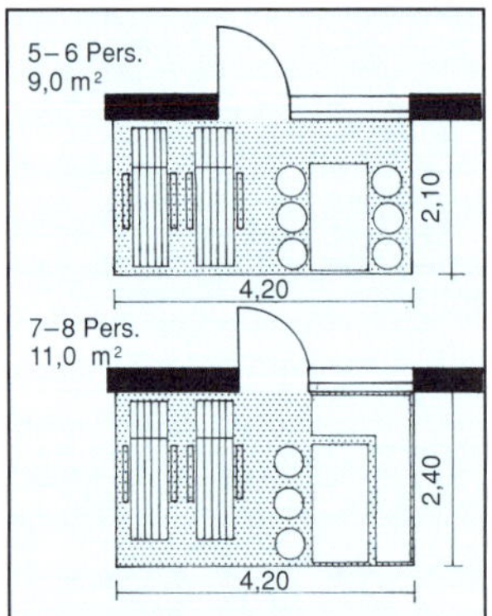

8 Balkone u. Terrassen

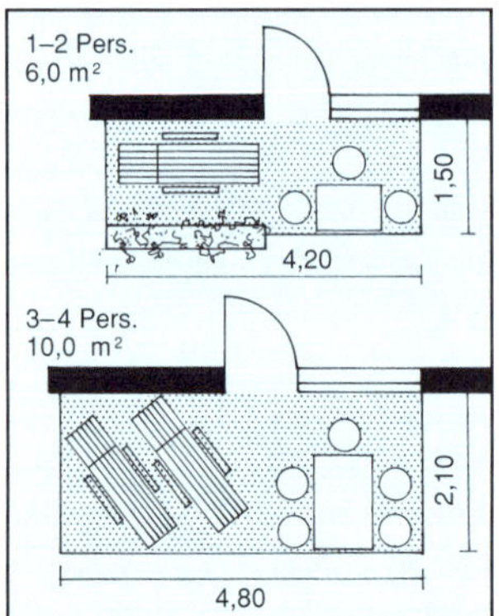

9 Balkone u. Terrassen

BALKONE

Steigerung des Wohnwertes durch angegliederte Balkone und Freiräume. Erweiterter Arbeitsbereich, sowie leicht zu beaufsichtigender Kinderspielplatz im Freien.

Zur Erholung, Liegen, Schlafen, Lesen, Essen. Zu funktionell erforderlichen Freiraumtiefen muß Platzbedarf für Blumentröge hinzugerechnet werden → 3 + 9. Eckbalkone bieten Sicht- und Windschutz und sind im Gegensatz zum Freibalkon behaglich → 6.

Darum Freibalkons zur Wetterseite abschützen → 6.

Bei Balkongruppen (Miethäuser) für Sichtschutz (= Windschutz) sorgen, besser mit Abstand, z.B. durch Abstellraum für Balkonmöbel, Sonnenschirm u.a. → 6.

Loggien, in südl. Ländern berechtigt, sind in unserem Klima fehl am Platze. Sie sind nur kurz besonnt und geben den angrenzenden Räumen viel Außenflächen frei, damit Abkühlung. Im Aufriß versetzte Balkone können Fassade auflockern, jedoch ist Sicht-, Wetter- und Sonnenschutz schwer zu erreichen. Im Grundriß versetzte Balkone bieten dagegen Schutz gegen Einsicht und Wind → 6.

Bei Planung beachten:

Orientierung zur Sonne u. Aussicht. Richtige Lage zu Nachbarwohnung und -haus. Räumliche Beziehung zu angrenzenden Wohn-, Arbeits- oder Schlafräumen. Material für Brüstungen, Kunststoffe, Holzstäbe auf Unterkonstruktion, diese am besten aus leichten Stahlprofilen oder -rohr, mit guter Verankerung im Mauerwerk. Balkongitter aus senkrechten Stahlstäben (waagerechte können von Kindern überklettert werden!) wegen Wind u. Einsicht von außen nicht gut, sie werden meist vom Mieter in Selbsthilfe mit unkontrollierbaren Stoffen überspannt. Zugerscheinungen entstehen bei Zwischenräumen an Brüstung und Betonplatte, besser Brüstungsplatte vor Balkonplatte herunterziehen oder massive Brüstung.

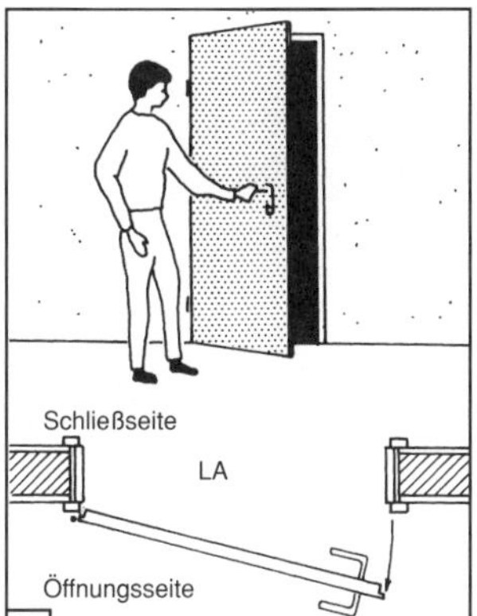

1 Bänder links = Tür DIN links

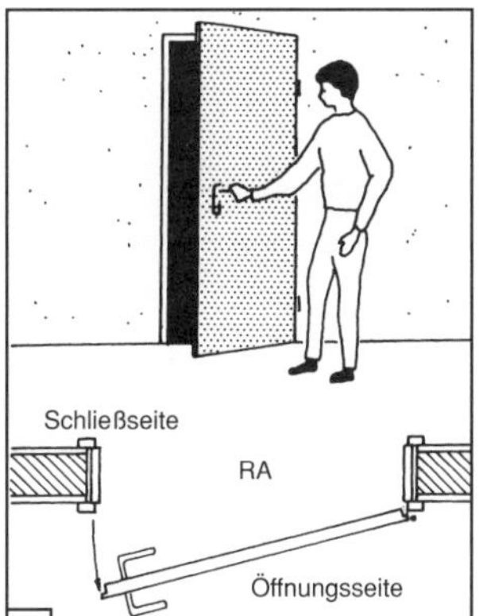

2 Bänder rechts = Tür DIN rechts

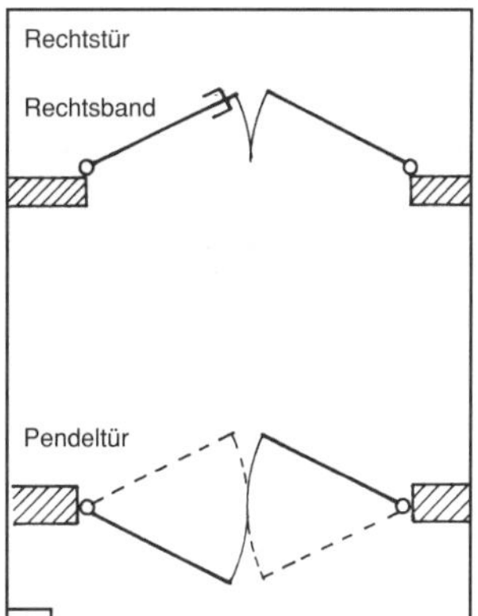

3 Zweiflügelige Türen

TÜREN

Im Innern eines Gebäudes müssen Türen sinnvoll gesetzt werden, da ungünstig verteilte oder unnötige Türen die Raumnutzung erschweren u. Verlust von Stellflächen bringen → 6 + 7. Man unterscheidet nach innen aufschlagende Tür, in den Raum schlagende Tür, nach außen schlagend, in den Flur schlagend. Üblich schlagen Türen in den Raum → 6. Bezeichnung der Türarten nach der Lage u. dem Zweck, Aufschlagrichtung, Anschlagart, Türumrahmung, Türblattkonstruktion, Bewegungs- u. Öffnungsart. Anordnung der Türen in Wandmitte bei großen Räumen (repräsentativ), bei kleinen Räumen dadurch Stellflächenverlust, deshalb günstiger nahe einer Trennwand → 6. Abstand wird durch Möblierung bestimmt. Mindestabstand wegen Türgriff jedoch 10 cm. Türen zur Seitenwand hin öffnen, damit man den Raum übersehen kann. Innentüren: Zimmer-, Wohnungs-, Kellertüren, Türen für Bad, WC und Abstellräume. Außentüren: Haustür, Haus- und Hoftor, Balkon- u. Terrassentüren. Breite der Tür richtet sich nach Verwendungszweck u. dem zu erschließenden Raum. Mindestdurchgangslichtmaß beträgt 55 cm. In Wohnbauten beträgt die lichte Durchgangsbreite: Einflügelige Tür: Zimmertüren ca. 80 cm; Nebentüren Bad, WC ca. 70 cm; Wohnungsabschlußtüren ca. 90 cm; Haustüren bis 1,15 m. Zweiflügelige Türen: Zimmertüren ca. 1,70 m; Haustüren ca. 1,40–2,25 m. Lichte Durchgangshöhe: mind. 1,85 m; normal 1,95–2,00 m.

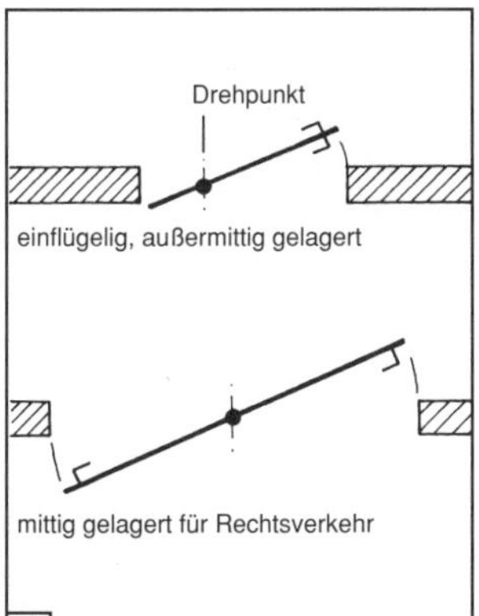

4 Wendetüren

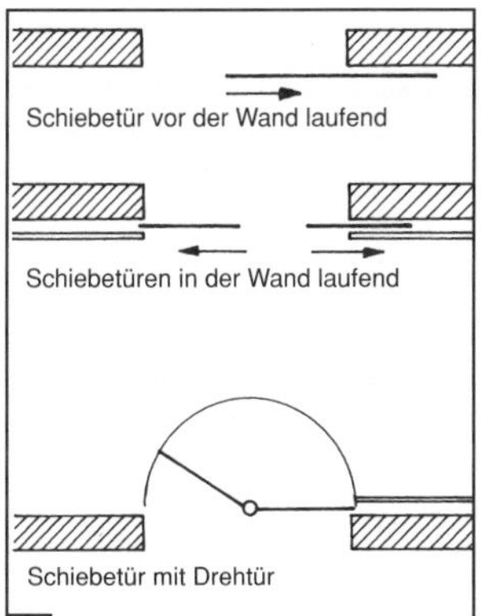

5 Schiebetüren

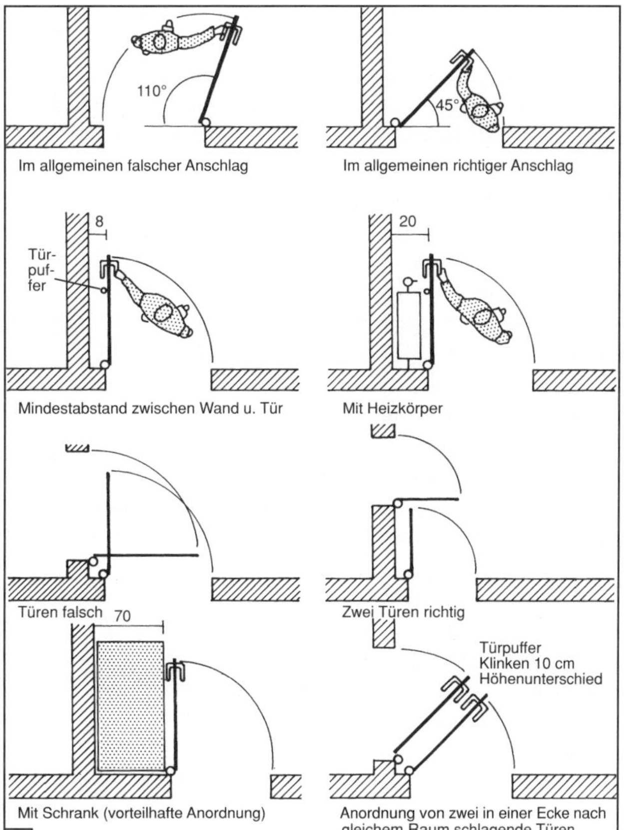

6 Aufschlagen der Tür

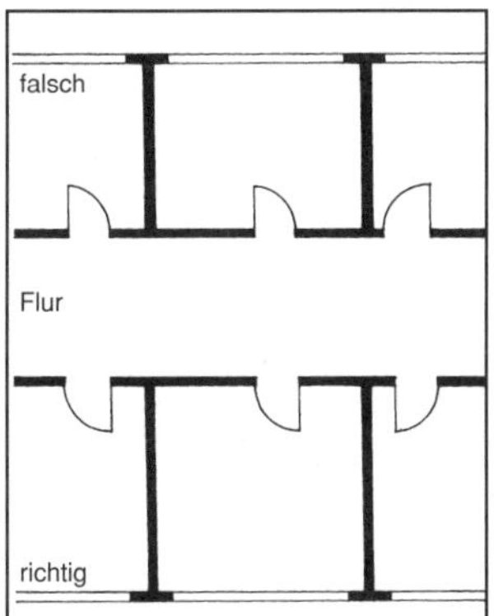

7 Türen schlagen in den Raum

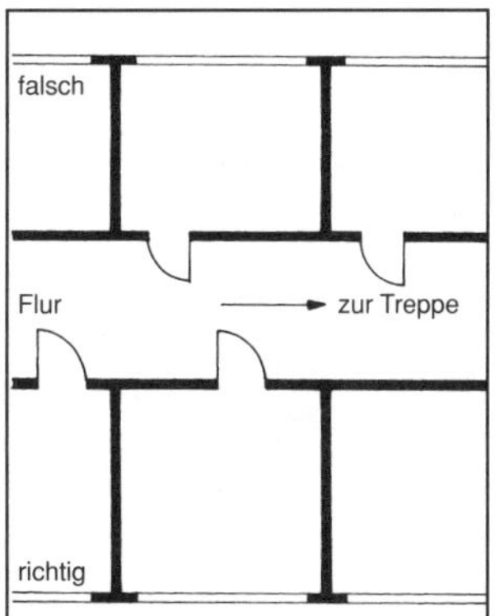

8 Türen schlagen in den Flur

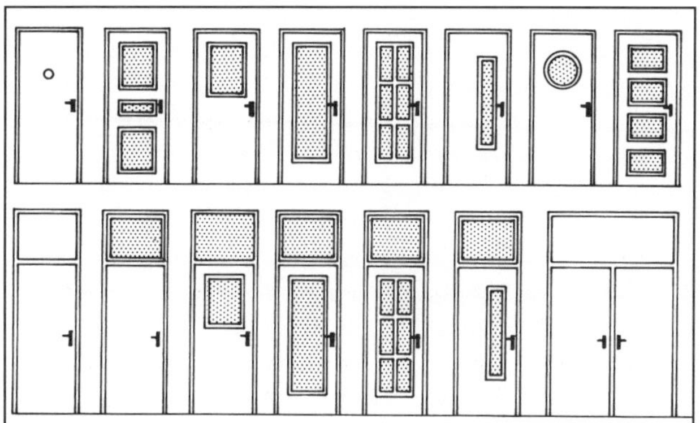
9 Beispiele für Türblattgestaltung

TÜREN

DIN 4172, 18100, 18101 → 🕮

Maße für Wandöffnungen für Türen sind Baurichtmaße entspr. DIN 4172. Sind in Ausnahmefällen andere Größen erforderlich, so sollen deren Baurichtmaße ganzzahlige Vielfache von 125 mm sein. Stahlzargen sind als Links- bzw. sowohl als Rechtszarge zu verwenden → 7 – 8. Bezeichnung einer Wandöffnung von 875 mm Breite und 2000 mm Höhe (im Baurichtmaß): Wandöffnung DIN 18 100 – 875 x 2000

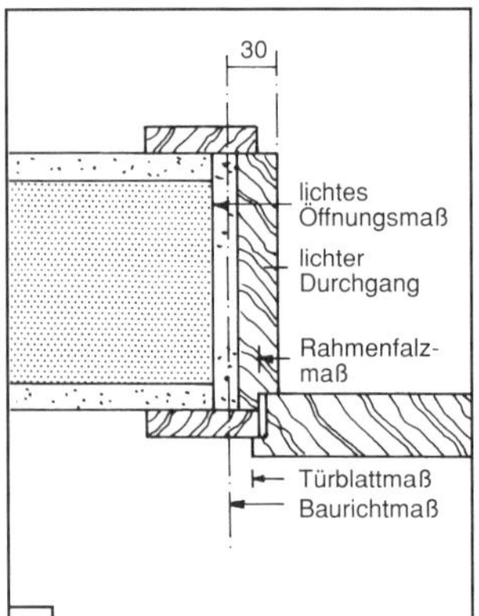

1 Breite der Tür

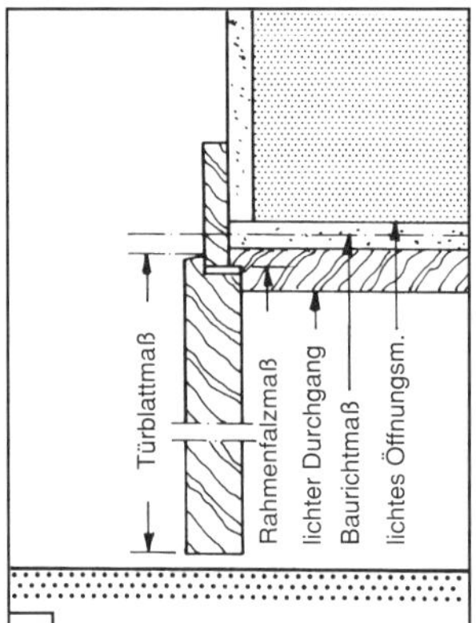

2 Höhe der Tür

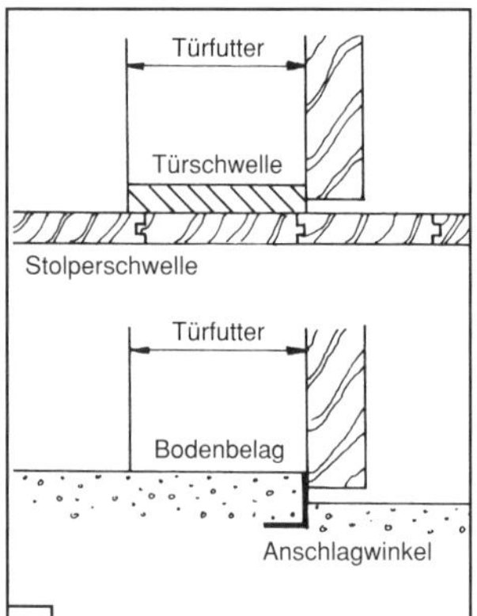

3 Differierende Fußbodenhöhen

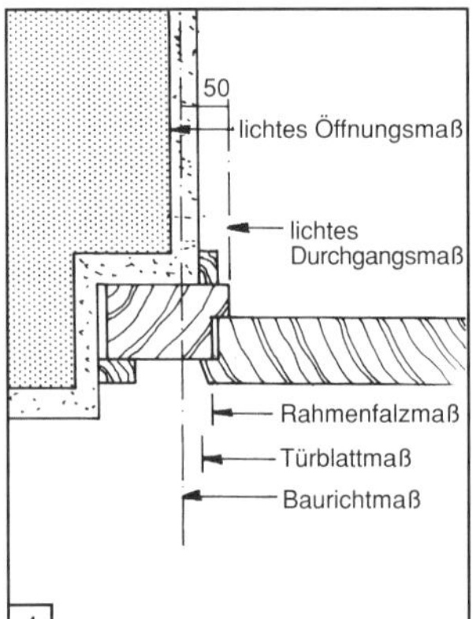

4 Blendrahmentür

	Baurichtmaße		Maße am Türblatt				Maße an der Türzarge	
	Wandöffnungen für Türen DIN 18100		Türblattaußenmaße („Typmaße")		Türblattfalzmaße Nennmaße zul. Abw. ± 1	– 2 / 0	lichte Zargenbreite im Falz zul. Abw. ± 1	lichte Zargenhöhe im Falz zul. Abw. 0 / – 2
1	875	1875	860	1880	834	1847	841	1858
2	625	2000	610	1985	584	1972	591	1983
3	750	2000	735	1985	709	1972	716	1983
4	875	2000	860	1985	834	1972	841	1983
5	1000	2000	985	1985	959	1972	966	1983
6	750	2125	735	2110	709	2097	716	2108
7	875	2125	860	2110	834	2097	841	2108
8	1000	2125	985	2110	959	2097	966	2108
9	1125	2125	1110	2110	1084	2097	1091	2108

Gefalzte Türblätter und Türzargen DIN 18101

Baurichtmaß (DIN 18100) B x H	Nennmaß der Wandöffnung B x H	Zargenfalzmaß Breite x Höhe ±1 0 / –2	Lichtes Zargendurchgangsmaß B x H	Türblattaußenmaß (DIN 18101) B x H
875 x 1875	885 x 1880	841 x 1858	811 x 1843	860 x 1860
625 x 2000[1]	635 x 2005	591 x 1983	561 x 1968	610 x 1985
750 x 2000[1]	760 x 2005	716 x 1983	686 x 1968	735 x 1985
875 x 2000[1]	885 x 2005	841 x 1983	811 x 1968	860 x 1985
1000 x 2000[1]	1010 x 2005	966 x 1983	936 x 1968[2]	985 x 1985
750 x 2125	760 x 2130	716 x 2108	686 x 2093	735 x 2110
875 x 2125	885 x 2130	841 x 2108	811 x 2093	860 x 2110
1000 x 2125	1010 x 2130	966 x 2108	936 x 2093[2]	985 x 2110
1125 x 2125	1135 x 2130	1091 x 2108	1061 x 2093[2]	1110 x 2110

[1] Diese Größen sind Vorzugsgrößen (Lagerzargen)
[2] Nur diese Größen sind geeignet für Rollstuhlbenutzer (DIN 18025)

6 Maße Stahlzargen → 7 – 8

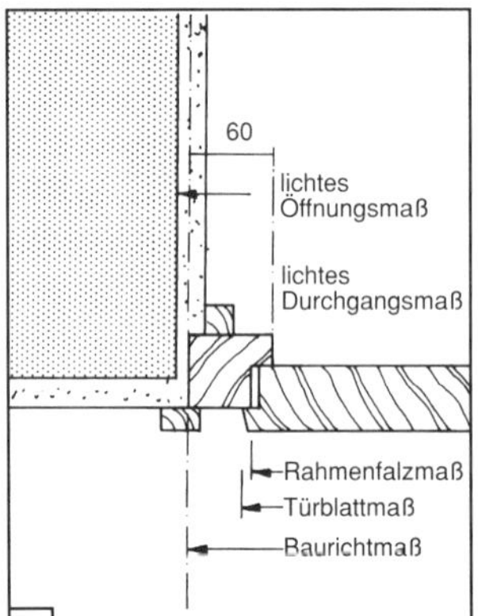

5 Blendrahmentür

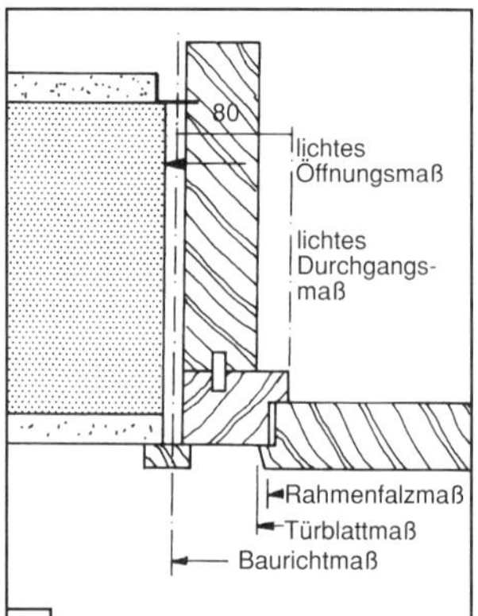

9 Stocktür

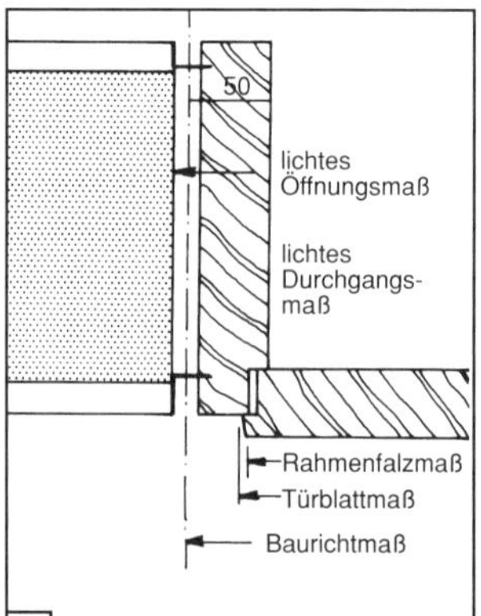

10 Zargentür

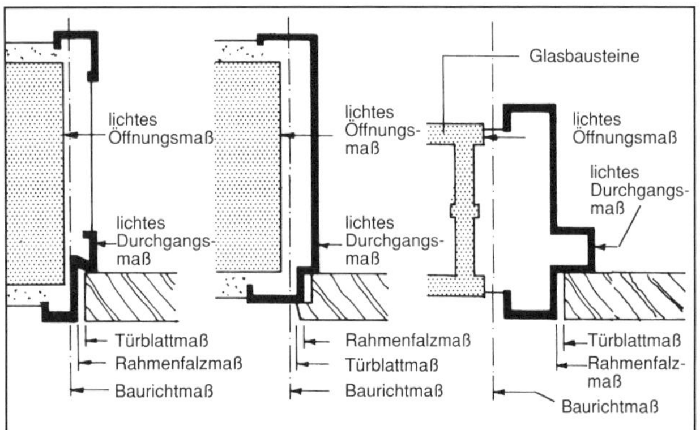

7 Eckzarge Umfassungszarge Zarge/Glasbausteine

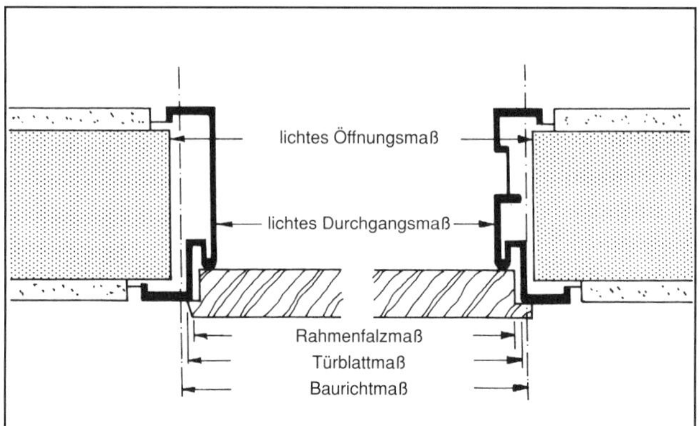

8 Zargen DIN 18111

TORE

Für Garagen und dergl. als Schwingtor → 1, Schwingfalttor mit Federkraft oder Gegengewicht → 2. Einwandig, doppelwandig, geschlossen teilverglast, vollverglast, Füllung Holz, Kunststoff, Alu, Stahlblech verzinkt.
Auch als Einbau in Rund- und Segmentbögen. Bequeme Bedienung durch Deckentorantrieb mit Funksteuerung.
Hubfalltor → 3, Sektionaltor → 4, Teleskop-Hubtor → 5, Rolltore → 6 aus Alu für Abstellung unter der Decke, ein- und mehrschalig.
Rolltore → 6 für große Toröffnungen geeignet, max. 18 m breit u. 6 m hoch.
Tore bedienbar durch Zugschalter, Lichtschranken, Kontaktschwellen, Fernsteuerung:
Senktor → 7 erfordert großen baulichen Aufwand u. Platzbedarf, meist im Kellergeschoß.
Raumabschlüsse durch Falttüren seitl. geführt. Harmonikatür mittig gehängt → 9 zum Verschluß breiter Öffnungen.
Drehbewegung mit Schiebebewegung kombiniert. Akkordeontür aus Sperrholz, Kunstleder oder Stoff → 10.
Feuerschutztüren T30–T90, ein- und zweiflügelig → 11.
Feuerschutzschiebetor → 12.
Brandwandabschlüsse als Schiebe-, Hub- oder Schwingtor müssen unabhängig vom Stromnetz funktionieren.
Im Brandfall autom. schließen (Fischer-Riegel).

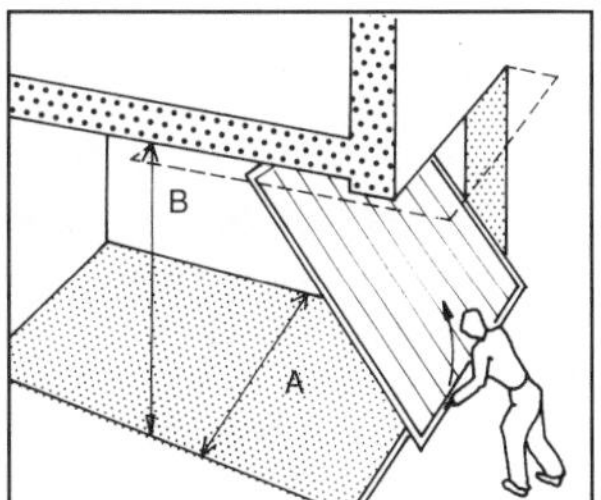

A	B
2,25	1,90
2,50	2,01
3,00	2,12^5
3,37	2,25
	2,37^5

≤ 20 m²

1 Schwingtor

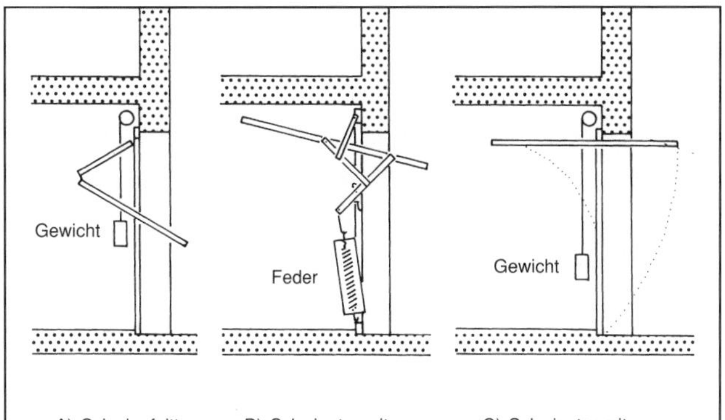

A) Schwingfalttor B) Schwingtor mit Federkraft ohne Deckenlaufschiene C) Schwingtor mit Gegengewicht

2

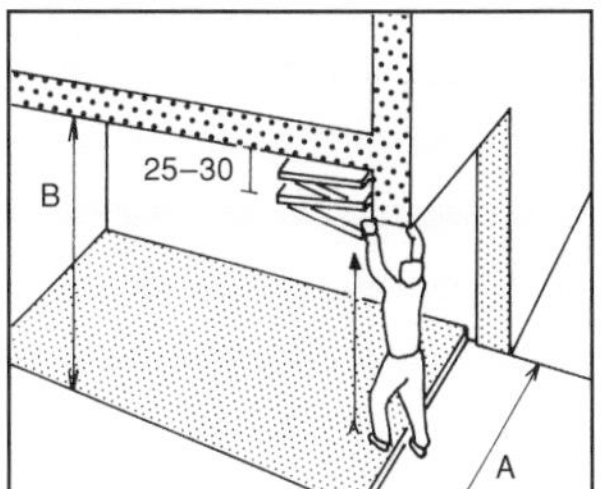

A	B
2,20	2,00
|	|
2,80	2,50

3 Hubfalltor

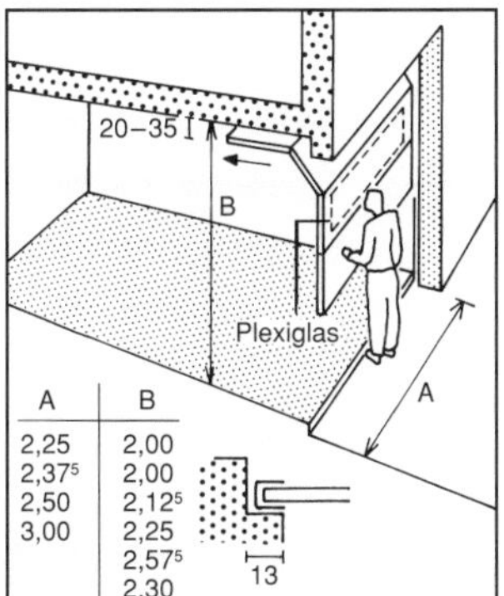

A	B
2,25	2,00
2,37^5	2,00
2,50	2,12^5
3,00	2,25
	2,57^5
	2,30

4 Deckengliedertor (Sektionaltor)

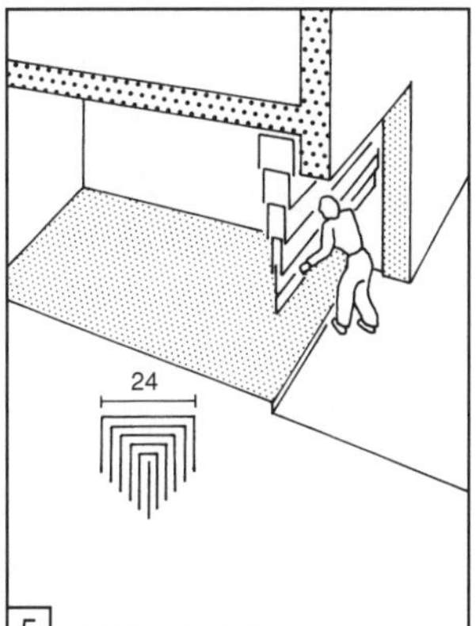

5 Teleskop-Hubtor

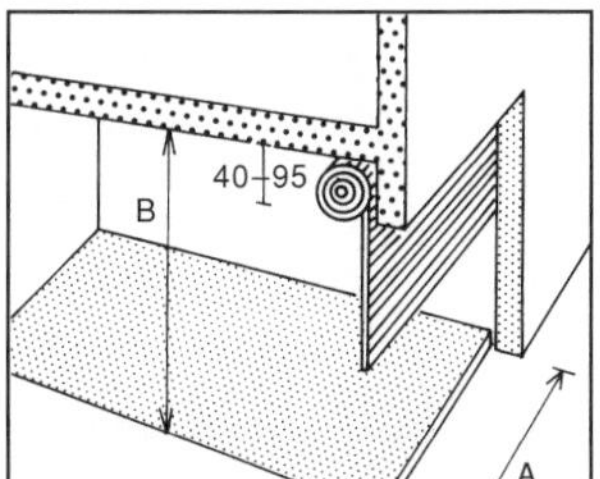

A	B
2,00	2,00
|	|
12,00	8,00

6 Rolltore (Stahl u. Aluminium)

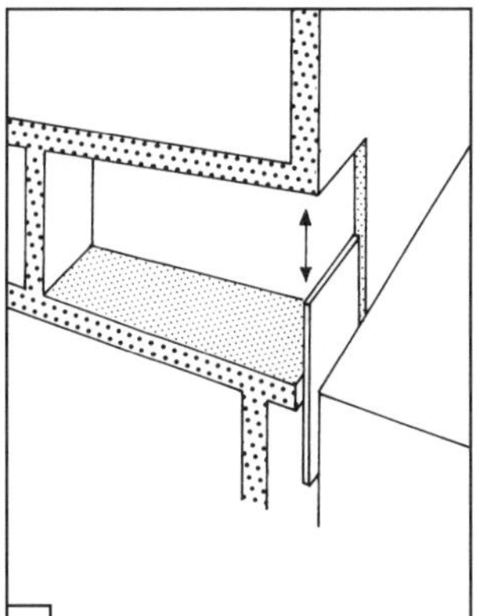

7 Senktor

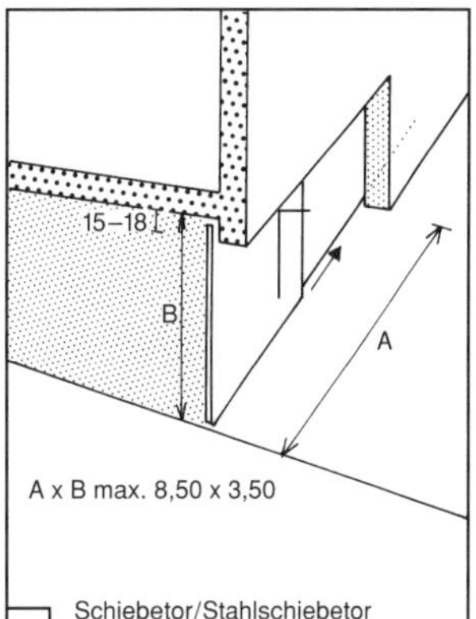

8 Schiebetor/Stahlschiebetor T30–T90

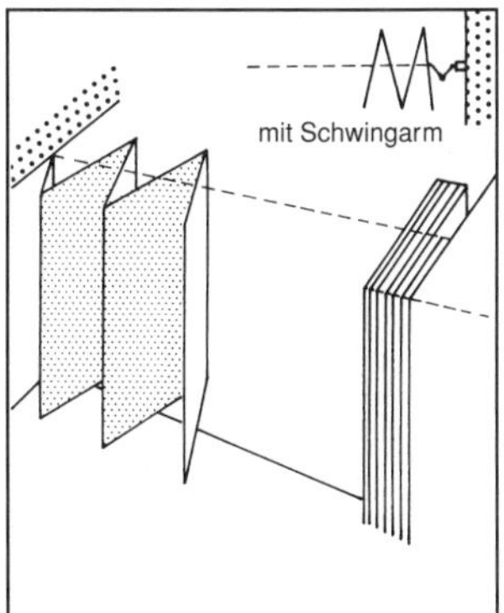

9 Mittig geführte Falttür (Harmonikatür)

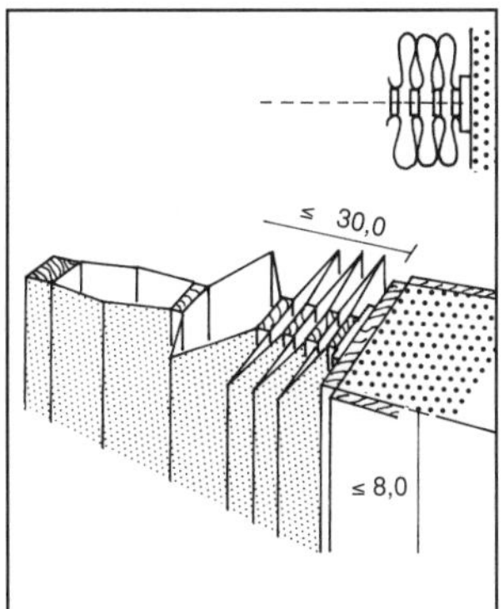

10 Akkordeontür aus Holzplatten bzw. flexiblem Material

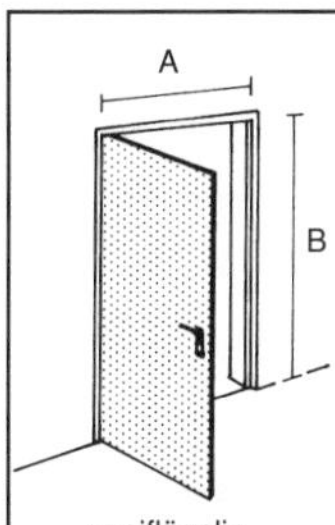

einflügelig

A	B
75	1,75
75	1,87^5
75	2,00
80	1,80
80	1,87^5
80	2,00
87^5	1,87^5
87^5	2,00
1,00	1,87^5
1,00	2,00
1,00	2,12^5

zweiflügelig

A	B
1,50	2,00
1,75	|
2,00	|
2,25	2,12^5

11 Feuerschutztüren T30–T90

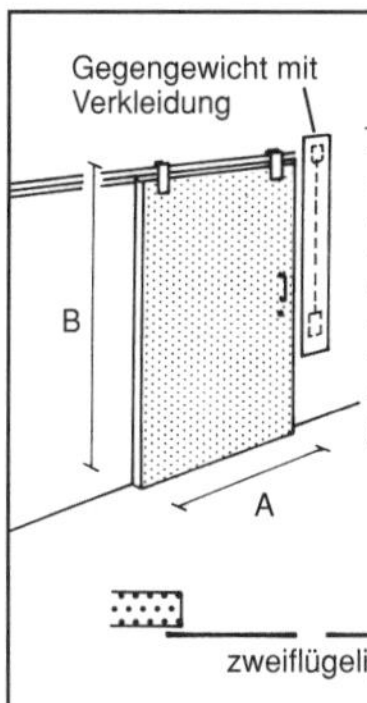

A	B
1,00	2,00
1,00	2,12^5
1,25	2,00
1,25	2,12^5
1,50	2,00
1,50	2,12^5
1,75	2,00
1,75	2,12^5
2,50	2,50

12 Feuerschutzschiebetor T30–T90

TREPPEN

DIN 18064–65, 4174

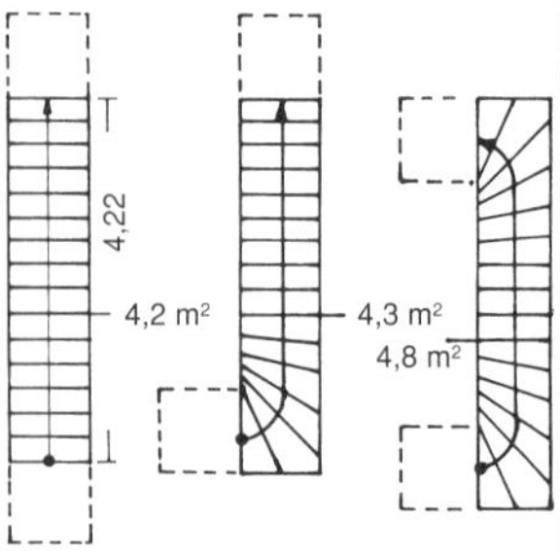

1 Treppen ohne Podest bedecken in allen Formen fast gleiche Grundfläche

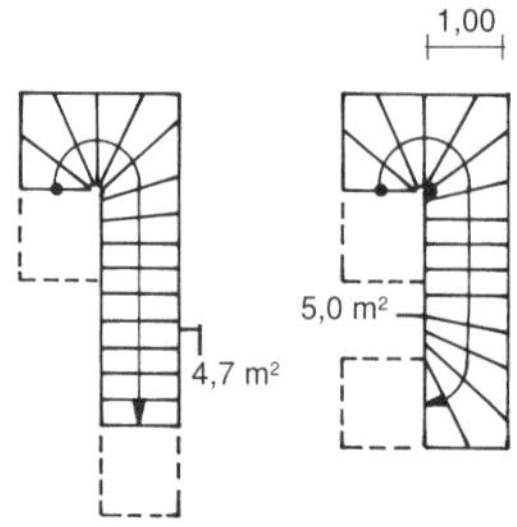

2 Gewendelte Treppen

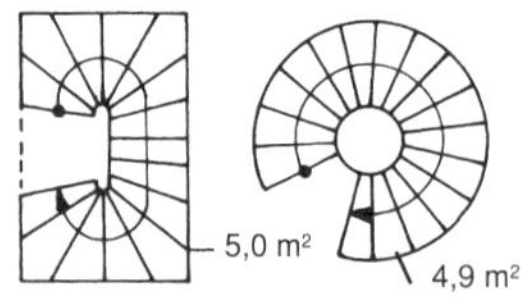

1 – 5 16 Steigungen $17^2/28^2$, Geschoßhöhe 2,75 m Laufbreite 1m

3 Durch Wendelung kann Weg von Austritt der unteren zum Antritt der oberen Stufe wesentlich verkürzt werden

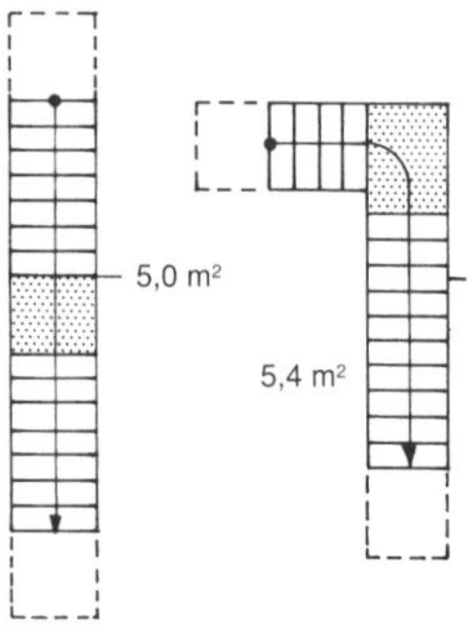

4 Podesttreppen bedecken die Grundfläche von einläufigen Treppen + Podestflächen-Stufenfläche

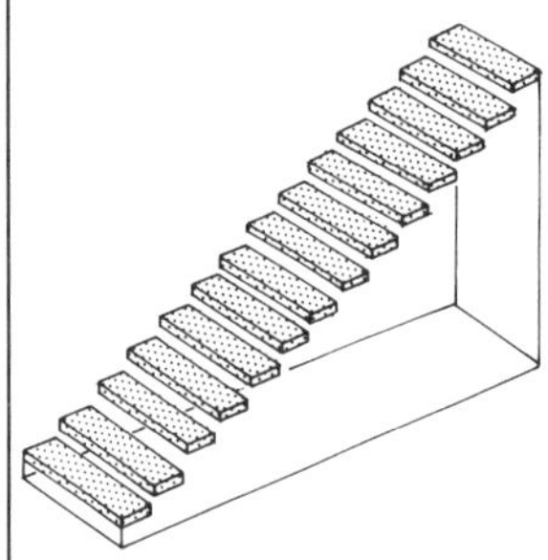

5 Gerade Treppe

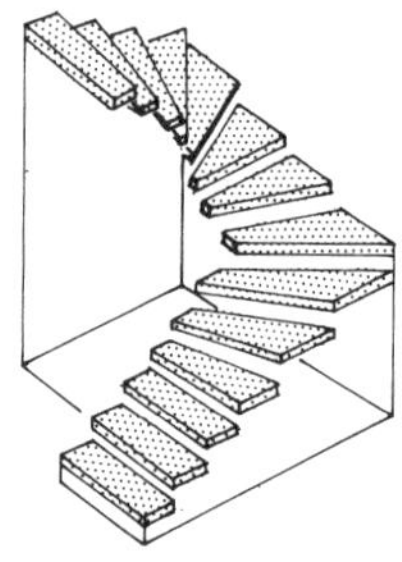

6 Gewendelte Treppe

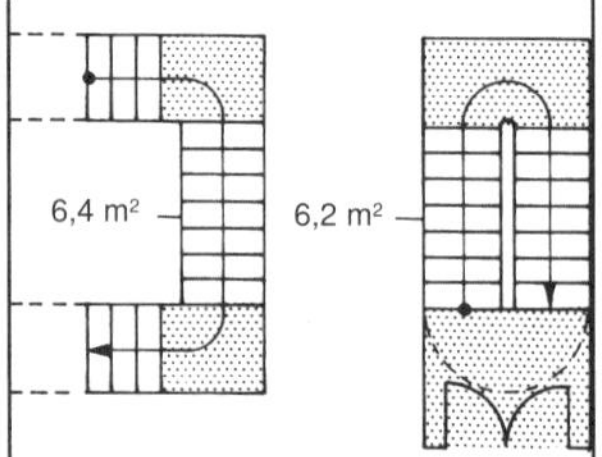

7 Podesttreppen sind erforderlich bei Geschoßhöhen von ≥ 2,75 Podestbreite ≥ Treppenlaufbreite

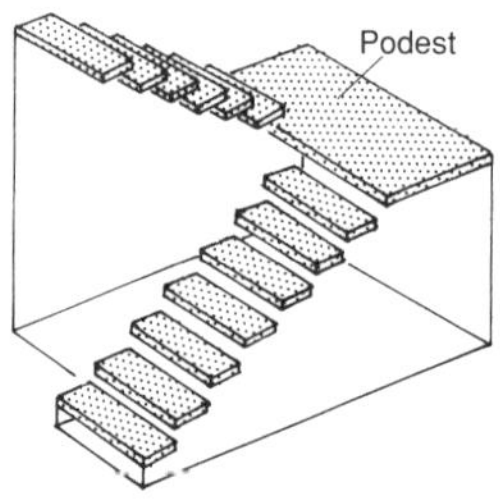

8 Gerade Treppe mit Podest

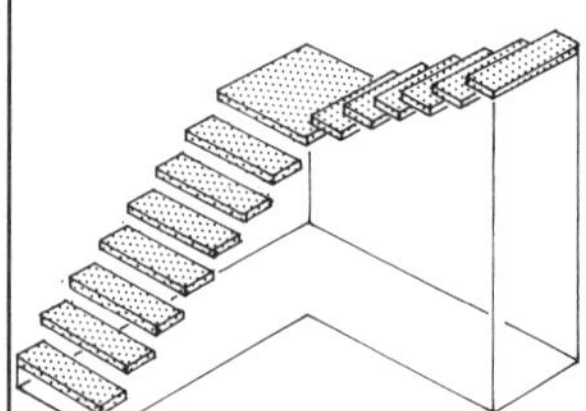

9 Winkeltreppe

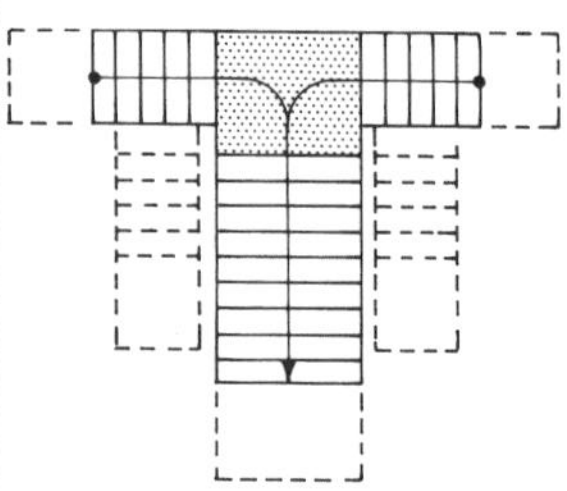

10 Dreiläufige Treppen Teuer und platzraubend

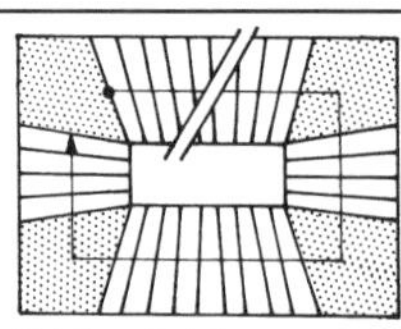

Schräger Antritt u. verzogene Stufen sparen Platz

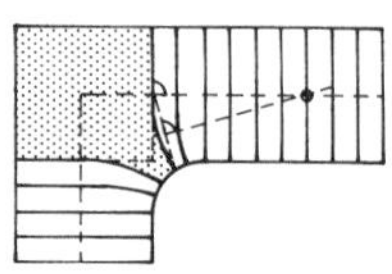

11 Abschweifen der Stufen bei engen Treppenhäusern spart Podestbreite

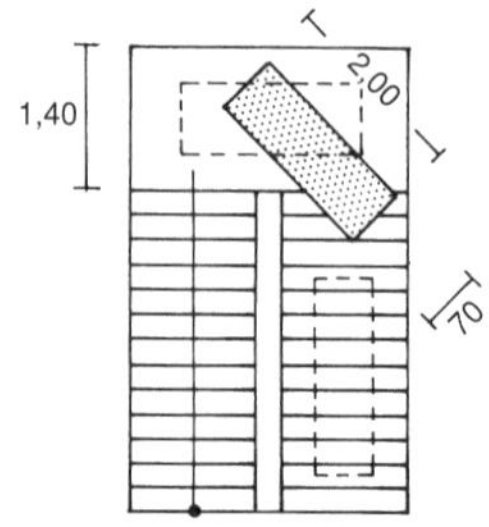

12 Mindestplatzbedarf bei Möbeltransport

Die Gefühlsskala von Treppen und Zuwegen ist weit: von den Gestaltungsmöglichkeiten unterschiedlichster Wohnhaustreppen über großzügige Außentreppen, auf denen das Auf- und Abgehen zum Schreiten wird. Das Gehen auf Treppen erfordert im Mittel einen 7fach höheren Energiebedarf als das normale Gehen in der Ebene. Beim Treppensteigen ist die physiologisch günstige „Steigarbeit“ bei einem Neigungswinkel der Treppe von 30° und einem Steigungsverhältnis

$$\frac{\text{Stufenhöhe H}}{\text{Stufentiefe T}} = \frac{17}{29} \text{ gegeben.}$$

Steigungsverhältnis wird bestimmt durch Schrittlänge eines erwachsenen Menschen (ca. 61 – 64 cm). Für Festlegung des günstigen Steigungsverhältnisses mit geringstem Energieaufwand gilt die Formel:
$2\,H + T = 63$ (1 Schritt).
Bei Bemessung und Gestaltung von Treppen ist neben oben erwähnten Zusammenhängen der übergeordnete funktionale u. gestalterische Zweck der Treppe von großer Bedeutung. Nicht die Höhenüberwindung allein, sondern die Art der Höhenüberwindung ist wichtig. Jede notwendige Treppe muß in eigenem durchgehenden Treppenraum liegen, der einschließlich seiner Zugänge u. des Ausganges ins Freie so angeordnet u. ausgebildet ist, daß er gefahrlos als Rettungsweg benutzt werden kann. Ausgangsbreite ≥ Treppenbreite.

Geschoßhöhe	Zweiläufige Treppe Flache (gute) Steigung		Ein-, Dreiläufige u. Gebäude-Treppe Flache (gute) Steigung	
	Stufenzahl	Stufenhöhe	Stufenzahl	Stufenhöhe
a	b	c	f	g
2250	–	–	13	173,0
2500	14	178,5	15	166,6
2625	–	–	15	175,0
2750	16	171,8	–	–
3000	18	166,6	17	176,4

13 Geschoßhöhe u. Treppensteigung

TREPPEN

Wenn Lauflänge für eine normale Treppe zu kurz ist, wählt man eine Treppe mit versetzten Stufen, eine sog. Kurz-, Löffel- oder Sambatreppe. Die Zahl der Steigungen der Kurztreppe soll möglichst niedrig sein, Steigungshöhe jedoch ≤ 20 cm. Der Auftritt ist hierbei zu messen (jeweils abwechselnd) auf den Auftrittachsen a + b → [7] des rechten und linken Fußes.

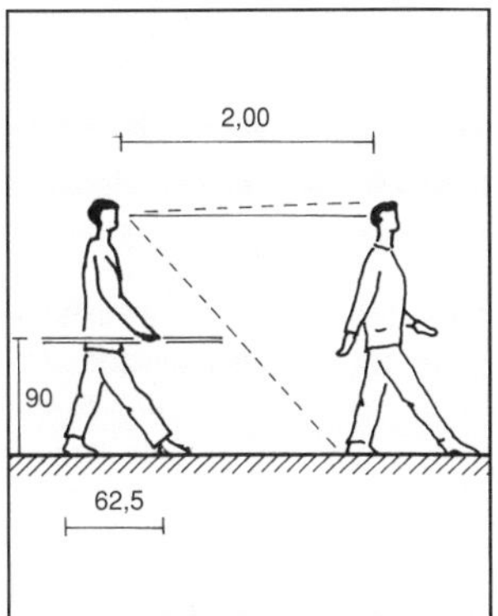

1 Schrittlänge eines Menschen auf waagerechter Fläche

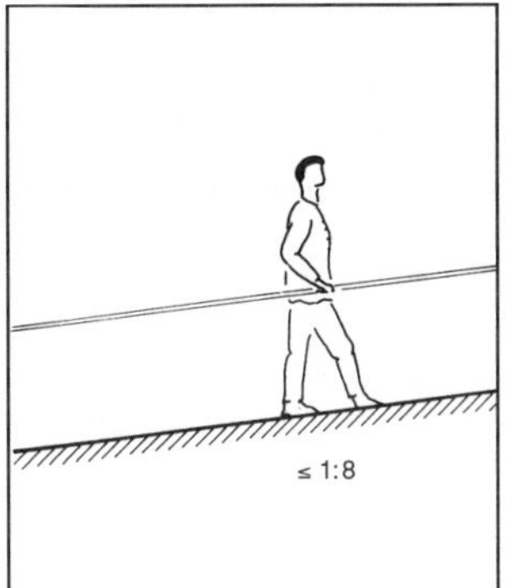

2 Steigende Fläche verkürzt die Schrittlänge. Angenehme Steigung 1:10–1:8

Zweimal Steigung plus Auftritt sollen zusammen 63 cm ergeben

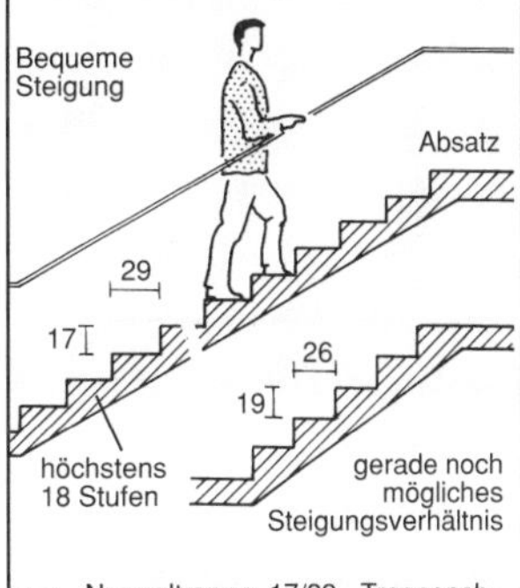

3 Normaltreppe 17/29. Treppenabsatz nach max. 18 Stufen

4 Leiterartige Treppe mit Geländer

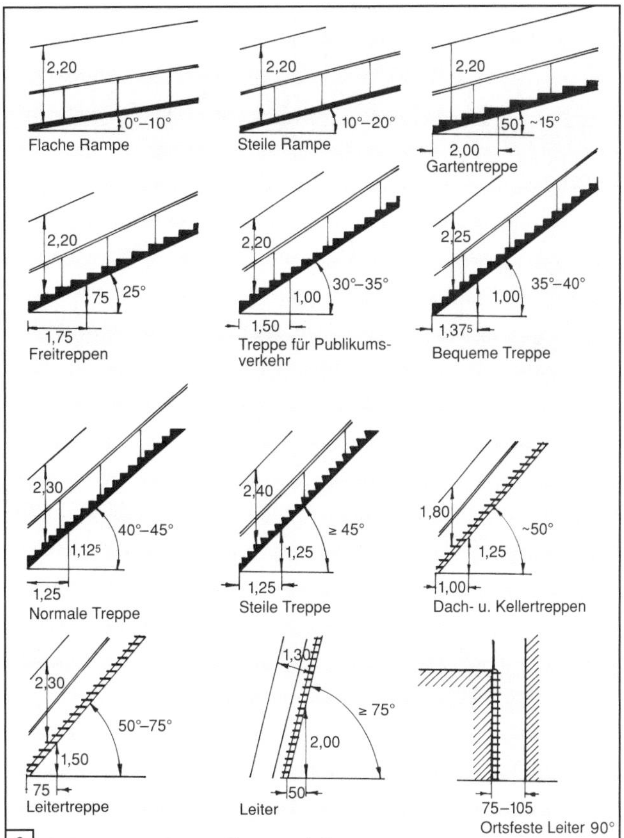

6 Steigungen von Rampen, Treppen u. Leitern

Lichte Raumhöhe	Bodentreppe Größe (cm)
220 – 280	100 x 60 (70)
220 – 300	120 x 60 (70)
220 – 300	130 x 60 (70 – 80)
240 – 300	140 x 60 (70 – 80)

Kastenbreite:
B = 59; 69; 79 cm

Kastenlänge:
L = 120; 130; 140 cm

Kastenhöhe:
H = 25 cm → [8]–[12]

10 Einschiebbare Bodentreppen

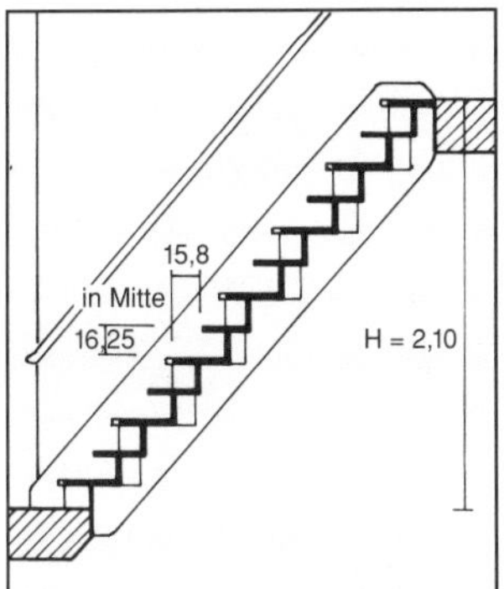

5 Kurz-, Löffel- oder Sambatreppe aus Holz. In der Mitte geschnitten → [7]

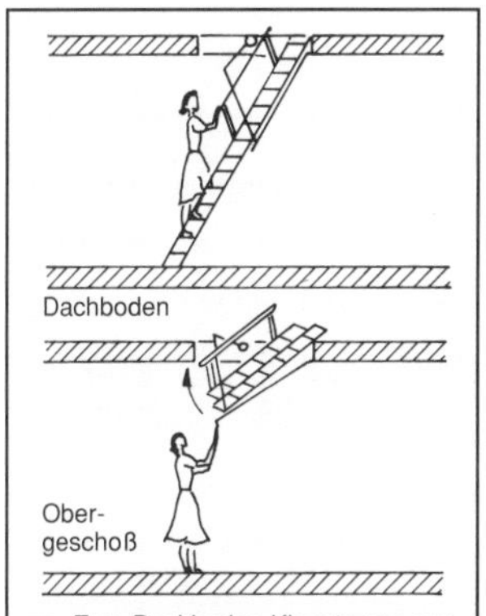

11 Zum Dachboden Klapptreppe aus Holz oder Aluminium

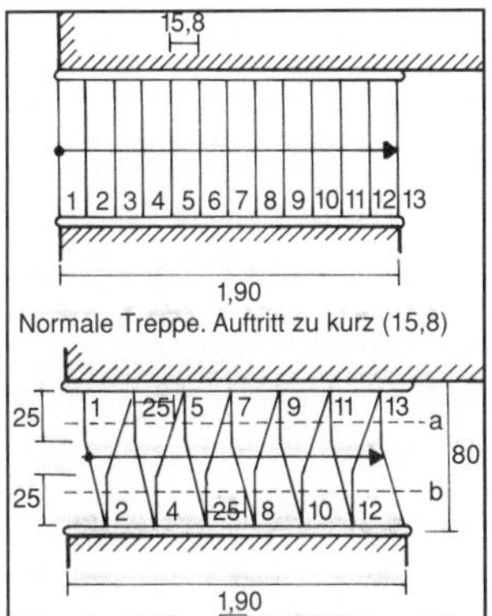

7 Grundriß → [5] Auftritt bei a und b ≥ 20 cm

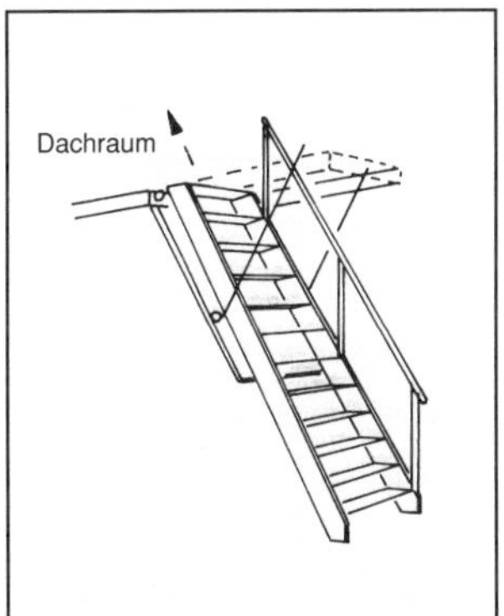

8 Raumsparende Bodentreppe

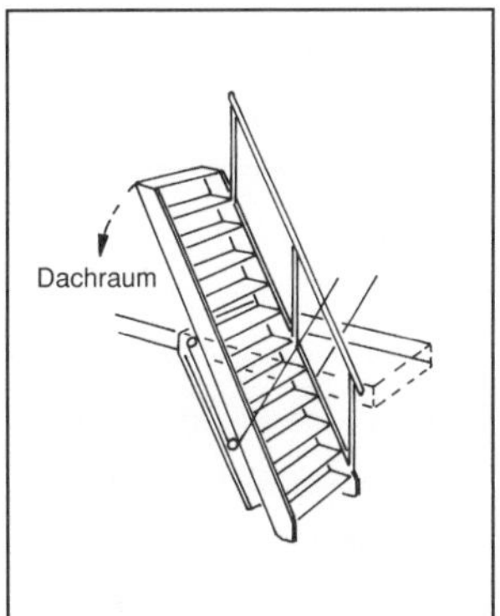

9 Bodentreppe 1-, 2- u. 3teilig lieferbar

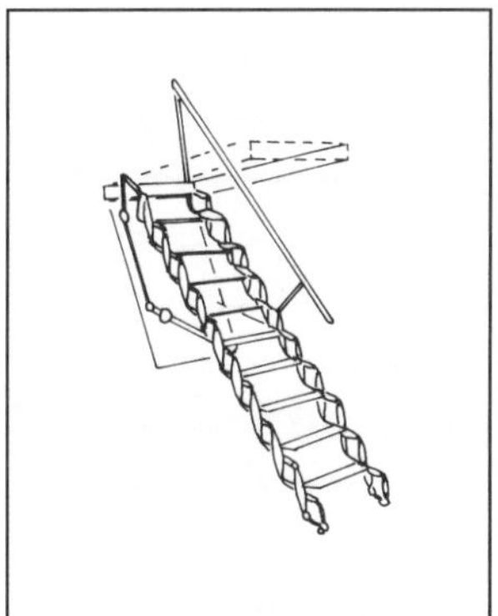
12 Raumsparende Scherentreppe (Raumhöhen 2,00–3,80)

TREPPEN
DETAILS

In Handlaufhöhe braucht der Mensch den größten Platz, in Fußhöhe erheblich weniger. Dort kann Laufbreite zugunsten größeren Treppenauges schmaler werden. Diese versetze Anordnung von Wange und Handläufen ermöglicht außerdem statisch günstigere Befestigung der Geländer an Wange. Günstige Handlaufanordnung bei 12 cm Auge, Handlauf nach innen versetzt → 1 – 3.

Umwehrungen, Ränge, Emporen, Galerien, Balkone müssen umwehrt werden, ab 1 m Höhenunterschied zwingend.

Geländerhöhe bei Absturzhöhe < 12 m Höhe = 0,90 m, > 12 m Höhe = 1,10 m.

Trittstufe ist der waagerechte Teil einer Stufe. Als Setzstufe bezeichnet man den senkrechten Stufenteil. Es gibt Treppen mit oder ohne Setzstufen → 5 – 6.

Setzstufen werden zumeist unterschnitten. Insbesondere bei steilen Treppen, um Auftrittsfläche zu vergrößern.

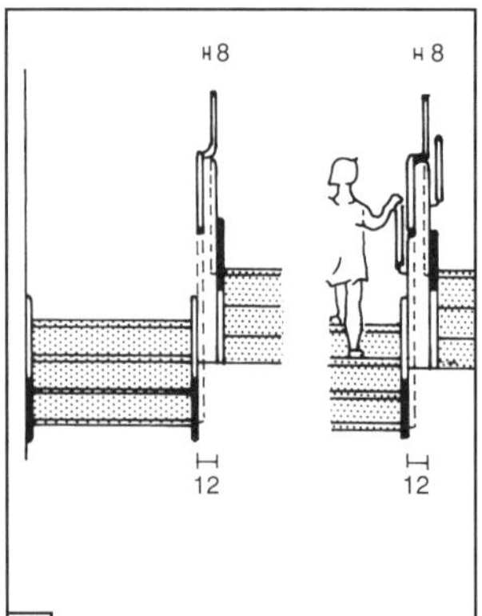

1 Handlauf u. Wangen-Einzelheiten

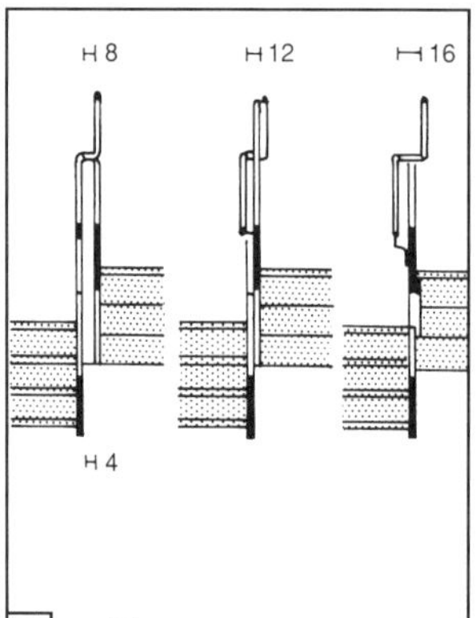

2 → 1

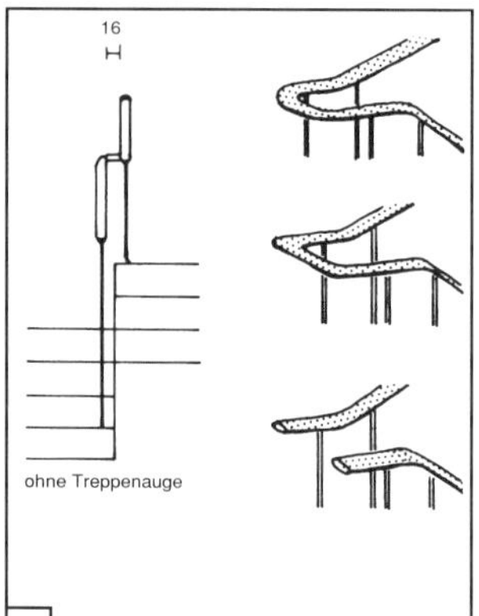

3 Handläufe am Podest

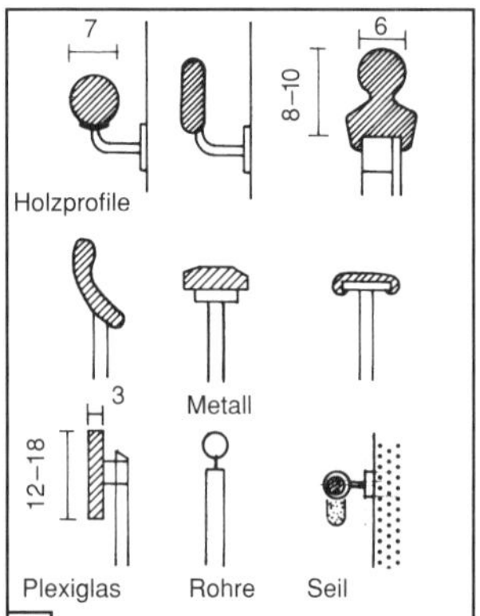

4 Handlaufprofile

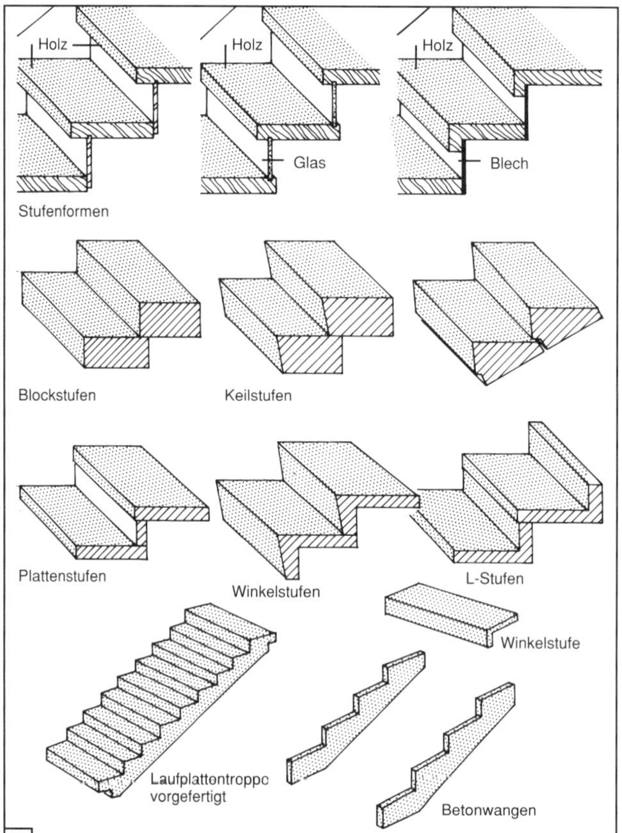

7 Treppen aus Stein u. Holz

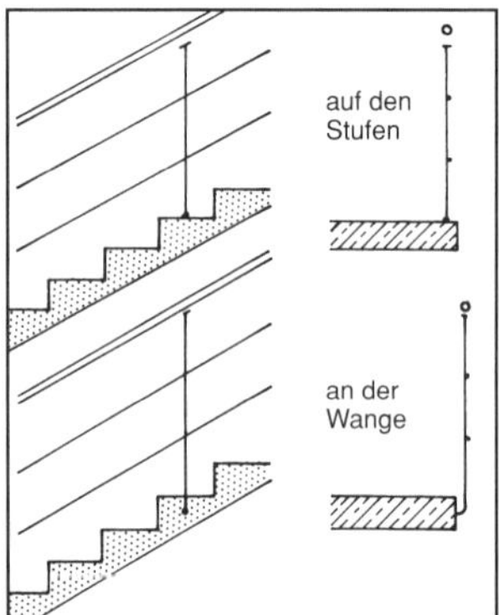

5 Geländerbefestigung bei Wangen

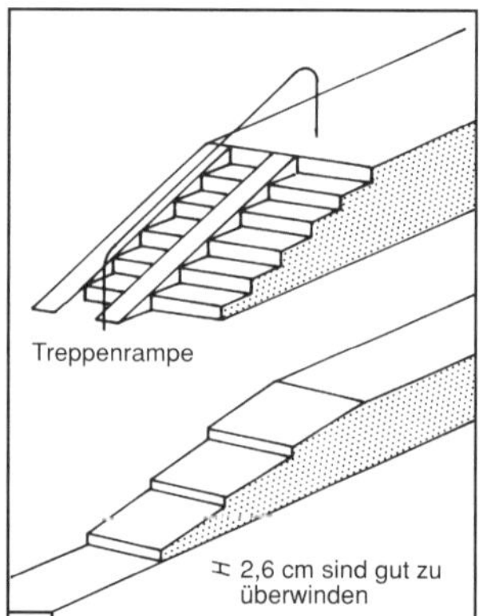

10 Stufenrampe

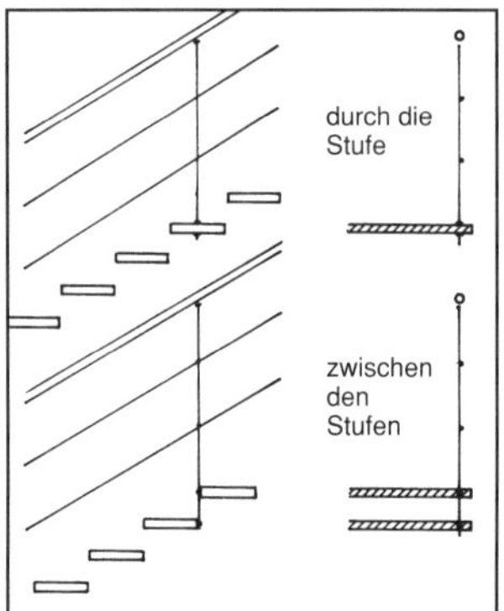

6 Geländerbefestigung bei Stufen

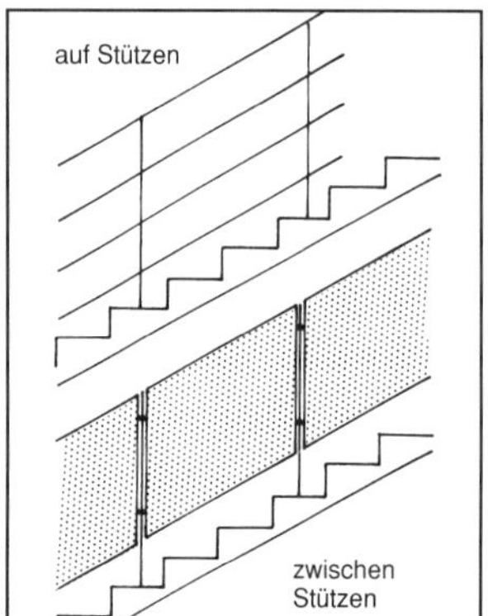

8 Geländerbefestigung

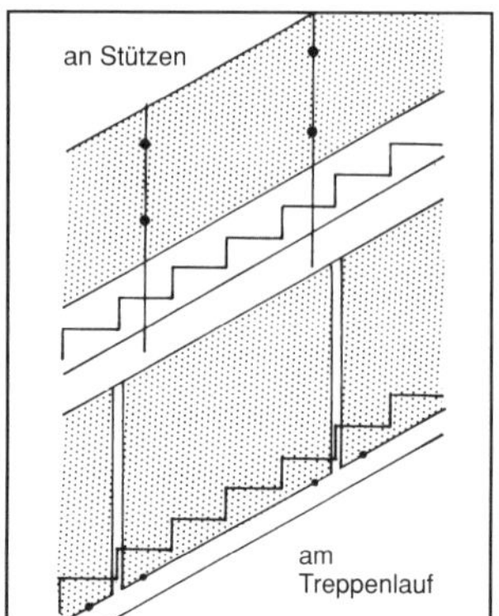

9 Geländerbefestigung mit Rahmen

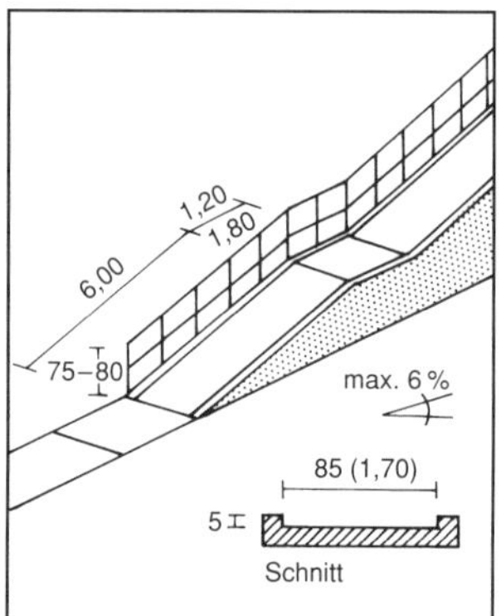

11 Rampe

WENDELTREPPEN, SPINDELTREPPEN

Ab ≥ 80 cm Laufbreite ist eine für Ein- und Zweifamilienhäuser „baurechtlich notwendige Treppe DIN 18065" möglich, ab Durchm. 260 cm für sonstige Gebäude (mind. 1,00 m Laufbreite). Spindeltreppen unter 80 cm nutzbarer Laufbreite sind nur als „nicht notwendige Treppen" erlaubt. Kellerraum, Dachboden, untergeordnete Räume.

Spindeltreppenstufen in Tränenblech, Gitterroste, Marmor, Holz, Kunststein, Beton.

Blechstufen mit Kunststoff oder Teppichbelag → [7].

Treppen in montagefertigen Teilen aus Stahl, Aluminiumguß, Beton oder Holzteilen. Einsatzmöglichkeit als Bedienungstreppe, Fluchttreppe und Geschoßtreppe → [6].

Treppengeländer aus Stahl, Holz und Plexiglas → [1]. Spindeltreppen sind platzsparend und in der Mittelachse mit einer Säule stabil zu konstruieren → [4]–[5]. Mittelachse kann aber auch ausgespart sein, was zur offenen Wendeltreppe mit Treppenauge führt → [1]–[2].

Bei der Montage darauf achten, daß kein Kontakt zur vorhandenen Konstruktion entsteht, damit Schallübertragung ausgeschlossen wird.

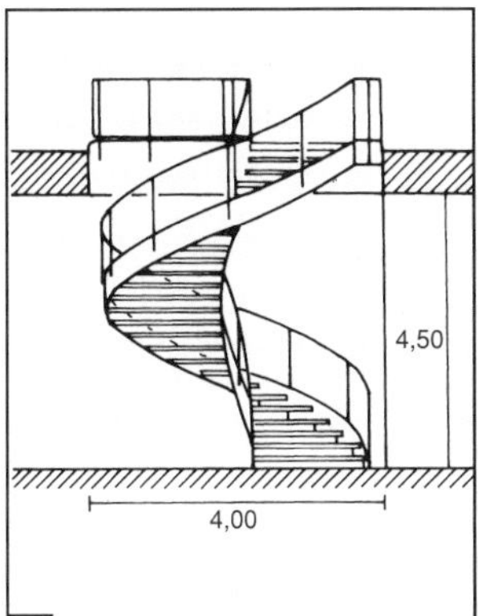

1 Wendeltreppe

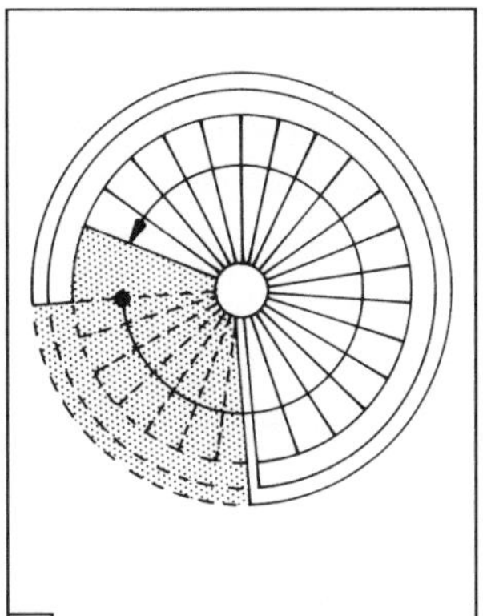

2 Grundriß → [1]

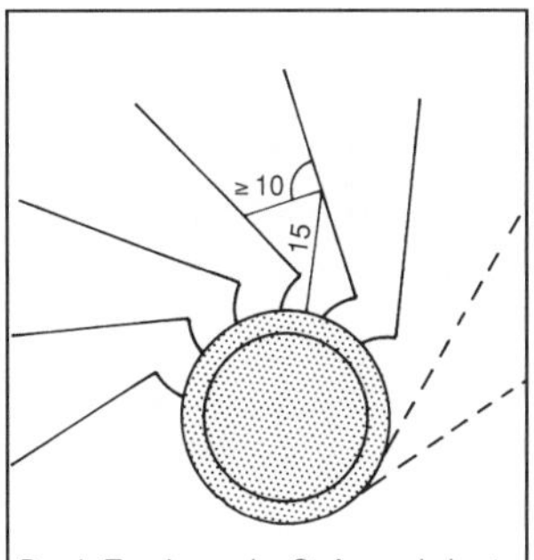

3 Wendelstufen-Auftritte

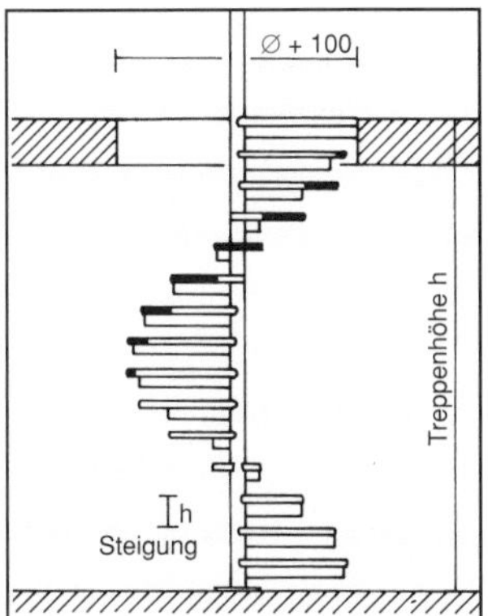

4 Spindeltreppe → [6]

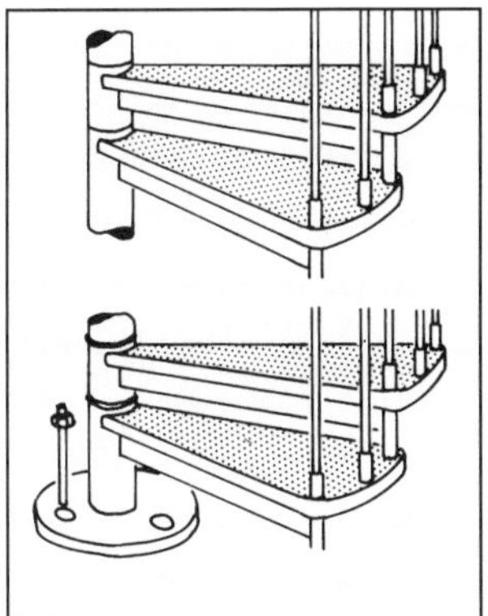

5 Detail Wendeltreppe aus Stahl

Verwendung in resp. als Verwendung von/zu	Gegenverkehr nicht möglich				Gegenverkehr möglich					Gegenverkehr gut möglich				
	noch begehbar	normal begehbar	gut begehbar		leicht begehbar					bequem begehbar				
			Kleinmöbel transportierbar		Möbel zerlegt transportierbar					Möbel transportierbar				
untergeordneten Räumen														
Kellerraum														
Dachboden														
Hausbar														
Hobbyraum														
Schlafräume														
Sauna														
Schwimmbad														
Labor														
Werkstatt														
Galerie														
Garten														
kl. Lager														
Verkaufsraum														
Maisonettwohnung														
Inter. WT.														
Boutique														für starke Frequenz
Büroräume														
Praxisräume														
gr. Lager														
Ladenraum														
Gasträume														
Fluchttreppe														
„notw. Treppe" im Einf.-Haus														
Treppen-∅ (Nennmaß)	1200	1350	1550	1650	1750	1800	1850	1900	1950	2000	2050	2100	2150	2200
Laufbreiten in mm	516	591	678	728	778	625	650	675	700	725	750	775	800	825
	Zwischenspindelrohr-Handlauf ab 10 cm Auftrittsbreite (Anr. Laufbreite)													
Gewicht (ca.) kg/steig. m	72	81	92	96	107	116	120	124	127	130	132	134	137	140

6 Bestimmung von Mindestgrößen bei Spindeltreppen aller Typen nach Verwendungsart

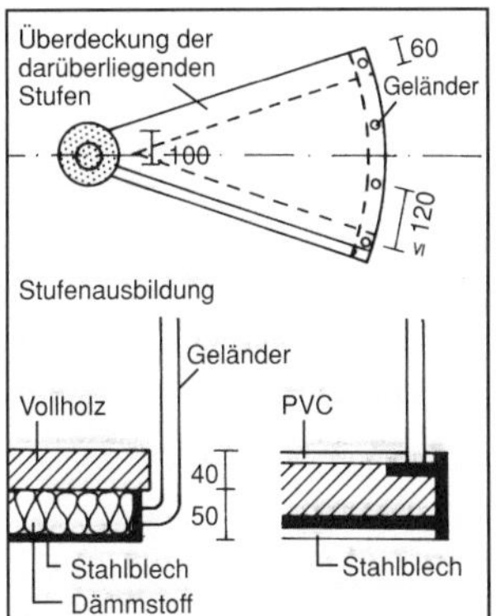

7 Details → [5]

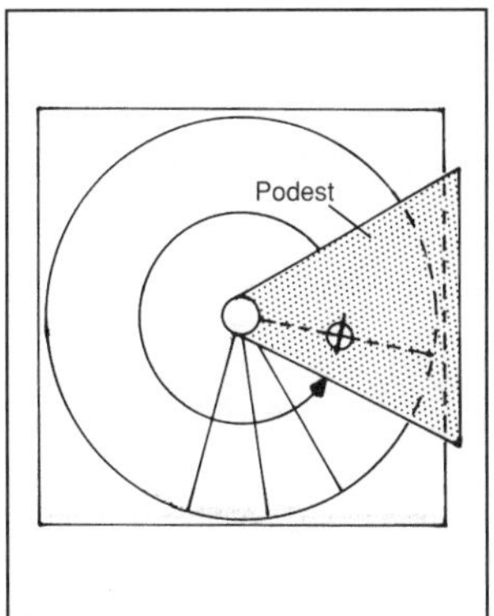

8 Quadratische Deckenöffnung

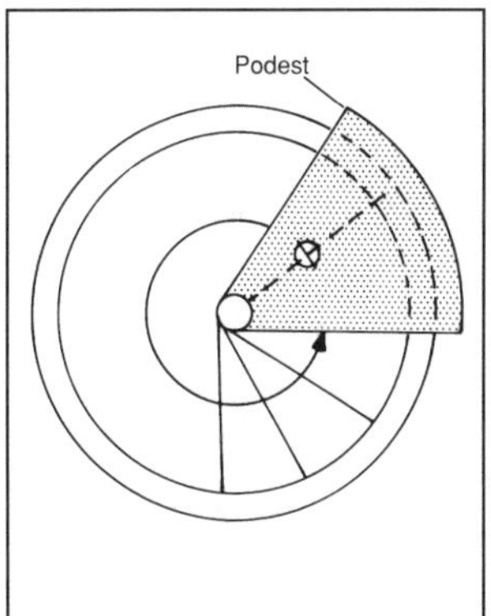

9 Runde Deckenöffnung

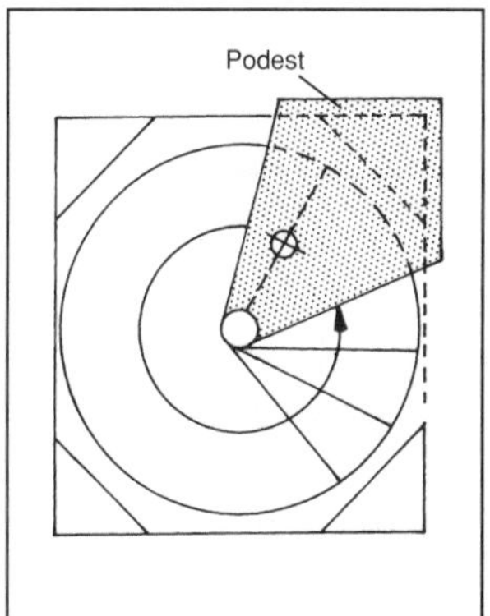

10 Eckige Öffnung

AUFZÜGE

KLEINGÜTERAUFZÜGE HYDRAULIKAUFZÜGE

Kleingüteraufzüge: Tragfähigkeit ≤ 300 kg Fahrkorbgrundfläche ≤ 0,8 m²; für Kleingüter, Akten, Speisen usw. Nicht betretbar. Schachtgerüst üblich aus Profilstahl in Schachtgrupe oder auf Decke gesetzt. Allseitige Ummantelung aus nichtbrennbaren Baustoffen → [1]–[4]. Berechnung der Förderleistung von Güteraufzügen → [5]. Folgende Formel zur Berechnung der Zeit für ein Förderspiel

$$Z = 2\frac{h}{v} + B_z + H\,(t_1 + t_2) = \ldots s$$

2 = konstanter Faktor für Hin- und Rückfahrt

h = Förderhöhe, v = Betriebsgeschwindigkeit, B_z = Be- und Entladezeit in s, H = Anzahl der Haltestellen.

t_1 = Zeit für Fahrtbeschleunigung und -verzögerung in s.

t_2 = Zeit für Schließen und Öffnen der Fahrschachttüren bei einfl. Türen 6 s, bei zweifl. Türen 10 s, bei vertikalen Schiebetüren von Kleingüteraufzügen etwa 3 s.

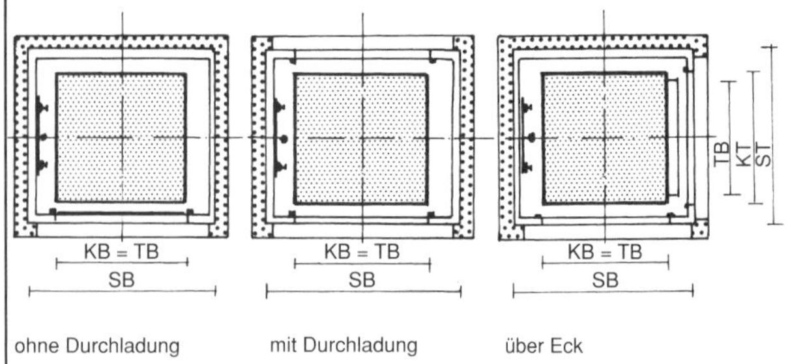

1 Kleingüteraufzug – Grundrisse

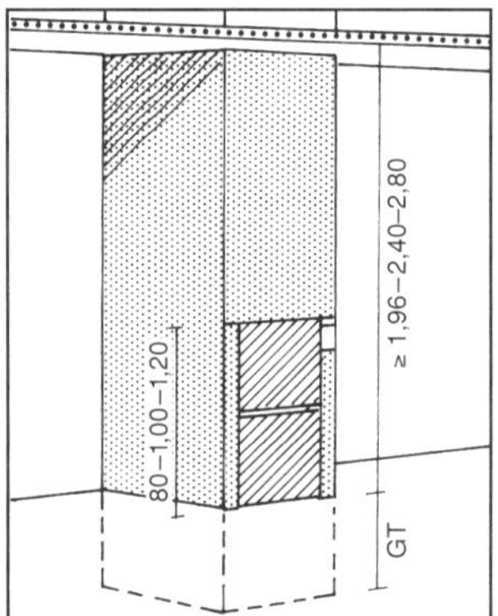

2 Kleingüteraufzug mit bodengleicher Vertikalschiebetür

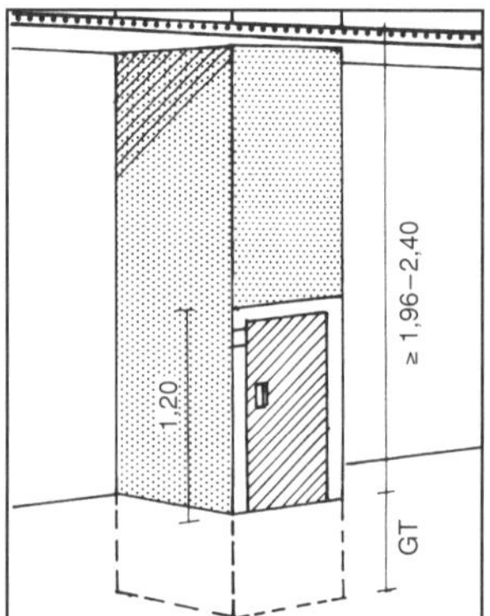

3 Kleingüteraufzug mit bodengleicher Drehtür

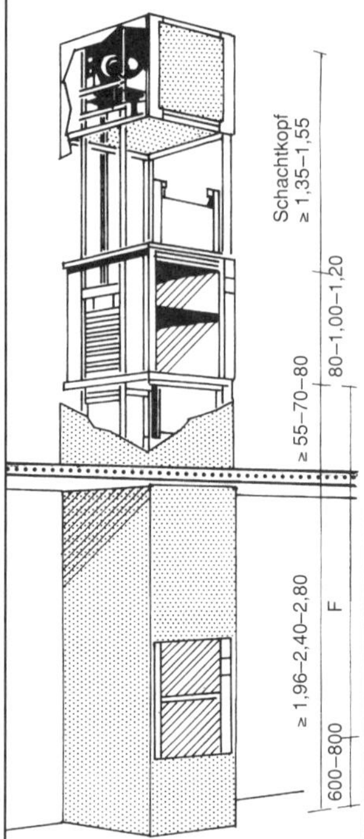

4 Kleingüteraufzug mit Brüstung u. Vertikalschiebetür

Ladestellenanordnung		1 Zugang und Durchladung							Übereck und Übereck mit Durchladung				
Nutzlast	Q[kg]				100			300			100		
Geschwindigkeit	v[m/s]				0,45			0,3			0,45		
Kabinenbreite = Türbreite	KB = TB	400	500	600	700	800	800	800	500	600	700	800	800
Kabinentiefe	KT	400	500	600	700	800	1000	1000	500	600	700	800	1000
Kabinenhöhe = Türhöhe	KH = TH			800			1200	1200		800			1200
Türbreite für Übereck-Ladestelle	TB	–	–	–	–	–	–	–	350	450	550	650	850
Schachtbreite	SB	720	820	920	1020	1120		1120	820	920	1020	1120	1120
Schachttiefe	ST	580	680	780	880	980	1180	1180	680	780	880	980	1180
Schachtkopfhöhe min.	SKH			1990			2590	2590		2145			2745
Triebwerksraumtürbreite		500	500	600	700	800	800	800	500	600	700	800	800
Triebwerksraumtürhöhe					600						600		
Ladestellenabstand min.	1.)			1930			2730	2730		1930			2730
Ladestellenabstand min.	2.)				700			450			700		
Brüstungshöhe min. nur unterste Haltestelle	B			600			800	800		600			800

5 Baumaße Kleingüteraufzüge

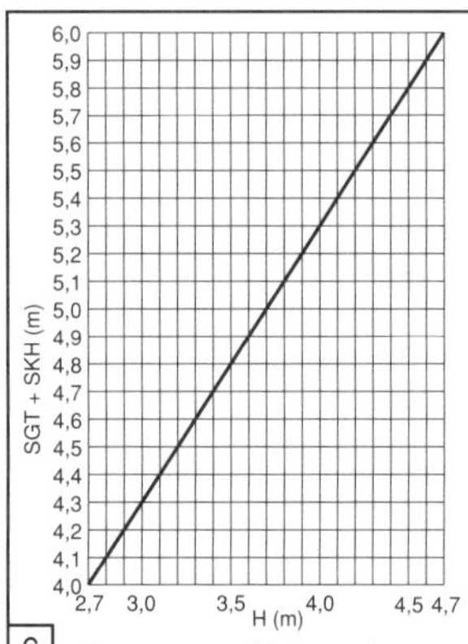

Beispiel:

gegeben: H = 4,7 m
gesucht: SKH
Lösung: siehe Diagramm

bei H = 4,7 m ist
(SGT + SKH) = 6,0 m
SGT gewählt 1000 mm > 900 mm
(SGT möglichst klein wählen)
SKH = 6,0 m – 1,0 m = 5,0 m
> 3100 mm

SGT = 900 mm und
SKH = 3100 mm nicht unterschreiten

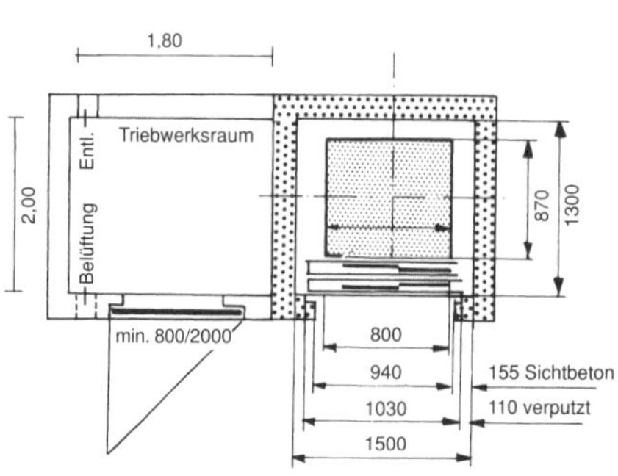

6 Abmessungen (Diagramm) Schachtgrundriß u. Maschinenraum

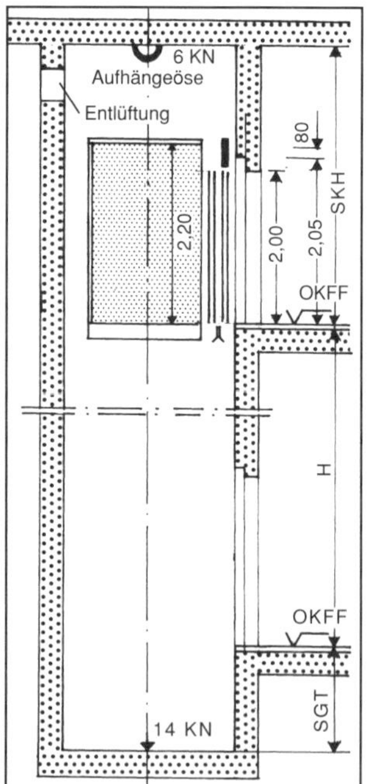

Stockwerkabstand min. = 2480 mm

Schachtkopfhöhe min. bei H ≤ 2,7 m SKH = 3100 mm

Schachtgrubentiefe min. bei H ≤ 2,7 m SGT = 900 mm

Schachtkopfhöhe und Schachtgrubentiefe min. bei H ≤ 2,7 m siehe Diagramm

7 Schachthöhenschnitt → [6]

AUFZÜGE

WOHNGEBÄUDE DIN 15306

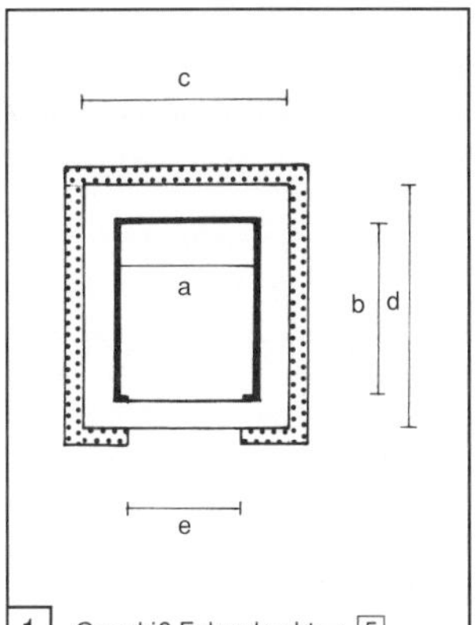

1 Grundriß Fahrschacht → 5

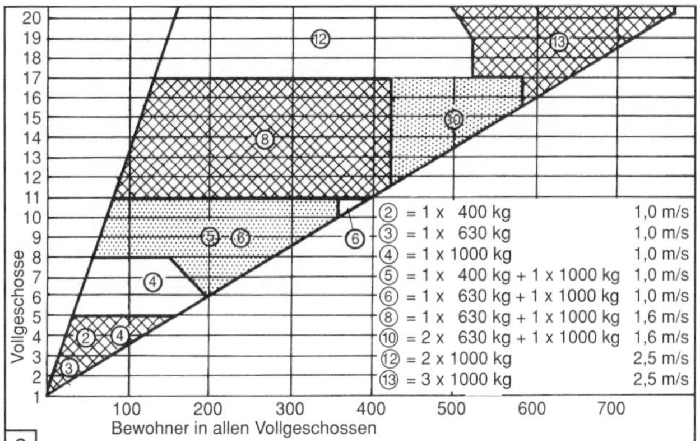

2 Anforderung an die Förderleistung für Normal-Wohnhäuser

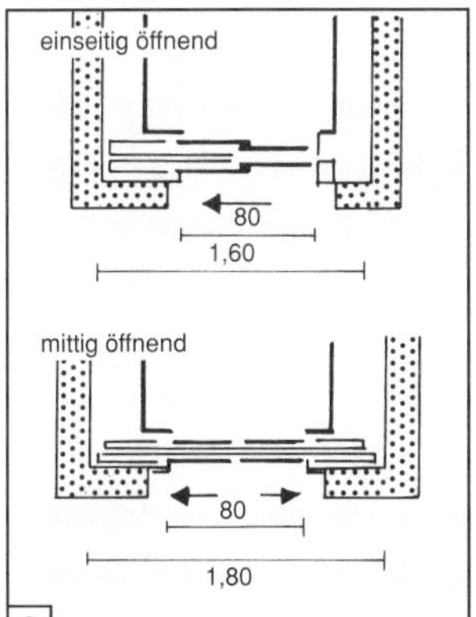

3 Türen

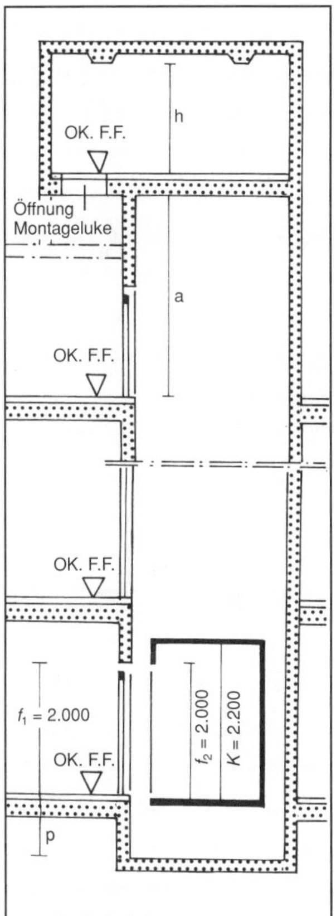

4 Vertikalschnitt Schacht u. Triebwerksraum

	Tragfähigkeit	kg	400			630 3)				1000 3)			
	Betriebsgeschwindigkeit	≤ m/s	0,63	1,00	1,60	0,63	1,00	1,60	2,50	0,63	1,00	1,60	2,50
Schacht	Mindestschachtbreite c	mm	1800			1800				1800			
Schacht	Mindestschachttiefe d	mm	1600			2100				2600			
Schacht	Mindestgrubentiefe p	mm	1400	1500	1700	1400	1500	1700	2800	1400	1500	1700	2800
Schacht	Mindestschachtkopfhöhe q	mm	3700	3800	4000	3700	3800	4000	5000	3700	3800	4000	5000
Tür	Lichte Schachttürbreite e_1	mm	800			800				800			
Tür	Lichte Schachttürhöhe f_1	mm	2000			2000				2000			
Triebwerkraum	Mindestfläche des Triebwerkraumes	m²	8	10		10		12	14	12		14	16
Triebwerkraum	Mindestbreite des Triebwerkraumes r	mm	2400	2400		2700		2700	3000	2700		2700	3000
Triebwerkraum	Mindesttiefe des Triebwerkraumes s	mm	3200	3200		3700		3700	3700	4200		4200	4200
Triebwerkraum	Mindesthöhe des Triebwerkraumes h	mm	2000	2200		2000		2200	2600	2000		2200	2600
Fahrkorb	Lichte Fahrkorbbreite a	mm	1100			1100				1100			
Fahrkorb	Lichte Fahrkorbtiefe b	mm	950			1400				2100			
Fahrkorb	Lichte Fahrkorbhöhe k	mm	2200			2200				2200			
Fahrkorb	Lichte Fahrkorbzugangsbreite e_2	mm	800			800				800			
Fahrkorb	Lichte Fahrkorbzugangshöhe f_2	mm	2000			2000				2000			
Fahrkorb	Zulässige Personenzahl		5			8				13			

3) Diese Fahrkörbe erlauben die Benutzung mit Rollstühlen. Die Fahrkorbabmessungen entsprechen den Forderungen nach DIN 18024 und DIN 18025.

5 Baumaße, Fahrkorbmaße, Türmaße

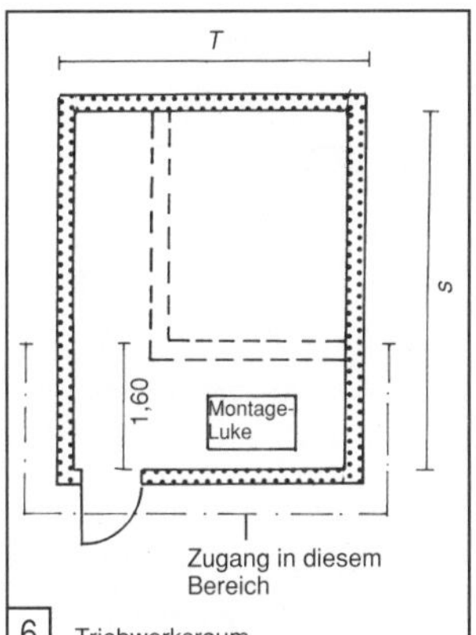

6 Triebwerksraum

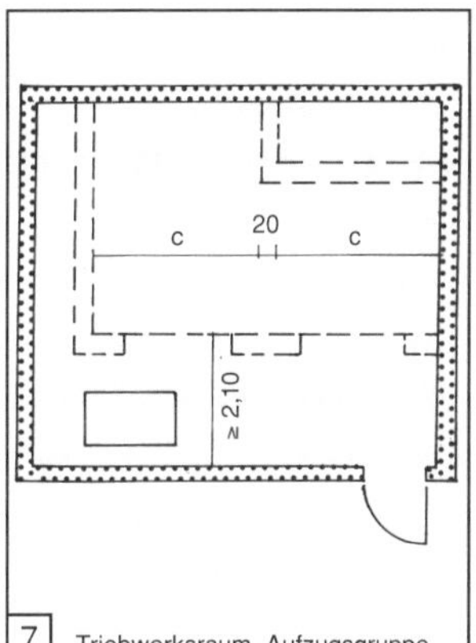

7 Triebwerksraum, Aufzugsgruppe

Der Vertikalverkehr in neu errichteten, mehrgeschossigen Gebäuden wird vorwiegend von Aufzugsanlagen übernommen. Der Architekt wird in der Regel für die Planung von Aufzugsanlagen einen Fachingenieur zuziehen. In größeren, mehrgeschossigen Gebäuden, zentrale Zusammenfassung der Aufzüge zu einem Verkehrsknotenpunkt zweckmäßig. Lastenaufzüge sind von Personenaufzügen sichtbar getrennt anzuordnen; zugleich ist bei ihrer Planung zu berücksichtigen, daß sie bei Verkehrsspitzen in den Personenverkehr organisch einbezogen werden können.

Für Personenaufzüge in Wohngebäuden sind folgende Tragfähigkeiten festgelegt.

400 kg (kleiner Aufzug): für Personenbenutzung auch mit Traglasten

630 kg (mittlerer Aufzug): für Benutzung mit Kinderwagen und Rollstühlen

1000 kg (großer Aufzug): zum Transport von Krankentragen, Särgen, Möbeln u. Rollstühlen für Körperbehinderte. → 5

Stauräume vor den Fahrschachtzugängen müssen so gestaltet u. bemessen sein,

- daß aus- u. einsteigende Aufzugsbenutzer, auch mit Handgepäck, sich gegenseitig nicht mehr als unvermeidlich behindern.
- daß die größten mit der jeweiligen Aufzugsanlage zu transportierenden Lasten (z.B. Kinderwagen, Rollstühle, Krankentragen, Särge, Möbel) ohne Gefahr von Schäden an Personen, Gebäuden und Aufzug ein- und ausgeladen werden können, wobei der übrige Verkehr nicht mehr als unvermeidlich beeinträchtigt werden sollte.

Stauraum vor Einzelaufzug

Nutzbare Mindesttiefe zwischen Schachttürwand u. gegenüberliegender Wand, gemessen in Richtung der Fahrkorbtiefe, soll gleich der Fahrkorbtiefe sein. Nutzbare Mindestfläche soll gleich dem Produkt aus Fahrkorbtiefe und Schachtbreite sein.

SONNENLICHT

Richtige Stellung der Gebäude und Fenster zur Sonne, um ihre wohltuende Wirkung zu nutzen oder sich ggf. gegen ihre lästige Hitze zu schützen, ist für den Nutzungswert eines Baues entscheidend. Erwünscht ist der Sonneneinfall im allgemeinen in allen Räumen im Herbst und Winter und in den Morgenstunden. Nicht erwünscht ist der Sonneneinfall im allgemeinen in den Mittags- und Nachmittagsstunden in den Monaten Juni bis August. Durch die richtige Lage des Baues → 6 – 9 und entsprechende bauliche Vorkehrungen sind diese Bedürfnisse zu erfüllen. Die Form der Fensterleibungen und Sprossenprofile soll den Sonneneinfall nicht stark beengen. Hohe Fenster lassen die Sonnenstrahlen am tiefsten in den Raum hinein → Belichtung.

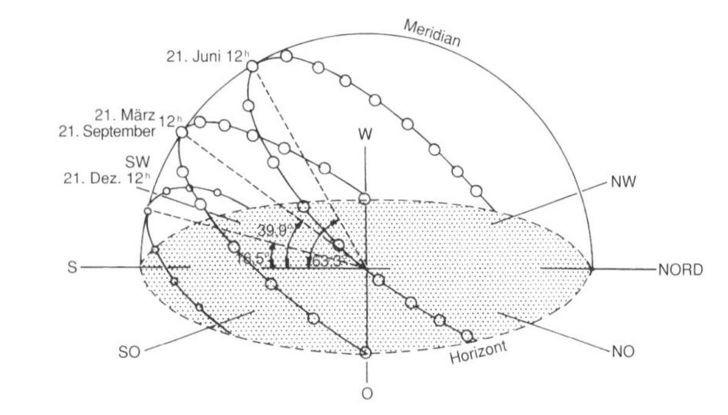

1 Sonnenbahn bei Wintersonnenwende = W, bei Tagundnachtgleiche = T, bei Sommersonnenwende = S, in ihrer Beziehung zum Haus oder Beschauer in unserer Landschaft (51,5° Breite)

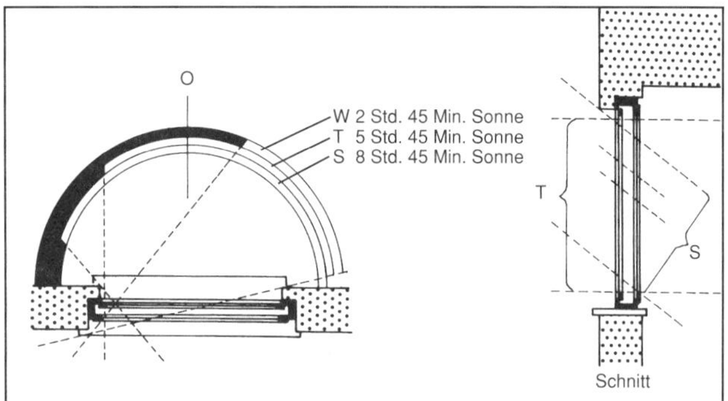

2 Ost- und Westfenster erhalten zur Tagundnachtgleiche waagerecht einfallende Strahlen, die zur Sommersonnenwende ansteigen

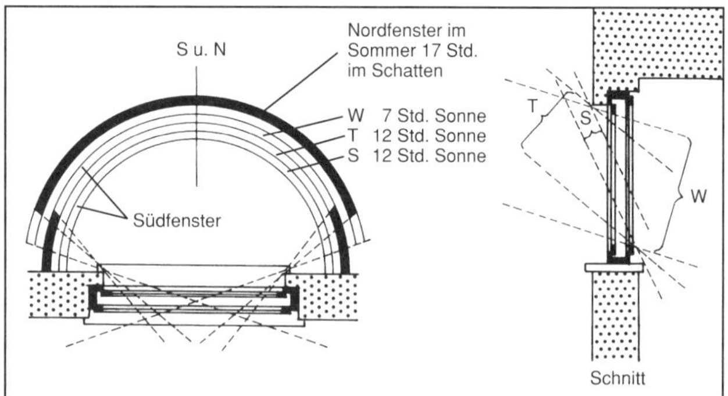

3 Nordfenster erhalten nur spärliche Sonne im Sommer um die Sommersonnenwende herum. Südfenster haben flache Strahlen im Winter und Steilstrahlen im Sommer. Sie eignen sich besonders für Räume, die Sommer wie Winter besonnt sein sollen.

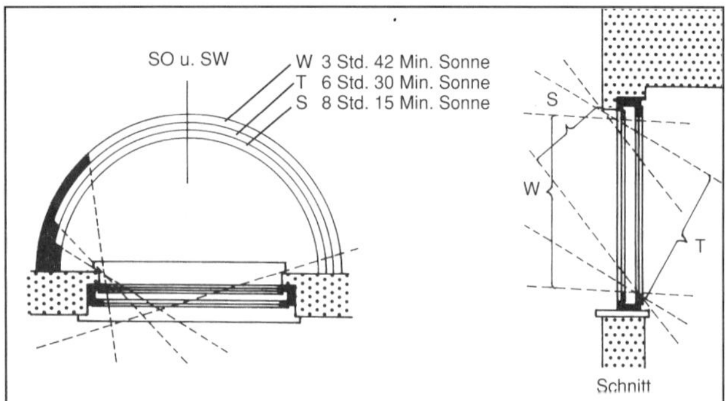

4 Südost- und Südwestfenster werden günstig besonnt im Sommer und im Winter duirch flache, tief eindringende Strahlen

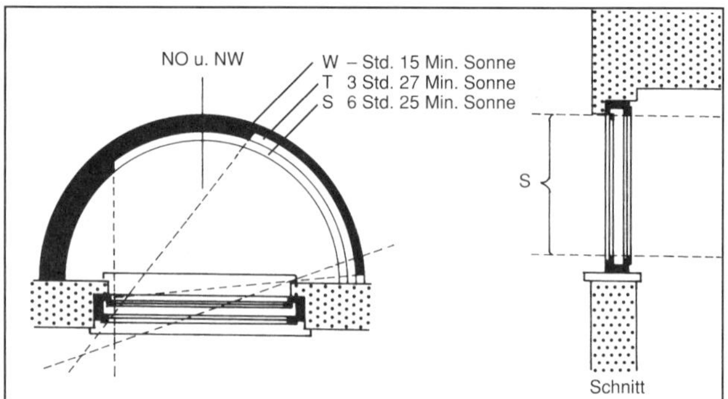

5 Nordost- und Nordwestfenster erhalten im Winter keine Sonne, aber wirkungsvolle Besonnung schon im Frühjahr und im Herbst. Im Sommer fällt die Sonne waagerecht herein.

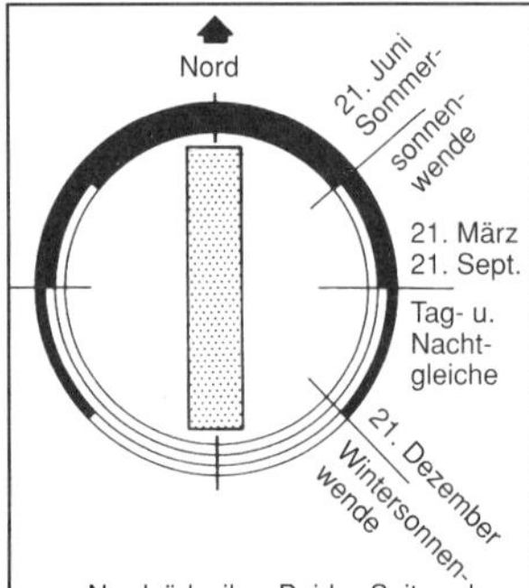

6 Nordsüdzeile: Beide Seiten besonnt, keine Nordfenster, aber auch kein Südfenster, daher im November, Dezember und Januar in allen Räumen keine Sonne

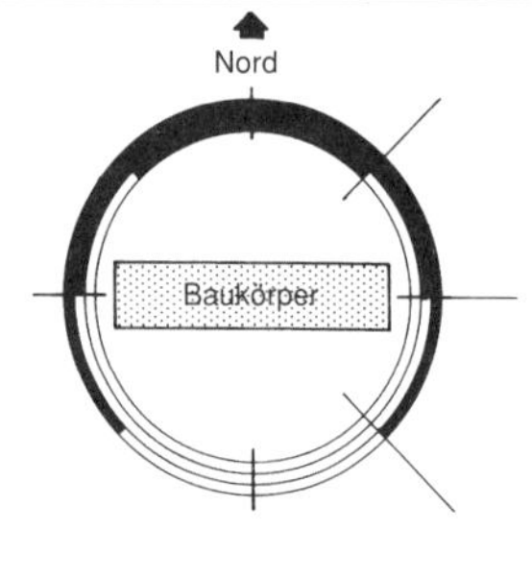

7 Ostwestzeile: Bestfall für Kleinwohnungen, 1–2 Zimmer, nach Süden Wohn- u. Schlafzimmer (ggf. bis zur Nordseite durchgehend), nach Norden Treppe, Bad, Vorraum, Kleinküche usw.

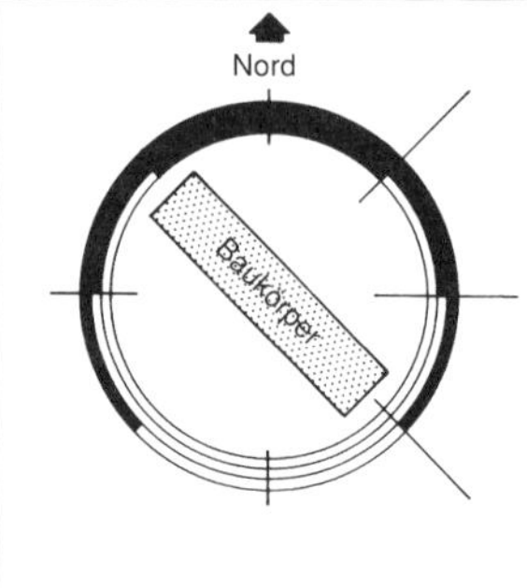

8 Nordwest-Südost-Zeile: Günstig für Großwohnungen, nach Nordosten Schlaf- und Wirtschaftsräume, nach Südwesten Wohn- und Kinderzimmer

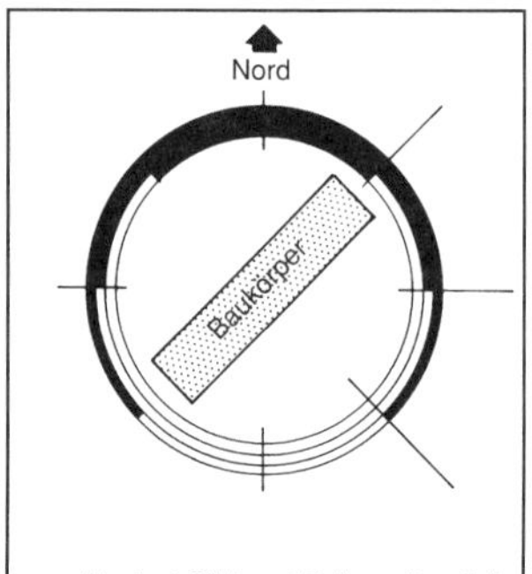

9 Nordost-Südwest-Zeile: Bestfall für 3- bis 4-Zimmer-Wohnungen, nach Südosten Wohn- und Schlafzimmer, nach Nordwesten Wirtschafts- und Nebenräume

SONNENLICHT

Ermittlung der Besonnung von Bauten
von H. B. Fisher – W. Kürte → 🕮

Anwendung

Nach diesem nachstehend dargestellten Verfahren kann die Besonnung eines geplanten Baues sofort abgelesen werden, wenn man den auf durchsichtigem Papier gezeichneten Bauplan seiner wirklichen Himmelslage entsprechend über die Sonnenbahntafel legt oder umgekehrt. Die nachfolgenden Sonnenbahnangaben beziehen sich auf das Gebiet von 51,5° nördl. Breite (Dortmund–Göttingen–Halle–Militsch).

Für den südlichsten Teil mit 48° nördl. Breite (Freiburg i.B.–München–Salzburg–Wien) sind zu den eingezeichneten Sonnenhöhen 3,5° zuzurechnen.

Für den nördlichsten Teil mit 55° nördl. Breite (Flensburg–Bornholm–Königsberg) sind 3,5° abzuziehen. Die in den zweiten äußeren Ringen angegebenen Grade beziehen sich auf den „Azimut", das ist der Winkel, mit dem man die scheinbar ost-westliche Bewegung der Sonne in ihrer Projektion auf die waagerechte Ebene mißt. Die im äußeren Ring angegebenen Ortszeiten decken sich innerhalb Deutschlands mit der Normalzeit für den 15° östlicher Länge (Görlitz-Stargard–Bornholm = Meridian der mitteleuropäischen Zeit). Bei Orten auf Längengraden östlich davon ist die Ortszeit je nach Längengrad 4 Minuten früher als die Normalzeit, für jeden Längengrad westlich vom 15° = 4 Minuten später als die Normalzeit. Für Potsdam unter 13° östl. Länge von Greenwich ist die Ortszeit demnach 8 Minuten später als die Normalzeit.

Besonnungsdauer

Der mögliche Sonnenschein ist ziemlich gleich lang an den Tagen vom: 21. Mai bis 21. Juli = 16 bis 16 3/4 Std., 21. November bis 21. Januar = 8 1/4 bis 7 1/2 Std. In den Zwischenmonaten ändert sich die Besonnungsdauer monatlich um fast 2 Stunden. Die wirkliche Besonnung beträgt gegenüber obigen Angaben infolge Nebel- und Wolkenbildung kaum 40%. Der Wirkungsgrad ist in den verschiedenen Orten sehr unterschiedlich. In Berlin sind die Verhältnisse besonders günstig (im Juli fast 50%, Stuttgart 35%). Genaue Auskunft darüber geben die staatlichen Beobachtungsstellen der in Frage kommenden Landschaft.

Sonne und Wärme

Die natürliche Wärme im Freien hängt vom Sonnenstand und der Wärmeabgabefähigkeit des Erdbodens ab. Daher hinkt die Wärmekurve ungefähr 1 Monat hinter der Sonnenhöhenkurve her, d.h. der wärmste Tag ist nicht der 21. Juni, sondern er liegt in den letzten Tagen des Juli, und der kälteste Tag ist nicht der 21. Dezember, sondern er liegt in den letzten Tagen des Januar. Natürlich sind auch hier die Verhältnisse örtlich außerordentlich verschieden.

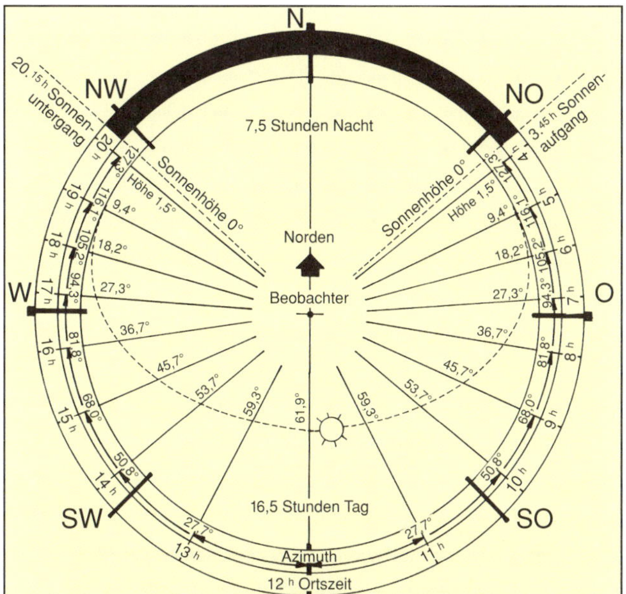

1 Sonnenbahn zur Zeit der Sommer-Sonnenwende (annähernd 21. Juni) S längster Tag des Jahres 51,5° nördl. Breite (Dortmund–Halle)

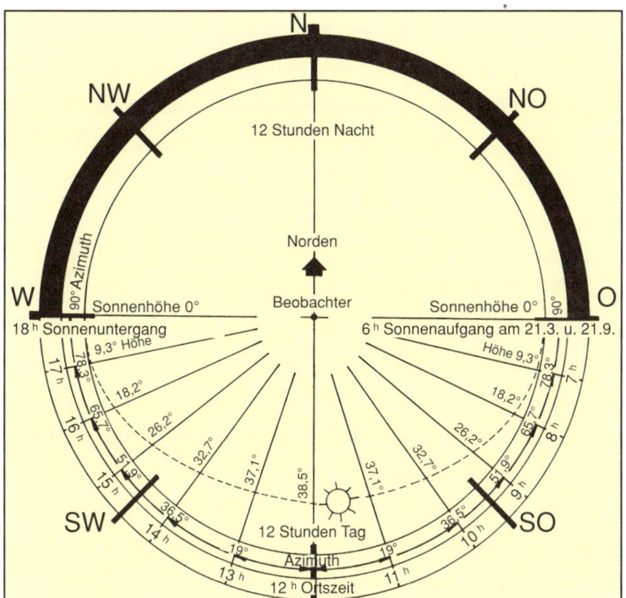

2 Sonnenbahn zur Zeit der Frühjahrs-Tagundnachtgleiche (annähernd 21. März). Herbst-Tagundnachtgleiche (annähernd 23. September) S

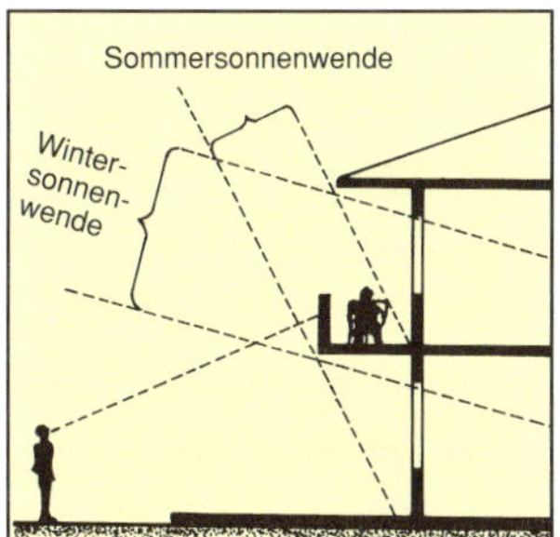

3 Südseite: Sonne und Wärme dringen im Winter tief ins Haus. Im Sommer werden Sonne und Hitze von Fenster und Wand ferngehalten

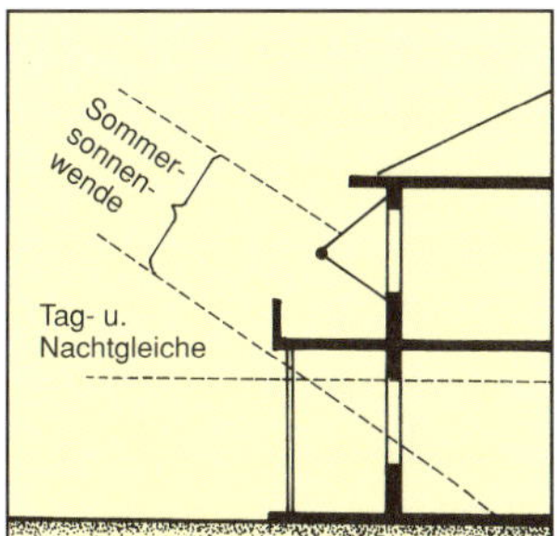

4 Ostseite: Die flachen Sonnenstrahlen im Osten gestatten breite, meist auch windgeschützte Terrassen, ohne den Sonneneinfall zu behindern

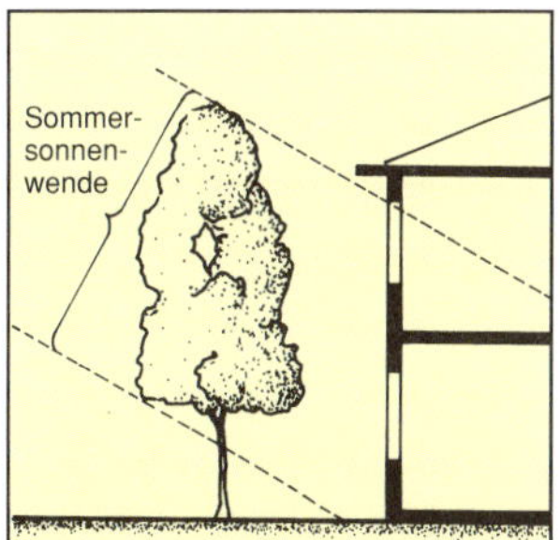

5 Westseite: Lästige Westsonne u. Wetterschlag im Sommer werden durch belaubte Bäume am besten abgehalten, die die Wintersonne durch laubloses Geäst ins Haus lassen.

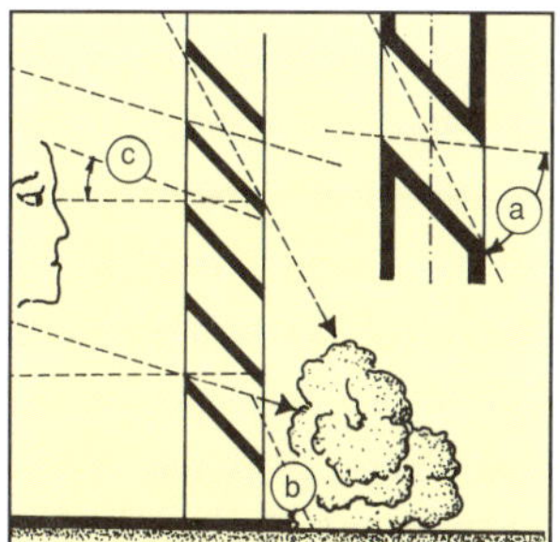

6 Plankenzaun oder Balkonbrüstung in dieser Form läßt die meisten Sonnenstrahlen durch → a, wirft die übrigen Strahlen weiter → b, schützt gegen Sicht u. Wind → c

SONNENLICHT

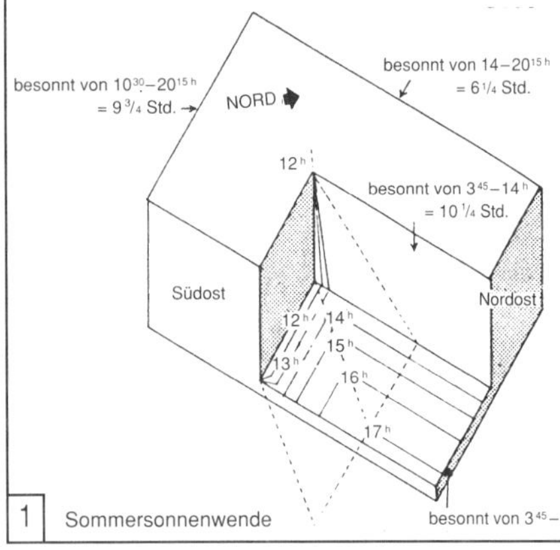

Kurz nach 11 h beginnt bei der Nordostseite die Beschattung, kurz nach 13 h liegt auch die Südostseite im Schatten, während die anderen Seiten zu den entsprechenden Seiten besonnt werden.

1 Sommersonnenwende

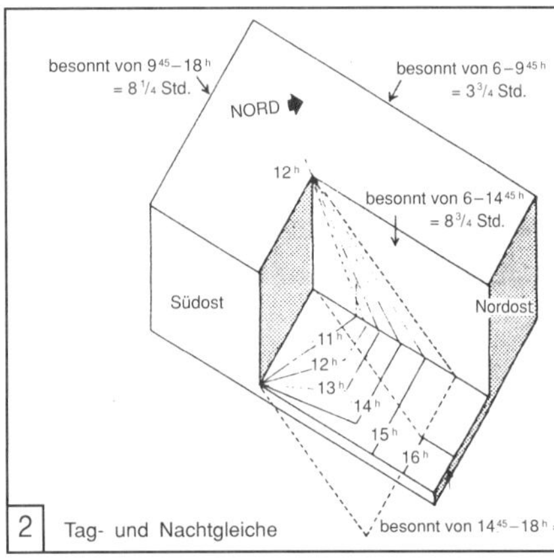

Die Nordostseite liegt kurz nach 10 h im Schatten, die Südostseite kurz vor 15 h.

2 Tag- und Nachtgleiche

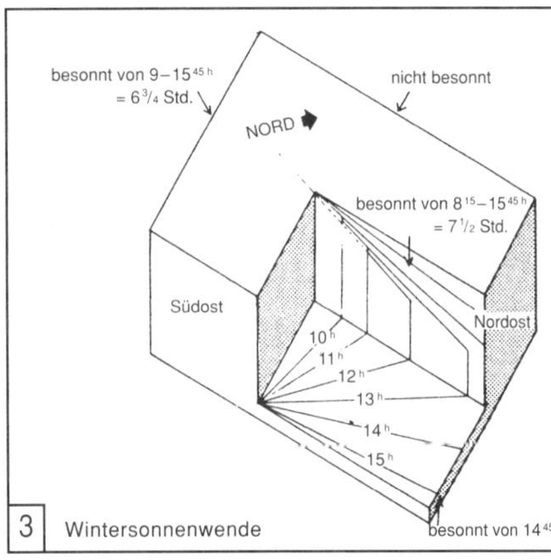

Die Nordostseite wird knapp eine Stunde besonnt, die Südostseite erhält kurz nach 15 h Schatten

3 Wintersonnenwende

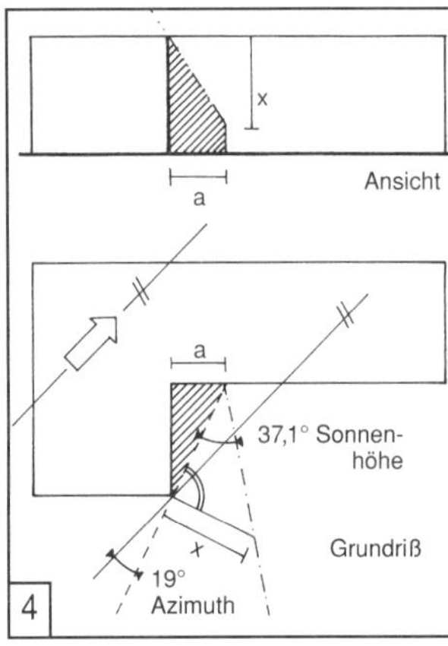

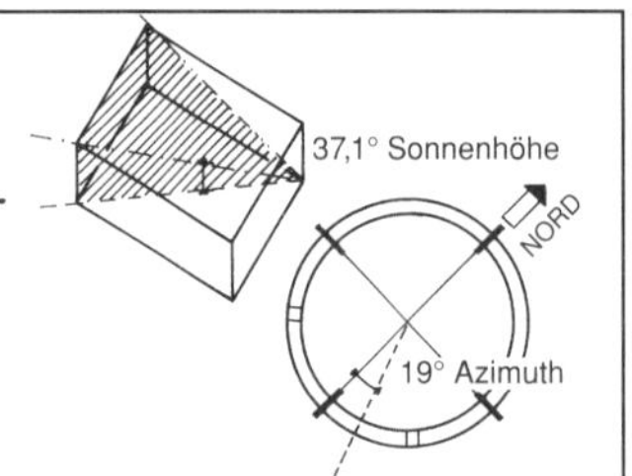

Zur Feststellung der Besonnung oder Beschattung eines Baues zu einer bestimmten Jahres- und Tageszeit (z.B. Tag- und Nachtgleiche 11 h) wird der Azimuthwinkel im Grundriß an die in Frage kommende Ecke angetragen. Er bestimmt im Grundriß die Schattengrenze, auf welche die Sonnenhöhe (wirklicher Lichtstrahl) in Umklappung eingezeichnet wird. Der senkrecht auf Grundrißschatten gewonnene Abschnitt x, übertragen in den Aufriß, gibt in Verbindung mit Gebäude-Oberkante Schattengrenze auf Vorderfront

4

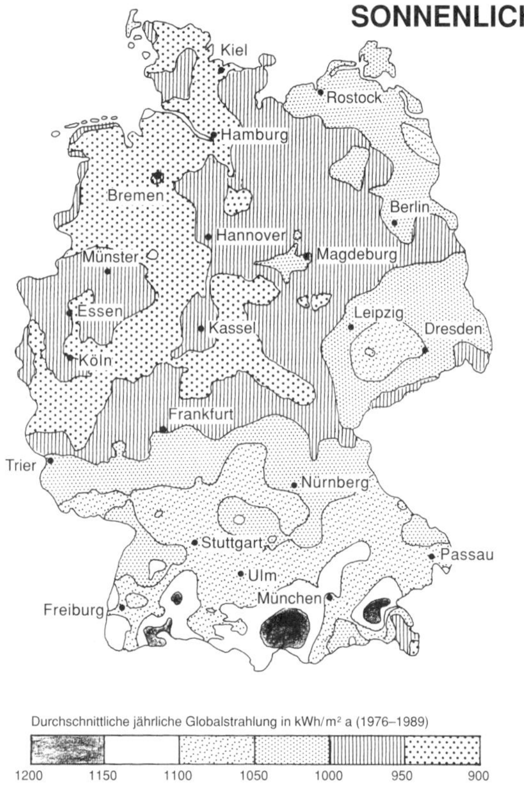

5 Sonnenstrahlungskarte

Sonnenstellungen mittags an entscheidenden Tagen des Jahres. Die Entfernung der Sonne vom Beschauer entspricht dem inneren Halbmesser der Sonnenbahnzeichnungen mit der punktierten Sonnenbahn im Grundriß, der eine Grundriß-Projektion der jeweiligen Sonnenhöhe darstellt.

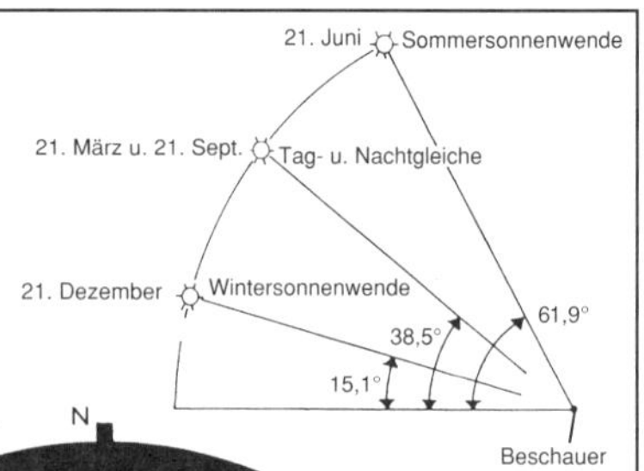

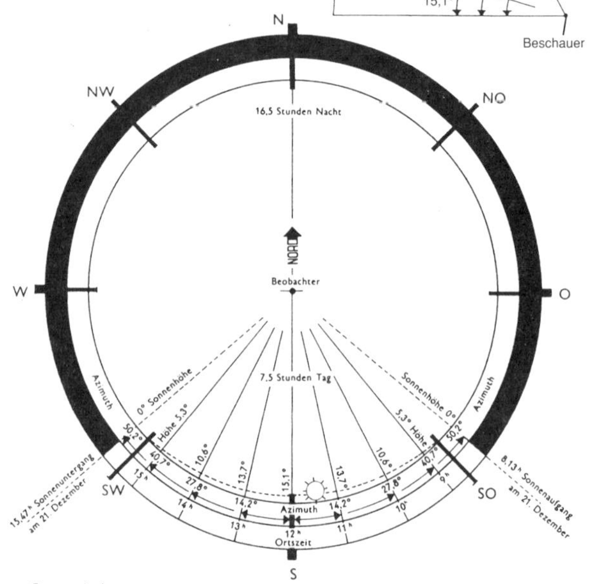

6 Sonnenbahn
Wintersonnenwende (annähernd 21. Dezember), kürzester Tag des Jahres, 51,5° Nördliche Breite (Dortmund-Halle)

SOLARENERGIE

Pro Person im Haushalt ca. 1,5 m^2 Kollektorfläche und ca. 100 l Wasservolumen im Speicher → [7] erforderlich. 4 Personen Haushalt im Einfamilien Haus für Warmwassererzeugung ein 30 Röhren Kollektor mit 3 m^2 Absorberfläche. Kollektor erbringt je nach Sonnenschein zwischen 8,5–14,0 kWh Solarwärme pro Tag. Das reicht, um 200–280 l Wasser zu erwärmen → [5]. Jede Solaranlage braucht nach wie vor ein Heizsystem. Die Sonne kann die Heizarbeit in absehbarer Zeit nicht allein leisten.

Bei der Sonnenenergiegewinnung unterscheidet man zwischen der aktiven und der passiven Sonnenenergienutzung.

Aktive Sonnenenergiegewinnung: Anwendung technischer Geräte, z.B. Sonnenkollektoren, Rohrleitungen, Sammelbehälter, Umwälzpumpen usw. zur Übertragung der Sonnenenergie.

Passive Sonnenenergiegewinnung: Anwendung bestimmter Bauteile als Wärmespeicher, z. B. Wände, Decken, Glaskörper: Wirkungsgrad dieses Systems hängt von verschiedenen Faktoren ab.

1. Klimatische Gegebenheiten – mittlere Monatstemperatur, Sonnengeometrie bzw. Sonneneinstrahlung, Sonnenscheindauer, Energieeinstrahlung.
2. Nutzungsart der Sonnenenergie, indirekte Nutzung, direkte Nutzung
3. Baustoffwahl – Absorptionsfähigkeit der Oberfläche und Wärmespeicherfähigkeit der Baustoffe.

Unterschiedliche Technologien

1. Solarthermie: Thermische Solarenergienutzung bedient sich der Kollektoren. Begriff Kollektor steht für Sammeln oder Auffangen. Solarthermie dient dem Erwärmen von Wasser.
2. Solarstrom – Photovoltaik (PV) ist die direkte Umwandlung von Sonnenstrahlung in elektrischen Gleichstrom mit Hilfe von Solarzellen.

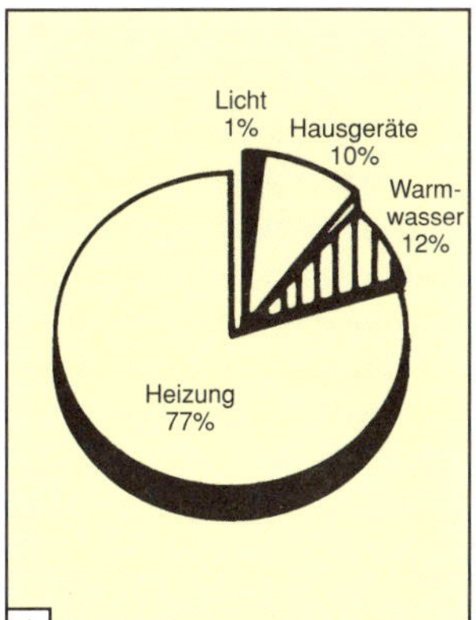

1 Energieverbrauch im Haushalt

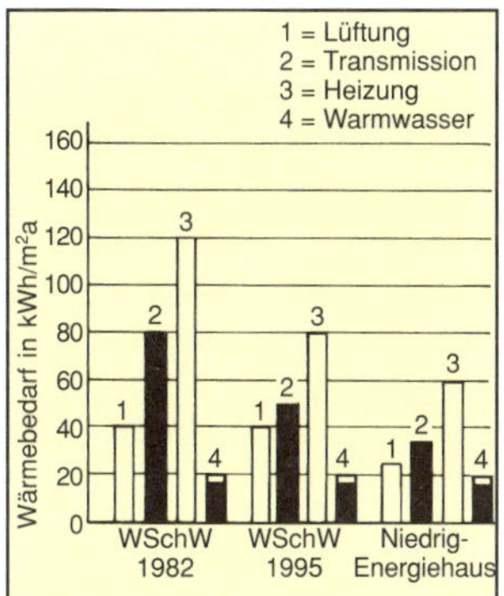

2 Heiz- und Trinkwasser-Wärmebedarf eines Einfamilien Wohnhauses

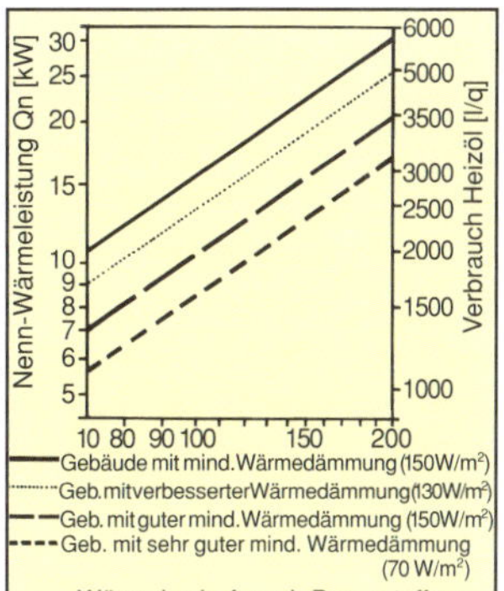

3 Wärmebedarf und Brennstoffverbrauch von Wohnhäusern in Abhängigkeit von der Wärmedämmung

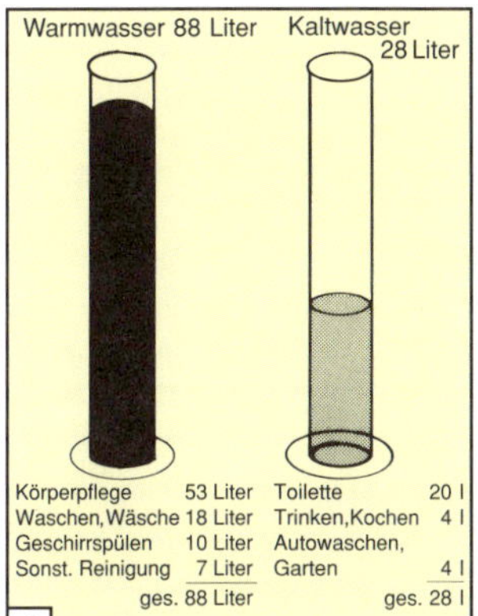

4 Wasserverbrauch im Haushalt

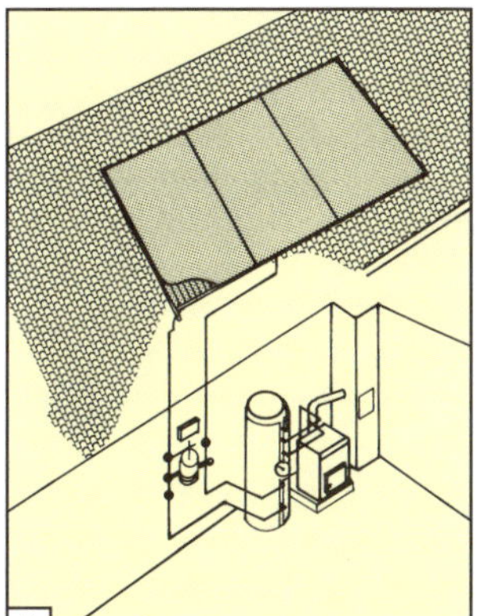
5 Warmwasserbereitung

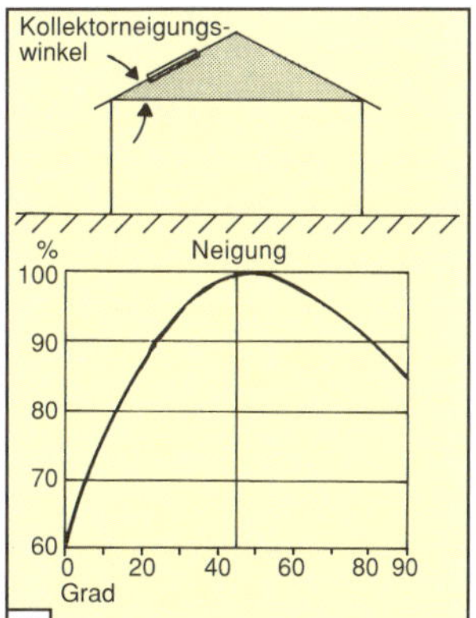

6 Kollektorneigungswinkel

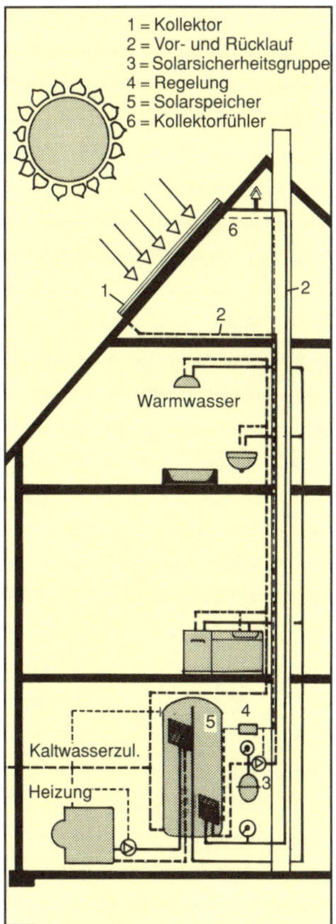

7 Brauchwasser Solaranlage

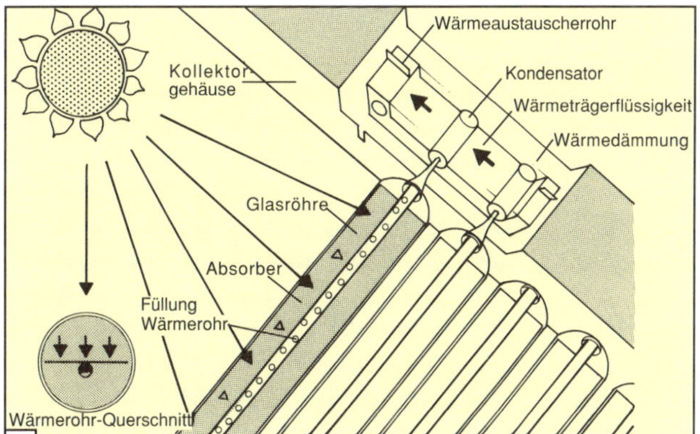

8 Vakuum-Röhrenkollektoren

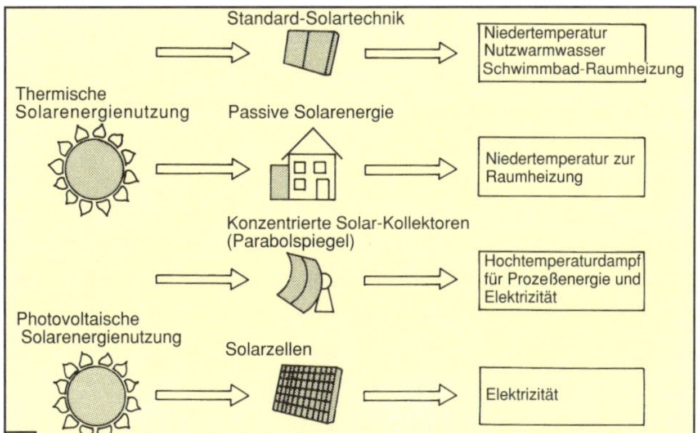

9 Solartechniken (Schema-Darstellungen)

SOLARENERGIE · SONNENLICHT

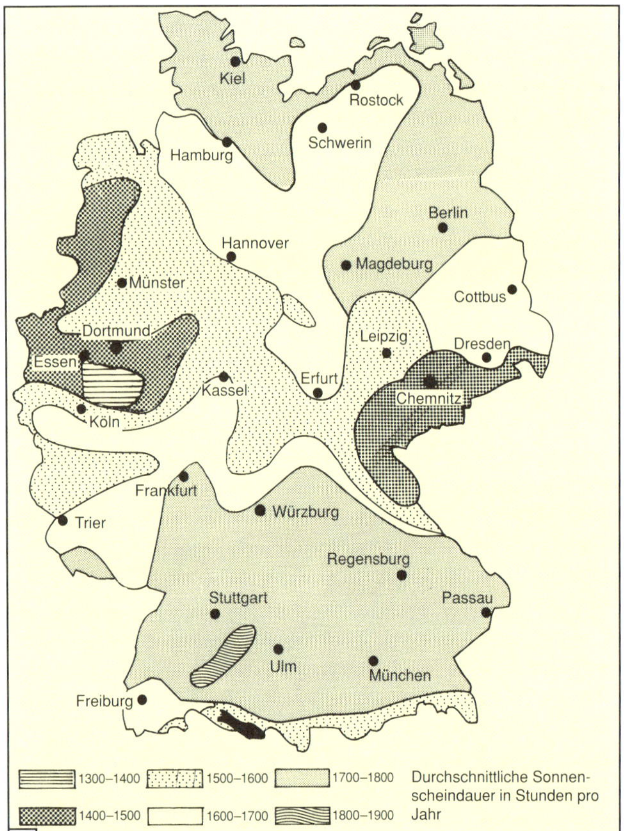

1 Sonnenscheindauer in Deutschland

Klimazonen. Direkte Strahlung bei klarem Himmel ist vom Einstrahlungswinkel der Sonne und damit vom Breitengrad abhängig. Durch die Zufälligkeiten und Gesetzmäßigkeiten des Wettergeschehens, sowie durch die topografische Lage ergeben sich aber für die Globalstrahlung starke regionale Verschiedenheiten, die das Bild der stetigen Strahlungszunahme von Norden nach Süden überlagern. → 1

Auf der täglichen Bahn der Sonne zwischen Sonnenaufgang und Sonnenuntergang bezeichnet man die seitliche Abweichung des Sonnenstandes von der Südrichtung (= Azimut) als Azimutabweichung. So bilden z. B. die Ost- und die Westrichtung einen Azimutwinkel von 90° → 3 – 5.

Die Höhe des Sonnenstandes kann durch den Höhenwinkel (zwischen Horizont und Sonne) oder durch den Zenitwinkel (zwischen einer vom Erdmittelpunkt aus gedachten senkrechten Linie und der Sonne) bestimmt werden. Höhenwinkel und Zenitwinkel ergänzen sich immer zu einem rechten Winkel (90°). Veränderungen der Sonnenbahn im Jahresverlauf führen zu unterschiedlichen Einstrahlungswinkeln und Tageslängen, zu den Temperaturunterschieden von Sommer und Winter und zu unterschiedlichen Wetterverhältnissen. Aus all dem ergibt sich ein unterschiedliches Angebot an Strahlungsenergie für verschiedene Standorte und Jahreszeiten. Die Höhe der Sonnenbahn und damit auch die Länge des Tages ist – verursacht durch die Schräglage der Erdachse bei ihrem jährlichen Umlauf um die Sonne – für jeden Tag und Breitengrad der Erde unterschiedlich.

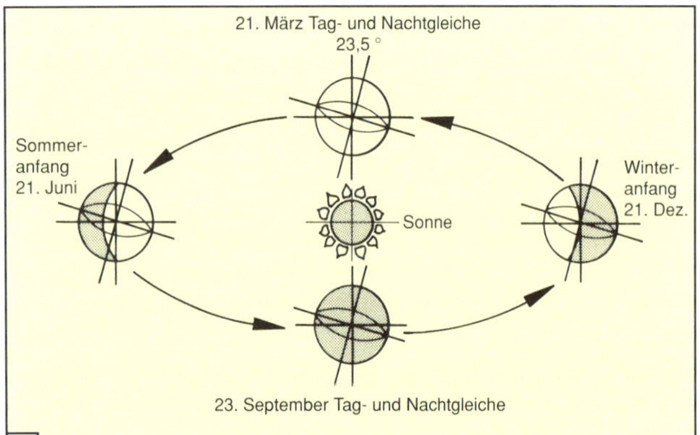

2 Die Jahreszeiten – hier auf der nördlichen Halbkugel

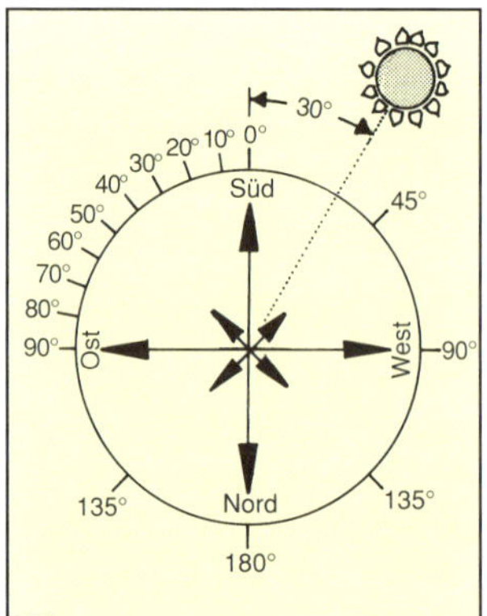

3 Azimutwinkel und Zenitwinkel

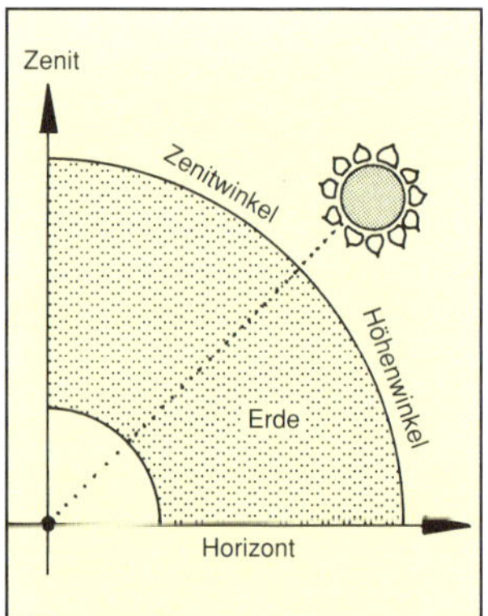

4 Höhenwinkel

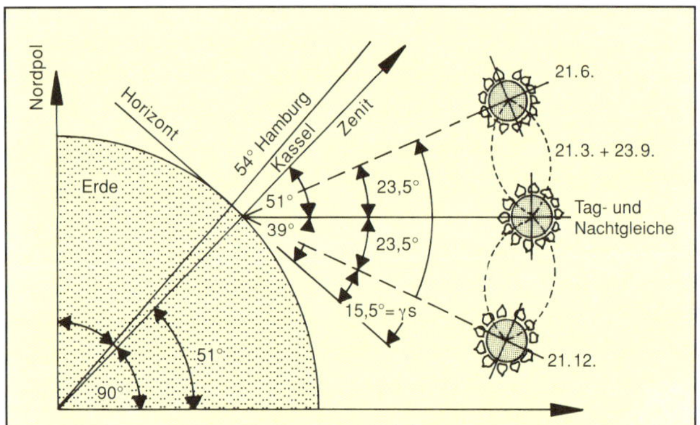

5 Zusammenhang von Breitengrad und Höhenwinkel γs

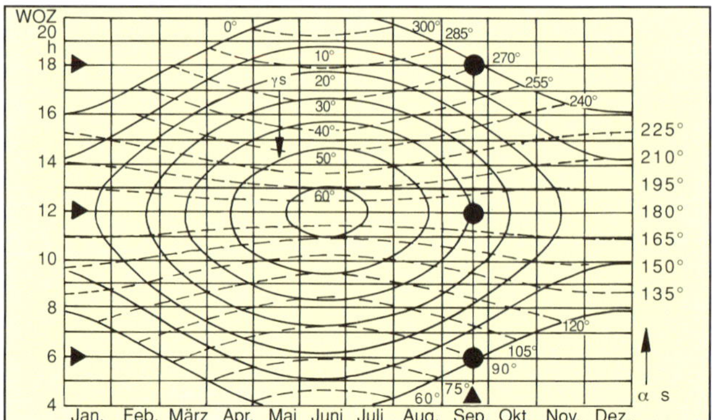

6 Sonnenazimut αs und Sonnenhöhe γs 51° NB (mittleres Deutschland, Aachen, Köln, Kassel) in Abhängigkeit von Jahres- und Tageszeit

BELEUCHTUNG

→ 📖

Strahlungsphysikalische Größe	Lichttechnische Größe und Formelzeichen		Lichttechnische Einheit und Abkürzung	
Strahlungsfluß	Lichtstrom	Φ	Lumen	(lm)
Strahlstärke	Lichtstärke	I	Candela	(cd)
Bestrahlungsstärke	Beleuchtungsstärke	E	Lux	(lx)
Strahldichte	Leuchtdichte	L		(cd/m^2)
Strahlungsmenge	Lichtmenge	Q		(lm· h)
Bestrahlung	Belichtung	H		(lx · h)

1 Strahlungsphysikalische und lichttechnische Größen

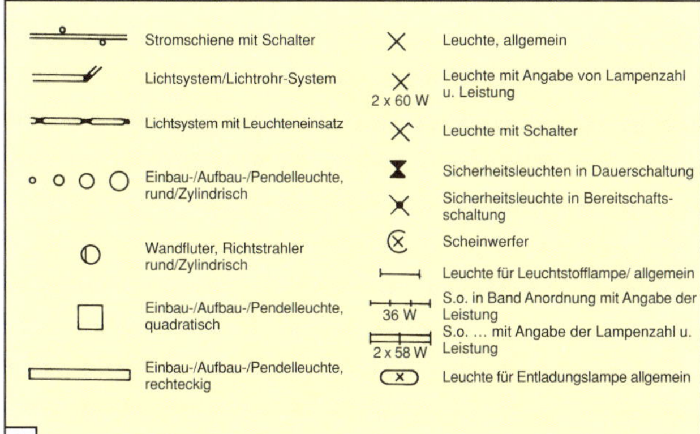

2 Allgemeine Leuchtsymbole für Architektenpläne

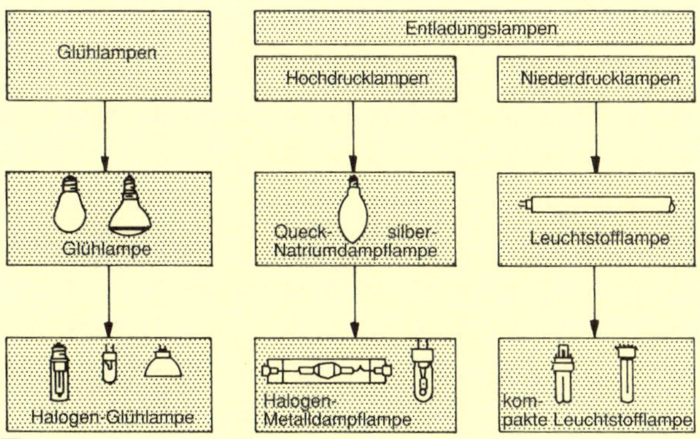

3 Lampensystematik

Der Mensch braucht das Licht: 80% aller Informationen erreichen ihn über das Auge. Grund genug, hohe Ansprüche an eine gute Beleuchtung zu stellen. Kompaktleuchtstofflampen tragen auf wirtschaftliche u. umweltfreundliche Weise dazu bei. Lange Lebensdauer u. geringer Stromverbrauch sind ihre Kennzeichen. Die Lichtausbeute gegenüber der Glühlampe ist fünfmal höher. Die Lebensdauer ist mit 8000 Stunden achtmal so lang. Dazu kommen die glühlampenähnliche, angenehme Lichtfarbe, gute Farbwiedergabeeigenschaft u. bis zu 80% reduzierter Stromverbrauch gegenüber herkömmlichen Glühlampen.

Bei der Beleuchtung von Innenräumen werden die Lichtfarben der Lampen in drei – allerdings nicht scharf zu trennende – Gruppen eingeteilt u. bestimmten Farbtemperaturbereichen nach Grad Kelvin (K) zugeordnet: Tageslichtweiß tw (um 6000 K); neutralweiß nw (um 4000 K) und warmweiß ww (um 3000 K).

Farbwiedergabeeigenschaft einer Lampe wird mit Index R bewertet. Eine Lichtquelle mit dem Index R = 100 läßt die Farben der Umgebung natürlich erscheinen. Je niedriger der Index, um so schlechter werden die Farben der beleuchteten Gegenstände wiedergegeben.

Das Lichtempfinden des Menschen ist ebenso wie sein Temperaturgefühl subjektiv. Physikalisch meßbar sind aber die Wellen, die das Licht aussendet. Die Strahlungsleistung eines Beleuchtungskörpers, der Lichtstrom, wird in „Lumen" gemessen. Die Beleuchtungsstärke mit der Einheit „Lux" ergibt sich, wenn man den Lichtstrom durch die beleuchteten Quadratmeter teilt: Ein Lumen auf einer Fläche von einem Quadratmeter ergibt ein Lux. Im Durchschnitt wird das Tageslicht unserer Breiten mit 5000 Lux gemessen. Die hochstehende Sonne an einem klaren Julitag hat eine Stärke von 100 000 Lux, ein trüber Wintertag dagegen nur etwa 3000 Lux. Im Wohnbereich aber sind wir schon mit viel weniger Licht zufrieden. Wie die Tabelle → 5 zeigt, reichen selbst bei sehr hohen Ansprüchen an die Beleuchtung (Lesen, Handarbeiten, Schreiben) 1000 Lux vollkommen aus. Die allerdings liefert das Tageslicht nur im direkten Fensterbereich. Schon ein kleines Stück weiter brauchen wir zusätzliches Kunstlicht.

Sehr geringe Ansprüche	Geringe Ansprüche	Mäßige Ansprüche	Hohe Ansprüche	Sehr hohe Ansprüche
Nebenräume	Abstell-Räume WC	Bad Diele	Wohn-, Hausarbeits-Räume, Küche	
30 – 60 Lux	60 – 120 Lux	120 – 150 Lux	250 – 500 Lux	600 – 1000 Lux

5 Beleuchtungsstärken in Lux, die für die häufigsten Räume eines Hauses oder einer Wohnung empfohlen werden

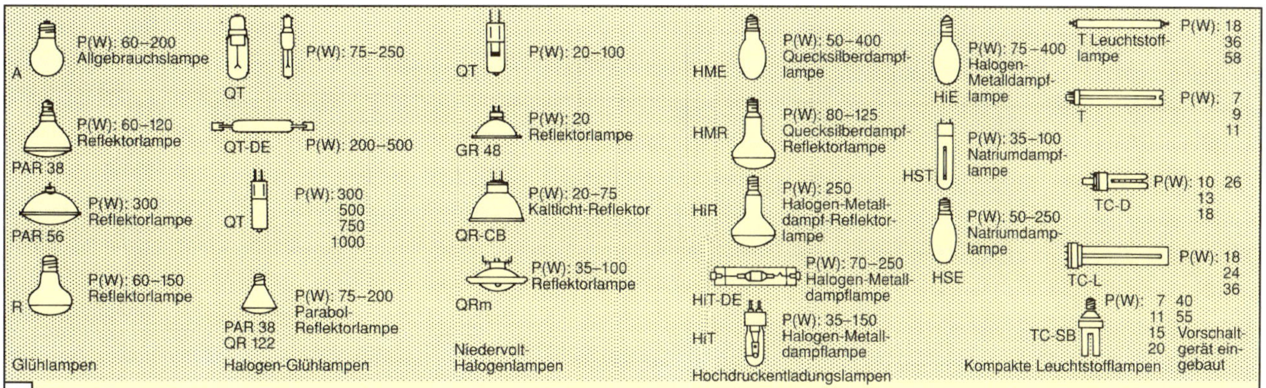

4 Tabelle der Lampen

1 Tischfläche ausleuchten, nicht das Umfeld

2 Gezieltes Licht am Schreibtisch optimal

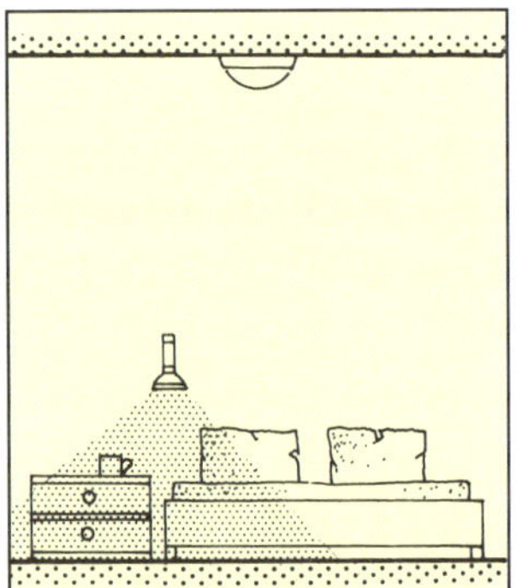

3 Leselampe u. Deckenleuchte ergänzen sich im Schlafzimmer

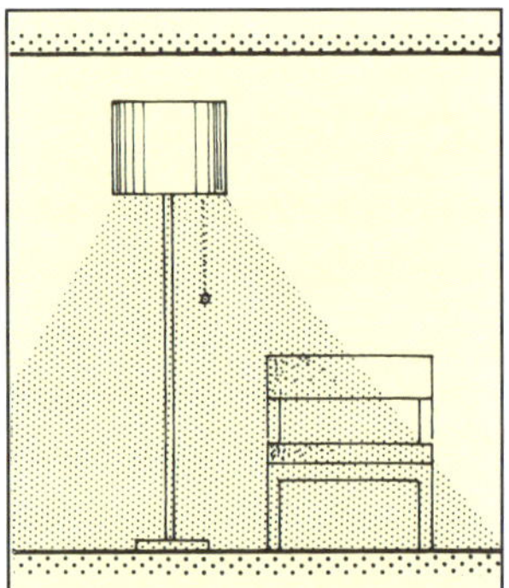

4 Gezieltes Licht ist besser als Deckenleuchten

5 Gut ausgeleuchtete Arbeitsfläche in der Küche

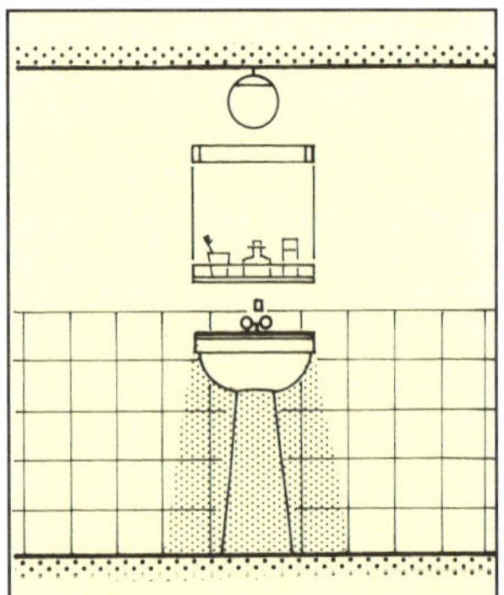

6 Klares, blendfreies Licht im Bad

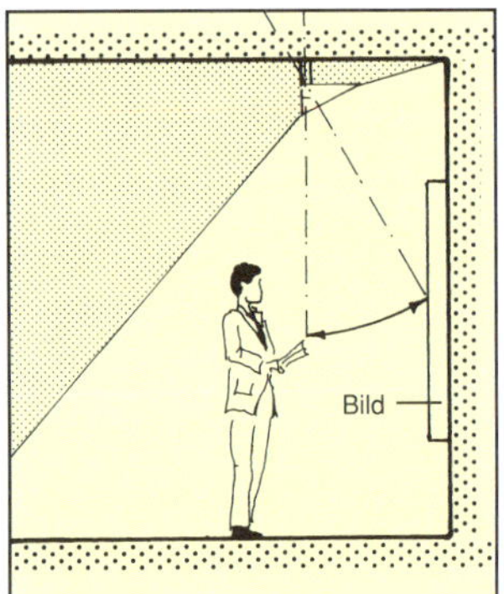

7 Wandbeleuchtung/Fluter

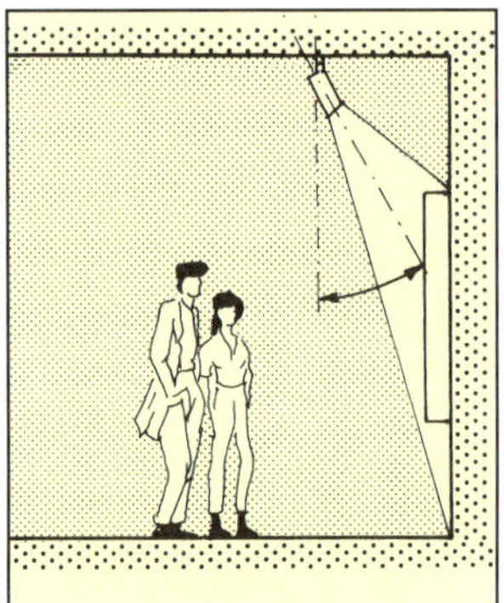

8 Wandbeleuchtung/Strahler

BELEUCHTUNG

DIN 5035, 18015 →

Im Wohnraum benötigt man nicht überall die gleiche Lichtstärke, deshalb ist es kaum nötig, den gesamten Raum durch ein zentrales Licht unter der Zimmerdecke gleichmäßig anzustrahlen.

Schattenbildung wird reduziert. Raum verliert an Tiefe – er wird praktisch totgeleuchtet. Sinnvoller ist es, wo das Licht direkt gebraucht wird (Leseecke, Sitzecke), eine gezielte Beleuchtung → 4 zu schaffen u. den Raum in einzelne „Lichtinseln" zu unterteilen.

Am Eßplatz soll das Licht den Tisch mit allem, was daraufsteht, beleuchten, nicht aber die Gesichter der drumherum Sitzenden → 1.

Die Tischleuchte wird deshalb am besten in Augenhähe angebracht, so daß man noch unter ihrem Schirm hindurchsehen kann, aber nicht mehr von dem Lichtkegel erfaßt wird.

Muß die Leuchte aus irgendwelchen Gründen doch höher aufgehängt werden, kann man mit einer kopfverspiegelten Glühlampe eine Blendwirkung vermeiden.

Für den Arbeitsplatz gilt das gleiche: Die Leuchte soll die Arbeitsfläche gleichmäßig erhellen, ohne zu blenden → 2.

Gleichzeitig ist hier wichtig, daß die Leuchte seitwärts in der Höhe verstellbar ist.

In der Küche ist es besonders wichtig, die Arbeitsfläche gut auszuleuchten, denn schlechtes Licht bei Hausarbeit macht matt → 5.

Das Badezimmer ist der einzige Ort in der Wohnung, in dem eine Leuchte direkt in die Gesichter strahlen darf → 6.

★ ★ ★

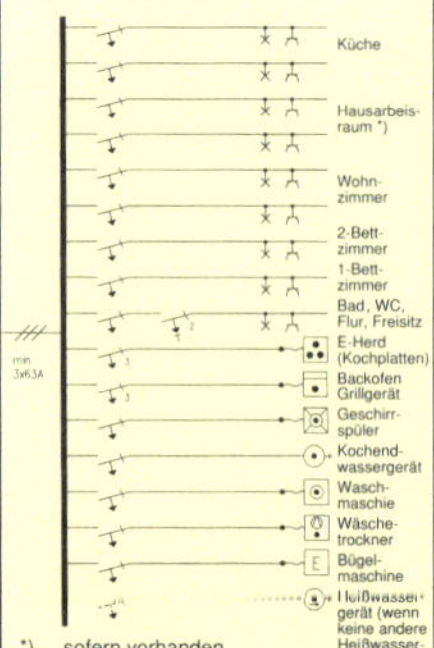

*) sofern vorhanden
**) Die über Qualitätsstufe 2 hinausgehenden Forderungen können auch durch Leerdosen erfüllt werden.

			Steckdose **)	Lichtauslässe
Wohnzimmer	ohne Eßplatz	≥ 18 m²	≥ 10	3
	mit Eßplatz	≥ 20 m²	≥ 12	4
Eßplatz/-raum		< 8 m²	≥ 5	2
		> 8–12 m²	≥ 7	2
		> 10–20 m²	≥ 10	3
Küche	ohne Imbißplatz		≥ 12	≥ 4
	mit Imbißplatz		≥ 15	≥ 5
Hausarbeitsraum			≥ 11	3
1/2 Bettzimmer		< 8 m²	≥ 6	2
		> 8–12 m²	≥ 8	2
		> 12–20 m²	≥ 11	3
Bad			≥ 5	4
WC			≥ 2	2
Flur/Diele		Länge < 2,5 m	≥ 2	3
		> 2,5 m	≥ 3	3
Freisitz, Loggia, Balkon		Breite < 3 m	≥ 2	1
		> 3 m	≥ 3	2
Terrasse			≥ 3	2

Licht- und Steckdosenstromkreise	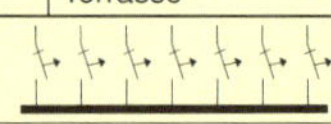 je Wohnung
Geräte-Stromkreise	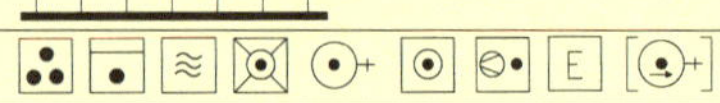
Stromkreisverteiler	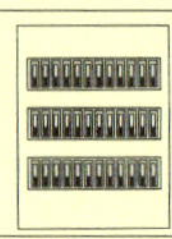 im Belastungsschwerpunkt der Wohnung
Empfangsantennenanlage	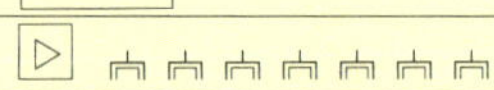
Fernmeldeanlage	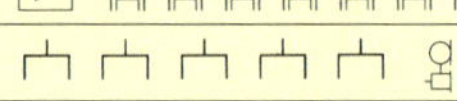
Türsprech-/Einbruch-/Überfallmelde-Anlage	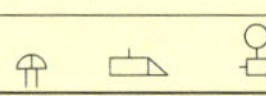 UEM bei Ein- u. Zweifamilienhäusern

[ ] wenn Warmwasserversorgung durch Elektro-Geräte erfolgt.

Angaben für 3–4 Personen-Haushalt bzw. 75–100m² Wohnfläche.

Steckdose — X Lichtauslässe

9 Anforderungen für Ausstattungsqualität 3

Spezifische Anschlußleistung P* W/m² für 100 lx bei Höhe 3m, Fläche ≥ 100 m² und Reflexion = 0,7/0,5/0,2		
A		12 W/m²
QT		10 W/m²
HME		5 W/m²
TC		5 W/m²
TC-L		4 W/m²
T 26		3 W/m²

1 Spezifische Anschlußleistung P* für verschiedene Lampen

Höhe H.	Fläche A (m²)	Reflexionsgrad 070502	050201	000
		Hell	Mittel	Dunkel
Bis 3 m	20	0,75	0,65	0,60
	50	0,90	0,80	0,75
	≥ 100	1,00	0,90	0,85
3–5 m	20	0,55	0,45	0,40
	50	0,75	0,65	0,60
	≥ 100	0,90	0,80	0,75
5–7 m	50	0,55	0,45	0,40
	≥ 100	0,75	0,65	0,60

Beispiel:
Raumfläche A = 100 m²
Raumhöhe H = 3 m
Reflexionsgrade 0,5/0,2/0,1
(mittlere Reflexion)

2 Korrekturfaktortabelle

Berechnung mittlerer Beleuchtungsstärken

In der Praxis stellt sich oft die Aufgabe einer überschläglichen Ermittlung von mittleren Beleuchtungsstärken (E_n) für eine gegebene elektrische Anschlußleistung der Lampen bzw. einer Ermittlung der elektrischen Anschlußleistung P für ein gefordertes Beleuchtungsniveau. E_n und P können nach Formel → 6 überschlägig bestimmt werden. Die dazu notwendige spezifische Anschlußleistung P* ist vom verwendeten Lampentyp abhängig → 1. Sie bezieht sich auf eine direkte Beleuchtung. Der Korrekturfaktor k ist von der Raumgröße und den Reflexionsgraden von Wand, Decke und Boden abhängig → 2.

Sind Räume mit unterschiedlichen Leuchtentypen zu berechnen, werden die Komponenten einzeln berechnet und anschließend addiert → 3.

Die Beleuchtungsberechnung mit Hilfe der spezifischen Anschlußleistung ist auch auf Büroräume anwendbar. Ein zweiachsiger Raum mit einer Fläche von 24 m² wird im Beispiel mit 4 Leuchten ausgerüstet. Bei einer Bestückung mit 2 x 36 W (Anschlußwert inkl. Vorschaltgeräte 90 W) ergibt sich nach → 6 eine Beleuchtungsstärke von ca. 375 Lx.

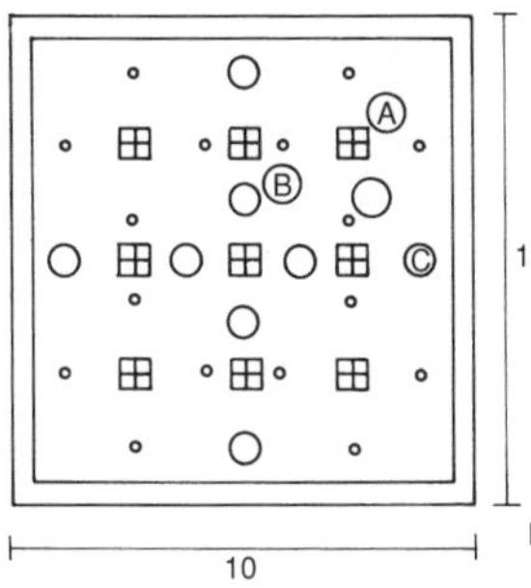

Leuchtentyp Ⓐ:
P* = 4 W/m² · (komp. Leuchtstofflampe)
P = 9 · 45 W = 405 W

Leuchtentyp Ⓑ:
P* = 12 W/m² · (Allgebrauchslampe)
P = 8 · 100 W = 800 W

Leuchtentyp Ⓒ:
P* = 10 W/m² (Halogen-Glühlampe)
P = 16 · 20 W = 320 W

Formel → 6

$$E_n = \left(\frac{100 \cdot 405}{100 \cdot 4} + \frac{100 \cdot 800}{100 \cdot 12} + \frac{100 \cdot 320}{100 \cdot 10}\right) \cdot 0{,}9$$

E_n = 180 lx

3 Berechnung der Beleuchtungsstärke für einen Innenraum

$$E_n = \frac{100 \cdot P}{A \cdot P^*} \cdot k \qquad P = \frac{E_n \cdot A \cdot P^*}{100} \cdot \frac{1}{k}$$

E_n Nennbeleuchtungsstärke (lx)
P Anschlußleistung (W)
P* Spezifische Anschlußleistung (W/m²) → 1
A Raumgrundfläche
k Korrekturfaktor → 2

6 Formel für mittlere Beleuchtungsstärke E_n und Anschlußleistung P

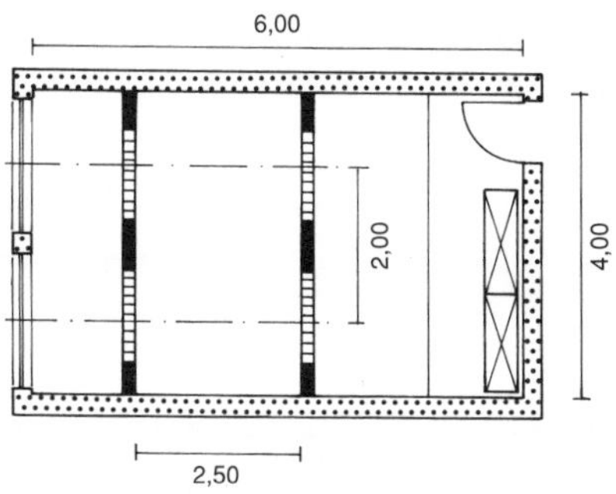

A = 24 m²
K = 0,75
(helle Reflexion)
P* = 3 W/m²
P = 4 · 90 W = 360 W

$$E_n = \frac{100 \cdot 4 \cdot 90}{24 \cdot 3} \cdot 0{,}75$$

E_n = 375 lx

4 Berechnung Büroraum

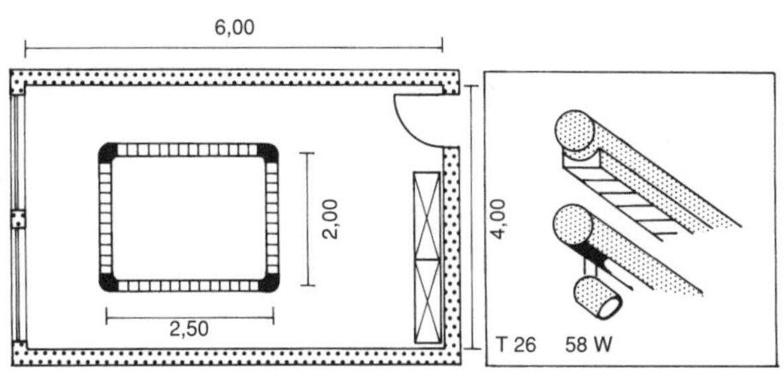

7 Lichtstruktur (ERCO)

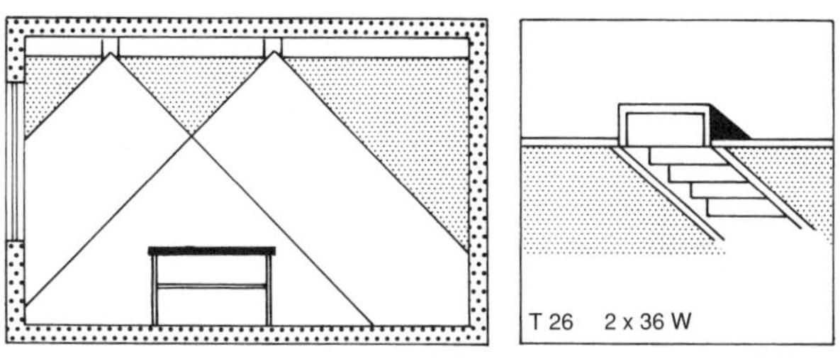

5 Raster Einbauleuchte (ERCO)

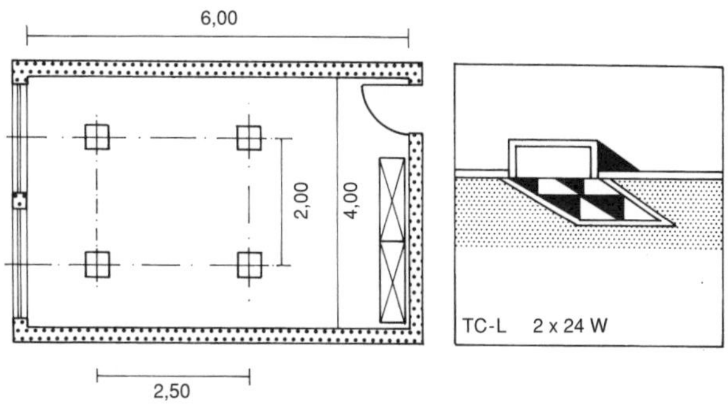

8 Raster Einbauleuchte

ELEKTRISCHE INSTALLATIONEN

Im Flur: Wechselsprechanl., Haustel., Telefon, Anrufbeantworter, Telefonleuchte, Türsprechanl., Türöffner, Gong, Alarmanl., Staubsauger.

Eßzimmer: Wechselsprechanl., Haustel., Telefon, Antenne, Fernsehgerät, Radio, Tischgrill, Warmhalteplatte, Möbelbeleuchtung, Wand-/Deckenleuchte, Staubsauger.

Bad: Radio, el. Zahnbürste, Rasierer/Ladyshaver, Trockenhaube, Haartrockner, Lockenstab, Spiegelschrank/Schminkleuchte, Ventilator, Geruchsabsauger, Solarium, Waschmasch., Wäschetrockner, Staubsauger.

Gästezimmer: Wechselsprechanl., Haustel., Telefon, Nachttischleuchten, Stehlampe, Antenne, Fernsehgerät, Radio, Radiowecker, Staubsauger.

Kinderzimmer: Wechselsprechanl., Haustel., Telefon, Antenne, Fernsehgerät, Videogerät, Tuner, CD-Player, Cassettendeck, Plattenspieler, Lautsprecher-Boxen (2–4 Dosen), Luftbefeuchter, Aquarium (3–5 Dosen), Computer, Monitor, Drucker, Uhr/Radiowecker, El. Eisenbahn, Autorennbahn, Notlicht, Staubsauger.

Schlafzimmer: Wechselsprechanl., Haustel., Telefon, Antenne, Fernsehgerät, Videogerät, Radio, Radiowecker, Nachttischleuchten (2 Dosen), Möbelbeleuchtung, Wand/Deckenleuchte, Stehlampe, Notlicht, Solarium, Frisier-/Schminktisch, Alarmanl., Staubsauger.

Wohnzimmer: Wechselsprechanl., Haustel., Telefon, Anrufbeantworter, Antenne, Fernsehgerät, Videogerät, Tuner, CD-Player, Cassetten-Deck, Plattenspieler, Lautsprecherboxen (2–4 Dosen), Dia-Projektor, Filmprojektor, Aquarium (3–5 Dosen), Tischgrill, Warmhalteplatte, Möbelbeleuchtung, Stehleuchten, Tannenbaum/Lichterkette, Bügeleisen, Luftbefeuchter, Pflanzen-Wachstumsleuchte, Wand-/Deckenbeleuchtung, Jalousien, Einbruchmelder, Staubsauger, Fensterbeleuchtung.

Küche: Wechselsprechanl., Haustel., Telefon, Anrufbeantworter, Antenne, Radio, Elektroherd, Mikrowellenherd, Friteuse, Dunstabzugshaube, Kühlschrank, Kaffeemasch., Kaffeemühle, Espressomasch., Brotschneider, Toaster, Mixer, Rührmasch., Eierkocher, Waffeleisen, el. Dosenöffner, el. Messer, Entsafter, Folienschweißgerät, Wasserfilter, Arbeitsleuchte, Küchenuhr, Spülmasch., Waschmasch., Wäschetrockner, Staubsauger, Akku-Staubsauger.

Arbeitszimmer: Wechselsprechanl., Haustel., Telefon, Anrufbeantworter, Telefax-Gerät, Antenne, Fernsehgerät, Videogerät, Radio, Tuner, CD-Player, Plattenspieler, Cassettendeck, Lautsprecherboxen (2–4 Dosen), Kopierer, Rechenmasch., Computer, Monitor, Drucker, Schreibmasch., Uhr, Aquarium (3–5 Dosen), Leseleuchte, Deckenleuchte, Staubsauger.

Hobbyraum: Wechselsprechanl., Haustel., Telefon, Waschmasch., Trockner, Mangel-/Bügelautomat, Bügeleisen, Nähmasch., Antenne, Radio, Arbeitsleuchte, Wand-/ Deckenleuchte, Ladegerät, Lötkolben, Bandschleifer, Klebepistole, Winkelschleifer, Bohrmasch., Stichsäge, el. Schrauber, Kreissäge, Staubsauger.

Außenbereich: el. Tischgrill, Rasenmäher, Kantentrimmer, Außenleuchten, Partylicht, Strahler mit Erdspieß, el. Heckenschere, Weihnachtsbeleuchtung, Häcksler, Markise, Lautsprecherboxen (2 Dosen), Pumpe für Gartenteich, Gartenhausbeleuchtung.

1 Elektroanschlüsse in einer Wohnung

Elektrogerät		Anschlußwert (kW) Wechselstrom	Drehstrom
Elektroherd			8,0 ... 14,0
Einbaukochmulde			6,0 ... 8,5
Einbaubackofen			2,5 ... 5,0
Mikrowellen-Kochgerät		1,0 ... 2,0	
Grillgerät		0,8 ... 3,3	
Toaster/Warmhalteplatte		0,9 – 1,7	
Handmixer/Entsafter/Rührwerk		0,2	
Expreßkocher		1,0 ... 2,0	
Waffeleisen		1,0 ... 2,0	
Kaffeemaschine		0,7 ... 1,2	
Friteuse		1,6 ... 2,0	
Dunstabzugshaube		0,3	
Kochendwassergerät	3 l/5 l	2,0	
Warmwasserspeicher	5 l/10 l/15 l	2,0	
Warmwasserspeicher	15 l/30 l		4,0
Warmwasserspeicher	50 l–150 l		6,0
Durchlaufspeicher	30 l–120 l		21,0
Durchlauferhitzer			18,0/21,0/24,0
Elektro-Standspeicher	200 l–1000 l		2,0 ... 18,0
Bügeleisen		1,0	
Bügelmaschine		2,1 ... 3,3	
Wäscheschleuder		0,4	
Waschkombination		3,2	
Waschmaschine		3,3	7,5
Wäschetrockner		3,3	
Haartrockner		0,8	
Händetrockner		2,1	
Tuchtrockner		0,6	
Luftbefeuchter		0,1	
Rotlicht-Strahler/Heimsonne		0,2 ... 2,2	
Solarium		2,8	4,0
Sauna		3,5	4,5 ... 18
Badestrahler		1,0 ... 2,0	
Kühlschrank		0,2	
Gefriergerät		0,2	
Kühl-/Gefrierkombination		0,3	
Geschirrspüler		3,5	4,5
Spülzentrum		3,5	5,0
Staubsauger		1,0	
Klopfsauger		0,6	
Schuhputzgerät		0,2	
Bohnergerät		0,5	

2 Anschlußwerte Elektrogeräte

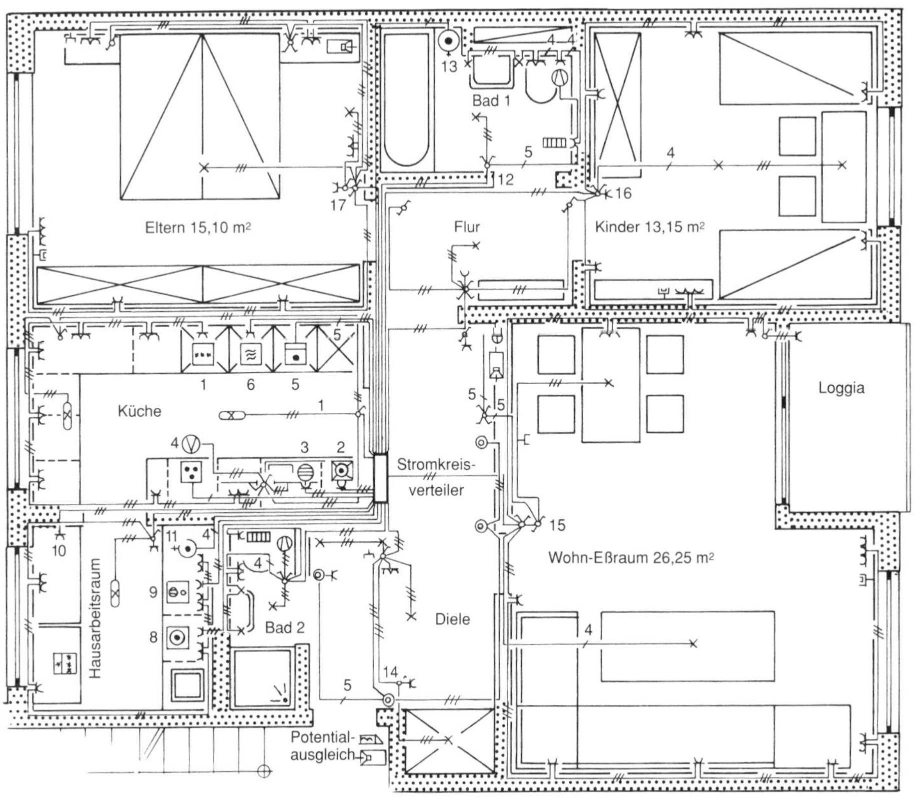

3 Elektroinstallationsplan. Beispiel Wohnung

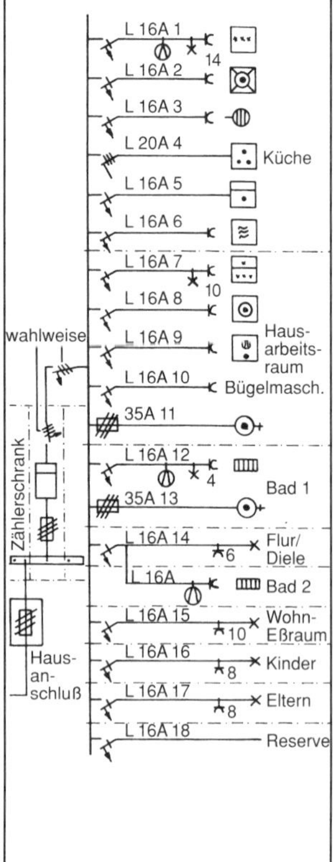

4 Schaltplan → 3

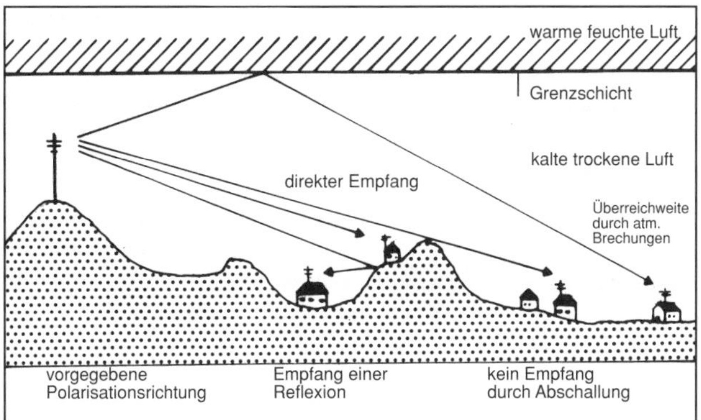

1 Die Ausbreitung elektromagnetischer Wellen entspricht den Gesetzen der Wellenoptik

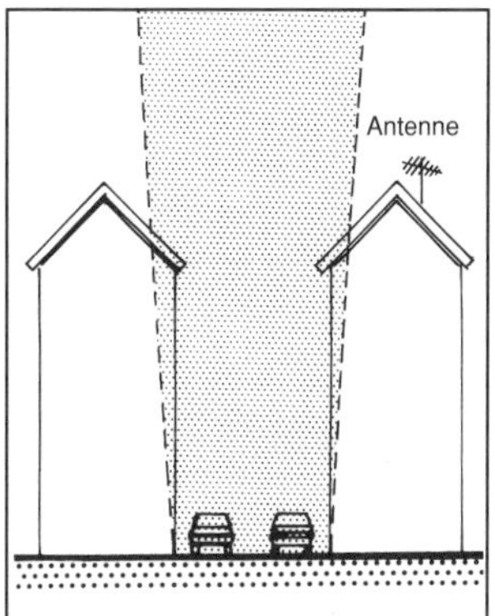

2 Dem Störnebel durch Standortwahl ausweichen

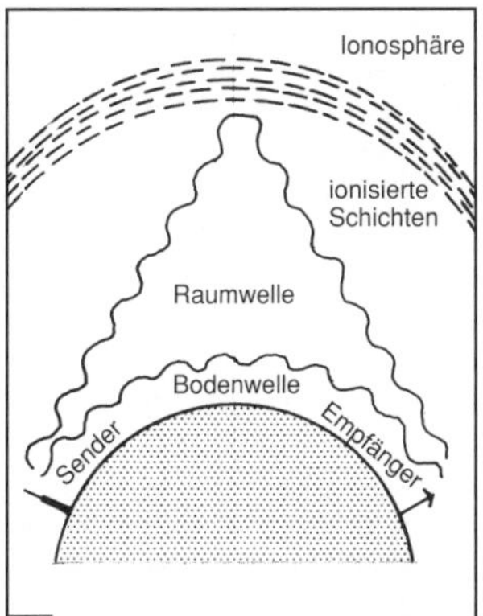

3 Ausbreitung von Rundfunkwellen

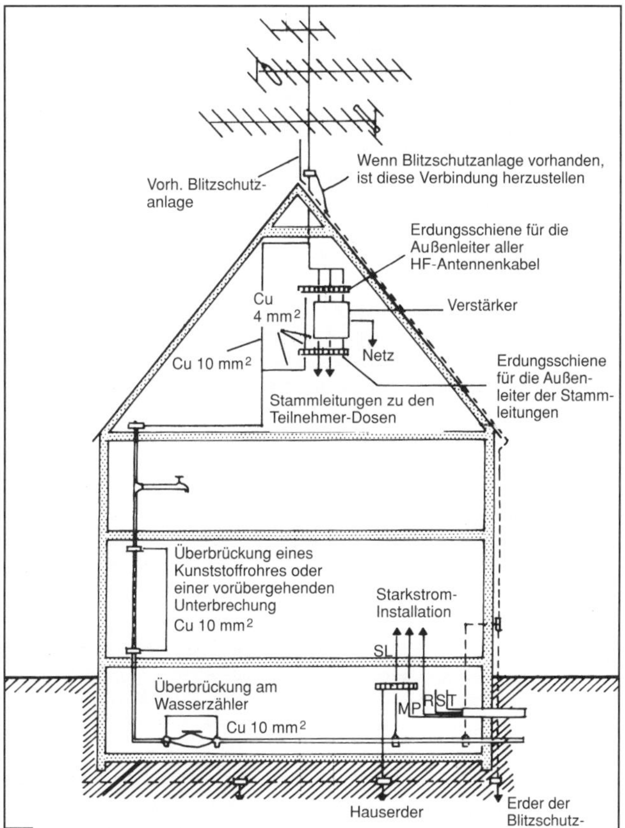

5 Schema Blitzschutzerdung

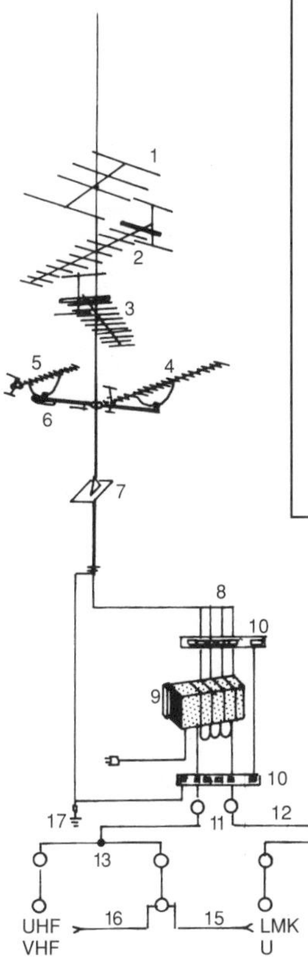

1 LMK-Antenne und UKW- Antenne für bevorzugte Empfangsrichtung
2 VHF-Antenne (z.B. F III (K8))
3 VHF-Antenne (z.B. F II (K10))
4 UHF-Antenne (z.B. F IV (K35))
5 UHF-Antenne (z.B. F 5 (K56))
6 Antennenträger für 2 UHF-Antennen
7 Standrohrdurchführung
8 Antennenniederführungen, 60-Ω-Koaxialkabel
9 Verstärker für LMKU und Fernsehkanäle
10 Erdungsschiene
11 Kabelverbinder mit Prüfbuchse
12 Hauptstammleitungen 60-Ω-Koaxialkabel
13 Verteilerdosen zur Aufgliederung der Stammleitungen
14 Antennensteckdosen für Hörfunk und Fernsehen
15 Anschlußkabel für Hörfunk
16 Anschlußkabel für Fernsehen
17 Erdung

4 Schema Gemeinschaftsantennenanlage

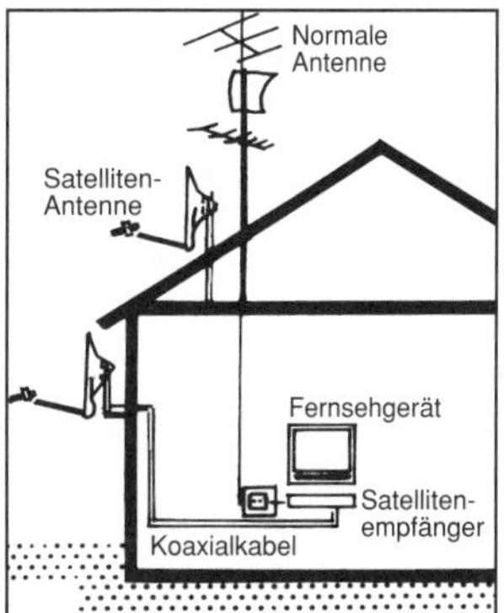

6 Empfangsanlage mit Satelliten-Empfänger

ANTENNEN

Antennen für Rundfunk- u. Fernsehempfang beeinflussen das Städtebild.

Gemeinschaftsantennen können abhelfen. Zudem stören sich Antennen nahe beieinander auf einem Dach gegenseitig. Gemeinschaftsantennenplanung berücksichtigen schon im Rohbau → 5 mit Anlagen für Verstärker gegen den Stromabfall in den Leitungen usw. → 4 + 5 zugleich maßgebend auch für Erdungen.

Bei Anschluß an Wasserrohre, Wasseruhrüberbrückung beachten → 5. Fachgemäße Anordnung der Blitzschutzerdung beim Rohbau beachten. Auf Dächern aus Stroh, Ried oder leicht brennbaren Bedachungsstoffen keine Antennen montieren. Hier Mastantennen oder Fensterantennen vorsehen. Leistung der Antennen wird stark beeinflußt durch Umgebung → 1, auch unter Hochspannungsleitungen. Beste Antennenanlage ist direkte Sicht zum Sender. Guter Empfang verlangt Ausrichtung zum nächsten Sender, sog. Polarisierung. Kurze Wellen folgen nicht der Erdkrümmung, Meterwellen schon teilweise, ein Teil geht in die Troposphäre und wird von dort zurückgespiegelt, so daß Fernsehempfang ggf. auch dort möglich, wo der Sender nicht hinreicht. Antennenformen stehen vielfältig zur Verfügung. Grundsätzliche Regeln beachten → 2.

Wichtig ist Platzbedarf bzw. Unterbringung der Zusatzgeräte im Haus für Blitzschutzerdung → 5. Hohe Bäume, die über Antennenspitze hinausragen, können stören in Richtung zum Sender, vor allem immergrüne Bäume. Unterdachantennen im UHF-Bereich haben geringeren Empfang. Im VHF-Bereich ist der Abfall gegenüber Außenantennen nur etwa halb so hoch. Zimmerantennen sind ein Vielfaches schwächer (Hilfsantennen). Eine Antenne sollte zum Empfang von Lang-, Mittel-, Kurz-, UKW für mehrere Fernsehwellenbereiche dienen; in dauerhafter sehr rostgeschützter Ausführung.

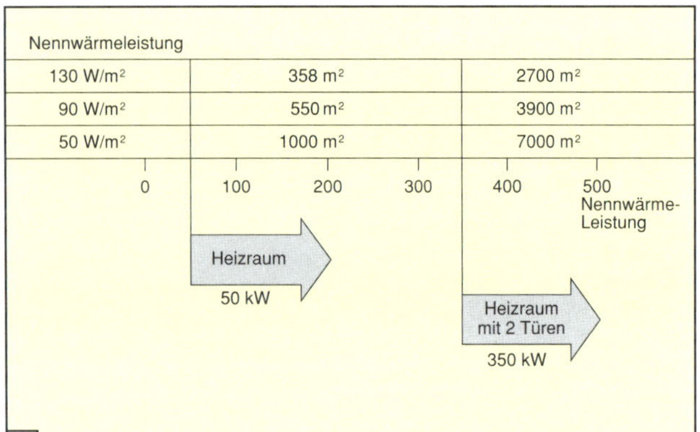

1 Feuerstätten mit mehr als 50 kW erfordern eigenen Heizraum

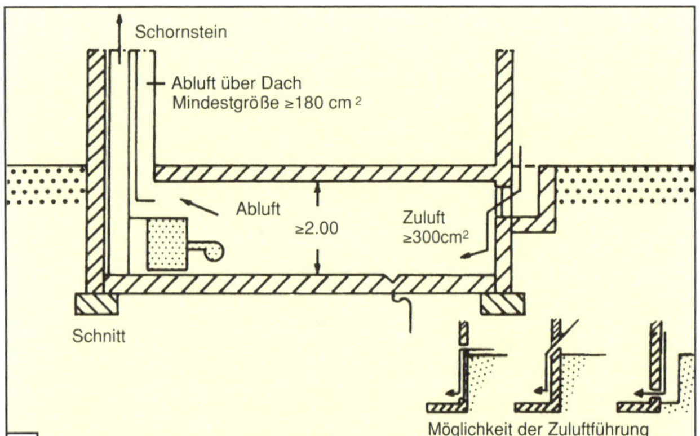

2 Heizraum ≥ 50 kW, Mindestgröße 8 m³

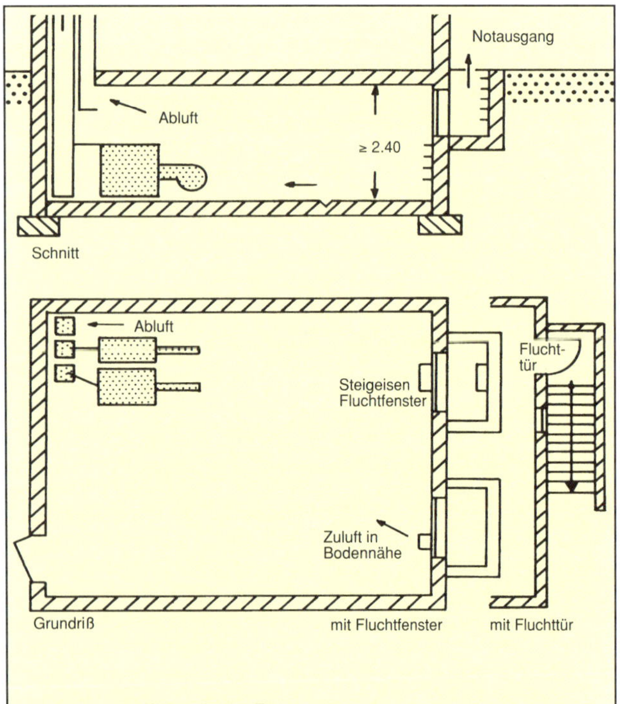

Heizraum ≥ 50 kW, jedoch mit 2 Türen
2. Heizraumtür stets zugänglich, Fluchttür. Lage an entgegengesetzter Seite der ersten Tür. Als zweite Tür kann auch ein Fenster mit Steigeisen dienen. ≥ 1/12 Grundfläche des Heizraumes betragen.

3 Heizraum ≥ 350 kW, Mindestgröße 22 m³

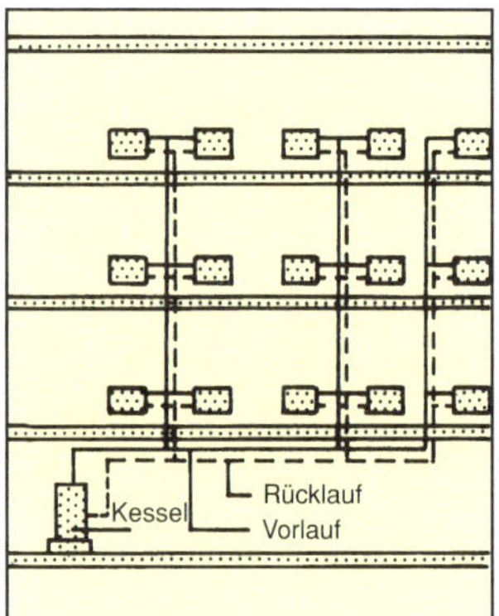

4 Zweirohrsystem mit unterer Verteilung

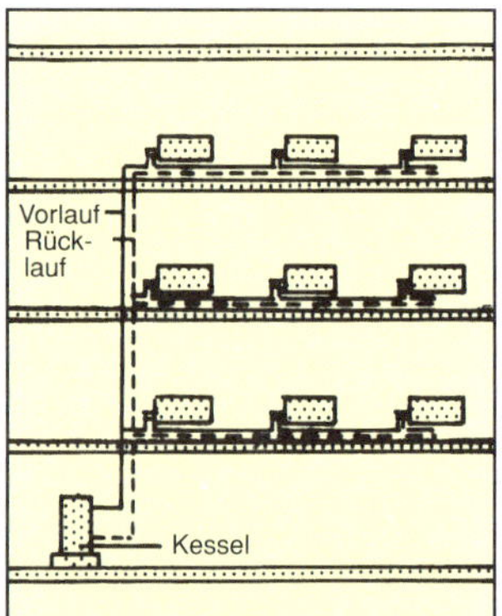

5 Einrohrsystem mit spez. Ventilen u. waagerechter Verteilung

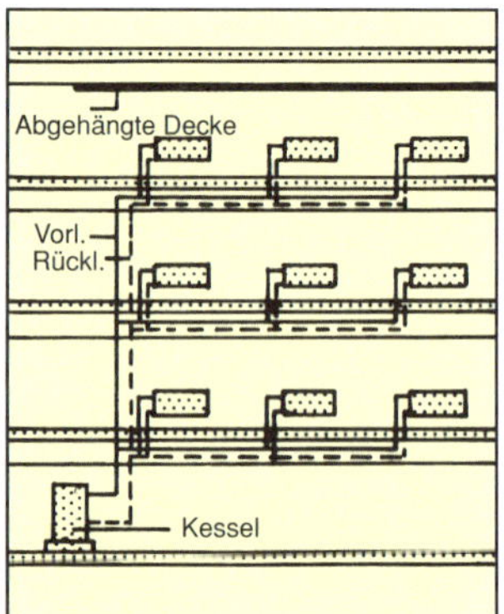

6 Zweirohrsystem mit waagerechter Verteilung

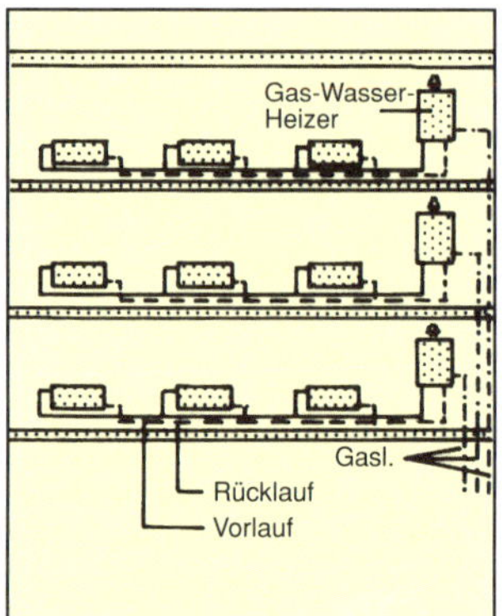

7 Gasetagenheizung

HEIZUNG

Heizungsanlagen werden nach Form des Energieträgers u. der Art der Heizflächen unterschieden.

Ölfeuerung, heute noch verbreitetste Art der Feuerung, ist die Beheizung mit leichtem Heizöl.

Vor- u. Nachteile der Ölfeuerung. Geringere Brennstoffkosten (gegenüber Gas ca. 10–25%). Unabhängig vom öffentlichen Versorgungsnetz. Leicht regelbar. Hohe Kosten für Lagerung u. Tankanlage. In Miethäusern entstehen Mietzinsverluste für den Brennstoff-Lagerraum. In Wasserschutzgebieten u. in von Hochwasser gefährdeten Gebieten nur unter Einhaltung strenger Vorschriften möglich. Abrechnung vor dem Gebrauch. Hohe Umweltbelastung.

Gasfeuerung. In zunehmendem Maße wird Erdgas zur Beheizung eingesetzt.

Vor- und Nachteile der Gasfeuerung. Keine Lagerkosten. Geringer Wartungsaufwand. Abrechnung erst nach dem Gebrauch. In Wasserschutzgebieten einsetzbar. Leichte Regelbarkeit, hoher Jahreswirkungsgrad. Zur Beheizung einzelner Wohnungen bzw. Räume einsetzbar (Gasthermen). Geringe Umweltbelastung. Abhängigkeit vom Versorgungsnetz. Höhere Energiekosten. Angst vor Gasexplosionen. Bei Umstellung von Öl auf Gas ist eine Schornsteinsanierung notwendig.

Feste Brennstoffe. Zur Beheizung von Gebäuden, wie Steinkohle, Braunkohle oder Holz wird seltener genutzt. Ausnahmen bilden Blockheizwerke, da sich diese Art der Beheizung erst ab einer entsprechenden Leistung wirtschaftlich sinnvoll nutzen läßt. Da je nach Brennstoff große Mengen umweltschädliche Stoffe frei werden, sind vom Bundes-Im.-Schutzgesetz sehr hohe Auflagen vorgegeben. Vor- und Nachteile fester Brennstoffe. Unabhängigkeit von Energie-Importen. Geringe Brennstoffkosten. Hoher Betriebsaufwand. Großer Lagerraum notwendig. Hoher Schadstoffausstoß. Schlechte Regelmöglichkeit.

→ 🕮

Elektroheizung. Dauerheizung von Räumen mit elektrischem Strom, abgesehen von der Nachtspeicherheizung, ist wegen der hohen Strompreise nur in Sonderfällen günstig. Elektrische Heizung ist bei vorübergehend benutzten Räumen von Vorteil, wie z.B. Garagen. Kurze Aufheizzeit, sauberer Betrieb, keine Brennstofflagerung, stetige Betriebsbereitschaft, geringer Anschaffungspreis.

Nachtstrom-Speicherheizung. Als Elektro-Fußbodenheizung, Elektro-Speicherofen oder als Elektroheizkessel.

Es werden Schwachlastzeiten der Energieversorgungsunternehmen genutzt. Bei Elektro-Fußbodenheizung wird Estrich nachts aufgeheizt u. gibt Wärme tagsüber an Raumluft ab. Entsprechend werden bei Elektrospeicherofen oder bei Elektrokessel die Speicherelemente in Schwachlastzeit der EVU aufgeheizt. Im Gegensatz zu der Fußbodenheizung sind die beiden letztgenannten Geräte regelbar.

Vorteil der Elektro-Speicherheizung. Weder Heizraum noch Schornstein notwendig, keine Abgase, kein nennenswerter Platzbedarf, geringe Wartungskosten, keine Bevorratung von Brennstoffen.

Konvektoren. Bei Konvektoren wird die Wärme nicht durch Strahlung, sondern durch direkte Wärmeübertragung an die Luftmoleküle übertragen.

Aus diesem Grund können Konvektoren auch verkleidet oder eingebaut werden, ohne daß Wärmeleistung dadurch vermindert wird. Nachteil ist starke Luftumwälzung u. Staubverwirbelung → 1 – 2. Leistung eines Konvektors hängt von der Schachthöhe oberhalb des Heizkörpers ab. Die Zuluft- bzw. Abluftquerschnitte des Konvektors sind groß genug zu bemessen → 1. Unterflur-Konvektoren → 2. Gleiche Voraussetzungen wie bei Überflur-Konvektoren. Anordnung der Unterflur-Konvektoren hängt von dem Anteil ab, den das Fenster am Gesamt-Wärmebedarf des Raumes hat. Anordnung → 2f sollte bei einem Anteil von mehr als 70 % eingesetzt werden, zwischen 20 % und 70 % sollte die Anordnung → 2h, bei unter 20 % die Anordnung → 2g gewählt werden. Konvektoren ohne Gebläse eignen sich nicht bei Niedertemperatur-Heizungen, da ihre Leistung von dem Luftdurchsatz u. damit von der Temperaturdifferenz Heizkörper-Raumluft abhängt. Zur Leistungssteigerung können bei Konvektoren mit zu geringer Schachthöhe (z.B. Fußbodenkonvektoren) Gebläse eingebaut werden. In Wohnbereichen sind wegen der Geräuschentwicklung Gebläse-Konvektoren nur begrenzt einsetzbar → 1.

Heizkörper können in verschiedenen Arten verkleidet werden. Wirkungsgrad-Verlust ist z.T. erheblich. Auf ausreichende Reinigungsmöglichkeit achten. Bei Metallverkleidungen wird Strahlungswärmeanteil fast vollständig an Raumluft weitergegeben, bei Verkleidungen aus Materialien mit geringerer Wärmeleitfähigkeit wird Strahlungswärme stark gedämmt.

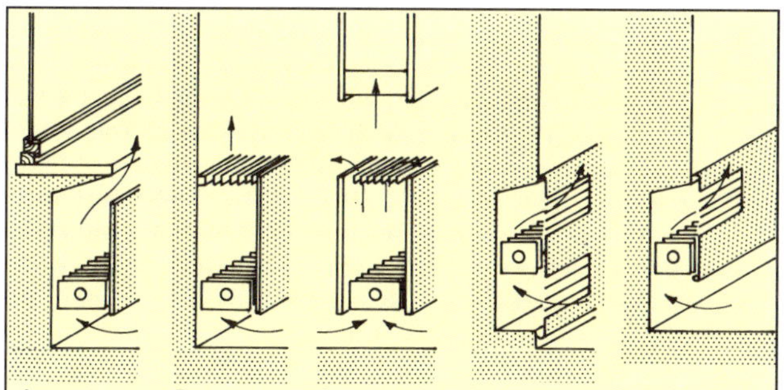

1 Verschiedene Einbaumöglichkeiten von Konvektoren/Überflur

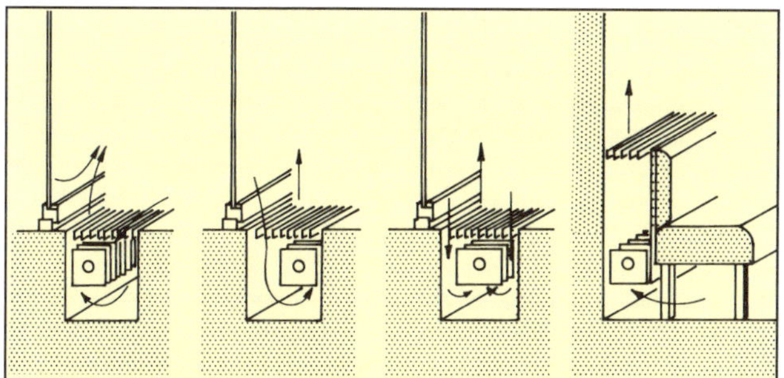

2 Verschiedene Einbaumöglichkeiten von Konvektoren/Unterflur

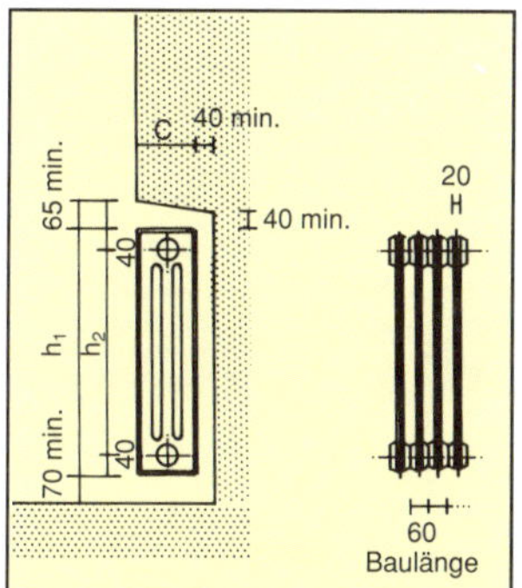

3 Baumaße von Gußradiatoren DIN 4720

Bauhöhe h_1 in mm	Nabenabstand H_2 in mm	Bautiefe c in mm	Anstrichfläche je Glied (m^2)
280	200	250	0,185
430	350	160	0,185
		220	0,255
580	500	70	0,120
		110	0,180
		160	0,255
		220	0,345
980	900	70	0,205
		160	0,440
		220	0,580

4 Baumaße von Gußradiatoren DIN 4720

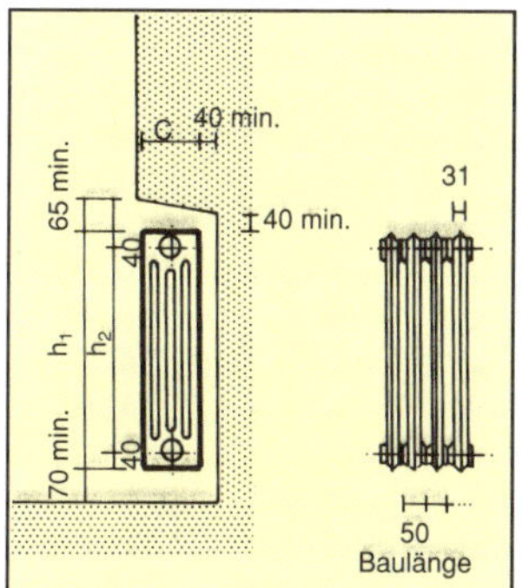

5 Baumaße von Stahlradiatoren DIN 4722

Bauhöhe h_1 in mm	Nabenabstand H_2 in mm	Bautiefe c in mm	Anstrichfläche je Glied (m^2)
300	200	250	0,160
450	350	160	0,155
		220	0,210
600	500	110	0,140
		160	0,205
		220	0,285
1000	900	110	0,240
		160	0,345
		220	0,480

6 Baumaße von Stahlradiatoren DIN 4722

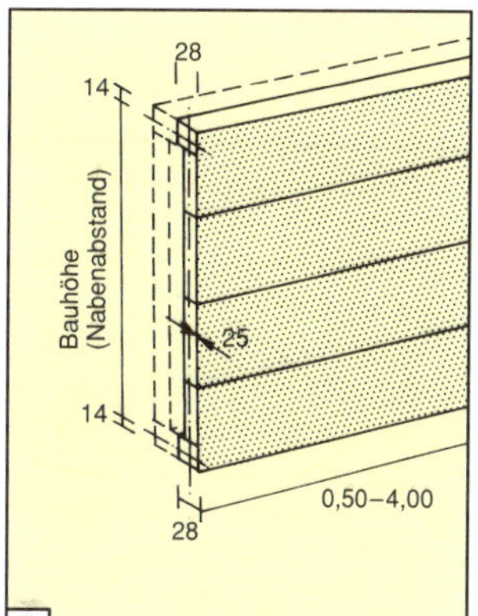

7 Schnitt durch Flachheizkörper

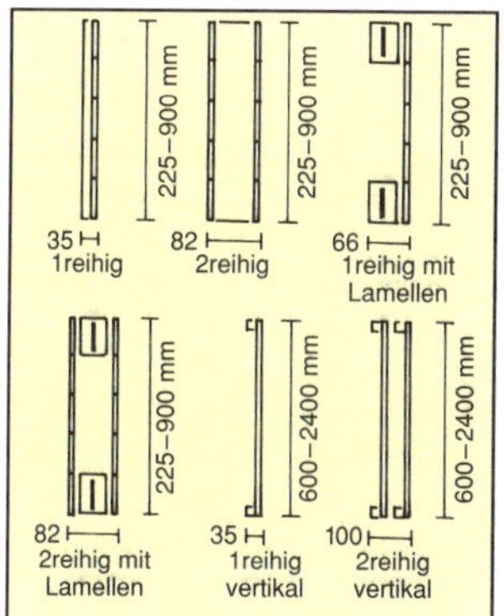

8 Übersicht der verschiedenen Plattenheizkörper

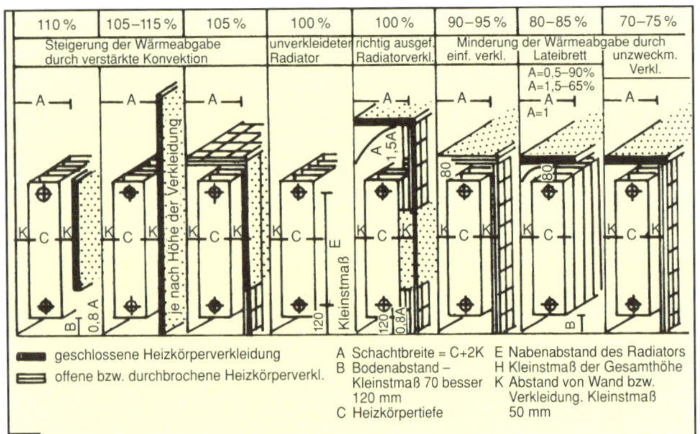

1 Veränderung der Wärmeabgabe bei verschiedenen Heizkörperverkleidungen

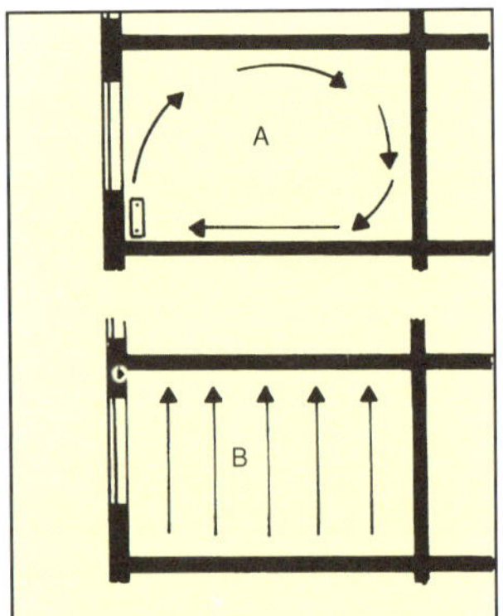

2 Luftbewegung: A Radiatoren-, B Fußbodenheizung

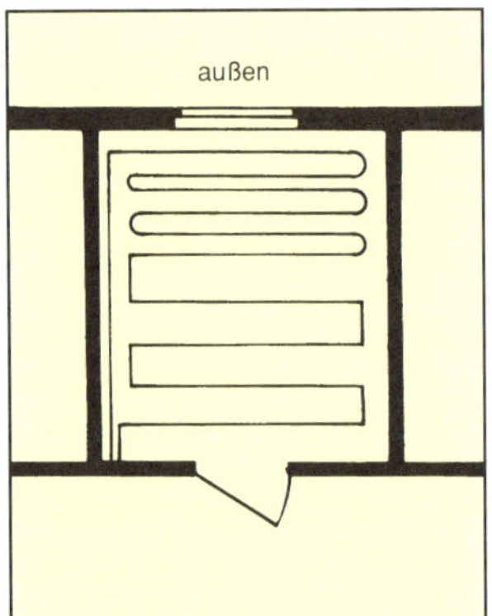

3 Gegen Außenwände Heizleitungen dichter legen

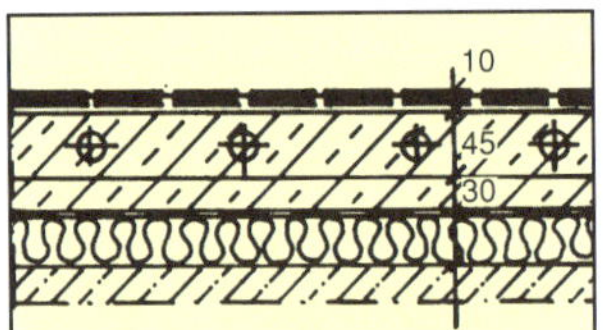

Fußbodenaufbau v.o.n.u.:
- Fliesen 10 mm geklebt
- Estrich (Rohrüberdeckung mind. 45 mm)
- Trägermatte zur Bewehrung (∅ 3,5 mm)
- PE-Folie 0,2 mm
- Dämmung PST 33/30

4 Fußbodenheizung (Naßverlegung)

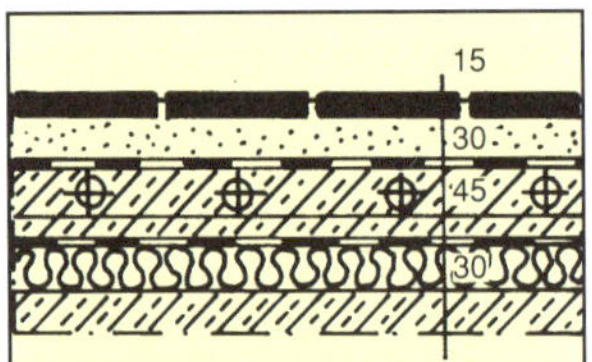

Fußbodenaufbau v.o.n.u.:
- Fliesen 15 mm in
- Mörtelbett 30 mm
- Gleitfolie 0,3 mm
- Estrich 45 mm
- Trägermatte für Heizrohre
- PE-Folie 0,2 mm
- Dämmung PST 33/30

5 Fußbodenheizung

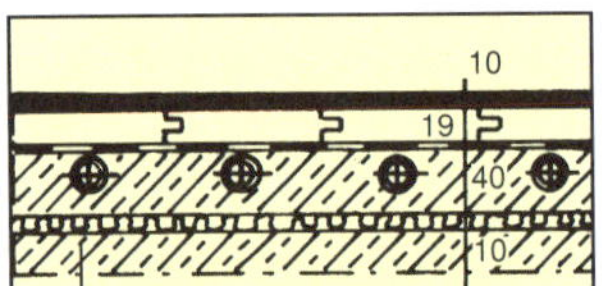

Fußbodenaufbau v.o.n.u.:
- Fliesen 10 mm geklebt oder Teppichboden
- Trockenestrich-Platten 19 mm
- PE-Folie 0,2 mm
- Aluleitlamellen
- Polystyrol Verlegeelement mit Heizrohrnuten 40 mm
- Mineralfasermatten 13/10 als Trittschalldämmung falls erforderlich

6 Fußbodenheizung (Trockenverlegung)

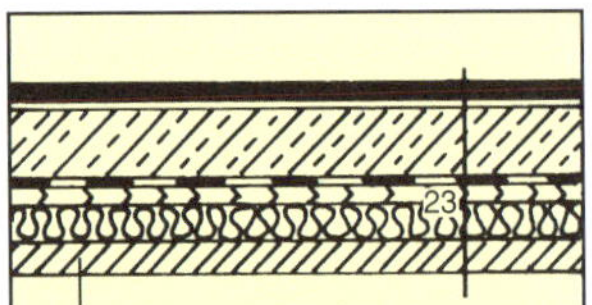

Fußbodenaufbau v.o.n.u.:
- Oberboden mit Trägerschicht (Höhe variabel)
- PE-Folie
- Wärme-Modul mit Dämmschale

7 Fußbodenheizung (Wärmemodul)

HEIZUNG → 🕮

Die meisten Heizkörperverkleidungen beeinträchtigen die Wärmeabgabe des Heizkörpers. Es wird nicht nur die Konvektion behindert, sondern auch die Strahlung unterdrückt. Nur bei einigen Verkleidungsarten kann eine Steigerung der Wärmeabgabe (gegenüber unverkleideten Radiatoren) durch verstärkte Konvektion erreicht werden (siehe Übersicht).

Für die Ausführung der Verkleidung:
1. Die Regelvorrichtung (Regulierventil) muß bequem zugänglich sein.
2. Die vornliegenden **Zuluft- und Warmluftöffnungen** sollen mindestens eine Höhe gleich der Heizkörpertiefe C aufweisen; die Länge soll gleich der Heizkörperlänge sein.
3. Auch die oberen **Warmluftöffnungen** sollen mindestens so breit und lang wie der Heizkörper sein.
4. Die **Gitter** sollen einen möglichst großen, freien Querschnitt aufweisen, mindestens 50 % des gesamten Gitterquerschnittes.
5. Die Verkleidung soll bequem und leicht abnehmbar sein.

Beachte: Organische Farben haben auf die Wärmeabstrahlung so gut wie keinen Einfluß. Im Gegenteil, diese Anstriche irgendeiner Farbe haben eine günstigere Strahlwirkung als die rohe Gußeisenoberfläche – Stahlflächen werden immer gestrichen → [1].
Flächenheizungen beinhalten allgemein große Flächen der Raumumgebungsflächen und verhältnismäßig geringe Temperaturen.
Arten der Flächenheizung:
Fußbodenheizung, Deckenheizung, Wandheizung.
Fußbodenheizung. Bei der Fußbodenheizung wird die Wärme der Fußbodenoberfläche sowohl an die Raumluft als auch an die Wände und an die Decke abgegeben. Der Wärmeübergang an die Luft erfolgt konvektiv, d.h. durch Luftbewegung an der Fußbodenoberfläche. Die Wärmeabgabe an die Wände bzw. an die Decke erfolgt statt dessen durch Strahlung. Die Wärmeleistung ist je nach Oberboden 70 ... 110 W/m². Als Oberboden eignet sich nahzu jeder übliche Belag aus Keramik, Holz oder Textil, der Wärmedurchlaßwiderstand sollte jedoch 0,15 m² K/W nicht überschreiten → [4] – [7].
Hausstauballergien in beheizten Räumen Man hat bisher bei den Maßnahmen gegen die Hausstaub- bzw. Milbenallergie die Heizkörper außer acht gelassen. Heizkörper mit hohem Konvektionsanteil wirbeln den allergenhaltigen Hausstaub auf, der dadurch schneller zu einem schädigenden Kontakt mit den Schleimhäuten kommt. Außerdem hat man bei Heizkörpern mit Konvektionslamellen unlösbare Reinigungsmöglichkeiten. Vorteilhaft sind also Heizkörper, die folgende Vorraussetzungen haben: Möglichst wenig Konvektionsanteil und problemlose Reinigungsmöglichkeiten. Erfüllt werden diese Forderungen von einlagigen Platten ohne Konvektionslamellen u. von Gliederradiatoren.

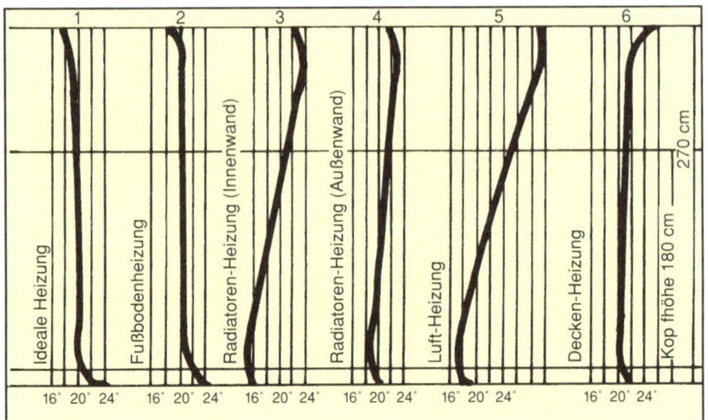

8 Raumtemperaturkurven zur wärmephysiologischen Bewertung des Heizungs-Systems

AUFFANGRÄUME U. TANKS

Auffangräume müssen bei Austreten der gelagerten Flüssigkeit verhindern, daß sich der Tankinhalt über den Auffangraum hinaus ausbreiten kann. Sie müssen mindestens 1/10 des Volumens aller enthaltenen Tanks, mindestens das volle Volumen des größten Tanks aufnehmen können.

Tanks in Räumen: Auffangräume werden von einem Lagervolumen ab 450 l an erforderlich. Kann entfallen bei doppelwandigen Tanks aus Stahl. Bis 100.000 l Volumen mit Leckanzeigeeinrichtung oder aus glasfaserverstärkten Kunststoffen mit Bauartzulassung oder bei metallischen Tanks mit Kunststoffinnenbeschichtung mit Bauartzulassung.

Auffangräume sind aus nichtbrennbaren, feuerbeständigen Baustoffen von ausreichender Festigkeit, Dichtigkeit und Standsicherheit herzustellen und dürfen keine Abläufe enthalten. Abstände der Tanks auf mindestens zwei zugänglichen angrenzenden Seiten mind. 40 cm von Wänden sonst 25 cm, mind. 10 cm vom Boden und 60 cm von der Decke. → [1]

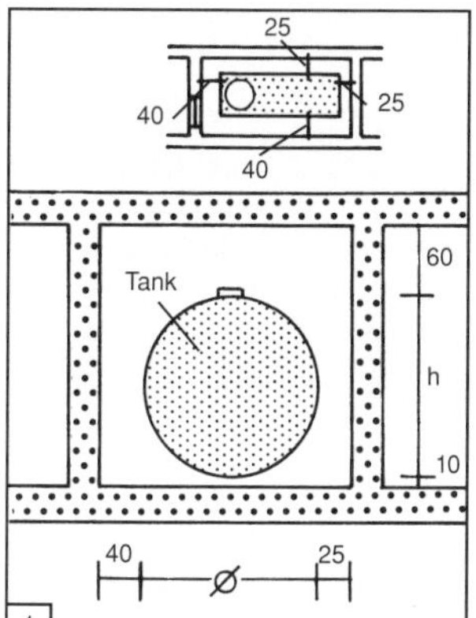

1 Heizöl-Lagertanks in Räumen, rund

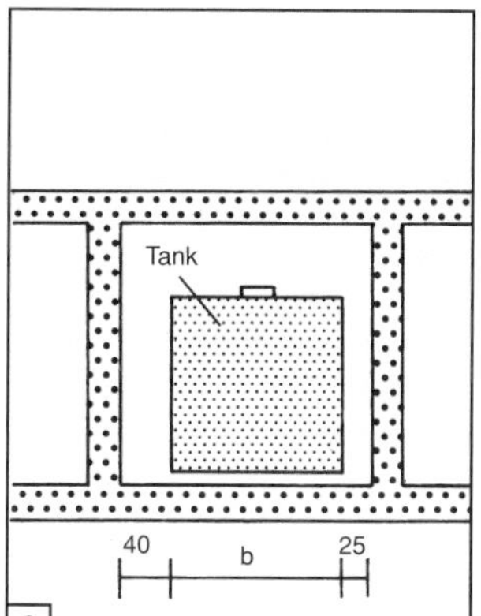

2 Tank eckig

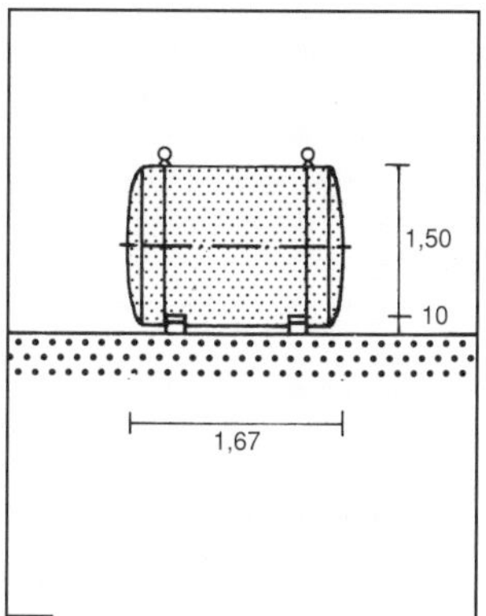

3 Batteriebehälter aus Nylon

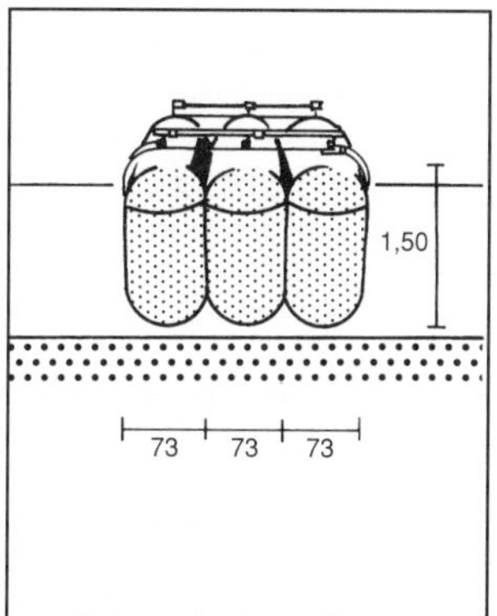

4 Batteriegröße max. 5 Behälter zusammengeschlossen

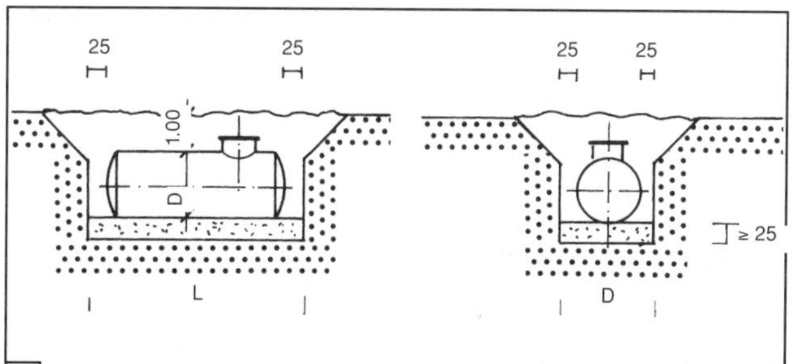

9 Grubenaushub für Heizöl-Lagerbehälter im Erdreich

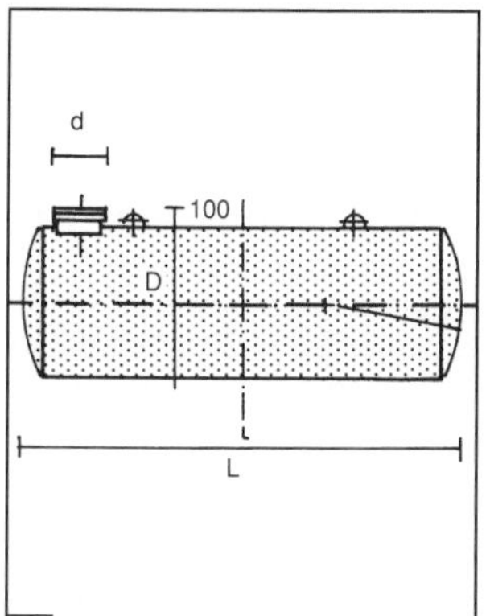

5 Lagertanks für Heizöl → [9]

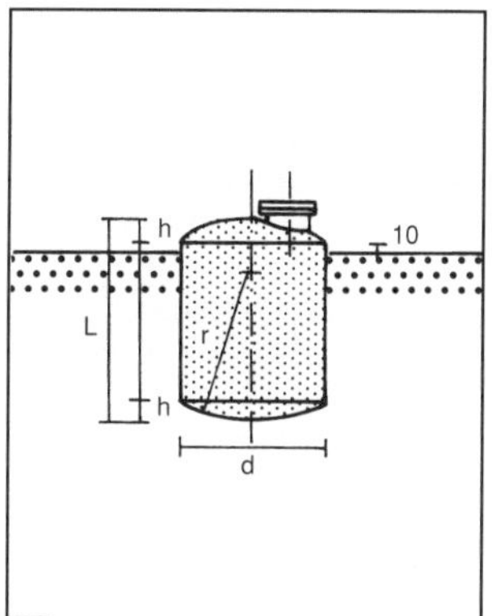

6 Lagertank für Heizöl

Nenn-Inhalt V in Litern (dm³) DIN	(früher)	Abmessungen in mm max. Länge l	(früher)	Tiefe t	Masse m. (mit Zubehör) in kg
1000	(1100)	1100	(1100)	720	≈ 30–50 kg
1500	(1600)	1650	(1720)	720	≈ 40–60 kg
2000		2150		720	≈ 50–80 kg

Baumaße von Batterietanks (Batteriebehälter) aus Kunststoff → [3]

Inhalt in m³ minimal	VAbmessungen in mm (minimal) Außendurchmesser d_1	Länge l	Blechdicke s 1.wand.	s je 2.wand.	Dornstutzen LW	Gewicht in kg von 1,1 1 wand.	1,2 A/C	B
1	1000	1510	5	3	–	265	–	–
3	1250	2740	5	3	–	325	–	–
5	1600	2820	5	3	500	700	700	790
7	1600	3740	5	3	500	885	930	980
10	1600	5350	5	3	500	1200	1250	1300
16	1600	8750	5	3	500	1800	1850	1900
20	2000	6969	6	3	600	2300	2400	2450
25	2000	8540	6	3	600	2750	2850	2900
30	2000	10210	6	3	600	3300	3400	3450
40	2500	8800	7	4 (5)	600	4200	4400	4450
50	2500	10800	7	4	600	5100	5300	5350
60	2500	12800	7	4	600	6100	6300	6350

						Gewicht in kg von 1,3 A	B	2,1	2,2 B
1,7	1250	1590	5	–	500	–	–	–	390
2,8	1600	1670	5	–	500	–	–	–	390
3,8	1600	2130	5	–	500	–	–	–	600
5	1600	2820	5	3	500	700	745	–	740
6	2000	2220	5	–	500	–	–	–	930
7	1600	3740	5	3	500	885	930	935	–
10	1600	5350	5	3	500	1250	1250	1250	–
16	1600	8570	5	3	500	1800	1950	1850	–
20	2000	6960	6	3	600	2300	2350	2350	–
25	2000	8540	6	3	600	2750	2800	2800	–
30	2000	10120	6	3	600	3300	3350	–	–
	2500	6665	7	–	600	–	–	3350	–
40	2500	8800	7	4	600	4200	4250	4250	–
50	2500	10800	7	4	600	5100	5150	–	–
	2900	8400	9	–	600	–	–	6150	–
60	2500	12800	7	4	600	6100	6150	–	–
	2900	9585	9	–	600	–	–	6900	–

10 Abmessungen von zylindrischen Öltanks (Behälter) → [5]

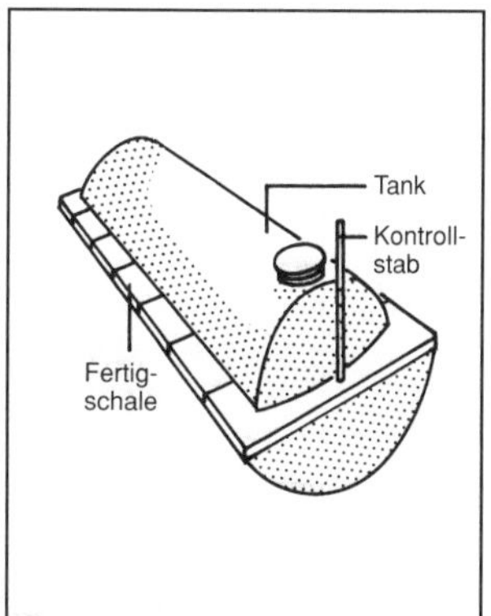

7 Eingelegter Tank

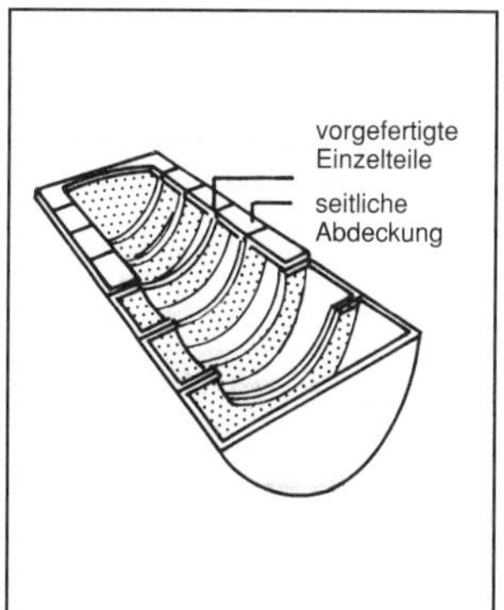

8 Betonschutzwanne für Öltanks → [7]

SCHORNSTEINE

Hausschornsteine sind Schächte in oder an Gebäuden, die ausschließlich dazu bestimmt sind, Abgase von Feuerstätten über das Dach ins Freie zu befördern.

An einen Schornstein ist anzuschließen: Feuerstätte mit einer Wärmeleistung von mehr als 20 kW, Gasfeuerstätten von mehr als 30 kW.

Jede Feuerstätte in Gebäuden mit mehr als 5 Geschossen.

Jeder offene Kamin, Feuerstätte mit Brenner u. Gebläse.

Kleinste wirksame Schornsteinhöhe 4 m.

Gemeinsame Schornsteine 5 m.

Jeder Schornstein muß eine 10 cm breite und 18 cm hohe Reinigungsöffnung haben, die 20 cm tiefer als der unterste Feuerstättenanschluß liegen muß. Schornsteine, die nicht von der Mündung aus gereinigt werden können, müssen im Dachraum oder über Dach eine weitere Reinigungsöffnung haben.

Freiliegende Außenflächen der Schornsteine im Dachraum bis zur Dachhaut 5–10 mm dick berappen.

Ummantelung der Schornsteinköpfe aus Schieferplatten, Kunstschiefer, Zink- oder Kupferblech auf Unterkonstruktion.

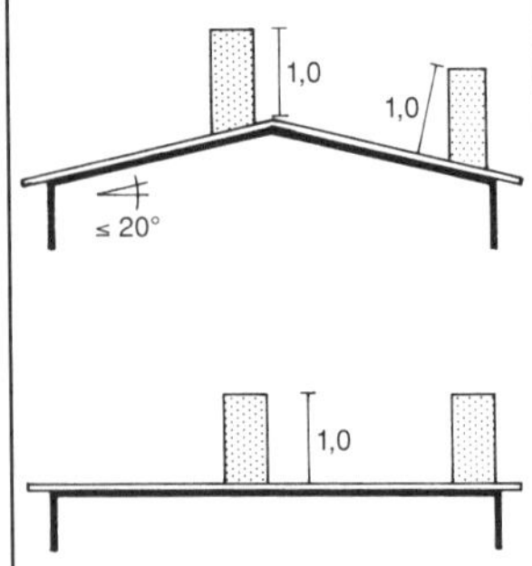

1 Schornsteinhöhen über Dach bei Dächern mit einer Neigung ≤ 20°

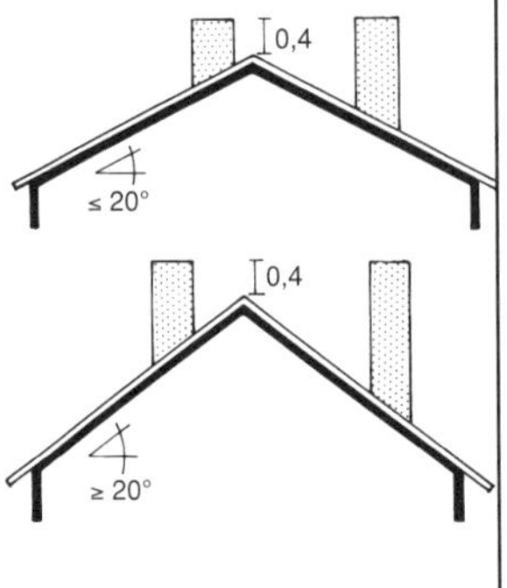

2 Schornsteinhöhen bei Dächern ≤ 20° u. ≥ 20°

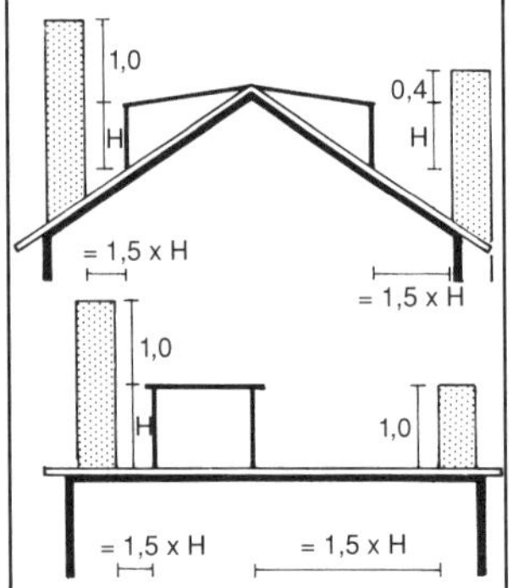

3 Schornsteinhöhen bei Dachaufbauten

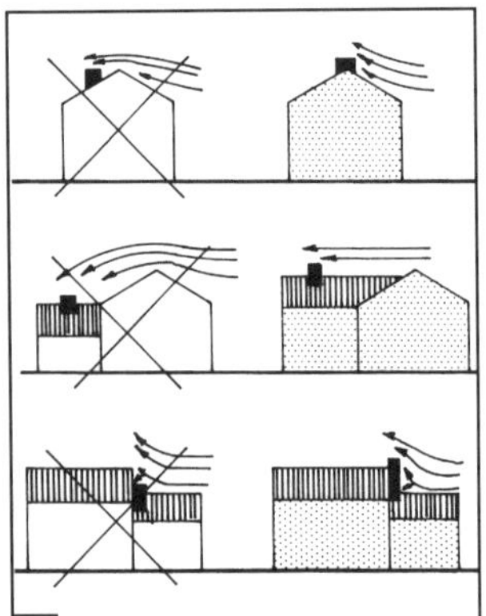

4 Windwirkung auf Schornsteinzug

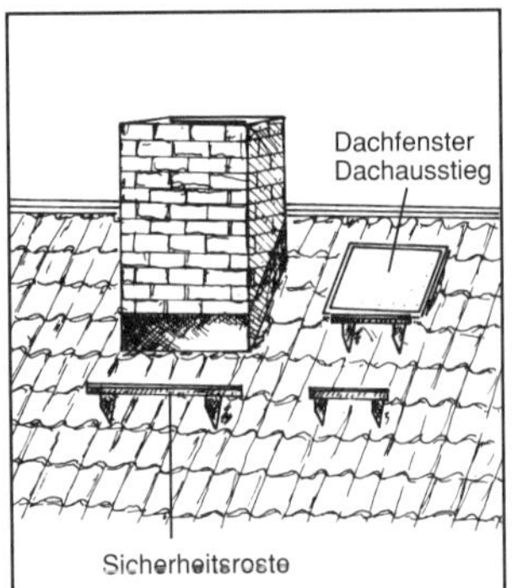

5 Kamin über Dach

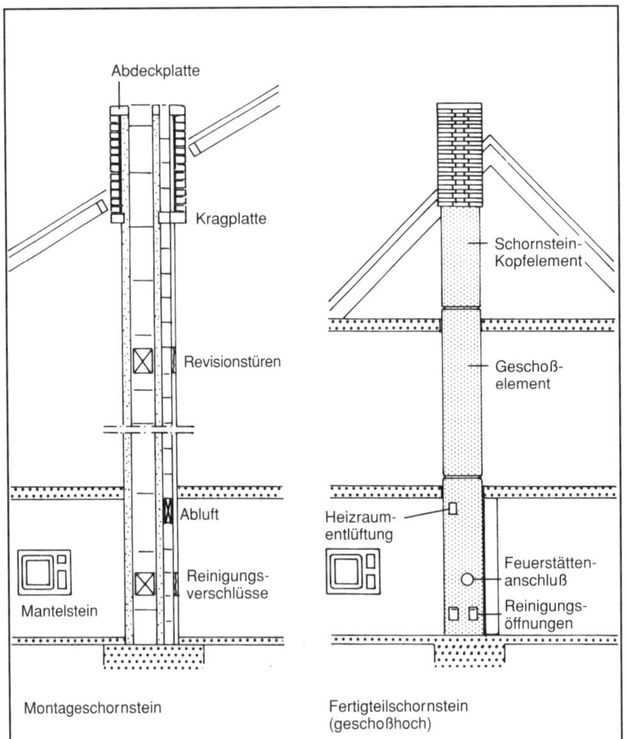

7 Schornsteine

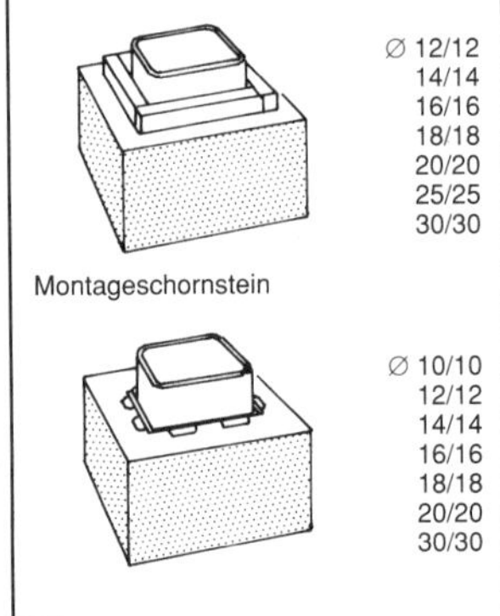

6 Montageschornstein hinterlüftet

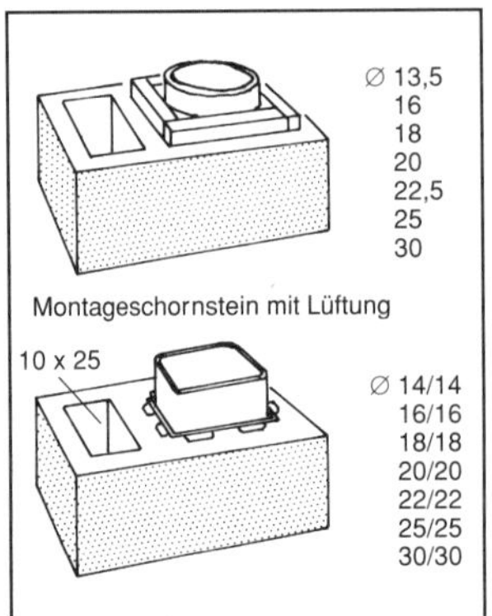

8 Montageschornstein mit Lüftung hinterlüftet

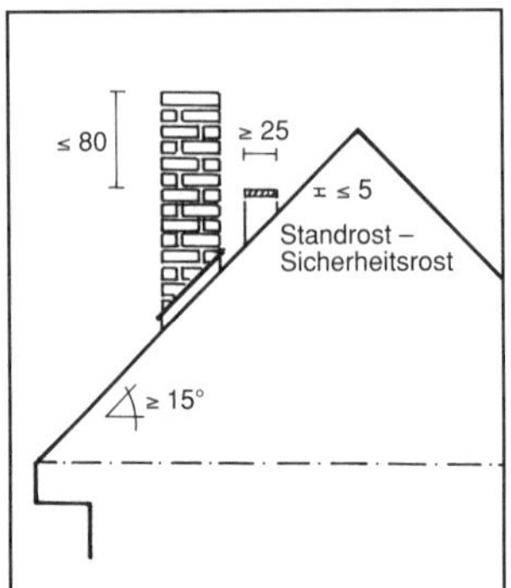

9 Über 15° Dachneigung Standroste erforderlich

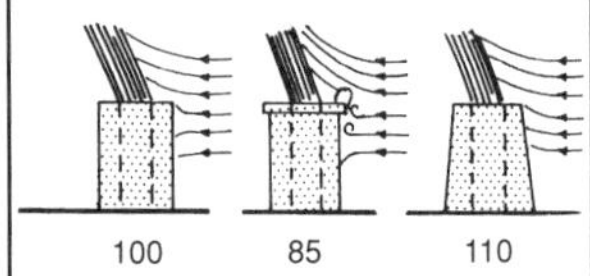

10 Vergleichzahlen der Wirkungsgrade

KAMINE

OFFENE KAMINE

Jedes Kaminfeuer muß an eigenem Schornstein angeschlossen werden → 1 – 4. Schornsteinquerschnitt und Größe des Kaminfeuers muß aufeinander abgestimmt sein → 8. Kamin und Schornstein unmittelbar nebeneinander errichten → 1 – 4.
Wirksame Schornsteinhöhe vom Rauchdom bis Schornsteinmündung ≥ 4,5 m. Anschluß des Verbindungsstükkes am Schornstein 45° → 9.
Zuluftöffnungen von außen. Zweckmäßig Zuluftöffnungen im Kaminsockel seitlich oder vorne anordnen → 7, 9.
Nur harzarmes Holz und wenig verastetes Buchen-, Eichen-, Birken- oder Obstbaumholz verwenden, oder mit Gasen nach dem DVGW Arbeitsblatt G 260.

Offene Kamine dürfen nicht in einem Raum unter 12 m^2 Grundfläche aufgestellt werden.

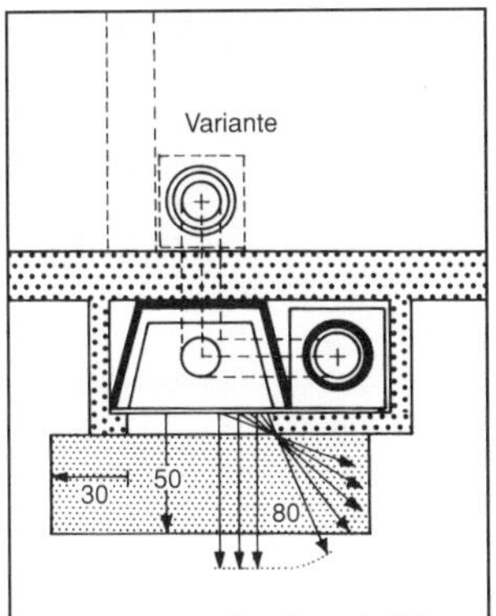

1 Kamin einseitig offen mit Sicherheitsabstand

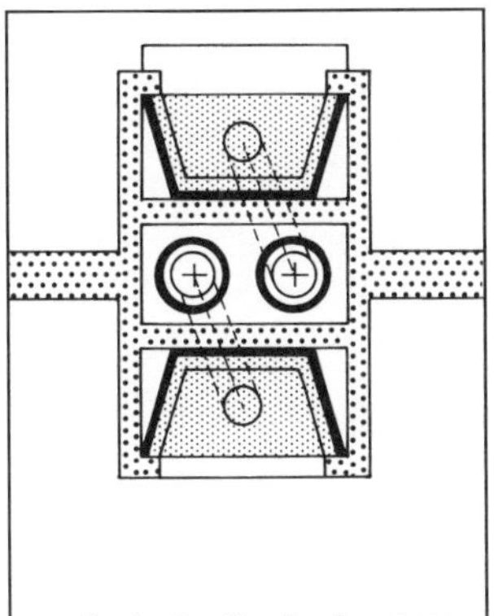
2 Kamin einseitig offen in getrennten Räumen

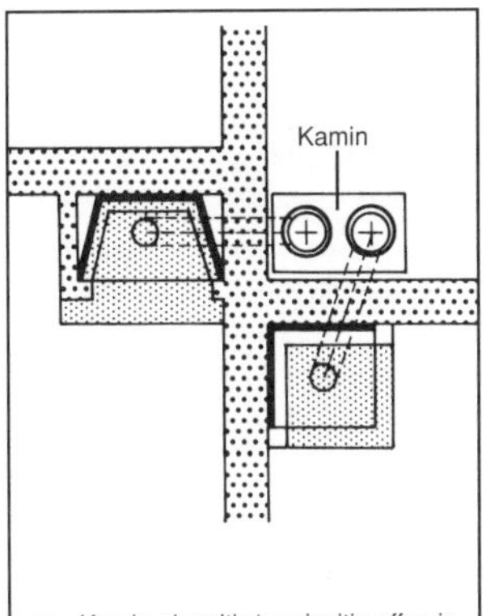

3 Kamin einseitig/zweiseitig offen in getrennten Räumen

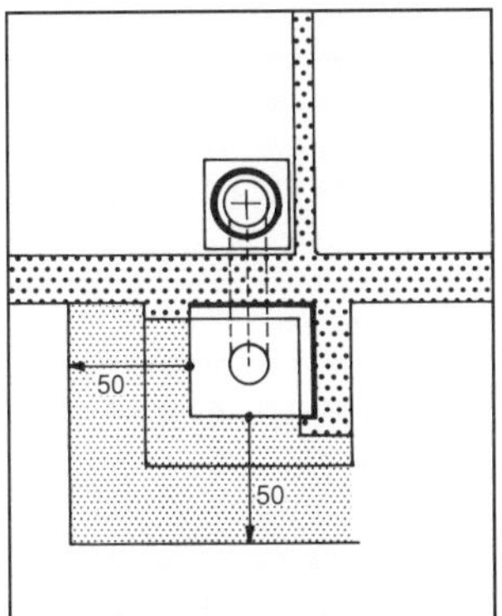

4 Kamin zweiseitig offen mit Sicherheitsbereich

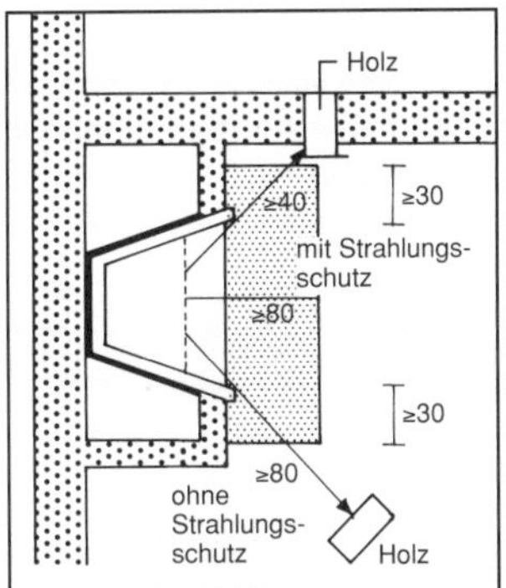

5 Abstände (einseitig offen) zwischen Feuerraumöffnung u. Bauteilen aus brennbaren Baustoffen

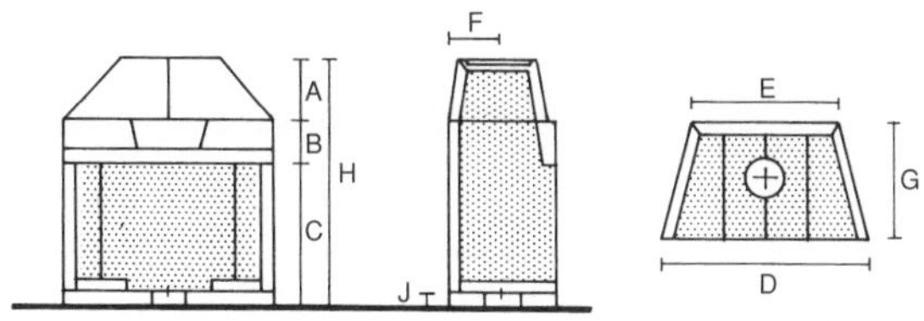

Typ		Einseitig offen					zweiseitig offen			dreiseitig offen		
		1	2	3	4	5	6	7	8	9	10	11
Raumfläche ca. (m^2)		kleine Räume	16–22	22–30	30–35	33–40	25–35	35–45	über 48	35–45	45–55	über 55
Rauminhalt ca (m^3)		kleine Räume	40–60	60–90	90–105	105–120	60–105	105–150	über 150	105–150	150–150	über 200
Größe der Feueröffnung (cm^2)		2750	3650	4550	5750	7100	5000	6900	9500	7200	9800	13500
lichte Abmessung der Feueröffnung (cm)		60/46	70/52	80/58	90/64	100/71						
∅ (cm) des zugehörigen Kamins		20	22	25	30	30	25	30	35	25	30	35
Maße jeweils in cm	A	22,5	24	25,5	28	30	30	30	30	30	30	30
	B	13,5	15	15	21	21	–	–	–	–	–	–
	C	52	58	64	71	78	50	58	65	50	58	65
	D	72	84	94	105	115	77		108	77	90	114
	E	50	60	65	75	93	77	90	108	77	90	114
	F	19,5	19,5	22,5	26	26	27,5	30	32,5	27,5	30	32,5
	G	42	47	51	55	59	64	71	82	64	71	82
	H	88	97	104,5	120	129	80	88	95	80	88	95
	J	6	6	6	7	7	6,4	6,4	6,4	6,4	6,4	
Gewicht (KG)		165	80	310	385	470	225	300	405	190	255	360

6 Bemessung und Abmessung für offene Kamine

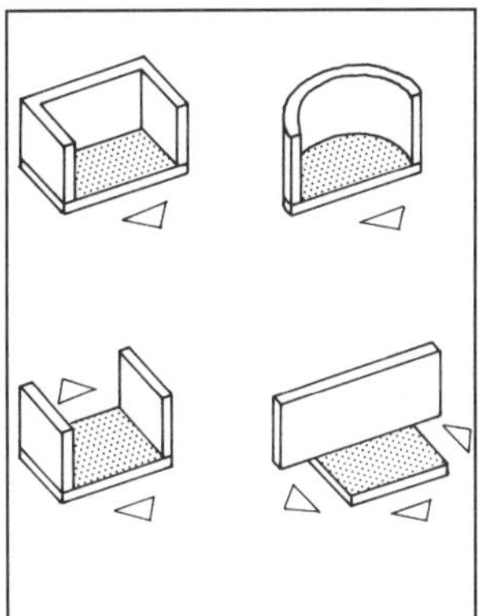
10 Form der Strahlungsflächen

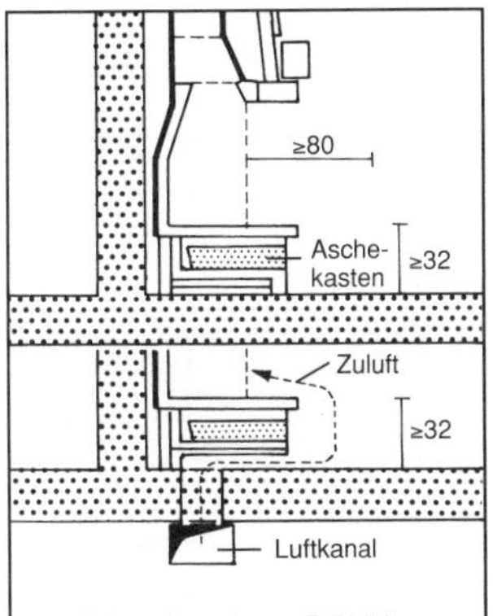

7 Schutz brennbarer Fußböden vor der Feuerraumöffnung/Zuluft

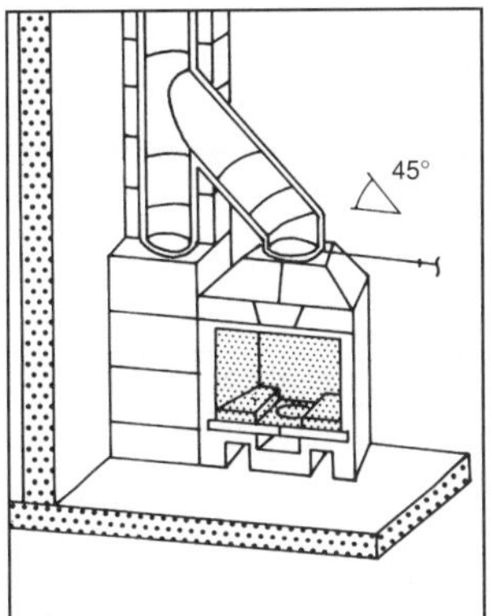

8 Kamin einseitig offen

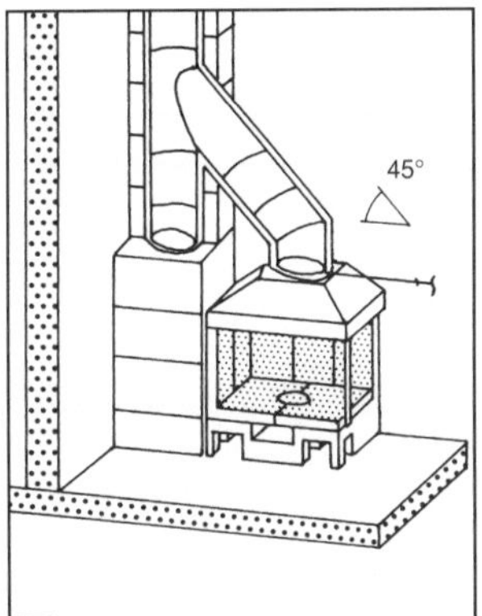

9 Kamin zweiseitig offen

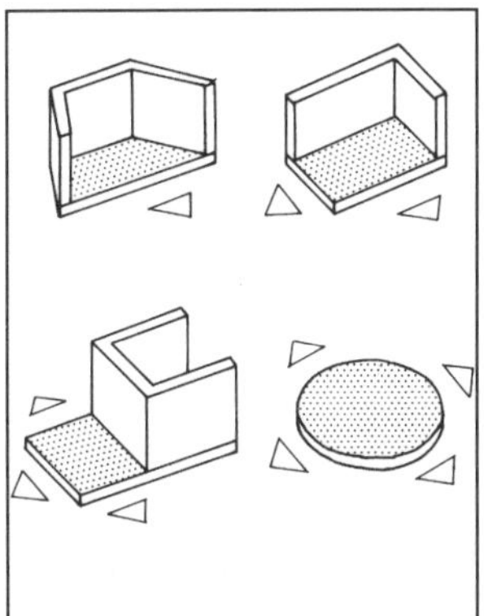
11 wie → 10

RADVERKEHR

ABMESSUNGEN

Zügiges Befahren in eine Richtung ab 1,40 m Breite, besser 1,60 m. Überholen und Begegnen mit verminderter Geschwindigkeit 1,60–2,00 m Breite → 1, Breiten von 2,00–2,50 m besser, wenn auch Radfahrer mit Anhänger den Fahrweg mitbenutzen.
Grundmaße für die Verkehrsräume des Radfahrers lassen sich aus der Grundbreite von 0,60 m und der Höhe des Radfahrers → 6 sowie dem in unterschiedlichen Situationen erforderlichen Bewegungsspielraum zusammensetzen.
Laufgänge zwischen Fahrradständern nicht zu schmal anlegen. Laufgangbreite mind. 1,50 m, vorzugsweise 2,00 m. Alle 15 m mit einem Durchgang unterbrechen. Laufgangbreite bei Etagenständern mind. 2,50 m. Je länger der Ständer desto breiter der Laufgang. Laufgangbreite mind. 1,50 m bis zu einer Länge von 10 m, 1,80 m Breite bis 15 m, 2,20 m breit bis 25 m Länge.

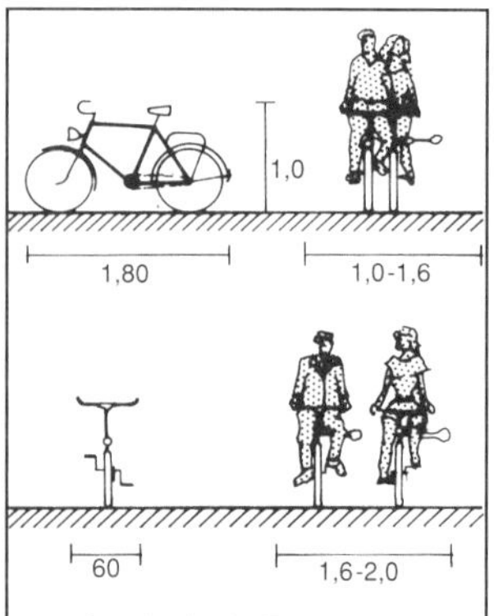

1 Grundmaße für Fahrräder u. Verkehrsräume des Radverkehrs

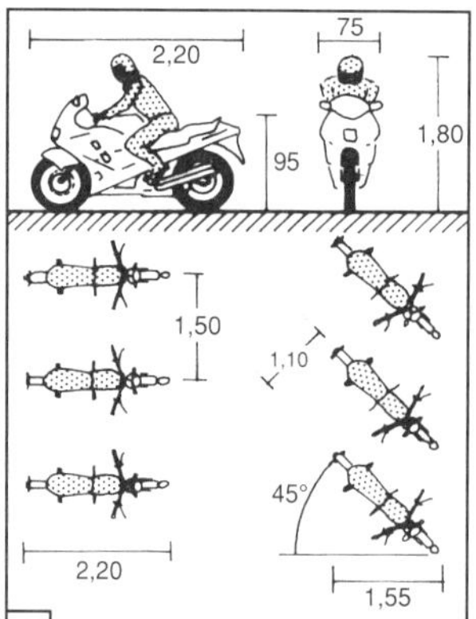

2 Grundmaße für Motorräder

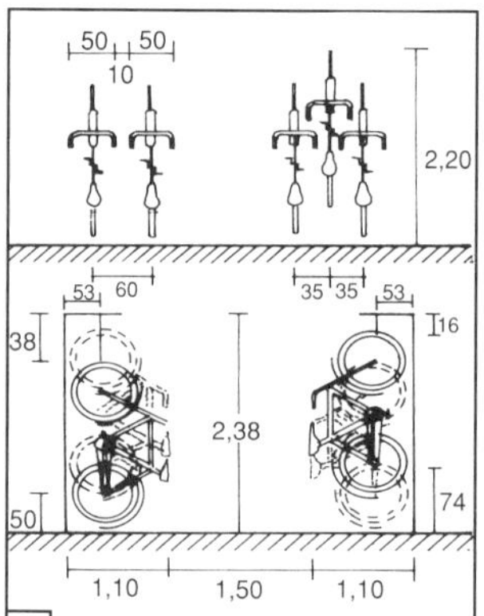

3 Fahrradständer (hängend)

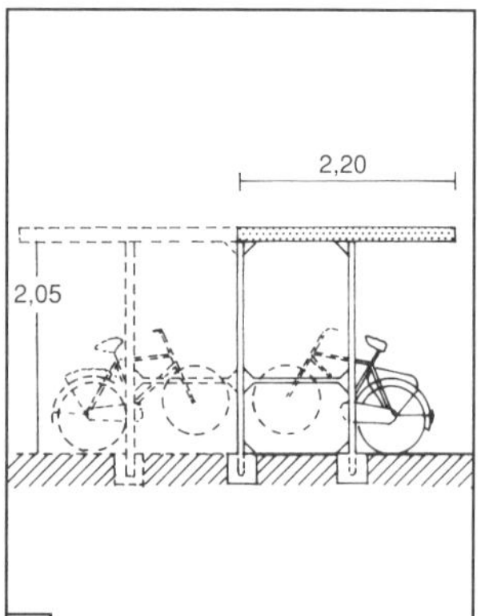

4 Überdachter Fahrradständer

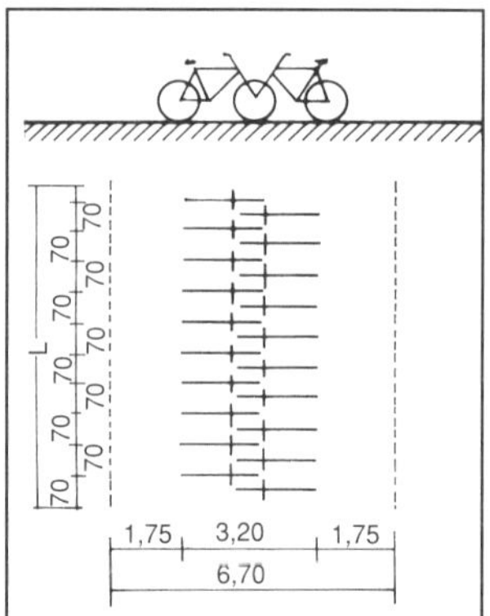

5 Vorderradüberlappung

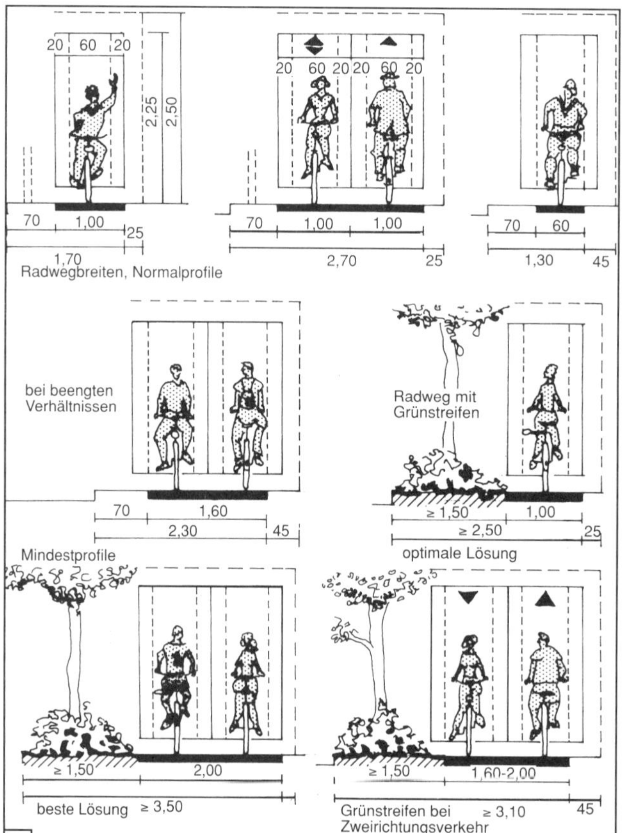

6 Radwegbreiten

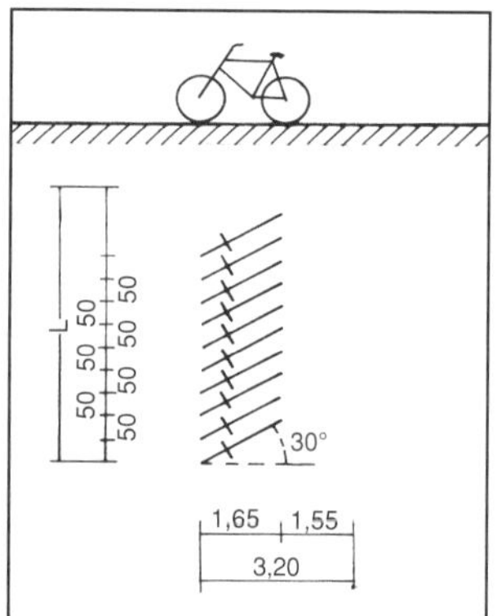

7 Mit 30° Winkelversatz

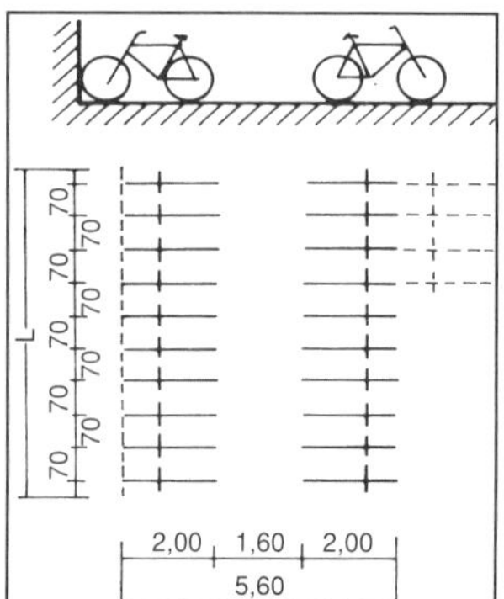

8 Mittelgang

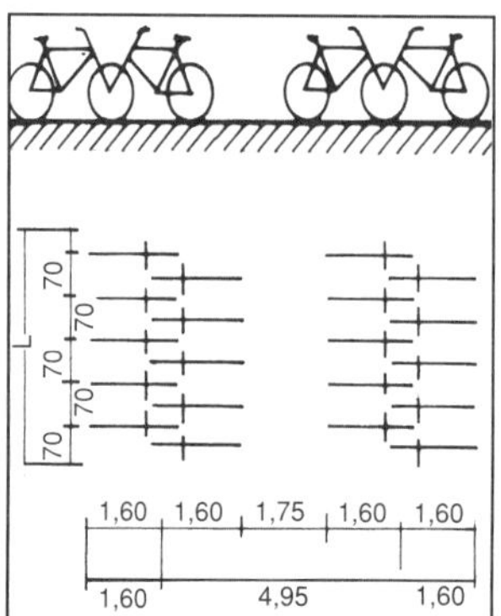

9 Mehrfachreihenanlage mit Mittelgang Vorderräder überlappt

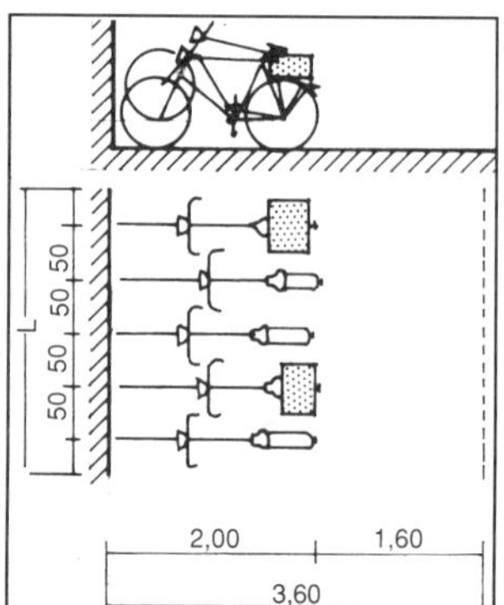

10 Höhenversetzte Parallelaufstellung

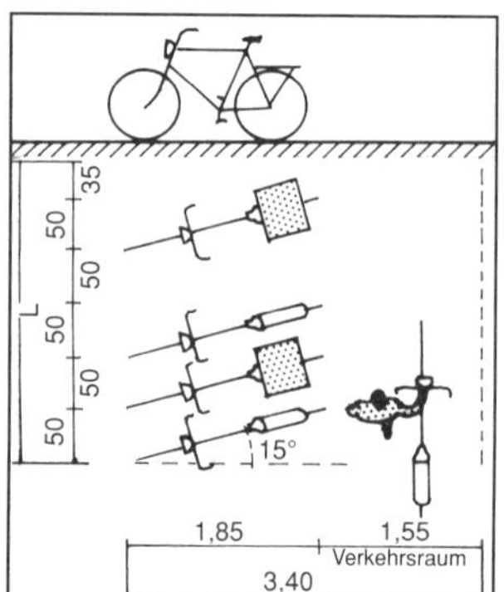

11 Fahrradabstellanlage mit Winkelversatz 15°

FAHRZEUGE

→ 🕮

Abmessungen, Wenderadien und Gewichte von typischen Fahrzeugen im Hinblick auf Raumbedarf und Vorschriften bei Garagen, Stellplätzen, Ein- und Durchfahrten.

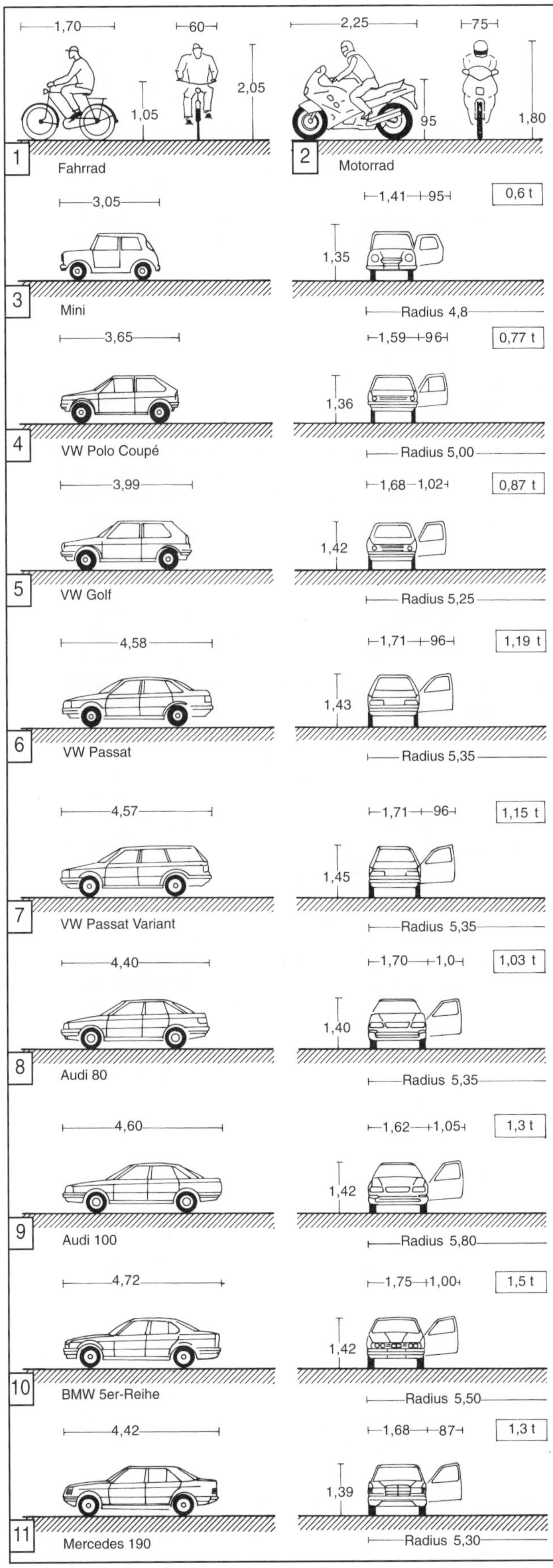

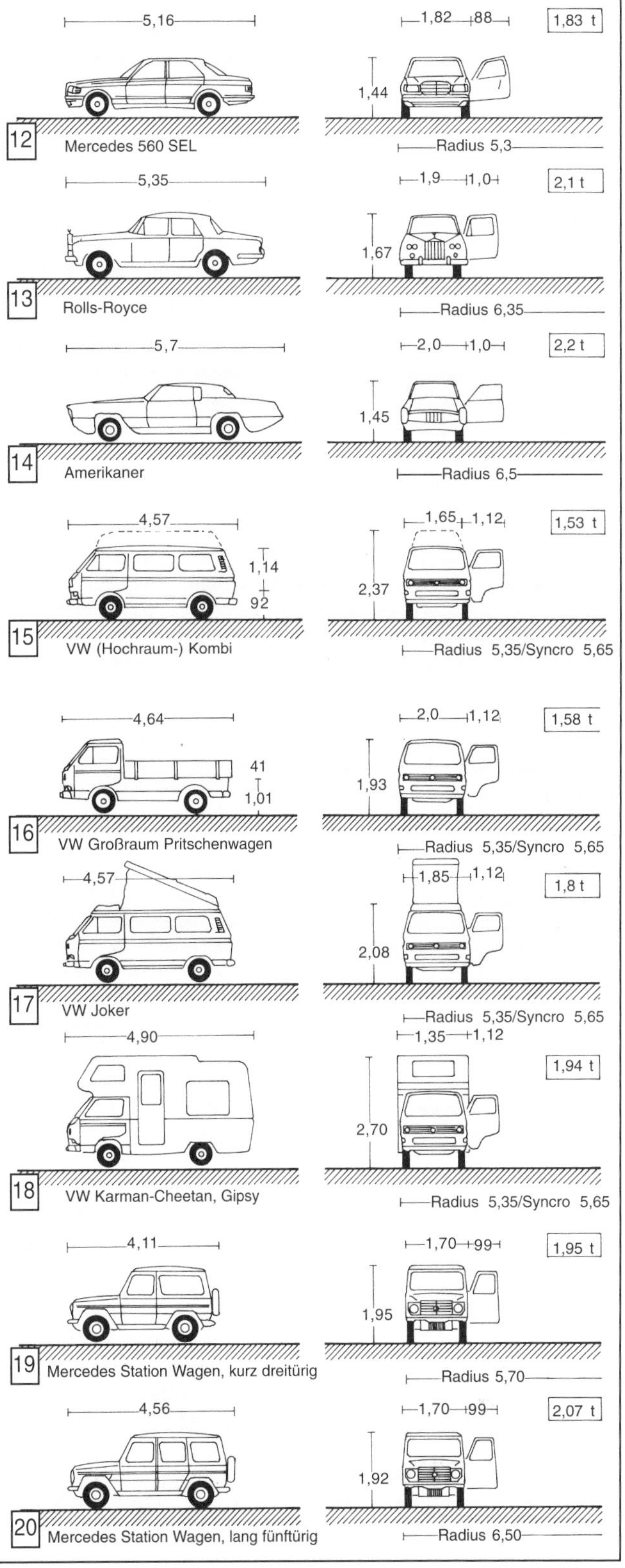

KRAFTFAHRZEUGE

ABMESSUNGEN, WENDERADIEN VON TYPISCHEN LASTKRAFTWAGEN UND BUSSEN →

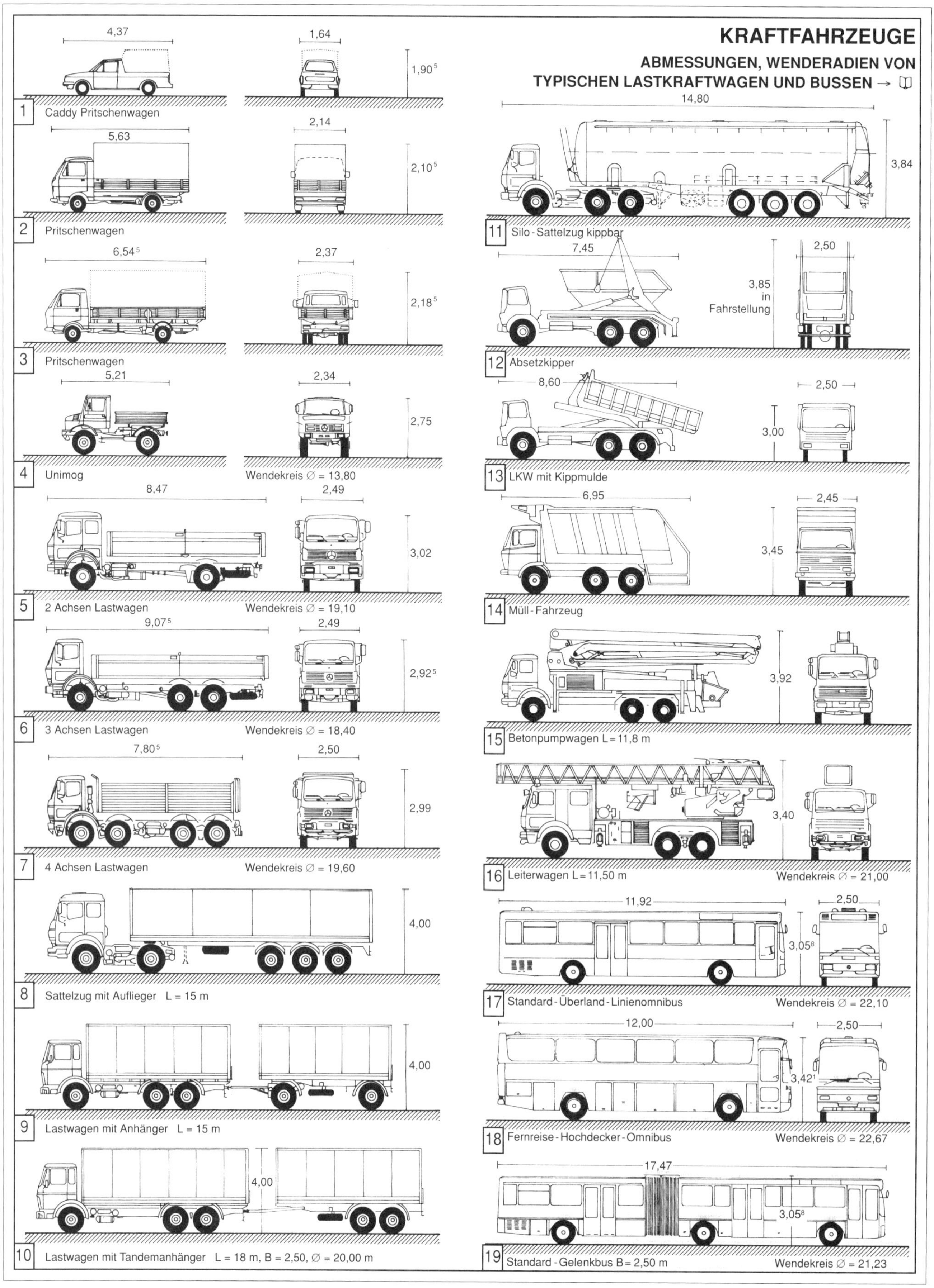

PARKPLÄTZE

Anordnung u. Bemessung nach Maßen eines europäischen Personenwagens der Mittelklasse. Maße sind Mindestabmessungen. Wesentliche Überschreitungen dieser Maße jedoch im Sinne eines sparsamen Flächenbedarfs und niedriger Kosten nur in besonderen Fällen erforderlich. Beidseitige Anordnung von Stellplätzen zum ungehinderten Ein- und Ausparken günstiger als einseitige Anordnung → [5]–[6].

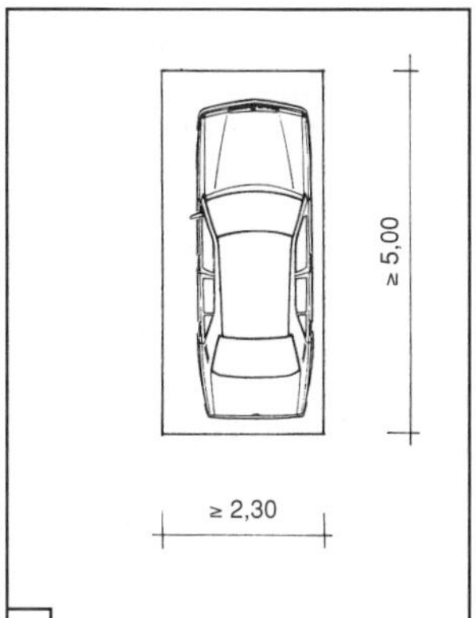

1 Einstellplatz

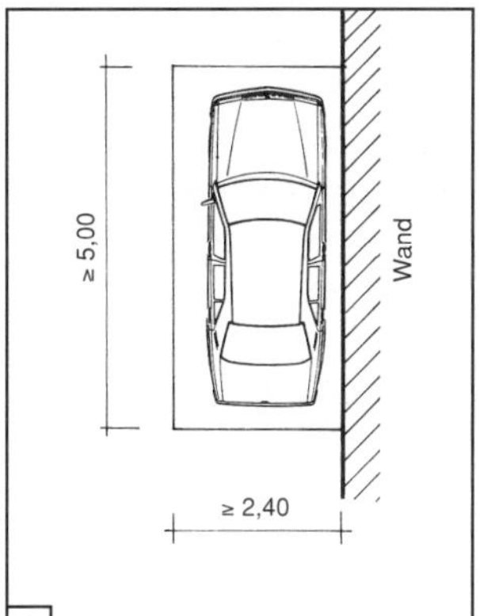

2 Wenn eine Längsseite geschlossen

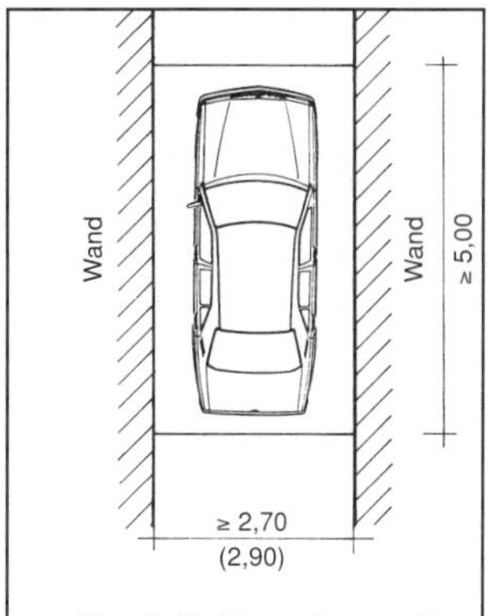

3 Wenn beide Längsseiten geschlossen

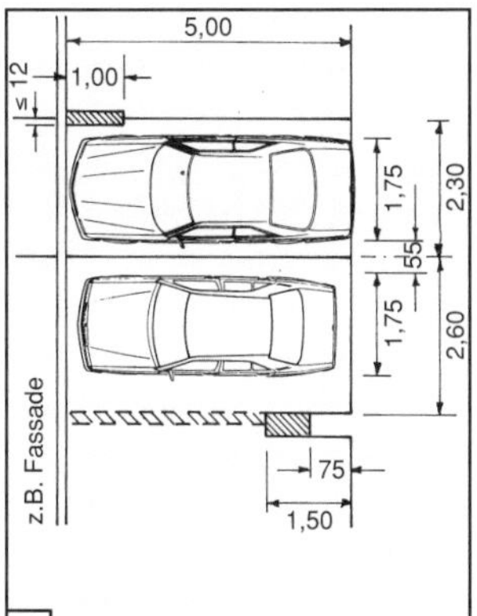

4 Parkstand für beengtes Parken

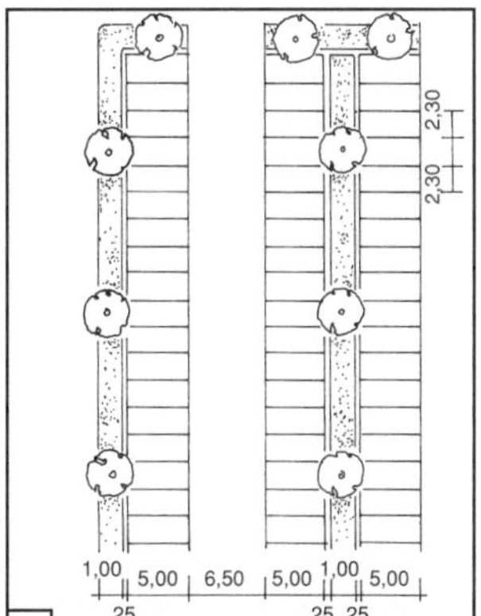

5 Parkfläche mit Bepflanzung

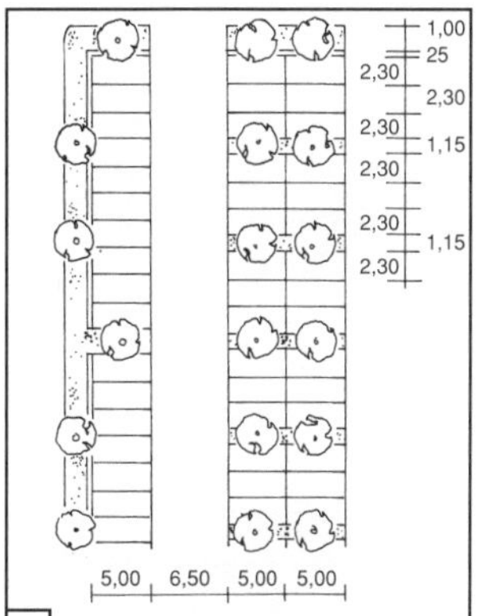

6 Bepflanzung quer zur Fahrbahn

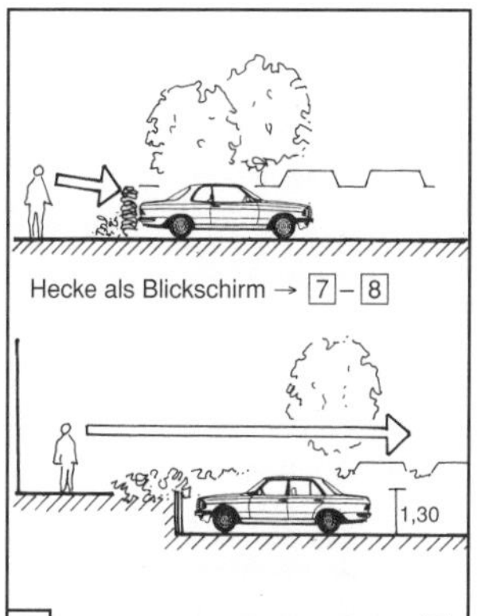

7 Absenkung des Parkplatzes → [9]

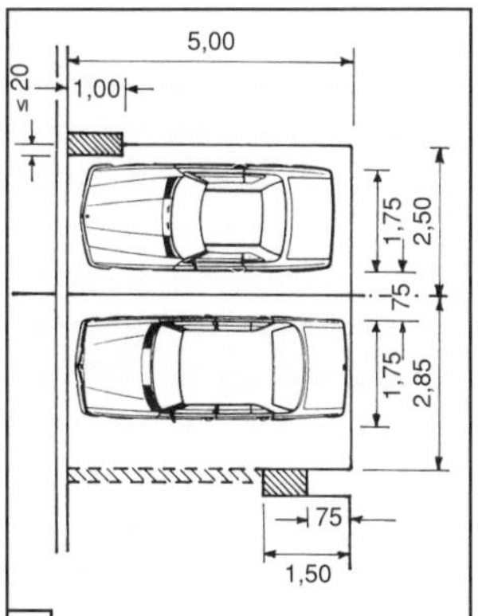

8 Parkstand für bequemes Parken

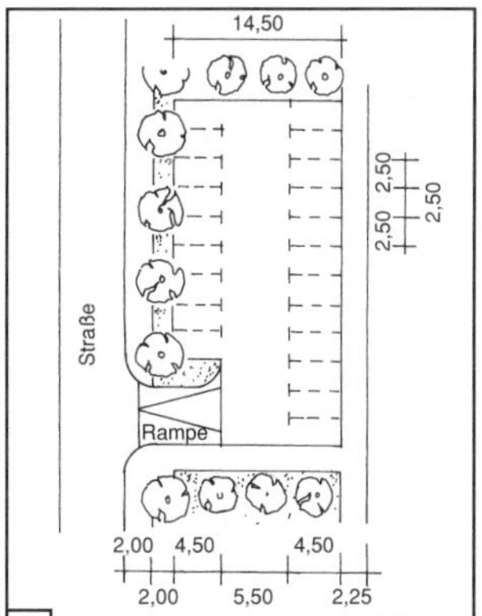

9 Abgesenkte Parkfläche → [13]

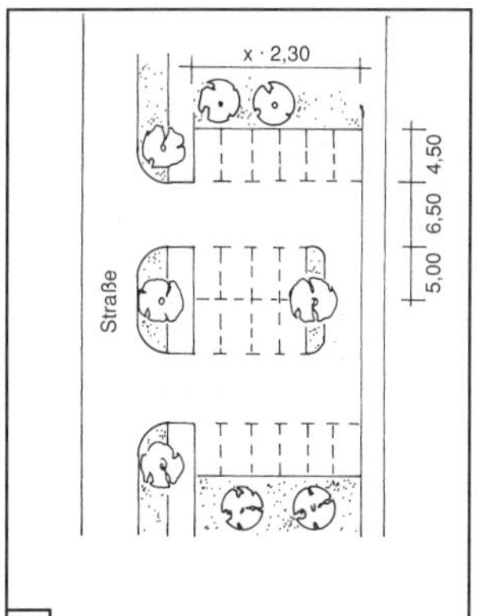

10 Parken längs der Straße

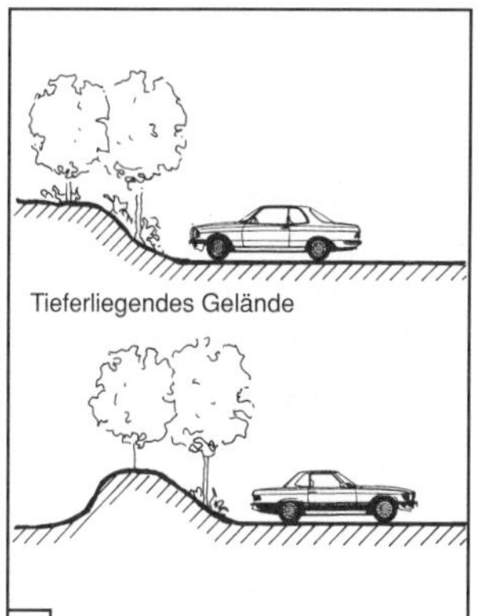

11 Parkraum hinter einem Erdwall

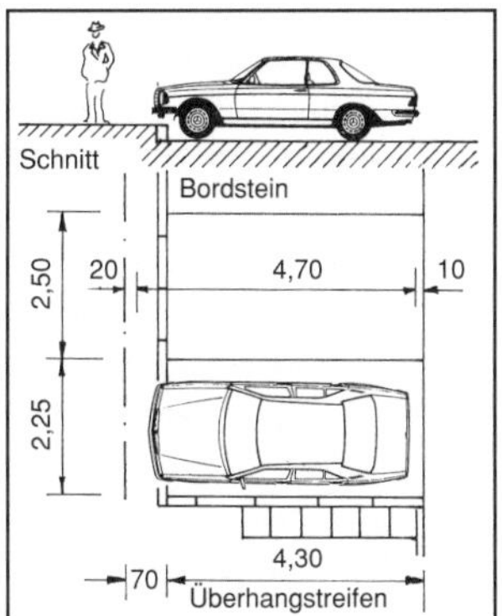

12 Parkstand mit Bordsteinbegrenzung → [10]

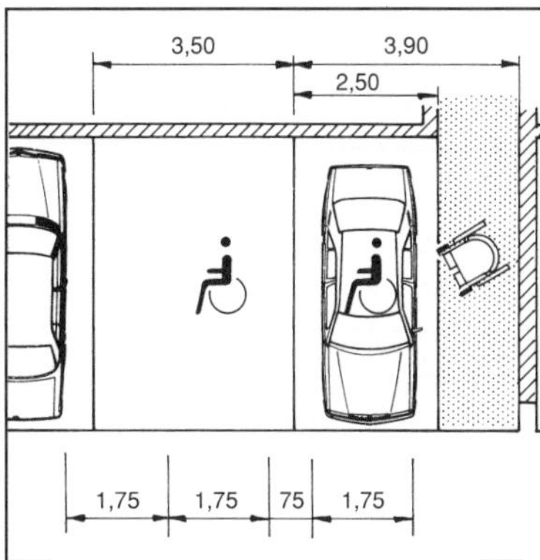

13 Parkstände für Rollstuhlfahrer

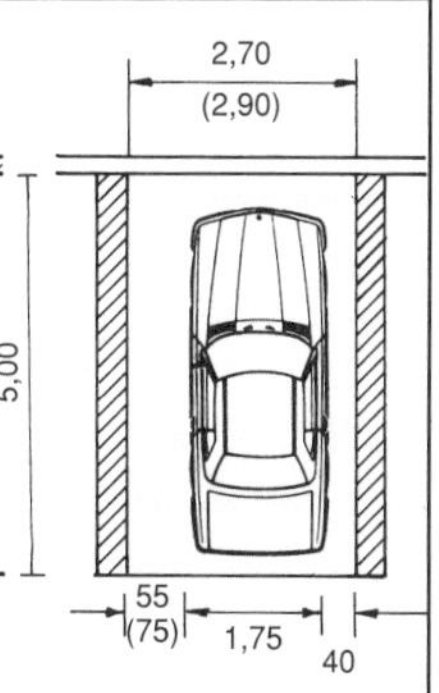

14 Parkbox Einzelgarage

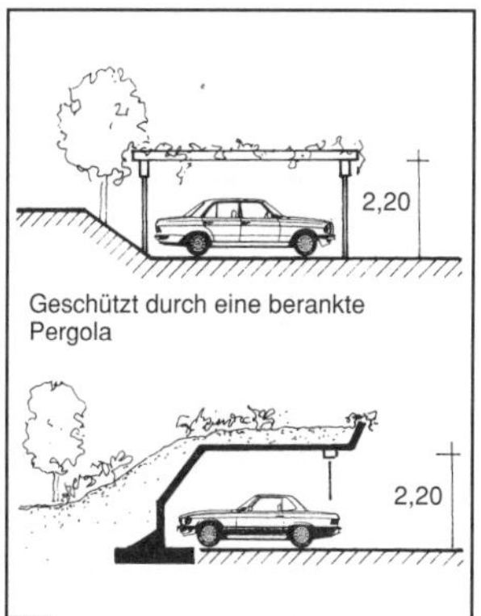

15 Mit Erdüberdeckung

PARKPLÄTZE

Garagenstellplätze für PKW ≥ 5,00 lang u. ≥ 2,30 breit. Neben Wänden u. Stützen 2,40 m Breite; Behindertenparkplatz ≥ 3,50 m breit. Parkstände seitlich u. vorn meist durch 12–20 cm breite Farbstriche (weiß oder gelb) begrenzt, bei Stellung gegen Wände an diesen bis ca. 1 m hochführen. Zur Sicherung u. Verhinderung des Durchbrechens Prellborde, Fangseile oder Geländer bis zur Achshöhe, bei Stellung gegeneinander Querschwellen vorsehen → [7].

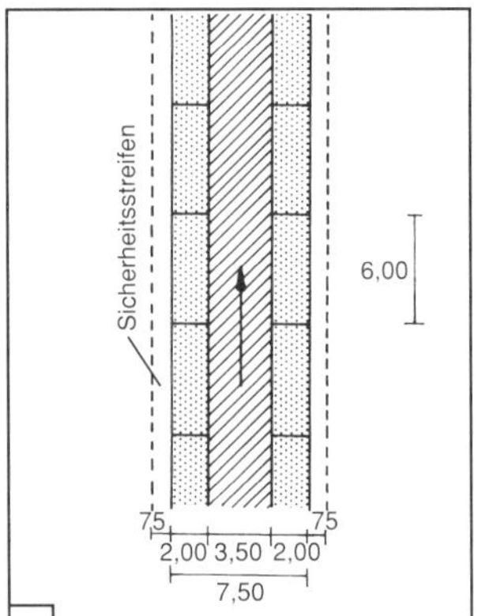

1 Parken parallel zur Fahrbahn

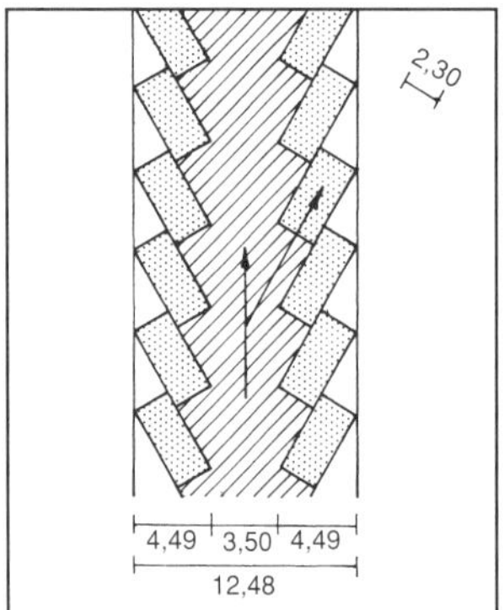

2 60° Ein- u. Ausparken einfach, jedoch nur eine Fahrtrichtung

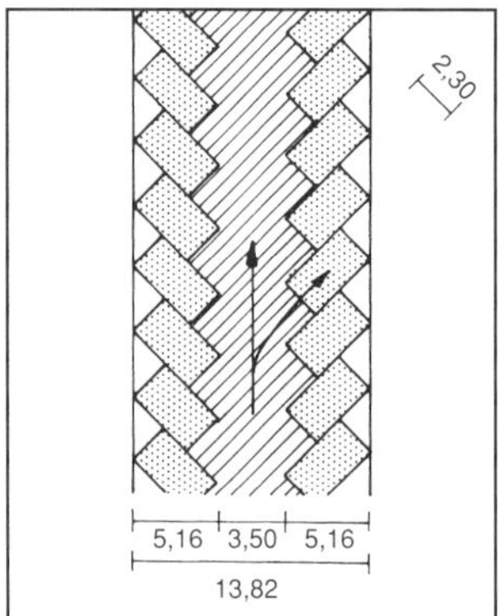

3 45° Schräg Parken nur aus einer Fahrtrichtung

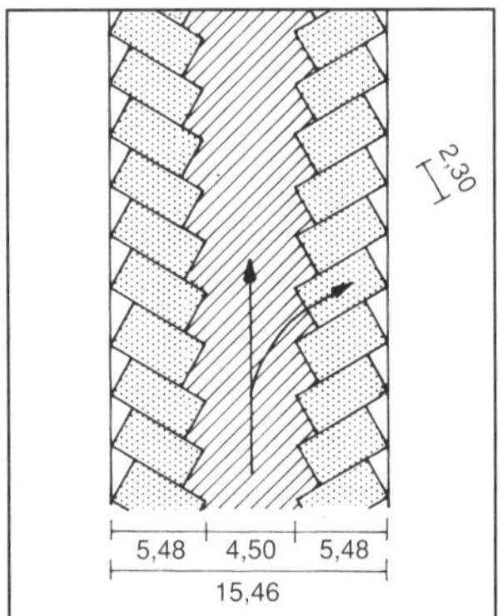

4 30° Schräg nur aus einer Fahrtrichtung

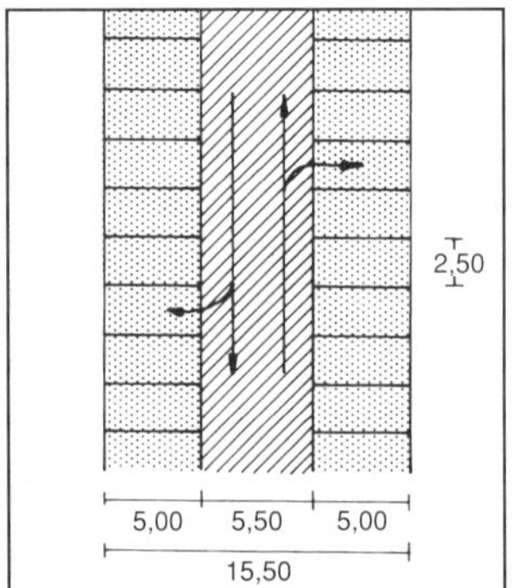

5 90° Ein- u. Ausparken aus beiden Richtungen möglich. Stellplatzbreite 2,50 m

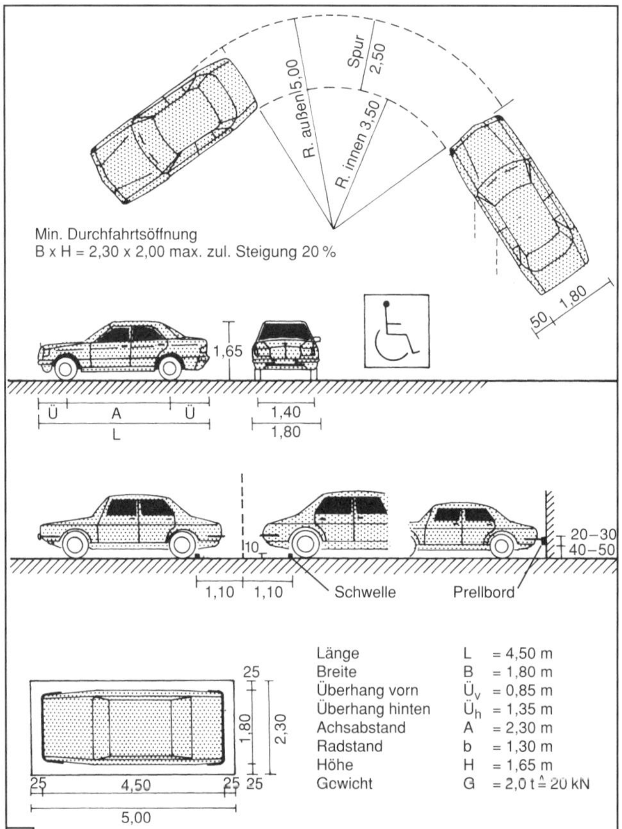

7 Standard PKW

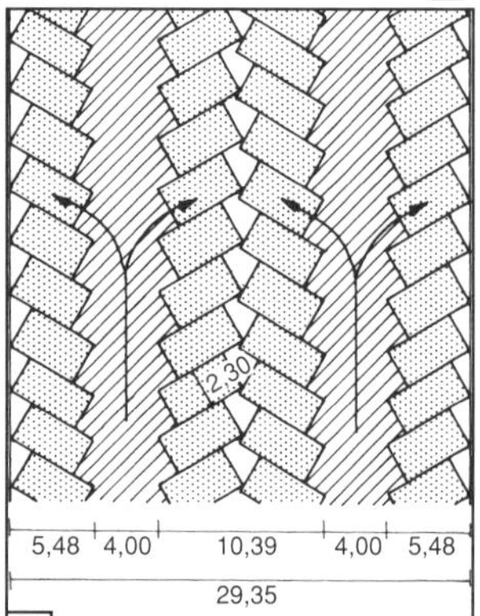

10 30° Parken Richtungsverkehr

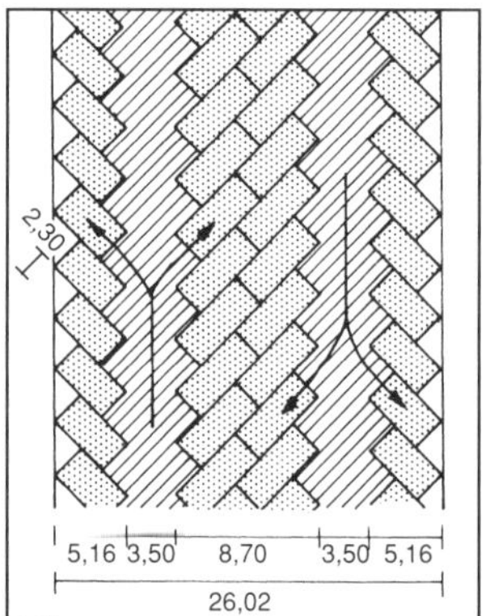

11 Schrägaufstellung 45°

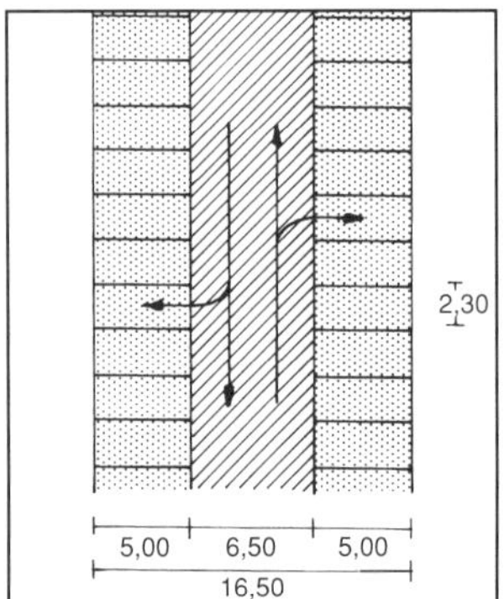

6 Wie [5] jedoch Stellplatzbreite 2,30 m

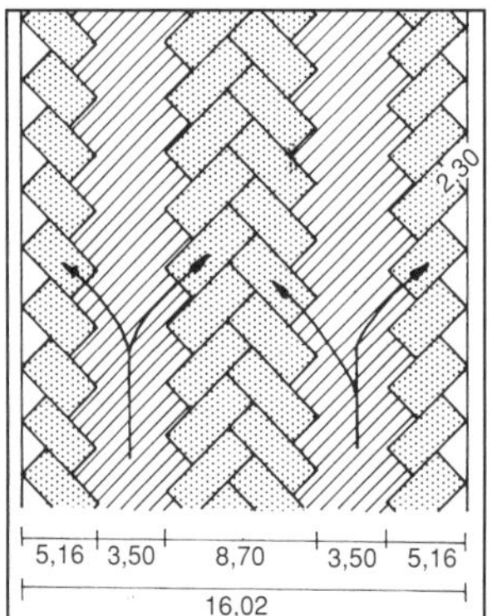

8 45° nur Richtungsverkehr

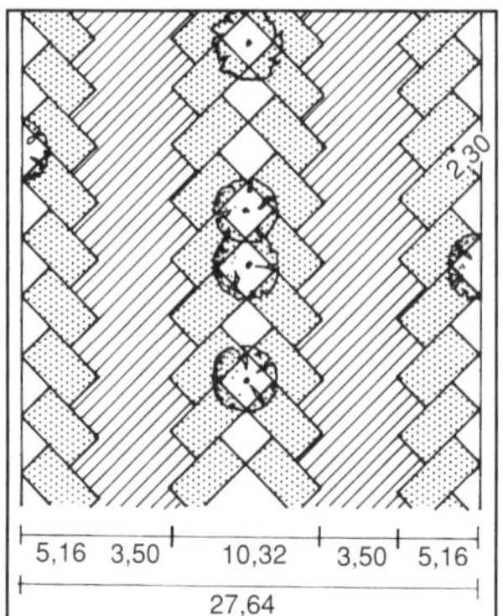

9 Parken nur mit Richtungsverkehr (Platz für Bepflanzung)

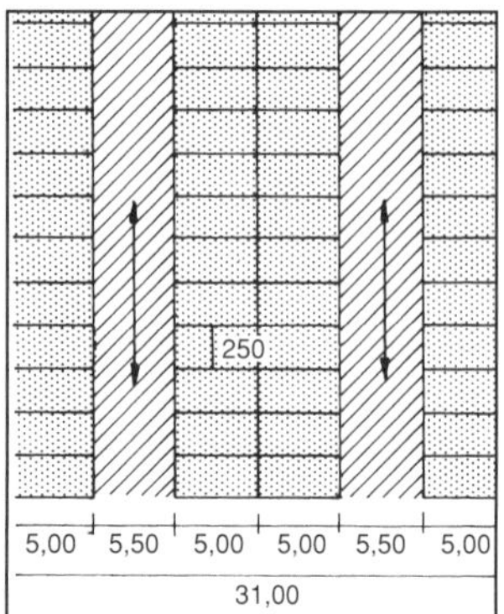

12 90° Fahrstraße 5,50 breit, Parkplatz 2,50 breit

PARKBAUTEN

Zur Überwindung von Höhenunterschieden u. zur Erreichung der einzelnen Geschosse gibt es verschiedene Rampensysteme. Neigung der Rampen soll 15%, bei Kleingaragen 20% nicht überschreiten. Zwischen öffentlicher Verkehrsfläche u. Rampen mit mehr als 5% Neigung muß eine waagerechte Fläche von ≥ 5 m Länge liegen, bei Rampen für Personenkraftwagen eine bis zu 10 % geneigte Fläche von ≥ 3 m Länge→ 1.

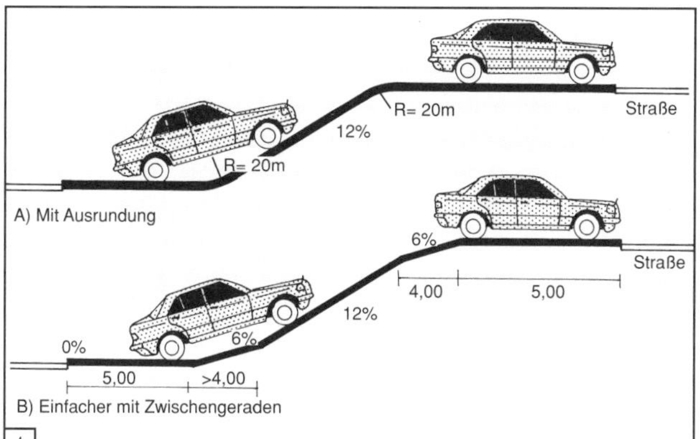

1 Neigungswechsel von Geraden

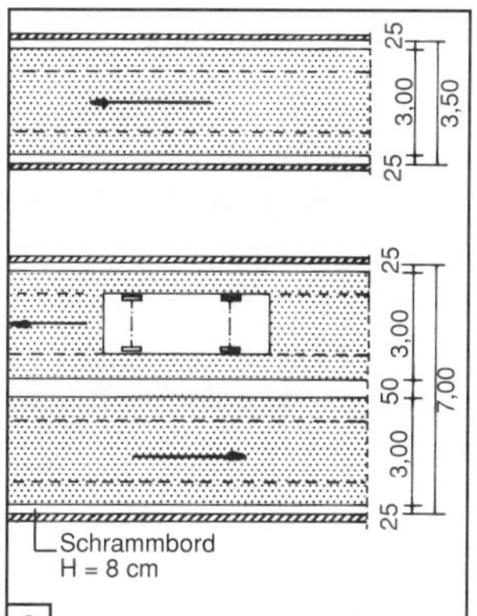

2 Mindestrampenbreiten in Geraden

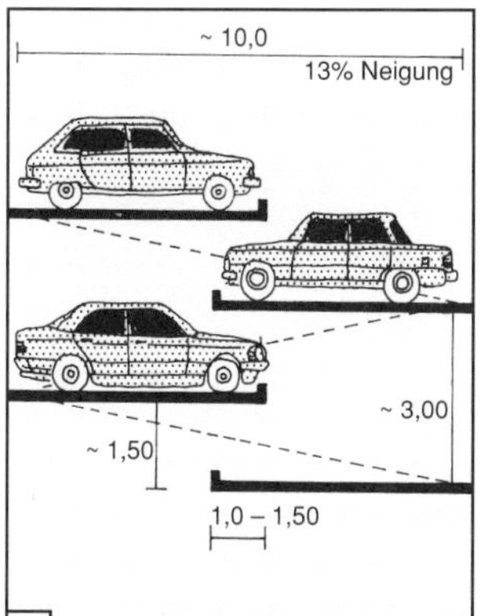

3 Geschoßverzahnung → 4 – 5

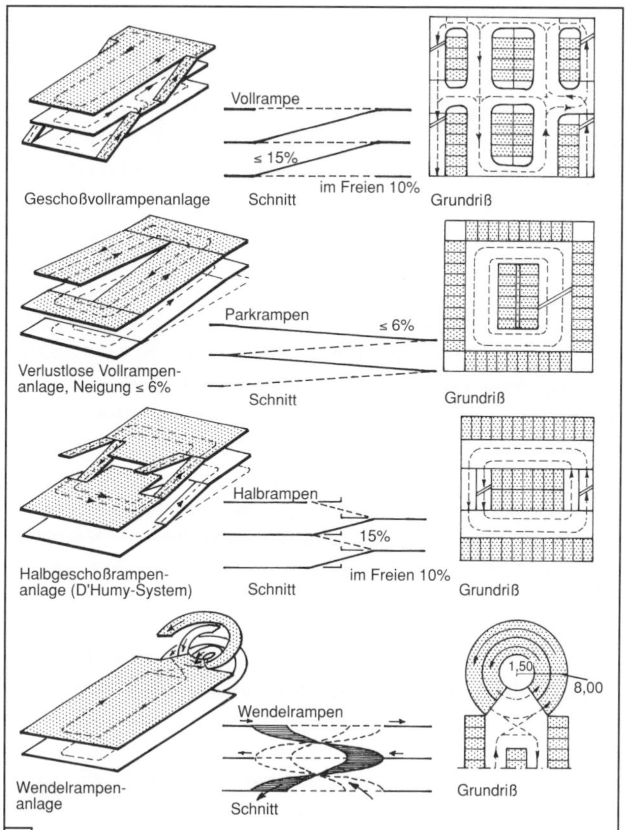

5 Rampensysteme

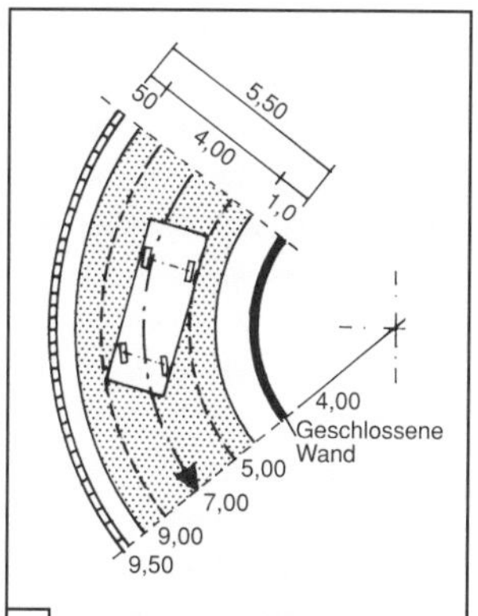

9 Mindestrampenbreiten

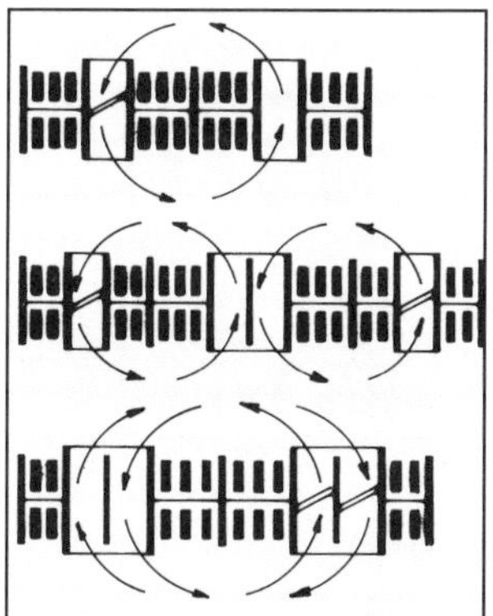

4 Grundformen der D'Humy-Rampe Rampen 13–15% Neigung

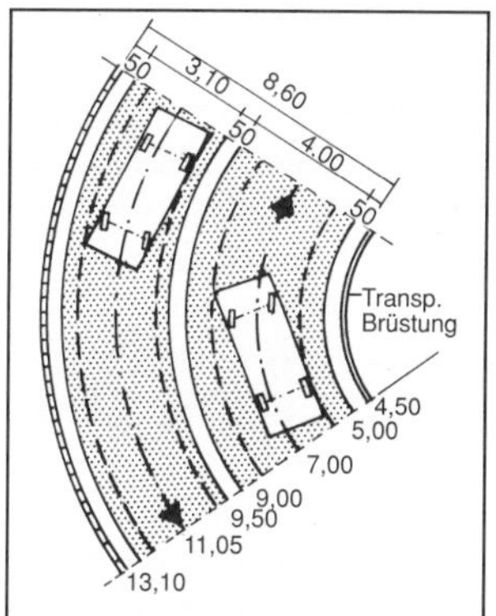

10 Mindestrampenbreiten im Bogen mit Mindesthalbmesser

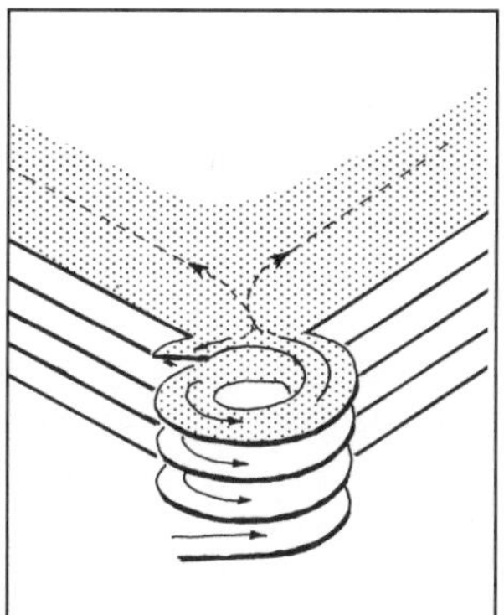

6 Getrennte Kreisrampentürme an Bauecken

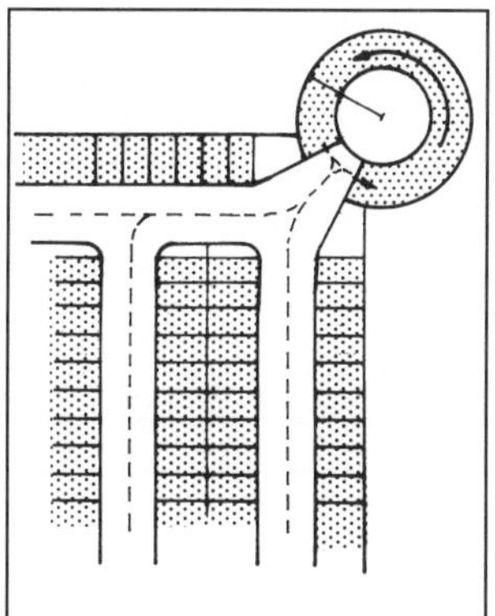

7 Schemagrundriß → 6

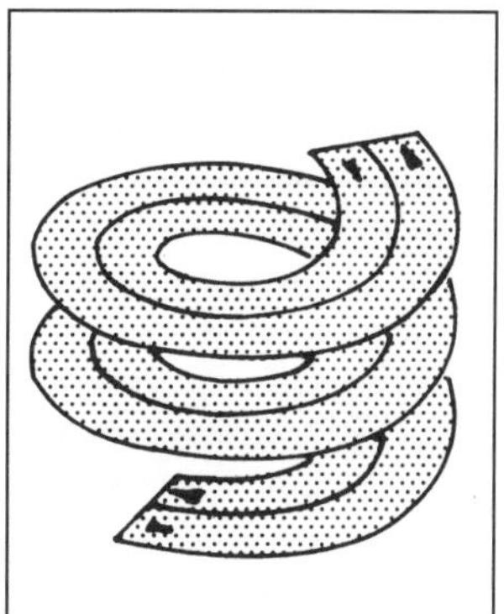

8 Wendelrampe, Auf- u. Abfahrtsspuren nebeneinander

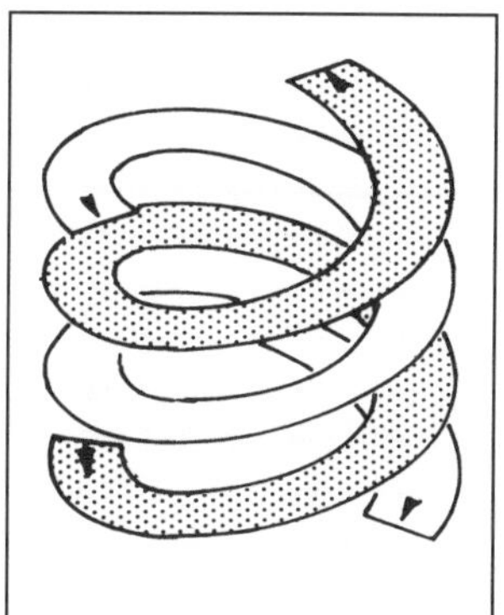

11 Doppelgängige Wendelrampe Auf- u. Abfahrt übereinander

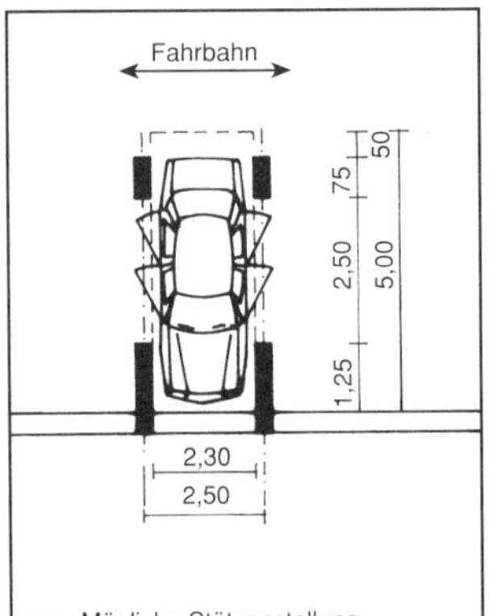

1 Mögliche Stützenstellung. Aufstellung senkrecht

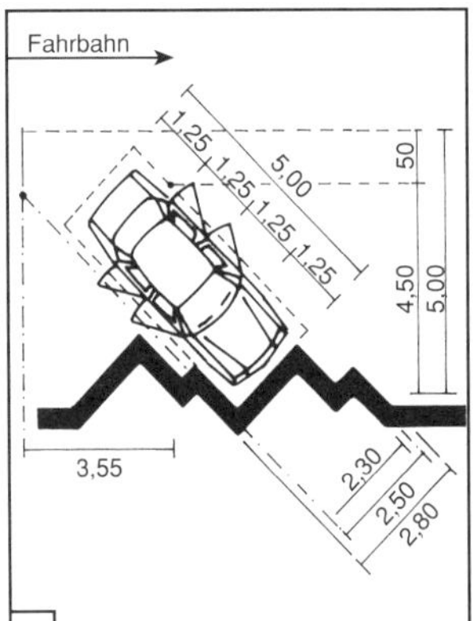

2 Aufstellung 45°

Mögliche Stützenstellung

→ [1]

z.B. Aufstellung senkrecht zur Fahrbahn (6,50m breit). Konstruktionsabstand bei 2 (3) Stellplätzen zwischen den Stützen ~4,80 m (~7,10 m)

Raster:	4,80 x 4,25 und 4,80 x 8,00 m
(Raster:	7,10 x 4,25 und 7,110 x 8,00 m)

→ [1]

Konstruktionsachsabstand bei 2 Stellplätzen zwischen den Stützen ~6,80 m

Raster:	6,80 x 4,00 und 6,80 x 4,80 m

→ [1]–[2]

3

PARKBAUTEN

Alle Tragwerksteile (Decken/Wände/Stützen/Aussteifungselemente) von Parkhäusern müssen feuerbeständig sein. Offene Garagen in feuerhemmender Bauart.

Für Hoch- und Tiefgaragen empfohlene lichte Durchgangshöhe 2,20 m.

Für die Orientierungsbeschilderung des Fahr- und Fußgängerverkehrs ist ein Zuschlag von 25 cm sinnvoll. Für das spätere Aufbringen einer neuen Verschleißschicht sind weitere 5 cm erforderlich. Somit ges. Höhe von 2,50 m plus Konstruktion über den Fahrgassen, d.h. je nach gewählter Konstruktion Geschoßhöhe von 2,75–3,50 m.

Ein relativ enges Stützenraster kann bei geschickter Anordnung der Konstruktionshöhe die Baukosten senken, ohne Funktion zu beeinträchtigen → [1]–[2].

Weitgespannte stützenfreie Konstruktionen haben 7–12 % weniger Stützengrundfläche. → [6]

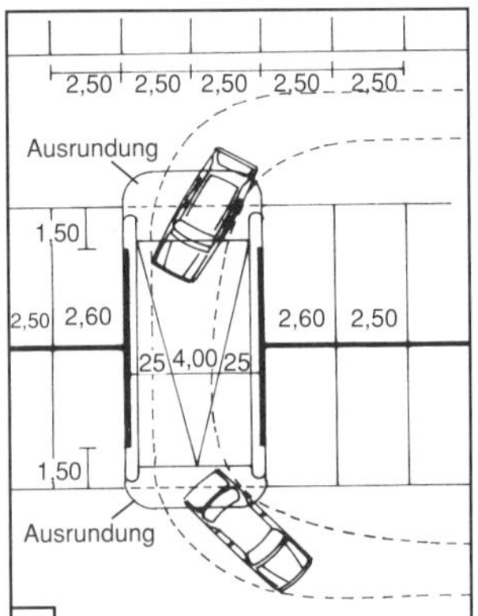

4 Halbrampe mit Einrichtungsverkehr

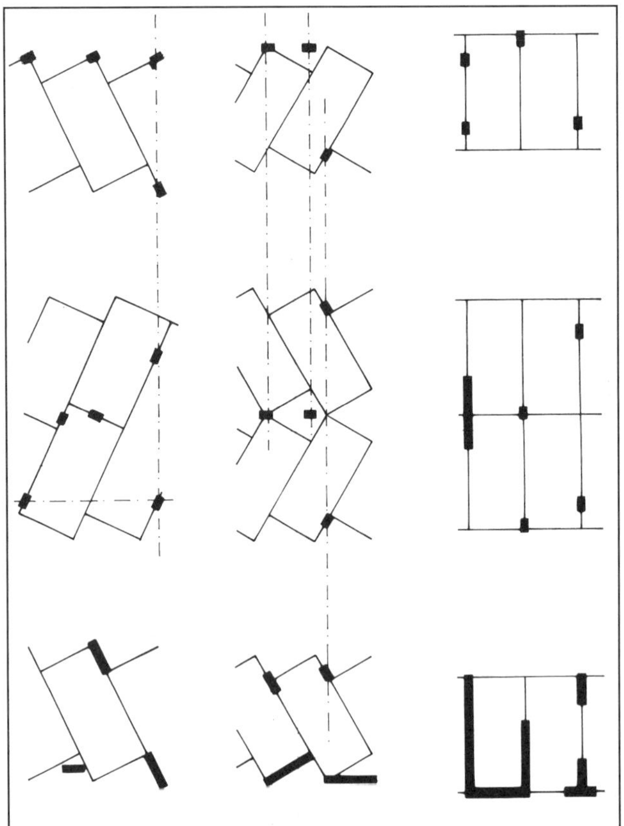

6 Mögliche Stützenstellung

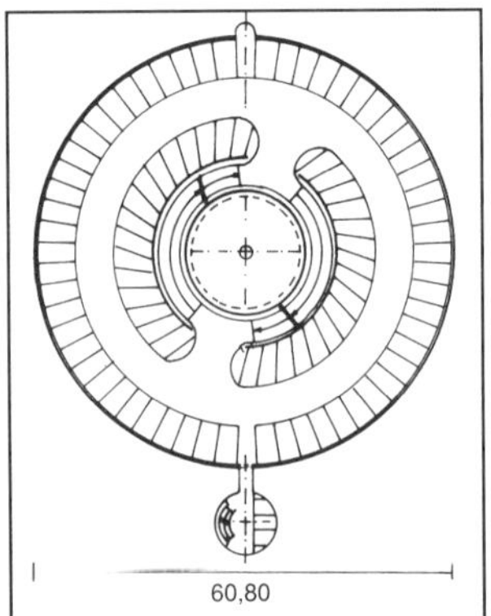

5 Parkrampe in Kreisform

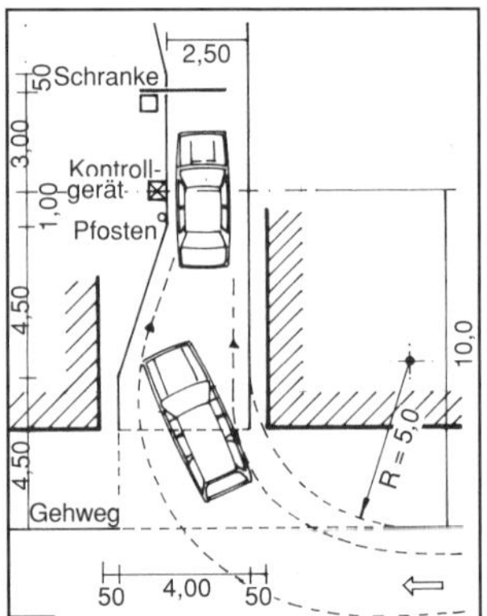

8 Einfahrtkontrolle

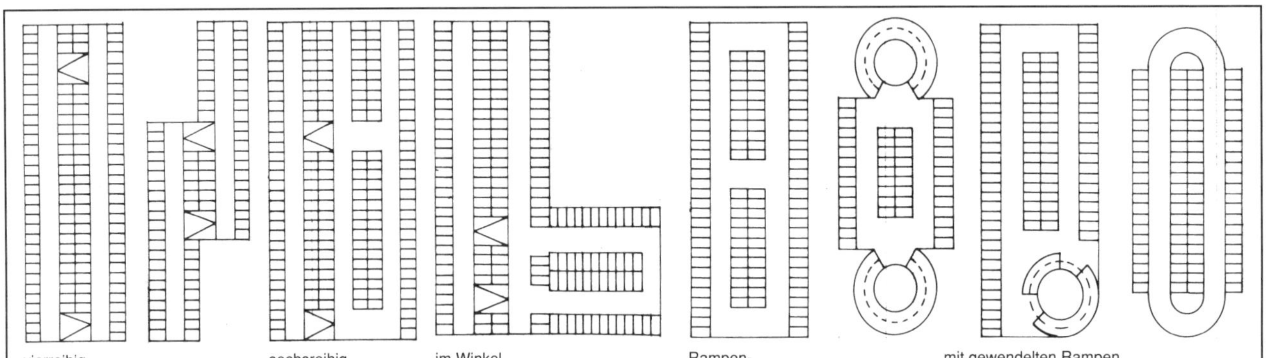

7 Grundrisse u. Rampenanordnung

KRAFTFAHRZEUGE

PLATZBEDARF, WENDEN → 🕮

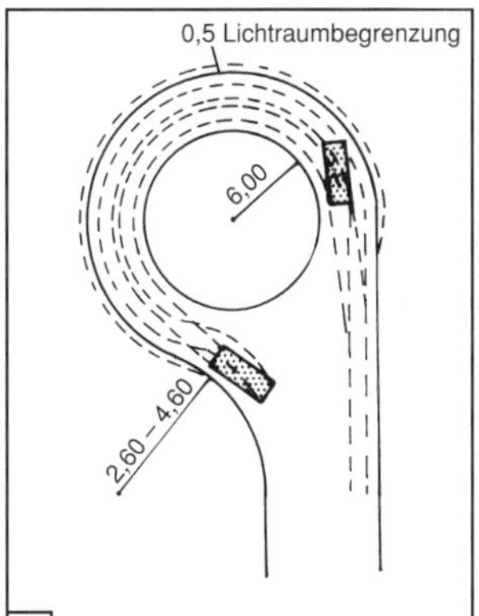

1 Wendekreis für Pkw

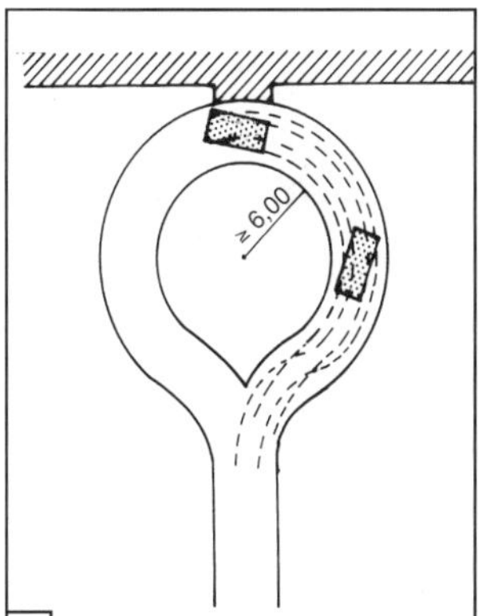

2 Vorfahrt Pkw. Wendekreisradius

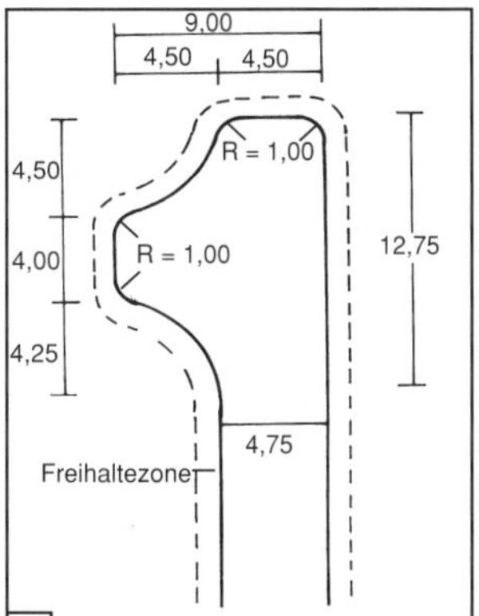

3 Wendehammer für Pkw

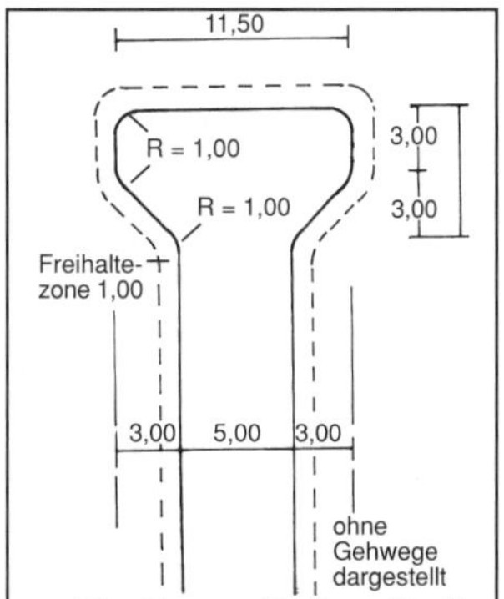

4 Wendehammer für Pkw u. Lkw bis 8 m Länge (Müllfahrzeug, Feuerwehr, Lkw 6 to=

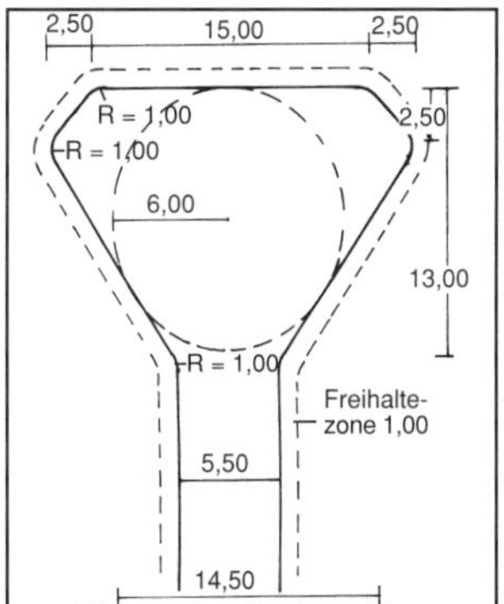

5 Wendeanlage für Lkw ≥ 10 m Länge u. 22 to 3achsiges Müllfahrzeug

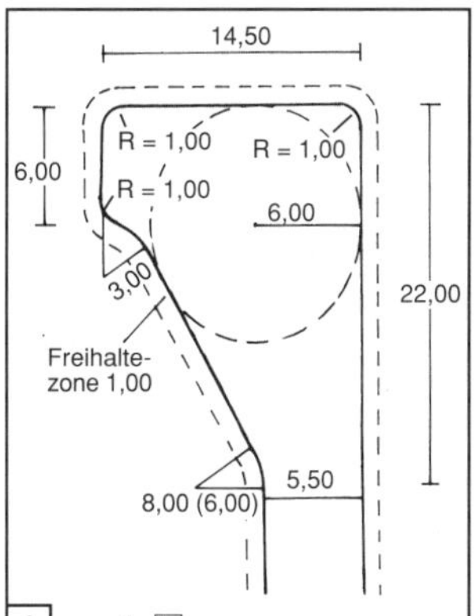

6 → wie 5

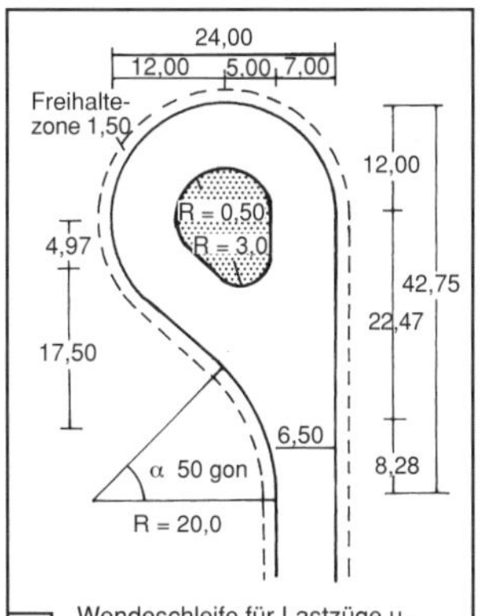

7 Wendeschleife für Lastzüge u. Gelenkbusse

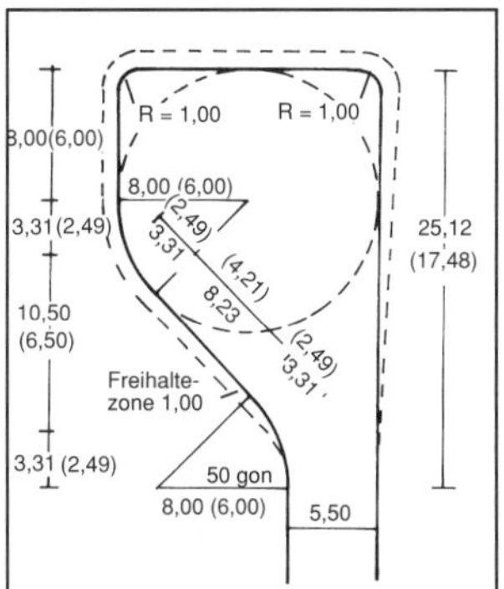

8 Wendekreis für 2achsiges Müllfahrzeug bzw. Lieferwagen von 6 m Länge

Stellplatzordnung	Flächenbedarf je Stellplatz incl. Erschl.	mögl. Stellplatzanzahl auf 100 m² Fläche	mögl. Stellplatzanzahl auf 100 m Wegelänge (eins.)
0° Grad parallel zur Fahrstraße. Ein- und Ausparken schwierig – günstig f. schmale Straßen	2,5	4,4	17
30° Grad schräg zur Fahrstraße. Ein- und Ausparken einfach. Flächenintensiv	26,3	3,8	21
45° Grad schräg zur Fahrstraße. Ein- und Ausparken gut. Fläche pro Stellpl. relativ gering. Gebräuchliche Aufstellungsart	20,3	4,9	31
60° Grad schräg zur Fahrstraße. Ein- und Ausparken relativ gut. Fläche pro Stellpl. gering. Häufig benutzte Stellplatzanordnung	19,2	5,2	37
90° Grad senkrecht zur Fahrstraße (Stellplatzb. 2,50 m). Starke Wendung des Fahrzeugs erforderlich	19,4	5,1	40
90° Grad senkrecht zur Fahrstraße (Stellplatzb. 2,30 m). Geringer Flächenbedarf pro Stellplatz. Geeignet für kompakte Stellplatzanlagen, sehr oft benutzt.	19,0	5,3	44

9 Platzbedarf für PKW-Stellplätze → S. 82

	Außenabmessungen						
			Überhanglänge				Wendekreishalbmesser
Fahrzeugart	Länge (m)	Radstand (m)	vorn (m)	hinten (m)	Breite (m)	Höhe (m)	außen (m)
Fahrrad Moped Kraftrad	1,90 1,80 2,20				0,60 0,60 0,70	1,00[1] 1,00[1] 1,00[1]	
Personenkraftwagen	4,70 (4,30)	2,70	0,90	1,10	1,75 (1,70)	1,50	5,80[2] (5,70[2])
Lastkraftwagen: Transporter Lieferwagen LKW (24 t)	 4,50 6,00 9,50	 3,50 5,30[3]	 0,70 1,50	 1,80 2,70	 1,80 2,10 2,50[5]	 2,00[6] 2,20[6] bis 4,00	 6,00 6,10 9,60
Lastzug: Zugfahrzeug (24 t) Anhänger (18 t)	18,00 9,50 7,10	 5,30[3] 4,70	 1,50 1,10[4]	 2,70 1,30	2,50[5] 2,50[5] 2,50	4,00 4,00 4,00	bis 10,50
Kraftomnibusse: Reisebus Doppldeckerbus Standardlinienbus Standardgelenkbus	 12,00 12,00 11,48 17,40	 6,30 6,30 5,88 5,63/6,17	 2,55 2,45 2,56 2,56	 3,15 3,25 3,04 3,04	 2,50[5] 2,50[5] 2,50[7] 2,50[7]	 bis 3,40 4,00 3,05 2,95	 11,50 10,20 11,00 bis 12,00
Höchstwerte der StVZO: Einzelfahrzeug Sattelkraftfahrzeug Kraftomnibus als Gelenkfahrzeug Lastzug	 12,00 16,50 18,00 18,00				2,50[5,8]	4,00	12,50

Anmerkungen:
1) Gesamthöhe mit Fahrer etwa 2,00 m
2) für die Fahrbewegungen in Parkbauten
3) bei 3achsigen Fahrzeugen ist die hintere Doppelachse zu einer Mittelachse zusammengefaßt
4) ohne Deichsellänge
5) ohne Außenspiegel
6) Höhe der Fahrerkabine
7) mit Außenspiegel 2,95 m
8) Kühlfahrzeuge bis 2,60 m
9) Bemessungsfahrzeug PKW mit reduzierten Abmessungen

10 Kenngrößen der Bemessungsfahrzeuge für Parkflächen

Straßenart	Nutzung des Gebietes	Bemessungs-Fahrzeuge	R (m)	Anmerkung
befahrbarer Anliegerweg, schwach belastete Anliegerstraße	wohnen	Personenkraftwagen	6	• Wendekreis für Personenkraftwagen • für Müllfahrzeuge Sonderregelung (z.B. Verbindung von Stichstraße durch beschränkt befahrbare Wege)
Anliegerstraße	überwiegend wohnen	Personenkraftwagen, Müllfahrzeug 2achsig	8	• Wendekreis für kleine Busse sowie die meisten Müllfahrzeuge • Wendemögl. durch Rangieren für alle nach der StVZO zugel. Fahrzeuge
Anliegerstraße	wohnen, stark mit Gewerbe durchsetzt	Personenkraftw. Müllfahrz., 3achsig Lastkraftwagen Standardlinienbus Gelenkbus	10 11 12	• Ausreichender Wendekreis für die überwiegende Anzahl der zugel. Lastkraftwagen und älteren Linienbusse • Wendekreis für neuere Linienbusse • Wendekreis für Gelenkbus
	überwiegend gewerbl. gen.	Lastzug Gelenkbus	12	• Wendekreis für die größten nach der StVZO zugel. Fahrzeuge

An den Außenseiten von Wendeanlagen sollen Freihaltezonen von 1,00 m Breite für Fahrzeugüberlängen vorgesehen werden.

11 Empfehlungen für die Festlegung des Wendekreisradius (R)

MECHANISCHE PARK-EINRICHTUNGEN

Durch bewegliche Plattform können 2 bzw. 3 Autos übereinander parken → [1]–[6]. Bedienung elektrisch. Bei Stromausfall mit Handpumpe. Parkpaletten in Längs- und Querrichtung können Parkraum um 50–80% besser auslasten → [7]–[9]. Liftgaragen oder Paternoster ermöglichen beste Raumausnutzung. Parkhaus wird nicht von Menschen betreten, daher reduzierte Geschoßhöhe ≥ 2,10 m → [12]–[13]. Querstapelung bei schmalen Grundstücken → [13], Parksafe → [14], unabhängiges Parken bis zu 20 PKW, keine Rampen, Fahrgassen und Lüftungsanlagen erforderlich. PKW wird in Aufzug gestellt, Stellplatz anwählen, System erledigt automatisch das Einparken. Mechanische Parkbauten haben geringeren Flächenbedarf als Parkbauten mit Rampen, verursachen jedoch höhere Bau- und Betriebskosten.

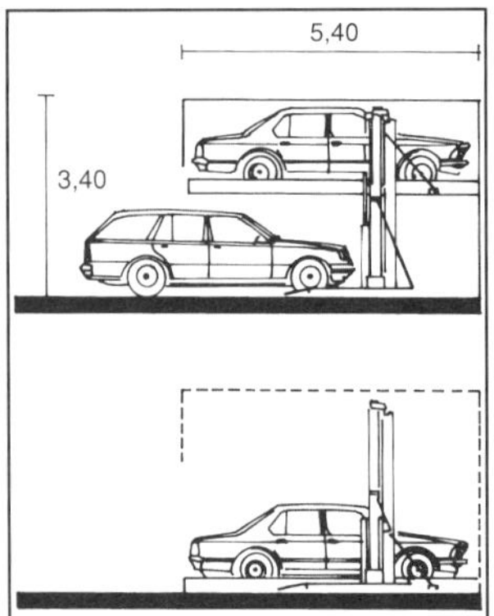

1 Parklift grubenlos mit oder ohne Dach

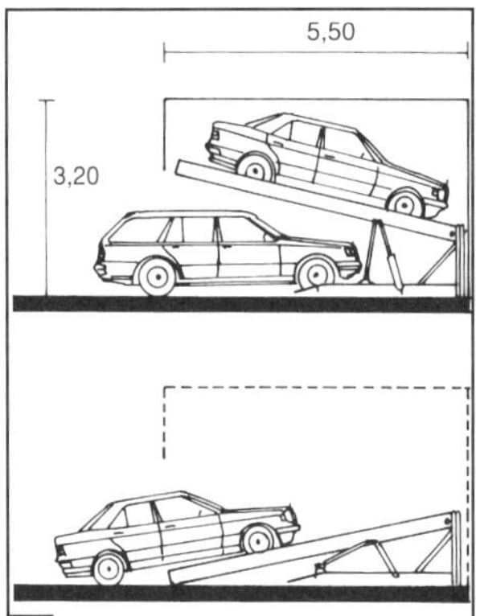

2 Grubenlos abhängiges Parken

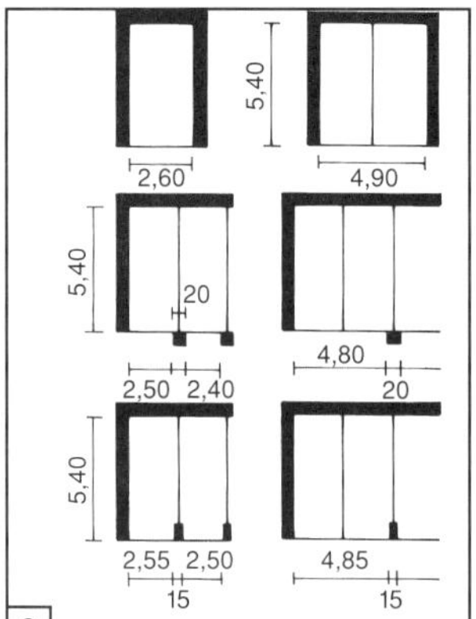

3 Grundrisse

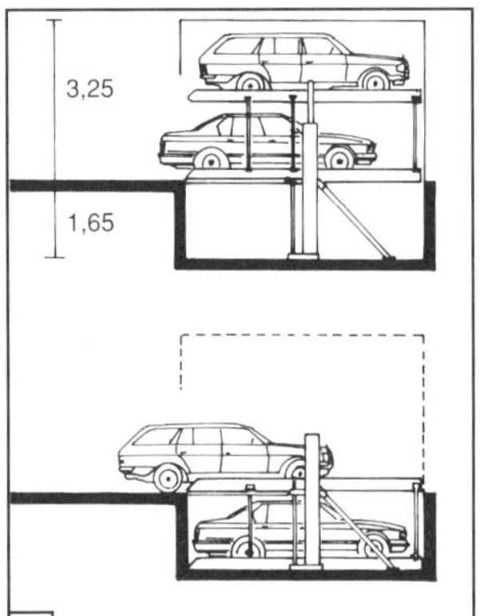

4 Unabhängiges Parken 2fach

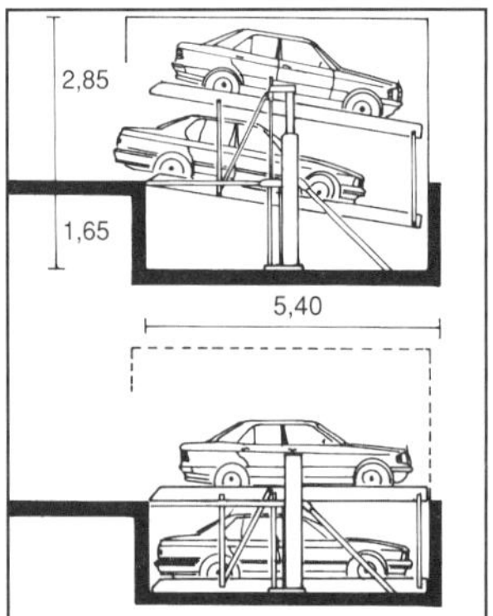

5 Unabhängiges Parken übereinander 2fach

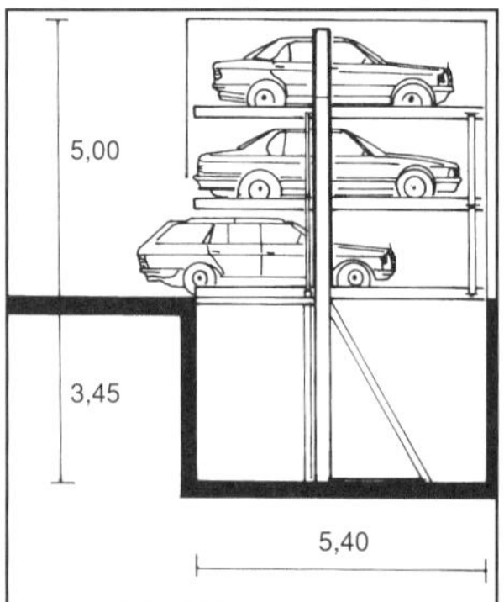

6 Unabhängiges Parken 3fach

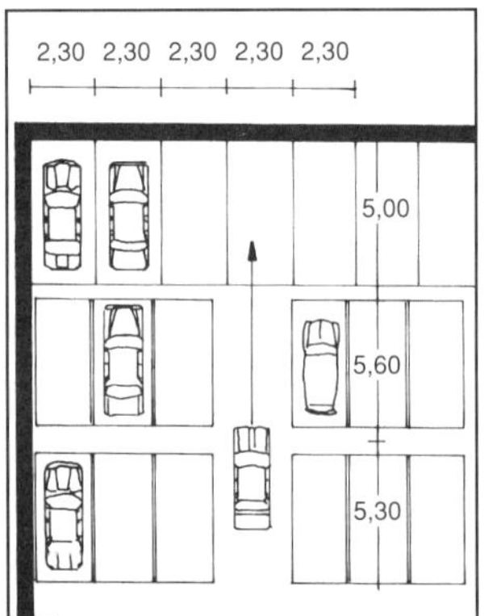

7 Autoparkplatten (Wöhr)

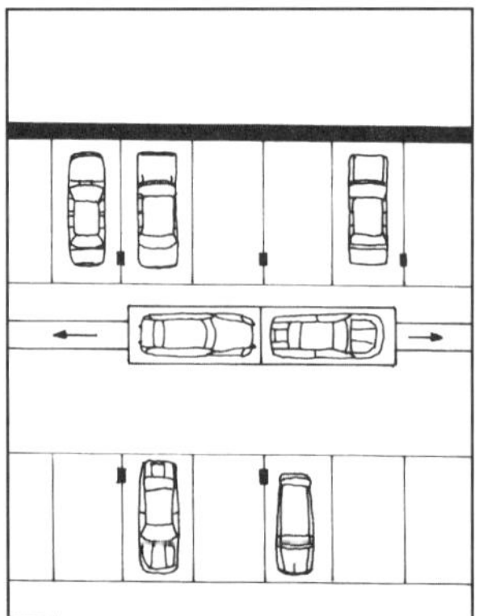

8 Querverschiebbare Parkplatten

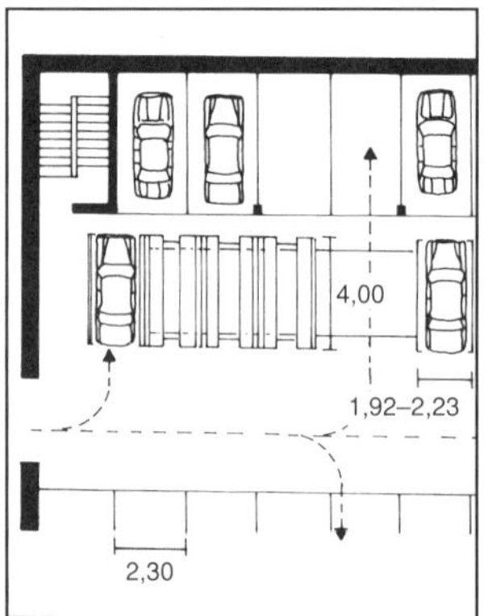

9 Verschiebbare Parkplatten

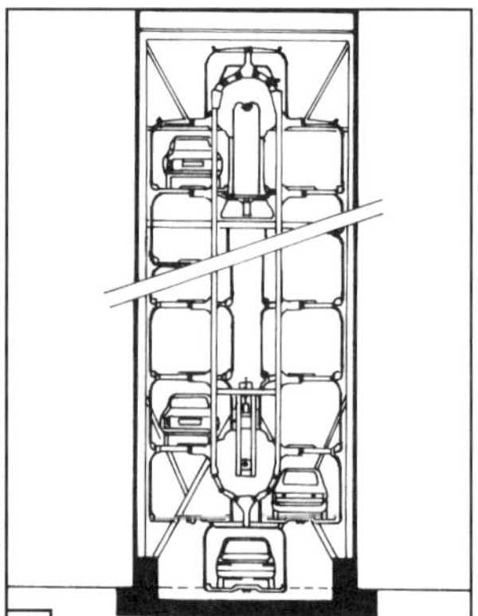

10 Paternoster bis 42 PKW

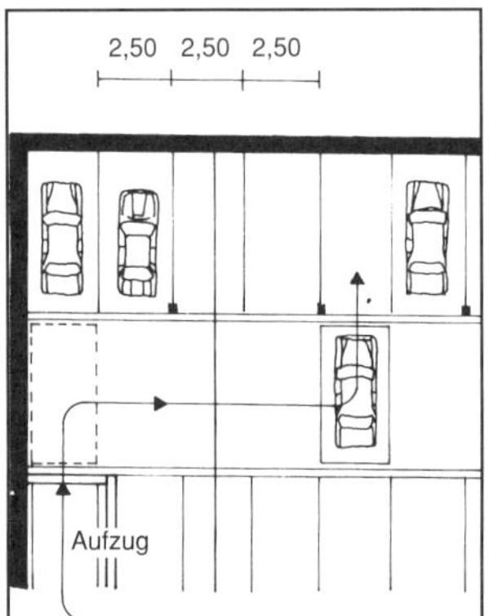

11 Liftgarage → [12]

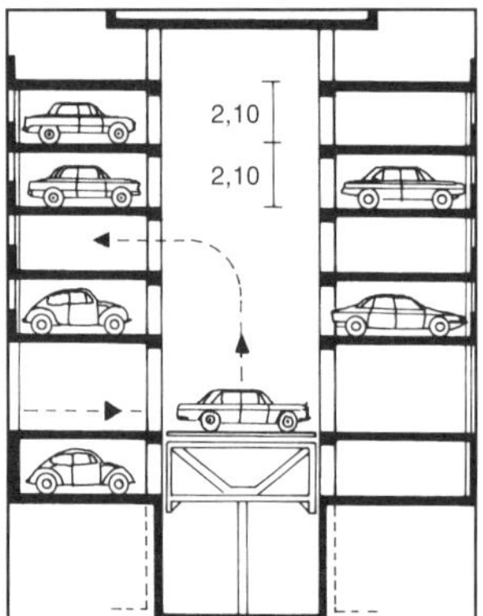

12 Querschnitt → [13]

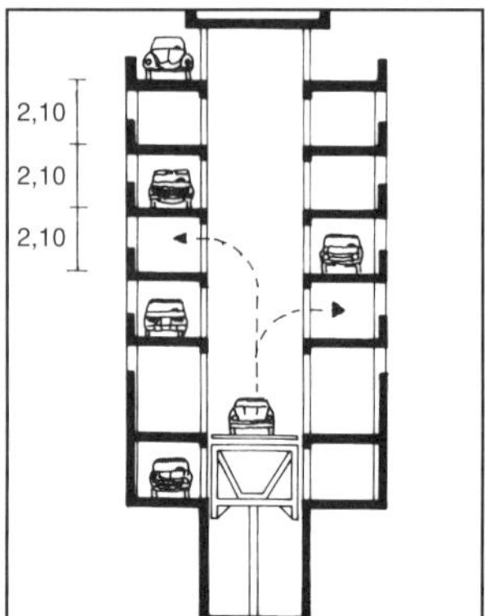

13 Querstapelung

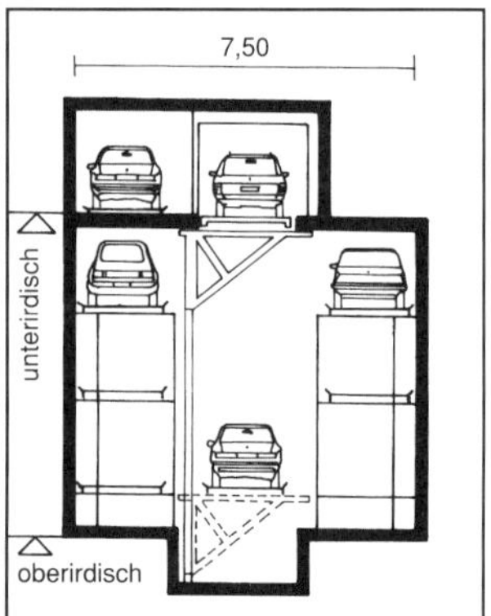

14 Parksafe bis 20 PKW

CARPORTS

→ 🕮

Überdachte Einstellplätze stellen eine kostengünstige und raumsparende Möglichkeit dar, Fahrzeugen ausreichenden Witterungsschutz zu geben (geschlossene Wand zur Wetterseite günstig). Empfehlenswert ist die Kombination mit einem geschlossenen Abstellraum (für Fahrräder usw.) → [7].
Carports werden als komplette Bausätze mit Pfostenankern, Beschlägen und Schrauben sowie Dachrinne und Fallrohr geliefert → [10] – [11].
Beispiele zur Anordnung u. Gestaltung von Unterstellplätzen für PKW in baulicher Verbindung mit Wohngebäuden → [4] – [5].

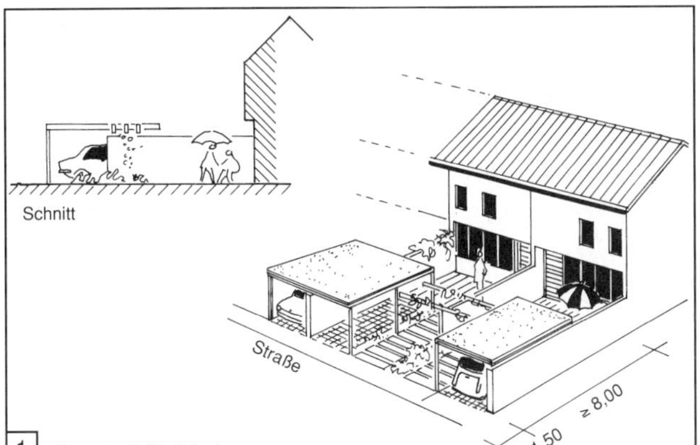

1 Carport mit Flachdach

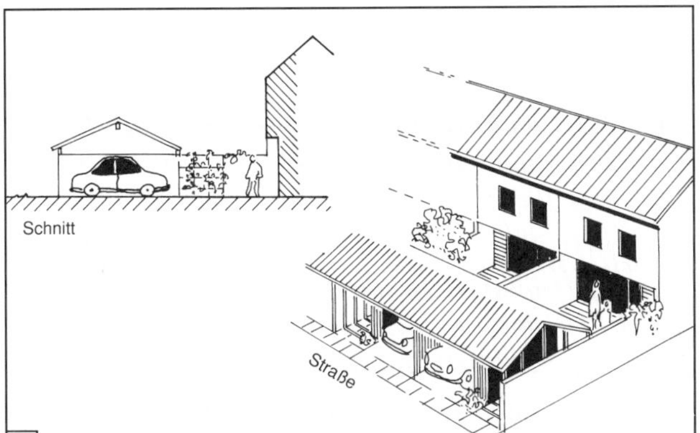

2 Mit Satteldach. First längs der Straße

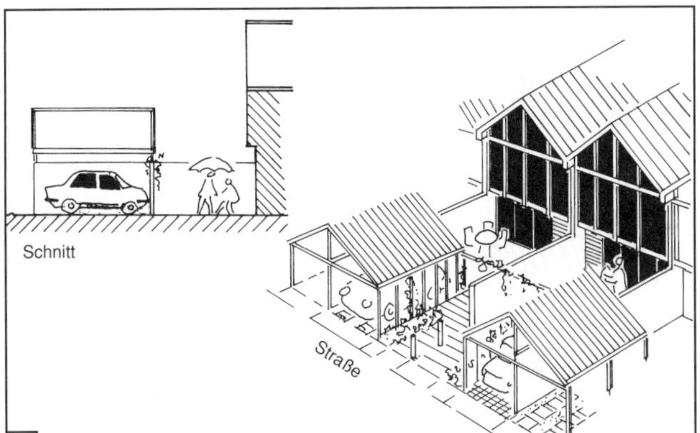

3 Mit Satteldach quer zur Straße

4 Wohnhaus mit Carport

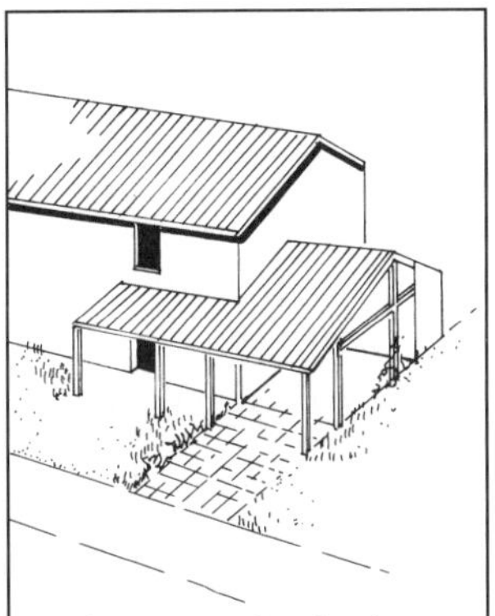
5 Carport am zweigeschossigen Haus

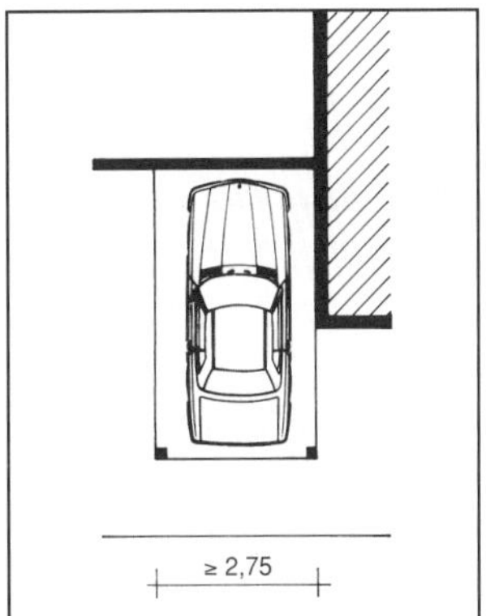

6 Unterstellplatz 1 PKW

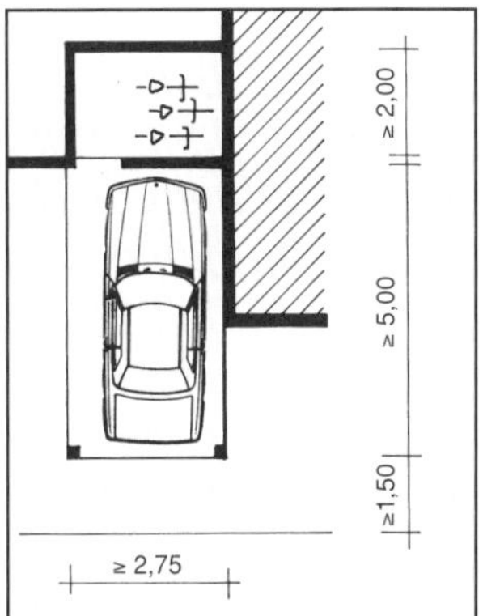

7 Unterstellplatz 1 PKW u. Fahrräder

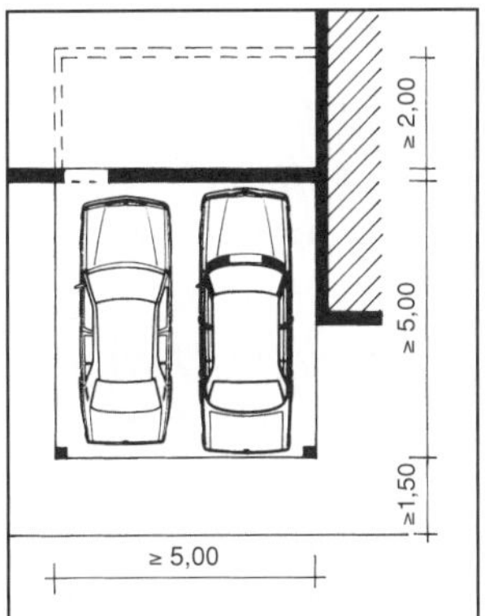

8 Zwei PKW u. evtl. Fahrräder

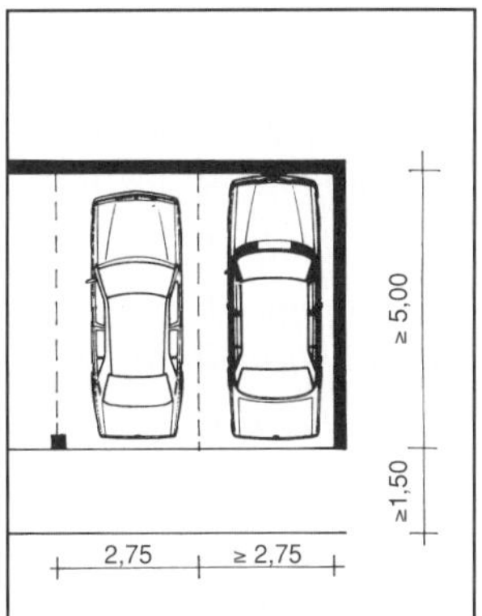

9 Gemeinschaftsstellplatz

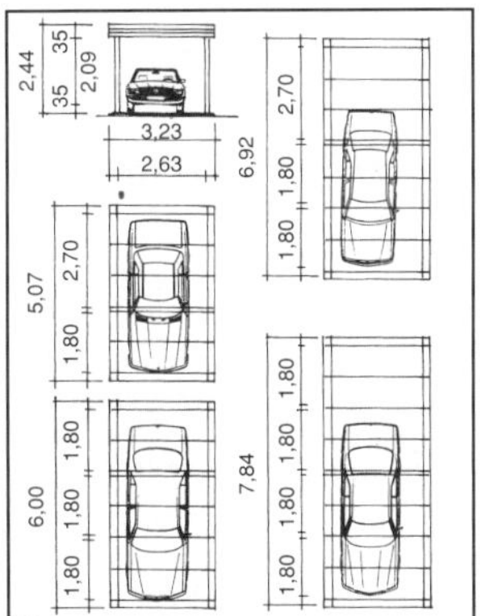

10 Einzelcarports (Osmo/Gard)

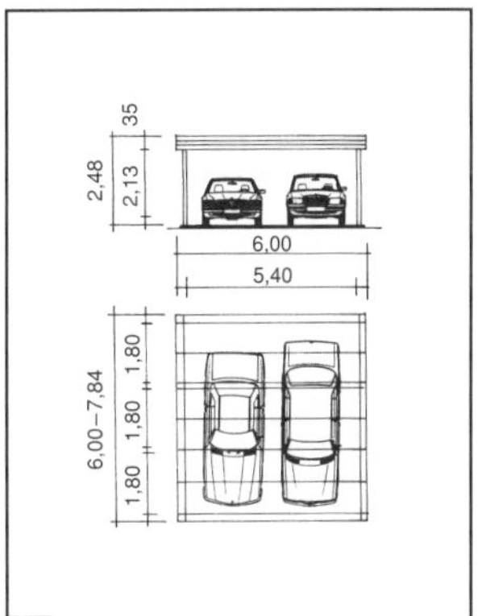

11 Doppelcarport

ALTBAUSANIERUNG

Entnommen aus „Der Altbau"
Rau O. und Braune U., Leinfelden 1985 → 🕮

Instandsetzung, Modernisierung, Umbau oder bauliche Erweiterungen eines Altbaues erfordern planerisch ein anderes Vorgehen als ein Neubau. Für den Altbau besteht meistens Bestandsschutz.

Voraussetzung und Grundlage der Modernisierung ist die systematische Bestandsaufnahme, bei der jedes wichtige Bauteil, jedes Detail, sorgfältig überprüft werden muß.

Wesentliche Mängelbereiche: Kaminköpfe, Versottung der Kaminköpfe, geschädigter Dachstuhl (Schwamm, Käfer), morsche Gesimse und Dachtraufen, Dach- und Wandanschlüsse, Dachentwässerung. Keine Wärmedämmung und Unterspannbahn, Risse im Mauerwerk, konstruktive Schäden, Holzbalkendecke morsch, schadhafter Wand- und Deckenputz, Fassade undicht. Holztüren, Holzgeschoßtreppen schadhaft. Stahlträgerdecken (Keller) durchgerostet. Kellerwände nicht isoliert.

Vorhandene Fußbodenbeläge in nicht unterkellerten Bereichen ohne Wärmedämmung und Feuchtigkeitssperre. → 1 Bei Belagserneuerung kompletter Neuaufbau mit Feuchtigkeitssperre und Dämmschicht zu empfehlen. → 2

Am ursprünglichen Fachwerk war kein Metall, kein Nagel oder Schraube. In der Regel kann Fachwerk ohne Stahl und Eisen, ausschließlich mit Holzteilen instandgesetzt werden.

Füllwerk der Fachwerkfelder in der Regel in Norddeutschland.

Sichtmauerwerk im mittleren und südlichen Bereich Lehm. → 9

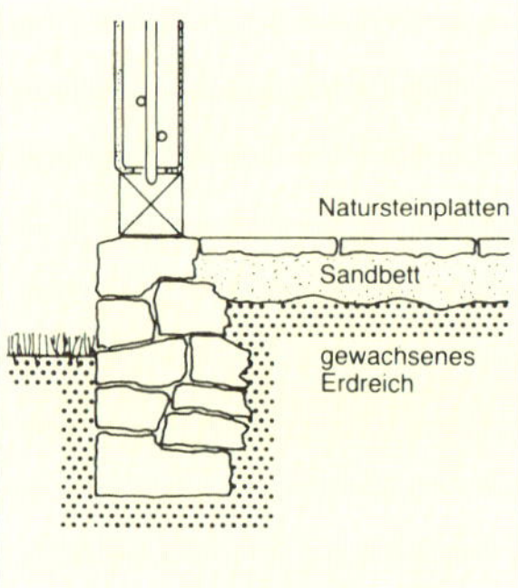

1 Alter Natursteinboden in nicht unterkellerten Bereichen

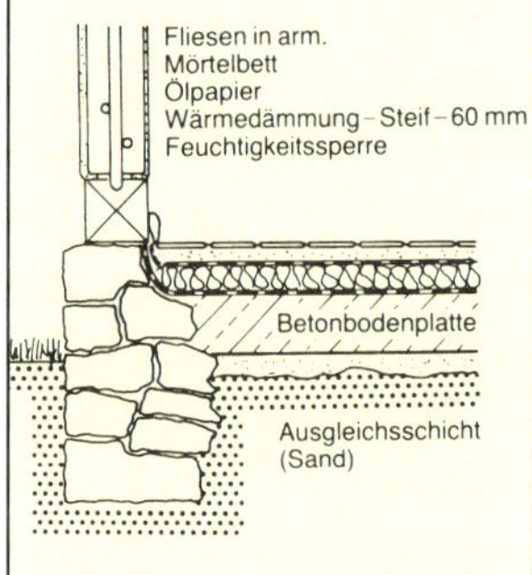

2 Fußbodenerneuerung mit Wärmedämmung und Feuchtigkeitssperre auf Unterbeton aus Kalkmörtel

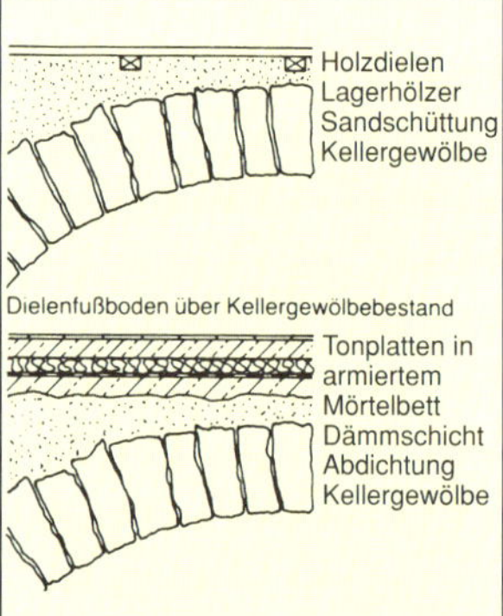

3 Fußboden über Kellergewölbe – neu

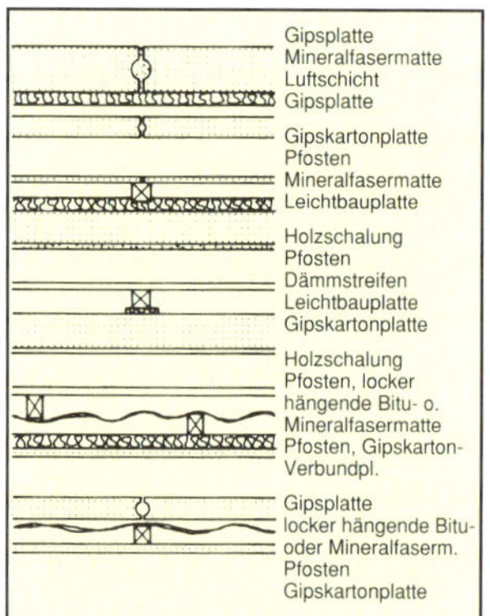

4 Leichttrennwände für Altbauten

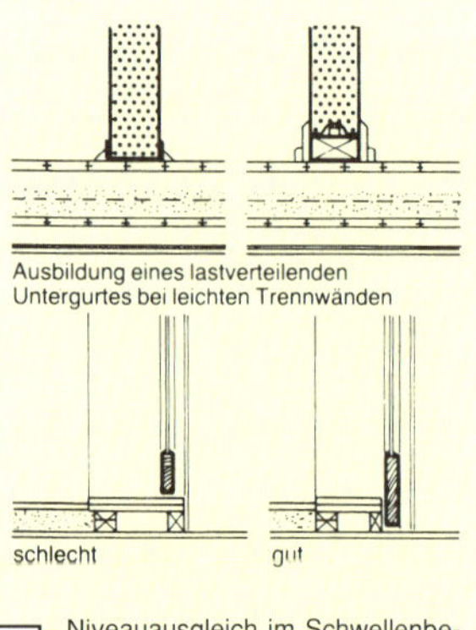

5 Niveauausgleich im Schwellenbereich

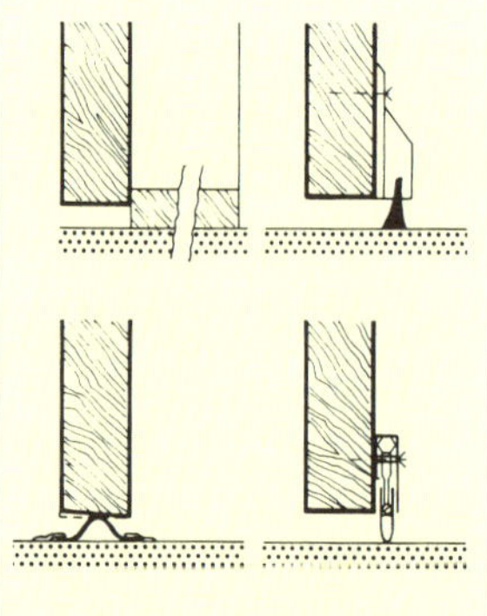

6 Vier Varianten für die Zugdichtigkeit aller Türen

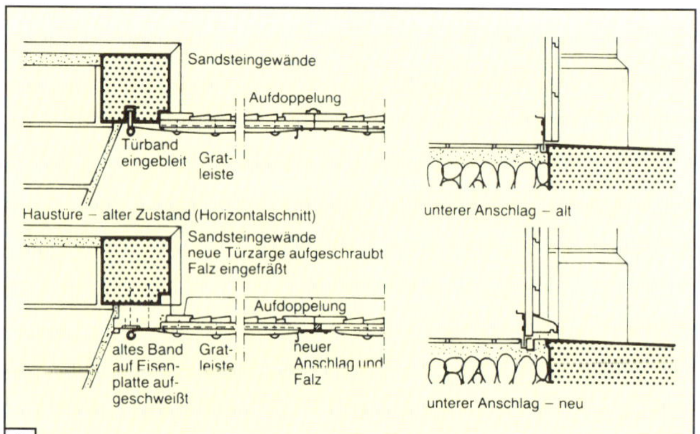

7 Alte Haustüre auf neuem Blendrahmen (Horizontalausschnitt)

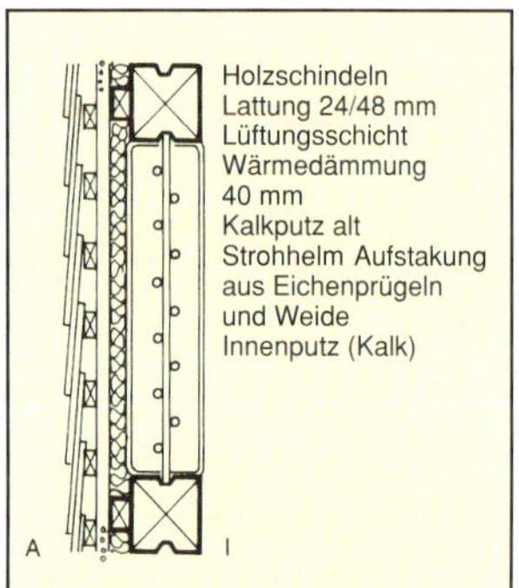

8 Außendämmung mit stark diffusionsfähigem Dämmaterial unter hinterlüfteter Verkleidung

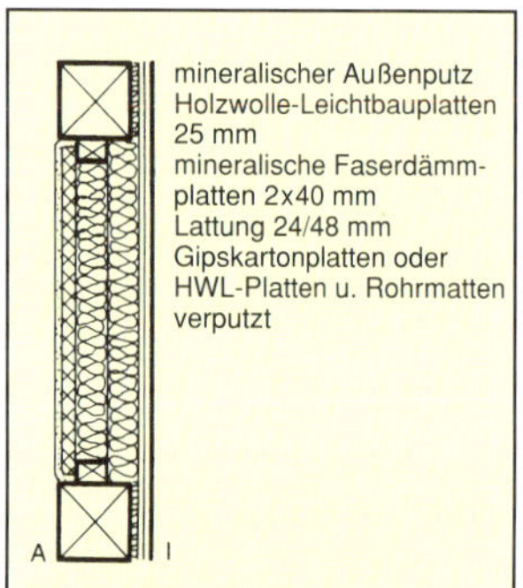

9 Neuer Gefachaufbau mit hoher Wärmedämmung, Fachwerk innen verkleidet

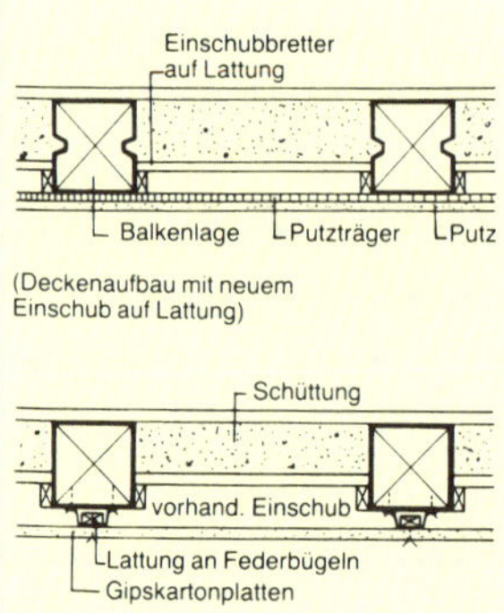

10 Schalltechnische Verbesserung durch abgehängte Unterdecke

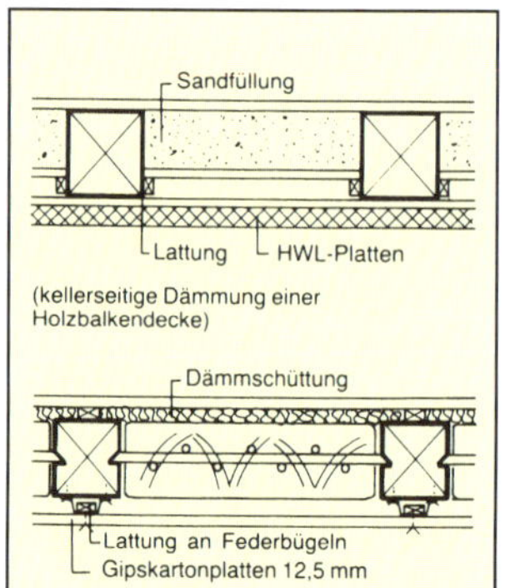

11 Schalltechnische Verbesserung einer Lehmdecke

GARTEN
RANK- U. KLETTERPFLANZEN

S O/W günstiger Standort

sonnig, Halbschatten, Schatten

Wuchs: langsam, mäßig, schnell

Kletterhilfe: Holz, Spanndrähte, Baustahlmatten

sommergrün, immergrün

Haftwurzel

Haftscheiben

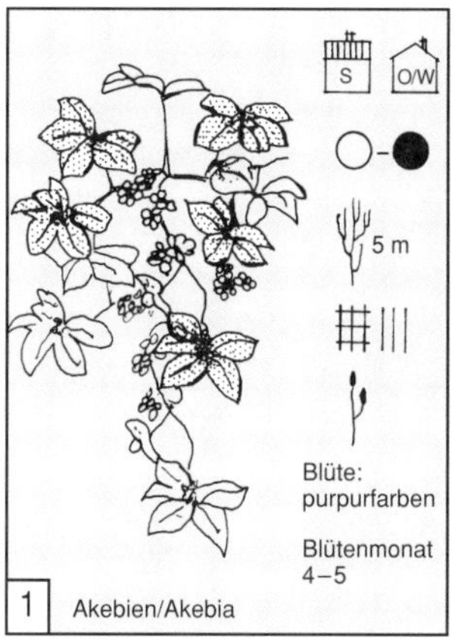

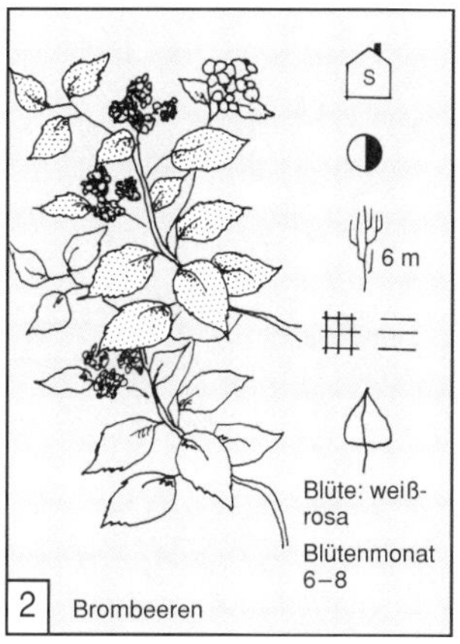

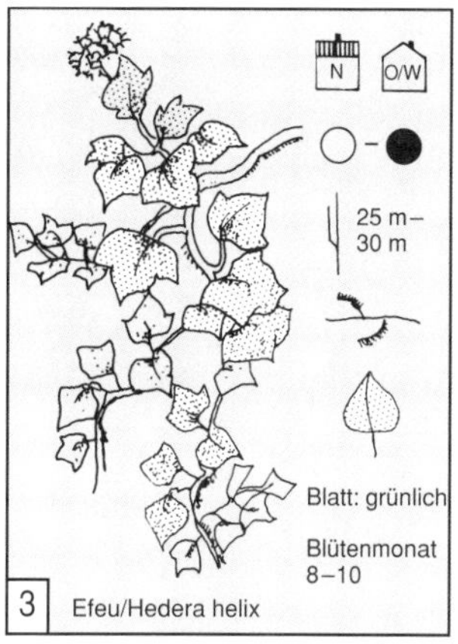

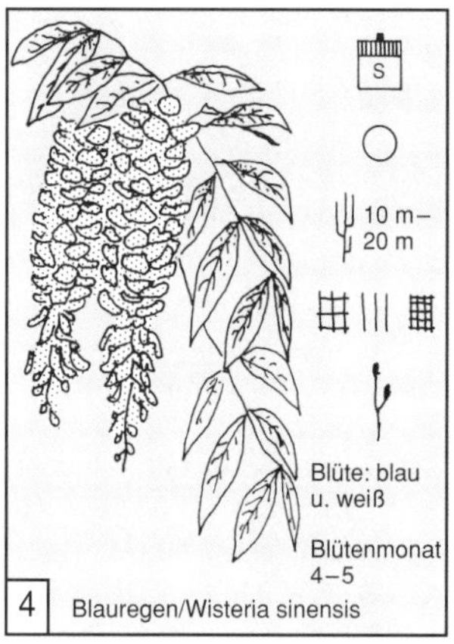

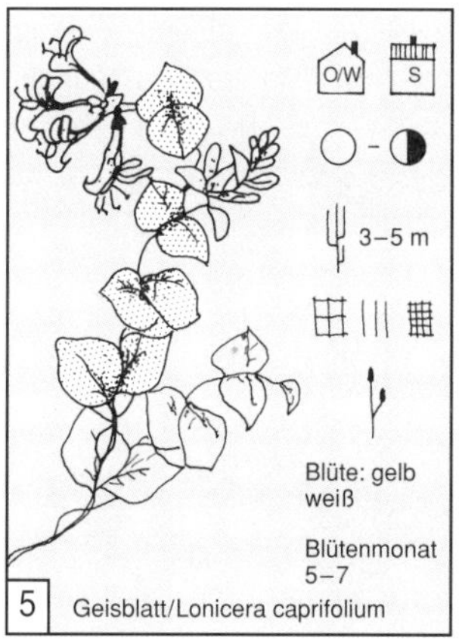

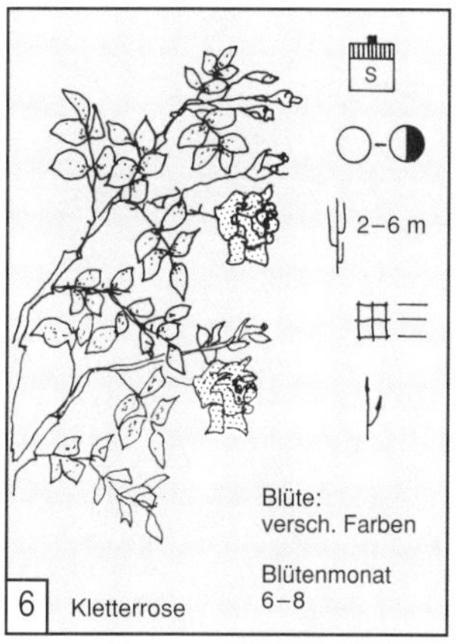

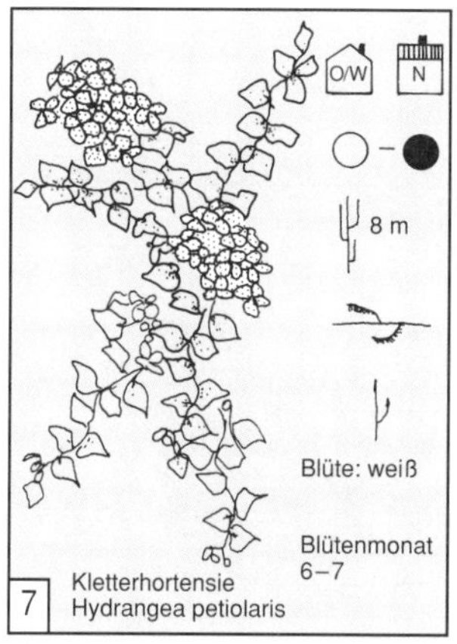

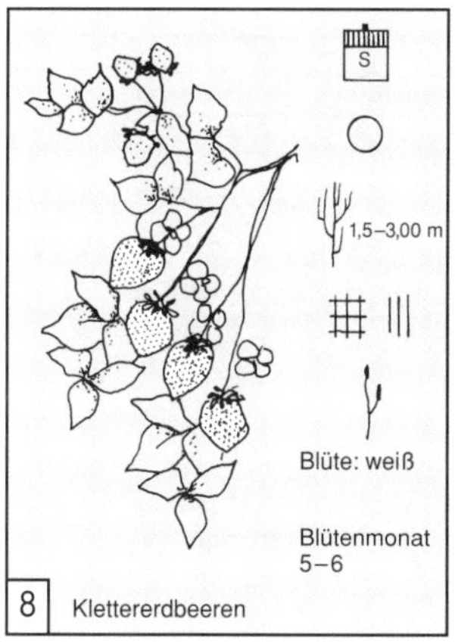

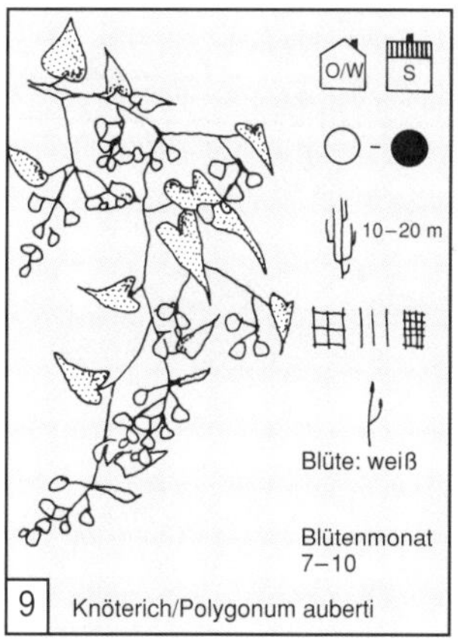

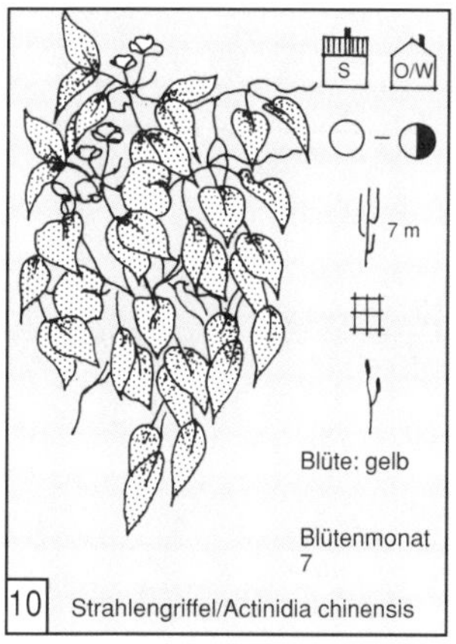

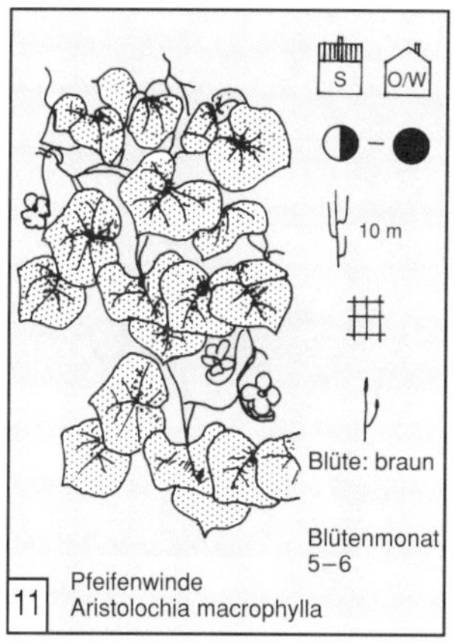

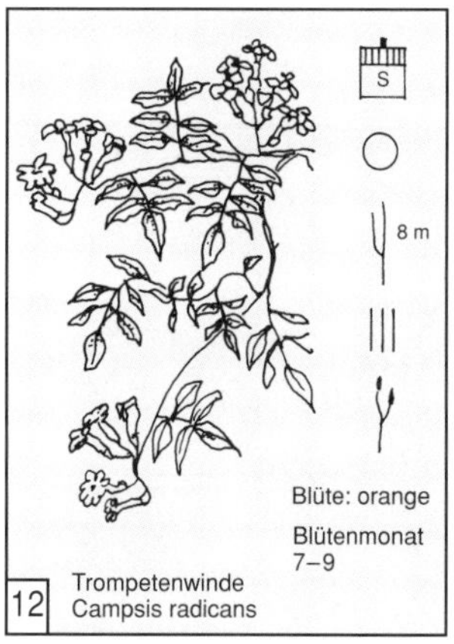

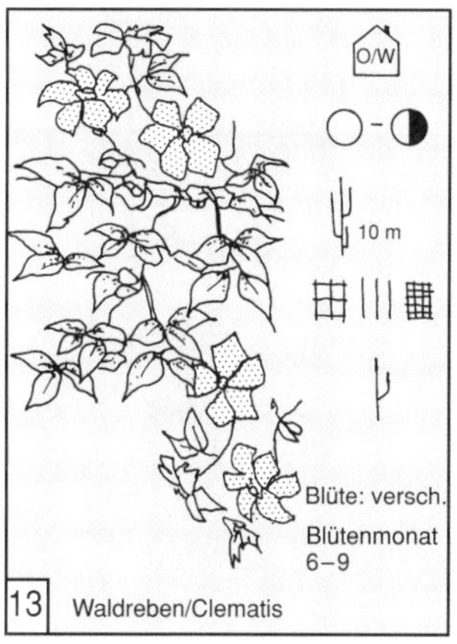

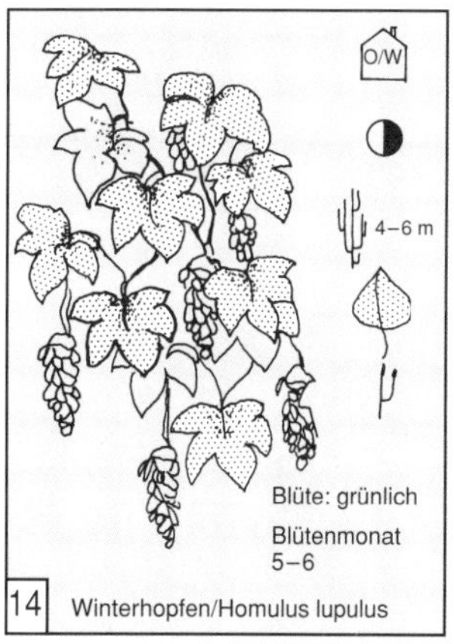

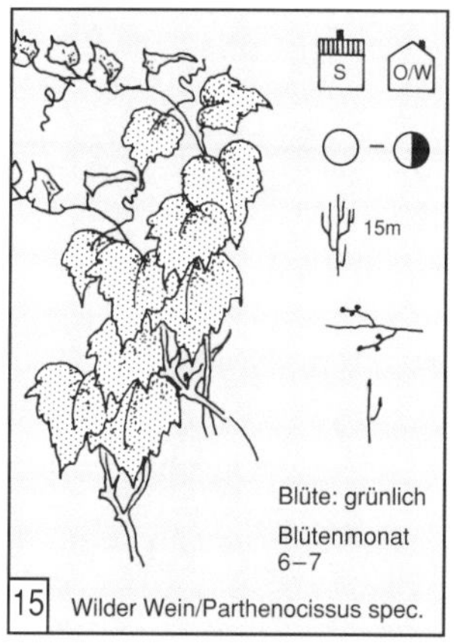

GARTEN

RANK- U. KLETTERPFLANZEN

Pflanzenpelz reflektiert u. absorbiert im heißen Sommer die Sonnenstrahlung u. kühlt durch Verdunstung → 1. Immergrüne Pflanzenvorhänge schützen im Winter vor Wärmeverlusten → 2. Immergrüne Pflanzenteppiche verringern das Eindringen von Wasser in den Baustoff der Außenwand, reduzieren dadurch Abwärme u. Putzschäden durch Auffrieren → 3. Rankpflanzen verbessern die Luft deutlich, da sie Sauerstoff produzieren. Bieten Vögeln Nistplätze u. damit Lebensraum. Ungeziefer wird durch die Vögel in Grenzen gehalten. Hausbegrünungen sind gut zu planen u. vorzubereiten. Rank- u. Schlingpflanzen kommen ohne Hilfe nicht die Wände hoch. Brauchen Unterstützung durch Gerüste → 4 – 11. Kletterhilfen: Feuerverzinkte oder Kunststoff-ummantelte Drähte oder UV-beständige Kunststoffseile. Zum Nachspannen Drahtspanner verwenden. Einfacher sind feuerverzinkte Baustahlmatten → 9 – 11.

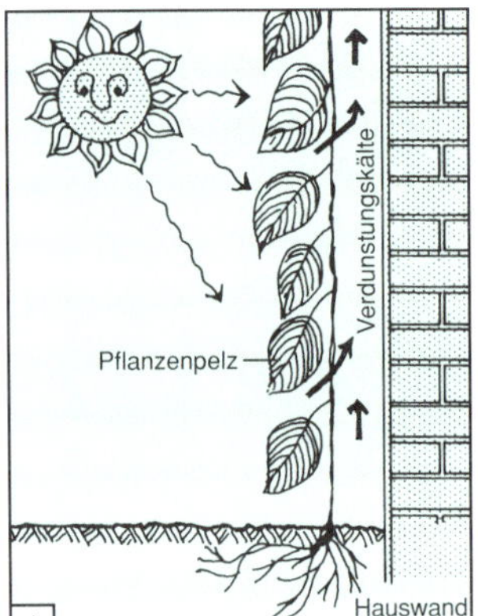

1 Wärmeschutz

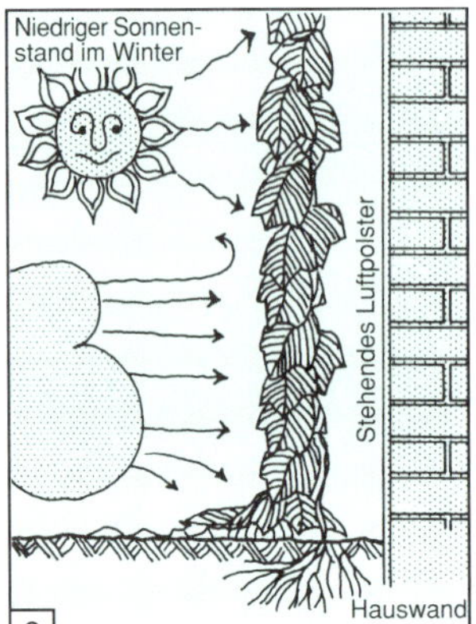

2 Kälte- u. Windschutz

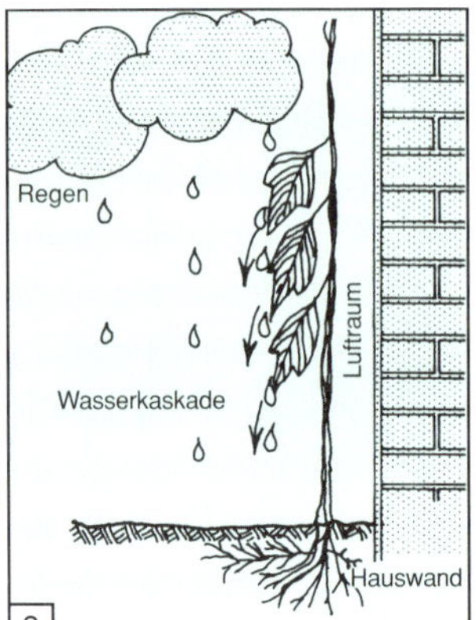

3 Gebäudeschutz

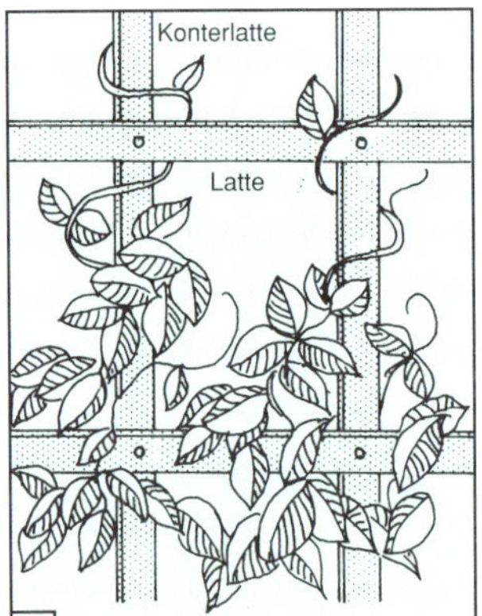

4 Rechteckige Rankträger

5 Diagonal-Rankträger

Pflanzen	Direkt-bewuchs	Spann-draht	Holz
Efeu (300 Sorten)	+	unmöglich	?
Wilder Wein mit Haftwurzeln	+	+	?
Wilder Wein ohne Haftwurzeln	+	+	+
Brombeere	-	+	+
Clematis	-	+	+
Knöterich	-	+	+
Hopfen	-	+	+
Pfeifenwinde	-	+	+
Pflanzen als Rankträger z.B.Weide, Holunder	-	+	+

Rankträger	Ranker	Kletterer	Spalier
Gebäudeoberfläche selbst	-	+	-
Dübel Schlaufe	-	-	+
Latten 25/50	+	?	+
Spanndraht	+	-	?
Rundholz	+	?	+
Rankmatte	+	+	-

+ = empfehlenswert - = nicht empfehlenswert ? = nicht ausreichend erprobt

7 Pflanzen und Rankträger

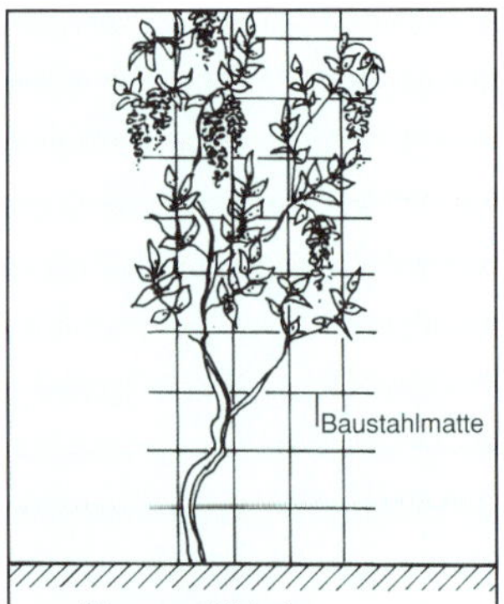

10 Blauregen/Wisteria 6–10 m Wuchshöhe

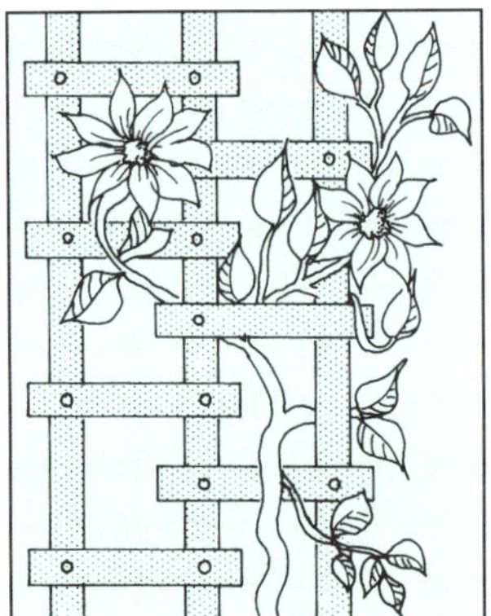

6 Leiterartige Rankhilfe

8 Holzlatten als Ziehharmonika

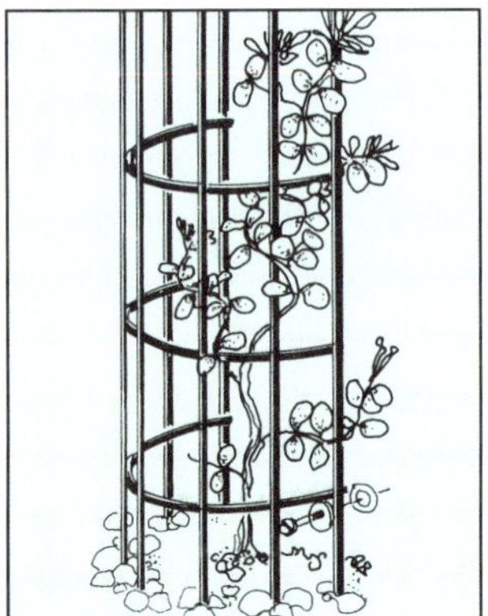

9 Kletterhilfe mit Rundeisen

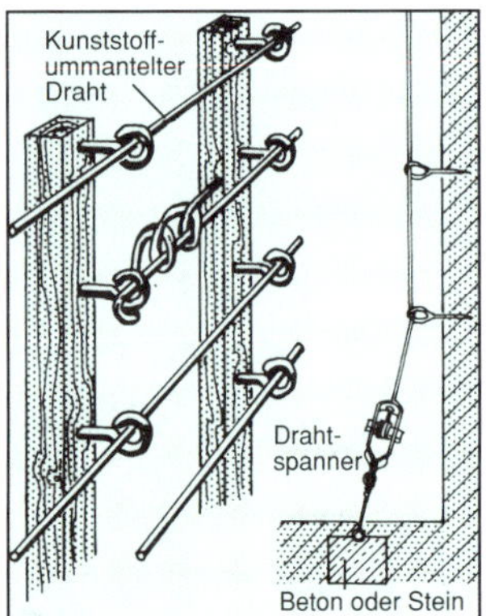

11 Spanndraht

GARTEN

RANK- U. KLETTERPFLANZEN

Nicht nur Bodenbeschaffenheit u. die Himmelsrichtung müssen bei Kletterpflanzen stimmen, auch Wuchshöhe beachten. Diverse Kletterhilfen sind nötig, um Hauswände zu begrünen → 2–3. Einjährige Kletter- und Schlingpflanzen: Glockenrebe, Höhe 4–6 m, Zierkürbis, 2–5 m, Japanhopfen, 3–4 m, Trichterwinde, 3–4 m, Duftwicke, 1–2 m, Feuerbohne, 2–4 m, Kapuzinerkresse, 2–3 m. Alle Pflanzen sind schnellwüchsig u. haben nur im Sommer Laub. Rankhilfen für Bohnen und Erbsen → 4–9. Für Erbsen: gespannter Maschendraht, Reiser, die beim Gehölzschnitt abfallen → 7, am besten von Haselnußsträuchern. Maschendrahtgerüst als Zelt errichtet → 5. Erbsen hängen, vor Vögeln sicherer, im Innern. Weitmaschigen Draht zum Durchstecken der Hände bei der Ernte verwenden. Schutzgitter aus Maschendraht gegen Vögel schützen Samen u. Keimlinge → 6. Jede Bohnenpflanze braucht eine Kletterhilfe. Bei zwei Pflanzreihen bewährt sich Zeltmethode → 9. Sollten Bohnen eine Wand beranken, werden Drähte gespannt → 3. Wigwammethode kann sogar für Wannen u. Bottiche benutzt werden → 8. Hierzu werden 8–11 Pflanzen im Kreis ausgesät. Bohnen wollen die Glocken läuten hören, daher höchstens 2–3 cm tief legen. Stangenbohnen sind anspruchsvoller in der Kultur als bescheidene Buschbohne. Sie brauchen mehr Wärme, Nährstoffe u. vor allem mehr Platz.

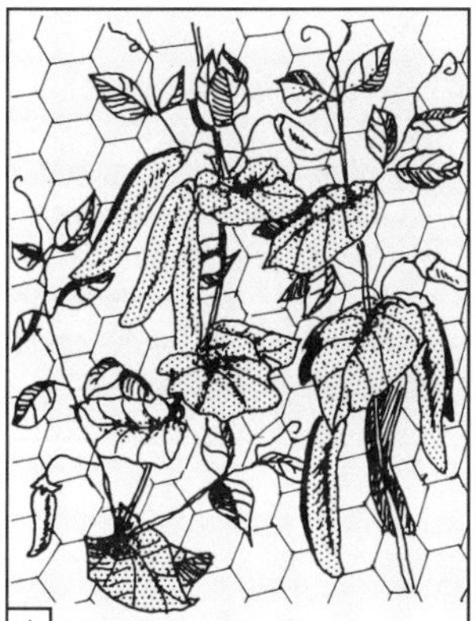

1 Sechseckdraht

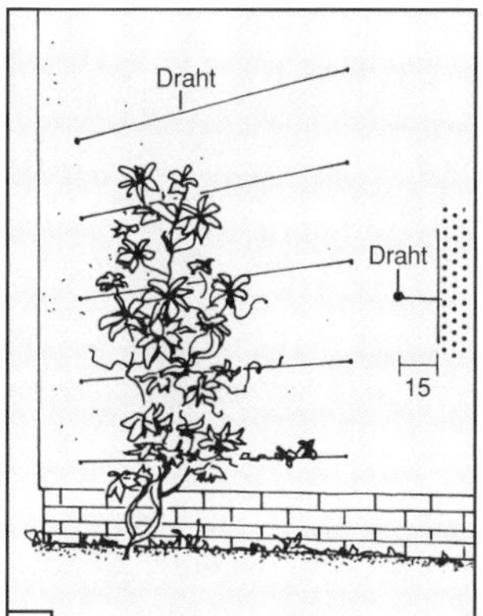

2 Waagerechte Kletterhilfe

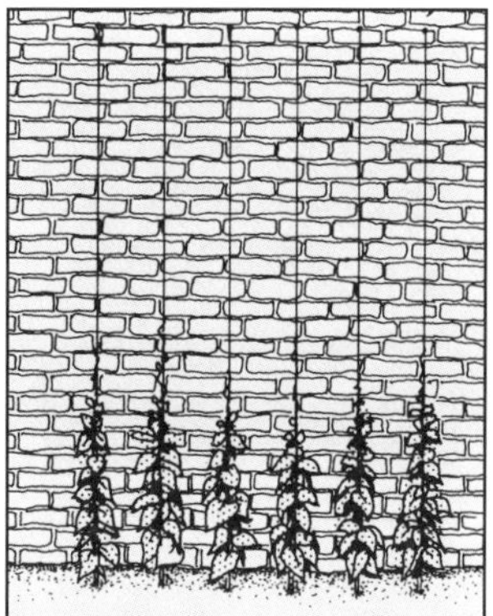

3 Bohnenpflanzen, die eine Wand beranken

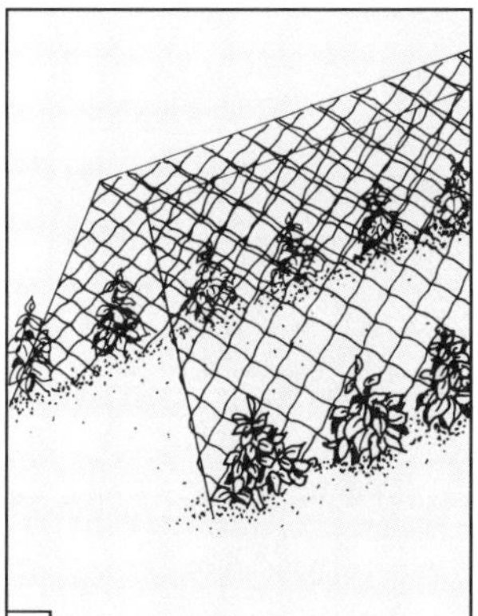

4 Doppelgitter aus Drahtgeflecht

5 Rankgitter für Erbsen aus Maschendraht

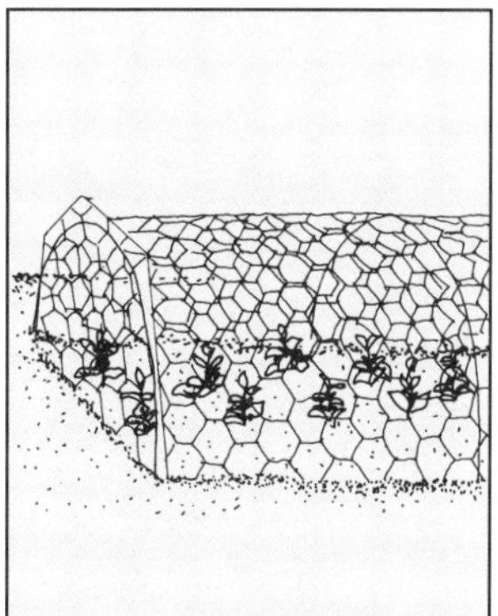

6 Rankhilfe u. Schutzgitter gegen Vögel aus Maschendraht

7 Reiserrankgerüst für Erbsen. Abstand 70/60 ≤ 50/100 cm

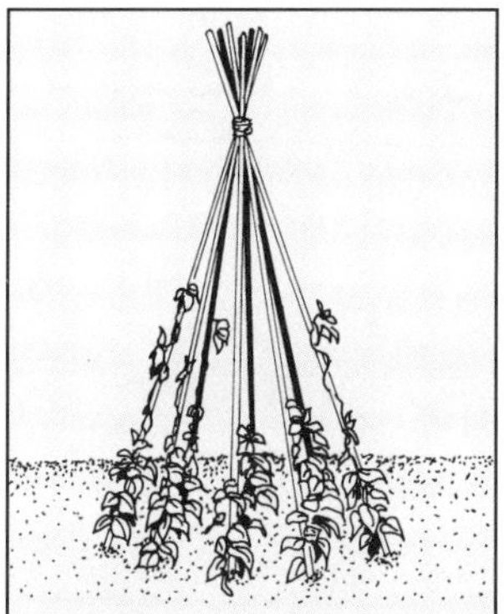

8 Wigwammethode für 8–11 Pflanzen

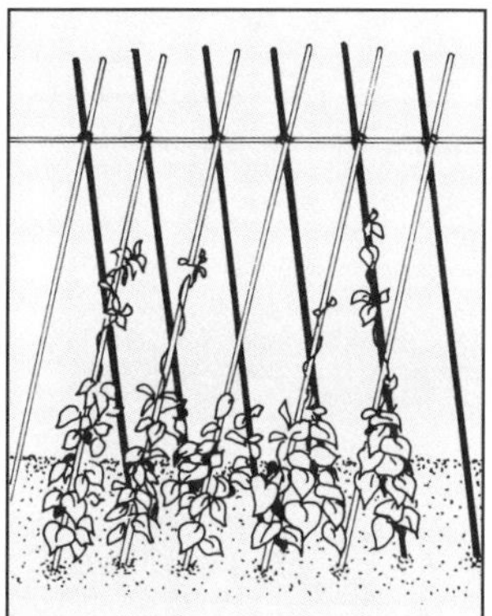

9 Zeltmethode für Bohnen

Formen von Spalierobst

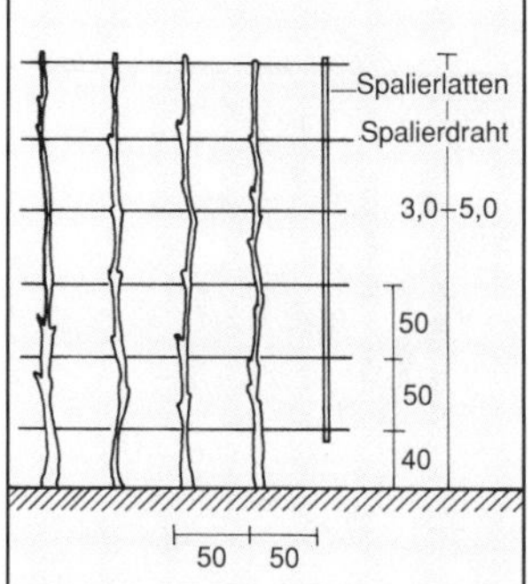

10 Senkrechte Kordons

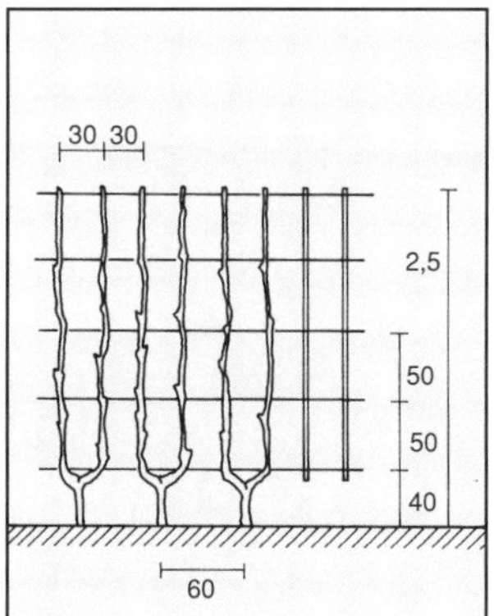

11 U-förmige Kordon

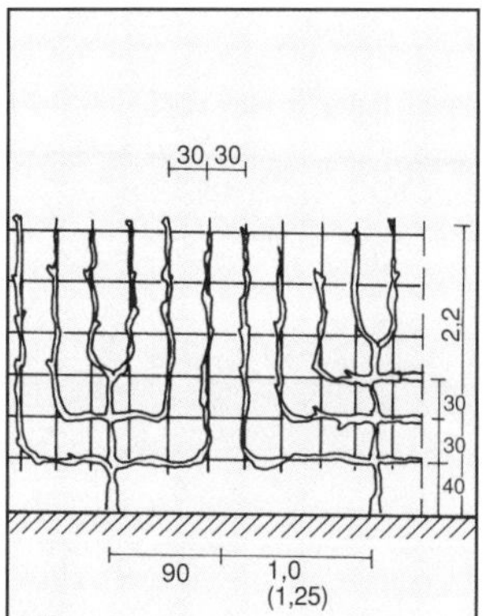

12 Verier-Palmette (6 u. 8 Äste)

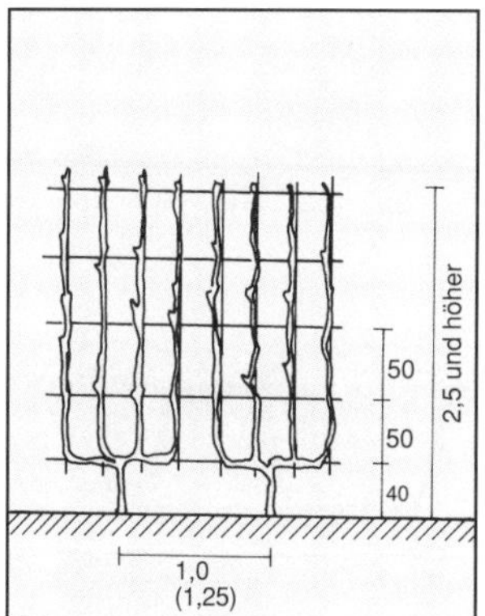

13 Armleuchter-Palmette

BÄUME U. HECKEN → 🕮

Beste Pflanzzeit für Obstbäume liegt im Spätherbst. In Landschaften mit frühem Frost im Oktober, in milden Gegenden im November. Veredlungsstelle, die als Wulst am Stammende deutlich erkennbar ist, muß unbedingt über Erdoberfläche liegen → [6]. Obstbäume immer etwas höher pflanzen als sie ursprünglich in der Baumschule standen. Stützpfahl muß handbreit vom Stamm entfernt sein → [6] und an der Südseite vom Baum stehen, um ihn vor Sonnenbrand zu schützen. Bei Anpflanzung lebender Hecken Abstand zum Nachbarn einhalten. Bei Hecken bis 1,2 m Höhe 0,25 m, bis 2 m Höhe 0,50 m, über 2 m Höhe 0,75 m. Der Wunsch nach Geborgenheit im eigenen Garten, nach Schutz vor Wind, Lärm, Staub und neugierigen Blicken macht Hecken unentbehrlich → [7] – [10].

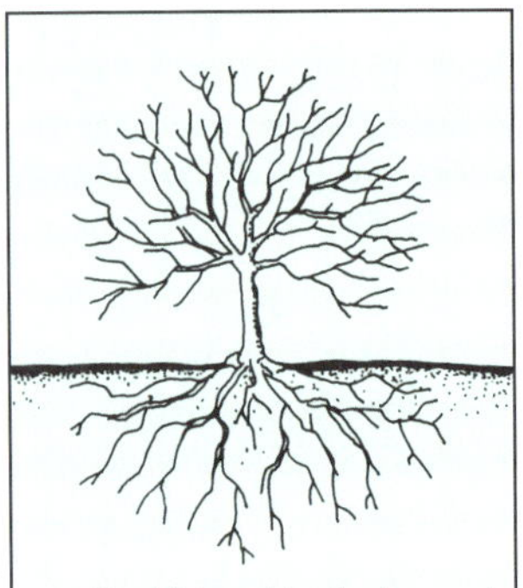

1 Sie gleichen sich wie ober- und unterirdische Spiegelbilder: Die Baumkrone und das verzweigte Netz des Wurzelraums

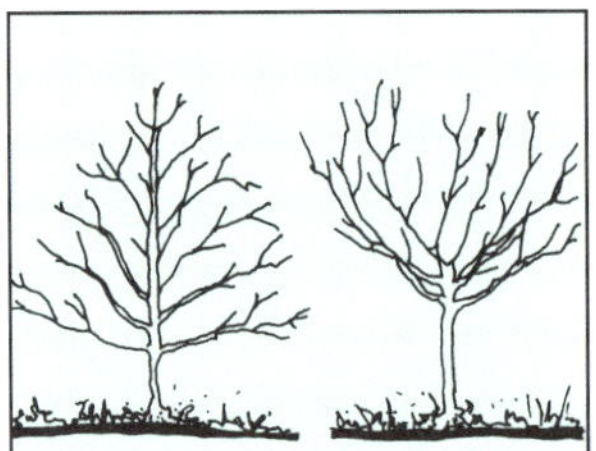

Pyramide ist die „Christbaum"-Grundform. Wird mehr u. mehr Kelchform vorgezogen, da Seitenäste bei ihr sehr kurz gehalten und nicht so leicht unter dem Gewicht von Obst oder Schnee brechen.

Kelch Baumform mit offenem Zentrum erinnert an Tasse oder Kelch. Äste werden nach außen erzogen, so daß Licht in Baumkrone gelangt.

2 Baumformen

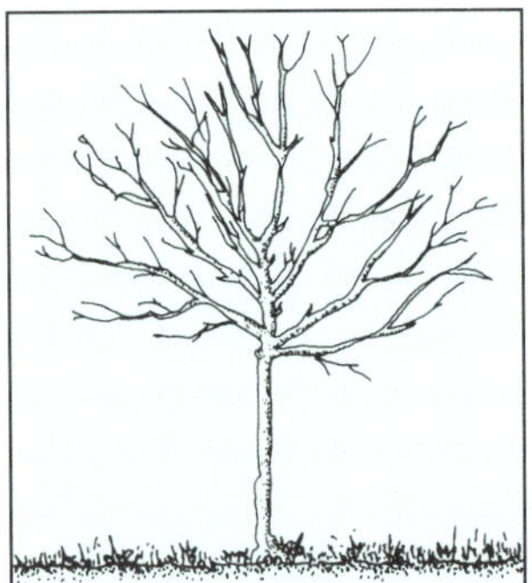

3 Hochstamm beim jungen Baum. Stamm und zwei oder drei Äste stehenlassen – um die gewünschte Form zu erhalten.

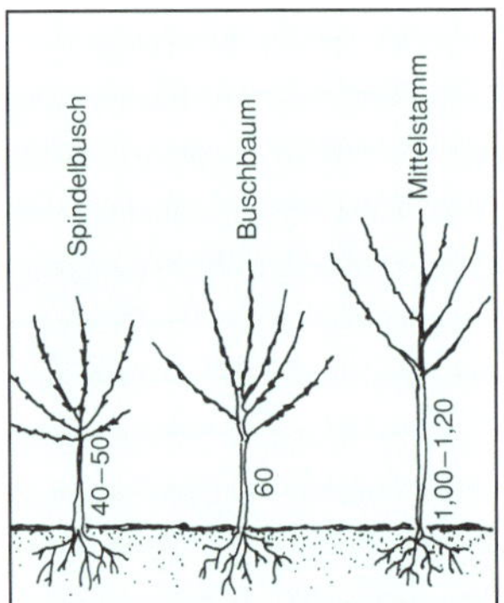

4 Baumformen für den Hausgarten

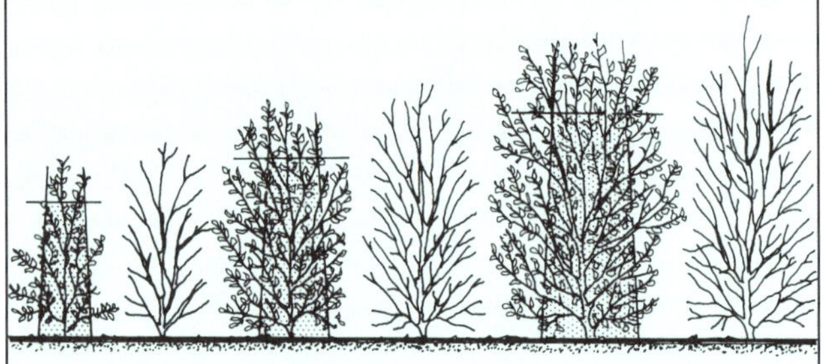

7 Schnitt einer Hainbuchenhecke im 1., 3. und 5. Jahr nach der Pflanzung. Links Sommerschnitt, rechts Winterschnitt

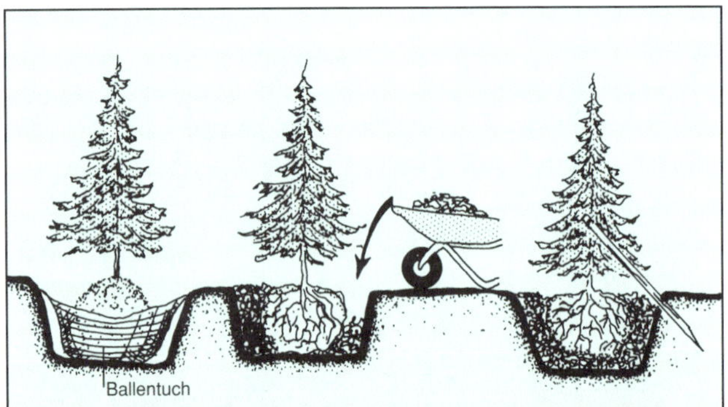

5 Beim Pflanzen eines Nadelbaumes muß das Ballentuch gelöst werden   Der Stützpfahl wird schräg eingebracht.

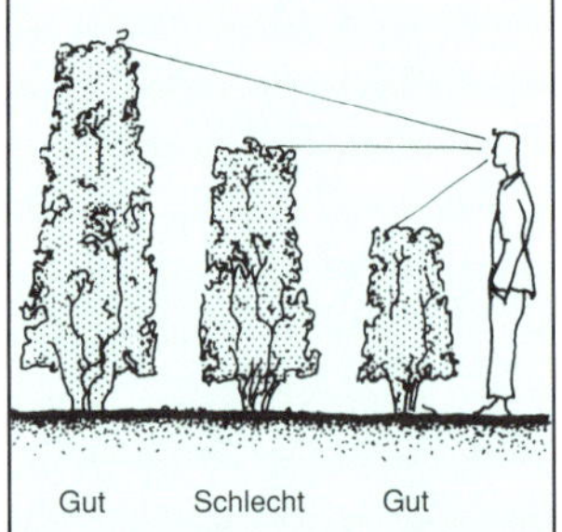

8 Heckenhöhen

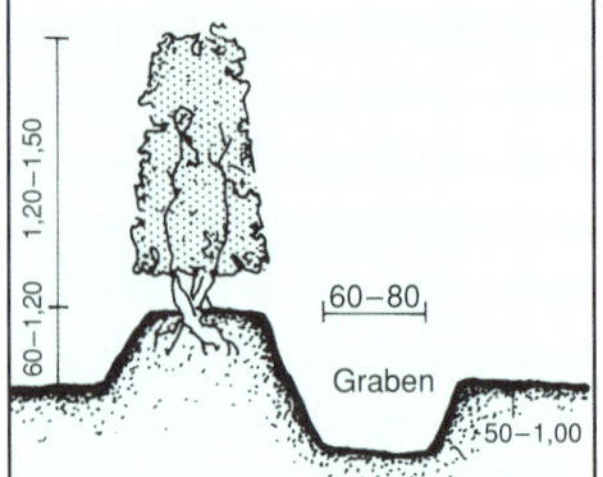

9 „Knick" in Norddeutschland

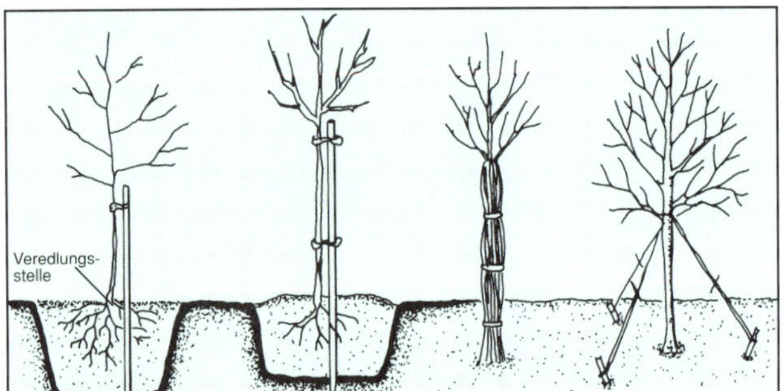

Die Veredlungsstelle muß über der Erde liegen.

Richtige Pflanzung eines Laubbaumes

Die Stämme werden mit Strohmatten vor der Sonne geschützt.

Hohe Stämme werden durch gespannte Drähte verankert.

6 Bäume für den Garten

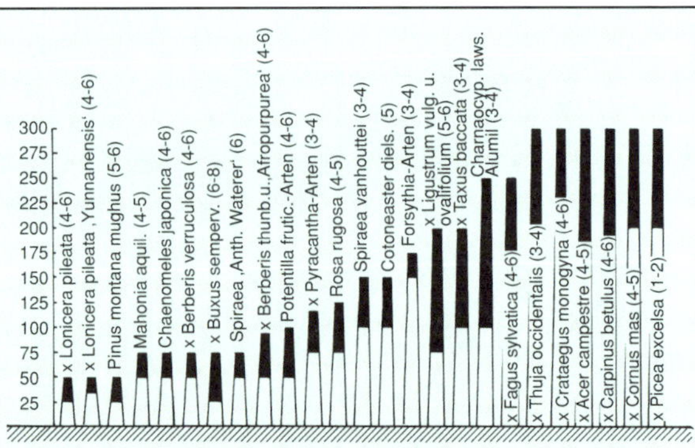

10 Wuchshöhen geschnittener und freiwachsender Hecken (Pflanzen mit x sind besonders schnittverträglich) (in Klammern Pflanzenbedarf in Stück je lfm.)

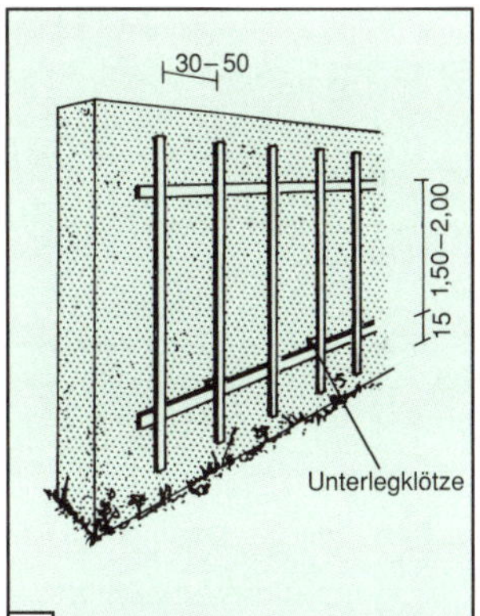

1 Spalier an Mauer

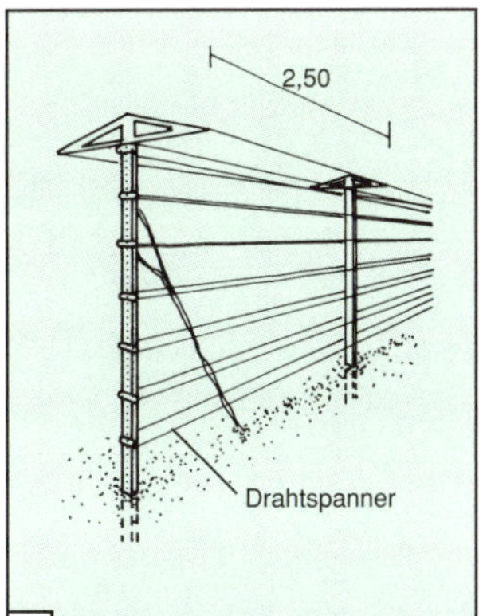

2 Gerüst für Doppelspaliere

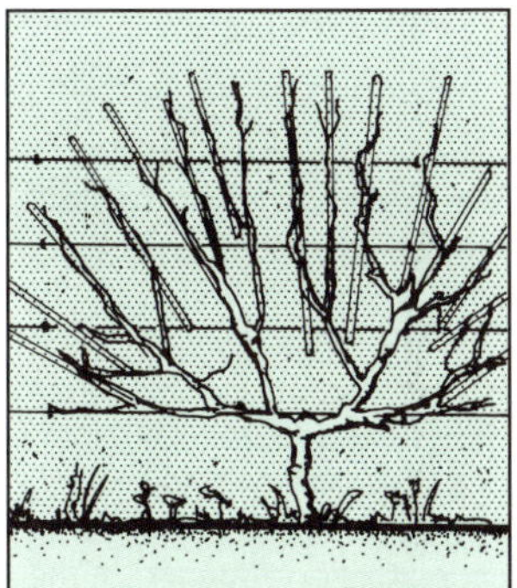

3 Fächer: Läßt nur zwei Äste im Winkel von 45° zu Boden wachsen, aus deren Trieben zu Anfang des Frühjahrs der Fächer gebildet wird.

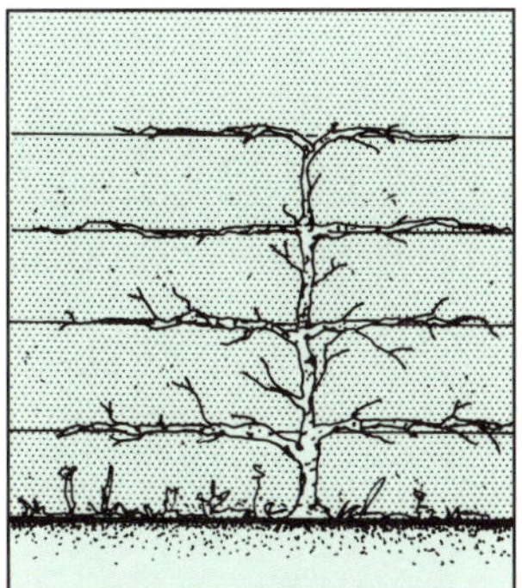

4 Spalier: Der Mittelstamm eines Spaliers wird senkrecht gezogen und die Seitenäste im rechten Winkel nach rechts u. links geleitet.

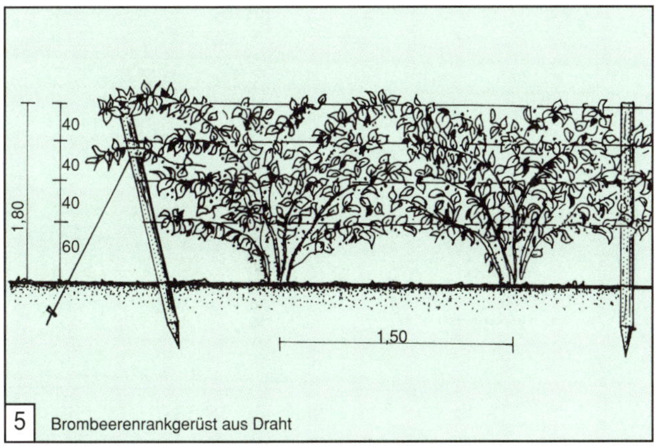

5 Brombeerenrankgerüst aus Draht

Obstart, Baumform und Unterlage	Geschlossene Anlagen Pflanzenabst. in m	Geschlossene Anlagen Anzahl der Pflanzen/ha	In Hausgärten und kleinkronige Sorten Pflanzenabst. in m	In Hausgärten und kleinkronige Sorten Anzahl der Pflanzen/ha
Apfel-Hoch, -Halb- u. -Meterstamm auf Sämling	10 x 10	100	8 x 8	156
Apfelbusch auf starkwachsenden E.M.-Unterlagen	6 x 6 5 x 5	277–400	5 x 5 4 x 4	400–625
Apfelbusch auf schwachwachsenden E.M.-Unterlagen	5 x 5 3,5 x 3,5	400–816	4 x 4 3 x 3	625–1120
Birnen-Hoch-, -Halb- u. -Meterstamm auf Sämling	8 x 8	156	7 x 7	204
Birnenbusch auf Birnensämling	6 x 6	277	5 x 5	400
Birnenbusch auf Quitte	4,5 x 4,5	494	4 x 4	625
Birnenspindeln auf Quitte	4 x 4 3 x 3	625–1120	3 x 3 2,5 x 2,5	1120–1600
Süßkirsche-Hoch-, -Halb- u. Meterstamm a. Vogelkirsche	10 x 10	100	8 x 8	156
Süßkirschen-Halbstamm u. -Busch auf Prunus mahaleb	6 x 6	277	5 x 5	400
Sauerkirschen-Hoch-, -Halb- u. -Meterstamm	6 x 6	277	5 x 5	400
Sauerkirschen-Halbstamm auf Prunus mahaleb	5 x 5	400	4 x 4	625
Pflaumen-Halb-Hochstamm u. -Busch	7 x 7 5 x 5	204–400	5 x 5	400
Pfirsichbüsche	5 x 5	400	4 x 4	625
Aprikosen-Hoch- u. -Halbstämme	7 x 7 6 x 6	204–277	5 x 5	400
Aprikosenbüsche	6 x 6	277–400	4 x 4	625
Walnuß-Hochstämme	12 x 12	70–100	8 x 8	156
Haselnußbüsche	4 x 4	625	3 x 3	1120
Stachel- u. Johannisbeersträucher, rot und weiß	2 x 2,5 2 x 2	2000–2500	2 x 2 2 x 1,5	2500–3333
Johannisbeerstr., schwarz	2,5 x 2,5	1600	2 x 2,5	200
Johannisbeer- und Stachelbeerstämmchen	1,5 x 1,5	4444	1 x 1,5	6666
Himbeeren und aufrechtwachsende Brombeeren	2 x 0,5	10 000	2 x 0,5	10 000
Brombeeren, rankend	2 x 4	1250	2 x 4	1250
Erdbeeren, einjähriger Anbau	0,25 x 0,25 0,30 x 0,30	160 000– 111 111	0,25 x 0,25 0,30 x 0,30	160 000– 111 111
Erdbeeren, mehrjähriger Anbau	0,50 x 0,30 0,80 x 0,30	66 666– 41666	0,50 x 0,30 0,80 x 0,30	66 666- 41 666

7 Entfernung der einzelnen Obstarten und Baumformen nach Auskunft des Instituts für Landespflege der Forschungsanstalt Geisenheim. Pflanzabstände abhängig von Boden- und Wasserverhältnissen, Düngung, Wuchsstärke der Unterlage und der Sorten und vom Schnitt. Daher mehr oder weniger starke Abweichungen von den „Richtzahlen" möglich.

Wenn Ruten über Spanndraht hinauswachsen bis 15 cm über oberstem Draht, zurückschneiden und U-förmig biegen und festbinden

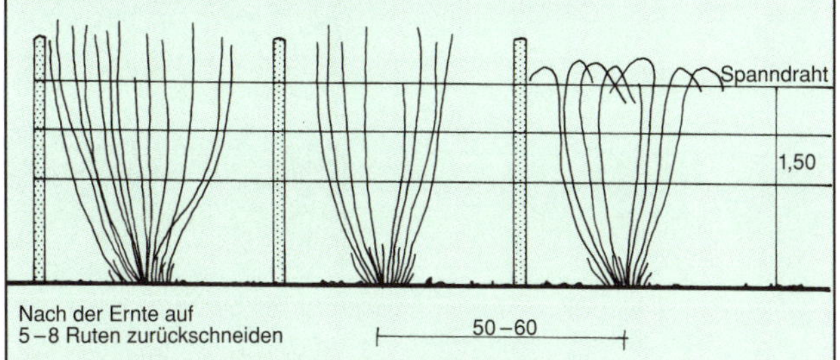

Nach der Ernte auf 5–8 Ruten zurückschneiden

6 Himbeeren → 8

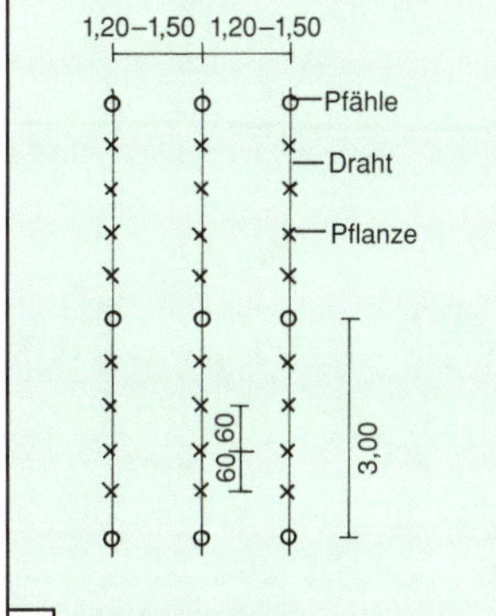

8 Himbeerpflanzung

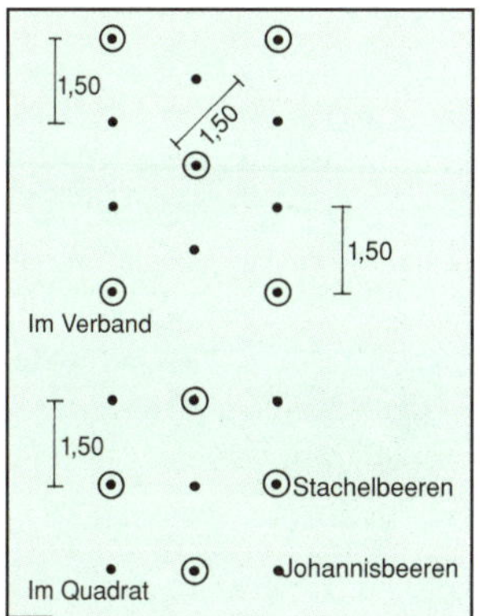

9 Stachel- u. Johannisbeeren

GARTEN

Sträucher u. Bäume bilden das Gerüst einer Gartenanlage. Sie gliedern den Raum, setzen Akzente u. sorgen für Dauer und Beständigkeit im kurzweiligen Auf u. Ab der Blütenpflanzen. Beste Pflanzzeit für laubabwerfende Gehölze beginnt im Herbst, sobald die Blätter fallen – etwa im Oktober. Im zeitigen Frühjahr von März – April kann man noch pflanzen → [1]–[4]. Rosenstöcke sind berühmt dafür, daß sie uralt werden können. Ohne Pflege u. Düngung gedeihen Wildrosen oft auch unter schwierigsten Bedingungen u. blühen unverdrossen. Züchtungen dagegen bezahlen die Pracht ihrer Blüten oft mit größerer Empfindlichkeit u. stellen höhere Anforderungen an Boden. Wichtig für gutes Gedeihen ist sonniger, luftiger Standort, wo sich Pflanze entfalten kann. Rosen erhalten Mitte März – Ende April sowie Anfang Juli mineralischen Dünger. Außerdem in der blattlosen Zeit organischen Dünger, z.B. Stallmist, Kompost, Rindenschrot.

Sträucher

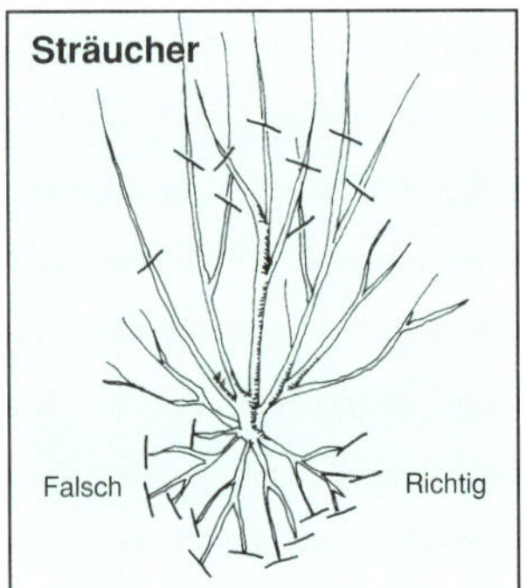

1 Rückschnitt: Zweige werden um ein Drittel bis um die Häfte zurückgeschnitten. Wurzeln werden etwas gekürzt.

2 Pflanzung eines Strauches: nicht zu tief setzen

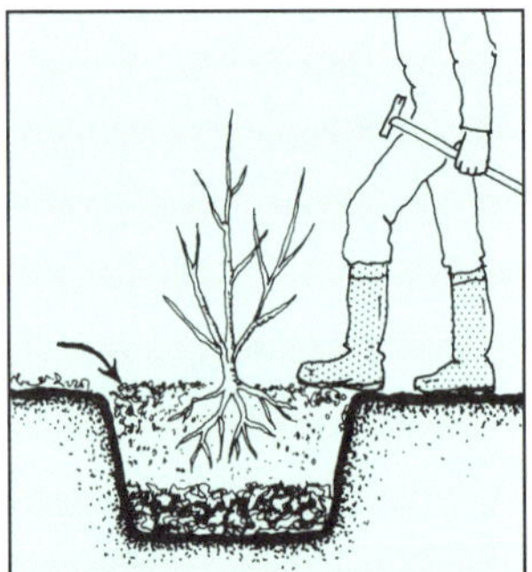

3 Erde auffüllen. Festtreten.

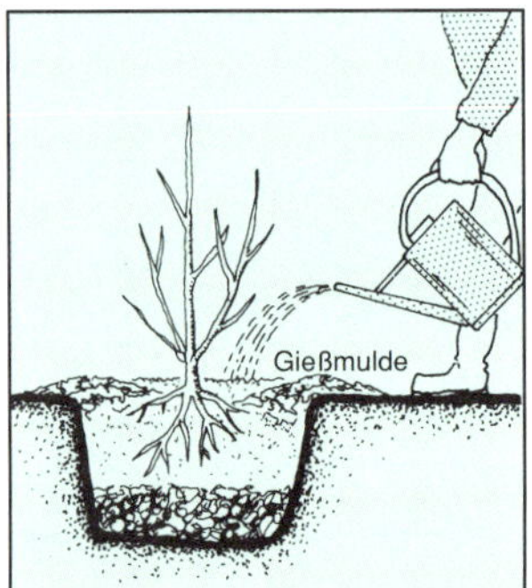

4 Angießen (Gießmulde ausbilden)

Rosen

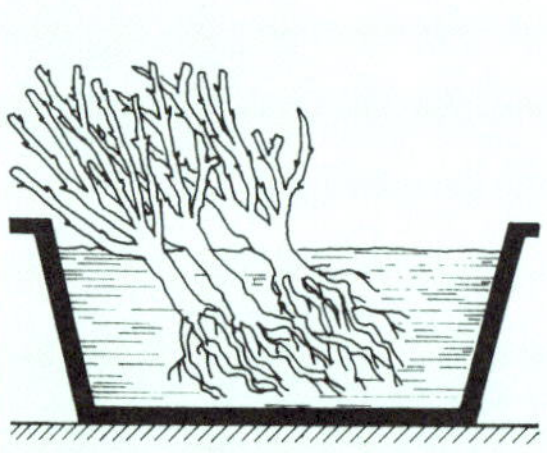

5 Wässern hilft den Rosenstöcken, die Zeit bis zum Anwachsen zu überbrücken.

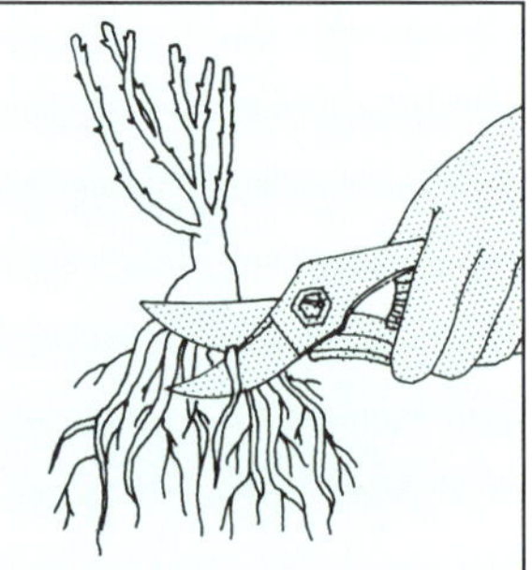

6 Schneiden der Wurzeln fördert Neubildung der Saugwurzeln. Ballen kann um 1/3 kleiner werden.

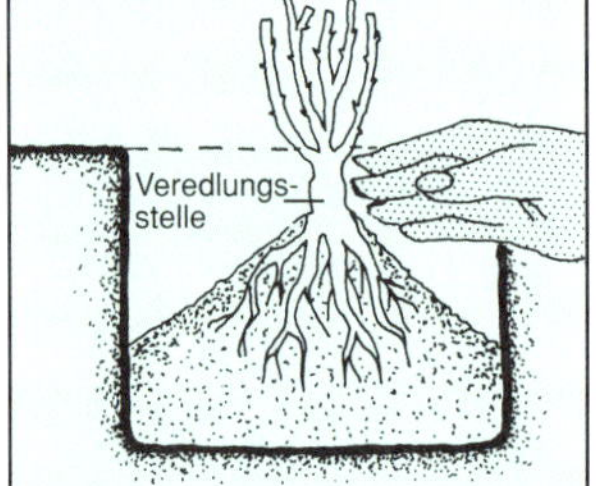

7 Pflanzloch doppelt so groß wie Ballen. Veredlungsstelle liegt knapp unter der Erde.

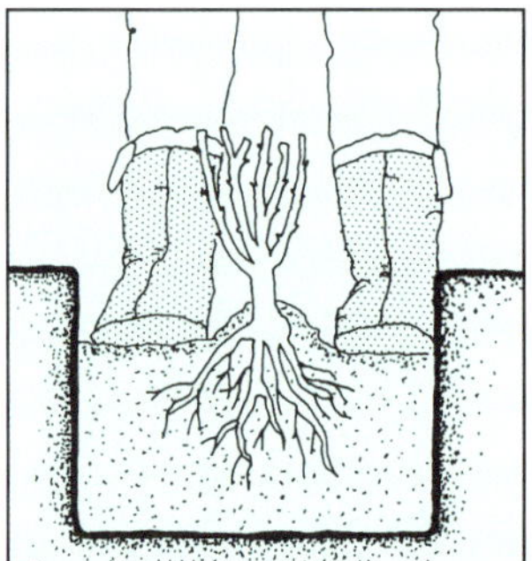

8 Erde mit Füßen festtreten. Veredlungsstelle bleibt bedeckt.

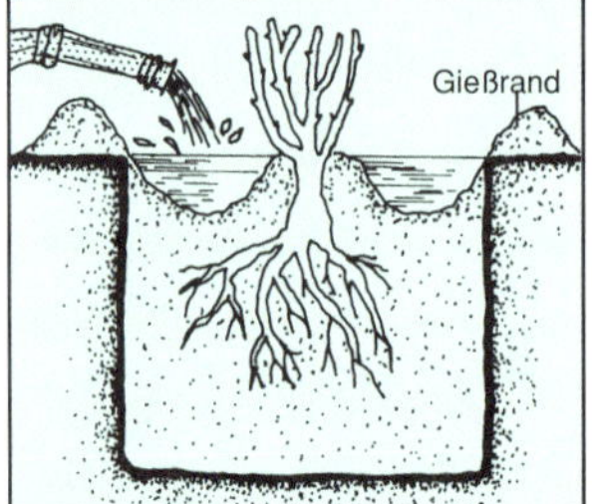

9 Gießen ist wichtig. Breiter Gießrand nimmt Wasser auf.

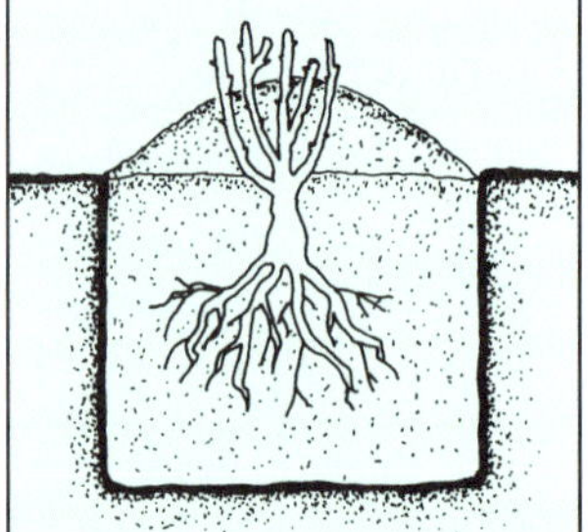

10 Anhäufeln schützt empfindliche Veredlungsstelle. Bessere Wachstumsbedingungen

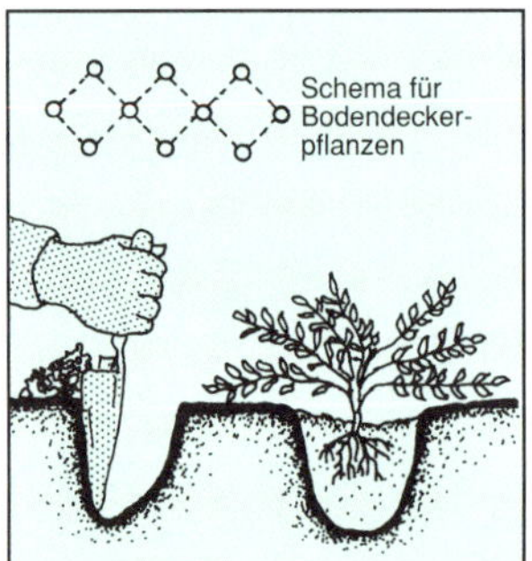

11 Bodendeckerpflanzen nach Schema auslegen. Pflanzlöcher so groß, daß Wurzeln reichlich Platz finden.

	Obstbäume	Hecken	immergrüne Hecken	Johannis- oder Stachelbeeren	Himbeeren	Rosen
Januar	■			■		
Februar	■					
März			■			■
April			■			■
Mai						
Juni		■				
Juli		■				
August		■				
September				■	■	■
Oktober	■			■	■	■
November	■			■		■
Dezember						

12 Was wird wann geschnitten?

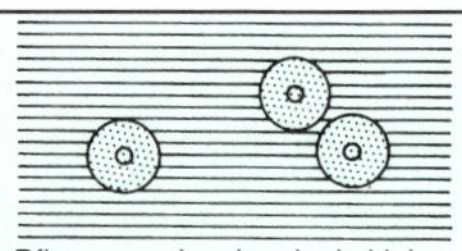

Pflanzung einzeln oder in kleinen Trupps

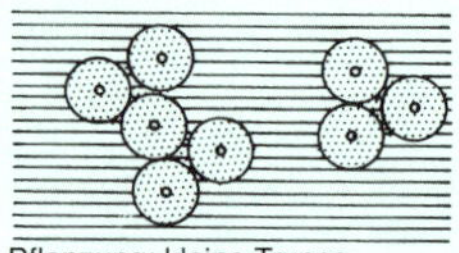

Pflanzung: kleine Trupps etwa 3–10 Pflanzen

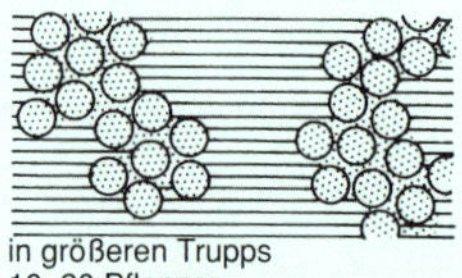

in größeren Trupps 10–20 Pflanzen

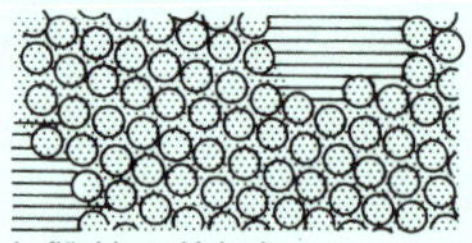

in flächigen Kolonien

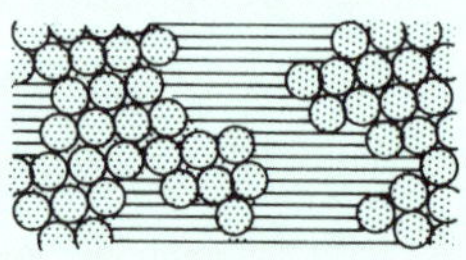

überwiegend großflächig

13 Schematische Darstellung der Geselligkeitsstufen innerhalb einer Staudenpflanzung

GEMÜSE- U. KRÄUTERGARTEN

Praktische Formen der Gartengestaltung → [1]–[9]. Größtmöglicher Nutzen bei kleinstem Arbeits- u. Materialaufwand. Zur Befestigung der Wege bieten sich Klinker, Pflastersteine oder einfach Sand oder Kies an. Idealer Platz für Kräutergarten nach Süden gerichtet, mind. 5 Stunden Sonne täglich.

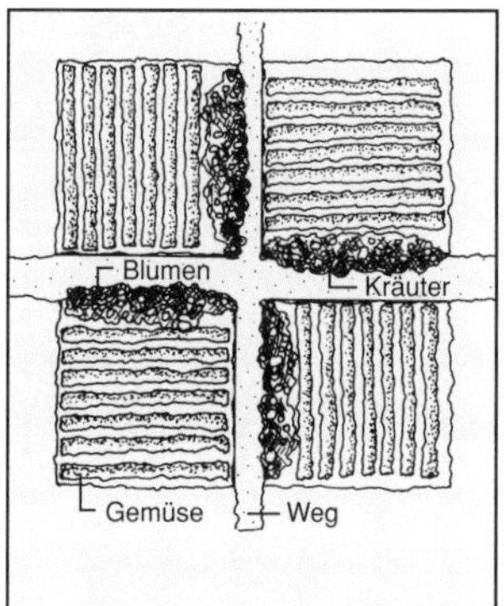

Wegekreuz. In den 4 Beeten ist Gemüse. Wegerand Blumen oder Kräuter

1

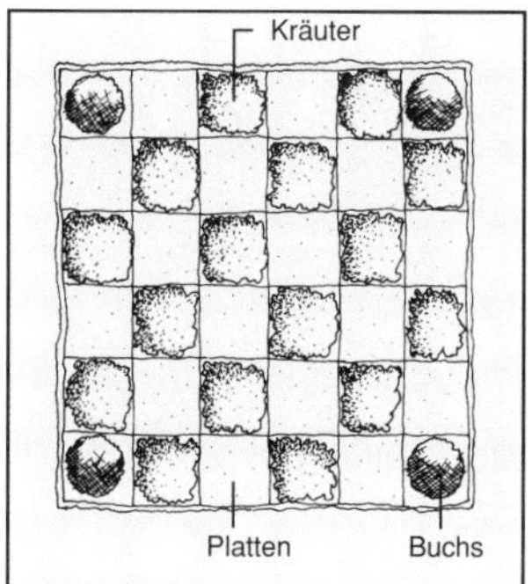

5 Schachbrettform

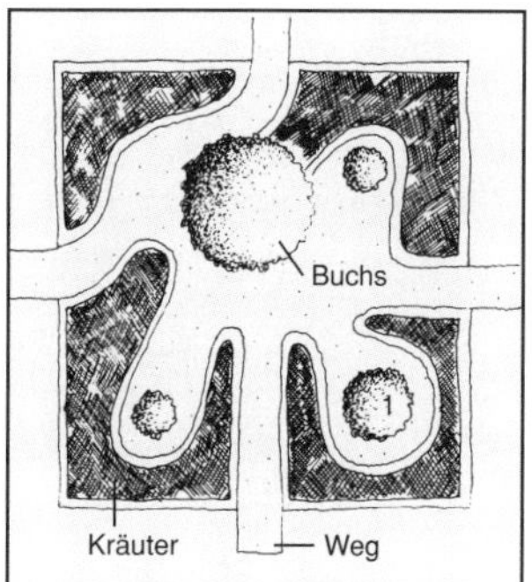

1 = Rosen/Hochstamm

6 Freie Gartenform

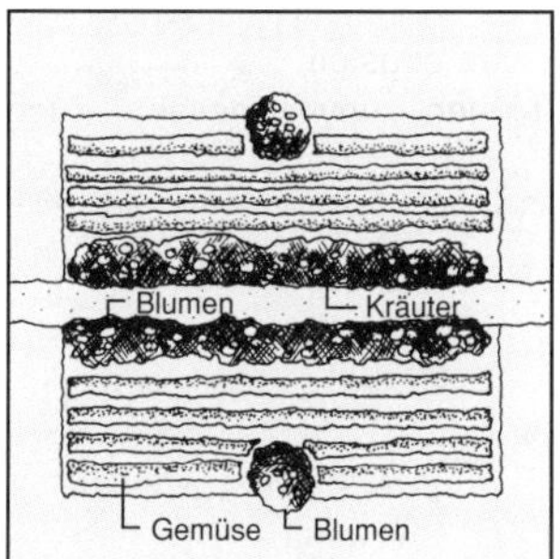

2 Schlichte Form für große Grundstücke (Maschinenarbeit)

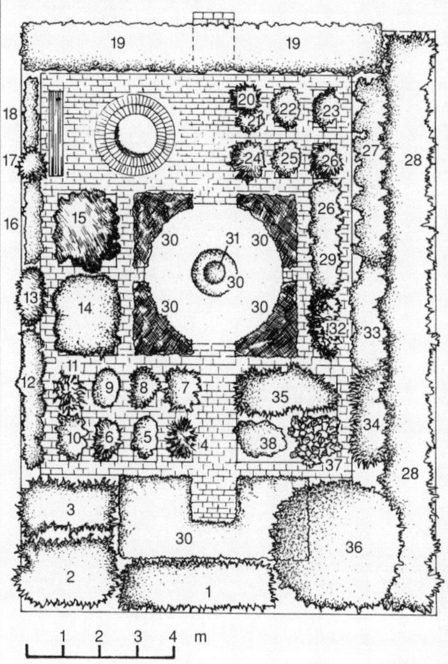

1 *Rosa* ‚Hamburger Phoenix'
2 *Rosa moyesii*
3 *Hosta sieboldiana*
4 Majoran
5 Minze
6 Zitronenmelisse
7 Meerrettich
8 Salbei
9 Bohnenkraut
10 Petersilie
11 Schnittlauch
12 Stachelbeeren
13 *Rubus henryi*
14 *Paeonia officinalis*
15 Dill
16 Erdbeeren
17 *Prunus* ‚Amanogawa'
18 Pimpinelle
19 *Chamaecyparis obtusa* ‚Nana gracilis'
20 *Ilex aquifolium*
21 Estragon
22 Ysop
23 Rosmarin
24 Thymian
25 Wermut
26 *Lilium regale*
27 Rhabarber
28 *Petasites japonicus giganteus*
29 *Lavandula angustifolia*
30 *Buxus sempervirens*
31 *Rosa* ‚Peace'
32 *Ruta graveolens*
33 Liebstöckel
34 Sauerampfer
35 Waldmeister
36 Fenchel
37 Strauchheidelbeere
38 *Juniperus squamata* ‚Meyeri'

7 Vielzahl von Kräutern wächst in Gruppen um das eingefaßte Mittelstück

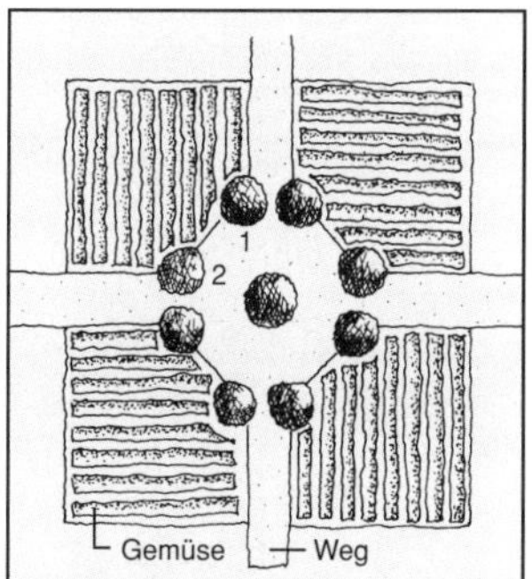

1 = Stachelbeeren
2 = Johannisbeeren Hochstämme

3 Rondell

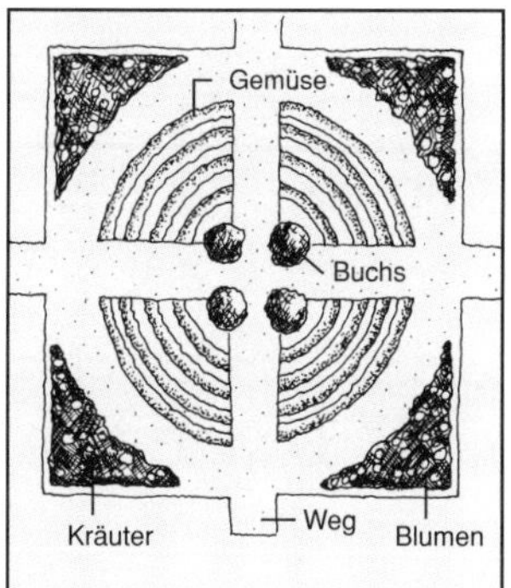

4 Aufwendiges Rondell

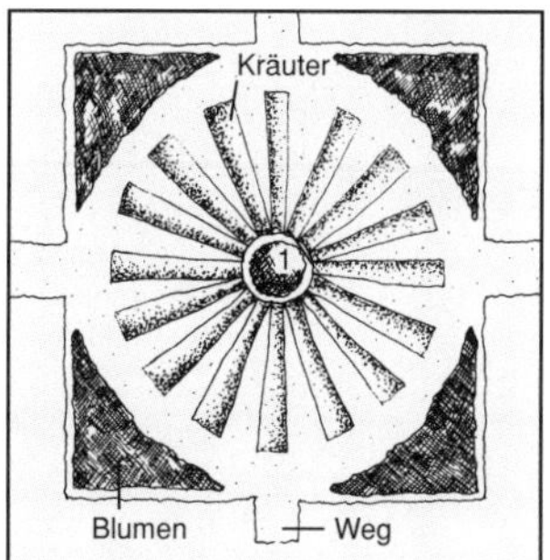

1 = Lorbeerbaum

8 Gartenform-Rad

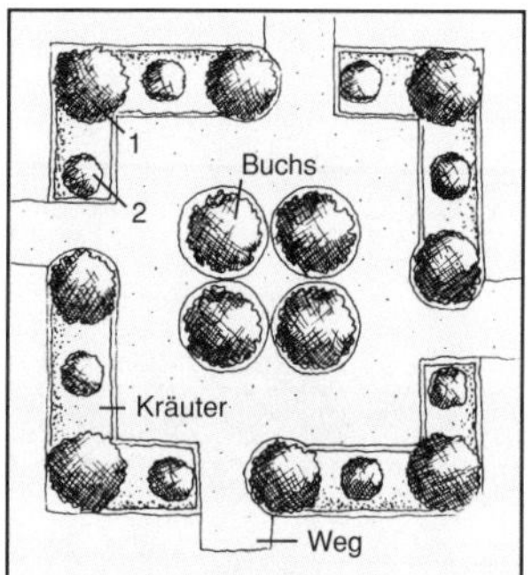

1 = Hochstamm/Johannis- u. Stachelbeeren
2 = Rosen

9 Quadratische Form

	C	c	F	T	B	O	S
Angelika/Engelwurz		■	■	■		■	■
Anis		■	■	■	■		
Anisysop			■		■		■
Basilikum	■		■			■	
Lorbeer	■		■			■	■
Monarde			■	■	■	■	
Borretsch		■			■		
Kümmel		■					
Katzenminze			■	■	■	■	■
Echte Kamille			■	■			
Edle Kamille			■	■			
Kerbel		■				■	
Schnittlauch	■					■	■
Muskatellersalbei		■	■				
Beinwell		■				■	■
Koriander		■					
Balsamkraut		■	■				
Baumwoll-Lavendel			■			■	
Kreuzkümmel		■	■				
Strohblume		■	■				
Dill	■						
Echter Alant		■				■	■
Fenchel	■					■	
Bockshornklee		■	■				
Brennkraut			■			■	
Wurzelpetersilie		■					
Gemeiner Andorn			■	■	■		■
Meerrettich		■					■
Ysop		■	■			■	■
Frauenmantel		■				■	■
Lavendel			■		■	■	
Melisse		■	■	■			
Echtes Verbenenk.		■	■			■	
Liebstöckel		■					■
Ringelblume		■				■	
Süßer Majoran	■						
Topfmajoran	■						
Oregano	■						
Rundblättrige Minze	■		■				■
Pfefferminze	■		■				■
Grüne Minze	■		■	■			■
Beifuß		■				■	
Petersilie	■						
Poleiminze			■			■	■
Portulak		■				■	
Rosmarin	■		■		■	■	
Weinraute		■	■			■	
Salbei	■	■				■	
Gartenbibernelle		■	■			■	
Sommerbohnenkr.		■				■	
Winterbohnenkraut		■				■	
Schildampfer		■					■
Eberraute		■				■	
Süßdolde		■	■		■	■	■
Estragon	■						
Rainfarn		■				■	■
Gemeiner Thymian	■		■			■	
Zitronenthymian	■		■			■	
Eisenkraut			■	■			■
Waid						■	■
Waldmeister		■	■				■
Wermut						■	

Zeichenerklärung
C überwiegend in der Küche zu verwenden
c in der Küche zu verwenden
F wohlduftend
T Zur Bereitung von Kräutertees
B lockt Bienen an
S duldet Halbschatten
O zur Dekoration

10 Kräutergartenplan

HOCH- UND HÜGELBEETE

Wichtig sind der richtige Aufbau und die Nord-Süd-Lage → [1]–[3]. Frühe Ernten sind im Hoch- und Hügelbeet zu erzielen. Das Hügelbeet ist ein ausgesprochener Wärmespender. Macht zwar einige Mühe bei der Neuanlage, läßt sich dafür aber mehrere Jahre nutzen. Man kann hier Rekorderträge erzielen und früher ernten. Gerade auf dem Hügel- oder Hochbeet hat sich Mischkultur besonders bewährt. Hochwachsende Tomaten kommen in die Mitte. Ein Hügelbeet hat in etwa die Ausmaße 1,50 m breit und 4 m lang. Anlage am besten im Herbst errichten, da die meisten Gartenabfälle zur Verfügung stehen. Bewässerung mit franz. Gartenschlauch → [3] oder Tröpfchenbewässerung. Variante zum Hügelbeet ist das Hochbeet, im Grunde genommen ein mit Brettern verschalter Komposthaufen → [8]. Anstelle von Holzbrettern kann man jedes andere Material, das nicht so schnell verrottet, verwenden, z.B. Rundhölzer, Kanthölzer, druckimprägniert oder Steinwände. Von der Sonnenwärme, die auf die Seitenwände trifft, profitieren die Pflanzen. Man braucht sich beim Säen, Pflanzen u. Ernten nicht mehr zu bücken, wenn die Beete 60–80 cm hoch sind → [8].

Hochbeete erhöhen den Ernteertrag, wenn sie schichtweise mit organischem Material gefüllt sind, von Baumstumpen über Äste, gehäckselte Zweige bis zu feiner Komposterde.

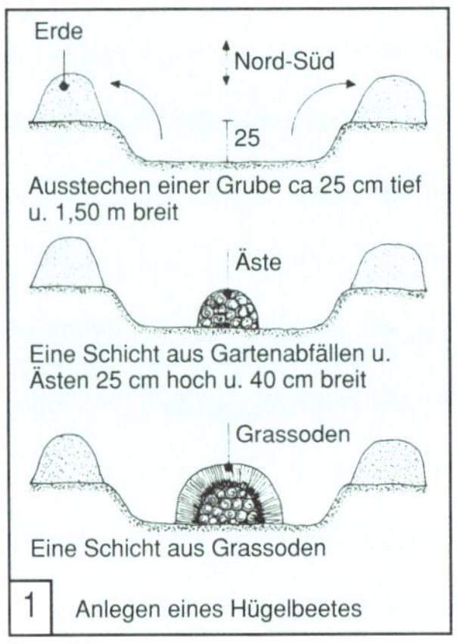

1 Anlegen eines Hügelbeetes

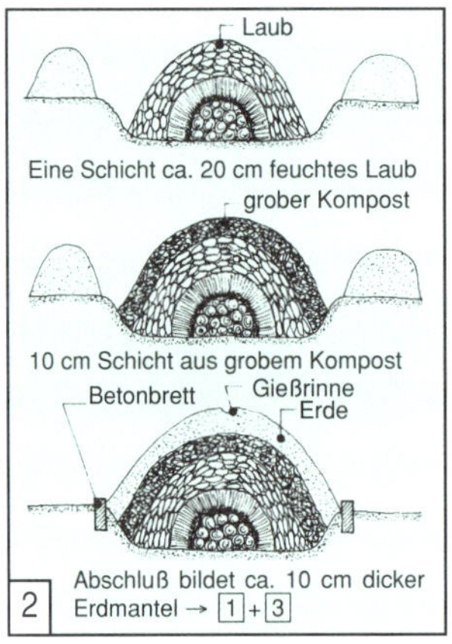

2 Abschluß bildet ca. 10 cm dicker Erdmantel → [1]+[3]

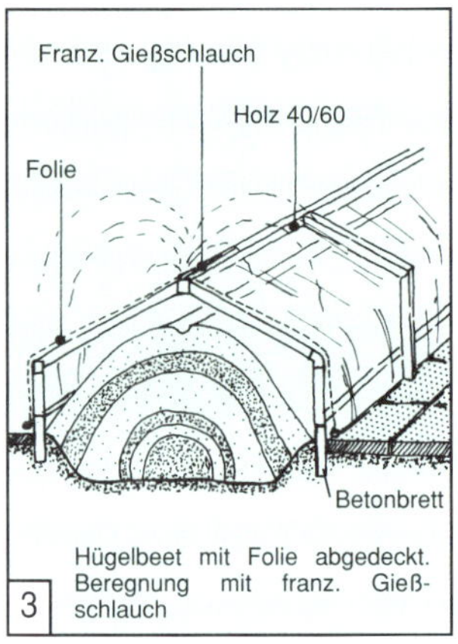

3 Hügelbeet mit Folie abgedeckt. Beregnung mit franz. Gießschlauch

4 Hochbeet an Südwand gebaut mit Scheiben abgedeckt wie kleines Gewächshaus

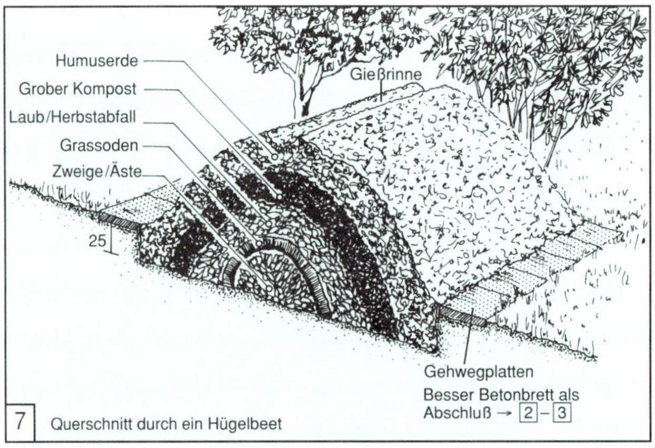

7 Querschnitt durch ein Hügelbeet

5 Hochbeet, um Höhenunterschiede auszugleichen ideal

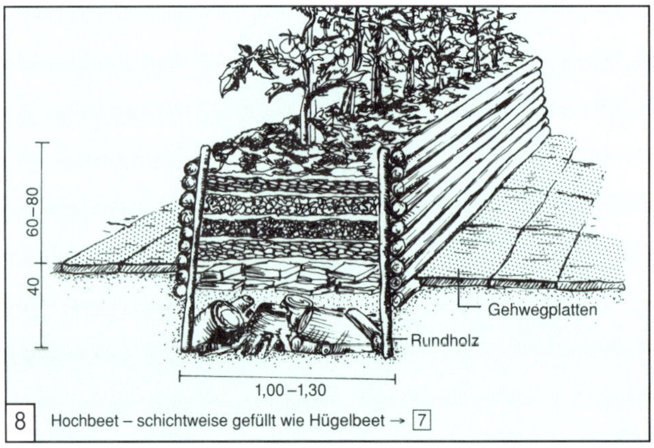

8 Hochbeet – schichtweise gefüllt wie Hügelbeet → [7]

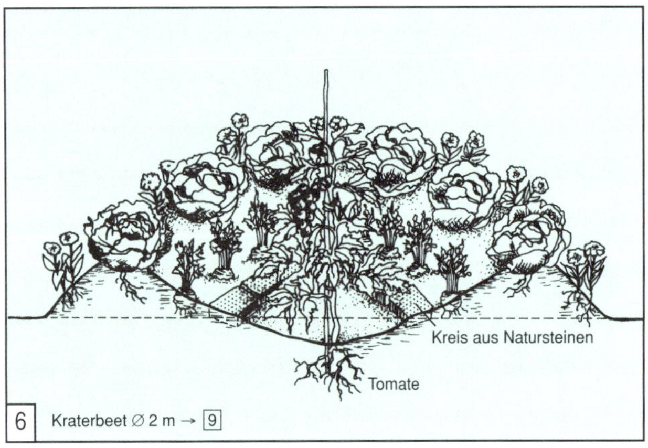

6 Kraterbeet ∅ 2 m → [9]

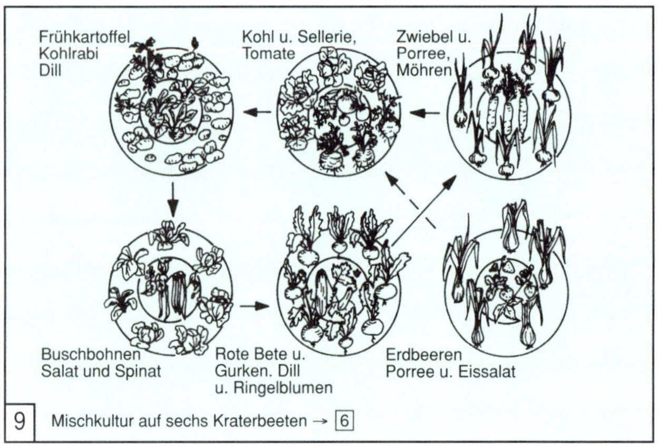

9 Mischkultur auf sechs Kraterbeeten → [6]

GARTEN

Folientunnel sind preiswert u. leicht zu handhaben. Bestehen meist aus Metallbügeln u. einer überspannten Kunststoffolie, die seitlich mit Brettern, Steinen oder Erde beschwert wird, um Halt zu bekommen. Mitwachsende Folien funktionieren noch einfacher. Oberfläche ist durchbrochen u. deshalb dehnbar. Folienbahnen auf bestelltes Beet legen. Sie wölbt sich mit den wachsenden Pflanzen hoch, vergrößert die Wärme u. ist luft- u. feuchtigkeitsdurchlässig → 1 – 6. Der warme Frühbeetkasten ist altbewährte Einrichtung. Lage so, daß Fenster immer nach Süden geöffnet → 7 – 8. Auf Wärmeregulierung u. rechtzeitiges Gießen achten. Unter Glas oder Folie können Temperaturen rasch ansteigen, wenn die Sonne scheint. Im Kleingewächshaus, Holländerhaus oder im selbstgebauten Gewächshaus sorgt das besondere Klima unterm Sonnendach für kräftiges Wachstum u. frühe Ernte → 9 – 12.

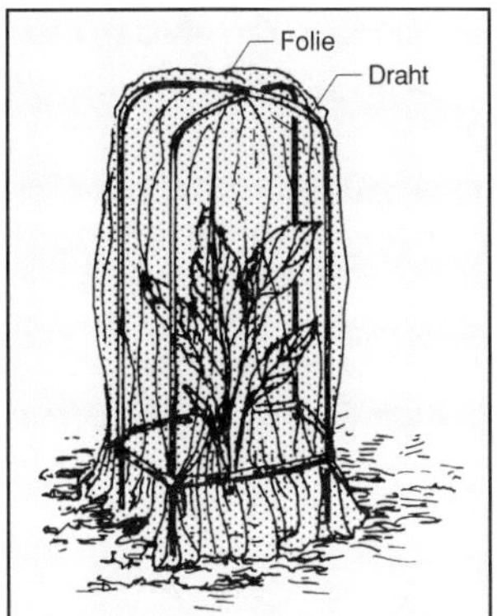

1 Haube aus Plastikfolie u. Drahtbügel

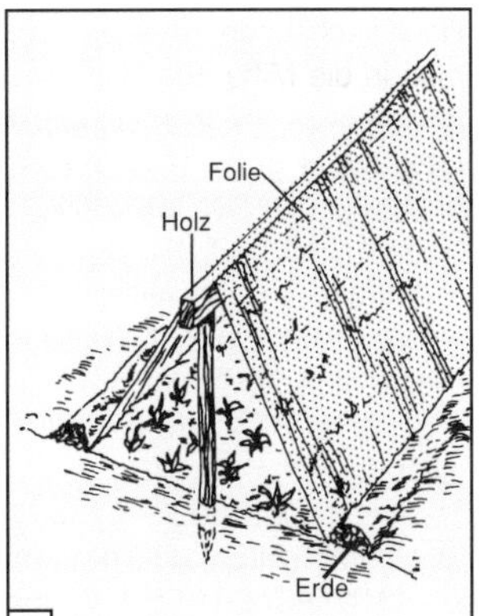

2 Zeltdach mit Folie u. Holz

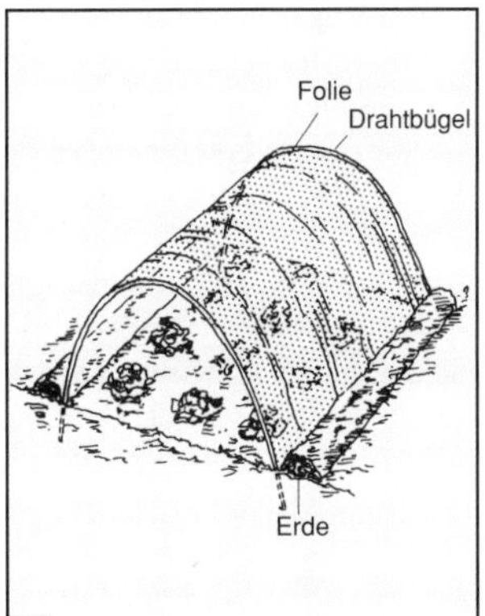

3 Folientunnel mit Drahtbügel

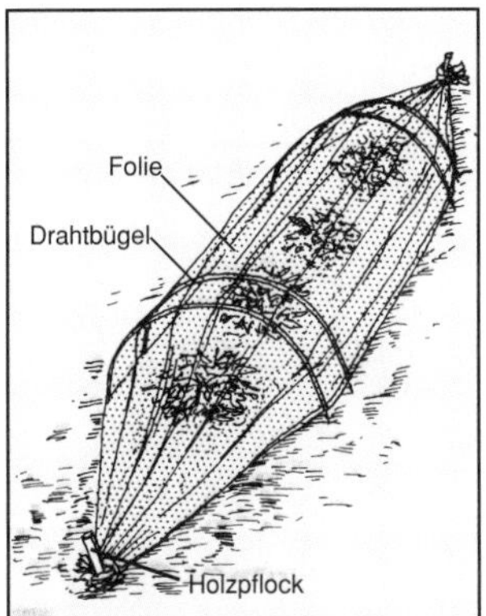

4 Folientunnel

5 Wellplexiglas mit Drahtbügel

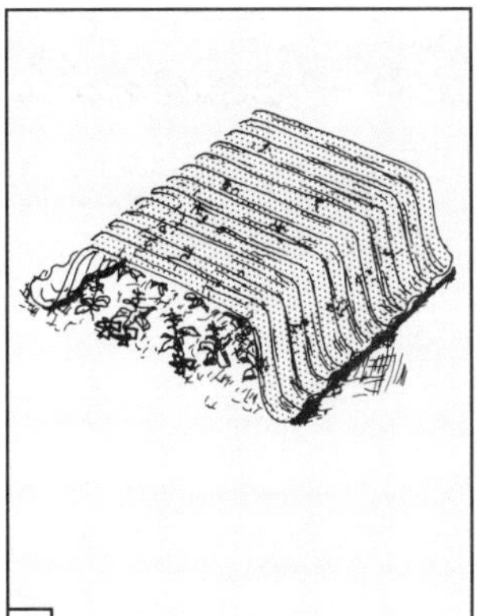
6 Plexiglashaube geformt

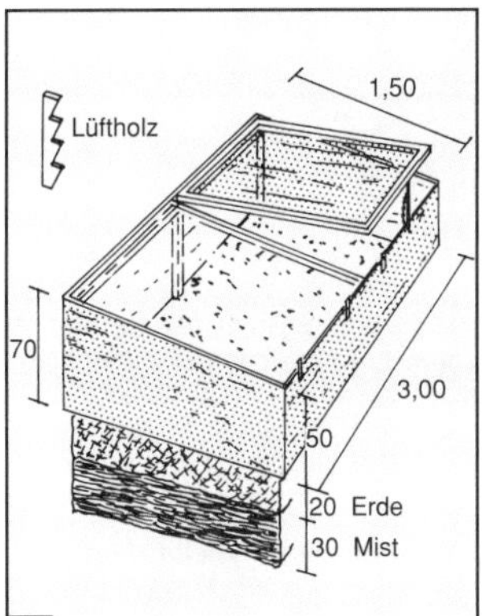

7 Selbstgebauter Frühbeetkasten

8 Solar-Hügelbeet mit Haube

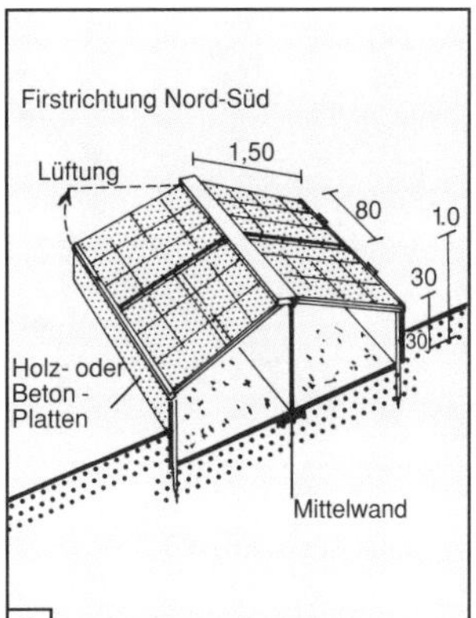

9 Kleines Gewächshaus

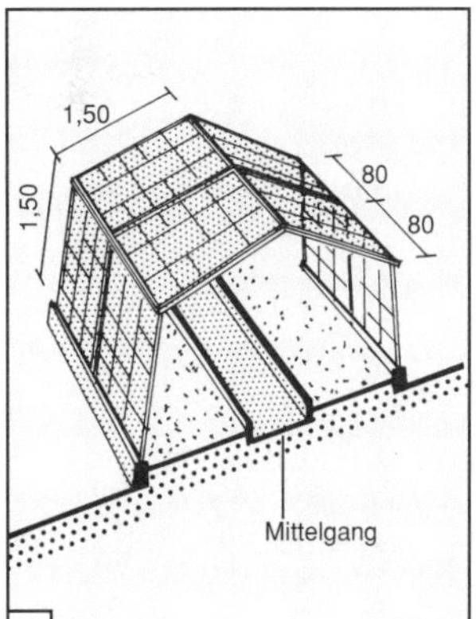

10 Holländerhaus

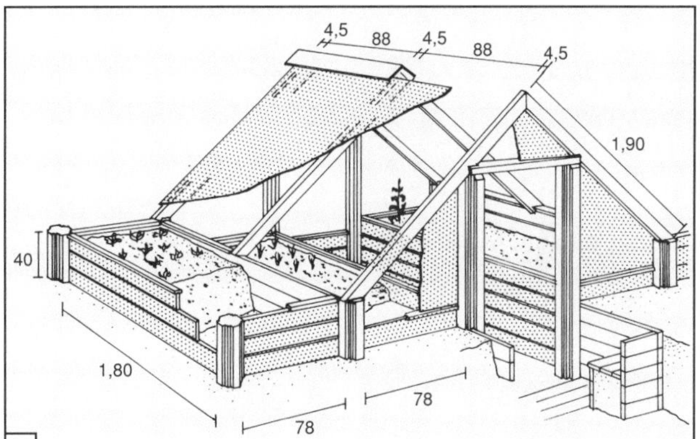

11

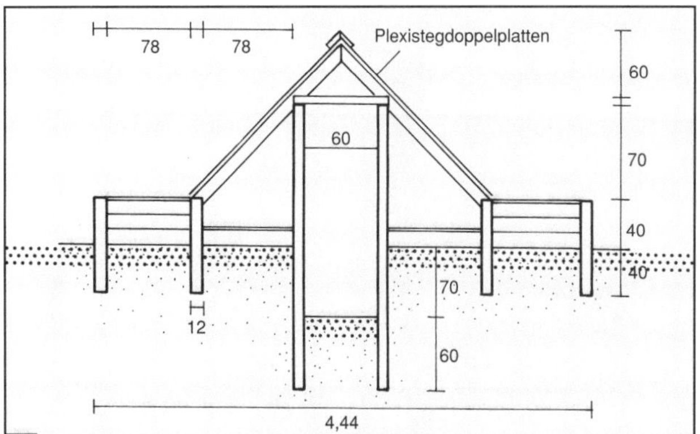

12 Kleingewächshaus Schnitt → 11 paßt in kleine Gärten

GLASHAUSBAU

SCHATTIERUNGSANLAGEN

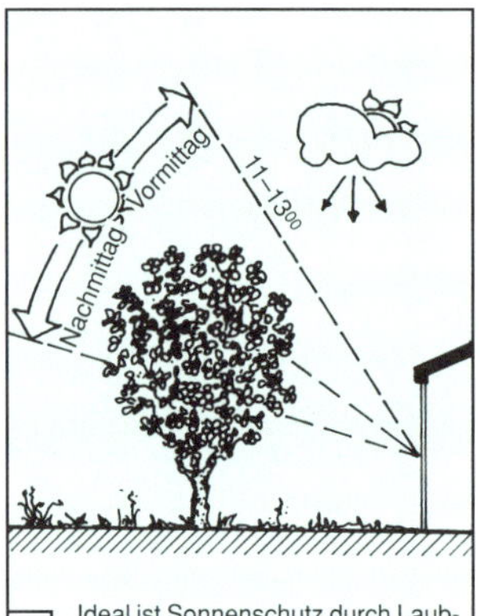

1 Ideal ist Sonnenschutz durch Laubbäume im Sommer ...

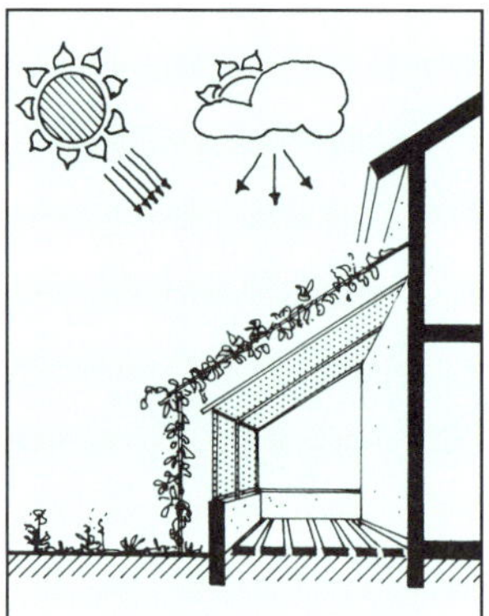

2 ... oder Anordnung von Spalieren für Kletterpflanzen ...

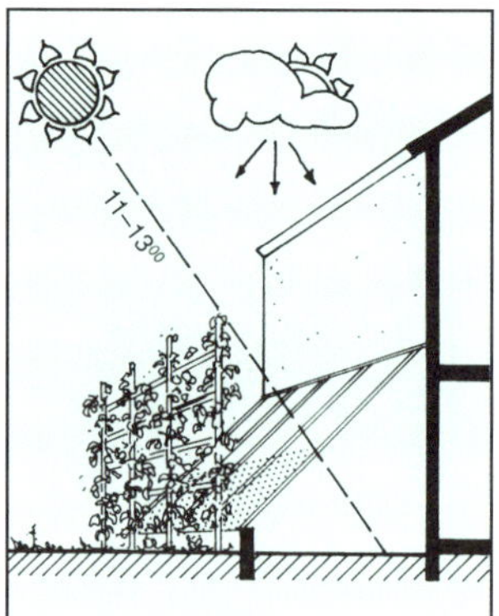

3 ... oder Pflanzgerüst

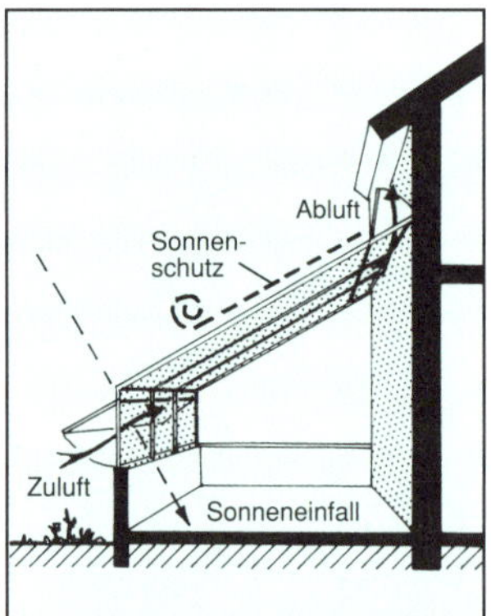

4 Sonnenschutz ohne Hinterlüftung, außenliegend

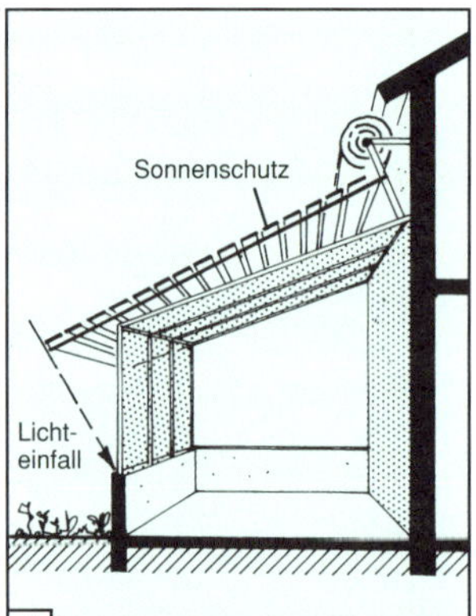

5 Übliche Gewächshauskonstruktion

Sonnen-schutz-Anlagen	Abminderungs-faktor (z) Din 4108	Verbleibender Gesamtenergiedurchlaßgrad bei: 1-Scheiben Verglasung (g=0.9)	2-Scheiben Verglasung (g=0.8)	3-Scheiben Verglasung (g=0.7)
A.) Innenliegend				
Folien, Gewebe	0,4 – 0,7	0,50	0,44	0,38
Jalousien	0,50	0,45	0,40	0,34
B.) Außenliegend				
Jalousien Lamellen hinterlüftet	0,25	0,23	0,20	0,18
Rolläden Fensterladen	0,30	0,27	0,24	0,21
Vordächer Seitenwände	0,30	0,27	0,24	0,21
Markisen oben u. seitlich belüftet	0,40	0,36	0,32	0,28
Sonstige Markisen	0,50	0,45	0,40	0,35

Aus der Tabelle geht hervor, daß bei Einfachverglasung der verbleibende Energiedurchlaß – je nach Sonnenschutz – zwischen 25 bis 45 % und bei Doppelverglasung nur bei 20 bis 40 % liegt und daß der außenliegende, hinterlüftete, geschlossene und reflektierende Sonnenschutz den größten Verschattungs- und Kühlungseffekt (20 bzw. 23 %) bringt.

Außenliegende Sonnenschutzvorrichtungen müssen UV-beständig, wetterfest und sturmsicher ausgebildet sein.

7 Wirkungsgrad von Sonnenschutzanlagen

Bei der Situierung des Glasvorbaus am Gebäude muß die mögliche Verschattung der Direktstrahlung berücksichtigt werden. Glasvorbau möglichst an Südseite des Gebäudes legen. Leichte Südost-Orientierung führt zur raschen Erwärmung am Morgen u. verringert die mögliche Überwärmung am Nachmittag. Kahles Astwerk von Laubgehölzen u. Bäumen läßt während des Winters die Sonnenstrahlung weitgehend passieren. Da aber während aller Jahreszeiten Strahlungsintensität u. -menge mit der Wetterlage schwanken, sollte man bei vorh. Baumbestand, bei Neuanpflanzung u. bei Anordnung von Spalieren für Kletterpflanzen darauf achten, daß zwischen Mai u. Oktober zwar Direktstrahlung, nicht aber Diffusstrahlung verhindert wird → 1 – 3. Sonnenschutz an Glasvorbauten so montieren, daß die Hinterlüfung nicht behindert wird → 6. Außenliegende Sonnenschutzvorrichtungen müssen UV-beständig, wetterfest u. sturmsicher sein. Beim Entwurf auf ausreichende Kopfhöhe achten → 9. Überkopfverglasung darf nur bruchsicher ausgeführt werden. Neigungswinkel der Dachflächen nicht weniger als 20°, am besten 25°–30°, damit Regenwasser abfließt, Schnee abrutscht u. Kondenswasser nicht abtropft, sondern abläuft. Aufenthaltsräume müssen laut Bauordnung mindestens ein direkt ins Freie führendes Fenster haben, das zur Belüftung geöffnet werden kann. → 10

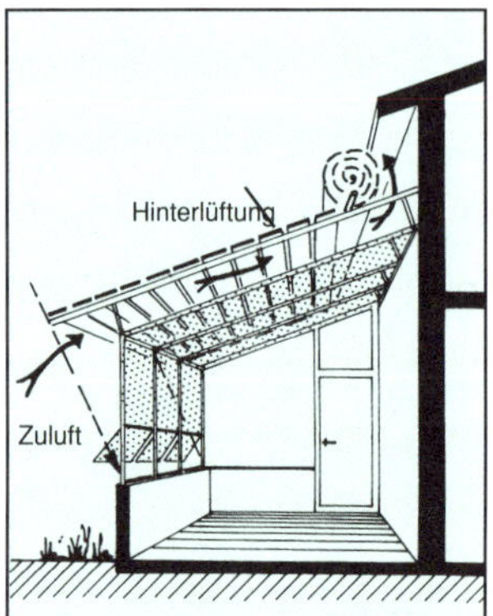

6 Sonnenschutz außenliegend mit voller Hinterlüftung

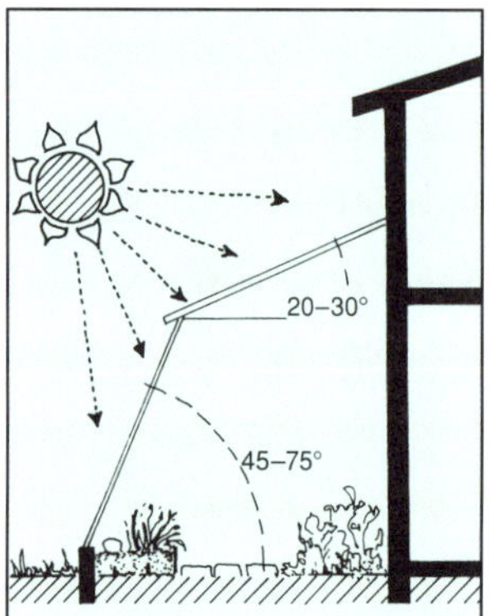

8 Optimaler Neigungswinkel von Glasflächen

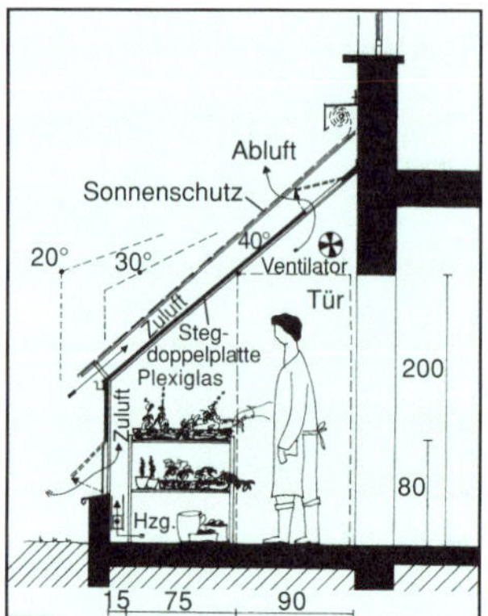

9 Anlehngewächshaus

Ein direkt ins Freie führende Fenster ist auch zur Belichtung nötig, wenn die Wand zwischen Glasvorbau weitgehend geschlossen ausgeführt wird.

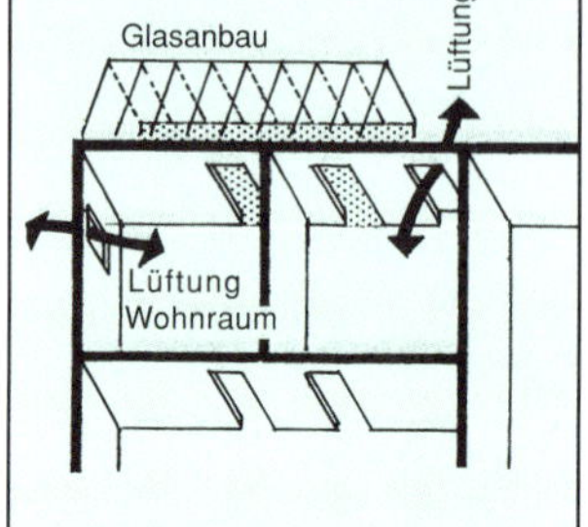

10 Unabhängige Belüftung von Wohnräumen

GEWÄCHSHAUS

GLASANBAUTEN

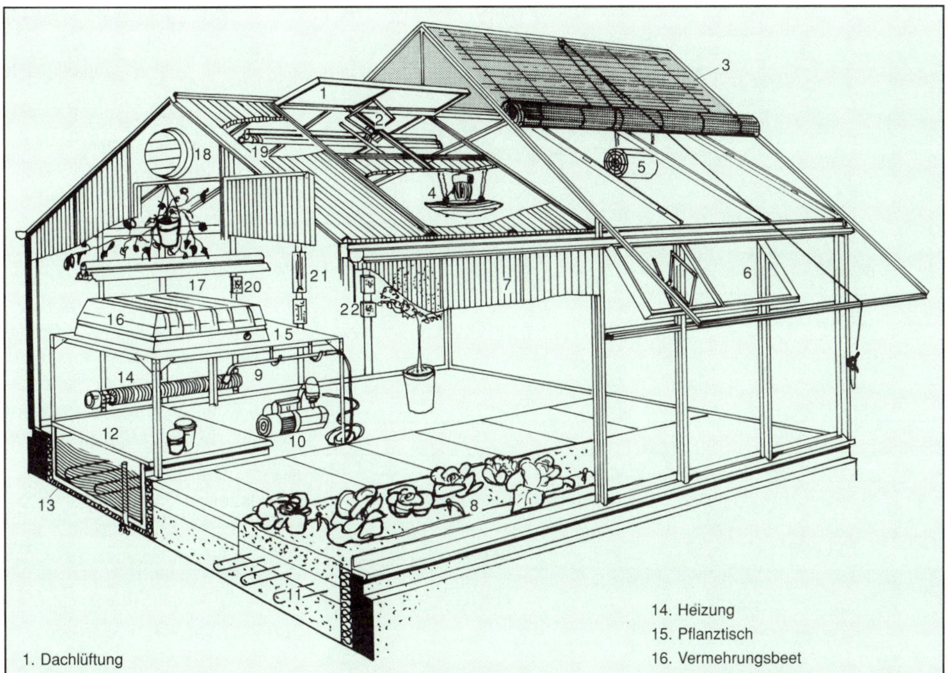

1. Dachlüftung
2 Autom. stromlose Fensteröffner
3. Außenschattierung
4. Luftbefeuchter
5. Luftumwälzer
6. Seitenlüftungsfenster
7. Stegdoppelplatten Plexiglas
8. Tröpfchenbewässerung
9. Gießgerät
10. Wasserpumpe
11. Bodenheizkabel
12. Gießwasserbecken
13. Isolierung
14. Heizung
15. Pflanztisch
16. Vermehrungsbeet
17. Wachstumsleuchte
18. Autom. Zwangsentlüftung
19. Gewächshausleuchte
20. Feuchteregler
21. Luftfeuchtemesser
22. Raumtemperaturregler

1 Gewächshaus mit praxisgerechter Einrichtung und Klimatisierung

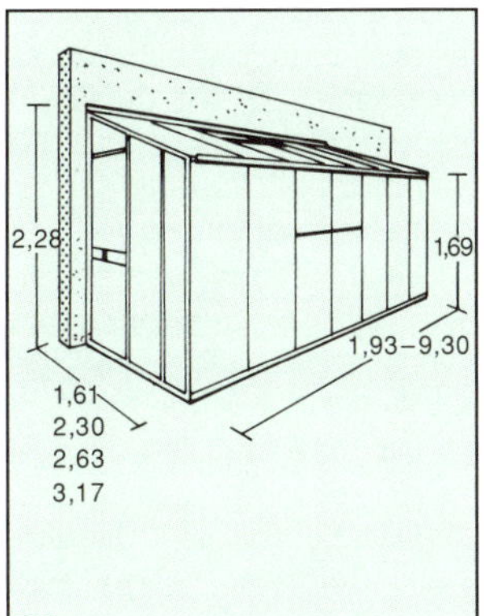

2 Anlehngewächshaus

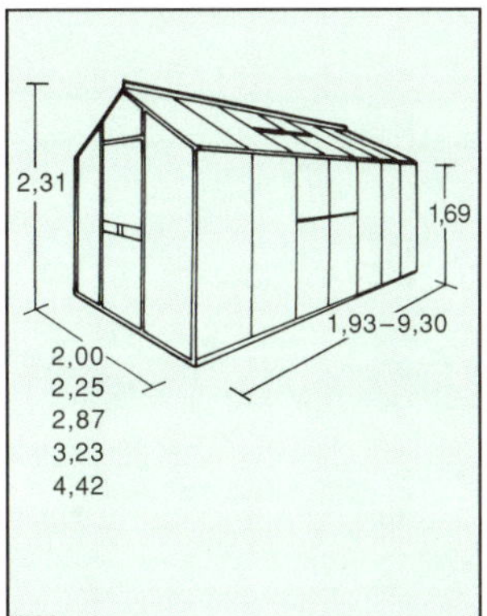

3 Gewächshaus

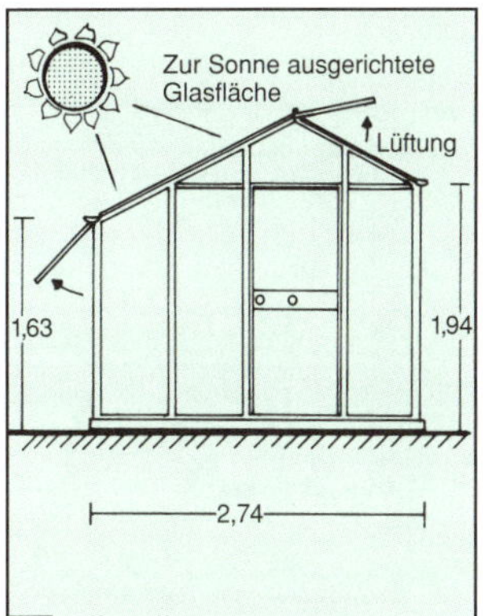

4 Solar-Gewächshaus

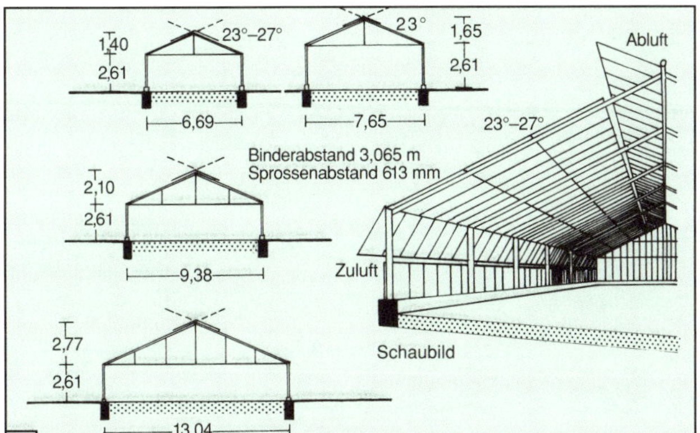

5 Gewächshäuser 23°–27° Dachneigung

6 Fenster als Mini-Glasvorbau

Die Lüftung des Glasanbaus sollte so bemessen sein, daß bei geöffneter Lüftung annähernd Außentemperatur erreicht wird. Dazu ist es erforderlich, daß ca. 20 % der Dachfläche als Lüftungsband oder Einzelklappen zum Lüften zur Verfügung stehen. Für ausreichende Zuluft muß gesorgt werden.

Sonnenschutz kann bei unzureichender Bepflanzung bzw. Begrünung von außen notwendig werden, um ein erträgliches Klima bei hoher Sonneneinstrahlung herzustellen.

Sonnenschutz kann innen und außen angebracht werden. Preiswerte Lösung ist innenliegender Sonnenschutz. Als Sonnenschutz ist die Wirkung außen größer, wenn der Abstand zwischen Sonnenschutz und Glasfläche ausreichend bemessen wird. → 1

Bei Gewächshäusern möglichst Standort in Längsachse West-Ost-Richtung wählen. Niedrige Garagenwände, Mauern oder Gartenhäuser können für ein Anlehngewächshaus genutzt werden. → 2

Umweltbewußt und energiesparend ist Verglasung mit UV-durchlässigen Stegdoppelplatten-Isolierverglasung aus 16 mm starken Plexiglasplatten. Für sonnenlose Wintertage ist Gewächshausheizung aus Edelstahl mit genauer Temperaturregelung und energiesparender Nachtabsenkung empfehlenswert.

GEWÄCHSHAUS

GLASANBAUTEN

Der Anbau eines Wintergartens oder Gewächshauses führt zu einer Minderung der Wärmeverluste eines Gebäudes. Ein nach Norden gerichteter Wintergarten ist dabei ebenso wie ein nach Süden orientierter Glasanbau in der Lage, einen Teil der Energiekosten für die dahinterliegenden Räume einzusparen. → 1

In Deutschland beträgt die durchschnittliche Sonnenscheindauer je nach Standort 1 300 bis 2 000 Stunden im Jahr. → 2

Die von der Sonne eintreffende Energie beträgt dabei ca. 800 bis 1 200 kWh/m². Sonneneinstrahlung besteht aus direkter und diffuser Strahlung. Man nennt sie Globalstrahlung. Wirkung der direkten Strahlung ist abhängig vom Sonnenstand, der je nach Jahreszeit differiert. → 3

Orientierung nach Süden ist üblich und erlaubt auch im Winter die volle Ausnutzung der Sonneneinstrahlung. Geht es einem Nutzer vor allem um die Pflanzenzucht, so ist Ostorientierung des Gewächshauses vorzuziehen. Es ist darauf zu achten, daß der Glasanbau durch andere Gebäude nur gering verschattet wird. → 8–9

An einem wolkenlosen Wintertag ist die Verteilung der Sonneneinstrahlung, über den Tag gemittelt, z. B. wie → 5

Es gibt vielfältige Gestaltungsmöglichkeiten für Glasanbauten, vorgebaut, integriert, als verglaste Terrasse, Loggia oder Balkon, oder als teilverglastes Dach. → 4

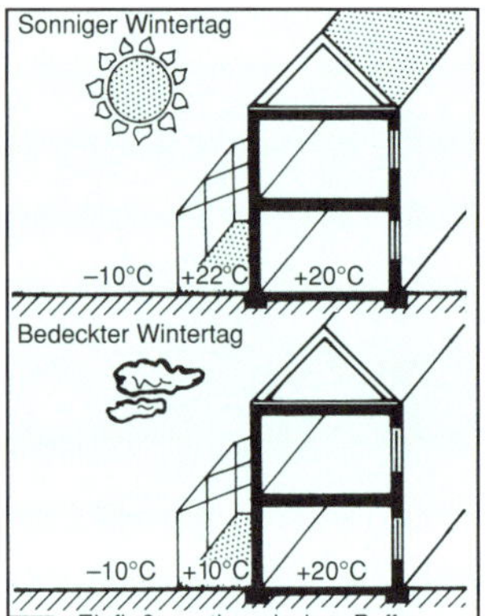

1 Einfluß von thermischen Pufferzonen im Winter

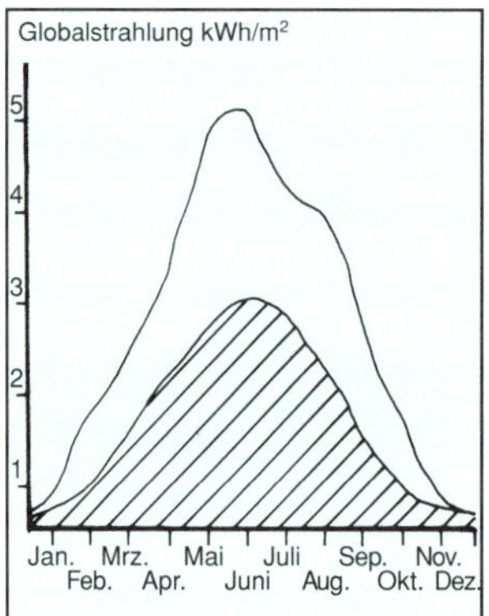

2 Mittlere Globalstrahlung pro Tag im Jahresverlauf

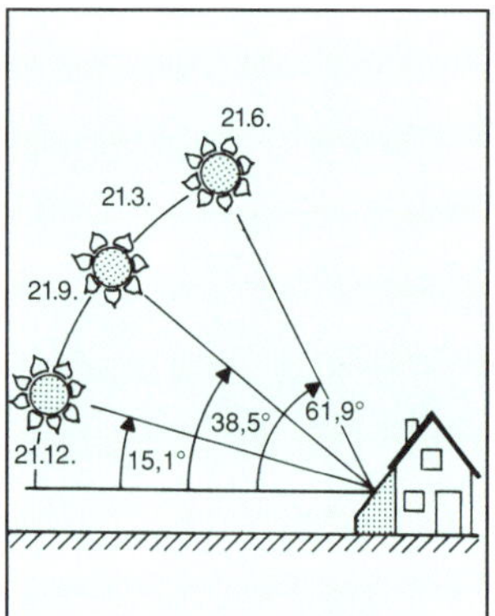

3 Veränderung des Einstrahlungswinkels im Jahresverlauf

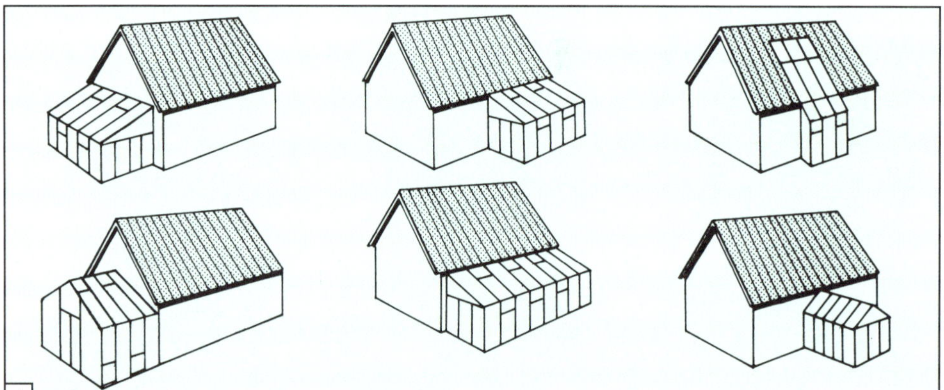

4 Gestaltungsmöglichkeiten

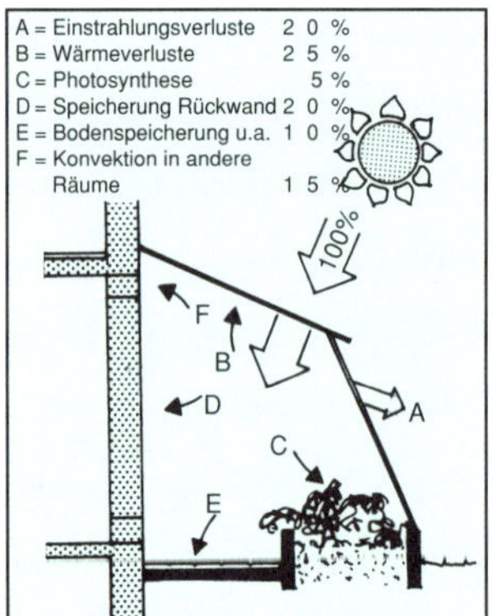

5 Verteilung der Einstrahlung im Glasanbau

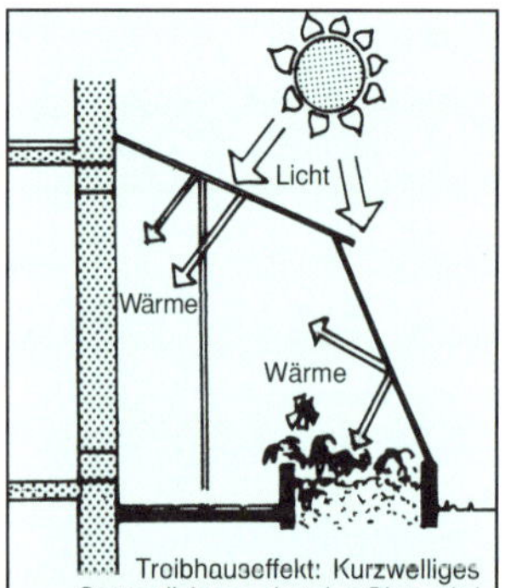

6 Treibhauseffekt: Kurzwelliges Sonnenlicht passiert das Glas, wird in langwellige Wärmestrahlung umgewandelt, für die das Glas undurchlässig ist

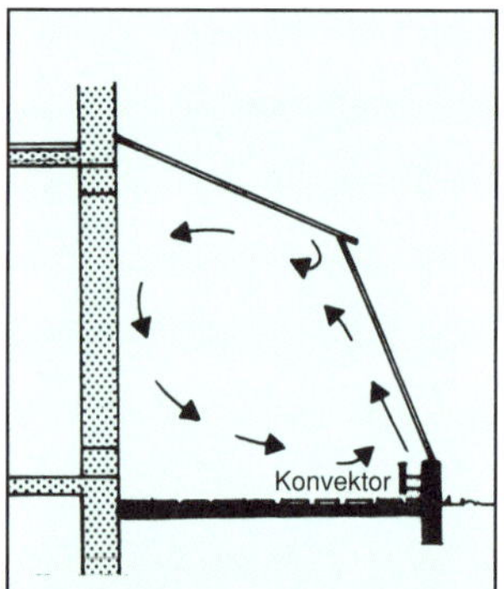

7 Konvektorenheizkörper geben Strahlungswärme ab und bewirken Luftumwälzung

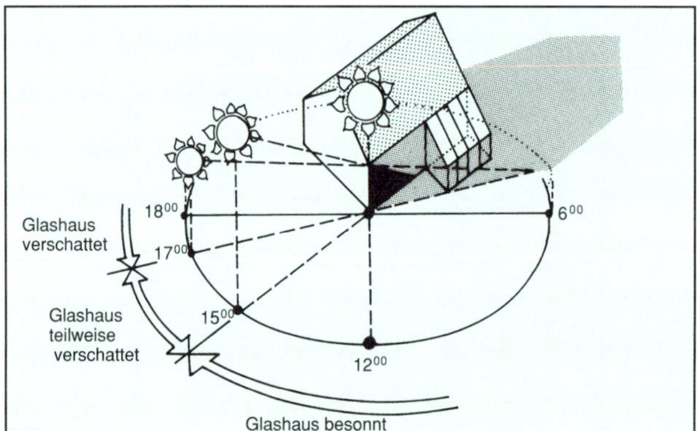

8 In dieser Position ist Glashaus nachmittags verschattet

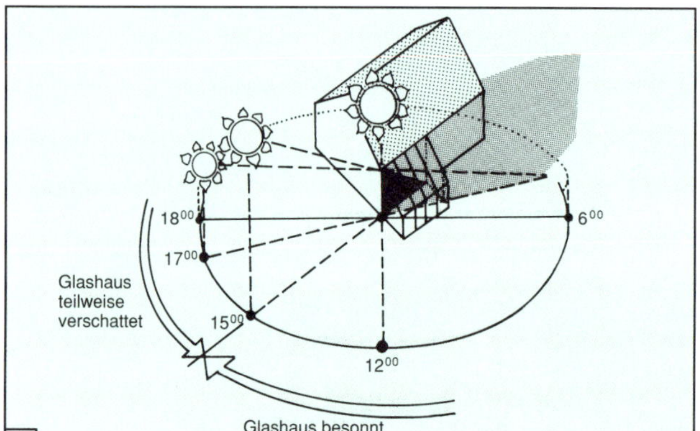

9 Die Anordnung an der Südecke des Hauses ist besser

GARTEN

MÖBEL UND GERÄTE

Gartenliebhaber betreiben Hobby mit Leidenschaft. Stellen höchste Anforderungen an sich u. ihr Gerät. Gießkannen, die leicht u. vorzüglich ausbalanciert am Griffpunkt in der Hand liegen → [3] u. ein langes Gießrohr haben. Gartengeräte → [1], aus Edelstahl. Sitzmöglichkeiten im Garten erweisen sich als gelungen, wenn aus Holz u. mit den Materialien des Gartens verschmelzend → [5] – [8].

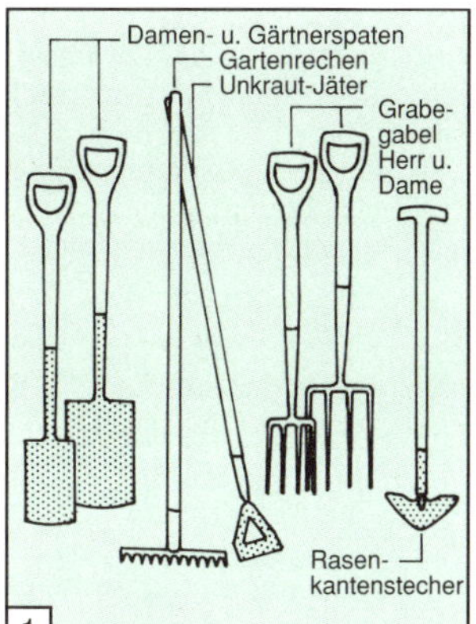

1 Gartengeräte

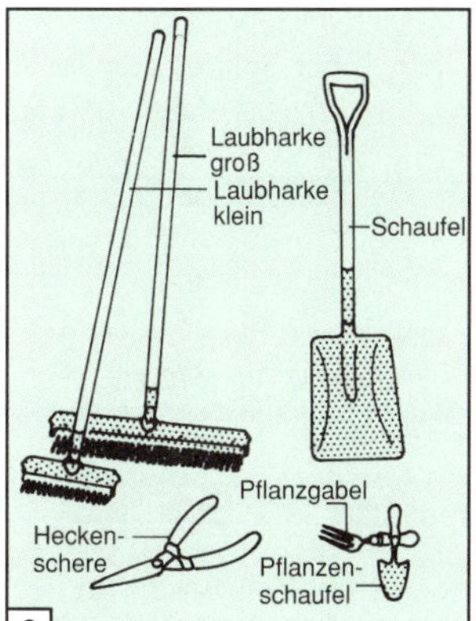

2 Gartengeräte

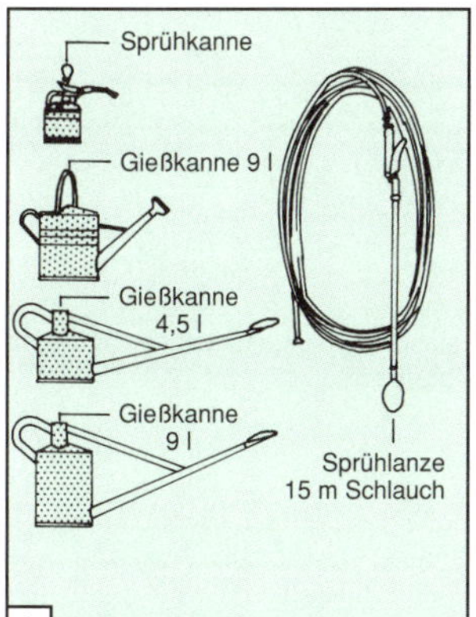

3 Bewässerung von Hand

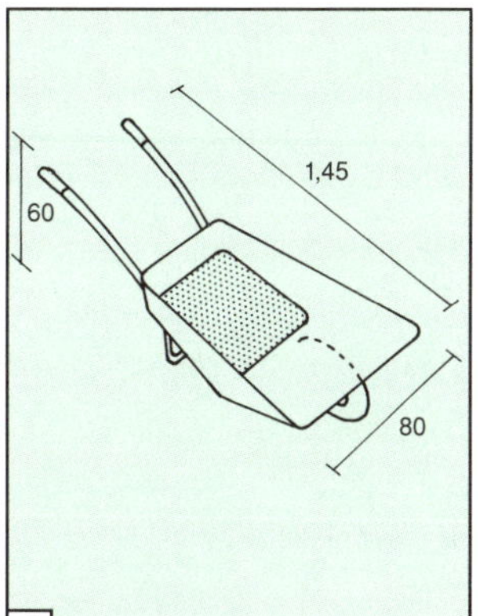

4 Schiebkarre gummibereift

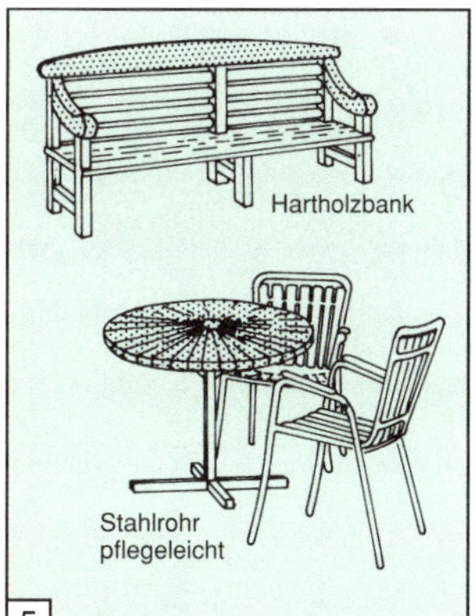

5 Gartenmöbel

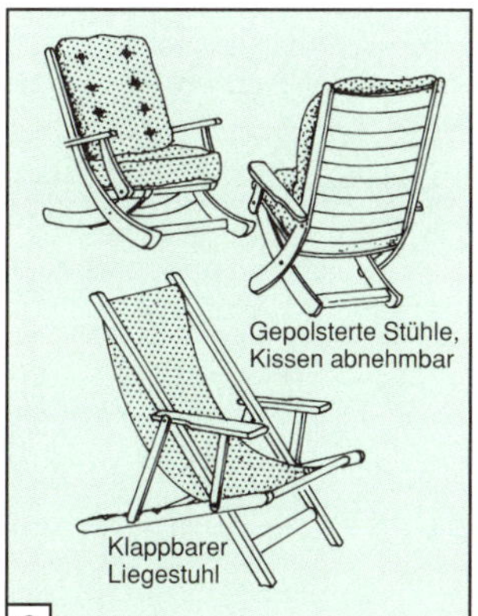

6 Sitzmöbel

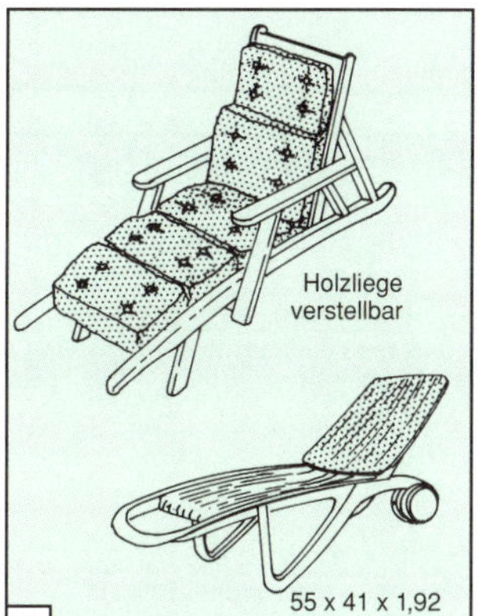

7 Sonnenliegen

8 Holztisch u. Stühle, die darunter passen. Platzsparend

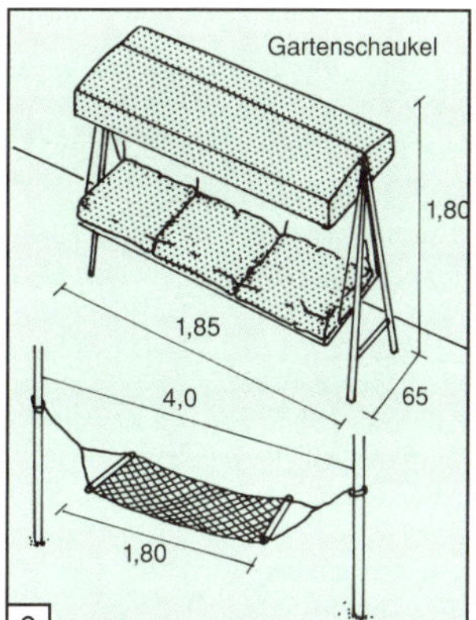

9 Hängematte

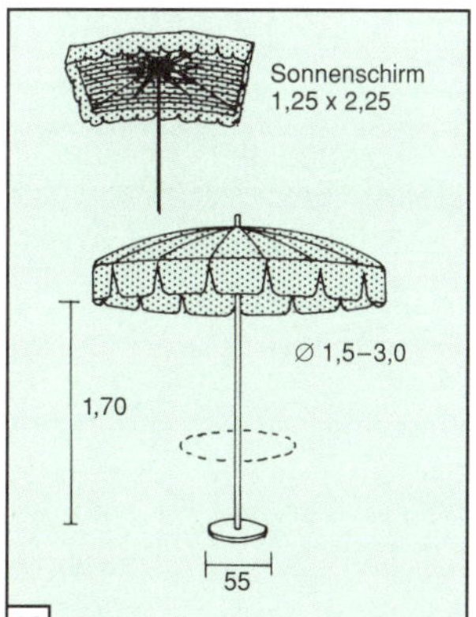

10 Sonnenschirme

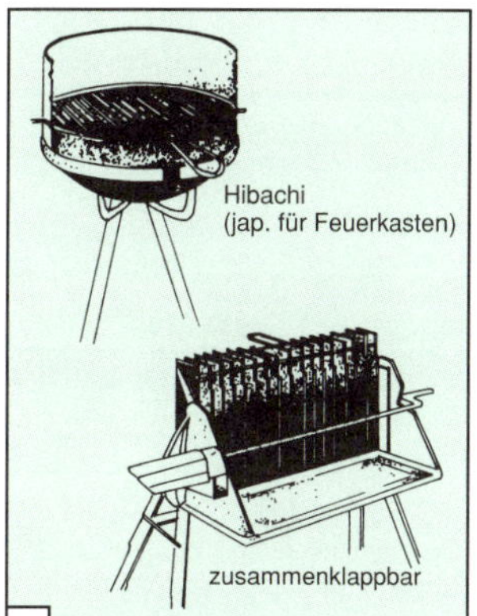

11 Grill tragbar

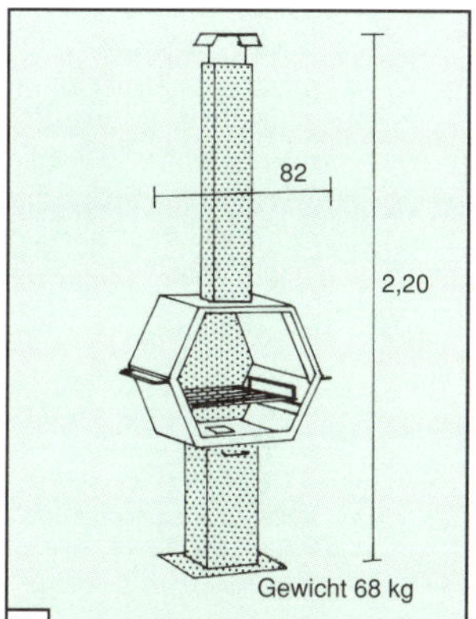

12 Grill-Kamin für den Garten

13 Leicht zu bedienende Hibachis

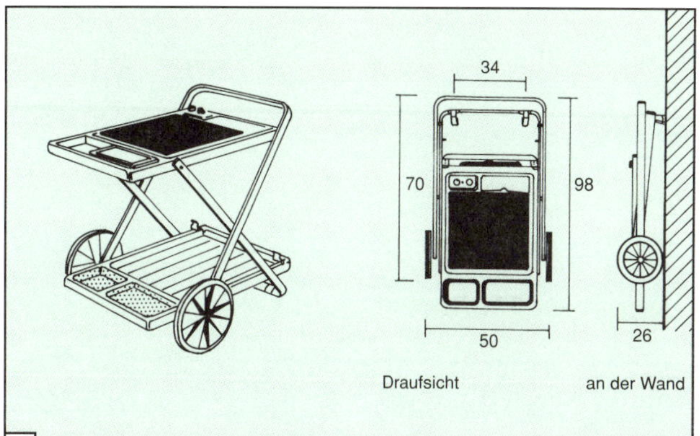

14 Grillwagen – Glaskeramikgrillfläche

WANN IST WAS ZU TUN?

GARTEN

	Ziergarten	Gemüsegarten	Obstgarten
Januar	Immergrüne Pflanzen auf Schneelast kontrollieren (Bruchgefahr). Rückschnitt und Auslichten der Ziersträucher (Sommer- und Herbstblüher erst Ende Februar/März).	Kulturplan mit Fruchtfolge für Gemüsebeete entwerfen, Angebote der Sämereien kritisch prüfen.	Obstbäume schneiden und Stämme kalken, um Frostschäden zu vermeiden.
Febr.	Winterschutz aus immergrünem Reisig kontrollieren, um Frostschäden zu vermeiden. Ende des Monats mit dem Düngen beginnen. Pflanzplan für Flächen mit Einjahresblumen entwerfen, Pflanzenbedarf ermitteln, Angebote kritisch prüfen. Falls im Herbst vergessen: Ende des Monats beginnt die Pflanzzeit für Vorfrühlingsblüher (Stiefmütterchen, Vergißmeinnicht, Primeln). Gartengeräte kontrollieren.	Beete an frostfreien Sonnentagen mit Grabegabel oder Sauzahn lockern.	Ende des Monats Obstbäume und Beerensträucher düngen (Neupflanzungen planen).
März	Einjahresblumen im Haus anziehen, ab Ende März bei vielen Arten (Angaben auf Verpackung) auch direkt im Freiland. Winterschutz von frühblühenden Stauden entfernen, hochgefrorene Pflanzen andrücken. Ende des Monats gesamten Winterschutz entfernen. Rasen durcharbeiten, lüften und düngen.	Ende des Monats direkte Aussaat ins Freiland (Termine auf den Samentüten beachten). Beginn der Vorkulturen im Haus.	Obstgehölze pflanzen; Beerensträucher schneiden.
April	Stauden, Sträucher und Gehölze pflanzen. Nistkästen kontrollieren	Erste Folgesaaten nach Kulturplan.	Auf Schädlingsbefall achten, Gegenmaßnahmen falls notwendig (nur bienenungefährliche Mittel verwenden).
Mai	Vorkultivierte Einjahres- und Balkonpflanzen erst nach den Eisheiligen (11. bis 15. Mai) pflanzen. Wasserbecken bepflanzen. Knollen (Dahlien, Gladiolen) auslegen. Komposthaufen anlegen.	Nach den Eisheiligen vorkultivierte Gemüsesorten auspflanzen.	Blüten der Obstbäume auf Schädlinge kontrollieren, falls notwendig, bienenunschädliche Bekämpfungsmittel. Im ganzen Garten das Gießen nicht vergessen.
Juni	Erste Aussaat der Zweijahresblumen. Verblühte Zwiebeln, Stauden und Rosen zurückschneiden, um die Blühfreudigkeit zu fördern. Zweite Rasendüngung.	Herbst- und Wintergemüse nach Kulturplan aussäen.	Zweite Düngung der Obstbäume und Beerensträucher, um den Fruchtertrag zu fördern.
Juli	Stauden zurückschneiden, teilen und vermehren. Pflanzzeit für Schwertlilien.	Ernten und Trocknen der Gewürzkräuter. Ende des Monats können die ersten Erdbeeren gepflanzt werden (spezieller Tip: für die frühe Vier-Wochen-Ernte die Sorte Elvira, für die Haupternte: Tenira, für die späte Ernte: Bogota).	Sauerkirschen nach der Ernte zurückschneiden. Beerensträucher nach der Ernte auslichten und zurückschneiden. Wintervorräte einfrieren und einmachen.
Aug.	Pfingstrosen, Herbstkrokusse, Herbstzeitlose pflanzen. Blütenstände von Trockenblumen schneiden und trocknen. Planung und Auswahl aller Herbstpflanzungen.	Freiland-Wintergemüse säen. Ernte- und Einmachzeit.	Fruchtbehang kontrollieren.
Sept.	Zweijahresblumen auspflanzen. Frühjahrsblühende Blumenzwiebeln pflanzen und regelmäßig gießen. Vorfrühlingsblüher pflanzen.	Letzter Aussaattermin für Wintergemüse Vorbereitung der Wintervitamine, zum Beispiel Schnittlauch und Petersilie, Pflanzen mit Erdballen ausgraben, eine Woche lang in kühler, trockener Ecke lagern, bis der Ballen durchgetrocknet ist. In Töpfe mit kompostgedüngter Erde pflanzen. Sie wachsen kräftiger und schneller, wenn man sie am Vorabend einige Minuten in warmes Wasser legt.	Haupternte im Obstgarten. Einmachen, einlagern. Nach der Ernte auslichten.
Okt.	Rosen und Lilien pflanzen. Gießen nicht vergessen. Wasserbecken winterfest machen.	Wetterbericht hören: Nicht abgeerntete Herbstgemüse vor dem ersten Frost schützen oder einlagern.	Obstgehölze und Beerensträucher pflanzen. Knollen herausnehmen und einlagern. Balkon- und Kübelpflanzen bis zu den Eisheiligen in hellen, kühlen (+ 5 °C), frostfreien Raum stellen.
Nov.	Letzter Rasenschnitt, Winterschutz anbringen, immergrüne Pflanzen regelmäßig gießen.	Wintergemüse pflegen, Gartengeräte kontrollieren. Wassergefäße entleeren.	Letzte Düngung nach dem Laubabfall, Laub auf den Kompost.
Dez.	Nach dem ersten Frost Barbarazweige schneiden Frostschutz kontrollieren.		Kontrolle auf Winterschädlinge.

1 Welche Arbeiten müssen im Zier-, Gemüse- und Obstgarten erledigt werden.

Düngen

Kultur	Dünger	Jan.	Febr.	März	April	Mai	Juni	Juli	August	Sept.	Okt.	Nov.	Dez
Rosen	Spez. Rosendünger			50 – 80 g/m² nach dem Abhäufeln			50 – 80 g/m² nach dem 1. Flor				50 – 80 g/m² zur Pflanzung		
Nadelgehölze	Spez. Tannendünger		80 – 160 g/m² je nach Pflanzengröße					80 – 160 g/m²			80 – 200 g/m² zur Pflanzung		
Rhododendron u. Moorbeetpflanzen	Rhododendrondünger			100 – 150 g/m²			100 – 150 g/m² nach dem Abblühen						
Freilandblumen	Spez. Blumendünger				100 – 150 g/m² bei Bodenvorbereitung								
Sträucher u. Hecken	Spez. für Sträucher		80 – 120 g/m²										
Laubbäume	Baumfutter					1 kg je 2 cm Stammdurchmesser in Fütterungslöcher einbringen							
Gehölzpflanzung	Arbostrat			1 Liter Lösung je m²						1 Liter Lösung je m²			
Balkonpflanzen	Spez. Geraniendünger				70 g je lfdm Balkonkasten								
Zimmerpflanzen	Blumendünger flüssig	Alle 2 Wochen			1 mal wöchentlich						alle 2 Wochen		
Erdbeeren	Spez. Beerendünger			20 – 40 g/m²				80 – 100 g/m² nach Ernte/nach Pflanzung					
Kern- u. Steinobst	Spez. Dünger		60 – 80 g/m²						40 – 60 g/m²				
Schwachzehrendes Gemüse	Spez. Dünger			70 g/m² vor Aussaat/Pflanzung									
Starkzehrendes Gemüse	Spez. Dünger			90 g/m² vor Aussaat/Pflanzung			30 g/m² zwischen Reihen						
Mittelstarkzehrendes Gemüse	Spez. Dünger			70 g/m² vor Aussaat/Pflanzung			90 g/m² zwischen Reihen						
Gemüse unter Glas	Spez. Dünger		80 – 120 g/m² vor Aussaat/Pflanzung				80 – 100 g/m² zwischen Reihen						
Kompost	Schnell-Kompost		1 kg für 1 m³ Kompost										
Bodenverbesserung	Rinderdung			100 – 250 g/m²									
Bodenverbesserung	Magnesiumkalk		50 – 150 g/m² auch im Pflanzenbestand anwendbar										

Pflanzenschnitt

Gehölzart	Jan.	Febr.	März	April	Mai	Juni	Juli	August	Sept.	Okt.	Nov.	Dez.
Frühjahrsblüher, z. B. Forsythie, Ginster, Zier-Johannisbeere				Sofort nach der Blüte								
Spät-Frühjahrsblüher wie z. B. Weigelie, Feuerdorn, Falscher Jasmin												
Spät-Sommerblüher z. B. Sommerflieder, Bartblume, Lespedeza	Starker Rückschnitt											
Rosen												
Laubabwerfende Gehölze	Nicht unter - 5° Celsius									Am besten direkt nach Laubabfall		
Hecken						Formschnitt unten breiter als oben			→ S. 98			
Apfel, Birne, Zwetsche, Pfirsich, Sauerkirsche	Winterschnitt				Sommerschnitt					Winterschnitt		
Süßkirsche, Walnuß												
Stachelbeere						Nach der Ernte						
Rote und schwarze Johannisbeere	Winterschnitt besser als Sommerschnitt											
Himbeeren					Überz. Ruten entfernen		Abgetragene Ruten entfernen					
Brombeeren			Abgetragene Ruten entfernen		Sommerschnitt Geiztriebe entfernen							

Rasenpflege

	Jan.	Febr.	März	April	Mai	Juni	Juli	August	Sept.	Okt.	Nov.	Dez.
Mähen												
Düngen				50 – 100 g/m²			50 – 100 g/m²			30 g/m²		
Vertikutieren												
Besanden					Gewaschener Quarzsand 2–3 kg/m²							
Beregnen												
Unkraut bekämpfen												
Moosbekämpfung				Cornufera MV 35 g/m²								
Bodenausgleich				Gewaschener Quarzsand								
Ansaat				Cornufera Combi 60 g/m²					Cornufera Combi 60 g/m²			
Kalkung		Kohlensaurer Magnesiumkalk 50–150 g/m²							Kohlensaurer Magnesiumkalk 50–150 g/m²			
Bodenuntersuchung		Gartenanalyse								Gartenanalyse		

GARTEN

Kultur	Nährstoff-Anspruch	Aussaat in Pikierkästen	Direktaussaat	Pflanzzeit	Erntezeit	Reihenabstand in cm	Abstand in der Reihe in cm
Aubergine	mittel	Februar – März	April	April	Sept.	45	45
Blumenkohl	stark	Januar – März	April – Mai	April – Juni	Juni – Oktober	50	50
Brokkoli	stark	Februar – März	April	April – Juni	Juni – Oktober	50	50
Buschbohne	schwach	–	Mai – Juni	–	Juli – Oktober	40 – 50	40 – 50
Chinakohl	stark	–	Mitte Juli	–	Oktober – Dez.	40	30
Endiviensalat	mittel	–	Juni – Juli	–	Sept. – Dez.	30	30
Erbse	schwach	–	April – Juni	–	Juli – Sept.	30 – 40	5
Feldsalat	schwach	–	August – Sept.	–	Nov. – April	15	1
Grünkohl	mittel	–	April – Mai	Juni – August	Oktober – März	45	45
Gurke	mittel	April – Mai	Mai – Juni	Mai – Juni	Juli – Sept.	100	30 – 40
Knollenfenchel	stark	–	Juni – Juli	Juli – August	Sept. – Oktober	40 – 50	25 – 30
Knollensellerie	stark	Februar	–	Mai – Juni	Oktober	40 – 50	40
Kohlrabi	mittel	Januar – März	April – Juni	März – Juli	Mai – Sept.	30 – 40	25 – 30
Kopfsalat	mittel	Januar – März	April – Juli	März – August	Mai – Oktober	30	30
Kürbis	stark	–	Mai – Juni	–	Juli – Oktober	120	90
Möhre	mittel	–	März – Juli	–	Juni – Nov.	25	5
Paprika	mittel	März	–	Mai – Juni	August – Sept.	45	45
Pastinake	mittel	–	März – April	–	Oktober – Dez.	25– 30	10
Porree	stark	März	April	Mai – Juni	Sept. – Februar	30	10 – 15
Radies	schwach	–	März – August	–	April – Sept.	20	5
Rettich	mittel	–	März – August	–	Mai – Nov.	15	10 – 15
Rhabarber	stark	–	–	März und Sept.	April – Juni	120	100
Rosenkohl	stark	–	April – Mai	Mai – Juni	Sept. – März	60	60
Rote Bete	mittel	–	April – Juli	–	Juli – Nov.	20 – 25	15
Rotkohl	stark	Februar	April – Mai	April – Juni	Juli – Nov.	50	50
Saatzwiebel	mittel	–	März – April	–	Mai – Juli	20 – 30	5
Schalotten	mittel	–	–	März – April	Oktober – Nov.	20 – 30	5
Schwarzwurzel	mittel	–	Februar – April	–	Sept. – April	25 – 30	10
Spinat	mittel	–	Februar – Sept.	–	Mai – April	20 – 25	1
Stangenbohne	mittel	–	Mai	–	Juli – Oktober	40 – 50	50 – 75
Steckzwiebel	mittel	–	–	März – April	Juli – Oktober	20 – 30	5
Tomate	stark	Februar – März	–	Mai – Juni	Juli – Oktober	80	60
Weißkohl	stark	Januar – März	April	März – Juni	Mai – Nov.	50	50
Wirsing	stark	Januar – März	April	März – Juni	Mai – Nov.	50	50
Zucchini	stark	–	Mai – Juni	–	Juli – Oktober	120	90

1 Nährstoffanspruch, Aussaat, Pflanz- u. Erntezeit sowie Abstände der Pflanzen

Name	Botanische Bezeichnung	Blütenfarbe	Wuchshöhe cm	Kultur ⊙	Kultur ⊙⊙	Kultur ♃	Blütemonat III	IV	V	VI	VII	VIII	IX	X
Sommerblumen u. Stauden:														
Blaukissen	Aubrieta deltoides	violett	5 – 10			×		—	—					
Goldschafgarbe	Achillea filipendula	zitronengelb	100			×					—	—	—	
Schafgarbe	Achillea millefolium	weiß	10 – 30			×				—	—	—	—	—
Färber-Kamille	Anthemis tinctoria	goldgelb	30 – 60		×	×					—	—	—	
Ringelblume	Calendula officinalis	goldgelb, orange	30 – 50	×						—	—	—	—	—
Karpatenglockenblume	Campanula carpatica	hellblau	30 – 40			×				—	—			
Zwergglockenblume	" cochlearifolia	hellblau, weiß	10 – 15			×					—	—		
Knäuelglockenblume	" glomerata	" violett	20 – 70			×				—	—	—	—	
Wiesenglockenblume	" patula	blauviolett	30 – 40		×					—	—	—		
Pfirsichblättrige G.B.	" persicfolia	weiß, violett	30 – 80			×				—	—	—		
Rankenglockenblume	" portenschlagiana	lilablau	10 – 15			×				—	—	—		
Gemeine Glockenblume	" rotundifolia	dunkelviolett	10 – 30			×				—	—	—	—	—
Kornblume	Centaurea cyanus	azurblau	30 – 90	×					—	—	—			
Kleinblütige Strauchmargerite	Chrysanthemum frutescens	weiß, gelb	30 – 150			×	—	—	—	—	—	—	—	—
Gewöhnl. Wucherblume	" leucanthemum	weiß	40 – 60			×					—	—	—	—
Mutterkraut	" parthenium	weiß	20 – 70	×			—	—	—	—	—			
Wollige Strohblume	Helichrysum	gelb	10 – 30	×		×					—	—	—	
Schwertalant	Inula ensofolia	goldgelb	30 – 60			×					—	—		
Sandglöckchen	Jasione laevis	blaulila	25 – 60			×					—	—		
Hornklee	Lotus corniculatus	gelb	40			×			—	—	—	—	—	—
Moschusmalve	Malva moschata	hellrosa	20 – 50			×				—	—	—	—	
Wilde Malve	" sylvestris	lila, rosa, rot	80 – 150	×	×					—	—	—	—	
Primeln, frühblühend wie Aurikel, Etagen-, Kugel- u. Mehlprimeln							—	—	—					
Reseden	Reseda odorata	grünlich-gelb	15 – 60	×	×						—	—	—	
Skabioso	Scabiosa columbaria	rötlich bis lila	30 – 60			×					—	—	—	—
Sedum-Arten besonders:														
Scharfer Mauerpfeffer	Sedum acre	goldgelb	5 – 10			×				—	—	—		
Tripmadam	" reflexum	hell- bis goldgelb	10 – 30			×				—	—	—		
Aufrechter Ziest	Stachys recta	gelblich weiß	20 – 40			×				—	—	—		
Deutscher Ziest	" germanica	purpurrosa	30 – 50			×					—	—		
Rankengewächse:														
Rotfruchtige Zaunrübe	Bryonia dioica	grünlich-weiß	200 – 400			×				—	—	—	—	
Staudenwicken	Lathyrus latifolius	karminrot	100 – 200			×				—	—	—		
Zwiebelgewächse:														
Kugellauch	Allium sphaerocephalon	purpur dunkelrot	30 – 80			×					—	—		
Traubenhyazinthe	Muscari-Arten	versch. Blautöne	10 – 20			×	—	—						
Blaustern	Scilla sibirica	himmelblau	10 – 20			×	—	—						
Küchenkräuter:														
Borretsch	Borago officinalis	himmelblau	30 – 50	×					—	—	—			
Gemeiner Fenchel	Foeniculum vulgare	sattgelb	100 – 200			×					—	—	—	—
Ysop	Hyssopus officinalis	blau	30 – 60			×				—	—	—	—	
Zitronenmelisse	Melissa officinalis	weiß, bläulich	80			×				—	—	—		
Salbei	Salvia officinalis	hellviolett	60			×				—	—			
Bergbohnenkraut	Satureta montana	weiß, rosa, lila	40			×					—	—	—	
Thymus-Arten:														
Zitronenthymian	Thymus citridorus	hellrosa	10 – 30			×					—	—		
Quendel	Thymus pulegioides	purpur	5 – 10			×			—	—	—	—	—	—

1 Balkonpflanzen ⊙ = einjährige Pflanze ⊙⊙ = zweijährige Pflanze ♃ = Staude

GARTEN
MISCHKULTUR

Gemüseart	Artischocke	Buschbohne	Dill	Chinakohl	Endivie	Erdbeere	Erbse	Feldsalat/Rapunzel	Fenchel	Gurke	Grünspargel	Kamille	Kartoffel	Kapuzinerkresse	Knollenfenchel	Knoblauch	Kohlarten	Kohlrabi	Kopfsalat	Mairüben	Mais	Mangold	Meerrettich	Möhre/Karotte	Neuseeländer Spinat	Obstbäume	Paprika	Pastinake	Petersilie	Pfefferminze	Pflücksalat	Porree/Lauch	Radieschen	Rettich	Rhabarber	Rote Bete	Rüben	Salbei	Sellerie	Schwarzwurzeln	Spargel	Spinat	Stangenb.	Tomaten	Zichorien	Zucchini	Zuckermais	Zwiebel
Artischocke										●			×						●																				●									
Buschbohne							×			●			●		×		●	●	●	●		●		×								×	●	●	●	●			●			●		●				×
Dill							●			●							●		●					●							●					●	●											●
Chinakohl		●					●						×				×		●					●								×	×	×								●						
Endivie		●							●						●		●	●						●								●	●	●									●	●				●
Erdbeere									●					●		●	●		●													●	●	●								●						●
Erbse		×	●						●	●			×	●	●	×	●	●	●	●	●			●								×	●	●	●	●	●		●			●	×	×				
Feldsalat/Rapunzel																	●	●														●			●							●	●					●
Fenchel					●	●	●			●									●												●							●					×	×	●			
Gurke	●	●	●				●		●				×	●	●	●	●	●	●														×	×		●			●			●	●	×			●	●
Grünspargel		●					●			●			×					●	●					●																				●				×
Kamille																																																●
Kartoffel	×	●					×			×							×	●					●					●								×			×			●		×			●	
Kapuzinerkresse						●	●			●																●							●	●									●	●		●		
Knollenfenchel		×			●		●	●		●							●	●	●																							●	×	×	●			
Knoblauch		×				●	×			●							×							●		●										●						×	×	●				
Kohlarten		●	●		●	●	●	●		●			×		●	×			●			●		●							●		●	●	●				●			●	●	●				×
Kohlrabi		●		×			●	●		●			●						●								●					●	●	●		●			●	●	●	●	●	●				●
Kopfsalat	●		●			●			●												●								×	●							●		×									
Mairüben		●					●												●			●						●											●			●	●	●				
Mais							●												●																	×			×							●		
Mangold		●															●	●	●	●				●									●	●		×	●					×	●					
Meerrettich													●													●																						
Möhre/Karotte			●				●									●	●	●	●			●								●		●	●	●				●	●	●		●		●				●
Neuseeländer Spinat																		●	●							●							●	●										●				
Obstbäume														●		●							●		●																							
Paprika		×								●								●																									×	●				
Pastinake													●						●	●													●	●		●			●			●						●
Petersilie																			×														●	●										●				
Pfefferminze																			●					●																				●				
Pflücksalat			●						●	●								●															●	●	●	●	●			●	●			●				
Porree/Lauch		×			●	●	×		●	●									●					●									●	●		×			●	●		●	×	●				●
Radieschen		●		×		●	●			×				●				●	●			●		●				●	●		●											●	●	●				×
Rettich		●		×		●	●			×				●				●	●			●		●				●	●		●											●	●	●				
Rhabarber		●						●									●	●	●												●											●						
Rote Bete		●	●				●	●		●			×			●	●	●	●		×			×				●			●	×	●	●								×	×	×			×	●
Rüben			●				●												●			●									●											●	●	●				
Salbei									●															●																								
Sellerie	●	●					●			●			×				●	●	×		×			●				●				●										●	●				×	
Schwarzwurzeln																		●	●					●							●	●																●
Spargel																		●	●												●																	
Spinat		●				●				●			●				●	●		●				●				●				●	●	●	●	×	●		●			●	●					×
Stangenbohnen					●		×	●	×	●			●	●	×	×	●	●	●	●												×	●	●			●		●			●		●		●	●	×
Tomaten		●					×		×	●			×	●	●	●	●	●	●					×	●		●		●	●	●	●	●	●		×	●		●			●			●		×	●
Zichorien									●						●				●					●												●							●	●				●
Zucchini							●						×	●					●		●													×								●	●	×			●	●
Zuckermais		●					●			●									●																	×			×				●	●		●		
Zwiebel		×				●	×	●		●		×	×				×	●	●					×				●					×	×		×				●	×	×		●		●		

1 Mischkultur ● = günstige Kombination × = ungünstige Kombination □ = neutral

AUSSAAT IM FRÜHJAHR

Beet 1

1. Reihe: Erdbeer-Pflanzen
2. Reihe: Kohlrabi-Pflanzen oder Dicke Bohnen
3. Reihe: Erdbeer-Pflanzen

ÄNDERUNG IM FRÜHJAHR
Juni: Kohlrabi bzw. Dicke Bohnen ernten
Juli: Erdbeeren ernten

ÄNDERUNG IM SPÄTSOMMER
August: Erdbeeren entfernen und auf Beet 2 pflanzen
Auf der gesamten Fläche Gründüngung säen

Beet 2

1. Reihe: Radieschen und Pflücksalat
2. Reihe: Erbsen
3. bis 5. Reihe: Spinat
6. Reihe: Erbsen
7. Reihe: Radieschen und Pflücksalat

Mai: Frühradieschen und Spinat ernten
Juni: Pflücksalat ernten
Juli: Erbsen ernten, nach Pflücksalat Sommerradieschen säen

August: Erbsen und Radieschen entfernen, neue Erdbeeren pflanzen (Abstand 60 × 25 cm)
In der Mittelreihe Endiviensalat oder Chinakohl pflanzen (Abstand 25 cm)

Beet 3

1. Reihe: Radieschen, danach zweimal Stangenbohnen
2. Reihe: Schnittsalat
3. Reihe: 2 Zucchini, 6 Pflücksalat
4. Reihe: Schnittsalat
5. Reihe: Radieschen, danach zweimal Stangenbohnen

Mai: Radieschen und Schnittsalat ernten, auf dieser Fläche zwei Reihen Stangenbohnen säen (Abstand 40 × 60 cm)
Juni: Pflücksalat ernten

August/September: Stangenbohnen ernten, dann abräumen
Ende September ganzflächig Feldsalat säen

Beet 4

1. Reihe: Möhren und Zwiebeln
2. Reihe: 8 Kohlrabi-Pflanzen
3. Reihe: 3 Eissalat, später Tomaten
4. Reihe: 3 Frühkohl-Pflanzen
5. Reihe: Möhren und Zwiebeln

Mai: Zwischen Eissalat zwei Tomatenpflanzen (Abstand 40 cm)
Juni: Kohlrabi ernten
Juli: Frühmöhren und Frühkohl ernten

Anfang August: Vorgezogene Pflanzen (Knollenfenchel, Kopfsalat oder Endivien) pflanzen (25 cm Abstand zu Kohlrabi und Kohlreihen)
Zwiebeln ernten, darauf Winterrettich säen

2 Fruchtwechsel und Mischkultur. Was im ersten Jahr auf Beet 1 steht, wächst im nächsten Jahr auf Beet 2 usw. (Rotationsprinzip)

Bodendeckerrosen sind robust u. pflegeleicht. Flachwüchsige eignen sich für Böschungsbepflanzung.

Vertreter der Kategorien → 1 B–D für die Kombination mit Stauden → 2–3.

Zu hoch gewachsene Rosen durch Radikalschnitt zähmen In Umgebung von Stauden u. Gehölzen kommen Rosen besonders gut zur Geltung.

Rose ist Königin unter den Pflanzen u. hat eigenes Flair Durch geeignete Begleitstauden als Nachbarn kann man deren individuelle Schönheit u. ihre Wirkung steigern → 3.

Rose mit ihrer gleichbleibenden Blütenfarbe ist auf den Beeten die Konstante.

Stauden begleiten sie mit wechselnden Blütenfarben. So entstehen ständig neue Anblicke. Rosen u. Stauden sollen auf getrennten Flächen stehen, in Bander oder Schachbrettmuster aufgeteilt.

Rosen nicht mit Herbstastern, Storchschnabel u. anderen Stauden, die Rhizome bilden (Rosenkiller), zusammensetzen.

Geeignet sind Stauden mit Pfahlwurzeln, z. B. das Schleierkraut. Bergbohnenkraut. Winterblüher brauchen guten, nährstoffreichen Boden, am besten in etwas lehmiger kalkhaltiger Erde → 4 an halbschattigen Plätzen.

Sorte	Wuchsform	Höhe	Blüten	Pfl./m²
Bassino		20–40	blutrot	3–4
Heideröslein Nozomi		20–40	blaßrosa-weiß	4–5
Red Meidiland	flach niederliegend	40–50	dunkelrot	3–4
Gelba Dagmar Hastrup		60–80	gelb	3–4
Moje Hammarberg	steif	80–100	kräftig rosa	2–3
Montana	aufrecht	70–90	rot	4–5
Derdinger Sommer	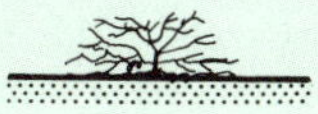	–80	pfirsichrosa	1–2
Ferdy		60–80	lachsrosa	2–3
Heidetraum		70–80	kräftig rosa	2–3
Mirato		50–60	pinkrosa	3–4
Palmengarten Frankfurt		–70	kräftig rosa	2–3
Snow Ballet		40–60	weiß	3–4
Swany		40–50	weiß	3–4
The Fairy	niedrig	40–70	zartrosa	3–4
Yellow Fairy	buschig ausgebildet	40–60	gelb	3–4
Pink Meidiland		90–100	karminrot	2–4
Roseromantic	locker aufrecht	60–80	zartrosa-weiß	3–4
Rosy Carpet	bogig geneigt	80–120	karminrosa	3
Heidekönigin		30–60	rosa	1
Immensee		30–60	perlmuttrosa	1–2
Magic Meidiland		40–50	dunkelrosa	1–2
Max Graf		30–60	leuchtendrot	1–2
Rote Max Graf	langtriebig	40–60	leuchtendrot	1–2
Weiße Max Graf	flach niederliegend	60–80	schwanenweiß	1–2

1 Bodendeckende Rosen

Pflanzenname/Bot. Name	Höhe incm	Standort	Boden	Blütezeit	Plütenfarbe	Besonderheit
Blaukissen (Aubrieta-Hybriden)	10–20	sonnig	kalkhaltig	IV–V	rosa, violett blau	paßt gut zu Steinkraut
Elfenblume (epmedium)	10–40	halbschattig	wächst überalle	IV–V	weiß, gelb rot, braun	wächst erst buschig
Fetthenne (Sedum)	20–50	sonnig	trocken	VI–VIII	weiß, gelb, orange, rot	viele Arten und Sorten
Gänsekresse (Arabis)	5–25	sonnig	normal	IV–V	weiß	auch buntlaubige Formen
Goldnessel (Lamiastrum galeobdolon)	20–25	sonnig bis schattig	nichtzu trocken	V–VII	gelb	paßt gut in Naturgarten
Günsel (Ajuga reptans)	15–20	halbschattig	mäßig feucht	V–VI	gelb, rosa rot, blau	Ausläufer schlagen leicht Wurzeln
Haselwurz (Asarum europaeum)	5–10	schattig	humusreich	IV–V	grünlich	immergrün, duftend
Hornkraut (Cerastium)	5–25	sonnig	mager	V–VIII	weiß	ganz anspruchslos
Schattenblume	30–50	schattig	feucht	V–VI	weiß	schöne Beerenfrüchte
Seifenkraut (Saponaria)	5–30	sonnig, halbschattig	durchlässig	V–VIII	weiß, rot	sät sich selber aus
Steinbrech (Saxifrage)	10–35	sonnig, schattig	trocken	IV–VII	weiß, rot	Arten mit unterschiedlichen Ansprüchen
Steinsame (Lithospernum)	10–30	halbschattig	kalkhaltig	V–VI	rot, blau	Winterschutz notwendig
Sternmoos (Sagina subulata)	5	sonnig	normal	VI–VIII	weiß	nicht zu häufig begehen
Waldsauerklee (Oxalis acetosella)	5–10	schattig	humusreich	IV–V	rosa	wächst sehr kräftig
Waldsteinie (Waldsteinia)	5–25	halbschattig, schattig	nährstoffreich	V	gelb	anspruchslose Plätze

2 Bodendeckerstauden

Farbe	Deutscher Name	Botanischer Name	Höhe	Blühmonat
Weiß	Glockenblume	Campanula lactiflora ‚Alba‘	150 cm	VI–VII
		Campanula lactiflora ‚Prichards Varietät‘	60 cm	VI–VIII
	Schleifenblume	Iberis sempervirens	25 cm	IV–V
	Sterndolde	Astrantia major	20 cm	VI–VII
Rosa	Grasnelke	Armenia maritima	25 cm	V–VIII
	Präriemalve	Sildacea-Hybriden	80 cm	VII–IX
	Schleierkraut	Gypsophila-Hybride	30 cm	VI–VIII
Gelb	Frauenmantel	Atchemilla mollis	35 cm	VI–X
	Goldgarbe	Achillea filipendula	70 cm	VI–IX
Violett	Bergaster	Aster amellus	50 cm	VIII–IX
	Dost	Origanum vulgare	50 cm	VII–X
	Steinquendel	Calamintha nepeta	50 cm	VIII–X
	Sommersalbei	Salvia nemurosa		V–VIII
Blau	Glockenblume	Campanula carpatica	15 cm	VI–VIII
	Lavendel	Lavendula angustifolia	50 cm	VI–VIII
	Rittersporn	Delphinium x cultorum	170 cm	VI u. IX
	Eisenhut	Aconitum napellus	150 cm	VI–VII
	Blauminze	Nepeta x faasenii	30 cm	VI–IX
	Ehrenpreis	Veronica longifolia	80 cm	VII–VIII
Gräser	Reiherfedergras	Stiga pulcherrima	80 cm	VI–VIII
	Pfeifengras	Molinia caerulea	50–150	VI–VIII
	Chinaschilf	Miscanthus sinensis	200 cm	X–XI

3 Stauden, bewährte Rosennachbarn

Name/Bot. Name	Blütezeit	Wuchsform	Boden
Chinaweide (Salix pendulifolia)	I I–III	strauchig bis 6 m	feucht
Duftschneeball (Viburnum fragans)	I–III	aufrechter Strauch, bis 4 m	feucht, leicht sauer
Echter Winterjasmin (Jasminum nudiflorum)	II–IV (2–4 Wochen)	Kletterer	normal bis sauer
Heide (Erica carnea „Winter beauty“)	XI–III	breiter Strauch, 20–30 cm	normal,
Japanische Zaubernuß (Hammamelis japonica)	I–III (3–4 Wochen)	breiter Strauch, bis 5 m	normal, kalkfrei
Schneeheide (Erica carnea „Rubra“)	XII–II	liegend, bis 20 cm	sandig, humos
Seidelbast (Daphne mezereum)	I–IV	aufrecht, bis 2 m	feucht, kalkhaltig
Sommergrüner Schneeball (Viburnum bodnantense)	II–III	aufrecht, bis 3 m	feucht, sauer
Vorfrühlingsalpenrose (Rhododendron praecox)	III–IV	strauchartig, bis 1,5 m	steinig, leicht sauer

4 Gehölze, die im Winter blühen

GARTEN

STAUDEN UND GEHÖLZE

Durchdachte Gartenbepflanzung setzt sich aus einem stattlich grünen Gerüst, farbenprächtigen Blütensträuchern, imposanten Prachtstauden u. Bodendeckern zusammen. Pflanzen, die das Erdreich mit einer möglichst gleichmäßigen pflegeleichten Decke dauerhaft überziehen → [1]. Größte Anzahl kommt aus dem Reich der Stauden. Einsatzbeschränkung kann ihre geringe Durchwurzelungstiefe auferlegen. An steilen Böschungen vermögen Gehölze den Boden besser zu halten → [2]. Auch auf großen Flächen ist Abwechslung mit Gehölzen empfehlenswert, da sie in der Höhenstaffelung variabler sind. Praktische Aufgaben der Bodendecker: Unterdrükkung des Unkrautwuchses, Beschattung der Bodenfläche u. Reduzierung von Temperaturschwankungen im Boden. Der besondere Effekt beim Einsatz von bodendeckenden Gehölzen liegt in abwechslungreichen Kombinationen.

Botanischer Name	Deutscher Name	Standort	Höhe (cm)	Pfl./m²	Bemerkungen
Acaena buchananii	Stachelnüßchen	○-◑	5	6–7	i, Laub graugrün, wuchernd
Alchemilla mollis	Frauenmantel	○-●	30–40	4	B: grüngelb VI, Selbstaussaat
Antennaria dioica ,Rubra'	Katzenpfötchen	○	10	10	i, B: karminrot V–VI, trockene Lagen
Arabis procurrens	Schaumkresse	○	15	6–7	i, B: weiß IV–V
Asarum europaeum	Haselwurz	◑-●	5–10	10–12	i, glänzend grüne Blätter
Astilbe chinensis ,Pumila'	Zwergspiere	◑-●	10–25	6	B: lilarosa VIII–IX
Azorella trifurcata	Rosettenpolster	○	5	8–10	i, B; gelbgrün V–VI, wuchernd
Bergenia-Hybriden	Bergenien	○-●	20–50	4	i, B: weiß, rosa, lilarosa III–V
Brunnera macrophylla	Kaukasusvergißmeinnicht	○-●	25–40	3–4	B: lichtblau IV–V
Cerastium tomentosum	Silberhornkraut	○	10–15	6–8	B... weiß V–VI
Convallaria majalis	Maiglöckchen	◑-●	20	6–8	B: weiß V
Ceratostigma plumbaginoides	Chines. Bleiwurz	○-◑	25	5–7	B: blau VII–X, H, wuchernd
Corydalis lutea	Lerchensporn	◑-●	25–30	6	B: gelb V–XI, Selbstaussaat
Dryas octopetala	Silberwurz	○	5–10	8–9	B: weiß V–VI, fedrige Fruchtstände
Duchesnea indica	Trugerdbeere	◑	10	5–7	i, B: gelb V–IX, Frucht erdbeerartig, ungenießbar; wuchernd
Epimedium in Arten und Sorten	Elfenblume	◑-●	20–30	5–8	B: weiß, gelb, rot, violett IV–V, z.T. H
Geranium in Arten und Sorten	Storchschnabel	○-●	15–50	3–8	B: weiß, rosa, lila V–VIII, z.T. wuchernd
Geum in Arten und Sorten	Nelkenwurz	○-◑	25–30	7–8	z.T. i, B: gelb, orange bis rot V–VIII
x Heucherella tiarelloides	Purpurglöckchen	○-◑	25–40	6–8	i, B: rosa VI–VIII
Hieracium x rubrum	Habichtskraut	○	20	6–8	B: orangerot VI–VIII
Lamium maculatum	Taubnessel	◑-●	20	6–8	B: weiß, rosa V–VI
Lithospermum purpurocaeruleum	Steinsame	○-◑	20	7–9	B: blau IV–VI
Omphalodes verna	Gedenkemein	◑-●	15	7–8	B: hellblau IV–V
Polygonum affine ,Superbum'	Knöterich	○-◑	25	6	B: rosarot VI–X, etwas wuchernd
Pulmonaria in Arten	Lungenkraut	◑-●	20–30	6–7	B: weiß, rosa, rot, blau III–V
Sedum in Arten und Sorten	Fetthenne	○-●	10–20	5–10	z.T. i, B: weiß, gelb, rosa, rot V–IX, oft wuchernd
Teucrium chamaedrys ,Nanum'	Gamander	○	10	8–10	i, B: lila VI–VII
Tiarella cordifolia	Schaumblüte	◑-●	20	7	i, B: weiß IV–V, farbiges Winterlaub
Waldsteinia ternata	Ungarwurz	◑-●	15	5–7	i, B: gelb III–V, wuchernd

i = immergrün, B = Blüten, H = Herbstfärbung, ○ = Sonne, ◑ = Halbschatten, ● = Schatten

[1] Bodendeckende Stauden

	Botanischer Name	Deutscher Name	Standort	Höhe (cm)	Pfl./m²	Bemerkungen
Laubgehölze	Berberis buxifolia ,Nana'	Polsterberberitze	○-◑	30–50	6–9	i, schwachwüchsig
	Berberis thunbergii ,Atropurpurea Nana'	Kleine Blutberberitze	○	30–50	6–9	braunrotes Laub, B: gelb V, H
	Calluna vulgaris in Sorten	Besenheide	○	30–40	9–12	i, B: weiß, rosa, violett VII–IX, kalkmeidend
	Cornus canadensis	Teppichhartriegel	◑-●	20	12–15	B: weiß VI–VII, F: rot, H, kalkmeidend
	Cornus stolonifera ,Kelsey'	Niedr. Rotholzhartriegel	○-◑	60–80	3–5	Laubwirkung, H, für große Flächen
	Cotoneaster dammeri in Sorten	Zwergmispel	○-●	15–60	3–10	i, B: weiß V–VI, F: rot
	Cot. microphyllus ,Cochleatus'	Immergr. Kissenmispel	○-◑	30–50	3–5	i, B: weiß V, F: leuchtendrot
	Cytisus in Arten	Ginster	○	20–60	3–7	B: gelb, rosa V–VI; nährstoffarme Böden
	Empetrum nigrum	Schwarze Krähenbeere	○	25	10–12	i, F: schwarz, sandige Böden
	Erica in Arten und Sorten	Heide	○-◑	25–40	9–12	i, gr. Auswahl in Blütezeit und -farbe
	Euonymus fortunei in Sorten	Kriechspindel	○-●	10–50	3–15	i, grüne und buntlaubige Vertreter
	Gaultheria procumbens	Scheinbeere	◑	15–20	12–15	i, F: rot, H, kalkmeidend
	Hedera in Sorten	Efeu	○-●	5–20	5–8	i, verschiedenste Blattformen
	Hydrangea anomala ssp. petiolaris	Kletterhortensie		40	3–4	B: weiß VI–VII, ohne „Aufstiegsmöglichkeit" kriechend, kalkempfindlich
	Hypericum calycinum	Johanniskraut	○-●	20–30	6–8	i, B: goldgelb VII–IX
	Lonicera nitida ,Maigrün'	Heckenmyrte	○-◑	40–80	3–4	i, F: purpur
	Pachysandra terminalis	Dickmännchen	◑-●	20	9_12	i, B: weiß IV
	Potentilla fruticosa in Sorten	Fünffingerstrauch	○-◑	40–80	3–5	B: gelb, weiß, rotorange VI–X
	Rubus tricolor	Chines. Brombeere	○-●	30	2	B: weiß VII–VIII, F: hellrot, H
	Spiraea-Bumalda-Hybriden	Sommerspiere	○-◑	-80	2–4	B: dunkelkarmin VII–IX
	Spiraea decumbens	Polsterspiere	○	20–30	8–10	B: weiß VI
	Spiraea japonica ,Little Princess'	Zwergspiere	○-◑	40–70	4–5	B: rosa VI–VII
	Stephanandra incisa ,Crispa'	Kranzspiere	○-●	50	2–4	B: grün-weiß VI, Triebe zickzackförmig
	Vaccinium vitis-idaea ,Koralle'	Preiselbeere	○-◑	20	8–12	i, B: weißrosa V_VI, F: rot, kalkmeidend
	Vinca minor	Immergrün	○-●	15–20	10–12	i, B: blau IV–V
Nadelgehölze	Juniperus comm. ,Hornibrookii'	Kriechwacholder	○	50	1	i, kalkliebend
	Juniperus communis ,Repanda'	Kriechwacholder	○	30–40	1–2	i, kalkliebend
	Juniperus horizontalis in Sorten	Teppichwacholder	○	20–30	2–4	i
	Microbiota decussata	Fächerwacholder	○-◑	20–30	2	i
	Taxus baccata ,Repandens'	Kisseneibe	○-●	30–50	1–2	i, kalkliebend

i = immergrün, B = Blüten, F = Früchte, H = Herbstfärbung, ○ = Sonne, ◑ = Halbschatten, ● = Schatten

[2] Bodendeckende Gehölze

Name	Höhe (m)	Breite (m)	Bemerkungen
Laubgehölze			
Berberitze *Berberis gagnepeinii var. lanceifolia*	1,5–2	1–1,5	immergrün, goldgelbe Blüten, später überhängend
Schmetterlingsstrauch *Buddleja davidii*-Hybriden	2–3	2–3	rosa, violette, blaue od. weiße Blüten in aufälligen Rispen
Liebesperlenstrauch *Callicarpa bodinieri* ‚Profusion‘	2–3	1,5–2	zahlreiche rotviolette Früchte, die weit in den Winter halten
Gewürzstrauch *Calycanthus floridus*	2–3	1,5–2	dunkelbraunrote, große Blüten, aromatischer Duft
Blasenstrauch *Colutea arborescens*	2–3(4)	2–3	gelbe Blüten, aufgeblasene Fruchthülsen, giftig
Ährige Scheinhansel *Corylopsis spicata*	1,5–3	2–3	hellgelbe Blüten vor Laubaustrieb, duftend
Korkenzieherhasel *Corylus avellana* ‚Contorta‘	2–4	2–3	korkenzieherartig gedrehte Zweige, Kätzchenschmuck
Roter Perückenstrauch *Continus coggygria* ‚Royal Purple‘	3–4	2–3	schwarzrote Belaubung, metallisch glänzend
Aufrecht gebund. Zwergmispel *Cotoneaster x watereri* ‚Pendulus‘	2–3	1–2	wintergrün, Fruchtschmuck
Blauschotenstrauch *Decaisnea fargesii*	2–4	1,5–2	bohnenartige, kobaltblaue Früchte
Deutzie *Deutzia x hybrida* ‚Mont Rose‘	1,5–2	1–1,5	rosa Blüten mit gelben Staubgefäßen
Deutzie *Deutzia x magnifica*	3–4	2,5–3	reinweiße, gefüllte Blüten
Prachtglocke *Enkianthus campanulatus*	2,5–4	1,5–3	hellgelbe, fein rötlich gezeichnete Blüten, Herbstfärbung
Korkflügelspindelstrauch *Euonymus alatus*	2–3	2–3	dekorative Rinde, intensive Herbstfärbung, Früchte giftig
Federbuschstrauch *Fothergilla major*	1,5–3	1–2	weiße Blüten, duftend, intensive Herbstfärbung
Garteneibisch *Hibiscus syriacus* in Sorten	1,5–3	1–1,5	malvenähnliche Blüten zum Sommerende in vielen Farben
Gartenhortensie *Hydrangea macrophylla*	1–2	1–2	ballförmige Blüten in rosa-violetten Tönen
Stechpalme *Ilex aquifolium* ‚Alaska‘	2–4	1–1,5	immergrün, ledrige Blätter, Fruchtschmuck, giftig
Japanische Hülse *Ilex crenata*	2–4	1–3	immergrün
Große Lorbeerrose Kalmia lalifolia	2–3	1–3	immergrün, zartrosa Blüten, verlangt sauren Boden
Kolkwitzie *Kolkwitzia amabilis*	2–3	2–3	rosaweiße Blüten
Kalifornische Heckenkirsche *Lonicera ledebourii*	3–4	2–3	gelbe, rötlich überlaufene Blüten, Fruchtschmuck, giftig
Tartarische Heckenkirsche *Lonicera tatarica*	2–4	2–3	weiß bis rote Blüten
Schmuckblattmahonie *Mahonia bealei*	2–3	1–2	immergrün, gelbe Blüten, duftend
Glanzmispel *Photinia fraseri*	1,5–3	2–3	immergrün, weiße Blüten, Fruchtschmuck, nur wintermilde Gebiete
Japanische Lavendelheide *Pieris japonica* in Sorten	1–3	2–3	immergrün, rötliche Blattfärbungen im Austrieb, für sauren Boden
Spierstrauch *Spiraea* in Arten	1,5–3	1–3	weiße Blüten
Frühlingstamariske *Tamarix parviflora*	3–4	2–3	rosa Blüten
Schneeball *Viburnum* in Arten	1,5–4	1,5–3	z. T. immergrün, rosa und weiße Blüten
Nadelgehölze			
Muschelzypresse *Chamaecyparis obtusa* ‘Nana Gracilis‘	1,5–3	1–2	muschelförmig angeordnete Nadeln
Gewöhnlicher Wacholder *Juniperus communis* in Sorten	3–4	1–2	säulenförmige Büsche, bläulichgrüne, stechende Nadeln
Blauzederwacholder *Juniperus squamata* ‚Meyeri‘	3–4	2–3	silberblaue Benadelung
Zwergrotkiefer *Pinus densiflora* ‚Pumila‘	2–3	1–3	flachkugelig
Eibe *Taxus baccata* in Sorten	2–5	1–3	z. T. gelbbunte Benadelung
Abendländischer Lebensbaum *Thuja occidentalis* in Sorten	2–5	1–3	z. T. bunte Benadelung

1 Mittelgroße Sträucher (1,5 – 4 m Höhe)

Name	Höhe (m)	Breite (m)	
Laubgehölze			
Berberitze *Berberis* in Arten u. Sorten	0,3–1,2	0,3–1,5	z. T. immergrün, gelbe u. orange Blüten, Fruchtschmuck
Bartblume *Caryopteris x clandonensis*	1–1,5	1–2	Spätsommerblüher (August–September)
Säckelblume *Ceanothus x delilianus*	1–1,5	1–1,5	blau-violette Blüten (Juli–September)
Scheinquitte *Chaenomeles* in Sorten	0,8–1,5	1–2	rote, rosa, weiße Blüten
Scheinhasel *Corylopsis pauciflora*	1,2–1,5	1,5–2	hellgelbe Blüten, leicht duften
Ginster *Cytisus* in Arten u. Sorten	0,2–1,5	0,2–2	gelbe, selten rote Blüten, giftig
Seidelbast *Daphne* in Arten u. Sorten	0,1–1,5	0,4–1,5	rosa Blüten, giftig
Maiblumenstrauch *Deutzia gracilis*	0,5–0,8	0,8–1	zahlreiche reinweiße Blüten
Spindelstrauch *Euonymus fortunei* in Sorten	0,2–1	1–1,5	immergrün, Laub z.T. panaschiert, gern kletternd
Ginster *Genista* in Arten	0,1–0,8	0,5–1	gelbe Blüten
Johanniskraut *Hypericum* in Arten u. Sorten	0,3–1,2	0,3–1,5	wintergrün, goldgelbe Blüten
Kerrie *Kerria japonica*	0,8–1,5	0,8–1,5	goldgelbe Blüten
Mahonie *Mahonia aquifolium*	0,6–1,2	0,6–1,2	immergrün, schattenverträglich
Blauraute *Perovskia abrotanoides*	1–1,5	1–1,5	Halbstrauch blauviolette Blüten
Schattenglöckchen *Pieris floribunda*	1,2–1,5	1,2–1,5	immergrün, schneeweiße Blütentrauben
Fingerstrauch *Potentilla fruticosa* in Sorten	0,3–0,8	0,6–1,3	Blüten von Mai bis Oktober
Lorbeerkirsche *Prunus laurocerasus* in Sorten	0,6–1,5	2–3	immergrün, weiße Blütentrauben, Fruchtschmuck, giftig
Rhododendron *Rhododendron* in Arten u. Sorten	0,1–1,5	0,2–2	immergrün, zahlreiche Blütenfarben
Rosen *Rosa* in Arten u. Sorten	0,2–1,5	0,3–1,5	viele Blütenfarben, Fruchtschmuck
Weide *Salix* in Arten u. Sorten	0,5–1,5	1–3	frühe Blüte
Skimmie *Skimmia japonica*	0,8–1	1–1,5	immergrün, rote Beerenfrüchte
Spierstrauch *Spiraea* in Arten u. Sorten	0,2–1,2	0,4–1,2	weiße, rosa, rote Blüten
Schneeball *Viburnum carlesii*	1,2–1,5	1,2–1,5	große, weißrosa Blüten, intensiv duftend
Nadelgehölze			
Zwergbalsamtanne *Abies balsamea* ‚Nana‘	0,3–0,5	0,6–1	kugelig
Zwergfadenzypresse *Chamaecyparis pisifera* ‚Filifera Nana‘	0,8–1	0,8–1	fadenförmige, überhängende Zweige
Zwergwacholder *Juniperus squamata* ‚Blue Star‘	0,3–0,4	0,6–0,8	polsterförmig, silbrigblaue Nadeln
Gnomenfichte *Picea abies* ‚Pygmaea‘	0,2–0,3	0,2–0,3	kugelig
Zwergkiefer *Pinus mugo* in Sorten	0,3–0,6	0,6–0,8	kugelig-kissenförmig, z. T. breitbuschig
Zwergstrobe *Pinus strobus* ‚Radiata‘	0,6–1	1–2	kegelförmig oder flachkugelig, blaugrün
Zwerglebensbaum *Thuja occidentalis* ‚Danica‘	0,2–0,3	0,3–0,4	kugelig

2 Kleinsträucher (bis 1,50 m Höhe)

Deutscher Name	Botanischer Name	Höhe (m)	Breite (m)
Ahorn	*Acer* in Arten	4–10	2–10
Aralie	Aralia elata	3–5	3–4
Trauerbirke	*Betula pendula* ‚Youngii‘	5–7	3–5
Zwergtrompetenbaum	*Catalpa bignonioides* ‚Nana‘	4–6	2–4
Judasbaum	*Cercis siliquastrum*	4–6	4–6
Weißdorn, Rotdorn	*Crataegus* in Arten u. Sorten	2–7	3–6
Taschentuchbaum	*Davidia involucrata var. vilmoriniana*	6–10	4–8
Schmalblättrige Ölweide	*Elaeagnus angustifolia*	5–7	4–6
Kugelesche	*Fraxinus excelsior* ‚Nana‘	4–6	2–4
Blumenesche	*Fraxinus ornus*	8–10	4–6
Goldblasenbaum	*Koelruteria paniculata*	5–8	4–6
Veredelter Goldregen	*Labunurnum x watereri* ‚Vossii‘	4–6	3–4
Baummagnolie	*Magnolia kobus*	8–10	4–6
Zierapfel	*Malus*-Hybriden	5–10	3–6
Zierkirsche	*Prunus* in Arten	4–12	3–8
Weidenblättrige Birne	*Pyrus salicifolia*	4–6	3–4
Wintergrüne Eiche	*Quercus x turneri* ‘Pseudoturneri‘	5–10	5–8
Essigbaum	*Rhus typhina*	4–6	3–5
Kugelakazie	*Robinia pseudoacacia* ‘Umbraculifera‘	4–6	4
Salweide	*Salix caprea* in Sorten	3–8	3–5
Eberesche, Mehlbeere	*Sorbus* in Arten u. Sorten	3–10	3–8
Goldulme	*Ulmus carpinifolia* ‚Wredei‘	8–10	3–4

3 Bäume für kleine Gärten

GARTEN

REGENWASSER NUTZEN

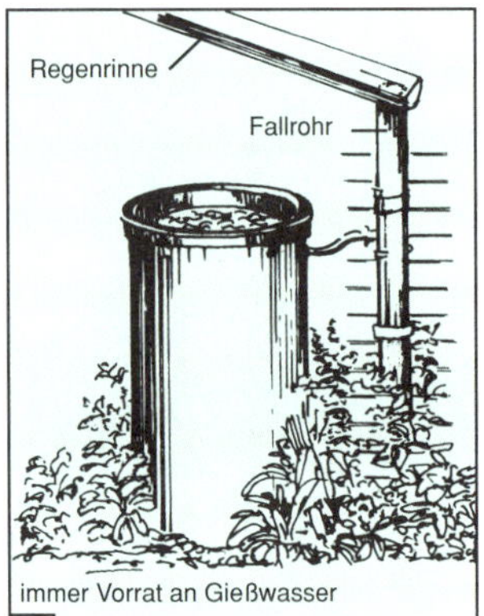

1 Regenwassertonne

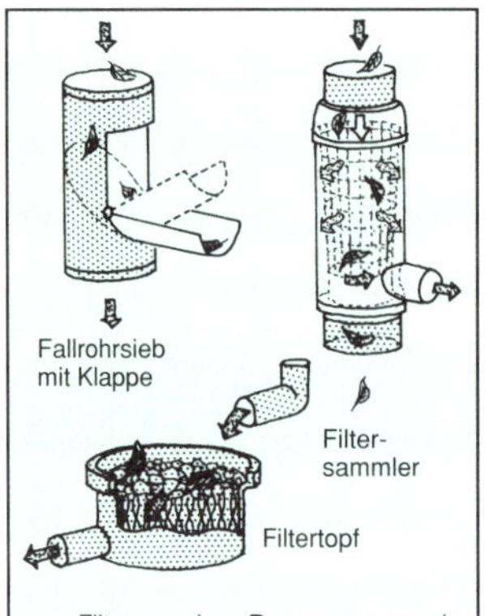

2 Filter vor dem Regenwasserspeicher

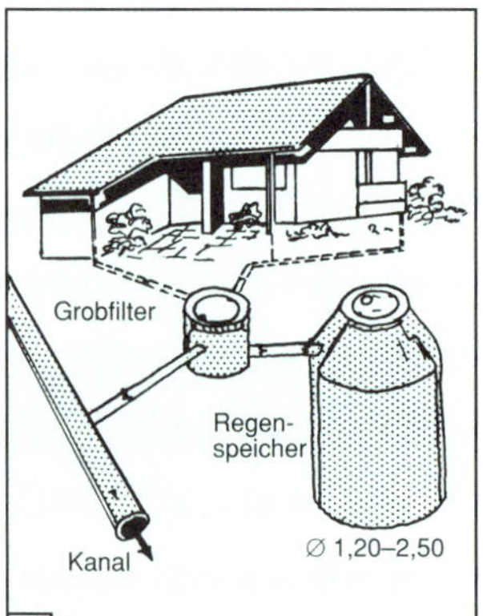

3 Öko-Regenspeicher bis 12.500 l

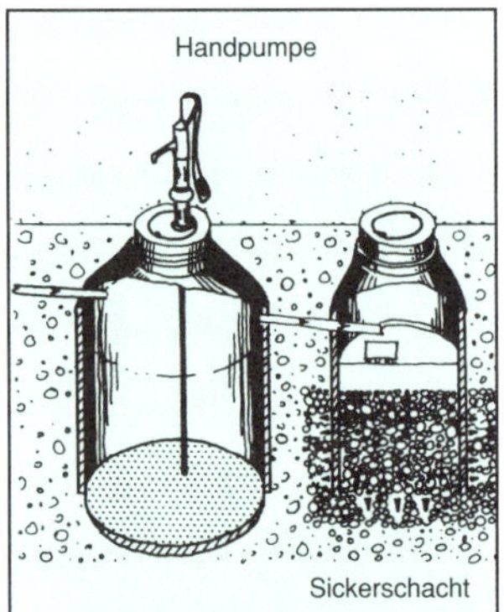

4 Regenwasserspeicher mit Ökosickerschacht

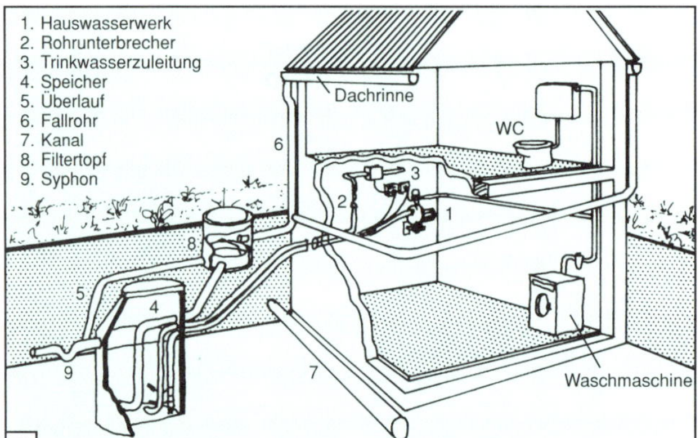

7 Regenwasser-Sammelanlage mit Filtertopf u. Außenspeicher

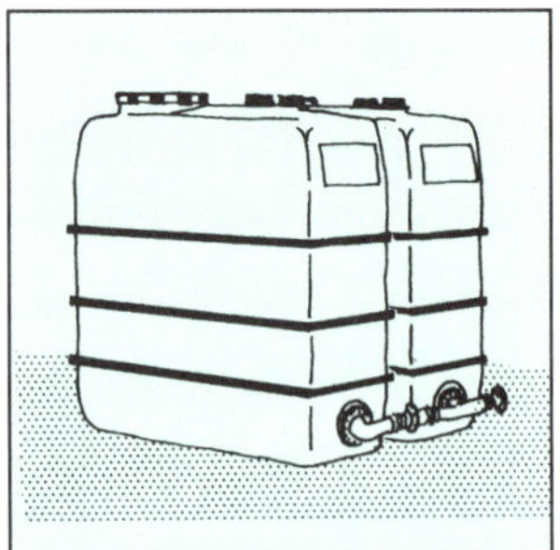

Inhalt	Länge	Breite	Höhe	Gewicht
1100 l	1,45	72	$1{,}33^5$	53 kg
1500 l	1,52	72	$1{,}60^5$	81 kg
2000 l	2,05	72	1,64	130 kg

5 Regenwasser-Basisbehälter

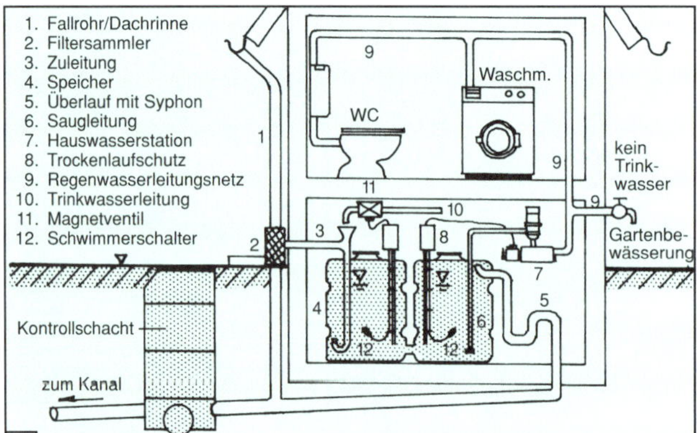

8 Regenwasseranlage

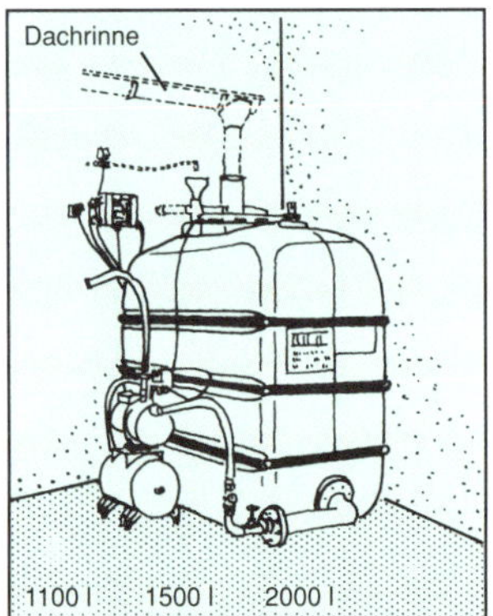

6 Regenwasser-Nutzungsanlage

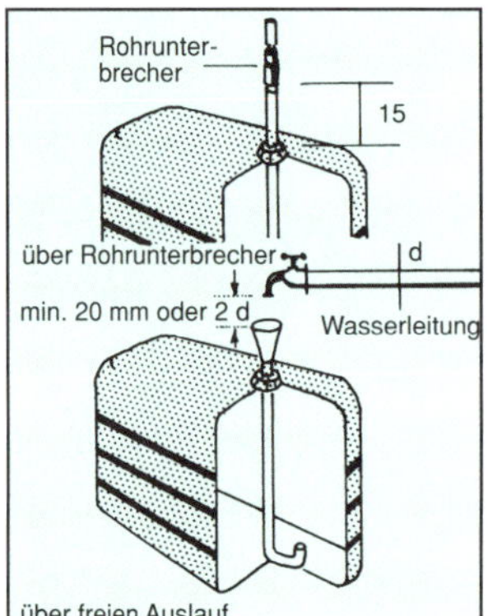

9 Trinkwasser-Zuspeisung

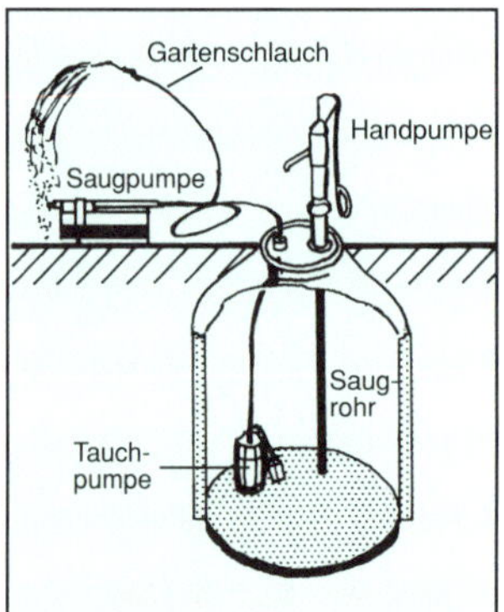

10 Regenspeicher für Gartenbewässerung

Regenwasser-Auffangbehälter in Neubauplanung mit einbeziehen. Bei Entscheidung für Volumen ist Großzügigkeit angebracht. Mehrinhalt geringe Mehrkosten. Nachträglicher Einbau in Haus oder Garten möglich. Berechnung des Speicherbedarfs für die Gartenbewässerung: Pro Einfamilienwohnhaus Nutzinhalt ca. 5000 l. Bei der Gartenbewässerung richtet sich Speicherbedarf nach Gartenfläche, Jahresniederschlag, Dachfläche u. Abflußbeiwert. Bei Hauswassernutzung sind Personenanzahl u. Verbrauchsstellen einzubeziehen. Durchschnittlicher Wasserverbrauch pro Person u. Tag: 5 l Trinken/Kochen, 10 l Spülen, 40 l Baden/Duschen, 10 l Körperpflege = 65 l Trinkwasser; 18 l Wäsche waschen, 4 l Putzen, 45 l WC (18 l bei Sparschaltung), 8 l Sonstiges = 75 l Regenwasser (48 l bei Sparschaltung). Gartenbewässerung pro Quadratmeter und Jahr 40–60 l Regenwasser.

Beispiel
Jahresniederschlag 800 mm = 800 l/m²
Giebeldach Abflußbeiwert f = 0,75
Nettodachfläche = 120 m²
Regenertrag = Nettodachfläche 120 m² x Jahresniederschlag 800 l/m² x Abflußbeiwert f = 0,75
Regenertrag = 72.000 l/Jahr
Personen = 4
Verbrauch pro Tag = 45 l pro Person (WC mit Spartaste)
Gartenfläche = 200 m²
Regenwasserbedarf = Personen 4 x Verbrauch pro Tag 45 l x 365 Tage + Gartenfläche 200 m² x Verbrauch pro Jahr 50 l/m²
Regenwasserbedarf = 75.700 l/Jahr
Faktor g = (1 – [Regenertrag 72.000 l : Regenwasserbedarf 75.700 l]) x 100 % = 4,9 % < 20 % ⇒ g = 0,05
Speicherbedarf = Regenertrag 72.000 l x Faktor g 0,05
Speicherbedarf = 3.600 l
Empfehlung = Regenwasser-Auffangbehälter mit 4.500 l Nutzinhalt

Erläuterungen
Nettodachfläche: An die Dachrinne angeschlossene Dachprojektionsfläche (entspricht der Grundfläche des Hauses).
Jahresniederschlag: Jährliche Niederschlagsmenge (z.B. NRW ca. 740–900 mm ≙ l/m²) aus entsprechenden Karten ablesen oder bei Wetterämtern erfragen.
Abflußbeiwert f: f = 0,75 bei Giebel- und Flachdach
f = 0,40–0,60 bei Flachdach mit Kiesschüttung
Faktor g: g = 0,05 wenn sich der Regenertrag um weniger als ± 20 % vom Regenbedarf unterscheidet
g = 0,03 wenn sich der Regenertrag um mehr als ± 20 % vom Regenbedarf unterscheidet
g = 0,20–0,40 bei überwiegender Nutzung zur Gartenbewässerung und großen Schwankungen der saisonalen Niederschlagsmengen.

GARTENTEICH

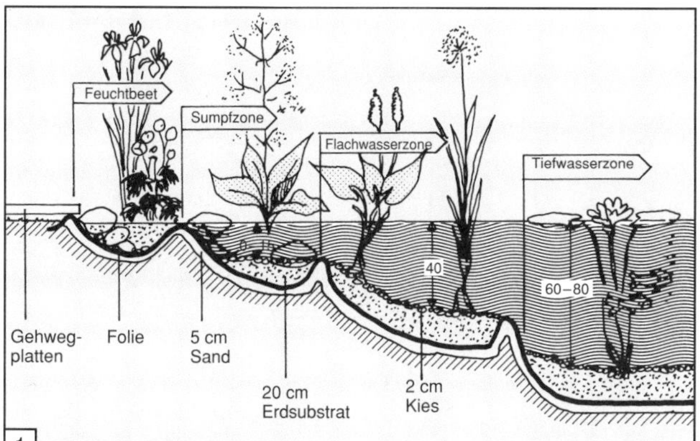

1 Folienteich stufenförmig angelegt

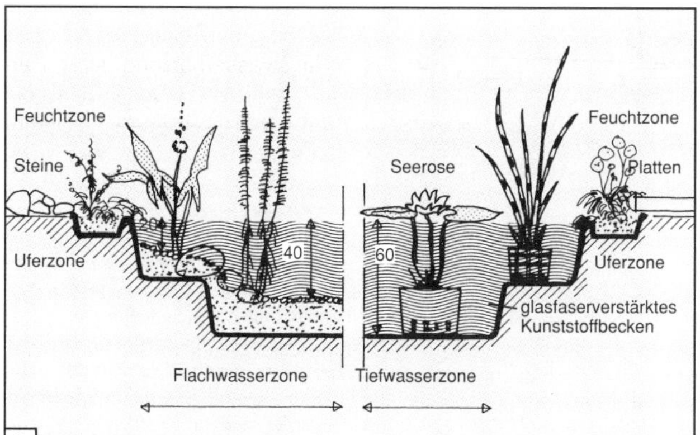

2 Sinnvoll geformtes Fertigbecken

Teiche sollten sich harmonisch in den Garten einpassen. Der richtige Standort für das Gedeihen von Pflanzen u. Tieren im u. am Teich ist von entscheidender Bedeutung. Überwiegender Teil der Sumpf- und Wasserpflanzen benötigt viel Sonnenlicht, ca. 4–6 Stunden pro Tag, bevorzugte Lage in der Nähe von Terrassen u. Sitzplätzen, wo der Teich gut einsehbar ist. Sind Pflanzen, Wasser u. Sand in richtiger Menge zugeordnet, so entsteht nach ca. 6–8 Wochen ein biologisches Gleichgewicht, das Wasser wird klar. Verhältnis Wasseroberfläche zu Wassermenge muß stimmen (ca. 400 l pro m² Wasseroberfläche).

Der Gartenteich wird zur Heimat von Insekten u. Pflanzen. Bepflanzung des Teichs erfolgt vor dem Einfüllen des Teiches mit Wasser, das vorsichtig eingelassen wird. Pflanzzeit von Mai–September. Um ein harmonisches Gesamtbild zu erhalten, sollten hohe Pflanzen im Wassergarten einzeln gepflanzt werden. Halbhohe im Pflanzabstand von 30–40 cm. Niedrige Pflanzen des Randbereichs sollten dagegen nur in Trupps oder in Gruppen gesetzt werden. Abstand von Pflanze zu Pflanze 20–30 cm. Für den Erstbesatz an Unterwasserpflanzen genügen pro m² 5 Stück. Die Pflanzen vermehren sich schnell. Pflanzen in Behältern können durch Tiefer- oder Höherstellen auf den ihnen zusagenden Wasserstand gebracht werden. Pflanzen können in Körbe, Behälter oder direkt in Spezielerde eingepflanzt werden. Umgebung des Teiches muß gestaltet werden. Sumpf- u. Flachwasserzonen → 1–2 sowie Feuchtbeete ergänzen u. schaffen natürliche Verhältnisse. Teich richtet sich nach der Größe des vorh. Gartens. Ideal ist ein Gewässer von 20–25 m², aber schon 3–5 m² bieten vielen Arten Lebensraum. Großzügige Wasserzonen, 5–20 cm Tiefe, u. eine tiefe Stelle von mind. 60 cm sind erforderlich zum Überwintern u. Überleben von Insekten u. Molchlarven. Tiefzone dient auch als Fluchtraum für alle tierischen Bewohner.

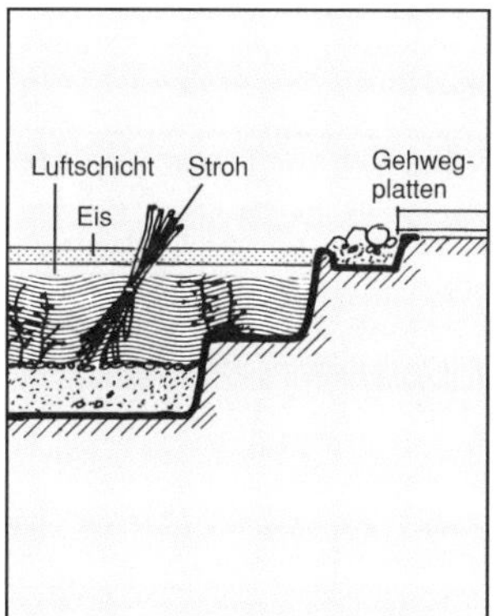

3 Bei Frost Strohbündel oder Ausströmstein einsetzen

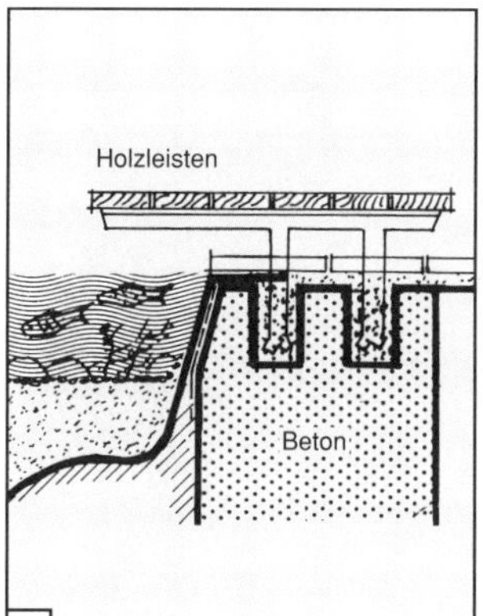

4 Steg als Kragplatte

5 Uferzone

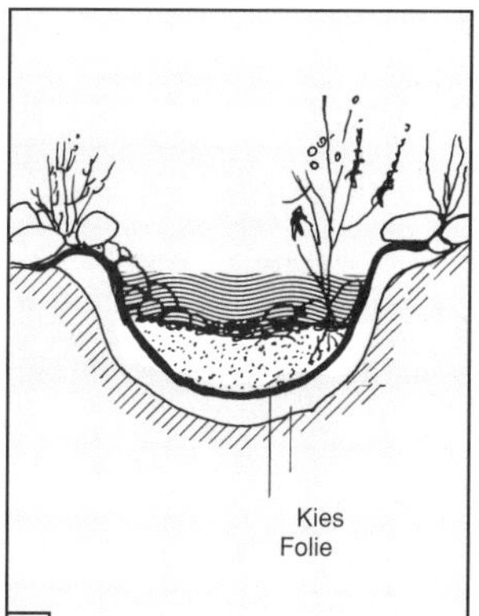

6 Bachlauf im Querschnitt

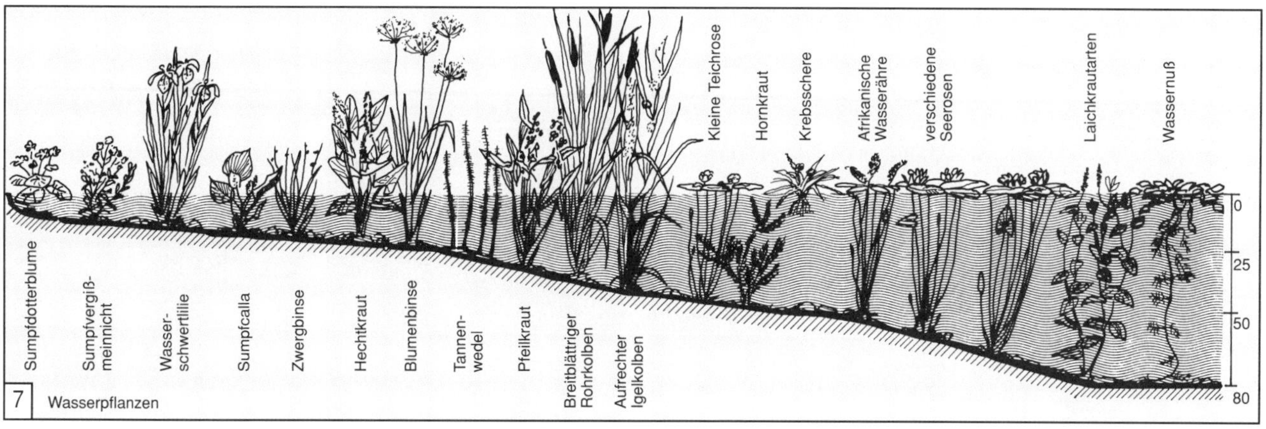

7 Wasserpflanzen

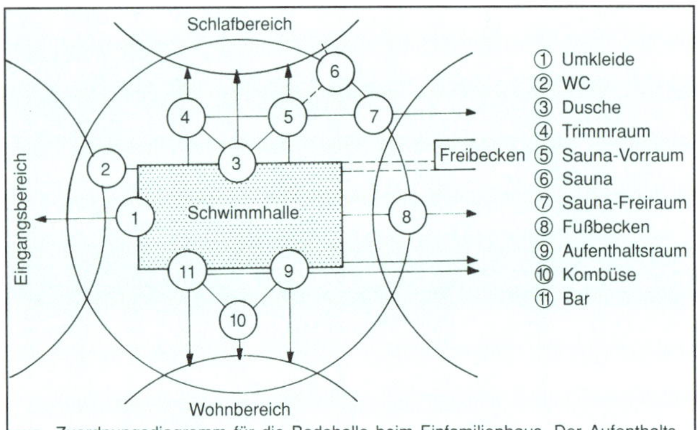

1 Zuordnungsdiagramm für die Badehalle beim Einfamilienhaus. Der Aufenthaltsraum kann auch als Fläche Teil der Schwimmhalle sein.

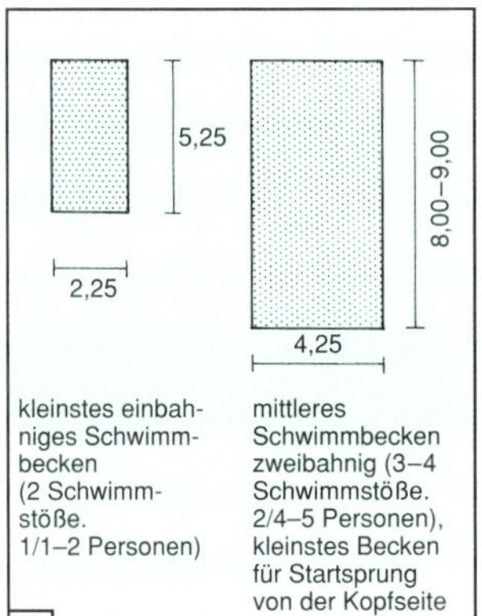

2 Beckengrößen

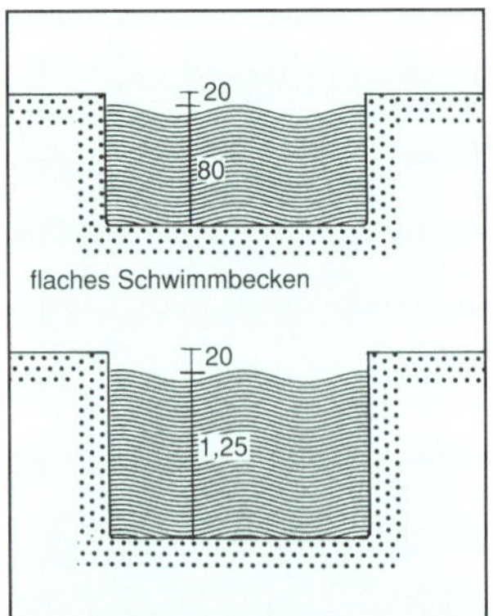

3 Normale Tiefe bei Privatbädern (Schwimmbecken)

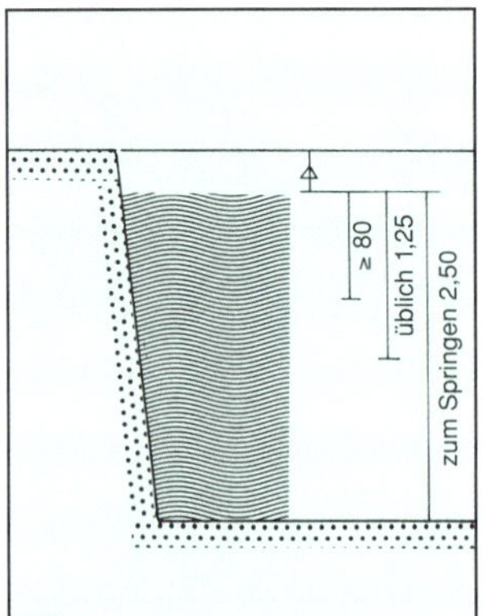

4 Beckentiefen

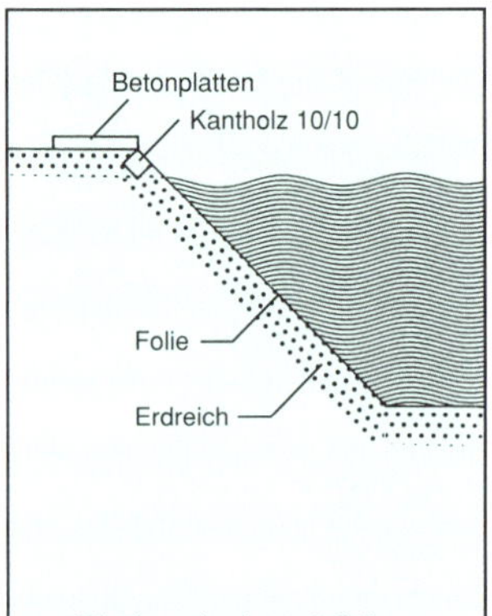

5 Böschungsbecken mit Folie Randkanten mit Holzbalken

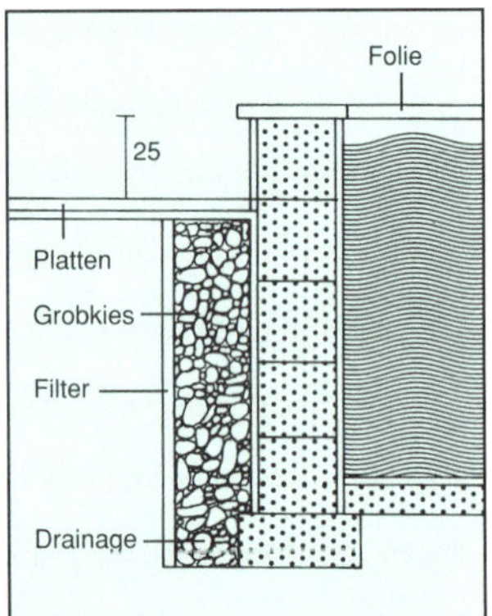

6 Gemauertes Becken mit Drainage

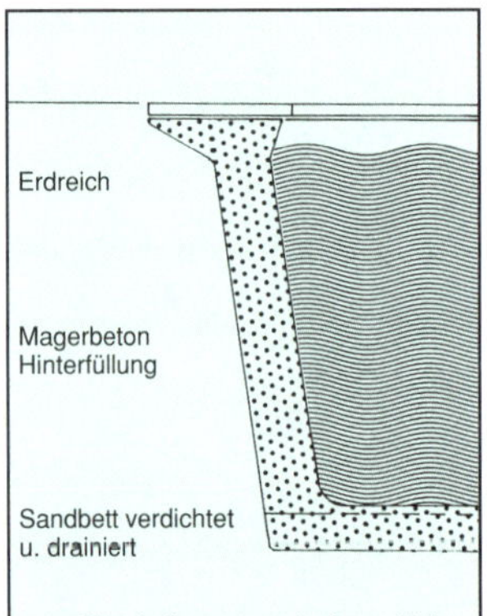

7 Einschaliges vorgefertigtes Polyesterbecken

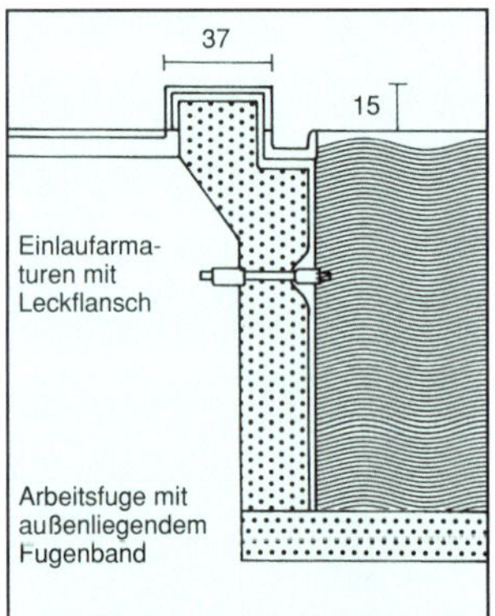

8 Stahlbetonbecken einfache Ausführung mit Wiesbadener Rinne

GARTENSCHWIMMBAD

→ 🕮

Lage: Windgeschützt → 1, nahe Schlafraum, Übersicht von der Küche (Kinderaufsicht) und Wohnraum (Kulissenwirkung), d.h. im Blickfang. Keine Laubbäume oder Sträucher am Becken (Laubfall); gegen Hineinfallen von Gras usw. Umgang vorsehen; eventuell Beckenrand erhöhen.

Größe: Bahnbreite 2,25 m, Schwimmstoßlänge ca. 1,5 m, hinzu Körperlänge: 4 Schwimmstöße = 8 m Länge; Wassertiefe Kinnhöhe der Hausfrau, nicht der Kinder!

Form: Möglichst einfach wegen Kosten und Wasserführung. Rechteck, allenfalls mit Leiter- oder Treppennische.

Beckenbauarten: Üblich: Folienbecken (Folie = dichtende Oberfläche auf Tragkonstruktion aus Mauerwerk → 6, Beton, Stahl (auch oberirdisch) oder in Erdgrube → 5. Polyesterbecken, selten örtlich hergestellt, meist Fertigteile, im allgemeinen nicht selbsttragend: Magerbetonhinterfüllung notwendig → 7. Betonbecken wasserdicht → 8 (Ortbeton doppelseitig, Spritzbeton einseitig geschalt, Betonfertigteile); Oberfläche meist Keramik oder Glasmosaik, seltener Anstrich (Chlorkautschuk, Zementfarbe).

Wasserpflege: Heute üblich durch Umwälzanlage, wesentlich: glatte Wasserführung mit guter Oberflächenreinigung durch Skimmer → 9 oder besser Rinne → 10 – 11. Filterbauarten: Kies (Tiefenfilter, teils mit Spülluftgebläse), Kieselgur (Oberflächenfilter), Kunststoffschaum. Algenbekämpfung zusätzlich mittels Chemikalien (Chlor, chlorfreie Algenmittel, Kupfersulfat).

Beheizung: Mittels Gegenstromapparat oder Durchlauferhitzer im Heizkessel; Regelung vorsehen! Verlängert Badesaison erheblich bei relativ geringen Kosten.

Kinderschutz: durch selbsttätige Alarmeinrichtung (reagiert auf Wellenbildung).

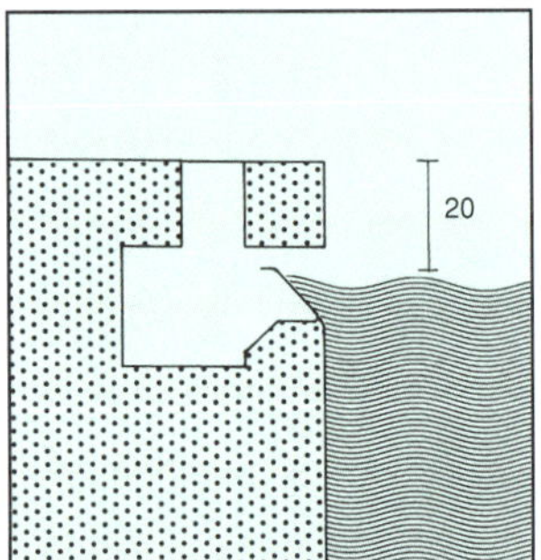

9 Skimmer (Schaumlöffel)

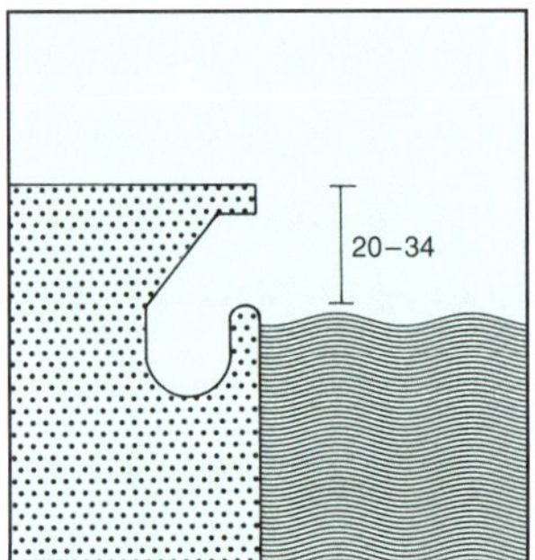

10 Wiesbadener Rinne mit Überlaufrinne

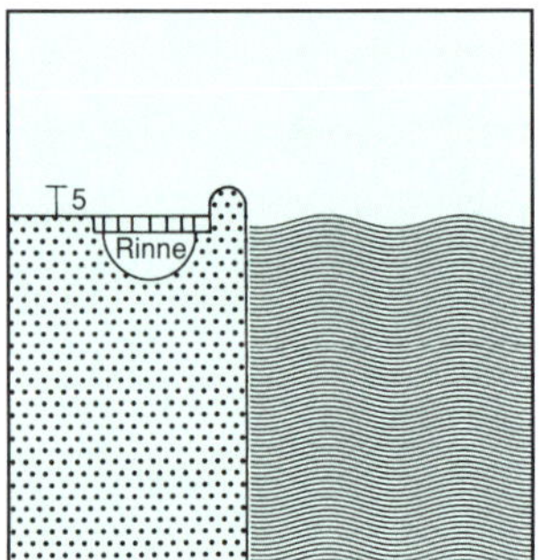

11 Zürich-Rinne im Beckenumgang

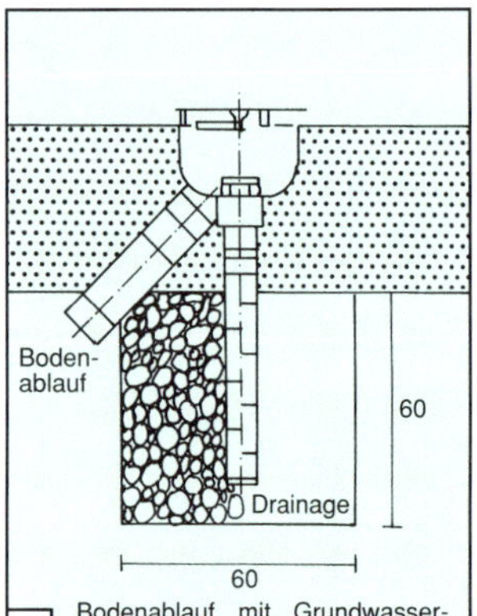

12 Bodenablauf mit Grundwasserdruckausgleich

SCHWIMMBAD

DETAILS → S. 28

Durch den Einsatz von Folien bei der Schwimmbadauskleidung entfällt der übliche bauliche Aufwand von dichten Unterkonstruktionen. Jede Form und Größe eines Beckens kann ausgekleidet werden. Ob beim Neubau oder beim Renovieren. → 1 – 6

Zur Sicherheit im Bereich von Treppen, Stehstufen und Kinderplanschbecken verwendet man Folien mit geprägter, strukturierter Oberfläche. Bei Durchdringungen helfen Festflanschanschlüsse. → 6

Eine eventuelle Kondensatbildung (molekulare Wasserdurchlässigkeit) auf der dem Wasser abgewendeten Seite ist zu berücksichtigen. Sekundärabläufe oder Entlastungsbohrungen unterhalb der Abdichtung vorsehen. Zur Beckenentleerung gleichmäßiges Bodengefälle von 5% vorsehen, maximal 10%.

Zur lagersicheren Anbindung der Folien-Dichtungsbahnen Verbundblechprofile verwenden. → 1 – 2, 4

Fertigbecken aus einem Stück (Schalenbauweise) oder Segmentbecken. Der Einbau ist von den örtlichen Gegebenheiten abhängig. → 10 – 11

Bei Segmetbecken sind Rastermaße vorgegeben.

Bodenplatte als Fundament aus Schotter oder Beton erforderlich. → 10 Genaues Nivellieren der Grundfläche vor dem Einsetzen des Beckens ratsam. Vor der Verfüllen Beckenoberkante überprüfen.

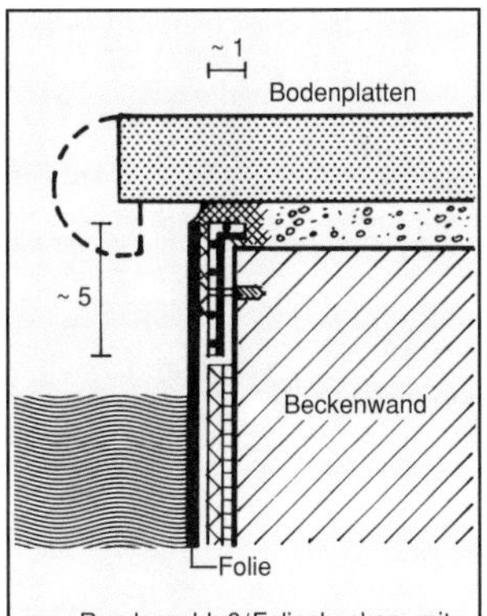

1 Randanschluß/Folienbecken mit Verbundblech

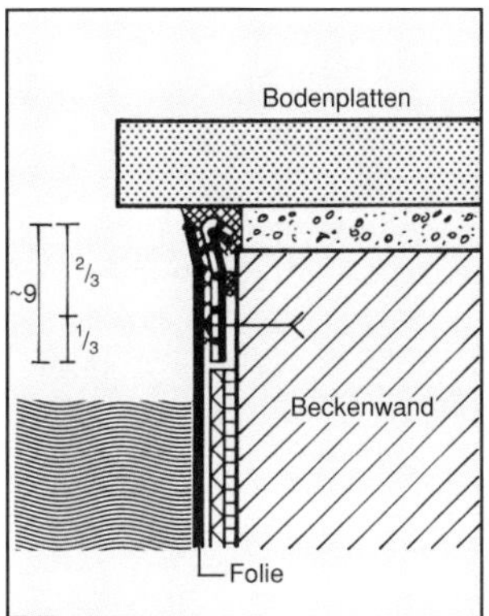

2 Variante → 1

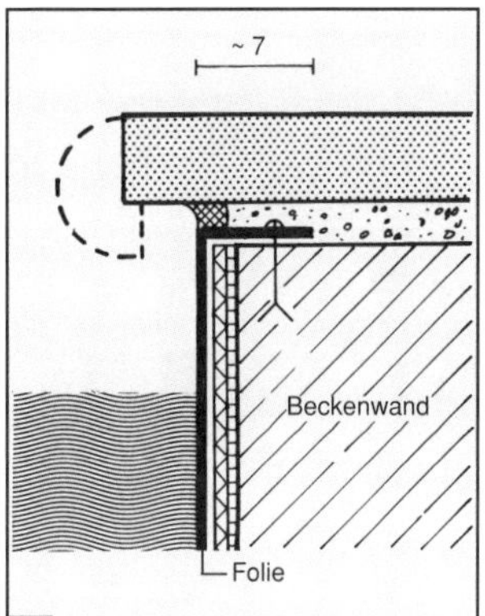

3 Folie auf Beckenwand befestigt

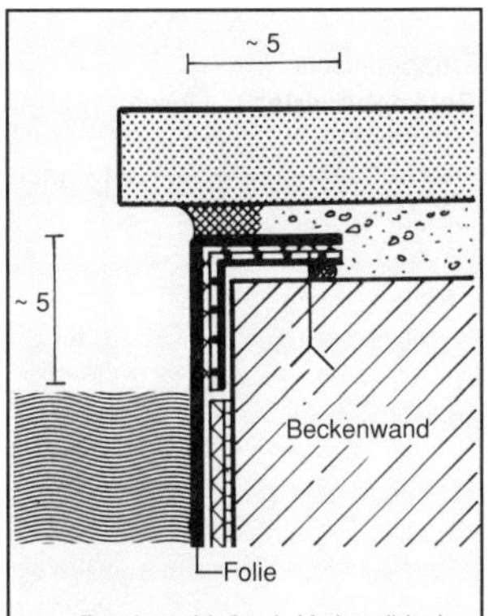

4 Randanschluß mit Verbundblechwinkel

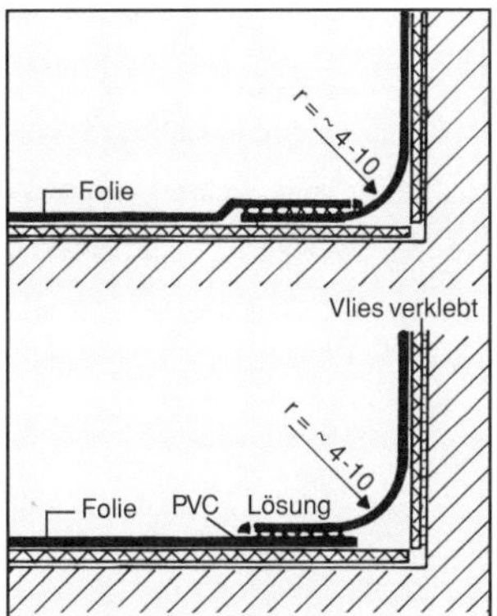

5 Anschlüsse Wand–Boden Hohlkehlausbildung

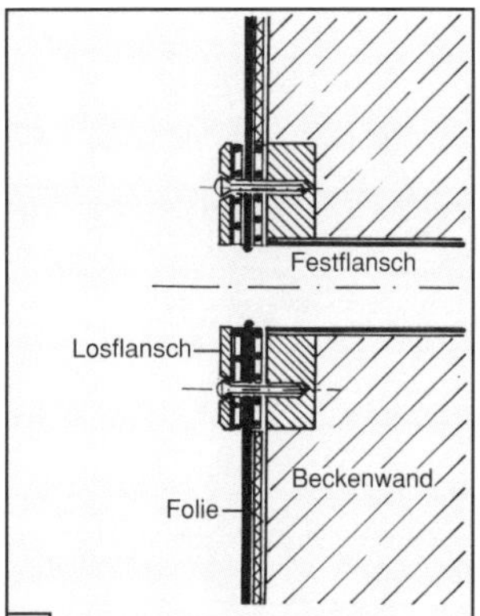

6 Festflanschanschluß

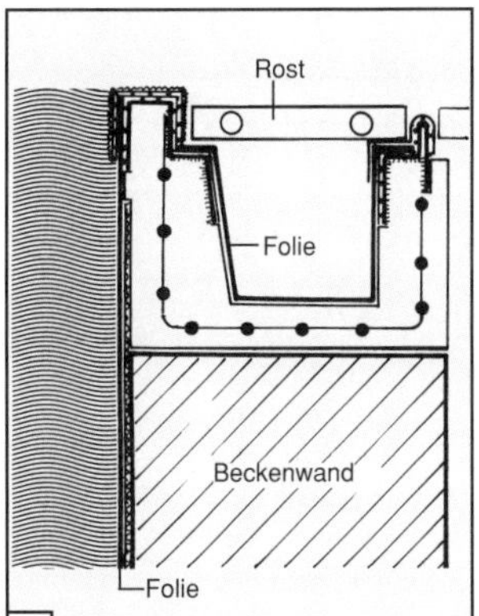

7 Fertigbetonrinne/Folienauskleidung

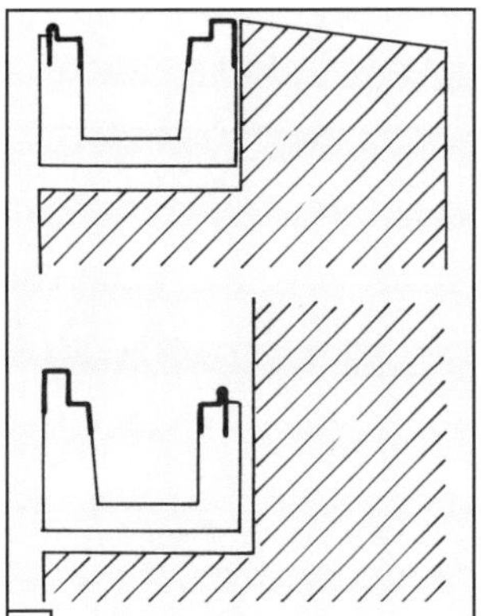

8 Variante → 7

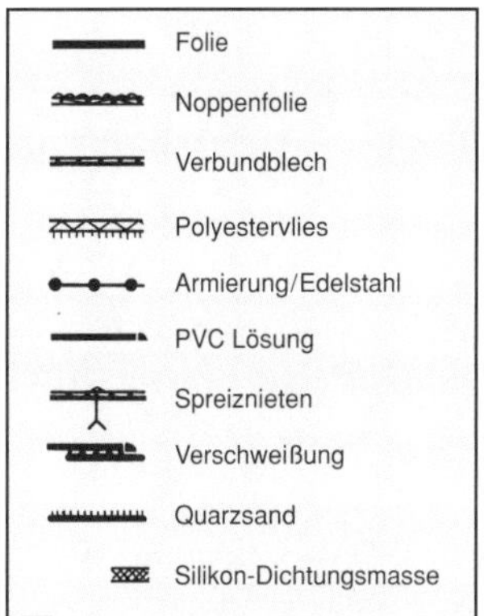

9 Zeichenerklärung → 1 – 8

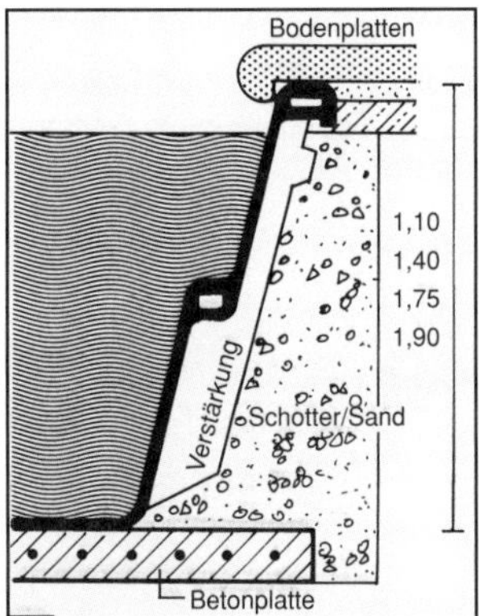

10 Polyesterbecken/Fertigbecken

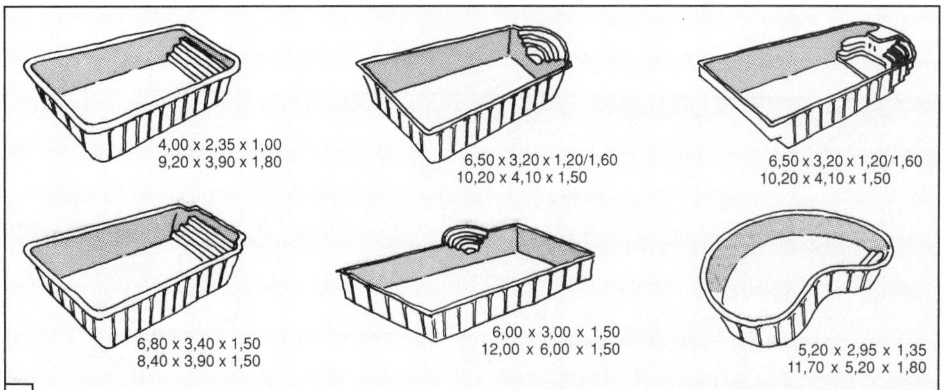

11 Fertigschwimmbecken

GARTENSCHWIMMBAD

BEISPIELE

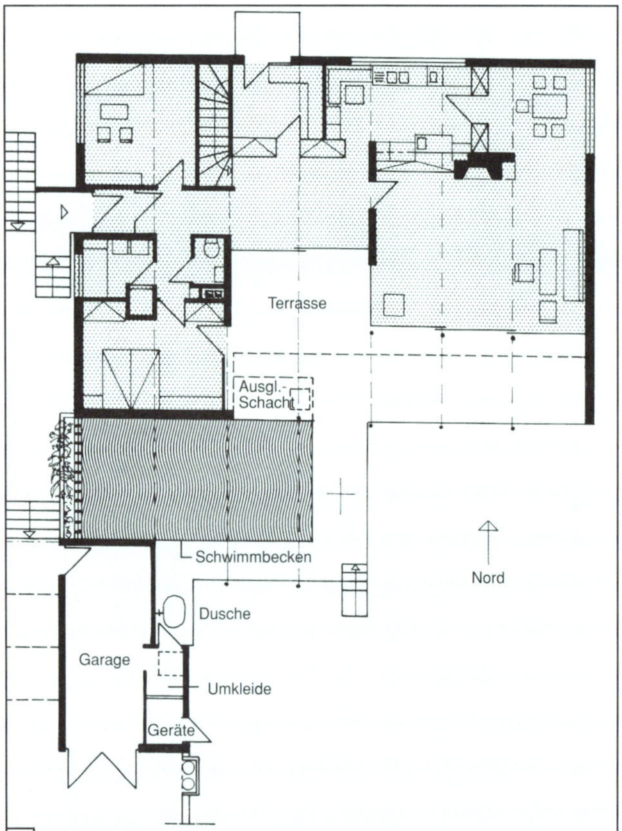

1 Schwimmbecken zwischen Haus und Garage Arch. Kappler

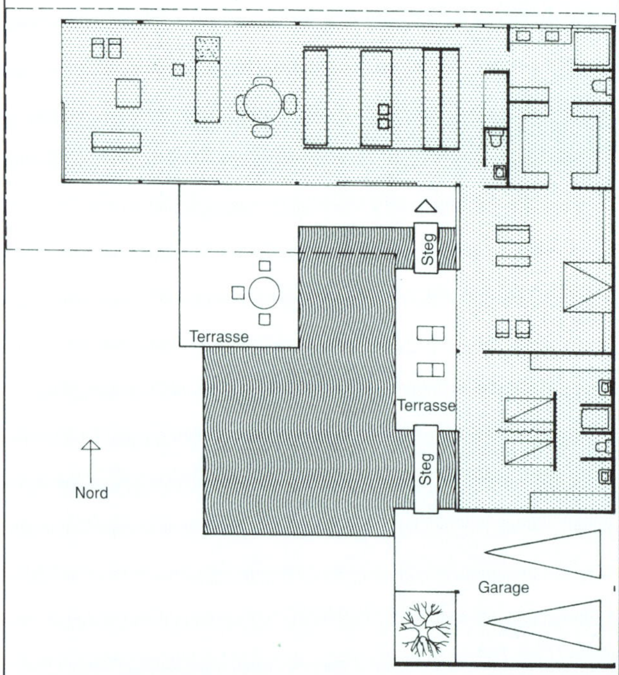

2 Wohnhaus u. Schwimmbad in Los Angeles
Schwimmbecken eng mit der Terrasse verzahnt Arch. Koenig

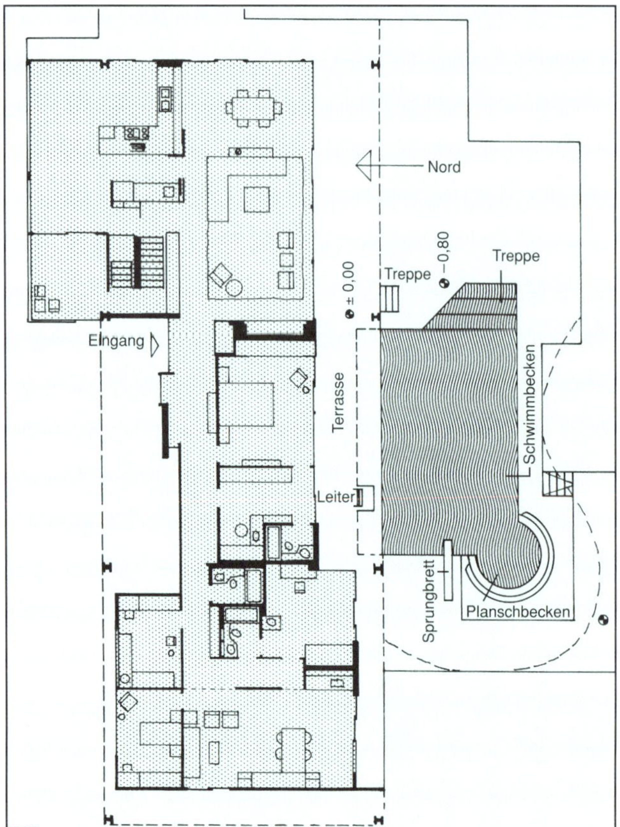

3 Haus mit Schwimmbad in Kalifornien Arch. Galbraith u. Ass.

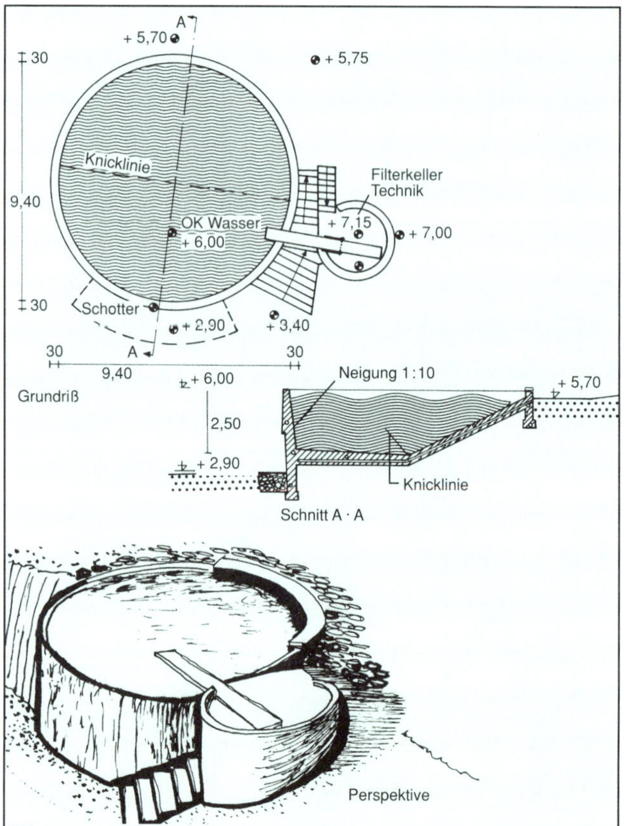

4 Rundschwimmbecken Arch. Prof. Neufert

WOHNHÄUSER

MIT SCHWIMMBAD IM GARTEN

Beispiel → [1]–[4] Wohnhaus am Hang mit Freischwimmbad vom Untergeschoß oder Außentreppen erreichbar.
Beispiel → [5]–[7] kurzer Weg von der Sauna u. Schlafraum zum Schwimmbad im Garten, ebenerdig dem Wohnraum vorgelagert.

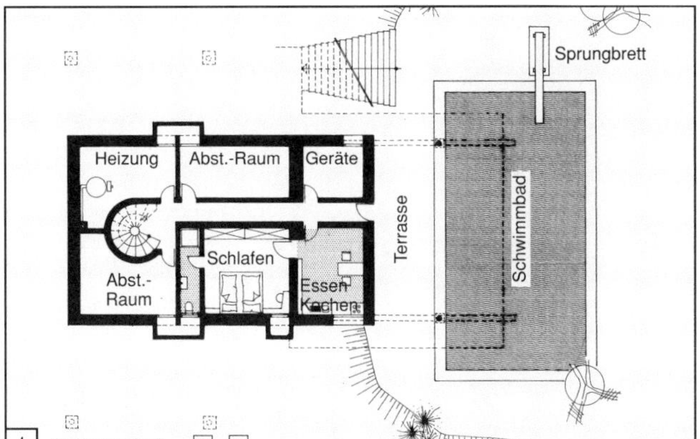

[1] Untergeschoß → [2]–[4]

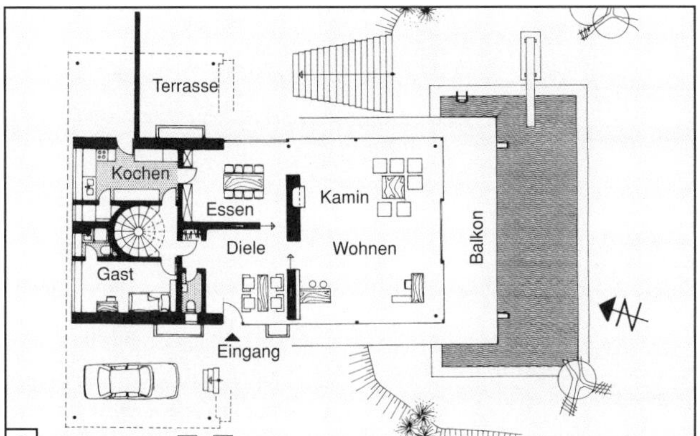

[2] Erdgeschoß → [3]–[4]

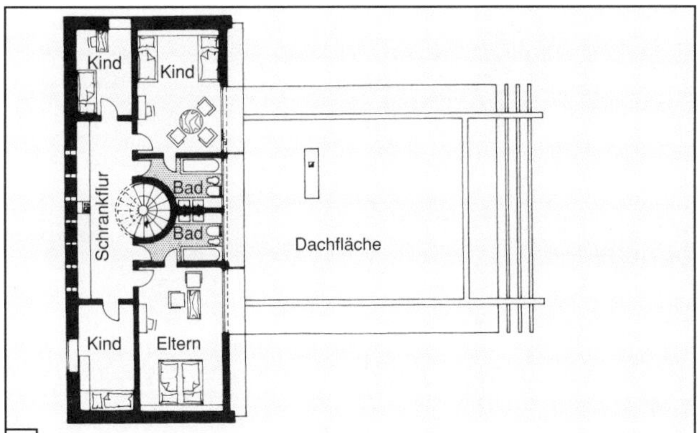

[3] Obergeschoß → [4]

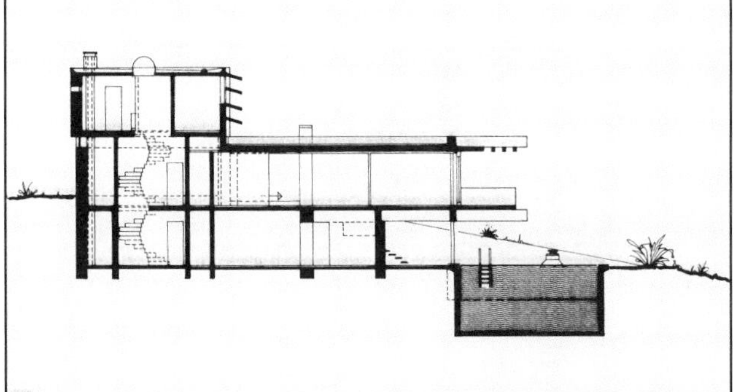

[4] Querschnitt → [1]–[3] Arch. P. Neufert

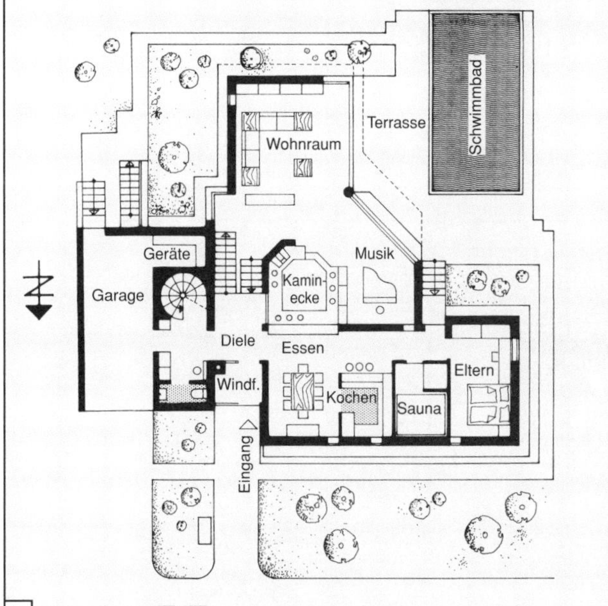

[5] Erdgeschoß → [6]–[7]

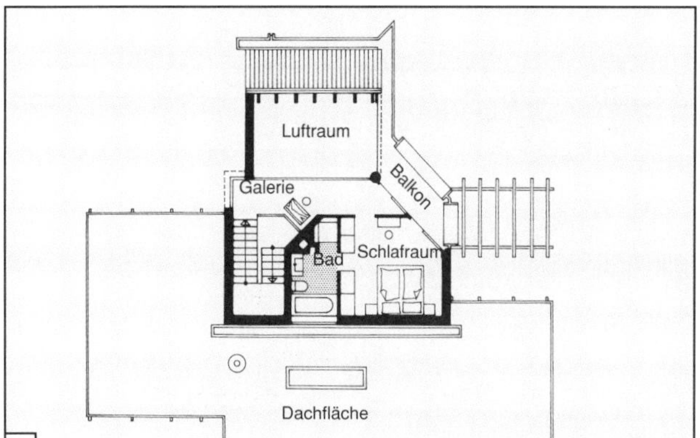

[6] Obergeschoß → [7]

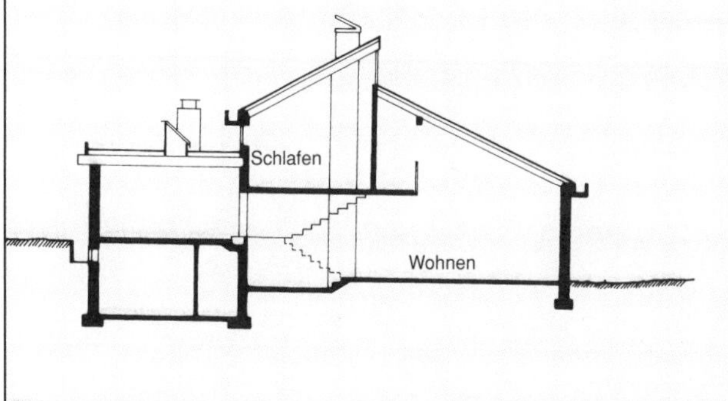

[7] Querschnitt → [5]–[6] Arch. K. Richter

GARTEN

UMFRIEDUNGEN

Grenzabstand für Hecken: über 2,00 m Höhe 1,00 m, bis zu 2,00 m Höhe 0,50 cm. Bei Hecken ist von der Seitenfläche aus zu messen. Bei Bäumen von der Mitte des Stammes.

Schutzzäune gegen Wild 10–20 cm eingraben, besonders zwischen Hecken. Holzzäune, Pfosten, Rahmen und Palisaden sind langlebig, wenn sie im Kessel tiefimprägniert sind. Lebensdauer mehr als 30 Jahre. Als Sichtschutz eignen sich Holzlamellenzäune, die auch als Schallschutz dienen können. Scherenzaun, auch Jägerzaun, ist beliebteste Grundstücksbegrenzung. Zaun wird mit Hilfe von Holz-, Beton- und Stahlpfosten gespannt → [6] + [8], die im Boden verankert werden. Drahtornamente oder Gitterzäune sind punktgeschweißt und verzinkt → [7]. Schmiedeeiserne Umfriedung kann kunstvoll oder schlicht verarbeitet sein. Fast jede Form ist möglich → [3].

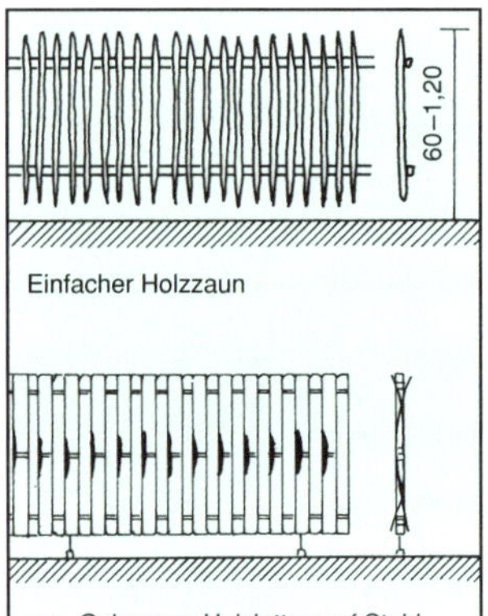

1 Gebogene Holzlatten auf Stahlrohrgerüst

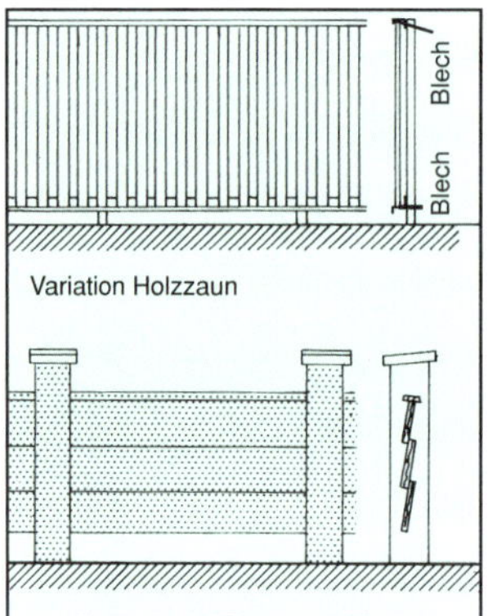

2 Unbesäumte Bretter an Pfosten genagelt

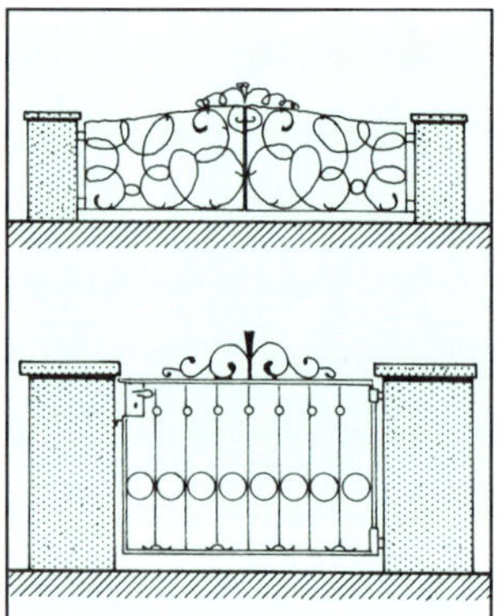

3 Gartentüren aus der Kunstschmiede

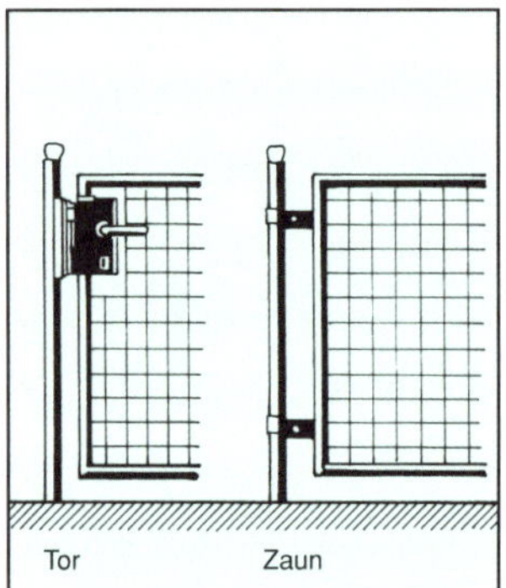

4 Wellengittertor u. Zaunfeld

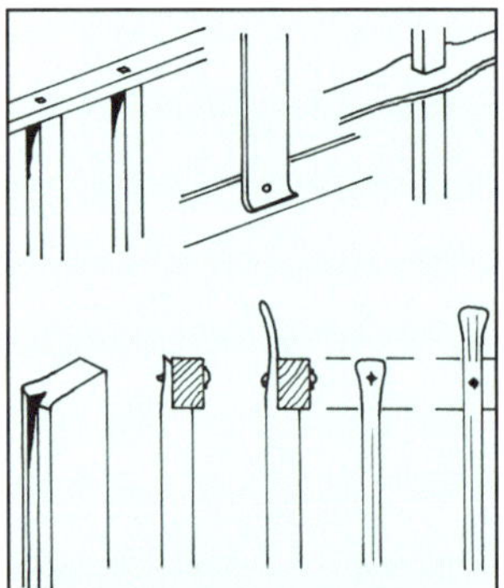

5 Verschiedene Methoden zur Verbindung u. Bearbeitung von Vierkanteisen u. Stabstahl

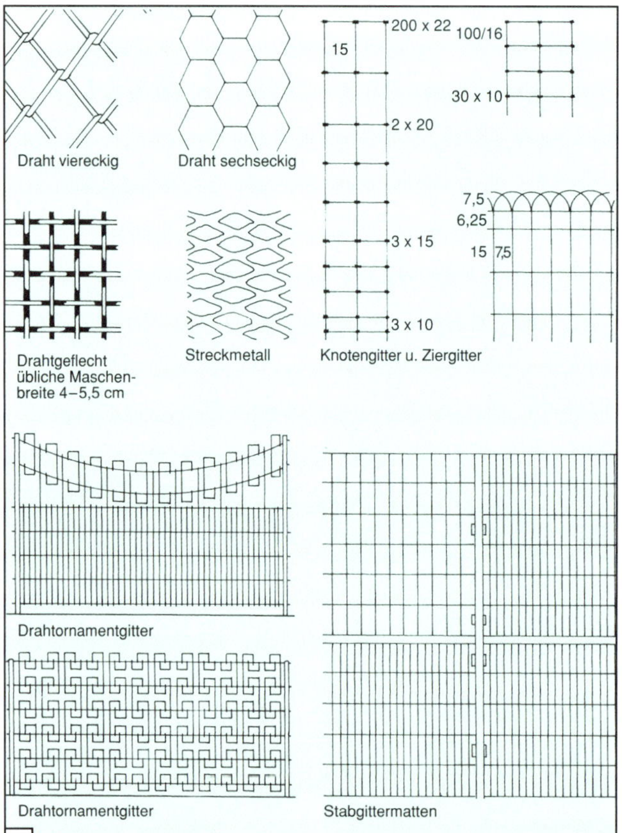

7 Drahtgitter

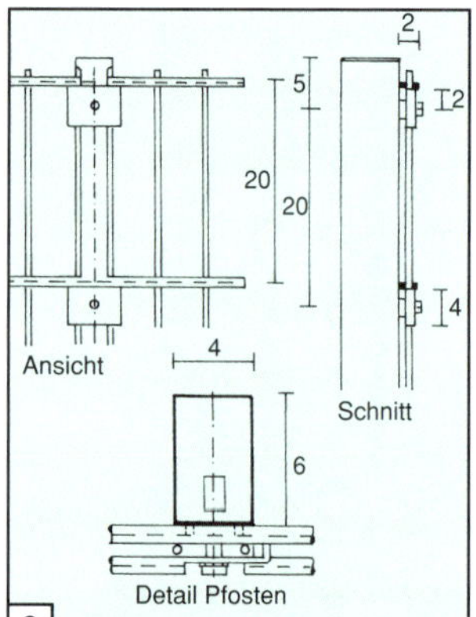

9 Details Stahlgitterzaun

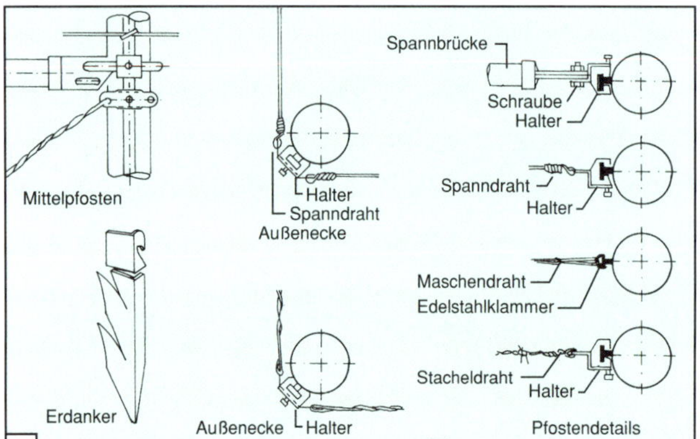

6 Details zur Spannung eines Knotengeflechts → [8]

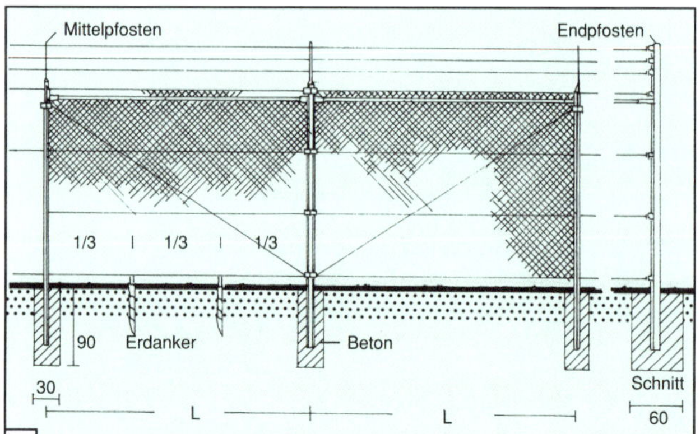

8 Spannung eines Knotengeflechts

NACHBARRECHTSGESETZ, EINFRIEDUNGSPFLICHT

Innerhalb eines im Zusammenhang bebauten Ortsteils ist der Eigentümer eines bebauten oder gewerblich genutzten Grundstücks auf Verlangen des Eigentümers des Nachbargrundstücks verpflichtet, sein Grundstück an der gemeinsamen Grenze einzufriedigen. Sind beide Grundstücke bebaut oder gewerblich genutzt, so sind beide Eigentümer verpflichtet, die Einfriedigung gemeinsam zu errichten. Einfriedigung muß ortsüblich sein. Meist ist eine etwa 1,20 m hohe Einfriedigung erwünscht → [3]– [12]. Die Einfriedigung ist auf der Grenze zu errichten. Kosten der Errichtung tragen die beteiligten Grundstückeigentümer zu gleichen Teilen.

Gemeinsamer Zaun: mitten auf die Grenze setzen. Eigener Zaun: grundmauerscharf an die Grenze.

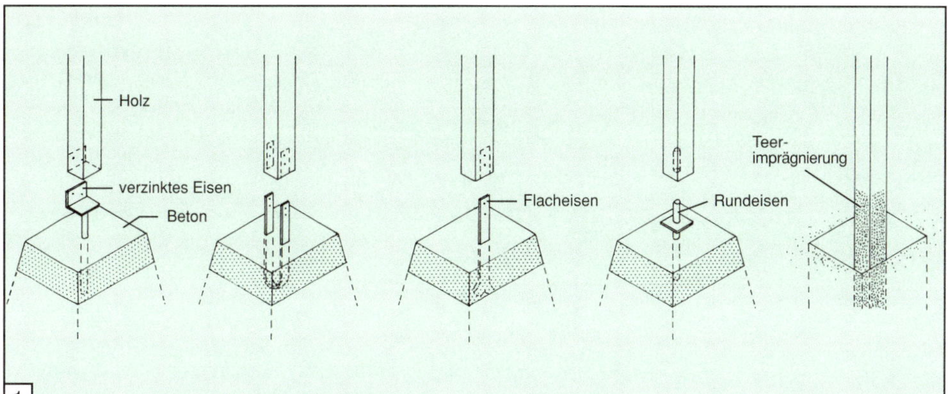

1 Befestigung von Pfosten für Zäune u. Pergolen

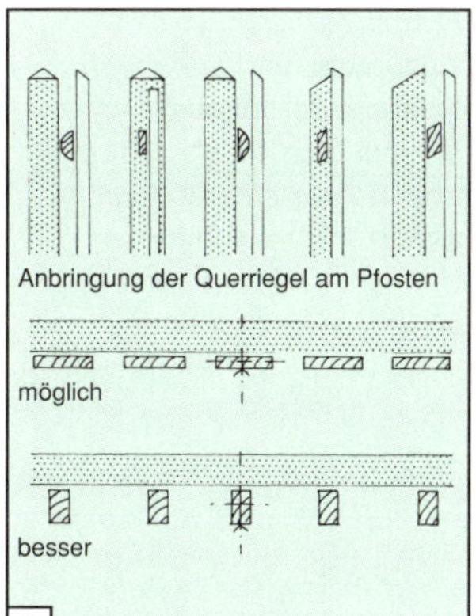

2 Latten am Querriegel

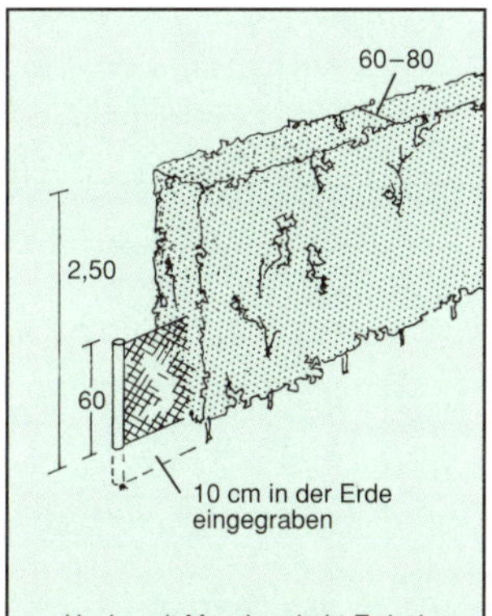

5 Hecke mit Maschendraht-Zwischenzaun

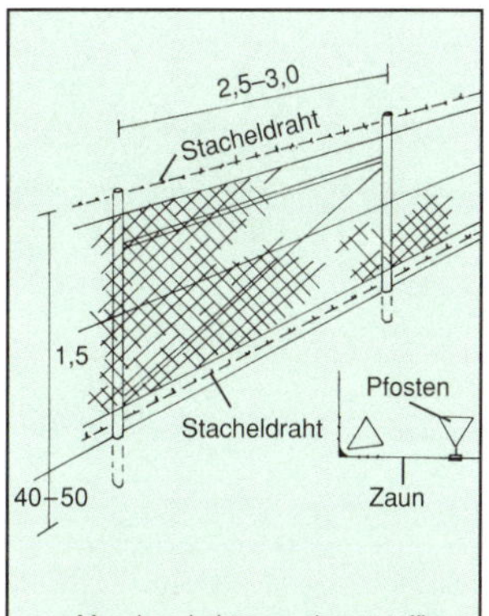

8 Maschendrahtzaun kunststoffbeschichtet oder verzinkt

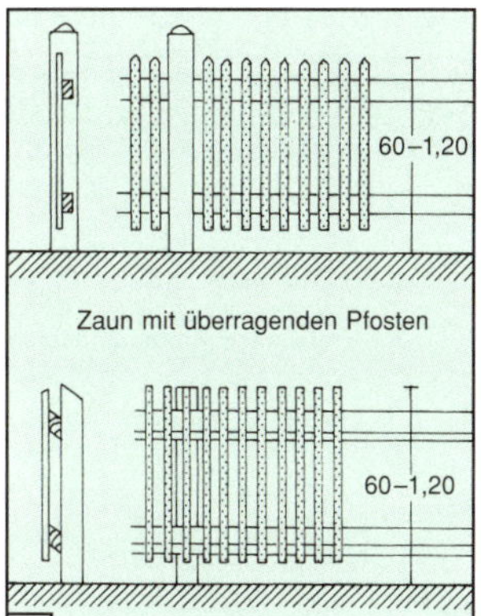

3 Mit durchgehender Abschlußleiste

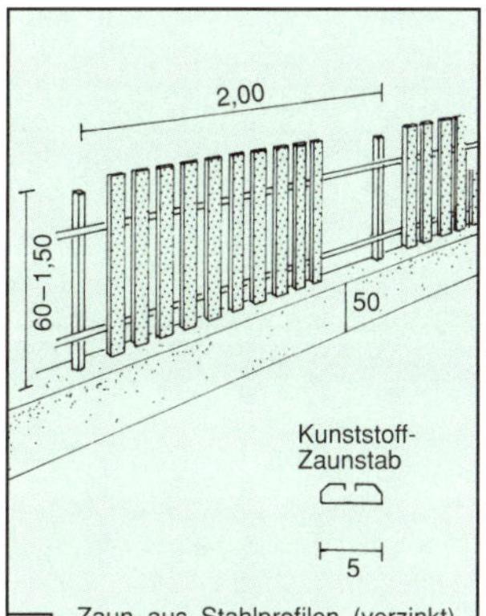

6 Zaun aus Stahlprofilen (verzinkt) mit Kunststoff-Zaunstab

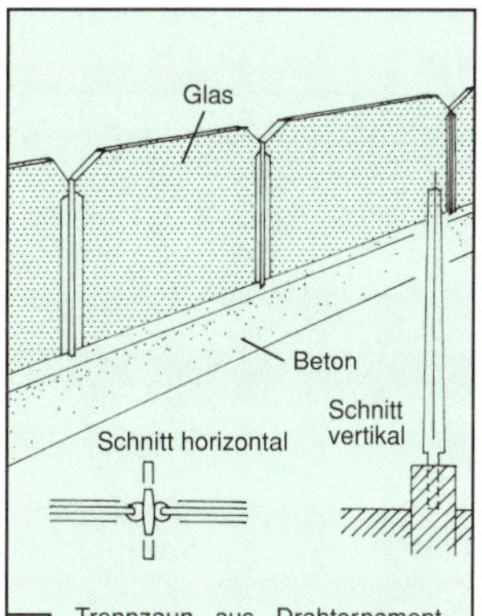

9 Trennzaun aus Drahtornamentglas auf Betonsockel

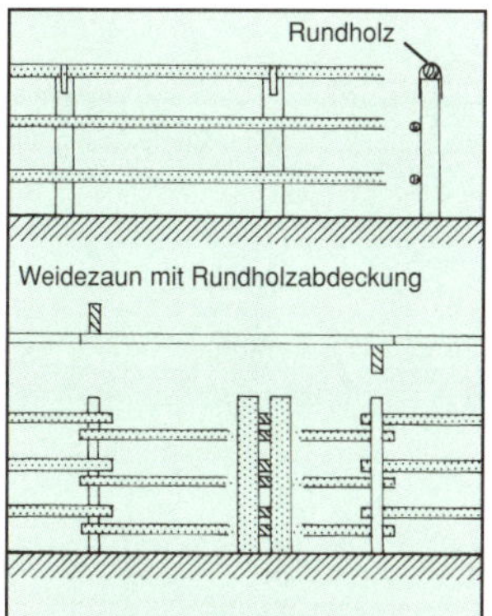

11 Weidezaun mit versetzten Pfosten u. Holmen

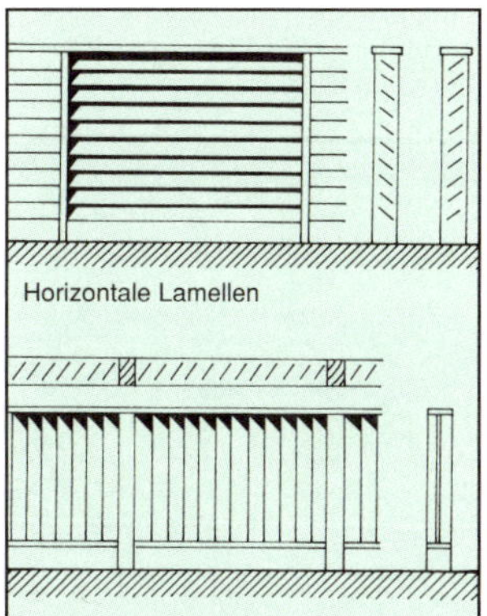

4 Vertikale Holzlamellen

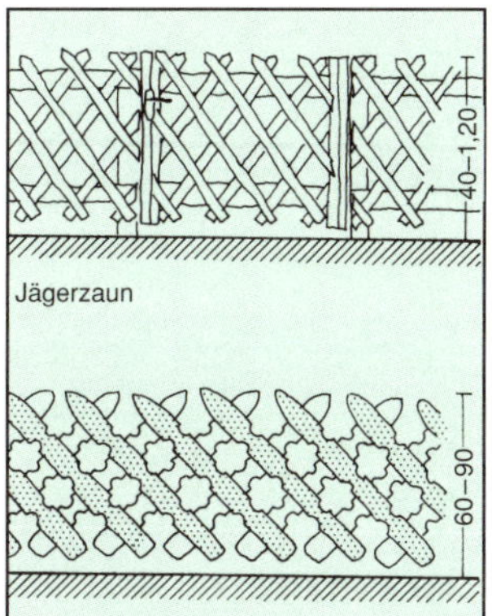

7 Ornamentzaun

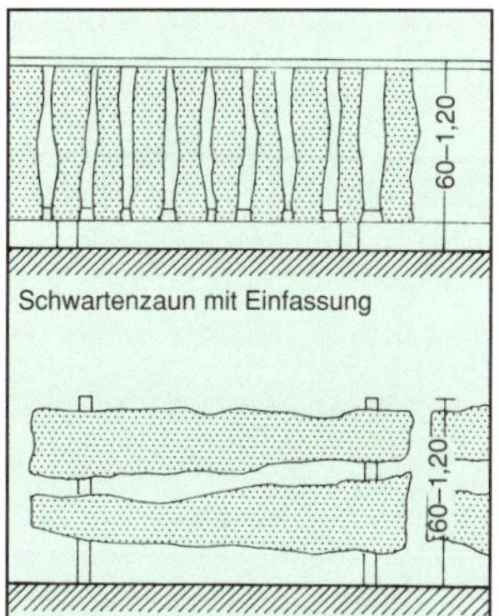

10 Aus längsgeschnittenen Schwarten

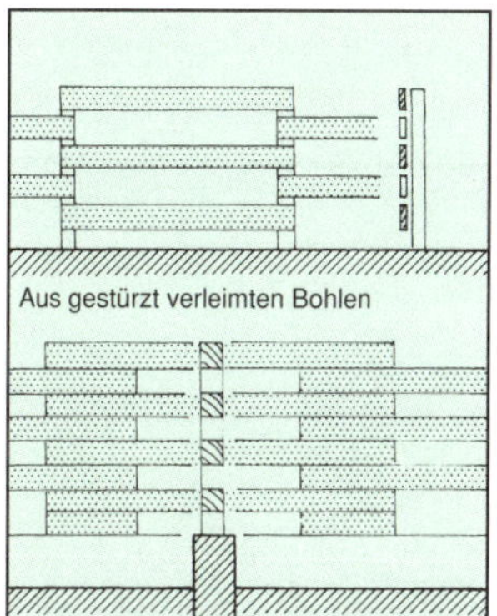

12 Aus Holzbohlen mit quadratischem Querschnitt

ERDBAU DIN 1815 → 🕮
HANGSICHERUNG

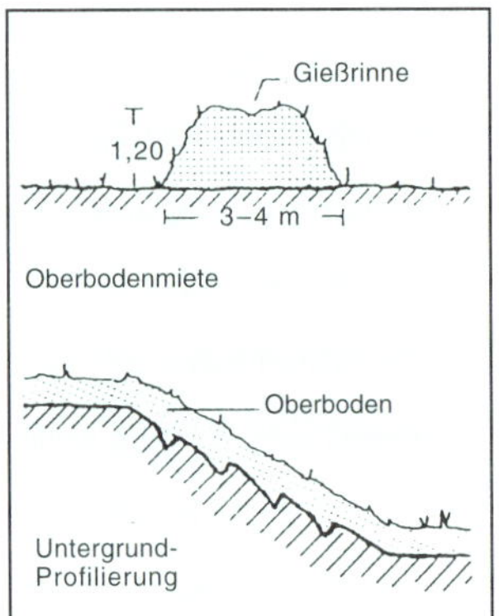

1 Bodenauftrag an leicht geneigten Flächen

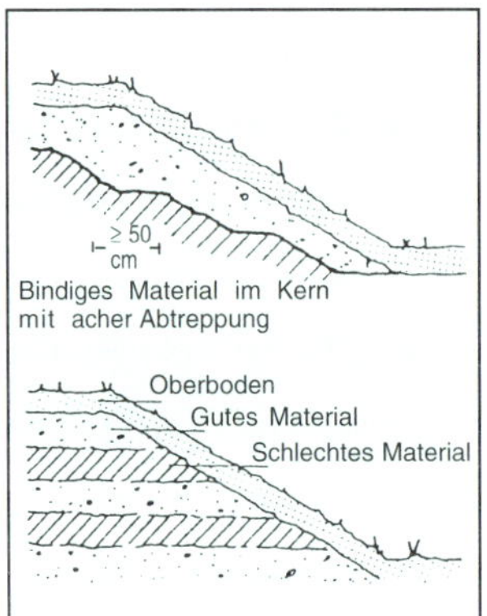

2 Lagenweise Schüttung

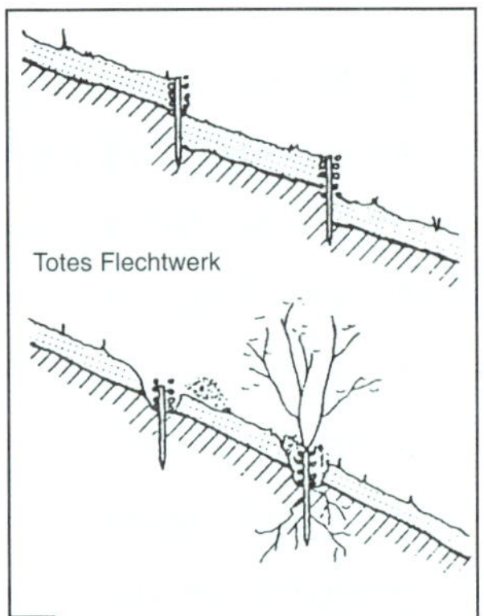

3 Lebendes Flechtwertk

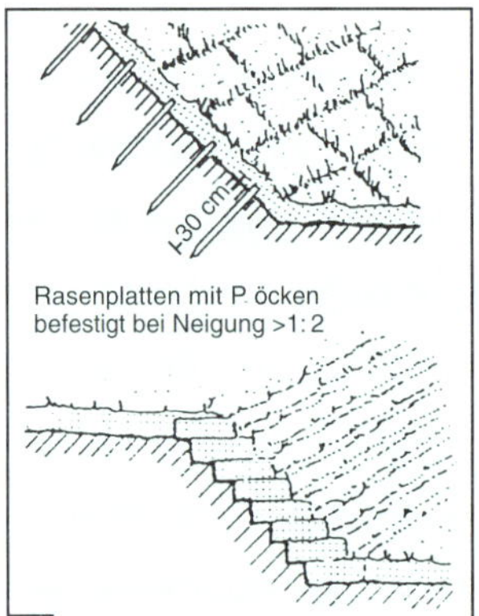

4 Befestigung mit Kopfrasen

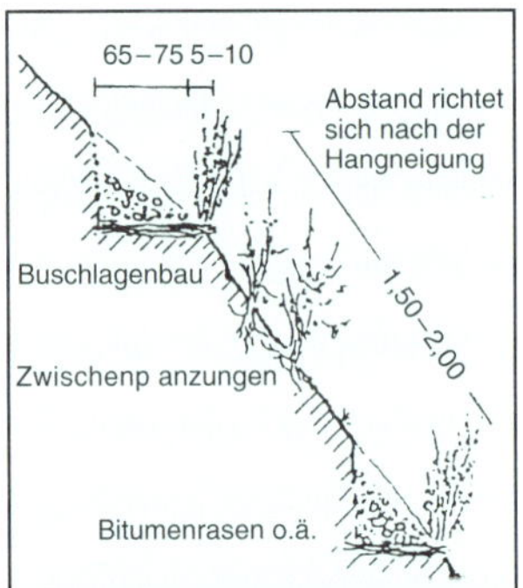

5 Buschlagenbau, Pionierp anz-ungen u. Bitumenrasen zur Sicherung von Wandhängen, Böschungen.

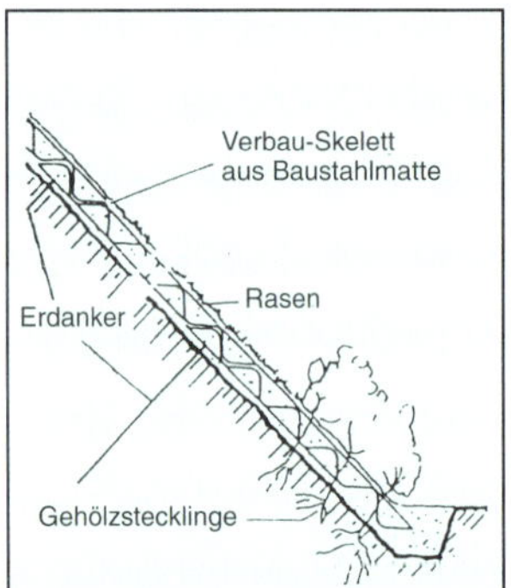

6 Sicherung der Böschungsober äche durch Verbau-Skelett, System Weber

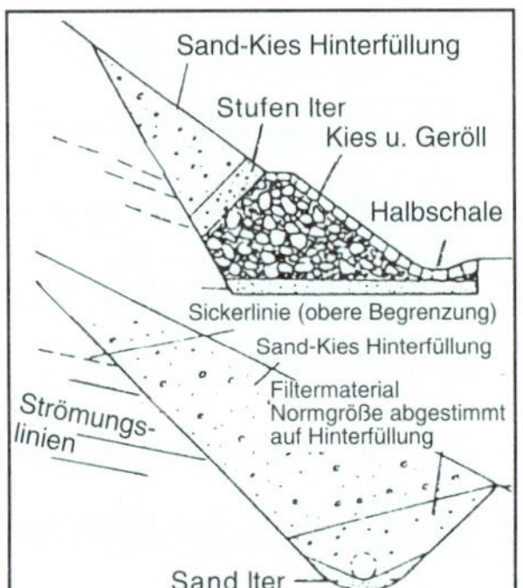

7 Entwässerung und Abstützung Hangfuß durch Stein- und Schotterkörper

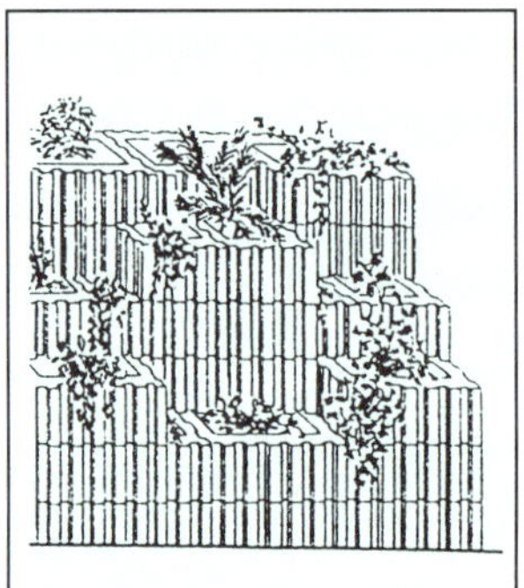

8 Zur Bep anzung nach oben offen abgestufte Verbundrasterung von Seitenwänden im Seitenverhältnis 1 : 1,5

Oberbodensicherung an Baustellen durch vorübergehende Absetzung in Erdmieten → 1. Wenn nicht im Schatten gelegen, sollte Abdeckung vor zu starker Austrocknung schützen. (Rasenplatten, Stroh, usw.) Bei längerer Lagerung evtl. Gründüngungsp anzen ansähen.

Mutterbodenmieten jährlich mindestens einmal umsetzen unter Hinzugabe von 0,5 kg Ätzkalk je cbm.

Bei Aufschüttung sind Verdichtungsmaßnahmen nötig, wenn sofort nach Beendigung der Erdarbeiten gartentechnische Bauwerke, Rasenanlagen oder P anzarbeiten auszuführen sind (besonders wichtig bei Anlage von Wegen und Plätzen).

1. Überfahren mit Fördergeräten (Planierraupe) ergibt bei Lagenschüttung meist ausreichende Verdichtung.
2. Einschlämmen nur bei guten Schüttmaterial (Sand und Kies).
3. Walzen zur Verdichtung von bindigen Erdmassen lagenweise (Schütthöhe 30–40 cm je Lage). Grundsätzlich stets von außen nach innen walzen, d.h. von Böschung zur Mitte Auftrags äche. Außerdem Walzen von Schottermassen beim Wegebau.
4. Stampfen oder Rammen bei allen festen Böden möglich.
5. Einrütteln bei losem, nicht bindigem Schüttmaterial.

Bei allen Verdichtungsarbeiten auf spätere Nutzung Rücksicht nehmen. Bei Wegen und Plätzen Verdichtung bis zur obersten Schicht, während bei Rasen ächen 10 cm, bei P anz ächen 40 cm lockerer Boden an Ober äche benötigt wird.

Böschungssicherung

Zur Vermeidung von Erosionserscheinungen, Abrutschungen, Windverwehungen usw. Grundsätzlich werden bei allen Schüttmaterialien durch Lagenschüttung die Standsichersten Böschungen erzielt. Untergrundpro lierung → 2 verhindert durch Verzahnung der lockeren Schüttmassen mit dem Untergrund Bildung von Gleit ächen. Abtreppung bei höheren Schüttungen auf geneigtem Untergrund → 1 ergibt Sicherung gegen Rutschungen (Stufenbreite ≥ 50 cm). Wenn Stufenneigung zur Bergseite, Längsgefälle vorsehen, damit sich ansammelndes Wasser ab ießen kann.

Böschungswinkel	Art	Gewicht kg/m3	in Grad
Dammerde	gelockert und trocken	1400	35–40
	gelockert und natürlich feucht	1600	45
	gelockert und mit Wasser gesättigt	1800	27–30
	gestampft und trocken	1700	42
	gestampft und natürlich feucht	1900	37
Lehmerde	gelockert und trocken		
	(Mittelwert für leichten Boden)	1500	34–45
	gelockert und natürlich feucht	1550	45
	gelockert und mit Wasser gesättigt		
	(Mittelwert für mittleren Boden)	2000	20–25
	gestampft und trocken	1800	40
	gestampft und natürlich feucht	1850	70
Kies	(Gerölle), mittelgrob und trocken	1800	30–45
	mittelgrob und feucht	2000	25–30
	trocken	1800	35–40
Sand	fein und trocken	1600	30–35
	fein und natürlich feucht	1800	40
	fein und mit Wasser gesättigt	22000	25
	grob und trocken	1900–2000	35
Steinschotter	naß	2000–2200	30–40
Ton	gelockert und trocken	1600	40–50
	gelockert und stark durchnäßt	2000	20–25
	fest und natürlich feucht		
	(schwerer Boden)	2500	70
trockener Sand und Schutt		1400	35

9 Gewicht und Böschungswinkel verschiedener Erdarten

GARTEN

WEGE, STÜTZMAUERN

Wege u. Treppenanlagen im Garten sollen sicher u. bequem zu begehen sein, sich aber harmonisch in Gehölzpflanzung u. Staudenrabatten einfügen. Stufen, leichtes Gefälle nach vorn, damit Regenwasser abfließt, in naturnahen Gärten Knüppelstufen → 3. Trockenmauer → 10 bietet für viele Pflanzen u. Tiere den idealen Lebensraum. Betonstützmauern einfacher → 11 u. billiger. Viele Größen u. Formen aus Fertigteilen → 7.

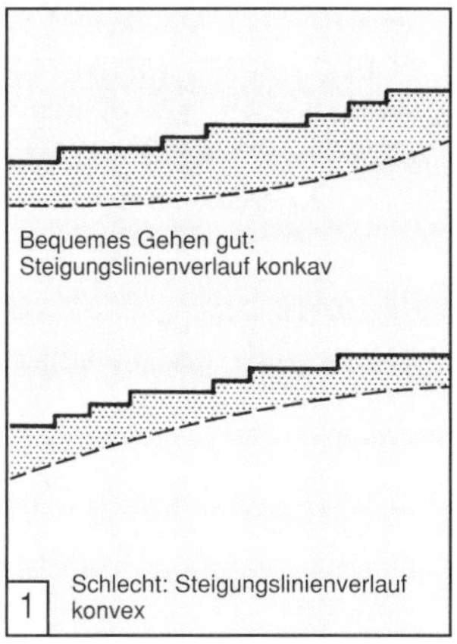

1

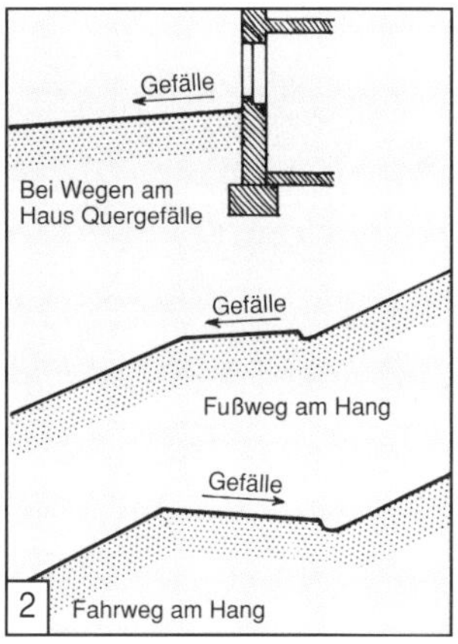

2 Fahrweg am Hang

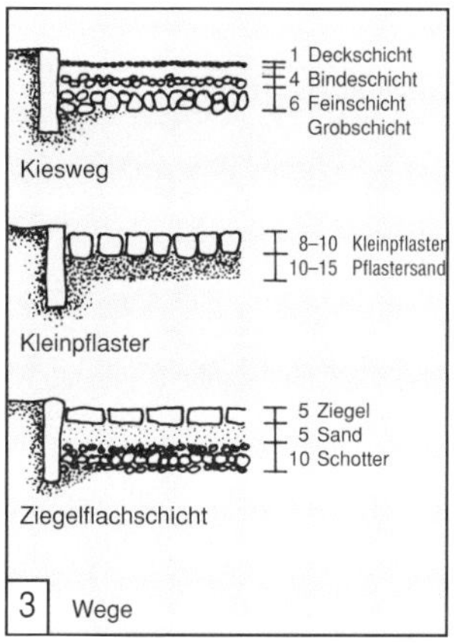

3 Wege

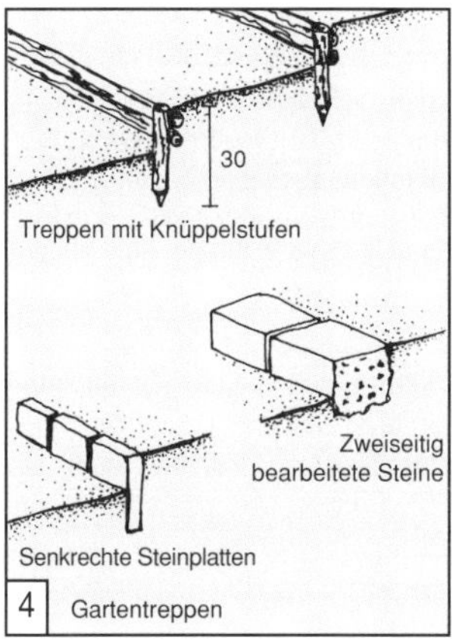

4 Gartentreppen

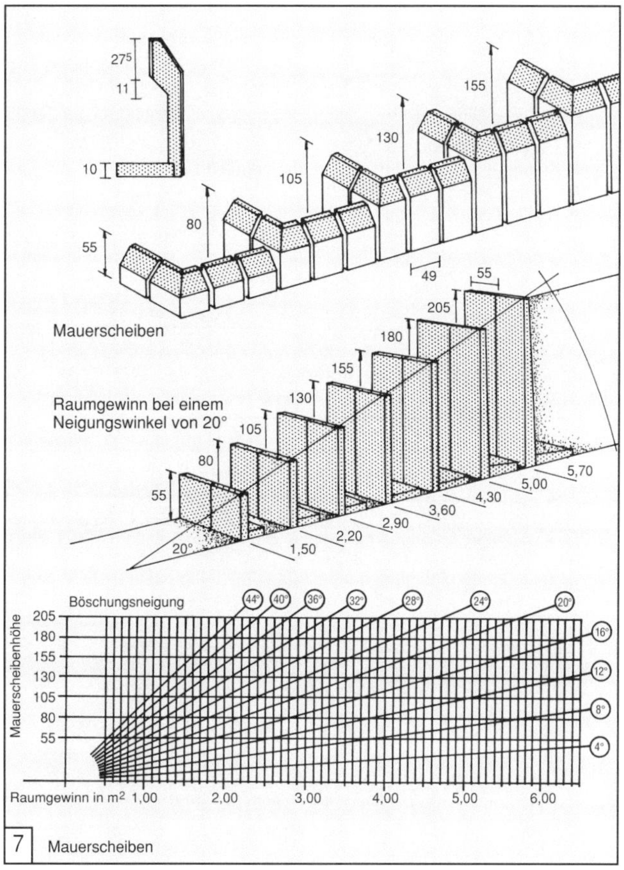

7 Mauerscheiben

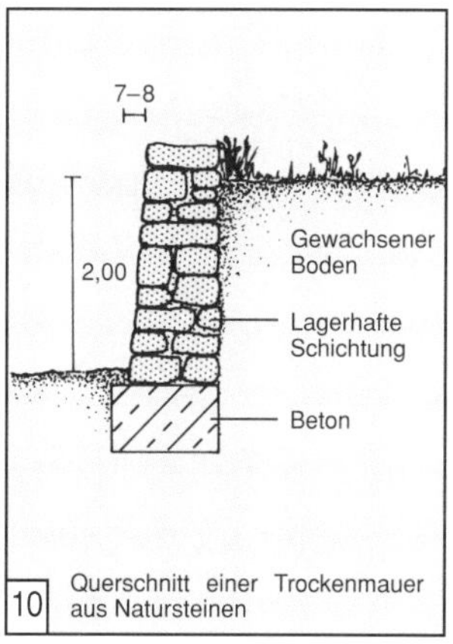

10 Querschnitt einer Trockenmauer aus Natursteinen

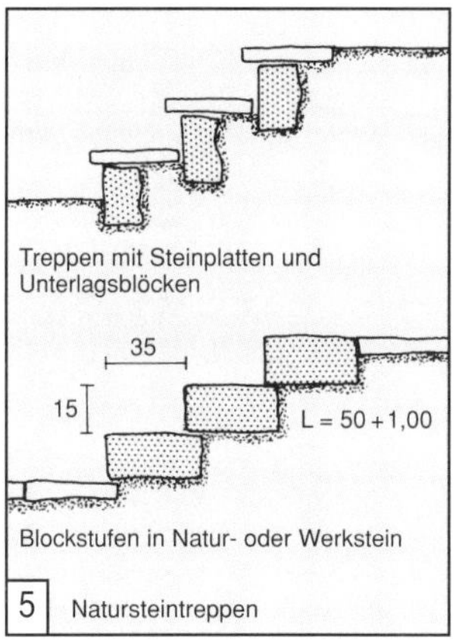

5 Natursteintreppen

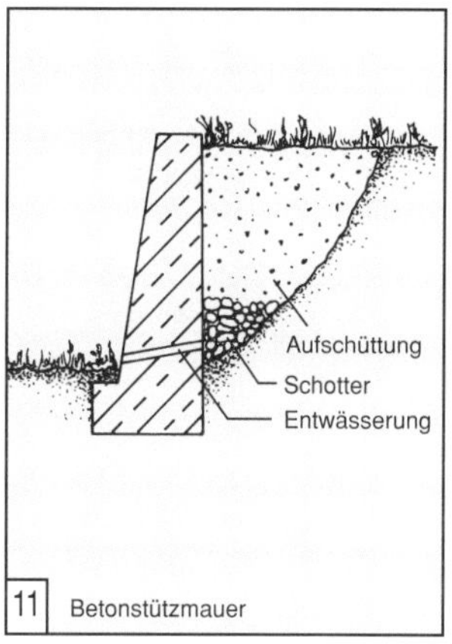

11 Betonstützmauer

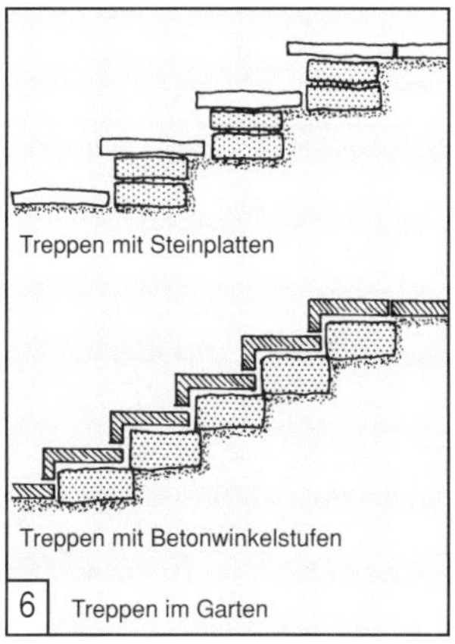

6 Treppen im Garten

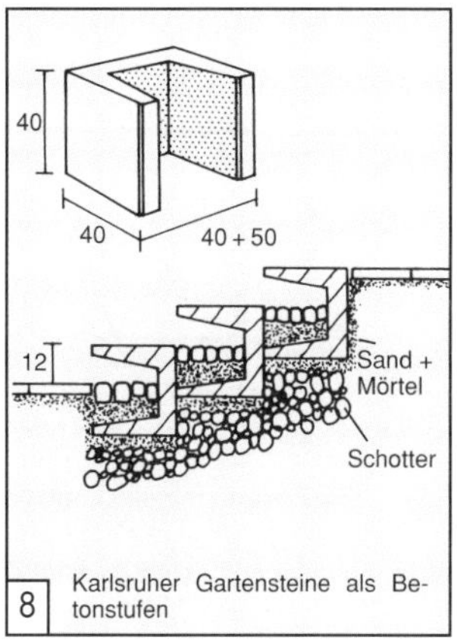

8 Karlsruher Gartensteine als Betonstufen

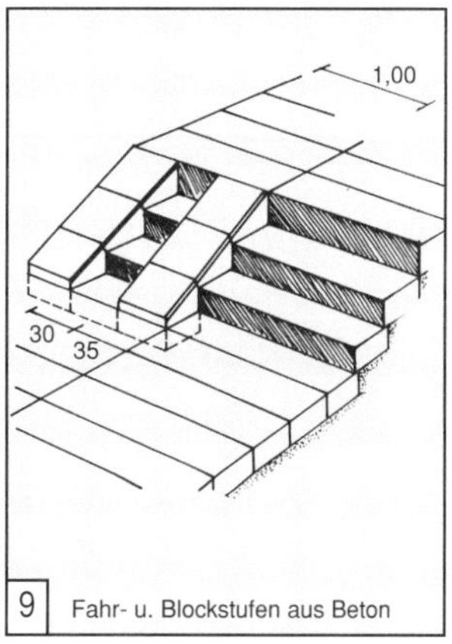

9 Fahr- u. Blockstufen aus Beton

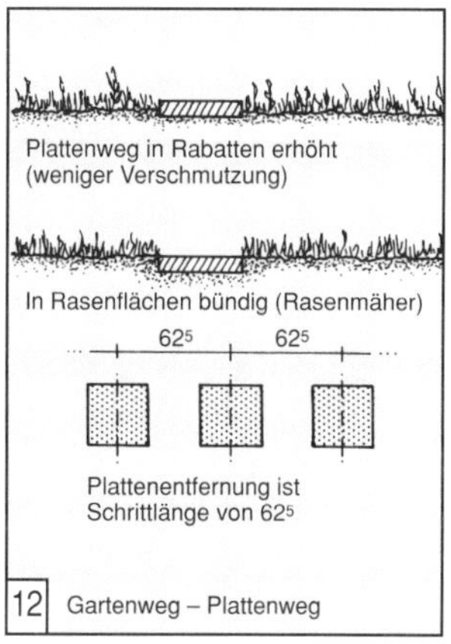

12 Gartenweg – Plattenweg

WEGE U. STRASSEN
BORDSTEINE U. PFLASTER

Verbundpflaster: Für Straßen, Parkplätze, Hallenböden, Auspflasterung von Gleisen, Sohlen- und Böschungsbefestigungen bei Wasserläufen.

Hohe Verkehrsbelastung durch Verbundwirkung und entspr. Unterbau.

Steinhöhen 6, 7 und 10 cm, Abmessungen: Länge/Breite 22,5/11,25; 20/10; 12/6 usw.

Durch Anpassung an Regelbreiten im Straßenbau → 6 – 12. Stärke des Unterbaus (Kies, Schotter mit Korngröße 0–35 mm) als Filter oder Tragschicht dem Untergrund und der zu erwartenden Verkehrsbelastung anpassen.

Bei tragfähigem Untergrund Tragschicht 15–25 cm, Stärke bis zur Standfestigkeit verdichten.

Pflasterbett 4 cm Sand oder Splitt 2–8 mm. Nach Abrütteln des Belags verdichtet sich das Pflasterbett um 3 cm. Um möglichst wenig Oberfläche zu versiegeln, Ökopflaster verwenden → 6 – 7.

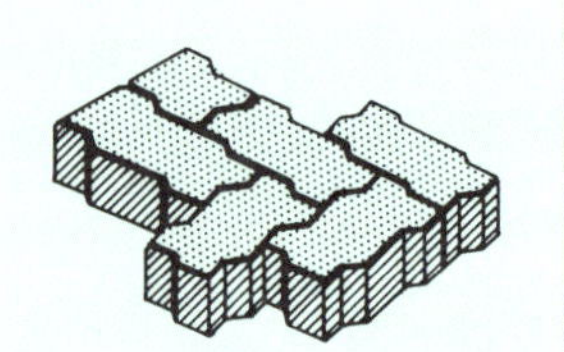

Höhe cm	Breite cm	Länge cm	Stück m²
6	11,25	22,5	39
8	11,25	22,5	39
10	11,25	22,5	39

1 Verbundsteine

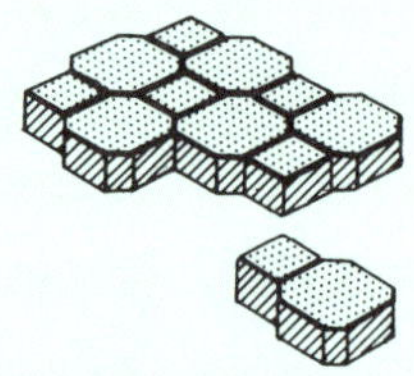

Höhe cm	Breite cm	Länge cm	Stück m²
6	14,9	23	38
8	14,9	23	38

2 Dekorverbundsteine

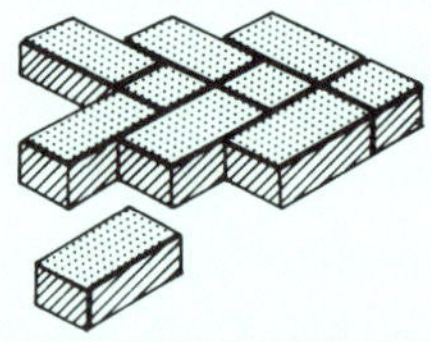

Höhe cm	Breite cm	Länge cm	Stück m²
6	10	10 + 20	48 + 96
8	10	10 + 20	48 + 96

3 Systempflastersteine

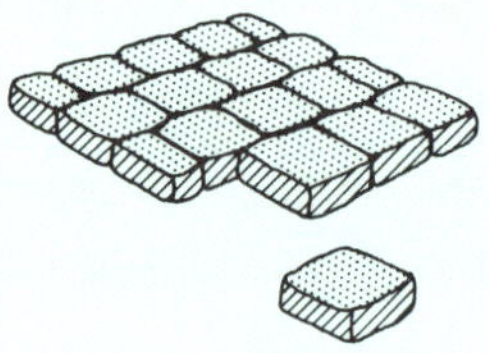

Höhe cm	Breite cm	Länge cm	Stück m²
8	7	21	68
8	14	14 + 21	51 + 34

4 Rustikalpflaster

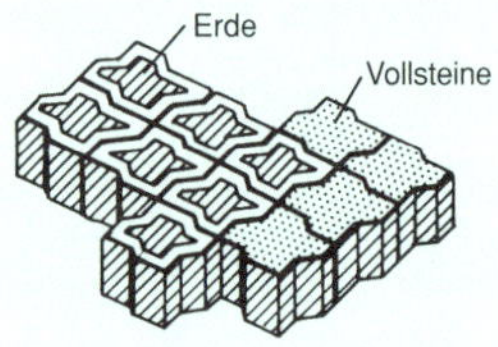

Höhe cm	Breite cm	Länge cm	Stück m²
10	33	16,5	18
10	33	33	12

Vollsteine gleiche Maße

5 Rasensteine

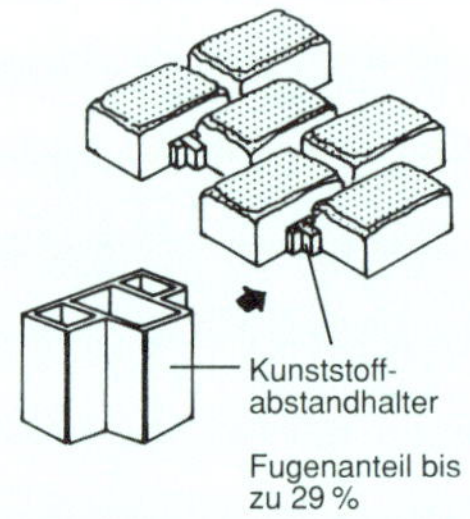

Höhe cm	Breite cm	Länge cm	Stück m²
8	16	16	27
8	16	24	19

6 Öko-Pflaster

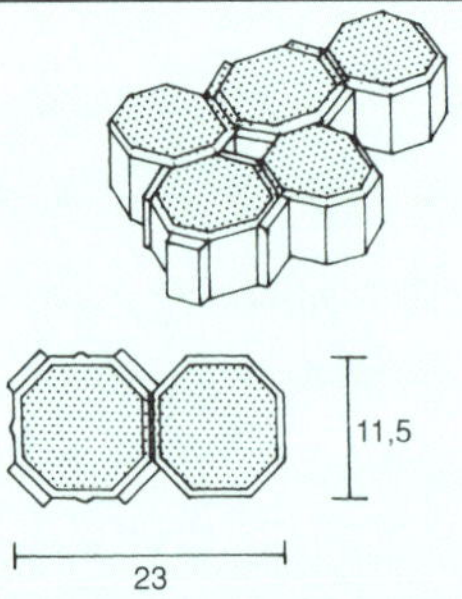

Höhe cm	Stück m²	Gewicht kg/m²
8	38	165

7 Ökosteine

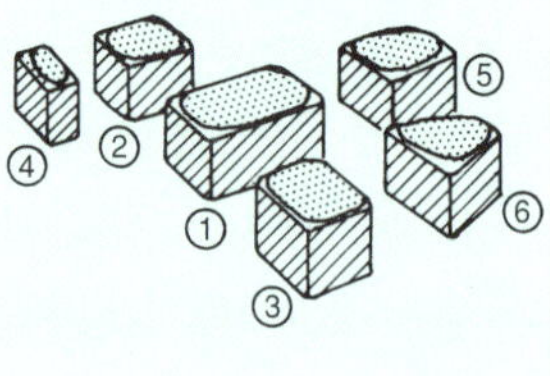

Stein	1 1/2 ①	normal ②	3/4 ③	1/2 ④	Keil −1 ⑤	Keil −2 ⑥
Höhe	8	8	8	8	8	8
Breite	12	12	9	6	8/11	5/13
Länge	18	12	12	12	12	12
St/m²	46	69	92	139	87	92

8 Betonpflaster → 9

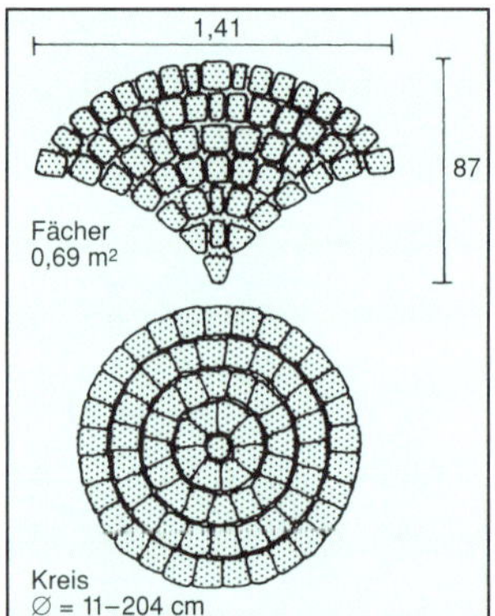

9 Mosaikpflaster → 8

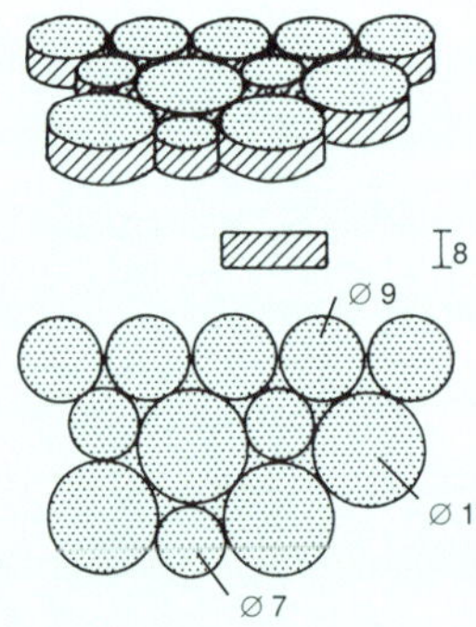

10 Rundpflaster

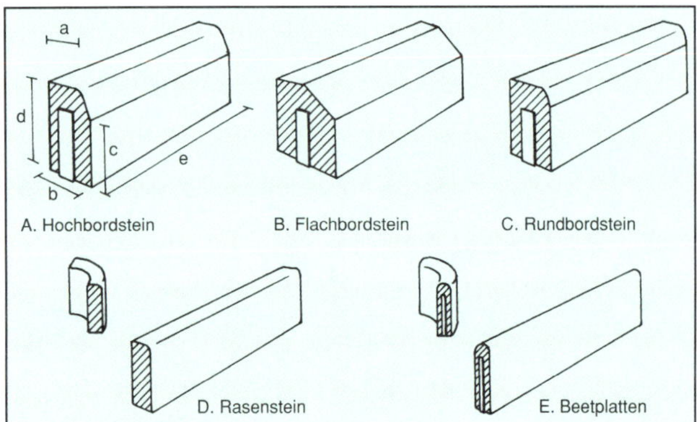

11 Bordsteine → 12

		a	b	c	d	e
Hochbordstein	A	12	15	25	13	(100) 50
Flachbordstein	B	7 15	12 18	20 19	15 13	100 50
Rundbordstein	C	9	15	22	15	100 50
Rasenstein	D	–	8 8	– –	20 25	(100) 50
Beetplatten	E	–	6	–	30	100

12 Abmessungen Bordsteine → 11

KLEINTIERSTÄLLE

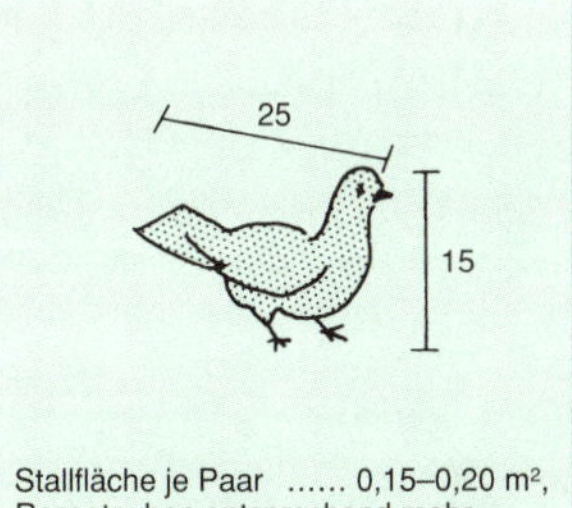

Stallfläche je Paar ...... 0,15–0,20 m², Rassetauben entsprechend mehr. 1 Paar Brieftauben ... 0,5 m³ Luftraum, 1 Paar Rassetauben 1,0 m³ Luftraum, 15–20 Paar Rassetauben in einem Schlag, 20–50 Paar Tauben in einem Schlag

1 Tauben

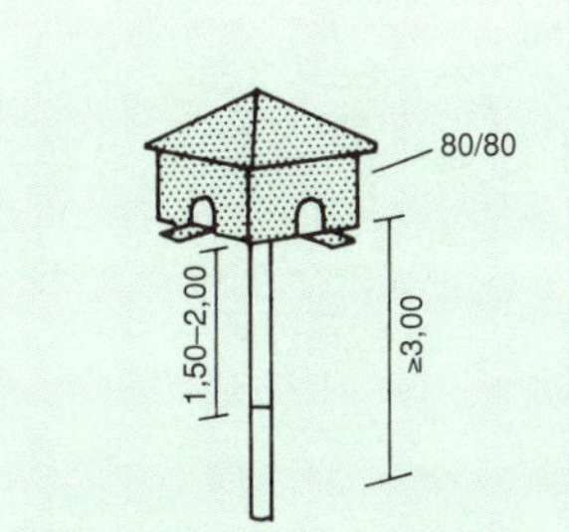

Auf 3–4 m hohen Pfeilern, die 1,5–2,0 m hoch gegen Raubtiere mit Blech beschlagen sind, oder als Taubenschläge an der Ost- oder Südseite des Hauses

2 Taubenhaus

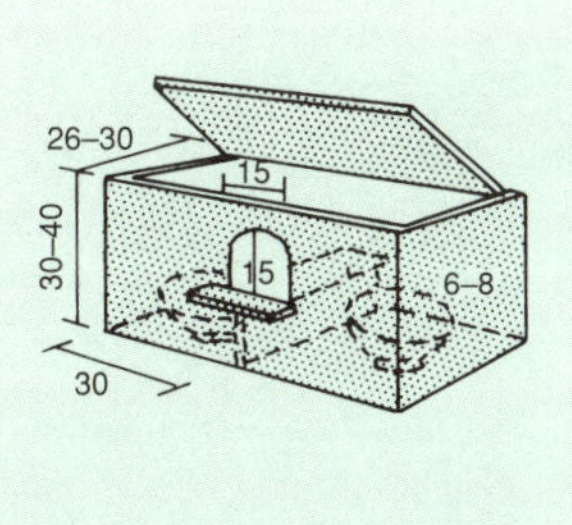

Je Taubenpaar 2 Nester auf dem Boden des Schlages oder auf besonderen Gestellen. Fütterung durch Holzkasten mit kleinen Öffnungen, Trinkgefäße mit ebensolchen Öffnungen

3 Nistkasten nach Fulton

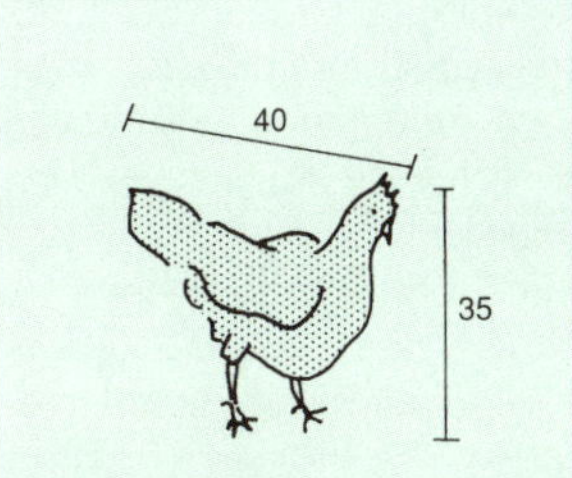

Scharraum für 5 Hühner ≥ 3 m², Scharraum für 10 Hühner ≥ 5 m², Scharraum für 20 Hühner ≥ 10 m². Scharraum für 5–6 leichte Hühner oder 4–5 schwere Hühner = 1 lfdm Sitzstange = 10–12 Hühner auf 1 m²

4 Huhn (Orpington-Henne)

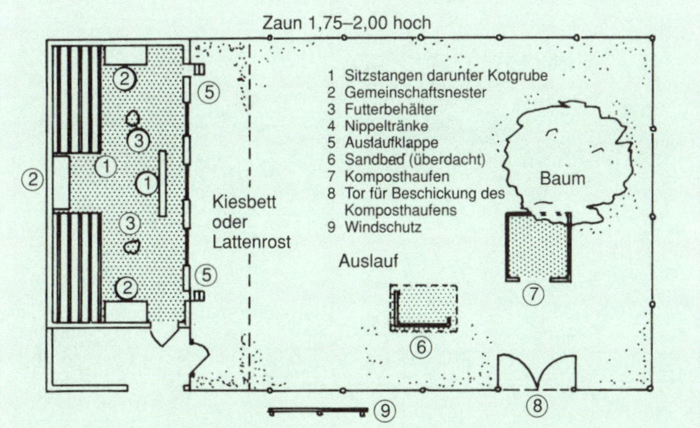

7 Hühnerstall u. Auslauf → [8]

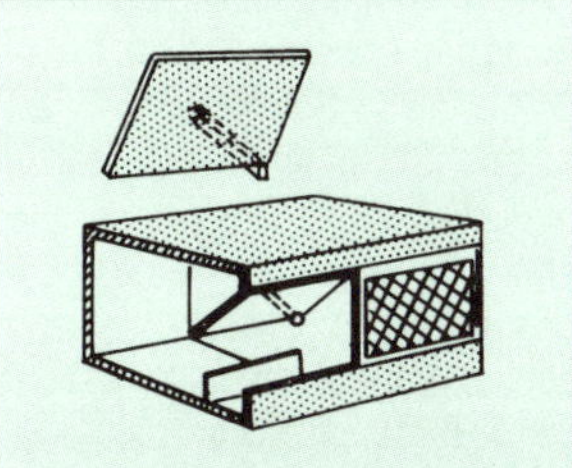

In Zuchtställen sind die Legenester als Fallnester gebaut, mit einer Klapptür, die entweder lose an einem Haken hängt → [10] oder aus zwei zusammenhängenden Klappen besteht → [11]. Wenn das Huhn in das Nest geht, wird die Klappe gehoben und fällt daraufhin zu. Nester am

5 Legenest offen

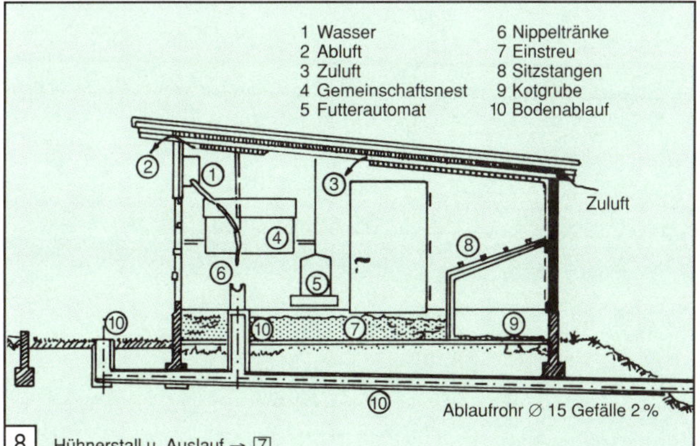

8 Hühnerstall u. Auslauf → [7]

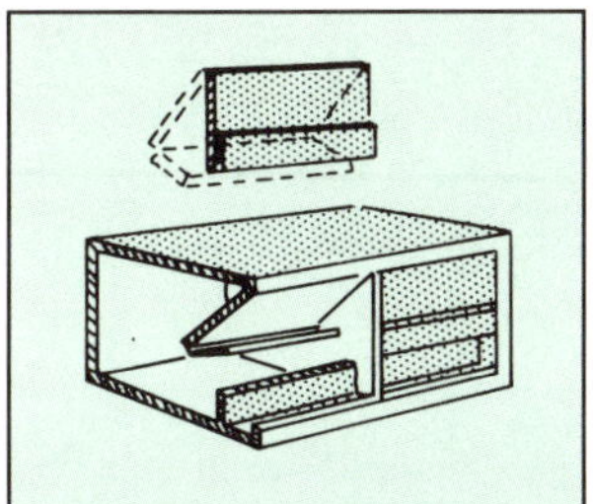

Boden oder 3mal übereinander, oberer Abschluß schräg. Nestgröße 35 x 35 bis 40 x 40 cm Bodenfläche und 35 cm Höhe i. L. 1 offenes Nest für 5 Hennen, 1 Fallnest für 3–4 Hennen

6 Legenest mit Klappe

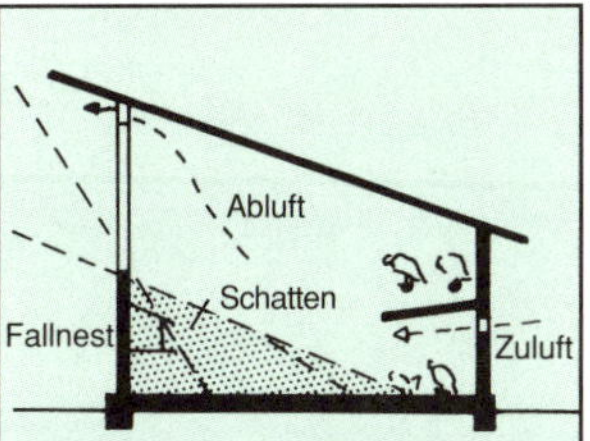

Zugfreie Lüftung, Legenester vom Fenster abgewandt. Lüftungsklappen verschließbar, sonnig. Scharraum soll sich der Außenwärme anpassen, während Schlafraum warm sein muß, daher wird Schlafraum oft durch Vorhang abgetrennt und besonders wärmegedämmt gebaut.

9 Hühnerstall nach Peseda → 📖

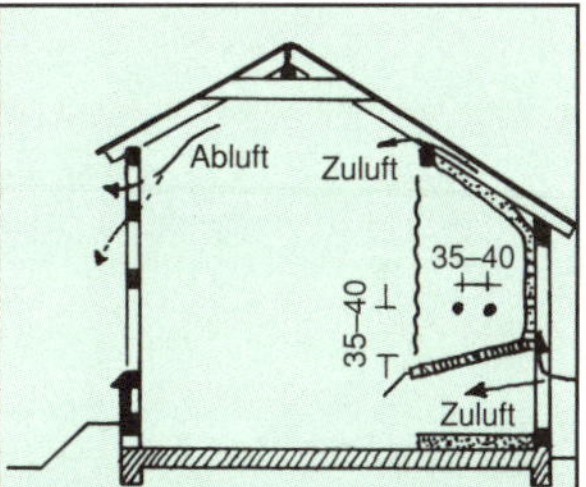

Stall für 20 Hühner mit abgetrennter, wärmegedämmter Schlafnische, mit schrägem Kotblech und Wandlüftung. Ausschlupföffnung 18 x 20 bis 20 x 30 cm, gegen Zugluft durch Seitenbretter geschützt, durch Schieber verschließbar

10 Schnitt → [11]

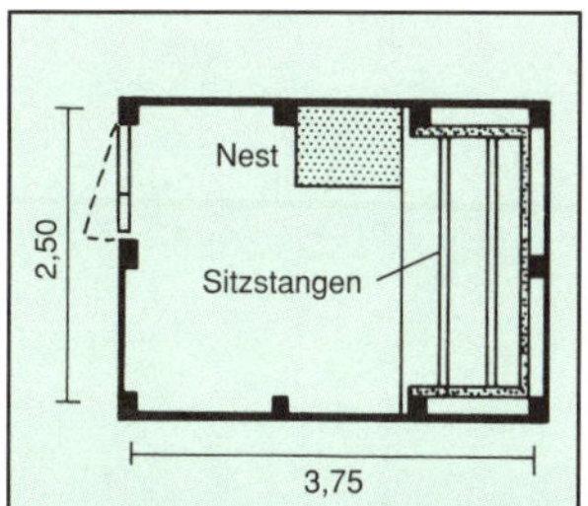

Sitzstangen je nach Größe der Hühner 4–7 cm breit, 5–6 cm hoch, 3,5 m frei tragend, leicht herausnehmbar, auf 1 m Stange 5–6 Hühner. Arch.: W. Cords

11 Grundriß → [10]

Kleintierställe erfordern Sorgfalt in Anlage u. Ausführung, soll die Viehhaltung ertragreich sein. Sauber, luftig, zugfrei, trocken, wärmegedämmt u. wetterfest herzustellen.

Freiland-Hühnerhaltung benötigt einen wetterfesten Stall u. eine Auslauffläche, in einer sinnvollen Anordnung → [7]. Stall wird unterteilt in Scharraum mit Einstreu u. die Kotgrube mit den darüber angebrachten Sitzstangen → [8]. An den Seitenwänden des Stalles hängen die Nester u. im Scharraum sind die Futtertröge, Gritbehälter u. Tränken installiert. Bodenabläufe vorsehen. Fensterfläche soll max. 1/10 der Stallgrundfläche betragen. Holzbau mit Wärmedämmschichten bevorzugt. Nebenräume für Futterzubereitung u. Lager vorsehen → [7]. Stallform soll sich dem Sonnenstand anpassen. Fensterseite nach Süden. Tür nach Osten. Legenester an dunkelster Stelle. Auslauf ist im Idealfall unbegrenzt groß. Im stallnahen Bereich vor der Auslauftür befindet sich Kiesbett oder Lattenrost, in der möglichst begrasten Auslauffläche steht ein Baum mit schattenspendender Blätterkrone, ein Komposthaufen u. Sandbad. Anzahl der Hühner hängt von der Größe des Auslaufes u. der freien Grundfläche des leeren Stalles ab. Unbegrenzter Auslauf 5 Hühner pro m² Stallfläche. Ist Auslauf kleiner als die 4fache Stallgrundfläche, so können 2 Hühner pro m² gehalten werden. Platz für Sitzstangen, Kotgrube, Futter- u. Trinkbehälter sind in der Fläche enthalten.

KLEINTIERSTÄLLE

HOBBYHALTUNG

Kaninchenställe → [2]–[4] vielfach freistehend an windgeschützter Rückseite von Stall- und Wohngebäuden.

In Stallgängen bis 3mal hintereinander → [3].

Geschützt gegen Ratten u. Mäuse, leicht zu säubern mit Harnableitungen → [2].

Bei Zucht von Mast- und Fleischkaninchen → [5]–[6] in geschlossenen Räumen hohe Anforderung an Stallbau u. Klimaführung.

Kaninchen reagieren auf schlechtes Stallklima noch empfindlicher als Ferkel oder Hühnerküken.

Für Zucht u. Mast sind wärmegedämmte Stallgebäude mit Zwangsentlüftung erforderlich. Stallvolumen soll bei 4,5–5,5 m^3 je Häsin einschl. Nachzucht liegen.

Temperatur im Zuchtstall 10–28 °C, im Maststall um 20 °C erwünscht.

Ziegenställe möglichst nach Osten bis Süden.

Trocken mit guter Lüftung u. Belichtung, Fensterfläche = 1/5 – 1/20 der Bodenfläche. Bei Massenunterbringung (Laufstall bevorzugen) angebundener Ziegen Standbreite 75–80 cm, Standtiefe 1,50–2,00 m ausschließlich der nötigen Gänge vor u. hinter den Ständen.

Möglichst Auslauf nach Süden an den Stall angrenzend.

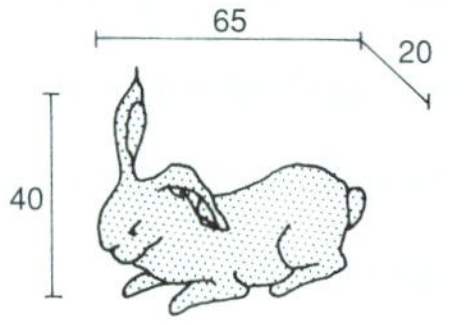

Stallfläche je Tier 0,65–1,0 m^2, frische Luft, trocken, Schutz gegen Sonnenstrahlen, Schutz gegen Raubtiere (Ratten), Stall meist aus Holz, Boden mit Entwässerung → [2], 5% Gefälle

1 Kaninchen (Belgische Riesen)

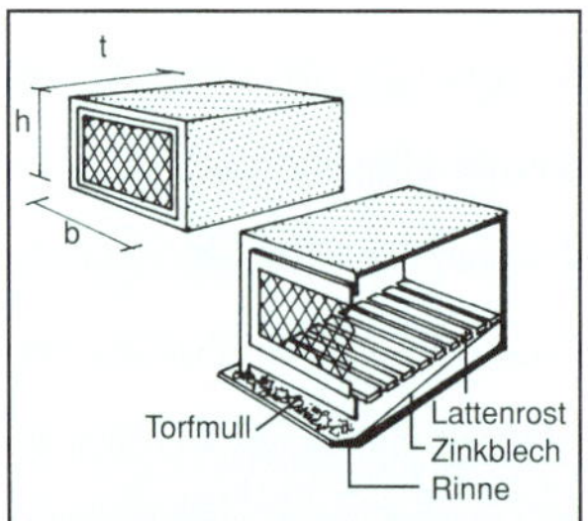

	b	t	h	
kleine Rassen	80	80	55	cm
mittlere Rassen	100	80	65	cm
große Rassen	120	80	75	cm

Die Tiefe ist gleich, leichte Unterteilung zweckmäßig

2 Größe von Kaninchenställen

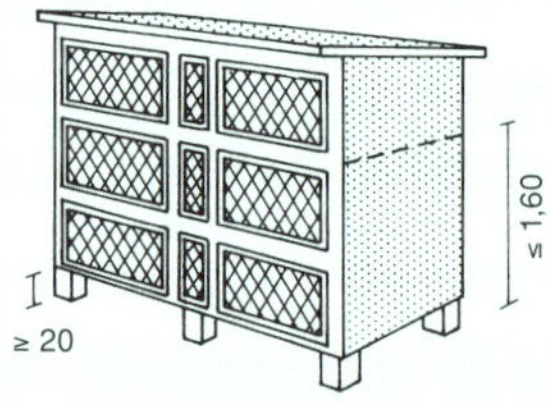

Für kleine Rassen 3mal, für große Rassen 2mal, in obigen Grenzen (Länge unbegrenzt), Böden aus Lattenrosten → [2] mit darunterliegender Entwässerung, ggf. gemeinsame Harnsammelanlagen

3 Kaninchenställe übereinander

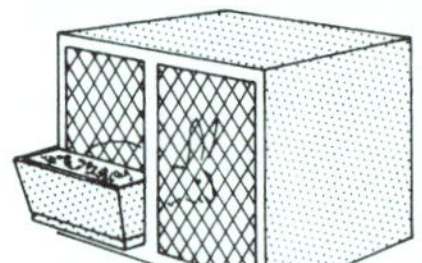

Vor dem Stall oder zwischen 2 Ställen nach beiden Seiten zu öffnen → [3]. Vorderwand aus verzinktem Drahtnetz. Ställe für Häsinnen mit dunklem Netz, mit 10 cm hochliegendem Ruhebett für Häsin

4 Futterraufen im Stall

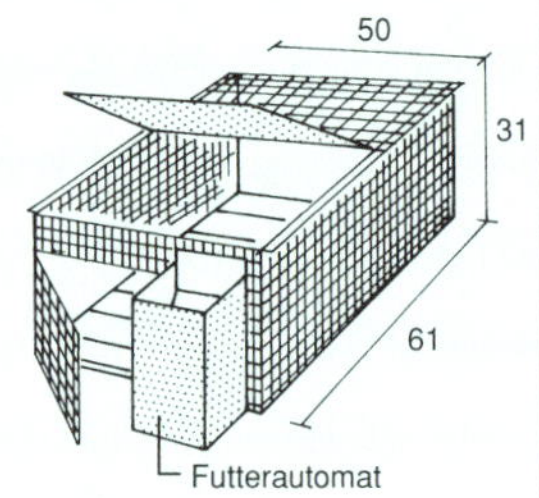

Gesamter Käfig besteht aus verzinktem Drahtgitter. Maschenweite: 25/25 bzw. 12/70 mm

5 Drahtkäfig mit Futterautomat

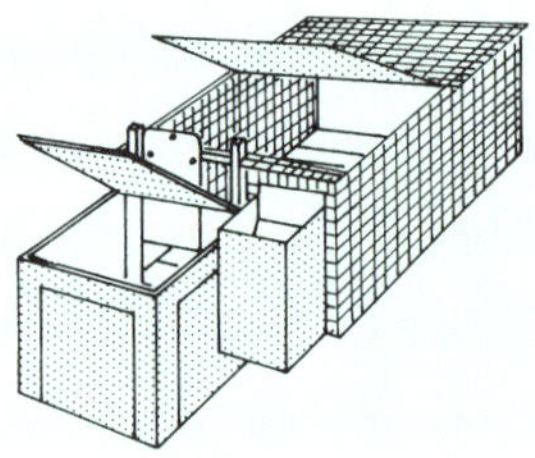

Nistkästen für die Jungtiere aus Holz oder Polyurethan (PUR). Nistkastenboden mind. 70 mm unter Käfigbodenniveau

6 Zuchtkäfig mit Nistkasten u. Futterautomat

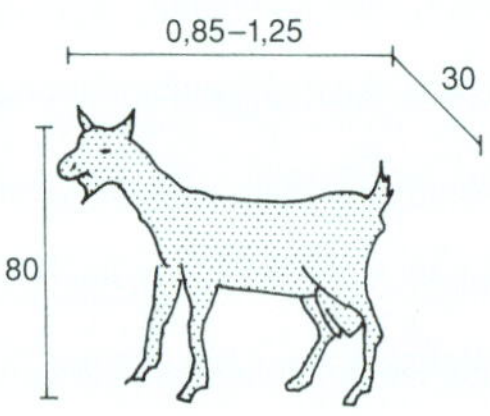

Stallfläche je Tier	1,5–2,0 m^2
Standbreite je Tier	0,75–0,8 m
Standtiefe angebunden	1,8 m
Standtiefe frei	2,5–2,8 m
Stallhöhe	1,9 2,2 m
Stallwärme	10°–20°

7 Ziegen (Deutsche Saanenziege)

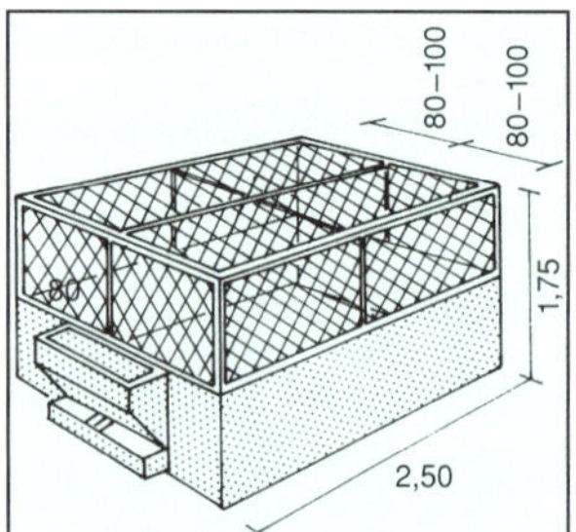

Oberhalb der Raufe Drahtgeflecht. Fußboden Ziegelflachschicht mit Gefälle, Rinne für Harn, Fensterfläche = 1/10 der Grundfläche. Fenster im Rükken der Futterstelle

8 Ziegenstall mit Raufe u. Tränke zwischen 2 Ställen

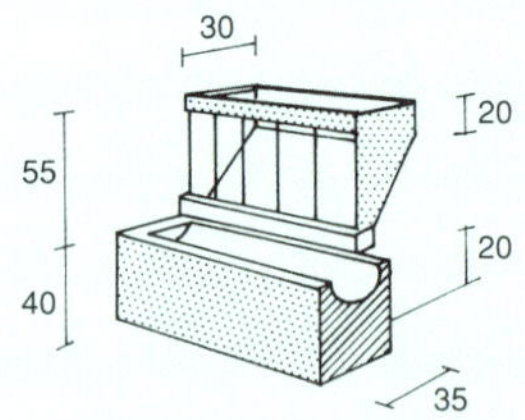

Raufe und Tränke in üblicher Abmessung am Futtergang (Quergang) Tagesbedarf je Ziege: 1,2 kg Heu; 2,3 kg Hackfrucht

9 Raufe u. Tränke für Ziegenstall

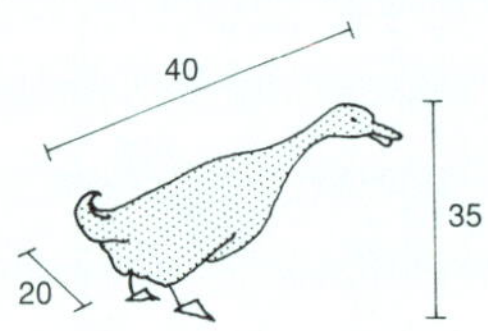

Stallfläche (4–5 Enten) 1 m^2, Stallhöhe 1,7–2 m. Höchstzahl für Stall = 1 Erpel und 20 Enten. Stallboden massiv, rattensicher, trocken und luftig. Auslauf zum Wasser, möglichst sumpfiges Gelände

10 Ente (Peking)

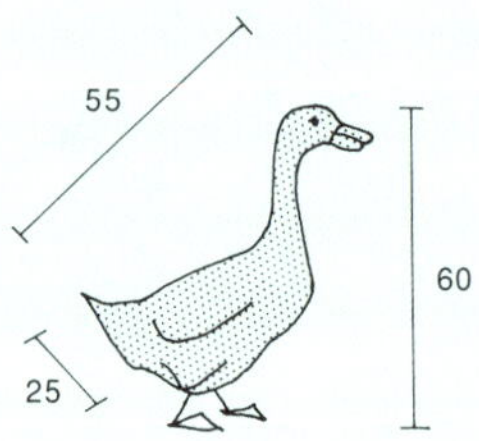

Hierfür gilt das gleiche wie für Enten; für die Mast setzt man die Tiere in kleine, gerade genügend große Räume oder Einzelzellen, 40 cm lang, 30 cm breit mit Kotabfall und Futternapf vor der Zelle

11 Gans

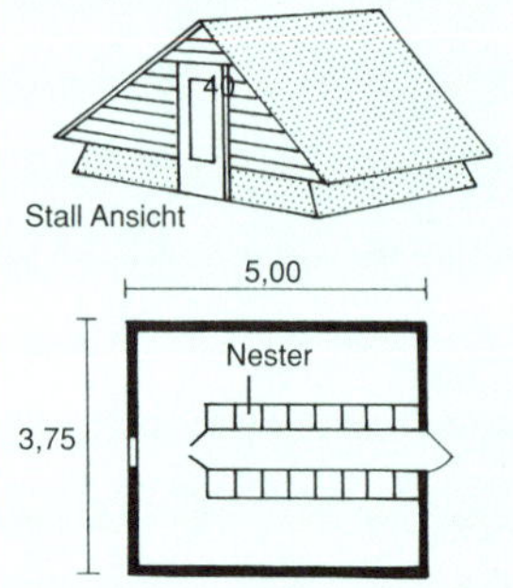

12 Grundriß Stall

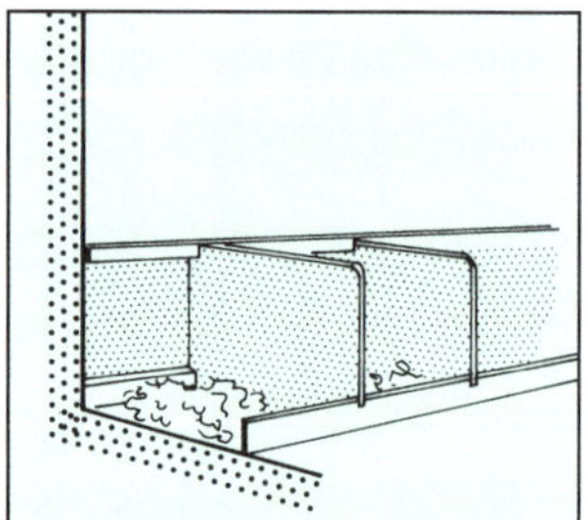

Nestgröße 40/40 cm. Im Zuchtstall Fallnester wie bei Hühnern. Je Ente = 1 Nest. Anordnung → [12]

13 Legestall für 4–5 Enten

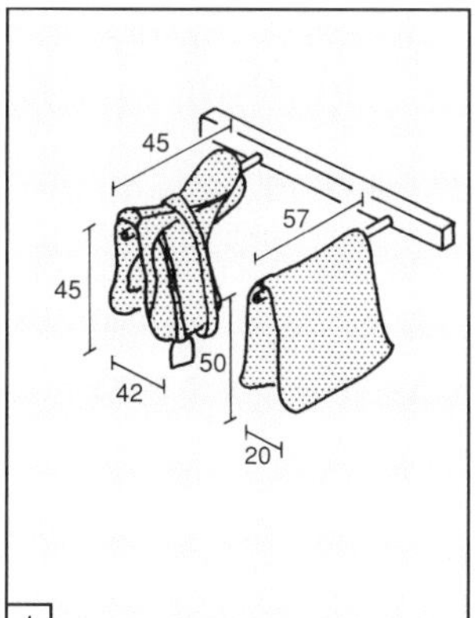

1 Sattel mit Decke

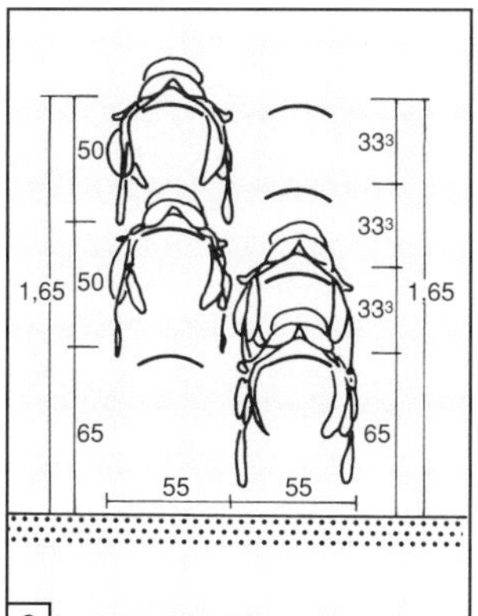

2 Sattelhängewand

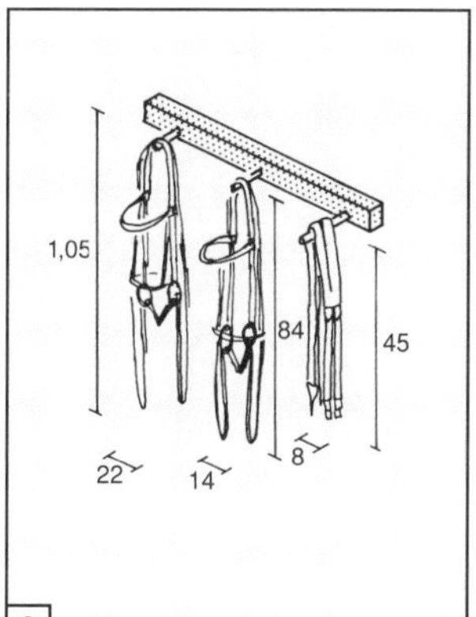

3 Zaumzeug

PFERDESTÄLLE U. PFERDEHALTUNG

Anbindestall ist als Aufstallungsform für Reitpferde ungeeignet → 5. Auch bei großzügiger Bemessung der Boxenställe ist Bewegungsraum im Freien unerläßlich. Angemessene Boxenfläche steht neben typen- bzw. rassebedingten Verhaltensmerkmalen in Beziehung zur Körperlänge des Pferdes. Da Länge des Pferdes nicht gemessen wird, muß die Widerristhöhe (Stockmaß) als Bezugsgröße gelten. Faustregel für Boxengrundrißfläche: Boxenfläche = (2 x STm)². (STm = Widerristhöhe). Minimale Länge der schmalsten Boxenseite gilt als Erfahrungswert, Boxenschmalseite = 1,5 x STm → 6. Gebräuchliche Reitpferdgröße von 1,60–1,65 m Widerristhöhe ergibt eine Fläche von ca. 10,5 m². Boxenformat von 3,00 x 3,50, im extremen Langformat 2,50 x 4,20. Um ein Pferd gefahrlos zu wenden, ist Stallgasse von 2,50 m erforderlich → 5–6. Beim Anbindestall je Reihe 50 cm Sicherheitsabstand einplanen → 5. Neben Boxen noch Sattelkammer, Schmiede, Krankenbox, Futterlagerraum erforderlich, Sattelkammer 15 m², von Anzahl der Pferde abhängig. Schmiede ab 20 Pferde = 5,0 x 3,6 m. Krankenbox ab 20 Pferde vorsehen. Während das Pferd gegen Wind unempfindlich ist, ja sogar ein physiologisches Bedürfnis nach bewegter Luft besteht, ist jedoch Zugluft zu vermeiden. Künstliche Lüftungseinrichtung mit einer Luftführung versehen.

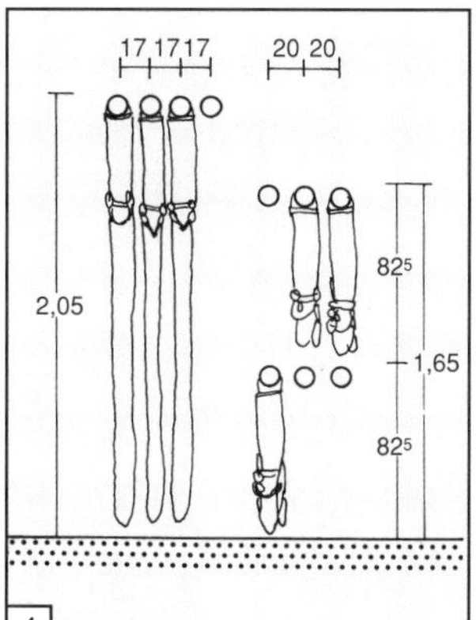

4 Trensenwand

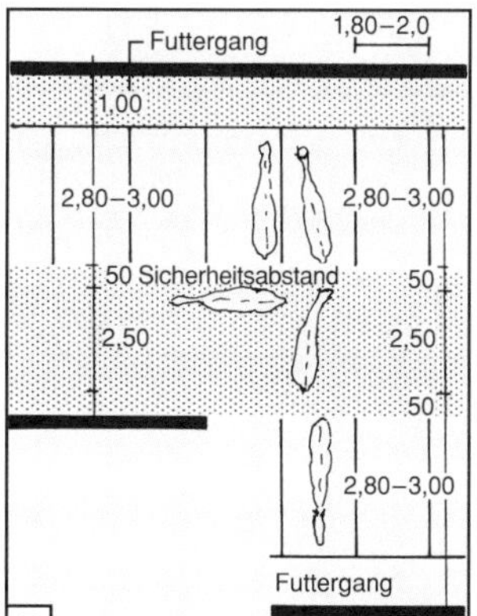

5 Ein- u. zweihüftiger Anbindestall

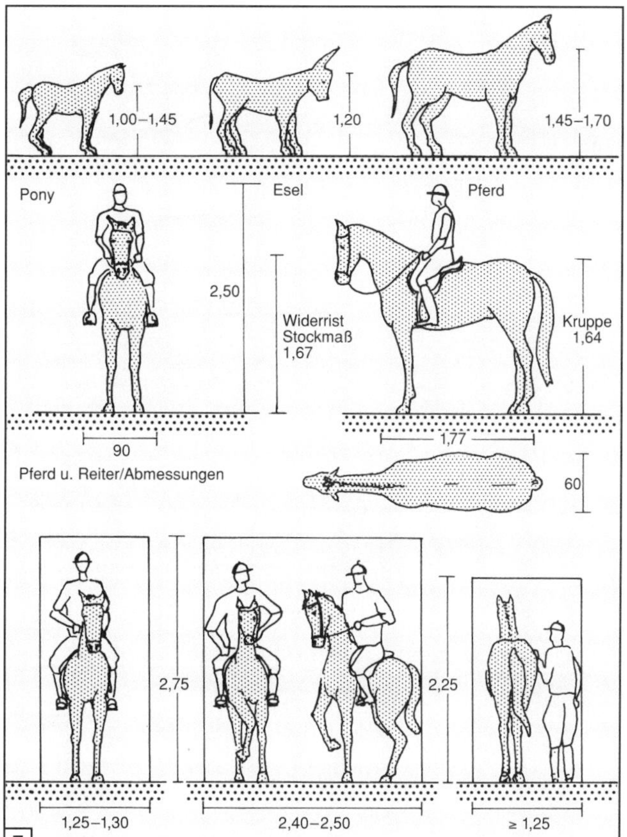

7 Pferdeeinlaß Tor/Stallgasse Pferd u. Reiter

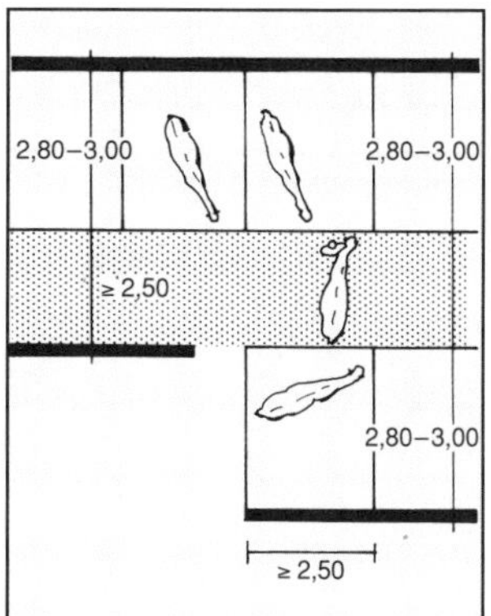

6 Ein- u. zweihüftiger Boxenstall

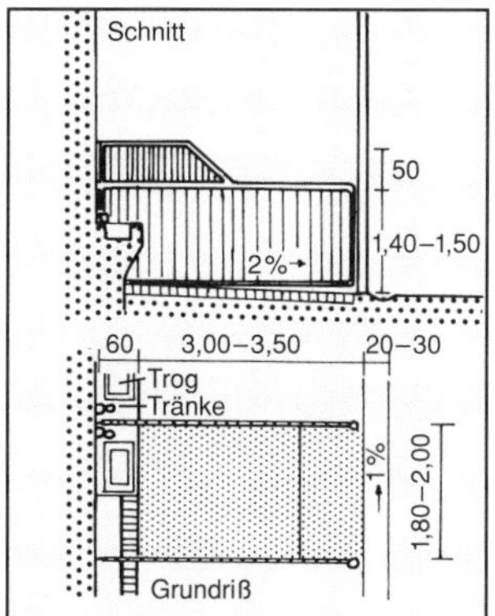

8 Anbindestall als Kastenstand

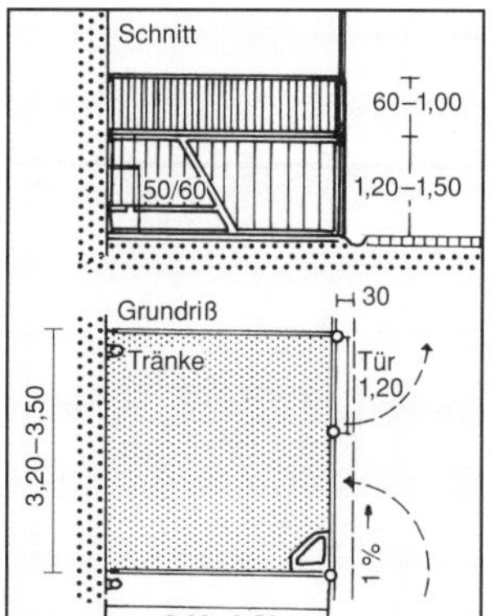

9 Box

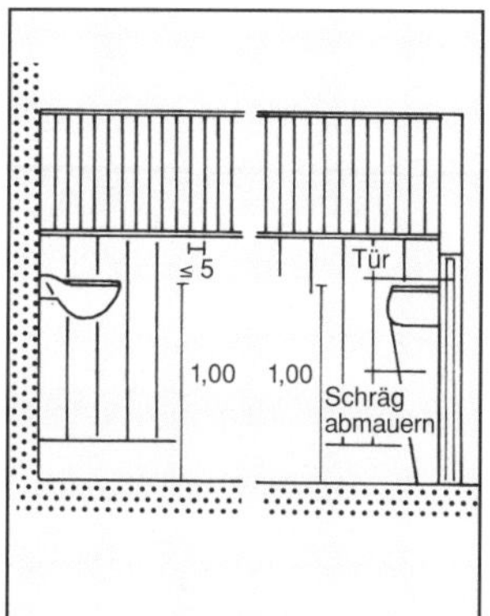

10 Tränkebecken/Troghöhe

PFERDESTÄLLE U. PFERDEHALTUNG

Artgerecht ist eine Haltung, die die Bedürfnisse des Pferdes befriedigt. Sie ist Voraussetzung für Gesundheit, Leistungfähigkeit u. Langlebigkeit, aber auch für Willigkeit u. psychische Ausgeglichenheit des Tieres. Auch heute noch, nach 5000 Jahren Haustierdasein, unterscheiden sich die Ansprüche des Pferdes nicht wesentlich von Steppenpferden. Immer noch sind Heu u. Hafer die gebräuchlichsten Futtermittel. Stroh dient als Einstreu. Übliche Tagesration für Großpferd: 5–6 kg Heu, 4–5 kg Hafer, 5 kg Stroh als Einstreu u. Rauhfutter.

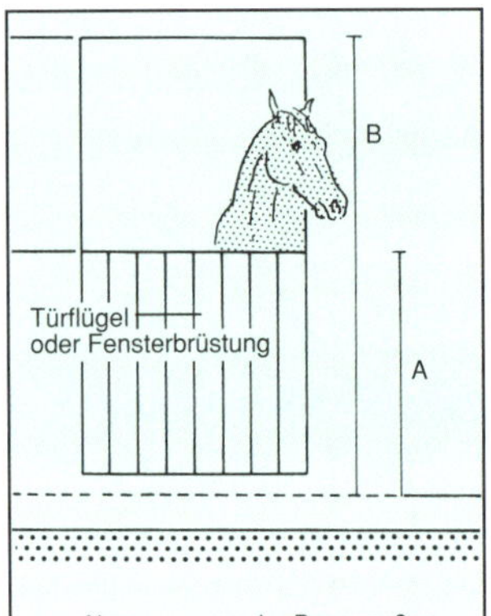

1 Abmessungen der Boxenaußenklappen

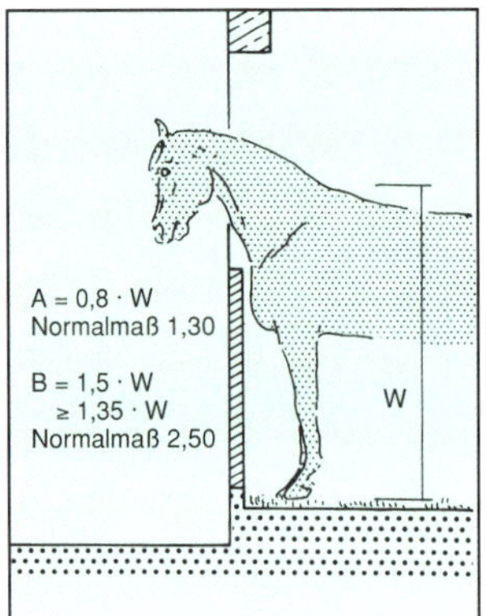

2 Schnitt → 1

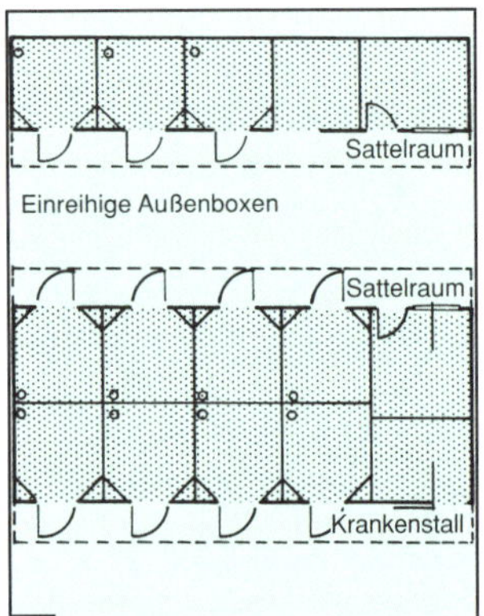

3 Zweireihige Außenboxen

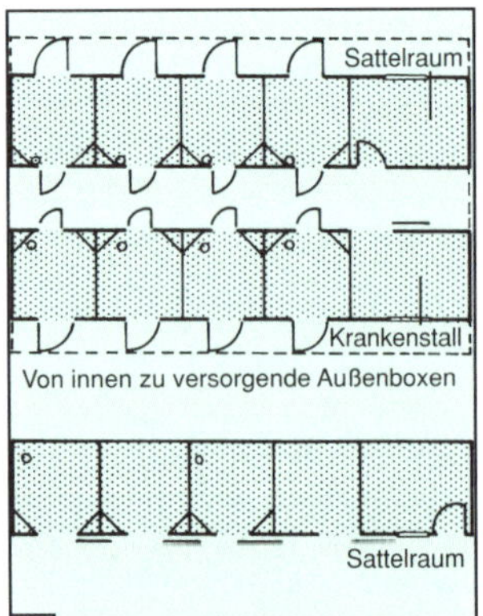

4 Innenboxen

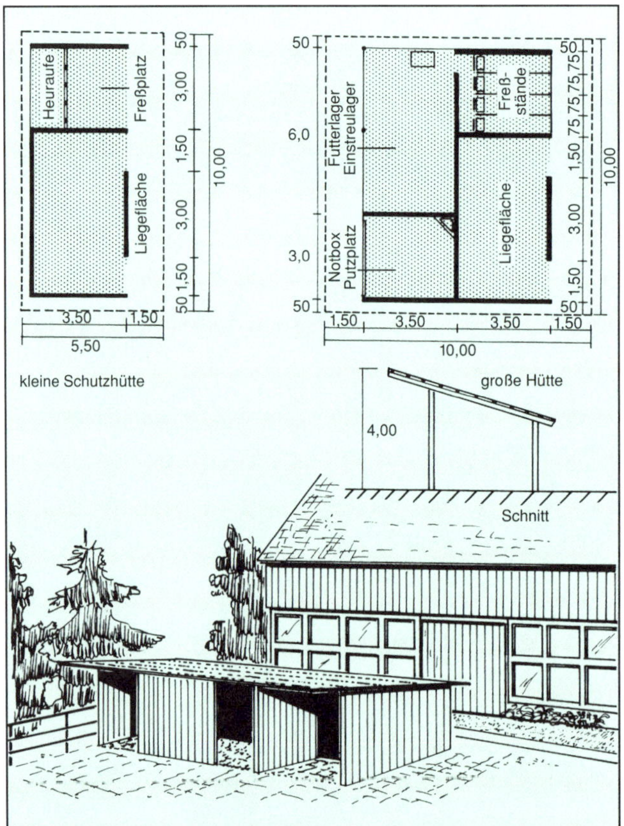

5 Schutzhütte „Kleiner Typ“

Aufbereitung, Einlagerung, Raumgewicht (dt/m³)	Erforderlicher Lagerraum in m³ für 3 Monate 1) bei 20–30% Leerraum
Stroh-Langgut (0,5)	22
HD-Ballen ungeschichtet (0,7)	15
HD-Ballen gestapelt (1,0)	11

1) entspr. 9 dt.

7 Raumbedarf für Strohlagerung bei 10 kg/Pferd/Tag

Aufbereitung, Einlagerung, Raumgewicht (dt/m³)	Erforderlicher Lagerraum in m³ bei 20–30% Leerraum 200 Stalltage 1)	365 Stalltage 2)
Heu-Langgut (0,75)	17–20	30–36
HD-Ballen ungeschichtet (1,5)	9–11	15–18
HD-Ballen gestapelt (1,8)	7– 9	12–14

1) entspr. 10–12 dt
2) entspr. 18–22 dt

8 Raumbedarf für Heulagerung bei 5–6 kg/Pferd/Tag

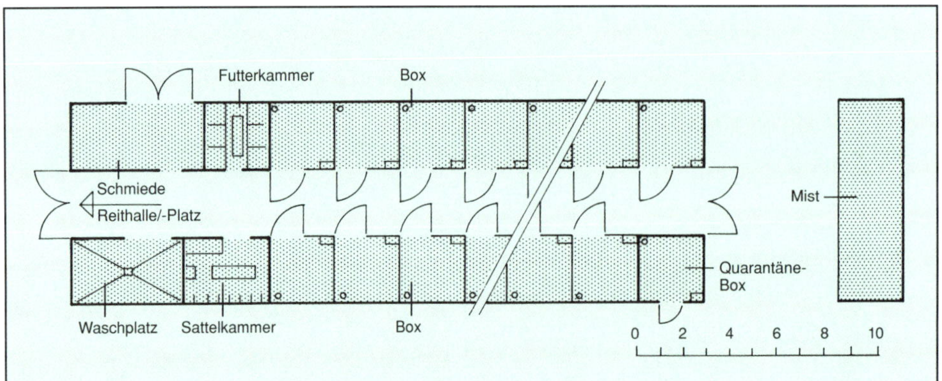

6 Beispiel Pferdestall u. Nebenräume

	Bodenfläche m²	Boxenmaß m	Boxenhöhe m
Reitpferde	10,00	3,30 x 3,30	2,60–2,80
	12,00	3,50 x 3,50	
Mutterstuten und Hengste	12,00	3,50 x 3,50	2,60–2,80
	16,00	4,00 x 4,00	
Kleinpferde bis 1,30 m Stockmaß	4,00	2,00 x 2,00	1,50
	5,00	2,25 x 2,25	
Kleinpferde über 1,30 m Stockmaß	6,00	2,45 x 2,45	1,50–2,00
	9,00	3,00 x 3,00	

9 Abmessungen von Pferdeboxen

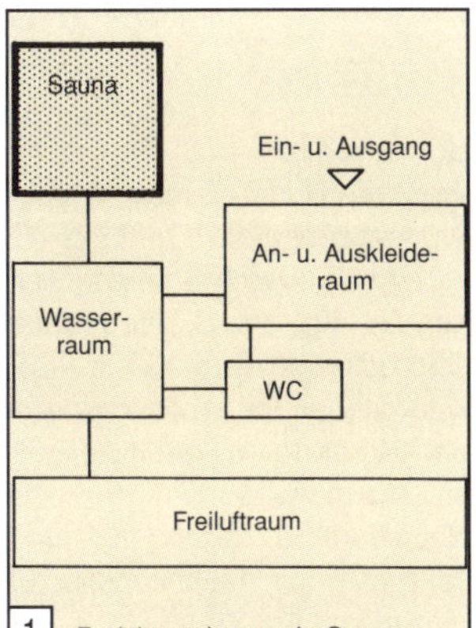

1 Funktionsschema priv. Sauna

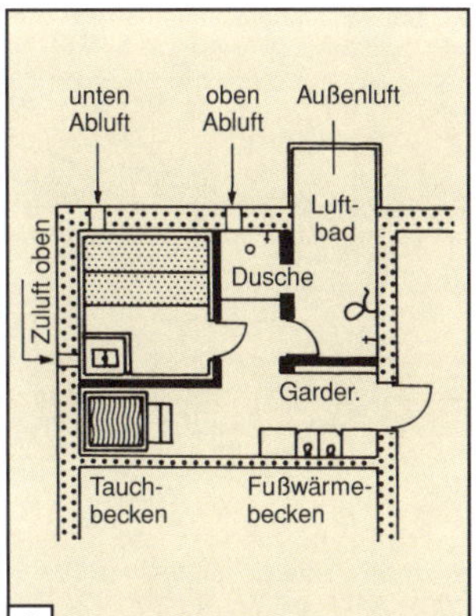

2 Haus Sauna

Flächenbedarf pro Person	
Auskleideraum Vorreinigung Saunaraum Abkühlraum Ruheraum	0,8–1,0 m² 0,3–0,5 m² 0,5–0,8 m² 1,0–1,8 m² 0,3–0,6 m²
Freiluftbad	> 0,5 m²
Massage	6–8 m²/Bank
Raumgrößen – Beispiel 30 Pers.	
Auskleideraum Vorreinigung Sauna Abkühlraum Massageraum Ruheraum	24–30 m² 9–15 m² 15–18 m² 30–45 m² 12–18 m² 9–18 m²
Vorraum, Toiletten Gänge	99–144 m² + 21–35 m²
Luftbad 20–50 m²	120–179 m²

3 Flächenbedarf u. Raumgrößen

SAUNA

→ 📖

Badezeit in 3 Gängen von 8–12 Min. 120 Min. für 1 Saunabad. Raum für Abkühlung (Dusche, Gießschlauch, Tauchbecken) → 2 sowie Luftbad → 5. Schöner, natürliches Kaltwasser in See oder Meeresbucht.

Luftbad: Einatmen frischer kühler Luft als Ausgleich zu heißer Luft. Abkühlung des Körpers. Gegen Einsicht schützen → 2 + 5. Sitzgelegenheit vorsehen. Keine körperliche Belastung (Gymnastik, Schwimmen).

Umkleidekabinen (oder offen) doppelte Anzahl als Besucher an Spitzentagen → 3, öffentliche Sauna zusätzlich Ruhe- und Massageraum → 7 für ca. 30 Besucher, 2 Massagemöglichkeiten, Ruheraum 1/3 der Badegäste abseits vom Betrieb.

Raumtemperaturen: Auskleideraum 20–22 °C, Vorreinigungsraum ≥ 24–26 °C, Abkühl-(Kaltwasser-)Raum ≤ 18–20 °C, Ruheraum 20–22 °C, Massageraum 20–22 °C.

Standard-Größen: Im Handel erhältlich.

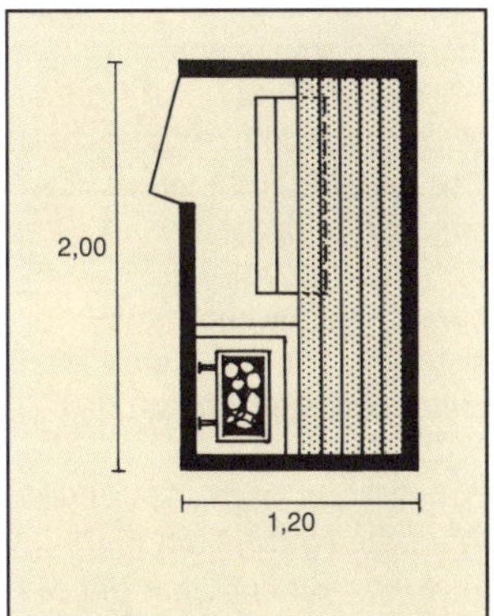

4 Sauna: 1 Person liegend, 2 Personen sitzend

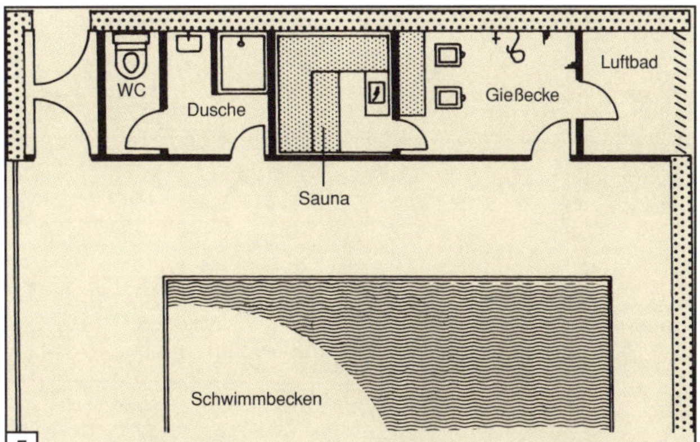

5 Sauna u. Schwimmhalle

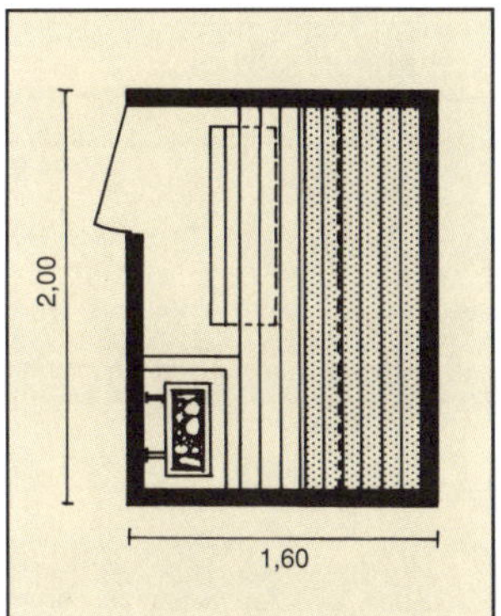

6 Sauna: 2 Personen liegend, 3 Personen sitzend

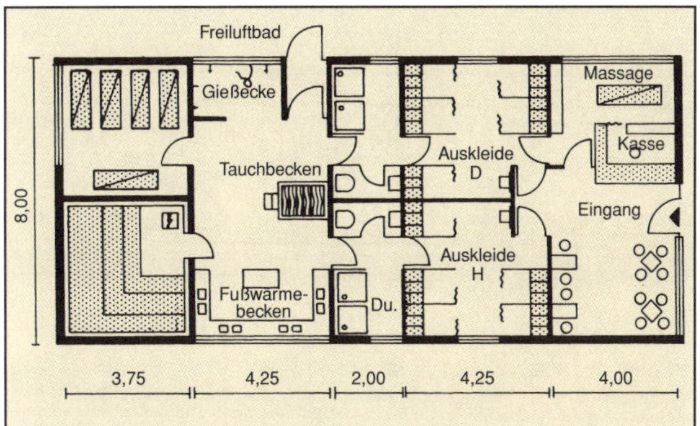

7 Grundriß einer Sauna für 30 Personen

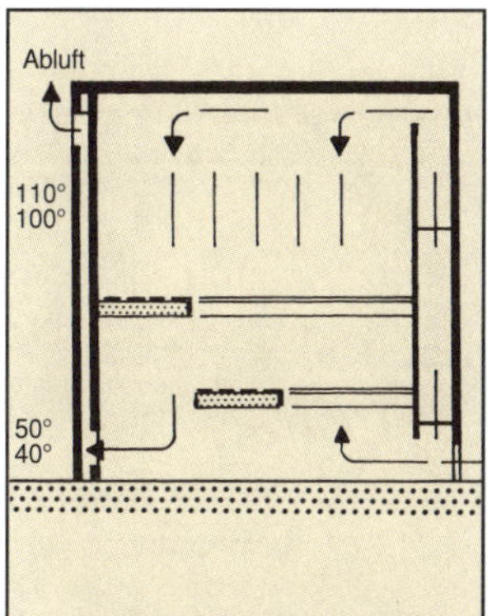

11 Querschnitt Sauna mit indirekter Heizung (Bemberg)

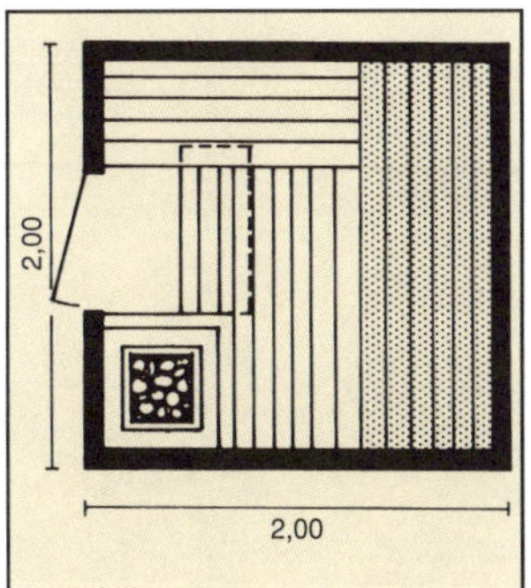

8 Sauna: 4 Personen sitzend, 3 liegend

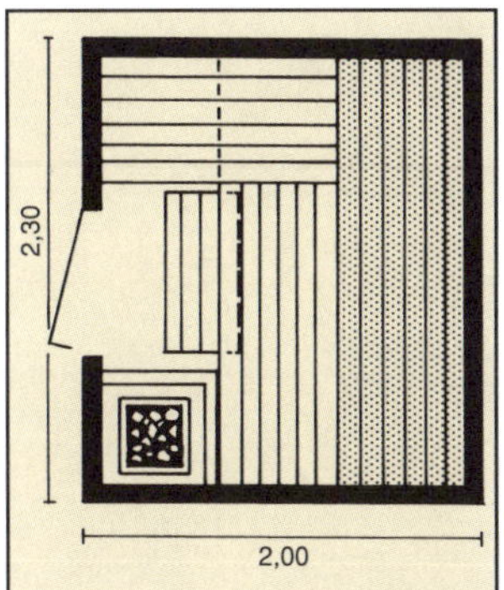

9 Sauna: 3 Personen liegend, 5 sitzend

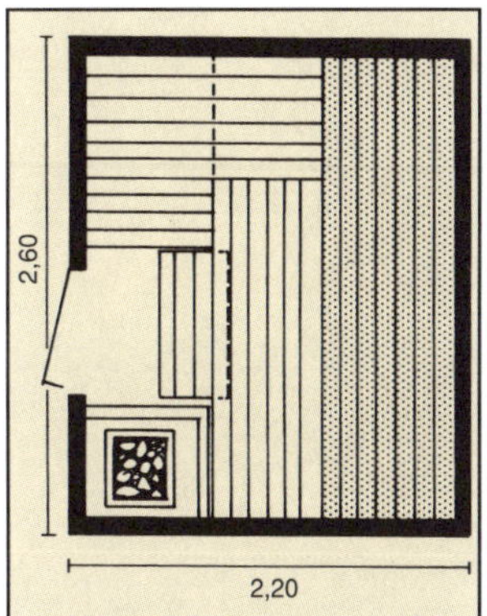

10 Sauna: 3 Personen liegend, 6 Personen sitzend

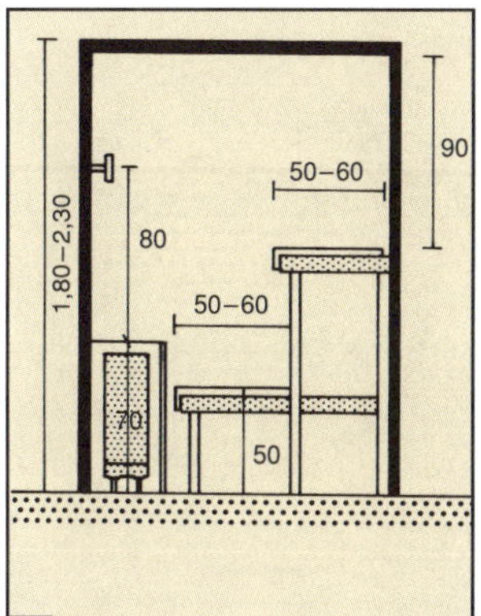

12 Querschnitt durch Sauna

SAUNA

→ 🕮

Sondergrößen und Sonderformen: wie Rund-, Sechseck oder Achtecksauna sind möglich → [1]+[4]–[6]. Auch Saunadecken geneigt für den Einbau unter Dachschrägen sind lieferbar. Sowohl in der Vorderwand wie in der Tür können Isolierglasfenster eingebaut werden.

Nach dem Saunagang „kalt muß sein" steht ein Tauchbecken zur Verfügung → [2]–[3].

Das warme Fußbad ist wichtiger Bestandteil des richtig durchgeführten Saunabades → [11]. Ein Gießschlauch 3/4" nur für Kaltwasseranschluß sollte beim Dusch- platz nicht fehlen sowie eine Schwallbrause 3/4" und fächerförmigem Strahl → [7]–[8]. Ideale Voraussetzungen, um sich fit zu halten, bieten Ergometer und Sprossenwand → [9]–[12].

Sauna kann nach individuellen Wünschen gebaut werden; auch in allen Größen wie für ein Mehrfamilienhaus im Keller oder Dach → [7]–[8].

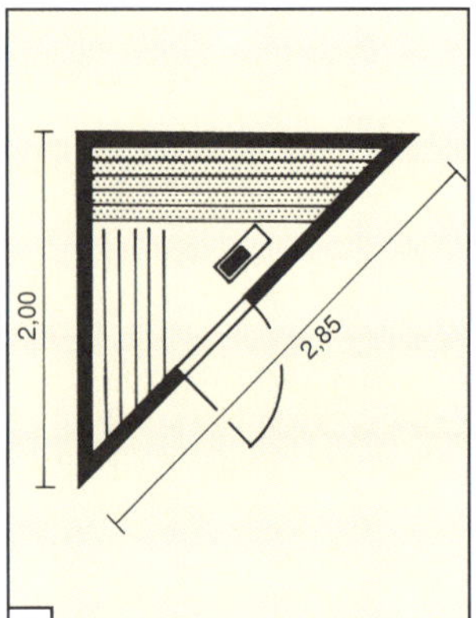

1 Ecksauna

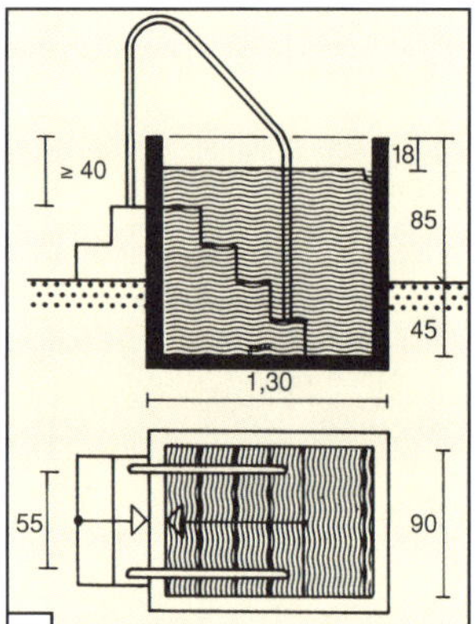

2 Tauchbecken

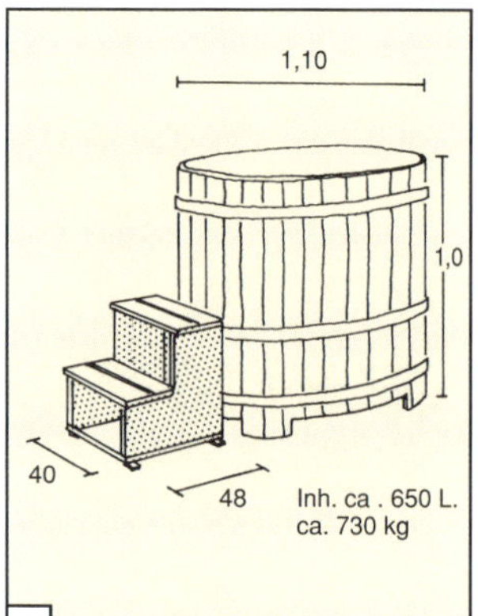

3 Holz-Tauchbecken

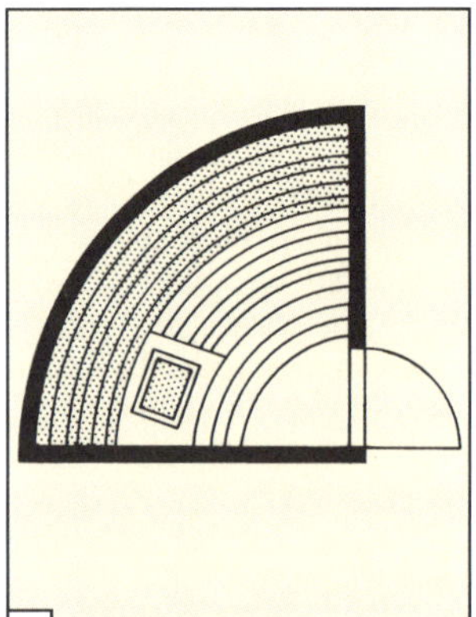

4 Viertelkreis

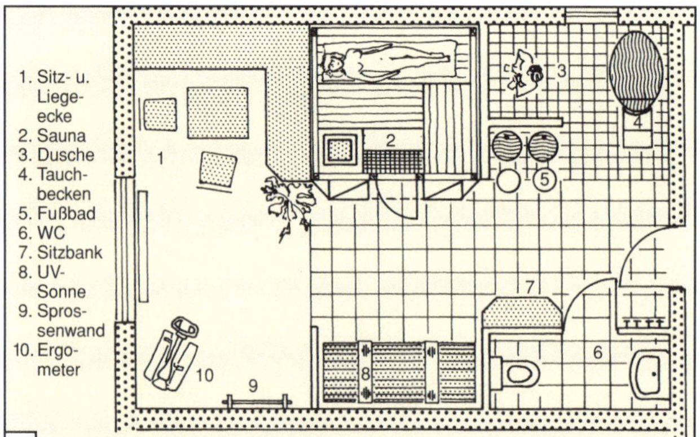

7 Sauna im Dachgeschoß ~35 m², 4–6 Pers.

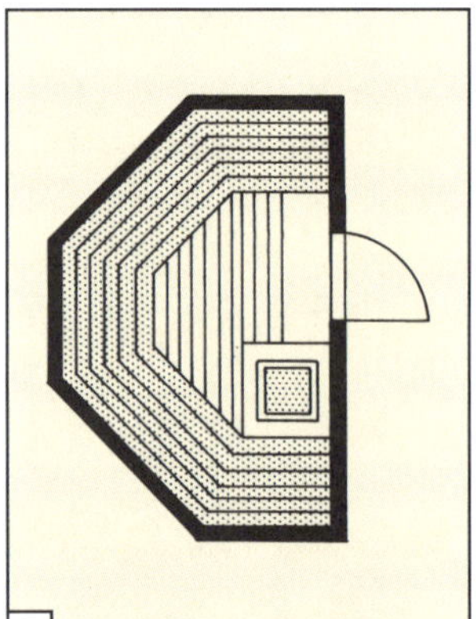

5 Sonderform

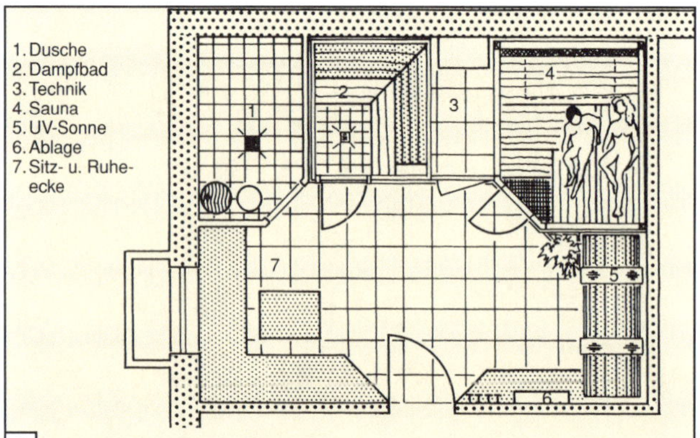

8 Sauna im Keller ~30 m², 4–6 Pers.

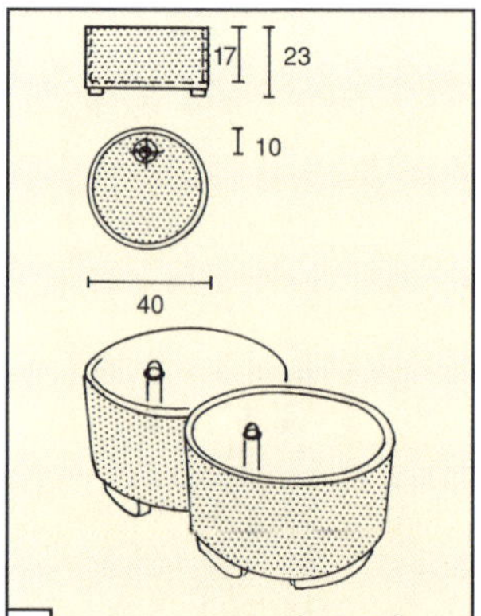

11 Fußwärmebecken

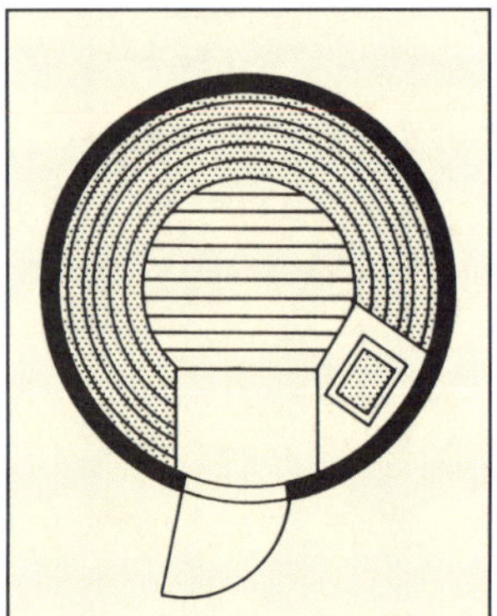

6 Kreisrund

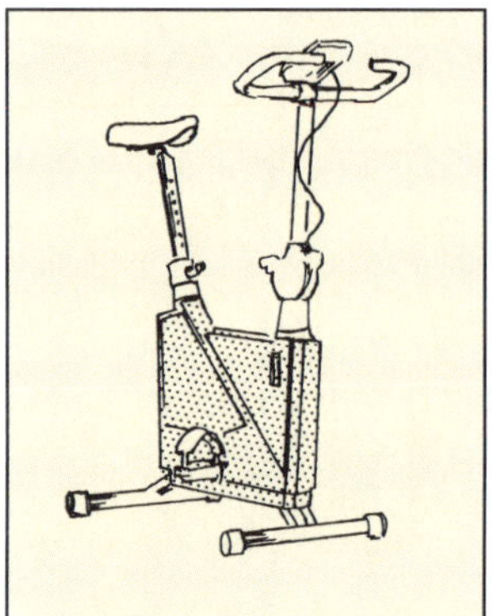

9 Elektronischer Ergometertrainer für therapeutische Anwendung

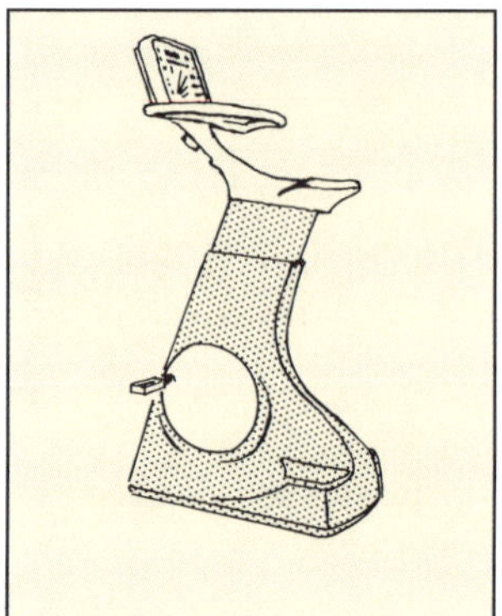

10 Elektronischer Ergometertrainer für Fitness

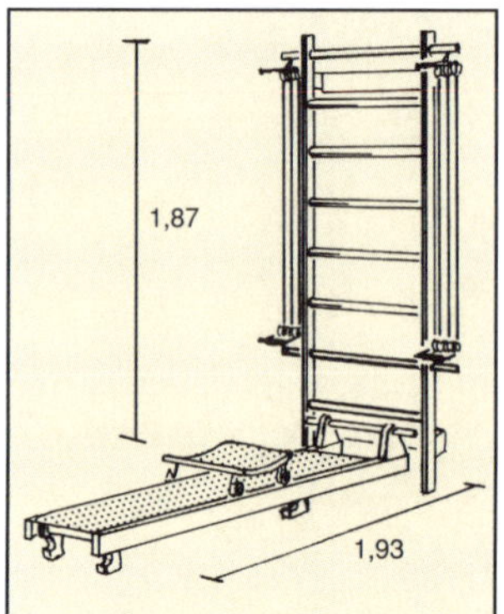

12 Kombinations-Sprossenwand

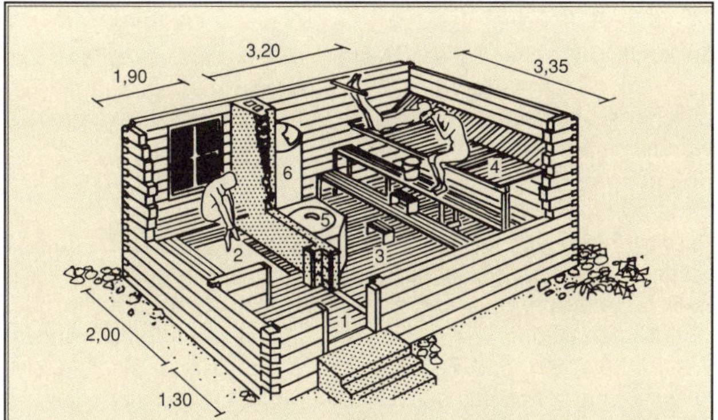

1 Sauna mit Vorraum (1), Ankleideraum (2), Baderaum (3), Liegebank (4), Wasserkessel (5), Badeofen (6). Nach H.J. Viherjuuri → 🕮

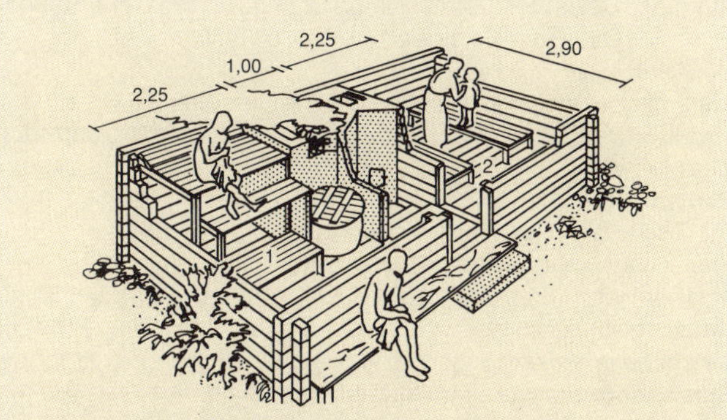

2 Sauna mit Vorraum zwischen Baderaum (1) und Ankleideraum (2). Nach H.J. Viherjuuri → 🕮

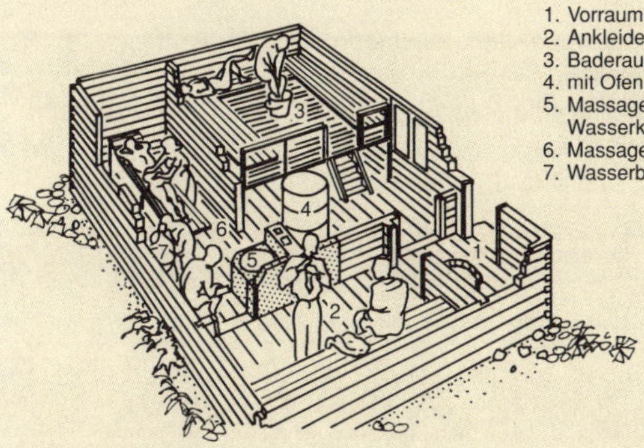

1. Vorraum
2. Ankleideraum
3. Baderaumpodest
4. mit Ofen
5. Massageraum mit Wasserkessel
6. Massagebank
7. Wasserbecken

3 Größere Sauna mit Vorraum

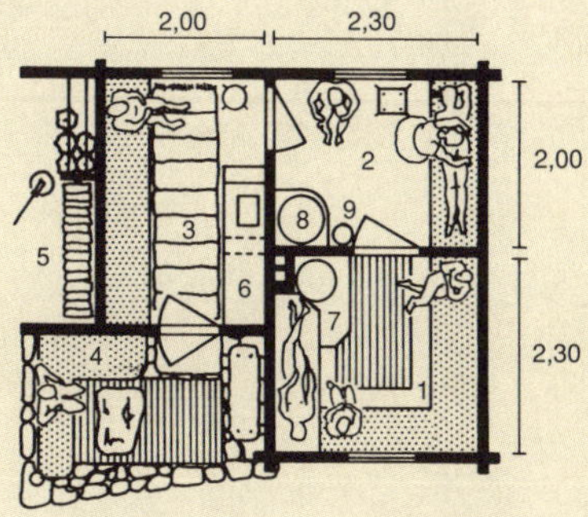

1. Baderaum
2. Massage- u. Waschraum
3. Ankleideraum
4. Veranda
5. Holzstadel
6. Schrank
7. Badeofen
8. Wasserkessel
9. Wasserschaff

4 Sauna Arch. E. Sukonen

Sauna ist mehr als Körperbad, für viele Menschen eine Methode psychischer Reinigung, fast ein Ritual. Sollte unentbehrlicher Bestandteil aller Sportanlagen sein. In Finnland auf je 6 Menschen 1 Sauna, Benutzung einmal wöchentlich, genormte Ausrüstung → 🕮, ihre Typen altbewährt, Benutzung innerhalb der Familie gemeinschaftlich, auch in der Öffentlichkeit ohne Geschlechtertrennung.

Badevorgang. Wechselanwendung heißer und kalter Luft, Schwitzen in trockener heißer Luft, heiße reine Wasserdampfstöße in Abständen von 5–7 min durch Aufgießen von 1/4 l Wasser. Durch Wechsel von Trocken und Feucht starker Hautreiz, Stärkung der Abwehrkräfte, gesund zum Einatmen. Ergänzung durch zwischengeschaltete Kaltwasseranwendung mit Massage und Ruhe.

Lage möglichst an klarem See mit Wald und Wiese für Luftbad zwischen Schwitzbädern.

Bauart meist Block- oder Holzbau, gute Wärmedämmung der Umfassungen erforderlich, Wärmeunterschied zwischen innen und außen im Winter oft über 100°.

Baderaum möglichst klein, ≤ 16 m², ≤ 2,5 m hoch. Dunkle Holzverkleidung zur Herabsetzung der Wärmestrahlung an Decken und Wänden oder Massivholzwände aus Weichholz, mit Ausnahme der Ofenumgebung. Pritschen aus Lattenrosten (Luftzirkulation), verschiedene Höhen zum bequemen Sitzen u. Liegen, oberste Pritsche etwa 1 m unter Decke, Länge 2 m. Treppenstufen u. Pritschen sind aus Holzlatten, von unten genagelt, so daß der Körper nicht die heißen Nagelköpfe spürt. Pritschen abnehmbar zur Reinigung, Fußboden aus griffigem Material, keine Holzleisten.

Rauchsauna. Aufgeschichtete Steinfindlinge durch Holzfeuer stark erhitzt, Rauch zieht durch offene Tür spärlich ab. Sind Steine glühend heiß, wird Feuer entfernt, letzter Rauch durch Wassergüsse vertrieben u. Tür geschlossen. Nach kurzer Zeit ist Sauna „reif" zum Bad. Gutes Aroma von geräuchertem Holz u. Zuverlässigkeit der Dampfqualität. 50 % der alten finnischen Saunas sind so gebaut.

Ausrauchende Sauna. Am Ende der Heizung mit Rauchabzug „nach innen" geheizt, wenn Ofensteine etwa 500° heiß sind. Brenngase brennen vollkommen aus, ohne zu rußen. Ofenklappen werden dann geschlossen, auch wenn im Feuerraum noch Flammen sind. Temperatur steigt schnell um einige 10°. Vor dem Baden wird letzter Kohlendunst durch kurzes Öffnen der Tür usw. ausgelüftet u. eine Kelle Wasser auf die heißen Steine gegossen.

Kaminsauna. Steinofen durch Mantel aus Stein oder Blech umkleidet, der Rauchgase dem Schornstein zuführt. Heizung durch Feuertür vom Baderaum oder Vorraum. Sind Steine heiß, schließt man Feuertür und öffnet nach Bedarf obere Luftklappe im Ofenmantel, um Heißluft herauszulassen oder Wasser auf Steine zu gießen.

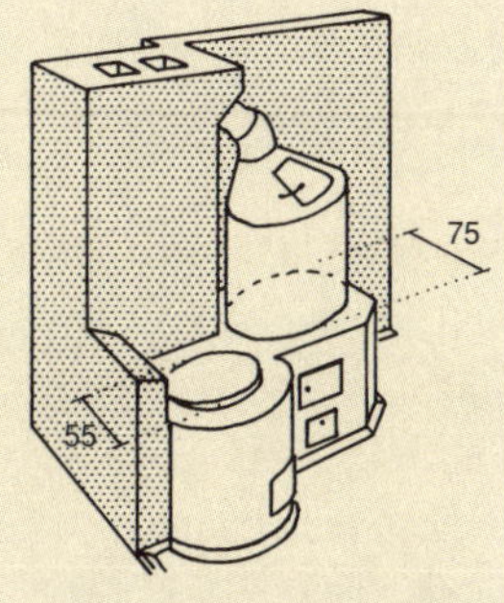

5 Finnischer Saunaofen mit Wasserkessel (auch zum Wäschewaschen benutzbar)

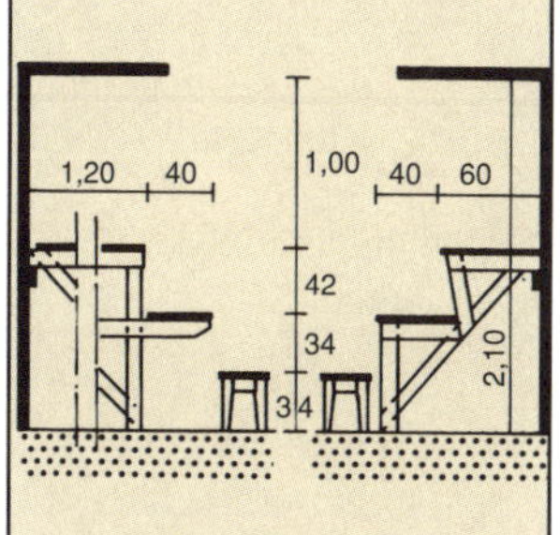

6 Liegebankformen für Schwitzbäder u. Saunen nach finnischen Normen

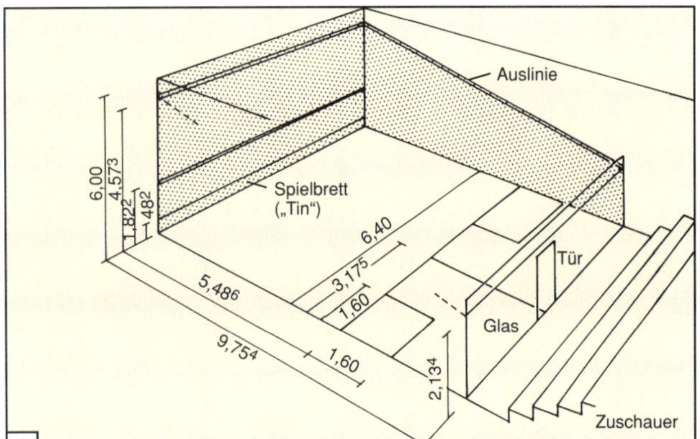

1 Grundmaße Squash

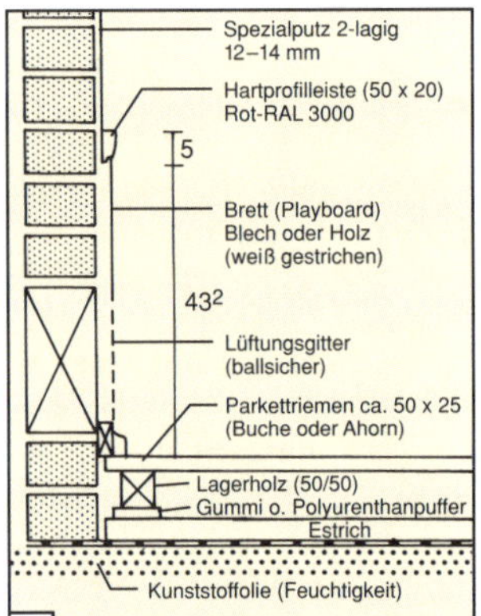

2 Detail Giebelwand

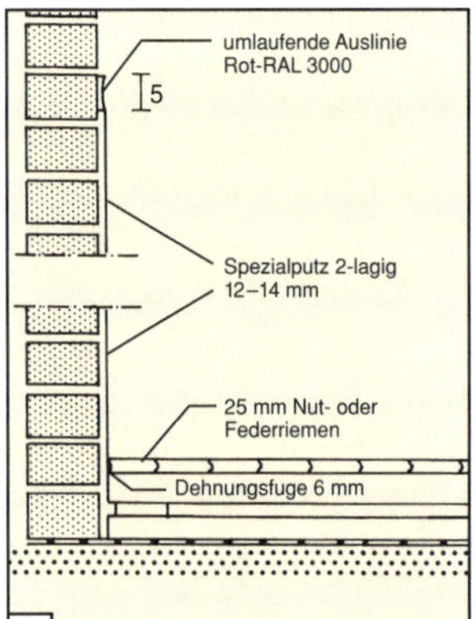

3 Detail Seitenwand

SQUASH

Auskunft: Deutscher Squash Rackets Verband e.V. **DIN 18 038**
Lichtenauerweg 11, 21075 Hamburg

Übliche Konstruktion für den Bau von Squash-Plätzen. Massive Wände mit Spezial-Putz-Oberflächen, Betonfertigteile, vorgefertigte Holzfachwerk-Konstruktionen mit Plattenverkleidung, zusammenlegbare Squash-Plätze.

Raumgröße: 9.754 x 6.40 m **Raumhöhe:** 6.00 m
Glasrückwände für Zuschauer vorteilhaft.

Fußboden: Leicht federnd aus hellem Holz (Ahorn oder Buche) gute Oberflächenhaftung. Fußbodenbretter parallel zu Seitenwänden. Zweckmäßig Nut- und Federriemen 25 mm dick u. einer Versiegelungsschicht, Parkett nach DIN 280 Teil 3, 4 und 5.

Wände: Spezialputz glatt, weiß. Spielbrett aus Metallblech 2,5 mm, oder Sperrholz mit Blechverkleidung weiß gestrichen. → 1 – 3.

TISCHTENNIS

Auskunft: Deutscher Tischtennis-Bund
Otto-Fleck-Schneise 10a, 60528 Frankfurt a.M.

Wettkämpfe nur in Hallen.

Tischfläche waagerecht, mattgrün mit weißen Grenzlinien. .... 152,5 x 274 cm
Tischhöhe .... 76 cm
Plattenstärke .... ≥ 2,5 cm
Für Tische im Freien „Faserzementplatten“ 20 mm dick.
Plattenhärte so, daß Normalball aus Höhe von 30 cm etwa 23 cm hoch springt.
Netzlänge in Feldmitte .... 183 cm
Netzhöhe in ganzer Länge .... 15,25 cm
Spielfeldbox (durch Leinwandwände von 60–65 cm Höhe gebildet) ≥ 6 x 12 m groß, international 7 x 14 m, dahinter erst Zuschauer. → 4

BILLARD

Lage der Räume: Obergeschoß oder helles Untergeschoß, selten Erdgeschoß.
Raumbedarf: je nach den verschiedenen Billardgrößen → untenstehende Aufstellung. → 5 – 8
Für private Zwecke sind üblich .... Größe IV, V und VI
Für Kaffees und Klubs .... Größe IV und V
In Billardsälen und Billard-Akademien .... Größe I, II u. III

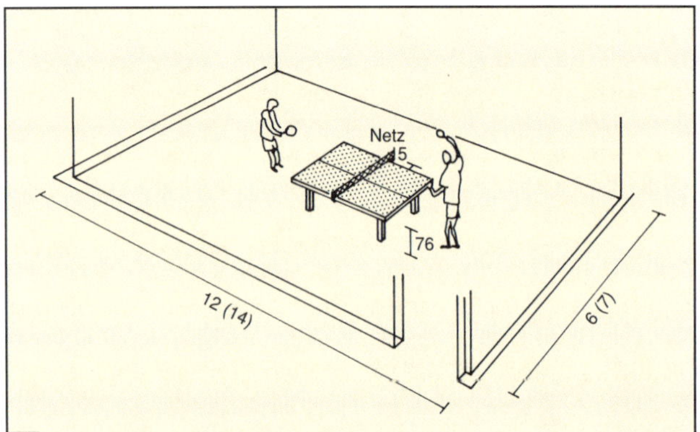

4 Grundmaße für Tischtennis

		I	II	III	IV	V	VI
Innenmaße (Spielfläche)	A	285 x 142^5	230 x 115	220 x 110	220 x 100	200 x 100	190 x 95
Außenmaße	B	310 x 167^5	255 x 140	245 x 135	225 x 125	225 x 125	215 x 120
Raummaße		575 x 432^5	520 x 405	510 x 400	500 x 395	490 x 390	480 x 385
Gewicht in kg		800	600	550	500	450	350

6 Übliche Billardgrößen (Maße in cm)

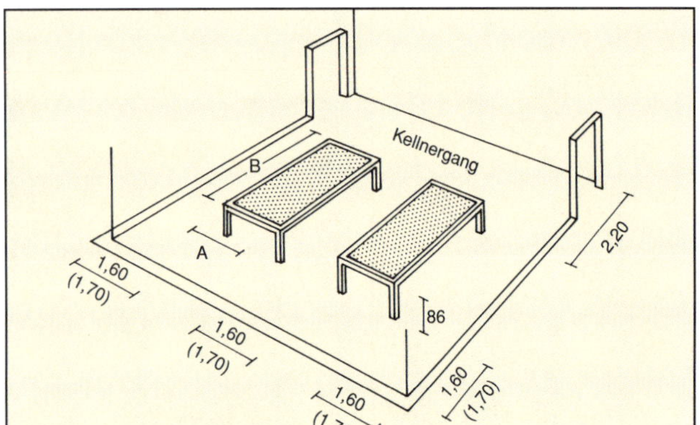

5 Grundmaße u. Abstände der Billards

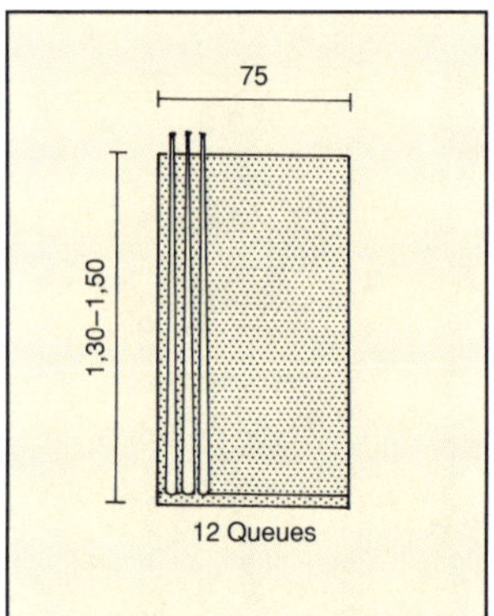

7 Queuehalter

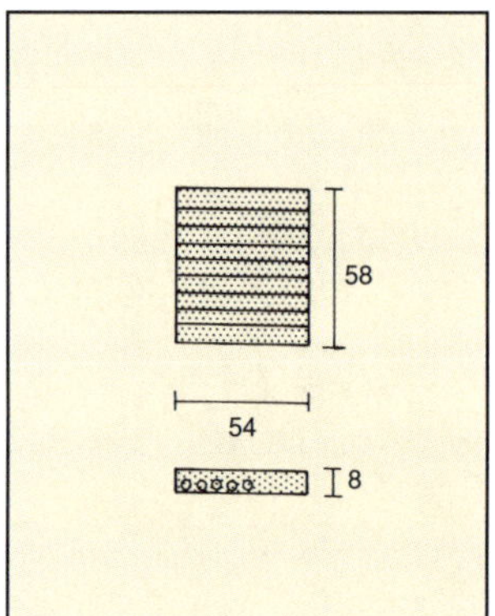

8 Ballschrank

MINIATURGOLF

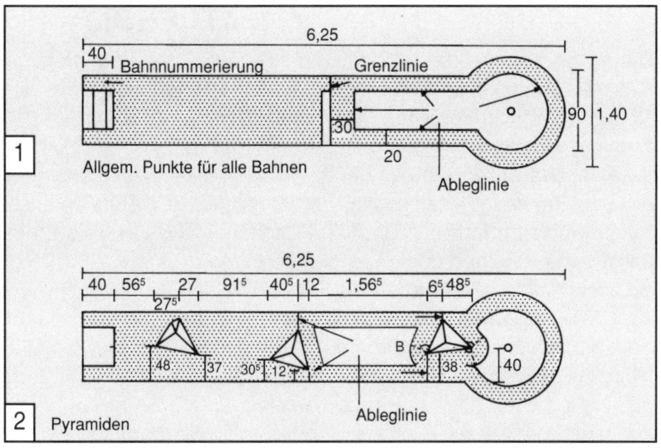

1 Allgem. Punkte für alle Bahnen

2 Pyramiden

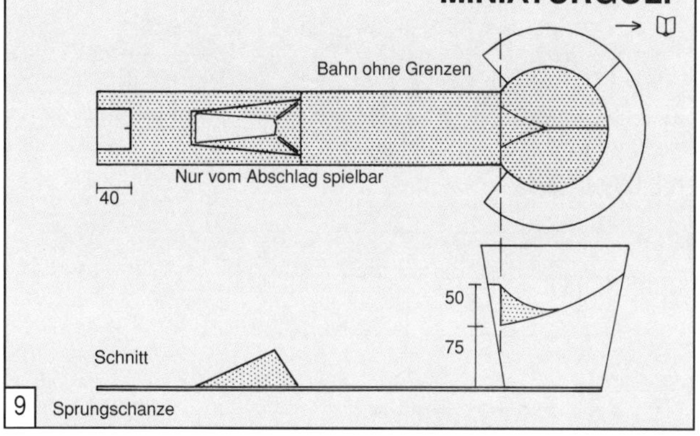

9 Sprungschanze

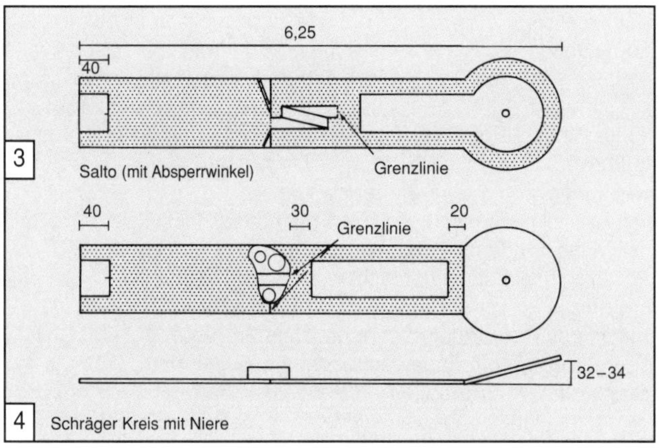

3 Salto (mit Absperrwinkel)

4 Schräger Kreis mit Niere

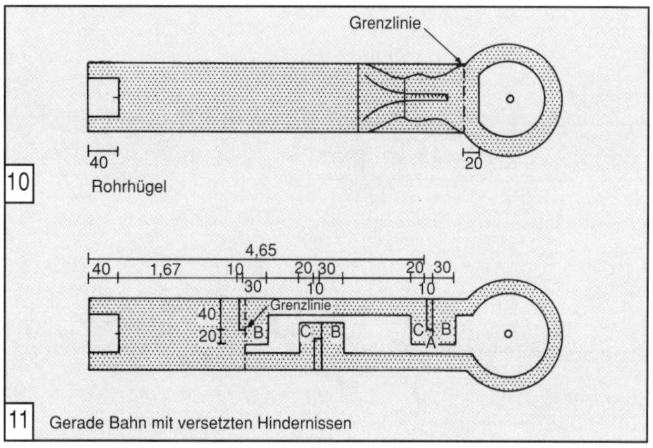

10 Rohrhügel

11 Gerade Bahn mit versetzten Hindernissen

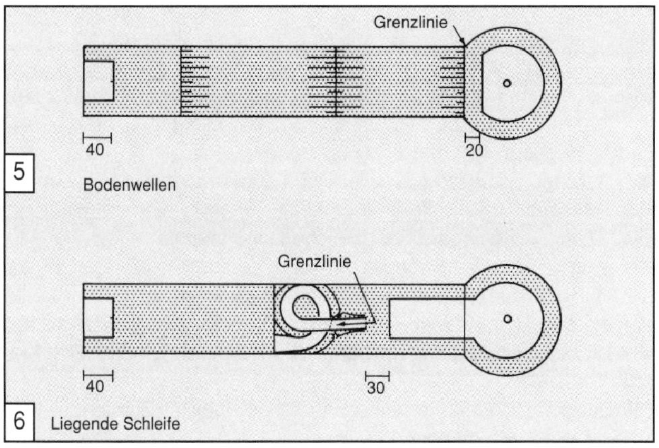

5 Bodenwellen

6 Liegende Schleife

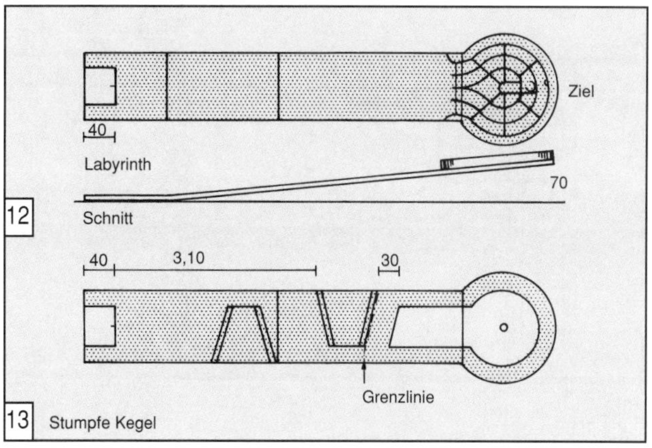

12 Labyrinth

13 Stumpfe Kegel

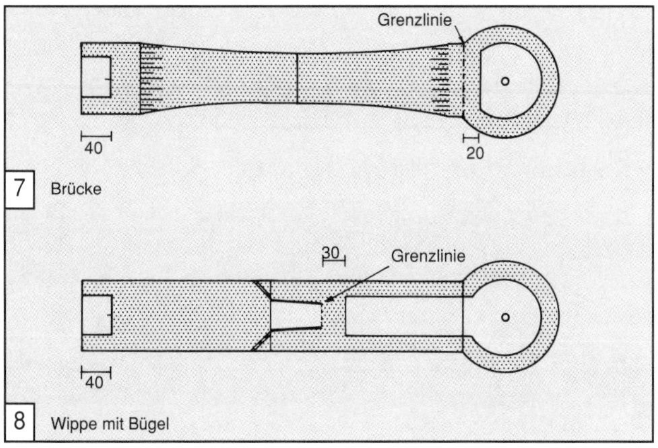

7 Brücke

8 Wippe mit Bügel

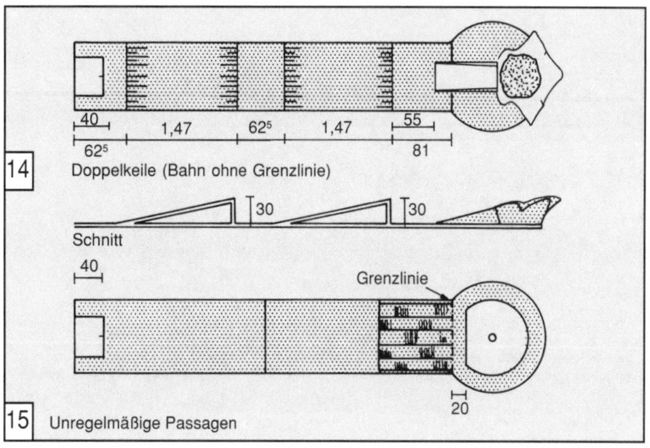

14 Doppelkeile (Bahn ohne Grenzlinie)

15 Unregelmäßige Passagen

MINIATURGOLF →

Bahnengolf-Sportplatz besteht aus 18 eindeutig abgegrenzten Bahnen (Ausnahme Weitschlag), die nummeriert sein und den Normungsvorschriften ihres Systems entsprechen müssen.

Zu einer turniergerechten Bahn gehören: das eigentliche Spielfeld, die Bahnbegrenzung (meist Banden), die Abschlagsmarkierungen, ein oder mehrere Hindernisse, die Grenzlinie, die Ablegemarkierungen (können fehlen), das Ziel. Gegebenenfalls weitere systemspezifische Teile und/oder Markierungen.

Spielfeld muß ≥ 80 cm haben u. ≥ 5,50 m lang sein. Waagerecht konzipierte Spielflächen müssen in Waage liegen (90 cm Wasserwaage). Falls die Bahnbegrenzung nicht durch Banden festliegt, ist sie anderweitig zu markieren (Ausnahme Weitschlag). Banden müssen so beschaffen sein, daß sie ein zu berechnendes Spiel ermöglichen. Jede Bahn mit einer Abschlagsmarkierung versehen. Die Art der Markierung muß innerhalb einer Anlage bzw. für ein bestimmtes Bahnensystem genormt sein. Hindernisse müssen im Aufbau und Formgebung sachlich sein. Entsprechend ihrem sportlichen Zweck ortsfest aufstellen. Lage von nicht ortsfesten Hindernissen ist zu markieren.

Jedes Hindernis muß von den anderen der gleichen Anlage nicht nur äußerlich, sondern auch spieltechnisch verschieden sein. Ein zu berechnendes Spiel muß möglich sein.

Die Grenzlinie markiert das Ende der ersten Hindernisse. Bei Bahnen ohne Hindernisaufbauten gibt sie an, wie weit der Ball vom Abschlag mindestens gebracht werden muß, wenn er im Spiel bleiben soll.

Nimmt das erste Hindernis die gesamte Breite der Bahn ein, ist die Grenzlinie mit dem Ende des Hindernisses identisch.

Grenzlinien, Markierungen so anbringen, daß der zum Abschlag weisende Markierungsrand mit dem Hindernisende identisch ist.

Ablegemarkierungen: Wo ein Ablegen oder Versetzen des im Spiel befindlichen Balles zulässig ist, müssen Markierungen vorhanden sein. Markierung gibt an, bis wohin Ball gelenkt werden darf.

Das Ziel muß von der Abschlagmarkierung mit einem Schlag zu erreichen sein. Handelt es sich um Ziellöcher, so darf der Durchmesser 120 mm nicht übersteigen. Für System-Minigolf, Miniatur- oder Sterngolf gelten 100 mm als Limit.

Markierungen müssen auf jeder Bahn angebracht sein. Es wird mit Golfschlägern und Golfbällen gespielt. Zulässig sind sämtliche im Golf üblichen Schläger oder ähnliche Gegenstände.

Zulässig sind alle Bahnengolf- und Golfbälle aus beliebigem Material. Balldurchmesser ≥ 37 mm und ≤ 43 mm.

Kugeln aus Holz, Metall, Glas, Glasfiber, Elfenbein oder ähnliches Material sowie Billardkugeln werden nicht als Bahnengolfbälle anerkannt.

Miniaturgolfbahnen allgemein: Bahnlänge 6,25 m, Bahnbreite 0,90 m, Endkreisdurchmesser 1,40 m.

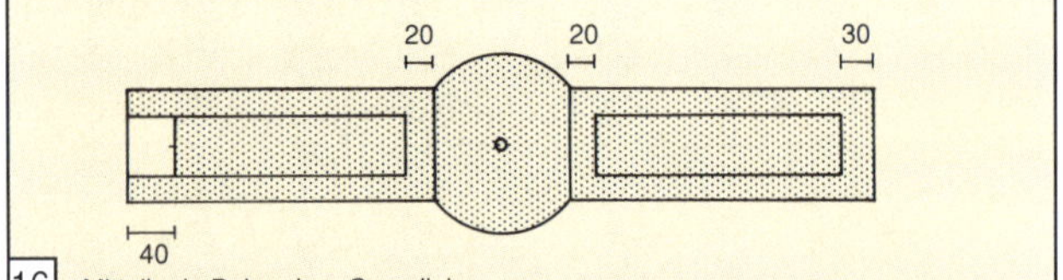

16 Mittelkreis-Bahn ohne Grenzlinien

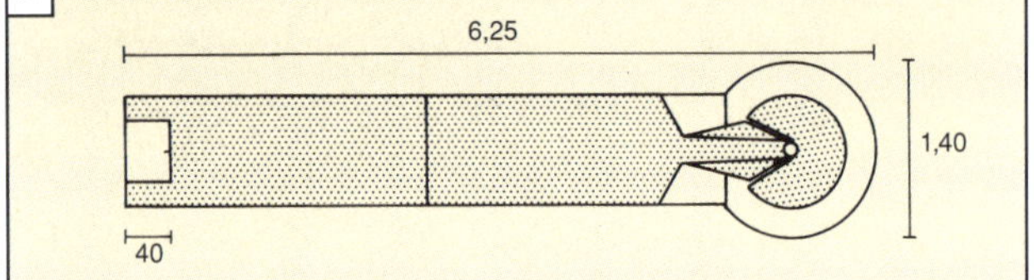

17 Vulkan-Bahn ohne Grenzlinien – nur vom Abschlag spielbar

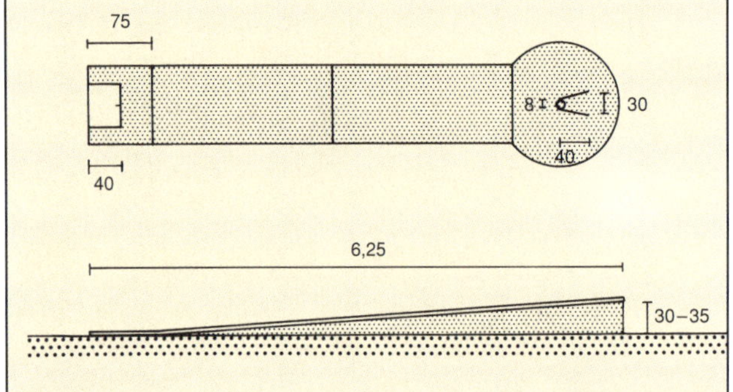

18 Steilschräge mit -V-Hindernis-Bahn ohne Grenzlinie, nur vom Abschlag spielbar

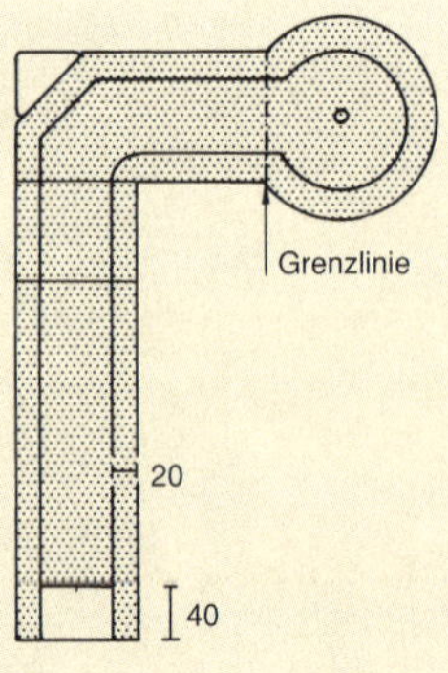

19 Rechter Winkel

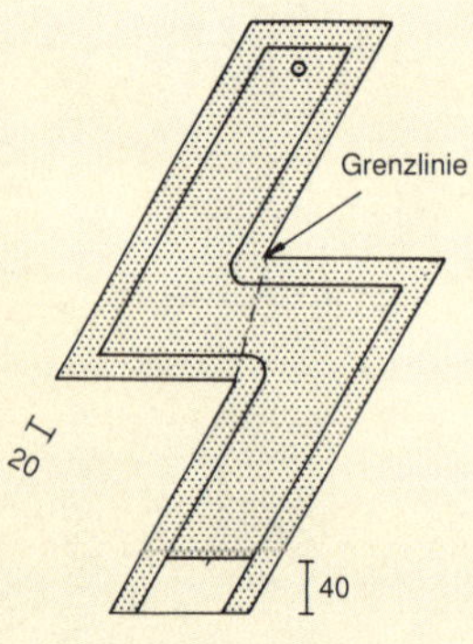

20 Blitz

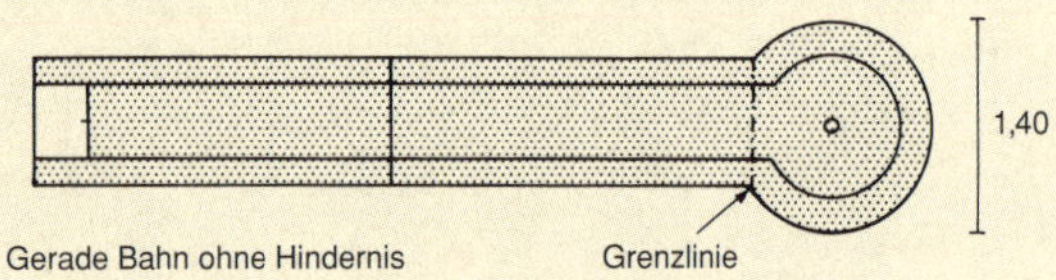

21 Gerade Bahn ohne Hindernis

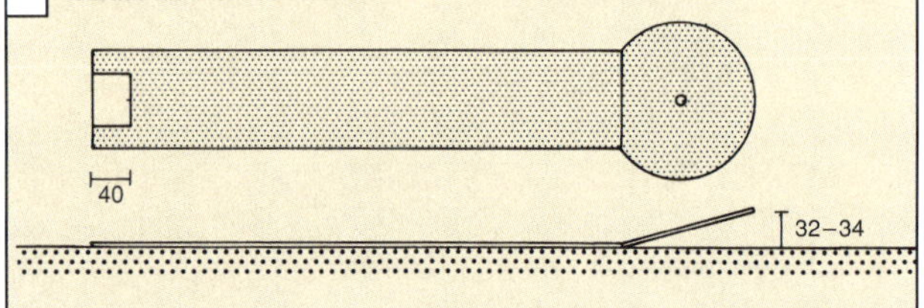

22 Schräger Kreis ohne Hindernis u. Grenzlinie. Nur vom Abschlag spielbar

23 Kreisplateau-Bahn ohne Grenzlinien. Nur vom Abschlag spielbar

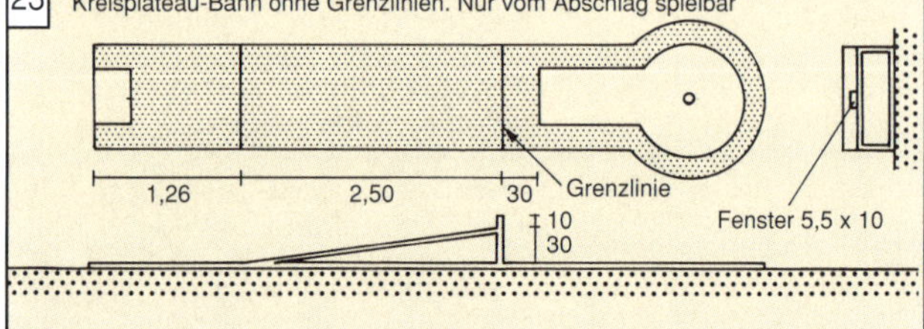

24 Auflaufkeil mit Mitteldurchlaß (Fenster)

KEGELBAHNEN

Jede Kegelbahn kann in folgende Bereiche gegliedert werden:

1.) Anlaufbereich, in welchem nach wenigen Anlaufschritten die Kugel abgespielt wird.
2.) Kugellaufbereich, der die eigentliche Lauffläche der Kugel darstellt.
3.) Kugelfangbereich, in welchem sich der Kegelstand befindet und wo die gefallenen Kegel/Pins sowie die Kugel/der Bowlingball gefangen werden.

Asphaltbahn ist eine spez. Sportbahn, die durch ihren besonderen Laufflächenbelag höchste Anforderung an die Kegler stellt.

Bahn besteht aus einer 19,50 m langen und 1,50 m (bei seitlicher Begrenzung durch Banden) bzw. 1,34 m (bei seitlicher Begrenzung durch Fehlwurfrinnen) breiten Kugellauffläche aus Asphalt oder Kunststoff → [1]–[2].

Bohlebahn, ursprünglich eine Holzkegelbahn, kann jedoch aus Kunststoff hergestellt werden → [3].

Besonderheit der Bohlebahn liegt in einer Steigung von 10 cm, gemessen von Anlaufbohle bis zum Vorderkegel des Kegelstandes. Lauffläche 23,50 m lang und 0,35 m breit ist eine gekehlte Bohlebahn.

Scherenbahn ebenfalls eine Holzkegelbahn (oder Kunststoff) → [4]. Lauffläche verbreitert sich nach 9,5 m bis zum Vierpaßmittelpunkt auf 1,25 m.

Für Asphalt- und Scherenbahnen Kugel mit 16 cm ∅, 2800–2900 g schwer.

Bohlebahnen Kugel 16,5 cm ∅, 3050–3150 g schwer. Kugeln werden aus Kunststoffmasse hergestellt.

Kegel aus Hartholz (Weißbuche) oder aus Kunststoff genormte Abmessung. Pin ebenfalls aus Holz (mit Kunststoff beschichtet) oder aus Kunststoff. Gleichfalls genormt.

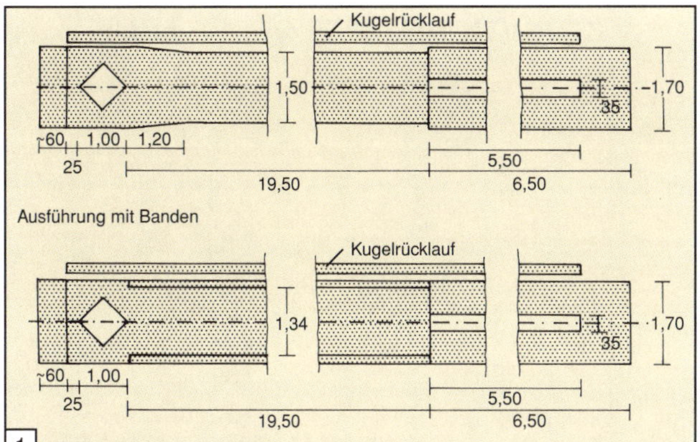

1 Ausführung mit Fehlwurfrinne

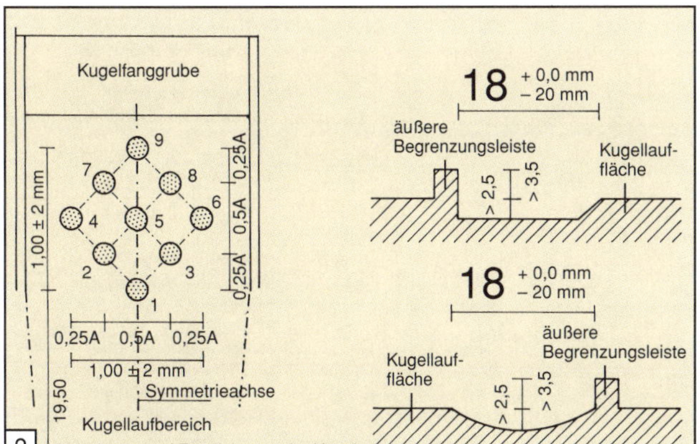

2 Anordnung und Bezeichnung der Kegel

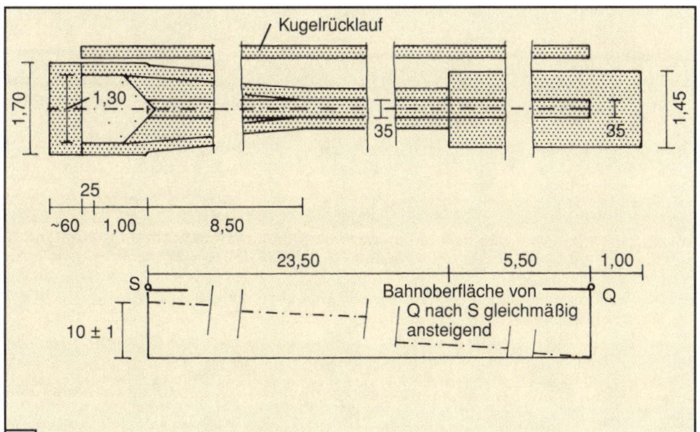

3 Bereichsübersicht u. Hauptabmessungen einer Bahneinheit Bohle

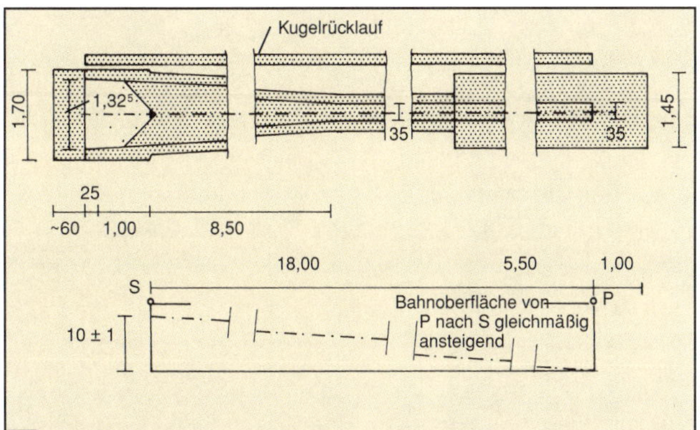

4 Bereichsübersicht u. Hauptabmessungen einer Bahneinheit Schere

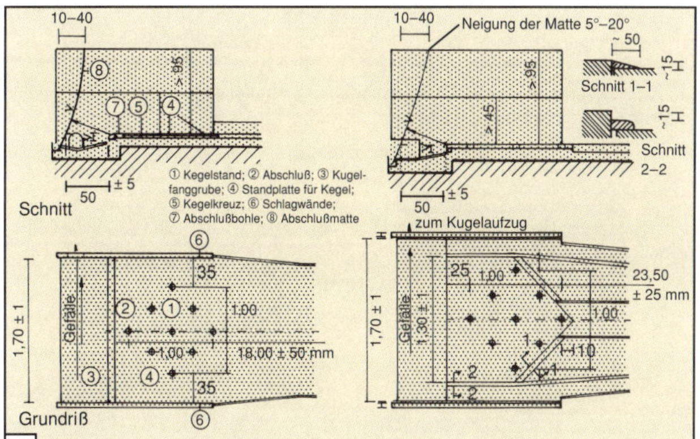

5 Kegelbereich in Normalausführung   Kegelbereich Bohle

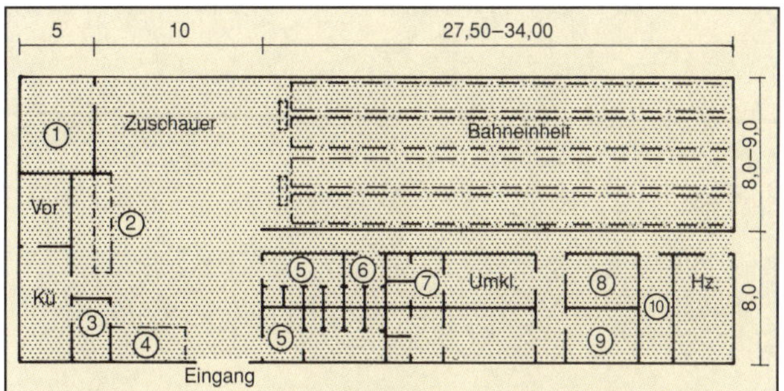

1 Clubzimmer
2 Buffet, Theke
3 Bahnwart
4 Garderobe
5 WC allgemein
6 WC Akteure
7 Wasch- und Duschräume
8 Sanitätsräume
9 Fitnessraum
10 Geräteraum

6 Beispiel für eine Kegelsportanlage

KONDITIONS- U. FITNESSRÄUME → 🕮

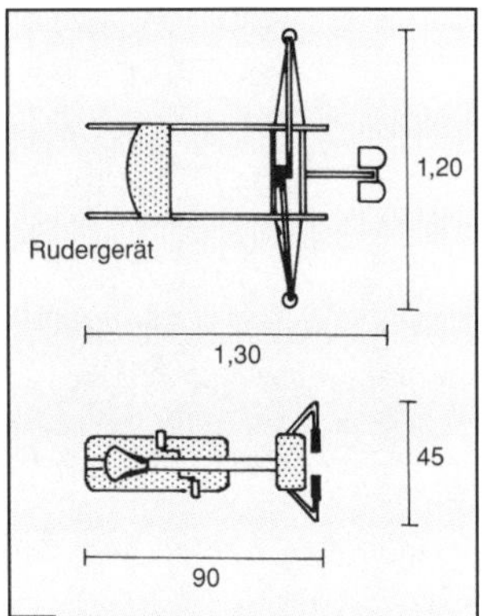

1 Fahrradergometer

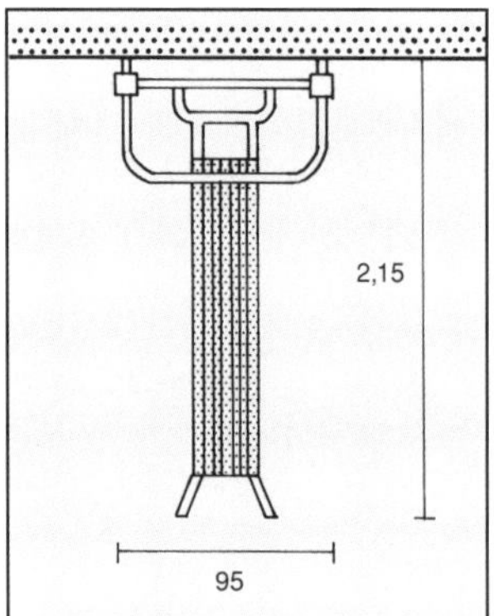

2 Bauchmuskelbrett, Klimmzugbügel u. Sprossenwand

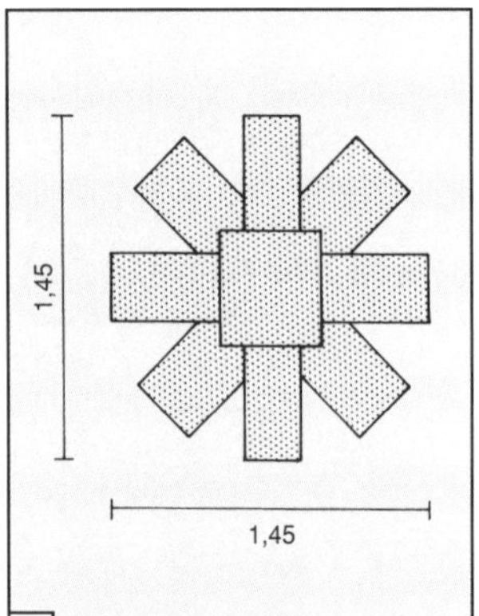

3 Multi-Übungscenter

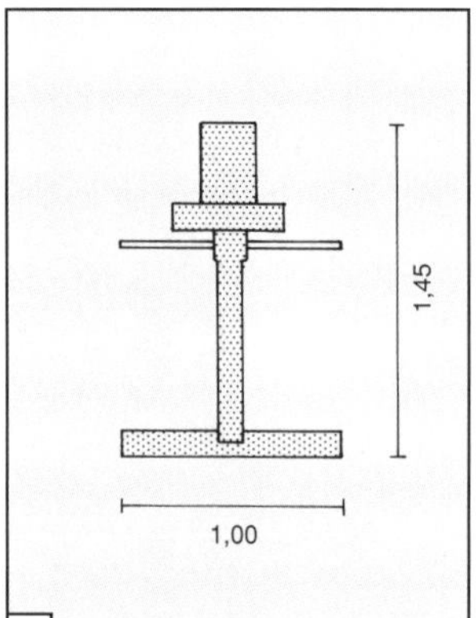

4 Zugapparat

Bereich	Geräte bzw. Einrichtungen	Übungen	Motorische Fähigkeit und/oder Fertigkeit	Trainingsabsicht
A	allgemeine Trainingsstationen	eingelenkig	Kraft Beweglichkeit	Fitness Kondition
B	spezielle Trainingsstationen	mehrgelenkig	Kraft Schnelligkeit	Fitness Kondition
C	Heberfläche (mit Multipress oder isometrischem Reck)	mehrgelenkig	Kraft Schnelligkeit Koordination	Kondition
D	herkömmliche Kleingeräte	ein- und mehrgelenkig	Kraft Beweglichkeit	Fitness
E	spezielle Trainingsgeräte sowie	mehrgelenkig	Ausdauer Koordination	Fitness Kondition
	Freifläche zum Aufwärmen (Gymnastik usw.)	ein- und mehrgelenkig	Beweglichkeit Koordination	Fitness Kondition

5 Gliederung der Geräte in Bereiche

Bereich	Konditionsraum 40 m²	80 m²	200 m²	Geräteliste
A			1	1 Handroller
		2/3*	2	2 Biceps-Station
			3	3 Triceps-Station
		4/5*	4	4 Pull-over-Maschine I
			5	5 Pull-over-Maschine II
		6/7*	6	6 Latissimus-Maschine I
			7	7 Latissimus-Maschine II
		8	8	8 Brust-Station
		9	9	9 Rumpf-Station
		10/11*	10	10 Hüft-Station I
			11	11 Hüft-Station II
		12	12	12 Bein-Station
		13	13	13 Fuß-Station
	14 (2x)		14 (3x)	14 Multi-Übungscenter
B			20	20 Drückapparat I
			23	23 Beinpreß-Apparat
		25	25 (2x)	25 Bauchmuskel-Station
		26	26 (2x)	26 Zugapparat
			27	27 Klimmzug-Apparat
			33	33 Latissimus-Bodenhantel
C		43 (4x)	43 (10x)	43 kleiner Scheibenständer**
	46 (2x)	46 (2x)	46	46 Trainingsbank
D	50	50	50 (3x)	50 Fausthanteln
	51	51	51 (3x)	51 Kurzhanteln
	52	52	52 (5x)	52 Kurzhantelständer**
			53	53 Übungshantelstange
		56		56 Drückerbank
		57	57 (3x)	57 Schrägbank I
		58		58 Schrägbank II
			59	59 Allroundbank
		60	60	60 Multi-Trainingsbank
		61		61 Kompakthantel
		62		62 Hantelständer**
E	70 (3x)	70	70 (4x)	70 Fahrradergometer
	71 (2x)	71 (3x)	71 (2x)	71 Ruderapparat
	72		72 (2x)	72 Laufband
	73	73 (2x)	73 (3x)	73 Sprossenwand
	74	74 (2x)	74 (2x)	74 Klimmzugbügel
	75	75	75	75 Bauchmuskelbrett
		78		78 Punching-Ball
	79 (2x)	79 (2x)	79 (3x)	79 Expander-Impander
	80 (2x)	80 (2x)	80 (2x)	80 Springseil
	81 (2x)	81 (2x)	81 (3x)	81 Deuser-Band
	82 (2x)	82 (2x)	82 (3x)	82 Fingerhanteln
	83 (2x)	83 (2x)	83 (3x)	83 Bali-Gerät
		85 (2x)	85 (3x)	85 Hydrohanteln
	89	89	89 (2x)	89 Geräteschrank

* Die Geräte 2 und 3, 4 und 5, 6 und 7 sowie 10 und 11 sind bei verschiedenen Herstellern für 2 Funktionen einsetzbar.

** In den beispielhaften Darstellungen von Bild 6 sind notwendige Ständer für Hantelscheiben bzw. Faust-, Kurz- und Kompakthanteln aufgeführt. Sie sind in sehr unterschiedlicher Ausführung auf dem Markt und sollten deshalb jeweils auf die Zahl der abzulegenden Hanteln und Hantelscheiben abgestimmt sein.

7 Ausstattungsvorschläge für Fitnessräume → 6

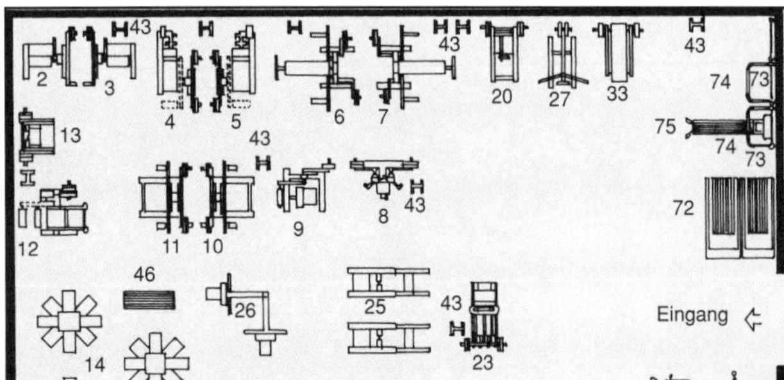

1 Handroller
2 Biceps-Station
3 Triceps-Station
4 Pull-over-Maschine I
5 Pull-over-Maschine II
6 Latissimus-Maschine I
7 Latissimus-Maschine II
8 Brust-Station
9 Rumpf-Station
10 Hüft-Station I
11 Hüft-Station II
12 Bein-Station
13 Fuß-Station
14 Multi-Übungscenter
20 Drückapparat I
23 Beinpreß-Apparat
25 Bauchmuskel-Station
26 Zugapparat
27 Klimmzug-Apparat
33 Latissimus-Bodenhantel
43 Kleiner Scheibenständer
46 Trainingsbank
52 Kurzhantelständer
57 Schrägbank I
59 Allroundbank
60 Maulti-Trainingsbank
70 Fahrradergometer
71 Ruderapparat
72 Laufband
73 Sprossenwand
74 Klimmzugbügel
75 Bauchmuskelbrett
89 Geräteschrank

6 Beispiel: ca 200 m² großer Fitnessraum

TENNISANLAGEN

→ 🕮

Doppelspiel	10,97 x 23,77 m
Einzelspiel	8,23 x 23,77 m
Seitenauslauf	≥ 3,65 m
Seitenauslauf Turnier	4,00 m
Rückenauslauf	≥ 6,40 m
Rückenauslauf Turnier	8,00 m
zwischen zwei Plätzen	7,30 m
Netzhöhe in der Mitte	0,915 m
Netzhöhe an den Pfosten	1,06 m
Fanggitterhöhe	4,00 m

Für Tennisplätze im Freien stehen folgende Beläge zur Auswahl:

Tennenflächen, wassergebundene Beläge.

Beläge nach dem Betonprinzip.

Bitumengebundene u. Kunststoffbeläge.

Kunststoffrasen, textile Beläge, Rasen.

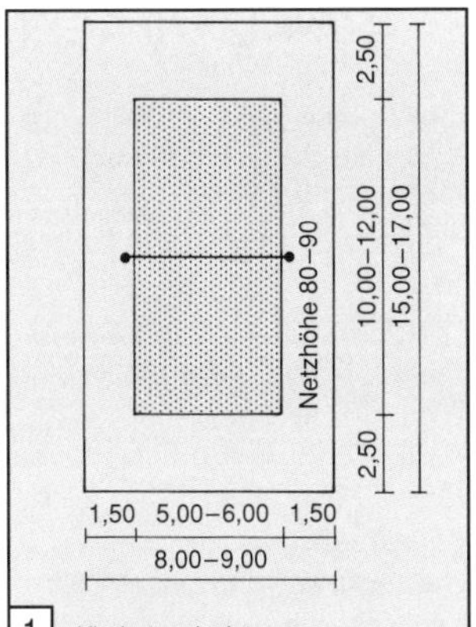

1 Kindertennisplatz

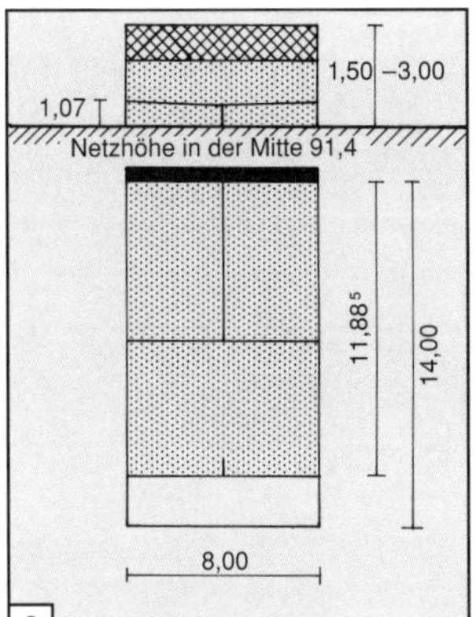

2 Trainingswand (Einzel)

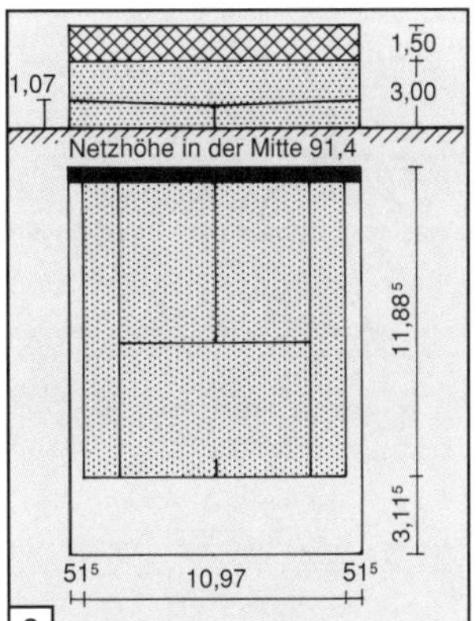

3 Trainingswand (Doppel)

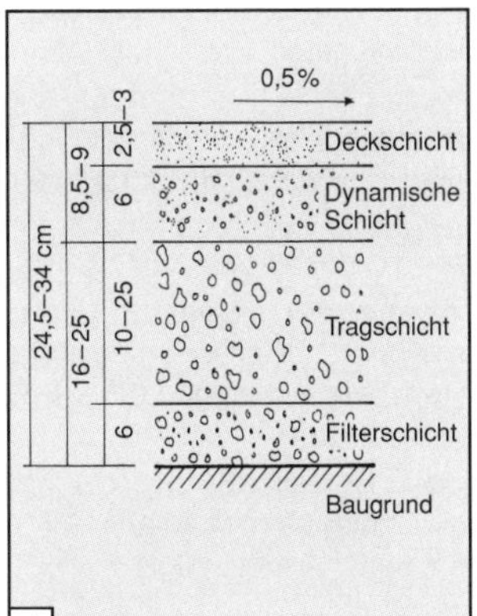

4 Tennenflächen – Aufbau

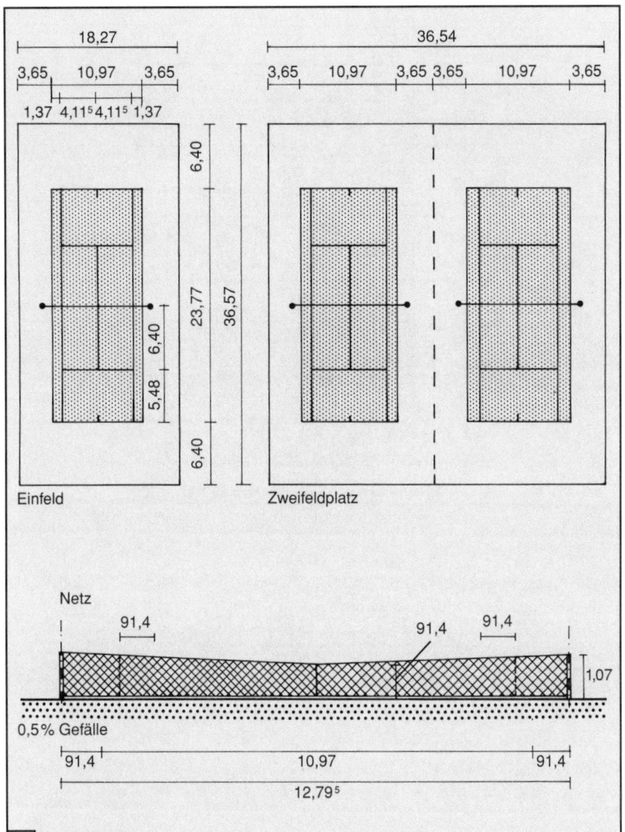

7 Turnierplätze

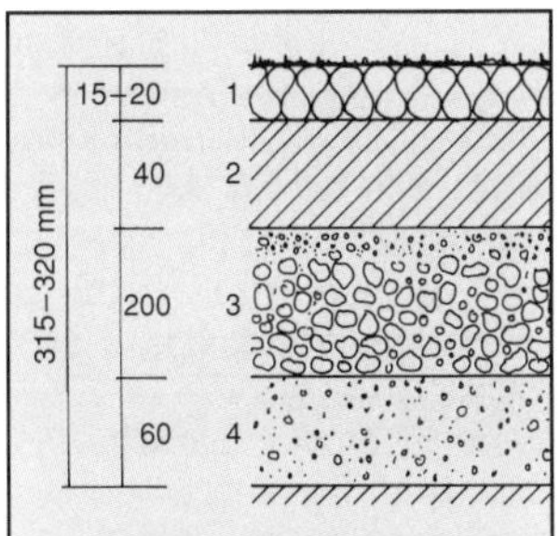

1.) Kunstrasen u. el. Zwischenschicht
2.) bitumengebundene Tragschicht
3.) ungebundene Tragschicht
4.) Filter- oder Sauberkeitsschicht

5 Kunststoffrasen Aufbau im Freien

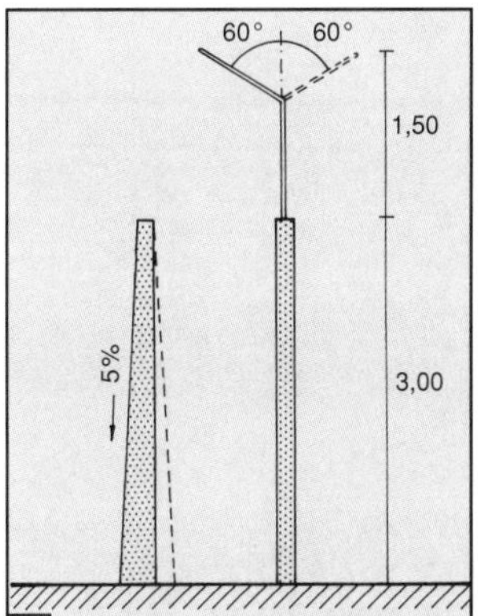

9 Formen von Trainingswänden

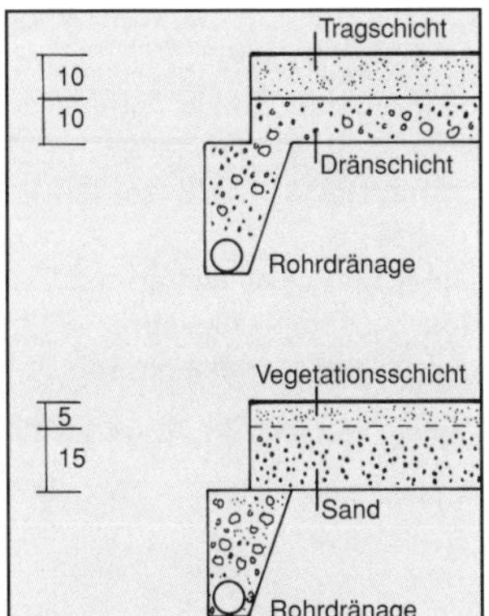

6 Aufbau Rasentennisplätze

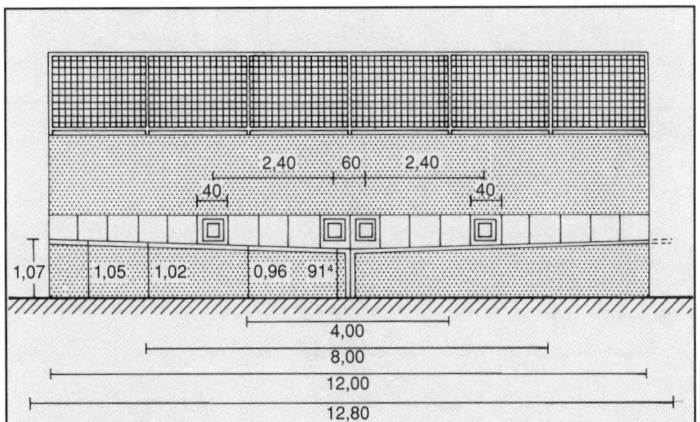

8 Trainingswand Wandmarkierung (u.a. für Auf- u. Passierschläge)

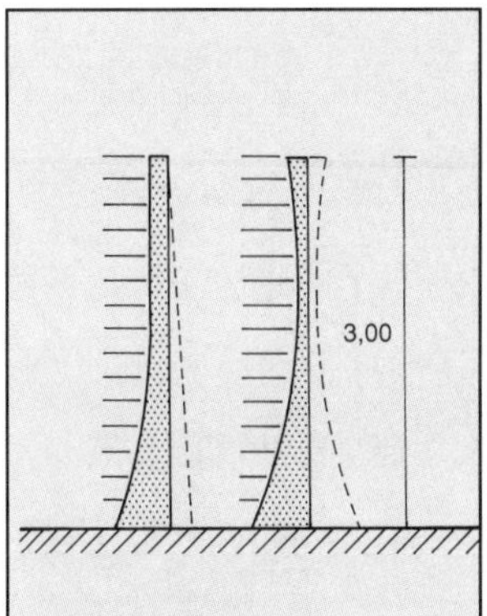

10 Parabolische Trainingswand

TENNISANLAGEN

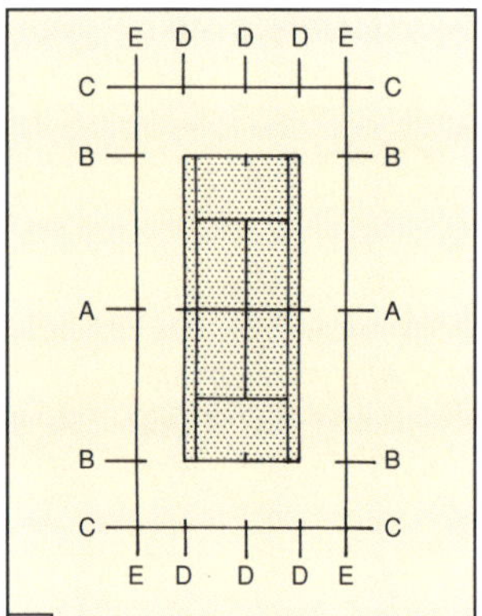

1 Grundrißschema → [2]-[3]

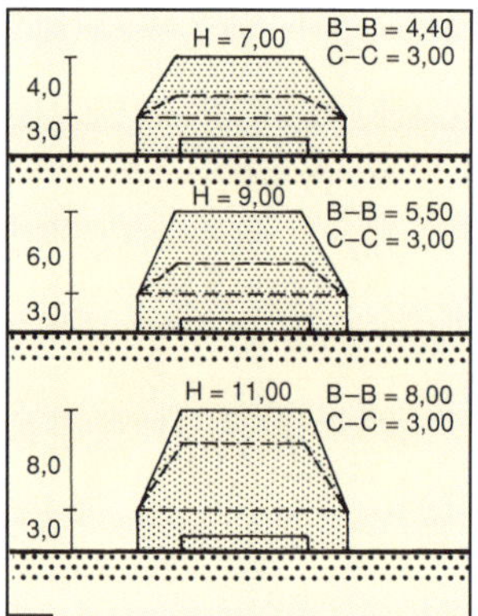

2 Querschnitt von Hallentypen → [7]

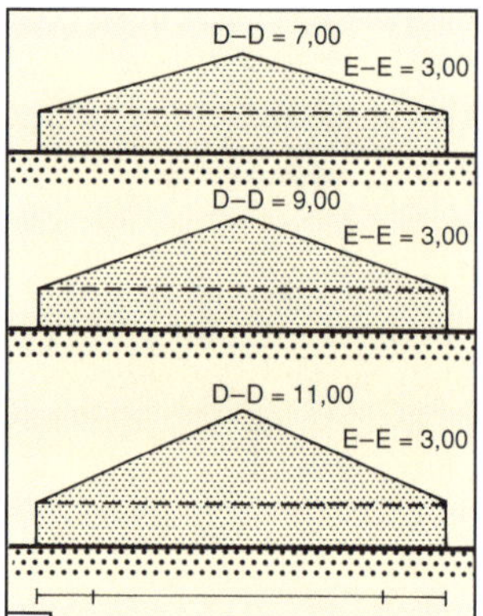

3 Längsschnitt von Hallentypen

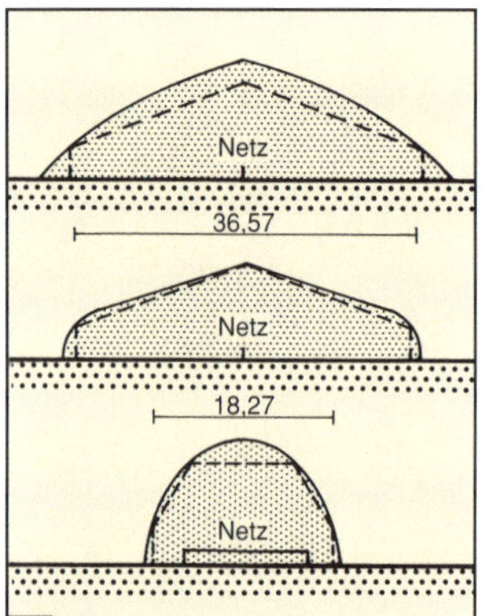

4 Hallenmaße u. -formen

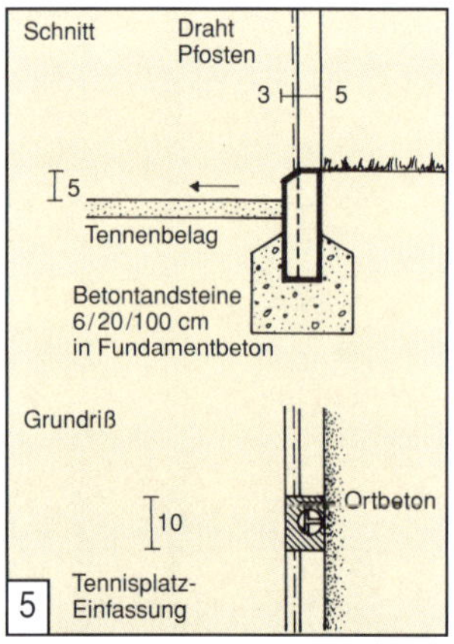

5 Tennisplatz-Einfassung

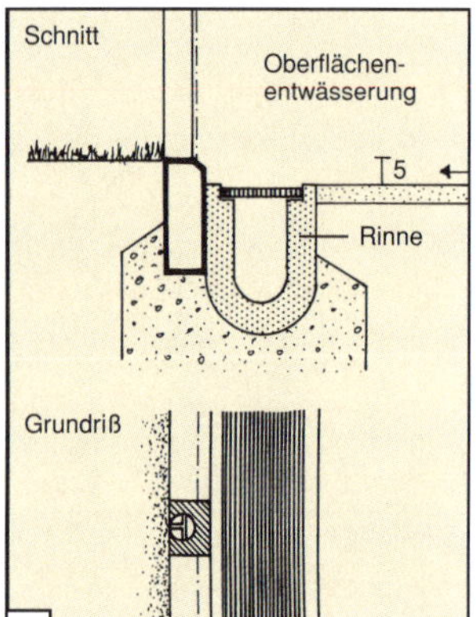

6 Tennisplatzentwässerung

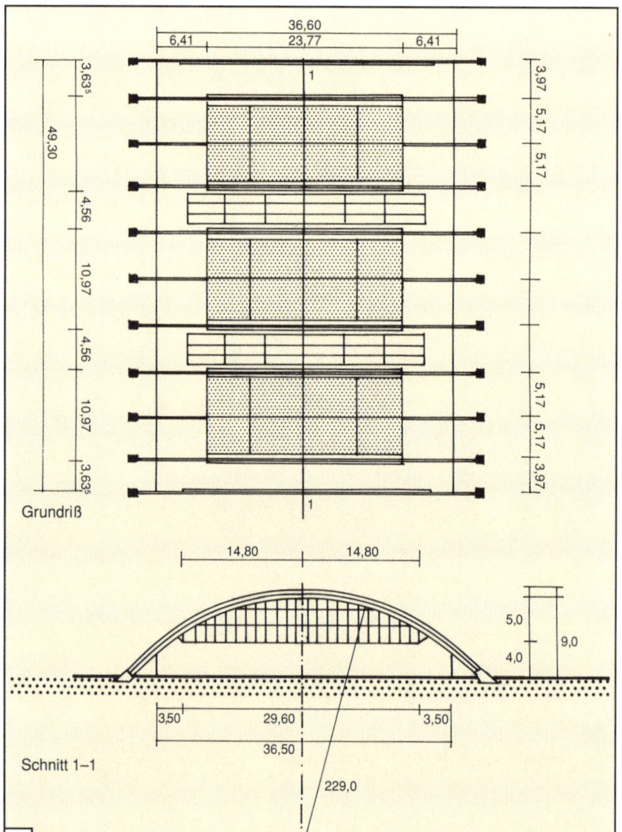

7 Halle über 3 Felder

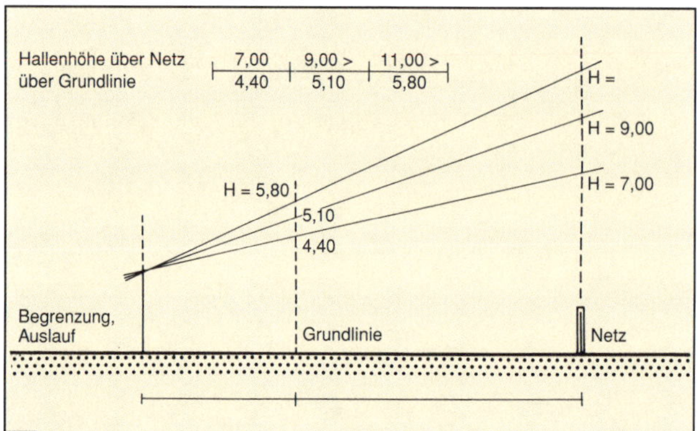

8 Hallenhöhen

Hallenhöhe der Tennishallen sind international festgelegt. Gefordert wird Höhe von 9–11 m. wobei 9 m im Regelfall ausreichen → [8], in Turn- und Sporthallen ist Tennisspielen auch bei 7 m Hallenhöhe möglich.

Hallenhöhe wird am Netz vom Boden bis Unterkante Binder gemessen.

Sie muß auf der ganzen Spielfeldbreite von 10,97 m vorhanden sein.

Höhe mind. 3 m an der äußeren Begrenzung des Auslaufraumes. Übersicht über Quer- und Längsschnitte von Hallentypen mit abgewalmten Längsseiten → [2].

Hallenarten: Demontable Halle, stationäre Halle, wandelbare Halle, Halleninnenmaß 18,30 x 36,60 m → [7].

Da Spielfeldmaße und die vorgeschriebenen Ausläufe international festliegen, ergibt sich:

Tennishalle 2 Spielfelder $\frac{\text{TeH2}}{\text{(E.+D.)}}$

(2 x 18,30) x (1 x 36,60)
= 36,60 x 36,60

über 3 Spielfelder $\frac{\text{TeH3}}{\text{(E.+D.)}}$

ergibt sich analog Hallenfläche von 54,90 x 36,60 m.

Maße ergeben Idealfall in bezug auf sportliche Nutzungsmöglichkeiten.

Wenn man „wirtschaftliche Tennishallen" anstrebt, ist eine Verringerung der überbauten Fläche möglich, jedoch eine gleichartige Nutzung nicht mehr möglich. Die Nutzung ist:

1. Auf beiden Feldern wettkampfmäßig „Einzel",
2. auf einem Feld wettkampfmäßig „Doppel",
3. auf beiden Feldern trainingsmäßig als Freizeitanlage 2 Einzel oder 1 Einzel/1 Doppel.

Unter Berücksichtigung der Einsparungsmöglichkeiten ergibt sich folgende Hallengröße

$\frac{\text{TeH2}}{\text{1 E. + 1 Do.}}$ = 32,40 x 36,60 m

SPIELFELDER

Spielplatzgrößen in Meter						
Spiele	Max		Min.		Richtmaß	
	L	B	L	B	L	B
1 Hufeisenwerfen	15	3	12	3	–	–
1 Volleyball	–	–	–	–	18	9
2 Shuffleboard	–	–	–	–	17	3
2 Ringtennis	12,20	5,50	–	–	18,20	11,50
3 Prellball	–	–	–	–	16	18
3 Federball (Badminton)	–	–	–	–	13,40	6,10
4 Krocketspielfelder	–	–	–	–	20	4
5 Basketball	28	15	24	13	26	14
6 Barlauf	30	25	25	20	30	25
6 Faustball	–	–	–	–	50	20
7 Boccia	–	–	–	–	24	3
7 Schlagball	–	–	–	–	18,29	18,29

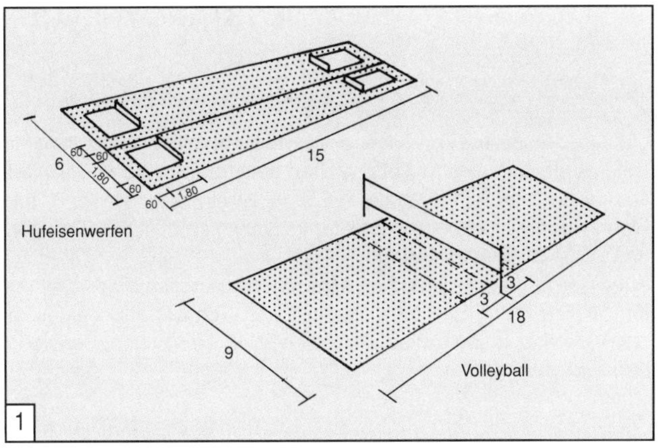

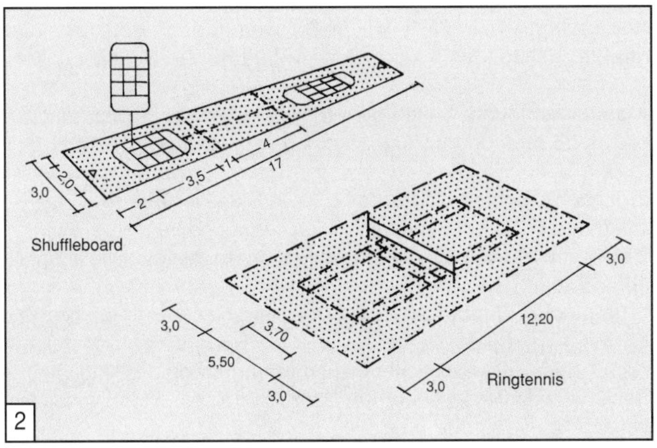

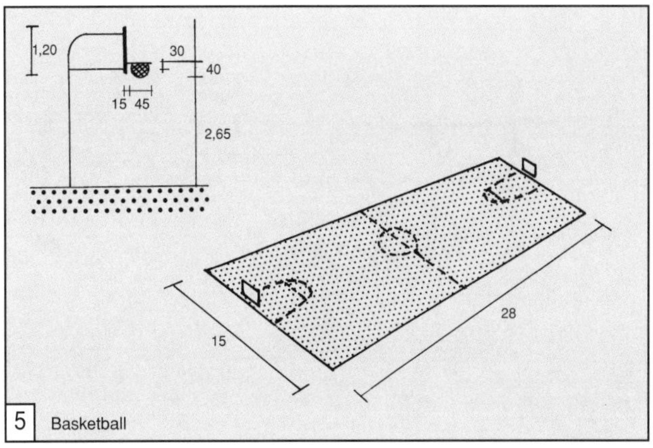

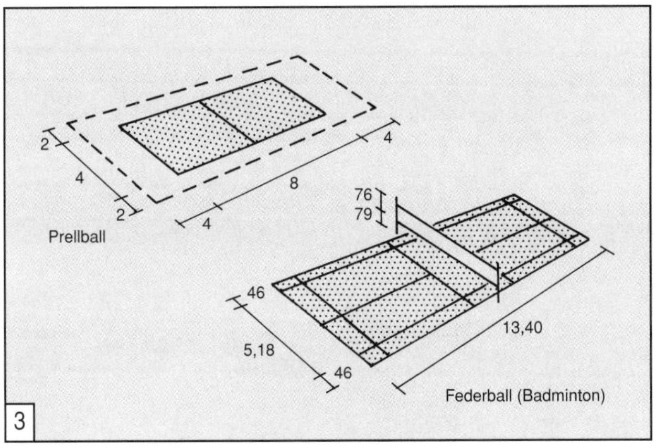

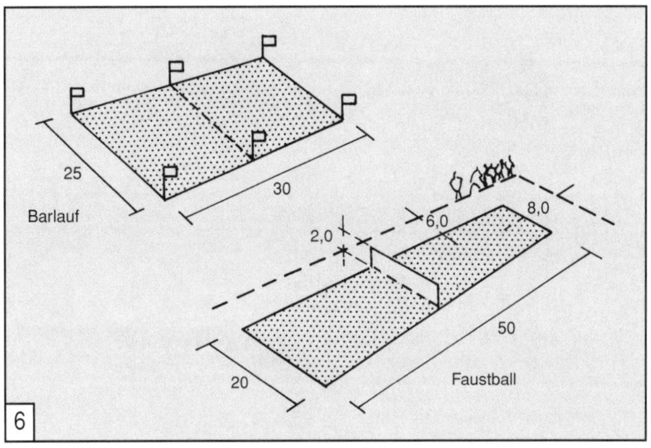

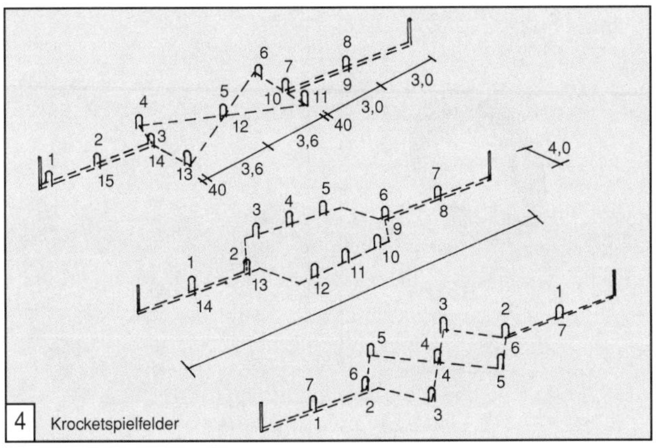

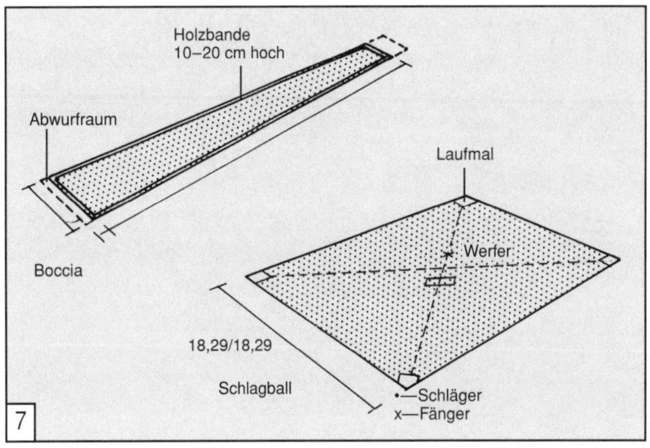

SCHIESSSTANDANLAGEN

→ 🕮

Auskunft: Deutscher Schützenbund e.V. Schießsportschule, Wiesbaden-Klarenthal

Ortslage: Möglichst im Walde, einer Schlucht mit Anhöhe als natürlicher Kugelfang, fern von öffentlichen Wegen und Anlagen, Schießstände auch in Schießhäusern, z.B. in Verbindung mit Sport- und Mehrzweckhallen. Üblich sind Luftgewehr-Schießstand, Pistolen- und Kleinkaliber-Schießstand → [1] – [4].

Für die sicherheitstechnischen Anforderungen gelten die „Richtlinien für die Errichtung und die Abnahme von Schießstandanlagen für sportliches und jagdliches Schießen" des Deutschen Schützenbundes.

SCHIESSSPORT-PROGRAMM.

Gewehrschießen: Luftgewehr mit 10 m xx Zimmerstutzen 15 m, Kleinkalibergewehr 50 m x, KK-Standardgewehr xxx, Scheibengewehr 100 m, Großkaliber-Gewehr 300 m, GK-Standardgewehr 300 m.

Pistolenschießen: Luftpistole 10 m xx, Olympische Schnellfeuerpistole 25 m x, Sportpistole 25 m xxx, Standardpistole 25 m, freie Pistole 50 m x.

Wurftaubenschießen: Trapschießen x, Skeetschießen x.

Laufende Scheibe: Laufender Keiler, 10 m und 50 m x.

Bogenschießen: Hallenbedingungen, internationale Bedingungen 10 und 30 m.

Olympische Wettbewerbe: x = für Herren, xx = für Damen und Herren, xxx = nur für Damen.

Außer üblicher bauamtlicher Genehmigung für die Errichtung einer Schießstandanlage ist noch ein Gutachten eines Schießstandsachverständigen einzuholen.

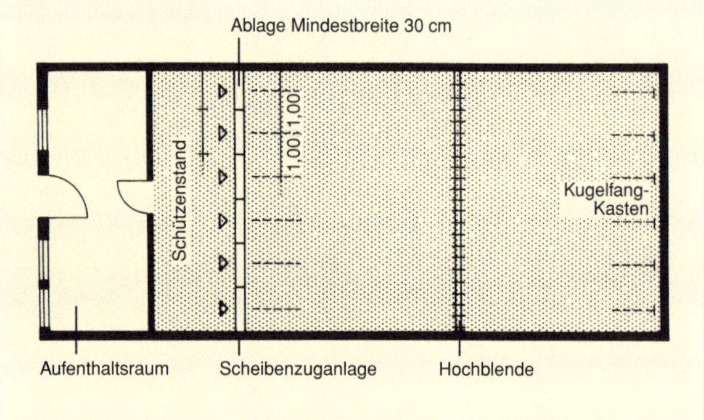

1 Schießstand für Luftdruck- u. CO_2-Waffen. Schützenstand überdeckt, Schießbahn im Freien

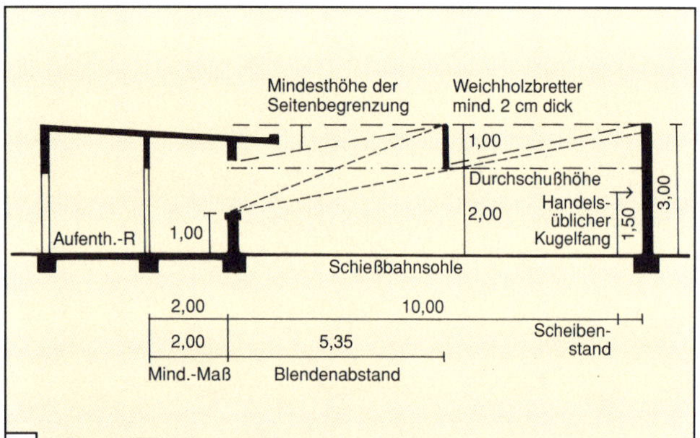

2 Schnitt → [1]

3 Schießstand, stehend freihändig → [1]–[2]

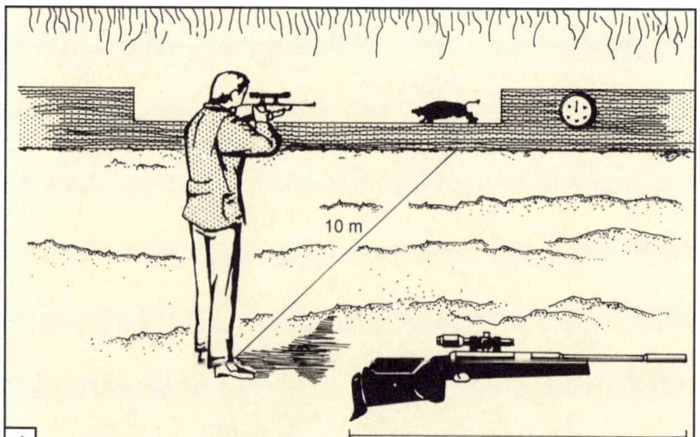

4 Schießen auf laufende Scheibe

5 Bogenschießanlage

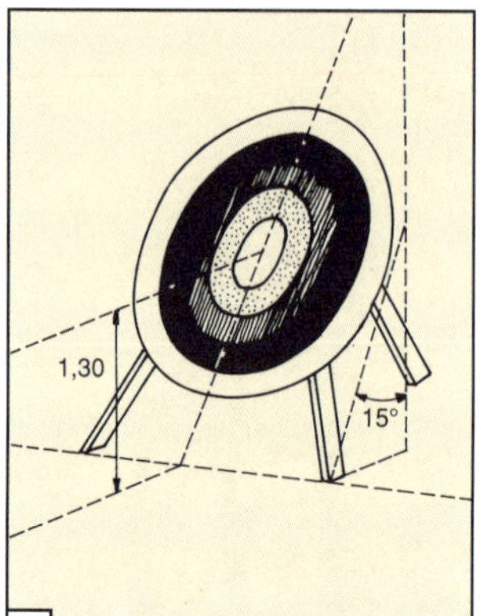

6 Die Scheibe u. ihre Anordnung

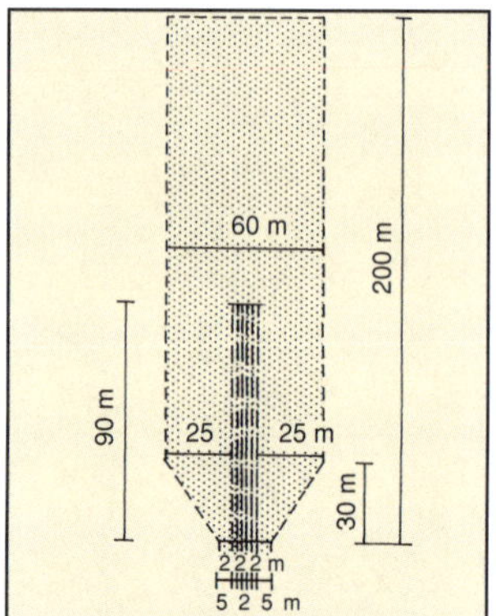

7 Vorsichtsbereich eines Bogenschießstandes mit 6 Scheiben

GOLFPLÄTZE

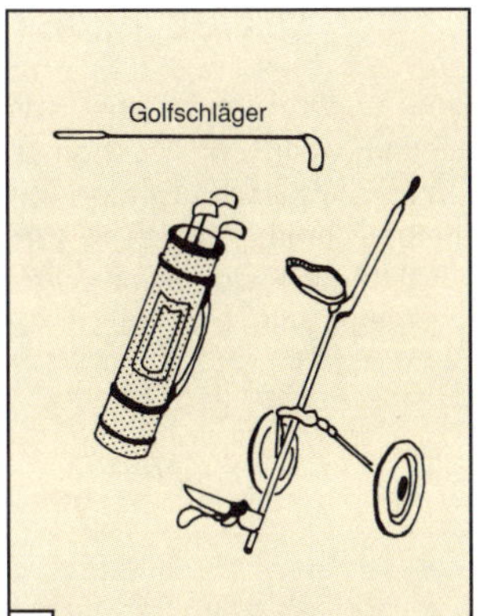

1 Golftasche u. Rolluntersatz

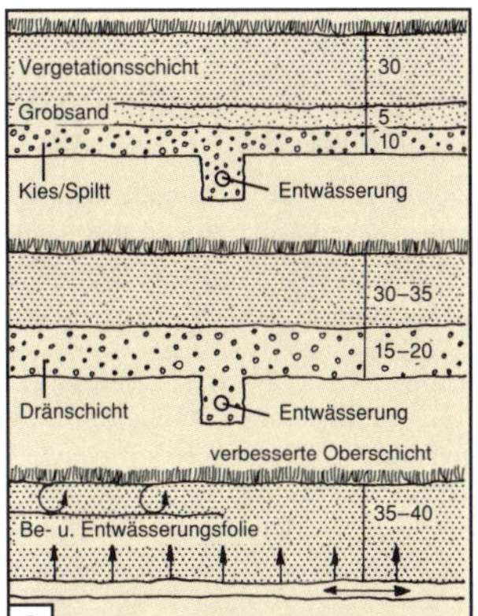

2 Konstruktionstypen von Golfgrüns

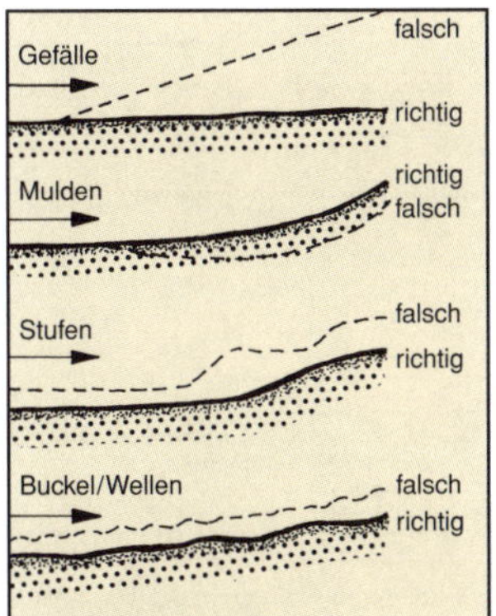

3 Oberflächengestaltung Modellierung von Grüns

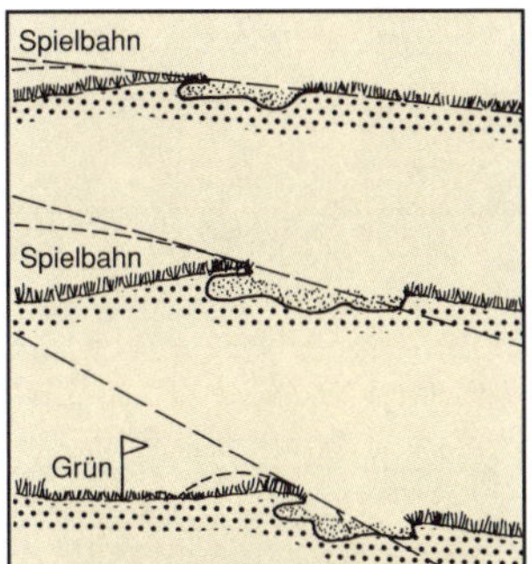

4 Bunkergestaltung Tiefe u. Ausformung in Abhängigkeit von der Entfernung zum Grün. Je nächer am Grün, desto steiler die Ansicht → 5

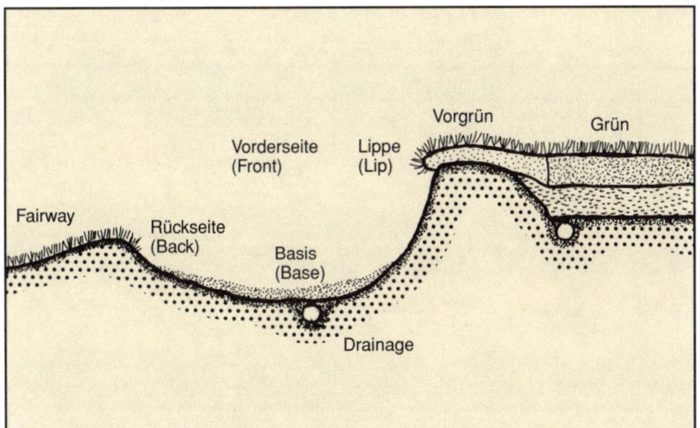

5 Schnitt eines Grünbunkers

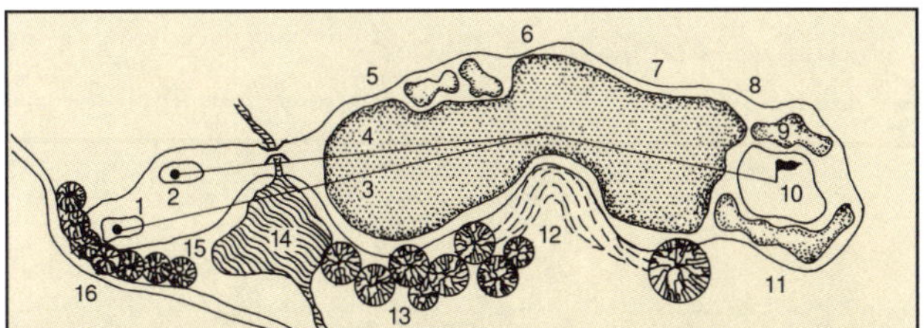

1 Herrenabschlag
2 Damenabschlag
3 Spielbahn
4 Spiellinie
5 Spielbahnbunker
6 Einzelraum
7 Halbrauhes
8 Rauhes
9 Grünbunker
10 Grün mit Vorgrün
11 Baumgruppe
12 Hügel als natürl. Hindernis
13 Gehölzstreifen
14 Teich/Bachlauf
15 Hecke
16 Wegeverbindung

6 Elemente einer Golfbahn

Die Plätze liegen am schönsten in bewegtem Gelände mit flachen Steigungen zwischen Waldungen, von lichtem Baumbestand oder Baumgruppen, mit natürlichen Hindernissen (Wasserläufe, Teiche), mit Einschnitten und Hügeln oder in Dünen am Meer.

Die Größe der Plätze richtet sich nach Anzahl der Schlagstrecken („Löcher") und deren Länge (Abstand des „Abschlags" vom „Loch").

Golfplätze sind mit „genormten" und standardisierten Sportstätten im allgemeinen nicht zu vergleichen.

Golfplätze können heutzutage fast ausschließlich in ländlichen Gebieten, und zwar auf vormals land- oder forstwirtschaftlichem Gelände erstellt werden. Golfplatzplanung erfordert die Regie eines vielseitig versierten Experten, der die Kenntnisse eines Landschaftsarchitekten, Golfers, Landschaftsökologen, Bodenkundlers, Kulturtechnikers, Ökonomen etc. besitzen muß.

Bevor die eigentliche Planung beginnt, müssen Grundlagenermittlungen angestellt werden. Einzugsbereich des vorgesehenen Geländes: Zahl der Einwohner im Bereich von max. 30 Autominuten erforderlich für einen 9-Löcher-Platz ca. 100 000, um tragfähige Zahl von 300 Mitgliedern eines Golfclubs erreichen zu können.

(Derzeitige Relation in der BRD noch über 200 000 Einwohner pro 9-Löcher-Platz.)

Wichtiger Bestandteil jeder Golfplatzplanung sind die Übungsanlagen.

Man unterscheidet: Übungswiese, Übungsgrün, Annäherungsgrün → 6.

Übungswiese soll möglichst eben und eine Breite von mind. 80 m aufweisen, um ca. 15 Golfern gleichzeitig die Möglichkeit des Übens zu geben.

Länge soll mind. 200 m, besser 225 m, haben und so angeordnet sein, daß benachbarte Spielbahnen nicht gefährdet sind.

Idealer Standort in der Nähe des Clubhauses.

Annäherungsgrün sollte Mindestgröße von 300 m² aufweisen und in sich modelliert sein. Sandhindernis für Übungsschläge mind. 200 m² groß und soll unterschiedliche Tiefen haben.

Eine Golfplatzplanung sollte zunächst grundsätzlich davon ausgehen, daß das Endziel ein 18-Löcher-Golfplatz sein sollte, d.h. daß eine ausreichend große Fläche von mind. 55 ha, besser 60 ha, langfristig zur Verfügung stehen muß.

Um auf 18-Löcher-Plätzen auch die Möglichkeit zu bieten, nur jeweils eine halbe Runde (9 Löcher) zu spielen, sollten sich der 1. Abschlag und das 9. Grün sowie der 10. Abschlag und das 18. Grün nach Möglichkeit in der Nähe des Clubhauses befinden.

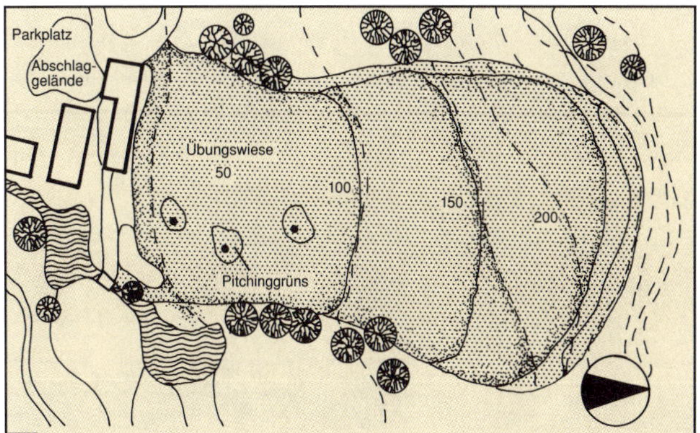

7 Grundausstattung einer Übungswiese

SEGELSPORT

Sportliche Wettfahrten sind nur dann möglich, wenn jeder das gleiche Sportgerät hat. So entstanden weitgehend genormte Bootstypen für das Regattasegeln. Nationale Klassen werden von nat. Segelsportverbänden anerkannt, internat. Klassen vom Weltseglerverband in London. Er wählt auch die olympischen Klassen aus. Werden jeweils nach den Spielen neu festgelegt.

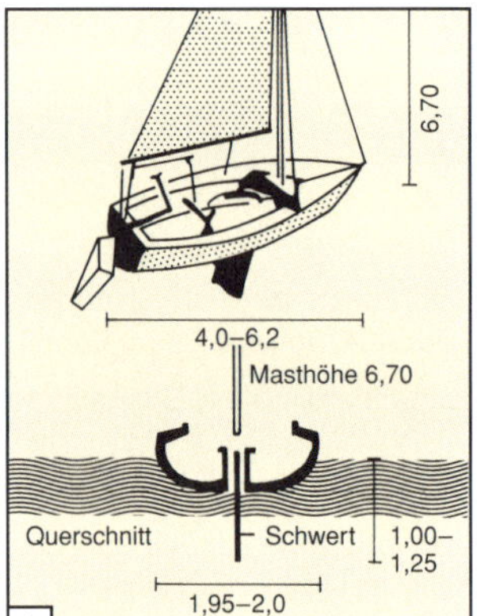

1 Jolle

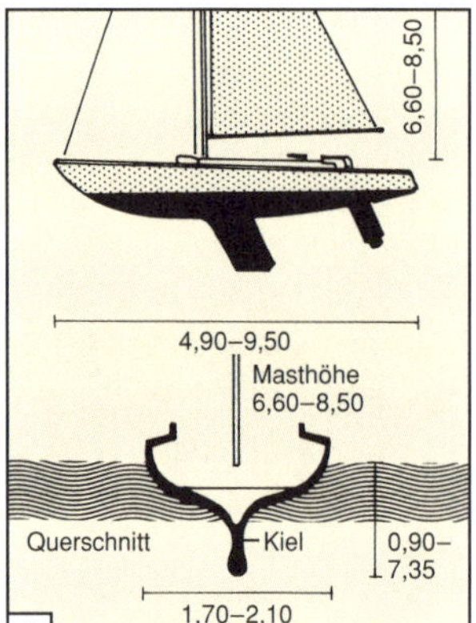

2 Offenes Kielboot

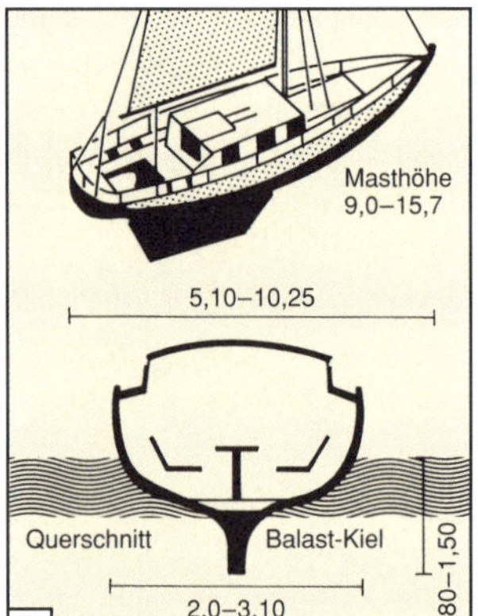

3 Kielkreuzer

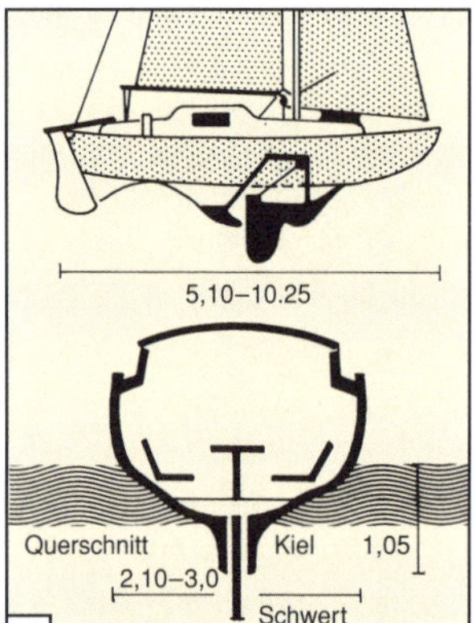

4 Kielschwertkreuzer

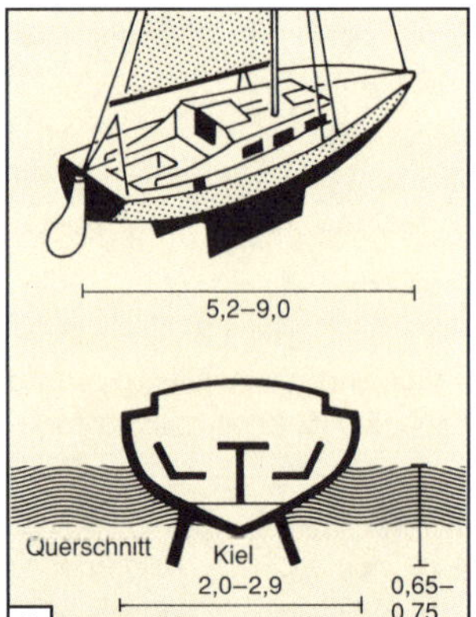

5 Kimmkielkreuzer

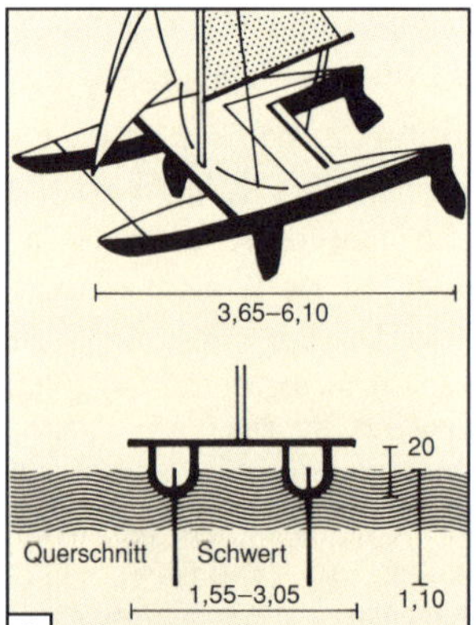

6 Offener Katamaran

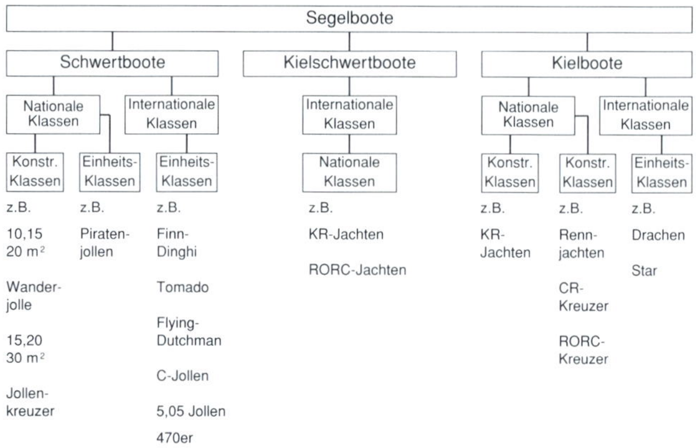

Übersicht der Segelbootarten und -klassen

Segelbootsklassen Typ (Besatzung) (1–3) Pers.	Einheits- (E) oder Konstrukt: Klasse (K)	Maße Länge/ Breite m	Tief- gang m	Segel- fläche S (Spin- naker) m²	Unterscheidungs- zeichen im Segel
Olymp. Klassen:					
Finn-Dinghi[1] (1)					
Finn	E	4,50/1,51	0,85	10	zwei übereinanderlieg. blaue Wellenlinien
Flying Dutchman[1] (2)	E	6,05/1,80	1,10	15 (S)	schwarz. Buchstabe FD
Star (2)	E	6,90/1,70	1,00	26	fünfzackiger roter Stern
Tempest	E	6,69/2,00	1,13	22,93 (s)	schwarz. Buchstabe T
Drachen[1] (3)	E	8,90/1,90	1,20	22 (s)	schwarz. Buchstabe D
Soling[1] (3)	E	8,15/1,90	1,30	24,3 (s)	schwarz. Buchstabe Ω (Omega)
Tornado[1] (2)	E	6,25/3,05	0,80	22,5 (s)	schwarz. Buchstabe T mit 2 parallelen Unterstreichungen
470er[1] (2)	E	4,70/1,58	1,05	10,66 (s)	schwarze Zahl 470
5,50-m-Jacht	K	9,50/1,95	1,35	28,8	schwarze Zahl 5,5
Weitere intern. Klassen:					
Pirat (2)	E	5,00/1,62	0,85 +	10 (s)	rotes Enterbeil
Optimist (1)					
Kinder u. Jugendl.	E	2,30/1,13	0,77 +	3,33	schwarz. Buchstabe Q
Cadet (2)	E	3,32/1,27	0,74 +	5,10 (s)	schwarz. Buchstabe G
OK-Jolle (1)	E	4,00/1,42	0,95	8,50	blauer Buchstabe O u. K
Olympia-Jolle (2)	E	5,00/1,66	1,06 +	10	roter Ring
420er Jolle (2)	E	4,20/1,50	0,95 +	10 (s)	schwarze Zahl 420 schräg versetzt
Einige nation. Klassen					
15-m²-Wanderjolle					
oder H-Jolle (2)	K	6,20/1,70	–	15 (s)	schwarz. Buchstabe H
15-m²-Jollenkreuzer (2)	K	6,50/1,85	–	15 (s)	schwarz. Buchstabe P
20-m²-Jollenkreuzer	K	7,75/2,15	–	20 (s)	schwarz. Buchstabe R

[1] Olymp. Klassen 1980 in Moskau + bei herabgelassenem Schwert

8 Segelbootklassen (Ausschnitt)

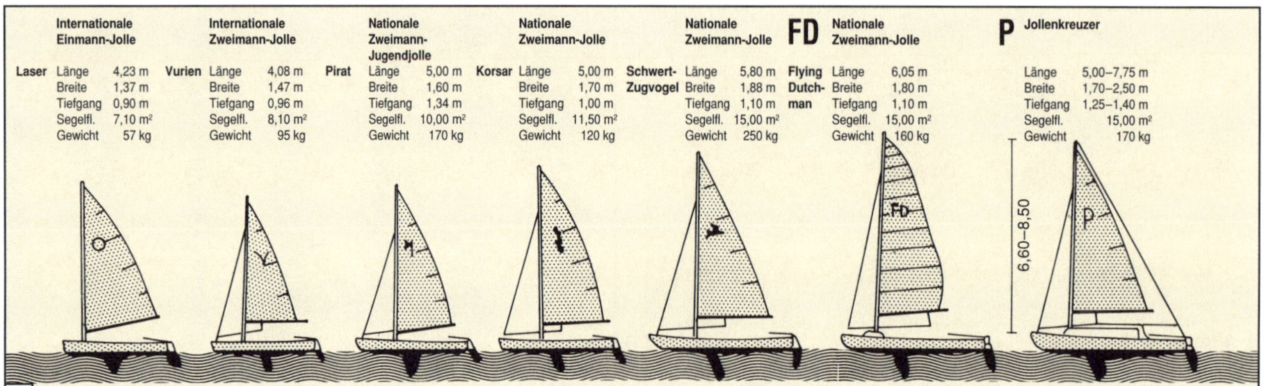

7 Im Hafen vertretene Bootsklassen

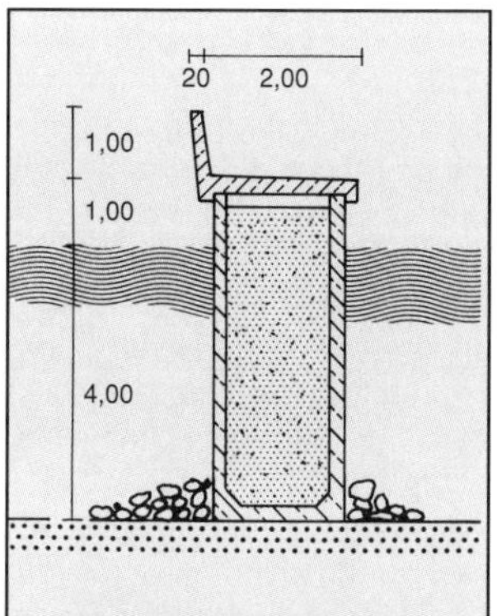

1 Senkkasten aus Stahlbeton-Fertigteilen mit Sandfüllung

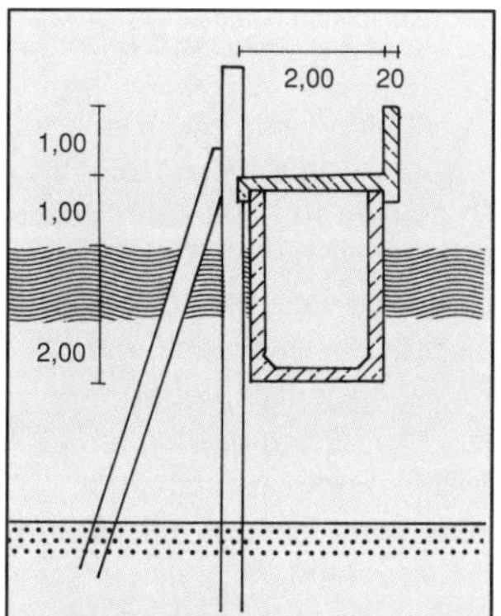

2 Schwimmponton aus Stahlbeton-Fertigteilen

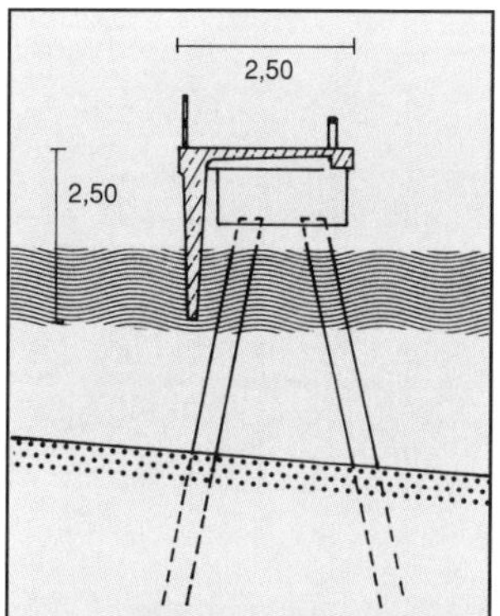

3 Tauchwand-Stahlbeton-Fertigteile im Werkshafen der Insel Richems

SEGELSPORT

Schwimmpontons aus Stahl, Stahlbeton, luftgefüllten Schläuchen und Styrofoam-Schwimmkörpern → 7 werden als Molen und Stege verwendet. Stahl- und Stahlpontons, die etwa 2 m tauchen, passen sich dem jeweiligen Wasserstand an und erreichen die notwendige Wasserberuhigung. Senkkästen → 1 sind vorgefertigte Stahlbetonkörper, die an Ort und Stelle abgesenkt und mit Sand oder Kies gefüllt werden.

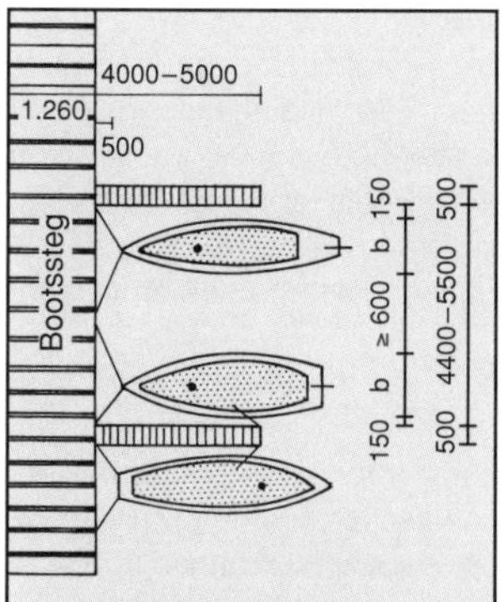

4 Bootsbefestigungen: Diagonalbefestigung von Booten; Steg und Auslegersteg

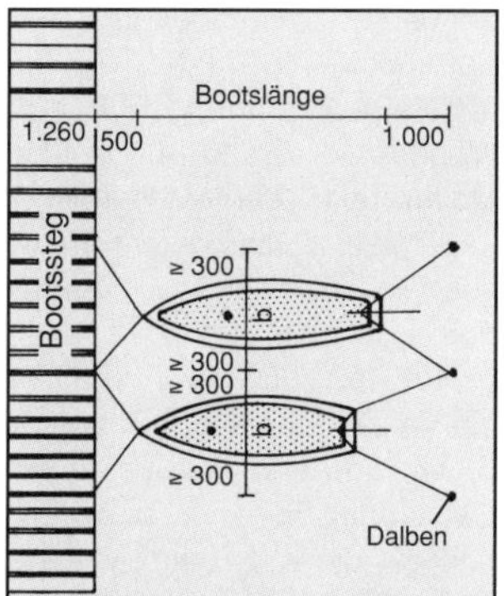

5 Bootsbefestigungen: Befestigung von Booten zwischen Steg und Dalben

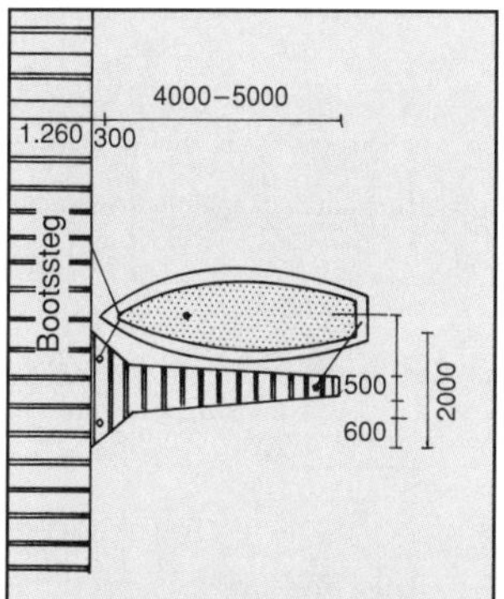

6 Bootsbefestigungen: Befestigung von Booten zwischen Steg und Ausleger in Y-Form

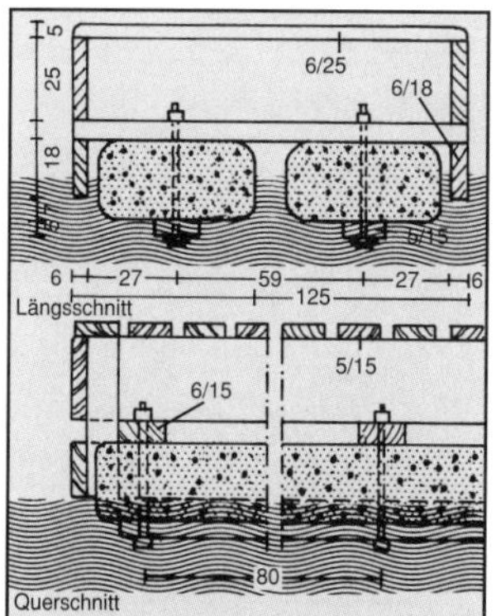

7 Schwimmsteg mit Styrofoam-Schwimmkörper

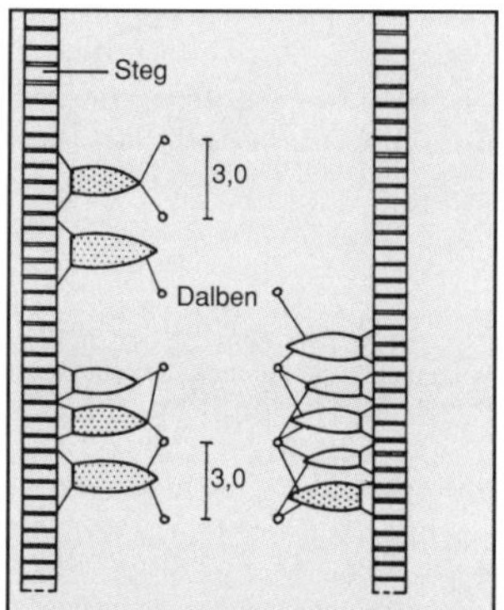

8 Liegeplätze für Sporboote in Rotterdam → 5

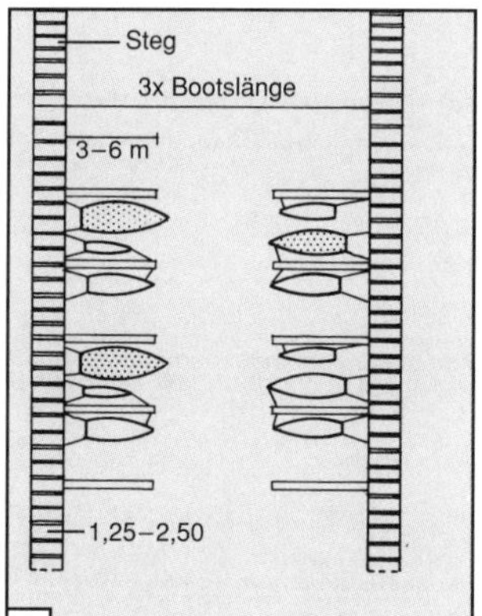

9 In amerikanischen Gewässern

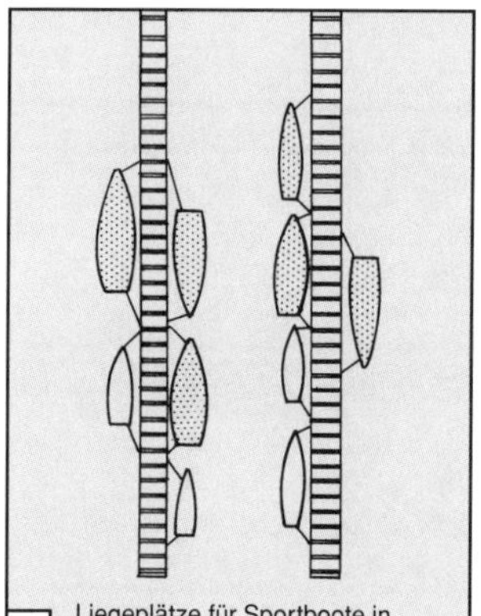

10 Liegeplätze für Sportboote in Granville

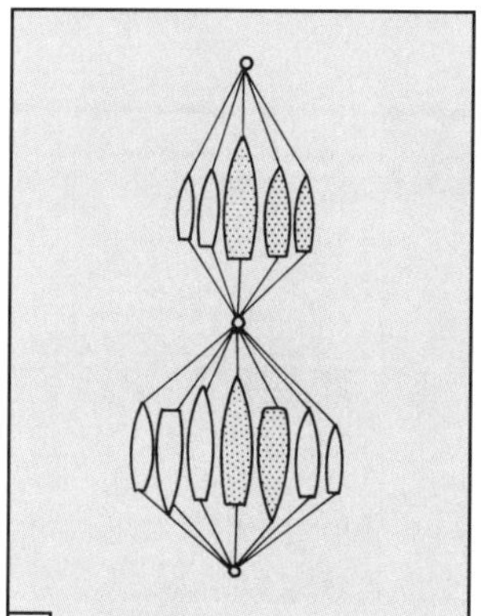

11 In Yarmouth

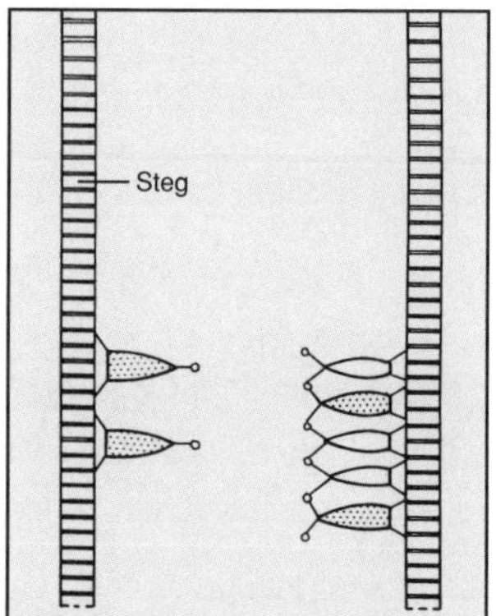

12 Mittelmeer

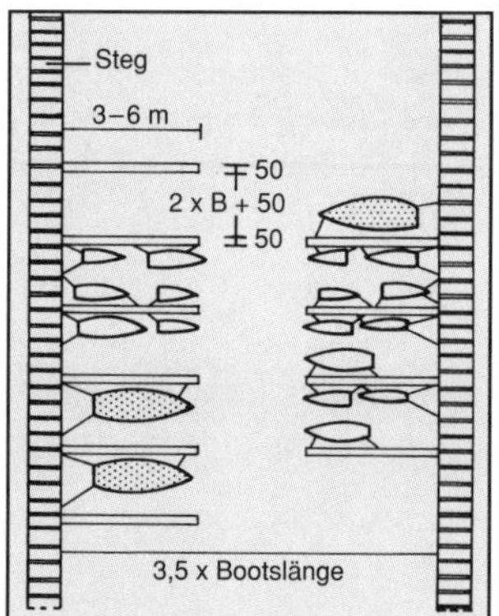

13 In Port Hamble

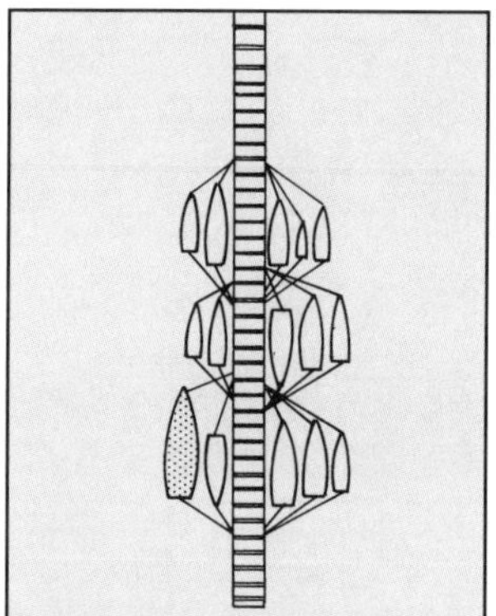

14 In La Rochelle

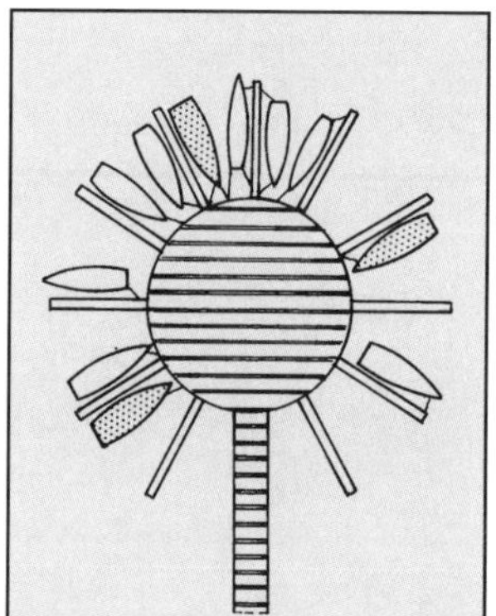

15 In San Francisco

SEGELSPORT – JACHTHAFEN → 🕮

Bei Standortwahl sind Häufigkeit und Form der Eisbildung zu beachten, um Zerstörungen durch Ausdehnungs- und Schubkräfte des Packeises zu vermeiden. Jedes Sportboot benötigt im Hafen einen Liegeplatz, der sich nach seiner Nutzung (Training, Wochenende, Urlaub usw.) richtet. Daraus resultiert: Wasserliegeplatz, Landliegeplatz, Hallenliegeplatz. Flächenbedarf für Boote und Folgerichtung. Wasserliegeplatz ca. 90 m^2–160 m^2, Landliegeplatz ca. 100–200 m^2. D.h. Gesamtfläche ca. 200–360 m^2. Je Bootsliegeplatz mind. 1 PKW-Parkplatz vorsehen.

Hauptwind- und Wellenbewegungsrichtung ist bestimmend für Hafeneinfahrt. Wellenbewegungen werden durch Dämme (Molen) abgeschwächt. → 3 – 4 Ein- und Ausfahrten müssen für Segelboote in ihrer Breite mind. der Länge der benachbarten Liegeplätze oder bei gesegelten Booten etwa dem Eineinhalbfachen der Länge der benachbarten Liegeplätze entsprechen.

Sportboothafeneinfahrt, die bei jeder Windrichtung unter Segeln angefahren werden muß, sollte nach der Hafeneinfahrt einen Wendekreis von 35–60 m Durchmesser haben. Konstruktion von Molen und Uferbefestigung, Stegen, Bootstransportmitteln und Lagerplätzen hat wesentlichen Einfluß auf Nutzbarkeit von Segelsporteinrichtungen bei unterschiedlichsten klimatischen Bedingungen. → S. 191

Molen – auch Dämme genannt – sind Wellenschutz und verhindern die Versandung durch Strömungen.

Steinmolen werden aus Feldsteinen, gebrochenen Natursteinen, Betonfertigteilen in bestimmten geometrischen Formen (z. B. Tetrapoden), die sich beim Verlegen miteinander verzahnen, gebaut. → S. 191

Spundwände sind neben Steinmolen am weitesten verbreitet und bestehen aus eingerammten Profilstählen. Lebensdauer 20–30 Jahre.

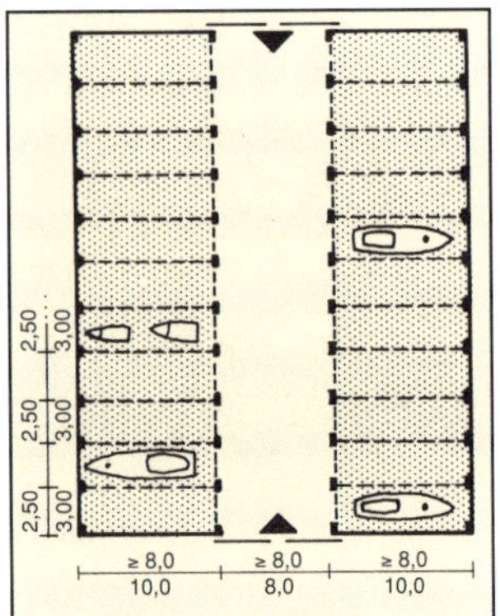

1 Bootslagerhallenschema Türen stirnseitig

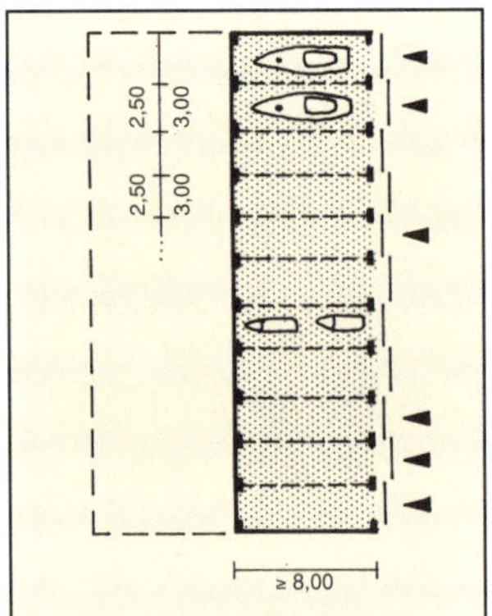

2 Bootslagerhallenschema; Türen an einer bzw. zwei Längsseiten

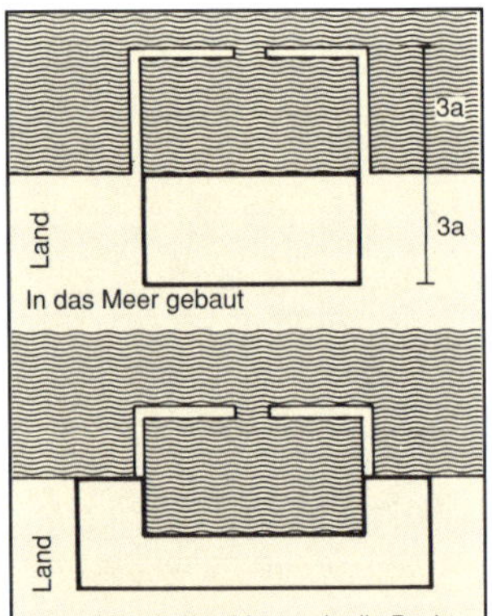

3 Hafen in das Meer u. in die Bucht gebaut

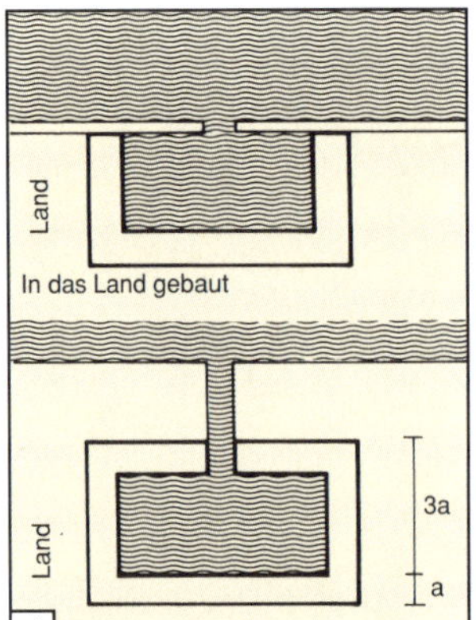

4 Mit einem Kanal zum Meer

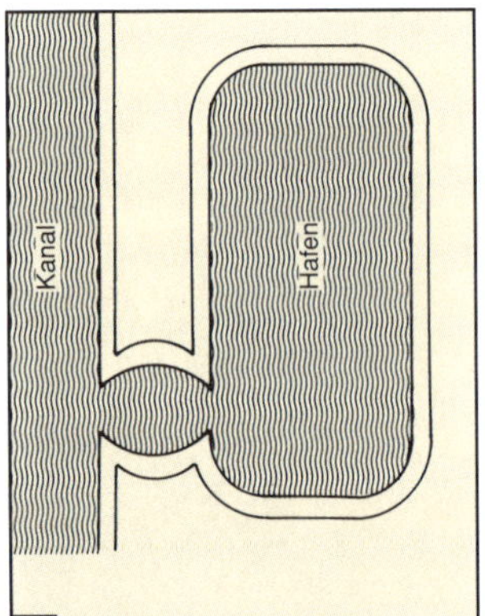

5 Hafeneinfahrt bei Kanälen

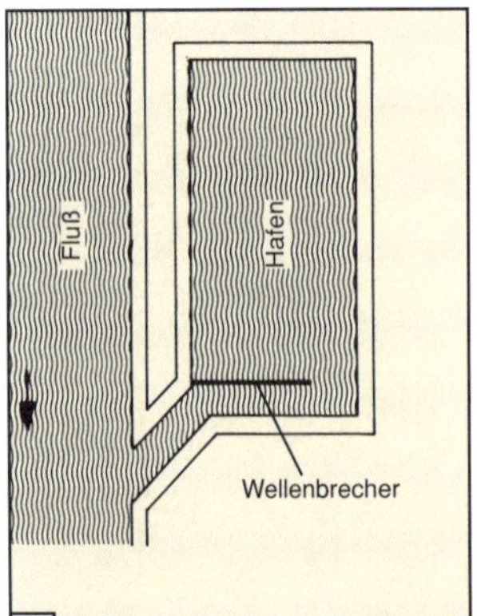

6 Bei Flüssen

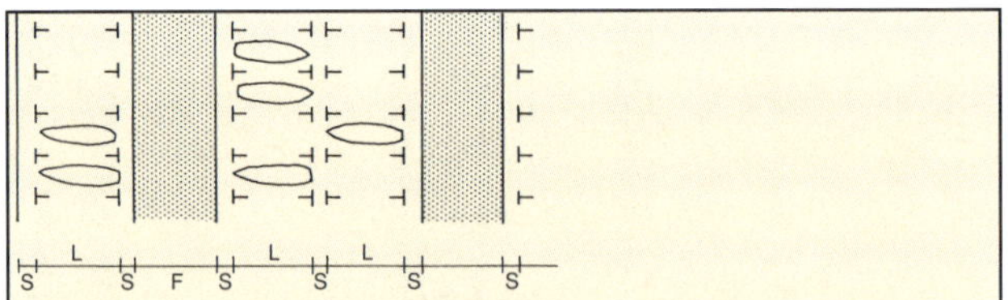

Bootsklasse	Bootsgröße Länge	Bootsgröße Breite	erforderliche Liegeplatzgröße Länge (L)	erforderliche Liegeplatzgröße Breite (B)	Sicherheitsabstand (S)	erforderliche Fahrwegbreite (F)
Finndinghy	4,50	1,51	4,50	= 3,00	ca. 1,00	5,00
Flying Dutchman	6,05	1,80	6,00	= 3,00	ca. 1,00	6,50
Starboot	6,92	1,72	7,00	= 3,50	ca. 1,50	7,50
Drachenboot	8,90	1,90	9,00	= 4,00	ca. 2,00	9,50
5,5-m-Klasse	10,40	1,90	10,50	= 4,00	ca. 2,00	11,00

7 Größe der Landliegeplätze der fünf Olympischen Segelbootsklassen

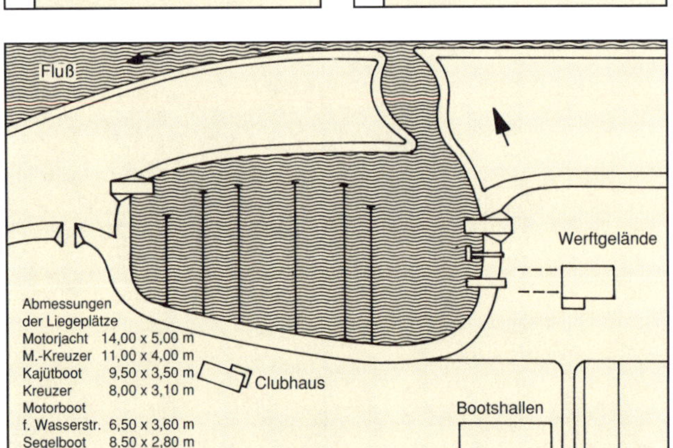

8 Beispiel für einen Sportboothafen

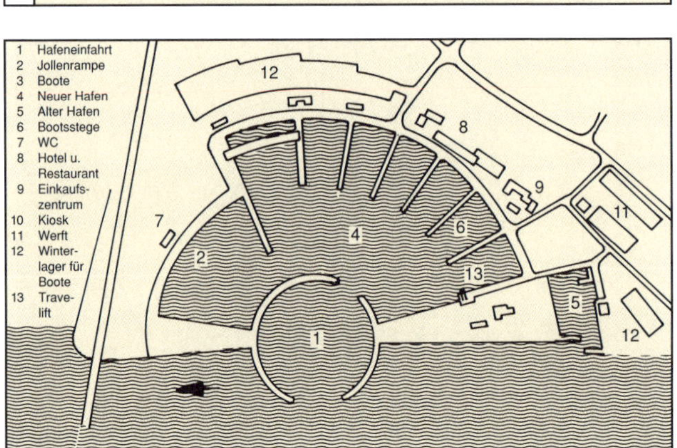

9 Beispiel für einen Jachthafen

SPIELPLATZ

SPIELGERÄTE

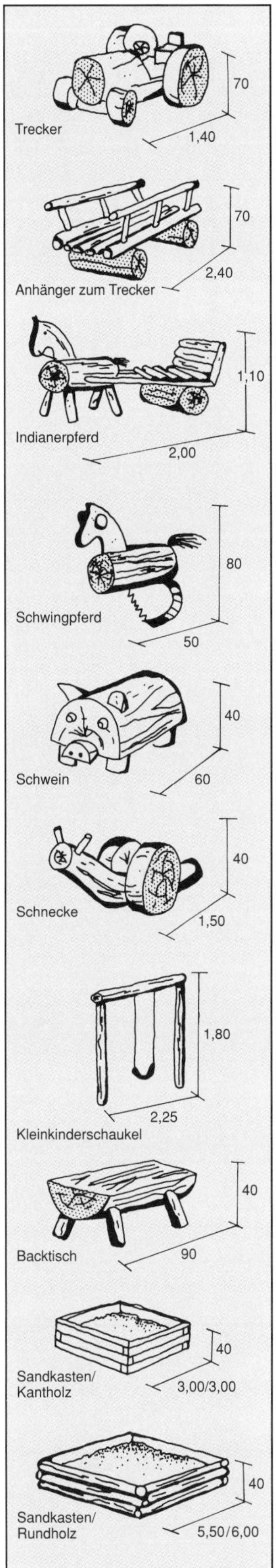

1 Spielgeräte (Holz)

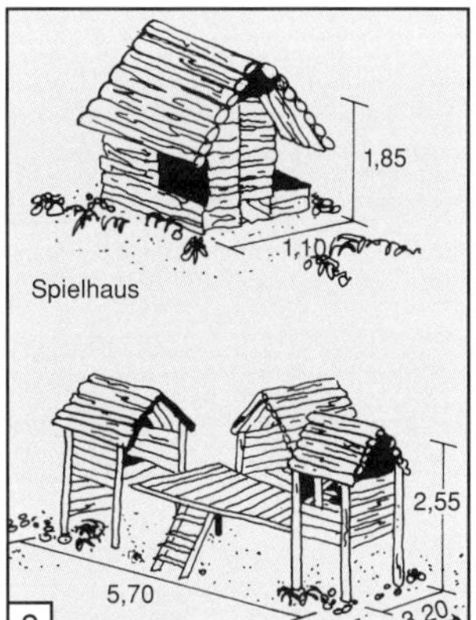

2 Hausgruppe

3 Rutsch- u. Kletterhaus

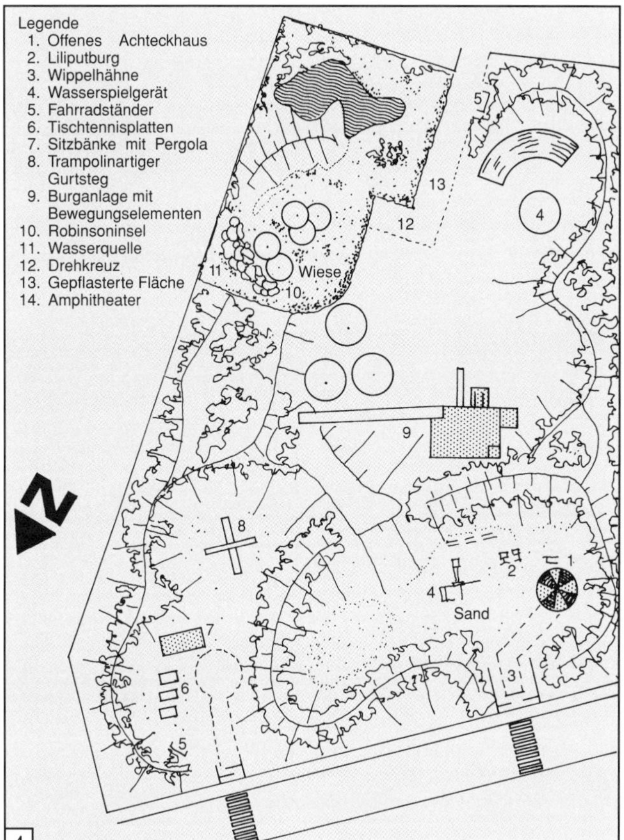

4 Spielplatz

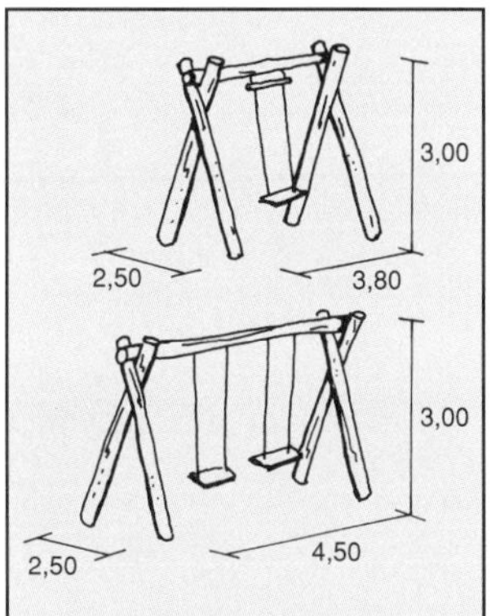

5 Schaukeln

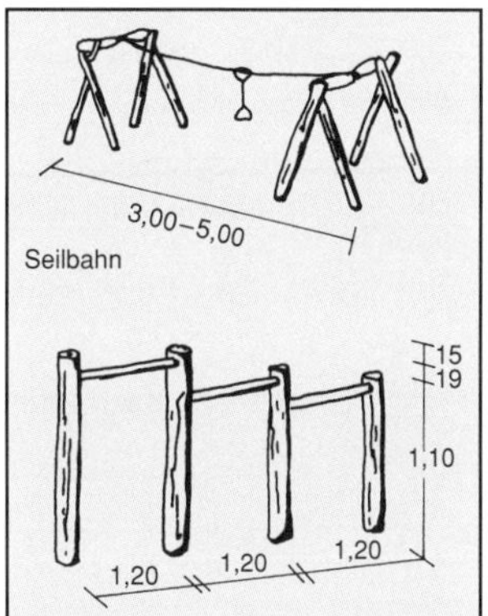

6 Stufenreck

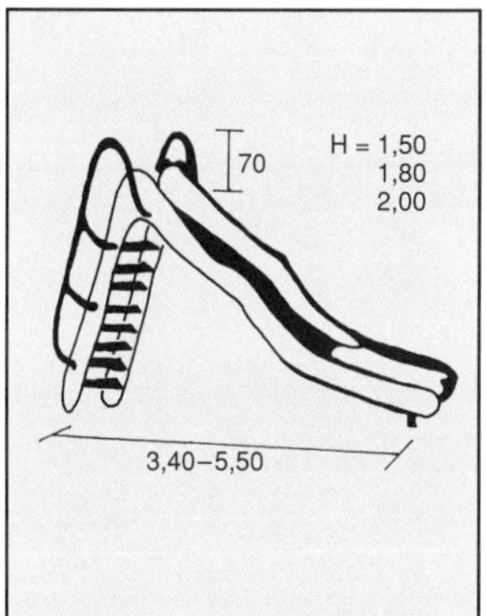

7 Rutsche

Spielerfahrungen sind fundamentale Beiträge zur Entfaltung der Persönlichkeit des Kindes. Adaption der Umwelt geschieht beim Kleinkind im wesentlichen im Spiel. Spielflächen müssen vielgestaltig, veränderlich u. veränderbar sein. Sie müssen kindliche Bedürfnisse realisieren. Im Spiel werden soziale Erfahrungen gemacht, Kinder lernen, die Tragweite ihres Handelns einzuschätzen.

Anforderungen an Spielflächen: verkehrssicher, keine Beeinträchtigungen durch Immissionen, ausreichend besonnt, kein hoher Grundwasserstand.

Innerhalb des Wohnquartiers sollen Spielflächen Orientierungspunkte sein u. sind durch einfache Wegenetze mit Wohn- und anderen Bereichen verbunden. Nicht an die Peripherie verlagern, sondern in Verbindung zu anderen Kommunikationssystemen planen.

Richtwerte für Spielplatzplanungen setzen sich aus einzelnen Daten zusammen, Altersgruppe, nutzbare Fläche pro Einwohner (m^2/E), Spielbereichsgrößen, Entfernung zur Wohnung, sonstige Bemessungsgrundlagen.

Privatspielplätze zum Spielen im Freien sind bei Errichtung von Wohngebäuden für Kleinkinder bis zu 6 Jahren, für Kinder von 6–12 Jahren und für Erwachsene als private Anlage auf dem Baugrundstück anzulegen. DIN 7926 Anlagepflicht besteht bei Wohngebäuden ab max. 3 Wohneinheiten.

VERKEHRSRÄUME

SCHALLSCHUTZ

Gestiegenes Umweltbewußtsein hat den Schallschutz insbes. in Verkehrsräumen immer wichtiger gemacht. Besonders die Schallintensität durch höhere Verkehrsbelastung und dichtere Bebauung erfordern wirksamen Schutz in Form von Erdwällen, Lärmschutzwänden, Lärmschutzpyramiden → 1 – 7.

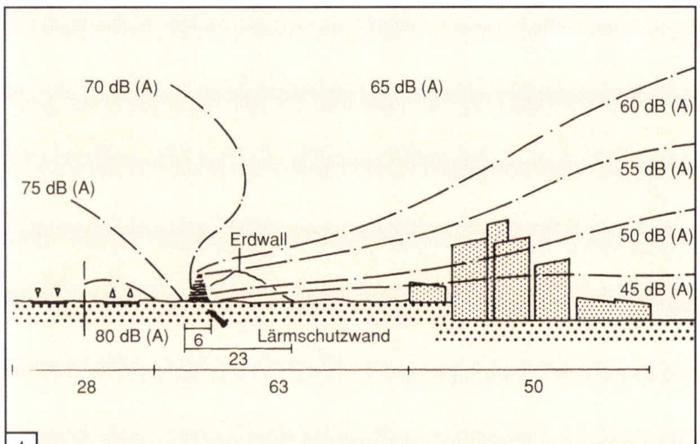

1 Auswirkung auf Schallpegel mit Erdwall oder Lärmschutzwand

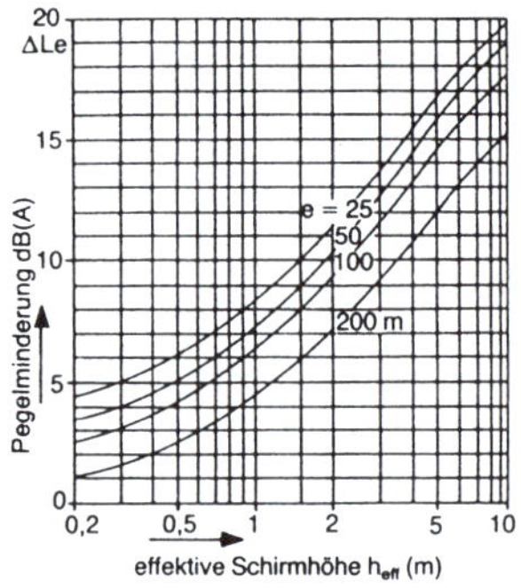

Pegelminderung

	Tag	Nacht
reines Wohngebiet Wochenendhausgeb.	50	35
allgem. Wohngebiet, Kleinsiedlungsgeg.	35	40
Dorfgebiet, Mischgebiet	60	45
Kerngebiet, Gewerbegebiet	65	50
Industriegebiet	70	70
Sondergebiet	45–70	35–70

Planungspegel für Baugebiete in dB (A)

Erford. Reduktion		10	15	20	25	30	35
erford. Abstand in m	Wiesen	75–125	125–250	225–400	375–555	–	–
	Wald	50–75	75–100	100–125	125–175	175–225	200–250

Reduzierung des Schalls durch Abstände

Wand- o. Wallhöhen in m	1	2	3	4	5	6	7
Reduktion in dB (A)	6	10	14	16,5	18,5	20,5	23,5

Überschl. Schätzung des vorh. bzw. zu erwartenden Straßenverkehrslärms

Verkehrsbelastung beide Richtungen tagsüber/Fahrz./h	Zuordnung der Straßentypen zur Verkehrsbelastung	Abstand Immissionsort von Fahrbahnmitte in m	Lärmpegelbereich
< 10	Wohnstraße	–	0
10–50	Wohnstraße (2-streifig)	> 35 26–35 11–25 ≤10	0 I II III
> 50–200	Wohnsammelstraße (2-streifig)	<100 36–100 26–35 11–25 ≤10	0 I II III IV
>200–1000	Landstraße im Ortsbereich und Wohnsammelstr. (2-streifig)	101–300 36–100 11–35 ≤10	I II III IV
	Landstraße außerhalb u. im Ind. u. Gewerbegebiet (2-streifig)	101–300 36–100 11–35 ≤10	I II III IV
>1000–3000	Städt. Hauptverkehrsstr. u. Str. im Ind.- u. Gewerbegebiet (2-streifig)	101–300 36–100 ≤35	IV IV V
>3000–5000	Autobahnzubr./Hauptverkehrsstr., Autobahn (4–6-streifig)	101–300 ≤100	IV V

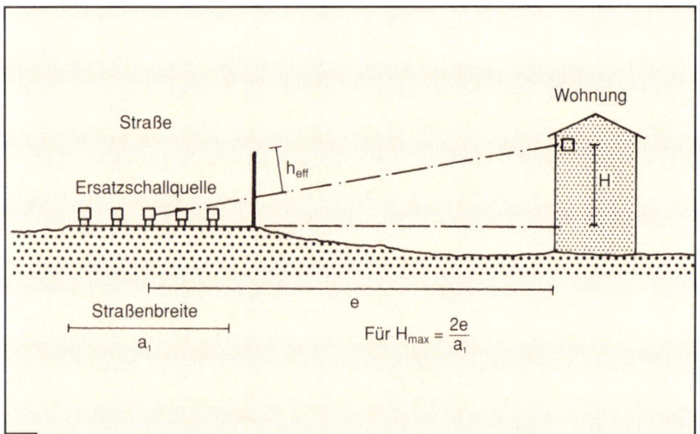

2 Diagramm zur Ermittlung der erforderlichen Höhe einer Lärmschutzwand

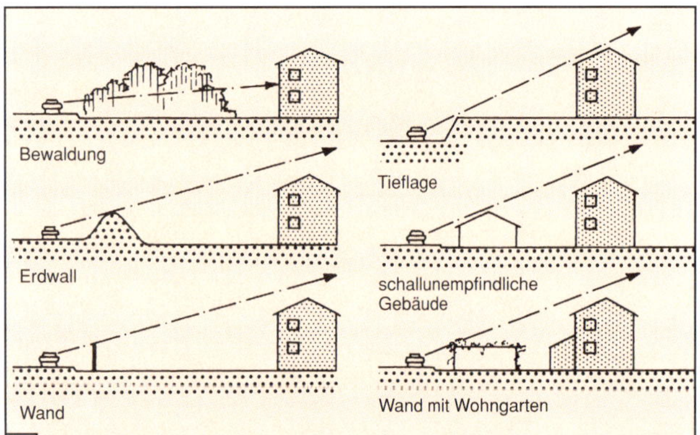

3 Schalldämmende Maßnahmen an der Verkehrsstraße

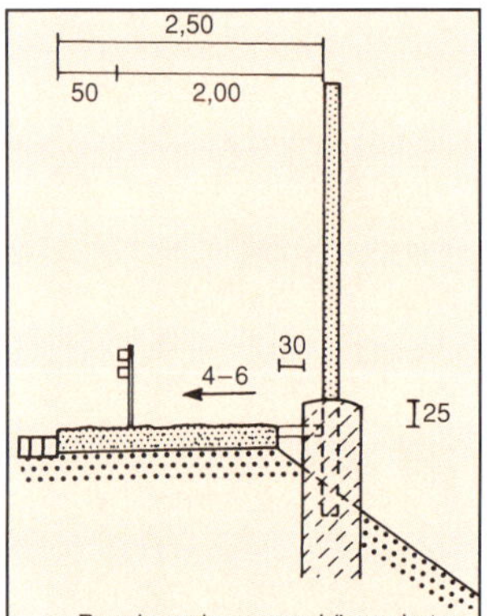

4 Regelanordnung von Lärmschutzwänden an Straßen

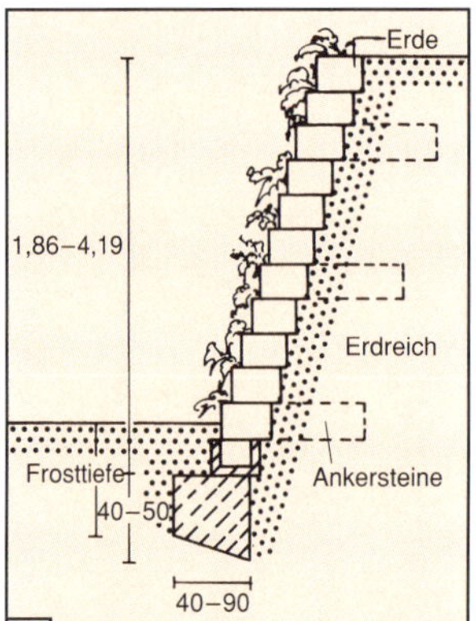

5 Schutzmauer aus Betonsteinen

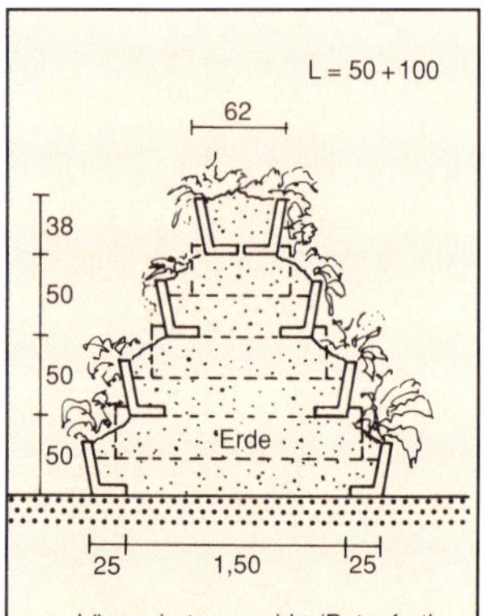

6 Lärmschutzpyramide (Betonfertigteile)

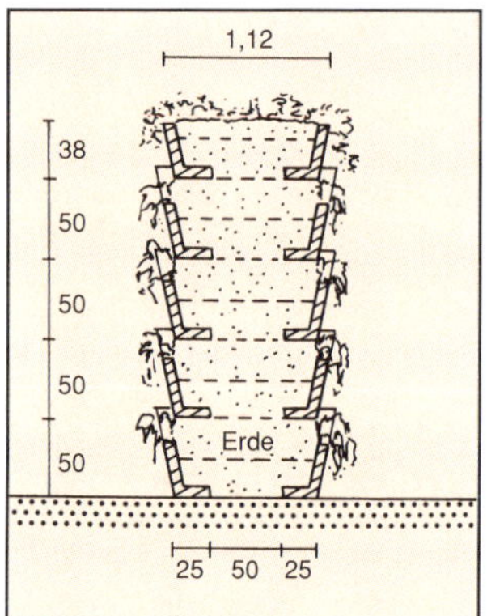

7 Lärmschutzwall

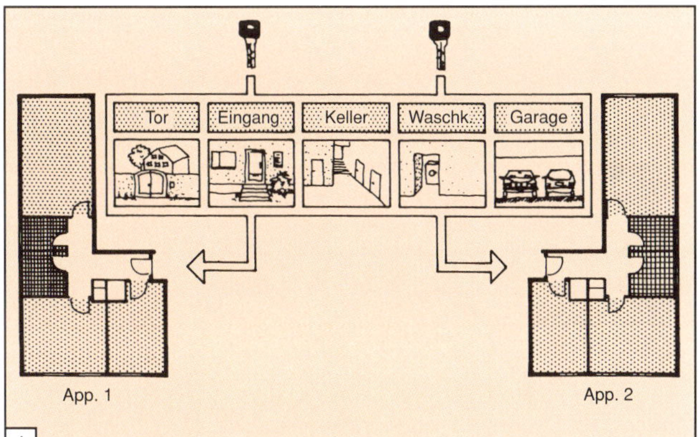

1 Zentralschloßanlage

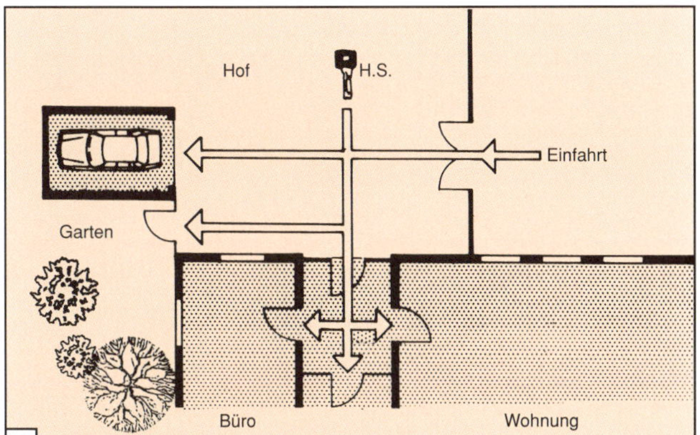

2 Hauptschlüsselanlage

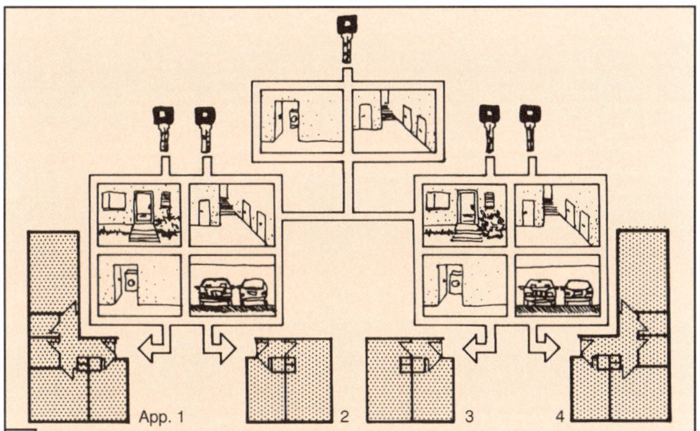

3 Kombinierte Zentral-Haupt-Schlüsselanlage

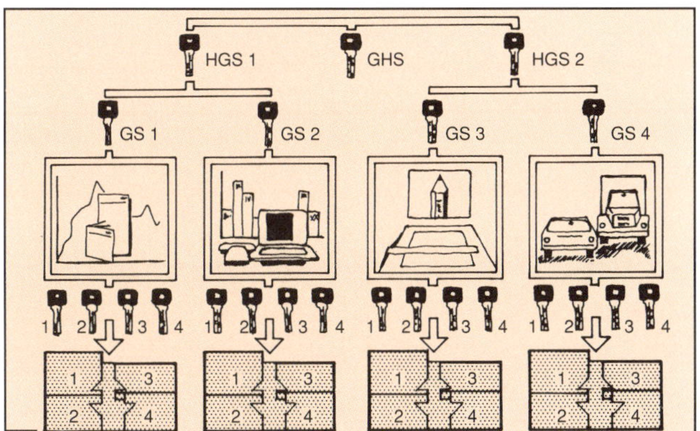

4 Generalhauptschlüsselanlage

SCHLIESSANLAGEN

Zylinderschlösser bieten größte Sicherheit, da Aufsperren mit Werkzeugen fast unmöglich ist. Das von LINUS YALE entwickelte Zylinderschloß unterscheidet sich wesentlich von anderen Schloßsystemen. Man unterscheidet Profilzylinder, Ovalzy., Rundzy., Doppelzy. und Halbzy. → 5.

Zylinder werden, nach Bedarf ein- oder beidseitig um je 5 mm steigend, mit Verlängerung geliefert, damit sie sich der jeweiligen Türdicke anpassen. Höchste Sicherheit bietet Zylinder DOM IX → 5. Durch die Variationsbreite ist das IX-System auch für ungewöhnlich umfangreiche und komplizierte Schließanlagen prädestiniert. Bei Planung und Bestellung einer Schließanlage wird ein Schließplan aufgestellt mit dem dazugehörigen Sicherungsschein. Nur nach Vorlage dieses Dokumentes werden Ersatzschlüssel geliefert.

Zentralschloßanlage

In einer Zentralschloßanlage schließt der Schlüssel der Wohnungsabschlußtür alle allgemeinen oder auch zentralen Türen, welche von allen Mietern geschlossen werden können, z.B. Hof-, Keller- oder Haustür. Geeignet für Mehrfamilien- u. Siedlungshäuser → 1.

Hauptschlüsselanlage

In der Hauptschlüsselanlage schließt ein übergeordneter Schlüssel alle Zylinder der gesamten Anlage. Geeignet für Einfamilienhäuser, Schulen, Gaststätten → 2.

Zentralschlüsselanlage

Hierbei werden mehrere Zentral-Schloßanlagen zusammengefaßt. Geeignet für Wohnanlagen → 3. Jeder schließt mit dem Schlüssel seine Wohnungstür. Hierüber hinaus gibt es einen Hauptschlüssel, der alle zentralen Türen schließt.

General-Haupt-Schlüsselanlage

Die General-Haupt-Schlüsselanlage besteht sinngemäß aus mehreren Hauptschlüsselanlagen. Der Generalhauptschlüssel ermöglicht einer Person Zutritt zu allen Räumen. Mögliche Bereichstrennung durch Haupt- und Gruppenschlüssel. Jeder Zylinder hat auch Eigenschließung und kann, außer von den für ihn bestimmten übergeordneten Schlüsseln nur von seinem eigenen Schlüssel geschlossen werden. Einsatzbereich: Hotels usw. → 4. Schwachstellen, die bei der Gebäudeplanung beachtet werden sollten → Checkliste.

Aktenschränke, Badezellen, Briefkästen, Durchgangstüren, Fluchttüren, Garderoben, Kastenschlösser, Kühlräume, Möbeltüren, Rohrrahmentüren, Rolltore, Schranktüren, Schreibtische, Schubriegel, Umkleidekabinen	gefährdet
Aufzugmaschinenraum, Aufzugschalter, Elektroräume, Garagendurchgangstüren, Garagenschwingtore, Gittertore, Heizungstüren, Kellertüren FBT, Kellertüren FHT, Öleinfüllstutzen, Verteilerkasten	stark gefährdet
Büroabschlußtüren, Dachluken, Drehkippfenster, EDV-Räume, Eingangstüren, Gitterroste, Haustüren, Hebetüren, Kellerfenster, Oberlichter, Schalter, Wohnungsabschlußtüren	sehr stark gefährdet

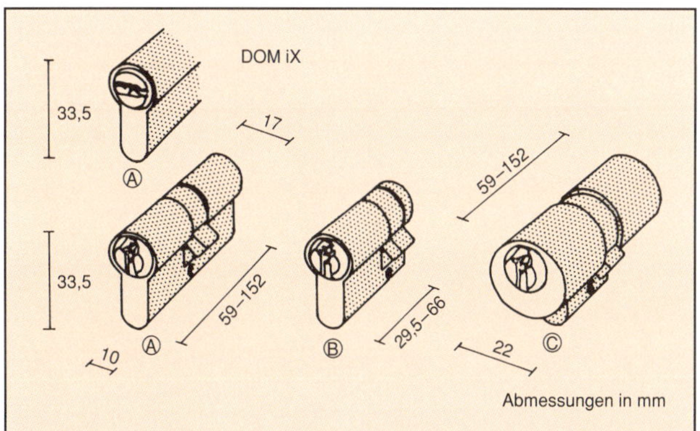

5 Zylinderformen: Profilzylinder Ⓐ, Halbzylinder Ⓑ, Rundzylinder Ⓒ

BAUFORMEN

ALS ERGEBNIS DER KONSTRUKTION

GEWÖLBE

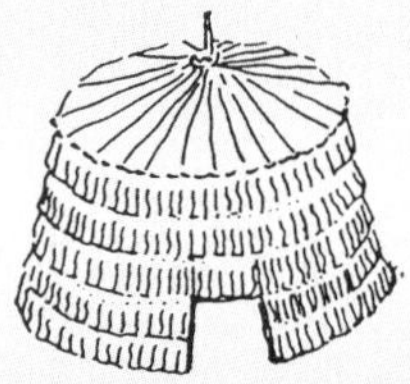

1 Der Primitive baut mit ortsgebundenen Baustoffen seine runde Hütte aus Steinen, Stangen und Lianengeflecht, bekleidet mit Blättern, Stroh, Schilf, Fellen oder ähnlichen Stoffen.

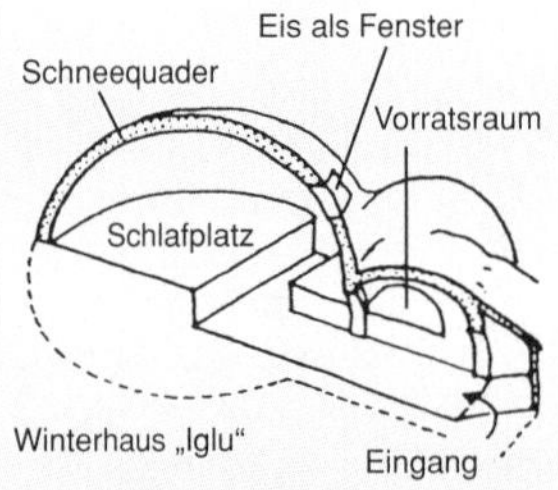

2 Ähnlich baut der Eskimo sein Sommerhaus aus fellbezogenen Walfischrippen mit Fenstern aus Seehunddärmen entsprechend dem „Wigwam“ seiner Urheimat. Ähnlich auch sein Winterhaus „Iglu“.

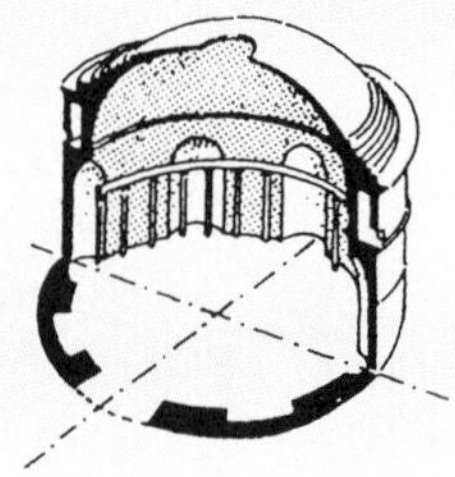

3 Die Römer bauten die ersten Steinkuppeln, beim Pantheon in reinster Form, auf rundem Grundriß.

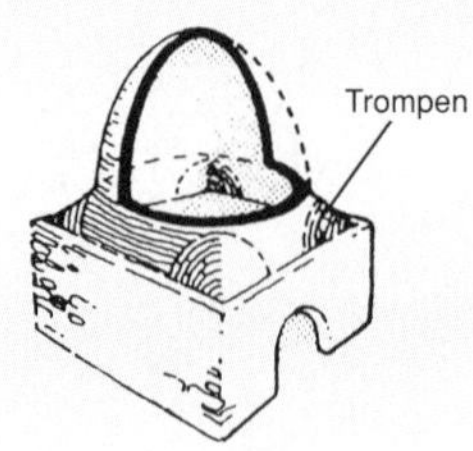

4 In Persien gingen die Sassaniden (6.Jh.) vom Quadratgrundriß aus, um ihre Kuppeln zu wölben. Übergang vom Quadrat zum Kreis durch „Trompen“.

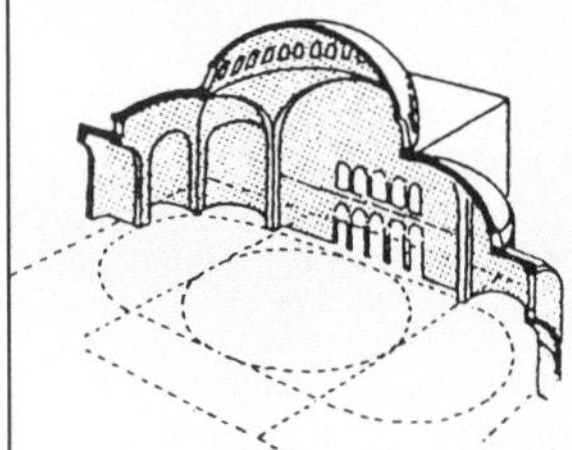

5 Byzantinische Baumeister wölbten vor 1400 Jahren die Hagia Sophia, deren Konstruktion von außen klar sichtbar, von innen aber durch optische Effekte verdeckt ist (Entmaterialisierung).

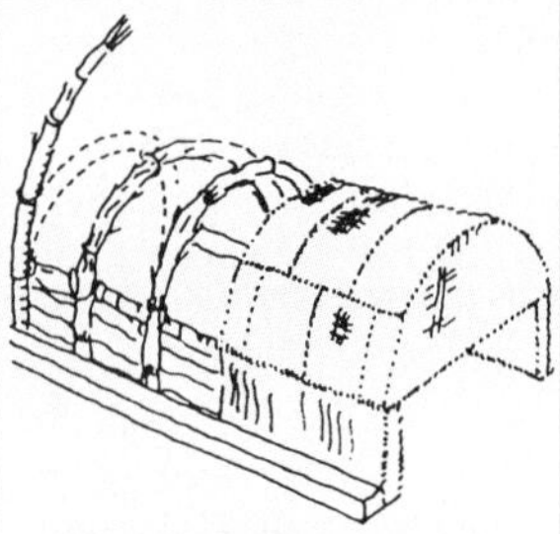

6 Neben der Kreisform ist die Tonnenform als Überdeckung in vielen Ländern zu finden, aus Schilf-„Bindern“ mit Schilfmatten bedeckt (Bauart aus Mesopotamien).

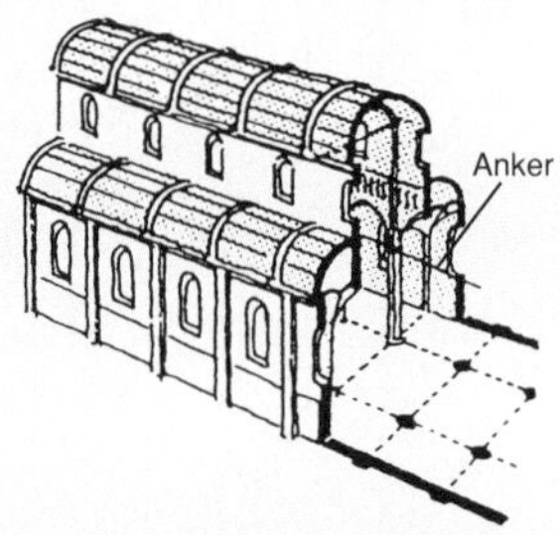

7 ... aus Stein zuerst in Römischer Zeit und später in der romanischen Baukunst (Beispiel: Kirche Šibenik, Jugoslawien).

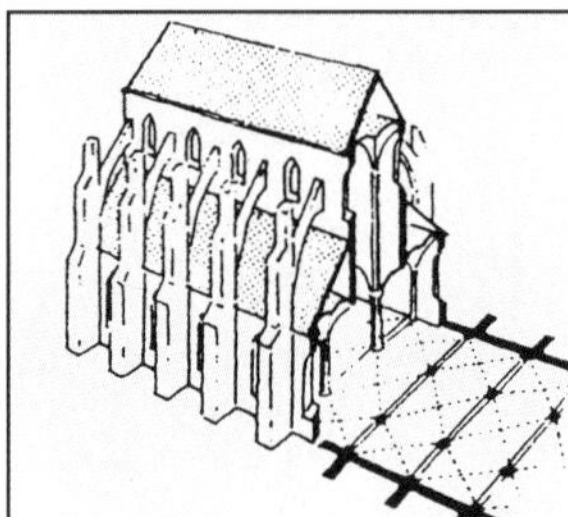

8 Ausgehend vom Kreuzgewölbe (Durchdringung zweier Tonnen) entstanden in der Gotik durch Anwendung des Spitzbogens kühne Stern- und Netzgewölbe, deren Kräftebelastung zum Wesensmerkmal wurde (Strebepfeiler und -bögen).

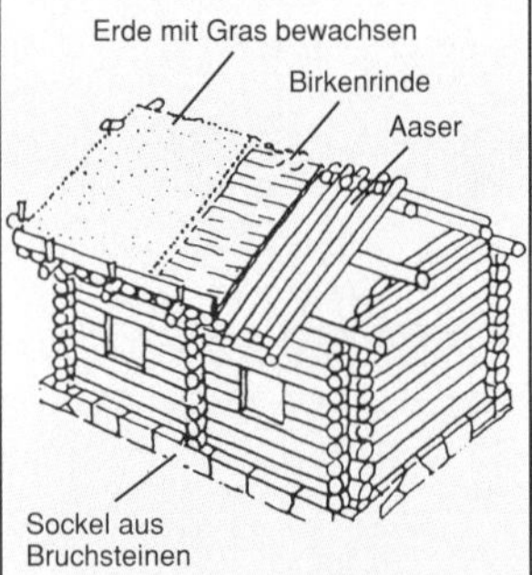

9 Blockbauten in allen holzreichen Ländern der Erde haben allerorts die durch ihre Konstruktion bedingte ähnliche Gestalt.

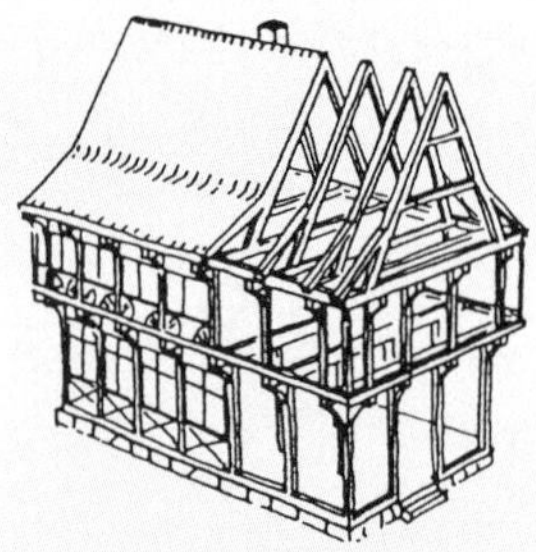

10 In holzärmeren Gegenden entwickelte sich der Ständerbau (einzelne Holzteile mit Fenstern dazwischen). Als Versteifung dienten Knaggen in der Fensterbrüstung.

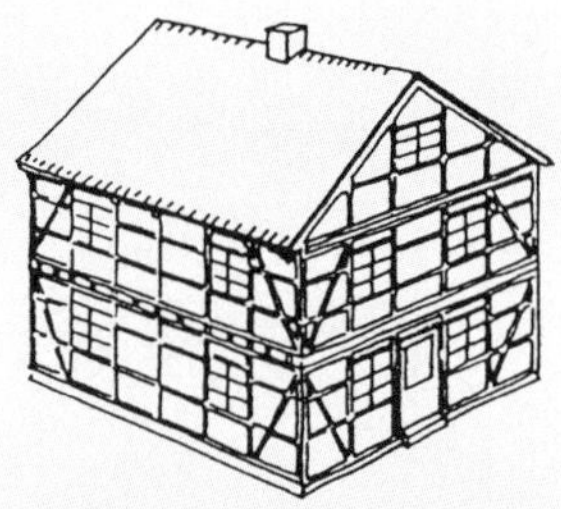

11 Im Gegensatz dazu steht die Rahmenbauweise mit vereinzelt liegenden Fenstern, mit Eckverstrebungen und Felderausfachung durch Weidengeflecht mit Lehmbewurf.

12 Der Tafelbau erhält seine Form durch Tafeln, die, in der Werkstatt angefertigt, schnell und billig erstellt werden.

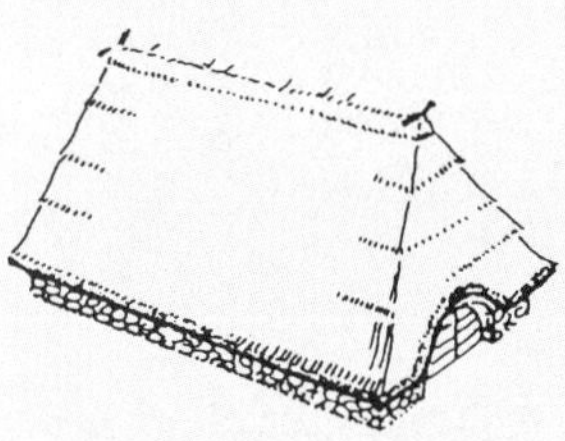

13 Steinbauten aus Feldsteinen ohne Mörtel gestatten nur niedrige Sockel, deshalb bestand das erste Steinhaus fast nur aus Dach mit niedrigem Eingang.

14 Berabeitete Bruchsteine gestatten höhere Wände, bei Verwendung von Mörtel sogar Giebel aus Stein mit gewölbten Öffnungen.

15 Eine spätere Zeit rahmt die Öffnungen und mauert die Ecken aus sauber bearbeiteten Werksteinen und füllt die verbleibenden Wände mit unregelmäßigem Bruchsteinmauerwerk, das verputzt wird.

16 Der Wunsch nach immer größeren Fenstern bei städtischen Bauten führte zur Pfeilerbauweise aus Stein, entsprechend der Ständerbauweise aus Holz.

HAUS UND FORMEN

ALS AUSDRUCK DER ZEIT UND IHRER LEBENSART

VORHÖFE

1 Um 1500 war Haus oder Stadt ummauert und mit schweren Toren geschlossen

2 Um 1700 war Mauer und Tor nur noch Abschluß mit verheißungsvollen Einblicken

3 Im 19. Jahrh. liegt das geschlossene Haus schon offen inmitten niedriger Abgrenzungen

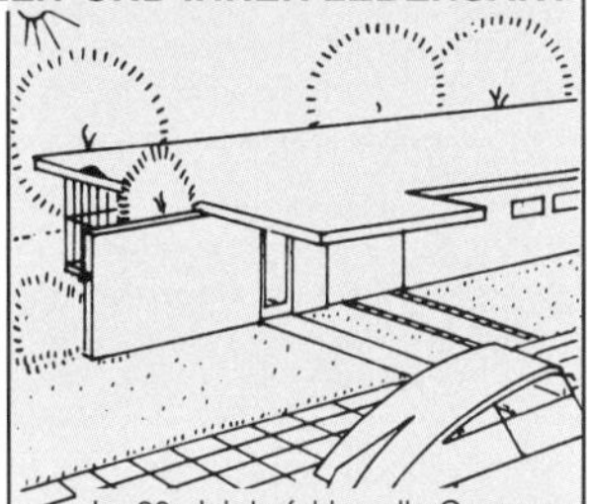

4 Im 20. Jahrh. fehlen alle Grenzen (wie besonders in Amerika), das Haus liegt in großen, gemeinsam gepflegten Parks, unaufdringlich zwischen Bäumen.

EINGÄNGE

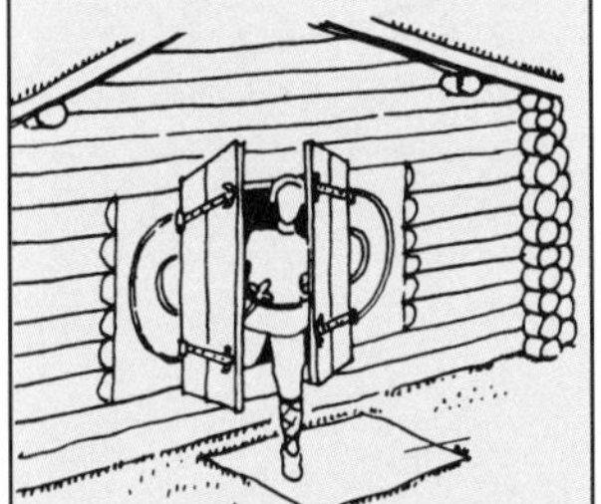

5 Um 1000 waren in Blockhäusern niedrige Tore mit hoher Schwelle (ohne Fenster, Licht kam durch offenes Dach)

6 Um 1500 hatte man schwer beschlagene Tore mit Türklopfer, vergitterte Fenster mit Butzenscheiben

7 Um 1700 Türen mit reizvollen Sprossen und Klarglasscheiben, mit Klingelzug

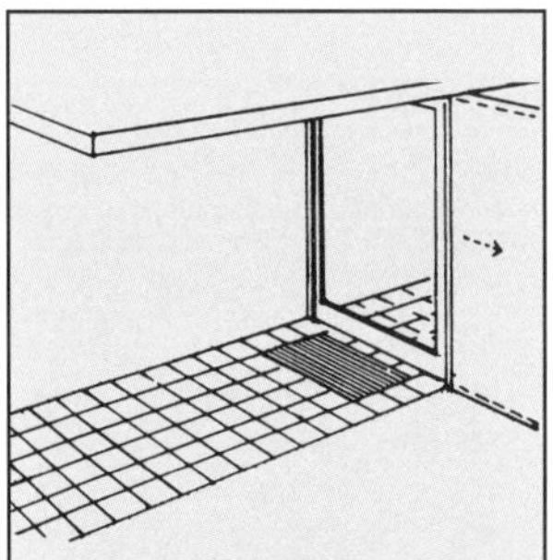

8 Im 20. Jahrh. führt trockener Fußgang vom Auto zur Tür aus Drahtspiegelglas, die das Elektroauge zur Seite schiebt und den Besucher zugleich anmeldet

RAUMVERBINDUNGEN

9 Um 1500 niedrige schwere Pforten, Zellen mit spärlicher Tagesbeleuchtung, Fußboden aus breiten kurzen Brettern

10 Um 1700 breite Flügeltüren, Raumfluchten, Parkettböden

11 Um 1900 Schiebetüren für Raumverbindungen, Linoleumbelag, Schiebefenster, Zuggardinen

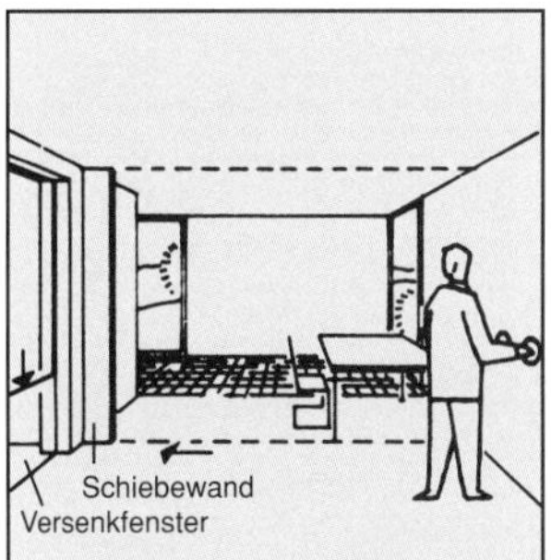

12 Im 20. Jahrh. veränderbare Räume, elt-getriebene Schiebewände und Versenkfenster aus sprossenlosem Spiegelglas, Roll-Markisen als Sonnenschutz

HÄUSER

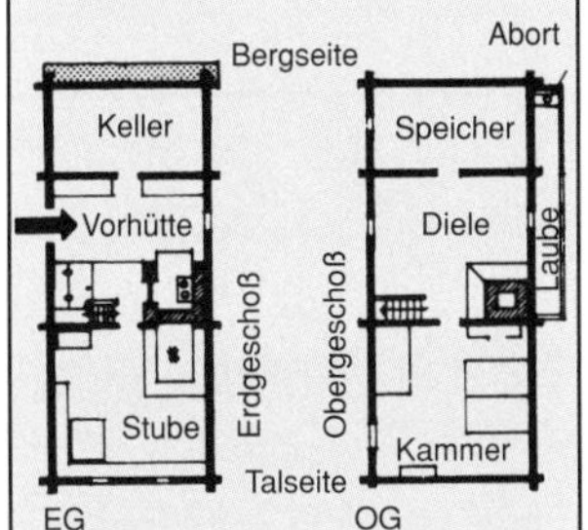

13 Das Holzhaus um 1500 ist ein Ergebnis der Landschaft, der Bauweise (Blockhaus) und Lebensart (kleine Fenster) – (Walserhaus)

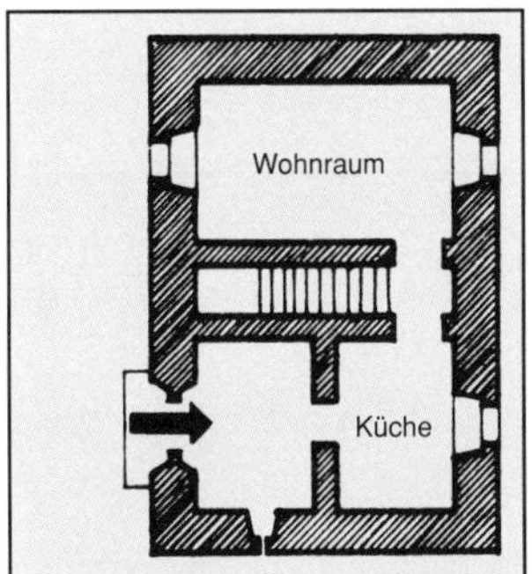

14 Das Steinhaus um 1500. Die Wandmassen als Schutz gegen Feinde und Kälte benötigen die gleiche Grundfläche wie die Räume selbst

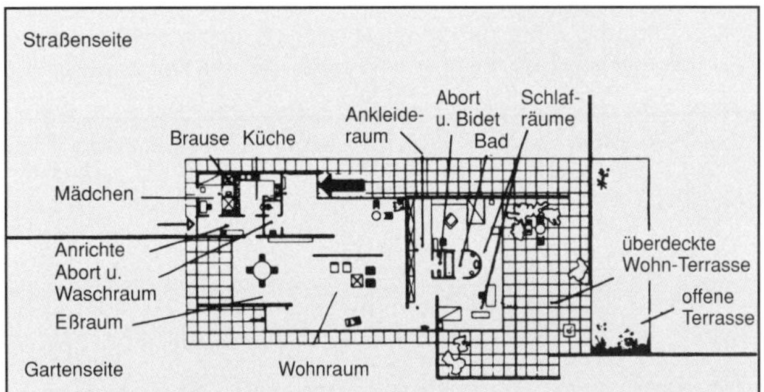

15 Das Haus um 2000 mit dünnen tragenden Stahlstützen, unabhängig davon die nichttragenden dünnen Zwischen- und Außenwände, deren Zusammensetzung beste Wettersperrung, Schall- und Wärmedämmung gewährleistet. Zwischen Wohn-, Eß- und Vorraum keine Türen, nur räumliche Trennung

Arch. Mies v.d. Rohe

DER MENSCH

DAS MASS ALLER DINGE

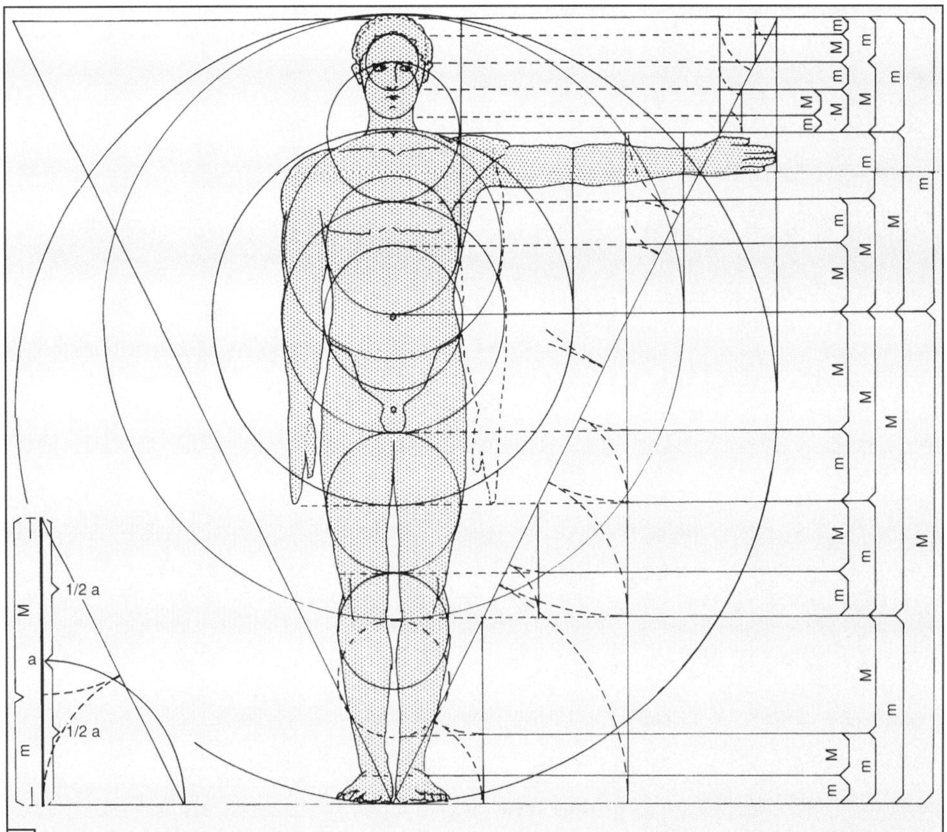

1 Maßverhältnis des Menschen

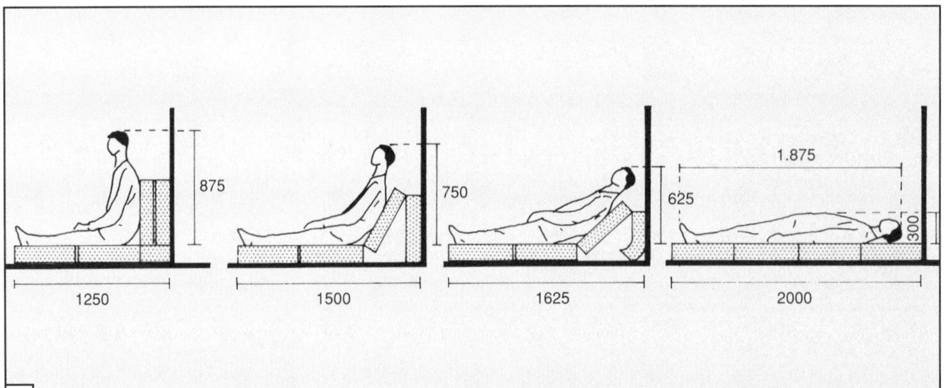

2 Platzbedarf im Sitzen und Liegen

Wir kennen den Kanon des Pharaonenreiches, der Ptolemäerzeit, der Griechen u. Römer, den Kanon des Polyklet, der lange Zeit als Norm galt, die Angaben von Alberti, Leonardo da Vinci, Michelangelo u. der Menschen des Mittelalters, v.a. das weitbekannte Werk Dürers.

Bei diesen erwähnten Arbeiten wird der Körper des Menschen berechnet nach Kopf-, Gesichts- oder Fußlängen, die dann in späterer Zeit weiter unterteilt u. zueinander in Beziehung gebracht wurden, so daß sie sogar im allgemeinen Leben maßgebend wurden.

Bis in unsere Zeit waren Fuß u. Elle gebräuchliche Maße.

Die Angaben Dürers wurden v.a. Gemeingut.

Er ging aus von der Höhe des Menschen u. legte die Unterteilungen in Brüchen wie folgt fest:

1/2 h = der ganze Oberkörper von der Spaltung an,

1/4 h = Beinlänge vom Knöchel bis Knie u. Länge vom Kinn bis Nabel,

1/6 h = Fußlänge,

1/8 h = Kopflänge vom Scheitel bis Unterkante Kinn, Abstand der Brustwarzen,

1/10 h = Gesichtshöhe und -breite (einschl. Ohren), Handlänge bis zur Handwurzel,

1/12 h = Gesichtsbreite in Höhe der Unterkante Nase, Beinbreite (über dem Knöchel) usf.

Die Unterteilungen gehen bis zu 1/40 h.

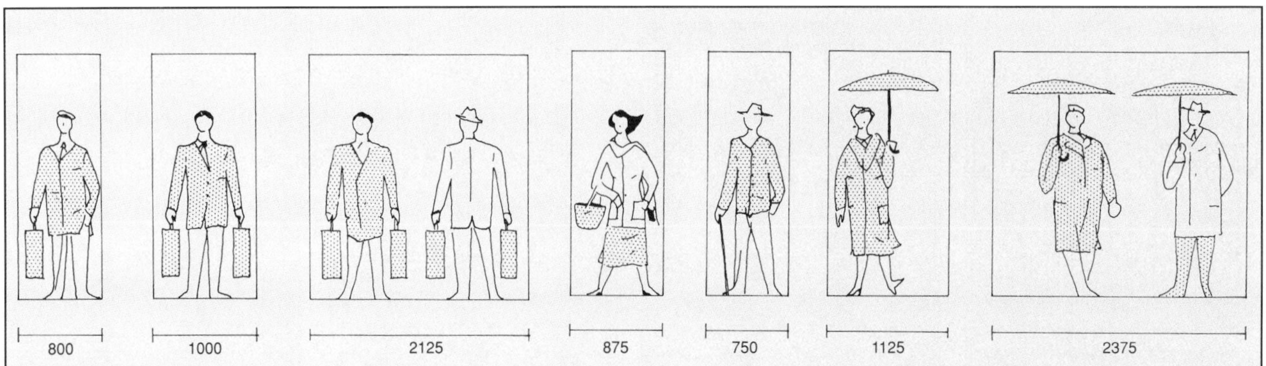

3 Platzbedarf mit Handgepäck

Platzbedarf mit Stock und Schirm

ABMESSUNGEN UND PLATZBEDARF **MENSCHEN**

nach Regelmaßen und Kraftverbrauch

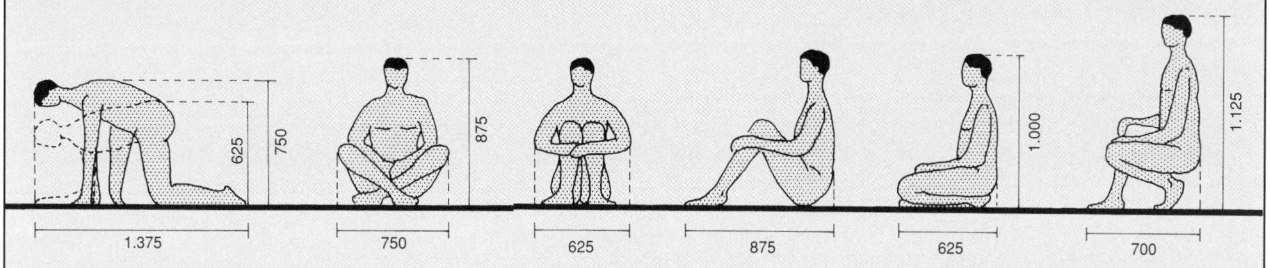

1 Körpermaße

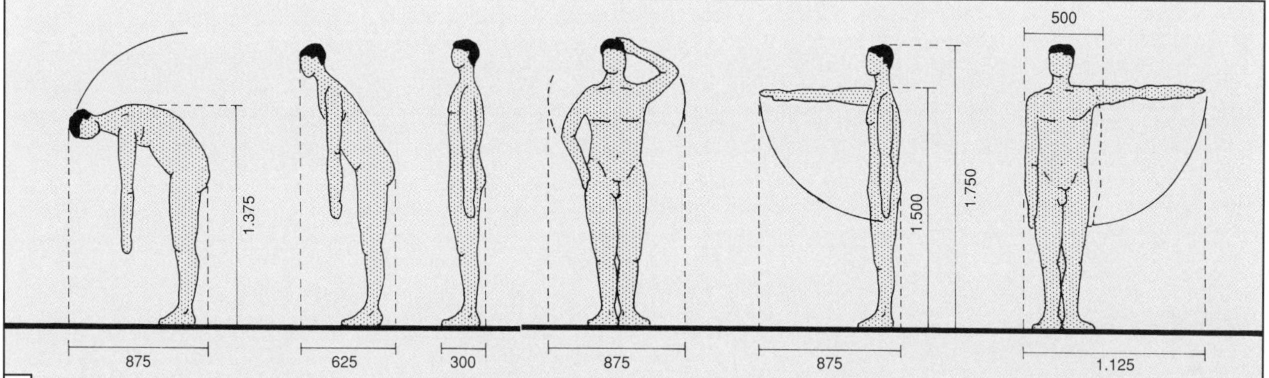

2 Körpermaße

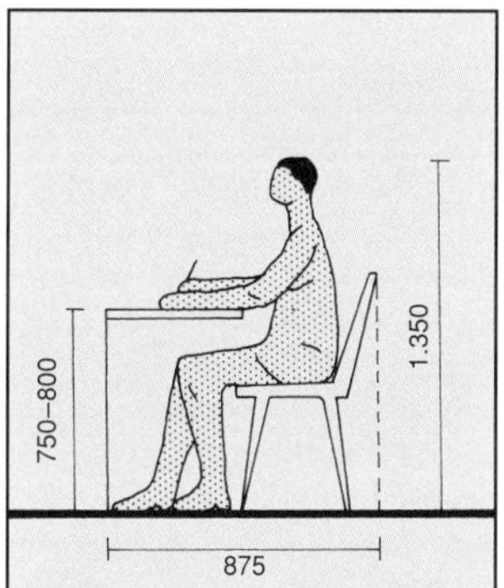

3 Maße am Arbeitsstuhl

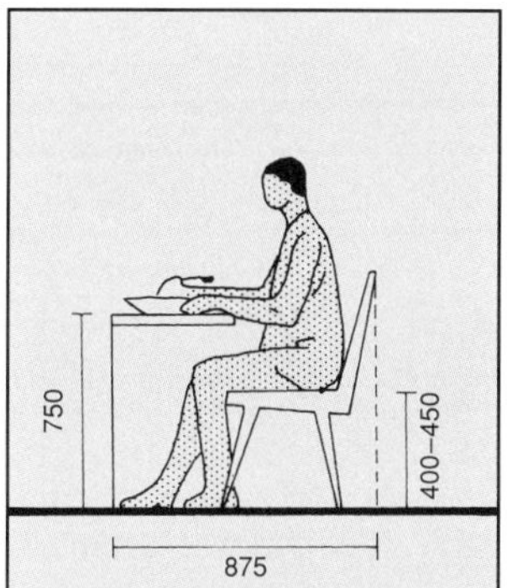

4 Maße am Wohn- u. Eßtisch

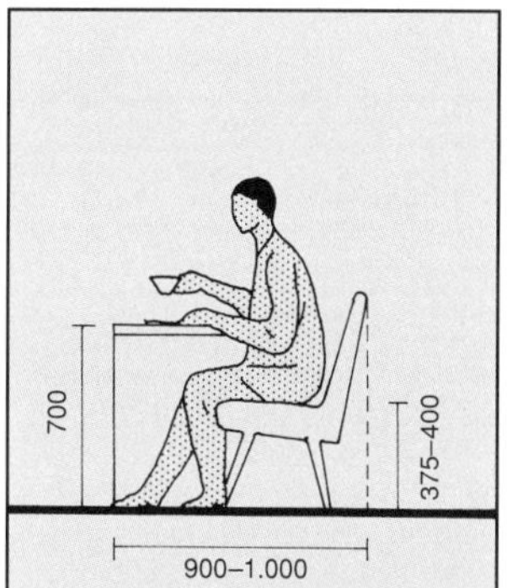

5 Maße am kleinen Sessel

6 Maße am Sessel

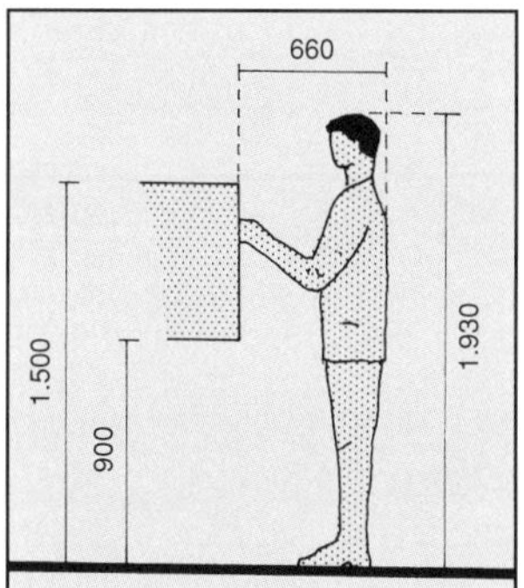

7 Arbeiten stehend

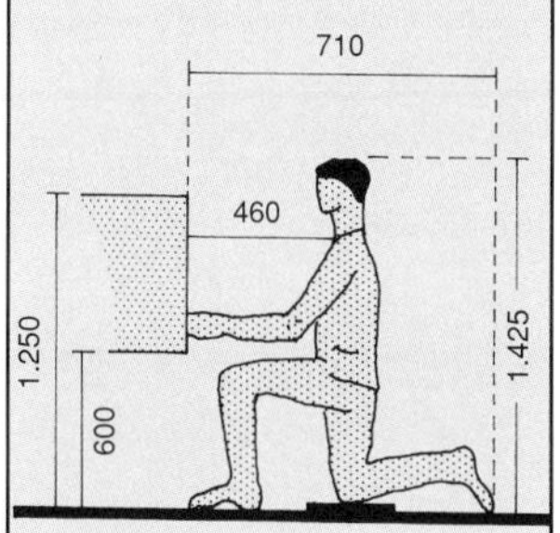

8 Kniend

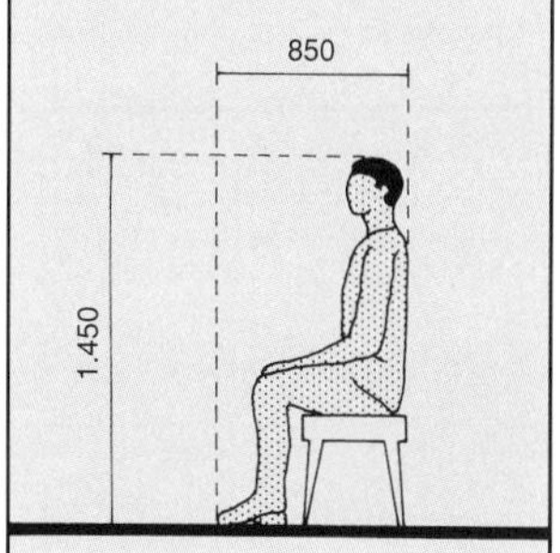

9 Sitzend

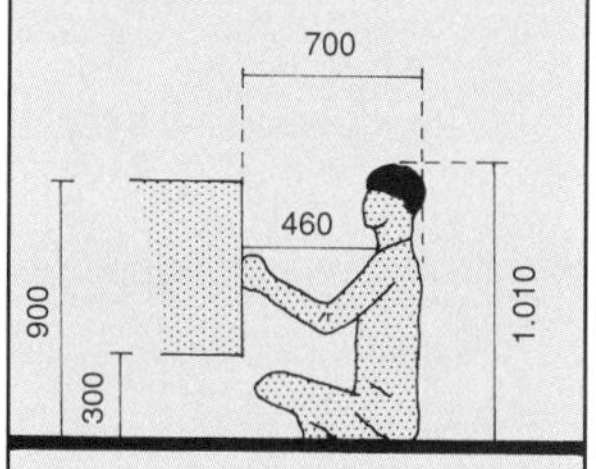

10 Hockend

ABMESSUNGEN UND PLATZBEDARF

Für Menschen in Bewegung zu den Breiten ≥ 10 % Zuschlag

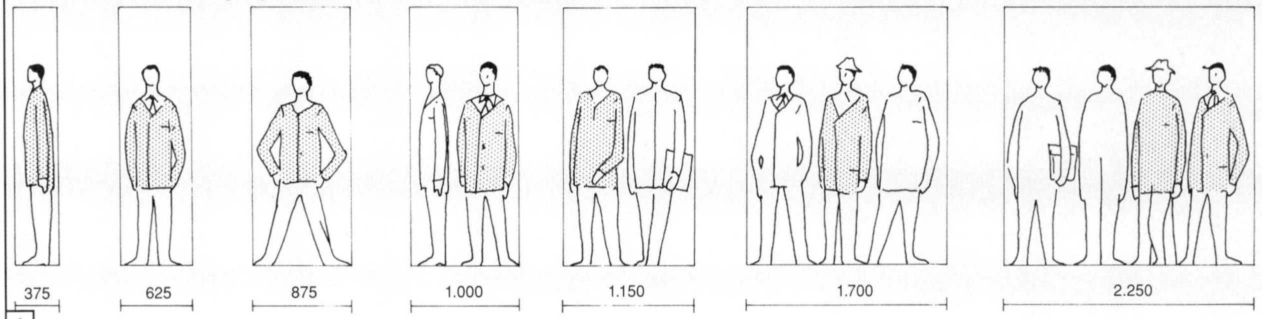

1 Platzbedarf zwischen Wänden

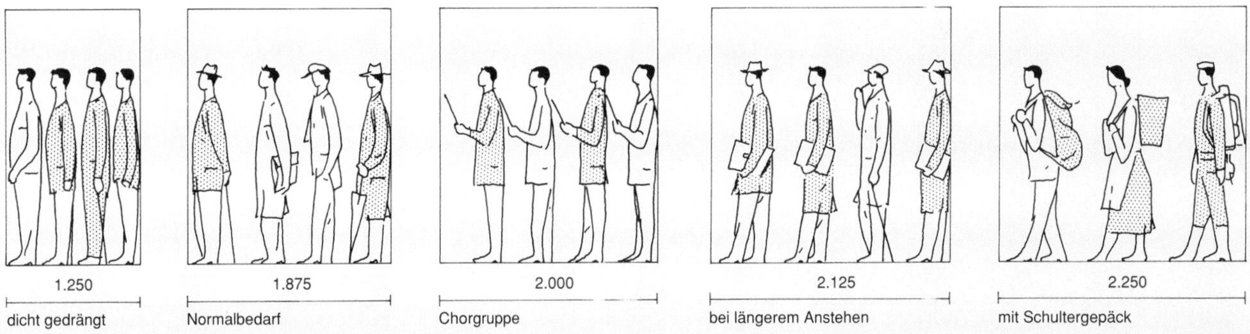

2 Platzbedarf von Gruppen

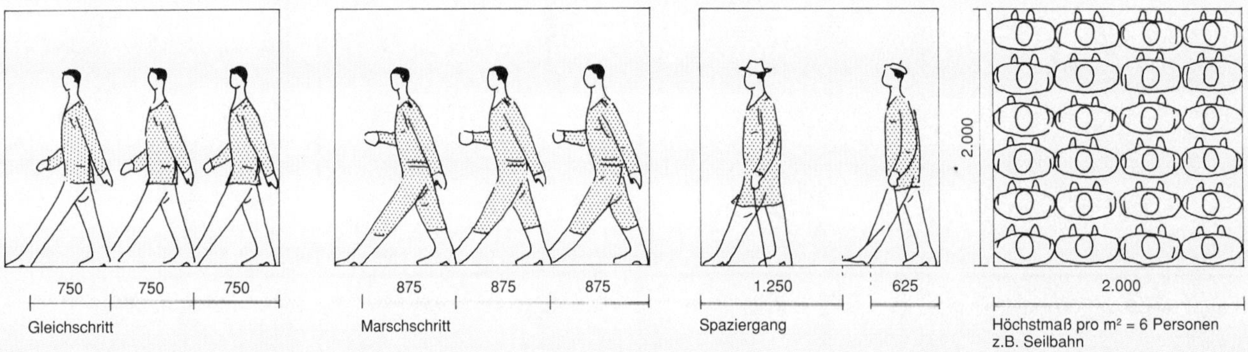

3 Schrittmaße

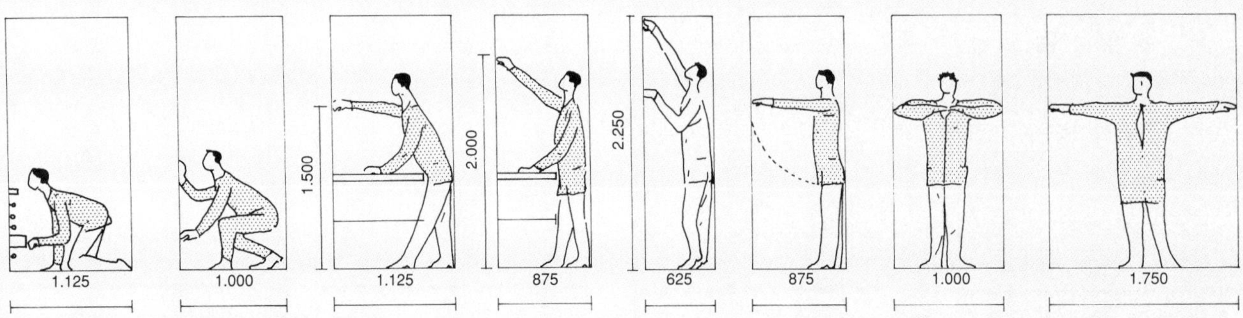

4 Platzbedarf bei verschiedenen Körperstellungen

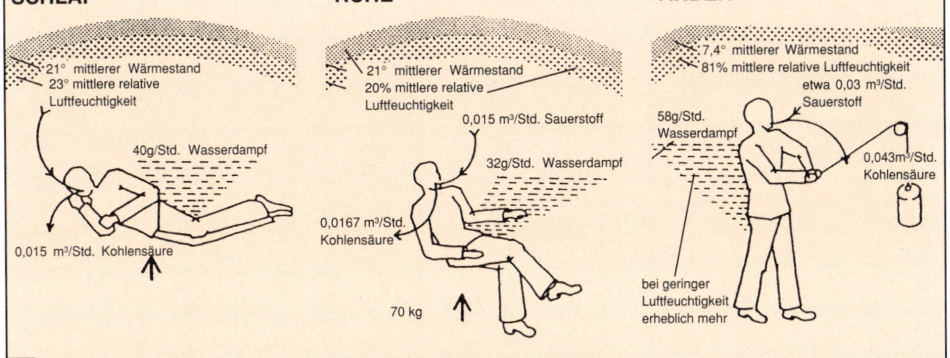

1 Kohlensäure- und Wasserdampferzeugung des Menschen (in Anlehnung an die Versuche von H. Wolpert → 🕮

MENSCH U. WOHNUNG

Die Wärme (WE/Std) verteilt sich zu
rd. 1,9% auf Arbeit (Gehen)
rd. 1,5% auf Erwärmung der Nahrung
rd. 20,7% auf Wasserverdunstung

rd. 1,3% auf Atmung
rd. 30,8% auf Leitung
rd. 43,7% auf Strahlung

rd. 75,8% tragen also zur Erwärmung der Raumluft bei.

Säugling	etwa	15 WE/h
Kind von 2 1/2 Jahren	etwa	40 WE/h
Erwachsener in Ruhe	etwa	96 WE/h
Erw. mittl. Arbeit	etwa	118 WE/h
Erw. schwerer Arbeit	etwa	140 WE/h
Erwachsener im Alter	etwa	90 WE/h

2 Wärmeabgabe des Menschen in WE/h nach Rubener → 🕮

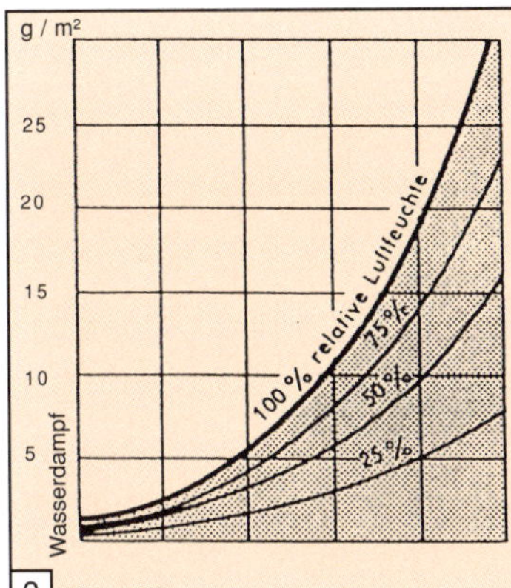

3 Raumluft

Raumfeuchtigkeit
Angenehm ist Raumluft mit relativer Luftfeuchtigkeit von 50–60%, sie soll ≥ 40% und ≤ 70% betragen. Zu feuchte Raumluft fördert Krankheitskeime, Schimmelpilze, Kälteübertragung, Fäulnis u. Schwitzwasserbildung. → 2

	Mehrere Std. ertragbar ‰	1/2 bis 1 Std. ertragbar ‰	Unmittelbar gefährlich ‰
Joddämpfe	0,0005	0,003	–
Chlordämpfe	0,001	0,004	0,05
Bromdämpfe	0,001	0,004	0,05
Salzsäure	0,01	0,05	1,5
Schweflige Säure	–	0,05	0,5
Schwefelwasserstoff	–	0,2	0,6
Ammoniak	0,1	0,3	3,5
Kohlenoxyd	0,2	0,5	2,0
Schwefelkohlenstoff	–	1,5*	10,0*
Kohlensäure	10	80	300

4 Schädliche Ansammlung der wichtigsten Fabrikgase nach Lehmann
* Mg. im Liter, sonst cm³ im Liter.

15.000 mkg mittlere stündliche Arbeitsleistung am Ergostat

Wärmestände in °Celsius	Höchstwassergehalt eines m³ Lufting
50	82,63
49	78,86
48	75,22
47	71,73
46	68,36
45	65,14
44	62,05
43	59,09
42	56,25
41	53,52
40	50,91
39	48,00
38	46,00
37	43,71
36	41,51
35	39,41
34	37,40
33	35,48
32	33,64
31	31,89
30	30,21
29	28,62
28	27,09
27	25,64
26	24,24
25	22,93
24	21,68
23	20,48
22	19,33
21	18,25
20	17,22
19	16,25
18	15,31
17	14,43
16	13,59
15	12,82
14	12,03
13	11,32
12	10,64
11	10,01
10	9,39
9	8,82
8	8,28
7	7,76
6	7,28
5	6,82
4	6,39
3	5,98
2	5,60
+1	5,23
0	4,89
-1	4,55
2	4,22
3	3,92
4	3,64
5	3,37
6	3,13
7	2,90
8	2,69
9	2,49
10	2,31
11	2,14
12	1,98
13	1,83
14	1,70
15	1,58
16	1,46
17	1,35
18	1,25
19	1,15
20	1,05
21	0,95
22	0,86
23	0,78
24	0,71
25	0,64

Höchstwassergehalt eines Kubikmeters Luft in g

Wohnungen sollen Menschen gegen Unbilden der Witterung schützen u. eine Umwelt geben, die Wohlbefinden u. Leistungsfähigkeit weitgehend fördert. Dazu gehört zugfreie, leichtbewegte, sauerstoffreiche Luft, angenehme Wärme, Luftfeuchtigkeit u. entsprechende Helligkeit.
Hierfür ist entscheidend Lage der Wohnung in Landschaft, auch Raumlage im Haus u. Bauart. Wärmedämmende Bauweise mit großen Fenstern an richtiger Stelle der Räume passend zur Möblierung mit Heizung u. Lüftung (ohne Zugerscheinungen) sind u. Voraussetzungen für dauerndes Wohlbefinden.

Luftbedarf
Mensch atmet Sauerstoff mit der Luft ein und scheidet Kohlensäure u. Wasserdampf aus. Diese sind je nach Gewicht, Nahrung, Tätigkeit u. Umwelt → 1 des Menschen in den Mengen verschieden. Man rechnet im Mittel je Person 0,020 m³/Std. Kohlensäure- u. 40 g/Std. Wasserdampferzeugung → 1.
Wenn der Kohlensäuregehalt von 1–3‰ scheinbar nur zu vertieftem Atmen anregt, so soll doch die Wohnungsluft möglichst nicht über 1‰ enthalten. Das bedingt bei einfachem Luftwechsel je Stunde einen Luftraum von 32 m³ für jeden Erwachsenen u. 15 m³ für jedes Kind. Da aber schon bei geschlossenen Fenstern der natürliche Luftwechsel bei frei liegenden Gebäuden das 1 1/2–2fache beträgt, genügen deshalb als normaler Luftraum für Erwachsene 16–24 m³ (je nach Bauart), für Kinder 8–12 m³, oder bei 2,5 m ≥ Wohnraumhöhe für Erwachsene je 6,4–9,6 m² und für Kinder 3,2–4,8 m² Wohnraumflächen. Bei größerem Luftwechsel (Schlafen bei offenem Fenster, Luftwechsel durch Luftkanäle), kann der Rauminhalt je Person bei Wohnräumen herabgesetzt werden auf 7,5 m³, bei Schlafräumen auf 10 m³ je Bett. Bei Verschlechterung der Luft durch offene brennende Lampen, Ausdünstungen in Krankenhäusern oder Fabriken, bei geschlossener Raumlage, muß durch künstlich verstärkten Luftwechsel der fehlende Sauerstoff zu- und die schädlichen Stoffe abgeführt werden.

Raumwärme
Angenehm für Menschen in Ruhestellung zwischen 18–20°, bei der Arbeit zwischen 15–18° je nach Bewegung. Mensch kann mit Ofen verglichen werden, der mit Nahrungsmitteln geheizt je kg Eigengewicht etwa 1,5 WE/h erzeugt. Ein Erwachsener mit 70 kg Gewicht → 1 demnach je Stunde 105 WE/h, am Tag 2520 WE/h, die zum Kochen von 25 Liter Wasser ausreichen würden. Die Wärmeerzeugung ist den Umständen nach verschieden → 1. Sie steigt bei absinkender Raumwärme ebenso wie bei körperlicher Tätigkeit.
Bei Beheizung des Raumes ist darauf zu achten, daß milde Wärme an den kältesten Raumseiten die Raumluft erwärmt. Bei Wärmegraden über 70–80° findet Zersetzung statt, dessen Reste die Schleimhäute, Mund u. Rachen reizen u. das Gefühl von trockener Luft hervorrufen. Dampfheizungen u. Öfen mit ihrer hohen Oberflächenwärme ungeeignet für Wohnhäuser.
Wasserdampferzeugung des Menschen ist entsprechend den jeweiligen Voraussetzungen → 1 verschieden. Sie bildet einen wichtigen Entwärmungsvorgang des Menschen u. steigt bei steigendem Wärmestand des Raumes, vor allem, wenn dieser über 37° (Blutwärme) steigt.

DAS AUGE

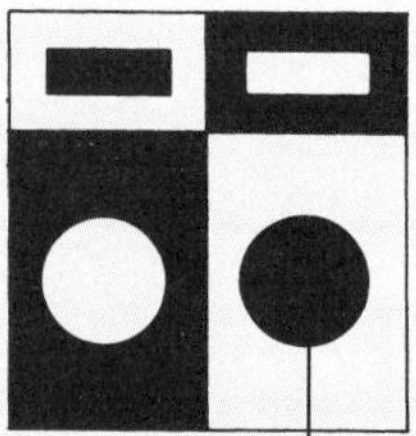

Schwarzer Kreis wirkt aus einiger Entfernung etwa 1/3 kleiner als weißer Kreis

1 Schwarze Flächen und Körper wirken kleiner als weiße Körper gleicher Größe, schwarz gekleidete Menschen wirken schlanker, weiß gekleidete dicker, als sie wirklich sind. Sinngemäß gilt das für alle Bauglieder

2 Soll eine große Wirkung von schwarzen und weißen Flächen vorhanden sein, so sind letztere entsprechend zu verkleinern. Eine helle Farbe neben einer dunklen läßt diese noch dunkler erscheinen.

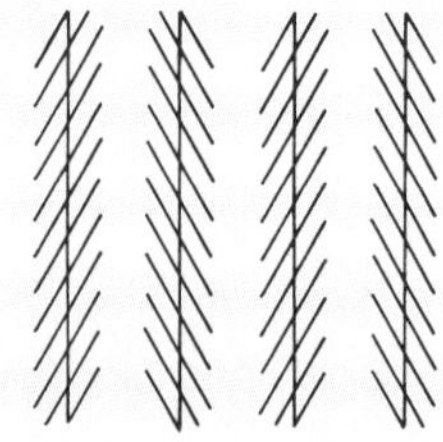

3 Die tatsächlich gleichlaufenden Senkrechten dieser „Zöllnerschen Figur" wirken durch die Schrägschraffur spitz zulaufend

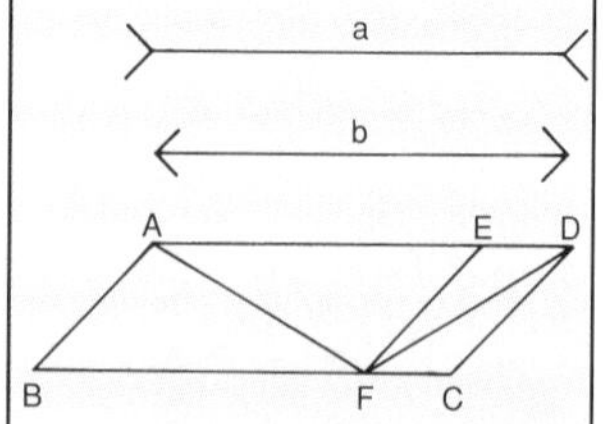

4 Die Strecken a und b durch geringfügige Attribute, die Strecken A–F und F–D durch Einbeziehen in verschiedene Flächen verschieden lang, obwohl sie gleich sind.

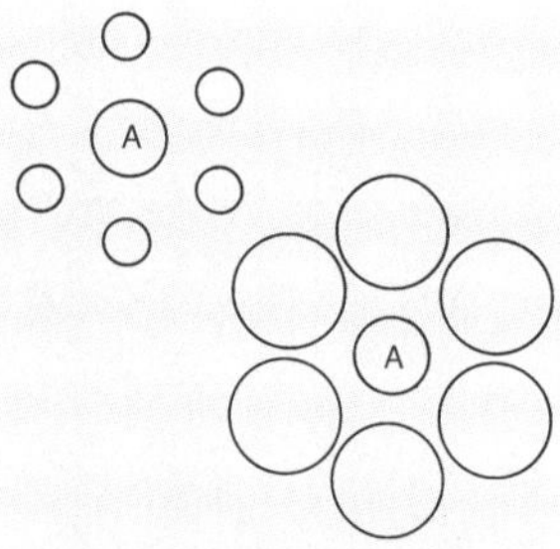

5 Die Kreise A inmitten der beiden Kreisgruppen erscheinen dem Auge verschieden groß, obwohl sie gleichen Durchmesser haben (relative Größe)

6 Zwei in gleicher Größe in einer Perspektive gezeichnete Personen erscheinen unterschiedlich groß, wenn sie nicht den perspektivischen Gesetzen folgen

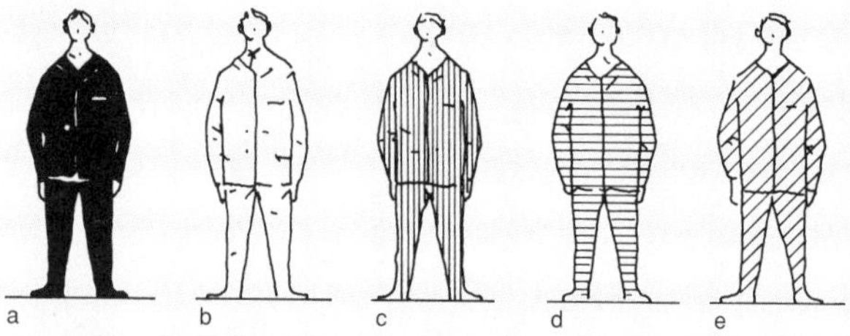

7 Auch Farbe und Musterung der Kleidung ändern die Erscheinung der Menschen. Schwarz macht schlank → a, da Schwarz Licht zehrt. Weiß macht füllig → b, da Weiß Licht streut. Senkrechte Streifen strecken Höhe → c, waagerechte Streifen strecken Breite → d, karierte Muster heben Breite und Höhe → e.

Gleiche Räume und Raumteile wirken durch verschiedene Teilung nicht nur verschieden groß, sondern im Ausdruck ganz unterschiedlich

8 Dynamische Wirkung

9 Statische Wirkung

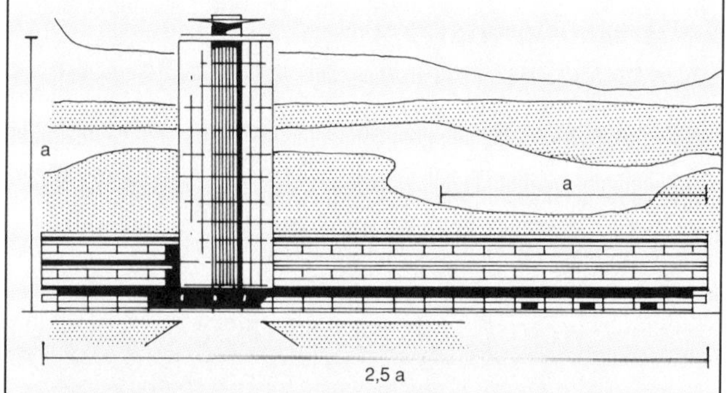

10 Dimensionen in der Vertikalen erscheinen dem Auge ungleich eindrucksvoller als gleiche in der Horizontalen

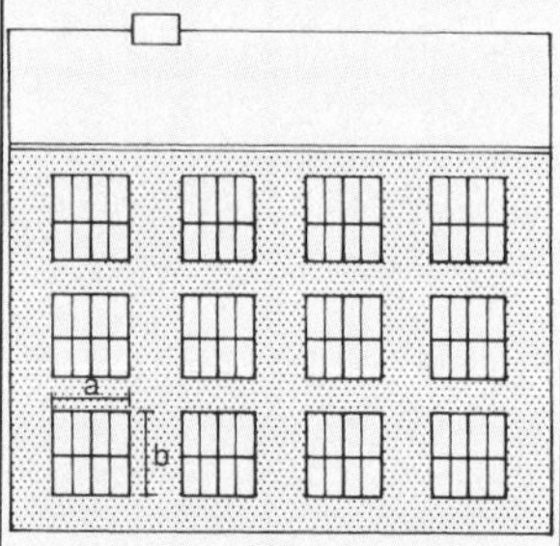

11 Abgesehen von architektonischer Gliederung (vertikal, horizontal oder gemischt) → 10, wird schon

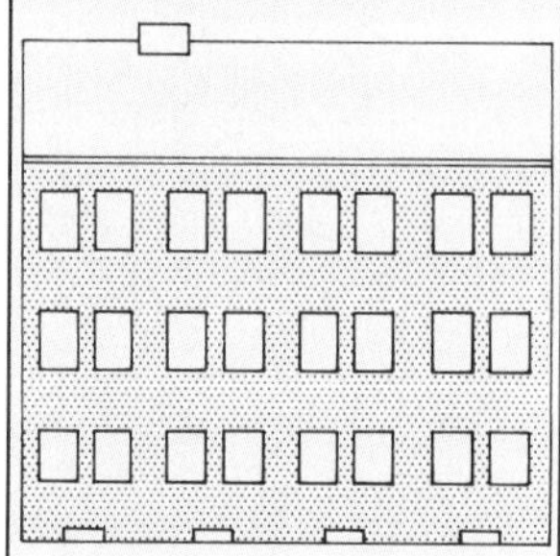

12 durch das Verhältnis von Fensteröffnung zur verbleibenden Wandfläche trotz gleicher Gebäudegrö-

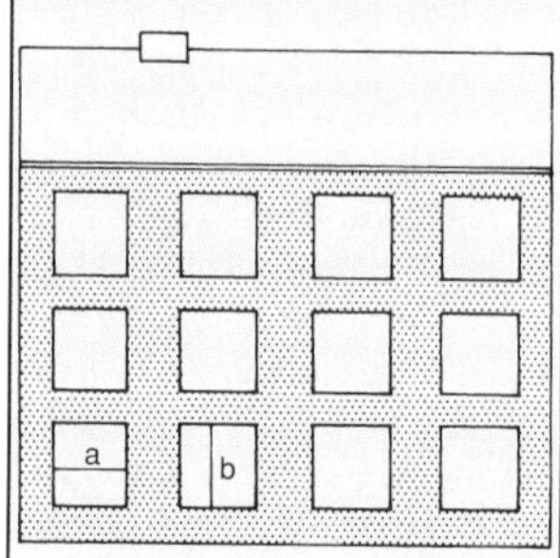

13 ße und Geschoßhöhe das Maßstabsverhältnis verändert (Spros-

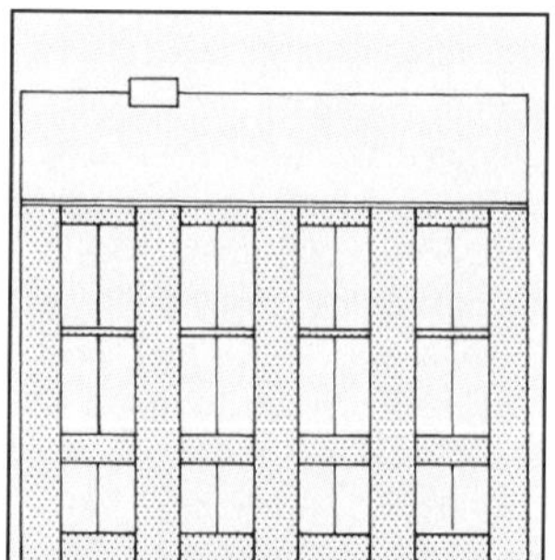

14 sengliederungen können dazu entscheidend beitragen)

DAS AUGE

ALS MASSTAB FÜR DIE ERSCHEINUNG DER DINGE

Die Tätigkeit des Auges scheidet man in Sehen und Betrachten. Das Sehen dient zunächst unserer körperlichen Sicherheit, das Betrachten beginnt da, wo das Sehen aufhört; es führt zum Genuß der durch Sehen gefundenen „Bilder“.

Je nachdem das Auge am Objekt stehenbleibt oder daran entlangtastet, unterscheidet man zwischen Ruhebild und Tastbild.

Das Ruhebild stellt sich in einer ungefähren Kreisausschnittfläche dar, deren Durchmesser gleich ist der Entfernung des Auges vom Objekt.

Innerhalb dieses „Blickfeldes“ erscheinen dem Auge die Gegenstände „auf einen Blick“. → 5

Das ideale Ruhebild stellt sich im Gleichgewicht dar. Das Gleichgewicht ist die erste Eigenschaft der architektonischen Schönheit.

Das tastende Auge findet sein Vorwärtskommen entlang den Widerständen, denen es in Richtung von uns weg in Breite oder Tiefe begegnet.

Auch die Wirkung im geschlossenen Raum bildet sich durch das Ruhe- oder Tastbild. → 4 Ein Raum, dessen obere Begrenzung (Decke) wir im Ruhebild erkennen, ergibt Gefühl der Geborgenheit, andererseits bei langen Räumen auch bedrückendes Empfinden. Bei hochliegender Decke, die das Auge erst durch Abtasten nach oben erkennt, erscheint der Raum frei und erhaben, vorausgesetzt, daß die Wandabstände u. damit die Gesamtproportionen darin übereinstimmen. Dabei ist zu beachten, daß das Auge optischen Täuschungen unterliegt. Es schätzt Breitenausdehungen genauer als Tiefen oder Höhen, letztere erscheinen immer größer. So erscheint bekanntlich ein Turm von oben gesehen viel höher als von unten → 10 und senkrechte Kanten wirken nach oben übehängend, waagerechte in der Mitte eingebogen. → 3

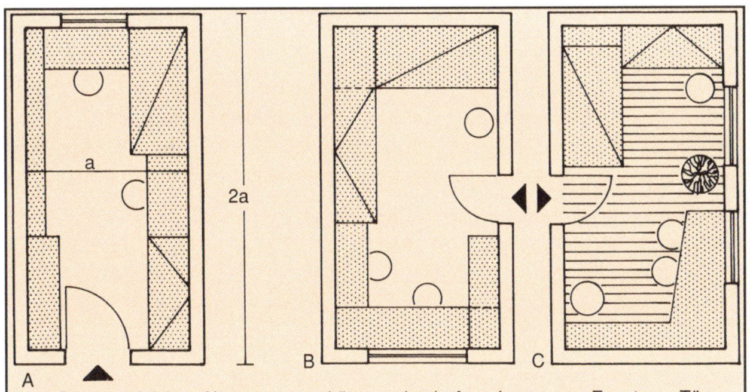

1 Räume gleicher Abmessungen können durch Anordnung von Fenstern, Türen und Möblierung verschieden wirken. → A wirkt als „Schlauch“, → B räumlich kürzer durch quergestelltes Bett bzw. durch Arbeitstisch am Fenster. Die Querlage der Fenster bei → C mit entsprechender Möblierung läßt den Raum breiter als tief erscheinen

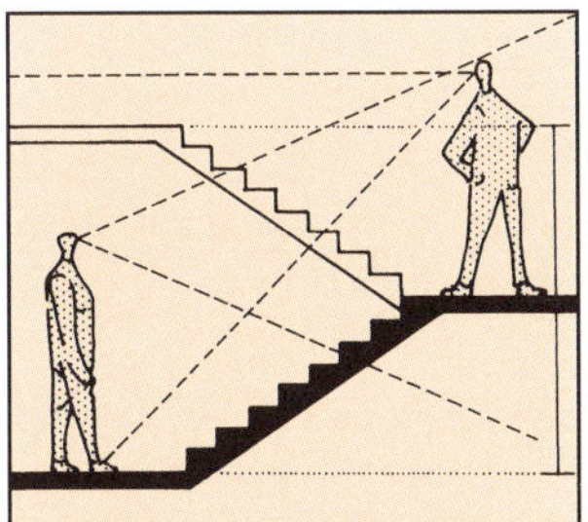

2 Schon durch die Lage des Augenpunktes wirkt ein Bauwerk von oben gesehen höher als von unten. Dazu kommt beim Blick nach unten das Unsicherheitsgefühl, das alles höher erscheinen läßt als beim sicheren Stand mit Blick nach oben

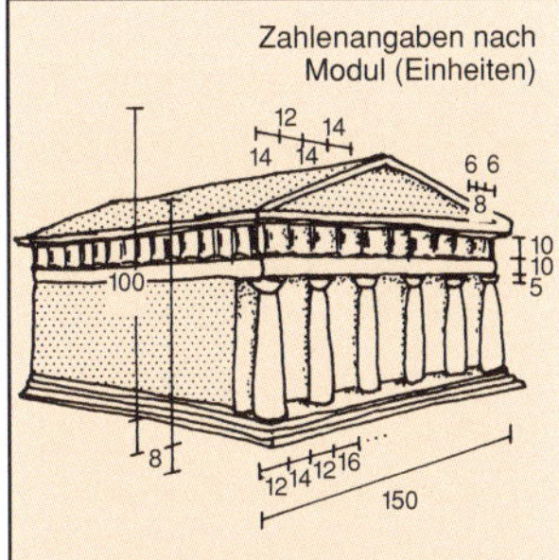

3 Oben entsprechend zurückweichende Wände wirken senkrecht, nach oben entsprechend gebogene Stufen, Gesimse und Gurtungen waagerecht (horizontale Kurvaturen)

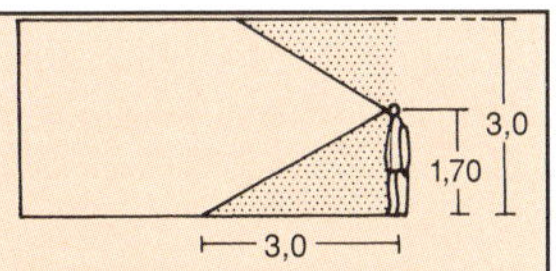

Bei niedrigen Räumen Raumwirkung „auf einen Blick“ (Ruhebild)

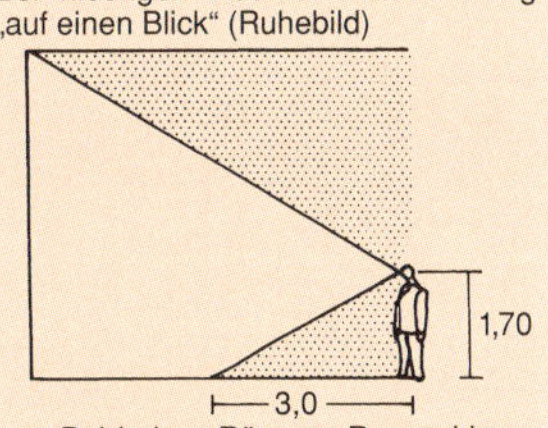

4 Bei hohen Räumen Raumwirkung durch Tasten des Auges nach oben (Tastbild)

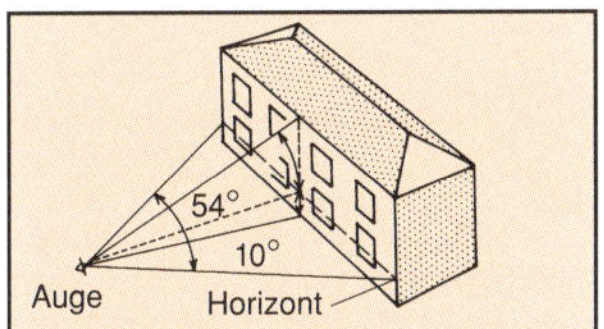

Das Sehen des starren normalen Auges erfaßt den Umkreis von 1°, d.h. ungefähr die Daumennagelfläche

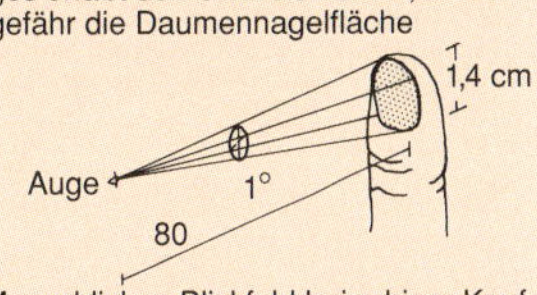

5 Menschliches Blickfeld bei ruhiger Kopfhaltung und bewegtem Auge ist in der Breite 54°, nach oben 27°, nach unten 10° groß.

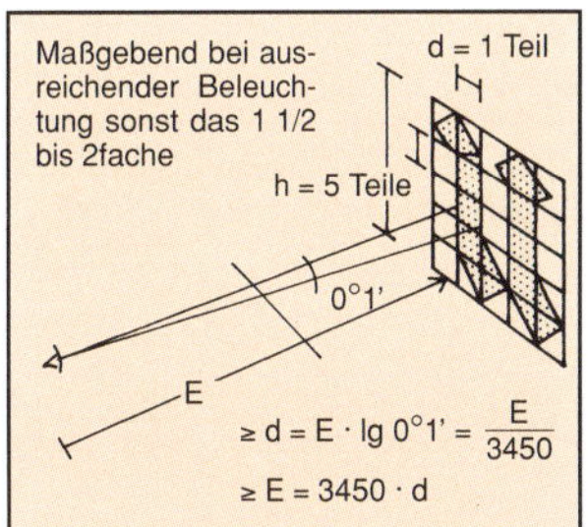

$\geq d = E \cdot \lg 0°1' = \frac{E}{3450}$

$\geq E = 3450 \cdot d$

7 Soll eine Schrift in einer Entfernung von z.B. 700 m noch lesbar sein, so muß die Dicke d der Buchstaben (nach 6 ≥ 700 · 0,000291 = 0,204 m sein, die Normalhöhe „h“ ist üblicherweise das Fünffache von d = 5 · 0,204 = 1,020 m

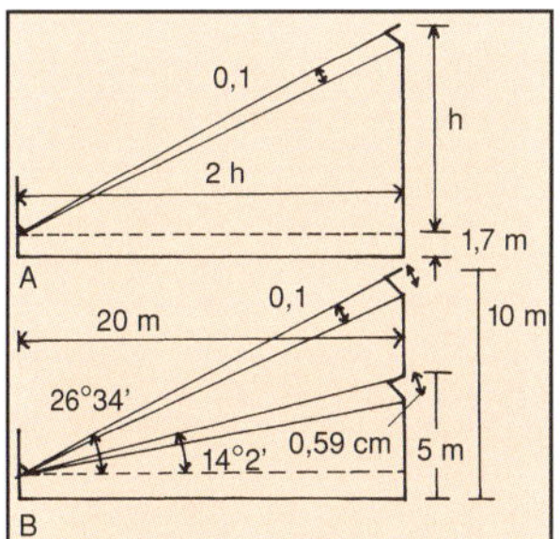

8 Die Größe der noch unterscheidbaren Bauteile kann nach 7 leicht errechnet werden, nachdem die Normalentfernung der Glieder vom Auge auf trigonometrischer Basis errechnet ist

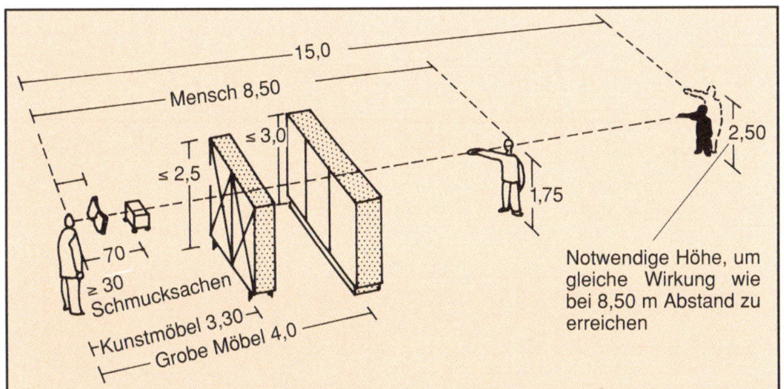

6 Genaue Unterschiede sieht das Auge nur im Umkreis von 0°1' = Lesefeld, die Grenzentfernung der zu unterscheidenden Formenteile ist dadurch bedingt. Ihre Entfernung E darf Formteil

$\leq \frac{\text{Formteil}}{\text{tg } 0°1'} = \frac{\text{Formteil}}{\text{tg } 0°1'}$ groß sein, bzw. die Größe des Formenteils E · tg 0°1'

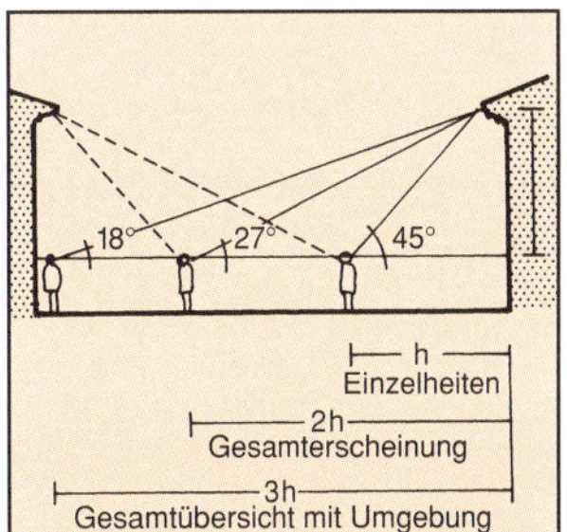

9 Für Straßenbreiten, die einen Überblick und eine Betrachtung der Einzelheiten gestatten sollen, müssen obige Abstände beachtet werden

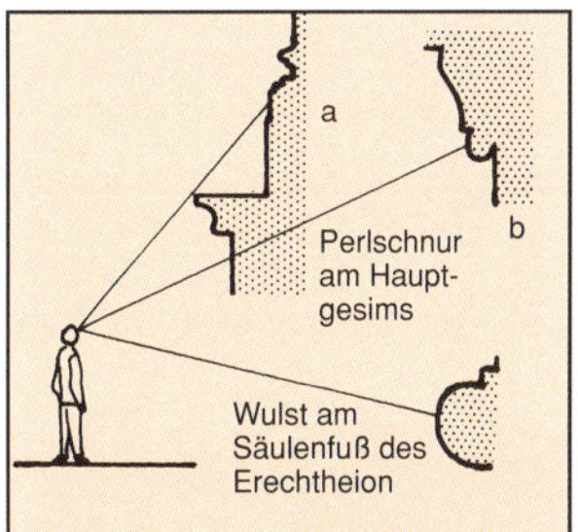

10 Über Vorsprüngen liegende Bauglieder, die gesehen werden sollen, müssen entsprechend hoch sitzen a, Einzelglieder können durch geringe Verformung dem Auge größere Oberflächen darbieten b und c

MENSCH UND FARBE

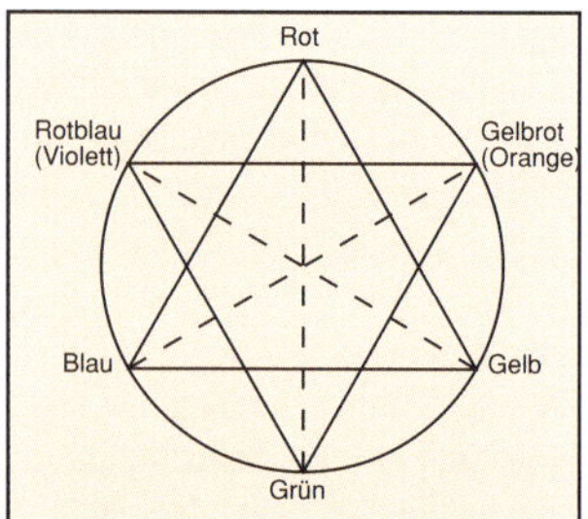

Der natürliche Farbkreis (nach Goethe): Dreieck: Rot-Blau-Gelb = Grundfarben, aus denen sich theoretisch alle Farben mischen lassen. Gegendreieck: Grün-Orange-Violett = Mischfarben ersten Ranges, die durch Mischen der Grundfarben entstehen

1

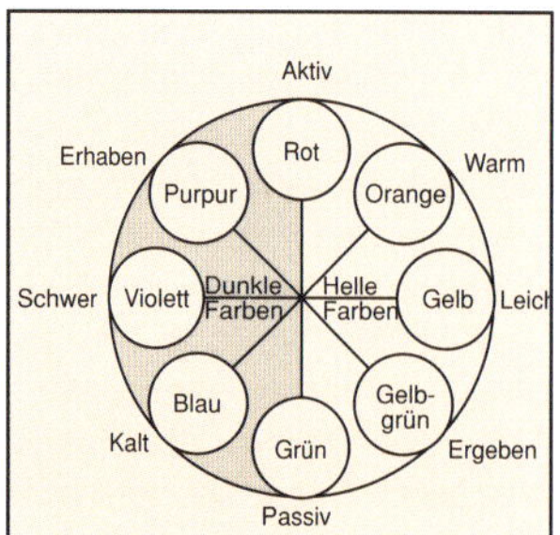

Dunkle u. helle Farben u. ihre Wirkung auf den Menschen

2

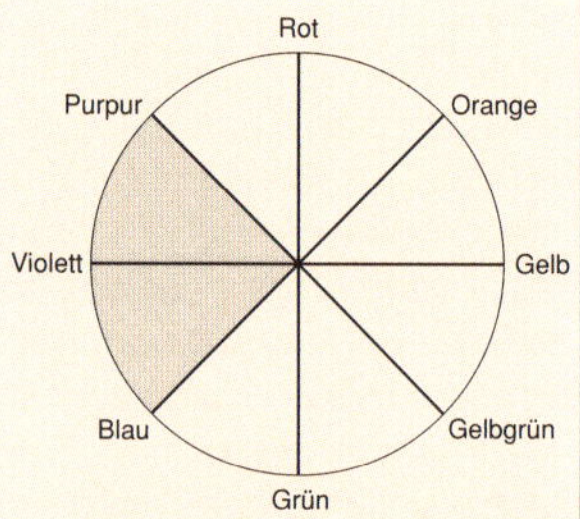

Leichte und schwere Farben. (Nicht gleichbedeutend mit dunklen u. hellen Farben) → [2], da neben dem Dunkelanteil auch der natürliche über das Schwereempfinden entscheidet.

3

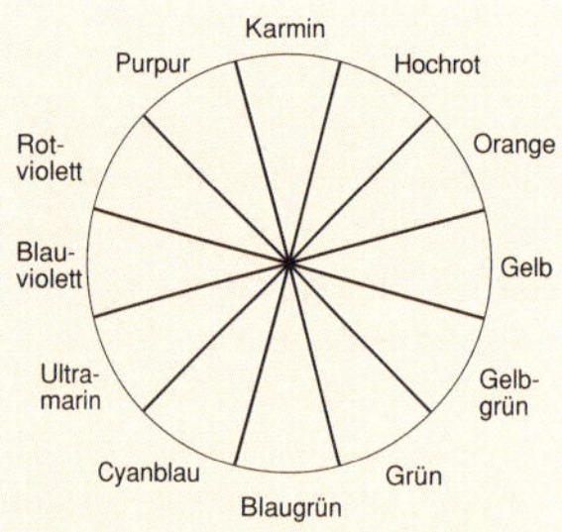

Der zwölfteilige Farbkreis

4

Farben sind Kräfte, die auf den Menschen wirken und Wohlbefinden oder Unlustgefühle, Aktivität oder Passivität erzeugen.

Der Einfluß der Farbe auf den Menschen geschieht **mittelbar** durch die eigene physiologische Wirkung, Räume zu weiten oder zu verengen, um somit über den Umweg der Raumwirkung zu bedrücken oder zu befreien → [5]–[7], sie geschieht **unmittelbar** durch Wirkkräfte (Impulse), die von den einzelnen Farben ausgehen → [2], [3]. Die höchste Impulsivkraft hat Orange; es folgen Gelb, Rot Grün und Purpur. Geringste Impulsivkraft hat Blau, Grünblau und Violett (kalte und passive Farben).

Impulsivreiche Farben nur für kleine, impulsivarme hingegen für große Flächen geeignet.

Warme Farben wirken aktiv, anregend, u.U. aufregend. Kalte Farben passiv, beruhigend oder verinnerlichend.

Grün nervenentspannend. Die von Farben ausgehende Wirkung hängt darüber hinaus von Helligkeit und Ort ihrer Einwirkung ab.

Warme und helle Farben wirken von oben geistig anregend; von der Seite wärmend, nähernd; von unten erleichternd, hebend.

Warme und dunkle Farben von oben abschließend, würdevoll; von der Seite umschließend; von unten griff- und trittsicher.

Kalte und helle Farben von oben auflichtend, entspannend; von der Seite wegführend; von unten glatt, zum Laufen anregend.

Kalte und dunkle Farben von oben bedrohlich, von der Seite kalt und traurig; von unten beschwerend, herabziehend.

Weiß ist die Farbe der absoluten Reinheit, Sauberkeit und Ordnung. In der farbigen Raumgestaltung spielt Weiß eine tragende Rolle, um andere Farbgruppen voneinander zu lösen, zu neutralisieren und somit aufhellend zu beleben und aufzugliedern.

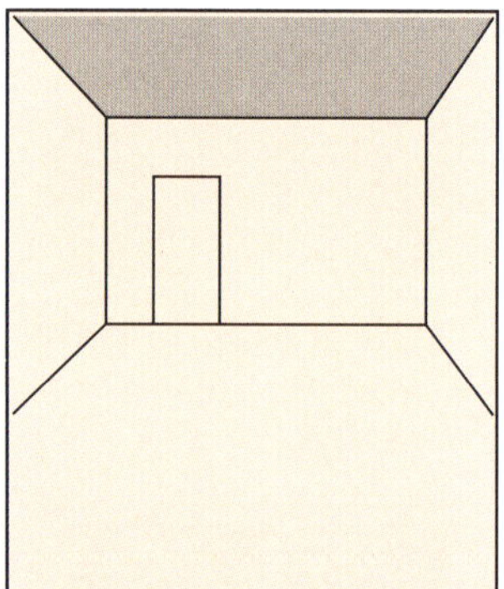

Dunkle Farben lasten, Räume werden niedriger, wenn die Dekken farbig stark betont werden

5

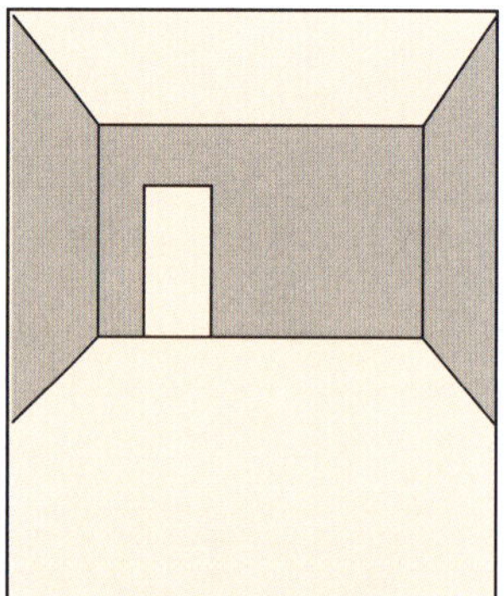

Helle Farben heben. Räume wirken höher bei betonter Wandbehandlung gegenüber heller Dekke.

6

Weißes Papier	84	Satt Scharlachrot	16
Kalkweiß	80	Zinnoberrot	20
Zitronengelb	70	Karminrot	10
Elfenbeinton	etwa 70	Tiefviolett	etwa 5
Cremeton	etwa 70	Hellblau	40–50
Goldgelb, rein	60	Tief Himmelblau	30
Strohgelb	60	Türkisblau, rein	15
Hell-Ocker	etwa 60	Grasgrün	etwa 20
Rein-Chromgelb	50	Lindgrün, pastell	etwa 50
Rein-Orange	25–30	Silbergrau	etwa 35
Hellbraun	etwa 25	Kalkputz-Grau	etwa 42
Beige, rein	etwa 25	Trockenbeton-Grau	etwa 32
Mittelbraun	etwa 15	Sperrholzplatten	etwa 38
Lachsrosa	etwa 40	Gelber Ziegel	etwa 32

Werte zwischen theoretischem Weiß (100%) und absolutem Schwarz (0%)

9 Helligkeit von Oberflächen

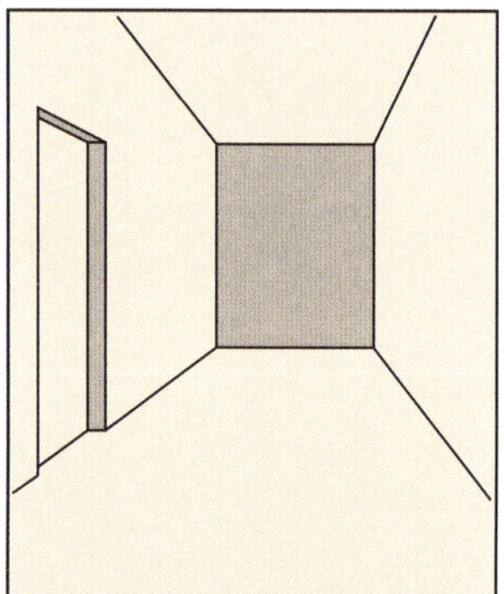

Lange Räume wirken kürzer, wenn die begrenzenden Querwände stark hervortreten

7

Weiß als Leitfarbe, z.B. in Betrieben, Labors usw.

8

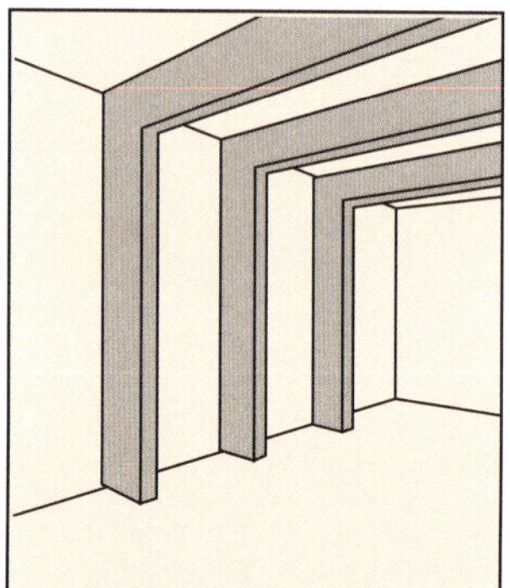

Einzelelemente dunkel vor heller Wand wirken kräftig herausgehoben

10

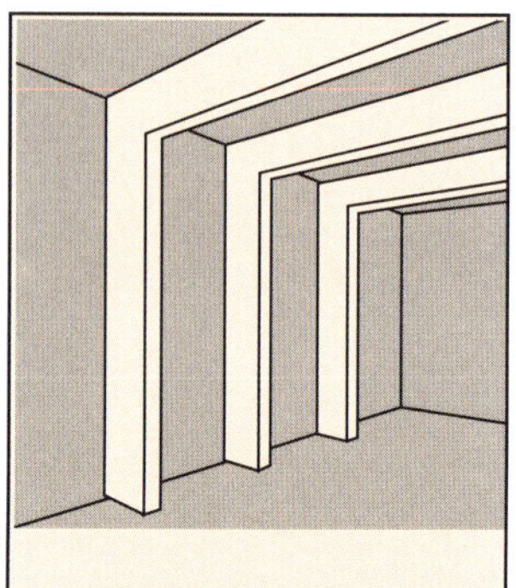

Einzelelemente hell vor dunklem Hintergrund wirken leichter, vor allem bei scheinbarer Überdimensionierung

11

MASSVERHÄLTNISSE

GRUNDLAGEN → 🕮

Maßliche Vereinbarungen im Bauen gibt es seit altersher. Wesentliche konkrete Angaben stammen aus pythagoreischer Zeit.

Pythagoras ging davon aus, daß akustische Zahlenverhältnisse auch optisch harmonisch sein müssen.

Daraus ist das pythagoreische Rechteck → [1] entwickelt, das alle harmonischen Intervallproportionen beinhaltet, die beiden disharmonischen Intervalle – Sekunde und Septime – aber ausschließt.

Aus diesen Zahlenverhältnissen sollten Raumabmessungen abgeleitet werden.

Pythagoreische bzw. diophantische Gleichungen ergeben Zahlengruppen → [2] [3] [4], die für Breite, Höhe, Länge von Räumen verwendet werden sollen.

Mit der Formel $a^2 + b^2 = c^2$ können diese Zahlengruppen berechnet werden:

$a^2 + b^2 = c^2$ $\quad a = m\,(y^2 - x^2)$ $\quad b = m \cdot 2 \cdot x \cdot y$ $\quad c = m\,(y^2 + x^2)$

Dabei ist: x, y: alle ganzen Zahlen; x kleiner als y; m: Vergrößerungs- bzw. Verkleinerungsfaktor

Von wesentlicher Bedeutung sind auch die von Platon und Vitruv genannten geometrischen Formen: Kreis, Triangel → [4] und Quadrat → [5], aus denen sich Polygonzüge konstruieren lassen. Die jeweilige Halbierung ergibt dann weitere Polygonzüge. Andere Polygonzüge (z.B. 7-Eck ,→ [7] 9-Eck → [8]) können nur näherungsweise oder durch Überlagerungen gebildet werden. So läßt sich z.B. ein 15-Eck → [9] durch die Überlagerungen des gleichseitigen Dreiecks mit dem Fünfeck konstruieren.

Das Fünfeck → [10] oder Pentagramm (Drudenfuß) hat ebenso wie das daraus abzuleitende Zehneck natürliche Beziehungen zum Goldenen Schnitt. Seine besonderen Maßverhältnisse fanden aber früher kaum Verwendung.

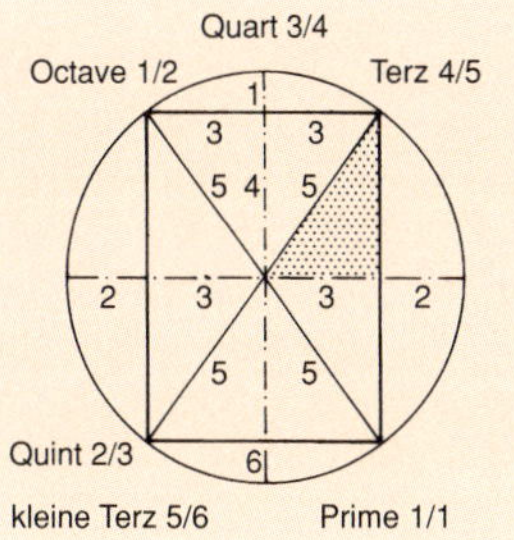

Pythagoreisches Rechteck, schließt alle Intervallproportionen ein und die disharmonischen, Sekunde und Septime, aus

1

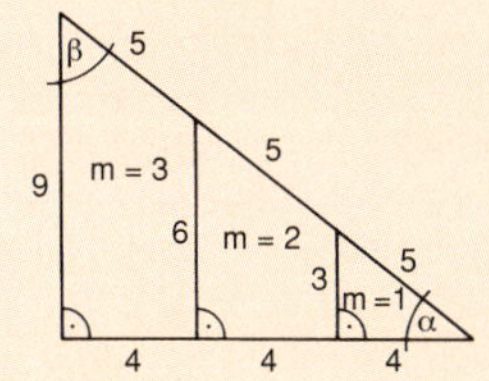

2 Pythagoreisches Dreieck

α	a	b	c	β	m	x	y
36°87'	3	4	5	53°13'	1	1	2
22°62'	5	12	13	67°38'	1	2	3
16°26'	7	24	25	73°74'	1	3	4
28°07'	8	15	17	61°93'	0,5	3	5
12°68'	9	40	41	77°32'	1	4	5
18°92'	12	35	37	71°08'	0,5	5	7
43°60'	20	21	29	46°40'	0,5	3	7
31°89'	28	45	53	58°11'	0,5	5	9

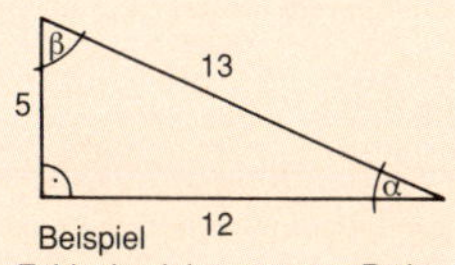

Beispiel

3 Zahlenbeziehungen aus Pythagoreischen Gleichungen (Auswahl)

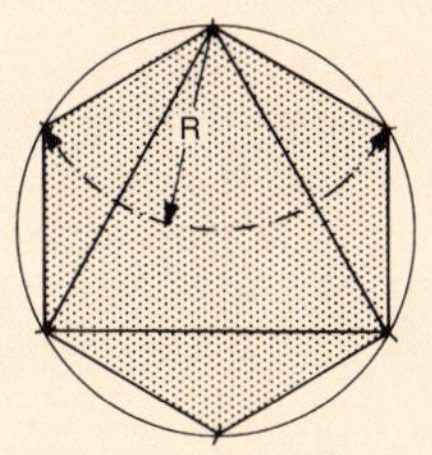

4 Gleichseitiges Dreieck, Sechseck

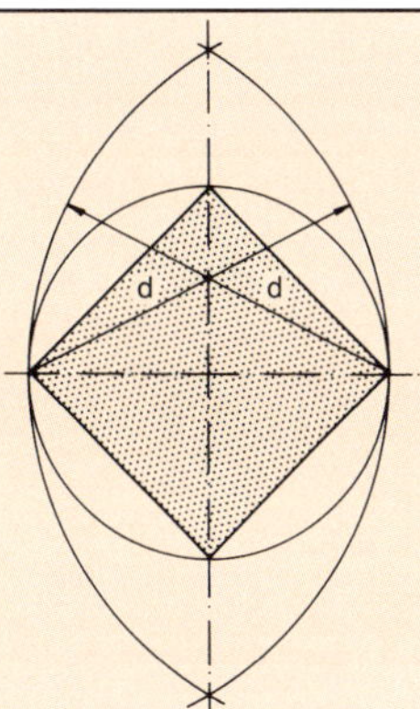

5 Quadrat

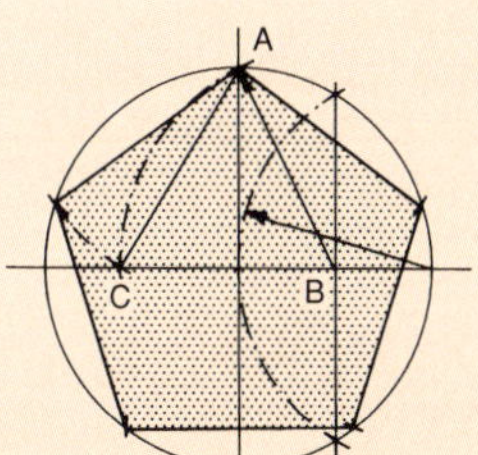

Halbierung des Radius ≙ B, Kreisbogen um B mit AB ≙ C, A–C ≙ Fünfeckseite

6 Fünfeck

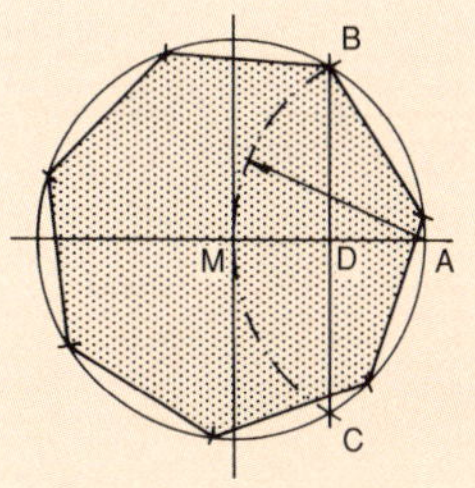

Gerade BC halbiert AM in D, BD ist angenähert 1/7 des Kreisumfangs

7 Angenähertes Siebeneck

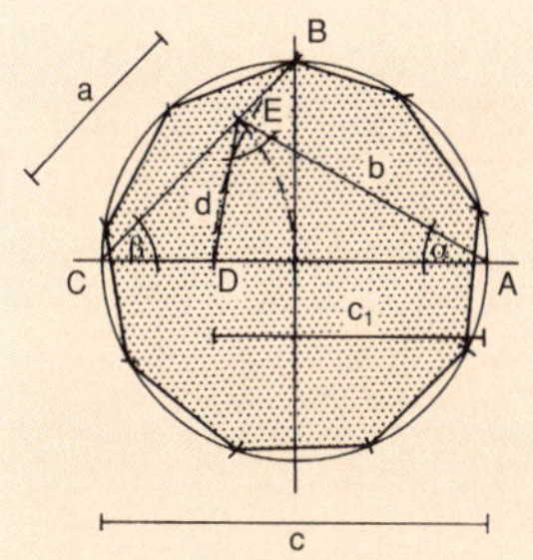

Kreisbogen um A mit AB ergibt Punkt D auf AC = c_1. Kreisbogen um C mit CM ergibt Punkt E auf Kreisbogen BD = a. Strecke DE entspricht angenähert 1/9 des Kreisumfangs ≙ d.

8 Angenähertes Neuneck

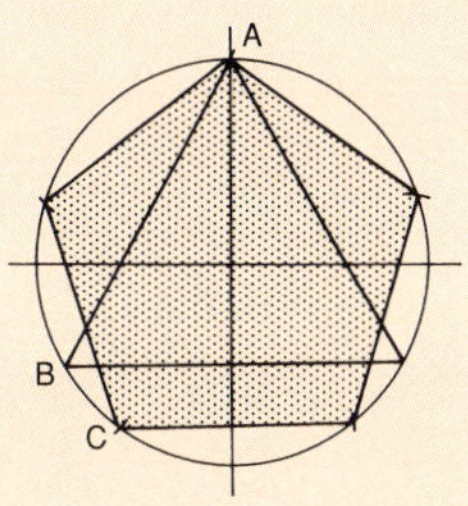

9 Fünfzehneck BC = 2/5 – 1/3 = 1/15

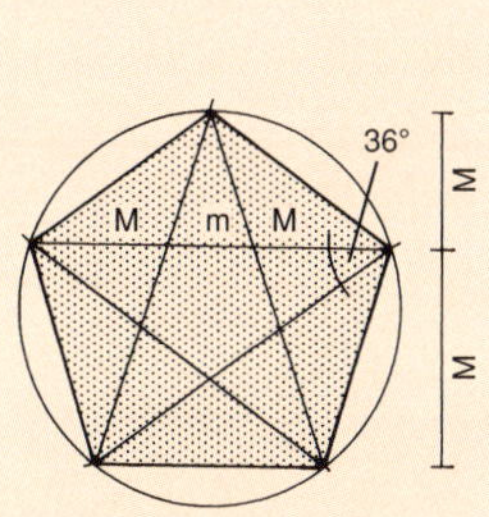

10 Fünfeck u. Goldener Schnitt

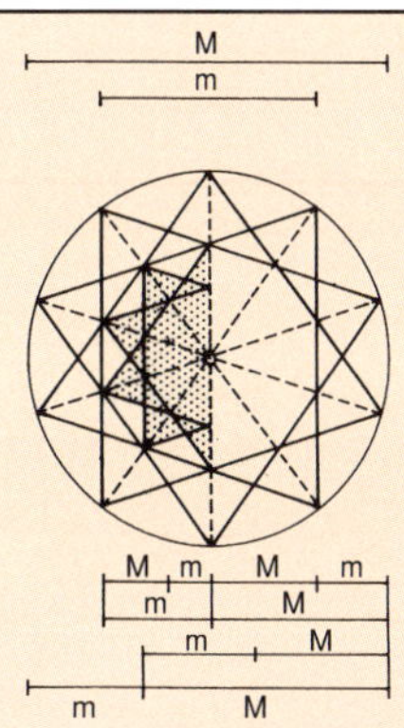

11 Zehneck u. Goldener Schnitt

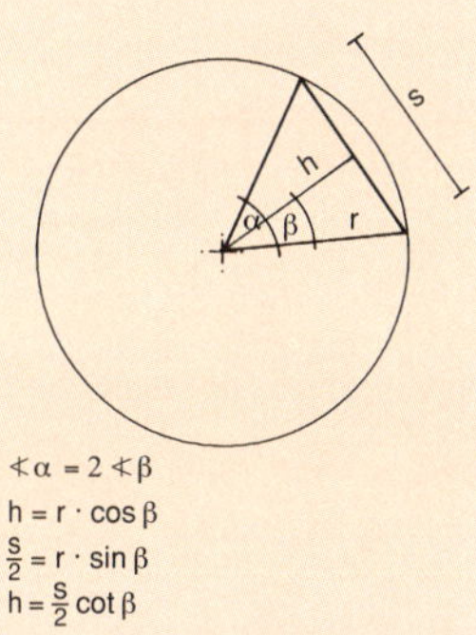

$\sphericalangle\alpha = 2 \sphericalangle\beta$

$h = r \cdot \cos\beta$

$\frac{s}{2} = r \cdot \sin\beta$

$h = \frac{s}{2} \cot\beta$

12 Maßberechnung im Polygonzug

GRUNDLAGEN → 📖

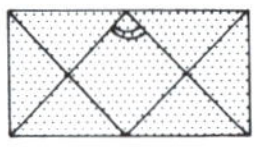

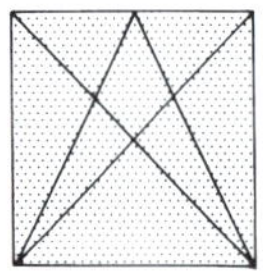

Das gleichschenklige rechtwinklige Dreieck mit dem Verhältnis von Grundlinie zur Höhe wie 1 : 2 ist das Dreieck der Quadratur.

Das gleichschenklige Dreieck, bei dem Basis und Höhe den Seiten eines Quadrats entsprechen, benutzte mit Erfolg der Dombaumeister Knauth bei der Bestimmung der Maßverhältnisse des Straßburger Münsters.

Das π/4 Dreieck von → 1 von A. v. Drach → 📖 ist etwas spitzer als das vorbeschriebene, da seine Höhe durch die Spitze des geschwenkten Quadrats bestimmt wird. Es wurde vom Erfinder auch mit Erfolg auf Einzelheiten und Geräte angewendet. Neben all diesen Figuren lassen sich die Maßverhältnisse des Achtecks nach den Untersuchungen von L.R. Spitzenpfeil an einer Reihe alter Bauten nachweisen. Als Grundlage dient hier das sogenannte Diagonal-Dreieck. Die Dreieckshöhe ist hier die Diagonale des über der halben Grundlinie errichteten Quadrats → 2, 3, 4. Das so gebildete Rechteck → 5 hat ein Seitenverhältnis wie $1 : \sqrt{2}$. Demzufolge behalten alle Halbierungen oder Verdoppelungen des Rechtecks das gleiche Seitenverhältnis $1 : \sqrt{2}$. Deshalb wurde dieses Maßverhältnis durch Dr. Porstmann den deutschen DINFormen zugrundegelegt → 5. Geometrische Reihen in diesem Verhältnis bieten die Stufenleitern innerhalb eines Achtecks → 2 – 4, Stufenleiter der Wurzelzahlen von 1–7 → 6.

Den Zusammenhang zwischen Quadratwurzeln ganzer Zahlen zeigt → 7. Das Verfahren der Faktorenzerlegung ermöglicht die Anwendung von Quadratwurzeln für den Einbau von nicht rechtwinkligen Bauteilen. Aufbauend auf angenäherten Werten für Quadratzahlen hat Mengeringhausen das MERO-Raumfachwerk entwickelt. Das Prinzip ist die sogenannte „Schnecke" → 7 – 8.

Die Ungenauigkeiten des rechten Winkels werden durch die Schraubanschlüsse der Stäbe an die Knoten ausgeglichen. Eine differenziert angenäherte Berechnung von Quadratwurzeln ganzer Zahlen $\sqrt{n}$ für nicht rechtwinklige Bauteile bieten Kettenbrüche in der Form $G = \sqrt{n} = 1 + \frac{n-1}{1+C}$ → 9

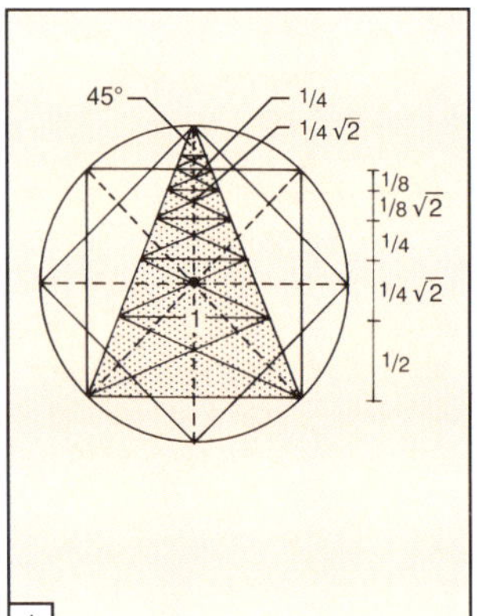

1 π/4 Dreieck nach A. v. Drach

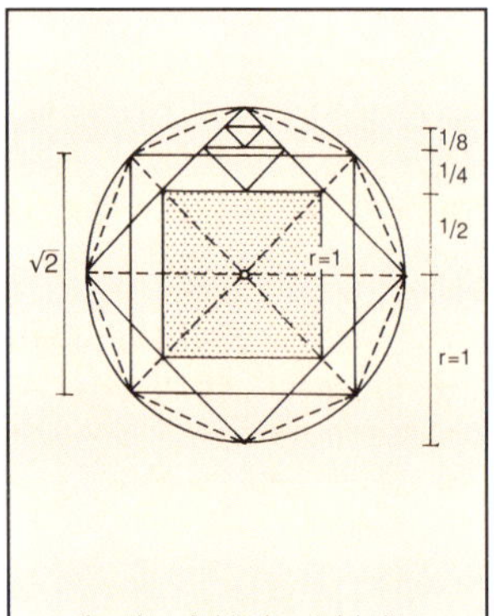

2 Aus dem Achteck entwickelte Quadrate → 3 – 4

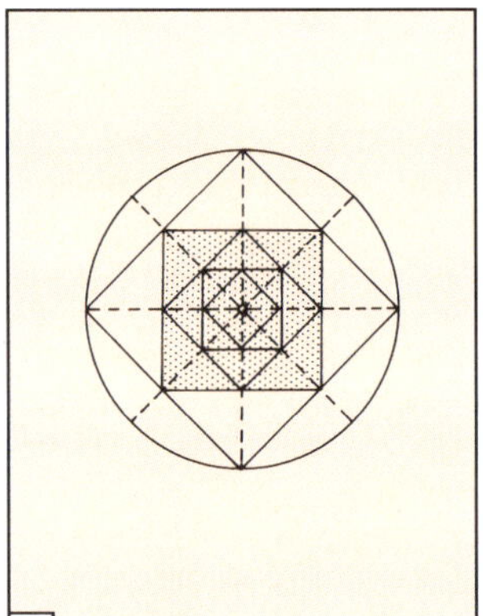

3 → wie 2

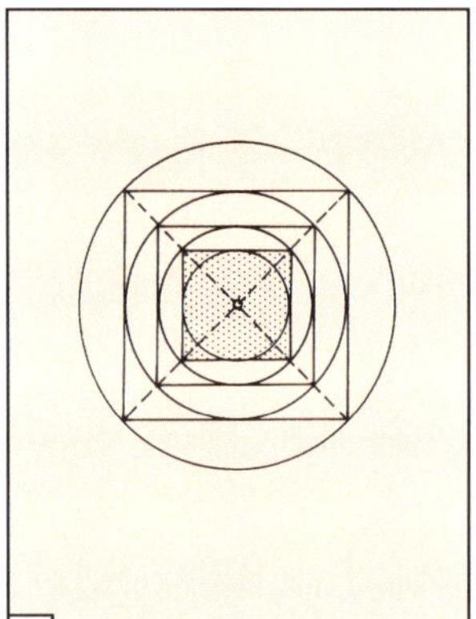

4 → wie 2

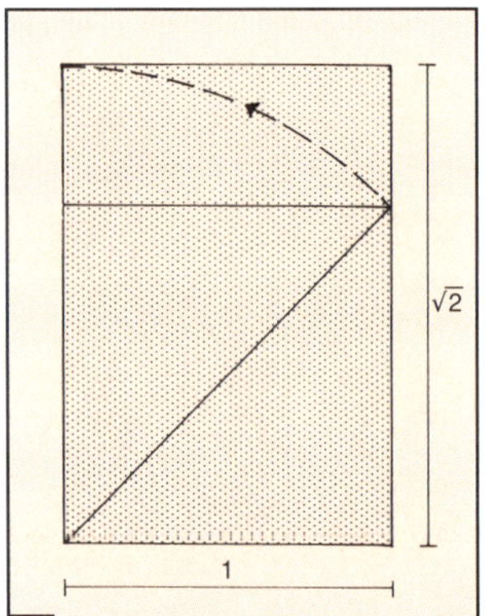

5 1 : √2-Rechteck

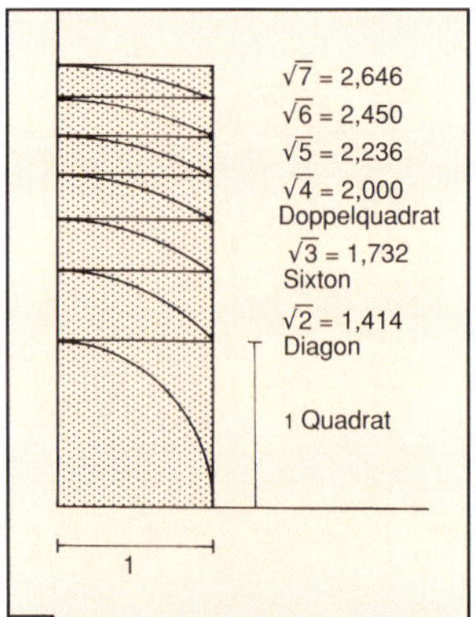

6 Stufenleiter der Wurzelzahlen

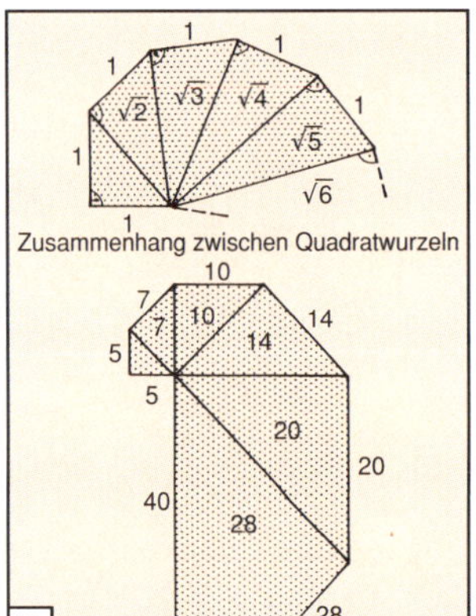

7 Schnecke

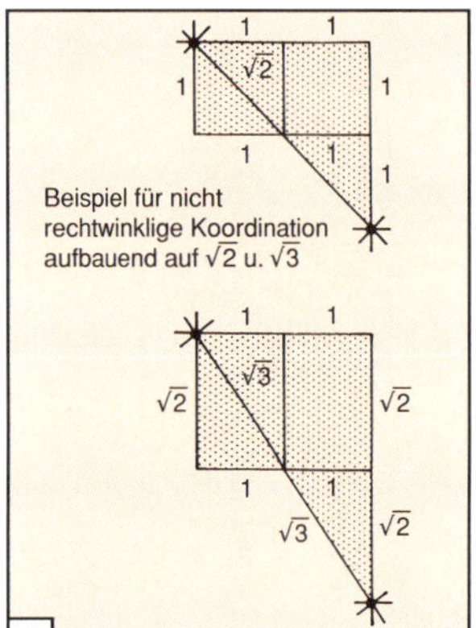

8 √3

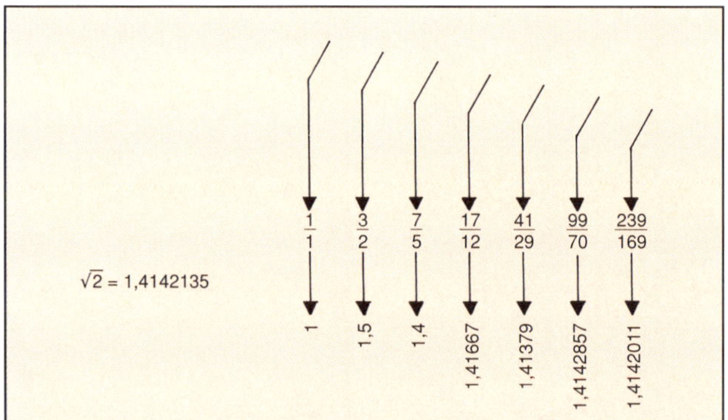

1	1	1	1
0,5	2	3	1,5
0,6	5	7	1,4
0,58333	12	17	1,41667
0,58621	29	41	1,41379
0,5857143	70	99	1,4142857
0,5857989	169	239	1,4142011
0,5857865		√2	1,4142135

9 Kettenbruch √2

MASSVERHÄLTNISSE

ANWENDUNG → 📖

Anwendung der geometrischen u. maßlichen Beziehungen auf der Grundlage der vorstehenden Angaben beschreibt Vitruv. Nach seinen Untersuchungen ist z.B. das römische Theater auf dem viermal gedrehten Triangel aufgebaut → 1, das griechische Theater auf dem dreimal gedrehten Quadrat → 2. Beide Konstruktionen ergeben ein Zwölfeck. Erkennbar ist es an den Treppenaufgängen. Maßverhältnisse aufgrund des Goldenen Schnitts will Moessel → 3 nachweisen, obwohl dies unwahrscheinlich ist. Das einzige griechische Theater, dessen Grundriß auf einem Fünfeck basiert, steht in Epidauros → 4.

In einer erst kürzlich freigelegten Wohnsiedlung in Antica Ostia, dem alten Hafen von Rom, ist das Entwurfsprinzip des Heiligen Schnitts bekannt geworden. Dieses Prinzip basiert auf der Halbierung der Diagonale eines Quadrats. Verbindet man die Punkte, in denen sich die Kreisbögen mit $\frac{\sqrt{2}}{2}$ mit den Seiten des Quadrats schneiden, erhält man ein neunteiliges Gitter. Das Quadrat in der Mitte heißt Quadrat des Heiligen Schnitts. Der Bogen AB hat bis auf 0,6 Prozent Abweichung dieselbe Länge wie die Diagonale CD des halbierten Grundquadrats. Daher stellt der Heilige Schnitt eine annähernde Methode für eine Quadratur des Kreises dar → 5 6 7 8. Der gesamte Baukomplex vom Lageplan bis zu Einrichtungsdetails ist mit diesen Maßverhältnissen gebaut worden.

Palladio gibt in seinen 4 Büchern zur Architektur einen geometrischen Schlüssel an, der auf den Vorgaben von Pythagoras beruht. Er benutzt die gleiche Raumbeziehungen (Kreis, Triangel, Quadrat usw.) und Harmonien für seine Bauten → 9 10.

In ganz klaren Regeln formuliert findet man solche Gesetzmäßigkeiten bei den alten Kulturvölkern des Ostens → 11.

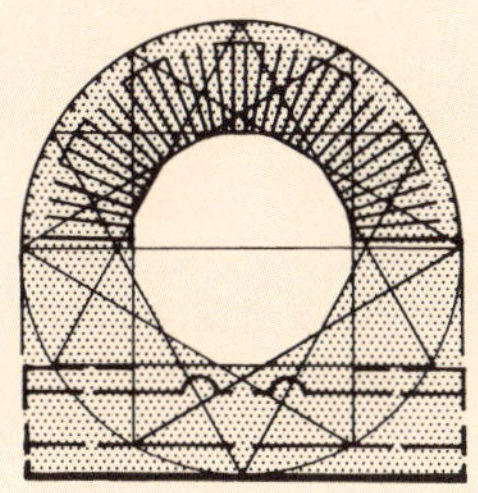

1 Römisches Theater (nach Vitruv)

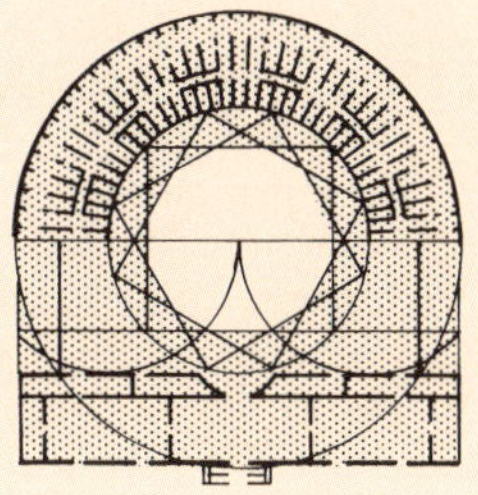

2 Griechisches Theater (nach Vitruv)

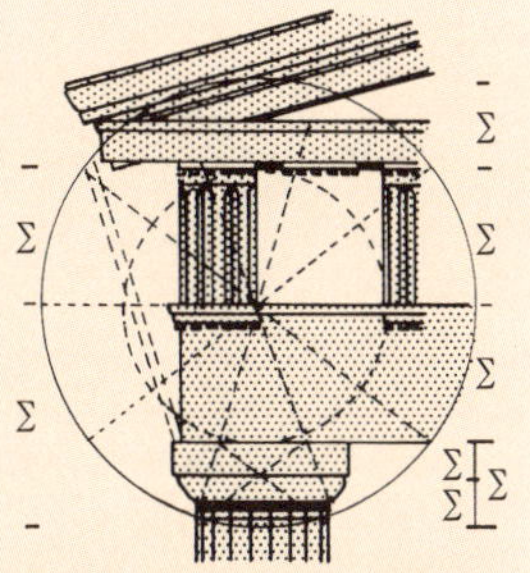

3 Maßverhältnisse der Giebelecke eines dorischen Tempels auf der Grundlage des Goldenen Schnitts nach Moessel → 📖

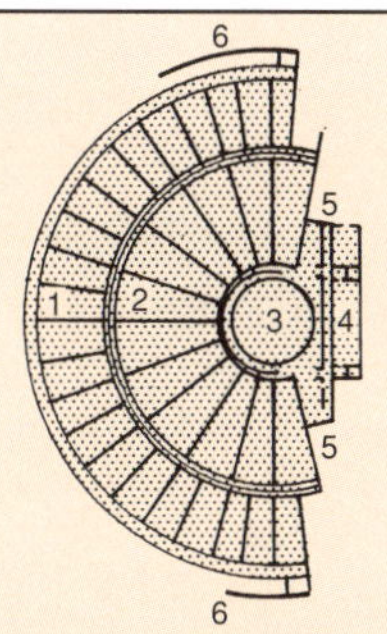

1. Jüngere Cavea
2. Ältere Cavea
3. Orchestra
4. Skennengebäude
5. seitlicher Durchgang
6. Stützmauer

4 Theater in Epidauros

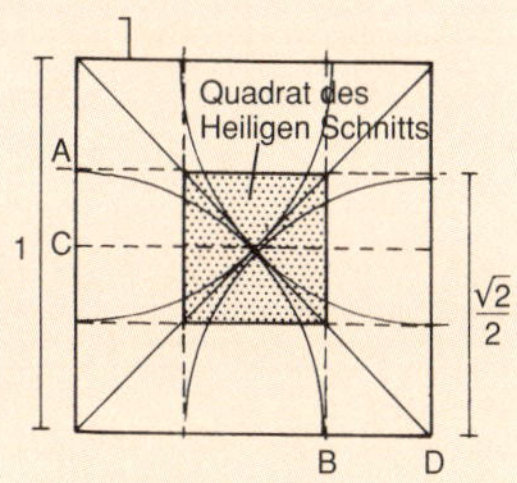

5 Heiliger Schnitt, Bauten in Antica Ostia

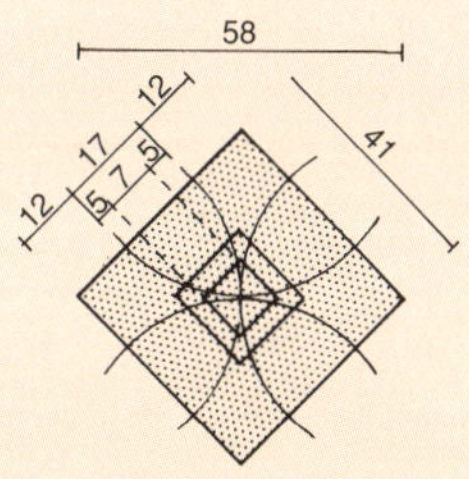

X	Y	Y/X (√2 = 1,4142)
1	1	1
2	3	1,5
5	7	1,4
12	17	1,4166...
29	41	1,4137...

6 Geometrisches Prinzip

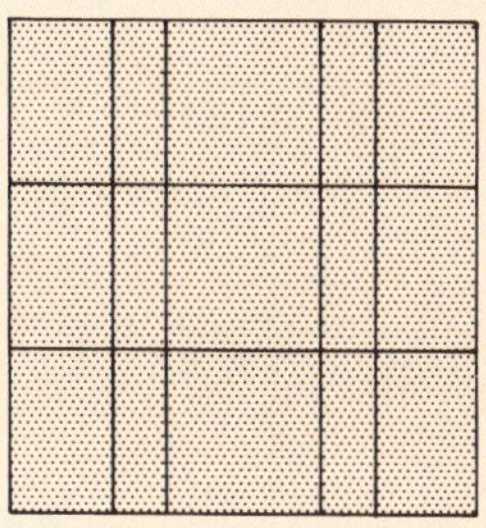

9 Geometrischer Schlüssel zu Palladios Villen → 10

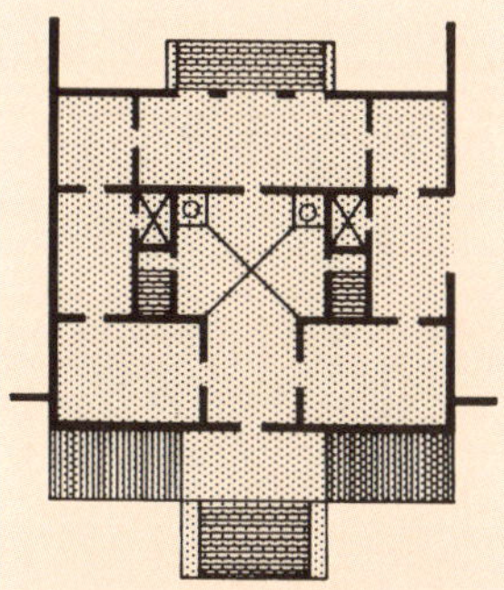

10 Villa Pisani in Bagnolo. Palladio

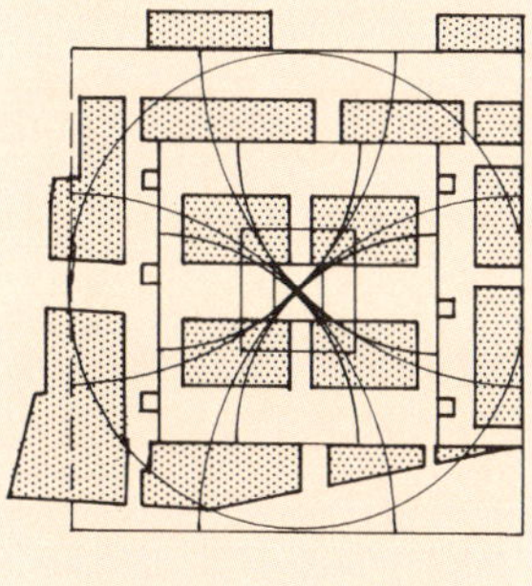

7 Grundriß der Gesamtanlage

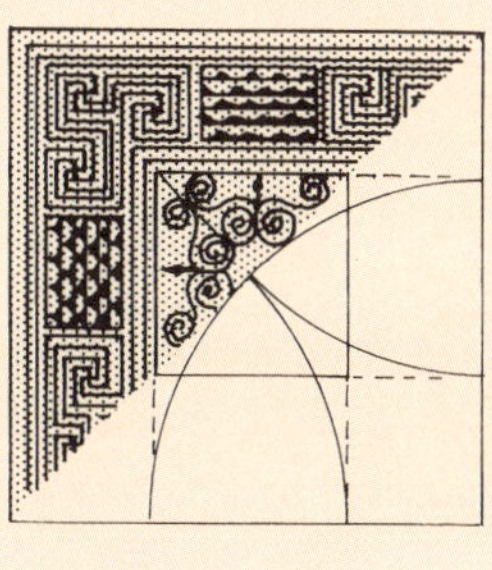

8 Bodenmosaik in einem Haus in Antica Ostia

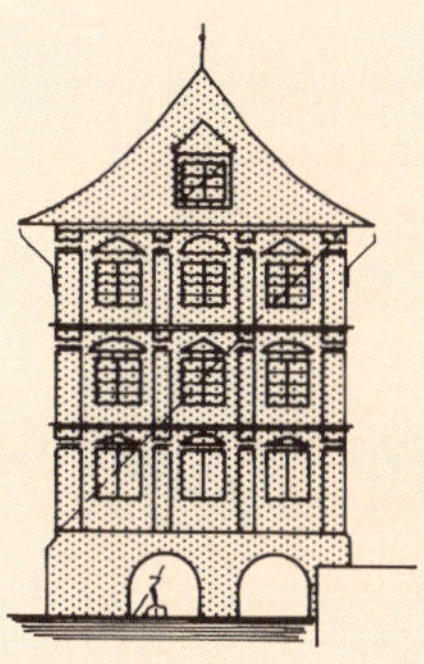

11 Zunfthaus Rügen zu Zürich

Die Hauptverhältnisse $\frac{H}{2}, \frac{H}{4}, \frac{H}{3}, \frac{H}{16}$ beruhen auf der Halbierungsreihe

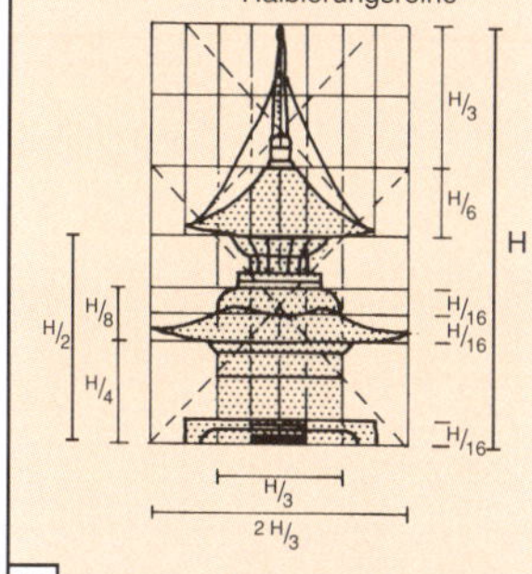

12 Japanisches Schatzhaus

MASSVERHÄLTNISSE

ANWENDUNG: MODULOR → 🕮

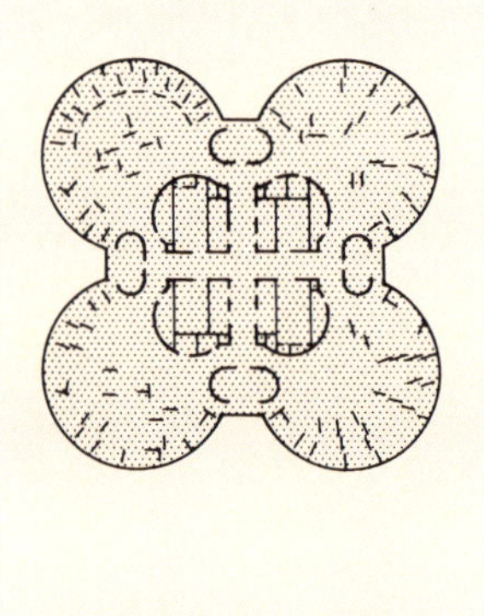

1 Grundriß BMW-Verwaltungsgebäude in München

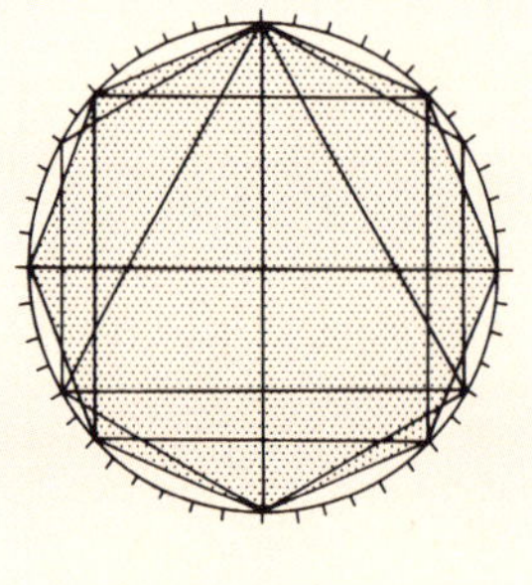

2 8-eckiges Koordinationssystem für Stützen aus Viereck unterteilt in je 6 Fassadenelemente, 48-Eck entwickelt aus Dreieck → [1]

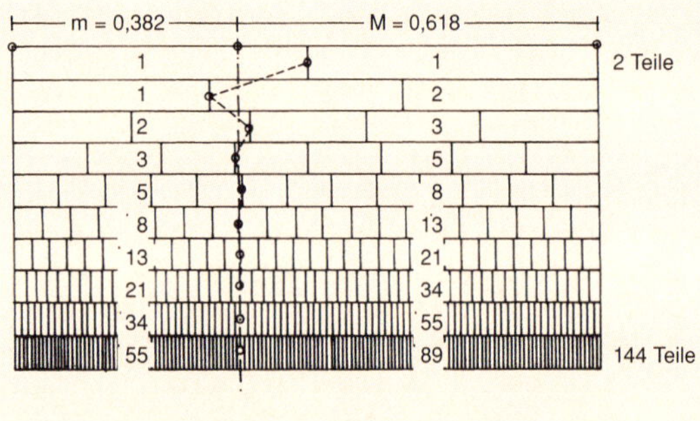

3 Darstellung der Lame'schen Reihe Neufert „Bauordnungslehre"

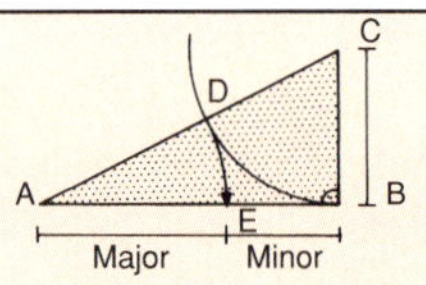

Geometrische Konstruktion des Goldenen Schnittes

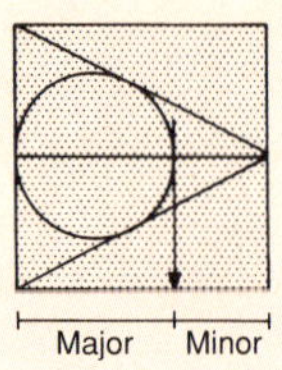

4 Zusammenhang zwischen Quadrat, Kreis, Dreieck

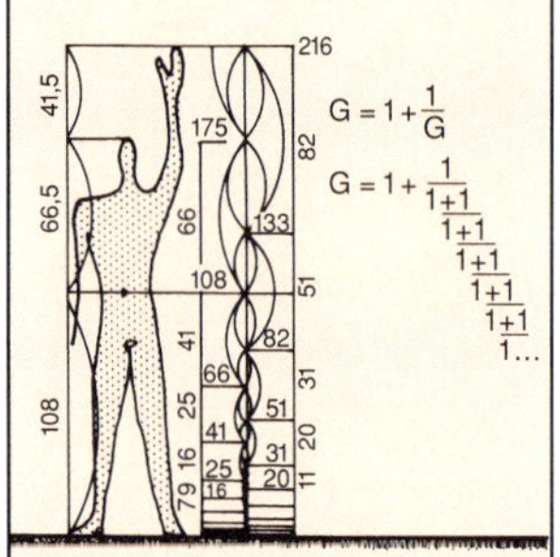

5 Proportionsfigur

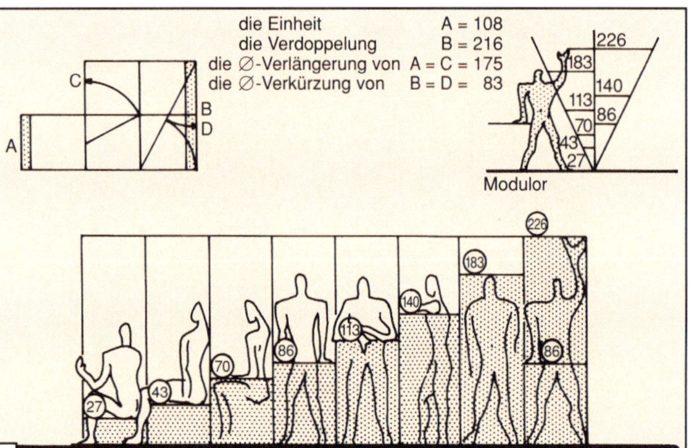

6 Die unbegrenzten Zahlenwerte

Im 18. Jahrhundert und später wurde keine harmonische sondern eine additive Maßordnung bevorzugt. Daraus entwickelte sich auch das Oktametersystem. Erst mit Einführung der Modulordnung kommt wieder das Verständnis für harmonische und proportionale Maßverhältnisse auf. Koordinationssystem und Koordinationsmaße. Der Architekt Le Corbusier entwickelte eine Proportionslehre, die auf dem Goldenen Schnitt und den Maßen des menschlichen Körpers aufbaut. Der „Goldene Schnitt" einer Strecke kann entweder geometrisch oder durch Formeln ermittelt werden. Der „Goldene Schnitt" bedeutet, daß eine Strecke so geteilt wird, daß sich die gesamte Strecke zur größeren Teilungsstrecke so verhält wie die größere zur kleineren → [4].

Das heißt: $\frac{l}{\text{Major}} = \frac{\text{Major}}{\text{Minor}}$ den Zusammenhang von Proportionsverhältnissen zwischen Quadrat, Kreis und Dreieck zeigt. → [5]

Der Goldene Schnitt einer Strecke ist auch durch den Kettenbruch $G = 1 + \frac{1}{G}$ zu ermitteln. Dies ist der einfachste unendliche regelmäßige Kettenbruch → [5].

Le Corbusier markiert 3 Intervalle des menschlichen Körpers, welche eine nach Fibonacci bekannte Goldene Schnittreihe bilden. Der Fuß, der Solarplexus, der Kopf, die Finger der erhobenen Hand. Zuerst ging Le Corbusier von der bekannten Durchschnittshöhe des Europäers = 1,75 m aus → S. 9 – 11, die er nach dem Goldenen Schnitt in die Maße 108,2 – 66,8 – 41,45 – 25,4 cm teilte → [5]. Da dieses Maß genau praktisch 10 Zoll entspricht, findet er damit hier den Anschluß an die englischen Zoll, nicht dagegen bei höheren Maßen. 1947 geht deshalb Le Corbusier umgekehrt von 6 engl. Fuß = 1828,8 mm als Körpergröße aus.

Durch Goldene-Schnitt-Teilung bildet er eine rote Reihe noch oben und unten → [7]. Da die Stufen dieser Reihe für den praktischen Gebrauch viel zu groß sind, bildet er noch eine blaue Reihe, ausgehend von 2,26 m (Fingerspitze der erhobenen Hand), die doppelte Werte der roten Reihe ergibt. → [7] – Die Werte der roten u. blauen Reihe setzt Corbusier um in praktisch anwendbare Maße → [6].

Werte ausgedrückt im Metrischen System			
Rote Reihe: Ro		Blaue Reihe: Bl	
95 280,7 cm	952,80 m		
58 886,7 cm	588,86 m	117 773,5 cm	1177,73 m
36 394,0 cm	363,94 m	72 788,0 cm	727,88 m
22 492,7 cm	224,92 m	44 985,5 cm	449,85 m
13 901,3 cm	139,01 m	27 802,5 cm	278,02 m
8 591,4 cm	85,91 m	17 182,9 cm	171,83 m
5 309,8 cm	53,10 m	10 619,6 cm	106,19 m
3 281,6 cm	32,81 m	6 563,3 cm	65,63 m
2 028,2 cm	20,28 m	4 056,3 cm	40,56 m
1 253,5 cm	12,53 m	2 506,9 cm	25,07 m
774,7 cm	7,74 m	1 549,4 cm	15,49 m
478,8 cm	4,79 m	957,6 cm	9,57 m
295,9 cm	2,96 m	591,8 cm	5,92 m
182,9 cm	1,83 m	365,8 cm	3,66 m
113,0 cm	1,13 m	226,0 cm	2,26 m
69,8 cm	0,70 m	139,7 cm	1,40 m
43,2 cm	0,43 m	86,3 cm	0,86 m
26,7 cm	0,26 m	53,4 cm	0,53 m
16,5 cm	0,16 m	33,0 cm	0,33 m
10,2 cm	0,10 m	20,4 cm	0,20 m
6,3 cm	0,06 m	7,8 cm	0,08 m
2,4 cm	0,02 m	4,8 cm	0,04 m
1,5 cm	0,01 m	3,0 cm	0,03 m
0,9 cm		1,8 cm	0,01 m
0,6 cm usw.		1,1 cm usw.	

7 Darlegung der Werte und Spiele des Modulores nach Le Corbusier

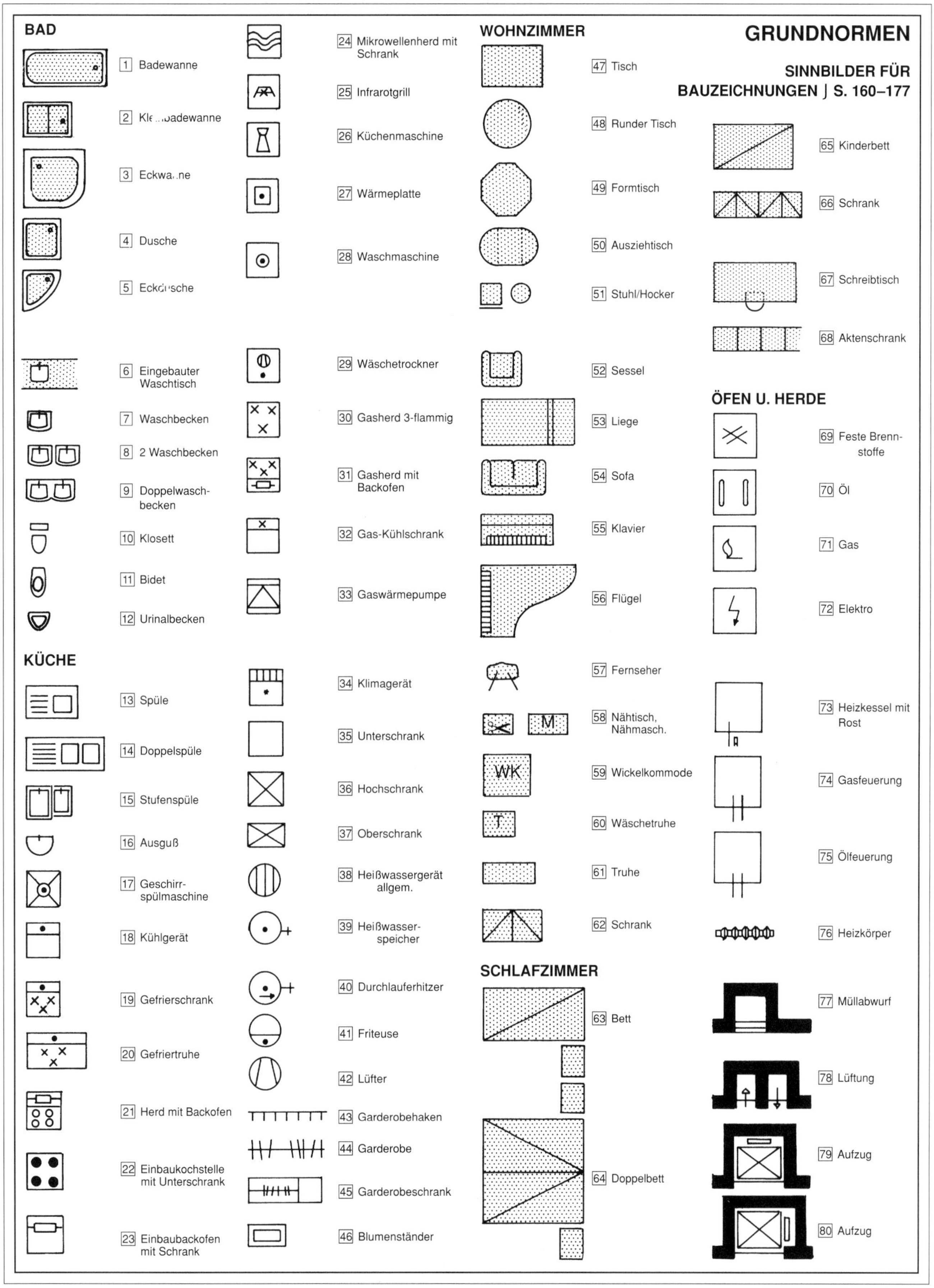
GRUNDNORMEN
SINNBILDER FÜR BAUZEICHNUNGEN | S. 160–177
BAD
1 Badewanne
2 Kleinbadewanne
3 Eckwanne
4 Dusche
5 Eckdusche
6 Eingebauter Waschtisch
7 Waschbecken
8 2 Waschbecken
9 Doppelwaschbecken
10 Klosett
11 Bidet
12 Urinalbecken
KÜCHE
13 Spüle
14 Doppelspüle
15 Stufenspüle
16 Ausguß
17 Geschirrspülmaschine
18 Kühlgerät
19 Gefrierschrank
20 Gefriertruhe
21 Herd mit Backofen
22 Einbaukochstelle mit Unterschrank
23 Einbaubackofen mit Schrank
24 Mikrowellenherd mit Schrank
25 Infrarotgrill
26 Küchenmaschine
27 Wärmeplatte
28 Waschmaschine
29 Wäschetrockner
30 Gasherd 3-flammig
31 Gasherd mit Backofen
32 Gas-Kühlschrank
33 Gaswärmepumpe
34 Klimagerät
35 Unterschrank
36 Hochschrank
37 Oberschrank
38 Heißwassergerät allgem.
39 Heißwasserspeicher
40 Durchlauferhitzer
41 Friteuse
42 Lüfter
43 Garderobehaken
44 Garderobe
45 Garderobeschrank
46 Blumenständer
WOHNZIMMER
47 Tisch
48 Runder Tisch
49 Formtisch
50 Ausziehtisch
51 Stuhl/Hocker
52 Sessel
53 Liege
54 Sofa
55 Klavier
56 Flügel
57 Fernseher
58 Nähtisch, Nähmasch.
M
59 Wickelkommode
WK
60 Wäschetruhe
T
61 Truhe
62 Schrank
SCHLAFZIMMER
63 Bett
64 Doppelbett
65 Kinderbett
66 Schrank
67 Schreibtisch
68 Aktenschrank
ÖFEN U. HERDE
69 Feste Brennstoffe
70 Öl
71 Gas
72 Elektro
73 Heizkessel mit Rost
74 Gasfeuerung
75 Ölfeuerung
76 Heizkörper
77 Müllabwurf
78 Lüftung
79 Aufzug
80 Aufzug

GRUNDNORMEN

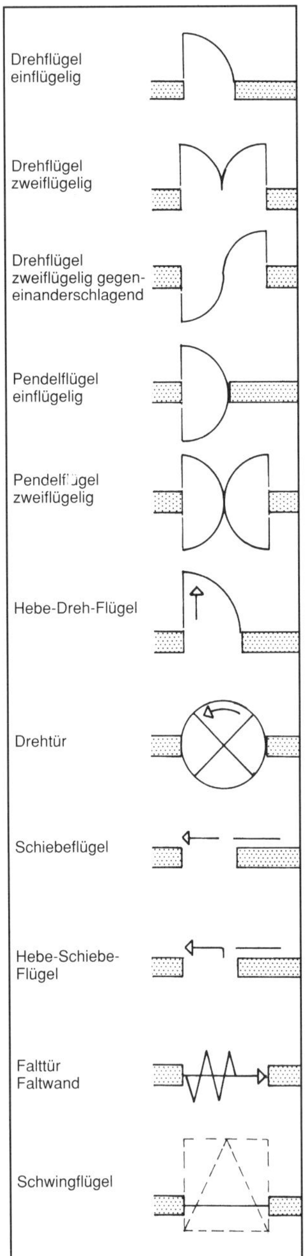

1 Öffnungsarten von Türen im Grundriß

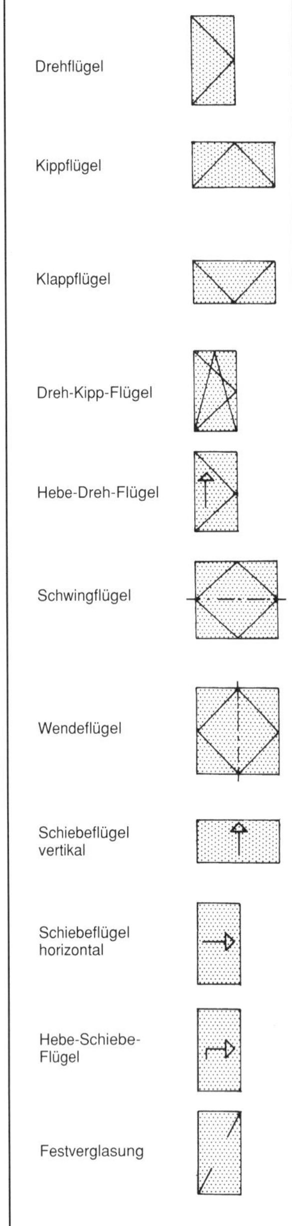

2 Öffnungsarten von Türen u. Fenstern in der Ansicht

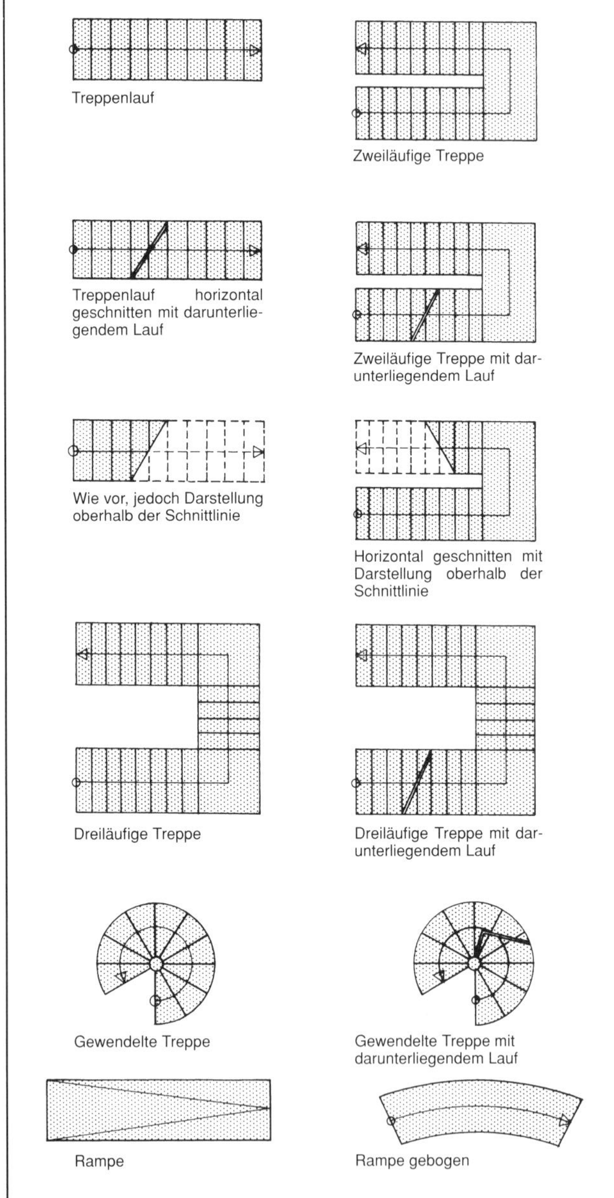

3 Darstellung von Treppen u. Rampen mit Steigungsrichtung im Grundriß DIN 1356

Fe	Estrich
Fea	Asphaltestr.
Fez	Zementestr.
Fet	Terrazzo
Fb	Fußbodenbeläge
Fbg	Gummi
Fbl	Linoleum
FbT	Teppich
FbP	Parkett
FbPVC	PVC
Fbf	Fliesen

4 Abkürzungen der Fußbodenarten (F)

WT	Tapete
WA	Anstrich
WH	Holzverkleidung
WF	Fliesen
WTA	Tapete/Anstrich
WÖ	Ölfarbe
WTE	Teppich
WSP	Spachtelung

5 Abkürzungen der Wandflächen (W)

DK	Kalkfarbe
DSP	Spachtelung
DT	Tapete
DÖ	Ölfarbe
DH	Holzverkleidung
DAB	Abgehängte Decke
DD	Dispersionsfarbe
DST	Stuckdecke
DA	Anstrich

6 Abkürzungen der Deckenflächen (D)

TST	Tür/Stahl
TA	Aluminium
TEST	Edelstahl
TKR	Kühlraumtür
TT30	Tür feuerhemmend
TT90	Tür feuerbeständig
TRST	Rauchschutztür
TRDT	Rauchdicht
TEPT	Elastikpendeltür
TSCH	Schiebetür

7 Abkürzungen für Türen (T)

SINNBILDER FÜR BAUZEICHNUNGEN DIN 1356 + 201 →

Beabsichtigte Änderung	Darstellung u. Angabe in der bestehenden Zeichnung	Darstellung u. Angabe in der neuen Zeichnung
Umrisse bestehender Teile, die erhalten bleiben sollen		3)
Umrisse bestehender Teile, die abgerissen werden sollen		3)
Umrisse neuer Teile	Linien breiter	DIN 1356
Maße u. Inform. zu abzureißenden, bestehenden Teilen	12.38 — schmale Linie durch die Maßzahl/Text	BER T 16,2 2)
Bestehender, zu erhaltender Teil eines Gebäudes		3)+4)
Bestehender, abzureißender Teil eines Gebäudes		3) +4) 3)
Neue Bauteile	DIN 1356	DIN 1356
Schließung von Öffnungen im bestehenden Mauerwerk		3) +4)
Neue Öffnung im bestehenden Mauerwerk	Neue Öffnung	3) +4)
Wiederherstellung eines bestehenden Bauwerkes nach Abriß eines damit verbundenen Bauwerkes		3)+4)
Änderung der Oberflächenbeschichtung		3)+4)

1) Um die geplanten Änderungen zu erklären, soll der ursprüngliche (bestehende) Zustand des Gebäudes in einer Zeichnung zusammen mit den Angaben der geplanten Änderungen sowie eine neue Zeichnung des geänderten Gebäudes angefertigt werden.

2) Es wird empfohlen, zwischen ursprünglichen und neuen Maßen und Textinformationen zu unterscheiden. Dies soll durch verschiedene Schriftgrößen oder durch die Schreibweise der Ziffern und des Textes geschehen.

3) Linienarten und Linienbreiten siehe Tabelle gem. DIN 1356; DIN 15 T 2

4) Schraffur in Übereinstimmung mit DIN 1356/DIN 201; ISO 4069

1 Symbole, Markierungen u. vereinfachte Darstellungen von Abriß u. Wiederaufbau DIN 1356, ISO 7518

Baustoff, Bauteil		Art der Bauzeichnung: Entwurfsz. Bauvorlagez.	Ausführung - Detailzeichnung
Boden, gewachsen	Vorenwurfszeichnung		
Boden, geschüttet			
Kies			
Sand			
Vollholz, quer zur Faser			
Vollholz in Faserrichtung			
Mauerwerk Ziegel			
Mauerwerk mit erhöhter Festigkeit			
Mauerwerk Leichtziegel			
Mauerwerk Bimsbaustoffe			
Gipsplatte			
Beton bewehrt			
Beton unbewehrt	einheitliche Kennzeichnung der Flächen		
Leichtbeton			
Bimsbeton			
wasserundurchl. Beton			
Betonfertigteile			
Putz, Mörtel			
Isolierstoff			
Sperrschicht DIN 4122			
Dichtungsbahn mit Metallfolie			
Kunststoffolie			
Gußasphalt			
Dämmstoff			
Zementgebundene Holzwollplatten			
Dichtstoffe			
Metall		I	I

3 Kennzeichnung von geschnittenen Stoffen u. Darstellung für Bauteile

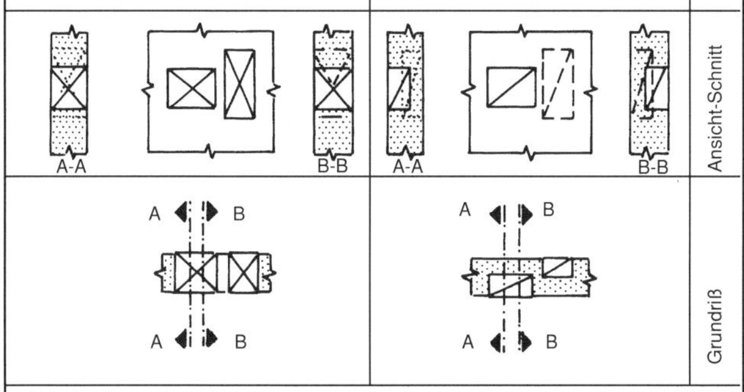

Die Aussparungen sind nur mit ihren Symbolen und Maßangaben (Breite, Tiefe, Höhe) in Grundriß, Schnitt oder Ansicht einzutragen. Weitere Kennzeichen, wie Deckendurchbruch (DD), Deckenschlitz, Bodendurchbruch, Bodenkanal, Wanddurchbruch oder Wandschlitz sind nicht erforderlich.

2 Darstellung von Aussparungen DIN 1356

Dichtungsbahn	
Dampfsperre	
Ausgleichsschicht	
Kiesschicht vollflächig	
Kiespreßschicht	
Besandung	
Dichtungsschlämme	
Filtermatte	
Grund-Hang-stehendes Wasser	
Oberflächenwasser	
austretende Feuchte, Schimmel	

4 Symbole für Abdichtungen. Nicht drückendes Wasser

Linienart	Anwendungsbereich a) Objektplanung	b) Tragwerksplanung	Liniengruppe I	II	III[1]	IV[2]
			Zuordnung zu Maßstab < 1:100		> 1:50	
			Linienbreite			
Vollinie (breit)	Begrenzung von Schnittflächen	Bewehrungsstäbe, unmaßstäbliche Stabform (Stabauszug)	0,5	0,7	1,0	1,4
Vollinie (mittel)	Sichtbare Kanten und Umrisse von Bauteilen, Begrenzung von Schnittflächen schmaler oder kleiner Bauteile	Schalkanten, Umrisse der Formnummern und Betonstahlmatten, Systemlinien (Stahlbau), [3]	0,25	0,35	0,5	0,7
Vollinie (schmal)	Maß-, Maßhilfs-, Hinweis-, Lauflinien, Begrenzung von Ausschnittdarstellungen, Rasterlinien, Projektionslinien	Verlegelinien, Diagonale bei Mattenkennzeichnung, Biegelinien, [3]	0,18	0,25	0,35	0,5
Strichlinie (mittel)	Verdeckte Kanten und Umrisse von Bauteilen	Schalkanten (verdeckt), Anschlußbewehrung	0,25	0,35	0,5	0,7
Strichlinie (schmal)	Verdeckte Kanten und Umrisse	Nebenraster-, Suchlinien	0,18	0,25	0,35	0,5
Strichpunktlinie (breit)	Kennzeichnung der Lage der Schnittebenen, Kennzeichnung geforderter Behandlungen	Kennzeichnung von Schnitten, [3]	0,5	0,7	1,0	1,4
Strichpunktlinie (mittel)		Achsen, Mattensymbol	0,25	0,35	0,5	0,7
Strichpunktlinie (schmal)	Achsen	Änderungen im Schnittverlauf	0,18	0,25	0,35	0,5
Strichzweipunktlinie	(gem. DIN 919 T1)	Spannglied	0,18	0,25	0,35	0,5
Zickzacklinie (schmal)	Begrenzung von abgebrochenen oder unterbrochen dargestellten Ansichten und Schnitten, wenn Begrenzung keine Mittellinie	[3]	0,18	0,25	0,35	0,5
Punktlinie (mittel)	Bauteile vor bzw. über der Schnittebene	Nebensächliche Bauteile, [3]	0,25	0,35	0,5	0,7
Freihandlinie	Kennzeichnung von Holz im Schnitt, Faserrichtung	[3]	0,18	0,25	0,35	0,5
Maßzahlen	Schriftgröße		2,5	3,5	5,0	7,0

1) Die Liniengruppe I ist nur dann anzuwenden, wenn eine Zeichnung mit der Liniengruppe III angefertigt ist, im Verhältnis 2:1 verkleinert wurde, und die Verkleinerung weiter bearbeitet werden soll. In der Zeichnung mit der Liniengruppe III ist dann die Schriftgröße 5,0 mm zu wählen. Die Liniengruppe I erfüllt nicht die Anforderung der Mikroverfilmung.
2) Die Liniengruppe IV ist für Ausführungszeichnungen anzuwenden, wenn eine Verkleinerung, z.B. im Maßstab 1:50 in den Maßstab 1:100 vorgesehen ist, und die Verkleinerung den Anforderungen der Mikroverfilmung zu entsprechen hat. Die Verkleinerung kann dann ggf. mit den Breiten der Liniengruppe II weiterbearbeitet werden.
3) Bereiche aus Spalte 2a) finden hier ebenfalls Anwendung.

1 Linienarten, Linienbreiten

Für Bauzeichnungen sind die Linienarten nach → 1 zu verwenden.
Angegebene Linienbreiten bei Tuschzeichnungen einhalten.

	1	2	3	4
Maßeinheit	Maße unter 1m z.B.			über 1m z.B.
1 m	0,05	0,24	0,88	3,76
2 cm	5	24	88,5	376
3 m, cm	5	24	88[5]	3,76
4 mm	50	240	885	3760

Die verwendete Maßeinheit ist in Verbindung mit dem Maßstab, zweckmäßigerweise im Schriftfeld, anzugeben (z.B. 1:50 cm).

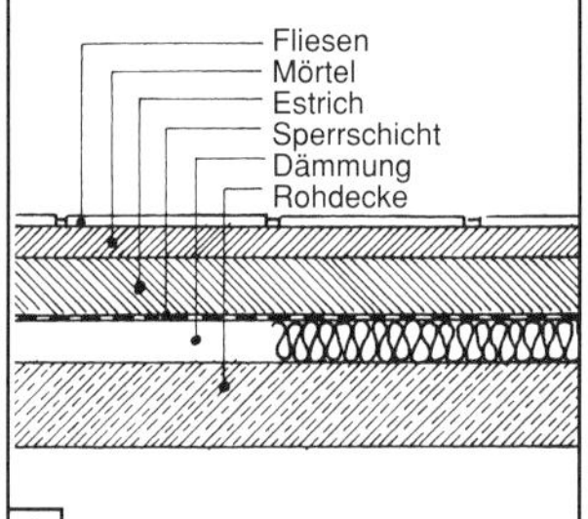

3 Hinweis, Hinweislinien

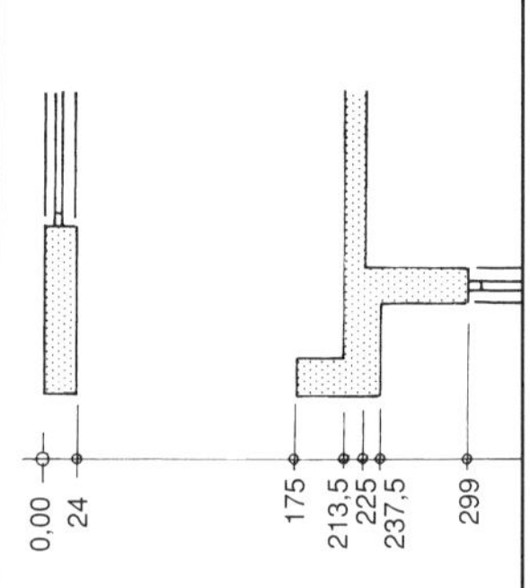

4 Bemaßung durch Koordinaten z.B. Mst. 1:50 cm

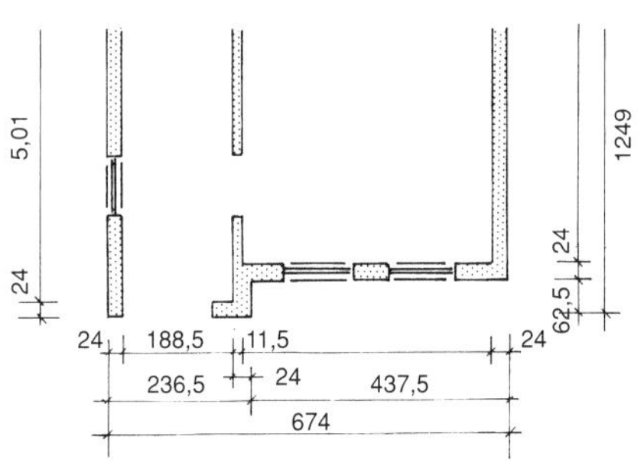

2 Bemaßung außerhalb der Darstellung z.B. 1:100 cm

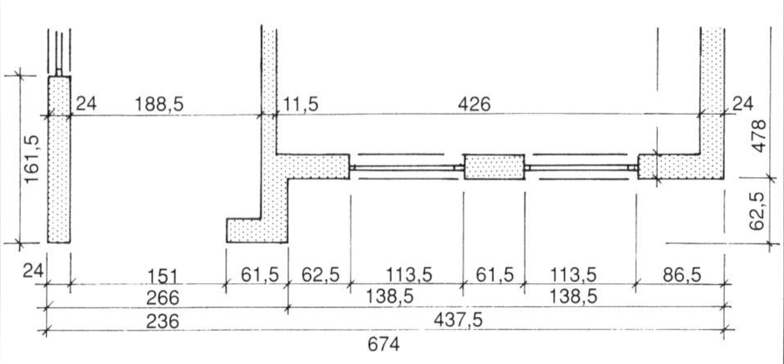

5 Bemaßung von Pfeilern u. Öffnungen z.B. Mst. 1:50 cm

Grundleitung

Die Verbindung des letzten Abgangs der im Erdreich oder Fundamentbereich liegenden Kanalisation bis zum Anschluß an den Anschlußkanal.

Mindestgefälle außerhalb von Gebäuden		1 DN	
innerhalb von Gebäuden	bis DN 100	1:50	2 cm/m
	DN 125 bis 150	1:66,7	1,5 cm/m
	ab DN 200	1:0,5 DN	

1

Sobald die Grundleitung das Gebäude verläßt, ist auf Frostfreiheit zu achten. Je nach topografischer Lage 0,80 m, 1,00 m, 1,20 m.

Rohmaterial	DIN	Grundleitung Schmutz	Grundleitung Regen	Falleitung Schmutz	Falleitung Regen	Sammelleitung	Anschlußleitung	Lüftungsleitung	Leitung, nicht brennbar	Leitung, schwer entflammbar
Steinzeug	1230	•	•						•	
Beton	4032		•						•	
Gußeisen	19501–10	•	•	•	•	•	•	•	•	
Stahl	19530			•	•	•	•	•	•	
PVC	19531				•		•	•		•
PVC	19531			•	•	•		•		•
PVC	91534	•	•							•
PEHart	19535			•	•	•	•	•		•
PP	19561			•	•	•	•	•		•
Gußeisen, muffenlos			•	•	•	•	•	•	•	•
Bleirohr	1263						•		•	

2 Anwendungsbereich versch. Rohre

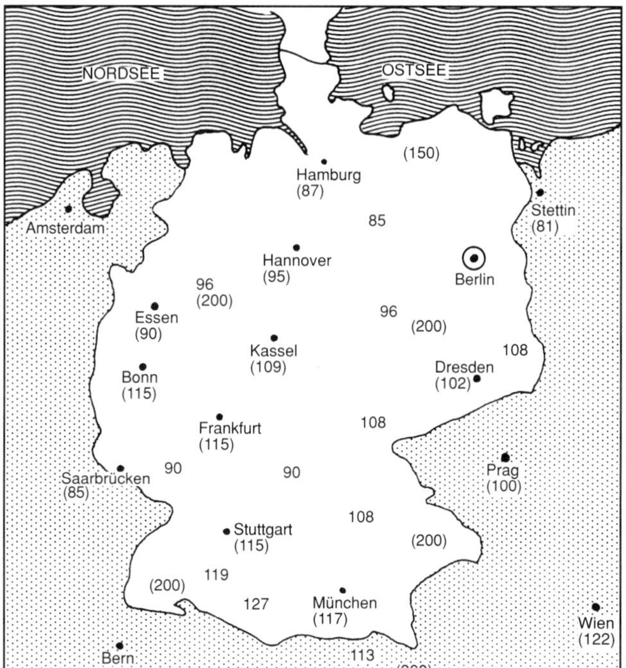

3 Regenkarte nach Reinhold

GRUNDNORMEN

HAUS- UND GRUNDSTÜCKSENTWÄSSERUNG

Berechnung nach DIN 1986:

Gegenüber Ortskanalisationen sollte die Ableitung von Regenwässern aus Gebäuden u. Grundstücken möglichst überflutungssicher dimensioniert werden. DIN 1986 gibt als maximale Regenspenden 150–200–300 l/(s/ha) an. Übertragen auf die Regenkarte nach Reinhold → 3 unter Berücksichtigung jedoch einer 5-Minuten-Regendauer, die häufiger auftritt, ergibt dies etwa die in Klammern genannten Werte. Die anzuschließenden Niederschlagsflächen an Leitungen für Regenwasser werden dann ermittelt nach → 4. Je nach Beschaffenheit der angeschlossenen Fläche wird die abzuführende Regenspende durch Verzögerung oder Versickerung verringert → 4.

Berechnung der Mischwasserleitung:

Regen- und Schmutzwasser sind grundsätzlich in getrennten Fallleitungen an die liegenden Leitungen zu führen. Die Berechnung der liegenden Mischwasserleitung erfolgt nach der Formel

$$Q_m = Q_s + Q_r \text{ in l/s}$$

Q_s = entsprechend den Anschlußwerten (AW_s) und dem jeweiligen Gleichzeitigkeitsfaktor

Q_r = entsprechend der max. l. Regenspende, der anzuschließenden Niederschlagsspende und dem Abflußbeiwert.

Anzuschließende Niederschlagsfl. m² max. Regensp. L/s ha 150	200	300	Abfluß Q_r l/s	J = 1:50 (2 dm/m) LW	J = 1:50 Q_r l/s zul.	J = 1:66,7 (1,5 cm/m) LW	J = 1:66,7 Q_r l/s zul.	J = 1:100 (1cm/m) LW	J = 1:100 Q_r l/s zul.
90	70	45	14						
135	105	70	2,1						
185	140	90	2,8						
230	175	115	3,5						
275	210	140	4,15					100	4,5
320	240	160	4,8			100	5,4		
365	275	180	5,5						
415	310	200	6,25	100	6,3			115	6,5
465	350	230	7,0						
515	390	260	7,75			115	7,9	125	8,1
570	425	280	8,5						
570	425	280	8,5						
620	465	310	9,25	115	9,3	125	9,8		
665	500	330	10,0						
700	530	350	10,6						
740	560	370	11,2	125	11,5				
790	590	400	11,85						
830	620	420	12,5					150	13,4
900	675	450	13,7						
1000	750	500	15,0			150	16,1		
1150	875	575	17,5	150	18,7				
1330	1000	665	20,0						
1500	1125	750	22,5						
1665	1300	835	25,0					200	28,2
2000	1500	1000	30,0			200	34,4		
2315	1750	1165	35,0						
2665	2000	1335	40,0	200	40,2				

4 Anzuschließende Niederschlagsflächen an Leitungen für Regenwasser

Entwässerungsgegenstand oder Art der Leitung	Nennweite der Einzelanschlußleitung	Anschlußwert AW_s
Handwaschbecken, Waschtisch, Sitzwaschbecken Anschlußleitung mit höchstens zwei Richtungsänderungen (einschließlich Geruchverschlußbogen)	40	0,5
Anschlußleitung WIG Vo* mit mehr als zwei Richtungsänderungen vom 3. Bogen an	50	0,5
Küchenablaufstellen (Spülbecken, Spültisch einfach und doppelt einschließlich Geschirrspülmaschine bis zu 12 Gedecken, Ausguß, Haushaltswaschmaschine bis zu 6 kg Trockenwäsche, mit eigenem Geruchverschluß)		
Waschmaschine 6 bis 12 kg Trockenwäsche	70	1,5
Gewerbliche Geschirrspülmaschine	100	2
Spülbecken mit > 30 l Inhalt	70	1,5
Urinalbecken (Einzelbecken)	50	1
Urinalrinne und Reihenurinale	70	
bis 2 Stände		0,5
bis 4 Stände		1
bis 6 Stände		1,5
über 6 Stände		2
Deckenablauf, Bodenablauf, NW 50	50	1
NW 70	70	1,5
NW 100	70	1,5
Klosetts, Steckbeckenspülapparate	100	2,5
Duschwanne	50	1
Badewanne mit direktem Anschluß	50	1
Badewanne mit direktem Anschluß, Anschlußleitung oberhalb des Fußbodens bis zu 1 m Länge und Gefälle nicht größer als 1:50, Einführung in Leitungen mit mindestens NW 70	40	1
Badewanne oder Brausewanne mit indirektem Anschluß (Badablauf) Anschlußleitung bis 1 m Länge	50	1
Verbindungsleitung zwischen Wannen- u. Badeablauf	30	–
Sämtliche Entwässerungsgegenstände einer Wohnung, an eine Falleitung angeschlossen (Bad, Klosett, Küche)	–	5,5
Entwässerungsgegenstände einer Wohnung oder Küchenablaufstellen, an eine Falleitung angeschlossen (Bad, Klosett)	–	4,5
Küchenablaufstellen einer Wohnung an eine besondere Falleitung angeschlossen (Küchenstrang)	–	2
Klosett mit Handwaschbecken oder Waschtisch u. Dusche	–	4
Hotelzimmer mit Klosett, Bad, Waschtisch und Sitzwaschbecken	–	4,5
Entwässerungsgegenstände ohne Ablaufverschluß, z.B. Reihenwaschanlagen in Fabriken und dergl.	nach der zufließenden Wassermenge in l/s entsprechend ihrer Leistung	
Entwässerungspumpen oder Fäkalienhebeanlagen und große Wasch- bzw. Geschirrspülautomaten, die über eine Druckleitung an das Entwässerungsnetz angeschl. sind	entsprechend dem maximalen Förderstrom der Pumpen Q_P	

1 Anschlußwerte der Entwässerungsgegenstände u. Nennwerten der Einzelanschlußleitungen

	Einheit	
AW_2	–	Abfluß in l/s eines einzelnen Entwässerungsgegenstandes
Q_3	l/s	Schmutzwassermenge aus der Summe der Anschlußwerte unter Berücksichtigung eines Gleichzeitigkeitsfaktors
r	l/(s · ha)	Wassermenge, die nach statistischen Ermittlungen je Sekunde und Hektar anfällt
Q_v	l/s	Wassermenge, die je Sekunde der Regenwasserleitung zugeführt wird
Q_m	l/s	Summe des Schmutz- und Regenwasserabflusses

2 Begriffe

Berechnung der Schmutzwasserleitungen

Für die Gesamtabflußmenge (Q_3) ist die Häufigkeit der Benutzung von ausschlaggebender Bedeutung. Durch die unterschiedliche Bewertung des Gleichzeitigkeitsfaktors wird diesem Umstand Rechnung getragen. Vor Beginn der Berechnung ist die Beurteilung dieses Wertes für eine wirtschaftliche Auslegung der Rohrweiten notwendig.

Wohnungsbau mit kurzzeitigen Spitzenbelastungen

$Q_3 = 0{,}5\,\sqrt{\Sigma AW_3}$

3 Bestimmung des Gleichzeitigkeitsfaktors

Einzelanschlußleitung	NW 40 50 70	max. 3 m abgew. Länge max. 3 m abgew. Länge max. 5 m abgew. Länge	Lüftung über Dach oder eine NW größer
Sammelanschlußleitung	 50 70 100	unbelüftet / belüftet 1 AW_s / 1,5 3 AW_s / 4,5 15 AW_s / 22	Lüftung über Dach oder eine NW größer bei mehr als 10 m Länge oder bei Sturzstrecken
Mindestquerschnitt	70 100	Falleitungen Leitungen im Erdreich	

4 Mindestquerschnitte und erforderliche Lüftungen bei Schmutzwasserleitungen

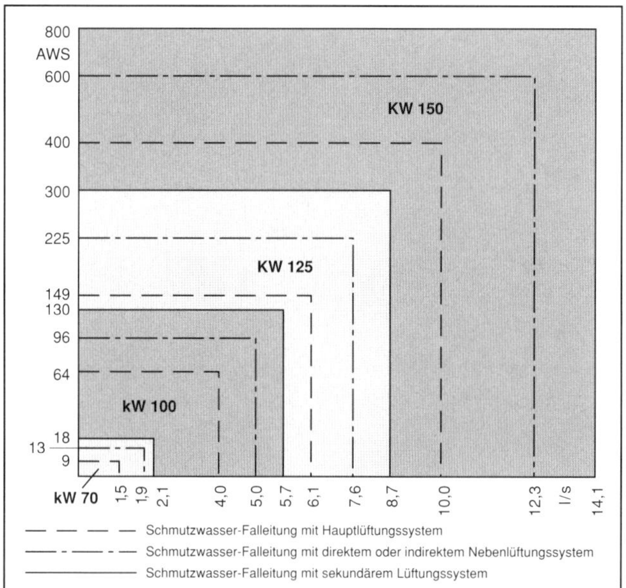

5 Unterschiedliche Belastung bei verschiedenen Lüftungssystemen

NW	LW mm	$J = 1:50$ (2 cm/m) zul.	zul.	$J = 1:66{,}7$ (1,5 cm/m) zul.	zul.	$J = 1:10$ (1 cm/m) zul.	zul.	$J = 1:\frac{NW}{2}$ zul.	$J = 1:NW$ zul.
70	70	1,5	9	–	–	–	–	–	–
100	100	4	64	3,4	46	2,8	31	–	–
125	115	5,8	135	5	100	4	64	–	3,86
	125	7,2	207	6,1	149	5	100	–	4,5
150	150	11,7	548	10,1	408	8,2	269	–	6,7
200	200	25	2500	21,7	1884	17,7	1253	–	12,45
250	250	45,4	–	39,3	–	32	–	28,6	20,15
300	300	73,5	–	63,7	–	52	–	42,3	29,8
(350)	350	110,5	–	95,8	–	78	–	59,0	41,45
400	400	157	–	136,3	–	111	–	78,5	55,0
500	500	283	–	245,3	–	200	–	126,0	89,0

6 Liegende Leitungen für Schmutzwasser

Die Addition der Anschlußwerte zu den einzelnen Entwässerungsgegenständen erfolgt nach → 1 Spalte 3.

Die Berechnung der Falleitung erfolgt je nach gewähltem Lüftungssystem (Hauptlüftung, Nebenlüftung oder Sekundärlüftung) gemäß Diagramm → 5.

Liegende Leitungen für Schmutzwasser werden nach → 6 berechnet.

GRUNDNORMEN

HAUS- UND GRUNDSTÜCKSENTWÄSSERUNG DIN 1986, 2425

Sinnbilder u. Zeichen für Entwässerungsleitungen u. Gegenstände

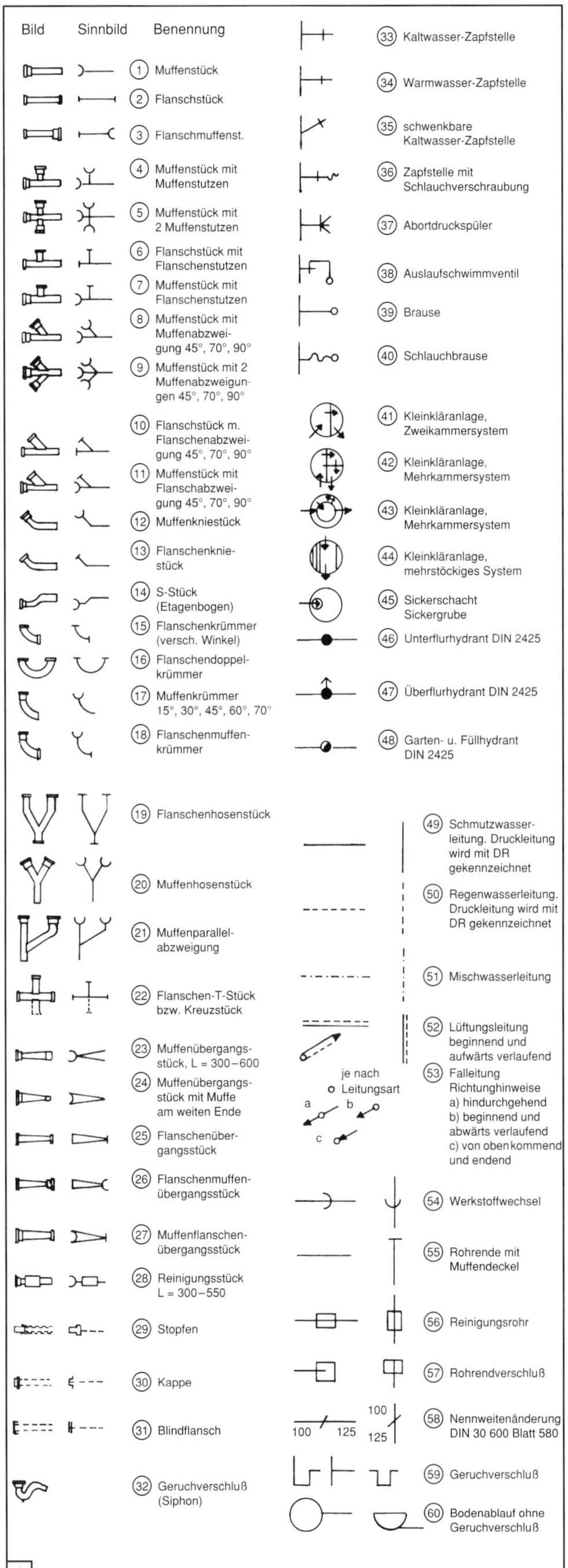

1 Formstücke für Rohrleitungen

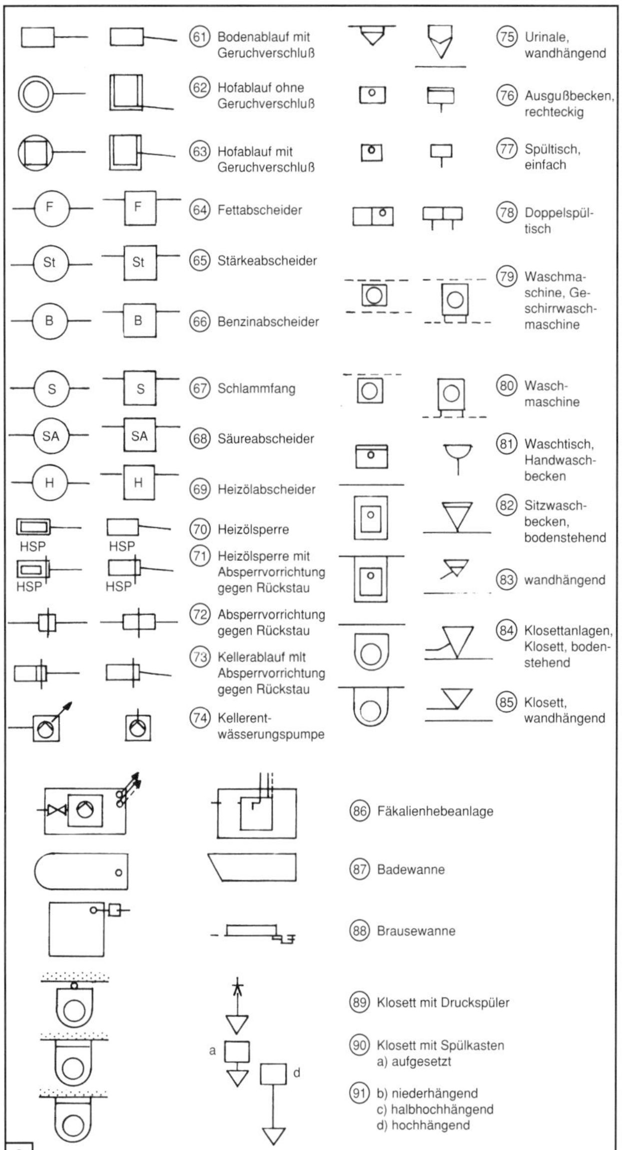

2 Ausstattungsgegenstände

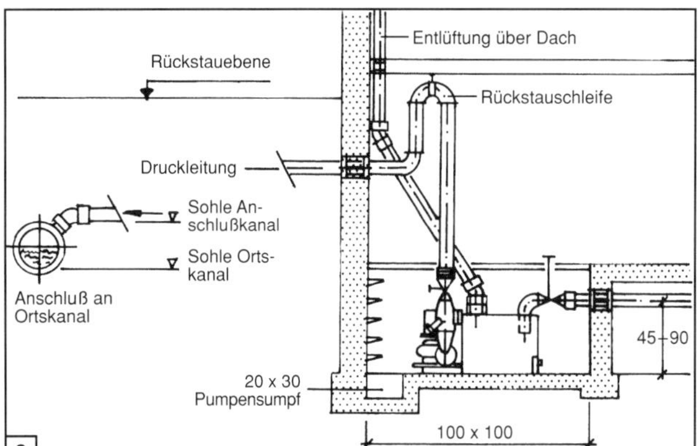

3 Hebeanlage

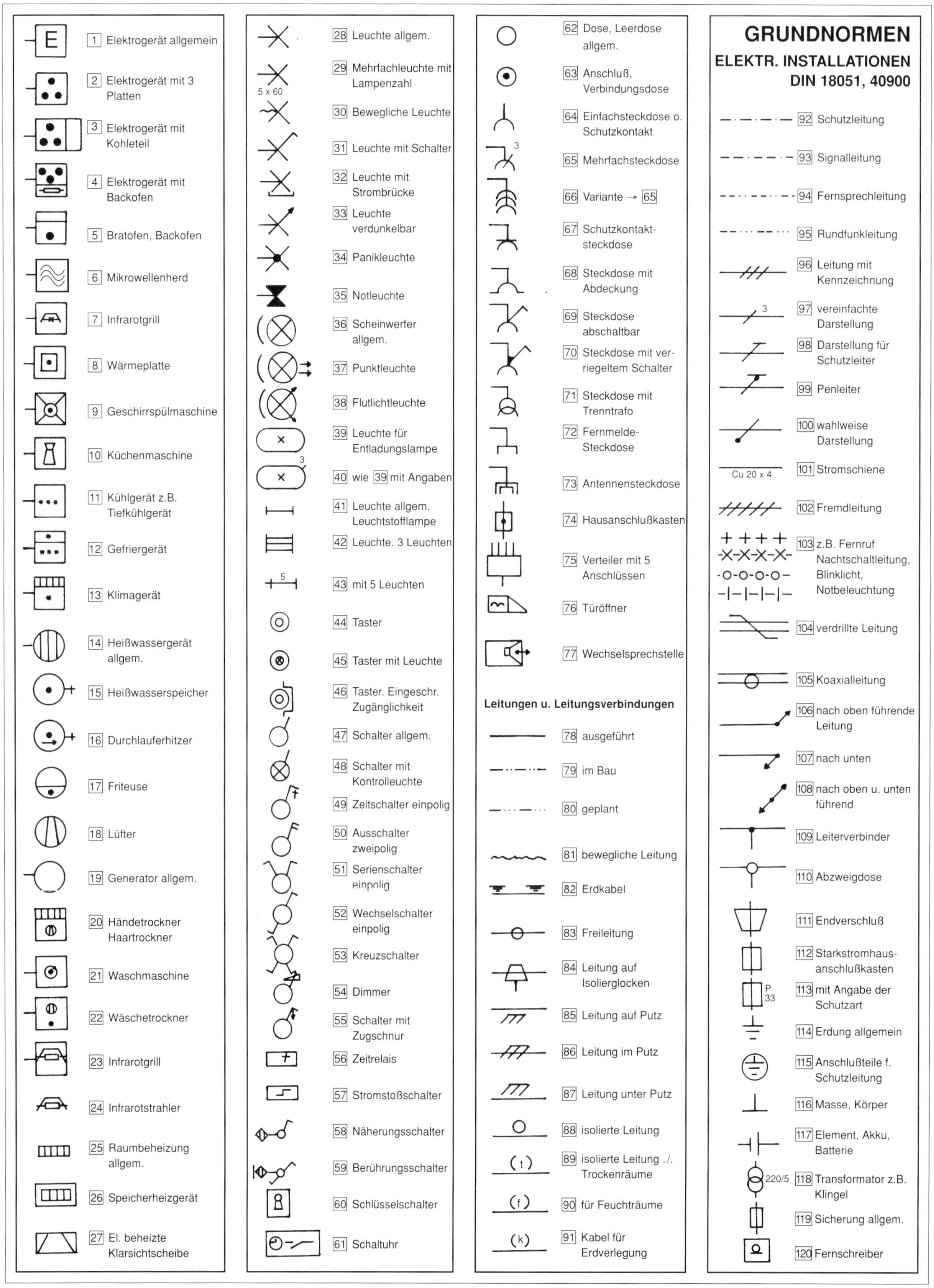
GRUNDNORMEN
ELEKTR. INSTALLATIONEN
DIN 18051, 40900
E
1 Elektrogerät allgemein
2 Elektrogerät mit 3 Platten
3 Elektrogerät mit Kohleteil
4 Elektrogerät mit Backofen
5 Bratofen, Backofen
6 Mikrowellenherd
7 Infrarotgrill
8 Wärmeplatte
9 Geschirrspülmaschine
10 Küchenmaschine
11 Kühlgerät z.B. Tiefkühlgerät
12 Gefriergerät
13 Klimagerät
14 Heißwassergerät allgem.
15 Heißwasserspeicher
16 Durchlauferhitzer
17 Friteuse
18 Lüfter
19 Generator allgem.
20 Händetrockner Haartrockner
21 Waschmaschine
22 Wäschetrockner
23 Infrarotgrill
24 Infrarotstrahler
25 Raumbeheizung allgem.
26 Speicherheizgerät
27 El. beheizte Klarsichtscheibe
28 Leuchte allgem.
5 x 60
29 Mehrfachleuchte mit Lampenzahl
30 Bewegliche Leuchte
31 Leuchte mit Schalter
32 Leuchte mit Strombrücke
33 Leuchte verdunkelbar
34 Panikleuchte
35 Notleuchte
36 Scheinwerfer allgem.
37 Punktleuchte
38 Flutlichtleuchte
39 Leuchte für Entladungslampe
3
40 wie 39 mit Angaben
41 Leuchte allgem. Leuchtstofflampe
42 Leuchte. 3 Leuchten
5
43 mit 5 Leuchten
44 Taster
45 Taster mit Leuchte
46 Taster. Eingeschr. Zugänglichkeit
47 Schalter allgem.
48 Schalter mit Kontrolleuchte
49 Zeitschalter einpolig
50 Ausschalter zweipolig
51 Serienschalter einpolig
52 Wechselschalter einpolig
53 Kreuzschalter
54 Dimmer
55 Schalter mit Zugschnur
56 Zeitrelais
57 Stromstoßschalter
58 Näherungsschalter
59 Berührungsschalter
60 Schlüsselschalter
61 Schaltuhr
62 Dose, Leerdose allgem.
63 Anschluß, Verbindungsdose
64 Einfachsteckdose o. Schutzkontakt
3
65 Mehrfachsteckdose
66 Variante → 65
67 Schutzkontakt-steckdose
68 Steckdose mit Abdeckung
69 Steckdose abschaltbar
70 Steckdose mit ver-riegeltem Schalter
71 Steckdose mit Trenntrafo
72 Fernmelde-Steckdose
73 Antennensteckdose
74 Hausanschlußkasten
75 Verteiler mit 5 Anschlüssen
76 Türöffner
77 Wechselsprechstelle
Leitungen u. Leitungsverbindungen
78 ausgeführt
79 im Bau
80 geplant
81 bewegliche Leitung
82 Erdkabel
83 Freileitung
84 Leitung auf Isolierglocken
85 Leitung auf Putz
86 Leitung im Putz
87 Leitung unter Putz
88 isolierte Leitung
(t)
89 isolierte Leitung ./. Trockenräume
(f)
90 für Feuchträume
(k)
91 Kabel für Erdverlegung
92 Schutzleitung
93 Signalleitung
94 Fernsprechleitung
95 Rundfunkleitung
96 Leitung mit Kennzeichnung
3
97 vereinfachte Darstellung
98 Darstellung für Schutzleiter
99 Penleiter
100 wahlweise Darstellung
Cu 20 x 4
101 Stromschiene
102 Fremdleitung
103 z.B. Fernruf Nachtschaltleitung, Blinklicht, Notbeleuchtung
104 verdrillte Leitung
105 Koaxialleitung
106 nach oben führende Leitung
107 nach unten
108 nach oben u. unten führend
109 Leiterverbinder
110 Abzweigdose
111 Endverschluß
112 Starkstromhaus-anschlußkasten
P
33
113 mit Angabe der Schutzart
114 Erdung allgemein
115 Anschlußteile f. Schutzleitung
116 Masse, Körper
117 Element, Akku, Batterie
220/5
118 Transformator z.B. Klingel
119 Sicherung allgem.
120 Fernschreiber

Abbinden; Begriff bezeichnet verschiedene Vorgänge: 1. Zimmermannstechnik, Vorbereitung einer Holzkonstruktion (z.B. Dachstuhl). 2. In Betonherstellung ist Abbinden der Vorgang im Beton (auch Mörtel) vom plastischen (feuchten) bis zum erstarrten Zustand.

Abdichtung; muß Bauwerk bzw. Bauteil in gefährdetem Bereich umschließen o. bedecken u. Eindringen von Wasser verhindern (Richtlinien nach DIN 18195). → S. 47

Abflußrohre; befördern Abwässer aus einem Haus in die Regen- u. Schmutzwasserkanäle. → S. 213–215

Abgehängte Decke; unter tragfähiger Decke angebrachte zweite Decke für den Schall- oder Wärmeschutz bzw. aus optischen Gründen

Absolute Luftfeuchte; tatsächlicher Gehalt der Luft an Wasserdampf in Gramm pro Kubikmeter Luft.

Absorption; Aufnahme von Gasen, Dämpfen sowie Wärme- und Lichtstrahlung durch feste Körper oder Flüssigkeiten. Bei Strahlungsabsorption wird Strahlungsenergie in andere Energieform umgewandelt, dabei findet Temperaturerhöhung u. Wärmedehnung statt. So wird z.B. die eingestrahlte Sonnenenergie in Bauteiloberflächen absorbiert. Dunkle Flächen absorbieren mehr als helle.

Abstände von Gebäuden, Bauwerksabstände (Abstandsflächen); in den Landesbauordnungen und im Bundebaugesetz sind Mindestabstände (z.B. seitliche Grenzabstände von Gebäuden u. von Gebäuden untereinander vorgeschrieben. Die Abstände werden in den Bebauungsplänen festgelegt.

Abwasserhebeanlage; wo Abwässer nicht durch ein natürliches Gefälle in die Kanalisation fließen können (z.B. bei Bad oder Dusche im Souterrain o. Keller). → S. 215

Akustikdecke; Deckenverkleidung o. abgehängte Decke aus schallschluckendem Material.

Angebot; Grundlage für ein Angebot ist eine Ausschreibung, in der alle zu erbringenden Leistungen aufgeführt sind. Danach können Handwerker u. Lieferanten ein genaues Kostenangebot (Kostenvoranschlag) machen.

Anhydrit-Estrich; Estrich aus wasserfreiem Gips, große Flächen u. wenig Fugen. Nicht für Feuchträume.

Anker, Ankerplatten; aus Stahl, werden einbetoniert oder eingemauert, wenn ein Bauteil festen Halt am übrigen Baukörper finden muß.

Ansicht; darunter versteht man den Aufriß von Fassaden auf Bauplänen. Sie sind meist nach Himmelsrichtungen benannt, z.B. Ostansicht, Süd-West-Ansicht.

Antidröhnbelag; Maßnahme, die beanspruchtes Blech (z.B. Aluminiumfensterbank) entdröhnt (Dämmstoffbeschichtungen o. -unterlagen, besondere Spachtelungen o. Lackierungen).

Arbeitsfugen; größere o. schwierige Betonbauteile können nicht in einem Arbeitsgang ausgeführt werden. Durch Unterbrechung des Betoniervorganges entstehen Arbeitsfugen.

Architekt; betreut Bauwerk von Planung (Entwurf) bis Fertigstellung, d.h. er zeichnet Pläne, stellt den Bauantrag bei den Behörden, erstellt die Werkpläne, verhandelt mit Handwerkern u. Baufirmen, betreut die Baustelle u. ist Vertreter des Bauherrn.

Armaturen; Wasserhähne, Duschkopf u. -schlauch, aber auch alle Klappen, Ventile, Absperr- u. Drosselventile, Schieber usw. nennt man Armaturen. → S. 93

Atrium-Haus; mit geschlossenem Innenhof (Atrium), hat keine Fenster nach außen u. um das Haus herum keine Grundstücksanteile. In der Praxis sind Atriumhäuser ebenerdige, Wohnhäuser, deren Räume vom Innenhof aus, aber auch durch Fenster nach außen zu noch vorhandenen Grundstücksflächen belichtet werden. → S. 21

Attika; früher Schmuckelement über der eigentlichen Decke. Heute Randabschluß eines Flachdaches. → S. 58

Auf Putz; verlaufen Strom- oder Wasserleitungen nicht in, sondern auf der Wand, so liegen sie „auf Putz".

Aufmaß; haben Handwerker ihre Arbeit am Bau beendet, wird das Aufmaß gemacht. Alle tatsächlich eingebauten Massen werden nach Gewerken getrennt ausgemessen. Berechnungsgrundlage ist die Verdingungordnung für Bauleistungen (VOB). Aufmaß ist die Grundlage der Schlußrechnung. Ist nicht notwendig, wenn die Arbeiten zum Festpreis vergeben werden.

Aufschiebling; Ansetzholz am unteren Ende des Sparrens, um unterste Dachziegelreihe anzuheben.

Ausbau; Ist der Rohbau fertiggestellt, die Rohbauabnahme (Bauabnahme) erfolgt, wird mit Ausbau begonnen. Umfaßt Innen- bzw. Außenputz, Fußbodenaufbau, sämtl. Installationen, Fenster, Türen usw.

Ausblühungen; nennt man die Bildung kleiner, weißer Kristallkrusten auf dem Mauerwerk, die meist von Feuchtigkeitsflekken umgeben sind. Es ist festzustellen, ob die Ausblühungen aus dem verwendeten Steinmarterial oder Mörtel stammen.

Ausgleichsmasse; Kunststoffmasse zum Ebnen der Estrich- oder Betonflächen.

Aushub; nennt man Erdmasse, die beim Ausbaggern von Baugruben u. Rohrleitungsgräben gelöst u. beiseitegesetzt oder abgefahren wird. → S. 44

Ausschreibung; auch Leistungsverzeichnis genannt. Alle Mengen, Materialien u. Leistungen werden getrennt nach Gewerken (Maurer, Zimmer- u. Holzarbeiten, Beton- u. Stahlbetonarbeiten usw.) vom Architekten festgelegt. Ausschreibung dient Handwerkern u. Bauunternehmern als Grundlage für das Angebot, denn nur anhand einer exakten Ausschreibung können sie auch genaue Preise angeben.

Aussenanstriche; dürfen nur mit Anstrichstoffen ausgeführt werden, die im Hinblick auf Beanspruchungen des Anstrichfilms durch Licht- und Wettereinwirkung erprobt sind. Bindemittel u. Pigmente müssen wetterbeständig sein.

Außendämmung; durch vernünftige Dämmung der Außenwand können bis zu 20% der Heizkosten eingespart werden. Bautechnisch ist eine Außendämmung immer besser als eine Innendämmung.

Außentreppen; die außen am Haus in ein höheres Stockwerk führen, sind nicht üblich, in manchen Fällen aber sinnvoll. Müssen bei nachträglichem Anbau genehmigt werden.

Aussparungen; sind Öffnungen in Wänden u. Decken, die für die Durchführung von Leitungen benötigt u. erst später verschlossen werden.

Aussteifende Wände; scheibenartige Bauteile zur Knickaussteifung tragender Wände.

Auswechslung; werden tragende Bauteile durch größere Öffnungen (z.B. Kamin) unterbrochen, müssen die anfallenden Kräfte auf benachbarte Teile verlagert werden.

Balken; sind tragende Bauteile, die z.B. die Belastungen der Decke aufnehmen. Im Stahlbetonbau werden Balken Unterzüge genannt, im Stahlbau Träger.

Balkenschuhe; darunter versteht man gebogene Metallwinkel in den unterschiedlichsten Abmessungen, mit denen Balken u. Querbalken exakt miteinander verbunden werden können.

Bauabnahme; so bezeichnet man die behördliche Bescheinigung, daß ein Haus baurechtlich u. bautechnisch ohne Mängel u. somit bezugsfertig ist.

Bauantrag; Mit ihm wird Antrag auf Baugenehmigung gestellt.

FACHBEGRIFFE

Das ausgefüllte Formular ist mit den Bauvorlagen bei der zuständigen Behörde einzureichen. → S. 37–40

Bauaufnahme; Sind für ein bestehendes Gebäude keine oder nur unzureichende Planunterlagen vorhanden, wird es aufgemessen u. aufgezeichnet. Bauaufnahme ist z.B. erforderlich beim Umbau eines älteren Bauwerks, für das es keine Pläne mehr gibt oder wenn bei einem Neubau wesentlich von den ursprünglichen Plänen abgewichen wurde.

Bauaufsicht (örtliche); Verantwortliche zur Kontrolle aller baurechtlichen, bautechnischen u. berufsgenossenschaftlichen Forderungen. Bauaufsicht seitens des Architekten durch den von ihm bestimmten Bauleiter. Bauunternehmer überträgt die Aufsicht auf Bauführer, bei einfachen Bauten Polier. Beide werden von der Bauaufsicht u. der Berufsgenossenschaft kontrolliert.

Bauaufsichtsbehörden (Bauordnungsamt); Untere Bauaufsichtsbehörde = Kreis- oder Stadtverwaltung. Mittlere Bauaufsichtsbehörde = Regierungspräsident, Bezirksregierung, Oberste Bauaufsichtsbehörde = Landesministerium des Innern o.a. (in allen Bundesländern unterschiedlich geregelt).

Baubiologie; Ein Haus darf seinen Bewohnern nicht schaden. Aufgrund vieler negativer Erfahrungen legen immer mehr Bauherren u. Architekten Wert auf lang bewährte Baustoffe, die sich auch vom gesundheitlichen Standpunkt her als unbedenklich erwiesen haben. Das Angebot an biologischen Baumaterialien ist umfassend.

Baufeuchte; Feuchtigkeit, die bei Errichtung des Gebäudes durch anfallendes Wasser, wie z.B. Anmachwasser, Regenwasser, Bodenfeuchtigkeit, Grundwasser, Hangwasser, in die Bauteile gelangt.

Baugenehmigung; Antrag auf Baugenehmigung wird eingereicht, wenn alle Pläne gezeichnet, die Statik berechnet u. alle entsprechenden Formblätter ausgefüllt sind. I.d.R. bereitet der Architekt bzw. der Bauträger den Antrag vor, der Bauherr unterschreibt. → S. 37

Baugrenze (Bauflucht); ist im Bebauungsplan festgelegt u. darf nicht überbaut werden. Baugrenze ist nicht identisch mit Grundstücksgrenze.

Baugrube; Abmessung richtet sich nach der Grundfläche des Kellers, zuzügl. eines Arbeitsraumes von allseits mind. 50 cm an der Sohle. Ihre Tiefe ergibt sich aus der Geschoßhöhe des Kellers. Die Baugrubenwände müssen je nach Bodenart zwischen 45° und 60° abgeböscht werden. → S. 44

Baulast; beim Kauf eines Grundstückes unbedingt nach Baulasten erkundigen. Nicht alle Baulasten sind im Grundbuch eingetragen u. dann u.U. im Baulastenverzeichnis der Bauaufsichtsämter (z.B. Bodenverschmutzung, Altrechte u.a.) Die Bauaufsichtsbehörden erteilen die entsprechenden Auskünfte. Baulasten sind z.B. Überwegerechte, Ansprüche der Stromversorgung o. der Post, die berechtigt sind, hier Masten oder Verteilerkästen aufzustellen, der Abstand zur Grundstücksgrenze (Bauwich) usw.

Bauleitung; Bauleiter ist verantwortlich für fachgerechte Durchführung aller Arbeiten, daß die Baupläne so verwirklicht werden, wie sie genehmigt sind. Bauleitung kann nur ein Fachmann übernehmen, der nachweislich Kenntnisse über Material u. Verarbeitung am Bau hat. I.d.R. ein Architekt, Bauingenieur, aber auch ein Maurerpolier. Bei größeren Objekten gibt es häufig mehrere Bauleiter.

Baulicher Wärmeschutz; Maßnahmen, die Wärmeaustausch zwischen Räumen u. Außenluft bzw. zwischen Räumen verschiedener Temperatur verringern.

Baunebenkosten; sind Honorare für Architekt, Statiker, Sachverständige u. Ingenieure, Gebühren die bei Behörden anfallen, Telefongebühren, Fotokopien u. Anfahrtskosten, Kosten für das Richtfest, Bauversicherungen u. Finanzierungskosten wie Disagio, Zinsen usw. Für Baunebenkosten werden als Faustregel 15–20% der Baukosten angesetzt.

Baupläne; Man unterscheidet zwischen Entwurfsplänen, Ausführungsplänen u. Detailzeichnungen. Entwurfspläne werden im Maßstab 1:200 u. 1:100 gezeichnet (1 m = 5 mm bzw. 1 cm). Ausführungspläne sind a) Werkpläne des Architekten, b) Schalpläne, in denen nur Bauteile aus Beton dargestellt werden, c) Bewehrungspläne, in denen die erforderliche Bewehrung aus Stabstahl bzw. Stahlgewebe eingetragen ist, d) Aussparungspläne, in denen die Fachingenieure die Aussparungen, Schlitze u. Durchbrüche einzeichnen. Als Grundlage dient der Werkplan des Architekten. Ausführungspläne im Maßstab 1:50 (1 m = 2 cm). Detailzeichnungen im Maßstab 1:10 (1 m = 10 cm) oder 1:1.

Bausachverständiger; Für jedes Gewerk gibt es Sachverständige. Ihre Hilfe wird in Anspruch genommen, wenn sich Bauherr, Architekt u./o. Handwerker nicht einig sind, ob die Arbeiten fachgerecht ausgeführt wurden (Mängel). Einschalten eines Sachverständigen ist billiger als Rechtsstreit. Sachverständige findet man im Branchen-Telefonverzeichnis oder über die Handwerks- oder Industrie- und Handelskammer.

Baustellensicherung; Sache der ausführenden Firma u. nicht des Bauherrn, ebenso die Sicherung der auf der Baustelle stehenden Geräte u. Maschinen. Das Schild: „Betreten verboten, Eltern haften für ihre Kinder" genügt versicherungstechnisch nicht. Am besten Baustelle durch Bauzaun von mind. 1,80 m Höhe absichern. Zur Straße hin muß Baustelle durch Abgrenzungen evtl. Blinkanlagen gesichert sein.

Baustrom; Wo gebaut wird, braucht man Strom. Die Stromleitung wird zur Baustelle in einem Baustrom-Verteilerschrank geführt, aus dem man Strom für den Bau entnimmt u. Zähler den Stromverbrauch registriert.

Bautafel; Nach Vorschrift von Baubeginn an auf dem Baugrundstück. Bautafel mit den Angaben: Art des Projekts (Einfamilien-, Mehrfamilien-, Doppelhaus usw.), Name u. Anschrift des Bauherrn, des verantwortlichen Bauleiters, des Architekten oder der planenden Firma u. evtl. des Statikers. Größe der Tafel ist nicht vorgeschrieben, sie muß aber gut les- u. von Straße aus sichtbar sein.

Bautagebuch; Wird vom Architekten bzw. Bauleiter geführt. In ihm wird notiert: Das Wetter, nur so kann man später nachprüfen, ob die Arbeiter wirklich wegen schlechten Wetters nicht arbeiten konnten; welche Arbeiten bereits erledigt sind, welche Handwerker auf der Baustelle gearbeitet haben. Das Bautagebuch enthält Fotos von der Baustelle, auch in Details u. von jedem Bauabschnitt. Sehr hilfreich, wenn es zu gerichtlichen Auseinandersetzungen kommen sollte.

Bauträger; Ist i.d.R. eine juristische Person (z.B. Wohnbaugesellschaften, Bauunternehmer), die unter eigenem Namen bauen u. die fertiggestellten Objekte verkaufen. Machen fast alles in Eigenregie, Planung in firmeneigenen Büros mit angestellten Architekten, Bauingenieuren u. der Baubetreuung bis zum Verkauf.

Bautrocknung; Neubau braucht Zeit, um richtig auszutrocknen. Bei Zeitdruck kann man Firmen mit der Bautrocknung beauftragen. Sie läßt sich mit leistungsstarken Heizanlagen beschleunigen.

Bauzeitenplan; Am Bau arbeiten i.d.R. mehrere Gewerke gleichzeitig, wichtig zu wissen, welche Handwerker wann auf der Baustelle sind u. ob die verschiedenen Arbeiten gut koordiniert sind. Bauzeitenplan muß immer auf neuestem stand sein. Für Bauherrn, der Eigenleistungen erbringt, ist er besonders wichtig. Bauzeitenplan (am besten in Form eines Balkendiagramms). Auf diesem Plan sind die Termine der verschiedenen Handwerker zu sehen.

Bebauungsplan; im Auftrag der Gemeinde von einem Architekten (Stadtplaner) für ein genau umrissenes Gebiet gezeichnet. Legt die Nutzung der in diesem Gebiet gelegenenen Grundstücke fest. Im Bebauungsplan sind Straßen u. Wege, die Zahl der Geschosse, die Dachneigungen u. viele andere Einzelheiten festgelegt. → S. 40

Beschlag; Beschläge für Fenster u. Türen zur beweglichen Verbindung der Flügel- mit den Blendrahmen sowie zum Schließen u. Verriegeln der Fenster u. Türen.

Baustahlmatten; werden zur Bewehrung von Decken, Bodenplatten u. Wänden aus Stahlbeton verwendet. Sie bestehen aus profiliertem bzw. geripptem Stahl u. sind an den Kreuzungspunkten durch Punktschweißung verbunden.

Beton; Beton ist eine Mischung aus Zement, Wasser u. Zuschlagsstoffen, aus der eine Art „künstlicher Stein" entsteht. Es gibt verschiedene Betonarten, die nach Rohdichte, Festigkeit, Erhärtung, Herstellung, Bewehrung u. Einbringung unterschieden werden: Leichtbeton, Normalbeton, Magerbeton, Transportbeton, Ortbeton, Sperrbeton, Stahlbeton.

Beton-Fertigteile; gibt es als Beton- oder Stahlbeton-Fertigteile: Treppenstufen, Stürze für Fenster u. Türen, Gehwegplatten u. vieles andere. Betonfertigteile können sofort u. ohne weitere Bearbeitung montiert werden.

Beton-Sanierung; Beton-Schäden häufen sich, Gründe dafür sind u.a. ungenügende Betonüberdeckung des Betonstahls, aufsteigende Feuchtigkeit, aber auch aggressive Schadstoffe in der Luft.

Betondachstein; Dachpfanne, die aus Beton hergestellt ist. → S. 65

Betondeckung; ein in der DIN 1045 festgelegtes Maß, das Dicke der Betonschicht bis zum ersten Stahlstab beschreibt. Betondicke richtet sich nach Umweltbedingungen (z.B. hohe Luftfeuchtigkeit, Bauteil im Wasser u.a.), der Betongüte u. dem Stahldurchmesser.

Bewegliche Innenwände; nichttragende Wände, die horizontal oder vertikal bewegt werden können, wie z.B. Schiebe- oder Faltwände.

Bewehrung; Stahleinlagen im Beton nennt man Bewehrung. Sie kann aus einzelnen Stahlstäben, aus Baustahlmatten oder aus beidem bestehen.

Bitumen; wird in der Natur direkt oder durch die Aufbereitung von Erdöl gewonnen. Es ist schwarz, zähl-klebrig und schmelzbar u. wird zur Abdichtung des Mauerwerks gegen Feuchtigkeit, z.B. bei der Kellerisolierung verwendet. Außerdem verarbeitet man Bitumen, besandet oder unbesandet, für Dachpappe und Wellpappen.

Blähton; wird entweder als Schüttgut oder als Zuschlag zu Beton verwendet. Blähton sind durch Brennen geblähte Kügelchen aus kalkarmem Ton. Beton wird dadurch leichter (Leichtbeton) u. bekommt bessere Dämmeigenschaften, weil die Blähtonzuschläge Luft enthalten.

Blauer Umweltengel; auf vielen Produkten, die am Bau verwendet werden, von Farben u. Lacken bis hin zu Bau- u. Dämmplatten, klebt der „Blaue Umweltengel". Plakette signalisiert, Produkt ist umweltfreundlich. Ausgezeichnet werden damit Produkte, die deutlich weniger Schadstoffe enthalten, recyclebar, emissionsarm u. asbestfrei sind, kein Formaldehyd enthalten usw.

Blei; ist ein weiches bläulichgraues Schwermetall, das aus Bleierzen, vor allem Bleiglanz gewonnen wird. Alle Bleiverbindungen sind giftig, Bleiblech läßt sich gut ver- u. bearbeiten, wird am Bau z.B. für Abdeckungen von Brüstungen, Brandmauern, Fensterbänken, Einfassungen von Schornsteinen u. Dachgauben verwendet. Bleimennige dient, mit ölhaltigen Bindemitteln, als Rostschutzanstrich für Eisenteile.

Blitzschutz; ist nicht vorgeschrieben, aber bei Häusern in exponierter Lage oder mit besonders einschlaggefährdeten Bauteilen (hohe Schornsteine, viel Metall an Balkongeländern usw.) zu empfehlen. Erdung kann durch Ringleitung um das Haus oder durch Tiefenerder erfolgen. → S. 71–72

Blockhaus; wird ganz aus Holz, u. zwar aus waagerecht liegenden oder senkrecht stehenden, massiven Holzbalken erstellt, die meist mit Nut u. Feder verbunden sind. Vorteile: Das Raumklima ist sehr gut, der k-Wert einer Blockhaus-Außenwand ist derselbe wie der einer doppelt so dicken Ziegelwand.

Bodenablauf; in Kellerräumen oder Badezimmern kann durch einen Bodenablauf das Wasser direkt in das Abwassersystem einfließen, vor allem in rollstuhlgerechten Wohnungen erweist sich das als sehr praktisch.

Bodenausgleichsmasse; um einen Boden, der Rillen und Riefen hat, oder in sich uneben ist, so zu glätten, daß der Bodenbelag vor allem Teppichboden, schön eben liegt, wird eine Bodenausgleichsmasse aufgebracht. Erforderlich bei nicht sorgfältig gegossenen Estrichen, aber auch bei Dielenböden in alten Häusern.

Bodenbelag; Begriff umfaßt alles, was auf den Boden gelegt oder geklebt wird. Kork, Linoleum, PVC, Teppich, Fliesen, Parkett, Naturstein usw.

Bodenfeuchtigkeit; vor Baubeginn Baugrund durch einen Bodensachverständigen untersuchen lassen (Bodengutachten). Nach Fertigstellung des Hauses läßt sich gegen drückendes oder aufsteigendes Wasser nicht mehr viel machen.

Bodentreppe; ist für den Einbau zu den Speicherräumen unter dem Dach. Im Handel sind Falt- oder Scherentreppen aus Holz, Stahlrohr oder Aluminium, sie werden mit oder ohne Handlauf geliefert. Treppen können mit Federzugautomatik oder elektrisch hochgeschoben u. heruntergezogen werden. → S. 109–111

Boiler; bezeichnet Wasserspeicher, in dem eine größere Menge Wasser erhitzt u. über längere Zeit warmgehalten wird. Man unterscheidet Druckspeicher u. drucklose Speicher. Druckspeicher können mit mehreren Wasserzapfstellen verbunden sein, die immer unter Druck stehen. Bei drucklosen Speichern wird Wasser direkt aus dem Boiler entnommen, dabei drückt nachfließendes kaltes Wasser das warme Wasser aus der Armatur heraus.

Brandmauer; Außenwand oder Trennwand, die bei Bränden den Durchgang des Feuers zu benachbarten Gebäuden oder Räumen über eine längere Zeitspanne verhindern soll.

Brandschutz; bei der Planung eines Gebäudes, aber auch bei Renovierung u. Ausbau muß Brandschutz berücksichtigt werden. Bauliche Anlagen sind so anzuordnen, zu errichten u. zu erhalten, daß der Entstehung u. Ausbreitung von Schadenfeuer vorgebeugt wird u. bei einem Brand wirksame Löscharbeiten u. die Rettung von Menschen u. Tieren möglich sind.

Brauchwasser; ist alles Wasser, das in einem Haushalt gebraucht wird, zum Waschen, Baden, Spülen, zum Betrieb von Waschmaschine u. Geschirrspüler u. zum Kochen.

Brennwertkessel; haben eine höhere Energie-Ausnutzung als herkömmliche Kessel. In Brennwertkesseln wird die Abwärme der Rauchgase durch einen Wärmetauscher genutzt. Dadurch werden auch die Schadstoffe im Kessel gebunden, sie gelangen nicht in die Umwelt.

Bruchsteinmauerwerk; wird aus bruchrauhen, also weitgehend unbehandelten oder behauenen Steinen erstellt. Steine

FACHBEGRIFFE

sind dabei gleich groß u. gleich dick, auch sind die Kanten nicht schnurgerade, aber gerade das macht den optischen Reiz aus. → S. 49

Brüstung; Mauerteil oder Geländer zwischen dem Fußboden u. der Oberkante der Fensterbank. Brüstungshöhe 90 cm (110 cm).

Bündig; nennt man paßgenauen Anschluß an gleiches oder ein anderes Material. Dabei müssen zwei Ebenen ganz genau aufeinandertreffen, waagerecht oder senkrecht/waagerecht.

Dach; bildet den oberen Abschluß eines Hauses u. besteht aus Dachkonstruktion u. der Dachhaus. Man unterscheidet zwischen Steildach u. Flachdach. → S. 58–68

Dachausbau; unter dem Dach kann viel Wohnraum von guter Qualität gewonnen werden. Werden Dach- oder Giebelfenster eingebaut, so sollte ihre Fläche mindestens 1/3 der Grundfläche betragen. → S. 70

Dachbegrünung; Abgesehen von der optischen Verschönerung des Dachs sind die Vorteile einer Dachbegrünung vielfältig. Sie wirkt als zusätzlicher Wärme- u. Schallschutz. Dachneigung 2–3%. Man unterscheidet zwischen extensiver u. intensiver Bepflanzung. → S. 60–63

Dachdämmung; eine gute Dachdämmung senkt im Winter Heizkosten, im Sommer bleibt das Haus angenehm kühl. → S. 58–59

Dachdecke; Geschoßdecke, massiv oder in Leichtbauweise, die zugleich das Dach eines Gebäudes bildet (Flachdach).

Dachdeckung; hierfür werden je nach Dachneigung unterschiedliche Materialien verwendet. Je flacher ein Dach geneigt ist, desto dichter muß die Dachdeckung sein, um das Regenwasser sicher ableiten zu können. Folgende Materialien werden verwendet: Ziegel, Betondachsteine, Schiefer, Schindel, Stroh bzw. Rohr, Dachpappe, Metall (Stahl-, Kupfer-, Zink- und Aluminiumblech), Wellplatten, Asphalt und Kunststoff. → S. 65

Dachfirst; obere Kante des Daches, an ihr treffen meist zwei Dachflächen zusammen.

Dachflächenfenster; in der Dachfläche liegendes Fenster. → S. 70

Dachformen; richten sich nach Nutzung des Hauses, aber oft auch landschaftsgebunden. Häufigste Dachfolgen sind: 1. Flachdach, 2. Krüppelwalmdach, 3. Satteldach, 4. einhüftiges Walmdach, 5. Mansarddach, 6. Pultdach, 7. gleichseitiges Satteldach, 8. Zeltdach. → S. 64

Dachgaube; wird in ein Dach eingebaut, wenn man senkrechte Fenster in der schrägen Dachfläche haben möchte. Durch Gauben entsteht im Raum unter dem Dach mehr Platz. Ausblick freier als durch ein Dachflächenfenster. → S. 69

Dachgeschoß; baurechtlich gesehen jedes Stockwerk über dem obersten Vollgeschoß, das über æ der Grundfläche des darunter liegenden Geschosses hat.

Dachhaut; bezeichnet man wasserführende Schicht eines Daches. Bei geneigten Dächern die Dachdeckung (z.B. Ziegel), bei Flachdächern die Abdichtung (z.B. mehrlagige Bitumendachpappe).

Dachneigung; darunter versteht man den Winkel zwischen dem Dach u. der horizontalen Linie des Hauses. Dachneigung ist oft Bestandteil des Bebauungsplanes. → S. 64

Dachrandprofil; anstelle einer Attika aus Beton kann als Randbegrenzung auch ein Dachrandprofil benutzt werden. Dachrandprofile können aus Holz, Metall oder Naturstein sein.

Dachrinne; (auch Regenrinne genannt) sammelt das vom (geneigten) Dach abfließende Regenwasser. Wird durch ein senkrechtes Fallrohr in die Kanalisation eingeleitet. Dachrinnen gibt es aus Kupfer, verzinktem Stahlblech oder Kunststoff.

Dachstuhl; volkstümliche Bezeichnung für das Tragwerk eines Daches. Man unterscheidet bei der Zimmermannskonstruktion zwischen Sparren-, Pfetten- u. Kehlbalkendach. → S. 67–68

Dachterrasse; Einschnitt in das Dach ist für Dachgeschoßwohnungen meist der einzige Weg einen Sitzplatz im Freien zu schaffen. Dachterrasse ist meist klein, dafür aber geschützt vor Einblicken.

Dachüberstand; ist Teil des Daches, der über die Außenwand hinausragt. Dachüberstand schützt das Haus vor Witterungseinflüssen wie Schlagregen, Schneelawinen vom Dach, zuviel Sonne, heftigen Wind.

Dachziegel; aus Ton gefertigte schuppenförmige Dachelemente mit Überlappungen u. Verfalzungen, die ineinandergreifen. → S. 65

Dämmen; Maßnahmen gegen Temperatur- u. Schalleinflüsse (Dämmstoff, Dämmschicht, Wärmedämmung, Außendämmung, Kellerdämmung, Schalldämmung, Trittschalldämmung u.a.)

Dampfbremse; Schicht von mittlerer Dichte, die Eindringen von Luftfeuchtigkeit in Bauteile abmindern soll. Auf Warmseite des Bauteils anzuordnen.

Dampfsperre; Dichte Schicht, die Eindringen von Luftfeuchtigkeit in Bauteile verhindert. Muß immer an Warmseite, d.h. auf der Raumsteite des Bauteiles angeordnet sein.

Dauerelastisch; Eigenschaft von dehn- u. formbarem, reißfestem Material, das nach Beanspruchung in ursprüngliche Lage zurückgeht, wie z.B. bei Fugendichtungen mit geeigneten Werkstoffen.

dB(A); im Bauwesen verwendetes Maß für Lautstärke-Empfinden bei Geräuschen, die aus Frequenzgemisch bestehen „A" bedeutet, daß das Geräusch entsprechend der international festgelegten „IEC-Kurve A" bewertet wird. Kurve berücksichtigt die frequenzabhängige Empfindlichkeit des menschlichen Gehörs.

Decken; durch sie wird Gebäude in Geschosse gegliedert. Decken lagern sich auf den Außenwände bzw. tragenden Innenwänden ab; im allgemeinen aus Stahl-, Stahlbeton oder Holz. → S. 54

Dehnungsfuge; Fuge zwischen zwei Bauteilen, die wegen der materialbedingten oder thermischen Längenänderung notwendig sind.

Denkmalschutz; einzelne Gebäude u. sogenannte „Ensembles" – also Straßenzüge, ganze Quartiere, Gehöfte oder Fabrikanlagen können unter Denkmalschutz stehen.

Dezibel; Bel ist die Einheit des Schalldruckpegels. In der Praxis wird Schalldruckpegel meist in Zehntel-Bel, den dB, angegeben. Schalldruckpegel ist eine rein physikalische Größe; er berücksichtigt die frequenzabhängige Empfindlichkeit des menschlichen Ohres nicht.

Dichtungen; haben die Aufgabe, etwas abzudichten. Material: Dichtungsbänder, elastische Fugenmasse, Silikonkautschuk, Kunststoffprofile usw.

Dickbett-Verfahren; Fliesen bzw. Platten werden auf einem etwa 1,5 cm dicken Mörtelbett verlegt.

Dielen; waren als Fußbodenbelag über Jahrhunderte üblich u. werden heute wieder gerne verlegt. Dielen sind Massivholzbretter, die trocken sein müssen, damit sie sich nach dem Verlegen nicht verdrehen oder schwinden. → S. 55

Diffuse Strahlung; (auch Himmelsstrahlung). Die von der Sonne kommende Strahlung, die infolge Streuung in der Atmosphäre ungerichtet auftritt. Ihre Verteilung ist abhängig von Bewölkungsart u. Trübung der Atmosphäre.

Diffusionswiderstand; Produkt aus der Dicke der Sperrschicht (Dampfsperre, Dampfbremse) u. der Diffusionswiderstandszahl).

Dimmer; mit ihm kann das künstliche Licht stufenlos von sehr hell bis dunkel geregelt werden.

DIN; ist die Abkürzung für Deutsches Institut für Normung e.V.

Direktstrahlung; Strahlungsanteil, der von der Sonne direkt auf eine Fläche fällt. Direktstrahlung ist das, was wir Sonnenschein nennen. Intensität ist vor allem vom Einfallswinkel der Strahlung abhängig. Sonnenstrahlung besteht aus sichtbaren Lichtstrahlen, unsichtbaren ultravioletten u. infraroten Strahlen.

Dispersionsfarben; wasserverdünnbare Anstrichstoffe, die sich wie Leimfarben verarbeiten lassen, deren Filme aber die Festigkeit der Lackfarbenanstriche zeigen.

Doppelhaus; Hausform, die zwischen dem freistehenden Einfamilienhaus u. dem Reihenhaus anzugliedern ist. Einfamilienhaus ist die Hälfte eines Doppelhauses. → S. 10

Doppelverglasung; besteht aus zwei hintereinanderliegenden einfachen Glasscheiben.

Dosiergerät; in Wasserenthärtungsanlagen werden dem Wasser chemische Zusätze zugegeben.

Drainage; sammelt sich im Erdreich Hangwasser, Oberflächenwasser oder hochstehendes Grundwasser an, kann es zur Durchfeuchtung der Kelleraußenwände kommen. Deshalb muß eine Drainage den Baugrund entwässern. → S. 48

Drempel; (Kniestock) Erhöhung der Außenmauer eines Gebäudes über die oberste Decke hinaus zur besseren Nutzbarkeit des Dachraumes, z.B. für Wohnzwecke (Kopfhöhe).

Drückendes Wasser; welches aufgrund seiner Auftriebstendenz u. Stauung auf Bauteile Druck ausübt. Solche Bauteile sind Keller, Tiefgaragen usw., welche im Grundwasserbereich stehen. → S. 46/47

Druckerhöhungsanlage; reicht der Wasserdruck des örtlichen Versorgungsnetzes nicht aus; muß eine Druckerhöhungsanlage installiert (unbedingt von Fachmann!) werden.

Dünnbett-Verfahren; mit diesem Verfahren werden Fliesen geklebt. Die Dicke des Kleberbettes beträgt ca. 2–4 mm. Der Untergrund muß vollkommen eben sein.

Durchflußbegrenzer; mit ihm lassen sich 30 bis 50% Trinkwasser einsparen.

Durchlauferhitzer; Geräte , die frisches Leitungswasser beim Durchlauf durch ein dünnes Rohr (meist aus Kupfer) bis zum Austritt auf die gewünschte Wärme aufheizen.

Duschabtrennung; verhindert, daß beim Duschen das Wasser im Raum verspritzt wird.

Duschwanne; im allgemeinen aus Gußeisen in den üblichen Sanitärfarben emailliert oder aus Acrylglas zu bekommen. Man kann sie in verschiedenen Abmessungen und Höhen installieren. → S. 88–92

Eigenkapital; Anteil des Eigenkapitals an den Baukosten richtet sich nach dem kommerziellen Zweck (Eigenheim, Mietwohnhaus, Eigentumswohnung u.a.). Zum Eigenkapital zählen alle aufgewendeten Ansparsummen zu Bauspardarlehen. Auch Eigenleistung kann in einem gewissen Umfang anstelle von Barmitteln angesetzt werden. Es sollte ein Eigenkapital von mind. 20% eingebracht werden.

Eigenleistung; mit eigener Arbeit kann ein Bauherr bis zu 30% der Baukosten einsparen.

Eigenmittel; Finanzierungsmittel, die der Bauherr selbst besitzt: der Wert des bezahlten Grundstückes, Eigenkapital, Bausparguthaben.

Eigentumswohnung; wer kein Grundstück findet bzw. die Mittel dafür nicht hat oder wer in der Stadt leben will, für den ist Eigentumswohnung eine gute Lösung.

Einfamilienhaus; Wohngebäude, das nach seiner Form, baulichen Gestaltung u. Bestimmung nur einer Familie als Wohnung dient. → S. 9–23

Einliegerwohnung; eine in einem Eigenheim enthaltene abgeschlossene oder nicht abgeschlossene zweite Wohnung, die gegenüber der Hauptwohnung von untergeordneter Bedeutung ist. Küche, Bad u. WC der Einliegerwohnung müssen im eigenen Wohnbereich erreichbar sein.

Elektromagnetische Felder; stromführende Kabel im Haus u. außerhalb (Hochspannungsleitungen) bauen elektromagnetische Felder auf.

Elektrostatische Aufladung; darunter versteht man das Aufnehmen elektrischer Ladung durch Stoffe mit hohem elektrostatischem Isoliervermögen (vor allem Kunststoffe).

Entkernen; bei Sanierung alter Häuser müssen manchmal sämtliche Innenwände u. Decke entfernt werden, um Grundrisse u. Raumhöhen zu schaffen, die den heutigen Anforderungen entsprechen. Dies nennt man Entkernen.

Entsorgung; wo gebaut oder umgebaut wird, sammeln sich Abfälle an, die entsorgt werden müssen.

Entwässerung; darunter versteht man gesamte Abwasserführung eines Hauses. Sie ist im Entwässerungsplan festgelegt u. Bestandteil der Baugenehmigung. → S. 48

Entwurf; ist kein Bauplan im eigentlichen Sinn, sondern ein geistiges Grundkonzept u. enthält vor allem einen Grundriß. Entwurf ist um so gelungener, je klarer er umrissen wird.

Epoxidharze; sind Kunstharze, die gehärtet, hohe Festigkeit, günstige elektrische Eigenschaften, hohe chemische Beständigkeit, Zähigkeit u. ausgezeichnete Haftfähigkeit (auch auf unporösen Stoffen wie sogar Leichtmetallen) aufweisen. Sie werden zu Lacken, Klebstoffen (Zweikomponentenkleber) u. Preßstoffen verarbeitet.

Erbbaurecht; zeitlich begrenztes Recht (meist auf 99 Jahre) für den Besitz eines Grundstückes zur Bebauung. Vererbung u. Veräußerung sind möglich. Erbbaurecht u. Besitzer werden im Grundbuch eingetragen.

Erdarbeiten; Begriff für alle Erdbewegungen auf einer Baustelle. Abtragen des Mutterbodens, Aushub der Baugrube bis zur Kellersohle. Humusverteilung u. Planierung auf dem Grundstück. → S. 44

Erdatmosphäre; Luft unserer Erde, ein Gemisch aus verschiedenen Gasen, hauptsächlich Stickstoff u. Sauerstoff.

Erker; vorspringender Bauteil mit meist mehreren Fenstern, der über die Baulinie hinausragen darf.

Erschließung; Grundstück, das bebaut werden soll, muß von der Gemeinde erschlossen werden; es müssen Straßen gebaut u. Versorgungsleitungen wie Wasser, Strom, Kanalisation, Fernwärme, Gas, Telefon verlegt werden. An den Kosten für die Erschließung werden die Grundstückseigentümer bzw. Anlieger beteiligt.

Estrich; Estriche werden auf tragendem Untergrund, z.B. auf einer Betondecke aufgebracht. Zwischen Estrich u. Untergrund können Dämm- oder Trennschichten gelegt werden.

Fachingenieure; bezeichnet man Ingenieure im Bereich Statik, Elektro-, Heizungs-, Sanitär-, Klimatechnik u. Akustik (Schallschutz). Ihr Fachwissen ist bei Planung u. Ausführung eines Neubaus unentbehrlich.

Fachwerk; seit Jahrhunderten werden Häuser in Holzbalkenkonstruktion gebaut. Diese Bauweise ist preiswert, haltbar u. auch für Eigenleistungen gut geeignet. Beim Fachwerkhaus ist die Holzkonstruktion sichtbar.

Falzdichtung; Dichtung durch geometrische Ausbildung der überlappenden Blend- u. Flügelrahmen.

FACHBEGRIFFE

Fassade; ist die „Außenhaut" eines Gebäudes. Freistehende Häuser haben vier, Reihenhäuser zwei Fassaden. In Bauplänen werden Fassaden mit Ansichten bezeichnet.

Fehlboden; (auch Blindboden), Zwischenboden zwischen dem Holzgebälk zur Aufnahme des Füllmaterials (Dämmstoffe).

Fenster; bringen Licht u. Luft in die Räume. Wie viele Fensterflächen ein Haus braucht, bestimmt die Bauordnung. Meist wird ein Zehntel der Grundfläche des Raums als Fensterfläche verlangt. → S. 100–103

Fensterbank; zu Fenstern gehört eine innere u. eine äußere Fensterbank.

Fenstertür; Glastür mit Profilen ähnlich einem Fenster. Zählt bei den Wärmeschutzberechnungen zu den Fenstern.

Fensterzarge; Anschlagrahmen aus Metall, Holz oder Beton, der während der Rohbauarbeiten in die Fensteröffnung eingesetzt wird u. nach Beendigung der Rohbau- u. Putzarbeiten zur Aufnahme des Fensters dient.

Fertighaus; typisiertes, vorgefertigtes Haus. Montage gebrauchsfertiger Bauelemente. Fundament oder Keller werden in konventioneller Bauweise errichtet, Verwendung vorgefertigter Elemente.

Feuchträume; Räume, in denen die Verwendung von Wasser besondere Maßnahmen für den Feuchtigkeitsschutz erfordert, z.B. Bäder, Küchen, Hausarbeitsräume, Wasch- und Trockenräume, Schwimmbäder, Sauna usw.

Feuerschutztür; Türen die vor Feuer schützen, müssen in Brandwände u. Heizräumen eingebaut werden.

FI-Schalter; Fehlerschutzschalter wird bei Neubauten für das Bad u. für Steckdosen im Außenbereich oder auch für die ganze Wohnung eingebaut.

Findlingsmauerwerk; es werden unbearbeitete Feldsteine verwendet. → S. 49

First; höchster Punkt des Hauses ist die Linie, an der die Dachflächen oben zusammenlaufen. → S. 64

Firstpfette; oberster Längsbalken eines Satteldaches, auf dem Sparren zusammenstoßen u. aufliegen. → S. 67–68

Firstziegel; werden als oberer Abschluß des Daches eingesetzt. → S. 64

Flachdach; im Gegensatz zu Steildächern läßt sich ein Flachdach über jedem Grundriß errichten. Dabei genügt meist eine Neigung von etwa 3%, um Niederschläge ableiten zu können. → S. 58–59

Flächennutzungsplan; von Gemeinde/Stadt festgelegter erster Schritt zur Erschließung neuer Baugebiete. Flächennutzungsplan nimmt im Gegensatz zum Bebauungsplan nur eine Grobeinteilung in Nutzungen vor. → S. 40

Fliesen; gibt es in vielen Größen, Farben u. in unterschiedlicher Qualität. Sind in vier Beanspruchsgruppen eingeteilt.

Fliesenkreuze; werden Fliesen in Eigenleistung verlegt, können Fliesenkreuze sehr hilfreich sein. Kreuze aus Kunststoff sorgen für gleichmäßigen Abstand zwischen den verlegten Fliesen. Fliesenkreuze (auch Fugenkreuze) werden auf die Ecken der Fliesen gesteckt

Fluate; Abkürzung von Fluorsilikate u. bezeichnet wasserlösliche Verbindungen von Kieselsäuren, die zum Oberflächenschutz von Zement- u. Betonflächen, auch von Fliesen, Marmor u. anderen kalkhaltigen Baustoffen eingesetzt werden (fluatieren).

Flurkarte; in ihr sind alle Flurstücke mit ihren Nummern eingezeichnet.

Flurstück; hat immer eine Nummer. Ein Grundstück besteht aus mind. einem Flurstück.

Freitreppen; sind Treppen, die vor dem Hauseingang liegen.

Frostgrenze; nennt man den Punkt in der Erde, bis zu dem der Boden gefriert. Sohle der Fundamente muß so tief liegen, daß eine Bewegung der darunterliegenden Bodenschicht, verursacht durch Gefrieren u. anschließendem Auftauen ausgeschlossen ist. In Deutschland liegt die Frostgrenze, je nach Landschaft, etwa zwischen 80 cm und 1,50 m.

Fuge; Abstand zwischen zwei Bauteilen, zwischen Fliesen, Mauerwerkssteinen, Holzdielen usw. nennt man Fuge.

Fugenlüftung; unkontrollierter Luftwechsel durch Undichtigkeit von Bauteilen u. -Anschlüssen, bei Fenstern u. Türen, Fertigteilen usw.

Fugmörtel; darf nicht mit Putzmörtel oder Mauermörtel verwechselt werden. Fugmörtel, der im Außenbereich verwendet wird, besteht aus besonders feinem Sand u. Bindemitteln, die ihn nach dem Aushärten wasserabweisend machen.

Fundament; jedes Gebäude steht auf einem Fundament. Dieses überträgt die Last des Gebäudes auf den Baugrund (man spricht deshalb auch von „Gründung"). Die Art des Fundaments hängt von Größe u. Form des Gebäudes ab, aber auch von Bodenbeschaffenheit des Baugrundstücks. → S. 45–46

Fundamenterder; für alle Gebäude vorgeschrieben. In Fundamente wird Fundamenterder eingebaut. An ihn schließt man alle metallisch leitenden Systeme an u. erzielt so einen Potentialausgleich. → S. 72

Fußbodenheizung; hier wird – wie der Name sagt – nicht über Heizkörper, sondern über den Fußboden geheizt. Wärmespeicher ist der Estrich, in dem Heizschlangen verlegt sind. → S. 126

Fußleisten; verdecken die Fuge zwischen Bodenbelag u. Wand.

Galerie; Räume – wenn sie bis unter den Dachfirst offen sind – wirken ungemütlich, können auch nicht genutzt werden. Mit einer Galerie – umlaufend oder nur auf einer Seite – kann zusätzlicher Wohnraum geschaffen werden u. die Räume wirken wohnlicher.

Gasbetonsteine; gehören zur Gruppe der Leichtbetonsteine u. werden aus Zement, Quarzsand, Wasser u. einem gasbildenden Mittel hergestellt. Gasbetonsteine werden nicht gebrannt, sondern unter Dampf gehärtet. → S. 51

Gaube (Gaupe); aus Dachfläche herausragender Dachteil mit eingebautem Fenster. → S. 69

Gefache; bei Fachwerk oder Ständerbauweise entstehen zwischen den Balken, welche das Gerüst des Hauses bilden, Leerräume, die Gefache.

Gehrung; werden z.B. zwei Holz- oder Metallteile mit jeweils einem 45°-Winkel so zusammengefügt, daß ein rechter Winkel (90°) entsteht, nennt man das eine Gehrung.

Gemischte Bebauung (Mischgebiet); im Bebauungsplan ausgewiesene gemischte Bebauung erlaubt verschiedene Nutzung, z.B. Gewerbe (nicht störend) u. Wohnbebauung. → S. 38

Generationenhaus; leben zwei oder drei Generationen in einem Haus – aber in getrennten Wohnungen – spricht man vom Generationenhaus.

Geruchsverschluß; ist ein S-förmiges Rohr, in dem Wasser steht.

Geschlossene Bauweise; im Bebauungsplan festgesetzte Bauweise, die vorschreibt, daß Baukörper entlang einer Front zusammenzubauen sind. → S. 40

Geschoßflächenzahl (GFZ); ist im Bebauungsplan festgelegt. Geschoßflächenzahl sagt aus, wie viele Quadratmeter Geschoßfläche auf einem Grundstück erstellt werden dürfen. → S. 40

Geschoßhöhe; ist der lotrechte Abstand zwischen der Fußbodenoberkante u. der Oberkante des darüber- oder darunterliegenden Fußbodens.

Gewährleistung; ist die Garantie eines Handwerkers bzw. des Bauunternehmers dem Kunden bzw. dem Bauherrn gegenüber, aus der sich eine Haftung für nachweislich durch fehlerhafte Arbeit entstandene Mängel ergibt.

Gewerk; bezeichnet man die unterschiedlichen Arbeitsbereiche am Bau: Maurer-, Beton- u. Stahlbetonarbeiten usw.

Giebel; senkrechte, meist dreieckförmige Hausstirnwand im Dachgeschoßbereich bei Sattel- u. Walmdächern. → S. 69

Gipskartonplatten; werkmäßig gefertigte Platten für Wand- und Deckenverkleidungen, bestehend aus einem Gipskern, der beidseitig mit festhaftendem Karton beschichtet ist. Plattendicke: 10, 12,5, 15 u. 18 mm.

Gipskarton-Verbundplatten; vorgefertigte Dämm- und Verkleidungselemente, bestehend aus Gipskartonplatten mit aufkaschierten Dämmplatten, ggf. unter Zwischenlage einer Dampfsperre.

Gipsmarken; zeigen sich Risse am Bau, deren Ursache unklar ist, werden Gipsmarken eingesetzt. Diese Gipsmarken – in Form eines halben Brötchens – setzt man auf den Riß u. versieht sie mit einem Datumsstempel. Gips ist ein starres Material u. reißt bei einer Bewegung der Mauer sofort. → S. 45

Gleitlager; ermöglichen einer Stahlbetondachdecke sich ungehindert zu bewegen, somit werden Risse im Außenmauerwerk vermieden.

Globalstrahlung; Summe von Direktstrahlung u. Diffusstrahlung. Sie wird von Erdreich, Wasserflächen, Bauwerken u.a. absorbiert u. dabei in Wärme umgewandelt.

Grat; treffen zwei Dachflächen mit gleicher Dachneigung zusammen (z.B. bei einem Walmdach), bilden sie eine Linie, die von der Traufe bis zum First verläuft, den Grat. → S. 64

Grundbuch; ist ein öffentliches Verzeichnis, in dem alle Grundstücke eingetragen sind – mit Besitzer, Verkäufen u. allen Änderungen.

Grunderwerbsteuer; beim Grundstücksverkauf muß 2% des Kaufpreises bezahlt werden – im allgemeinen vom Käufer.

Grundflächenzahl (GRZ); auf jedem Grundstück darf nur ein Teil der Fläche überbaut werden, das hängt vom Bebauungsplan ab. Die Grundflächenzahl legt fest, wieviel Fläche bebaut werden darf. → S. 40

Grundstück; jedes für sich vermessene u. im Grundbuch eingetragene Flurstück ist ein Grundstück. Wird aus einer größeren Fläche mit nur einer Flurstücknummer ein Teilstück herausgekauft, so bezeichnet man das als eine Parzelle.

Grundwasser; im Erdbereich vorhandenes Wasser. Höhe des Grundwasserspiegels ändert sich, je nach Jahreszeit u. Regenanfall. Wichtig ist der höchste Grundwasserspiegel. Liegt dieser im Bereich eines Kellergeschosses, muß Abdichtung gegen drückendes Wasser erfolgen. Während der Bauzeit ist Grundwasserhaltung nötig. → S. 46

Gußasphalt-Estrich; heiß eingebrachte Asphaltmasse mit großer Zähigkeit für sofort begehbare Estrichböden.

Handlauf; oberer Teil eines Geländers, vor allem eines Treppengeländers, nennt man Handlauf. → S. 109–111

Hausanschlußraum; (nach DIN 18012) im Kellergeschoß an der zur Straße liegenden Außenwand, in dem Einrichtungen zum Anschließen u. Absperren der Versorgungsleitungen für Wasser, Strom, Telefon, Kabelfernsehen u. Gas sowie der Abwasserreinigungsschacht untergebracht sind. → S. 48

Haustechnik, technischer Ausbau; Zusammenfassung der technischen Ausrüstung für ein Gebäude: Sanitäreinrichtungen, Rohrleitungen, Armaturen u.ä. für Wasser, Abwasser, Gas Elektroinstallation für Stark- u. Schwachstrom, Telefon u. Fernsehen, Ventilatoren, Pumpen, Aufzüge usw., Heizungs- u. Lüftungsanlage, Warmwasserversorungseinrichtungen.

Heizkörper; Sammelbegriff für alle Arten von Wärmetauschern, Elemente, die die Wärme von Wärmeträgern an die Raumluft abgeben. → S. 125

Heizkörpernischen; damit Heizkörper so wenig wie möglich auffallen, werden sie gerne in Wandnischen unter den Fenstern „versteckt". → S. 125

Heizölsperre; in Heizungsräumen muß Bodenablauf mit einer Heizölsperre versehen sein. Damit wird verhindert, daß Heizöl in das Abwassernetz abfließen kann.

Hellhörigkeit; unzureichende Schalldämmung im Wohnbereich. Besonders festzustellen bei Alt- und Nachkriegsbauten, die noch nicht nach den Regeln des Mindestschallschutzes (DIN 4109) gebaut wurden.

Hinterfüllung; ist die Kies- oder Schotterauffüllung von Arbeits- u. Hohlräumen an Kellermauern, Schächten, Stützmauern etc.

Hinterlüftung; Bezeichnung für das Belüften von vorgehängten Verkleidungen, im Gegensatz zu abgeschlossenen ruhenden Luftschichten. Die Luft muß durch natürlichen Auftrieb zwischen Verkleidung u. Wand bzw. Dach unten ein- und oben austreten können.

Hirnholz; wird die quer zur Faserrichtung verlaufende Schnittfläche von Holzteilen bezeichnet.

HOAI; ist die Abkürzung für „Honorarordnung für Architekten u. Ingenieure".

Holzverkleidung; Wände u. Zimmerdecken können statt mit Putz oder Tapeten auch mit Holz verkleidet werden.

Horizontalsperre; waagerechte Abdichtung, die gemauerte Kellerwände vor aufsteigender Feuchtigkeit schützen soll. → S. 47

Hydrophobieren; nennt man das Verfahren, Flächen wasserabweisend bzw. wasserundurchlässig zu machen.

Hypokaustenheizung; wurde schon von den alten Römern betrieben. Hypokaustenheizung erwärmt die Luft nicht durch Heizkörper sondern durch wärmeabstrahlende Wände, Fußböden oder Decken.

Hörbereich; Bereich menschlichen Hörens im Lautstärkebereich von 0 u. 120 Phon, zwischen Hörschwelle u. Schmerzschwelle.

Hygroskopische Gleichgewichtsfeuchte; in Baustoffen zurückbleibende Dauerfeuchtigkeit, wenn Neubaufeuchte ausgetragen ist. Dauerfeuchtigkeit ist abhängig von umgebender Luftfeuchtigkeit.

Imprägnierung; um Baustoffe wasserabweisend zu machen, werden sie imprägniert. Imprägnierung von Stein oder Beton im sichtbaren Außenbereich kann mit Wasserglas, Silikonanstrichen oder durch Verkieselung (Hydrophobieren) erfolgen.

Infraschall; vom menschlichen Ohr nicht mehr wahrnehmbare Schallwellen niedriger Frequenz.

Innenwände; Wände innerhalb des Gebäudes; sie können tragend oder nicht tragend sein, in Schwer- u. Leichtbauweise, Mauerwerk oder Montagewände.

Installationsblock; vorgefertigtes Element, alle Sanitäranschlüsse vormontiert. Sanitäre Einrichtungen werden am Bau montiert. → S. 94

Installationsschlitze; sind ins Mauerwerk eingeschlagene Vertiefungen, in welche die Rohre verlegt u. verputzt werden.

Isolieren; Schutz gegen Elektrospannungen (isolierte Kabel, isolierter Schraubendreher, isolierte Zange, Isolierband u.a.).

Isolierung; alle Isolierungsmaßnahmen beim Bauen gelten eindringendem (Keller- u. Dach) u. ausdringendem (z.B. Bad) Wasser (Abdichtung).

FACHBEGRIFFE

Isolierverglasung; ist eine Einheit aus mehreren Glasscheiben, die durch luft- oder gasgefüllte Zwischenräume getrennt u. luft- u. feuchtigkeitsdicht miteinander verbunden sind.

Jalousie; waagerechte Lamellen aus dünnem Aluminium oder Kunststoff, die mit Schnüren verbunden, u. sich damit verstellen lassen. Können zu einem Paket hochgezogen oder eingerollt werden. → S. 102

K-Wert; Wärmedurchgang von Bauteilen wird mit dem Wärmedurchgangskoeffizienten k (Wärmedurchgangswert, Wärmedurchgangszahl) angegeben.

Kachel; Ofenkachel beim Kachelofenbau. Heute (fälschlicherweise) allgemein für Keramikmaterial u. Fliesen (umgangssprachlich).

Kachelofen; wird meist mit Holz, Kohle oder Koks betrieben, aber auch mit Gas oder Öl.

Kälte; unwissenschaftlicher, aber im allgemeinen Sprachgebrauch üblicher Betriff für Wärme unterhalb des Gefrierpunktes.

Kältebrücken; Ausdruck für „Wärmebrücken" physikalisch nicht richtig, da Wärme über diese „Brücke" nach außen wandert u. nicht die Kälte herein.

Kalksandsteine; Mauersteine aus Kalk u. überwiegend quarzhaltigen Zuschlagstoffen (Sande), die nach innigem Mischen durch Pressen u. Rütteln verdichtet, geformt u. unter Dampfdruck gehärtet werden.

Kaltdach; ist ein „belüftetes Dach", das wärmegedämmt ist, aber zwischen der Dämmung u. der Dachhaut liegt ein Luftraum mit Be- u. Entlüftung an den Dachrändern. → S. 59

Kamin; Darunter versteht man den offenen Kamin mit eigenem Schornstein. → S. 129

Kataster; das amtliche Verzeichnis aller Flur- bzw. Grundstücke eines Gebietes.

Kehlbalken; feste waagerechte Verbindungen zwischen Sparrenpaaren. Dienen der Aussteifung des Sparrendaches u. bilden bei ausgebauten Dachgeschossen die Deckenkonstruktion. → S. 67–68

Kellergeschoß; muß ganz oder teilweise (mit Unterkante seiner Decke bis max. 1,40 m über der natürlichen Geländeoberfläche) unter der Erde liegen.

Kellerwanne; wird ein Keller unter das Niveau des Grundwassers gebaut, muß er als Wanne mit wasserundurchlässigem Beton hergestellt werden.

Kerndämmung; Dämmung zwischen zwei Mauerschichten: dem Mauerwerk der Außenwände u. dem Vormauer- oder Verblendmauerwerk.

Kettenhaus; werden Reihenhäuser durch eine Garage, einen Wintergarten o.ä. getrennt, spricht man von „Kettenhäusern". → S. 5

Klimageräte; kühlen oder beheizen, be- oder entfeuchten einen Raum.

Klinker; bis zur Sinterung gebrannte, frostbeständige Mauerziegel mit hoher Druckfestigkeit. Müssen wasserundurchlässig, frei von Trocken- u. Brandrissen sowie von ausblühenden Salzen sein.

Knagge; ist ein unterstützendes, konsolartiges Bauteil in Holz- u. Stahlkonstruktionen.

Kniestock; im Dachgeschoß zwischen der Dachschräge u. dem Fußboden eine senkrechte Wand nennt man Kniestock oder Drempel.

Körperschall; Schall der sich in festen Stoffen oder Wasser ausbreitet.

Kompensatoren; in Rohrleitungen eingebaute Zwischenstücke zur Abminderung von Körperschall oder zur Aufnahme von Dehnungen bei langen Rohrleitungen.

Kondensat; Schwitzwasser, das sich an kalten Flächen niederschlägt.

Konsole; auskragendes Auflager für tragende Bauteile, die anders nicht unterstützt werden.

Konterlatte; Zwischenlatte zur Schaffung eines Luftabstandes zwischen der eigentlichen Dachkonstruktion u. der Dachdeckung. → S. 65–66

Kontraktion; Schrumpfung sowie Verkleinerung von Längen, Flächen und Volumen.

Konvektion; Mitführung u. Übertragung von Energie oder den Transport elektrischer Ladung durch kleinste Teilchen in einer Strömung.

Konvektoren; Heizkörper aus Rippenrohren, die Wärme überwiegend durch Konvektion, also durch Luftaustausch, an den Raum abgeben. → S. 125

Kopfband; (auch Bug) kurze Strebe zwischen Pfosten und Pfette, meist als Windverband. → S. 67–68

Kork; wird aus der Rinde der Korkeiche gewonnen u. ist ein ausgezeichnetes Dämmaterial.

Kriechkeller; nicht begehbarer, sehr niedriger Keller.

Lack; Sammelbegriff für verschiedenartige Erzeugnisse der Anstrichmittelindustrie.

Lärm; jede Art Schall, der als Störung empfunden wird, unabhängni von Tonhöhe u. Lautstärke.

Lärmschutz; bei äußeren Schallpegel von 62 dB (Lärmpegelbereich 3) wird Fenster der Schallschutzklasse 3 benötigt. Dieses Fenster hat bewertetes Schalldämmaß von 37 dB. Es senkt Raumschallpegel auf nur 25 dB. → S. 194

Laibung; bezeichnet man die innere Fläche von Wandöffnungen, Nischen oder Bögen, z.B. Türlaibung, Fensterlaibung.

Landesbauordnung; jedes Bundesland hat eine eigene Landesbauordnung, welche das Bundesbaugesetzt ergänzt u. erweitert.

Lasur; nicht deckender Anstrich, der den Untergrund durchscheinen läßt.

Lattung; soll auf Wand oder einer Decke ein anderer Baustoff angebracht werden (z.B. Gipskartonplatten, Holz usw.), bringt man vorher eine Lattung auf.

Laufbreite; bei Treppen wird die Laufbreite zwischen der Treppenhauswand u. der Innenkante des Handlaufs gemessen. → S. 108–111

Lauflinie; ist die Mittellinie eines Treppenlaufs. → S. 108

Leerrohre; sind Rohre aus Kunststoff, durch die später je nach Bedarf alle elektrischen Leitungen, auch Telefonleitungen, ganz einfach eingezogen werden können.

Lehmbauweise; viele alte Fachwerkhäuser sind aus Lehm erbaut u. stehen über Jahrhunderte.

Leichtbauwand; nichttragende Wand, die ausschließlich zur Trennung von zwei Räumen dient.

Leichtmörtel; Mauermörtel mit niedrigem Raumgewicht u. gutem Wärmedämmwert, zum fachgerechten Vermauern von Leichtsteinen.

Leimfarben; Anstrichmittel aus Leim, Pigment u. Wasser. Bindemittel ist in Wasser gelöster Leim, der seine Wasserlöslichkeit nach dem Trocknen nicht verliert. Anstrich mit Leimfarbe bleibt empfindlich gegen Feuchtigkeit.

Leimholzbinder; Balken, die aus zusammengeleimten Brettern bestehen.

Leistungsbeschreibung; gliedert sich in Baubeschreibung u. Leistungsverzeichnis (LV). In der Baubeschreibung wird die Bauaufgabe dargestellt, im Leistungsverzeichnis sind die einzelnen Leistungen beschreiben, welche die Handwerker zur Kalkulation ihres Angebotes brauchen.

Lichtes Maß; ist der Abstand, der zwischen zwei voneinander entfernten Bauteilen innen gemessen wird.

Lichtkuppel; Flachdach-Belichtungselement mit ein- oder mehrschaliger Kuppel aus Glas oder Kunstglas, auf Aufsatzkranz unterschiedlicher Höhe montiert.

Lichtschacht; dient hauptsächlich zur Belüftung von Kellerräumen.

Loggia; dreiseitg geschlossener, überdachter u. somit Wind- u. Sicht-geschützter Freisitz. → S. 104

Lotrecht; Senkrechte wird durch ein Lot überprüft. Ein Gewicht hängt an einer Schnur nach unten.

Lüftungswärmebedarf; durch Heizen aufzubringende Wärmemenge, um die dem Raum durch Fugen, Fenster u. maschinelle Lüftung zugeführte Luft auf Raumlufttemperatur zu erwärmen.

Luftfeuchtigkeit; Luft enthält in der Regel Feuchtigkeit in Form von Wasserdampf. Je höher die Temperatur ist, um so größer ist die Feuchtigkeitsmasse, die Luft aufnehmen kann.

Luftschall; kleine Druckschwankungen, welche sich in Luft wellenförmig ausbreiten u. Bauteile u. andere Körper, auf die sie auftreffen, zum Schwingen anregen.

Markise; ausklappbares Sonnen- oder Regendach, bestehend aus einer leichten Stabkonstruktion, meist aus Alu mit wetterfestem Gewebe überspannt. → S. 102

Marmor; Naturstein, unter großen Druck u. hohen Temperaturen tief in der Erde aus Kalkstein entstanden.

Massenberechnung; zur Erstellung des Leistungsverzeichnisses (Leistungsbeschreibung) u. zur Kostenermittlung nimmt der Architekt eine Massenberechnung vor.

Massiv; bezeichnet man volles, festes Material ohne Hohlräume, z.B. Vollziegel, Massivholz, Beton usw.

Mauermaße; die „Maßordnung am Hochbau" (DIN 4172) bildet zusammen mit der DIN 1053 (Mauerwerk, Berechnung u. Ausführung) die Grundlage zur Bemessung der Gebäude, einzelner Bauteile sowie u.a. der Mauersteine.

Mauersteine; (Formate) Mauersteine aus allen Materialien gibt es in verschiedenen Formaten u. Ausführungen. Formate sind nach DIN 105 genormt. → S. 51–52

Mauerziegelverband; bezeichnet man die Art u. Weise der Zusammensetzung von Mauerwerk aus Ziegeln.

Mehrfamilienhaus; Haus, das mehr als zwei normale Wohnungen (ohne Einliegerwohnung) umfaßt. → S. 33–36

Mehrschalige Wände; Wandkonstruktion aus zwei oder mehreren im Abstand voneinander befindlichen Schalen zur Verbesserung des Wärme- u. Feuchteschutzes sowie des Schallschutzes. Wärmedämm- oder Luftschichten sind keine Schalen. → S. 50

Meter; das Meter, die Längeneinheit m, ist 40millionster Teil des durch die Pariser Sternwarte gehenden Erdmeridians. Dieses Ur-Meter aus Platin u. Iridium wird im französischen Staatsarchiv aufbewahrt. 1875 haben alle beteiligten Staaten, die das Dezimalsystem haben, eine genaue Nachbildung des internationalen Urmeters erhalten. Seit einiger Zeit ist die Definition des Meters aufgrund von Wellenlängen zugelassen. Das Wort „Meter" stammt vom griechischen Wort „Metron", welches „Maß" bedeutet.

Meterriß; mit Hilfe eines Nivelliergerätes, einem Lasergerät oder einer Schlauchwaage wird genau 1 m über OKFF an jeder Tür, jedem Fenster der endgültige Meterriß angegeben.

Mindestdachneigung; Mindestdachneigung eines Daches für ein bestimmtes Deckungsmaterial. Durch Industrie, Verlegerrichtlinien der Fachverbände oder Normen vorgeschrieben. → S. 65

Mindest-Wärmeschutz; durch Verordnungen u. Normen festgelegte unterste Grenze des baulichen Wärmeschutzes.

Mineralische Baustoffe; z.B. Zement, Kalk, Gips, Sand, Kies, Beton u.ä. zum Unterschied von organischen Baustoffen (z.B. Holz) oder metallischen (z.B. Stahl).

Mittelpfette; Längsbalken eines geneigten Daches zur Zwischenabstützung der Sparren. → S. 67–68

Mörtel; Putzmörtel, Estrichmörtel u. Mauermörtel. Mauermörtel dient dazu, Steine miteinander so zu verbinden, daß eine Wand tragfähig ist.

Nachbarrecht; wer baut u. Nachbarn hat, muß deren Rechte berücksichtigen. Das Nachbarrecht ist ein Teilgebiet des Baurechts.

Nachbarschaftshilfe; wenn Nachbarn oder Vereinskameraden beim Bau behilflich sind, ist das zulässige Nachbarschaftshilfe.

Nachtspeicherheizung; um billigen Nachtstromtarif auszunützen, sind Nachtspeicherheizungen von Vorteil.

Nagelplatten; Nagelplatten bzw. Lochbleche sind feuerverzinkte Stahlbleche mit Löchern. Mit ihnen lassen sich zwei Balken oder Bretter verbinden.

Naßzelle; Bad, Küche, Toilette, Waschküche, Haushaltsraum, Schwimmbad, alles Räume mit fließendem Wasser, bezeichnet man als Naßzellen.

Naturkeller; ein „echter" Naturkeller hat Wände aus gebrannten Ziegeln u. Fußboden aus gestampftem Erdreich. In einem solchen Raum sind Temperatur u. Luftfeuchtigkeit ausgeglichen.

Nichtdrückendes Wasser; bei Gebäuden u. Bauteilen: Saugwasser, Haftwasser, Kapillarwasser, Sickerwasser, soweit es nicht stauend ist. → S. 47

Nichttragende Wände; scheibenartige Bauteile, die überwiegend nur durch ihr Eigengewicht beansprucht werden. Müssen aber auf ihre Fläche wirkende Windlasten auf tragende Bauteile abtragen.

Niedrigenergiehaus; durch Einsatz von energiesparenden Heiztechniken u. erneuerbarer Energie, durch passive Sonnenenergie u. optimale Wärmedämmung Häuser so auszustatten, daß nur ein Viertel der Energie, die in herkömmlich beheizten u. „normal" gedämmten Häusern verbraucht wird, benötigt wird.

Nut- und Federverbindung; Bauteile: Profilbretter, Bauplatten, sogar Bausteine. Bauteile haben auf einer Seite eine Nut (eine schmale Rinne), auf der anderen Seite eine Feder (eine herausstehende in die Nut passende Leiste).

Nutzfläche; Räume in einem Haus, die nicht zum Wohnen genutzt werden, nennt man Nutzfläche. Dazu gehören Kellerräume, nicht ausgebaute Dachräume, Garagen, Abstellräume u. Balkone.

Nutzungsänderung; werden Bauteile umgebaut, damit sie einen neuen Zweck erfüllen, spricht man von einer Nutzungsänderung oder Umnutzung.

Oberlicht; von der Decke kommender Lichteinfall. Oberlicht eignet sich zur Belichtung innenliegender Räume in Einfamilienhäusern (Bad, Toilette, Vorratskammern) oder im Wohnungsbau zur Belichtung des oberen Stockwerks.

OKFF; Abkürzung für „Oberkante Fertigfußboden". Man findet die Bezeichnung in Grundriß- u. Schnittzeichnungen, u. zwar immer im Zusammenhang mit einer Zahl.

OKRF; Abkürzung für „Oberkante Rohfußboden".

Ortgang; Giebelanschluß bei Steildächern mit Ortgangziegeln oder -profilen, aber auch mit Verkleidungen. → S. 64

Palisaden; runde oder kantige Pfähle, mit denen man z.B. auf Hanggrundstücken Böschungen auffangen und so ebene Gartenbereiche schaffen kann.

Paneele; aus Kunststoff, Alu, u. Holzvertäfelung.

Penthouse; Wohnung, die auf der Dachterrasse eines mehrgeschossigen Wohngebäudes liegt.

Pergola; Laubengang, ein Gerüst aus Stützen mit aufliegenden Längspfetten u. Quersparren. Eine Pergola wird meist aus Holz gebaut. → S. 169

Perimeter-Dämmung; außenliegende Wärmedämmung von Kellerwänden u. -böden, nehmen kein Wasser auf. → S. 47

Pfetten; sind die waagerechten Balken des Dachstuhls, welche die Last der Sparren aufnehmen. → S. 67–68

Pigmente; ein in Lösungsmitteln und/oder Bindemitteln unlösliches, organisches oder anorganisches Farbmittel.

Plastisch; Eigenschaft von form- u. dehnbarem Material, das nach Beanspruchung im wesentlichen neue Form behält, wie z.B. bei Fugendichtungen mit Preßmaterial, Kitten, Spritzpistolenmassen u.ä.

Podest; erhöhte Bodenfläche. Podest auch Plattform an der Biegung einer Treppe. → S. 109

Polier; Bauhandwerker, der die Arbeiten auf der Baustelle anordnet, einteilt u. deren sachgemäße Ausführung überwacht.

Profilbretter; bestehen aus massivem Holz u. werden zur Verkleidung von Wänden u. Decken verwendet. Haben Nut und Feder u. sind unterschiedlich breit.

Querlüftung; Öffnungen für Zu- und Abluft liegen sich gegenüber.

Rabitzgewebe; Metallgewebe, wie z.B. Rippenstreckmetall, Ziegelplitt- u. Drahtgewebe, als Putzträger für geformte Wand- u. Deckenflächen sowie zum Überspannen von Installationsschlitzen.

Rauhspund; Schnittware, die oben u. unten besäumt ist. Bretter oder Latten sind 24 mm dick u. haben auf der Rückseite manchmal sogar eine Baumkante.

Rauminhalt; (Volumen) gebräuchlichste Maßeinheiten sind: Kubikmeter = m^3 (1m x 1m x 1m), Kubikdezimeter oder Liter = dm^3 (1dm x 1dm x 1dm), Kubikzentimeter = cm^3 (1cm x 1cm x 1cm).

Raumspartreppe; wo eine Treppe wenig genutzt wird, kann man mit einer Raumspar- oder Sambatreppe eine Menge Platz sparen. Treppe hat geteilte Stufen, es hat also immer nur ein Fuß auf dem Auftritt Platz. → S. 109

Reetdach; Dach ist mit Schilfhalmen (die heute meist aus Ungarn importiert werden) gedeckt. Nur Spezialfirmen können diese Dacheindeckung durchführen, was nicht billig ist. → S. 65

Reflexion; Zurückwerfen, Reflektieren, von Lichtstrahlen, elektromagnetischen Wellen, Schallwellen u. dergleichen.

Regenschutzschiene; ist ein wasserableitendes Profil im unteren Falz des Blendrahmens (Fensterrahmen) eingebaut u. dergleichen.

Regenwasser-Klappe; um Regenwasser zum Blumengießen zu gewinnen, kann in das Fallrohr (Dachrinne) eine Regenwasserklappe eingebaut werden. Die Klappe wird bei Regen heruntergeklappt, dann fließt das Regenwasser in ein darunterstehendes Faß. → S. 162

Regenwassernutzung; für Gartenbewässerung, Toilettenspülung u. Waschmaschine kann man erhebliche Mengen Wasser einsparen. Dafür wird das Regenwasser in einem Tank (Zisterne) gesammelt. → S. 162

Regiearbeiten; alle Arbeiten am Bau, die nicht im Leistungsverzeichnis nach fertigen Massen (Massenberechnung), sondern nach Material- und Zeitaufwand abgerechnet werden.

Reihenhaus; wirtschaftlichste Form des Einfamilienhauses u. dank einfallsreicher Architekten auch nicht mehr die phantasieloseste. → S. 9

Relative Luftfeuchte; Luft enthält gewöhnlich nur einen Teil der höchstmöglichen Feuchtigkeit. Die relative Luftfeuchtigkeit ist gleich der vorhandenen Wasserdampfmasse geteilt durch die höchst mögliche Wasserdampfmasse. Sie wird meist in Prozent angegeben.

Renovierung; Erneuerung verschlissener Bauteile wie Dach, Fenster, Türen, Fußbodenbeläge, Anstriche u.ä. Grenzen zwischen Renovierung u. Sanierung sind fließend.

Revisionsklappe; wo Absperrventile, Abflußrohre, Elektro-Schaltkästen, verkleidete Rohrverbindungen, Schächte, Stromverteilungen usw. versteckt angebracht sind, muß eine Revisionsklappe eingebaut werden.

Rezeptmauerwerk; (auch Mauerwerk nach Eignungsprüfung). Dünnwandiges belastbares Mauerwerk, ausgeführt nach den Regeln der DIN 10953, Teil 2.

Richtfest; ist der Rohbau fertig u. der Dachstuhl aufgerichtet, wird das Richtfest gefeiert.

Riemchen; zur Verkleidung von vorhandenem Mauerwerk innen u. außen werden oft Riemchen oder Flachverblender eingesetzt.

Ringanker/Ringbalken; lastverteilende Balken über tragenden Außen- u. Innenwänden. Können mit Massivdecken oder Fensterstürzen aus Stahlbeton vereinigt werden.

Rohbau; nennt man den nackten Baukörper. Dazu gehören Fundament, Mauern, Decken, Keller u. Dachstuhl.

Rohbauabnahme; wenn Rohbau fertiggestellt ist, muß er von der Bauaufsichtsbehörde abgenommen werden. Vor Ort wird dann geprüft, ob der Bau mit den eingereichten Plänen und Anträgen übereinstimmt.

Rohdichte; Dichte eines Stoffes einschl. Poren, Zwischenräumen u. dergleichen in kg/m^3. Raumgewicht trockener Baustoffe.

Rohdecke; Decke eines Bauwerks im „rohen" Zustand, ohne Fußbodenaufbau u. ohne Verkleidung der Deckenuntersicht.

Rohrisolierung; wasserführende Rohre sollten grundsätzlich isoliert werden.

Rohrschellen; für die Montage der Rohre an Wand, Decke oder im Boden werden spezielle Befestigungselemente in verschiedenen Materialien u. Durchmessern verwendet.

Rolladen; schützt vor Einblikken, vor zuviel Sonne u. Wärme, auch vor Wärmeverlust u. Lärm. → S. 102

Rolladenkasten; auf der Baustelle gefertigte, meist vorgefertigte Hohlkästen verschiedenster Ausführung als oberer Abschluß von Fenster- oder Türöffnungen zur Aufnahme des Rolladens. → S. 102

Rollstuhlgerechtes Bauen; (barrierefreie Wohnungen) keine Schwellen, breitere Türen u. Flure als üblich, Fensterbeschläge, die vom Rollstuhl aus leicht zu bedienen sind, bodenebene Duschen, mit Rollstuhl befahrbar, keine engen Durchgänge. → S. 41–43

Sandstrahlverfahren; unter hohem Druck wird ein scharfkörniges Strahlmittel wie Quarzsand oder Stahlkies auf die Arbeitsfläche geschleudert.

Schall; Schallwellen breiten sich in der Luft in Form von Druckschwankungen aus. Für das menschliche Ohr ist Schall im Frequenzbereich von 10 bis 20.000 Schwingungen je Sekunde (Hertz) hörbar.

Schalldämm-Maß R in dB; ein in DIN 4109 festgelegter Begriff zur quantitativen Beschreibung der Luftschalldämmung von Wänden, Decken u. dergleichen auf Prüfständen (Rw) oder am Bau (Ríw). Das Schalldämmaß Ríw ist stets kleiner als das Labormaß Rw.

Schalldämmung; Schall soll daran gehindert werden, in benachbarte Räume oder von draußen in Innenräume zu gelangen.

Schallängsleitung; Schallübertragung durch Nebenwege, z.B. durch massive Bauteile, Rohrleitungen, steife Dämmstoffe u.ä.

Schallschluckung; auch Raumschalldämmung: Herabsetzung des Schalls oder Lärms im betrachteten Raum.

Schaltzeichen; Symbole für Elektroinstallation. → S. 216

Schalung; Schalung wird dazu benutzt, frisch gegossenen

Beton in Form zu halten, bis er erhärtet ist. Dafür verwendet man Schalungsbretter oder Tafeln aus Nadelholz, kunstharzbeschichtete Sperrholztafeln, gehärtete Holzfaserplatten, Kunststoffplatten oder Stahlbleche.

Schamotte; ein feuerfester, sehr hart gebrannter Ton. Schamotte-Steine werden zur inneren Verkleidung von Öfen u. Kaminen benutzt.

Scheibenzwischenraum (SZR); bei Isoliergläsern der lichte Abstand zwischen zwei (drei) Einfachscheiben.

Schindeln; Verkleidung von Hausfassaden zur Deckung ganzer Dächer. Schindeln sind flache, gespaltene oder gesägte Holzbrettchen aus Fichte, Kiefer, Eiche, Red Cedar. → S. 65

Schlämmanstrich; weißer Anstrich aus Kalkfarbe oder einer Mischung aus Kalkfarbe u. Weißzement oder anderen wäßrigen Anstrichfarben auf unverputztem Mauerwerk.

Schlauchwaage; ein ganz mit Wasser gefüllter, durchsichtiger Schlauch, Werden beide Enden hochgehoben, ist der Wasserpegel auf beiden Seiten gleich hoch.

Schlußabnahme; Bauherr muß sie spätestens 1 Woche nach Abschluß aller Arbeiten beantragen. Schlußabnahme wird durch die Bauaufsichtsbehörde durchgeführt u. umfaßt die bauliche Abnahme.

Schlußrechnung; endgültige Abrechnung der Handwerker oder Bauunternehmer für Löhne u. Leistungen ist die Schlußrechnung.

Schneefanggitter; in schneereichen Gegenden muß auf dem Dach von Gebäuden, die direkt an öffentliche Gehwege grenzen, Schneefang angebracht werden.

Schnellbinder; branchenübliche, nicht ganz korrekte Bezeichnung für einen schnell erstarrenden Zement.

Schnurgerüst; bevor mit dem Aushub begonnen wird, müssen die Begrenzungslinien des Neubaus anhand der genehmigten Bauzeichnungen durch Katasteramt oder einen öffentlich bestellten Vermessungsingenieur abgesteckt werden. → S. 44

Schornstein-Sanierung; wenn Schornstein versottet, innen durch Schadstoffe u. Nässe beschädigt ist, muß eine Schornstein-Sanierung von einer Fachfirma durchgeführt werden.

Schüttelschaum; Montageschaum, der als Zwei-Komponenten-Schaum in einer Kartusche nur reagiert, wenn er geschüttelt wird.

Schüttgut; kleinteiliges Dämmmaterial, das man mit Hilfe von Druckluft oder in „Handarbeit" in Hohlräume einfüllt.

Schwelle; untere Begrenzung zwischen Tür u. Fußboden.

Schwitzwasser; trifft warme, feuchte Luft auf kalte Fläche, bildet sich Schwitzwasser. Luftfeuchtigkeit setzt sich als Kondensat,deutlich sichtbar als Tropfen, auf dieser Fläche ab. → S. 66

Sicherheitseinbehalt; um sicher zu gehen, daß Handwerker fach- u. termingerecht arbeiten, kann Bauherr Sicherheitseinbehalt vereinbaren, der bis zu 5% der Netto-Auftragssumme betragen kann.

Sicherheitsglas; Glas zersplittert nicht, sondern zerfällt in stumpfe Krümel oder springt nur.

Sicherungskasten; in ihm werden die einzelnen Stromkreise durch Sicherungsautomaten abgesichert.

Sichtmauerwerk; hier sind die Steine u. Fugen zu sehen, es wird also nicht verputzt oder verkleidet.

Silikon-Kautschuk; dauerelastisches Dichtungsmaterial, welches in mehreren Farben erhältlich ist, wird in Kartuschen geliefert, man spritzt damit Fugen, z.B. zwischen Wand u. Badewanne, aus.

Sockel; der Teil des Hauses zwischen Geländeoberkante u. dem Erdgeschoß. Meist bildet der Sockel den Übergang vom Keller zum Haus.

Sohle; Fläche, auf der das Haus steht, nennt man Sohle.

Solaranlagen; nutzen die Energie der Sonne zur Erwärmung von Brauchwasser u. Erzeugung von Strom.

Sonnenhöhe; Winkel zwischen Sonne u. horizontaler Ebene in vertikaler Richtung. → S. 114–116

Sonnenkollektor; in ihm wird in einem Absorber Wärmeträgerflüssigkeit (i.d.R. Sole) erhitzt. Die erhitzte Flüssigkeit wird in einem grschlossenen Kreislauf in den Wärmespeicher gefüht und erwärmt dort das Wasser.

Spachtelmasse; man braucht sie dort, wo Löcher (z.B. von Schrauben oder Nägeln), Spalten oder Ritzen ausgefüllt oder zu behandelnde Flächen geglättet werden müssen.

Spaltlüftung; Lüftung, bei der das Fenster nur teilweise geöffnet wird.

Spanplatten; aus Holzspänen, die mit Klebemitteln zu Platten gepreßt werden.

Sparren; in der Dachneigung schrägstehende Kanthölzer, die sich beim Sparrendach gegenseitig abstützen u. beim Pfettendach auf Pfetten aufliegen. Sie sind Träger der Dachdeckung u. beim ausgebauten Dach Träger der Wärmedämmung u. Verkleidungen. → S. 67–68

Sprossen; größere Fenster- oder Türflächen werden mit Sprossen in kleinere Segmente geteilt.

Sperren u. Abdichten; Schutz gegen Feuchtigkeit (Dichtstoff, Fugenabdichtung, Dichtungsbahn, Feuchtigkeitssperre, u.a.).

Stahl; ist härter u. widerstandsfähiger als Eisen, rostet nicht so schenll u. umfaßt einen großen Teil des Baustoffsortiments.

Ständerbauweise; Holzskelett-Konstruktion. Die tragenden Elemente des Hauses sind massive Holzbalken, deren Gefache mit Mauerwerk oder Bauplatten ausgefacht werden.

Statiker; ist dafür verantwortlich, daß das Haus u. alle seine Teile standfest sind u. bleiben. Statiker berechnet alle tragenden Konstruktionen.

Stationärer Zustand; Dauerzustand z.Bsp. einer Wärmeströmung. Die Temperaturwerte bleiben für einen bestimmten Zeitraum an allen Stellen eines Bauteils konstant. Annahme für die Berechnung der Wärmeverluste.

Steckdosen; dienen dazu, die unterschiedlichsten elektrischen Geräte im Haus mit Strom zu versorgen. → S. 122

Steinholzfußboden; elastischer u. fußwarmer, fugenloser Belag aus Weichholzmehl u. Magnesit als Bindemittel. Heute kaum noch üblich.

Stoß; werden zwei Teile ohne Fugen zusammengefügt, so nennt man die Stelle an der sie zusammengefügt werden Stoß.

Stoßlüftung; natürliche Lüftung, die durch das volle Öffnen des Fensters zustande kommt.

Strahlungsintensität (Bestrahlungsstärke); energetische Leistung der auf eine Wandfläche auftretenden Sonnenstrahlung. Verwendete Einheit meist W/m≤.

Strahlungswärme; im Gegensatz zur Konvektion, bei der die Räume durch Luftzirkulation (Konvektoren) erwärmt werden, wirkt Strahlungswärme direkt. Sie wird vor allem von Kachelöfen, der Hypokaustenheizung oder von der Fußbodenheizung erzeugt. → 125–126

Stromkreis; elektrische Geräte, Leuchten, Radio, Fernsehgerät u.a. sind in Stromkreisen zusammengefaßt, die an Sicherungen angeschlossen sind. → S. 122

Stuck; eigentlich eine Gipsart, die schnell abbindet. Bekannter als ornamentale Verzierung aus Gips (eben Stuckgips).

Sturz; obere waagerechte konstruktive Begrenzung einer Maueröffnung (Fenstersturz, Türsturz).

Tackern; mit einer Maschine (Pistole) werden Krampen (Be-

FACHBEGRIFFE

festigungshaken) unter Druck „abgeschossen".

Tapeten; in verschiedenen Materialien: Papier usw. Tapeten werden im Innern der Räume auf Putz geklebt.

Taupunkttemperatur; Temperatur, bei der die Luftfeuchte durch Abkühlung ihren Sättigungsgehalt erreicht (relative Luftfeuchte 100%). Wird diese Taupunkttemperatur noch unterschritten, dann scheidet sich aus der Luft Feuchtigkeit ab (Tauwasser, Kondenswasser).

Tauwasser; Feuchtigkeit, die sich aus der Luft an oder in Bauteilen niederschlägt, wenn sich die Luft unter ihren Taupunkt abkühlt. → S. 66

Terrazzo; Kunststein, der aus Weißzement mit den verschiedensten dekorativen Zuschlägen hergestellt wird.

Thermographie; Technik, bei der Spezialkameras Aufnahmen von einem Haus machen u. dabei Schwachpunkte der Wärmedämmung aufzeigen.

Thermohaut; Dämmung, die auf die Außenwand aufgebracht wird. Bei Neu- oder Altbauten.

Thermostate; um Heizenergie optimal zu nutzen, werden automatische Temperaturregler (Thermostate) eingebaut.

Tragende Wände; überwiegend durch Druck beanspruchte, scheibenartige Bauteile zur Aufnahme lotrechter Lasten, z.B. Deckenlasten sowie waagerechter Lasten, z.B. Windlasten.

Transmissionswärmeverluste; Wärmeverlust, der durch das Abwandern von Wärme aus beheizten Räumen durch die Bauteile hindurch nach außen entsteht.

Traß; feingemahlener Tuffstein vulkanischen Ursprungs.

Traufe; untere Kante eines geneigten Daches, die parallel zum Dachfirst verläuft. → S. 64

Traufhöhe; ist der Abstand zwischen Geländeoberkante und der Traufe.

Traufziegel; speziell geformte Dachziegel, leiten das Regenwasser von Dachfläche in die Rinne. → S. 64

Treppe; besteht aus den Stufen, den Wangen u. dem Handlauf. → S. 108–111

Treppengeländer; bei Treppen mit mehr als 3 Stufen ist ein Treppengeländer Pflicht. → S. 110

Treppenstufen; Treppen müssen sicher u. bequem zu begehen sein. Voraussetzung dafür ist, daß das Verhältnis von Höhe u. Tiefe der Stufen stimmt. Übliche Form für das Steigungsverhältnis: 2 Hohen der Setzstufe u. 1 Tiefe der Trittstufe sollen 62,5 cm betragen. (Beispiel: Stufenhöhe von 17 cm x 2 = 34 cm, Stufentiefe 29 cm, ergibt zusammen 63 cm.) → S. 110

Treppenwange; seitliche Begrenzung der Treppenstufe nennt man Wange. → S. 110

Trittschall; Schall der beim Begehen von Böden als Körperschall entsteht u. teilweise als Luftschall abgestrahlt wird.

Trockenputz (Trockenbauweise); Putz in Form von Gipskartonplatten, die „trocken" verlegt werden u. keine Baufeuchtigkeit einbringen. Die Anbrigung erfolgt mit Schnellbindern oder auf Lattenunterkonstruktionen mit Schnellbauschrauben.

Trübung; Schwächung der direkten Sonnenstrahlung durch die Atmosphäre. Abhängig vom Grad der Luftverunreinigung u. der Dicke der zu durchlaufenden Luftschichten. Zur Kennzeichnung dient bei Berechnungen der „Trübungsfaktor T".

Türbeschläge; alle Teile der Tür, welche das Türblatt mit dem Rahmen verbinden.

Türblatt; freischwingende oder gleitende Tür ohne Rahmen. → S. 105/106

Türdichtung; schützt vor Zug u. die Tür läßt sich leiser schließen. Türdichtungen sind aus elastischem Material.

Türfutter; ist die innere Verkleidung der Türöffnung. → S. 106

Überbaubare Fläche; Fläche, welche im Bebauungsplan durch Baulinien, Baugrenzen oder die Bautiefe festgelegt ist. Nebenanlagen u. andere bauliche Anlagen können außerhalb dieser Fläche (Linien) angeordnet werden, soweit nach Landesrecht zulässig. → S. 40

Überbinder; um das Vormauerwerk mit der Wand zu verbinden, werden Überbinder, nichtrostende Drahtanker, die fest ins Mauerwerk eingearbeitet werden und im Mörtelbett der Vormauerung enden, eingebaut.

Überzug; tragendes Element, das Räume überspannt u., im Gegensatz zum Unterzug, über einer Last liegt.

Ultraschall; Schall oberhalb 20.000-Hz-Grenze, wird vom menschlichen Gehör nicht mehr erfaßt.

Umkehrdach; Warmdach, dessen Dämmung allerdings anders konstruiert ist. Sie liegt auf der Dachhaut.

Umwälzpumpe; bei bestimmten Zentralheizungen wird eine Umwälzpumpe in das geschlossene System eingebaut. Sie sorgt dafür, daß der Wasserumlauf schneller ist u. die Wärmeverluste gering.

Umweltverträglichkeit; Einsatz von Baustoffen, die keine Schadstoffe enthalten u. deshalb ein gesundes Wohnen garantieren.

Unterfangen; werden bei der Sanierung eines Hauses tragende Elemente herausgenommen, müssen die Bauteile, die vorher von ihnen getragen wurden, unterfangen, also abgestützt werden.

Unterspannbahn; sie verhindert das Eindringen von Regen oder Flugschnee im Dachbereich. Unterspannbahnen schützen die Dämmung vor Feuchtigkeit. Bestehen meist aus reißfester Kunststoffolie (Gitter-Folie) und werden mit einer Lattung über den Dachsparren leicht durchhängend befestigt. → S. 66

Unterzug; horizontaler Träger, der die Last einer Wand oder Decke aufnimmt u. auf Wände, Stützen oder Pfeiler überträgt.

Verdünner; werden zur Verbesserung der Streichfähigkeit von Lacken, zum Reinigen von Pinseln, auch zum Abbeizen verwendet.

Verkehrsflächen; oder Erschließungszonen nennt man die Bereiche im Haus, über die man in die einzelnen Räume gelangt. Flur, Diele, Windfang u. Treppen.

Verkehrswert; voraussichtlich zu erzielender Verkaufswert einer Immobilie.

Verkieselung; feuchte, wasserdurchlässige Wände können durch Verkieselung wasserundurchlässig gemacht werden.

Versiegeln; Holzfußböden müssen gegen das Eindringen von Schmutz u. Feuchtigkeit durch eine Versiegelung geschützt werden.

VOB; Abkürzung für „Verdingungsordnung für Bauleistungen". In der VOB ist das Verhältnis von Bauherr zu Handwerker geregelt.

Vollgeschoß; im Gegensatz zu Halb- u. Kellergeschossen ein volles Wohngeschoß.

Vollwärmeschutz; jeder äußerlich angebrachte Wärmeschutz aus Verbundsystemen (Thermohaut).

Vordach; Überdachung der Haustür oder des Eingangsbereichs.

Vorhangfassade; vor die tragende Außenwand vorgehängte Fassade als Verkleidung (Betonfertigteile, Metallplatten, Faserzementplatten, Kunststoff, Holz, Stahl, Aluminium, Glas, Keramik u.a.) Vorhangfassade hat nur witterungsschützende u. gestalterische Funktion.

Vorkaufsrecht; Vorkaufsrecht an einer Immobilie hat man nur dann, wenn es zuvor vom Eigentümer eingeräumt wurde.

Vorlauftemperatur; ist die Temperatur, mit der das heiße Wasser (oder der Dampf) in den Heizkörper eintritt. Bei normalen Heizungen sind das bis zu 90°C, bei Niedertemperaturheizungen 40–50°C.

Vormauerziegel; frostbeständige Mauerziegel, die unverputzt bleiben u. deshalb von ausblühenden Salzen frei sein müssen.

Vorwand-Installation; ein Montagegerüst aus Schienen mit allen Anschlüssen u. den Halterungen für WC, Waschbecken, Wanne u. Bidet wird direkt vor die Wand gesetzt.

Wandfeuchtigkeit; meist die Kellerwände, in älteren Häusern auch alle Außen- u. Innenwände, die nicht durch eine Horizontalsperre geschützt sind.

Wandhängende Sanitärobjekte; Waschbecken, WCs u. Bidets, die nicht auf dem Boden stehen, sondern an der Wand aufgehängt sind. → S. 93

Warmdach; Flachdächer, im allgemeinen als Warmdach (nicht durchlüftetes Dach, einschaliges Dach) ausgebildet. Im Gegensatz zum Kaltdach ist das Warmdach mit einer nicht belüfteten Isolierung versehen. → S. 58

Wärme; ist eine Form von Energie. Einen Körper erwärmen heißt, die Bewegungsenergie seiner Moleküle zu steigern.

Wärmeabgabe; von Heizeinrichtungen erfolgt durch Wärmestrahung u. Konvektion.

Wärmebedarf; Wärmeleistung, die benötigt wird, um die Raumluft auch bei der tiefsten Außentemperatur ausreichend zu erwärmen. Wärmebedarf bestimmt die Leistung der Heizanlage.

Wärmebeständigkeit; bzw. Wärmeformbeständigkeit gibt diejenige Temperatur an, bei welcher bei kurzfristiger Belastung bzw. Dauerbelastung keine Veränderung des betreffenden Baustoffes festzustellen ist.

Wärmebrücken; örtlich begrenzte Stellen in Bauteilen, die gegenüber der Hauptfläche eine wesentlich geringere Wärmedämmung haben.

Wärmedehnung; Dehnung in Bauteilen oder Baukörpern, die infolge einer Temperaturerhöhung auftritt.

Wärmeleitzahl; gibt an, welche Wärmemenge in einer Stunde durch 1 Quadratmeter in einer 1 Meter dicken Stoffschicht strömt, wenn der Temperaturunterschied von beiden Oberflächen 1 °C/m beträgt.

Wärmemenge; Einheit für Wärmemenge ist das Joule (J). Bis zur Einführung der Einheit J wurde mit der Wärmeeinheit Kalorie (cal) gearbeitet. Zwischen den alten und neuen Einheiten bestehen folgende Beziehungen:

1 kcal = 4,187 kJ, 1 kJ = 0,239 kcal

1 kWh = 3,6 x j10 ≥ kJ, 1 kJ = 0,287 x 10–3.

Für das Vielfache der Einheit Joule gilt:

1 kJ (Kilo-Joule) = 1000 J

1 MJ (Mega-Joule) = 1000 kJ

1 GJ (Giga-Joule) = 1000 MJ

Wärmepumpe; entnimmt aus Luft, Erdboden oder Wasser (Grundwasser, Regenwasserspeicher usw.) Wärme u. verwandelt diese in Energie.

Wärmerückgewinnung; Abwärme im Haus kann in Heizungswärme umgewandelt werden.

Wärmeschutzverordnung; Erzeugung von Wärme im Haus umfaßt rund ein Drittel des gesamten Energieverbrauchs. Mit der Wärmeschutzverordnung, die bundesweit gültig ist, soll dieser Energieverbrauch u. damit auch der Schadstoffausstoß deutlich gesenkt werden.

Wärmespeicherung; Speicherung von Wärmemengen in einem Körper oder Bauteil bei seiner Erwärmung. Speicher verbraucht diese Wärme nicht, sondern gibt sie wieder ab, sobald im anschließenden Raum die Temperatur sinkt.

Wärmetauscher; wird heißes Wasser in einem Rohr durch kaltes geführt u. das heiße Wasser gibt dabei die Wärme an das kalte ab u. kühlt dabei selbst ab, so spricht man von einem Wärmetauscher.

Warmluftheizung; die Luft dient als Wärmeträger. Warme Luft wird mit einem Ventilatorsystem in den Räumen umgewälzt, diese werden relativ schnell warm.

Waschbeton; Betonelemente, deren Oberfläche mit Kies oder Splitt beschichtet ist.

Wasseraufbereitung; Reinigung von verunreinigtem Wasser, damit es den jeweiligen Anforderungen als Trink- oder Brauchwasser genügt.

Wasserdampf; gasförmiges Wasser, das in der Luft in wechselnden Mengen enthalten ist. Wasserdampf hat das Bestreben sich gleichmäßig zu verteilen u. durch Baustoffe zu diffundieren.

Wasserdampfdiffusion; durch Wasserdampfdruckgefälle bedingte Wanderung von Wasserdampf durch Bauteile.

Wasserenthärtungsgeräte; die den Kalk aus dem Leitungswasser entfernen u. sich so eine bessere Wasserqualität ergibt.

Wasserwaage; ermöglicht es, Bauteile, Bilder, Regale, Schränke lot- u. waagerecht aufzubauen oder zu montieren.

WC; im engeren Sinne nur die Abkürzung von Wasserklosett, das der Fäkalienableitung dient. → S. 93

Wellplatten; in unterschiedlichen Materialien: Acrylglas, Polycarbonat, PVC, Glasfaser oder bitumierte Holzfaserplatte.

Wetterschenkel; an Fenstern u. Türen, die ohne Schutz dem Regen ausgesetzt sind, sollte man einen Wetterschenkel anbringen. Er leitet das Regenwasser ab.

Wintergarten; können verschiedenen Zwecken dienen: der Schaffung zusätzlichen Wohnraums, der Nutzung der Sonnenenergie (u. somit Einsparung von Heizkosten), der Belichtung dunkler Räume. → S. 22

Wohnfläche; die aus den Rohbaumaßen ermittelte, anrechenbare Grundfläche von Räumen, die ausschließlich zum Wohnen dienen.

Zargen; in sie wird die Tür eingehängt. Zargen werden direkt in der Mauerwerksöffnung befestigt. Es gibt Holz- u. Stahlzargen. → S. 106

Zentralheizung; Wärme für das ganze Haus wird in einer zentralen Brennstelle, dem Heizkessel erzeugt, mit Öl, Gas, Kohle oder Holz befeuert. → S. 124–126

Ziegel; Mauersteine (Formate u. Material). → S. 52

Zimmermann; beim Hausbau ist der Zimmermann zuständig für Holzkonstruktionen wie z. B. Dachstuhl, Fachwerk, Holzbalkendecken.

Zuschläge; Stoffe (Gemisch aus Sand u. Kies) verschiedener Korngrößen, die Beton beigemischt werden.

Zweifamilienhaus; Wohnhaus mit zwei selbständigen Wohnungen, die von einem gemeinsamen Hauseingang zugänglich sind. → S. 12

LITERATURVERZEICHNIS

Seite	Verfasser	Titel	Verlag, Erscheinungsort u. -jahr oder Zeitschrift
2–5	Prinz, D.	Städtebau	Kohlhammer, Stuttgart, 1987
29–30	Kappler, H. P.	Das private Schwimmbad	Bauverlag, Wiesbaden, 1986
31–33	Ludes, M.	Häuser mit Gangerschließung	DBZ 9/78
	–	Terrassenhäuser	DBZ 2/68
34–35	Prinz, D.	Städtebau Band 1 + 2	Kohlhammer, Stuttgart, 1987
41–43	D. P. Philippen	Bauen für Behinderte	DBZ 6/86, 9/87
	Kuldschun, H.	Bauen für Behinderte	Der Architekt 1/81
47	Muth	Dränung erdberührter Bauteile	Eigenverlag Muth, Karlsruhe, ...
60–63	Dt. Dachgärtnerverband	Grüne Dächer – Gesunde Dächer	Baden-Baden, 1985
78	Arbeitsgemeinschaft	Die moderne Küche e.V.	Darmstadt, ...
	RWE	Bauhandbuch technischer Ausbau	Essen, 1995
106	Reitmayer, V.	Holztüren u. Holztore	J. Hofmann, Stuttgart, 1979
114–116	Wachenberger, H. u. M.	Mit der Sonne bauen, Anwendung passiver Sonnenenergie	Callwey, München
	U. Bossel	Solentec Report, Klimadaten Europas Planungsunterl. f. d. Sonnenenergienutzung	Solente GmbH, Adelebsen, 1979
119–121	Arbeitsstättenrichtlinien	Künstliche Beleuchtung	ASR 7/3, 1979
125–127	Ruhrgas AG Essen	Gas-Installationsdetails	Essen
	–	Heizungsanlagenverordnung-HeizanlVO DIN 4701, 4108, 4755	Beuth Verl. Berlin
	VbF	Verordnung über Anlagen zur Lagerung, Abfüllung u. Beförderung brennbarer Flüssigkeiten VbF	
	TRbF	Techn. Regeln für brennbare Flüssigkeiten	
137	Forschungsges. für Straßen- und Verkehrswesen	EAE 85 Empfehlung für die Anlage von Erschließungsstraßen	Köln, 1985
139	Prinz, D.	Städtebau Band 1 + 2	Kohlhammer, Stuttgart, 1987
140	Rau, O., Braune, U.	Der Altbau	A. Koch, Leinfelden,1985
144–145	Kreuter, M. L.	Der Biogarten	BLV, München
164–166	Kappler, H. P.	Das private Schwimmbad	Bauverlag, Wiesbaden, 1986
170	Brandecker, H.	Gestaltung von Böschungen	Salzburg, ...
177–179	Bundesfachverband Saunabau e. V.		Bierstadter Str. 39, 65189 Wiesbaden
181–183	Dt. Bahnen-Golf-Verband e.V.	Handbuch	Wien, 1986
184	Bundesinstitut für Sportwissenschaften	Orientierungshilfen zur Planung u. Ausstattung von Konditions- u. Fitneßräumen	Köln, 1987
185–186	Dt. Tennisbund eV – DTB	Tennisanlagen Planung, Bau, Unterhaltung	Hannover, 1981
188	Dt. Schützenbund	Schießstandanlagen	Wiesbaden, 1984
189	Bundesinstitut für Sportwissenschaften	Planung, Bau, Unterhaltung von Golfplätzen	Köln, 1987
205–208	Portmann, D.	Elementiertes Bauen	DBZ II/83
211	Portmann, U. u. K.	Symbole und Sinnbilder	Wiesbaden, 1989
213–215	Muth, N.	Grundstücksentwässerungsanlagen	DBZ 3/71
	Sage, K.	Handbuch der Haustechnik	Berlin, 1967 + 71

STICHWÖRTER

W

Z